Johan G Gentele

Lehrbuch der Farbenfabrikation

Anweisung zur Darstellung

Johan G Gentele

Lehrbuch der Farbenfabrikation
Anweisung zur Darstellung

ISBN/EAN: 9783741171222

Hergestellt in Europa, USA, Kanada, Australien, Japan

Cover: Foto ©Lupo / pixelio.de

Manufactured and distributed by brebook publishing software (www.brebook.com)

Johan G Gentele

Lehrbuch der Farbenfabrikation

Lehrbuch

der

Farbenfabrikation.

———

Lehrbuch

der

Farbenfabrikation.

Anweisung

zur

Darstellung, Untersuchung und Verwendung der im Handel
vorkommenden Malerfarben,

zum

Gebrauche für Farben-, Tusch- und Tapetenfabrikanten,
Chemiker, Techniker, Kaufleute, Maler, Coloristen, Anstreicher und
andere Consumenten von Farben.

Von

J. G. Gentele,

Chemiker in Stockholm und Hil........

Zweite umgearbeitete und stark vermehrte Auflage.

Mit in den Text eingedruckten Holzstichen.

Braunschweig,
Druck und Verlag von Friedrich Vieweg und Sohn.
1880.

Vorrede.

Das im Jahre 1858 bis 1859 von mir verfaßte Lehrbuch der Farbenfabrikation, welches dann 1860 im Drucke fertig wurde und den gleichen Titel führte wie die vorliegende neue Auflage, ist vergriffen, und es freute mich, während dieser Zeit aus sogar außereuropäischen Ländern zu vernehmen, daß dieses Buch recht viele Anerkennung gefunden hat. Noch stellen sich Anfragen nach demselben ein, weshalb ich, dem Wunsche meines Herrn Verlegers der ersten Auflage entsprechend, die Ausarbeitung einer neuen vielvermehrten Auflage vornahm, und sie dem für dieses Fach sich interessirenden Publicum nun darlege und empfehle.

Gleich der früheren verfolgt auch die neue Auflage vornehmlich den praktischen Zweck, ein Bild der Farbenfabrikation in ihrem gegenwärtigen Stande, sowie bestimmte, auf Erfahrung und Wissenschaft gegründete Anleitungen zu geben zur Herstellung, handelsmäßigen Beurtheilung, Untersuchung und zweckmäßigen Verwendung der Farben. Die Hülfe der theoretischen Chemie ist dabei nur in Anspruch genommen, insoweit letztere zur Leitung der Vorgänge und als Grundlage praktischer Berechnungen unentbehrlich erscheint. Ebenso sind nur da chemische Gleichungen gebraucht, wo ein chemischer Vorgang durch dieselben anschaulicher als durch Worte auszudrücken ist. Da die ältere, dualistische Formelsprache den Bau einer chemischen Verbindung und die Bestandtheile, woraus dieselbe hervorgegangen, immer noch klarer zum Ausdruck bringt und daher für den im chemischen Denken minder geübten Praktiker verständlicher ist, als die neuere Schreibweise, so habe ich die ältere Zeichensprache sowie die älteren Aequivalentgewichte beibehalten, und mich darüber in der Einleitung noch eingehender ausgesprochen.

Vorrede.

Seit dem Erscheinen der ersten Auflage 1860 hat sich Mancherlei verändert. Die damals mehr oberflächlich abgehandelten Erdfarben spielen jetzt eine weit größere Rolle. Die vielen Neubauten, namentlich von Eisenbahnhöfen und Eisenbahnwerkstätten, die Verfertigung einer so großen Menge Passagier- und anderer Wagen und noch andere derartige Umstände, wie der Bau eiserner, nicht bloß mit Theer bestrichener Schiffe und Dampfschiffe, großer eiserner Brücken u. s. w., begünstigten gerade den Absatz dieser nicht zu grellen, sehr beständigen Farben und daher auch ihre Fabrikation. In dieser neuen Auflage ist also die Darstellung der Erdfarben mehr speciell behandelt, namentlich was deren mechanische Bearbeitung betrifft, welche oft mit derjenigen der artificiellen Mineralfarben übereinkommt.

Statt des in der ersten Auflage enthaltenen besonderen Abschnittes über die Rohmaterialien, welche bei der Fabrikation von Farben angewendet werden, habe ich einen Abschnitt eingefügt, welcher von den Manipulationen im Allgemeinen handelt, die bei der Darstellung der Mineralfarben vorkommen, und habe dagegen jedesmal bei der betreffenden Farbe selbst das über ihre Rohmaterialien Wissenswerthe entweder anhangsweise angeführt, oder vorausgeschickt, wie es am zweckmäßigsten erschien.

Man wird finden, daß einige Angaben oder Vorschriften der ersten Auflage unverändert geblieben sind. Wo dies nicht der Fall ist, war der Grund entweder ein Fortschritt oder eine Verbesserung in der Fabrikationsweise, oder aber ein Versuch, die Sache deutlicher darzustellen.

Mehrere Farben, die zu jener Zeit wenigstens noch nicht allgemein bekannt waren, sind in der neuen Auflage aufgeführt und gründlich besprochen. Dahin gehören namentlich die sogenannten Theer- oder Anilinfarben. Alles, was hierüber bekannt ist, und wohl auch manches Unbekannte, habe ich in einem besonderen Abschnitte zusammengestellt.

Mit besonderer Sorgfalt und in einer dem gesteigerten Bedürfnisse entsprechenden, im Vergleich mit der ersten Auflage weit umfassenderen Weise ist ferner die Untersuchung der Farben behandelt. Hierdurch wird dem Fabrikanten das Mittel an die Hand gegeben zur Nachbildung einer Farbe nach Maßgabe ihrer Analyse, der Händler und Consument aber in den Stand gesetzt, über Beschaffenheit und Werth der Farben ohne fremde Beihülfe durch eigene Prüfung Aufschluß zu gewinnen. Auch die Untersuchung sowie die Herstellung der Rohmaterialien und Hülfsstoffe ist im Anschluß an die gründeten Verhältnisse mannigfach erweitert durch Aufnahme neuer, erprobter Methoden, welche den Farbenfabrikanten zur vortheilhaftesten Auswahl beziehungsweise zur zweckmäßigsten eigenen Bereitung jener Stoffe befähigen.

Ich bedaure nur, zu den Vorschriften für die Darstellung der Farben nicht auch Proben derselben in Anstrichen beifügen zu können. Denn Proben vergegenwärtigen die oft zahlreichen Nüancen einer Farbe viel genauer, als Beschreibungen mit Worten, und auf Grund solcher Proben hätten sich zur Erzielung der entsprechenden Nüancen weit speciellere Vorschriften angeben lassen, als Mangels dieser Normen geschehen konnte. Andererseits wird jedoch der Fabrikant durch Anstellung leicht auszuführender Versuche nach den gegebenen allgemeinen Anweisungen bald das richtige Verfahren selbst auffinden, um eine beliebige Nüance, z. B. von Chromgelb, Chromgrün, Türkischroth u. s. w. herzustellen, besonders, da bei Bereitung der Farben immer auf die Umstände aufmerksam gemacht ist, von welchen die Nüancen abhängen, oder durch welche sie verändert werden.

Hinsichtlich der Benennung der Farben herrscht theilweise eine große Unordnung, indem häufig die Fabrikanten, noch häufiger aber die Kaufleute ihnen besondere, oft irreführende oder nichtssagende Namen beilegen. So heißen die aus Blau und Chromgelb gemischten Grüne auch Chromgrün, wie das eigentliche, aus Chromoxyd bestehende Chromgrün, und wenn sie reiner sind, auch Chromgrünextract, welches Wort einen reinen Unsinn einschließt. Sogar reines Chromgelb wird in Preiscouranten als „Chromoxyd" aufgeführt. Reines Bleiweiß, das keinen Zusatz von Schwerspath hat, wird ebenso „Bleioxyd" genannt, während letzteres der rechte Name für Silberglätte ist. Unter den in Oel abgeriebenen Farben und den Aquarellfarben bezeichnet „Vert Emeraude" bald Schweinfurtergrün, bald Guignetsgrün. „Indischgelb" ist bald salpetrigsaures Koballoxydkali, bald aber auch ein gelber Lack oder indisches Purrée. Neue Namen von neuen oder längst bekannten Farben tauchen fast täglich auf und verschwinden auch wieder, nicht weil die neuen Farben nicht anwendbar sind, sondern weil der Verbrauch nicht so groß ist, daß alles, was dargestellt wird, auch Anwendung finden kann. Es kann daher wohl vorkommen, daß irgend eine der vielen localen Bezeichnungen einer Farbe in dem vorliegenden Werke von mir nicht aufgeführt ist (so heißt z. B. Schweinfurtergrün auch noch Saalfelder-, Leipzigergrün, aber nur an wenigen Stellen). Diejenigen Farben, die mir im Handel vorgekommen sind, habe ich angeführt, und wenn nicht selbst fabrikmäßig dargestellt, so doch ihre Darstellungsweise im Kleinen so weit ermittelt, um Vorschriften für die Fabrikation im Großen geben zu können. Wenn man mich aber fragen sollte, was „Indischgelb" ist, so müßte ich erwidern, daß ich bis jetzt nur die beiden vorhin bemerkten Farben unter dieser Bezeichnung im Handel angetroffen habe, daß aber möglicherweise noch eine dritte oder vierte gelbe Farbe von irgend einem Farbenhändler oder Fabrikanten unter demselben Namen verkauft wird, und daß die Frage erst nach der Untersuchung der fraglichen Farbe mit Bestimmtheit beantwortet werden könnte. Ebenso könnte auch dann erst angeführt werden, wie diese Farbe hergestellt wird. Wie schon angedeutet, habe ich es mir daher angelegen sein lassen, das Verhalten der künstlich dargestellten Mineral- und Lackfarben, welches ihre Bestandtheile erkennen läßt, jedesmal speciell anzugeben, und so wird Jeder leicht entscheiden können, welche Farbe ihm vorliegt, wenn sie auch mit einem neuen Namen getauft sein sollte.

Das vorgedruckte Inhaltsverzeichniß gewährt den erforderlichen Ueberblick über den Gesammtinhalt des Werkes, während das angehängte alphabetische Sachregister eine schnelle und sichere Auffindung des einzelnen Gegenstandes ermöglicht.

Stockholm, im Juli 1880.

J. G. Gentele.

Inhalt.

Einleitung . . . . Seite 1

Erster Theil.

Erster Abschnitt.

Ueber Erdfarben im Allgemeinen und ihre Verarbeitung zu Handelswaare.

1. Das Schlämmen und die Schlämmverrichtungen 11
   - A. Im Kleinen 11
   - B. Im Großen 13
2. Das Pulverisiren 21
   - Im Kleinen 22
   - Im Großen 23
      - A. Stoßfässer 23
      - B. Mühle 30
      - C. Kollergänge oder Rollsteine 32
      - D. Desintegratoren 37
3. Das Sieben 37
4. Chemische Veränderung der Erdfarben 40
   - Kalcination 40
   - Calciniröfen oder Flammöfen 43
5. Mischen der Erdfarben 46

Zweiter Abschnitt.

Von den Erdfarben im Speciellen.

A. Weiße Erdfarben 48
   1. Kalkverbindungen 48
      - a. Kreide 48
        - Geschlämmte Kreide 49
        - Geschabte Kreide 51
        - Pariser Schneiderkreide 51
      - b. Kalkspath, gemahlener, Pariserweiß 52

Inhalt.

	Seite
c. Gewöhnlicher Kalkstein	53
d. Gebrannter Kalk	53
e. Gelöschter Kalk. Kalkhydrat. Kalkbrei. Kalkmilch. Kalkwasser	54
f. Gyps, schwefelsaurer Kalk, Federweiß, Marienglas, Alabaster	57
g. Gebrannter Gyps	58
h. Phosphorsaurer Kalk, Gebrannte Knochen	60
2. Barytverbindungen	61
a. Kohlensaurer Baryt, Witherit	61
b. Schwefelsaurer Baryt	62
A. Schwerspath	62
B. Artificiell dargestellter schwefelsaurer Baryt	63
3. Bittererdeverbindungen	64
Talk, Kieselsaure Bittererde	64
4. Alaunerdverbindungen	64
Kieselsaure Alaunerde. Weiße Thone. Pfeifenthon, weißer Bolus, Porzellanerde, Kaolin	64
B. Graue Erdfarben	66
1. Schiefergrau, Silbergrau, Steingrau	66
2. Zinkgrau, Schwefelzink, gemahlene Zinkblende	67
C. Gelbe und braune Erdfarben	68
Gelbe und braune Eisenoxyd- und Eisenoxyd-Manganoxydfarben	68
1. Eisenoxydhydrat	69
2. Gelbe bis braungelbe Oder, gelbe Oder, Goldocker, Bronceocker	69
3. Gebrannte Oder, Braunocker	70
4. Umbra oder Umbraun	72
Gebrannte Umbra, Kastanienbraun, Sammetbraun, Manganjammetbraun	73
Rehbraun, italienischer Umbra	74
5. Terra de Sienna, Terra umbre, Mahagonibraun, Acajounuß	74
6. Vitriolocker, Grubenocker	75
7. Alaunschlamm	76
D. Rothe Erdfarben	77
1. Eisenoxydfarben	77
a. Rother Bolus, Röthel, Rothkreide	77
b. Eisenmennige	77
c. Andere rothe Eisenoxydfarben	78
1. Englischroth	78
2. Caput mortuum, Eisenmennige, Englischroth, Venetianischroth	79
2. Bergzinnober	80
E. Blaue Erdfarben	80
1. Bergblau	80
2. Lasurblau, Lasursteinblau	81
3. Blaue Erde	82
F. Grüne Erdfarben	83
1. Grüne Erde, Bronzegrün	83
2. Berggrün, Malachit	83
G. Schwarze Erdfarben	84
1. Oelschwarz, Schieferschwarz, Mineralschwarz	84
2. Graphit, Reißblei	85
3. Bleierz, Bleiglanz	86
H. Braune Erdfarben	86
Casselerbraun und die Cölnische Erde	86

Zweiter Theil.

Erster Abschnitt.

Von den künstlichen Mineralfarben im Allgemeinen und den Manipulationen bei ihrer Herstellung.

	Seite
1. Von der Auflösung	91
2. Von der Niederschlagung, Präcipitation	94
3. Vom Auswaschen der Niederschläge	96
4. Vom Filtriren	97
5. Vom Auspressen der Farben und Niederschläge	102
6. Vom Formen gewisser Farben	105
a. Amerikanische Chromgelbe	105
b. Cremserweiß	105
c. Holländisches Bleiweiß	105
d. Kugellack	105
e. Farben in Hütchen	105
f. Münchener Lack	106
g. Andere Formen	107
7. Vom Trocknen der Farben	107
8. Vom Pulverisiren der Farben	109

Zweiter Abschnitt.

Von der Bereitung der Mineralfarben und ihren Eigenschaften im Speciellen.

	Seite
I. Weiße Farben	110
A. Bleiweiß, Cremserweiß, Venetianischweiß, holländisches Bleiweiß, Schieferweiß	110
1. Holländische Bleiweißfabrikation	111
2. Französische Bleiweißfabrikation	130
a. Darstellung der Lösung von basisch-essigsaurem Bleioxyd	130
b. Niederschlagung des basisch machenden Bleioxydes aus den Lösungen von basisch-essigsaurem Bleioxyde vermittelst Kohlensäure	132
3. Klagenfurter Bleiweißfabrikation	135
4. Bleiweißfabrikation in Dampfbogen	138
Untersuchung der Bleiweißsorten	146
a. Bei trockenen Bleiweißen	147
b. Bei Bleiweißen in Oel	149
Schieferweiß, Cremserweiß (Kremnitzerweiß)	150
Von dem Gebrauche der Filterpressen bei der Bleiweißfabrikation	154
B. Metallweiß, Schwefelsaures Bleioxyd	158
C. Weiße Zinkfarben	159
1. Zinkoxyd, Zinkblumen, Zinkweiß	159
2. Schwefelzink	161

	Seite
D. Weiße Barytfarben, Blanc fixe, Permanentweiß, Lithopon	162
a. Fabrikation des künstlichen schwefelsauren Baryts aus Schwerspath	162
b. Fabrikation des künstlichen schwefelsauren Baryts aus Witherit	166
Nachtrag zu Permanentweiß	168
II. Gelbe Farben	169
A. Bleifarben	169
a. Bleioxyd, Bleiglätte, Silberglätte	170
b. Mennige	171
c. Bleisalze	173
d. Kasseler, ebenfalls Bleioxyd	173
e. Casselergelb, Mineralgelb, Mengel, Bleioxyd, Chlorblei	174
f. Chromsaure Bleioxydverbindungen, Chromgelbe	177
Allgemeines	177
Bleiverbindungen zur Chromgelbherstellung	179
1. Essigsaures Bleioxyd, neutrales, Bleizucker	183
2. Basisch-essigsaures Bleioxyd	185
3. Chlorblei	186
4. Chlorblei-Bleioxyd a)	186
5. Chlorblei-Bleioxyd b)	187
6. Schwefelsaures Bleioxyd	188
Specielle Anweisungen zur Darstellung der Chromgelbe	189
1. Darstellung der hellcitrongelben Chromgelbe	189
2. Darstellung der dunkelcitronfarbigen Chromgelbe	192
3. Darstellung der orangefarbigen Chromgelbe	196
Untersuchung der Chromgelbe durch Vergleich der Deckkraft	201
Chemische Prüfung der Chromgelbe	202
B. Barytgelb, Steinbühlergelb, Chromsaurer Baryt	205
C. Neapelgelbe, der Hauptsache nach antimonsaures Bleioxyd mit überschüssigem Bleioxyd	206
D. Zinkgelbe, gelber Ultramarin	208
a. Doppelsalze von basisch-chromsaurem Zinkoxyd mit anderen chromsauren Salzen	208
b. Pikrinsaures Alaunerde-Zinkoxyd	211
Anhang zu Chromgelb und gelben Chromfarben, betreffend weitere Rohmaterialien zur Chromgelbdarstellung und für andere Farben	212
Kali	212
Kohlensaures Kali, Pottasche, rohe Pottasche, calcinirte Pottasche, raffinirte Pottasche	212
Kalihydrat, kaustisches Kali, Aetzkali, Kalilauge, Aetzkalilauge	214
Salpetersaures Kali, Kalisalpeter, Salpeter	216
Chromsaures Kali	217
Umwandlung des einfach-chromsauren Kalis in das doppeltchromsaure Kali	220
1. Verfahren bei Anwendung von Schwefelsäure	221
2. Verfahren bei Anwendung von Salpetersäure	221
Einfach-chromsaures Kali-Natron	222
Chromsaures Kali-Kali	223
Natron	224
Kohlensaures Natron, Soda, Krystallisirte Soda, Calcinirte Soda, Sodaasche	224

Inhalt. XIII

	Seite
Natronhydrat, Aetznatron, Aetznatronlauge, Natronlauge	228
Alkalimetrie	229
Salpetersaures Natron	229
E. Gelbe Eisenoxydfarben	230
1. Wachsgelb, Zinkoxyd-Eisenoxyd	230
2. Sideringelb, basisch-chromsaures Eisenoxyd	230
F. Gelbe Kobaltfarbe, Jaune indien, schwefelsaures Kobaltoxyd-Kali	231
G. Cadmiumgelb	232
1. Schwefelcadmium	232
2. Chromsaures Cadmiumoxyd	233
H. Schwefelarsen, Operment, Auripigment, Rauschgelb, Königsgelb, Realgar, Sandarach	233
1. Rusikgelb, Schwefelzinn	235
Anhang. Verschiedene andere gelbe Verbindungen	236
III. Blaue Mineralfarben	237
A. Blaue Kupferfarben	237
Materialien zu ihrer Darstellung	237
a. Kupfervitriol	237
b. Salmiak, Chlorammonium, Salzsaures Ammoniak	241
c. Ammoniak, Ammoniakflüssigkeit, Salmiakgeist, Salmiakspiritus	242
d. Weinstein, saures weinsaures Kali	243
1. Bremerblau, Bremergrün, Kupferoxydhydrat	243
2. Kaliblau, Neuwiederblau	250
3. Bergblau, Bleu verditre. Cendres bleues en pâte	252
4. Neubergblau	255
B. Blaue Eisenfarben, Cyaneisenverbindungen	256
Von den Materialien zu ihrer Darstellung	256
1. Gelbes Blutlaugensalz, blausaures Kali, gelbes eisenblausaures Kali	256
2. Rothes Blutlaugensalz	259
3. Eisenvitriol	261
4. Schwefelsaures Eisenoxyd	263
5. Säuren zur Bereitung der blauen Cyaneisenfarben	265
a. Schwefelsäure	265
b. Salzsäure, Chlorwasserstoffsäure	267
c. Salpetersäure	268
6. Chlor	268
1. Chlorentwickelungsapparat bei Anwendung von Salzsäure und Braunstein	272
2. Chlorentwickelungsapparat bei Anwendung von Kochsalz, Vitriolöl und Braunstein	273
7. Chlorkalk	275
Darstellung der blauen Cyaneisenfarben	277
1. Pariserblau	277
2. Berlinerblau	286
3. Mineralblau, Hamburgerblau, Fingerhuthblau	286
4. Neublau, Waschblau	294
C. Blaue Kobaltfarben	294
1. Smalte, Eschel	294
2. Königsblau, Kobaltblau, Thenardsblau, Kobaltultramarin, Leithners Blau	296

Inhalt.

	Seite
Coeruleum, blaue Coelestine, Zinnsaures Kobaltoxydul	297
D. Künstlicher Ultramarin	297
1. Bildung, chemische Eigenschaften und Bestandtheile des Ultramarins	297
2. Darstellung des Ultramarins. Rohmaterialien zur Ultramarinfabrikation und ihre Vorbereitung	302
3. Mischung der Rohmaterialien zur Ultramarinfabrikation, zunächst zur Herstellung des grünen Ultramarins	308
4. Ueberführung der Rohmaterialienmischung in grünen Ultramarin durch Glühen (Rohbrennen)	309
5. Zusammensetzung des grünen Ultramarins	313
6. Bläuen (Feinbrennen) des grünen Ultramarins durch Einwirkung von schwefliger Säure in der Hitze, und weitere Verarbeitung des blauen Ultramarins zu Handelsswaare	314
7. Zusammensetzung des blauen, kieselarmen Ultramarins	319
8. Theils angestrebte, theils ausgeführte Verbesserungen in der Ultramarinfabrikation. Kieselreicher Ultramarin	319
9. Eigenschaften des Ultramarins als Farbe. Vergleich seiner Farbenintensität. Anwendung desselben und Nachweis seines Vorhandenseins	323
IV. Grüne Mineralfarben	325
A. Grüne Kupferoxydfarben	325
Rohmaterialien für die Darstellung derselben	325
a. Essigsaures Kupferoxyd, Grünspan	325
b. Essig, Essigsäure, Essigsaures Natron, Essigsaurer Kalk	331
c. Arsenige Säure, Arsenik, weißer Arsenik	332
d. Arsensaures Kali und Natron	333
e. Arsenigsaurer Kalk	333
Darstellung der grünen Kupferoxydfarben	333
1. Berggrün, künstliches	334
2. Braunschweigergrün	335
3. Neuwiedergrün, auch Kalk- und Patentgrün	335
4. Mineralgrün (Scheel'sches Grün)	340
5. Schweinfurter-, Wiener-, Neu-, Cassler-, Saalfelder-, Pariser-, Kaisergrün, Hamburger Deckgrün, Wiener Deckgrün	341
Darstellung aus Grünspan, Schweinfurter Methode	342
Darstellung des Schweinfurtergrüns aus essigsauren Salzen und Kupfervitriol	344
6. Scheel'sches Grün	350
7. Mitisgrün, Papageigrün	351
8. „Giftfreie Grüne", Kupfergrüne	351
a. Eisert's Grün	351
b. Zinnkupfergrün	352
B. Grüne Chromoxydfarben	353
1. Chromgrün, Chromoxyd	353
2. Guignetsgrün, Vert virginal, Vert Pelletier, Mittlersgrün, Smaragdgrün, Chromoxydhydrat	355
3. Victoriagrüne	357
4. Permanentgrün	358
5. Nürnbergergrüne	358
6. Arnaudsgrün und Pleißiggrün	359
C. Kobaltgrüne, Zinkoxyd-Kobaltoxyd	359
1. Rinmann's Grün	359
2. Türkisgrün, Chromoxyd-Alaunerde-Kobaltoxyd	360

	Seite
D. Gemischte Grüne	360
1. Gemischte Chromgelbgrüne	361
2. Gemischte Zinkgelbgrüne	365
Zinkgrüne	365
Anhang zu den gemischten Grünen	368
E. Grüner Ultramarin. Ultramaringrün	369
V. Rothe und orangerothe Mineralfarben	370
A. Rothe Quecksilberfarben	371
1. Zinnober. Rothes Schwefelquecksilber	371
a. Zinnoberfabrikation auf trockem Wege	371
b. Zinnoberfabrikation auf nassem Wege	374
2. Chromsaures Quecksilberoxydul und Quecksilberoxyd	376
3. Jodquecksilber, Quecksilberjodid, Jodzinnober, Starkeß	376
B. Rothe Bleioxydfarben	377
1. Mennige	377
2. Basisch-chromsaures Bleioxyd. Chromroth	377
C. Rothe Chromoxydfarben	382
1. Dreifach-schwefelsaures Chromoxyd in unlöslicher Modification	382
2. Chromoxyd-Zinnoxyd. Pink color	383
D. Rothe Kupferfarben	383
Cyanisenkupfer	383
E. Rothe Kobaltfarben	384
Viertel-arseniksaures Kobaltoxydul	384
F. Rothe Antimonfarben	384
Antimonzinnober, Antimonoxysulfuret	384
VI. Braune Mineralfarben	385
1. Basisch-chromsaures Eisenoxyd-Chromoxyd	385
2. Chromsaures Kupferoxyd und Manganoxydul	386
3. Durch Glühen von Braunstein hervorgebrachte braune Farben	386
VII. Schwarze Farben	386
A. Verkohlungsproducte	387
1. Kohle von Hölzern. Holzkohle	387
2. Frankfurter Schwarz. Noire de Vigne. Rebenschwarz	388
3. Elfenbeinschwarz. Beinschwarz (Knochenkohle)	389
B. Rußschwarze	392
Anhang zu den schwarzen Mineralfarben	398
Gemischte Grüne aus Schwarz. Bronzegrüne	398

Dritter Theil.
Von den Lackfarben.

Allgemeines	400

Erster Abschnitt.
Lackfarben, deren Farbstoff von Pflanzen- oder Thierkörpern herrührt.

A. Blaue Farbstoffe und blaue Farben	402
1. Indigo. Indigblau. Indigcarmin. Indigoublau	402
2. Lackmus	403

B. Gelbe Farbstoffe .... ?
  1. Gelbe Farben von Kreuzbeeren. Kreuzbeerenlacke, Gelbbeerenlacke 40
    a. Kreuzbeerenlacke für Conditoreizwecke, en pâte und trocken, Saftgelbe 41
    b. Kreuzbeerenlacke für Maler und Tapetenfabrikation 41
  2. Gelbe Farben von Quercitron 41
    Schüttgelb. Gelber Lack 41
  3. Purree. Indischgelb 41
  4. Gummigutta 41
  5. Safran .... 4?
  6. Gelbholz. Fustik. Gelbholzgelbe und Gelbholzfarbstoffe 414
  7. Berberisgelb. Berberin 416
  8. Curcuma 415
  9. Wau. Waugelb. Luteolin 419
  10. Orleansgelb und Orleansfarbstoffe 420
  11. Andere gelbe Farbstoffe und Farben daraus 421

C. Rothe Farbstoffe 421
  1. Rothe Farbstoffe und Farben aus Krapp 421
    Alizarin. Purpurin. Krapplack. Münchener Lack 421
    Darstellung des Garanceins und der Krapplacke 424
  2. Farbstoffe und Farben aus Rothhölzern. Fernambuclack, Rothholzlack, Brasilin 432
    a. Carmoisinlack. Wienerlack. Wienerroth. Berlinerroth. Neuroth. Augslack 436
    b. Aechte Cochenilleroth. Purpurlack 437
    c. Rosalack 438
    d. Violette Lacke 439
    Einschaltung, betreffend Fällungsmaterialien für Rothholzlacke 439
    A. Gereinigter Alaun. Alaunmehl 439
    B. Zinsalz 440
  3. Farben aus Sandelholz, sowie aus Camwood und Barwood (afrikanischem Rothholz). Santalin 441
  4. Altannaroth 444
  5. Saflorfarbstoffe und Farben daraus. Saflorroth, Carthamin 444
  6. Rothe Farbstoffe und Farben aus den Coccus-Schildläusen 446
    Verhalten des Cochenillefarbstoffes. Carminsäure. Carminroth. Carmin. Carminlacke 448
      Darstellung des Carmins 456
      Darstellung der Carminlacke. Florentinerlacke 457
      Darstellung von Lacken aus Lac-dye 459
      Cochenille- und Krapplacke 459
      Cochenille- und Fernambuc- oder Rothholzlacke 459
      Gemischte Cochenillelacke. Mit rothen Lacken gemischte Mineralfarben, fälschlich Münchenerlacke genannt. Untersuchung rother gemischter Lacke 460

D. Farbstoffe, welche verschiedenfarbige Lacke geben, je nach den darauf einwirkenden Reagentien 463
  1. Blauholz. Farbstoffe und Farben daraus 463
  2. Orseille. Cudbear. Archil. Persio. Orseilleextract. Orseillelack. Französischer Purpur 469
  3. Catechu oder Katechu. Cachou. Cutch. Gambir. Terra japonica. Japanische Erde 473

Inhalt. XVII

Zweiter Abschnitt.
Von den Lackfarben, welche mit den sogenannten Theerfarbstoffen hergestellt werden.

Seite

A. Rothe Theerfarbstoffe und daraus bereitete Lackfarben 481
  1. Farben aus Rosanilinsalzen 481
    Fuchsin, Anilinroth und daraus bereitete Farben 481
    Anilinrother Lack. Anilinrothe 484
    Fuchsin- und Fernambucklacke 486
    Fuchsin- und Krapplacke 486
    Violette Lacke aus gerbsaurem Rosanilin 487
  2. Rothe Theerfarbstoffe (Phenolfarbstoffe) von säureartigem Charakter und ungewisser Zusammensetzung 487
    a. Corallin wasserlöslich, Päonin 489
    b. Corallin spritlöslich 491
    c. Ponceau 493
      Rothe Lackfarben aus Corallin und Ponceau. Türkischroth, Pfirsichroth, Ponceau 494
    d. Aurin 498
  3. Kaiserroth 498
  4. Wasserlösliches Eosin (Reformroth) 500
    Zinnobereosin 502
    Lacke aus Kaiserroth und Eosin 503
    Corallinlacke nüancirt durch Kaiserroth und Eosin 504
  5. Orangeroth 504
  6. Erica 505
  7. Safranin (Toluidinroth) 507
  8. Martin 509
  9. Artificielles Alizarin (richtiger Alizarin und Purpurin) aus Anthracen . 509
    Darstellung rother Krapplacke aus artificiellem Alizarin 512
    Braune Krapplacke 513
    Chemische Zusammensetzung der künstlichen und natürlichen Krappfarbstoffe, namentlich des Alizarins und Purpurins 514
B. Violette Theerfarbstoffe und Lacke aus denselben 515
  a. Anilinviolett, Perkin's Violett, Mauvein, Mauveinsalze 516
  b. Dahlia, Methylviolett, Jodviolett, Hoffmann's Violett, Primula, Methylviolett 517
    Violette Lacke 519
  c. Verschiedene andere violette Theerfarben 519
C. Blaue Theerfarben und Lacke daraus 520
  Anilinblaue, Triphenylrosanilinsalze 520
    a. Lösliches Lyonerblau, Bleu de Lyon, Lichtblau, Bleu lumière . . 521
    b. Alkaliblaue, Nicholsonblau 522
      Blauer Lack und grüne Lacke aus Alkaliblau 524
    c. Azulin, Nachtblau 525
D. Gelbe Theerfarben und ihre Anwendung zu Lackfarben 526
  1. Pikrinsäure und einige Umwandlungsproducte derselben 526
  2. Anilingelb 529
    Reducirtes Anilingelb 530

Inhalt.

	Seite
3. Goldgelb	530
4. Martiusgelb, Manchestergelb, Binitronaphtol, Naphtolgelb, Naphtlaminingelb	532
5. Phosphin	533
6. Jsalin	534
7. Victoriagelb, Victoriaorange, Anilinorange	534
8. Sahamitogel	534
E. Grüne Theerfarbstoffe und Farben	535
1. Aldehydgrün	535
2. Jodgrün, Methylgrün, Grünpulver	536
F. Braune Theerfarben	538
a. Phenylbraun, Phenicienne	539
b. Naphtabraun	539
c. Havannabraun	540
d. Cancel	540
G. Schwarze Theerfarbstoffe	541
Nigrosin. Anilinschwarz	541

Vierter Theil.

Die Verwendung der Farben.

A. Zum Anstreichen und Malen	542
Verzeichniß der Farben in Tuben für Kunstmaler	557
Weiße	557
Gelbe	557
Rothe von verschiedener Nüance	558
Braune	559
Blaue	560
Grüne	560
Schwarze	561
B. Zur Herstellung von sogenannten Honig-, Gummi- oder Aquarellfarben	562
Verzeichniß der Aquarellfarben, Gummi- oder Honigfarben (Moist-Colors)	564
a. Weiße	564
b. Gelbe	564
c. Rothe	565
d. Braune	565
e. Blaue	566
f. Grüne	566
g. Schwarze	566
h. Graue	567
C. Zur Herstellung von Tuschen	569
D. Zur Herstellung der Zeichenstifte, Bleistifte, Pastellfarben und gefärbten Kreiden	572
E. Zur Herstellung von Saftfarben	576
F. Zum Bemalen der Conditorwaaren	578
G. Zum Bedrucken der Zeuge	579
1. Durch den Oeldruck	579
2. Durch Aufdrucken mit Albumin	580
3. Durch Fixirung mit Casein, Kleber ıc.	581

Einleitung.

Ueber die in diesem Werke gebrauchten chemischen Zeichen, Formeln und Atomgewichte der hier hauptsächlich in Frage kommenden Elemente und ihrer Verbindungen mögen die nachfolgenden kurzen Erläuterungen zur Verständigung vorausgeschickt werden.

Ich habe mich der älteren Atomgewichte oder Aequivalentgewichte und demgemäß der älteren chemischen Zeichensprache bedient, sowohl bei den Angaben der chemischen Zusammensetzung, als auch in den Gleichungen zur Erklärung chemischer Vorgänge, welche in dem Fache der Farbenfabrikation fast alle auf solchen beruhen, die man unter der Bezeichnung Erfolge einfacher und doppelter Wahlverwandtschaft classificiren kann. Die ältere chemische Schreibweise habe ich namentlich aus dem Grunde beibehalten, weil dieselbe in ihren Gesetzen abgeschlossen und feststehend, zugleich vermöge ihrer Anschaulichkeit, Bestimmtheit und Einfachheit faßlicher ist und daher dem Zwecke des vorliegenden zur unmittelbaren praktischen Unterweisung des Farbentechnikers eingerichteten Handbuchs besser entspricht, als die moderne Zeichensprache, welche die neueren noch in der Entwickelung begriffenen Theorien zum Ausdruck bringt und deshalb in ihrer Bedeutung und ihren Gesetzen noch schwankend ist. Stellt man beispielsweise das ältere Schema für die Zersetzung des schwefelsauren Kalis durch salpetersaures Bleioxyd vergleichend neben den modernen Ausdruck für dieselbe Zersetzung, so erscheint die letztere in der nachstehenden älteren Formel und Gleichung 1 einfacher ausgedrückt, als durch die moderne Gleichung 2, in welcher überdies alle Elemente, außer N und K, das doppelt so große Atomgewicht wie in Gleichung 1 haben.

1. $SO_3 KO + NO_5 PbO = SO_3, PbO + NO_5, KO$.
2. $K_2SO_4 + Pb(NO_3)_2 = PbSO_4 + 2KNO_3$.

Ueberhaupt ist im Nachstehenden von einer Erörterung der verschiedenen zur Zeit gängigen Constitutions- und anderen Theorien Abstand genommen und nur

2   Einleitung.

die praktische und leichte Anwendbarkeit der Formeln und Gleichungen zur Erklärung chemischer Vorgänge berücksichtigt.

Die Atom- oder Aequivalentgewichte der hier vorwiegend in Betracht kommenden Elemente und ihre chemischen Zeichen sind folgende:

#	Aluminium	Al	13,7.	#	Kohlenstoff	C	6.
	Antimon	Sb	129.	#	Kupfer	Cu	31,8.
	Arsen	As	75,2.	#	Magnesium	Mg	12,7.
#	Barium	Ba	68,2.	#	Mangan	Mn	27,6.
#	Blei	Pb	103,8.|	Natrium	Na	23,2.
	Bor	B	10,8.		Phosphor	P	31,4.
	Brom	Br	78,4.	#	Quecksilber	Hg	101,4.
#	Cadmium	Cd	55,8.	#	Sauerstoff	O	8.
#	Calcium	Ca	20,5.	#	Schwefel	S	16.
	Chlor	Cl	35,4.	#	Silicium	Si	14,8.
#	Chrom	Cr	28,1.		Stickstoff	N	14.
#	Eisen	Fe	27,2.		Wasserstoff	H	1.
	Jod	J	126.		Wolfram	W	95.
	Kalium	K	39,2.	#	Zink	Zn	32,2.
#	Kobalt	Co	29,6.	#	Zinn	Sn	59.

In den Formeln nach moderner, durch obige Gleichung 2. veranschaulichter Schreibweise haben alle Elemente, die in vorstehender Tabelle mit # versehen sind, als Atomgewicht neuerer Auffassung das Doppelte von dem in der Tabelle angegebenen älteren Atom- oder Aequivalentgewichte. Es rührt dieses daher, daß die hier verzeichneten älteren Atom- oder Aequivalentgewichte lediglich die Gewichtsverhältnisse ausdrücken, in denen sich die Elemente verbinden und vertreten, während bei den neueren Atom- oder Verbindungsgewichten neben der so genannten Bindekraft oder Werthigkeit der Elemente auch die Volumverhältnisse derselben bei ihrer Verbindung und Vertretung der Art Berücksichtigung gefunden haben, daß diese neuen Atomgewichte auf das Gewicht eines Volums Wasserstoff als Einheit bezogen sind, und daher das neue Atomgewicht des Wasserstoffs nur die Hälfte des älteren Aequivalentgewichts Wasserstoff $= 1$ repräsentirt. Beispielsweise berechnet sich das ältere Atom- oder Aequivalentgewicht nach den Angaben unserer Tabelle für Eisenvitriol $SO_3\, FeO + 7\, Aq. = 138,2$, aber das neue Atomgewicht dieser Verbindung auf Grund des modernen Systems in Gleichung 2. doppelt so hoch, nämlich:

$$Fe\, SO_4,\ 7\, H_2O = 276,4$$

worin S, O, Fe das doppelte Atomgewicht des obigen haben, so daß auch für H aus dem soeben angedeuteten Grunde die doppelte Quantität zu berechnen ist.

Im Sinne der durch die letztere Formel repräsentirten neueren Schreibweise erfolgt nun die gegenseitige Zersetzung zweier Verbindungen vermöge der ungleichen

Einleitung.

Werthigkeit oder Bindekraft der Elemente gewöhnlich mit je einem Atomgewichte der mit # bezeichneten Elementes gegen je zwei Atomgewichte des nicht so bezeichneten Elementes, während nach der älteren Anschauung, welche jenen Unterschied in der Werthigkeit oder Bindekraft der Elemente nicht berücksichtigt, der Austausch der letzteren einfach nach den Gewichtsverhältnissen der obigen Tabelle, Aequivalentgewicht gegen Aequivalentgewicht, stattfindet, also z. B. $FeO, SO_3 + KCl = KO, SO_3 + FeCl$. Für die moderne Formel $FeSO_4$ lautet aber die nämliche Gleichung $FeSO_4 + 2KCl = FeCl_2 + SO_4K_2$. Bei der letzteren kann daher von Aequivalenz in der älteren Auffassung dieses Begriffs nicht die Rede sein, denn aus SO_4Fe erhält man nun andererseits SO_4K_2, worin 2 K die Stelle von Fe einnehmen. Aus diesem, durch das angeführte Beispiel im Einzelnen verdeutlichten Grunde, sowie in Anbetracht der oben erwähnten allgemeinen Vorzüge des älteren Systems erscheint es mir vortheilhafter, die älteren Atom- oder Aequivalentgewichte, welche kraft ihrer ausschließlich gewichtlichen Bedeutung stets unmittelbar für praktische Berechnungen zu benutzen sind, in diesem für die Praxis bestimmten Werke anzuwenden. Wer aber die Atomgewichte überhaupt anzuwenden versteht, wird sie auch in beiden Formen zu benutzen und erforderlichenfalls die älteren in die neueren sowie umgekehrt zu übersetzen wissen.

Da es zeitraubend und unbequem ist, die Aequivalent- oder Atomgewichte zusammengesetzter Körper nach gegebenen Formeln jedesmal auszurechnen oder in Büchern nachzuschlagen, so sind hier die nach Maaßgabe der obigen Tabelle berechneten Aequivalentgewichte derjenigen Verbindungen angegeben, welche bei der Farbenfabrikation hauptsächlich in Frage kommen, und zwar unter Beifügung der gebräuchlichsten technischen und Handelsbenennungen:

Alaunerde: Al_2O_3, 51,4.
Alaunerdehydrate: Al_2O_3, HO, 60,4. $Al_2O_3, 2HO$, 69,4. $Al_2O_3, 3HO$, 78,4.
Alaunerde, schwefelsaure, wasserfreie: $Al_2O_3, 3SO_3$, 171,4.
Alaunerde, schwefelsaure, krystallisirte: $Al_2O_3, 3SO_3 + 18$ Aq., 333,4.
Alaun. Kalialaun: $Al_2O_3, 3SO_3 + SO_3KO + 24$ Aq., 474,6.
    Natronalaun: $Al_2O_3, 3SO_3 + SO_3NaO + 24$ Aq., 458,6.
    Chromalaun: $Cr_2O_3, 3SO_3 + SO_3KO + 24$ Aq., 503,4.
    Eisenalaun: $Fe_2O_3, 3SO_3 + SO_3KO + 24$ Aq., 501,6.
Ammoniak, gasförmiges: NH_3, 17.
    „   flüssiges: = Salmiakgeist oder Ammoniakflüssigkeit.

Das Aequivalent der letzteren Flüssigkeit ist aus ihrem alkalimetrisch (maaßanalytisch) zu bestimmenden Gehalte an NH_3 zu berechnen.

Die im Handel vorkommende Ammoniakflüssigkeit hat die specifischen
Gewichte: 0,960   0,940   0,920 und den entsprechenden
Prozentgehalt: 8,3   12,8   17,4, die Aequivalente
sind also: 204,82   141,17   97,70 statt 17.

Einleitung.

Ammoniak, kohlensaures oder Hirschhornsalz: $3 CO_2, 2 NH_4O, 118$.
Antimonoxyd: $SbO_3, 153$.
Antimonige Säure: $SbO_4, 161$.
Antimonigsaures Kali: $SbO_4, KO, 208,2$.
Antimonsäure: $SbO_5, 169$.
Arsenige Säure, weißer Arsenik: $AsO_3, 99,2$.
Arsensäure: $AsO_5, 115,2$.
Baryt: $BaO, 76,2$. Monohydrat: $BaO, HO, 85,2$.
    „   salpetersaurer: $NO_5, BaO, 130,2$.
    „   schwefelsaurer: $SO_3, BaO, 116,2$.
    „   chromsaurer, s. Chrom: $CrO_3, BaO, 128,3$.
Bittererde: $MgO, 20,7$. Hydrat: $MgO, HO, 29,7$.
    „   kohlensaure, Magnesia alba: $5 MgO, 4 CO_2, 5 HO, 236,5$.
    „   schwefelsaure, Bittersalz: $SO_3, MgO + 7 Aq. = 123,7$.
Blausäure: HCy oder $C_2N, H, 27$.
Bleioxyd, Bleiglätte: $PbO, 111,8$.
    „   Bleisuperoxyd: $PbO_2, 119,8$.
    „   essigsaures, Bleizucker: $C_4H_3O_3, PbO + 3 HO, 189,8$.
    „   chromsaures neutrales, Chromgelb: $CrO_3, PbO, 163,9$.
    „   „   basisches, Chromroth: $CrO_3, 2 PbO, 275,7$.
    „   kohlensaures: $CO_2, PbO, 133,8$.
    „   salpetersaures, Bleisalpeter: $NO_5, PbO, 165,8$.
    „   schwefelsaures: $SO_3, PbO, 151,8$.
Bleioxyd-Chlorblei: $PbCl + PbO, HO, 260$.
    „   „ $PbCl, 3 PbO, 474,6$.
    „   „ $PbCl, 3 PbO + 4 HO, 510,6$.
Bleiweiß, Gemenge von kohlensaurem Bleioxyd und Bleioxydhydrat, siehe unten bei der speciellen Beschreibung des Artikels Bleiweiß.
Blutlaugensalz, gelbes: $2 KCy, FeCy + 3 HO, 210,6$.
    „   rothes: $3 KCy, Fe_2Cy_3, 328$.
Borsäure, geschmolzen: $BO_3, 34,8$.
    „   krystallisirte: $BO_3, 3 HO, 61,8$.
Borsaures Natron.
   Borax, geschmolzener: $2 BO_3, NaO, 100,8$.
     Borax, octaëdrischer: $2 BO_3, NaO + 5 Aq., 145,8$.
     Borax, gewöhnlicher: $2 BO_3, NaO + 10 Aq., 190,8$.
Cadmiumoxyd: $CdO, 63,8$. Hydrat: $CdO, HO, 72,8$.
Chlorammonium, s. Salmiak.
Chlorbarium: $BaCl, 103,6$.
Chlorblei: $PbCl, 130,2$.

Einleitung.

Chlorblei - Bleioxyd, siehe Bleioxyd-Chlorblei oben.
Chlorcalcium: CaCl, trocken, 55,9.
    "   krystallisirt: $CaCl + 6 Aq$, 109,9.
Chlorkalium: KCl, 74,6.
Chlornatrium: NaCl. Kochsalz, 58,6.
Chlorquecksilber, Calomel: Hg_2Cl, 236,2.
    "   Sublimat: HgCl, 136,8.
Chlorsaures Kali: ClO_5, KO, 122,6.
Chlorwasserstoffsäure, als Gas: HCl, 36,4.
Chlorwasserstoffsäure, flüssig, Salzsäure, à 22° Beaumé $100 = 36,4 HCl$.
    "   "   "   à 21°   " $107 = 36,4 HCl$.
Chlorzinn, einfach, Zinnchlorür, Zinnsalz: $SnCl + HO$, 103,4.
    "   zweifach, Zinnchlorid: $SnCl_2$, 129,8.
Chlorzink: ZnCl, 67,6.
Chromalaun, siehe Alaun.
Chromoxyd: Cr_2O_3, 80,2. Monohydrat: Cr_2O_3, HO, 89,2.
Chromsaures Bleioxyd, siehe Bleioxyd.
Chromsaures Kali, neutrales, gelbes: CrO_3, KO, 99,3.
    "   "   saures, rothes: $2CrO_3$, KO, 151,4.
Chromsaurer Baryt: CrO_3, BaO, 128,3.
Cyaneisenkalium, siehe Blutlaugensalz, gelbes und rothes.
Cyankalium: KCy, 65,2.
Eisenalaun, siehe Alaune.
Eisenoxyd: Fe_2O_3, 78,4. Hydrate: Fe_2O_3, HO, 87,4. $Fe_2O_3, 2HO$, 96,4.
Eisenoxyd, schwefelsaures, normales, trocken: $3SO_3, Fe_2O_3$, 198,4.
Eisenoxydul, schwefelsaures, Eisenvitriol.
    "   krystallisirtes: $SO_3 FeO + 7 Aq$, 138,2.
Essigsäurehydrat, Eisessig: $C_4H_3O_3, HO$, 60.
Essig: man berechnet den Gehalt an Essigsäure nach Procenten und daraus das Aequivalent; der Gehalt wird acidometrisch bestimmt.
Essigsaures Bleioxyd, siehe Bleizucker.
Essigsaures Kupferoxyd, krystallisirter Grünspan: $C_4H_3O_3 CuO + Aq$, 99,8.
Blauer Grünspan: $C_4H_3O_3, 2CuO + 6 Aq$, 184,6.
Grünspan, s. essigsaures Kupferoxyd.
Gyps, s. Kalk.
Hydrothion, s. Schwefelwasserstoff.
Kali: KO, 47,2.
Kalihydrat, geglühtes: KO, HO, 56,2; krystallisirt: $KO, 5HO$, 92,2.
Kali, kohlensaures: CO_2 KO, 69,2. Berechnung des Aequivalents des unreinen, oder den Pottaschen, siehe Alkalimetrie:

Einleitung.

Kali, schwefelsaures neutrales: $SO_3 KO$, 87,2; saures: $SO_3 KO + SO_3 HO$, 136,2.
» chromsaures, s. oben: Chromsaures Kali.
» weinsaures: $C_8H_4O_{10}, 2(KOHO)$, 244,4.
» » saures: $C_8H_4O_{10}, (KOHO)$, 188,2.
» manganfaures und Übermangansaures, s. unten.
» salpetersaures, Kalisalpeter: NO_5, KO, 101,2.
Kalk, gebrannter Kalk: CaO, 28,5.
Kalkhydrat: $CaOHO$, 37,5.
Kalk, schwefelsaurer, gebrannter Gyps: SO_3CaO, 68,5.
Kalk, schwefelsaurer, Gyps, ungebrannter: $SO_3CaO, 2 Aq.$, 86,5.
» kohlensaurer, Kreide, Kalkspath: CO_2, CaO, 50,5.
Kieselsäure: SiO_3, 30,8.
Kieselsaures Kali, Wasserglas: $4SiO_3, KO$, 170,4.
» Natron, Natronwasserglas: $4SiO_3, NaO$, 12HO, 262,4.
Kobaltoxydul: CoO, 37,6. Hydrat: $CoOHO$, 46,6.
» schwefelsaures, Kobaltvitriol: $SO_3CoO + 7 Aq.$, 140,6.
Kobaltoxydoxyd: Co_2O_3, CoO, 120,8.
Kohlensäure: CO_2, 22.
Kupferoxyd: CuO, 39,8.
» Hydrat: CuO, HO, 48,8.
» kohlensaures, Bergblau: $2(CuO, CO_2) + CuO, HO = 172,4$.
» » Malachit: $(CO_2 2CuO, HO)$, 110,6.
» schwefelsaures, krystallisirt, Kupfervitriol: $SO_3CuO, 5Aq.$, 124,8.
» arsenig-essigsaures: $3(AsO_3CuO) + (C_4H_3O_3CuO)$, 507,8.
Manganoxydul: MnO, 35,6. Hydrat: $MnOHO$, 44,6.
Manganoxydul, schwefelsaures, Manganvitriol: $SO_3MnO + 5 Aq.$, 120,6.
Manganoxyd: Mn_2O_3, 79,2. Hydrat: Mn_2O_3, HO, 88,2.
Mangansuperoxyd: MnO_2, 43,6.
Mangansaures Kali: $MnO_3 KO$, 98,4.
Uebermangansaures Kali: $Mn_2O_7 KO$, 159,4.
Mennige: $PbO_2, 2 PbO$, 343,4.
Natron: NaO, 31,2. Hydrat, Aetznatron geglüht: NaO, HO, 40,2. Bei unreinem Natron und Lösungen desselben (Aetznatronlauge) wird das Aequivalent alkalimetrisch bestimmt. Natron, kohlensaures, Sodasalz, rein: CO_2, NaO, 53,2; krystallisirt, krystallisirte Soda: $CO_2, NaO + 10 Aq.$, 143,2. Bei unreinen Sorten wird das Aequivalent alkalimetrisch bestimmt.
Natron, salpetersaures, Natronsalpeter: NO_5, NaO, 85,2.
Natron, schwefelsaures, wasserfrei: SO_3, NaO, 71,2.

Einleitung. 7

Natron, schwefelsaures, krystallisirt, **Glaubersalz**: SO_3, NaO + 10 Aq., 161,2.
Phosphorsäure, PO_5, 71,4.
„ Hydrat, glasiges: PO_5, HO, 80,4; krystallisirtes: PO_5, 3 HO, 98,4.
Phosphorsaurer Kalk: PO_5, $3CaO$, 156,9.
Phosphorsaures Natron: PO_5, $2NaO$, 25 Aq., 358,8.
Quecksilberoxyd, HgO, 109,4.
Salzsäure, s. Chlorwasserstoffsäure.
Salmiak, Chlorammonium: NH_4Cl. NH_3, HCl, 53,4.
Salmiakgeist, s. Ammoniak.
Salpetersäure: NO_5, 54. Hydrat: NO_5, HO, 63. Der Gehalt der wässerigen käuflichen Salpetersäure an wasserfreier Salpetersäure wird in Tabellen chemischer Handbücher in dem specifischen Gewicht entsprechenden Procenten angegeben, woraus sich das Aequivalent der käuflichen Säure berechnen läßt. Die käufliche Salpetersäure enthält oft HCl und SO_3, HO und Salze, welche das specifische Gewicht alteriren. Ist sie rein, so hält Säure von:

48°   40°   30°   30° Beaumé
75   53,4   44   35   Procente NO_5, und die Zahlen
72   101,1 122,   7 154,3 sind dann die Aequivalente.

Salpetersaures Quecksilberoxydul, krystallisirt: NO_5, Hg_2O, 2 HO, 282,8.
„ Quecksilberoxyd: $NO_5 HgO$, 163,4.
Schwefelantimon, dreifach: SbS_3, 177.
Schwefelantimon, fünffach: SbS_5, 209.
Schwefelarsen: AsS_3, 107,2. AsS_4, 123,2. AsS_5, 155,2.
Schwefelbarium: BaS, 84,2.
Schwefelcalcium: CaS, 36,5.
Schwefelcadmium: CdS, 71,8.
Schwefelkalium: KS, 55,2. KS, HS, 72,2.
Schwefelnatrium: NaS, 39,2; krystallisirt: NaS + 9 Aq., 120,2.
Schwefelquecksilber, Zinnober: HgS, 117,4.
Schwefelsäure, wasserfreie: SO_3, 40.
„ Hydrat, Vitriolöl à 66° Beaumé: $SO_3 HO$, 49.
Schwefelwasserstoff: HS, 17.
Schwefelzinn: SnS_2, 91.
Schwefelzink: ZnS, 48,2.
Schweflige Säure: SO_2, 32.
Unterschwefligsaures Natron: S_2O_2NaO + 5 Aq., 124,2.
Weinsäure, krystallisirte, zweibasisch: $C_8H_4O_{10}$, 2 HO 150.

8 Einleitung.

Zinnoxyd: SnO_2, 75. Hydrat: SnO_2, HO, 84.
Zinnsaures Natron, krystallisirt: $SnO_3, NaO + 3 Aq.$, 133,2.
Zinkoxyd: ZnO, 40,2. Hydrat: ZnO, HO, 49,2.
„ schwefelsaures, Zinkvitriol: $SO_3, ZnO + 7 Aq.$, 143,2.

Sind Zersetzungen vorzunehmen, und will man das nöthige Material dazu vorher nach diesen Aequivalentzahlen berechnen, so ist zu berücksichtigen, daß natürlich nicht jede Verbindung die andere, und auch nicht jedesmal ein Aequivalent der einen Verbindung ein Aequivalent der anderen zersetzt. Beispielsweise kann angeführt werden, daß CrO_3 KO beinahe jedes neutrale Bleisalz zersetzt, um chromsaures Bleioxyd zu bilden, und zwar zu gleichen Aequivalenten; 2 CrO_3, KO dagegen zersetzt wohl zwei Aequivalente Bleizucker, aber nicht Bleisalze, welche eine stärkere Säure enthalten, z. B. nicht schwefelsaures Bleioxyd, während letzteres von dem neutralen chromsauren Kali langsam zersetzt wird. 2 KCy, FeCy oder gelbes Blutlaugensalz zersetzt wegen des Kaligehaltes zwei Aequivalente SO_3, FeO.

Ebenso ist zu berücksichtigen, daß obige Aequivalentzahlen nur den reinen Verbindungen angehören, und daß letztere sehr selten im Handel vorkommen. Sind die zu verwendenden Stoffe flüssig und von verschiedenem Gehalt an der reinen Verbindung, so muß dieser Gehalt zur Ermittelung des Aequivalents jener flüssigen Stoffe erst bestimmt werden. Die Bestimmung der Aequivalente alkalischer Flüssigkeiten ist weiter unten bei der Alkalimetrie angeführt.

Obwohl die chemischen Formeln zur Aufklärung mancher bei der Farbenfabrikation vorkommenden Processe durch Gleichungen geeignet sind, und aus den Gleichungen, weil die Buchstaben oder Zeichen bestimmte Gewichte der chemischen Elemente vertreten, auch die Quantitäten der Producte oder Nebenproducte berechnet werden können, wovon eines derselben in diesem Fache eine Farbe ist, so kommt es doch häufig vor, daß die Zersetzungen nicht gerade nach Aequivalenten oder auf die Weise, wie die Theorie es vorschreibt, ausgeführt werden dürfen, wenn ein Product erhalten werden soll, welches die Eigenschaften hat, die man von der Farbe begehrt. Daher sind bei den einzelnen Farben zu ihrer Herstellung oft nicht jene Aequivalentgewichte, sondern andere von den Aequivalentzahlen sehr abweichende Quantitäten der anzuwendenden chemischen Verbindungen, welche auf einander reagiren sollen, angegeben, an welche ich bitte sich hauptsächlich zu halten, weil man sonst das gesuchte Resultat nicht erreichen würde.

Erster Theil.

Erster Abschnitt.
Ueber Erdfarben im Allgemeinen und ihre Verarbeitung zu Handelswaare.

Unter Erdfarben versteht man diejenigen Mineralfarben, die auf der Erde als schon fertig gebildetes Material vorkommen, und nach deren bergmännischer Gewinnung, sei es als Haupt- oder Nebenproduct, nur geringer, fast nur mechanischer Vorbereitungen bedürfen, um fertige und zu gewissen Zwecken brauchbare Maler- oder Anstrichfarben abzugeben.

Ihr Werth ist je nach dem mehr oder minder häufigen Vorkommen des Rohmaterials, nach dessen Aufbereitungskosten und nach der Verwendbarkeit der fertigen Farben ein sehr verschiedener, besonders wenn man hier hinzurechnet Berg-Zinnober und echten Ultramarin, welche jedoch gegenwärtig kaum mehr als natürliche Mineralproducte, sondern als künstlich dargestellte Mineralfarben im Handel vorkommen. Von diesen beiden Farben, welche man in Rücksicht auf die ähnliche Beschaffenheit der künstlich hergestellten und der natürlich vorkommenden Farben auch als Erdfarben betrachten könnte, wird daher unter den künstlich dargestellten Mineralfarben besonders die Rede sein.

Die mechanische Vorbereitung dieser Mineralien, um sie als Malerfarben oder Farbmaterial verwenden zu können, hat immer den Zweck, dieselben in ein Pulver von größter Feinheit zu verwandeln. Das Product ist um so werthvoller, wenn auch von demselben Material hergestellt, je feiner dieses Pulver ist, aber um so viel kostspieliger wird auch die Herstellung. Sollen die Producte auch nur grobe Anstrichfarben vorstellen, so ist doch selbst für diesen Fall das Material um so werthvoller, je theilbarer es ist, weil der Consument eine desto größere Oberfläche damit überziehen kann. Dasselbe gilt bei Anwendung der Erdfarben zum Tapetendruck als Grund- oder Aufdruckfarbe; ferner bei deren Anwendung zur Einmischung in die Papiermasse bei Herstellung von Tapeten- und durchgefärbten Umschlags- oder Packpapieren. Aber als Malerfarbe für Künstler wird die äußerste Feinheit des Pulvers erfordert, welche wenigstens der Art sein muß, daß das Pulver zwischen die Zähne gebracht nicht fühlbar ist und auf dem Reibsteine sich mit Oel oder Firnissen anreiben läßt, ohne ein wie von sandartigen Theilen entstehendes Geräusch zu verursachen.

Welchen Weg man einzuschlagen hat, um eine möglichst feine Zertheilung zu erreichen, hängt von dem Aggregatzustande ab, in welchem das Material oder das bergmännisch gewonnene Rohproduct, das die Farbe liefern soll, gewonnen wird. Ist der Zusammenhang desselben nur lose oder zum Theil lose, und ist das Rohmaterial in Wasser erweichbar, sowie untermengt mit härteren Theilen oder Körnern von derselben Substanz, oder auch untermengt mit härteren Körnern anderer Mineralien, Sand, Quarzkörnern u. s. w., die als Farbe keinen Werth haben, so ist der einfachste und wenigst kostspielige Weg zur Gewinnung einer fein zertheilten Farbe die Methode des Schlämmens.

Hierdurch erhält man die Farbentheile von verschiedener Feinheit und je nach ihrem Feinheitsgrade trennbar, aber in Wasser aufgeweicht, als Farbenteig, der zuweilen, wie für den Tapetendruck, zur Papierfabrikation in Proportion zum Gehalte werthvoller ist, als die trockene Farbe. Dadurch, daß man diese Farbenteige entweder nur durch Trocknen, oder durch vorherige Auspressen und Trocknen vom Wasser befreit, erhält man dann die trockene Farbe.

Dieselbe kann nach dem Trocknen sehr verschieden auftreten. Sie bleibt entweder pulverförmig oder hat doch einen so losen Zusammenhang, daß kleine Stückchen schon bei dem geringsten Drucke mit dem fleischigen Theile des Fingers in zartes Pulver zerfallen; oder sie hat einen bedeutenderen Zusammenhang erhalten, der sogar so groß werden kann, daß kleine Stückchen sehr schwer mit dem Nagel des Daumens zerdrückbar sind. In dieser letzteren Form sind dann die Farben für gewisse Anwendungen sehr unbequem. Gewöhnlich erweichen sich zwar die Stücke wieder in Wasser und lassen sich also in Farbenteige verwandeln, welche, wie oben angeführt, directe Anwendung als Wasserfarbe gestatten. Um jene festen zusammenhängenden trocknen Farben aber als Oelfarbe gebrauchen zu können, müssen sie zuvor im trockenen Zustande pulverisirt, gemahlen, gesiebt oder gebeutelt werden, und je sorgfältiger diese Arbeit verrichtet wird, d. h. je feiner das Farbmehl ist, das dadurch gewonnen wird, desto preiswürdiger ist dann für diesen Zweck die Waare. Die meisten Oder- und Umbrafarben werden auf diesem Wege durch Schlämmen beziehungsweise nachheriges Mahlen gewonnen und in beiden angeführten Formen in den Handel gebracht.

Bleiben bei dieser Schlämmarbeit harte in Wasser sich nicht vertheilende Theile zurück, welche zerrieben dieselbe oder auch eine andere Farbe, oder eine andere Nüance derselben Farbe geben, so unterwirft man diese Rückstände, falls sich deren Weiterverarbeitung überhaupt lohnt, derselben Arbeit wie solche Rohmateriale, die sich in Wasser nicht erweichen, also auf dem angeführten Wege des Schlämmens nicht verarbeitbar sind.

Ist der Zusammenhang des Rohmaterials bedeutend, erweicht es sich nicht in Wasser oder erst in sehr langer Zeit, und ist dasselbe übrigens rein von Theilen, die, wenn sie zerrieben werden, die Farbe nicht beeinflussen, so kann man das Pulverisiren, Mahlen, Beuteln und Sieben gleich von vornherein vornehmen, und man gelangt dann sogleich zu einem so feinen Farbpulver oder Farbmehl, wie es überhaupt möglich ist, daraus herzustellen. So werden jetzt Materialien, wie Gyps, Schwerspath ebenfalls trocken pulverisirt und gemahlen, während zu deren Zerkleinerung früher die sogenannten nassen Mühlen in Anwendung kamen, wie sie bei der Bleiweißfabrikation, der Ultramarinfabrikation und einigen anderen technisch-chemischen Fabrikationszweigen noch in Anwendung sind, und von denen unten noch speciell die Rede sein wird.

Es sollen nun die Einrichtungen, welche zur Ausführung dieser für die Zerkleinerung der Erdfarben nöthigen Arbeiten dienen, sowie diese Arbeiten selbst beschrieben werden.

I. Das Schlämmen und die Schlämmvorrichtungen.

A. Im Kleinen.

Wenn man das Schlämmen im Kleinen vornimmt, so verfolgt man entweder den Zweck, das gegebene Material in der Art zu untersuchen, daß man erfährt, a) welches Product dasselbe liefert, b) wie viel von jeder Feinheit, oder c) man hat die Absicht, nur eine kleine Quantität der Farbe von gewisser größter Feinheit herzustellen ohne Rücksicht auf Gewinnungskosten.

Zu diesem Behufe stellt man eine Reihe großer Becher- oder Cylindergläser A B C D E F ꝛc. auf und bringt das schlämmbare Material in das Glas A, so daß es etwa $1/4$ des Raumes ausfüllt; den übrig bleibenden leeren Raum füllt man mit Wasser und rührt nun mit einem Glas- oder Holzstab um. Wenn sich das Material erweicht hat, so daß es sich nach obermaligem Umrühren zum größten Theil im Wasser vertheilt, so läßt man nach dem Umrühren einige Minuten stehen, wobei das größte Pulver im Wasser niedersinkt. Der Inhalt von A wird nun bis zur Hälfte in das Glas B abgegossen und in A wieder neues Material und Wasser gebracht, ungefähr so viel Material, als man annehmen kann, daß man in Wasser zertheilt abgegossen habe. Man wiederholt das Umrühren und Abgießen wie das erste Mal und erhält so das Glas B angefüllt oder beinahe angefüllt. Ist letzteres der Fall, so rührt man im Glase B ebenfalls um, läßt die doppelte Zeit stehen, die man in A stehen läßt, ehe man abgießt, und gießt dann den Inhalt von B zur Hälfte in das Glas C. Man bringt jetzt in A wieder neues Material mit Wasser wie vorhin in kleinen Quantitäten, das Aufgeschlämmte nach B, dann von da, wie angeführt, nach derselben Zeit nach C. Während man so mit A und B fortfährt, wird C gefüllt, und wenn dieses geschehen ist, wird auch in C umgerührt, nach etwas längerem Stehen sodann der Inhalt von C nach D zur Hälfte abgegossen und in dieser Weise systematisch mit den Gläsern weiter verfahren, bis auch das letzte Glas gefüllt ist, unter Beobachtung der Regel, daß nur jedesmal die Hälfte des Inhalts in das folgende Glas abgegossen wird, und daß die Flüssigkeit nach dem Umrühren einige Minuten länger in Ruhe gelassen worden ist, als in dem vorhergehenden Glase, aus welchem sie abgegossen wurde.

Wenn so alle Gläser gefüllt sind, läßt man die Farbe sich aus dem Wasser absetzen, bringt sie nachher auf Filter und trocknet jede Partie für sich, wobei dann die im letzten Glase die feinste ist. Hat man das angewendete Rohmaterial gewogen, so läßt sich aus dem Gewicht der erhaltenen Partien bestimmen, wie viel brauchbares Material von verschiedener Feinheit das Rohmaterial bei der Verarbeitung im Großen liefern würde.

In etwas größerem Maaßstabe läßt sich diese Arbeit auch in Fässern oder Bottichen ausführen, die wie vorhin die Gläser nebeneinander aufgestellt werden und wobei dann das Material ebenso in dem ersten Fasse mit Rührscheiten in Wasser aufgerührt, dann nach einigem Stehen in das zweite abgezapft wird u. s. w. Wenn die Fässer terrassenförmig aufgestellt werden können, so läuft der Inhalt zur Hälfte von selbst jedesmal in das nächstfolgende. Wenn nach einiger Zeit fortgesetzter Arbeit im ersten Fasse sich Rückstände anhäufen, die sich im Wasser nicht zertheilen, so werden sie einigemale für sich ohne neuen Zusatz von Material aufgerührt, die Flüssigkeit wird wie vorhin abgezapft und dann das Faß entleert. Die übrigen Fässer werden entleert, wenn sich eine ziemliche Quantität Farbe angesammelt hat, und zwar in andere Fässer, in denen sich die Farbe von dem Wasser durch ruhiges Stehen absetzen kann.

Man kann sich endlich auch eines einzigen höheren Holzgefäßes zu Probeschlämmungen bedienen, welche die oben angeführten Absichten erfüllen. Man versieht dasselbe in verschiedener Höhe, z. B. in Abständen von 1 Fuß mit Krahnen zum Abziehen der Flüssigkeit, deren nach innen mündendes Einlaufsrohr aber etwas nach abwärts geneigt sein muß. Das Material wird nun in dem Bottiche nach

Schlämmen und Schlämmvorrichtungen. 13

erfolgtem Aufweichen mit Wasser wohl aufgerührt, so daß derselbe völlig angefüllt ist, worauf man beliebig lange, 15, 20, 30 Minuten stehen läßt. Nach Verlauf dieser Zeit haben sich die gröbsten Theile zu Boden gesetzt, die weniger groben schweben in verschiedener Höhe im Wasser vertheilt, und zapft man nun den Inhalt aus den verschiedenen Krahnen in besondere Gefäße, von oben angefangen, ab, so setzt sich daraus die Farbe auch in verschiedener Feinheit ab. Man kann diese Arbeit mit dem Rückstande so oft wiederholen, als noch Farbtheile sich im Wasser aufschlämmen lassen. Die durch die obersten Krahnen abgezogenen Flüssigkeiten geben natürlich die feinsten Farben, und wird das Rohmaterial, sowie das erhaltene Product nach dem Trocknen gewogen, so kann auch, wenn es darauf abgesehen ist, eine Berechnung der Ausbeute an verschiedenen Farbqualitäten in Betreff ihrer Feinheit angestellt werden. Ebenso läßt sich das System zur Ausführung in etwas größerem Maaßstabe adoptiren, wenn man es so einrichtet, daß die Flüssigkeiten aus einem solchen größeren Bottich in verschiedene andere größere, von denen ein jeder für einen anderen Krahn bestimmt ist, abgelassen werden können.

Wenn die Rohmaterialien für Erdfarben durch Tagebau gewonnen, oder wenn sie nicht an der Gewinnungsstelle selbst geschlämmt werden, sondern erst einen mehr oder minder langen Transport erfahren, so kann es kommen, daß sie durch Stroh, Halme, Moos u. s. w. verunreinigt sind. In diesem Falle ist es nothwendig, die aufgeschlämmte Masse vom ersten Gefäße durch ein Sieb von Messingdraht oder Haar passiren zu lassen, welches diese Fasern zurückhält. Man setzt dasselbe in das erste Faß, in welches die Flüssigkeit abgelassen wird, auf zwei Latten, und reinigt es öfters von diesen zurückbleibenden fremden Bestandtheilen, die nicht in die Farbe kommen dürfen.

Es sei hier gleich bemerkt, daß dieser Ausweg, solche Unreinigkeiten zurückzuhalten, auch beim Schlämmen im Großen angewendet wird, zu welchem Zwecke man dann vor dem Ausflußrohr des Schlämmbottichs ebenfalls ein Sieb anzubringen hat.

B. Im Großen.

Nur wenn eine mechanische Kraft zu Gebote steht, kann das Schlämmen der Erdfarben in ganz großem Maaßstabe ausgeführt werden; im anderen Falle dürfte es meistens ebenso vortheilhaft sein, sich der Methode, die für die Arbeit im Kleinen vorstehend angeführt ist, zu bedienen, nur daß man dann größere Fässer oder Bottiche und mehrere Systeme oder Galeeren anwendet, deren Anschaffung wenig Kosten verursacht, da sich dazu allerlei Arten von Gefäßen verwenden lassen. Die mechanische Kraft, welche beim Schlämmen in Anspruch genommen wird, ist zwar nicht groß, und wenn sie nicht auch das zum Schlämmen nöthige Wasser herbeischaffen muß, sondern dasselbe je nach örtlicher Lage selbst herbeifließt, hat sie nur die Arbeit zu verrichten, welche beim Schlämmen im Kleinen durch das Aufrühren des Rohmaterials in Wasser durch Menschenhände ausgeübt wird. Das Schlämmen in diesem Falle wird dann so ausgeführt, daß das Rohmaterial in kurzen Perioden in ein Gefäß mit Wasser gebracht und darin in Bewegung gesetzt wird, und zwar unter beständigem Zulauf eines angemessenen Wasserstroms, der die zertheilten Farbtheile, welche nicht so schwer oder nicht so grob sind, daß sie sogleich zu Boden sinken, mit sich fortnimmt. Der ablaufende Wasserstrom entleert sich dann in eine größere Cysterne oder ein Reservoir, und wenn dieses gefüllt ist, in eine zweite, dritte, vierte, immer das feinere schwebende Material mitnehmend, während das gröbere sich in der ersten und zweiten schon absetzt, weil gröbere oder schwerere Theile überhaupt schneller im Wasser niedersinken. Wenn eine solche Einrichtung dem zu schlämmenden Material angepaßt ist, so kann das Wasser aus dem letzten Kasten oder der Cysterne rein ablaufen, was aber voraussetzt, daß dort nur eine geringere Strömung oder Bewegung stattfinden, und es wird solches dadurch erreicht, daß seine Größe die der anderen Cysternen vielmal übertrifft. Wenn aber die Farben ihrer Natur nach sich schwer absetzen, was von ihrem specifischen Gewichte und ihrer Adhäsion gegen Wasser abhängt, dann muß die Anzahl der letzten Cysternen vergrößert werden, so daß die Flüssigkeit in der einen in Ruhe ihre Farbe absetzen kann, während der Zulauf in die andere, dritte u. s. w. erfolgt. Die Form dieser Cysternen oder Reservoire ist gleichgiltig. Sie können aus Bottichen bestehen oder aus viereckigen hölzernen Kästen, immerhin aber müssen sie in der Weise staffelförmig angeordnet sein, daß das Niveau der Flüssigkeit in der ersten Cysterne einige Zoll höher steht als in der zweiten, und so bei jeder nachfolgenden, damit die Flüssigkeit vom Niveau der ersten durch eine Rinne auf das Niveau der zweiten und so von jeder zur nachfolgenden gelangen kann, ohne durch eine bedeutende Fallhöhe eine Bewegung hervorzubringen, die den Effect eines gelinden Umrührens hervorbringen würde. Denn diese Bewegung würde ein langsameres Absetzen der Farbe verursachen, während gerade ein rasches Absetzen hier deshalb von Wichtigkeit ist, weil sonst eine continuirliche Arbeit nicht lange fortgesetzt werden könnte. Letzteres kann überhaupt auch nur so lange geschehen, wie die letzten Cysternen ausreichen, um aus einer derselben stets klares Wasser abfließen zu lassen, und bis endlich die Cysternen oder einzelne derselben mit Farbe angefüllt sind, worauf die Entleerung erfolgen muß, welche dann am zweckmäßigsten bei allen erfolgt. Es liegt dann in der Hand des Fabrikbesitzers, die Sorten verschiedener Feinheit getrennt zu halten, oder theilweise oder ganz zu vereinigen.

Während die Anordnung der Cysternen für ein derartiges Schlämmen Niemandem eine Schwierigkeit darbieten kann, wenn nur bei der Anlage darauf Rücksicht genommen wird, daß die Anzahl der Cysternen, wenn ein längeres Ver-

Schlämmen und Schlämmvorrichtungen.   15

weilen zum Klären der Flüssigkeit nothwendig ist, nöthigenfalls vermehrt werden kann, so ist die Einrichtung für das erste Aufrühren des Rohmaterials mit Wasser schwieriger dem Materiale anzupassen.

Enthält das Rohmaterial keine harten Theile, die im Wasser unzertheilbar sind, Sand und ähnliche Rückstände, und hat also das Schlämmen hauptsächlich den Zweck, feine und noch feinere Theile zu trennen, was in diesem Falle besser oder ebenso zweckmäßig durch Mahlen, Pulverisiren und Sieben geschehen könnte, so dient dazu ein Bottich von einigen Fuß Höhe. In demselben steht eine verticale eiserne Achse, in einer Büchse auf dem Boden des Bottichs ruhend, und oben mit einer Riemenscheibe und Transmission versehen, durch welche sie in der Minute etwa 40 mal umgedreht wird, wenn der Bottich einen Diameter von 0,70 bis 0,80 m hat. An das untere Ende der Achse ist ein 6 Zoll hohes Brett von gleicher Länge wie der Bottichdurchmesser angebracht. Läuft nun ein abgepaßter Strom von Wasser in den Bottich, während man die Achse durch die Riemenscheibe sich drehen läßt, und wirft man schaufelweise Rohmaterial hinzu, so rührt das Brett an der Achse (Flügel vorstellend) die Farbe auf, und man läßt nun die aufgeschwämmte Farbe von dem oberen Theile des Bottichs continuirlich in die erste Cysterne durch ein Rohr abfließen, indem man die abgepaßte Quantität Wasser ebenso continuirlich zulaufen läßt und neues Material immer wieder und in solcher Menge zufügt, daß diese einfache Maschine ruhig arbeitet.

Enthielte das Rohmaterial unzertheilbare Theile, die sich im Wasser nicht erweichen und aufschlämmen lassen, so würde diese einfache Rührmaschine entweder bald in Unordnung kommen, oder doch oft abgestellt werden müssen, um die Rückstände durch eine angebrachte Seitenöffnung zu entleeren, welche sonst als Ballast der Umdrehung einen immer größeren Widerstand darbieten würden.

Beständen die unzertheilbaren Theile aus harten Stücken derselben Farbe und müßte das geschlämmte Product doch pulverisirt werden, so würde der ganzen Arbeit, wie schon oben angeführt, das Mahlen, Sieben oder Beuteln vorzuziehen sein. Sind aber die Rückstände weniger werth und kann die Farbe, wie sie nach dem Trocknen ausfällt, ohne Weiteres verwerthet werden, so hat die Anwendung der beschriebenen wenig kostspieligen Rührvorrichtung, welche geringe mechanische Kraft erfordert, ihre sicheren Vorzüge.

Wenn die Rückstände beim Schlämmen viel betragen, sei es nun von brauchbaren Rückständen, oder von kleinen Steinen, Sandkörnern u. s. w., so tritt der oben angeführte Fall schnell ein, daß dieselben hinderlich sind und den Gang der Einrichtung benachtheiligen. In diesem Falle ist statt des hölzernen Bottichs, dessen Boden bald durch Reibung zerstört sein würde, ein eisernes Gefäß von ungefähr derselben Form anzuwenden, und statt des an die Achse angeschraubten Brettes ein eiserner Rechen. An der Seite des Gefäßes ist immer eine verschließbare Oeffnung angebracht, um die Rückstände von Zeit zu Zeit herauszunehmen. Das Herausnehmen der Rückstände aus dem Rührbottiche geschieht dann, wenn das zulaufende Wasser, während der Rechen sich bewegt und die Masse bearbeitet, keine beachtenswerthe Menge von Farbtheilen mehr aufnimmt und mitführt, wenn also die Rückstände völlig ausgewaschen sind.

Durch das Schlämmen werden, wie vorstehend auseinandergesetzt ist, die Erdfarben nach ihrem Absetzen aus dem Wasser in verschiedener Feinheit gewonnen, und können nun nach dieser Feinheit getrennt gehalten, oder auch gemengt werden. Immerhin stellen sie einen Teig vor, der um so consistenter ist, je längere Zeit man die Masse stehen ließ, um sich abzusetzen. Ist derselbe so consistent geworden, daß er eine zähe nicht fließende Masse vorstellt, so wird er auf Trockenbretter ausgebreitet, in dünneren oder dickeren Schichten, und nach Einstellung dieser Trockenbretter in Trockengerüste gewöhnlich dem Trocknen an freier Luft überlassen.

Bedarf es längerer Zeit, bis das Geschlämmte eine solche Consistenz annimmt, daß es auf Trockenbretter gebracht werden kann, so bringt man es aus den Schlämmcysternen in andere Reservoire, um in der Schlämmarbeit nicht gehindert zu sein.

Solche Reservoire können in wirkliche Filtrirapparate verwandelt werden, worin sich die Masse schnell verdickt, dadurch daß man sie über der Erde anbringt und inwendig mit Leinwand überzieht, durch welche das Wasser mehr oder weniger rasch, je nach der Beschaffenheit der Farbe, abfiltrirt. Da aber die Leinwand dabei bald zerstört wird, so bedient man sich für den Fall, daß die Farbe diese Kosten nicht tragen kann, einer einfacheren Einrichtung der Reservoire. Man versenkt es als viereckigen, hölzernen, lose gezimmerten Kasten in die poröse, oder durch Zusatz von Sand porös gemachte Erde, und stampft letztere fest an die Seitenwände. Der nicht dichte Behälter läßt dann das Wasser durch die poröse Erde austreten, so daß der Farbenteig bald fest genug wird, um ihn auf die Trockenbretter bringen zu können. Verliert man auch beim ersten Anfüllen eines solchen Filtrirreservoirs etwas Farbe, weil das Reservoir nicht dicht sein darf, so hört dieser Verlust doch bald auf, wenn sich erst an der Grenze der porösen Erde ein Lager der Farbe als Ueberzug angesetzt hat.

In seltenen Fällen wird es vorkommen, daß man mit diesen Einrichtungen des Schlämmens und Filtrirens der Masse, bis man sie auf die Trockenbretter bringen kann, nicht ausreicht. Sollte letzteres aber der Fall sein, so bleibt nichts Anderes übrig, als sich der Filterpressen zu bedienen, welche neuerer Zeit in sehr vielen Industriezweigen Eingang und vortheilhafte Anwendung gefunden haben, und deren specielle Beschreibung weiter unten erfolgt. Sie werden überall benutzt, wo ein und dasselbe in

Schlämmen in Fässern.

einer Flüssigkeit aufgeschlämmte Material in großer Menge rasch von der Flüssigkeit getrennt werden soll.

Nach dem Schlämmen werden die Erdfarben gewöhnlich an der Luft getrocknet. Ihr Preis erlaubt meistens nicht, andere Trockeneinrichtungen dafür einzurichten, als feststehende mit Dach versehene Schuppen. Unter diesem Dache sind Lattengerüste angebracht, in welche die Trockenbretter, d. h. die abgehobelten Bretter, auf denen der Farbenteig ausgebreitet ist, eingeschoben und eingereiht werden. Die Trockenbretter haben gewöhnlich eine Länge von 1,33 m und werden von möglichster Breite, mithin so breit genommen, als man sie erhalten kann. Für Farben, die einen steifen Teig bilden, braucht man keinen erhöhten Rand an den Brettern. Ist der Teig aber so dünn, daß er aus einander läuft, so umgiebt man sie mit angenagelten Leisten, die um das Brett herum einen 2 bis 3 cm hohen Rand oder eine Einfassung, gleichsam einen Kasten bilden, der das Abfließen des Teiges hindert. In den Gestellen bleibt dann die Farbe stehen, bis sie trocken ist, um entweder so verpackt und in den Handel gebracht zu werden wie sie ist, oder um sie weiterer Arbeit zu unterwerfen. Letztere besteht gewöhnlich nur darin, die Farbe in ein feines Pulver zu verwandeln, nämlich wenn sie nicht die Eigenschaft hat, zu einem lose zusammenhängenden Material zu trocknen, welches von selbst in Pulver oder kleine Stücke zerfällt, die keinen festen Zusammenhang zeigen.

Zur Verdeutlichung der Schlämmeinrichtung in Fässern ohne mechanische Kraft diene Fig. 1.

Fig. 1.

18   Mechanische Schlämmvorrichtung.

In dem am höchsten aufgestellten Fasse A wird das Rohmaterial oder Schlämmgut unter Zulauf von Wasser umgerührt. Die aufgeschlämmte feinere Farbe läuft dann durch das Rohr a nach B durch das darauf gesetzte Sieb E. Wenn B voll ist, so läuft das feinere Material in den Bottich C, dann weiter nach D, von da etwa in ein größeres Reservoir, wo man die Farbe sich absetzen läßt. Was sich in B absetzt, ist gröber als das in C Abgesetzte, und das in C bleibende Material gröber als in D u. s. w.; in A fällt zu Boden, was nicht so fein ist, daß es sich in Wasser zertheilen läßt.

Können die Fässer nicht terrassenförmig aufgestellt werden, so ist man genöthigt, das Aufgeschlämmte von dem Fasse A nach B, von B nach C u. s. w. zu schöpfen, wozu man sich eines passenden Schöpfgeräthes bedient.

Zur Verdeutlichung einer mechanischen Schlämmeinrichtung sowie der Schlämmreservoire dienen Fig. 2, 3 und 4.

In dem hölzernen Gefäße, Fig. 2 aa im Durchschnitt gezeichnet, welches oben einen Auslauf b zur Ueberleitung der aufgeschlämmten Farbe die Reservoire, und nahe am Boden die mit Deckel und Riegel verschließbar

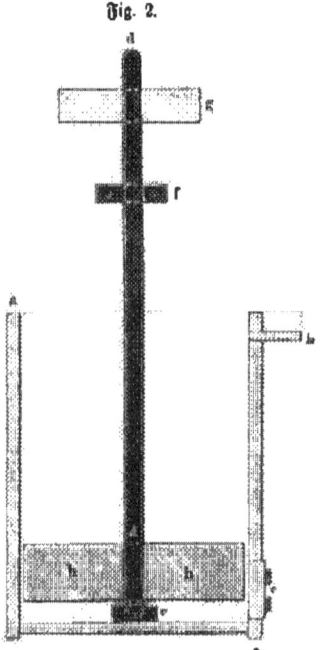

Fig. 2.

zum Herausnehmen der festen Rückstände dienende Oeffnung c hat, steht vertical, und im Centrum die eiserne Achse oder Spindel dd. Sie ruht in einer am Boden befestigten Büchse e, in welcher sie sich drehen kann und ist oben in einer Suppe oder einer anderen Büchse f b festigt, wodurch sie in vertical. Stellung erhalten wird. S geht durch die Riemenscheibe g, wodurch sie in die rotirend Bewegung versetzt wird, welch durch irgend eine Vorrichtung a Motor unterbrochen oder ein geleitet werden kann. Am unteren Ende der Achse ist entweder da Brett hh oder statt dessen ei eiserner Rechen angeschraubt, b das in den Bottich geworfene fest Material in Wasser zerrührt. Te ganze Apparat steht auf einem soliden Gestelle und so hoch, daß

Terrassenförmige Schlämmreservoire.

aus seinem Auslauf b die Flüssigkeit in das erste Reservoir, das am höchsten steht, und von letzterem in die tiefer stehenden Reservoire ablaufen kann.

Die Oeffnung c, welche unten an dem Bottich angebracht ist, wird durch eine Thür, hergestellt aus einem passenden Stück Holz, Fig. 3 ee, verschlossen.

Fig. 3.

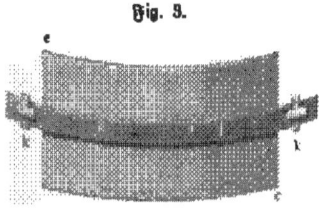

Um sie befestigen zu können, ist darauf ein Eisenband i i aufgeschraubt, das an beiden Enden 10 bis 12 cm länger als das Stück Holz und so gebogen ist, daß es sich an den Umfang des Bottichs anlegt, wenn die Thür eingesetzt wird. Diese Enden sind mit einem vierkantigen Loch k durchbrochen, durch welches beim Einsetzen der Thür ein Ohr von Eisen geht, das am Bottich festgeschraubt ist. Mit Keilen, welche man durch diese Ohren schlägt, wird dann das Band und somit die Thür an der Bütte festgehalten. Ueberzieht man noch die Thür an den Kanten, wo sie zwischen dem Bottich eine Fuge macht, mit darauf genageltem Schafsleder, so ist der hierdurch bewirkte Verschluß dicht genug, so daß allenfalls nur Wasser durchtröpfelt.

Die terrassenförmige Anordnung der Schlämmreservoire ist durch Fig. 4 angedeutet. Es ist natürlich gleichgültig, ob dieselben rund oder viertkantig sind,

Fig. 4.

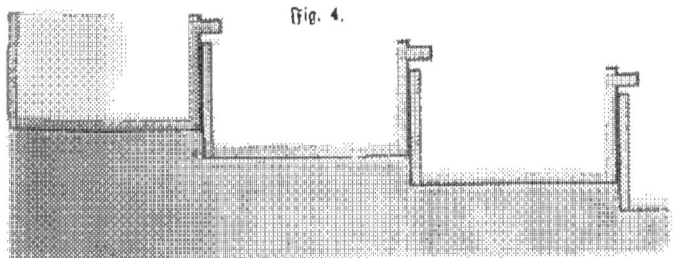

und ihre Größe und Anzahl richtet sich nach dem Maaßstabe, in welchem die Schlämmerei betrieben werden soll. Die Localität muß darüber entscheiden, in welcher Höhe man die Reservoire anbringt, oder ob man sie zum Theil in die Erde versenkt, und hiervon wieder ist es abhängig, wie die Verzimmerung ausgeführt wird, welche die Kästen zusammenhält.

Zur Verdeutlichung der für das Trocknen der Erdfarben gewöhnlich zur Anwendung kommenden Einrichtungen dienen Fig. 5, 6 und 7.

Fig. 5 (a. f. S.) ist der Durchschnitt eines freistehenden Trockenschuppens, dessen sämmtliche Seitenwände offen sind, im Durchschnitt nach der Breite.

Das Dach ruht auf einem Ballenlager, welches auf die Seitenwände gelegt i[st].
Die letztern bestehen in der Regel nur aus aufrechtstehenden Holzpfeilern

Fig. 5.

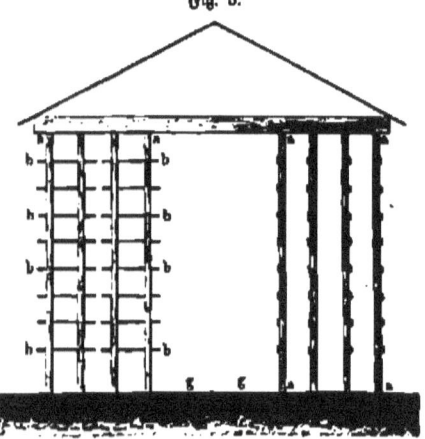

welche man jedoch, wenn der Schuppen der Lage nach starken Winden ausge[setzt]
sein soll, etwa noch durch offenen Riegelbau unter einander verbinden kann. D[ie]

Fig. 6.   Fig. 7.

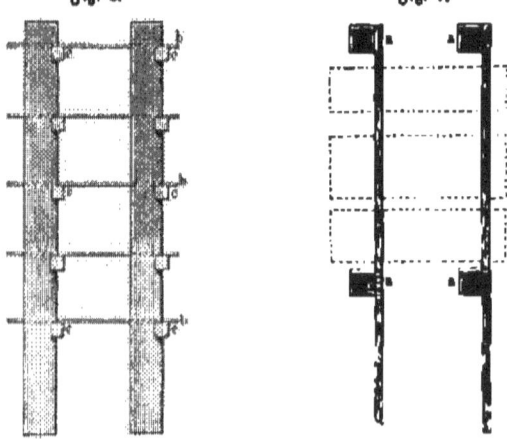

verticalen Pfosten a a sind die Träger für die Latten und diese bilden wieder [die]
Träger für die Trockenbretter b b, welche in der Weise, wie solches die Fig. 7 grü[n]

uf die Latten gelegt werden können. In der Mitte ist ein Gang gg, von wo
us die Bretter in die inneren Fächer geschoben werden können, während die äuße-
:n von außen beschickt werden.

Fig. 6 zeigt zwei hölzerne Pfosten aa, auf welchen die Latten ccc be-
stigt sind, im größeren Durchschnitt. Letztere liegen wenigstens zur Hälfte in
nem Einschnitte dieser Pfosten und sind dazu noch mit einem starken eisernen
!agel an diesen Stellen festgenagelt.

Fig. 7 zeigt vier derartige Pfosten $aaaa$ im Grundriß, und die Lage
iner Lattenreihe cc, auf welche die Trockenbretter zu liegen kommen.

Die Pfosten aa stehen am besten auf Steinfüßen und sind am oberen Ende
u dem Ballengezimmer des Daches befestigt. Die Distanz der Pfosten von
:inander ist gleichgültig in der Richtung, welche die Latten nehmen, oder nach der
?änge des Schuppens, darf aber nicht zu groß sein, damit die Latten sich nicht
iegen oder brechen, sondern die Last der Bretter tragen können. Die Entfernung
er Pfosten von einander nach der Richtung, in welcher die Bretter zu liegen kommen, darf nicht größer sein, als daß etwa 20 bis 30 cm der Länge der Bretter
nach vorn und hinten hervorsteht.

Die Höhe der Gestelle richtet sich nach der des Schuppens; eine beträchtlichere
Höhe giebt nicht nur mehr Platz, sondern beschleunigt auch das Trocknen, welches
weniger rasch auf den der Erde näher liegenden Brettern erfolgt. Aber sie er-
ordert die Anwendung einer transportablen hinreichend hohen Treppe, zu deren
Aufstellung der Zwischengang gg im Schuppen breit genug sein muß.

Die Distanz der Latten von einander von unten nach oben ist gleichfalls
beliebig, muß jedoch groß genug sein, um ein bequemes Ein- und Ausschieben
der Bretter zu gestatten; 20 cm sind dazu genügend. Größere Entfernung ist
für die Beschleunigung des Trocknens jedoch vortheilhaft.

2. Das Pulverisiren.

Wenn das Material, nachdem es geschlämmt worden ist, einen so starken
Zusammenhang hat, daß es sich nicht mit dem fleischigen Theile des Mittel-
fingers, aber wohl mit dem Nagel des Daumens zerdrücken und in Pulver verwandeln läßt, so ist ein feines Pulverisiren, Verwandeln in ein unfühlbares Mehl,
oft von großem Vortheil und erhöht den Werth des Productes um Vieles. Denn
ein solches nicht pulverisirtes Product ist zwar, da es sich meistens in Wasser
wieder aufweicht und fein vertheilt, als Wasserfarbe ohne Schwierigkeit benutzbar,
seiner Verwendung zu Oelfarbe wird jedoch durch den oben erwähnten Zustand
des Zusammenhangs, auch wenn der letztere nicht groß ist, ein erhebliches Hinder-

niß in den Weg gelegt. Ist dagegen das Product zuvor in ein staubfeines Pulver zermahlen, so läßt es sich nun in Oel ohne alle Mühe wenigstens zu Anstrichfarbe zerrühren.

Wenn aber das durch Grubenbau oder Tagebau geförderte Material der Schlämmung überhaupt nicht bedarf, weil es eine homogene Substanz ist, welche in Pulver verwandelt, eine Farbe giebt, so muß diese Pulverisirung jedenfalls erfolgen. Ist das Material der Art, daß es sich in Wasser erweicht und geschlämmt werden kann, so wird man doch nur dann das Schlämmen vorziehen, wenn die geschlämmte Farbe nach dem Trocknen nicht wieder hart wird. Ist letzteres der Fall, so ist ja leicht einzusehen, daß diese Zwischenarbeit nur von untergeordnetem Werth sein würde, und man wird sie überhaupt nur anwenden, wenn durch das Schlämmen Theile, die nicht Farbe geben, abgesondert werden sollen; hier ist aber nur von homogenen, farbegebenden Materialien die Rede. Ist das Material von der Art, daß es sich im Wasser nicht erweicht, wie z. B. Schwerspath, Gyps, die ich zu den Erdfarben rechne, Rotheisenstein ꝛc., so bleibt nur das Pulverisiren oder Mahlen übrig, um ihm die fein vertheilte Gestalt zu geben, welche dem Körper die Brauchbarkeit zum Anstrich, als Malerfarbe, oder auch als Zusatz zu Malerfarbe ertheilen.

Die Wege, die für ein solches Pulverisiren eingeschlagen werden können und eingeschlagen werden, sind sehr verschiedene; dieselben und die dazu gehörigen Einrichtungen richten sich nach den Quantitäten, die in Frage kommen, nach der Härte des Materials und oft auch nach der mechanischen Kraft, die zu Gebote steht, wohl auch nach der mehr oder weniger kostspieligen Anlage, welche die eine Methode gegenüber der anderen erfordert.

Im Kleinen kann man wenigstens zur Probe das Material, wenn es leicht zerreiblich ist, in einem Porzellanmörser oder einer Reibschale pulverisiren und das Feine durch ein Haarsieb absiebern. In etwas größerem Maaßstabe erreicht man dasselbe mittelst folgender Einrichtung, die eine größere Reibschale vertritt, aber die Kraft der treibenden Person besser verwerthet.

Ein Block von Sandstein ist kesselförmig ausgehauen, wie nebenstehende Fig. 8 im Durchschnitt zeigt. Er wird so hoch gestellt, daß sein oberer Rand die Brusthöhe erreicht. Der Durchmesser dieses Kessels oder des einer Schaale gleichenden halbkugelförmigen Raumes kann 60 bis 66 cm betragen. Als Keule oder Pestill dient eine Kugel c von hartem Holz, in welche ein langer Stiel von Holz eingesetzt wird, oben gehalten von einem Ringe a, der an irgend einer Wand b des Zimmers, worin der Block steht, angebracht wird. Mit der Kugel zerreibt man durch ihre Herumbewegung im Kessel das Material, und da der Stiel an der Kugel einen festen Anhaltspunkt hat, so arbeitet man wie an einem Hebel mit großer Kraft gegen das Material.

Es ist mir zuweilen vorgekommen, daß solche Sandsteinblöcke nicht

Pulverisiren in Rollfässern.

zu beschaffen sind. In diesem Falle nahm ich die Zuflucht zu einem eisernen oder kupfernen Kessel derselben oder annähernd derselben Form, den ich,

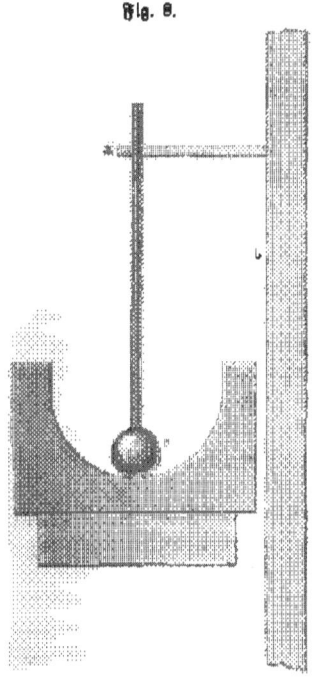

Fig. 8.

um einen Rand und hinreichende Stabilität zu erhalten, in einen Tisch einhängen ließ, im Uebrigen aber auf dieselbe Weise benutzte. Ist das zu zerreibende Material nicht härter, als daß es mit dem Nagel des Daumens zerdrückbar ist, so kann eine Person in einer solchen Vorrichtung täglich mehrere Centner einer Farbe staubfein zerreiben.

Für das Pulverisiren im Großen hat man mehrere Systeme und mechanische Einrichtungen, die je nach der Oertlichkeit, der zugänglichen Kraft für die Bewegung, der Leichtigkeit der Anschaffung und der Kostspieligkeit der Anlage, sowie nach der Menge des zu Pulverisirenden, ob diese die eine oder andere Vorrichtung stets beschäftigen kann oder nicht, ihre besonderen Vorzüge haben.

A. Eine ganz gute Vorrichtung zum Pulverisiren sowohl von weichem als sehr hartem Material sind die sogenannten Rollfässer.

Cylindrische Fässer drehen sich vermittelst einer ablösbaren Riemenscheibe um ihre Achse mit abgemessener Geschwindigkeit. Die Fässer sind zur Hälfte mit Kugeln von einem festen Material angefüllt, zur Hälfte mit dem zu pulverisirenden Material. Durch die Umdrehung kommt das letztere zwischen die Kugeln, welche, indem sie beständig gehoben werden, wieder fallen und sich umdrehen, theils durch Druck, theils durch Reibung das Material zermalmen, zerdrücken und zerreiben.

Damit die Kugeln ihre Wirkung durch den Fall und die Umdrehung ausüben können, darf die Kreisbewegung des Fasses nicht so geschwind sein, daß die Kugeln vermöge der Centrifugalkraft nach dem Umkreis fliehen und dann herumschwingen, ohne ihre Lage zu ändern. Welches der Durchmesser des Cylinders oder Rollfasses auch sei, so darf die Reise oder die Umdrehung an der Peripherie nicht größer sein, als 1,3 bis 1,5 Fuß pr. Secunde, eine Geschwindigkeit, bei welcher das Heben, Fallen und Drehen der Kugeln in zweckentsprechender Regelmäßigkeit erfolgt. Es ist gut, wenn sich diese Bewegung reguliren läßt.

Wenn das Material wegen seiner Härte und übrigens auch wegen seiner chemischen Beschaffenheit es zuläßt, so können die Rollfässer aus Holz angefertigt und durch eiserne Reifen zusammengehalten werden. Die Kugeln können, wenn das Material die Härte des Schwefels nicht übersteigt, aus eisernen Musket- oder ebenso großen Messingkugeln bestehen. Da jedoch die Tonnen oder Cylinder aus Holz durch die Reibung abgenutzt werden, so ist es zweckmäßig, sie inwendig mit Eisen-, Zink-, Messing- oder Kupferblech auszuschlagen. Für Erdfarben ist gewöhnlich ein Beschlag mit Eisenblech genügend. Für andere Farben ist ein Beschlag mit Kupferblech bei Kugeln von Messing vorzuziehen.

Wenn das zu pulvernde Farbenmaterial ein sehr hartes ist, wie Kalkspath, Schwerspath, so müssen die Kugeln aus einem härteren Stoffe als die obigen bestehen und auch die Wände des Cylinders mit einem solchen ausgekleidet sein. Die Schwierigkeiten, einen solchen zu erhalten, sind die Ursache, daß Rollfässer zur Pulverisirung dieser harten Materiale noch nicht häufig Anwendung in Farbenfabriken gefunden haben. In Porzellanfabriken sind sie dagegen in Anwendung, um Materiale von gleicher Härte, wie die genannten, z. B. Feldspath, gebrannten Quarz, gebrannte Flinte in höchst feines Pulver zu verwandeln.

Diese Fabriken verfertigen sich nämlich selbst zur Auskleidung der Rollfässer solche Stücke von Porzellan, welche im Innern der Cylinder an die Peripherie angeschraubt werden können, so daß die darin sich bewegenden Kugeln nie das Holz berühren. Ferner verfertigen sie sich Kugeln aus hartem Porzellan, welche die eisernen oder messingenen Kugeln vertreten. Anstatt der Porzellankugeln verwenden sie auch Flint- oder Feuersteinkugeln oder fast kugelförmige kleine Stücke von Feuerstein oder Flint, wie sie an den dänischen Küsten, wo die Kreideformation zu Tage tritt, vom Wasser ausgewaschen am Strande vorkommen und gesammelt werden können.

Aus welchem Material nun auch die Rollfässer hergestellt oder mit welchem sie ausgekleidet, und wie sie sonst am zweckmäßigsten eingerichtet sein mögen, so müssen sie zur geschickten und praktischen Anwendung noch folgende wichtige Ausstattungen und Einrichtungen besitzen:

1) Eine Oeffnung an der Peripherie, durch welche man das Material zu den im Rollfasse befindlichen Kugeln bequem bringen kann; 18 bis 24 cm für jede Seite der viereckigen Oeffnung reicht gewöhnlich aus.

2) Diese Oeffnung muß durch eine Klappe oder Thür, welche durch Riegel festgehalten wird, verschließbar sein, so daß der Cylinder beim Umdrehen geschlossen bleibt.

3) Da aber das Ausleeren des Cylinders ebenfalls durch diese Oeffnung geschehen muß, und wenn sie nach unten gerichtet wird, auch die Kugeln mit her-

ausfallen würden, so muß, um diese Unbequemlichkeit zu vermeiden, vor die innere Seite der Oeffnung an der Peripherie ein Gitter von Draht oder von durchschlagenem Blech angebracht sein, das die Kugeln durch seine Maschen zurückhält, oder das Pulver passiren läßt, oder es muß ein solches Gitter oder auch ein Sieb eingelegt werden können.

4) Das Rollfaß muß sich in einem Kasten drehen, der das aus der Oeffnung herausfallende Pulver aufnehmen kann. Um nämlich das Faß zu entleeren, nimmt man die durch den Riegel festgehaltene Thür an der Oeffnung hinweg und läßt einige Minuten drehen, so daß alles Pulver herausfällt, die Kugeln aber zurückbleiben, zu welchen dann neues zu pulverisirendes Material gegeben wird. Die Kästen sind am zweckmäßigsten der Art aus Brettern oder Dielen angefertigt, daß die ganze Einrichtung darin eingeschlossen ist. Man vermeidet dann das Stäuben des Pulvers, während die Fässer zur Entleerung bei offener Thür sich umdrehen. Eine Oeffnung an der Seite des Kastens erlaubt, das aus den Rollfässern ausgelaufene durch Schaufeln herauszunehmen, um es, je nach den Zwecken zur Verpackung zu verwenden, oder an die Siebvorrichtungen zu überlassen, wenn noch ein Absieben des feineren Pulvers nothwendig ist.

5) Gewöhnlich und am bequemsten und zweckmäßigsten werden die Rollfässer durch Riemenscheiben an ihrer Achse in Bewegung gesetzt. Es muß sich dann nebenbei eine leere Riemenscheibe befinden, auf welche der Treibriemen übertragen und die Bewegung für die Fälle eingestellt werden kann, wenn die Fässer neu zu beschicken sind oder die Thüren an der Peripherie zum Entleeren abgenommen werden müssen, also die Bewegung der Fässer periodisch abgestellt werden muß.

6) Es ist zweckmäßig, die Achse, vermittelst welcher den Rollfässern die währende Bewegung ertheilt wird, nicht durch das Längencentrum der Cylinder oder Fässer gehen zu lassen, obgleich es geschehen kann. Man legt die Rollfässer daher in ein Gerüst von Holz oder Eisen, an dessen beiden Enden die beiden Theile der hierdurch unterbrochenen Achse befestigt sind. Ist das zu pulvernde Material jedoch sehr schwer oder der Diameter der Rollfässer sehr groß, so muß die Achse ohne Unterbrechung durch die Rollfässer selbst hindurchgehen, weil sonst eine lange Haltbarkeit und ein ruhiger Gang der Einrichtung nicht leicht zu erzielen ist.

7) Die Länge der Rollfässer darf nicht groß sein. Nützlicher ist es, den Durchmesser der Fässer zu vergrößern, wodurch der Druck, den die Kugeln ausüben, und die Wirksamkeit der letzteren hinsichtlich der Schnelligkeit des Pulverisirens noch vermehrt wird; aber damit wächst zugleich der Widerstand gegen die drehende Kraft, welche dann größer sein muß. Je härter das Material ist, ein desto größerer Durchmesser der Cylinder ist daher nöthig. Ein Durchmesser von 1 m oder etwas darunter genügt für die meisten Fälle. Bei weichem Material kann

man auch das Gewicht der Kugeln vermindern, wobei dann zur Umdrehung entsprechend weniger Kraft in Anspruch genommen wird.

Wenn das Material die Härte des Schwefels übersteigt, so muß es vor dem Einbringen in die Cylinder erst in ein erbsengroßes Pulver verwandelt werden, damit es in die Zwischenräume der Kugeln gelangen kann. Ist es leicht zerreiblich, so erlangt das Material auch in den Rollfässern nach einigen Umdrehungen alsbald diesen Zerkleinerungsgrad. Die Gestalt eines körnigen Pulvers ertheilt man harten Körpern aber dadurch, daß man sie unter Stampfen zerstößt, oder was einfacher ist, unter Kollergängen vorerst zerdrückt, worüber unten noch die Rede sein wird.

Nicht sehr hartes Material erreicht in solchen Rollfässern in kurzer Zeit eine solche Feinheit und eine solche Gleichförmigkeit des Korns, daß ein nachheriges Sieben dieses Pulvers nicht nöthig ist; und wenn man bei einem derartigen Materiale die Drehungszeit der Fässer verlängert, so kann man demselben eine Feinheit geben, die kaum auf eine andere Art zu erzielen ist.

Sehr hartes Material braucht zum Zermalmen eine längere Umdrehungszeit. Man giebt in diesem Falle den Fässern auch einen größeren Durchmesser, um die Verwendung von mehr Kugeln zu ermöglichen und dadurch mehr Druck und Reibung zu erzielen, was allerdings eine verhältnißmäßig größere Kraft für die Umdrehung erheischt. Hier ist es dann nicht ökonomisch, die aufgegebene Quantität so lange drehen zu lassen, bis das Ganze die erforderliche Feinheit angenommen hat. Man entleert vielmehr die Fässer in abgemessenen Zeiträumen, je in 2 bis 3 Stunden, und füllt neues Material auf, während das Abgenommene unter dieser Zeit eine Siebvorrichtung passirt. Was hierbei nicht durch das Sieb geht, wird bei den nachfolgenden Beschickungen der Rollfässer wieder mit aufgegeben.

Die hier angewendeten Siebvorrichtungen sind selbstständig und werden für sich aufgestellt, weil sie wegen der nur periodischen Entleerung der Rollfässer einen beständigen Betrieb nicht erlauben.

Folgende Figuren 9 bis 14 sollen zur Erläuterung der Einrichtung dieser Rollfässer dienen.

Fig. 9, Längendurchschnitt eines Rollfasses mit durchgehender Achse.
   A das hölzerne Rollfaß aus Böttcherarbeit,
   a a die hindurchgehende Achse,
   b Oeffnung zum Entleeren,
   B B Kasten, in welchem sich das Rollfaß dreht,
   c Thür zum Ausnehmen des Abgesiebten,
   d Fallthür zum Oeffnen des Kastens,
   e e Lager für die durchgehende Achse,
   f Treibrolle auf derselben,
   f' lose Scheibe.

Rollfaß mit unterbrochener Achse. 27

Statt die Fallthür d anzubringen, ist es ebenso bequem, die ganze vordere Seite des Kastens mit einer Thüre zu versehen, die in der Höhe anfängt, bis zu welcher das Rollfaß herabgeht. Man entleert und füllt dann von dieser Seite sowohl Kasten als Cylinder.

Fig. 10, Längendurchschnitt eines Rollfasses mit nicht durchgehender Achse.

Fig. 9.

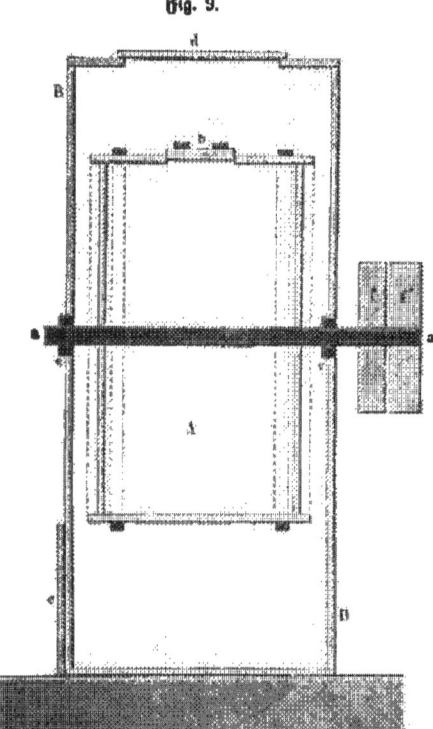

Dieselben Buchstaben bedeuten gleiche Theile wie in Fig. 9, nur ist a a abgebrochen.

Fig. 11, Querdurchschnitt derselben Einrichtung nach der Linie g g in Fig. 10.

Dieselben Buchstaben bedeuten die nämlichen Theile wie in Fig. 9 und 10.

g g Gerüste, in welchem das Rollfaß sammt den beiden abgebrochenen Achsenstücke umgedreht wird.

28 Verschluß der Rollfässer.

Fig. 12 und 13 zeigt die Art des Verschlusses der Rollfässer in größerm Maaßstabe.

k k Deckel, i i Sieb, das in die Oeffnung am Umfang des Fasses eingesetzt und durch die an das Faß befestigten Ohren o und das Eisenstück k k, durch welche diese Ohren o hindurchgehen, mit Riegeln l l festgehalten werden kann.

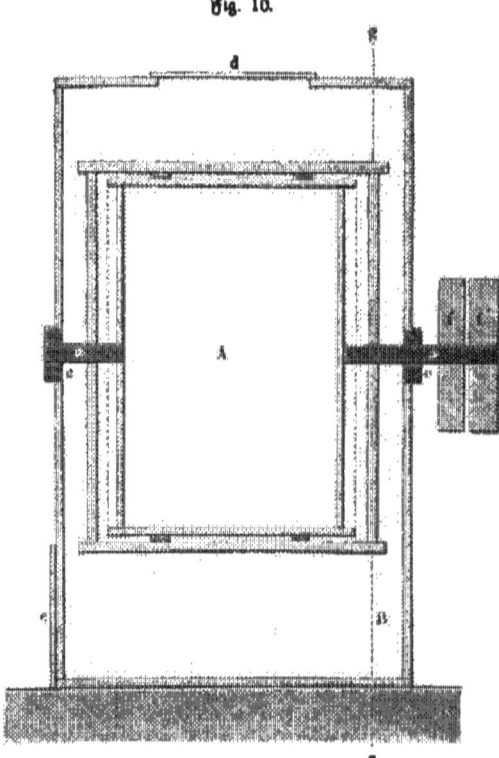

Fig. 10.

Fig. 14 und 15 ein Durchschnittsstück des beschriebenen Deckels durch o o zeigt dieselbe Anordnung mit denselben Buchstaben für dieselben Verschlußtheile.

Das an einem starken Eisenrahmen befestigte Sieb ersetzt das Eisengitter, im Falle man dasselbe nicht im Fasse anbringen und das Pulverisirte von den Kugeln absieben will, wie es der Fall ist, wenn man diese Rollfässer zum

Verschluß der Rollfässer.

Pulverisiren solcher Farben anwendet, die nur lose zusammenhängen, wie manche Mineralfarben, welche harte Körner nicht enthalten.

Fig. 11.

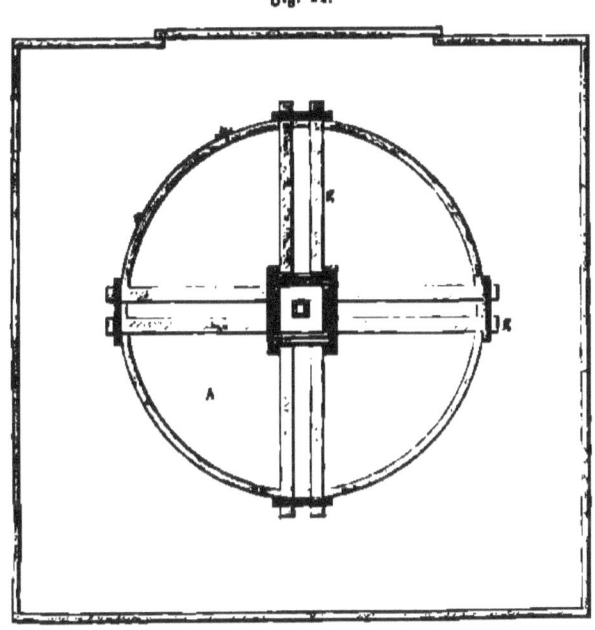

Fig 12.   Fig. 13.

Rollfässer dieser Art ohne alle Ausfütterung, bloß von Holz und mit einigen Centnern Messingkugeln, oder auch mit kleinen Flintkugeln beladen, sind nicht

Fig. 14.   Fig. 15.

theuer, aber sehr brauchbar, alle geschlämmten Farben zu pulvern, wobei sie Unglaubliches leisten. Ein Faß von 1 m Durchmesser und 66 cm Länge mit durchgehender Achse ohne Ausfütterung und nur mit runden Flintsteinstücken beschickt, verwandelt in 45 Minuten bei der Umdrehung mit oben angegebener Geschwindigkeit, 3 Centner Chromgrüne oder sogenannte grüne Zinnober, Chromgelbe und derartige Farben in das feinste Pulver, das nicht einmal des Siebens bedarf.

Von mechanischen Werkstätten werden jetzt auch sogenannte Kugelmühlen ausgeboten, die im Wesentlichen aus der oben beschriebenen Vorrichtung bestehen, nämlich aus einem eisernen Rollfaß mit Kugeln. Die Einfüllungsöffnung für das Material geht aber durch ihre kurze Achse, auf welcher sie liegen, und das pulverisirte Material tritt ebenso auf der entgegengesetzten Seite durch eine Öffnung in der Achse aus, um auf eine Siebvorrichtung zu fallen. Das Rollfaß oder der Behälter, worin die Kugeln sich drehen, besteht aus zwei gleichen Hälften, die in der Mitte zusammengeschraubt werden. Zeichnungen davon erhält man von diesen Fabriken bei der Nachfrage. Diese Kugelmühlen sind nur vortheilhaft, wenn große Massen derselben Farbe oder desselben Materials zu pulvern sind, weil einerseits ihr Preis ein sehr hoher ist, ihr Betrieb starke Kraft erfordert, und wenn mit dem Material gewechselt werden soll, ihre Reinigung schwierig ist. Da, wo man vielerlei Farben zu pulvern hat, sind daher mehrere kleine hölzerne Rollfässer vortheilhafter, von denen etwa sechs Stück völlig montirt und aufgestellt nicht so viel kosten, als eine einzige derartige ganz aus Eisen bestehende Kugelmühle. Es ist dann möglich, für Materialien oder Farben bestimmter ähnlicher Art besondere Rollfässer zu halten, so daß sie der Reinigung nicht bedürfen, die nur dann nöthig wird, wenn man mit nicht passendem Material abwechseln will.

B. Eine andere passende Vorrichtung ist die Mühle.

Wenn Erdfarben an einem Orte in großer Menge vorkommen und zugleich hinreichenden Absatz oder Verwendung finden, und wenn das Material von gleichförmiger Beschaffenheit ist, mithin das Ganze ein gleichförmiges Pulver liefern kann, so werden, namentlich in neuerer Zeit, zum Zermahlen eben solche Mühlen angewendet, wie man sie zum Mahlen des Getreides benutzt, und deren hauptsächlichste Einrichtung wohl beinahe Jedermann bekannt ist. Auf derartigen

Mühlen. Cylindersiebe.

Mühlen werden jetzt hauptsächlich zwei Artikel, welche mehr zu der Farbenfabrikation dienen, als selbst Farben vorstellen, nämlich Gyps und Schwerspath, trocken gemahlen und aufs Feinste gesiebt, nachdem sie vorerst, was bei jedem flüchtigen Materiale nothwendig wäre, entweder unter Pochstempeln eines Pochwerks, oder besser unter den Rollsteinen eines Rollerganges in ein nicht gröberes, als erbsengroßes Pulver zerkleinert worden sind, damit es in den gewöhnlichen Einrichtungen der Mühlen zwischen die Steine gelangen kann.

Zum Vermahlen eines Gesteines von der Härte des Gypses können zwar die Steine des Mahlganges aus sehr hartem quarzreichem Sandstein oder Granit bestehen, die sich langsam abnutzen; aber zum Vermahlen des härteren Schwerspathes können auch statt der Steine Gußstahlplatten von derselben Form und mit geriffelten Oberflächen versehen in Anwendung kommen, die leichter zu beschaffen sind, als die Steine, und nach der Abnutzung auch leicht ohne großen Verlust durch neue ausgewechselt werden können.

Die Mahleinrichtungen, von denen hier die Rede ist, sind mit Siebvorrichtungen versehen, die das Mahlgut aufnehmen, zermahlen und das erzeugte Pulver hierauf in Sorten von verschiedener brauchbarer Feinheit und Korn absieben. Was nicht durch die Siebe passirt, also zu grob ist, sammelt sich in einem Behälter an, aus welchem es von einem Paternosterwerk aufgenommen und zum weiteren Vermahlen wieder auf die Mühle gebracht wird. — Wo sich die Anlage eines Paternosterwerkes zu diesem Zwecke nicht lohnt, schafft man das Grobe auf eine andere zweckentsprechende Weise wieder auf die Mühle.

Die Siebe, die man anwendet, bestehen am zweckmäßigsten aus Messingsiebtuch von verschiedener Feinheit. Sie werden um ein hölzernes Cylindergerippe gespannt, so daß sie Cylindersiebe bilden, welche durch einen einfachen Mechanismus, gewöhnlich durch eine Riemenscheibe und durch dieselbe Kraft, welche die Mahlsteine bewegt, in rotirende Bewegung gesetzt werden. Diese Siebvorrichtung befindet sich in einem verschlossenen Kasten, der das Abgesiebte aufnimmt, während das, was nicht durchs Sieb fällt, sich in ein Vorlegegefäß entleert, aus welchem es entweder durch das Paternosterwerk, wenn ein solches vorhanden ist, oder auf eine andere Weise wieder auf die Mühle geschafft wird.

Damit das Sieb die Pulver von verschiedener Feinheit absiebt, ist dessen oberster Theil, z. B. eine Länge von 1 m mit ganz feinlöcherigem, oder Tuch von den feinsten Maschen zu beschlagen, dann kommt eine kleinere Länge von gröberem und eine dritte von noch gröberem Tuch. Das feinste Pulver passirt dann in der ersten, das gröbere in der zweiten, das noch gröbere in der dritten Abtheilung durch, und wenn man dem entsprechend auch den Kasten, in welchen das Abgesiebte fällt, eintheilt, so erhält man die Pulver nach ihrer verschiedenen Feinheit getrennt.

Die Steigung des Cylindersiebes darf nicht zu groß sein, damit nicht auch seines Pulver bis an das Ende desselben passire, und es darf sich auch nicht zu rasch brechen, damit eine Centrifugalbewegung das Fallen des Materials nicht verhindere; von großem Vortheil ist es ferner, wenn demselben zugleich eine stoßende Bewegung mitgetheilt wird, wie sie bei hin- und herbeweglichen Sieben stattfindet, die hier doch viel unbequemer in der Anwendung sind und deshalb gewöhnlich auch nicht benutzt werden.

Früher bediente man sich zum Mahlen des Gypses und Schwerspaths ausschließlich der nassen Mühlen, wie sie zum Mahlen des Bleiweißes noch angewendet werden. Man mahlte das grobe Pulver mit Wasser durch, schlämmte das Feingemahlene ab und ließ das Gröbere wieder durch die Mühlen passiren u. s. w., bis Alles fein gemahlen war, und noch jetzt benutzen Manche die von früher noch vorhandenen Naßmühlen zu diesem Zwecke. Denn obwohl das trockene Vermahlen dieser Artikel, welches in großem Maaßstabe geschieht, den Vortheil hat, daß das Mahlgut unmittelbar trocken erhalten und zu fertiger Handelswaare wird, so ersparen doch die zu andern Zwecken einmal vorhandnen und nöthigen nassen Mühlen die Auslagen, welche die Neuanlage einer trocken gehenden Mühle in Anspruch nehmen würde. Der auf den nassen Mühlen gemahlene Gyps und Schwerspath setzt sich rasch im Wasser zu einem sehr steifen Teig ab, der dann auf Brettern getrocknet wird, und nach dem Trocknen ganz lose zusammenhängende, leicht zerfallende Stücke ausmacht. Von den nassen Mühlen wird bei der Fabrikation des Bleiweißes und des Ultramarins die Rede sein. Die zum nassen Mahlen des Gypses und Schwerspaths und anderer Erd- auch Mineralfarben gebrauchten Mühlen haben nämlich alle dieselbe Einrichtung und werden abwechslungsweise angewendet, wenn sie einer der zu mahlenden Gegenstände nicht vollständig beschäftigt.

Außer zu den Hauptartikeln, Gyps und Schwerspath, werden die trockenen Mühlen angewendet und sind sehr zweckmäßig zur Herstellung der sogenannten Steinfarben, des sogenannten Fylling upp, welche alle ein ausgezeichnet feines kornfreies Mehl darstellen und sich in Oel oder Firniß bloß durch Umrühren so zertheilen lassen müssen, daß sie als gute Anstrichfarben gebraucht werden können.

Das Beinschwarz, Elfenbeinschwarz, wenn es eine Malerfarbe darstellen soll und nicht wie für andere Industriezweige, z. B. für Zuckerfabriken, ein grobes oder gekörntes Pulver, kann ebenfalls auf diesen Mühlen in feines Pulver verwandelt werden; früher geschah dies häufiger.

C. Die sogenannten Rollergänge oder Rollsteine ersetzen in manchen Fabriken, welche nicht von großem Umfang sind und welche sich eben damit behelfen können, alle anderen Pulverisiranstalten, die bis jetzt erörtert sind.

Wenn die Steine oder die Roller von hinreichendem Durchmesser sind, so zerdrücken sie das Material, auf dem sie herumlaufen, nach und nach, auch wenn es das härteste ist, in ein erst theils gröberes, theils feineres Pulver, von dem das feine öfters in einer getrennten Siebvorrichtung abgesondert wird.

Sind die Materialien nicht hart, so geht das Pulverisiren sogar rasch vor sich. Sind sie von der Art, daß sie stauben, wenn sie stärker bewegt werden, so dürfen sie sich nur langsam an der Peripherie des Bodensteins herumbewegen, sonst würde die Masse aufwirbeln und gerade dieses Stauben herbeiführen.

Der Rollergang (vergl. Fig. 16) wird immer durch eine kreisförmige Bodenplatte a gebildet, welche aus einem zugehauenen Steine oder einer

Fig. 16.

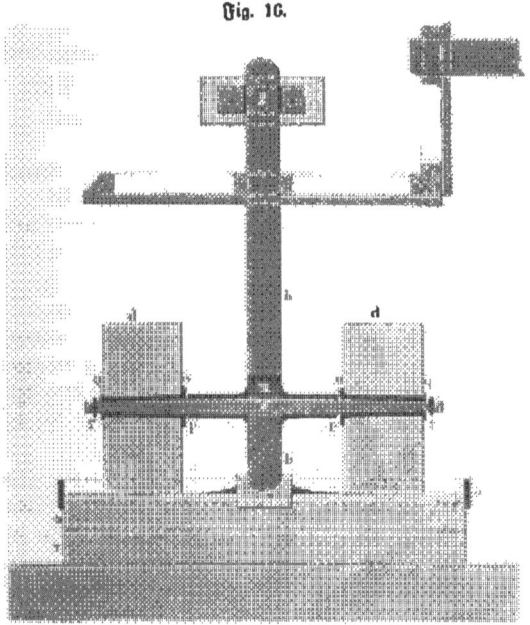

Eisenplatte bestehen kann. Ersteres ist immer der Fall, wenn die Koller selbst Steine sind. Die Bodenplatte liegt horizontal und ist mit einem Rande oder einer Sarge versehen, so daß sie eine Art Teller vorstellt, welcher die Grundmauer r bedeckt.

Die Mitte der Bodenplatte bildet eine Erhöhung, worin eine verticale Achse steht, welche stets mittelst eines, in dem vorliegenden Rollergange oben angebrachten Zahn- oder Kammrades durch irgend einen Motor in Umdrehung gesetzt wird. Durch einen Schlitz s dieser vertical stehenden Achse b h geht ein

Kollergang mit unbeweglichem Boden.

horizontale Achse c, welche mit ihren beiden Armen je in einem Koller dd steckt und durch denselben hindurchgeht. Bei der Bewegung der Achse bb um sich selbst, und damit der Achse c im Horizontalkreise parallel dem Teller, drehen sich nun die Koller dd auf dem letzteren auf ihrer Peripherie laufend herum, und zerdrücken theils das auf dem Teller liegende Material durch ihre Schwere, theils zerreiben sie dasselbe durch eine Frictionsbewegung, welche dadurch entsteht, daß die Koller bei ihrem Kreislaufe den Widerstand des ungleich geschichteten Materials in horizontaler Richtung zu überwinden haben und hierbei oft etwas gehoben werden. Hätte der Koller die Form eines mit dem verjüngten Ende nach Innen gerichteten Kegelabschnitts, also ein schräges Mantelprofil, so würde man die reibende Bewegung entbehren und zwar zur Umdrehung etwas weniger Kraft bedürfen, aber der Koller würde dann auch nur durch Druck arbeiten, während bei einem cylindrisch geformten Koller mit horizontalem Mantelprofile die Reibung ebenfalls wirksam ist.

In Betreff der einzelnen Theile eines Kollerganges ist anzuführen, daß sowohl die Bodenplatte a, als die beiden Koller dd aus guten Sand- oder Granitsteinen bestehen können. In diesem Falle besteht der Rand des Tellers aus einer umgelegten Sarge e von Holz oder Blech, und der Teller hat keine Oeffnung. Die Erhöhung in der Mitte wird entweder dem Teller oder Bodensteine von Anfang an bei seiner Herstellung gegeben, oder es wird später ein rundes Loch durch den fertigen Bodenstein gehauen, in welches dann der Träger für die Achse bb eingesetzt wird. Dieser kann ein zugehauener Stein, oder ein mit Eisen gebundenes Stück Holz sein, in welchem dann das Lager für bb angebracht ist. Der höhere Stand für das Zapfenlager ist nöthig, damit das auf dem Teller liegende Material nicht in das Lager fällt.

Die vertical stehende Achse von geschmiedetem Eisen bb, die am oberen Ende mit dem aufgekeilten Treibrade versehen ist und in einem Lager f daselbst aufrecht erhalten wird, muß angemessen stark sein. Der Schlitz (vergl. Fig. 16 a. v. S.) mit n bezeichnet, muß hoch genug sein, damit er ein Steigen und Fallen der darin liegenden horizontalen Achse c erlaubt, wenn die Rollsteine oder Koller auf das untergelegte Material ungleich aufsteigen.

Die horizontale Achse muß gut abgedreht sein und sich nach den Enden zu etwas verjüngen. Die Koller selbst sind mit einem der Achse entsprechenden Futter, am besten aus Gußeisen, ausgefüllt, welches in das Centrum der Steine in eine durchgehauene röhrenförmige Oeffnung mit hölzernen Keilen gut eingekeilt ist. Das Futter läßt einen hinreichenden Zwischenraum zur Schmiere und hat am inneren Rande (vergl. Fig. 16) einen Vorsprung o, welcher hindert, daß sich der Koller an der Achsenkante p reibt. Damit die Kollersteine während der Umdrehung nicht von ihrer Achse ablaufen können, wird an das Ende der Achse eine Büchse vorgeschraubt oder ein Riegel r eingesteckt, zwischen Futter

Kollergang mit beweglichem Boden. 35

und Stein aber eine runde Platte g von Eisen eingelassen und befestigt, welche den Zweck hat, die Reibung zwischen Roller und dem Riegel r zu vermeiden, da sonst der letztere durch den Stein sehr schnell zerstört würde.

Fig. 17.

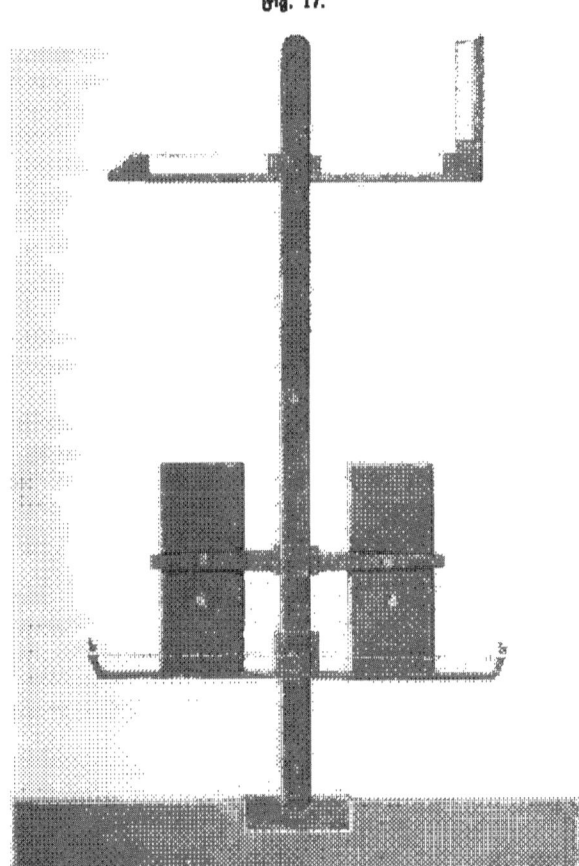

Man hat auch Kollergänge, bei welchen statt der Rollersteine eiserne Cylinder, hohle oder massiv gegossene, angewendet werden und statt des Bodensteines ein gußeiserner Teller vorhanden ist. Die Cylinder können dann auf

3*

dieselbe Weise und an ähnlichen Achsen laufend bewegt werden, aber einfacher ist es in diesem Falle, wenn lediglich die Teller die Kreisbewegung machen und die Cylinder still stehen oder sich nur um ihre eigene Achse drehen. Fig. 17 (a. v. S.) stellt einen solchen Rollergang mit beweglichem Teller dar.

Die verticale Achse aa, an welcher der Teller bb befestigt ist, kann durch ein Winkelrad unter dem Teller oder über den Rollern in drehende Bewegung gesetzt werden. Der rotirende Teller versetzt vermöge der Reibung an den mit ihrer ganzen Last auf ihm ruhenden Rollern diese in Rotation um ihre horizontale Achse cc, auf welcher die Roller oder Cylinder lose sitzen. Die Rollerachse cc kann, da die verticale Achse lose durch sie hindurch tritt und ihre beiden Enden meistens in Lagern mit freier Auf- und Abwärtsbewegung ruhen, den Hebungen und Senkungen der Roller während des Mahlens ungehindert folgen. Die hier dargestellte Einrichtung hat den Vortheil, daß die die Rollersteine vertretenden Cylinder stets an derselben Stelle verbleiben, so daß das zermahlene Material leicht mit Schaufeln abgenommen werden kann, ohne daß man Gefahr läuft, unter die Roller zu gerathen, wie es bei laufenden Steinen leicht der Fall ist.

Das Unbequemste bei den Rollergängen bleibt immer ihr Entleeren, denn um die Drehung der Roller nicht einzustellen, muß man während derselben das Material zeitweise vom Teller mit Schaufeln abnehmen, was bei der drehenden Bewegung der Roller unbequem ist und Geschick erfordert, selbst dann noch, wenn eine Seitenöffnung am Rande angebracht ist. Diejenigen Rollergänge von Eisen, bei denen sich bloß der Teller im Kreise bewegt, sind in dieser Hinsicht viel bequemer und bieten auch den Vortheil, daß die weniger porösen Flächen des Eisens sich viel leichter reinigen lassen, wenn mit dem Zermahlen des Materials abgewechselt werden soll. Immerhin sind sie zwar unvollkommene Maschinen, lassen sich jedoch in manchen Fällen gar nicht durch andere ersetzen, wie z. B. zur Vorbereitung härterer Körper zum Vermahlen, um dieselben zunächst in ein gröberes Pulver zu verwandeln, ferner zum abwechselungsweisen Pulverisiren kleiner Partien von Materialien oder Farben, wozu man eine größere oder schwieriger zu reinigende Mahleinrichtung nicht gern anwenden möchte u. s. w.

Wenn sehr hartes Material zerdrückt werden soll und dies die Hauptbestimmung eines Rollerganges ist, so muß der Durchmesser der Roller hoch genommen werden, die Breite derselben dagegen nur klein. Dadurch erreicht man, daß das durch den größeren Durchmesser erlangte größere Gewicht nur auf einer kleinen Basis ruht, also viel größeren Druck aber auf eine kleine Fläche ausübt. Umgekehrt wird für leichter zerdrückbares Material eine größere Breite der Steine zweckmäßiger sein. Die Roller brauchen nicht gerade gleichweit von der verticalen Achse abzustehen; besser ist es, wenn dieser Abstand etwas verschieden ist, so daß die beiden Roller nicht in einer und derselben schmalen Spur laufen.

D. **Desintegratoren** werden wohl kaum in Farbenfabriken angewendet, obwohl sie wahrscheinlich ebenso gut wie Mühlen zum Pulverisiren von Schwerspath und Gyps gebraucht werden könnten. Selten werden jedoch Farben in einem so großen Maaßstabe gefertigt, daß solche Apparate beschäftigt werden können, und dann haben die letzteren den Nachtheil, daß ihre Reinigung, um anders gefärbtes Material zu behandeln, schwieriger auszuführen ist. Da die Einrichtung derselben nicht so einfach ist, wie die der übrigen, vorstehend angeführten Maschinen, so übergehe ich hier deren Beschreibung. Sie werden von den meisten Maschinenfabriken fertig zum Aufstellen und zugleich mit Siebwerk versehen geliefert, so daß nur eine Verbindung mit dem Motor durch eine Riemenscheibe, welche ihnen die gehörige Bewegung und Geschwindigkeit ertheilt, hergestellt zu werden braucht.

Die Maschinenfabriken in **Mannheim** von J. Pallenberg und in Kall bei Deutz a. Rhn. unter andern liefern sowohl Desintegratoren, als auch andere vollständige Pulveristrmaschinen, Mühlen verschiedener Construction und Kollergänge verschiedener Art; sie liefern ebenso passende Siebvorrichtungen im completen Zustande und vollständig montirt, um dieselben fertig an den Motor anzulegen, wofür die der Triebkraft entsprechende Transmissionsvorrichtung gewählt werden kann. In den Preiscouranten über diese Maschinen sind zugleich Zeichnungen von den letzteren enthalten.

3. Das Sieben.

Die Erdfarben, welche auf einem der angeführten Apparate in ein Pulver von erstrebter Feinheit verwandelt worden sind, werden häufig oder fast immer noch gesiebt, damit ihr Korn bestimmt gleichförmig ausfällt und nicht zufällig mit gröberen Theilen vermengt bleibt.

Je nach der Menge des zu Siebenden hat man auch hier verschiedene Vorrichtungen.

Kleine Probesiebungen kann man mit gewöhnlichen runden oder viereckigen Sieben, überzogen mit feinem Messingdrahtgeflecht oder mit Seiden-, Haar- oder Beuteltuch, bewerkstelligen und das Absieben über ausgebreitetem Papier auf einem Tische vornehmen.

Für größere Quantitäten und zum Sieben mit Handkraft benutzt man einen 1¼ bis 1½ m langen, 1 m hohen, 1 m breiten, aus Brettern zusammengefügten hölzernen Kasten A (vergl. Fig. 18 a. f. S., den Durchschnitt des Kastens nach der Länge). Er ist oben mit einem Deckel B versehen, welcher an dem vorderen Ende eine Fallthür C hat, so groß, daß das im Kasten zu benutzende Sieb leicht durch die Oeffnung ausgehoben werden kann. Ferner hat der Kasten an der vorderen Wand eine mit einem Schieber D zustellbare Oeffnung, durch welche

man den Inhalt in untergesetzte Gefäße herausnehmen kann. Der Kasten wird
deswegen auch auf ein Holzgestell, etwa 0,25 m über der Erde oder dem Boden
des Locals aufgestellt.

In der Höhe von 60 cm sind im Inneren des Kastens zwei parallele Latten
a a von etwa 3 cm Breite und 4 cm Höhe der Länge nach eingelegt und befestigt,
auf welcher das viereckige Sieb *E* hin- und herbewegt werden kann, was direct
mit der Hand geschehen könnte, wenn man den Deckel des Kastens wegließe.
Wenn man aber diesen zum Verschließen benutzt, was nöthig ist, um das Stäuben
im Arbeitsraume zu vermeiden, so muß man dem Siebe eine solche Einrichtung geben, daß es stets auf diesen Latten bleibt. Dem viereckigen Siebrahmen
giebt man daher am unteren Ende, hinten und vorn, 2 cm tiefe Einschnitte *s s*,

Fig. 18.

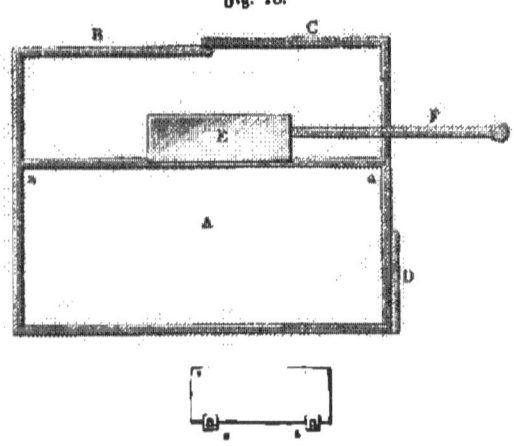

welche auf die Latten als Träger passen, ungefähr wie die Räder der Eisen-
bahnwagen auf die Schienen. Damit man ferner bei geschlossenem Deckel die
Hin- und Herbewegung des Siebes bewerkstelligen kann, läßt man an der vorderen
Seite des Kastens *A* einen Stock *F* durchgehen, mit dem man das Sieb hin-
und herschiebt. Die Befestigung des Siebes an dem Stocke, zum zeitweisen Ablösen
geeignet, kann man durch ein Loch am Siebrahmen bewerkstelligen, in welches der
Stock paßt, den eine Sprungfeder im Inneren festhält. Letztere ist nieder-
zudrücken, wenn der Stock vom Siebe getrennt werden soll.

Eine andere ebenso einfache Vorrichtung besteht darin, daß man an der
vorderen und hinteren Wand des Kastens in der Höhe von 50 cm je eine Oeffnung von 6 cm Breite und 4 cm Höhe anbringt. Durch diese Löcher geht eine

Siebkästen mit Handbewegung.

etwa 5½ cm breite und 3 cm hohe abgehobelte Latte (vergl. Fig. 19), die an jedem Ende noch etwa 30 cm oder mehr hervorragt. In der Mitte dieser Latte a a ist durch ein eingelassenes Querlattenstück b ein Kreuz gebildet, auf dem das viereckige Sieb ruhen kann. Damit es aber bei der Hin- und Herbewegung diese Stelle nicht verlassen kann, werden an der unteren Seite des hölzernen Siebrahmens solche Einschnitte gemacht, daß die Latten in dieselben hineinpassen, wodurch das Feststehen des Siebes an einundderselben Stelle vollkommen gesichert ist.

Die Hin- und Herbewegung des Stockes oder der Latte geschieht mit der Hand. Die letztere Vorrichtung (Fig. 19) erfordert weniger Kraft, da bei derselben nicht das Sieb, sondern nur die durch die Wände gehende Latte des Siebträgers eine Reibung verursacht. Auch diese läßt sich noch vermindern, wenn man im Inneren des Kastens vor jeder Oeffnung eine kleine Rolle r r anbringt, so daß die Latte selbst sich nicht auf der Oeffnung in der Bretterwand, sondern auf der Rolle

Fig. 19.

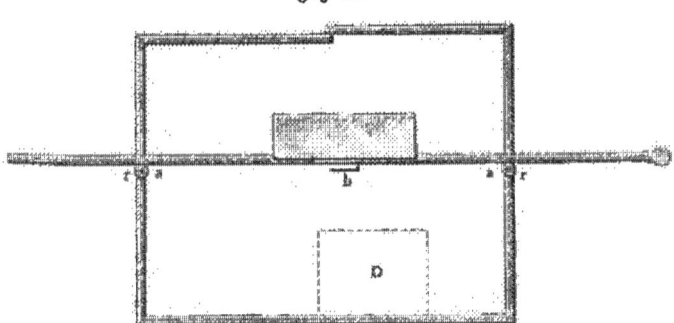

bewegt. Noch ist am vorderen Ende der aus dem Kasten hervorragenden Latte ein bequemer Handgriff angebracht, woran das Hin- und Herschieben des Siebes geschieht.

Wird nun in dieser Vorrichtung gesiebt, so setzt man das dafür passende Sieb ein, füllt es mit nicht zu viel Material, was das Sieben verlangsamen würde, macht den Deckel des Kastens zu, siebt durch Hin- und Herstoßen des Siebes mittelst des Stockes oder der Latte ab, öffnet den Deckel, füllt von Neuem nach oder nimmt den Rückstand heraus und füllt dann erst nach, wie man es dem Gange der Arbeit zufolge für nöthig erachtet. Man hält den Deckel beim Sieben stets verschlossen, und wenn das Abgesiebte so viel beträgt, daß es das Sieben hindern würde, oder wenn man desselben bedarf, so entleert man den Kasten durch den Schieber D.

Die Anwendung und Beschaffenheit von Cylindersieben ist bei den Mühlen schon besprochen.

In den eben beschriebenen Siebkästen läßt sich jedesmal nur ein Pulver von gleichem Korn auf einmal absieben. Läßt sich der Siebrest noch zu einem gröberen Pulver anwenden, so siebt man dieses zweite, und ebenso ein drittes gröberes Pulver in einem zweiten gröberen und dritten noch gröberen Siebe ab, durch welche man die jedesmal gebliebenen Reste in demselben Kasten oder in einem anderen nacheinander passiren läßt.

Wenn man Kollergänge benutzt, um das Material vorher so zu zerkleinern, daß es auf die trockenen oder auch nassen Mühlen gebracht werden kann, um unter die Steine zu gehen, so ist die Anwendung solcher offener Siebkästen sehr praktisch. Sie werden neben den Kollergängen angebracht, und der auf den Sieben bleibende zu grobe Rest wird dann sogleich wieder unter die Koller zurückgegeben. Es lohnt sich gewöhnlich nicht für diese grobe Vorarbeit, bei welcher das erzielte Pulver leicht durch die Siebe geht, weil es von sandartiger Beschaffenheit ist, Siebwerke anzubringen, welche durch Maschinenvorrichtungen bewegt werden, da der die Kollersteine bedienende Arbeiter gewöhnlich Zeit genug hat, dieses Absieben nebenbei allein zu besorgen, und da bei Anwendung maschinell bewegter Siebvorrichtungen allein das Fortschaffen des gekollerten Materials auf die Siebwerke und das Zurückbringen der Siebreste fast dieselbe Arbeitskraft erfordert, wie die gesammten Manipulationen bei Benutzung der beschriebenen, durch Handarbeit bewegten Siebvorrichtungen.

4. Chemische Veränderung der Erdfarben.

Calcination.

Einige Erdfarben erhalten durch einen chemischen Proceß, welcher hauptsächlich in der Entfernung chemisch gebundenen oder sogenannten Hydratwassers besteht, andere Farbe oder Nüancen, als sie in Folge bloßer mechanischer Verarbeitung besitzen. Diese neuen Nüancen werden noch weiter verändert durch Veränderung des Aggregatzustandes der vom Hydratwasser befreiten Farben. Das Mittel dazu ist ein sehr einfaches und besteht darin, daß man diese Farben einer noch höheren Temperatur aussetzt, als die ist, wodurch sie bloß ihr Hydratwasser verloren haben. Bei höherer Glühhitze ziehen sich nämlich die Farben zusammen und nehmen in Folge dieser Verdichtung andere Nüancen an, als sie bei bloßem Wasserverlust besitzen.

Die natürlich vorkommenden Eisenoxydhydrate, die einen wesentlichen Bestandtheil aller gelben Oder, daher Eisenoder genannt, ausmachen, und den auf chemischem Wege gefällten Eisenoxydhydraten:

Calcination. 41

Fe_2O_3, $3HO$, Fe_2O_3, $2HO$, Fe_2O_3, HO,

entsprechen, verlieren gleich den letztern ihr Wasser bei der Glühhitze und bilden rothe Farben, die Gelbroth bis Braunroth nüanciren. Bei weiterer Erhitzung wird ihre Farbe immer dunkler, nicht wegen einer chemischen, sondern in Folge mechanischer Veränderung. Die Masse wird nur dichter, specifisch schwerer, nimmt einen kleineren Raum ein und wird daher dunkler bis braunviolett oder violettroth. Man erzeugt daher aus verschiedenen Ockerarten solche neue Farbennüancen durch Glühen, Calciniren der Ocker bis zur Erreichung der gewünschten Nüancen, und daraus entspringen die im Handel vorkommenden gebrannten Ocker, auch manche andere rothe und rothbraune Farben.

Da die in der Natur vorkommenden Ocker nicht reines Eisenoxydhydrat sind, sondern auch Thonerde, Kalk, Manganoxyd, ferner Säuren, z. B. Phosphorsäure, arsenige Säure oder Arsensäure enthalten, so werden die Nüancen außerdem noch durch diese Bestandtheile modificirt. Da die letzteren durch chemische Mittel ohne verhältnißmäßig große Kosten nicht zu entfernen sind, andererseits aber beim Belassen in der Farbe deren Werth und Verkäuflichkeit zu erheblich beeinträchtigen würden, so beschränkt sich die Production von calcinirtem Ocker oder gebranntem Ocker eben nur auf solche Rohmaterialien, welche durch die Calcination ein beliebtes Product liefern.

Durch Glühen eines beliebigen Ockers in einem kleinen Porcellantiegel auf einer gut ziehenden Weingeistlampe oder über einer guten Gasflamme und in verschieden langer Zeit kann man alle die Nüancen von Farbe im Kleinen erhalten, die ein Ocker durch Calciniren im Stande ist, im Großen zu liefern.

Grubenwässer, die aus schwefelkiesreichen Gruben entspringen, wie aus den Gruben vom Rammelsberg bei Goslar, aus alten verlassenen Gruben bei Großbreitenbach, aus den Kupfer- und Schwefelkiesgruben bei Fahlun, setzen auf ihrem Wege einen gelben Vitriolschlamm, Vitrioloder, ab, der außer Eisenoxydhydrat auch noch Schwefelsäure enthält. Er trocknet zu braunmuscheligen Brocken aus, welche die Farbe des Eisenoxydhydrats haben, und der Schlamm wird zu Zeiten in seinen Ablagerungsstellen aufgerührt, um ihn mit dem Grubenwasser in Reservoire abzuführen, wo er sich absetzt und gesammelt wird.

Dieser Grubenschlamm scheint identisch zu sein mit der in Italien natürlich vorkommenden Terra de Sienna, nur enthält letztere mehr Unreinigkeiten, welche bei ihrer ursprünglich wohl ähnlichen Entstehung mit eingeschlämmt worden sind.

Alle diese aus Grubenwässern herrührenden Producte können als Erdfarben dienen. Gebrannte Terra de Sienna von reineren Sorten kommt z. B. auch unter dem Namen Mahagonibraun vor, indem ihre ursprünglich gelbe Farbe nach Calciniren in eine gelbrothbraune verändert worden ist. Die Grubenwässer jeder Art, getrocknet und geglüht, geben aber dieselben, und zwar noch viel intensiveren Nuancen; sie werden daher fast nur zur Darstellung von Mahagonibraun verwendet, erlauben einen sehr reichlichen Zusatz von weißen Körpern, z. B. Schwerspath, gebranntem Thon, und behalten trotzdem noch die Deckkraft, die der Terra de Sienna eigen ist.

Eigenthümlich ist, daß alle diese Grubenschlamme und die Terra de Sienna beim Glühen nur gelbbräunlichrothe, stets vorwiegend bräunliche Farbennüancen geben, obgleich sie Schwefelsäure enthalten, während schwefelsaures Eisenoxyd beim Glühen für sich rein rothe Farben giebt, die höchstens bei hartem Glühen die violettrothe Farbe annehmen, welche aber nicht ins Bräunliche geht. Von den aus schwefelsaurem Eisenoxyd entstehenden Farben, welche auch zu den Erdfarben gerechnet werden, aber eigentlich nicht dahin gehören, da sie ein Nebenproduct anderer chemischer Operationen sind, wird unten die Rede sein.

Solche Erdfarben, welche hauptsächlich Eisenoxydhydrat enthalten, wodurch eine gelbliche Nuance bedingt wird, zugleich aber auch Manganoxydhydrat, welches braun ist und ins Braune nüancirt, erhalten durchs Glühen, oder die Calcination, indem das Eisenoxydhydrat in Rothbraun oder Mahagonibraun übergeht, das Manganoxydhydrat aber in rein Braun, eine dunkelrothbraune Farbe, um so mehr rothbraun, je mehr Eisenoxyd vorhanden ist, und um so mehr kastanienbraun, je mehr das Manganoxydhydrat überwiegt. Die verschiedenen Sorten der Umbra sind solche Erdfarben, ihre Farbe ist daher um so dunkler braun, je mehr das Manganoxydhydrat vorwaltet und je weniger andere Beimengungen außer den genannten Oxyden, welche die färbenden Bestandtheile ausmachen, noch vorhanden sind. Als gebrannte Umbra, Kastanienbraun, Sammetbraun, Manganbraun kommen diese Erdfarben im Handel vor. Ihre künstliche Erzeugung ist zwar leicht auszuführen, lohnt sich aber nicht, da die rohe Erdfarbe häufig als Nebenproduct bei anderweitigem Grubenbau gewonnen wird, und diese Art von Farben auch nur begrenzte Anwendung hat, so daß ihr Preis nie zur künstlichen Erzeugung in einer Farbenfabrik einladen kann. Sie werden also auch nur da fabricirt, wo ein geeignetes Material zu billigen Preisen zu beschaffen ist und neben anderen Producten gewonnen wird.

Manche Thone, namentlich Schieferthone, verändern ihre Farbe beim Glühen und nehmen eine graue oder röthliche Farbe an, während sie Wasser verlieren. Ihr Pulver hat dann die Eigenschaft, in Oel dick angerieben eine Masse zu geben, welche beim Trocknen fest wird. Sie geben in diesem Zustande das sogenannte Fylling upp der Engländer, mit welchem man vor dem Bemalen Unebenheiten ausfüllt, Risse zustopft, überhaupt grundirt, ohne daß dieses der Solidität der Arbeit Eintrag thut. Auch die sogenannten Steinfarben, welche in Oel zerrührt, haltbare, steinähnliche Farbenanstriche geben, gehören hierher. Es sind weiß gebrannte Thonarten, welche noch Zusätze anderer Erd- oder Mineralfarben bekommen, um den gewünschten Farbenton zu erhalten.

Calciniröfen.

Für die Calcination aller dieser Erdfarben und Materiale zu Steinfarben, welche vor und nach dem Pulverisiren, vor und nach dem Schlämmen erfolgen kann, dient im Großen ein und dieselbe Vorrichtung, der Calciniröfen oder Flammöfen. Seine Einrichtung weicht in keiner wesentlichen Beziehung von den gewöhnlichen Reverberiröfen ab, die man bei dem Glühen anderer Materialien in der chemischen Großindustrie, z. B. bei der Sodafabrikation und anderen chemischen Processen mit geringen Modificationen der Construction allgemein anwendet. Die Flamme, die auf einem Rost in einem überwölbten Feuerraume erzeugt wird, streicht zunächst über einen den Feuerraum und Herd trennenden Sattel auf das Material, das auf dem mit ebendemselben flachen Gewölbe wie der Feuerraum überspannten Herde ausgebreitet ist, und dann in eine mit Schieber versehene Esse oder einen Schornstein, dessen Zug durch eben diesen Schieber regulirt werden kann.

Fig. 20 ist der Grundriß eines solchen Ofens im Durchschnitt nach der punktirten, gebrochenen Linie a a in Fig. 21 (a. f. S.), also durch Herd und Rost; b Feuer-

Fig. 20.

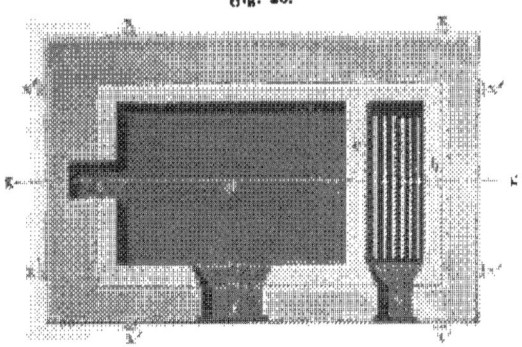

raum mit Rost; c Ofenthüre, d Herd des Ofens, e Sattel, der den Herd vom Feuerraum trennt, f Oeffnung und Thür zum Herde, zum Eintragen und Ausziehen des Materials dienend, k Oeffnung zum Schornstein.

Fig. 21 ist der Verticaldurchschnitt des Ofens nach der Linie g g in Fig. 20. Dieselben Buchstaben bedeuten gleiche Theile wie in Fig. 20. Außerdem a das Gewölbe, das den Herd und Feuerraum überdeckt. k Schornstein, i Aschenfall.

Fig. 22 (a. f. S.) giebt eine äußere Ansicht des Ofens, c Ofen-, f Herdthür, i Aschenloch.

Hinsichtlich des Baumaterials für den Ofen ist anzumerken, daß alle mit der Flamme und dem Brennmaterial in Berührung kommenden Wände, das Ge-

44 Einrichtung des Calcinirofens.

wölbe und der Herd des Ofens im Innern von feuerfesten Chamottesteinen gemauert sind, und zwar wenigstens in der Stärke von 15 bis 18 cm, während die Verstärkung der Wände und der obere Theil des Schornsteines mit gewöhnlichen

Fig. 21.

Ziegeln gemauert sein kann. Zur Pflasterung der Herdsohle werden die Steine nicht auf die flache Seite gelegt, sondern sie stehen wie im Gewölbe und wie die Zeichnung angiebt, auf der hohen Kante.

Fig. 22.

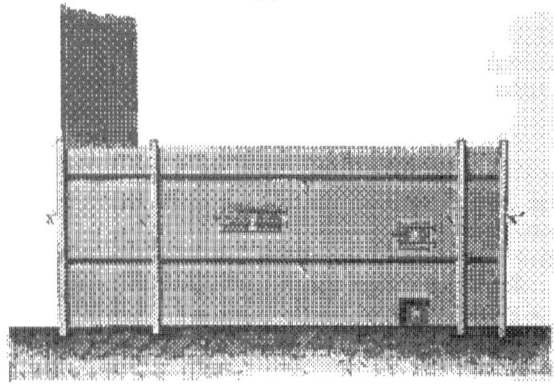

Da das Gewölbe außerordentlich flach ist, so müssen die Wände, gegen welche es strebt, einem starken Drucke Widerstand leisten. Dieses erreicht man dadurch,

Ausführung der Calcination.

daß man sie in ein Balkengehäuse oder in eine Verzimmerung einschließt. In allen Figuren 20, 21, 22 bezeichnen die Buchstaben $x'\,z'$ vertical stehende Balken von etwa 20 cm Dicke. Dieselben sind unten auf dem Fundamente fest in die Erde vermauert und oben über dem Ofen durch horizontale Querbalken oder auch Eisenstäbe verbunden, so daß sie zunächst an den Stellen, wo sie sich befinden, die Wände des Ofens zusammenhalten können. Um diese zusammenhaltende Wirkung des Gebälkes möglichst über den ganzen Ofen auszudehnen, werden zwischen den verticalen Balken und dem Ofen platte Eisenstäbe eingelegt, welche mit $y\,y$ bezeichnet sind und durch welche der Widerstand der Balken gegen das Nachgeben der Ofenwände auf eine größere Fläche der letzteren vertheilt wird.

Die Oeffnung f zum Herde muß groß genug sein, um das Material mit Schaufeln einwerfen zu können, und den Wänden derselben giebt man eine solche Neigung, daß man mit den eisernen Rührhaken, von der Form Fig. 23,

Fig. 23.

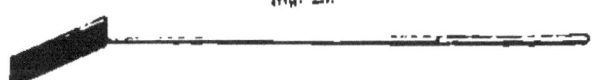

überall im Ofen hingelangen kann. Giebt man dem Ofen eine zu große Länge, so daß nicht mehr jede Stelle des Herdes mit dem Rührhaken erreichbar ist, dann richtet man es so ein, daß unter oder neben dem Schornstein an der hinteren Seite des Ofens noch eine Thür angebracht werden kann, durch welche nun die Bearbeitung des Materials auf dem Herde mit der Krücke ohne Schwierigkeit überall ausführbar ist.

Wenn ein solcher Ofen neu gebaut ist, so wird er anfangs durch schwaches Heizen auf dem Feuerraume ausgetrocknet. Ist dies geschehen, so heizt man zunächst einige Zeit, um den Herd zu erhitzen, dann erst trägt man das Material ein, das calcinirt oder geglüht werden soll, und erhitzt so lange, bis der Zweck der Calcination erreicht ist. Hierbei ist ein öfteres Umwenden der Masse mit dem Rührhaken durch die Thüre nöthig, damit alle Theile gleiche Temperatur annehmen. Ist das Material staubförmig, so ist eine langsame Bewegung desselben geboten, sonst würde viel des Materials mit dem Luftzuge vom Feuerraume aus mitgenommen werden.

Hat das Material durch dieses Erhitzen den bezweckten Zustand angenommen, so zieht man es mit dem Rührhaken aus der Herdöffnung in vorgesetzte Eisenblechkästen, welche man nach der Füllung alsbald entfernt, und worin es bis zum Erkalten bleibt, während der Herd dann sogleich wieder mit frischem Material beschickt wird, das die gleiche Behandlung erfährt. Hat der Ofen dadurch, daß er einige Tage in unaufhörlichem Gange gewesen ist, erst eine gleichmäßige höhere Temperatur angenommen, so erfolgt die Calcination nicht nur gleichförmiger, sondern auch viel rascher. Das Material darf nicht in zu dicker Lage eingebracht werden. Denn letztere würde nicht dazu beitragen, der Zeit nach eine größere Quantität zu calciniren, sondern das Gegentheil bewirken, weil das Material gewöhnlich ein schlechter Wärmeleiter, also eine zu dicke Schicht desselben dem Eindringen der Wärme oder der darüber streichenden Flamme nur hinderlich ist.

Es kann hier angemerkt werden, daß auf diese Flammöfen auch bei der Bereitung anderer Farben zurückgewiesen werden wird. Ihre Einrichtung bleibt in der Hauptsache stets dieselbe, wenn auch die Größe verschieden ist. Die Beschaffenheit des Rostes richtet sich nach dem anzuwendenden Brennmaterial. Statt der Beschickung des Herdes durch die Seitenöffnung zum Herde hat man auch verschließbare Oeffnungen zum Einfüllen am Gewölbe angebracht, allein die hierdurch bezweckte Bequemlichkeit wird andererseits ganz durch die Unbequemlichkeit aufgewogen, daß im letzteren Falle das Material erst auf das Gewölbe geschafft werden muß.

Für einige technisch-chemische Operationen wird der Herd muldenförmig oder kesselförmig, dann auch kleiner angelegt, namentlich wenn das Material beim Glühen zugleich ins Schmelzen kommt. In anderen Fällen werden in den Herd sogar gußeiserne Schalen eingemauert, wenn nämlich das schmelzende Material die Herdsteine schnell auflösen würde, dagegen die Berührung mit dem Eisen sonst keinen Nachtheil hervorbringt. Dahin gehören die Schmelzöfen, die zur Fabrikation des Blutlaugensalzes angewendet werden, und diejenigen Oefen, in welchen man Borsäure mit chromsaurem Kali zur Darstellung von Gungner's Grün erhitzt.

5. Mischen der Erdfarben.

Oft ist es nöthig, die Nüancen der Erdfarben zu verändern, und zwar nicht durch die Calcination, sondern durch Mischen zweier Farben, wodurch man die dritte gewünschte herstellen kann.

Sind die Farben schon trocken und hinreichend fein pulverisirt, so wird eine recht gleichmäßige Mischung dadurch bewirkt, daß man sie in denjenigen Mengeverhältnissen, welche man vorher durch Versuche im Kleinen in der Reibschale ermittelt hat, einige Stunden in den früher beschriebenen Rollfässern mit Kugeln laufen läßt.

Sind die zu mischenden Farben noch nicht geschlämmt, und ist diese Arbeit an ihnen nothwendig, so schlämmt man sie in geeigneter Proportion in ein Reservoir zusammen, rührt sie durcheinander, und verfährt weiter wie beim Schlämmen angegeben ist.

Mischen der Erdfarben im Rollfasse.

Manche Steinfarben, welche nur geringe Farbenintensität haben und deren Hauptbestandtheil weißer Thon ist, werden so hergestellt, indem man zuerst den Thon in Wasser aufweichen läßt, dann in den Thonbrei die gleichfalls in Wasser zertheilte Farbe einmischt, hierauf den erhaltenen Brei durch Absetzen vom Wasser befreit, auf Brettern trocknet und dann pulverisirt. Mittelst dieses Verfahrens wird Steinroth durch Einmischen von Englisch Roth oder rothem Bolus, Steingrün durch Einmengen aufgeweichter grüner Erde meistens dargestellt, und zwar deßhalb so, weil nicht überall andere passende Einrichtungen vorhanden sind, um auf kürzerem Wege, wie z. B. durch Verarbeitung gleich des trockenen Materials in den Rollfässern, also ohne Schlämmen und Trocknen, denselben Zweck zu erreichen.

Bei trockenen, rohen Erdfarben, welche im Rollfasse für sich und ohne vorhergehendes Schlämmen pulverisirt eine gute Farbe liefern, läßt sich die Methode des gemeinschaftlichen Pulverisirens, um eine neue Nüance zu erhalten, von vorneherein am besten in Rollfässern vornehmen, da letztere immer den Vortheil gewähren, das Product trocken und zur Anwendung, d. h. als Handelswaare zur Verpackung fertig abzuliefern.

Die durch Schlämmen zu einer neuen Nüance vereinigten Farben sind nach dem Trocknen ebenfalls unter Anwendung der Rollfässer oder einer anderen Vorrichtung in ein zartes Pulver zu verwandeln.

Zweiter Abschnitt.

Von den Erdfarben im Speciellen.

A. Weiße Erdfarben.

1. Kalkverbindungen.

a. Kreide, CO_2, CaO.

Die Kreide ist eine sehr viel gebrauchte Erdfarbe, aber weniger für den Maler als für andere Zwecke, z. B. als Grundfarbe für Tapeten und als Anstrichfarbe mit Leim auf Zimmerwände u. dergl.

Die Kreide ist eine Art von kohlensaurem Kalk, CO_2, CaO, der sich von anderen Vorkommen dieser Verbindung durch seinen Charakter als Fossil und dadurch unterscheidet, daß seine kleinsten Theile keine Spur von Krystallisation zeigen. Sie findet sich als ein wesentlicher Bestandtheil in der sogenannten Kreideformation, welche namentlich in England, Dänemark, Schweden, auf der Insel Rügen, in der Champagne und anderen Orten in großer Ausdehnung zu Tage tritt.

An diesen Orten wird die Kreide durch Tagebau, am leichtesten in der Nähe der Küsten gewonnen. Sie bildet hier steinartige Massen, welche namentlich Knollen von Feuersteinen einschließen, die in ihr von mikroskopischer Größe bis zum Gewicht mehrerer Centner vorkommen und ihrerseits wieder versteinerte Muscheln, Mollusken, Schwefelkiese umhüllen. An den erwähnten Orten des Vorkommens, wo ihr Tagebau wenig Kosten verursacht, wird sie in Haufen aufgeschichtet und der Einwirkung der Witterung unter freiem Himmel ausgesetzt, so daß der anfänglich ziemlich harte Stein nach und nach verwittert und durch abwechselndes Beregnen, Trocknen, namentlich aber durch Gefrieren in ein Pulver und eine in Wasser erweichbare Masse zerfällt. In diesem zerfallenen, mürben Zustande der Kreide werden die sich absondernden größeren Stücke Feuerstein aus-

Geschlämmte Kreide.

gelesen und entfernt, der Rest aber wird entweder als rohe Kreide oder Kreide-
stücke in den Handel gebracht, Stückkreide, oder in nassen Mühlen, oder in
Stampfmühlen, in denen die Kreide durch niederfallende Stampfer unter Zulauf
eines Wasserstromes zerstoßen wird; oder endlich, wenn ihr Zerfallen oder Verwittern vollständig war, durch bloßes Schlämmen in ein feines Pulver verwandelt, das sich aus dem Wasser absetzt, dann auf Brettern getrocknet und nach dem
Trocknen wieder pulverisirt wird. So zubereitet stellt sie die geschlämmte Kreide
dar, in welcher Form sie als Farbe betrachtet allein Anwendung findet.

Das Schlämmen der rohen Kreide ist nur dann ausführbar, wenn sie zuvor
ausreichend lange, etwa einen Winter über, im feuchten Zustande gelegen und sich
dadurch zu einer breiartigen Masse aufgelöst hat. Beim Schlämmen nimmt das
Wasser dann nur die feinen Theile mit sich, die schwereren Theile aus Kiesel-
knollen von jeder Größe bestehend, bleiben als specifisch schwerer um so eher
zurück, als sie sich nicht in kleinere Theile zertheilen und sich nur die allerkleinsten
Trümmer mit aufschlämmen lassen.

Die geschlämmte Kreide kann von verschiedener Güte sein, was auf der
Sorgfalt beruht, mit der geschlämmt wurde. Ehemals wurde die englische Kreide
vorgezogen, jetzt liefert eine Actiengesellschaft in Malmoe, eine andere auf Rügen
eine geschlämmte Kreide, welche wegen ihres billigeren Preises bei gleicher Güte
die englische Kreide ganz von dem nordischen und Ostseemarkte verdrängt hat.

So gut auch die Kreide geschlämmt sein mag, so ist sie doch nie reiner
kohlensaurer Kalk, sondern sie enthält immer noch Flintsteintheile oder kleine
Kieselbrauntheilchen, die mit folgen. Außerdem enthält sie etwas kohlensaure
Bittererde und Eisenoxyd, letzteres wohl von den Schwefelkiesen herrührend, die
sich neben den Flintstücken vorfinden und bei der Verwitterung Eisenoxydhydrat
hinterlassen.

Als Malerfarbe betrachtet, kommt zunächst ihre weiße Farbe in An-
schlag, die, wenn die Kreide sonst reinlich behandelt wurde, nur durch den Gehalt
des Materials an Eisenoxyd beeinträchtigt sein kann; ferner ihre Feinheit, d. h. die
Sorgfalt, mit der das Schlämmen bewerkstelligt wurde. Wenn endlich nach dem
Trocknen der geschlämmten Kreide das Pulverisiren und Sieben gut bewerkstelligt
wurde, so ist die geschlämmte Kreide auch leichter in Wasser oder Oel zertheilbar.

Als Oelfarbe hat die Kreide fast gar keinen Werth, denn sie deckt außerordentlich wenig, und ihr Anstrich mit jedem Oele wird gelblich. Als Wasser-
oder Leimfarbe hat sie vorzügliche Eigenschaften, deckt ziemlich und bleibt weiß.
Sie läßt sich in jedem Verhältnisse mit allen Erdfarben mischen, auch mit Chromgelb und Chromroth, mit verschiedenen Lackfarben, von denen sie die rothen, außer den
Krapplacken, ins Violette überführt. Sie ist nicht mischbar mit den meisten Kupfer-
oxydfarben, die eine Säure enthalten, außer mit Bergblau, Kalkblau, Mineralgrün, Berg- und Braunschweigergrün, sowie mit Bremergrün, da die

60   Anwendung der Kreide.

letztgenannten Verbindungen meistens aus Kupferoxydhydrat mit wenig Säure bestehen, also wegen ihrer vorwiegend basischen Natur die Kreide nicht zersetzen. Sie läßt sich außerdem mischen mit dem blauen und grünen Ultramarin, aber nicht mit den blauen und grünen Farben, welche Pariserblau als färbenden Bestandtheil enthalten, wie Berlinerblau, Mineralblau, Neubergblau. Sie dient daher häufig als Grundfarbe für Wasserfarben auf Kaltwände, indem letzteren zunächst ein weißer Anstrich von Kreide und Leimwasser gegeben wird, auf welchen Grund dann mit Leimwasser Farben aufgetragen werden können, die auf Kaltgrund ohne diese Decke nicht stehen würden. Zu Fensterkitt mit Leinöl angemacht, werden ebenfalls ansehnliche Quantitäten Schlämmkreide verbraucht.

Obwohl die Kreide als Oelfarbe, wie schon bemerkt, nicht deckt, wird sie doch zuweilen als Grundfarbe auch in Oel angewendet, und zwar ist dies namentlich der Fall bei Gegenständen, welche porös sind oder eine rauhe Fläche darbieten; der Kreideanstrich bezweckt dann, diese Fläche zuerst auszuebenen und die Poren zu verstopfen, welche sonst zur Ausfüllung die theurere Farbe in Anspruch nehmen würden. Doch wird statt der Kreide in neuerer Zeit mehr das gegenwärtig im Handel vorkommende Fylling upp benutzt, das den Zweck auf eine solidere Weise erfüllt.

Eine Methode, deren sich wohl manche eigennützige Maler bedienen, um billige Accordarbeiten auszuführen, theile ich nicht mit, um dazu aufzumuntern, sondern um dem Unfug zuvorzukommen. Sie besteht darin, beim Anstriche erst einen Grund mit Kreide und Leim zu geben, der die Unebenheiten ausebenet und die Poren des Gegenstandes, namentlich des Holzes, ausfüllt. Auf die so bemalte Fläche wird der farbige Oelanstrich angebracht, welcher dann auf jenem Grunde als glatte und glänzende Oberfläche erscheint, während zugleich bei Weitem weniger und ölärmere Oelfarbe als sonst verbraucht wird, weil das Oel nicht in die Poren des Holzes durch die Leimfarbe hindurchdringen kann. Die Arbeit wird daher viel billiger, aber man ist mit ihr auch geradezu betrogen, denn nach einiger Zeit blättert sich der ganze Anstrich ab; Leim und Oelfarbe vereinigen sich zu einer steifen Haut, welche die Abhäsion des Leimes zum Holze aufhebt, so daß die Schichten des Anstriches sich bald da bald dort ganz ablösen. War der Anstrich zum Schutze gegen die Witterung berechnet, so hat man dadurch nur ein schlimmeres Uebel hervorgerufen; nicht nur daß der Anstrich nichts nützt, ist er noch geradezu schädlich; denn da derselbe nicht überall abfällt, so sammelt sich hinter demselben noch Wasser, welches langsamer als sonst wegtrocknet, mithin die Fäulniß nur beschleunigt, welcher zuvorzukommen man die Absicht hatte.

Auch als Rohmaterial für die Farbenfabrikation wird die Kreide angewendet.

Man bedient sich natürlich für diesen Zweck nur der an sich reinsten und reinst gehaltenen weißesten Sorten. Wenn die Kreide einen chemischen Zweck dabei

Kreide als Zusatz zu Farben. Spielkreide.

zu erfüllen hat, so kommt nur der kohlensaure Kalk, den sie enthält, in Betracht. Dient sie aber bloß als Zusatz, um die Farbe zu verdünnen, d. h. heller zu machen, so ist es von Wichtigkeit, daß sie nicht durch schmutzige Theile die Reinheit der Farbe beeinträchtige. Gebraucht wird sie namentlich bei der Darstellung der rothen Lacke aus Fernambuk- und Rothholz, des Carmoisin- nnd Wienerlacks, Kugellacks, Berlinerrothe, heller Sorten von Krapplack; bei Bereitung des Schüttgelbs und der gelben Lackfarben, zum Fällen von Farbstoffen, die Alaun gelöst enthalten, um die Alaunlösung auf eine wohlfeile Weise zu zersetzen. Es wird im letzteren Falle durch den Kreidezusatz einerseits aus dem Alaun die Thonerde gefällt, die den Farbstoff aufnimmt, zugleich wird aber auch, wenn die Flüssigkeit nicht zu sehr verdünnt ist, der bei jener Zersetzung gebildete schwefelsaure Kalk mit niedergeschlagen.

Als Zusatz zum Bleiweiß wurde in älteren Zeiten Kreide von den Bleiweißfabriken für billigere Sorten Bleiweiß angewendet. Dieser Zusatz hat so gut wie vollständig aufgehört, da mit Kreide versetztes Bleiweiß nicht nur schlechter deckt, sondern als Oelanstrich stets gelblich wird, ferner weil gegenwärtig der Schwerspath fast zu demselben Preise zu erhalten ist, der zwar die Deckkraft des Bleiweißes fast ebenso benachtheiligt, jedoch nicht den Nachtheil der Kreide mit sich führt, dem Anstriche durch seine Gegenwart eine gelbe Farbe zu ertheilen. Als Leimfarbe hat jedoch die Kreide im Bleiweiß wie für sich den Vorzug, und der Schwerspath kann sie in der Leimfarbe nicht ersetzen, weil er in dieser Anwendung weniger Deckkraft als jene hat.

Gesägte Kreide in viereckigen Stücken, Spielkreide, zum Schreiben auf schwarze Holztafeln, läßt sich aus jeder feingeschlämmten Kreide herstellen, indem man sie in Wasser aufschlämmt und entweder mit Kalkmilch versetzt, dann in großen Blöcken langsam trocknet, wobei der zugesetzte Kalk sich langsam in kohlensauren Kalk verwandelt, und das Ganze zu mäßig harten Stücken zusammenbindet, die sich dann zersägen lassen; oder man vermischt den aufgeschlämmten Kreidebrei mit gebranntem Gyps, wodurch die Masse ebenfalls nach und nach erhärtet und dann das Zersägen gestattet, auch die Eigenschaft erlangt, welche das Schreiben damit erfordert.

Pariser Schneiderkreide ist aufs Feinste geschlämmte Kreide, welche in schmelzendes weißes Wachs eingerührt und in kleine dünne Plättchen geformt wurde.

Die Kreide löst sich unter Aufbrausen in Salzsäure. Es bleibt nur wenig Rückstand, der die Flüssigkeit trübt. Die entstandene Lösung giebt, wenn sie nicht zu stark verdünnt ist, mit Schwefelsäure einen weißen, bei Zusatz von viel Wasser wieder löslichen Niederschlag. Kohlensaurer Baryt verhält sich ebenso gegen Salzsäure, die Lösung giebt aber selbst im sehr verdünnten Zustande mit Schwefelsäure eine weiße Fällung von schwefelsaurem Baryt, welche im Gegenſatze zu dem entſprechenden Niederſchlage in der Kreiblöſung auch auf Zuſatz von ſehr viel Waſſer ungelöſt bleibt. Kreide wird übrigens wegen ihres billigen Preiſes nicht verfälſcht, kann ſich aber als Zuſatz in anderen Farben vorfinden.

b. Kalkſpath, gemahlener. Pariſerweiß.

Der Kalkſpath in ſeiner reineren Form iſt ebenfalls kohlenſaurer Kalk, und er iſt oft viel reiner als die Kreide, von der er ſich weſentlich dadurch unterſcheidet, daß er ſehr harte Stücke von kryſtalliniſcher Structur bildet, ſo daß auch ſeine kleinſten Theile, wie ſie durch das Pulveriſiren hergeſtellt werden können, noch das kryſtalliniſche Gefüge zeigen. Sind die Stücke ſehr großblättrig-kryſtalliniſch, ſo nennt man das Geſtein ſchlechtweg Kalkſpath oder auch wohl Urkalk; ſind ſie dagegen körnig-kryſtalliniſch, ſo nennt man ſie Marmor, namentlich auch dann, wenn die weißen reinen Partien durch anders gefärbte Adern oder andere Beſtandtheile durchzogen ſind, welche aber zum Zwecke der Farbenfabrikation ausgeſchieden werden. Der reinſte Kalkſpath kommt im Urgebirge vor, daher auch die Bezeichnung Urkalk. Die im Muſchelkalk und anderen Formationen vorkommenden Kalkſpathe haben nie eine völlig rein weiße Farbe und enthalten beſtändig eine größere Menge thonartiger Einmengungen.

In Gegenden, wo Kreide mangelt oder wegen des Transportes zu theuer wird, vermahlt man dieſen Kalkſpath, wenn er daſelbſt vorkommt, wie den Schwerſpath, d. h. entweder auf naſſen, oder neuerer Zeit auf trocknen Mühlen zu dem feinſten Pulver, wie es die geſchlämmte Kreide vorſtellt. Der ſo gewonnene und vermahlene Kalkſpath iſt ſogar meiſt noch weißer als die Kreide, aber ſpecifiſch ſchwerer, deckt als Leimfarbe gut, aber gleich der Kreide nicht als Oelfarbe. Er hat im Uebrigen alle Eigenſchaften der Kreide. Kalkſpath kommt in der Gegend von Heidelberg, im Speſſart und Odenwald, in der Oberpfalz in der Gegend um Kellwitz, in Schweden bei Marmorbrukel und Molala in großen Maſſen vor, wird an letzterem Orte auch zu Molala-Kreide vermahlen. In Schleſien kommt er ebenfalls vor und gelangt von dort als ſchleſiſcher grobkörniger Marmor vielfach nach Berlin, wo er zu Grabmonumenten benutzt wird. An allen ihren Fundorten finden Kalkſpath und Marmor außer zur Farbenfabrikation noch Verwendung wie der Kalkſtein, namentlich als Material für Kalkbrennereien, denn ſie liefern den weißeſten und reinſten Kalk.

In der Farbenfabrikation hat der gemahlene Kalkſpath übrigens keine Vorzüge vor der Kreide.

In England verſteht man unter Parish White, Pariſerweiß, dieſen gemahlenen Kalkſpath, was ich nebenbei noch anführe.

In chemiſcher Beziehung verhält ſich der Kalkſpath ganz wie die Kreide. Ob man mit ihm oder mit Kreide zu thun hat, kann allenfalls das Mikroſkop zeigen, indem das Kalkspathpulver bei hinlänglicher Vergrößerung noch glänzende Bruchflächen erkennen läßt, welche bei der Kreide niemals vorkommen.

c. Gewöhnlicher Kalkstein

ist gleichfalls der Hauptsache nach kohlensaurer Kalk, und zwar meistens im dern, oder doch undeutlich krystallinischen Zustande, wie er in großen Massen namentlich in den Muschelkalk-, Keuper- und späteren Formationen außer der Kreide vorkommt. In der Muschelkalkformation macht er den Hauptbestandtheil aller Gebirgsschichten aus, und sie hat von ihm und den darin vorkommenden, hauptsächlich aus Muscheln bestehenden Versteinerungen ihren Namen erhalten. Ja der Juraformation, die höher liegt, tritt er wieder in großen Massen als Jurakalk auf, enthält dann aber andere Versteinerungen. In den Lias- und Keuperformationen ist er, weniger Versteinerungen führend, viel unreiner, mergelartig und von minderer Mächtigkeit im Vergleich mit den anderen ihn begleitenden Formationsgliedern, als Gyps, Sandstein u. s. w.

Alle diese Kalksteinvorkommen sind, wie schon gesagt, ebenfalls kohlensaurer Kalk. Die Modificationen des Kalksteines mit deutlicherem und größerem krystallinischem Gefüge erscheinen im geschliffenen Zustande oft marmorartig, zeigen aber nie eine rein weiße Farbe, sondern sind stets gefärbt; doch mag oft diese dunkle Färbung organischen Ursprungs sein, da dieselbe beim Brennen verschwindet. Löst man die Kalksteine in Salzsäure auf, so hinterlassen sie stets eine verhältnißmäßig größere Menge thonartiger oder sandartiger Gemengtheile, als Kreide, Kalkspath und Marmor, welche beim Auflösen nur Spuren oder vergleichsweise geringe Quantitäten davon hinterlassen. An Orten, wo die reineren kohlensauren Kalkarten nicht vorhanden sind, werden diese Kalksteine benutzt, um gebrannten Kalk herzustellen. Nie werden Kalksteine, Muschelkalk, Keuperkalk ꝛc. anders als im gebrannten Zustande in irgend einem Fache der Malerei oder zur Farbenfabrikation angewendet.

d. Gebrannter Kalk, CaO.

Wenn man den kohlensauren Kalk in seinen oben beschriebenen Formen als Kreide, Kalkspath oder Kalkstein mit einer Mineralsäure A oder auch nur mit starkem Essig übergießt, so wird er unter Entwicklung von Gasblasen aufgelöst beziehungsweise zersetzt, indem der Kalk CaO sich mit der Säure A vereinigt, während die Kohlensäure frei wird und Gasgestalt annimmt.

$$CO_2, CaO + A = ACaO + CO_2.$$

Wird der kohlensaure Kalk, welcher Art er auch sein mag, hoher Hitze ausgesetzt (im Kalkofen), so entweicht ebenfalls die Kohlensäure CO_2, die mit ihm verbunden ist, und es bleibt bloß CaO zurück.

54   Kalkhydrat.

Selten wird eine Farbenfabrik oder ein Consument für Kalk sich in der Nothwendigkeit befinden, seinen Bedarf an diesem Materiale durch Glühen der angegebenen kohlensauren Kalke selbst herzustellen, da die Kalkbrennerei fast an allen Orten als technischer Industriezweig allgemein ausgeübt wird, und zwar in großem Maaßstabe. Es ist daher überflüssig, die Kalkbrennerei im Großen, welche auf sehr verschiedene Weise ausgeführt wird, hier zu beschreiben. Aber es kann erwähnt werden, daß man sich im Nothfalle kleine Quantitäten von Kalk in einem Tiegelofen brennen kann, entweder durch Glühen im Tiegel, oder indem man die Kalksteinstücke mit Holzkohlen oder Koks geschichtet niederbrennen läßt, wobei die Stücke um so leichter gar gebrannt werden, d. h. alle Kohlensäure verlieren, je kleiner sie sind. Die reineren Kalksorten, Kalkspath und Marmor, gebrauchen übrigens zu ihrem Brennen eine größere Hitze oder längere Erhitzung als die unreineren, mehr porösen Arten von Kalkstein.

e. **Gelöschter Kalk. Kalkhydrat, CaO,HO. Kalkbrei. Kalkmilch. Kalkwasser.**

Der gebrannte Kalk hat die Eigenschaft, wenn er in Berührung mit Wasser oder Wasserdampf kommt, sich rasch damit zu verbinden, wobei er, wenn nicht zu viel Wasser gegenwärtig war, in ein trocknes, ganz weißes oder bei unreineren Sorten grauweißes Pulver zerfällt. Dieses Zerfallen erfolgt unter einer sehr starken Erhitzung, welche über die Kochhitze des Wassers geht, wenn nicht zu viel Wasser angewendet wurde.

Der porösere gebrannte Kalk aus Kalkstein also weniger reinem kohlensaurem Kalk herrührend, löscht sich leicht, so daß schon eine geringe Menge darauf gespritzten Wassers Zischen, Aufblähen und theilweises Zerfallen der Stücke veranlaßt, während bei Anwendung der zum vollständigen Löschen erforderlichen Wassermenge das völlige Zerfallen der Stücke in Pulver sehr schnell erfolgt. Der aus Kalkspath erhaltene gebrannte Kalk löscht sich dagegen sehr schwer, und oft wird es nöthig, ihn in kochendes Wasser zu werfen, um ein schnelles Zerfallen zu erzielen. Liegen solche schwerer zu löschende Kalkstücke jedoch beim Löschen auf Haufen, so erhitzen sie sich nach dem Begießen mit Wasser ebenfalls nach einiger Zeit, und dann erfolgt das Löschen und völlige Zerfallen ebenso rasch nach.

Das Kalkmehl auf diese Art erhalten ist das Hydrat des Kalks, also CaO,HO, der nun anstatt der Kohlensäure ein Aequivalent Wasser aufgenommen hat.

Ist beim Kalklöschen zu wenig Wasser angewendet, so enthält das entstandene Kalkmehl neben Kalkhydrat noch ungelöschte Kalktheile; wurde dagegen zu wenig Wasser zugesetzt, dann enthält das Kalkmehl einen Ueberschuß von Wasser. Letzteres ist vorzuziehen, weil ein kleiner Ueberschuß von Wasser nicht schadet,

Kalkbrei. Kalkmilch.

und dann jedenfalls kein ungelöschter Kalk eingemengt bleiben kann, der sich jedoch durch Wirkung der Luftfeuchtigkeit bald nachlöscht, wenn er sich auch anfangs verfinden sollte.

Wenn der gebrannte Kalk an der Luft liegen bleibt, so zerfällt er nach und nach gleichfalls zu einem Pulver, indem er Wasser und Kohlensäure zugleich anzieht. Dieses Zerfallen sucht man zu vermeiden, denn das so entstandene Pulver ist größtentheils wieder kohlensaurer Kalk geworden, und es kann den gelöschten pulverigen Kalk oder das Kalkhydrat in keiner Weise ersetzen.

Kalkbrei. Wenn das trockne Kalkhydrat CaO, HO, das 24 Proc. Wasser chemisch gebunden enthält, weiter mit Wasser angerührt wird, oder der Kalk von Anfang an mit so viel Wasser beim Löschen versetzt wird, als nöthig ist, um eine steife breiartige Masse zu bilden, so erhält man den Kalkbrei als ein Gemenge von Kalkhydrat mit Kalkwasser. In diesem Zustande läßt sich das Kalkhydrat am besten aufbewahren, da es vermöge seiner dichteren, gleichförmigeren Consistenz der Luft zur Aufnahme von Kohlensäure nicht so viele Flächen darbietet, als das lockere Pulver des festen Kalkhydrats. In dieser Form wird es daher auch am besten zum Behufe der Farbenfabrikation aufbewahrt. Im Fall der gebrannte Kalk einen Kalkbrei giebt, in welchem sich Stücke ungebrannten Kalks oder in Wasser nicht vertheilbarer Steine befinden, wie letztere namentlich im Kalkspath und der Kreide vorkommen können, so wird der Kalkbrei in der für die Fabrikation von Farben anwendbaren Form dadurch gewonnen, daß man den Kalk in viel Wasser zu einer dünnen Milch löscht und aus dieser die feinen Kalkhydrattheile abschlämmt. Diese setzen sich dann beim ruhigen Stehen aus dem Kalkwasser ab und bilden nun einen um so reineren Kalkbrei, je sorgfältiger das Schlämmen verrichtet wurde.

Kalkmilch. Wenn das trockene Kalkhydrat oder der nasse Kalkbrei in mehr als der zur Bildung von Kalkbrei erforderlichen Menge Wasser zu einer milchartigen Flüssigkeit angerührt wird, so entsteht die Kalkmilch, welche allgemein zum Tünchen von Kalkwänden und Gemäuer angewendet wird. Das auf diese Wände dünn aufgetragene Kalkhydrat hält anfangs nur lose auf den Flächen, verwandelt sich aber nach und nach in kohlensauren Kalk und erhärtet damit. Wird der Kalkmilch noch Casein in Form von abgerahmter, nichtgeronnener Milch zugesetzt, so entsteht eine viel haltbarere weiße Farbe; das Casein der Milch bildet mit dem Kalk eine Art von Leim oder Kitt, der sehr fest wird, während das Kalkhydrat in kohlensauren Kalk übergeht. Ein solches Gemisch von Kalkmilch und hinreichend viel abgerahmter Kuhmilch kann die Stelle von Kreide und Leim zum Anstrich auf Holz vertreten, und ist sogar noch haltbarer.

Oft wird die Kalkmilch, wenn sie zum Anstreichen oder Tünchen benutzt wird, mit Farben versetzt. Wenn letztere dabei ihre Nüance nicht ändern, so sagt man „sie stehen auf Kalk". Theils wird die Farbe zugesetzt, um das grelle

Kalkwasser. Anwendung des Kalkhydrats.

Weiß des Kalkes zu brechen oder abzuschwächen. Man benutzt hauptsächlich Cadmus, Kalkblau, Ultramarin, um einen bläulichen Ton hervorzubringen; Schwedischen Ruß, Mineralschwarz, um einen bläulichgrauen Ton hervorzurufen. Die gewöhnlichen Ruße machen bräunlichgrau. Alle Erdfarben dagegen geben eine Nüance, die ihrer ursprünglichen Farbe entspricht. Grünliche Nüancen giebt man mit Berggrün, Braunschweigergrün, den älteren Sorten Neuwidergrün, mit grüner Erde. Auch indem man in Kalkmilch Auflösungen von Kupfervitriol oder eines Gemisches von Kupfer- und Eisenvitriol einrührt, entstehen durch Fällung der in diesen Salzen enthaltenen Metalle als Oxydhydrate angenehme grüne Farben, die zum Häuseranstrich sehr empfehlenswerth sind.

Kalkwasser. Nachdem der Kalk sich mit 1 Aequivalent Wasser verbunden hat, löst sich das entstandene Hydrat weiter in Wasser zu einer klaren Flüssigkeit. In 100 Thln. Wasser von gewöhnlicher Temperatur lösen sich nur ungefähr 0,125 Thle. Kalkhydrat zu einer klaren Flüssigkeit, dem sogenannten Kalkwasser. In dem Kalkbrei und in der Kalkmilch ist daher das Überschüssige, d. h. das chemisch nicht gebundene, dem Kalkhydrat nur mechanisch beigemengte Wasser stets mit aufgelöstem Kalkhydrat gesättigt. 100 Thle. kochenden Wassers lösen nur etwa 0,08 Thle. Kalkhydrat.

Das Kalkwasser für sich wird in der Farbenfabrikation nicht angewendet, weil es seines geringen Kalkgehalts wegen wenig wirksam ist. Es überzieht sich beim Stehen an der Luft schnell mit einer weißen Haut, indem der Kalk aus der Luft Kohlensäure anzieht und sich wieder in den im Wasser unlöslichen kohlensauren Kalk verwandelt, aus dem die Haut besteht, die immer dicker wird, endlich niedersinkt und sich von Neuem bildet, bis aller in der Flüssigkeit vorhandene Kalk in kohlensauren verwandelt worden ist.

Wie schon angeführt, wird der Kalk auch bei der Farbenfabrikation verwendet. In diesem Falle, wenn er als Hydrat in die Farbe kommt, muß er möglichst rein sein, was durch Schlämmen, auch Mahlen auf nassen Mühlen, erreicht wird. Er dient gewöhnlich dazu, um aus schwefelsauren Salzen deren basischen Bestandtheil im hydratischen Zustande und gleichzeitig Gyps auszufällen, welche beide in der Farbe einen Bestandtheil ausmachen sollen. So wird durch Kalkhydrat z. B. aus Alaun Alaunerdehydrat und Gyps, aus Kupfervitriol Gyps und Kupferoxydhydrat niedergeschlagen. Siehe Kalkblau.

Wo die Anwendung des Kalkes solche Zwecke hat, ist es rathsam, das aus gebranntem Kalkspath bereitete Kalkhydrat anzuwenden, weil dieses am reinsten weiß ist und deshalb auch die feurigsten Farben giebt. So verwenden die Schweinfurter Fabriken nur gebrannten Kalkspath aus der Oberpfalz, obgleich der von Muschelkalk aus der Umgegend gewonnene Aetzkalk bedeutend billiger ist.

Indirect wird das Kalkhydrat angewendet, um dem kohlensauren Kali oder

Natron in ihrer wässerigen Lösung die Kohlensäure zu entziehen, worüber unter Aetzlaugen die Rede sein wird.

Wenn der Kalk als Hydrat, Kalkbrei oder Kalkmilch die Nüance einer Malerfarbe zerstört oder unangenehm verändert, die Farbe also, wie man sagt, „nicht auf Kalk steht", so ist die Ursache davon immer die: daß sie eine Säure enthält, die der Farbe als Bestandtheil zugehört und die derselben von dem Kalk entzogen wird. So wird Schweinfurtergrün in Kalk schmutzig gelbgrün durch Entziehung der Essigsäure und eines Theiles der arsenigen Säure.

Mit frischem Käse abgerieben giebt das Kalkhydrat eine zähe Masse, mit welcher man Holz zusammenleimen kann. Um Löcher in Holzwerk dauerhaft auszufüllen, kann auch der Maler von solchem Kitt Anwendung machen. Die Anwendung eines Zusatzes von Milch zur Kalktünche beruht ebenfalls auf dieser Eigenschaft. Mit viel Milch versetzter Kalkbrei giebt sogar weiße Anstriche, die auf Holz gut halten und das Abwaschen ertragen, wie schon oben angeführt ist.

f. Gyps, schwefelsaurer Kalk, $SO_3, CaO + 2HO$.

Der Gyps gehört nicht eigentlich unter die Erdfarben, aber da derselbe ein Material ist, das sehr häufig als Zusatz zu Farben angewendet wird und also einen Bestandtheil vieler Farben ausmacht, so darf derselbe nicht wohl übergangen werden und erhält daher hier am besten seine Stelle. Der Gyps kommt sehr häufig und am meisten in der Muschelkalk-, Keuper- und Zechsteinformation vor, in weniger reiner Beschaffenheit im Lias. In den erstgenannten Formationen bildet er oft sehr große Lager und Stöcke von grauem, röthlichem und weißem Aussehen, ist grob- oder feinkörnig-krystallinisch und daher marmorähnlich als Alabaster, zuweilen faserig und strahlig als Federweiß, andererseits blätterig und durchsichtig mit dem Namen Marienglas, endlich dicht als Gypsstein. In Deutschland finden sich große Lager in Thüringen, bei Frankenhausen, Königsee. In Würtemberg und Franken durchzieht die ganze Keuperformation ein ganz starkes Lager, das oft zu Tage ausgeht. Auch bei Osterode am Harz tritt er in großen Massen auf. Für die Farbenfabrikation werden nur die grauen oder rein weißen, nicht aber die röthlichen Gypse durch Tagebau gewonnen und benutzt.

Ehedem wurde der Gyps unter Pochstempeln oder Kollergängen erst pulverisirt, dann auf den nassen Mühlen fein gemahlen und getrocknet, und dies geschieht auch wohl jetzt noch da, wo einmal die Einrichtungen dazu vorhanden sind und wo man nur den eigenen Bedarf an gemahlenem Gyps selbst bereitet. In neuerer Zeit aber, namentlich in Anlagen, welche gemahlenen Gyps für den Handel und für Farbenfabriken darstellen, werden dazu die oben angeführten trockenen Mühlen verwendet.

Von diesen Gypsmühlen wird der gemahlene Gyps von verschiedenem Korn und verschiedener Feinheit geliefert. Die Anwendung eines verschiedenen Korns in Farbenfabriken, namentlich bei Ultramarinfabriken, beruht aber darauf, daß z. B. ein Zusatz von 20 Proc. eines gröberen Korns die Farbe dem Ansehen nach nicht stärker verändert, als der Zusatz von 10 Proc. eines feineren Korns u. s. w.

Der Gyps ist krystallwasserhaltiger schwefelsaurer Kalk von der Formel SO_3, $CaO + 2HO$ und enthält sonach 32,95 Kalk, 46,24 Schwefelsäure und 20,81 Wasser in 100 Theilen, oder 79,19 schwefelsauren Kalk, SO_3, CaO, und 20,81 Wasser, HO. Er kann aus seinen Bestandtheilen zusammengesetzt werden und fällt immer in kleinen weißen Nadeln aus nicht allzusehr verdünnten wässerigen Flüssigkeiten nieder, die freie Schwefelsäure enthalten, wenn man sie mit Kalkmilch versetzt. Auch aus manchen schwefelsauren Salzen fällt Kalk die Schwefelsäure in der Form von Gyps, wie unter gelöschtem Kalk schon angeführt ist. Bei der Bereitung der Stearinsäure durch Abscheidung der Fettsäuren aus Kalkseifen mittelst Schwefelsäure, bei der Bereitung von Mineralwässern, bei welcher Kohlensäure durch Schwefelsäure aus Kreide entwickelt wird, erhält man ihn ebenfalls in größeren Quantitäten als Nebenproduct. Allein man wird selten in der Lage sein, den so gewonnenen Gyps in Verwendung zu nehmen, denn die letztere ist in den meisten Fällen nur dann möglich, nachdem dieser Gyps durch Auswaschen mit Wasser von aller anhängenden freien Säure befreit, also einer Reinigung unterworfen ist, deren Kosten oft höher sind, als der Werth des Products.

Der Gyps ist in etwa 380 bis 400 Thln. kalten Wassers löslich. Er läßt sich daher in manchen Fällen, nämlich wenn er nur als zufälliger Bestandtheil in einer Farbe vorhanden ist, etwa aus Unreinheit des Rohmaterials oder des zur Farbenbereitung angewendeten Wassers herrührend, durch öfteres Auswaschen ganz oder größtentheils entfernen, und hierdurch die Intensität oder Tiefe der Farbe erhöhen.

Der Gyps hat die Eigenschaft, schon bei Temperaturgraden, die nicht hoch über 100° sind, noch schneller aber bei 150° bis 200°, sein Wasser zu verlieren, und der innerhalb dieser Temperaturgrenzen entwässerte Gyps heißt

g. Gebrannter Gyps, SO_3, CaO.

Auch dieser wird in der Farbenfabrikation angewendet. Man rührt zu diesem Zwecke den pulverigen gebrannten Gyps in Wasser auf, läßt ihn darin zu unregelmäßigen Stücken erhärten und mahlt letztere wieder zu einem feinen Pulver. Durch diese Behandlung wird der Gyps nicht nur weißer, sondern das neu gewonnene Gypsmehl ist auch zarter und viel sanfter anzufühlen, als das stets rauhe Pulver des roh gemahlenen Gypses, und während den Farben durch einen Zusatz des letztgenannten ungebrannten Gypspulvers eine lockere pulverige Beschaffenheit ertheilt wird, so bewirkt umgekehrt der gebrannte Gyps, der bei dem beschriebenen Verfahren sein Wasser wieder aufgenommen hat, nachdem er gemahlen und den Farben zugesetzt ist, daß diese eine gewisse Härte erlangen. Letztere Eigenschaft ist namentlich dann ein Vortheil für die Farben, wenn dieselben nicht als Pulver, sondern als geschnittene Stücke in den Handel gebracht werden sollen.

Das Erhärten des gebrannten Gypses in Wasser beruht darauf, daß er dasjenige Wasser wieder aufnimmt, welches er beim Erhitzen, dem sogenannten „Brennen", verloren hatte.

Das Brennen des Gypses erfolgt entweder vor oder nach dem Pulverisiren. Letzteres ist am bequemsten. Man benutzt dazu gußeiserne, zum Heizen eingemauerte Pfannen, welche man mit einer Schicht von etwa 25 bis 30 Centimeter Höhe des pulverisirten Gypses beschickt. Während des Erhitzens nimmt das Pulver eine Beschaffenheit an, die sich der einer Flüssigkeit nähert, es wird leicht beweglich und wallt auf durch das Entweichen von Wasserdämpfen. Einige Zeit nach Beendigung dieses unruhigen Verhaltens kann man den Gyps als genügend gebrannt ansehen. Er wird herausgenommen und durch eine neue Beschickung ersetzt.

Wenn das Brennen vor dem Pulverisiren geschehen soll, so zerschlägt man den Gyps zuvor in kleinere Stücke. Diese verlieren ihr Wasser schon beim Liegen in einem gut angeheizten Backofen. In etwas größerem Maßstabe kann man die Gypsstücke in einem, jedoch nur mäßig zu heizenden Flammofen brennen, und da solche Flammöfen sich oft in Farbenfabriken vorfinden, so benutzt man sie auch hauptsächlich zum Gypsbrennen.

Die Stücke, welche gebrannt sind, lassen sich auf dieselbe Art pulverisiren wie der rohe ungebrannte Gyps, aber natürlich nur auf trockenem Wege mahlen.

Wird der Gyps beim Entwässern stärker als auf 150° bis 200° erhitzt, so verwandelt er sich in sogenannten todtgebrannten Gyps, welcher gepulvert zwar ebenfalls ein weißes Mehl darstellt, dessen man sich jedoch in der Farbenfabrikation nicht bedient. Es hat durch dieses stärkere Brennen die Eigenschaft des unterhalb jener Temperaturgrenzen gebrannten Gypses, das verlorene Krystallwasser bei Berührung mit Wasser alsbald wieder aufzunehmen und in Folge davon sogleich zu erhärten, eingebüßt; denn der durch zu hohe Temperatur todtgebrannte Gyps nimmt vermöge seiner dichteren Beschaffenheit das ursprüngliche Krystallwasser erst nach sehr langer Zeit in Berührung mit Wasser wieder auf und erhärtet demgemäß sehr langsam im Wasser. Geschah das Brennen bei Temperaturen über 400° bis 500°, so bindet der Gyps auch nach längerer Zeit überhaupt nur einen Theil des verlorenen Krystallwassers wieder und erhärtet dabei zu einem Product von anderer, nämlich durchscheinender und dichterer Beschaffenheit, als der im Wasser erstarrte, normal gebrannte Gyps.

Im Mineralreiche kommt er als Whiterit in Formen vor, die denen des Kalkspaths gleichen und demselben Krystallsysteme angehören. In größerer Menge findet er sich im nördlichen England und wird dort bergmännisch wie in Deutschland der Schwerspath gewonnen. Er ist in England jetzt eine Handels-waare und wird zu Preisen von ungefähr 3 Pf. St. per englische Tonne angeboten und zwar in gemahlenem Zustande, in welchem er jedoch nicht zur Malerei, sondern als Rohmaterial zu chemischen Zwecken, zur Darstellung von Barytsalzen verschiedener Art, namentlich aber zur Fabrikation von artificiellem schwefelsaurem Baryt verwendet wird. Es wird davon unter weißen künstlichen Mineralfarben die Rede sein.

b. Schwefelsaurer Baryt, SO_3, BaO.

A. Schwerspath.

Der Schwerspath kommt im Mineralreiche gewöhnlich nur in vulcanischem Gestein oder in Uergebirgen in mehr oder minder mächtigen Gängen vor, oft in Begleitung mit Schwermetallen, namentlich von Schwefelblei, Schwefelantimon und Schwefelkiesen. In Deutschland findet er sich in großen Mengen im Spessartgebirge in der Gegend von Lohr am Main, in Thüringen bei Königsfee, am Harze, bei Waldshut im Badischen u. s. w. Die durch Bergbau gewonnenen, weißen, größeren und kleineren, stets rhombisch-krystallinischen Stücke werden durch Fäustelu von anhängenden unreinen Stücken und der Bergart getrennt und dann nach den früher angeführten Methoden auf nassen oder trockenen Mühlen in das feinste Pulver verwandelt. In diesem Zustande wird er von den meistens in der Nähe reichhaltiger Schwerspathgruben belegenen Mahlanstalten in den Handel gebracht und von allen den Farben-fabrikanten angekauft und verwendet, denen das Rohmaterial nicht zu billigen Preisen zu Gebote steht, oder die eine besondere Anlage für das Vermahlen des Schwerspaths nicht ihrem Vortheile entsprechend finden.

Der gemahlene Schwerspath ist um so werthvoller, je reiner weiß seine Farbe und je feiner er gemahlen ist. Als Malerfarbe wird er für sich nicht angewendet, da er in Wasser wenig, in Oel noch weniger deckt. Bei der Farbenfabrikation wird er dagegen in sehr großen Mengen als Zusatz verwendet, um dunkle Farben heller zu machen, und er macht in solchen Farben oft bis 90 Proc. von ihrem Gewichte aus. In ebenso großer Menge wird er als Versatz zu Bleiweiß verwendet, um die billigeren aber auch um so viel schlechteren Handelssorten desselben darzustellen; hier ist es von dem größten Gewicht, daß der Schwerspath rein weiß sei, während für gelbe Farben beispielsweise ein Stich

Anwendung, Reinigung und Erkennung des Schwerspaths.

desselben ins Gelbe wenig schadet. Sein Zusatz bei Farben beeinträchtigt ihre Farbe unter allen Versatzmitteln am wenigsten, eben weil er nicht deckt. Auch erfordern diejenigen Farben, welche zum Anreiben in Oel viel von dem letzteren verschlucken, nach dem Versatze mit Schwerspath deshalb eine verhältnißmäßig geringere Menge Oel als ohne diesen Zusatz, weil der Schwerspath, um die Consistenz von Butter anzunehmen, nur 8 Proc. Oel verschluckt, während manche andere Farben gegen 50 Proc. Oel aufnehmen müssen, um diese Consistenz zu erlangen.

Der Schwerspath ist in allen gewöhnlichen wässerigen Lösungsmitteln unlöslich und in seinem chemischen Verhalten gegen andere Verbindungen so indifferent, daß er auf keine Farbe, mit der er gemischt wird, durch chemische Reaction einwirkt. Wenn nur solche Schwerspathsorten, welche gelblich durch Eisenoxydhydrat gefärbt sind, zu Gebote stehen, so kann man weißere Sorten daraus dadurch herstellen, daß man das Mehl in kupfernen Kesseln oder in Holzgefäßen mit verdünnter Salzsäure erhitzt und das Erhitzen bei Anwendung von Holzgefäßen durch Einleiten eines Dampfstromes in die Säure bewirkt. Die Salzsäure, welche das Eisenoxydhydrat auflöst, muß dann durch sorgfältiges Auswaschen mit Wasser wieder entfernt werden, während das so gereinigte Pulver entweder erst getrocknet oder auch gleich naß verwendet wird.

Ein Zusatz von Schwerspath zu Farben ist unter allen Beimischungen am leichtesten zu constatiren und quantitativ zu bestimmen, da sowohl die Farben selbst durch geeignete Lösungsmittel leicht zersetzt und gelöst werden können, so auch namentlich Gyps, Kreide, wie früher angegeben, während der schwefelsaure Baryt durch jene Lösungsmittel nicht gelöst wird, sondern unzersetzt zurück bleibt. Schwefelsaures Bleioxyd, welches etwa dem Schwerspath beigemengt ist, wird durch seine Braunfärbung mittelst Schwefelammonium leicht erkannt und kann, obgleich selbst schwer löslich, doch durch längeres, wiederholtes Erhitzen mit concentrirter Salzsäure, sowie wiederholtes Auswaschen des gebildeten Chlorbleies mit viel heißem Wasser in Lösung gebracht und so von dem Schwerspath getrennt werden. Ist aber der schwefelsaure Baryt mit Thon gemengt, so läßt sich der letztere durch Schmelzen des Gemisches mit saurem schwefelsaurem Kali in Säuren löslich machen, während auch hier der schwefelsaure Baryt ungelöst bleibt.

Ueber die Anwendung des Schwerspaths zur Darstellung des künstlichen schwefelsauren Baryts wird bei den artificiell dargestellten Mineralfarben die Rede sein.

B. Artificiell dargestellter schwefelsaurer Baryt

ist das sogenannte Permanentweiß. Siehe weiße Mineralfarben im zweiten Theile.

Talk. Thon.

3. Bittererdeverbindungen.

Talk, 4 (SiO$_3$, MgO) + SiO$_2$, HO. Kieselsaure Bittererde.

Von den in der Natur vorkommenden Bittererdeverbindungen wird keine eigentlich als Farbe benutzt. Der Talk kommt als Mineral in rhombischen und sechsseitigen Tafeln vor, ist weicher als Gyps und fettig anzufühlen. Er kommt aus Böhmen und Triest in gemahlenem Zustande in den Handel, und sein Preis richtet sich nach der Feinheit und Weiße des Pulvers, das auf eine der früher erwähnten Zerkleinerungsmethoden aus dem Minerale gewonnen wird. In der Farbenfabrikation findet er nur geringe und keine directe Anwendung. Tapetenfabriken setzen ihn manchmal den anzuwendenden Farben zu, welche sich dann leichter glätten lassen. Er ist oft ein Zusatz von Metallbronzen, der zurückbleibt, wenn man das Metall mit Salpetersalzsäure auflöst.

Er ist in Säuren unlöslich und wirkt auf keine Farbe ein, mit der er gemischt wird. Trockne rothe Schminke, auf kleinen Porzellantellern im Handel vorkommend, besteht aus feinem Talkpulver, das mit Carthaminlösung gefärbt ist. Das Carthamin läßt sich hier durch eine Auflösung von kohlensaurem Natron dem Talkpulver völlig entziehen.

4. Alaunerdeverbindungen.

Kieselsaure Alaunerde. Weiße Thone. Pfeifenthon, weißer Bolus. Porzellanerde, Kaolin.

Von weißen Thonen giebt es sehr verschiedene Arten, abgesehen von ihren Unterschieden in der Farbe. Ein Theil derselben bildet sehr fettig anzufühlende Stücke, die beim Trocknen einen ziemlichen Zusammenhang zeigen und sich in Wasser langsam zu zähen, schlüpfrigen, fettartigen Massen aufweichen. Dies sind die fetten Thone, Pfeifenthon, weißer Bolus. Eine andere Art stellt nach dem Schlämmen und Trocknen ein mehr kreideähnliches, weniger fett anzufühlendes Pulver oder leicht zerreibliche Stücke dar. Dieses ist die eigentliche Porzellanerde oder der Kaolin. Beide Thonarten scheinen sich doch nicht wesentlich von einander zu unterscheiden. Sie sind den Analysen zufolge kieselsaure Alaunerde in wechselnden Verbindungsverhältnissen, welche im Allgemeinen durch die Formeln:

2 SiO$_2$, Al$_2$O$_3$, 2 HO und 2 SiO$_2$, Al$_2$O$_3$, 3 HO,

auszudrücken sind. In den Pfeifen- oder fetten Thonen scheint meistens eine kleine Menge überschüssiger Kieselsäure vorhanden zu sein. Andererseits giebt es jedoch auch fette Thone von gleicher Zusammensetzung wie der Kaolin.

Als zufällige, nicht zu ihren Bestandtheilen gehörige Gemengtheile finden sich in den Thonen, von ihrer Entstehung durch Zersetzung anderer Gesteine herrührend, namentlich kohlensaurer Kalk und Bittererde, welche sich durch Salzsäure ausziehen lassen. Das in den meisten Thonen überdies vorkommende Eisen ist demselben vorwiegend in Form von Eisenoxydhydrat oder Eisenoxyd mechanisch beigemengt, aber auch chemisch gebunden im Thone enthalten. — Durch viel eingemengtes Eisenoxydhydrat erhalten die Thone eine gelbe Farbe und werden zu thonigen Ockern. Ist das Eisen aber als Oxyd den Thonen eingemengt, so erhalten sie eine röthliche oder rothe Farbe und werden dadurch zum rothen Bolus oder Röthel.

Die Thone haben die Eigenschaft, sich selbst in starken Säuren bei gewöhnlicher Temperatur nicht zu verändern, üben also auf Farben, die eine solche enthalten, keinen Einfluß aus. Alkali löst aus dem Thone nur freie Kieselsäure, wenn es nicht in höchst concentrirter Form oder unter Antreibung des Wassers durch Erhitzung angewendet wird, in welchen Fällen dann unter gewissen Voraussetzungen hinsichtlich des dabei zu beobachtenden speciellen Verfahrens auch die gebundene Kieselerde und die Alaunerde aufgelöst oder doch so verändert werden können, daß sie sich nach dieser Behandlung leicht in Säuren lösen. Für sich geglüht verlieren die Thone das Wasser unter erheblicher Verringerung ihres Volums, dem sogenannten Schwinden, und geben dann zerkleinert ein nicht mehr fettig anzufühlendes Pulver. Ihre Farbe erhält sich nach dem Glühen um so reiner weiß, je weniger Eisen sie enthalten.

Die gewöhnlichen, oben beschriebenen weißen Thone, wie solche auch in Deutschland in großer Menge vorkommen und das Rohmaterial für die Steingut- und Porzellanfabriken bilden, z. B. die Hallische Erde von Salzmünde und Morl bei Halle, die Kaoline von Sedlitz in Böhmen, von Elnbogen, von Passau u. s. w., werden eigentlich nicht als Farben angewendet; sie decken nämlich nicht in Oel, und als Wasserfarbe ist ihnen die Kreide vorzuziehen; auch nach dem Brennen haben sie keine besseren Eigenschaften in dieser Beziehung erlangt. Der einzige Gebrauch, den man von ihnen als Farbe mit Vortheil macht, ist ihre Anwendung bei der Papierfabrikation, indem man die Thone der Papiermasse in den Holländern zusetzt und dadurch die Porösität des Papiers beseitigt, dem letzteren auch eine weißere Farbe ertheilt. Sie werden zu diesem Zwecke in gebrannter und ungebrannter Form in Wasser fein vertheilt angewendet, die ungebrannten Thone müssen daher erst geschlämmt, die gebrannten aber fein gemahlen werden. Die gebrannte und gemahlene Hallische Erde kann in dieser Anwendung wohl das Permanentweiß vertreten.

Gebrannte Thone. Graue Erdfarben.

Dagegen finden die rein weißen Thone vielfache Anwendung in der Farbenfabrikation:

1) **Als Zusatz zu Farben.** Wenn die Farben durch einen zum ausreichenden Hellmachen derselben erforderlichen Zusatz von Schwerspath zu schwer ausfallen würden, so ersetzt man einen Theil des letzteren durch den leichteren gebrannten oder ungebrannten Thon. Hierdurch erhalten die Farben zugleich einen weniger rauhen Griff und einige Härte, was oft verlangt wird. Bei ausschließlichem Zusatze von gebranntem Thon ohne Schwerspath erscheinen dann die Farben verhältnißmäßig specifisch leicht und zerfallen meistens leicht in Wasser oder weichen sich schnell auf.

2) **Als Grundlage für eine Farbe.** Die ungebrannten Thone haben die Eigenschaft, organische Pflanzenfarbstoffe aus ihren wässerigen Lösungen in einiger Menge aufzunehmen. Sie werden dadurch gefärbt und geben ordinäre Lacke.

In noch höherem Grade hat der gebrannte Thon die soeben erwähnte Eigenschaft. Seine chemische Activität ist durch das Brennen gesteigert, und er unterliegt nun dem Einflusse chemischer Reagentien weit leichter, als der ungebrannte Thon. Concentrirte Schwefelsäure löst die Alaunerde desselben in der Hitze ziemlich leicht auf, und darauf beruht die Anwendung des gebrannten Thons zur Herstellung der schwefelsauren Thonerde und des Alauns im Großen in chemischen Fabriken, welche mit diesen Alaunproducten vermöge ihrer billigeren Gewinnungskosten den aus Alaunschiefer und Alaunstein in den sogenannten Alaunhütten producirten Alaunen eine erfolgreiche Concurrenz bereiten.

B. Graue Erdfarben.

Graue Erdfarben lassen sich aus manchen steinartigen Materialien gewinnen und zwar durch bloßes Mahlen und Pulverisiren, so aus manchem Thonschiefer. Da aber die hierdurch zu erzielende Farbe lediglich für einen ordinären Anstrich verwendbar und für diesen Zweck zu kostspielig ist, eine entsprechende graue Erdfarbe auch anderweitig leichter und billiger gewonnen werden kann, so bereitet man unter Verzicht auf die obige Gewinnungsweise die grauen Erdfarben für derartige Zwecke in der Regel durch Mischen von Weiß und Schwarz.

1) **Schiefergrau, Silbergrau, Steingrau.**

Die unter diesem Namen im Handel vorkommenden, ein feines Pulver darstellenden Farben zum Anstrich von Mauern, Häusern, Steinen, werden gewöhnlich dadurch hergestellt, daß man in aufgeweichten weißen Thon, namentlich

Zinkgrau. Zinkblende.

Pfeifenerde, eine schwarze Farbe einführt. Als solche wird gewöhnlich das sogenannte **Mineralschwarz**, von welchem unten das Nähere anzuführen ist, angewendet, jedoch kann dazu auch jede andere beständige schwarze Farbe benutzt werden. Nach dem Trocknen wird der so gefärbte Thon pulverisirt und gesiebt, dadurch auch inniger gemengt, und die Waare ist fertig.

2) **Zinkgrau, Schwefelzink, gemahlene Zinkblende.**

Unter dem Namen **Zinkgrau** kommt im Handel eine graue Farbe vor, die als Nebenproduct bei der Zinkweißbereitung erhalten wird und ein mit Kohlentheilchen gemengtes Zinkweiß ist. Dieses Zinkgrau, eine gute Deckfarbe in Oel, ist nicht eine Erdfarbe, sondern ein Hüttenproduct. Es wird nicht seiner selbst wegen, sondern wie bemerkt nur nebenbei gewonnen.

Ein anderes **Zinkgrau** kommt neuerdings im Handel vor und ist äußerst fein gemahlene, sehr reine quarzfreie Zinkblende, wie sie in Steiermark, in der Gegend von Villach bei Bleiberg in Kärnthen gewonnen wird. Das Mahlen geschieht auf trockenem Wege wie beim Schwerspath. Die Farbe deckt sehr gut und ihre Nüance ist ein schönes Silbergrau. Nicht jede Zinkblende giebt ein solches Pulver, daher auch nicht alle Zinkblenden zur Darstellung dieses Grau dienen können, aber alle geben mehr oder weniger anwendbare Farben, nämlich ein Grau, das ins Röthliche oder Braune spielt, und diese Farben sind alle sehr gut deckend und für Oelanstrich auf Holz und Stein brauchbar. Als Steinfarben würden sie ausgezeichnet sein, wenn sie nicht gegen die auf andere Weise erhaltenen Steinfarben zu theuer wären. Sind die Zinkblenden, wie die steierische, frei von Quarz, so macht das Mahlen keine Schwierigkeit, dagegen kann quarzhaltige kaum so fein gemahlen werden, daß die erhaltene Farbe zu allen Zwecken brauchbar ist. Die Nüancen der gemahlenen Zinkblenden werden durch ihren Gehalt an anderen Schwefelmetallen bedingt, von welchen der Bleiglanz der wenigst schädliche ist, denn dieser macht die Farbe zwar dunkler, aber zugleich rein grau.

Die grauen Farben, welche aus einem Gemenge von Thon und Rußen oder gemahlener Kohle bestehen, verlieren ihre graue Farbe beim Glühen im Tiegel unter Luftzutritt, wobei die Kohle verbrennt. Die grauen Farben, welche Mineralschwarz enthalten, verlieren dabei ihre Farbe nicht und lösen sich nicht in Säuren auf. Beim Glühen mit Salpeter hinterlassen die letztgenannten Farben solche weiße Rückstände, wie die erstgenannten Farben beim Glühen für sich.

Zinkgrau, aus kohlenhaltigem Zinkweiß bestehend, löst sich in Salzsäure und Schwefelsäure unter Rücklassung von Kohle. Die Flüssigkeit wird bei der Neutralisation mit Ammoniak oder kohlensaurem Alkali durch Schwefelwasserstoff oder Schwefelammonium weiß gefällt.

Gelbe und braune Erdfarben.

Zinkgrau aus Schwefelzink entwickelt mit Salzsäure Gasblasen von Schwefelwasserstoff, mit verdünnter Schwefelsäure ebenso, und scheidet zugleich oft aufschwimmenden Schwefel ab. Verwendet man arsenhaltige Schwefelsäure zur Lösung, so entsteht ein gelber Niederschlag von Schwefelarsen.

Hinterlassen die genannten beiden Zinkfarben bei der Behandlung mit der angeführten Säuren einen bedeutenden Rückstand, welcher weder verbrennt, noch beim Glühen sich verflüchtigt, so könnte den Farben ein fremder Zusatz von weißen Körpern gegeben sein, wie Schwerspath und Thon 2c., auf deren Natur noch zu prüfen wäre. Bis jetzt sind jedoch solche Zusätze darin nicht wahrgenommen worden, denn die Hütten, welche die in Rede stehenden Zinkfarben liefern, versenden sie in versiegelten mit ihren Abrissen versehenen Fässern. Die Waare, wenn sie mit anderen weißen Einmischungen etwa gemengt vorkäme, würde also wohl erst durch Kaufleute verfälscht worden sein.

C. Gelbe und braune Erdfarben.

Gelbe und braune Eisenoxyd- und Eisenoxyd-Manganoxydfarben.

1) Das Eisenoxydhydrat hat immer eine hochgelbe oder braungelbe Farbe, die um so mehr ins rein Gelbe und Nankinggelbe übergeht, je mehr man es mit einem rein weißen Körper vermischt. Es giebt davon drei verschiedene Sorten, nämlich:

$$Fe_2O_3, 3HO, \quad Fe_2O_3 2HO \text{ und } Fe_2O_3 HO,$$

welche sich alle unter gewissen Umständen bilden, wenn man Auflösungen von Salzen des Eisenoxyds durch eine stärkere Base, Kali, Natron, Ammoniak oder deren kohlensaure Verbindungen fällt, wobei im Allgemeinen zunächst ein voluminöser, sehr wasserhaltiger, braungelber Niederschlag entsteht, der aber in höherer Temperatur immer mehr Wasser verliert, zugleich dichter und pulveriger wird. Bei fortgesetztem Kochen jenes Niederschlages von Eisenoxydhydrat in Wasser bleibt zuletzt die wasserärmste der obigen drei Verbindungen zurück. Die mehr Wasser enthaltenden Hydrate sind auch schwer ohne Wasserverlust zu trocknen, und geben dann dunkelbraun gefärbte Massen von muscheligem Bruche. Das für Malerzwecke zu verwendende Eisenoxydhydrat kann zwar auf dem eben angeführten chemischen Wege dargestellt werden, aber da in der Natur braungelbe Farben vorkommen, die alle Zwecke der feinen und groben Malerei erfüllen können, so geschieht die künstliche Gewinnung des Eisenoxydhydrats für den genannten Zweck selten. Sonst bildet es sich noch beim Rosten des Eisens als Eisenrost, und wenn man aus Eisenoxydulsalzen das Oxydul als Hydrat mit Alkali fällt, so verwandelt

Gelbe Oder.

sich dieses beim Trocknen an der Luft durch Sauerstoffanziehung aus der Luft ebenfalls in Eisenoxydhydrat:

$$2(FeO, HO) + O = Fe_2O_3, 2HO.$$

In fast völlig reinem Zustande kommen die Hydrate vor 1) als Nabeleisenstein, Fe_2O_3, HO, 2) als faseriger Brauneisenstein, $2(Fe_2O_3) + 3HO$ und $Fe_2O_3, 2HO$. Das Hydrat $Fe_2O_3, 3HO$ ist dagegen nicht im Mineralreiche angetroffen worden. Diese Mineralien werden jedoch nicht als Rohstoffe für die Farbenfabrikation, sondern als Eisenerze zur Verhüttung und durch Bergbau gewonnen.

2) **Alle gelben bis braungelben Oder, gelbe Oder, Goldocker, Bronceoder** mit einem Stich ins Grüne, welche oft noch verschiedene andere Namen führen, wie Satinober, Oxydgelb, verdanken ihre gelbe Farbe einestheils und hauptsächlich ihrem Gehalt an Eisenoxydhydrat, welches sie um so dunkler macht, je mehr sie davon enthalten, anderentheils aber auch einem geringen Gehalte an Manganoxydhydrat, welches meistens als Begleiter des Eisenoxydhydrats auftritt und dann die Farbe ins Braune überführt.

Wenn diese Oder, wie es häufig vorkommt, in kalkigem Gebirge abgelagert sind oder aus solchem ausgewaschen wurden, so enthalten sie kohlensauren Kalk eingemengt und haben dann als Malerfarben in Oel gewöhnlich weniger Deckkraft als diejenigen Oder, bei denen der Träger des färbenden Eisenoxydhydrats aus Thon besteht. Jene kalkigen Oder lasiren gleichsam als Oelanstrich und werden meistens durchscheinend, haben jedoch andererseits als Wasserfarben in Kalk und zum Tapetendruck einen gleichen Werth, wie die thonigen Oder. Dieser hängt theils von der Reinheit und Schönheit der ursprünglichen Farbe und ihrer Nüance ab, theils von der Sorgfalt, mit der die mechanischen Arbeiten zur Gewinnung eines zweckentsprechenden, möglichst feinen Pulvers ausgeführt worden sind.

Oderarten kommen fast in allen Ländern vor. In Deutschland werden solche gewonnen in der Gegend um Saalfeld, Königssee, Großbreitenbach in Thüringen, in Nassau und Rheinland. In Frankreich gewinnt man außerordentlich viel Oder in der Gegend von Auxerre, von wo er nach allen nordischen und englischen Seehäfen in großen Quantitäten über Rouen und Havre oft als „Pariser Oder" versandt wird und zwar in verschiedenen Sorten, deren Preise um das Vierfache differiren je nach der Feinheit des geschlämmten Pulvers.

Das Eisenoxydhydrat verliert beim Glühen alles Wasser und verwandelt sich hierdurch, wie unter dem Artikel Calcination erwähnt ist, in ein rothes Pulver, welches um so mehr ins Braune und Violettbraune übergeht und um so dunkler erscheint, je stärker und länger dasselbe geglüht wurde. Eine gleiche

70   Gebrannte Oder. Braunocker.

Umwandlung erleiden nun auch die braunen und gelbbraunen Oder, und wenn sie dem oben beschriebenen Glühen im Calciniröfen unterworfen worden sind, so nennt man sie

3) **Gebrannte Oder.** Sie haben alle eine rothbraune Farbe von verschiedener Nüance und Tiefe, die theils von der Zusammensetzung des Oders abhängt und durch Brennen nicht zu modificiren ist, theils aber auch vom Brennen herrührt, wodurch sie ein um so dunkleres Pulver geben, eine je höhere Temperatur dabei angewendet worden ist. Die Farbe der manganhaltigen Oder wird ferner durch die Umwandlung des Manganoxydhydrats beim Glühen alterirt, welches hierbei sowohl Wasser als einen Theil seines Sauerstoffs verlieren kann.

Auch die gebrannten Oder dienen als Oel- und Wasserfarben, und ihr Werth hängt von denselben Umständen ab, wie derjenige der ungebrannten Oder. Die häufigste Anwendung finden sie indeß für den Tapetendruck. Sie werden gewöhnlich unmittelbar an den Gewinnungsorten der rohen Oder fabricirt, und namentlich auch aus Frankreich in vielen Nüancen und Qualitäten in den Handel gebracht.

Die **Braunocker** können ihre dunklere Farbe entweder einem größeren Gehalte an Eisenoxydhydrat, oder auch einem beträchtlichen Gehalte an Manganoxydhydrat, $Mn_2O_3, 3HO$, verdanken, welches an sich ein sehr dunkelbrauner Körper ist und durchs Glühen eine dunkelrothbraune Farbe annimmt. Für den Maler ist es gleichgültig, von welchem der beiden Oxyde die Farbe herrührt; ob letztere aber Manganoxyd als Bestandtheil enthält, erfährt man leicht, wenn man das Pulver in einem Glase mit starker Salzsäure übergießt, wobei eine manganoxydhaltige Farbe alsbald den eigenthümlichen, erstickenden Geruch des Chlors entwickelt.

Auch die Braunocker werden zuweilen gebrannt und geben dann noch dunklere braune Farben, um so mehr braunroth und glänzend, je mehr Mangan dieselben enthalten. Ist das Eisenoxydhydrat der überwiegende Bestandtheil, so geht die Farbe mehr ins Violettrothbraune über und wird in jedem Falle um so dunkler, einer je stärkeren Hitze die Oder ausgesetzt gewesen sind.

Um den Lesern einen Begriff zu geben, wie die Preise der Erdfarben mit dem Grade ihrer Verarbeitung nicht nur in Deutschland, sondern auch in Frankreich steigen, füge ich hier den Abdruck eines Preiscourants einer Ocrerie in Auxerre bei. Die Oder jaunes 1ter und 2ter Qualität unterscheiden sich etwas an Farbtiefe, die gelben Oder differiren unter einander in der Feinheit des Korns, die rothen (rouges) entsprechen als gebrannte Oder den gelben (jaunes) ungebrannten Odern.

1. Ocres de première qualité.

Désignation des Qualités	Marques	Prix des % K. F.	C.
Jaune commun en pierre	J C P 1ère Qualité.	à 5	25
Jaune commun en poudre ordinaire	J C 1ère Qualité.	à 5	25
Jaune commun lavé	J C L 1ère Qualité.	à 8	50
Jaune commun lavé surfin	J C L S 1ère Qualité.	à 13	"
Jaune fin en pierre	J F P 1ère Qualité.	à 13	"
Jaune fin en poudre ordinaire	J F 1ère Qualité.	à 13	"
Jaune fin lavé	J F L 1ère Qualité.	à 18	"
Jaune fin lavé surfin	J F L S 1ère Qualité.	à 25	"
Rouge commun en poudre ordinaire	R C 1ère Qualité.	à 7	25
Rouge commun lavé	R C L 1ère Qualité.	à 12	"
Rouge commun lavé surfin	R C L S 1ère Qualité.	à 17	"
Rouge de Prusse Nr. 2, en poudre ordinaire	R N° 2 1ère Qualité.	à 13	"
Rouge de Prusse Nr. 1, en poudre ordinaire	R N° 1 1ère Qualité.	à 15	"
Rouge de Prusse Nr. 1, lavé	R N° 1 L 1ère Qualité.	à 20	"
Rouge de Prusse Nr. 1, lavé, surfin	R N° 1 L S 1ère Qualité.	à 30	"

2. Ocres de qualité supérieure.

Désignation des Qualités	Marques	Prix des °/₀ K.	
		F.	C.
Jaune commun lavé surfin supérieur	J C L S / Qté Supre.	à 15	50
Jaune fin lavé supérieur	J F L / Qté Supre.	à 20	.
Jaune fin lavé surfin supérieur	J F L S / Qté Supre.	à 30	.
Rouge commun lavé supérieur	R C L / Qté Supre.	à 14	25
Rouge commun lavé surfin supérieur	R C L S / Qté Supre.	à 20	.
Rouge Nr. 1, lavé supérieur	R N°1 L / Qté Supre.	à 25	.
Rouge Nr. 1, lavé surfin supérieur	R N°1 L S / Qté Supre.	à 40	.

4) Die Umbra oder Umbraune haben gewöhnlich eine noch dunklere Farbe, als die Braunocker. Bei aller Verschiedenheit dieser Farben unter einander zeigen sie jedoch das Gemeinsame im Aeußeren, daß sie alle, selbst die hell farbigen, einen schwärzlichen Farbenton haben, daher auch der italienische oder lateinische Name Ombro und Umbra für dieselben. Neben den als Farbensubstrat anzuschreibenden Kalk- oder Thonarten sind die färbenden Hauptbestandtheile der Umbrasorten vorwiegend Eisenoxydhydrat, wenn sie gelblich, Manganhydrat, wenn sie sehr dunkel sind, und außerdem noch die Hydrate des Manganhyperoxyds $x\,MnO_2 + y\,HO$, deren es mehrere giebt und deren Farbe schwarzbraun bis schwarz ist. Wenigstens sind die in Deutschland vorkommenden Umbraarten so zusammengesetzt und entwickeln daher alle mehr oder weniger Chlor, wenn man sie mit Salzsäure übergießt.

Die Hauptgewinnungsorte des Rohmaterials für die Umbra sind in Deutschland in der Gegend von Saalfeld im Königer- und Camsdorfer Eisensteinrevier. In den dortigen Spatheisenstein- und Brauneisensteingruben, welche

Mulm. Gebrannter Umbra.

ein sehr manganhaltiges Eisenerz führen, hat sich an manchen Orten in Gängen ein dort als **Mulm** bezeichnetes braungefärbtes Pulver abgelagert, das wohl in Folge einer allmäligen Verwitterung des Eisensteins durch den Einfluß eingedrungenen lufthaltigen Wassers entstanden und zugleich durch letzteres in die Spalten der Lager zusammengeführt worden ist. Das kohlensaure Manganoxydul und Eisenoxydul hat sich unter Aufnahme von Wasser zu Eisenoxydhydrat beziehungsweise Manganoxydhydrat, und letzteres zum Theil zu Mangansuperoxydhydrat oxydirt, wodurch dann um so dunklere Producte erzeugt sind, je mehr sich von letzteren Hydraten aus jenem Eisenerze bilden konnte.

Diese Mulme oder Verwitterungsproducte werden von den Gewerkschaften dort gefördert und an Bauern verkauft, die sie theils nach vorgängigem Schlämmen mittelst einfacher Vorrichtungen, theils auch ungeschlämmt im rohen Zustande durch Kneten mit Wasser in eine steife bildbare Masse verwandeln, in Kugeln formen, trocknen und so an Handelshäuser in Saalfeld verkaufen, was diesen Bauern eine Nebenbeschäftigung bei ihren kleinen Landwirthschaften gewährt. So entsteht der Umbra in Kugeln. Anderntheils bringen die Bauern mit ihren eigenen Fuhrwerken den Mulm nach den Farbenfabriken in Saalfeld, welche denselben sorgfältiger schlämmen, pulverisiren und ihn dann als pulverisirten, gemahlenen, geschlämmten Umbra um theurere Preise in den Handel bringen.

Durch Sortirung der Mulme aus verschiedenen Grubenorten nach Farbe, oder auch durch zweckmäßiges Schlämmen und Zusammenmischen werden verschiedene Nüancen nach einem Sortiment erzielt.

Vermöge ihres verhältnißmäßig bedeutenden Mangangehaltes und ihres geringen Gehaltes an farblosen, erdigen Theilen erhalten die Umbra durch Brennen, auch bei nicht sehr hoher Temperatur, eine schön glänzende rothbraune Farbe. Das Brennen geschieht in dem oben beschriebenen Flammofen, und es wird darin sowohl der Umbra in Kugeln, als der pulverisirte oder blos geschlämmte und getrocknete Umbra bis zu einer bestimmten Nüance geglüht, deren Erreichbarkeit und Grenze man vorher durch Versuche genau festgestellt hat. Die geglühten werden dann als gebrannte Umbra in Kugeln, als pulverisirte, gemahlene, geschlämmte gebrannte Umbra in den Handel gebracht.

Mulme solcher Art, welche besonders viel Mangan in Form von Oryden und sonst sehr wenig von fremden Beimischungen enthalten, geben durch eine sorgfältige Behandlung beim Schlämmen und Pulverisiren, sowie unter Anwendung bestimmter Temperaturen beim Glühen sehr glänzende prächtige braune Farben, welche dann von den Fabriken nicht unter dem Namen Umbra oder gebrannte Umbra, sondern als Kastanienbraun, Sammetbraun, Manganbraun u. s. w. in den Handel gebracht werden.

Dazu liefern auch alle Manganerze und im Besonderen die Braunsteinarten, von denen es mehrere giebt, durch gelinderes Glühen und Mahlen zu je nach seiner Feinheit mehr oder minder dunkles Pulver von der Farbe des Manganoxydes, Mn_2O_3, oder bei stärkerem Glühen unter Sauerstoffverlust das ebenfalls braune Pulver des Manganoxyoxydules, $Mn_2O_3 + MnO$. Diese Pulver werden aber aus denjenigen Braunsteinarten, die als solche unverarbeitet vermöge hohen Gehalts an Mangansuperoxyd zu anderen Zwecken verkäuflich sind, nicht hergestellt. Geringhaltige Braunsteine, d. h. solche, welche neben MnO nicht viel MnO_2 halten, also billig sind, lassen sich jedoch hierzu verwenden.

Im Uebrigen sei noch bemerkt, daß durch die Kaufleute und Fabrikanten die Umbra wegen besonderer Nüancen noch besondere Namen erhalten, wie Kesselbraun, dunkel und hell, Italienische Umbra, wenn ihre braune Farbe ins Grünliche fällt. Die gebrannten Umbra können sich ferner dem auf andere Weise gewonnenen Caput mortuum (s. unten) in ihrer Farbe nähern, und erhalten dann diesen Namen, oder andere wie Schönroth u. dergl. In letzterem Falle enthalten sie wenig Manganoxyd beigemengt.

5) **Terra de Sienna. Torre ombro. Mahagonibraun. Acajoulack.** Unter diesem Namen kommt eine erdartige braune Farbe mit muscheligem und glänzendem Bruche im Handel vor, die für sich eine feurig lasirende Oelfarbe giebt, welche mit anderen Oelfarben nicht erzielt werden kann, aber der Farbe gleicht, die reines, künstlich gewonnenes Eisenoxydhydrat liefert. Der Vitriolocker giebt diese Farbe nicht, obwohl seine Zusammensetzung nach der Analyse von mir selbst mit derjenigen der Terra de Sienna vollständig übereinstimmt. Auch ihr Aeußeres gleicht künstlich hergestelltem Eisenoxydhydrat, obwohl sie noch eine bedeutende Menge Schwefelsäure enthält. Im deutschen Handel, namentlich an den Seeplätzen, kommt die Terra de Sienna aus dem toskanischen Gebiete in Italien vor, so auch in den nördlichen Ländern an der Ost- und Nordsee. Aber auch amerikanische Terra de Sienna kommt zuweilen vor, jedoch wird sie am Harze gewonnen, jedoch mehr im Inneren des Continents verbraucht.

Durch Glühen dieses Farbenkörpers, wobei er zerspringt und seine Schwefelsäure entweichen läßt, erhält man eine dunkelbraune Farbe, welche, naß fein gemahlen, gepreßt, in viertantige Stücken zerschnitten und dann getrocknet, unter dem Namen Mahagonibraun, Acajoulack im Handel vorkommt. Die auf angegebene Weise hergestellte Farbe kommt indessen verhältnißmäßig theuer zu stehen, einmal durch die Kosten der obigen Gewinnung, sodann aber auch durch den Gewichtsverlust, welchen die Terra de Sienna bei jener Verarbeitung, namentlich beim Glühen durch das Entweichen ihres Hydratwassers und ihres Schwefelsäuregehalts erleidet.

Letztere Farben, nämlich das Mahagonibraun, dienen dazu, wie schon der Name angiebt, Holzsachen durch Oelanstrich oder Einreiben mit Spritlacksirniß die Farbe des Mahagoniholzes zu geben. Da sie lasirt, so erkennt man durch den

Vitriol- und Grubenoder.

Anstrich hindurch die Aderung des Holzes; um so täuschender ahmt er dann das Aeußere polirten, alten Mahagoniholzes nach, da sich die eben erwähnten Aderungen wegen verschiedener Porösität des Holzes verschieden tief färben.

Um Terra de Sienna zu der Consistenz von Butter mit Oel anzureiben, sind ungefähr 33 Proc. an Oel nothwendig; die gebrannte erfordert weniger, etwa 25 Proc. Da die Anstriche mit dieser Oelfarbe sehr dünn gemacht werden, so trocknet sie sehr rasch. Den Glanz giebt man ihnen durch Lackirung mit gewöhnlichem Tischler- oder Weingeist-Schellackfirniß, weil ein öfterer Anstrich mit der Oelfarbe selbst, um Glanz hervorzurufen, die Durchsichtigkeit, d. h. das Lasiren, beeinträchtigen würde.

Die Mahagonibraune können nach Güte und Werth verschieden sein. Es werden ähnliche und lasirende gebrannte Oder damit zusammengemahlen, was am wenigsten schädlich ist, da manche gebrannte Oder der gebrannten Terra de Sienna ähnliche Producte geben. Auch Schwerspath wird mit vermahlen, ein Zusatz, der im äußeren Ansehen der Farbe wenig zu bemerken ist und sich auch beim Gebrauche der schwerspathhaltigen Farbe nur dadurch kundgiebt, daß von der letzteren für eine gleiche Wirkung deshalb mehr verbraucht werden muß, als von unvermischter Farbe, weil der zugesetzte Schwerspath nicht deckt.

Digerirt man das Pulver eines Mahagonibrauns zunächst mit concentrirter Schwefelsäure, dann weiter nach Zusatz von Wasser, so wird hierdurch die Farbe selbst aufgelöst, während der zugesetzte Schwerspath ungelöst zurückbleibt. Nach dem Abfiltriren, Waschen und Trocknen kann man das Gewicht des letzteren bestimmen.

6) **Vitrioloder, Grubenoder.** Bei der Bereitung des Eisenvitriols aus Schwefelkiesen durch deren Verwitterung und Auslaugen erhält man häufig in den Laugenreservoiren oder in Gradirkästen zur Concentration schwacher Laugen einen hellgelben Satz oder Niederschlag; ferner werden von dem Grubenwasser, wie sich solches in den Schwefelkiesgruben und mehr noch in alten Stollen ansammelt, große Quantitäten desselben Niederschlages abgesetzt, welcher einem gelben Oder gleicht. Diese Oder sind an und für sich nicht ohne Weiteres als Malerfarbe zu gebrauchen, da sie im rohen, unverarbeiteten Zustande keine Deckkraft besitzen. Sie unterscheiden sich ferner im ungebrannten Zustande hinsichtlich ihrer chemischen Zusammensetzung wesentlich von den kalkigen Odern, indem sie nicht blos aus Eisenoxydhydrat bestehen, sondern auch neben 15 Proc. Wasser noch 16 Proc. Schwefelsäure enthalten. Sie verlieren daher bei der Calcination ungefähr ⅓ von ihrem Gewichte.

Wenn diese Oder in den Gruben oder in den Rinnen, in denen sie sich abgesetzt haben, lange liegen bleiben, so werden sie fast braun und gleichen, wie schon früher bei der Calcination der Erdfarben bemerkt wurde, im Aeußern der Terra de Sienna. Da letztere überdies eine gleiche Zusammensetzung wie die Grubenoder hat, so ist die Annahme gerechtfertigt, daß die Terra de Sienna im

Allgemeinen nur eine dichtere Form der Grubenocker und aus diesen durch längere Lagerung und Druck entstanden ist.

Diese Vitriolocker und namentlich die Grubenocker, wo sie in einiger Menge vorkommen, werden behuf ihrer Gewinnung aufgerührt und in große, in die Erde gegrabene Bassins abgelassen, so daß das Wasser nach und nach in die Erde dringt, der Ocker aber als Teig zurückbleibt. Er wird nach dem Trocknen gebrannt und liefert bei gleicher Behandlung eben so schönes Mahagonibraun wie Terra de Sienna.

(Das Waschwasser eines solchen in Thüringen gesammelten und gebrannten Grubenschlammes — einer verlassenen Schwefelkiesgrube bei Großbreitenbach — gab mir eines Winters, wo das Wasser über dem gebrannten Ocker stehen blieb, Krystalle von Natronalaun, der noch dazu Bittererde und Eisenoxyd enthielt. Es enthält der Schlamm entweder auch Natron und Bittererde, oder diese Bestandtheile wurden beim Glühen von der freiwerdenden Schwefelsäure aus eingemengter Bergart löslich gemacht.)

7) **Alaunschlamm. Vitriolschlamm.** In den meisten Alaunwerken setzt sich beim Eindampfen der Rohlaugen, welches in sehr großen bleiernen Pfannen geschieht, ein gelber Schlamm, Alaunschlamm, ab, der krystallinisch körnig ist. Es ist dieselbe Verbindung, die aus verdünnten Lösungen von schwefelsaurem Eisenoxyd ($3 SO_3$, $Fe_2 O_3$) oder Eisenalaun ($Fe_2 O_3$, $3 SO_3 + SO_3 KO + 24$ Aq.) niederfällt, wenn man dieselben zum Kochen erhitzt. Die aus den Alaunkohlaugen abgesetzte Verbindung entsteht ungefähr durch einen gleichen chemischen Vorgang, ist jedoch gewöhnlich mit Gyps vermengt, der bei der Concentration der Laugen mit niederfällt. Absichtlich wird dieselbe nirgends dargestellt, sondern nur als Nebenproduct gewonnen.

In Schweden wird dieser Alaunschlamm theils unmittelbar ohne weitere Verarbeitung in den Handel gebracht: gelber Alaunschlamm; theils kommt er mit Ruß, von den Feuerungen verunreinigt, vor, welcher ihm eine schmutzig grüne Farbe giebt: grüner Alaunschlamm.

Andere Alaunwerke färben ihn grün durch Zusatz von etwas Blutlaugensalz, welches etwas Berlinerblau erzeugt und mit dem Gelb des Schlammes ein ziemlich lebhaftes Grün giebt. In dieser Form dienen solche Farben in Schweden zum äußeren Anstriche hölzerner Häuser, von Stadeln, Bretterverschlägen auf dieselbe Weise, wie die aus dem Alaunschlamm gewonnene, nachfolgend zu betrachtende Rothfarbe, wobei der Nebenzweck ist, das der Witterung ausgesetzte Holzwerk zugleich zu conserviren. Zu diesem Zwecke wird dem Alaunschlamm bei der Anwendung noch etwas Eisenvitriol zugesetzt.

Der reine getrocknete Alaunschlamm hat die Zusammensetzung SO_3, Fe_2O_3 + HO. Er verliert sein Wasser noch vor dem Glühen, wird dabei dunkelroth, verliert bei weiterem Erhitzen dann alle Schwefelsäure und hinterläßt zuletzt rothes

Rothe Erdfarben.

Eisenoxyd derselben Art, wie es beim Glühen von Eisenvitriol erhalten wird. Vermöge dieses Verhaltens wird daher der Alaunschlamm, soweit er nicht als gelber oder grüner Alaunschlamm verwerthet werden kann, der Calcination im Flammofen unterworfen, um Englischroth, Rothfarbe daraus herzustellen.

D. Rothe Erdfarben.

1) Eisenoxydfarben.

Zu den rothen Eisenoxydfarben könnte man viele der oben angeführten gebrannten eisenhaltigen Farben zählen, weil sie Nüancen von Roth sind, welche jedoch alle mehr oder weniger ins Braune ziehen und daher auch größtentheils unter die braunen Farben gerechnet zu werden pflegen.

Von brauchbaren im Mineralreiche fertig gebildeten rothen Erdfarben giebt es nicht viele, und zwar folgende:

a. Rother Bolus, Röthel, Rothkreide sind durch Eisenoxyd, nicht durch sein Hydrat roth gefärbte Thone von verschiedener tiefer Farbe. Sie kommen als Schichten oder Lager im bunten Sandstein oft von ziemlicher Mächtigkeit vor, auch im Kies finden sich Schichten davon. Im Bayreuthischen in der Oberpfalz finden sich bedeutende Lager, so auch in Rheinpreußen. Theils wird dieser rothe Thon angewandt, um Zimmermanns-Rothkreide daraus zu schneiden, wenn er weich genug ist, theils dient er als Rothfarbe, wenn er sich, wie es mit demjenigen von der Oberpfalz der Fall ist, wie anderer Thon in Wasser aufweicht, wo er dann, mit Kalkmilch angerührt, als Wasserfarbe dient. Durchs Glühen verliert zwar der darin enthaltene Thon sein Wasser, die Farbe verändert sich wenig, ist aber dann auch als rothe Steinfarbe mit Oel anwendbar.

Der Rotheisenstein von blutrother Farbe, aber bedeutender Härte kann, da er ein ebenso gefärbtes Pulver giebt, zwar in eine rothe Farbe verwandelt werden, hat aber keine Vorzüge vor anderen, die sich billiger aus leichter bearbeitbarem Material erzielen lassen. Der Eisenglimmer hat gleichfalls eine rothe Farbe, läßt sich leichter mahlen als der Rotheisenstein, und in das feinste Pulver verwandeln, welches jedoch immer einen talgartigen, violetten Glanz zeigt. Aus diesem Eisenerze scheint da, wo es in größeren Mengen und rein vorkommt, die sogenannte

b. Eisenmennige hergestellt zu werden, welches violettrothes Eisenoxyd ist, entweder rein oder fast rein oder auch mit Schwerspath versetzt, wodurch die Farbe billiger wird, aber dann weniger deckend ist. Sie wird in den Seehäfen viel zum Anstriche mit Oel für eiserne Dampfschiffe und auch von Maschinen überhaupt verwendet.

78   Rothe Eisenoxydfarben.   Caput mortuum.

c. Die anderen im Handel vorkommenden rothen Eisenoxydfarben werden zwar zu den Erdfarben gerechnet, sind es aber streng genommen nicht, sondern vielmehr Hüttenproducte oder das Erzeugniß chemischer Fabriken, und zum meistens nur Nebenproducte, daher ihr billiger Preis.

Es gehören hierher:

1) Das aus dem Alaunschlamm durch Calcination gewonnene Englischroth.

2) Die Fabriken, welche Eisenvitriol aus schwefelkieshaltigen Schiefern oder anderen Erzen, oder vielmehr blos die Vitriollaugen herstellen, verdampfen diese Laugen, wenn sie dieselben nicht als Vitriol verwerthen und verarbeiten können, zur Trockne, und verjagen womöglich alles Wasser durch noch weitere Erhitzung. Der Rückstand ist gewöhnlich ein Gemenge von trocknem schwefelsaurem Eisenoxydul und schwefelsaurem Eisenoxyd, enthält auch oft andere schwefelsaure Salze, wie schwefelsaure Alaunerde. Er wird nun in thönernen Retorten, deren Vorlagen etwas Wasser enthalten, erhitzt; es entweichen Schwefelsäuredämpfe, die sich in den Vorlagen zu sogenanntem sächsischem Vitriolöl verdichten. Die Gewinnung dieses Vitriolöls ist der eigentliche Zweck der ganzen Arbeit. In den Retorten bleibt das rothe Eisenoxyd meistens als lockeres Pulver zurück, das herausgenommen wird. Es hat eine um so mehr violettrothe Farbe, je höher die Temperatur gesteigert worden ist. Auch das aus dem Alaunschlamm gewonnene Roth nimmt eine immer dunklere Farbe beim weiteren Erhitzen an, es wird dabei zugleich schwerer und weniger vertheilbar.

Da man während der Erhitzung der Retorten die Farbe des darin befindlichen Materials nicht beobachten kann, so fallen die Nüancen des zurückbleibenden Eisenoxyds je nach den einzelnen Destillationen verschieden aus und werden so sortirt, daß gleichartige Farben zusammenkommen, nicht aber verschiedene, weil dadurch ihr Ansehen leidet. Dieselben werden dann noch geschlämmt und zugleich ausgewaschen. Es scheint, daß die hierbei erzeugten hellen Sorten immer noch etwas Schwefelsäure gebunden enthalten; die violetten Sorten sind jedoch frei davon.

Zuweilen wird da, wo reine Schwefelkiese vorkommen, welche FeS sind, aus ihnen durch eine der obigen ähnliche Destillation der Schwefel theilweise abdestillirt, so daß entweder im Rückstande FeS oder Fe_7S bleibt. Diese Destillationsrückstände überläßt man, indem man sie zu Haufen aufgeschichtet dem Einflusse der Luft aussetzt, der natürlichen Verwitterung, wobei einestheils durch Aufnahme von Sauerstoff und Wasser Eisenvitriol entsteht, den man auslaugt und für sich verwerthet, anderntheils wieder neue Rückstände erhalten werden, die noch unverwitterte Theile sowie basische Verbindungen des Eisenoxyds mit Schwefelsäure enthalten und hierdurch gelb gefärbt erscheinen. Waren die zur Destillation und Verwitterung benutzten Kiese frei von Bergart, so geben die auf angegebene Weise erhaltenen Rückstände derselben, unter Mahlsteinen naß gemahlen, einen Schlamm, dessen Ablaufwasser in die Erde in Gruben gelassen wird, während man den zurückbleibenden Brei trocknet und calcinirt, wodurch er uns ebenfalls eine Art Englischroth liefert. Enthielten jene Kiese aber Bergart, so kann man nur diejenigen Antheile ihrer Rückstände benutzen, welche sich durch Schlämmen aus der verwitterten Masse abscheiden lassen.

Bei der Fabrikation der englischen Schwefelsäure aus Schwefelkiesen, wozu man gewöhnlich nur die reichhaltigsten und reinsten anwendet, verbrennen die Kiese in eigenen Oefen unter Luftzutritt; ihr Schwefel verbrennt zu schwefliger Säure, die in die Bleikammern tritt, das Eisen zu rothem Eisenoxyd. Auch diese Rückstände liefern durch Mahlen und Schlämmen brauchbare rothe Eisenoxydfarben. Die bei der Vitriolölfabrikation gewonnenen Farben heißen im Handel allgemein Caput mortuum. Die helleren auf andere Weise gewonnenen Eisenoxydfarben heißen oft ebenso, wenn sie durch starkes Brennen dunkel geworden sind, auch wohl Eisenmennige, sonst Englischroth, Venetianischroth, Italienischroth.

Auf dem Continente werden die Caput mortuum und rothen Farben hauptsächlich in den großen Etablissements von David Starck in verschiedenen Orten in Böhmen, namentlich in Davidsthal und Altsattel, ferner von Dröschel u. Simon in Gießen auf Aslauerhütte bei Wetzlar gewonnen und in verschiedenen Nüancen und verschiedener Feinheit geliefert. In Schweden werden Braunrothe und Rothfarben bei Fahlun erzeugt.

England liefert beträchtliche Mengen dieser Farben, welche zu Leith in Schottland fabricirt und in die nördlichen Länder verschifft werden, wozu der Vortheil einer billigen Fracht einladet.

Es sei noch der merkwürdige Umstand angeführt, daß keines der Hydrate des Eisenoxyds, wie rein es auch hergestellt worden sein mag, beim Glühen eine andere als lasirende bräunlichrothe Farbe liefert, welche unter keinen Verhältnissen eine Spur von Krystallisation zeigt. Dagegen liefern die schwefelsauren Salze des Eisenoxyduls und Eisenoxyds beim Glühen Eisenoxyde mit rein rothen, nicht braunen Nüancen, und die kleinsten Theile der Farben scheinen die Krystallform des Eisenglimmers zu haben; sie sind gewissermaßen rubinroth durchscheinend. Man kann auch das Eisenoxyd in mit bloßem Auge erkennbaren Flittern und vom Aussehen des Eisenglimmers erhalten, wenn man Eisenvitriol mit Kochsalz schmilzt, wobei Salzsäure entweicht. Das hierbei wie beim Glühen des Vitriols für sich ausgeschiedene oder entstandene Eisenoxyd findet auf diese Art Gelegenheit, ungehindert Krystallform anzunehmen. In dieser Form hat es eine violettrothe Farbe, sowie den Glanz und das Gefüge von grobem Talkpulver.

Seit einiger Zeit kommen auch rothe Eisenoxydfarben von ungemeinem Feuer und außerordentlicher Schönheit vor, wie sie ein Chemiker nicht herzustellen vermag, wenn er nicht entdeckt, daß diese Eisenoxydfarben mit Anilinfarben anilinroth gefärbt sind. Diese Farben mögen für den Tapetendruck allenfalls einen ihrem höhern Preise entsprechenden höheren Werth haben, aber für den Maler oder Anstreicher haben sie ihn nicht. Reibt man sie nämlich mit Oel ab, so tritt die ursprüngliche Farbe des Eisenoxyds so hervor, als wäre es nicht gefärbt gewesen, und diese einfache Probe läßt sogleich erkennen, mit was man zu thun hat. Erhitzt man so gefärbte Eisenrothe bis zu schwachem Glühen einige Zeit auf einer Weingeistlampe, so bleibt ebenfalls lediglich das Eisenroth zurück, weil dadurch die zugesetzte Anilinfarbe zerstört wird. Letztere kann übrigens meistens durch Weingeist ausgezogen werden, und dann die unlöslich zurückbleibende rothe Eisenoxydfarbe für sich beurtheilt werden.

2) Bergzinnober.

Im Mineralreiche kommt zwar der Zinnober fertig gebildet vor, aber kaum in so reinen Stücken und in so ansehnlicher Menge, daß er in Farbenfabriken gelangt, um hier durch nasses Mahlen und Trocknen für den Handel und Gebrauch vorbereitet zu werden. Das, was als Bergzinnober im Handel vorkommt, dürfte höchst selten etwas anderes als artificiell dargestellter Zinnober sein, der sich nicht von dem ersteren unterscheidet. Man kann also nur dann sicher sein, Bergzinnober zu besitzen, wenn man die Stücke selbst, wie sie aus den Gruben kommen, in den Händen hat. Der durch Bergbau an verschiedenen Orten gewonnene unreinere Zinnober wird auf Hüttenwerken erst zu Quecksilber verarbeitet, und dann dieses theilweise wieder zu Zinnober, weshalb von diesem Zinnober in demjenigen Theil des vorliegenden Werkes ausführlicher die Rede sein wird, welcher die artificiell dargestellten Mineralfarben behandelt.

E. Blaue Erdfarben.

Die blauen Farbstoffe sind am sparsamsten im Mineralreiche verbreitet. Es sind deren nur drei Arten vorhanden, nämlich das Bergblau, das Lasurblau oder der Ultramarin, und die blaue Erde, welche aber meines Wissens nicht als blaue Farbe angewendet wird.

1) Bergblau.

Es kommt zugleich mit Malachit in manchen Kupfererzen vor, ist selbst ein den mineralogischen Namen Kupferlasur führendes Kupfererz und kann in dem Falle lediglich als ein solches zu hüttenmännischer und anderer Bearbeitung benutzt werden, wenn es so in die Bergart eingesprengt oder mit anderen Kupferetwas gemengt ist, daß es mechanisch nicht davon getrennt werden kann. Wo größere Stücke vorkommen und eine mechanische Trennung möglich ist, geschieht letztere, und die reinen Stufen brauchen dann nur gepulvert oder gemahlen zu werden, um die brauchbare Farbe zu gewinnen, die gewöhnlich aus England bezogen wird.

Das Bergblau stellt ein sehr feuriges, hellblaues Pulver dar, das aber in Essig und Oel schlecht deckt. Es dient hauptsächlich als Wasserfarbe, um himmelblau zu repräsentiren, und heißt daher auch wohl Blau coelestiale. Es ist nicht sehr beständig, denn Schwefelwasserstoffgas und Schwefeldämpfe schwärzen es, weil es ein basisches kohlensaures Kupferoxyd ist. Uebrigens wird es auch gegenwärtig, nachdem die Ultramarinpreise so billig geworden sind, wenig mehr als Farbe verwendet, häufiger wird es in der Feuerwerkerei gebraucht, um grünes Licht hervorzubringen.

Das Bergblau hat im reinen Zustande die chemische Formel:

$$2(CuO, CO_2) + CuO, HO$$

und enthält in 100 Theilen 69,37 Kupferoxyd CuO, 25,43 Kohlensäure CO_2 und 5,20 Wasser HO. Beim Erhitzen entweichen Wasser und die Kohlensäure, während Kupferoxyd nebst den im Bergblau etwa enthaltenen fremden Körpern zurückbleiben. Die letzteren sind jedoch nicht etwa absichtlich der Farbe hinzugemischt, sondern bestehen gewöhnlich nur aus einer geringen Menge von kohlensaurem Kalk als Bergart. Das Bergblau löst sich daher in Salpetersäure vollständig auf; auch in hinreichenden Mengen von ätzendem Ammoniak löst es sich, hierbei den kohlensauren Kalk zurücklassend, wenn solcher vorhanden ist.

2) Das Lasurblau, Lasursteinblau,

oder der Ultramarin wurde früher aus einem aus Asien gekommenen seltenen Minerale dargestellt. Es war früher wegen seines seltenen Vorkommens und seiner ausgezeichneten Färbung eine sehr theure, nur zur feinsten Malerei angewendete Farbe. Seitdem aber die künstliche Darstellung des Ultramarins geglückt ist und im Großen ausgeführt wird, kommt die in der Natur fertig gebildete Farbe kaum mehr im Handel vor, der Lasurstein höchstens in Mineralien-sammlungen. Das Nähere über das künstliche Product bei den künstlichen Mineralfarben.

Das Mineral führt als solches außer der schon erwähnten Bezeichnung Lasurstein den älteren Namen Lapis Lazuli. Seine hauptsächlichsten Fundorte sollen die große Bucharei, die Insel Hai-nan im chinesischen Meere und am Baikal-See in Sibirien sein, auch in Ungarn kommt er bei Ditro in geringeren Mengen vor. Sein Vorkommen erstreckt sich nur auf granitisches Urgebirge, und es finden sich neben ihm als Begleiter namentlich Schwefelkiese, Quarz, kohlensaurer und schwefelsaurer Kalk. Man hat reine krystallinische Stücke von der Form des regulären Krystallsystems gefunden, aber diese sind selten; meistens bildet er ein feines Conglomerat mit anderen Mineralien, namentlich mit kohlensaurem Kalk.

Die schönsten Stücke des Minerals benutzt man zu Schmucksachen, nur der Abfall sowie die weniger reinen Stücke werden zu Ultramarin verarbeitet, und zwar theils durch Ausschlämmen aus den begleitenden fremden Mineralien, theils durch chemische Auflösung der letzteren. Zu diesem Zwecke werden jene unreinen Stücke des Minerals erst erhitzt, jedoch nicht höher als zum Rothglühen, und dann in Essig geworfen, welcher den anhängenden kohlensauren Kalk auflöst. Sie werden hierauf zerrieben und geschlämmt. Das erhaltene feine Pulver wird mit einem Gemische von Leinöl, Harz, Wachs und warmem Wasser zusammengeknetet, dann die Masse mit warmem Wasser angerührt und bearbeitet, wobei sich das Wasser blau färbt, und, nach dem Abgießen in Ruhe gelassen, das feinste Ultramarin absetzt. Spätere Abschlämmungen liefern ein geringeres Product, die Ultramarinasche, von mehr graublauer Farbe.

Der ächte, mineralische Ultramarin hat im Allgemeinen die Eigenschaften des künstlichen Ultramarins, sowie eine ähnliche Zusammensetzung, nur zeigt er im Vergleich mit dem letzteren einige Abweichungen im chemischen Verhalten. Der natürliche Ultramarin behält nämlich seine Farbe und wird nicht zersetzt in Essigsäure und Alaunlösung, während man noch nicht im Stande gewesen ist auch dem künstlichen Ultramarin diese Widerstandsfähigkeit gegen die genannten Reagentien zu ertheilen, welche den letzteren vielmehr mit größerer oder geringerer Schnelligkeit unter Entwickelung von Schwefelwasserstoffgas vollständig zersetzen und entfärben.

3. Blaue Erde.

Die blaue Erde, ohne ausgezeichnete Eigenschaften als Farbe und als solche nicht in den Handel gebracht, findet sich an manchen Orten unter denselben Umständen, wie das Rasen- oder Wiesenerz und oft als dessen Begleiter. Es scheint eine Verbindung von phosphorsaurem Eisenoxydul mit phosphorsaurem Eisenoxyd und letzteres erst allmälig durch Oxydation des anfangs allein vorhandenen phosphorsauren Eisenoxyduls gebildet zu sein, da manches Eisenblau frisch gegraben weiß erscheint und sich erst durch Liegen an der Luft bläut. Der Vivianit, ein blättriges Mineral von indigblauer Farbe, welches zerrieben ein hellblaues Pulver bildet, hat die Zusammensetzung: $PO_5, 3 FeO + 8 HO$ und ist die ursprüngliche, reine Form der vorbemerkten blauen Erde, welche mineralogisch nur eine zum Theil höher oxydirte, erdige Varietät des letzteren Minerals darstellt. Auch der Vivianit findet als Farbe keine Verwendung.

F. Grüne Erbfarben.

Grüne Farben finden sich im Mineralreiche zwar häufig, jedoch werden von allen natürlich vorkommenden grünen und grünlichen Mineralien im Wesentlichen nur zwei als Malerfarben angewendet und behuf dieser Benutzung in den Handel gebracht.

1) Grüne Erde. Veroneser Grün.

Dieselbe wird nur an wenigen Orten, hauptsächlich in Böhmen, in größerer Menge gewonnen und von dort in den Handel gebracht. Sie ist ein Gemenge mehrerer Mineralien und besteht hauptsächlich aus kieselsaurem Eisenoxydul und Thon, sowie aus eisenoxydhaltigem Material, durch welches die sonst grüne Masse mit gelben Partien durchsetzt erscheint. Sie erweicht im Wasser wie Thon und wird als Wasserfarbe für grünlichen Häuseranstrich aus dem Grunde sehr geschätzt, weil sie unveränderlich ist. Auch in Oel wird sie angewendet, jedoch nicht für den Anstrich, sondern nur für feine Malereien, theils zur Erzielung gewisser Effecte, theils mit Rücksicht auf ihre Beständigkeit.

Die grüne Erde bildet in dem Zustande, wie sie aus den Gruben kommt, eine zähe, thonartige, feuchte Masse, deren Werth je nach ihrem Feuchtigkeitsgehalte sehr variirt. Die Farbe der natürlich vorkommenden Stücke ist sehr verschieden, dunkler und heller, sowie gemengt mit gelben, oderartigen Knollen.

In den Farbenfabriken wird sie meist nur auf die Weise verarbeitet, daß man sie trocknet und mahlt oder pulverisirt. Das so gewonnene Pulver, welches ein hellgrünes Ansehen hat, jedoch mit verschiedener, durch die besondere Beschaffenheit des Materials bedingter Tiefe, kommt unter dem Namen gemahlene grüne Erde in den Handel. Wird dieses Pulver mit weißem Thon zusammengeschlämmt und nach dem Trocknen pulverisirt, so entsteht daraus das im Handel vorkommende Steingrün.

2) Berggrün. Malachit.

Das Berggrün kommt unter denselben Umständen im Mineralreiche vor, wie Bergblau, oft auch damit gemengt, und führt im reinen Zustande den mineralogischen Namen Malachit. Da große Stücke wegen der schönen Politur, die sie annehmen, zu Schmucksachen Verwendung finden und außerdem selten sind, so werden zu Farbenzwecken nur die kleinen Stücke des Malachits in ein feines Pulver vermahlen, welches in diesem Zustande das eigentliche ächte Berggrün bildet.

Schwarze Erdfarben.

In seinem reinen Vorkommen ist das Berggrün oder der Malachit:

$$CO_2, 2CuO + HO,$$

oder basisches kohlensaures Kupferoxyd, das sich beim Glühen und gegen Reagentien wie Bergblau verhält. Das Berggrün kann als Kalk-, Oel- und Wasserfarbe gebraucht werden, deckt aber in keinem Falle besonders. Die Farbe wird durch Schwefelwasserstoffgas bald geschwärzt und gebräunt, ist also an solchen Orten nicht besonders haltbar, wo dieses entwickelt wird. Uebrigens sei bemerkt, daß das im Handel gewöhnlich vorkommende Berggrün ein künstliches Product ist, das eine andere Zusammensetzung hat und von welchem später bei den künstlichen Mineralfarben die Rede sein wird.

G. Schwarze Erdfarben.

Schwarze Farben oder zu solchen Farben geeignete Rohmaterialien findet sich im Mineralreiche nur in geringer Anzahl und Verbreitung.

1) Oelschwarz, Schieferschwarz, Mineralschwarz.

Unter obigen Namen gelangt eine schwarze Farbe in den Handel, die in Thüringen gewonnen und zubereitet wird. Das Material dazu, Mineralschwarz, wird in der Gegend von Schmidtefeld in Gängen angetroffen, bergmännisch gewonnen, in Pochwerken erst zerstoßen, dann auf nassen Mühlen gemahlen und nach dem Absetzen aus dem Wasser an freier Luft getrocknet, wobei die feinerdige Masse zu losem Pulver zerfällt. Das Rohmaterial, von sehr harter Beschaffenheit, ist eine Art schwarzer Kreide, eine mit Kohle durchdrungene Thonart.

Neben den Gängen, in denen sich dieses Material findet, bricht ein sehr quarzreicher Schiefer, der Stücke von Mineralschwarz einschließt und oft ganz das Ansehen von Graphit hat, aber zu quarzhaltig und zu hart ist, um eine Benutzung wie der Graphit zu gestatten.

Das Vitriolwerk in Schmidtefeld beutet eine Grube dieses und Schwefelkiespartien einschließenden Schiefers aus. Nachdem der Schwefelkies verwittert und behufs der Vitriolbereitung ausgelaugt ist, wird aus den zum größten Theile zersetzten Rückständen eine dem eigentlichen Mineralschwarz oder Schieferschwarz ähnliche schwarze Farbe ausgeschlämmt, welche man dann unter dem gleichen Namen verkauft.

Nach meiner Untersuchung ist das in Rede stehende Mineralschwarz eine in Thon- und Kieselerde fein vertheilte Kohle. Geglüht mit Salpeter verpufft es und hinterläßt bei der Auflösung des Glührückstandes einen weißen Körper, das

Mineralschwarz. Graphit.

im Wesentlichen aus Kieselerde und Thonerde bestehende Gestein, welches den Träger jenes färbenden Kohlenstoffs bildet.

Das Schiefer- oder Mineralschwarz bildet eine in Oel gut bedeckende, schwarze Farbe, die für gröbere Anstriche nicht zu verwerfen ist. Dasselbe braucht zum Abreiben in Oel für die Teigform 30 bis 33 Proc. Oel, trocknet aber deswegen auch schlecht. Es dient ferner als Wasserfarbe, zum Tapetendruck, zum Vermischen mit Weiß, um Grau, Silbergrau, Schiefergrau herzustellen, und giebt bläuliche Nüancen davon. Mit Ockerfarben giebt es ein schmutziges Grün. Seine Güte erfährt man vergleichsweise durch Zusammenreiben mit Weiß. Je mehr Weiß, z. B. Bleiweiß, eine Sorte Schieferschwarz zur Hervorbringung einer bestimmten Nüance von Grau erfordert, desto feiner ist dieselbe vertheilt oder desto tiefer ist ihr Schwarz, desto besser und preiswürdiger ist also die Sorte.

2) Graphit. Reisblei (auch irrig Bleierz genannt).

Im Handel kommt englischer, böhmischer, russischer Graphit von Ceylon vor, und zwar in verschiedener Form.

Auch in Schweden findet sich Graphit, wird aber nicht exportirt, da seine Qualität keine ausgezeichnete ist. Die oben angedeuteten verschiedenen Handelsformen des Graphits sind folgende: Zunächst rohe Stücke von ungleicher Härte, stets grauschwarz, glänzend, fettig anzufühlen. Ferner eben derselbe Graphit, aber in gemahlenem Zustande, als schwarzes, glänzendes Pulver, dessen Strich eine dem Striche des reinen Silbers an rauhen Flächen ähnliche Farbe hat. Sodann der nämliche Graphit, jedoch in geschlämmtem Zustande, dessen Pulver noch feiner ist und welches, wenn der Graphit an sich eine gute Beschaffenheit hat, mit dem Namen Silbergraphit bezeichnet wird. Auf dem Continente findet man fast nur den böhmischen Graphit im Handel. In der Malerei findet der Graphit keine große Anwendung. Man verwendet ihn als Wasser- und Oelfarbe hauptsächlich nur zum Anstrich auf Gußeisen und Steine, um diesem Materialien eine glatte, metallisch glänzende Oberfläche zu geben.

Der Graphit ist krystallisirter Kohlenstoff, in einer besonderen, von den übrigen Kohlenstoffformen abweichenden Aggregationsform, in welcher er so schwer verbrennbar ist, daß man ihn als Beimischung für solche Thone anwendet, aus denen feuerfeste Tiegel gefertigt werden — die Passauer Tiegel. — Der reinste und beste Graphit enthält nur einige Procente fremder Bestandtheile, namentlich Kieselerde und Eisenoxyd. Der Graphit läßt sich von gleicher Form und allgemeiner Beschaffenheit wie der natürliche Graphit auch künstlich herstellen. Da aber der natürlich vorkommende Graphit äußerst billig im Preise ist, so kann auf die künstliche Gewinnung des Graphits im Großen, wenn solche auch gelingen würde, kein Werth gelegt werden.

3) Bleierz. Bleiglanz.

Das Bleierz ist eine Verbindung von Schwefel und Blei, PbS, und das Hauptmaterial, aus dem das metallische Blei hüttenmännisch gewonnen wird. Schwarzreine Stücke geben ein ziemlich schwarzes Pulver, das aber zu theuer ist, um als ordinaires Schwarz mit Vortheil benutzt zu werden. Es wurde seiner Zeit angewendet, um es als körniges Pulver, von welchem der Staub abgesiebt war, auf gefirnißte Flächen zu streuen, so daß sich die einzelnen Körner in verschiedenen Richtungen mit metallischem Glanze spiegelten und so der Oberfläche ein eigenthümliches Ansehen gaben. Gegenwärtig erreicht man durch Aufstreuen gröblich zerstoßenen Glases auf schwarz bemalte und gefirnißte Flächen einen dem obigen ähnlichen Effect. Gefärbten Glanz oder Reflexe aber erzeugt man entweder dadurch, daß man die auf jetzt angeführte Weise zu bestreuenden Flächen mit entsprechenden Farben bemalt, oder daß man zum Bestreuen der Flächen gefärbtes Glas in Form eines groben Pulvers anwendet.

H. Braune Erdfarben.

Einige braune Erdfarben sind von den unter C. angeführten Erdfarben, deren Farbe von Eisen- und Manganoxyd herrührt, in Beschaffenheit und Zusammensetzung wesentlich verschieden. Es sind dieß das

Casselerbraun und die Cölnische Erde.

Beide Farben sind eine Art zerfallener, feinerdiger Braunkohle und verhalten sich zwar äußerlich als Farben ungefähr wie Umbra, sind aber viel leichter als letztere. Aehnliche braune Farben liefern alle erdigen Braunkohlen, ja sogar Steinkohlen, wenn man sie auf nassen Mühlen mahlt, und es kommt lediglich auf den Geschmack an, ob man eine so erhaltene Farbe anwenden will.

Wo das Rohmaterial schon feinerdig vorkommt, wie bei den obengedachten Farbenerden, da fällt die Arbeit des Mahlens überhaupt ganz weg; man wird also durch das Mahlen der Braun- oder Steinkohlen zwar ein gleich gutes, aber in seltenen Fällen ein gleich billiges, erdiges Braun, wie die obigen Sorten, erzielen können.

Beide Farben werden als Oel- und Wasserfarben, auch für den Tapetendruck und für die Papierfabrikation angewendet.

Die in Rede stehenden Braune unterscheiden sich von den Umbra nicht allein durch ihr geringeres specifisches Gewicht, sondern auch dadurch, daß sie beim Glühen unter Luftzutritt fast ganz verbrennen und nur einen geringen, schwach gefärbten Aschenrückstand hinterlassen. In einer Retorte erhitzt geben sie Dämpfe, die sich zu braunen Flüssigkeiten verdichten. In ätzenden Alkalien werden sie theilweise mit brauner Farbe gelöst. Die Umbra dagegen geben, wenn sie rein sind, an ätzende Alkalien nie etwas ab; sie entwickeln ferner beim Glühen in der Retorte nur Wasserdämpfe, indem sie gleich im Anfange des Glühens einige Procente Wasser, dann aber bei selbst lange fortgesetztem Glühen überhaupt nichts mehr verlieren. Ihre Farbe wird durchs Glühen eine mehr oder weniger rothbraune und verliert sich auch bei anhaltendem Glühen unter Luftzutritt nicht, sondern wird vielmehr dunkler. Das Casseler- und Cölnerbraun dagegen, auf gleiche Weise in der Retorte erhitzt, hinterläßt als Rückstand zunächst eine schwarze Kohle, welche dann bei weiterem Erhitzen unter Luftzutritt mit Zurücklassung von wenig schwach gefärbter Asche ebenso verbrennt, wie nach obiger Bemerkung das rohe Material selbst.

—

Zweiter Theil.

Erster Abschnitt.

Von den künstlichen Mineralfarben im Allgemeinen und den Manipulationen bei ihrer Herstellung.

Unter die Mineralfarben gehören nach der allgemeinen Bedeutung dieses Wortes auch die aus dem Mineralreiche stammenden Erdfarben, von denen der erste Theil des vorliegenden Werkes handelte, und deren unterscheidendes Merkmal nach der daselbst gegebenen Erläuterung insbesondere darin besteht, daß dieselben zur Fertigstellung als Malerfarbe oder Farbmaterial im Wesentlichen nur einer mechanischen Vorbereitung bedürfen. Die künstlichen Mineralfarben werden zum Theil zwar auch natürlich gebildet im Mineralreiche, jedoch nie in einer ihrem Verbrauche genügenden Menge gefunden. Einestheils auf diesem natürlichen Vorkommen, sodann aber auch auf dem weiteren Umstande beruht die Bezeichnung der hier in Rede stehenden künstlichen Farben als „Mineralfarben", daß, wenn auch nicht die Farbe selbst, doch einer oder mehrere ihrer Bestandtheile im Mineralreiche vorkommt, und daß der Hauptbestandtheil aller künstlichen Mineralfarben gewöhnlich ein Metall, ein Metalloxyd oder eine andere Metallverbindung ist, die aus Mineralien gewonnen wird.

Das wesentliche Merkmal der künstlichen Mineralfarben im engeren Wortsinne besteht zum Unterschiede von den durch mechanische Bearbeitung gewonnenen natürlichen Mineralfarben oder Erdfarben aber darin, daß die Darstellung der künstlichen Mineralfarben sich stets auf einen chemischen Vorgang gründet. Außer wenigen Fällen, wie bei einigen Arten der Bleiweißfabrikation, der Zinkweißdarstellung, der Fabrikation des Ultramarins,

Auflösung im Allgemeinen.

des Zinnobers, beruhen diese chemischen Vorgänge im Allgemeinen auf der Bildung von gefärbten oder sich färbenden Niederschlägen, welche zwei oder mehrere Flüssigkeiten mit einander hervorbringen. Diese Flüssigkeiten sind meistens Auflösungen von Salzen, bestehend aus einem Metalloxyde und einer Säure, oder auch von Salzen und einer festen Säure, wie z. B. arsenige Säure, in Wasser; anderenfalls können jene Flüssigkeiten auch lediglich aus Säuren bestehen, die nur in flüssiger Gestalt im Handel vorkommen und so zur Verwendung gelangen.

Die Herstellung solcher Flüssigkeiten, welche die anzuwendenden Salze in Wasser gelöst enthalten, ist eine chemische Manipulation, die fast immer und bei jeder Farbe angewendet wird. Sowohl die Manipulation, sowie den Vorgang nennt man Auflösung. Zuweilen hat die Auflösung auch nur den Zweck, die in Wasser löslichen Stoffe aus einer Farbe oder einem auf Farbe zu verarbeitenden Producte wegzuschaffen.

Wenn sich durch Zusammenbringen der Flüssigkeiten neben dem Niederschlage, der die Farbe direct giebt, in der Flüssigkeit neue chemische Verbindungen oder andere Salze bilden, wie das meistens der Fall ist, so können diese Salze leicht oder schwer löslich sein. In letzterem Falle kann bei unzureichender Wassermenge ein Theil des Salzes zugleich mit der Farbe niedergeschlagen werden und dieselbe als ein fremder, nicht dazu gehöriger Bestandtheil in ihrer ursprünglichen reinen Beschaffenheit beeinträchtigen. In allen Fällen setzt sich der Niederschlag in mehr oder minder kurzer Zeit in der Flüssigkeit zu Boden. Man nennt dies das Absetzen desselben. Die Flüssigkeit kann durch Abgießen, Abzapfen, Abziehen mit Heber oder Krahn von dem Niederschlag jedoch nur zum Theil getrennt werden, während in dem nicht abtrennbaren anderen Theile der Flüssigkeit der Niederschlag je nach seinem specifischen Gewichte und Aggregatzustande mehr oder weniger schwebend zurückbleibt. Zugleich bleiben aber die in der Flüssigkeit gelösten Salze, und zwar außer den schon erwähnten schwer löslichen auch leichter lösliche, häufig derart hartnäckig an dem Niederschlage haften, daß derselbe, wenn man ihn ohne Weiteres trocknete, in Folge seines Gehalts an Salz das letztere bald als Beschlag auswittern lassen und hierdurch ebenso in seiner Färbung verschlechtert werden, wie im Allgemeinen hart und unbrauchbar würde.

Um nun solche dem Niederschlage anhängende Salze zu entfernen, wird der Niederschlag aufs Neue mit so viel Wasser, als die Gefäße zu fassen vermögen, aufgerührt, nach dem abermaligen Absetzen des Niederschlages in der Ruhe die Flüssigkeit wieder abgelassen, und dieses Verfahren so oft wiederholt, bis der obige Zweck nach Maßgabe der Erfahrung erreicht ist. Diese Behandlung mit Wasser nennt man kurzweg das Auswaschen der Farben. Selten wird dazu warmes oder gar kochendes Wasser, oder eine andere Flüssigkeit als Wasser angewendet.

Die gewonnenen Niederschläge, welche die Farben bilden, haben einen wesent-

lich verschiedenen Aggregatzustand, zeigen daher bei ihrer Manipulirung ein ab=
weichendes Verhalten und erfordern eine entsprechend verschiedene Behandlung.
Sind sie sehr schwer und krystallinisch, so setzen sie sich derart fest ab, daß sie
einen steifen Teig bilden, der sogleich auf Trockenbretter gelegt und auf diesen,
ohne auseinander zu laufen, getrocknet werden kann.

Andere Niederschläge sind sehr voluminös. Sie können nicht anders als
durch Filtration vom Wasser soweit befreit werden, daß sie einen mehr oder
minder dicken, steifen Brei darstellen. Der letztere könnte zwar nun unmittel=
bar auf die Trockenbretter gebracht werden; da er aber in diesem Zustande immer
noch 60 bis 75 Proc. Wasser enthält, das nicht weiter freiwillig abläuft und
für das Trocknen eine zu lange Zeit beanspruchen würde, so unterwirft man
solche voluminöse Farbenniederschläge vor dem Trocknen noch dem Auspressen
in Leinen, durch welches das Wasser bringt, während die Farbe zurückbleibt.
Zugleich wird durch dieses Pressen ermöglicht, die Farbe in viereckige oder
anders gestaltete regelmäßige Stücke zu formen, indem man sie aus den Preß=
tüchern in der gewünschten Form ausschneidet und hierauf erst die Stücke auf
Brettern trocknet.

Viele Farben, die im Handel als Teig (en pâte) vorkommen und in die=
ser Form an Tapeten= und Papierfabriken abgegeben werden, unterwirft man
ebenfalls zuvor der Pressung, damit der Teig recht steif wird und nicht zu wasser=
haltig ist.

Die beim Pressen im Allgemeinen anzuwendenden Manipulationen werden
später noch beschrieben werden.

Da das Wasser sowohl bei der Auflösung der Salze als beim Auswaschen
und zur Bildung der Niederschläge in großen Quantitäten verbraucht wird, so
muß bei der Anlage einer Fabrik wohl berücksichtigt werden, daß Wasser in aus=
reichender Menge vorhanden ist. Je reiner, desto besser ist das Wasser. Ein
nicht durch lehmige oder thonige Theile getrübtes Flußwasser ist recht gut an=
wendbar; ebenso das Wasser der Landseen, welches gewöhnlich klar ist, und
Brunnenwasser aus Brunnen in sandigem Gestein. Aber alles Wasser, wel=
ches beim Stehen Niederschläge von Moder oder Eisenoxyden giebt,
ist in den meisten Fällen untauglich, da es den Farben die Reinheit
auch dann benimmt, wenn jene fremden Stoffe keine chemische Ein=
wirkung ausüben.

Kalkhaltiges und gypshaltiges Wasser läßt sich zwar noch verwenden, giebt
aber oft Trübungen beim Auflösen der Salze, welche reines Wasser nicht hervor=
bringt, doch ist der Einfluß eines solchen Wassers gering und bewirkt keine Ver=
änderung der Niederschläge oder Farben.

Destillirtes Wasser wird bei der Darstellung der Mineralfarben nicht
angewendet. Kann man Schnee= und Regenwasser von den Dächern auffangen,

so könnte dieses, nachdem man es durch Leinen filtrirt hat, statt destillirten oder anderen reinen Wassers da, wo nur kleine Quantitäten in Frage kommen, gebraucht werden, wie es bei einigen der empfindlichen Lackfarben der Fall ist, bei deren Bereitung man sonst destillirtes Wasser nöthig hätte.

Die obigen allgemeinen Angaben über die chemischen Manipulationen bei der Farbenbereitung sind durch nachstehende ausführliche Erläuterungen zu ergänzen.

1. Von der Auflösung.

Dieselbe kann geschehen im Kleinen, im Großen, kalt oder warm.

Wenn ein hier in Frage kommender Körper oder eine Verbindung, die gewöhnlich ein metallisches Salz zu sein pflegt, sich in kaltem und warmem Wasser ungefähr in gleich großer Menge löst, so erfolgt doch die Lösung schneller, wenn dazu warmes Wasser genommen, oder das Wasser mit dem zu lösenden Körper erwärmt wird. Der Körper löst sich ferner um so rascher, je feiner er zertheilt ist, oder je kleiner die Stücke sind, in denen er angewendet wird, und je mehr der Körper in dem Wasser bewegt wird, weil durch diese Bedingungen seine Berührungsflächen mit dem Wasser gleichsam vervielfacht werden. Ebenso löst er sich leichter in einer größeren Menge Wasser, als in einer kleineren, wenn auch die letztere hinreicht, den Körper aufzulösen oder in sich aufzunehmen.

Die Menge eines Körpers, welche das Wasser in Lösung aufzunehmen vermag, variirt meistens je nach der Temperatur des Wassers, ist aber für eine bestimmte Temperatur des letzteren eine ganz constante. Enthält das Wasser von einer bestimmten Temperatur so viel von einem Körper aufgelöst, als es bei dieser Temperatur überhaupt aufzulösen vermag, so nennt man diese Auflösung eine gesättigte. Löst sich von dem festen Körper in heißem Wasser mehr als in kaltem, so ist eine kalt gesättigte Lösung in höherer Temperatur nicht mehr gesättigt, sondern kann noch mehr von jenem Körper aufnehmen. Wird umgekehrt eine bei höherer Temperatur gesättigte Lösung wieder kälter, so scheidet sich das Aufgelöste zum Theil wieder aus. In den meisten Fällen ist das Ausgeschiedene krystallinisch, d. h. die Flüssigkeit läßt einen Theil des Gelösten auskrystallisiren. Sollen daher Auflösungen schnell bewerkstelligt werden, so benutzt man zu ihrer Beschleunigung die Wärme; man verwendet ferner den Körper in zerkleinerter Form und rührt die Flüssigkeit um. Damit aber der in der Wärme aufgelöste Körper auch nach dem Erkalten der Flüssigkeit noch gelöst bleibt, verwendet man entweder von vornherein die hierzu erforderliche größere Menge Wasser, oder aber man setzt dieses Wasser der warm gesättigten Lösung nachträglich zu, ehe das Erkalten und die theilweise Ausscheidung eines Theiles des Gelösten erfolgen kann.

Im Kleinen können obige Operationen versuchsweise ausgeführt werden theils in Becherkläsern, die man behufs Erwärmung der Flüssigkeit auf ein Sandbad stellt, theils auch in Porzellanschalen, in kleinen Kesselchen oder Pfännchen von Kupfer, verzinntem Kupfer oder, sofern es die Natur des zu lösenden Körpers gestattet, auch von Eisen.

Im Großen benutzt man für kalte Auflösungen hölzerne Stäuber, Kufen oder Gebinde von Holz, in welchen man den festen Körper mit Wasser unter öfterem Umrühren stehen läßt. Da dies aber zeitraubend ist, Platz und Gefäße unnöthig lange in Anspruch nimmt, so zieht man es vor, die Auflösung heiß mit wenig Wasser zu bewerkstelligen, und sie dann in mehr Wasser zu gießen, so zwar, daß die Lösung lange nicht gesättigt, sondern mit Wasser vielfach verdünnt ist.

Zur heißen Auflösung im Großen benutzt man eiserne, meistens jedoch kupferne und verzinnte, oder Kessel von Zinn, seltener von Blei, die mit einer gewöhnlichen Heizeinrichtung für das am Orte zugängliche Brennmaterial eingerichtet sind. Wenn die Kessel klein sind, so können sie zum Ausheben eingerichtet und dann unmittelbar an den Ort getragen werden, wo ihr Inhalt gebraucht werden soll. Es ist zweckmäßig oder doch bequem, von solchen Kesseln mehrere vorräthig zu haben. Sind die Kessel aber sehr groß, so müssen sie mit Ablaßkrahnen versehen sein, um die Flüssigkeit in Eimer oder andere Gefäße nach und nach abziehen und so an die geeignete Stelle transportiren zu können. Erlaubt es die Localität, so mauert man diese Kessel so hoch ein, daß man unter dem Krahn eine Rinne anlegen kann, mittelst welcher die abzuziehende Flüssigkeit gleich an den Ort ihrer weiteren Benutzung geleitet werden kann.

Bei Bereitung gesättigter oder concentrirter Lösungen, sowie bei Auflösung von an sich schwer löslichen Körpern ist ein beständiges Umrühren zur Beschleunigung der Auflösung erforderlich. Das Umrühren ist auch in manchen Fällen deshalb unerläßlich, weil sich sonst der aufzulösende Körper leicht am Boden des Kessels festsetzt — „anbrennt" — und dann noch schwerer aufzulösen ist. Dieses Anbrennen und Festsetzen einer Kruste kann außerdem das Zerspringen eiserner, Durchbrennen kupferner, Schmelzen und Durchlöchern zinnerner oder bleierner Kessel veranlassen. Zur Auflösung solcher Körper, die schwer löslich sind und gern zu Boden gehen, sind überhaupt Kessel mit Ablaßkrahn nicht zweckmäßig. In die Röhre des Krahns setzt sich gern so viel von dem festen Körper ab, daß sie verstopft wird, und man muß dann doch zum Ausschöpfen seine Zuflucht nehmen. — Heiße Lösungen schöpft man mit eisernen oder kupfernen, mit Stielen versehenen Schöpfgefäßen, Schapfen, aus, da in heißen Flüssigkeiten die Heber nicht ziehen, indem sie sich mit Wasserdampf anfüllen und dadurch unwirksam werden.

Das Material des für die Auflösung zu benutzenden Kessels richtet sich nach der chemischen Beschaffenheit des zu lösenden Körpers. So darf Kupfervitriol

Auflösung durch Anwendung von Dampf. 93

nicht in eisernen Kesseln gelöst werden, weil daraus Kupfer gefällt und statt dessen das Eisen des Kessels gelöst wird; ebenso nicht Alaun, wenn derselbe eisenfrei bleiben soll, denn beim Kochen löst die alaunhaltige Flüssigkeit das Eisen sehr rasch, sogar unter Wasserstoffgasentwickelung. Wenn daher in den Vorschriften für Bereitung der Farben Kessel von einem bestimmten Metall vorgeschrieben sind, so hat das immer eine ähnliche Ursache, und man will einen Uebelstand vermeiden, der bei Anwendung anderer Metalle eintreten würde.

In Farbenfabriken, welche ihre mechanischen Arbeiten durch Dampfkraft bewerkstelligen, können an Stelle der vorbeschriebenen Kessel kleinere oder größere, mit Dampf zu heizende, hölzerne Kufen zur Auflösung benutzt werden. Man läßt in diese Kufen, welche das Wasser und den zu lösenden festen Körper enthalten, ein Dampfrohr von Blei oder Kupfer und von 3 bis 4 Centimeter Röhrendurchschnitt am Boden des Gefäßes ausmünden und durch dasselbe so lange Dampf einströmen, bis die Auflösung erreicht ist. Da hierbei die Flüssigkeit durch Verdichtung von Wasserdampf an Volum zunimmt, so darf man das Gefäß anfangs nie ganz anfüllen, weil es sonst bald überlaufen würde, oder doch vor der völlig bewerkstelligten Auflösung theilweise entleert werden müßte. Nur in dem Falle, wenn täglich viele und größere Quantitäten von Auflösungen gemacht werden müssen, lohnt sich die Anlage eines besonderen Dampfkessels lediglich für diese Auflösungen.

Wo aber die Fabrikation nicht ununterbrochen fortgeht und daher nicht gestattet, allen durch das Anheizen des Dampfkessels producirten Dampf vollständig auszunutzen, da wäre es ein Verlust, einen Dampfkessel für den in Rede stehenden Zweck der Auflösung anzuheizen und nach kurzer Zeit, vielleicht schon nach einigen Stunden wieder erkalten zu lassen. In diesem Falle ist daher zur Auflösung die Anwendung mehrerer der oben erwähnten, direct zu heizenden Kessel vortheilhafter und bequemer.

Wenn die Auflösungen der festen Körper hergestellt sind, welche man dann wohl auch oft Laugen nennt, z. B. statt Vitriollösung: Vitriollauge, so sind sie häufig trübe, entweder weil das Gelöste mechanisch hineingekommene Unreinigkeiten enthielt, oder auch das Wasser Bestandtheile, z. B. Gyps, die eine Trübung hervorbringen, oder weil beides zu gleicher Zeit stattfindet. Bei der Fabrikation von schönen feurigen Farben ist es nun aber unerläßliche Bedingung, daß keine Unreinigkeiten mit in die Niederschläge eingehen, welche ihnen sonst die Schönheit rauben. Daher muß man die Lösungen vor ihrer Anwendung davon befreien. Das Filtriren ist im Großen meistens nicht ausführbar, erfordert zu viel Zeit und Platz. Man erreicht denselben Zweck aber auch durch einfaches Absetzenlassen der Lösungen in der Ruhe, welches bei manchen Flüssigkeiten nur einige Stunden erfordert, bei anderen über Nacht erfolgt. Man füllt die Lösungen zu diesem Zweck gewöhnlich in kleinere hölzerne Gefäße, welche gewöhnlich, und oft ist das durchaus nothwendig. Über die Präcipitirständer, in denen die Auflösung einen Niederschlag geben soll, derart placirt werden, daß ihr Inhalt durch einen Hahn oder Zapfen in die Ständer abgelassen werden kann. Dieser Hahn muß in geringer Höhe über den Boden des Gefäßes eingesetzt sein, damit nur die reine Lösung abfließt, das Unreine mit wenig Flüssigkeit aber zurückbleibt. Schon aus dem oben Gesagten geht hervor, daß die Auflösung des festen Körpers mit so viel Wasser bewirkt sein muß, um das Gelöste auch beim Erkalten der Flüssigkeit gelöst zu erhalten, oder es muß in den Absetzgefäßen wenigstens noch das hierzu nöthige Wasser hinzugesetzt werden. Die unreine in den Absetzgefäßen zurückbleibende Lösung sammelt man, filtrirt sie besonders und setzt sie zeitweise anderen Lösungen derselben Körper zu.

Im Kleinen kann man zur Klärung der Lösungen den analogen Weg einschlagen, oder die Lösung unter Anwendung eines Glastrichters durch weißes Filtrirpapier oder auch mittelst Leintuchfilter filtriren, weil hier die Arbeit versuchsweise ohne Rücksicht auf Zeit und Kosten geschieht.

2. Von der Niederschlagung. Präcipitation.

Wenn die Lösungen auf eine der oben angegebenen Weisen geklärt sind, so werden sie zusammengelassen oder gemischt, und zwar am häufigsten, indem man das zu ihrer Aufnahme bestimmte Präcipitirgefäß erst so weit mit Wasser anfüllt, daß nach dem Hinzufügen der Auflösungen das Gefäß durch die Flüssigkeiten insgesammt bis auf einige Zoll unter den oberen Rand angefüllt wird. Soll der Niederschlag krystallinisch werden, so unterläßt man nach dem Zusammenlaufen der Flüssigkeiten ein öfteres Umrühren; soll aber der Niederschlag nicht krystallinisch und schwer, sondern leicht und voluminös werden, so rührt man während des Zusammenlaufens beständig um, und fährt auch später noch, je länger desto zweckentsprechender, mit dem Umrühren der Flüssigkeiten fort.

Im Kleinen kann das Zusammengießen aus zwei kleineren Gläsern in ein drittes größeres Glas, oder aus zwei kleineren Holzgefäßen, Eimern, in ein drittes größeres Holzgefäß erfolgen, wobei man wegen des Umrührens wie oben zu verfahren hat.

Im Großen verwendet man stets hölzerne, große Bottiche von 2 bis 2,50 m Durchmesser bei 1,40 bis 1,50 m Höhe, welche mit eisernen Reifen gebunden sind. Wenn man des Platzes wegen die Ständchen, in denen man die flüssigkeiten vorher klären läßt, nicht neben die Präcipitirgefäße auf besondere Gestelle placiren kann, so legt man auf die Präcipitirständer zwei Stücke starker, ein antiger, hölzerner, kleiner Balken, auf welchen man jene Abklärungsständchen setzt, wie nebenstehende Figur 24 angiebt, welche die ganze Präcipitiranstalt darstellt.

Fig. 24.

A Präcipitirstand. *BB* Abklärungsständchen auf den Trägern *cc*; *aaa* Zapfen an den Gefäßen, um die Flüssigkeiten abzulassen. Der Präcipitirstand und die ganze Vorrichtung muß so stehen, daß man zum Umrühren Platz hat und laufendes Wasser zugeleitet werden kann; endlich muß sie auch auf einem Gerüste stehen, so daß man aus dem untersten Zapfen oder Krahne des Präcipitirstandes den ganzen Inhalt in untergesetzte Eimer oder andere kleinere Gefäße ablassen oder abzapfen kann.

Zum Umrühren bedient man sich hölzerner Krücken (Fig. 25), mit welchen man Stöße in die Flüssigkeit und Hube nach oben vollzieht, um das Ganze

Fig. 25.

möglichst genau durcheinander zu mischen, was nicht so geschwind erfolgt, wie nach jedem mischen, denn man bemerkt oft bei Bildung der Niederschläge, daß die Flüssigkeit anfangs und während einer geraumen Periode stellenweise ein ganz anderes Aussehen hat, als später nach längerem Umrühren.

Auswaschen der Niederschläge.

Wenn die Präcipitation ausgeführt ist und der Niederschlag eine weitere Behandlung nicht erfahren soll, so läßt man ihn nach gehörigem Umrühren in der Flüssigkeit in Ruhe. Er setzt sich dann je nach seiner Beschaffenheit, wie oben erwähnt, früher oder später in dem Präcipitirgefäße zu Boden. Bei manchen Niederschlägen dauert dies nur einige Stunden, bei anderen mehrere Tage. Wenn dieses Absetzen, wobei man natürlich das Ganze in Ruhe lassen muß, erfolgt ist, so zieht man die Zapfen der Gefäße von oben nach unten ab, d. h. man öffnet erst den oberen Zapfen, wenn die Flüssigkeit bis dahin ausgedunstet ist, den nächsten nach unten, und fährt damit so lange fort, als es angeht, ohne daß Niederschlag mit folgt. Sind die Farben hell, wie Chromgelb, oder weiß, so erscheint die Flüssigkeit über dem Niederschlage durchsichtig, und man kann die Grenze zwischen beiden deutlich erkennen, also vorher bestimmen, wie weit die Flüssigkeit sich abziehen läßt, ohne daß die Farbe mitfolgt. Sind die Niederschläge aber dunkel, z. B. blau, so ist dies unmöglich. Man muß in letzterem Falle den Zapfen sehr vorsichtig und nur zum Theil ziehen, zugleich ein Gefäß vor die Ausflußöffnung halten, um in demselben die Farbe aufzufangen, wenn etwa statt heller Flüssigkeit der Niederschlag mitfolgt. Geschieht letzteres an einer unteren Zapfenöffnung, so darf man diesen Zapfen nicht ziehen, denn der Niederschlag hat sich noch nicht so tief abgesetzt, sondern steht noch über diesem Zapfen oder doch ebenso hoch wie derselbe.

3. Vom Auswaschen der Niederschläge.

In den meisten Fällen erfolgt das Auswaschen, welches den schon erwähnten Zweck hat, schwerlösliche Salze, oder überhaupt dem Niederschlage anhängende Salze zu entfernen, in eben denselben Gefäßen, in denen der Niederschlag bereitet vorgebracht wurde. Es geschieht einfach so, daß man die Stönder, nachdem die erste Flüssigkeit abgezogen ist, aufs Neue mit Wasser füllt und den Niederschlag damit gut durchrührt. Dieses Umrühren muß recht gründlich geschehen, wenn die abhärirenden Salze sich dem Wasser mittheilen sollen, besonders wenn sie schwerlöslich sind. Hierauf überläßt man die Flüssigkeit wieder der Ruhe, damit der Niederschlag sich wie vorhin absetzen könne, was jetzt oft leichter und rascher als früher erfolgt, weil das specifische Gewicht der Flüssigkeit ein geringeres geworden ist. Nach dem Absetzen in der Ruhe entfernt man die Flüssigkeit wie vorher und wiederholt dann diese Behandlung mit Wasser noch einige Male je nach Bedürfniß.

Wenn man die Niederschläge von vornherein in sehr verdünnten Lösungen macht, so hat man den Vortheil, weniger oft auswaschen zu müssen, weil der

Abwäſſern der Niederſchläge. Filtriren. 97

an und für ſich verhältnißmäßig weniger Salze im Niederſchlage vorhanden und wegzuſchaffen ſind.

Durch einfache Berechnung kann man leicht finden, wie viel Salze einem Niederſchlage bei jeder Art und jeder folgenden Abwäſſerung noch beigemengt ſein oder ihm anhängen können. Der geſammte Inhalt des Präcipitirgefäßes von 1,50 m Höhe bilde nach bewirkter Präcipitation eine Flüſſigkeitsſäule von z. B. 1,2 m Höhe, und dieſe enthalte x Kilo Salze. Nach dem erſten Abſetzen und Abziehen bleibe insgeſammt eine Flüſſigkeitsſäule von z. B. 0,30 m zurück, ſo ſind in derſelben nur noch $1/4$ x Kilo Salze enthalten. Bringt man nun wieder ſo viel Waſſer hinzu, daß das Geſammtvolum des Gefäßinhalts ebenſo groß wird, wie vor dem Abzapfen der erſten Flüſſigkeit, und zieht aufs Neue bis auf 0,30 m, alſo bis zu $1/4$ des Geſammtinhalts ab, ſo ſind in dem letzteren nur noch $\left(\frac{1}{4} \times \frac{1}{4}\right) = \frac{1}{16}$ x Kilo Salze vorhanden. Nach Wiederholung des Auffüllens und Abziehens bleiben noch $\left(\frac{1}{16} \times \frac{1}{4}\right) = \frac{1}{64}$, nach abermaliger Wiederholung beider Operationen nur $\left(\frac{1}{64} \times \frac{1}{4}\right) = \frac{1}{256}$ x Kilo Salze. Bei dieſer geringen Menge noch vorhandener Salze erſcheint der Niederſchlag, nachdem er überdies ſeines Waſſergehalts bis auf 50 bis 60 Procent entledigt iſt, ſo gut als vollſtändig frei von Salzen. Das Vorhandenſein der letzteren läßt ſich durch Reagentien conſtatiren, z. B. ſchwefelſaure Salze durch Löſung von Chlorbarium, welche in dem letzten Ablaufwaſſer keine erhebliche Trübung mehr hervorrufen darf. Sind die auszuwaſchenden Salze ſchwerlöslich, ſo ſchließt man auf ihre mehr oder weniger vollſtändige Entfernung entweder aus der angewendeten Menge von Waſſer, oder ebenfalls durch das Verhalten des Waſchwaſſers gegen Reagentien.

Es verſteht ſich von ſelbſt, daß man im Kleinen mit der Entfernung des Waſſers von den Niederſchlägen und des Waſchwaſſers ebenſo oder analog verfahren kann, nur mit dem Unterſchiede, daß man die Flüſſigkeit durch Neigung der Gefäße von den Niederſchlägen abfließen läßt oder decantirt.

4. Vom Filtriren.

Das Filtriren muß jedesmal erfolgen, wenn die Niederſchläge nicht kryſtalliniſch ſind und ſich nicht zu feſten Maſſen, zu einem ſteifen Brei mit ſo geringem Waſſergehalte abſetzen, daß derſelbe nicht auseinander läuft, alſo unmittelbar zum Trocknen auf Bretter gelegt werden kann. Das Filtriren iſt meiſtens die ſchwierigſte Arbeit bei der Farbenfabrikation, namentlich dann, wenn bei einigermaßen großem Betriebe, jedoch bei beschränkter Filtrireinrichtung und Räumlichkeit, verschiedene Farben abwechslungsweise in ein und demselben Locale unter Anwendung der nämlichen Filtervorrichtungen hergestellt werden müssen. Diese Schwierigkeiten fallen aber weg, wenn Farbenfabrikation und Filtration in so großem Maßstabe betrieben werden, daß für jede Farbe eine eigene, hinlänglich große Filterpresse zur Verfügung steht. Denn der Raum, welchen die Filterpressen im Vergleich mit anderen Filtrirvorrichtungen in Anspruch nehmen, ist ein viel geringerer und die Ausführung der Filtration mittelst dieser Apparate erfordert eine weit kürzere Zeit.

Von den Filtrirpressen wird bei Bleiweiß die Rede sein, da nur von solchen Filtrationen, die allgemein bei mittelgroßen Fabrikationen gebräuchlich sind und bei denen die Anwendung von Filterpressen mehr Nachtheile als Vortheile bringen würde, weil die beim jedesmaligen Uebergang zu einer anderen Farbe erforderliche Reinigung dieser Pressen und die damit verbundene Mühe und Arbeitsunterbrechung den anderweiten Vortheil jener Pressen völlig neutralisiren würde.

Man benutzt zum Filtriren allgemein eine feste dichte Leinwand, deren Gewebe jedoch andererseits für manche Farben, z. B. für die wolligen Niederschläge des Chromgelbs, nicht zu dicht sein darf. Man schneidet von dieser Leinwand quadratische Tücher ab, gewöhnlich von 66 bis 70 cm Seitenlänge. An allen vier Seiten läßt man nun in den Saum starke, gut gedrehte Hanfschnüre einnähen, deren jedes Ende noch 25 bis 30 cm über den Saum hinausgeht und dort mit einem Knoten versehen wird, damit die Schnüre sich nicht auflösen und zerfasern. An jeder der vier Ecken des Tuches erhält man auf diese Weise zwei Schnurenden. Zu jedem so hergerichteten Filtrirtuche gehört ferner ein Filtrirrahmen oder Tenakel. Man verfertigt letztere am zweckmäßigsten aus vier abgehobelten Latten, die etwa 8 bis 9 cm länger sind, als die Seiten der Filtrirtücher. Diese Latten werden so zusammengefügt, daß sie einen quadratischen Rahmen von der Größe der Filtrirtücher bilden, über dessen vier Kreuzungspunkte die Latten 6 bis 8 cm hervorragen. Am Kreuzungspunkte ist in jede Latte ein Einschnitt gemacht, so daß jede zur Hälfte in dem Einschnitte der anderen liegt.

Fig. 26 stellt einen solchen Filtrirrahmen oder Tenakel vor. Auf diesen Rahmen werden die Filtrirtücher mittelst ihrer Schnüre derart festgespannt, daß jede Ecke des quadratischen Tuches eine Ecke des Rahmens trifft, während man die Schnüre um das hervorragende Kreuz des Rahmens schlingt und hier festknüpft. Ein starkes Ausspannen des Tuches ist hierbei deshalb nothwendig, weil einerseits selbst ein sehr stramm gespanntes Tuch beim Auffüllen der zu filtrirenden Masse einen zur Aufnahme der letzteren hinlänglich tiefen Sack bildet, andererseits aber durch schlaffe Spannung des Tuches jener Sack nicht etwa vergrößert, sondern vermöge seiner conveseren Form im Volumen verkleinert wird. Hat man nicht Gelegenheit, die Tücher nach dem Aufbinden mit dem Rahmen in Wasser einzutauchen, so muß dies vor dem Aufbinden geschehen.

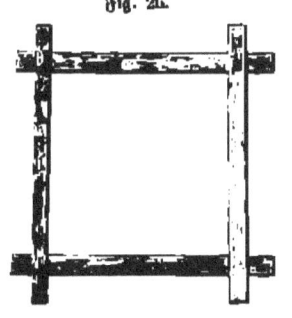

Fig. 26.

So hergerichtet ist das einzelne Filter zum Gebrauche fertig. Zur Ausführung der Filtration ist dasselbe nun mit dem Rahmen derart auf ein Gestell zu legen, daß das Filtrirtuch frei und unberührt hängt. Am bequemsten dazu passend ist ein bewegliches Gestell, bestehend aus zwei Holzböcken, auf welche man parallel zwei starke Latten oder Stangen in solchem Abstande von einander legt, daß je zwei entgegengesetzte Seiten eines Filtrirrahmens darauf liegen können. Auf diese Latten kann nun die ihrer Länge entsprechende Anzahl von Rahmen neben einander gelegt werden. Die Böcke haben am besten Nabelhöhe; diese gestattet ein bequemes Füllen der Filter und das Untersetzen von Eimern unter die Filtrirtücher, für welche jedenfalls ein entsprechender Platz zur Verfügung stehen muß. Mehrere solche Gestelle müssen in einer Fabrik vorhanden sein, und wenn alle Filtrirtücher und Rahmen in einer Fabrik von gleicher Größe sind, so vermeidet man ein andernfalls sehr lästiges, jedesmaliges Zusammenpassen der den Rahmen entsprechenden Tücher.

Das Filtriren durch die in angegebener Weise placirten Filter geschieht nun folgendermaßen: Erst werden die Tücher mit Wasser angenetzt oder in dasselbe eingetaucht, was nicht mehr nöthig ist, wenn sie von vornherein naß aufgebunden sind. Dadurch verdichten sich die Maschen der Leinwand, sie ziehen sich zusammen und der Niederschlag läuft nicht so leicht hindurch, wie durch trockne Tücher. Man stellt alsdann einen Handeimer oder ein anderes kleines passendes Gefäß unter jedes Filter, und zwar genau unter die Spitze des Sackes, den das Tuch beim Eingießen der flüssigen Masse durch deren Druck bildet. Hierauf wird der zu filtrirende Niederschlag entweder in Handeimern oder entsprechend großen Gefäßen herbeigetragen und mittelst Schöpfgefäßen — eiserner, kupferner oder hölzerner Schöpfern, je nach der Natur der Farbe — in einem langsamen Strahle auf die Mitte des Filters gegossen, bis dasselbe angefüllt ist. Bei lange gebrauchten Tüchern muß man beim Aufbinden derselben die Schnüre jedesmal probiren, ob er für das Gewicht der mit Flüssigkeit ganz angefüllten Filter nicht zu schwach worden sind. Im Anfange der Filtration läuft stets trübe Flüssigkeit, oft so lange, bis die Filter voll sind. Dieses erste, unklare Filtrat, zu dessen Aufnahme

100 Filtration. Filtrirständer.

die obenbemerkten Eimer untergestellt wurden, bringt man, um die darin schwebenden Farbentheile nicht verloren gehen zu lassen, stets wieder auf die Filter zurück. Bald aber kommt helle Flüssigkeit, welche man, indem man zugleich die untergestellten Gefäße als nunmehr unnöthig entfernt, weglaufen läßt. Oft läuft das Filtrat sehr langsam ab, der Niederschlag setzt sich zu einer festen Masse auf dem Tuche fest, während über dem compacten Niederschlage eine klare und helle Flüssigkeitsschicht steht. In diesem Falle kann man die Filtration beschleunigen, indem man das Filter mit dem Rahmen auf einer Seite vorsichtig hebt, so daß die Flüssigkeit zum großen Theile auf der anderen Seite hell herausläuft. Stets läßt sich eine schnellere Filtration dadurch erzielen, daß man den sich am Tuche absetzenden Brei vom Rande nach der Mitte schiebt, so daß die Flüssigkeit wieder näher mit der Leinwand in Berührung kommt. Während dieser Manipulation ist man namentlich bei solchen Farben, die anfangs lange trübe laufen, genöthigt, einen Eimer unterzusetzen, weil derartige Niederschläge in Folge der obigen Behandlung einige Minuten lang wieder trübe filtriren.

Hat das zu Filtrirende auf dem Tuche die Gestalt eines mehr oder weniger festen Breies angenommen, so tropft gewöhnlich seine Flüssigkeit mehr ab, der Brei wird aber durch Verdunstung der letzteren steifer. Durch Filtration läßt sich ein solcher Brei nun nicht weiter vom Wasser befreien. Man nimmt ihn daher ab und beschickt die Tücher aufs Neue. Nach mehrmaligem Gebrauche oder beim Beendigen der Arbeit müssen die Tücher einige Male in Wasser ausgewaschen werden. Sie halten besser, wenn man sie nie trocknen läßt. Läßt man die Tücher aber trocknen, ohne sie vorher gewaschen zu haben, so werden sie bald zerstört und zerfressen, namentlich die Schnüre, und wenn die filtrirten Flüssigkeiten säurehaltig waren.

Für jede besondere Art von Farbe müssen natürlich besondere Filtrirtücher gehalten werden.

Sind die Massen des zu Filtrirenden groß, so nehmen die Filtrirtücher bei Benutzung der oben beschriebenen einfachen und beweglichen Filteraufstellung eine zu große Fläche in Anspruch. Man errichtet dann behuf besserer Ausnutzung des vorhandenen Raumes solide Filtergestelle, in denen man zwei bis drei Filterreihen über einander anbringen kann. Man legt dann unter die Spitzen der Tücher jeder Reihe eine Rinne von Holz, welche das Ablaufende aufnimmt, welches, so lange es trübe abläuft, am niedrigsten Ende der geneigten Rinne in einem Gefäße aufgesammelt werden kann.

Statt dieser Einrichtung benutzt man wohl auch größere Ständer oder Kufen oder Kasten von Holz, deren Seiten entweder oben mit vielen kleinen Löchern versehen, oder in welchen Rippen von dünnen Lattenstückchen der Länge nach in verticaler Lage mit kupfernen Stiften befestigt sind. Man stellt alsdann diese Ständer, Kufen oder Kasten im ersteren Falle, wenn kleine Löcher an der Seite ein-

Filtrirkasten.

gebohrt sind, in andere niedrige und wasserdichte Kasten oder Kufen, welche mit einem Ablaufstrahn oder Zapfen versehen sind. Im zweiten Falle sind diese Behälter selbst damit versehen. Diese Gefäße oder Behälter werden nun mit einem Sacke, der aus Leinwand zusammengenäht ist und welcher die Form der Gefäße hat, ausgefüllt und belegt, so daß die Leinwand dicht an die Wände derselben anschließt. Durch Knopflöcher am oberen Ende des Sackes erhält man seine Seiten aufrecht, indem man sie über kupferne Knöpfe zieht, die an den Seiten, am Rande und außerhalb der Gefäße eingeschlagen sind. So ist der Sack gewissermaßen aufgehängt und ohne viele Falten ausgespannt, hat auch am Boden Ruhepunkte genug, um die Last zu tragen. Man gießt nun den flüssigen Brei nach vorheriger Benetzung des Sackes mit Wasser einerweise hinein, bis er voll ist. Im ersten Falle, wenn das Gefäß in einem zweiten steht, sammelt sich das anfangs trübe Filtrat in diesem zweiten Gefäße und wird so lange zurückgegossen, bis helle Flüssigkeit kommt. Im anderen Falle sammelt sich das erste, trübe Filtrat außerhalb des Sackes zwischen den eingenagelten Rippen, und man läßt ebenfalls so lange durch den Krahn das Trübe ablaufen, das man zurückgießt, bis die Flüssigkeit hell abläuft, worauf Alles in Ruhe gelassen wird. Zu solchen Gefäßen kann man oft größere Transport- oder Weinfässer anwenden, und man erhält deren zwei, wenn man sie in der Mitte durchsägt. Wenn der Brei in diesen Filtern steif geworden ist, so wird er herausgenommen; hierauf werden die Filter aufs Neue beschickt und zwar so oft, bis zuletzt die Filtration eine zu langsame und nun das Herausnehmen und Waschen der Säcke nothwendig wird. Das Herausnehmen des Breies geschieht mit passenden hölzernen oder kupfernen Löffeln, deren Stiel hinreichend lang ist, um auf den Boden der Filter gelangen zu können, ohne sich hinabbiegen und ohne die Arme dabei beschmutzen zu müssen.

Um ein Gefäß zur Aufnahme der abfließenden Flüssigkeit untersetzen zu können, hat man die Wahl, entweder für dasselbe eine Vertiefung oder Grube herzurichten und dann den Filtrirapparat auf die ebene Erde zu stellen, was wegen der Entleerung am bequemsten ist; oder man placirt den Filterapparat in der erforderlichen Höhe auf ein hölzernes Gerüst, muß aber dann, sobald die Oberkante des Filterkastens über die Brusthöhe hinausgeht, behuf Entleerung des Filters eine entsprechend hohe Treppe ansetzen.

Die filtrirten Niederschläge halten nun noch eine Menge Wasser zurück, 50 Proc. und darüber, wie steif sie auch sein mögen. Dieselben werden zu Farben sogar für Tapeten- und Papierfabriken theils ohne Weiteres mit diesem Wassergehalte verkauft, theils erst nach vorgängigem Auspressen von Wasser. Wenn die Niederschläge aber getrocknet werden sollen, so ist ihr Wassergehalt jedenfalls möglichst abzupressen, um dadurch theils die zum Trocknen erforderliche Zeit abzukürzen, theils durch diese Abkürzung der Trockenzeit einen entsprechenden Raum in den Trockenstuben zu ersparen, abgesehen davon, daß man dem Farbenteige oft durch das Pressen eine angenehme Form geben will.

Der Käufer und Verkäufer prüft den Farbenteig leicht auf die Weise, daß er eine kleinere Quantität desselben genau abwägt, trocknet und den Trockenrückstand wieder wägt. Der hierdurch gefundene Gewichtsverlust ergiebt dann mittelst einfacher Berechnung direct den Procentgehalt des Teiges an trockner Farbe. Der Steifigkeitsgrad des Teiges allein gestattet keinen zutreffenden Schluß auf seinen Gehalt an trockner Farbe.

5. Vom Auspressen der Farben und Niederschläge.

Um Niederschläge in ganz kleinem Maaßstabe auszupressen, benutzt man ein Stückchen Leinwand, legt etwa einen Bogen Löschpapier darauf, und auf diesen mehr oder weniger der zu pressenden Farbe. Man schlägt alsdann von den Seiten her die Leinwand ganz so zusammen, wie man ein Briefcouvert aus Papier zusammenlegt, und die Farbe ist auf diese Art ringsum eingeschlossen. Hat man die Leinwand zugleich auf ein viereckiges kleines Brettstück gelegt, so läßt sich das Ganze sehr bequem an eine abgesonderte Stelle bringen, wo die ablaufende Flüssigkeit keinen Schaden verursacht. Man legt nun auf das so hergerichtete Leinwandcouvert ein ähnliches Brettstückchen und beschwert es derart erst mit kleineren, dann immer größeren Gewichten, daß das obere Brett stets in horizontaler Lage bleibt. Es läuft nun bald alles Wasser ab und der zurückbleibende Kuchen kann getrocknet werden. Braucht nach der Natur der zu pressenden Farbe hierbei kein Papier auf die Leinwand gelegt zu werden, welches jedenfalls dann angefeuchtet werden muß, so fällt damit die etwas schwierigere Arbeit weg, nach dem Trocknen das Papier vom Farbenkuchen rein abzulösen.

Ganz kleine Farbenproben, welche man in doppelt und dreifaches Löschpapier einschlägt, preßt man zwischen der flachen Hand aus, um bald eine trockene Probe zu haben; aber eben so rasch kommt man zum Ziele, wenn man von dem nassen Teige etwas auf einen porösen Ziegelstein legt, der das Wasser ungemein rasch einsaugt.

Zum Pressen der Farben im größeren Maaßstabe, namentlich da, wo vielerlei Farben dargestellt werden, bedient man sich am besten der gewöhnlichen Schraubenpressen, da hydraulische und andere Pressen zu theuer sind, meistens nicht genug beschäftigt werden können und für jede Art von Farben, z. B. für die gelben, blauen, grünen eine besondere Presse zweckmäßig, ja in dem Fall durchaus nothwendig ist, wenn diese verschiedenen Farben zu gleicher Zeit hergestellt werden müssen.

Schraubenpressen.

Wenn eine Schraubenpresse mit einer breiten, hölzernen Bodenplatte versehen ist, so läßt man an deren Seiten ringsherum eine dünne Randleiste aufsetzen, mit die ausgepreßte Flüssigkeit auf der Platte zusammenläuft und vorn, wo die Leiste eine Oeffnung hat, in ein untergesetztes Gefäß abfließt. Es gehören vor zum Betriebe der Presse einige Dutzend Bretter von 3 bis 4 cm Dicke, von der Länge der Bodenplatte und der Breite, daß drei oder vier darauf. Sodann sind erforderlich einige Stücken Eichenholz von ringsum 4 cm Dicke und derselben Länge, wie die Bretter, sowie ein Stück Eichenholz 15 bis 18 cm Stärke, auf welches nachher die Schraubenspindel zu wirken hat. Zweckmäßig ist es, wenn dieses Stück Holz unter der Schraube in den Bahnen des Seitengestells der Presse auf- und niederlaufen, und noch besser, wenn es in solcher Stellung sich mit der Schraube, an die es dann befestigt ist, auf- und niedergehen kann.

Zur Ausführung des Pressens gehören außerdem noch eine Anzahl Preßtücher. Man macht sie aus dichter Leinwand, die man von der Größe schneidet, daß jede Seite das 2½fache Maaß der Bodenplatte von der Presse ausmacht. Ist die Leinwand nicht von dieser Größe zu haben, so näht man sie zusammen. Die Flächen werden behufs größerer Haltbarkeit ringsum gesäumt. Im Uebrigen sind die Preßtücher beim Gebrauche und bezüglich ihrer Reinigung in der bei den deutschen angegebenen Weise zu behandeln, da die dort erwähnten Einflüsse, welche die Haltbarkeit der Tücher verringern und ihre Zerstörung herbeiführen können, auch hier obwalten.

Soll nun die Presse mit einer Farbe beschickt werden, so muß der Teig und das ist eine wesentliche Vorbedingung — bereits auf den Filtern soweit atrophirt sein, daß er auf ebenen Flächen nur noch ungern auseinanderläuft. Nun legt man in die Mitte der Preßplatte ein Preßtuch, zugleich unter dasselbe allen vier Seiten dünne Latten von etwa 3 bis 4 cm Höhe, die einen Rahmen bilden, auf welchem das ein Stück darüber hinausragende Preßtuch derart liegt, daß auf der Preßplatte und innerhalb jenes Rahmens einen viereckigen Kasten bildet. In diesen Raum nun füllt man den Farbenbrei, ebnet ihn etwas aus und schlägt nun den darüber hinausragenden Theil des Preßtuches erst auf einer Seite, dann auf der anderen über der Farbe so zusammen, wie man einen Brief zusammenlegt, doch mit der Vorsicht, daß die Leinwand glatt auf dem Breie auf- und keine offene Falten läßt. Anzuführen ist noch, daß die Preßtücher vor Anwendung genetzt werden müssen, wenn sie nicht von dem kurz vorhergehenden Gebrauche noch feucht sind.

Auf dieses Preßtuch legt man drei oder vier der oben angeführten 3 bis 4 cm Bretter, so daß diese einen neuen, zweiten Boden, entsprechend der unteren Preß-fläche, bilden, auf welchem mit Beihülfe des provisorischen Lattenrahmens auf eine der obigen ganz gleichen Weise ein zweites Preßtuch gefüllt wird. So werden dann nach einander 6 bis 7 Schichten eingetragen, doch mit dem Unterschiede, daß wenn die ersten Preßbretter in der Längenrichtung von vorn nach hinten gelegt wurden, die zweiten in die Quere, die dritten wieder von vorn nach hinten gelegt werden u. s. w., so daß sich ihre Längenrichtung bei jeder neuen Schicht rechtwinklig kreuzt, anderenfalls würden sie beim Pressen ihre horizontale Lage nicht behalten und leicht einbiegen. Auf die oberste Schicht legt man nun eine der pelle, sich gleichfalls kreuzende Schicht von Brettern, auf diese in die Quere gegen die Enden zwei der obengedachten 12 cm starken Riegel, und auf letztere schließlich das gleichfalls erwähnte stärkste Stück Eichenholz, auf welches die Schraube wirkt, in die Mitte. Nach völliger Beschickung der Presse und Hinwegnahme der Latten, die den Rahmen um die Tücher bilden, zieht man die Presse an. Dies hat zuerst immer nur langsam und nach und nach geschehen, damit der Teig anfangs nur eine gelinde Pressung erfährt; derselbe würde sonst bei beschleunigter Pressung durch die Leinwand bringen, oder gar unter Zerreißen der letzteren plötzlich in größerer Menge herausspritzen. Nach und nach verstärkt man den Druck endlich in so hohem Grade, als man für gut findet, oder noch Flüssigkeit abtreibt, indem man jede Drucksteigerung mit kleinen Zwischenpausen jedesmal erst dann eintreten läßt, nachdem das durch den nächstvorhergehenden Druck abgepreßte Wasser ganz abgelaufen ist. Nach beendigter Pressung schraubt man die Spindel wieder zurück, hebt die Riegel, dann die Bretter ab und schlägt das oberste Tuch auseinander. Die Farbe ist nun eine feste Masse und enthält die genauen Eindrücke der Leinwandmaschen an den Berührungsstellen. Soll die Farbe an keine bestimmte Form haben, so sticht man mit einem hölzernen Schäufelchen ab und hebt Stücke ab, wie sie eben von selbst ausfallen. Aber häufig wünscht man, die ihnen leicht zu gebende Form von länglich viereckigen Stücken. In diesem Falle nimmt man eine gehobelte Latte als Lineal, schneidet, gewöhnlich mit einem kupfernen Messer, erst nach einer Richtung, dann nach der anderen rechtwinklig auf jene gerichteten, die Masse durch, so daß sie in die gesuchten Stücke zertheilt wird, und hebt diese dann mit einem dünnen hölzernen oder kupfernen Schäufelchen ab, um sie zum Trocknen auf nebenbei liegende Trockenbretter zu legen. Während man die Breite und Länge dieser Stücke mit dem Anlegen des Lineals nach Belieben beherrscht, bestimmt man deren Dicke durch die Menge oder Tiefe der Schicht des Farbenbreies, den man in die Tücher einschlägt, wie sich sehr leicht aus der Erfahrung ergiebt.

Außer den beschriebenen Pressen könnte man allerdings auch hydraulische Pressen anwenden, unter deren Preßplatte die Schichten auf ähnliche Weise zuordnen wären. Jedoch werden solche Pressen, wie schon erwähnt, kaum beschäftigt werden können. Dasselbe ist der Fall mit den Entleerungspressen, welche noch den Nachtheil hätten, daß man den in Säcken in dieselbe gebrachten Farbenkeine beliebige Form auf eine bequeme Weise ertheilen könnte. Von den Filterpressen wird bei Bleiweiß die Rede sein.

6. Vom Formen gewisser Farben.

Gewissen Farben, namentlich Lackfarben und solchen, welche eine größere Feinheit und Güte schon durch ihre äußere Form andeuten sollen, giebt man, wenn sie in Stücken vorkommen, eine von der allgemeinen viereckigen abweichende besondere Form, weil die Abnehmer einmal an eine solche gewöhnt sind und die Farbe nicht für „echt" halten würden, wenn sie eine andere Form hätte.

a) Amerikanische Chromgelbe kommen in der Form kleiner runder Kuchen vor, an denen die Preßleinwand oben und unten Maschen eingedrückt hat. Diese Chromgelbe werden also nicht aus den Preßtüchern in viereckige Stücke herausgeschnitten, sondern mit kupfernen Ringen herausgestochen und in dieser Form getrocknet.

b) Cremserweiß, kommt in viereckigen harten Stücken vor. Das teigförmige Bleiweiß, das die Eigenschaft hat, beim Trocknen zu erhärten, wird in kleine viereckige Kästchen von gebranntem, porösem Thon eingefüllt und in diesen so lange gelassen, bis sich die Masse von den Wänden ablöst. Hierauf werden die Stücke herausgenommen und auf Brettern weiter getrocknet, wobei sie die anfängliche viereckige Form beibehalten. Zuletzt werden sie äußerlich mit Messern abgeschabt, um ihnen glatte Flächen zu geben, dann in gestempelte Papiere stückweise eingewickelt und so in den Handel gebracht.

c) Holländisches Bleiweiß. Wird ebenso hergestellt, nur werden statt der viereckigen Formen konische angewendet, also kleine Kegel gebildet, mit denen übrigens auf dieselbe Weise verfahren wird.

d) Kugellacke. Der nach dem Trocknen erhärtende dicke Brei wird mit den Händen in Kugeln geformt. Um den Teig von hinreichender Consistenz zu erhalten, trocknet man einen Theil, zerreibt ihn und mengt ihn unter den anderen flüssigeren Theil in derjenigen Menge, wie es die zu erreichende Consistenz erheischt.

e) Farben in Hütchen oder sehr kleinen $\triangle$ förmigen Kegeln. Um diese herzustellen, benutzt man kleine blecherne Trichter mit drei Ausflußröhren, welche höchstens 0,08 bis 0,1 cm Oeffnung haben. Fig. 27 (a. f. S.) soll einen solchen Trichter vorstellen. An der Seite desselben ist ein Blechstreifen a angelöthet, mit welchem man ihn an das aus Holz bestehende Stück d festbinden kann. Das letztere dient gleichsam als Stiel oder Handhabe, und hat nahe am Trichter einen Fuß e, der so hoch ist, daß wenn man die ganze Vorrichtung horizontal mittelst dieses Fußes auf eine Fläche stellt, die Trichteröffnungen fff etwa 2 bis 3 cm höher liegen, als die Fläche, auf welcher der Fuß e steht.

106 Das Formen der Farben.

Füllt man den Trichter mit einem mäßig consistenten Farbenteige, so passirt er die Röhren erst, wenn man den Trichter aufstößt, indem man mit dem Fuße e

Fig. 27.

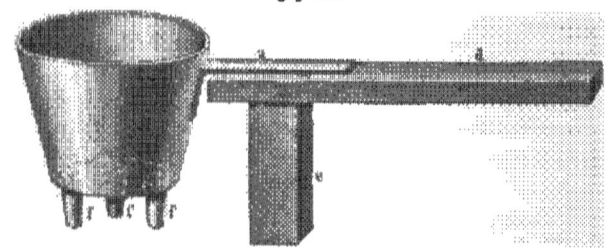

in ähnlicher Weise, wie etwa mit einem Hammer, auf eine feste Platte schlägt. Bei jedem Schlage fallen dann aus den Oeffnungen der Trichterröhren die Tropfen des Farbenbreies, der dabei die Form von kleinen Hütchen annimmt.

Zum Gelingen dieser Arbeit ist es erforderlich, daß die Consistenz des Farbenteiges, die er immer schon auf den Filtern erreicht, genau abgepaßt wird. Ist der Teig zu steif, so bildet er beim Austreten aus dem Trichter nicht Tropfen, sondern Würmer; ist er zu dünnflüssig, so entstehen platte Teller oder Scheibchen. Als Unterlage für das oben beschriebene Aufschlagen wendet man eine massive Steinplatte an, auf welche man Stücke von Löschpapier legt. Schlägt man behufs der Tropfenbildung auf diese Stücke, fallen also die Teigtropfen auf das Löschpapier, so saugt das letztere sofort einen Theil des in den Tropfen enthaltenen Wassers auf, so daß die Tropfen eine steifere Consistenz gewinnen, wodurch ihre Form erhalten wird. Man legt die Löschpapierstücke, halbe und viertel Bogen, nachdem sie mit Tropfen belegt sind, auf Bretter zum Trocknen, was sehr rasch erfolgt. Die getrockneten Hütchen fallen dann von selbst vom Papier ab, wenn man es umwendet. Um die Tropfenbildung mit sicherem Erfolge zu bewerkstelligen, darf das Aufschlagen des Trichters auf das Papier nicht auf Brettern oder hölzernen Tischen, sondern nur auf Steinplatten ausgeführt werden; denn erstere pflanzen die Erschütterung fort, wodurch die in richtiger Form ausgeschlagenen Tropfen alsbald wieder in flache Teller zusammensinken würden. Schließlich ist noch zu bemerken, daß auch fein geschlämmten Erdfarben oft diese Hütchenform gegeben wird.

L. Münchener Lad. Er hat die Form unregelmäßiger gefärbter Täfelchen, durchschnitten von der Fig. 28 und mehr oder weniger regelmäßig geformt. Der Teig wird in zäher Consistenz auf ein gerefeltes Brett gestrichen, etwa in einer 1 cm dicken Lage, und dann mit einer gerefelten Walze ausgewalzt, so daß er wellenförmige, auf beiden Seiten gerefelte Gestalt annimmt. Statt des Brettes dienen zweckmäßiger mit fettem Firniß imprägnirte und hierauf getrocknete Marmorplatten, weil sich von ihnen der Farbenteig leichter trennt. Auch kann man feine Leinwand dazwischen legen, mit welcher man die geformte Farbenplatte abhebt, welche nach dem Trocknen in unregelmäßige Stücke zerbrochen werden.

Fig. 28. Fig. 29.

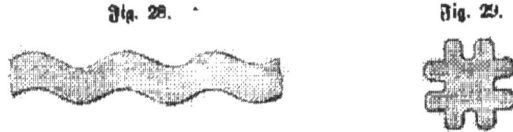

g) Andere, neuerdings namentlich aus Stuttgart in den Handel kommende saure, gelbe und orangerothe Lacke haben die Form von Stangen, deren Durchschnitt die Fig. 29 zeigt. Um diese Form zu erhalten, wird der Teig in einen Cylinder von Holz oder Kupferblech gefüllt, dessen Boden eine Oeffnung von dem in der letzten Figur dargestellten Durchschnitte hat. Drückt nun ein in den Cylinder passender Kolben auf den steifen Farbenteig, so tritt der letztere in Stangen von jenem Durchschnitte heraus, welche dann in Stücken gebrochen und so getrocknet werden.

7. Vom Trocknen der Farben.

Der Rest des Wassers, den die gepreßten oder geformten Farbenteige noch erhalten, muß durch das Trocknen oder Verdunsten desselben weggeschafft werden, wenn die Farben in trockner Form in den kaufmännischen Handel gebracht werden sollen. Im Sommer trocknen die auf Bretter gelegten Farben ohne alle Umstände rasch an der freien Luft, doch hängt die Schnelligkeit des Trocknens von der Temperatur und dem Feuchtigkeitsgehalte der Luft, ferner von dem Wassergehalte und der besonderen Natur der Farbe ab. In nassen Perioden und im Winter muß man seine Zuflucht zu Trockenstuben nehmen, die geheizt werden können, außerdem einen steten Luftwechsel darbieten, der die aus der Farbe entwickelten und in der Luft gelösten Wasserdämpfe beständig abführt.

Abgesehen von der Größe der Trockenzimmer, die sich nach dem Umfange der Fabrikation richtet, sei über ihre allgemeine Einrichtung Folgendes angeführt:

Am zweckmäßigsten werden die Trockenräume in der zweiten Etage eines Gebäudes aufgeführt, da die untere Etage stets feuchter ist, als jene.

Soll mit einer Feuerung direct geheizt werden, so ist es am rathsamsten, den eigentlichen Ofen zur Heizung so anzulegen, daß derselbe außerhalb des Trockenraumes geheizt werden kann. Dadurch vermeidet man den Staub, dessen Verbreitung auf die Farben nicht vermieden werden kann, wenn in dem Trocken-

108   Einrichtung der Trockenstuben und ihre Heizung.

raume selbst die Asche aus dem Feuerraume oder dem Aschenloche des Ofens genommen werden muß. Kann man den Ofen in der unteren Etage des Gebäudes anbringen und denselben derart mit einem Mantel umgeben, daß die zwischen Mantel und Ofen eintretende und hier erwärmte Luft in den Trockenraum geleitet wird, so hat man eine Luftheizung, deren Wirkung beim Farbentrocknen eine sehr günstige ist. Denn die Farben trocknen vermöge der durch die Luftheizung erzielten stetigen Erneuerung der Luft im Trockenzimmer sehr schnell, ebenso wird hierbei die Verunreinigung durch Aschenstaub vermieden. Zum Austritte der mit Wasserdampf geschwängerten Luft ist irgend eine Oeffnung oder ein Ventil an den Außenwänden des Zimmers oder in den Fensterscheiben anzubringen. Beschäftigt eine Fabrik eine Hochdruckdampfmaschine, so können die austretenden Dämpfe auch zur Heizung der Trockenstuben angewendet werden, indem man eine Röhrenleitung von Metall, von Kupfer oder Gußeisen anbringt, durch welche jene Retourdämpfe geleitet werden. Letztere verdichten sich in den Röhren zu Wasser, für dessen Abfluß am niedrigsten Theile der Röhre, wenn der Dampf am obersten Ende eintritt, Vorsorge getroffen sein muß. Mittelst solcher Einrichtungen kann man durch zweckmäßige Verwendung des sonst ungenutzt entweichenden Retourdampfes die ganze zum Farbentrocknen nöthige Heizung umsonst haben.

Die Stellagen zum Aufreihen der Trockenbretter sind von derselben Art, wie bei den oben beschriebenen Trockenschuppen zum Trocknen der Erdfarben. Es müssen zwischen denselben jedoch Gänge gelassen werden, welche zum Verschieben der Bretter und zu ihrem Herausnehmen hinlänglichen Raum lassen.

Zum Trocknen von langsamer trocknenden Farben in größeren Stücken, wie Cremserweiß, Holländisches Bleiweiß, benutzt man Stellagen, welche aus einigen Zoll breiten Latten hergerichtet sind, die statt der Bretter zum Auflegen der Farben dienen. Man legt die Stücke nach dem Ausnehmen aus den Formen direct auf diese Latten, auf denen sie rascher trocknen, als auf Brettern, weil die Luft sie hier auf allen Seiten von unten nach oben umspielen kann.

Das Trocknen an der Luft kann in eben solchen Schuppen erfolgen, wie bei der Erdfarben, aber zweckmäßiger bringt man die Stellagen für die hier in Betracht kommenden künstlichen Mineralfarben, da deren Masse gewöhnlich nicht groß ist, unter dem Dache eines Gebäudes an, welches mit Oeffnungen zum Durchzuge der Luft versehen ist. Durch die Wärmeausstrahlung der Dächer im Sommer erlangen die Trockenräume eine hohe Temperatur, welche das Trocknen der Farben sehr beschleunigt.

Bei manchen Farben reicht die Hitze, die man einem mit Holzgerüsten ausgefüllten Trockenzimmer geben darf, nicht aus, um den Farben einen Trockenzustand zu geben, der ihnen ein schöneres Aussehen ertheilt, das auch dann bleibt, wenn sie nachher wieder aus der Luft Wasser anziehen. Zum Trocknen solcher Farben benutzt man besonders eingerichtete Vorkehrungen, meistens getheilte, ge-

Das Pulverifiren der Farben.

mauerte Räume, die man durch einen steinernen Canal von Außen heizt, der am Boden des Trockenraumes herumgeführt ist. Die Stellagen oder Regale in diesen Trockenräumen sind dann von Eisenstäben errichtet, und wenn es nöthig ist, verwendet man als Unterlage für die Farben nicht Bretter, sondern kleinere verzinnte Blechplatten oder Kupferblech. Man erreicht durch dieses Trocknen, bei welchem man eine Temperatur bis 100° und darüber anwendet, nur die Entfernung des den Farben abhärirenden Wassers. Soll aus einem getrockneten Niederschlage auch das Hydratwasser oder chemisch gebundenes Wasser noch ausgetrieben werden, so wird der Niederschlag, nachdem er an der Luft oder in Trockenstuben mittelst einer der vorher beschriebenen Methoden getrocknet ist, geglüht, was auf dieselbe Weise, wie bei den Erdfarben zu gleichem Zwecke geschieht und oben bei der Calcination angeführt wurde. Man benutzt dazu die im Früheren beschriebenen Calciniröfen.

8. Vom Pulverifiren der Farben.

Diese Operation wird mit denselben Mitteln und Einrichtungen bewerkstelligt, wie bei den Erdfarben, und es bedarf daher rücksichtlich des Pulverifirens der künstlichen Mineralfarben keiner weiteren Erläuterungen. Im größeren Maßstabe sind dazu die Rollfässer am geeignetsten. Ein Rollfaß, das kaum eine Pferdekraft erfordert, verwandelt z. B. von gemischtem Grünen innerhalb 40 bis 45 Minuten 3 bis 4 Ctr. in ein sehr feines Pulver, ebenso die mit Gyps oder Schwerspath versetzten Chromgelbe, und überhaupt solche Farben, welche als Stücke trocknen, aber im Ganzen doch nur einen geringen Zusammenhang haben, wie es gewöhnlich und mit den meisten Mineralfarben der Fall ist. Das Pulver wird so fein, daß man das Sieben dabei völlig entbehren kann. Das Sieben im Kleinen oder Großen wird, wo es nöthig ist, auf ganz dieselbe Weise ausgeführt, wie bei den Erdfarben angeführt ist.

Zweiter Abschnitt.

Von der Bereitung der Mineralfarben und ihren Eigenschaften im Speciellen.

I. Weiße Farben.

Unter die weißen Farben, welche durch Kunst oder chemische Processe im Großen oder Kleinen hergestellt werden, kann man nur drei vorzüglich brauchbare rechnen, das Bleiweiß, das Zinkweiß, welche beide als Wasser- und Oelfarbe allgemein gebraucht werden, ferner den künstlich hergestellten schwefelsauren Baryt, Blanc-fixe oder auch Permanentweiß genannt. Außerdem kommt neuerdings häufig noch ein Gemenge jenes künstlichen schwefelsauren Baryts mit künstlichem Schwefelzink unter dem Namen Lithopone als weiße Farbe vor. Schwefelsaures Bleioxyd gelangt in den Handel unter der Bezeichnung Metallweiß nicht sowohl behufs Verwendung als Malerfarbe, sondern zu anderen Zwecken, z. B. zur Siegellackfabrikation, um weiße Lacke damit herzustellen.

A. Bleiweiße, Cremserweiß, Venetianischweiß, holländisches Bleiweiß, Schieferweiß.

Das Bleiweiß ist die älteste der gebrauchten künstlich dargestellten weißen Farben von einer vorzüglichen Brauchbarkeit, und hat erst in neuerer Zeit durch das Zinkweiß eine Concurrenz erfahren. In den früheren Zeiten kannte man nur das holländische Bleiweiß, und es scheint, daß das Bleiweiß in Holland zuerst dargestellt ist. Aber die älteste, die holländische Bleiweißfabrikation, hat sich in allen Staaten Europas verbreitet, und vielleicht wird noch die Hälfte alles gebrauchten Bleiweißes mit wenigen Abweichungen nach dieser Methode bereitet; obgleich es z. B. von England aus als englisches versandt wird,

Holländische Bleiweißfabrikation. 111

so hat dies nur Bezug auf den Erzeugungsort, während man sonst gewohnt ist, unter holländischem Bleiweiß eine Sorte zu verstehen, die wegen der eigenartigen, holländischen Darstellungsweise besondere Eigenschaften hat. Später kam die deutsche Bereitungsweise in Gang, und das nach der letzteren, von der holländischen Darstellung abweichenden Methode erzielte Product erhielt vorzüglich den Namen Cremserweiß, dessen Ursprung zweifelhaft ist. Es hatte ein abweichendes Aussehen und war weit weißer, als das holländische Bleiweiß. Noch später scheint die französische Darstellungsweise im Großen sowohl in Frankreich als auch in Deutschland an wenigen Orten eingeführt worden zu sein, und sie besteht ebenfalls noch. Das Product hat eine vorzügliche Weiße, aber seine übrigen Eigenschaften sind nicht so beliebt, als daß das auf diese Weise erzeugte Product eine Nachahmung oder größere Verbreitung der Fabrikationsweise hätte hervorzurufen vermocht.

Die Benennung dieser Farbe ist eine viel richtigere, als diejenige der meisten übrigen Farben, denn diese Farbe wird entweder direct aus Blei oder doch aus Bleioxyd gewonnen. Auf die Reinheit der weißen Farbe des erzeugten Bleiweißes hat zwar die Bereitungsweise einen großen Einfluß, aber vieles hängt dabei auch von der Reinheit des Bleies ab. Statt jedoch vom Blei eine Analyse zu machen und die Reinheit desselben zu untersuchen, unterrichtet man sich von seiner Güte sogleich nach dem Resultate, das man von einer Probe des Bleies erhält, die man derselben Behandlung unterwirft, welche man anwendet, um im Großen Bleiweiß aus Blei zu erzeugen.

Ich werde speciell sämmtliche Bereitungsmethoden des Bleiweißes beschreiben, diejenigen Vorschläge aber übergehen, welche von Nichtkennern der durchgeführten Fabrikationsweisen so häufig ausgeworfen, probirt und in Vergessenheit gerathen sind, wenn sie sich nicht zufällig unter Sammlungen von Vorschriften befinden, die eben solche Leute zusammengestellt haben.

1) Holländische Bleiweißfabrikation.

Wenn man einen in der Dicke eines halben Kronthalers gegossenen bis 10 cm breiten Bleistreifen so anrollt, daß sich das Blei nirgend gegenseitig berührt, und dieses Blei dann in einen glasirten, zur Hälfte mit Fruchtbieressig gefüllten Topf, in den man noch etwas Kleie, Mehl oder Aehnliches hinzugiebt, so einsetzt, daß das Blei über dem Essig steht, ohne ihn zu berühren, was leicht durch ein hölzernes Kreuz geschehen kann, auf welches die Bleirolle gesetzt wird; wenn man ferner diesen Topf an eine warme Stelle setzt, z. B. hinter einen im Winter täglich geheizten Ofen, während man ihn beständig mit einem Deckel und Papier dazwischen bedeckt: so wird man finden, wenn man denselben nach einigen Monaten öffnet, daß das Blei entweder ganz, oder von außen nach innen zu einer Schicht eines weißen Körpers zerfressen ist.

112   Bleigießen zur holländischen Bleiweißfabrikation.

Dieser Körper giebt durch Zerreiben das schönste Bleiweiß, welches im Wesentlichen eine Verbindung von Bleioxyd mit Kohlensäure ist. Das Blei hat sich in der Wärme und unter dem Einflusse der Essigdämpfe sowohl oxydirt, als auch mit Kohlensäure verbunden. Der Sauerstoff zur Oxydation des Bleies kam aus der in den Topf gedrungenen Luft, ebenso auch ein Theil der Kohlensäure, während der andere Theil aus der Verwesung der dem Essig zugesetzten Stoffe entstand. Der Essig vermittelt den Proceß, mit Wasser gelingt der Versuch nicht; die Art der Vermittelung werden wir später aber genau kennen lernen. Diese Umwandlung des Bleies im Topfe zeigt die holländische Fabrikation im Kleinen ausgeführt. Im Großen wird die Fabrikation analog durchgeführt, mit dem Unterschiebe nur, daß man sich besonders zweckmäßig geformter Töpfe, zweckmäßig gegossenen Bleies, einer wenig kostspieligen Erwärmung unter Anwendung vieler billig und zufällig erhaltener Kohlensäure bedient, und daß die Operation auf große Mengen Bleies auf einmal ausgedehnt wird.

Dem Blei giebt man die geeignete Form durch Gießen. Es hat theils die schon besprochene Form, theils benutzt man noch Blei in der Gestalt von Deckeln für die Töpfe. In England dagegen wendet man Blei in Form von Gittern an, welche ebenso aufgerollt werden, wie die Platten. Ich werde erst das Gießen dieser Bleiformen besprechen.

Zu diesem Behufe muß das Blei geschmolzen werden. Man benutzt überall gußeiserne Kessel von etwa 0,9 bis 1 m im Durchmesser und von etwa so viel Tiefe, mit rundem gewölbten Boden, stark im Guß mit einem starken Rande oder Kranze versehen, damit der Kessel, an letzterem hängend, eingemauert werden kann. Er wird in dem Gießlocale in gewöhnlicher Kesselmauerung eingemauert, und ohne Rost, wenn mit Holz gefeuert werden soll. Um dem Kessel eine möglichst feste Stellung zu geben, wird er beim Einmauern mit dem Boden auf drei Seiten des Feuerraumes auf einen backsteindicken Vorsprung gestellt. Die Feuerung wird so eingerichtet, daß das Feuer, nachdem es den Boden des Kessels bestrichen hat, auch um dessen Seiten herumschlägt. Die Seitenwände der Einmauerung enden in gleicher Ebene mit dem starken Kranzrande; dieselben werden sehr geschont, wenn sie durch eine gußeiserne Platte bedeckt werden, welche um den Kessel einen Ring bildet, der selbst noch mit einem nach unten gehenden, die Mauer einfassenden, etwa 6 bis 8 cm breiten eisernen Rande oder Vorsprunge versehen ist. Ohne diese Vorrichtung leidet die Mauer sehr durch auf dieselbe gehobene Bleiblöcke, welche die Steine bald zerstückeln und zerbröckeln.

Die Formen, in welche das Blei gegossen wird, können sowohl von Blei als von Gußeisen gefertigt sein. Wenn das Blei in etwa 10 cm breite Streifen gegossen werden soll, die 0,6 oder 0,9 m lang sind, so benutzt man als Form

Bleigießen.

ebenso lange und ebenso breite viereckige blecherne oder gußeiserne Kästchen mit einer etwa 0,65 cm hohen oder noch niedrigeren Seitenwand. Es mögen diese Kästchen von Blech oder Gußeisen sein, so werden sie mit einem auf den Boden angenieteten, nach der Richtung der Länge gehenden eisernen Stiel versehen, der in eine Tüllenröhre oder in ein Oehr endigt, in welches noch ein hölzerner Griff gesteckt werden kann. Wenn der eiserne Stiel etwa 80 cm lang ist und der Griff 15 cm Verlängerung hat, so ist er zur Handhabung der Form bequem genug. Wenn das Blei zu runden Deckeln gegossen werden soll, so benutzt man als Formen runde Scheiben von Blech oder Gußeisen von dem Durchmesser der Töpfe im Innern, und einem ebenso hohen Rande, welche mit einem eben solchen Stiele versehen sind, wie die langen Formen. Soll das Blei dagegen in Gitter gegossen werden, welche Streifen von gleicher Größe bilden und welche aus Maschen von 2,6 cm im Quadrat bestehen, so enthält der Boden der Formen dreikantige Vertiefungen, Kesseln, deren Spitze nach unten geht und die oben weiter sind. Das Blei erhält dann durchgehends eine dreikantige Form mit einer ebenen Basis, wenn es in diese netzförmigen Kefflungen hineinläuft. Auch die letzteren Formen sind mit Stielen versehen.

Von den Formen braucht man zum Gießen ohne Aufenthalt eine Anzahl von zwölf bis fünfzehn Stücken, je mehr vorhanden sind, desto besser.

Außerdem sind als Geräthschaften zum Bleigießen noch nöthig: ein eiserner Ring von 5 cm breitem Eisen und etwa 0,3 m Durchmesser, einer oder einige eiserne Gießlöffel von Eisenblech mit schmalem seitwärts gerichtetem Auslaufe und hölzernem Stiel; ein beweglicher Tisch, den man neben den Kessel stellt und einen Bord oder Tafel am besten aus einer Sandstein- oder Eisenplatte erhebt. Mit diesen Vorrichtungen und Geräthschaften kann alsdann das Gießen beginnen.

Man stellt einige Bleiblöcke oder Mulden von Blei, wie sie im Handel vorkommen, oder füllt kleines Blei als Abgänge von der Bleiweißfabrikation in den Kessel und heizt denselben an. Wenn noch ein Rest von Blei vom vorhergehenden Schmelzen im Kessel ist, das denselben dicht berührt, so kommt dieses bald in Fluß, und so auch das darauf gelegte, das theils einsinkt und auch in Berührung mit der Kesselwandung kommt. Ist aber der Kessel anfangs leer gewesen, so theilt sich wegen fehlender Berührungsflächen die Wärme im Blei nur langsam mit, es dauert lange, bis das Schmelzen anfängt, dann aber, wenn ein Theil des Bleies geschmolzen ist, geht es schon rascher vor sich. Um diesen Vortheil beim nächsten Schmelzen zu haben, entleert man daher den Kessel nie ganz, sondern läßt so viel darin, daß der concave Theil des Bodens damit bedeckt bleibt. Wenn während der Heizung das Blei zusammengesunken, die Stücke geschmolzen sind, so giebt man sogleich wieder neue nach und leitet überhaupt beim Schmelzen das Feuer so, daß wenn durchs Gießen der Kessel nach-

her leerer wird, ein eingelegter Block nur nach und nach schmilzt, oder bei
überhaupt der Kessel voll gehalten und durch das zugesetzte Blei das Geschmolzene stets in einer Temperatur erhalten wird, die sich nicht viel über den
Schmelzpunkt des Bleies erhebt. Man vermeidet dadurch, daß durch eine zu
rasche Oxydation Bildung von Bleiasche stattfindet, zugleich erkaltet dann auch
das gegossene Blei leichter.

Wenn das Blei geschmolzen ist, so hat sich stets eine Menge demselben anhängender Unreinigkeiten noch oben begeben; wenn Reste von Blei aus der Bleiweißfabrikation umgeschmolzen worden sind, so giebt das anhängende Bleiweiß
Bleioxyd, das sich ebenfalls auf der Oberfläche ansammelt, zugleich mit dem Oxyd,
welches entsteht, indem ein Theil Blei verbrennt. Diese Unreinigkeiten mit dem
Bleioxyd bilden die Bleiasche, welche als mehr oder minder dicke Schicht auf
dem Blei schwimmt. Man schöpft den größten Theil ab, wozu man sich mit Ver-
theil eines durchlöcherten eisernen Schaumlöffels bedient, und legt dann in den-
nen Ring ein, der auf dem Blei schwimmt. Innerhalb dieses Ringes hält
man alle Bleiasche rein ab und benutzt nun diesen reingehaltenen Raum zum
Ausschöpfen des Bleies, während man den übrigen Raum ein wenig mit Bleiasche bedeckt halten kann, wodurch der Zutritt der Luft gehindert und die Blei-
oxydbildung vermindert wird.

Ist alles so weit vorgerichtet, so legt ein Arbeiter auf den vor dem Kessel
stehenden Tisch etwa 6 bis 8 Formen, ein anderer Arbeiter gießt in jede derselben einen Löffel voll des geschmolzenen Bleies, so daß es gerade die rechte Stärke
bekommt, und mit einer Art Wurf, damit es darin gehörig auseinander fließt.
Bis der Gießer die letzte Form anfüllt, nimmt der Handlanger nach und nach
jede vorhin gefüllte Form hinweg, wendet sie am anderen Ende des Tisches um
damit die erstarrte Platte herausfällt, und stellt sie wieder hin; so geht das Gießen
und Wegnehmen ohne Unterbrechung fort. Werden die Formen zu heiß, so daß
die zuerst gegossenen Platten nicht erstarrt sind, bis der Gießer mit der letzten
fertig geworden ist, so tauscht er sie mit kalten Formen aus, bis die unterdeß
erkalteten wieder nöthig und brauchbar geworden sind. Auf diese Weise sind zwei
Mann im Stande, innerhalb 12 Stunden, je nachdem sie geübt sind, 2000 bis
3000 Kilo Blei zu vergießen.

Die Töpfe, welche man anwendet, um sie mit Blei und Essig auf die ho
angeführte Weise zu beschicken, weichen wohl in der Größe etwas, doch nicht
von einander ab. Sie haben etwa 23 cm an Höhe, sind oben 10 bis 13 cm
weit, nach unten stets verjüngt und haben im Innern in der halben Höhe drei
Zapfen oder Zungen von Thon, welche 2,5 bis 2,9 cm hervorstehen und geeignet sind, die Bleirollen zu tragen, welche in die Töpfe eingesetzt werden sollen.
In den meisten Fabriken werden Töpfe angewendet, die von gewöhnlichen Töpfern
aus gemeinem Töpferthon angefertigt und mit der gewöhnlichen schlechten Gla-

Calcinirtöpfe. Einrichtung der Loogen.

lasur glasirt sind; solche halten dann schlecht, weil der Essig nach und nach die Masse auflöst, wovon sie endlich spröde werden; der größte Nachtheil ist jedoch der Verlust an Essig aus denselben, da der letztere dann seine Wirkung auf das Blei nicht vollständig äußern kann. Um diesem Uebelstande abzuhelfen, gießt man in manchen Fabriken den unteren Theil der Töpfe mit Pech aus, welches die Poren derselben ungefähr wie eine Glasur verstopft. Am allerbesten sind jedoch jedenfalls solche Töpfe von Steinzeug, welches nicht porös ist und unter keinen Umständen von dem Essig angegriffen wird. Diese Töpfe führen überall ihres Gebrauches wegen den Namen Calcinirtöpfe. An manchen Orten versieht man sie noch mit Deckeln von derselben Masse, was unbestreitbare Vortheile mit sich bringt; dann dürfen sie aber nicht sehr genau schließen, sondern nur eine Art gewölbten Daches bilden, das doch auf den Töpfen festhält, weil der Deckel im Innern einen vorspringenden Rand hat, der etwas in den Topf hineinragt, so daß der Deckel nicht ausweichen kann. In diesem Falle werden zuweilen auch größere Dimensionen der Töpfe gewählt.

Die Erwärmung der Töpfe im Großen geschieht in eigenen Einrichtungen, die man Loogen nennt. Aber die Wärme wird hierbei nicht durch Feuerungen, sondern durch die Verwesung hervorgebracht, in welche organische Stoffe übergehen, wobei sie zugleich große Mengen von Kohlensäure entwickeln. Als dazu passende Stoffe wurden von Alters her frischer Pferdedünger und gebrauchte Gerberlohe verwendet, die, wie wohl beinahe Jedermann bekannt sein wird, auf Haufen liegend sehr viele Wärme entwickeln, und auch zur Anlegung von Frühbeeten in der Gärtnerei gebraucht werden, um die Beete dadurch zu erwärmen. Bei diesem Vorgange verbrennt nach und nach die Dünger- und Lohsubstanz auf dieselbe Weise, wie man sie getrocknet im Ofenfeuer verbrennen kann; nach vollendeter Verwesung bleibt ebenfalls nur dasjenige zurück, was beim Verbrennen als Asche zurückgeblieben wäre, und die holzartige Substanz verwandelt sich ebenso wie bei der Verbrennung in Kohlensäure, wonach mithin der Proceß nicht anders als eine so langsame Verbrennung anzusehen ist, daß dabei die Erhitzung nicht bis zur Feuererscheinung reicht. Daraus kann man aber zugleich ersehen, daß bei der Anwendung des Pferdemistes und der Lohe beständiger Verbrauch dieser Materialien stattfindet, welcher durch Anschaffung neuer Mengen in dem Maße ersetzt werden muß, als er vor sich geht. Es muß von vornherein bemerkt werden, daß, wenn man diese Materialien durch Lüftung, Zerstreuung oder durch ihre eigene Erhitzung trocken werden läßt, der Proceß der Verwesung mit dem Trockenwerden derselben von selbst aufhört. Er geht zwar wieder bei neuer Befeuchtung, jedoch geht die Verwesung, wenn einen gewissen Grad erreicht hat, allmälig in eine langsamere über, wobei er so viel Wärme, noch ebensoviel Kohlensäure wie anfangs erzeugt wird; da für den Zweck der Bildung des Bleiweißes intensive Wärme und heftige

8*

Kohlensäurebildung vorzüglicher wirken, so ist es für den Betrieb dieser Fabrik nöthig, sich zu versichern, daß die oben bemerkten Materialien stets in frischem Zustande und zu den vortheilhaftesten Preisen zu beschaffen sind. Da, wo Geste, Militärkasernen, größere Posthaltereien sich befinden, ist Gelegenheit für erstere wo viele Gerbereien sind, für letzteres Material. Nachdem diese Stoffe ein Male benutzt worden sind, können sie sämmtlich wieder zu Dünger verwendet werden, wobei sie freilich nicht mehr das Volum wie beim Anlaufe einnehmen. Es ist noch anzuführen, daß trockener, frischer, ziemlich strohgemengter Pferde am besten ist. Unter den Lohesorten findet ein wesentlicher Unterschied statt. Lohe von jungen Bäumen ohne harte Rinde erhitzt sich mehr und ist besser. Lohe von weichem Holze erhitzt sich auch mehr als von Eichenholz, und Lohe von Weiden, welche wie weiches Stroh geformt bewährt sich am allerbesten. Mist und Lohe von Eichenholz wird namentlich in Holland, Mist hauptsächlich in Deutschland, Eichenholz allein ganz England, Fichtenlohe in den nördlichen Ländern, Weidenlohe allein in Petersburg angewendet. Bei zweckmäßiger Anwendung geben jetzt sämmtliche Materialien gute Resultate. Pferdemist, in welchem Schweinemist oder Mist fleischfressender Thiere zufällig oder absichtlich gekommen ist, taugt zum Behufe der Bleiweißfabrikation nicht, denn es entwickelt sich bei dessen Fäulniß zugleich stinkendes Schwefelwasserstoffgas, welches bei diesem Processe Anlaß zur Bildung von Schwefelblei giebt, welches das erzeugte Bleiweiß verunreinigt und dessen rein weißer Farbe schadet.

Die Einrichtung der Loogen weicht wenig von einander ab, welches Material auch sonst gebraucht wird. In den südlichen und westlichen Ländern, Deutschland, Belgien, Holland, England, sind sie in schwachen, vor Temperaturwechsel schützenden Gebäuden enthalten, deren Wände zum Theil selbst die Loogen ausmachen. Besser ist es jedoch in allen Fällen, wenn sie Gebäuden angebracht sind, die wenig vom Temperaturwechsel leiden. In Rußland, Schweden und den nördlichen Ländern ist dies sogar absolut nothwendig, wenn auch im Winter gearbeitet werden soll; denn in diesem Falle müssen die Gebäude außer den Loogen auch noch die in Gährung befindlichen wärmenden Stoffe aufnehmen, welche sonst im Freien bei sechs Monate anhaltender Kälte wenn auch nicht durch und durch, so doch beinahe ganz gefrieren und den Vermischen der gefrorenen Theile mit den warmen Materialien den Verwesungs und Erwärmungsproceß in der nachtheiligsten Weise aufhalten würden. diesen Ländern werden daher die Loogen wie die erforderlichen Gährungsmaterialien unter den bemerkten Umständen in massiven Gebäuden untergebracht welche sogar noch geheizt werden können oder müssen.

In welcher Art von Gebäuden die Loogen auch angebracht sind, und sie auch mit denselben sonst durch Benutzung einiger Wände des Gebäudes

Beschicken der Loogen.

verbunden sein mögen, so sind es doch immer mit Brettern beschlagene zimmerartige, 4,6 bis 6,2 m hohe, ebenso lange, und 4,6 bis 5,6 m breite Räume, wozu vorn ein 1,2 m breiter Eingang bleibt, der als Thür zeitweise offen gehalten wird und so hoch ist, wie der Raum selbst. Statt einer Thür, welche auf beiden Seiten durch Holzpfosten begrenzt ist, wird diese Oeffnung auch durch Bretterstücke verschließbar gemacht, die man verticalstehend in Bahnen oder Rinnen einschiebt, welche in die Balken entweder eingehauen sind, oder durch zwei darauf genagelte Latten gebildet werden. Nach allen Erfahrungen hat die Gestalt der Looge nach Länge und Breite nur auf ihre Größe, nicht auf den Betrieb Einfluß; eine beträchtliche Höhe scheint, wo man nicht zu Platz sparen muß, keinen Vortheil zu bringen, vielmehr ist sie nachtheilig wegen des Druckes, der bei der Beschickung entsteht, und wegen der Unbequemlichkeit der Arbeiten, die beim Beschicken und Entleeren der Loogen vorkommen. Die größere Dichtigkeit der Wände ist nur vortheilhaft, und um so mehr, da letztere dann zugleich die Wärme besser zusammenzuhalten vermögen.

Es giebt zweierlei Beschickungsweisen der Loogen, wovon die eine angewendet wird, wenn die Töpfe nicht mit Thondeckeln versehen sind, die andere, wo dieses der Fall ist.

Wenn die Töpfe nicht mit Deckeln versehen sind, so ist es nöthig, eine künstliche Decke mit Brettern über denselben herzurichten, so daß nach der Füllung in die Töpfe kein Schmutz gelangen kann. Damit diese Bretter aber nicht etwa einzelne Töpfe zerdrücken können, so dürfen sie nicht direct auf den Töpfen, sondern müssen auf einem System von Bohlen ruhen, welche je nach der Größe der Loogen die letzteren in der Querrichtung durchziehen. Es giebt in dieser Beziehung mehrerlei abweichende Anordnungen, die alle gut sind, wenn sie nur den Zweck erfüllen, daß man die Töpfe dicht mit Brettern bedecken kann, so daß weder Mist noch Lohe hineinfällt, und daß diese Bretter mit der darauf ruhenden Last die darunter befindlichen Töpfe nicht zerdrücken können. Eines dieser Arrangements besteht in den bei Beschreibung der Beschickung nebenbei zu erwähnenden Vorrichtungen.

Beginnt man mit der Beschickung, so muß frischer Mist, oder schon in Gährung begriffene heiße oder doch sehr warme Lohe an den Verbrauchsstellen vorräthig liegen. Man schafft davon auf den Boden der Looge eine 50 bis 60 cm hohe Schicht, tritt sie mit den Füßen recht fest, ebnet zur ebenen Fläche aus, und begießt nun diesen Theil mit Wasser, so daß er gehörig naß ist. Dann bildet man aus zwei langen Bohlen und aus zwei kurzen in dieser Looge einen Kasten, so daß dessen Wände von denen der Looge gleichmäßig nur 0,31 bis 0,17 m abstehen; um 0,62 bis 0,94 m sind also diese Bohlen beziehungsweise kürzer, als die entsprechenden inneren Seitenwände der Loogen. Sie müssen eine bei der Aufstellung zur Höhe werdende Breite haben, welche die Höhe der Töpfe um etwa 5 bis 8 cm übersteigt, und müssen 4 bis 5 cm dick sein. Damit sie durch den Druck nicht in den Mist und die Lohe, wenigstens nicht bedeutend einsinken können, legt man bei der Zusammenstellung unter jede Bohle einige breite Brettstücke, auf denen sie ruhen: die kurzen Bohlen dieser Kästen stellt man innerhalb der langen Bohlen auf, und parallel mit jenen stellt man zwischen diese noch einige Bohlen derselben Art auf, so daß der eingeschlossene Raum in 1,2 bis 1,5 m lange Fächer getheilt wird. Diese Fächer bilden dann die Träger für die deckenden Bretter. Sie stehen von selbst durch den Druck der längeren Seitenwände des Kastens im Innern fest. Wenn dieser innere Kasten durch die vier Bohlen gebildet worden ist, so wird der Zwischenraum zwischen ihm und den Loogenwänden gleichfalls mit Mist oder Lohe wie vorhin bis zur Ebene ausgestampft, und nun werden die Fächerbohlen eingebracht. Jetzt stellt sich ein Arbeiter in das Fach, setzt z. B. vier Reihen leere Töpfe auf, gießt dann Essig bis zu den Zapfen hinein, setzt eine Bleirolle darauf, die unterdeß andererseits herbeigebracht ist, und dann noch einen Bleideckel darauf. Hiernach setzt er wieder vier Reihen Töpfe, und fährt wie vorher, immer rückwärts gehend, bis ein Fach, und dann eins nach dem andern voll geworden ist. Es kann, wenn die Sache rasch gehen soll, in jedem Fache ein Arbeiter die Arbeit vornehmen. Die Töpfe und das Blei werden durch andere Arbeiter zugetragen, am besten in Kräten oder Körben; ebenso der Essig am besten in Gießkannen, aus welchen das Ausgießen in die Töpfe bequem erfolgen kann. Der Essig kann zwar mit gährenden Stoffen gemischt werden, als Malzschrot u. s. w., doch ist es nicht einmal nöthig.

Wenn alle Fächer dieses Kastens mit Töpfen beschickt worden sind, deckt man Bretter der Länge nach darüber, so daß sie auf den besagten Bohlen wohl aufruhen. Auf die Fuge zwischen je zwei Brettern kommt stets ein drittes Brett, wodurch der Verschluß sicher ist. Man verwendet zur Decke einige Bretter; ist die Decke gebildet, so bringt man wieder eine eben solche Schicht von Mist oder Lohe in die Looge, ebnet aus wie anfangs und begießt, nur hier nicht zu stark, damit das Material nicht so nuß werde, daß Brühe bis in die darunter befindlichen Töpfe tropft. Auf dieser Lage bildet man nun einen inneren Kasten wie vorhin angegeben worden ist, besetzt ihn mit Töpfen, deckt mit Brettern, alles wie vorhin, und weiter bildet man eine dritte Lage bis auf ganz analoge Weise die Looge ganz angefüllt ist, d. h. das Blei zwischen Lohe oder Mistwänden in horizontalen Reihen von solchen Töpfen enthält. Die oberste Reihe endigt natürlich mit der Mist- oder Lohedecke auf den Brettern.

Es dauert, wenn der Mist frisch oder die Lohe warm genommen wurde, höchstens

Beschicken und Entleeren der Loogen.

einige Tage, so ist die Looge in voller Arbeit, d. h. Gährung; es strömt rund um die Bretter und überall, wo Fugen sind, sehr heißer Wasserdampf aus, der bis zu 75° heiß ist. Man hat nun bei der ganzen Sache nichts mehr zu thun, als diesen Proceß sich selbst zu überlassen, der in 4 bis 6 Wochen beendigt ist, wo dann die Dämpfe zu entweichen aufhören und alles trocken, zuweilen kalt geworden ist. Man muß zugestehen, daß hier sowohl die Erwärmung des Bleies und Essigs als die Verdampfung des letzteren und die Entwickelung der Kohlensäure auf eine wenig kostspielige und zeitraubende Weise vor sich geht.

Ganz so verhält es sich bei der Beschickung der Loogen, wenn die Töpfe mit Deckeln versehen sind. In diesem Falle kann man dieselben, wie leicht verständlich, zwar ebenso einsetzen wie die Töpfe ohne Deckel, aber man kann auch die Bildung von Kästen und die Anwendung von Brettern als Decke ersparen. Wenn die erste Schicht von Lohe oder Mist gelegt worden ist, so gräbt man einen Topf nach dem anderen in die nasse Masse bis oben ein, füllt ihn und bedeckt ihn wieder. Um die Töpfe herum bleibt doch immer ein Damm von 50 bis 60 cm Lohe oder Mist als Einfassung, in welche keine Töpfe kommen. Auf diese Lage Töpfe kommt dann eine Schicht nasser warmer Lohe oder Mist von 50 bis 60 cm Dicke, welche nachher vorsichtig festgetreten wird, damit man darauf, ohne den unteren Töpfen zu schaden, arbeiten kann. Es wird nun auf diese wieder eine Lage Töpfe wie vorhin eingegraben, und dies alles wird so oft wiederholt, bis der Loogenraum ebenfalls angefüllt ist, worauf dann das Ganze sich selbst überlassen bleibt und kein vom vorigen abweichendes Verhalten zeigt. Die Methode mag in den Fällen, wo die Loogen nicht sehr warm gebaut sind, den Vortheil haben, daß sich der Inhalt leichter erhitzt, weil keine leeren Räume zwischen den Töpfen vorkommen, sondern alles mit Mist oder Lohe erfüllt ist. Beim Einsetzen mit Mist hat sie jedoch einige Schwierigkeit wegen der langen Beschaffenheit des Mistes, herrührend von dem Strohgehalte des letzteren, während bei Anwendung von Lohe die Arbeit leicht zu bewerkstelligen ist.

Wenn die Loogen — deren man stets mehrere im Gange hat, die nach einander gefüllt und entsprechend geleert werden, also zusammen eine ununterbrochene Arbeit bilden — ausgegohren haben und erkaltet sind, so entleert man sie wieder von oben nach unten. Die erste obere Decke wird weggenommen, die Bretterdecke abgesetzt, damit bei ihrem Wegnehmen nichts in die Töpfe falle, und diese dann einzeln entfernt. Es sind dann alle Bleirollen und Deckel weiß, bei gutem Gange ist beinahe alles Blei zerfressen und der Essig in den Töpfen verdunstet; die gebildete Bleiweißmasse ist hart und trocken. Man stellt nun eine dichte Wanne neben die Fächer oder die Töpfe, und hebt den Inhalt eines Topfes nach dem anderen in solche Wannen heraus, die dann inzwischen fortgetragen und durch andere ersetzt werden. Was bei dieser Arbeit etwa abbröckelt und in die Töpfe fällt, nimmt man vorsichtig heraus und legt es ebenfalls in die Wannen. Was dagegen nicht in reinem Zustande gesammelt werden kann, bringt man zu den übrigen bleihaltigen Abgängen von dieser Fabrikation zur besonderen Verarbeitung. Die Töpfe werden für sich bei Seite gestellt. Wenn so eine Lage der Töpfe ganz entfernt ist, nimmt man nach Wegnahme der Bohlen von der zweiten Mist- oder Lohedecke wieder weg und verfährt eben so, bis man auf die letzte gekommen ist. Die Lohe feuchtet man in den Gängen oder wo sie sonst nicht im Wege liegt, auf Haufen wieder an, vermischt sie etwa mit neuer, um sie wieder anzuwenden, sobald sie wieder in Erhitzung gerathen ist. Ebenso kann man mit dem Miste verfahren, wenn er einige Male oder mit Beimischung von frischem gebraucht werden soll, oder man läßt ihn zum Verbrauche als Dünger fortschaffen, um ihn durch frischen zu ersetzen, was immer am besten ist, wenn stets Vorrath von frischem geschafft werden kann.

Wenn die Töpfe nicht durch Bretter bedeckt gewesen sind, so läßt sich das Abräumen nicht so vollständig bewerkstelligen, ohne die Deckel der Töpfe zu verschieben. Man muß sie in diesem Falle mit dem Deckel sammt etwas darauf liegender Lohe den einen nach dem anderen aus der Lohe emporheben, dann die Lohe wegstreifen, worauf man den Deckel abnehmen kann; von da an geschieht das Entleeren ganz wie vorhin. Sind erst einige Töpfe ausgenommen, so kann man an die übrigen von der Seite gelangen, und es geht dann die Arbeit nach einiger Uebung ebenfalls rasch vor sich. In größeren Fabriken beschäftigt man eine gewisse Anzahl Arbeiter stets nur mit dem Einsetzen und Ausnehmen des Bleiweißes, wodurch dieselben dann so geübt werden, daß diese Arbeiten nicht nur rasch, sondern auch reinlich vor sich gehen.

Die ausgenommenen zerfressenen Bleirollen werden in ein anderes und zwar am zweckmäßigsten in ein abgesondertes, lustiges Local getragen, wo sie in größere hölzerne Kästen geworfen werden. Da die Bleirollen und Deckel oder Gitter niemals ganz zerfressen sind, vielmehr sich in deren Innerem stets noch ein Kern von Blei vorfindet, so müssen Blei und Bleiweiß von einander abgesondert werden, und diese Arbeit ist nun ebenfalls in dem letzterwähnten Locale vorzunehmen. Die älteste Methode dazu, die auch noch mit den neueren verbunden ist, ist das Abklopfen. Zu diesem Behufe hat man einige lange Tische von Eichenholz oder Steinplatten und einige Klopfer oder Hämmer von Holz nöthig. Die Arbeiter wickeln die Rollen in dem Kasten, in welchen sie geworfen worden sind, auf, wobei sich das corrodirte Blei, der sogenannte Bleikalk, abbröckelt und nur Fetzen von Blei zurückbleiben, an denen hier und da noch ein dünner Ueberzug von Bleikalk hängt. Die Bleifetzen oder Reste werden auf die Tische gelegt und nun durch Klopfen vom fester anhängenden Bleikalk befreit, der dabei abfällt. Das reine Blei wird zum Umschmelzen bei Seite geschafft. Bei dieser Arbeit

Abklopfen des Bleikalks.

verbinden sich die Arbeiter Mund und Nase mit einem feuchten Tuche oder Schwamme, damit sie von dem entstehenden Staube nichts einathmen oder doch einigermaßen davor geschützt sind. Der Tisch, auf welchem das Abklopfen erfolgt, wird öfters gereinigt, um jede Möglichkeit zur Entstehung von Staub beim Klopfen zu beseitigen. Dieses Abklopfen ist die ungesundeste und für die Arbeiter die gefährlichste im ganzen Verlaufe der vorliegenden Art von Bleiweißfabrikation. Um daher das Stäuben zu vermeiden, haben manche Fabriken die zweckmäßige Einrichtung getroffen, das Blei nicht durch Abklopfen mittelst Handarbeit zu reinigen, sondern durch eine diese Arbeit schneller und wohlfeiler verrichtende Maschine. Letztere besteht aus einem oder mehreren Paaren geriffelter Walzen, durch welche die Platten beim Umdrehen hindurchgehen. Diese Walzen befinden sich in einem Kasten und werden durch eine Kurbel, an der eine Person dreht, oder durch ein Riemenrad in Bewegung gesetzt. Die unteren Walzen liegen in ihren Kupferlagern fest, die oberen aber können sich darin heben oder senken, wie es denn die durchgehenden Platten selbst erfordern. Beide Paare liegen in einer schiefen Ebene neben einander; vom unteren Walzenpaare fallen die Bleireste auf eine schiefe Ebene und auf dieser entlang aus dem Kasten; oben werden sie dagegen in eine Oeffnung gesteckt, welche sie genau zwischen die ersten Walzenpaare führt. Dadurch, daß die Walzen geriffelt und schwer sind (von Gußeisen), werden die Bleisätze vielfach gebogen, so daß der sprödere Bleikalk ebenso vollständig abbricht, wie beim Klopfen mit der Hand; aber die gleichmäßigere und ruhigere mechanische Bewegung der Walzen erregt weniger Staub, der noch dazu in einem Kasten eingeschlossen, sich nicht auf eine so beträchtliche Weise verbreiten kann.

Die Menge des Bleikalkes beträgt nach dieser Methode gewöhnlich 125 Gewichtstheile von 100 Gewichtstheilen des verwandelten Bleies; das nicht corrobirte Blei wird wieder mit frischem Blei eingeschmolzen. Bei gut gelungenen Verkalkungen, bei Anwendung guten Mistes, guter heißer Lohe, namentlich der Erdenlohe, bleiben zuweilen nicht mehr als 10 Proc., bei mittlerem Gange 30 Proc. Blei zurück, welches nicht in Bleikalk verwandelt ist. Der letztere besteht selten aus schaumigen, pulverigen Massen, größtentheils aus harten Blättern von jeder Dicke, bis zu 0,65 cm, je nachdem die Operation gut gelungen ist. In diesem Zustande stellt er nun das Schieferweiß vor; dieses ist allerdings ein gutes Bleiweiß, weil damit keine Verfälschung vorgenommen sein kann, indem das Ansehen ein sicheres Kennzeichen der Aechtheit giebt. Aber die Schönheit desselben, d. h. seine Weiße, richtet sich nach der Reinheit oder Güte des Bleies, und in dieser Hinsicht kann allerdings zwischen verschiedenen Schieferweißen ein eben so großer Unterschied obwalten, als es auch bei anderen reinen Bleiweißen der Fall ist.

Nachdem der Bleikalk gewonnen worden ist, theilt sich diese Bleiweißfabrikation wieder in mehrere Verfahrungsarten, um ihn zu der eigentlichen gangbaren Handelswaare zu verarbeiten, in welcher das Bleiweiß in verschiedener Form angetroffen wird. In allen Fällen muß der Bleikalk mit Wasser höchst fein gemahlen werden, wozu man sich sehr verschiedener Mühlenvorrichtungen bedient. Als Material zu Mahlsteinen verwendet man entweder Granitsteine oder sehr harte dichte Sandsteine. Ich werde nur zwei Mühlensysteme beschreiben, welche zweckmäßig sind, wovon die eine zur Herstellung von hartem und weichem Bleiweiß, die andere nur zu letzterem gebraucht werden kann. Unter hartem Bleiweiß versteht man solches, das sehr schwer zu zerbrechen, steinhart und im Bruche glatt oder sogar glänzend ist, wie es in den Niederlanden und am Rhein fabricirt wird. Unter weichem Bleiweiß dagegen versteht man dasjenige, das entweder als Pulver oder in ganz lose zusammenhängenden Stücken im Handel vorkommt, ungefähr wie die geschlämmte Kreide. Das erstere, harte Bleiweiß ist von Manchen aus dem Grunde beliebt, weil es bei einiger Vermischung mit Spath keinen glatten Bruch mehr annimmt, also ziemlich rein sein muß, wenn es diese Eigenschaft zeigt. Das andere, weiche Bleiweiß ist zwar oft verunreinigt, was man aber leicht auf andere Beimitteln kann; es ist jedoch beim Zerreiben mit Oel viel leichter zu verarbeiten und meistens auch weißer als jenes. Die erstgenannte Mühlenart, die nur zur Darstellung von hartem Bleiweiß gebraucht werden kann, könnte man holländische Mühle, die andere deutsche Mühle nennen, beide weichen jedoch wenig von einander ab.

Einrichtung der Bleiweißmühlen. Das Mühlwerk kann vier, fünf oder mehrere Mahlgänge enthalten und durch Wasser-, Dampf- oder Thierkraft betrieben werden. Von der Kreisbewegung aus, die eine dieser Kräfte hervorbringt, wird die Kraft auf eine horizontale Welle transmittirt, dann von da aus auf ein vertical stehendes größeres Stirnrad; an dessen Peripherie herum stehen die Spindeln oder Triebeln, deren Zähne in die des Stirnrades eingreifen, wodurch die Bewegung der Läufer der einzelnen Mahlgänge hervorgebracht wird.

Da die Anordnung der Mahlgänge, was ihre Bewegung anbelangt, eine Sache der Oertlichkeit ist und sich nach der nöthigen Anzahl, der disponiblen Kraft u. s. w. richten muß, welche von dem Baumeister einer solchen Mühle am besten beurtheilt werden kann, so gebe ich nur im Allgemeinen die wenig veränderliche Einrichtung eines einzigen Mahlganges an, außer Verbindung mit den Bewegungsmitteln. Ein solcher Mahlgang besteht aus einem beliebig doch gewöhnlich nur 23 bis 31 cm dicken Bodenstein, der einen Durchmesser von 0,78 bis 0,94 m hat; durch dessen Mitte hindurch wird ein Loch von etwa 7,5 bis 7,8 cm Durchmesser gehauen. An der ganzen Peripherie herum wird eine Stufe oder ein Absatz angehauen, welcher von seinem Durchmesser überall 10 cm wegnimmt, und an seiner Höhe etwa 7,8 cm. Der übrige Bodenstein

Theil der oberen Fläche wird mit Furchen oder Spuren behauen, welche jedoch in jeder Fabrik anders angeordnet sind.

Fig. 30 zeigt diesen Bodenstein im Durchschnitt durch seine Höhe, Fig. 31 seine obere Fläche, a das Loch, b der Absatz, die Linien geben die eingehauenen Spuren oder Reffeln an, die sich nach außen verengen.

Fig. 30.

Fig. 31.

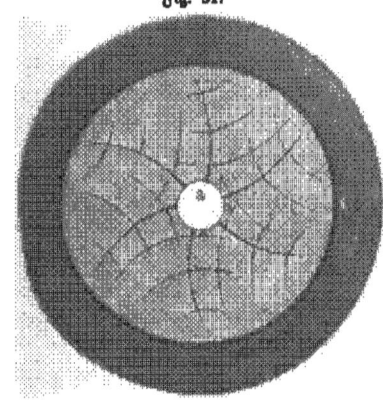

Ferner gehört zu dem Gange der Läufer. Dieses ist ein ebensolcher Stein, etwa 15 bis 31 cm dick und von einem Durchmesser, der gerade so groß ist als die erhöhte Fläche des Bodensteines zwischen den Absätzen. Er ist in seiner Mitte von einer conischen Oeffnung durchbrochen, die sich nahe an der unteren Fläche des Steines wieder erweitert. Seine untere Fläche ist ebenso gereffelt wie die Oberfläche des Bodensteines. Seine obere Seite kann eben oder gewölbt sein. Auf der oberen Fläche des Läufers ist eine Vertiefung von 2,6 cm als Kranz um die

Oeffnung in der Mitte rund herum eingehauen, die einen Durchmesser von etwa 23 cm oder etwas darüber hat. Ferner werden der nämlichen Oberfläche zwei Löcher diametral einander gegenüber eingehauen, die etwa 5,2 cm breit, 2,6 cm lang nach der Richtung des Durchmessers, 7,6 cm tief und nach unten etwas erweitert sind.

Figur 32 der Läufer im Durchschnitt.

Figur 33 derselbe oben angesehen; a das Loch in der Mitte, b Kranz um dasselbe, cc Löcher in dem Läufer, von denen zuletzt die Rede war.

Bei der Aufstellung eines Ganges kommt der Bodenstein auf ein festes Gerüst von Holz, unter welches man gelangen kann. Fig. 34 (a. S. 125) zeigt

124   Bleiweißmühle.

den vollen Mahlgang im Verticaldurchschnitte. Durch das in der Mitte des Bodensteines A befindliche Loch wird eine hölzerne Büchse F eingeführt, die etwa

Fig. 32.   Fig. 33.

 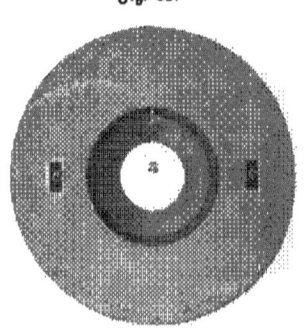

Über den Bodenstein hinauf reichen darf und durch welche die oben convex abgerundete, wenigstens 3,2 cm starke eiserne Achse a geht. Diese trägt oben bei e die Haue der Läufers, während sie unten bei f eine Schraube bildet, die in der im Querbalken h des Gerüstes eingelassenen Mutter g läuft und unten noch etwas heraustritt, so daß man sie durch einen Schraubenschlüssel i weiter aufwärts oder abwärts gehen lassen kann.

Der Läufer, in dieser Figur mit B bezeichnet, wird aufgelegt und nun eine eiserne Haue, Fig. 35, so eingelassen, daß deren zwei Haken n n in die

Fig. 35.

Löcher cc des Läufers greifen, in welchen sie durch Eingießen von geschmolzenem Blei befestigt werden. Die Dille o an der Haue liegt nun gerade über der durch den Bodenstein gehenden Achse im Centrum, und wenn die letztere in die Höhe geschraubt wird, so trägt sie vermittelst der Haue den Läufer B. Die Büchse F um die Achse herum wird so fest angekeilt, daß sie wasserdicht ist, aber die Achse doch durch den Schraubenschlüssel sich drehen läßt. Es wird alsdann auf den Läufer noch die kupferne Sarge p p befestigt, welche etwa 15,0 cm hoch ist. Die Befestigung derselben geschieht am besten dadurch, daß man in einige in den Läufer gebohrte kleine Löcher Kupferdrähte mit Oehren oder Ringen durch eingegossenes Blei befestigt; löthet man dann an die Sarge einige Kupferdrähte, so kann man dieselbe damit an diesen Ringen befestigen. Von außen verkittet man dann noch die Fuge mit etwas Gyps.

Bleiweißmühle.   125

Wenn die Vorrichtung so weit in Stand gesetzt ist, so erhält auch der Bodenstein um seinen Rand herum noch eine hölzerne, 13 bis 15 cm über den

Fig. 34.

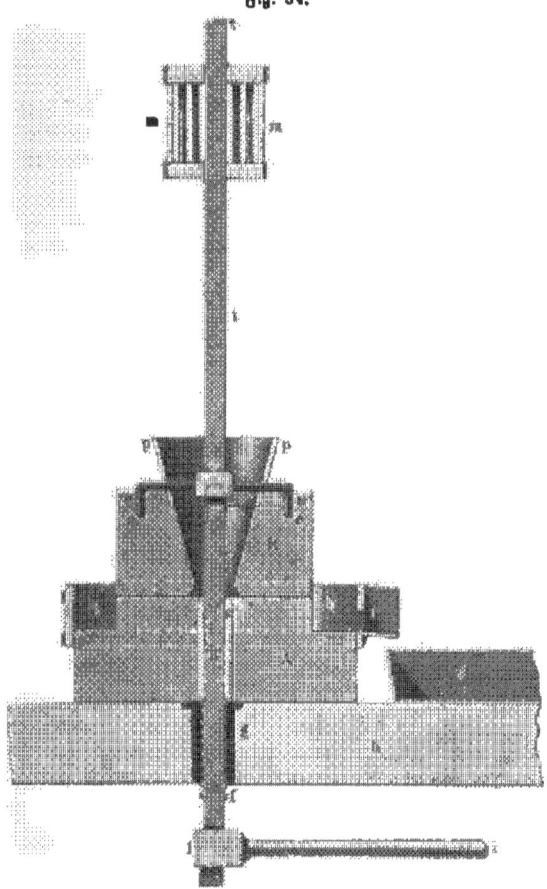

Absatz hervorragende Sarge q q von Böttcherarbeit, aber mit eisernen Reifen festgebunden. Während die Sarge auf dem Läufer dient, das nasse Mahlgut aufzunehmen und nach und nach zwischen Läufer und Bodenstein passiren zu lassen, so dient die untere größere Sarge, das Gemahlene anzusammeln und an einer Seitenöffnung r in ein vorgesetztes Gefäß s ausfließen zu lassen.

126 Bleiweißmühle.

Die Bewegung des Läufers geschieht mittelst des beliebig langen Mühl-
eisens t t gewöhnlich durch den Triebel m m, welcher auch jede andere beliebige
Fig. 36. Einrichtung haben kann. Das untere Ende desselben
in Figur 36 besonders gezeichnet, übergreift mit

seinen beiden Backen h h die Haue und dreht sie da-
durch, was leicht zu verstehen ist. Wenn der Stein
mehr oder weniger hart am Bodenstein aufliegen soll,
so schraubt man die durch den Bodenstein gehende
Achse durch einen langstieligen Schraubenschlüssel auf
oder nieder. Beim Mahlen wird das Gut so auf-
aufgegeben, daß es als dicker Brei zwischen den Steinen
hervorläuft und zwischen der Bodensteinsarge stehen
bleibt; man schafft es beim Mahlen öfters nach ihrer
vorderen Oeffnung vermittelst eines hölzernen Spa-
tens. Das Aufgeben des Materials in die Sarge des Läufers geschieht mit
kupfernen Löffeln und wird dieselbe stets mit nassem Mahlgute vollgehalten.
Will das Mahlgut wegen seiner Schwere sich absetzen und nicht durchgehen,
was beim ersten Mahlen des Bleikalkes öfters eintritt, so stellt man nur den
Läufer zeitweise höher. Werden die Refflungen oder die Steine nach langer
Zeit abgenutzt, so werden sie frisch eingehauen, ebenso ein neuer Ablaß, wenn
die Refflungen nicht mehr höher liegen als der Ablaß, was das Ablaufen
verlangsamt. Die hier am Mühleisen t t angegebene Transmissionseinrichtung
für ein Stirnrad gestattet eine große Hebung oder Senkung, ohne daß sie aus
den Zähnen kommt; daß das Mühleisen genau vertical gestellt sein muß, versteht sich von selbst.

Es giebt noch einige abweichende Einrichtungen an diesem Mühlensyst.,
deren Beschaffenheit und Zweck ich anführen will. Sie bezwecken, dem Läufer
hauptsächlich einen gleichmäßigeren Gang zu geben. Kommt es nämlich vor,
daß der Läufer durch die Haue nicht ganz vollkommen im Gleichgewichte an
der Achse aufruht, so hängt derselbe nach einer Seite und schleift sich ungleich ab oder macht unruhige Schwingungen, welche einen regelmäßigen
Gang beeinträchtigen. Man hat daher auch Mühlen, in deren Läufer eine Haue
mit einem viereckigen Loch in der Mitte eingelassen ist. Das Mühleisen steht
dann auf dem Bodensteine in einer eingelassenen Büchse, in welcher es sich jedoch
ohne herauszutreten aufwärts oder abwärts bewegen kann, ruhig auf. Um aber
aber die Steine einander nähern oder von einander entfernen zu können, hat man
folgende zwei Vorrichtungen angewendet. 1) Der Läufer wird dadurch an dem
Mühleisen festgemacht, daß er vermittelst der Haue daran hängt, indem er an
durch die Haue von beiden Seiten auf das Mühleisen eine Stellschraube gehen
läßt. Der Bodenstein steht auf einem Gestelle, das durch vier Schrauben an

Pulverisiren und Mahlen des Bleikalks.

vier Ecken mit demselben in die Höhe geschraubt oder gesenkt werden kann. Das Mühleneisen mit dem Stein kann nicht nachsinken, weil es oben abgedreht ist und in einer Büchse läuft, die das Ganze zu tragen im Stande ist. 2) Oder der Läufer wird ebenso wie hier angegeben worden ist, befestigt und der Bodenstein bleibt unbeweglich, aber die obere Büchse, worin das Mühleneisen mit dem Steine läuft und zugleich aufgehängt ist, kann um eine Kleinigkeit in die Höhe geschraubt werden, so viel es eben nöthig ist, um den Gang zu erleichtern.

Bevor man zum Mahlen des Bleikalkes schreiten kann, ist es nothwendig, ihm die stückige Form zu nehmen und ihn in ein kleineres Pulver zu verwandeln, weil die großen Stücke sonst nicht zwischen und durch die Mahlsteine gehen würden. Dieses zum Mahlen vorbereitende Pulverisiren des Bleikalkes kann auf nassem und trockenem Wege geschehen; obgleich letzteres für die Gesundheit der Arbeiter nachtheilig ist, so wird es doch häufig in Fabriken ausgeführt, weil man dann den Bleikalk noch wägen kann, was man namentlich in den Fällen vortheilhaft findet, wo man demselben bestimmte, nach Procenten näher berechnete Zusätze geben will. Bei beiden Methoden wendet man ein paar Rollsteine von Granit oder hartem Sandstein an, die auf einem Bodensteine im Kreise herum sich auf ihrer Peripherie umwälzen und das auf dem Bodensteine Befindliche zerdrücken. Den Bodenstein umgiebt eine hölzerne Sarge mit einer zustellbaren Ablauföffnung. Hinter den Rollsteinen her läuft ein ebener Reifen, der das fest gedrückte Material wieder aufwühlt. Wird naß pulverisirt, so bringt man einige Centner trocknen Bleikalk unter die Steine nebst einigen Eimern Wasser und läßt einige Stunden laufen. Es entsteht bald ein Brei, den man mit Wasser beliebig verdünnen kann; wenn er der Erfahrung gemäß fein genug ist, läßt man ihn durch ein Sieb mit weiten Maschen laufen, auf welchem noch Bleiblättchen zurückzubleiben pflegen, worauf man das Durchgelaufene zum Feinmahlen abgeben kann. Wird trocken pulverisirt, so verfährt man ohne Wasser eben so; dann nimmt man aber den trocknen Bleikalk heraus und läßt ihn über ein angemessenes, in einem Kasten befindliches, langes Sieb gehen, das durch eine Schüttelvorrichtung sich bewegt. Was zu grob ist, wird nochmals zerdrückt, bis am Ende nur noch einige Bleiblättchen übrig bleiben. Dann wird das Product ebenfalls zum weiteren Vermahlen weiter befördert.

Das Vermahlen kann man, wie schon gesagt, auf zweierlei Weise vor sich gehen, je nachdem hartes oder weiches Bleiweiß dargestellt werden soll. Wird hartes dargestellt, so kommt der Teig des Bleikalkes oder das mit Wasser angerührte trockne Pulver des Bleiweißes auf die Mühle, während sich die Steine gewöhnlich so bewegen, daß sie in der Secunde 1½ bis 1 Umdrehung machen. Man schöpft den Brei mit Hülfe eines langgestielten kupfernen Löffels in die kleine Sarge des Läufers und giebt so viel auf, bis die Sarge voll ist. Es dauert dann einige Zeit, bis deren Inhalt niedergesunken ist, worauf man wieder nachfüllt, bis nach und nach eine Partie, z. B. 600 Kilo durchgegangen sind. Ein Arbeiter kann vier bis fünf Steine, die neben einander stehen, bedienen. Was innerhalb der Sarge des Bodensteines sich vom Gemahlenen ansammelt, wird durch ein Schäufelchen öfters nach vorn in den Ablauf geschafft, wo es in einen kleineren Ständer fällt. Bei dem ersten Mahlen ist es häufig nöthig, den Stein etwas höher zu stellen, denn weil die Masse sehr dick wird, läuft sie nicht gern unter und durch die beiden Steine. Wenn Alles durchgemahlen ist und nun das Gemahlene einen zähen Brei darstellt, so wird der Stein durch Nachspülen von Wasser rein gemahlen, die Bodensteinsarge auch ausgewaschen, wozu man sich eines groben Haarpinsels oder einer Bürste bedient, und nun wird derselbe Brei noch einige Male auf eben dieselbe Weise bei enger gestellten Steinen hindurch- und feingemahlen. Besser ist es jedoch und so wird es auch meistens gehalten, daß man den rohen Bleikalk nur nur einen Stein passiren läßt, das Feinmahlen desselben aber auf einigen anderen Gängen, die zu gleicher Zeit in Bewegung sind, bewirkt, indem man das Mahlgut, welches vom ersten Steine kommt, auf den zweiten, von da etwa auf den dritten und vierten Stein schöpft und auf diese Weise einen regelmäßigen ununterbrochenen Fortgang des Mahlens erzielt. Wenn der Bleikalk hinlänglich fein von den Mahlsteinen herabkommt, wo er stets einen nur schwer laufenden zähen Brei bildet, so trocknet er, wenn er rein gelassen worden ist, zu einer steinharten Masse aus. Er wird häufig in kleine conische Töpfe gethan und darin an der Luft getrocknet, so daß man ihn in kegelförmiger Form erhält, eine Gestalt, die dem holländischen Bleiweiß ursprünglich zukam. Die kleinen Töpfe sind inwendig nicht glasirt; die porösen Innenwände derselben befördern dann das Trocknen durch Ansaugen der Feuchtigkeit, die sie außen abdunsten lassen. Das Bleiweiß schwindet darin bald so, daß die Kegel von den Wänden sich selbst ablösen. Sie werden dann frei auf Latten gestürzt, auf welchen das Trocknen vollends vor sich geht. Das äußere Ansehen dieser Kegel ist gewöhnlich rauh, sie werden, um dasselbe zu verbessern, mit Messern abgeschabt und dann in Papier gewickelt oder ohne Papier verpackt, wie es der Abnehmer wünschen. Daß das Bleiweiß hierbei eine große Härte annimmt, liegt in seinem Gehalte an essigsaurem Blei, das, weil es nicht ausgewaschen worden ist, eingemengt bleibt.

Wenn die Bleiweißsorten mit Schwerspath versetzt werden, so wird derselbe erst für sich feingemahlen, dann in gewissen Gewichtsverhältnissen trocken oder naß dem Bleikalk zugegeben und mit ihm noch einmal durchgemahlen; die Behandlung ist dieselbe.

Soll weiches Bleiweiß dargestellt werden, so kann man sowohl bei reinem Bleiweiß, wie bei den gemischten Sorten bis zum Fertigmahlen zwar auch in die vorbemerkte Weise verfahren; es ist jedoch in diesem Falle

Vermahlen und Auswässern des Bleiweißes.

Hartwerden des Bleiweißes zu verhüten, ein sorgfältiges Auswaschen desselben unumgänglich erforderlich. Zum Auswaschen hat man dann eine Anzahl großer Ständer nöthig, die um so besser, je größer sie sind. Diese Ständer füllt man mit Wasser, bringt das gemahlene Bleiweiß hinein und rührt es wohl auf, was aber schwer zu bewirken ist, weil sich das Bleiweiß nicht gut zertheilt. Dann läßt man es absitzen, bis die Flüssigkeit klar ist, welche man darauf ablaufen läßt. Dieses Aufrühren mit frischem Wasser, Absitzenlassen und Abziehen wiederholt man einige Male. Alsdann bringt man den sich sehr dick absetzenden Bleiweißbrei in Filter, von da auf Pressen, um das Wasser zu entfernen, und dann in unregelmäßigen Stücken zum Trocknen an der Luft oder in Trockenstuben, je nachdem dazu die Einrichtungen vorhanden sind.

Weil das Aufrühren des Bleiweißbreies etwas schwer zu bewerkstelligen ist, namentlich das erste Mal, und dies doch vollständig geschehen muß, wenn der Erfolg günstig sein soll, so benutzt man dazu wohl auch eine mechanische Vorrichtung. In einer kleinen Kufe, welche hoch genug auf einem Gerüste placirt ist, so daß der Inhalt durch eine Röhre von ihrer Oberfläche in die Abwässerungsständer freiwillig durch Rinnen von Holz geleitet werden kann, dreht sich wie bei den Mühlsteinen eine verticale eiserne Achse, an welcher als Rührer ein vertical stehendes Brett angeschraubt ist, das sich alsdann im Kreise herumbewegt; in dieses Ständchen läuft ein beständiger Strom Wasser, und man wirft das gemahlene Bleiweiß schaufelweise ein. Es wird dann im Wasser zerrührt, das in die Abwässerungsständer läuft. Wenn man es für nöthig hält, bringt man am Ende der Rinne noch Haarsiebe an, die Gegenstände zurückhalten, welche, wie Stroh, Fasern ꝛc. mit dem gebrauchten Wasser folgen könnten.

Das Vermahlen zu weichem Bleiweiß kann aber auch von vorn herein auf eine Weise erfolgen, durch welche das Auswaschen und Zertheilen erleichtert wird. Der Bleikalk wird nämlich mit vielem Wasser vermahlen, so daß das Gemahlene nicht als dicker Brei, sondern als eine leichter bewegliche Flüssigkeit durch die Steine und von selbst aus den Oeffnungen der Sargen um die Bodensteine herausläuft. In diesem Falle ist leicht eine solche Anordnung der Mahlgänge möglich, daß sie um das vertical stehende Triebrad herum stufen- oder treppenweise aufgestellt sind, so daß dasjenige, was vom ersten Steine abläuft, direct durch eine Rinne zu dem anderen Stein tritt und so zum dritten und vierten und von da in die Abwässerungsstanden, worin das Bleiweiß, wie vorhin schon erwähnt, ausgewässert wird. Dies ist die gewöhnliche Aufstellung der deutschen Mühle.

Bei diesem Abwässern geht in größeren Fabriken eine nicht unbedeutende Menge Blei jährlich verloren, welche ausgewaschen wird und mit dem Waschwasser abfließenes Blei davon läuft, und zwar in einer solchen Verdünnung, daß dessen Gewinnen nicht Dieser Verlust kann bis einige Procente ausmachen. Um ihn zu verringern, kann man auf zweierlei Weise verfahren. Man setzt dem erſten Waſſer, womit das Bleiweiß angerührt worden war, einige Maß einer Löſung von kryſtalliſirter Soda hinzu, welche einen Niederſchlag erzeugt, indem ſie das gelöſte Blei fällt, und zwar gleichfalls als kohlenſaures Bleioxyd. Oder man läßt, was jedenfalls das beſte iſt, alle Waſchwäſſer in einen Sumpf laufen, in welchen man zuvor einen Ueberſchuß von Kreide oder kohlenſaurem Kali gebracht hat. Dadurch wird das Blei der Waſchwäſſer nach und nach als Bleiweiß ausgeſchieben, der kohlenſaure Kali aber entſprechend in eſſigſauren Kali umgewandelt und als ſolcher in dem Waſſer gelöſt. Nach längerer Zeit unterſucht man den Inhalt des Sumpfes und entleert und beſchickt ihn von Neuem, ſobald ſich ein einigermaßen brauchbares, wenn auch nicht ganz reines Bleiweiß darin angeſammelt hat.

2) Franzöſiſche Bleiweißfabrikation.

Dieſe Fabrikationsweiſe wurde, wie ſchon ihr Name angiebt, in Frankreich zuerſt im Großen ausgeführt; ſie beruht darauf, daß neutrales eſſigſaures Bleioxyd oder Bleizucker in ſeiner wäſſerigen Löſung noch viel Bleioxyd aufnehmen vermag, und daß dieſes Bleioxyd dann durch Kohlenſäure aus der Löſung als kohlenſaures Bleioxyd oder reines Bleiweiß gefällt wird. Sämmtliche Proceſſe ſind auch im Kleinen recht gut auszuführen. Das Product von dieſer Fabrikationsweiſe iſt das ſchönſte Bleiweiß, was man erhalten kann, dennoch iſt es nicht billig; wir werden den Grund davon ſpäter genauer erörtern. Auf ſeine blendend weiße Farbe hat die Reinheit des anzuwendenden Bleies oder der Bleiglätte keinen Einfluß, da die Kohlenſäure unter denſelben Verhältniſſen nur das Bleioxyd fällt, und dieſes iſt einer der Vortheile dieſer Fabrikationsweiſe.

Die Fabrikation nach dieſer Methode zerfällt in zwei Hauptoperationen, die getrennt vorgenommen werden, nämlich in die Arbeiten, wodurch man ſich a. die Löſung des Bleioxyds in eſſigſaurem Bleioxyd oder die baſiſch-eſſigſaure Bleioxydlöſung herſtellt, und b. in der Fällung dieſes Bleioxyds durch Kohlenſäure und in der Erzeugung der letzteren.

a. Darſtellung der Löſung von baſiſch-eſſigſaurem Bleioxyd.

Man ſchlägt dazu hauptſächlich zweierlei Wege ein, je nachdem man es vortheilhaft findet, Bleiglätte oder Blei zu verarbeiten, wobei das Preisverhältniß zwiſchen dieſen beiden Materialien in Berückſichtigung des Gehaltes der Glätte an metalliſchem Blei am meiſten entſcheidend ſein wird.

Zur Auflöſung verwendet man entweder Eſſig, welcher rein von freien organiſchen Stoffen ſein muß, deſtillirten Eſſig, oder man verwendet ganz reinen kryſtalliſirten Bleizucker, der aus Bleioxyd und Eſſigſäure beſteht und Waſſer gelöſt wird. Die Auflöſung führt man bei Anwendung von Glätte

Bereitung der basisch-essigsauren Bleioxydlösung.

sie so aus, daß man in großen kupfernen Pfannen, welche mit Dampf geheizt werden, der jedoch nicht in die Flüssigkeit zu strömen braucht, aber auch einströmen kann, oder in großen hölzernen Standen, in welchen dann die Erwärmung ebenfalls durch einströmenden Dampf erfolgt, entweder Essig oder Bleizuckerlösung thut und nach und nach so viel feingemahlene Glätte, als sich auflösen will, oder ä einem Ueberschuß davon hinzufügt. Wenn die Glätte feingemahlen und frisch, Flüssigkeit beinahe kochend ist, so geht die Auflösung rasch vor sich und die Aräometergrade der Flüssigkeit steigen bis zu einer gewissen Höhe, worauf, wenn ng Bleiglätte vorhanden, sich ein basisches Salz abscheidet, und die Aräometer wieder fallen. Diesen Punkt sucht man zu vermeiden und tritt er ein, so sezt man das etwa abgeschiedene basische Salz durch ferneren Essig- oder Bleizuckerzusatz wieder in Lösung, anderenfalls würde man Laugen erhalten, die weniger haltig sind.

Wenn die Flüssigkeit hinlänglich mit Bleioxyd gesättigt worden ist, so bleibt einige Stunden zum Abklären stehen, worauf sie zur Niederschlagung abgezapft werden kann, während dann dieselben Gefäße wieder mit frischem Essig oder Bleilerlösung und Glätte beschickt werden.

Soll die basisch-essigsaure Bleioxydlösung durch Zusatz von metallischem Blei gestellt werden, so vereinfacht dies zwar die Einrichtung zu ihrer Darstellung, es das dazu anzuwendende Blei muß in eine gewisse Form gebracht werden. Man nun die schon oben bei der holländischen Fabrikationsweise angegebene Bleischmelzvorrichtung, gießt aber das Blei statt in Rollen in Lamellen oder besser zartige Lamellen, indem man das schmelzende Blei durch einen Seihlöffel in das Wasser fallen läßt, wodurch es diese Gestalt gewinnt.

Mehrere größere Standen, etwa von 1,55 m Höhe und 1,40 m Weite, die, verdichtet, mit eisernen Reifen und mit einem Senkboden versehen sind, der etwa bis 20 cm vom Boden der Stande auf zwei Holzunterlagen ruht, werden auf Lagergerüsten aufgestellt, so daß ihr Inhalt durch ein Zapfloch nahe am Boden gelassen werden kann. Es ist bequem, wenn sämmtliche etwa drei oder vier der Standen um eine hölzerne, dichte, in die Erde grabene Stande, die einen Sumpf bildet, herumplacirt werden, so daß der Inhalt einer jeden in die letztere fließen werden kann. Aus dem Sumpfe pumpt man den Inhalt vermittelst einer gewöhnlichen Pumpe, entweder zur weiteren Benutzung, oder wieder auf die andern zurück.

Die sämmtlichen Standen werden nun mit dem feinen Blei locker angefüllt, in man das letztere auf die Senkböden der Standen schüttet. Dann wird auf selbe, wenn man mit Essig arbeitet, so viel destillirter Essig gegossen, bis das damit bedeckt ist. Arbeitet man aber mit einer Bleizuckerlösung oder schon rauchten Bleilaugen, so verwendet man sie nach dem Anfüllen der Standen mit statt des Essigs. Man läßt das erste Mal die Flüssigkeit auf frischem Blei höchstens eine halbe Stunde stehen und zapft sie nun in den Sumpf ab. Es hat dies vorzüglich nur den Zweck, das Blei naß zu machen. Sobald die Flüssigkeit abgelaufen ist, erhitzt sich der Bleidraht in kurzer Zeit so in den Standen, daß heiße Wasserdämpfe aufsteigen, eine Folge der Oxydation des Bleies. Ist die Erhitzung bedeutend geworden, so pumpt man die abgelassene Flüssigkeit wieder auf das Blei zurück; sie löst nun, wofern sie nicht gesättigt ist, das oxydirte Blei in einigen Stunden auf, worauf man sie wieder ablaufen läßt; es tritt dann dieselbe Erhitzung ein, und die Flüssigkeit wird so oft wieder aufgegeben, bis sie gesättigt ist, was man an der Gradzunahme an einem Aräometer recht gut beurtheilen kann. Ist die Flüssigkeit gesättigt, so kommt sie zur Bearbeitung. Auf den anderen Standen erfahren das Blei und die Flüssigkeiten gleiche Behandlung. Man pumpt vom Sumpfe immer in die Stande, in welcher die Erhitzung am bedeutendsten ist. Die aufgelösten Quantitäten von Blei werden zeitweise durch frischen Bleidraht ersetzt; wenn aber die Erhitzung zu langsam eintritt, weil das erst eingelegte Blei sehr schwach, in Folge dessen zusammengedrückt und dadurch der Luftdurchzug verhindert ist, so müssen die betreffenden Standen entleert werden. Man wäscht die Bleireste in reinem Wasser und benutzt sie in Standen, welche frisch beschickt werden, zur obersten Lage. Der schwarze Schlamm, den man häufig hierbei vom Bleie abwaschen kann, besteht meistens aus fein vertheilter Kohle, etwas Schwefelblei und namentlich aus metallischem feinzertheiltem Silber. Man sammelt und trocknet ihn daher, um ihn an Silberhütten nach dem Silbergehalt zu verkaufen.

b. Niederschlagung des basisch machenden Bleioxydes aus den Lösungen des basisch-essigsauren Bleioxydes vermittelst Kohlensäure.

Bei dieser Arbeit ist die Gewinnung der Kohlensäure das schwierigste. Es giebt einige Mineralquellen, welche die Kohlensäure für eine Fabrikation jeder Größe als Gas ziemlich rein liefern, in ihrer Nähe wären solche Anlagen sehr rentabel, und eine Fabrik am Rhein macht auch längst Anwendung davon. Steht die Kohlensäure so zu Gebote, daß sie unmittelbar aufgefangen werden kann und noch einem Drucke von 60 bis 90 cm Wasserhöhe Gleichgewicht hält oder ihn überwältigt, so leitet man das in einem Gasometer oder einer Glocke von Eisen oder Kupfer gefaßte Gas durch kupferne Röhren, wie nachher erwähnt werden wird, in die Bleilaugen direct oder erst durch Eisenoxydhydrat, wenn es Schwefelwasserstoffgas enthält, und dann in die Bleilösung. Wenn eine solche Kohlensäurequelle nicht zur Disposition steht, so kommt man durch Verbrennung von Kohle am besten zu der nöthigen Kohlensäure. Die letztere wird in diesem Falle durch eine hydraulische oder archimedische Schraube aus dem die brennenden Kohlen enthaltenden Feuerraume gesogen, unter Wasser gepumpt und von da weiter geleitet nach dem Orte, wo sie gebraucht wird, und wo sie unter einem gewissen Drucke ausströmt.

Fällung des Bleioxyds durch Kohlensäure.

Bei Anwendung der durch Verbrennen von Kohle entstandenen Kohlensäure zur Niederschlagung müssen die Gefäße, in denen der Niederschlag erzeugt werden soll, in einem luftigen Raume aufgestellt werden, weil das kohlensaure Gas stets mit Kohlenoxydgas gemengt ist, das nicht absorbirt wird, also sich in dem Raume verbreitet. Es wirkt dann auf die in demselben sich aufhaltenden Personen, wenn es sich in größerer Menge ansammelt, wie vom Kohlendampf bekannt ist, wenigstens betäubend, wenn auch nicht gleich tödtend. Auch im Fall anders bereitete Kohlensäure angewendet wird, ist ein solches luftiges Local zweckmäßig. In demselben werden je nach der Größe der Anstalt eine Anzahl 1,88 bis 2,19 m breiter, etwa 0,63 bis 0,78 m hoher Standen aufgestellt, am besten einige Fuß hoch; diese Standen, welche man, damit sie stets dicht halten, am besten inwendig und auswendig mit einem Bleiweißölanstrich und mit eisernen Reifen versieht, werden mit einem sehr dicht schließenden Deckel versehen, der auf einem an dem oberen Rande der Stande eingefügten Falze ruht. An der Seite der Stande geht eine knieförmig gebogene Kupferröhre von 5,2 cm Durchmesser dicht über dem Boden in die Stande hinein, und verlängert sich darin zu einer kreisrunden Fortsetzung von 1,25 bis 1,88 m Länge. Diese Fortsetzung ist mit ganz kleinen Löchern, etwa von der Größe eines Stecknadelkopfes, durchschlagen. Außerdem befinden sich an der Stande Krahnen zum Ablassen der Flüssigkeit in verschiedener Höhe, und nahe am oberen Rande eine in sie tretende kupferne Röhre von 5,2 cm Durchmesser, welche durch eine Oeffnung, Wand oder Fenster ins Freie oder auch in einen Schornstein fortgeführt wird.

In solche Standen wird die Flüssigkeit etwa 0,31 bis 0,47 m hoch gefüllt. Das knieförmige Rohr steht mit derjenigen Vorrichtung in Communication, welche die Kohlensäure unter dem nöthigen Drucke liefert. In der Communicationsröhre befinden sich luftdichte Krahnen; man öffnet dann, wenn die Kohlensäure zuströmen soll, den betreffenden Krahn, worauf sie durch die kreisförmige Verlängerung des Rohres, in kleine Bläschen vertheilt, am Boden der Stande in die Lauge tritt und durch dieselbe aufsteigt, wobei sie kohlensaures Bleioxyd fällt. Das nicht absorbirte Gas entweicht, auf der Oberfläche der Lauge angekommen, durch das Abzugsrohr, da der Deckel der Stande mit Oelthonkitt wohl verkittet wird, so daß kein anderer Ausweg bleibt; das entweichende Gas enthält jetzt nur noch wenig Kohlensäure; es ist mehr ein Gemenge von atmosphärischer Luft, Stickgas und Kohlenoxydgas, wenn Kohlensäure, durch Verbrennen von Kohle erzeugt, angewendet worden ist. Zuweilen ist die Dichtung der Stande nicht gut gelungen, dann entweicht auch solches Gas in das Local, weswegen man eben für dessen Lüftung zu sorgen hat.

Durch die stetige Zuströmung von Kohlensäure wird nach und nach alles Bleioxyd, das die Lauge basisch machte, als kohlensaures Bleioxyd niedergeschlagen; wenn dieser Fall eingetreten ist, so wäre eine weitere Zuleitung von Kohlensäure unnütz. Man sorgt daher durch die Untersuchung dafür, daß dies nicht geschieht.

134   Französische Bleiweißfabrikation.   Abwässerung des Bleiweißes.

Zu diesem Behufe zapft man alle 2 bis 3 Stunden, später in kürzerer Zeit, durch einen der Ablaßkrahne etwas von der milchigen Flüssigkeit ab, läßt sie in einem kleinen Glase absitzen, und legt ein Stück blaues Lackmuspapier hinein. Beginnt solches geröthet zu werden oder wird es deutlich und bleibend geröthet, so stellt man den Zuleitungsstrahn ab, öffnet demselben nun für eine andere beschickte Stande und verfährt dort ebenso. In der ersten Stande aber, in welcher die Niederschlagung beendigt ist, läßt man die Flüssigkeit sich klären, was in 8 bis 12 Stunden vor sich geht, und läßt nun die über dem Niederschlage stehende klare Lauge in den Sumpf zurücklaufen, woher sie gekommen ist, um sie dort wieder als ungesättigte Lauge auf Blei zu pumpen und zu sättigen. Nach dem Abzapfen dieser Lauge füllt man auf das Bleiweiß, das zurückbleibt, wieder gesättigte Lauge, leitet nachher in dieselbe ebenso Kohlensäure, wie vorhin und verfährt noch mehrere Male so, bis ein erheblicher Bodensatz, 16 bis 30 cm hoch, von Bleiweiß entstanden ist. So verfährt man auch in den übrigen Standen, indem man immer wieder neue gesättigte Laugen hineinbringt und die sauren, vom basischen Bleioxyd befreiten, wieder wie anfangs zur Bildung basischer Laugen benutzt. Man sieht wohl leicht ein, daß in sämmtliche dieser Arbeiten eine schöne Regelmäßigkeit ohne Schwierigkeit zu bringen ist. Durch geschickte Anlage der Pumpe im Sumpfe sowie der Standen, in welchen gefüllt wird, kann man alles Tragen der Laugen vermeiden und einen ziemlich großen Betrieb durch einen einzigen Mann besorgen lassen, der auch die Verbrennung der Kohle, d. h. ihr Nachlegen, im Verbrennungsraume leiten kann, vermittelst deren man nebenbei so viel Wärme hervorbringt, daß sie zum Trocknen fast allen Bleiweißes, das hier erzeugt wird, hinreicht.

Es ist nun noch das gebildete Bleiweiß von der anhängenden Bleilauge zu befreien, und zwar möglichst vollständig. Eine sorgfältige Ausführung dieser Abwässerung ist sehr wichtig, weil durch die letztere der Essigverbrauch bei der vorliegenden Fabrikationsmethode bedingt wird. Denn bei einer vollständigen Ablaugung des Bleiweißes reducirt sich der gesammte Essigverlust der Fabrikation auf die bei der Arbeit verschleuderte Menge, welche bei einer guten Einrichtung nicht erheblich ist. Geschieht das Ablaugen aber unvollständig, so kann der verbrauchte Essig oder Bleizucker schon einige Summen jährlich ausmachen, was auch am gewöhnlichsten der Fall ist.

Zum Auswässern und Ablaugen kann man mit Vortheil die beschriebenen Filtrirständer mit ausgeschlagener Leinwand anwenden, in welche man den Bleiweißbrei schöpft. Es tropft dann zuerst die anhängende Lauge nach und nach ab, und wenn der Brei eine Consistenz erlangt hat, welche jedes weitere Abtropfen unmöglich macht, so nimmt man ihn entweder unter die Presse, um noch Lauge auszupressen, und führt hierauf die nachfolgende Arbeit aus, oder man führt die letztere ohne vorhergehendes Pressen aus. Man zerrührt nämlich den dicken Teig mit seinem gleichen Volum Wasser, bringt ihn nachher wieder auf Filter, und nicht

Beschaffenheit des französischen Bleiweißes.

holt dieses einige Male. Was nun abtropft, sind verdünnte Laugen. Die stärkeren kann man mit denjenigen Flüssigkeiten vermischen, mit welchen die basischen Bleilösungen hergestellt werden; die schwächeren aber benutzt man zum ersten Auswaschen, statt des Wassers, bei neuem auszuwaschendem Bleiweiß. — Wenn das Bleiweiß endlich ausgewaschen und abgetropft ist, so wird es, wie anderes Bleiweiß, getrocknet und in allen übrigen Beziehungen ebenso behandelt.

Man hat sich häufig Mühe gegeben, diesem Bleiweiß das äußere Ansehen und Verhalten des Cremserweißes zu geben, namentlich dessen Härte, allein dies scheint bisher nicht gelungen zu sein. Es kommt zwar im Handel ebenfalls in viereckigen dem Cremserweiß gleich verpackten Stücken vor, allein man erkennt es sogleich an seiner bedeutend geringeren Schwere, dann ist es auch leichter zerbrechlich und pulverisirbar; das Cremserweiß dagegen ist sehr hart und spröde. Der größte Theil des auf vorangegebene Weise hergestellten Bleiweißes wird jedoch als Pulver, in Fässer verpackt, verkauft.

Nach der Art, wie dieses Bleiweiß gewonnen wird, ist es wahrscheinlich neutrales kohlensaures Bleioxyd, ohne allen Gehalt von Bleioxydhydrat, welches in anderen Bleiweißsorten enthalten ist, daher kommen wohl seine abweichenden inneren Eigenschaften. Ich habe Grund zu glauben, daß, wenn es mit einer hinreichenden Menge reiner Lösung von basisch-essigsaurem Bleioxyd gekocht würde, es aus dieser Lösung das Bleioxyd aufnehmen und sich in ebensolches Bleiweiß verwandeln würde, wie das Cremserweiß ist.

Auch dieses Bleiweiß kann, wie das holländische, mit Schwerspath versetzt werden. Es geschieht dies dann durch Aufrühren im Wasser, ehe es getrocknet wird, und Zusetzen des auf nassem Wege höchst fein gemahlenen Schwerspathes, gehöriges Vermischen damit durch Umrühren, worauf seine weitere Verarbeitung die gewöhnliche erfolgt.

3) Klagenfurter Bleiweißfabrikation.

Diese in Klagenfurt übliche Bleiweißfabrikation wird nicht nur an diesem Orte, sondern an mehreren Orten in Kärnthen, in Villach, St. Veit, Wolfsberg u. s. w. in sehr großem Maßstabe ausgeführt. Das hier gewonnene Bleiweiß und Cremserweiß ist sehr weiß und geschätzt, allein diese Eigenschaften verdankt es nicht nur der Darstellungsweise, sondern vielmehr noch der ausgezeichneten Güte des Kärnthener Bleies von Bleiberg, des sogenannten Villacher Bleies.

Was die Darstellungsmethode anlangt, so spielen bei ihr die Elemente zu einer Bildung im Allgemeinen eine gleiche Rolle, wie bei der holländischen Fabrikation, d. h. Essigsäuredämpfe und Kohlensäure wirken bei einer erhöhten Temperatur auf Bleiplatten ein, und diese werden nach und nach corrodirt; aber im Speciellen werden bei dieser Fabrikation Essigdämpfe und Kohlensäure auf eine abweichende Weise erzeugt, und die Erwärmung geschieht künstlich von außen

136   Klagenfurter Bleiweißfabrikation. Loogeneinrichtung.

her durch Heizeinrichtungen. Man bereitet in den Apparaten, in welchen das Blei in großen Quantitäten aufgehängt ist, dadurch Essig, daß der Saft oder das Extract getrockneter Weinbeeren erst die geistige, dann die saure Gährung durchmacht oder beide zu gleicher Zeit. Dabei verdunstet Essig und es entwickelt sich gleichzeitig Kohlensäure, die zusammen bei der vorhandenen Temperatur ganz so wirken können, wie bei der holländischen Fabrikationsweise.

Zur Ausführung dieser Fabrikation sind große lange, zwei Etagen hohe Gebäude vorhanden, die gewöhnlich zwei sogenannte Loogen aufnehmen, indem dieselben in der Mitte senkrecht, gleichsam in zwei Gebäude getheilt sind. Es geht ein breiter Gang dazwischen mit einer Treppe in die zweite Etage. Rechts und links dieses Ganges befinden sich die Wände der beiden Seitenloogenräume, zu denen von da ein Eingang führt; ich beschreibe nur eine einzige dieser Vorrichtungen, da sie nur in der Anordnung kleiner Details von einander abweichen.

Der Theil des Gebäudes, von massiver Ausführung, worin sich eine Looge befindet, ist etwa 9 bis 12 m lang. Der innere Raum besteht aus zwei Etagen. In der unteren Etage bildet die Decke ein einfaches Balkenlager, die obere Etage ist dagegen mit Kreuzgewölben überwölbt. Der innere Raum wird oben und unten nur spärlich durch kleine Fenster beleuchtet.

Die Looge selbst besteht zum Theil aus einer Reihe von hölzernen wasserdichten Kästen von gleicher Breite, welche auf den Deckbalken der ersten oder Bodenbalken der zweiten Etage aufruhen und sie an den betreffenden Stellen decken. Um diese Kästen herum bleibt noch im ganzen Raume ein leerer mit Dielen belegter Gang zum Gehen und Verrichten der nöthigen Arbeiten. Die Kästen sind mit starken Dielenbeden bedeckt, die aber in kurzen Entfernungen Oeffnungen von 0,47 m Breite und 0,63 m Länge haben und einander entgegengesetzt an beiden Seitenwänden zunächst liegend, angebracht sind. Diese Oeffnungen sind mit Latten eingefaßt, damit das, was auf die Deckel fällt, nicht in die Löcher hineinrollen kann. Die Deckel selbst müssen eine bedeutende Tragkraft haben, um die später darauf fallenden Quantitäten von Blei und Bleikalk, sowie die Gerüste zur Aufhängung des Bleies tragen zu können. Sie sind daher unbeweglich fest, und die Kästen kann man anderweitig durch Abzapfen der Flüssigkeiten entleeren und reinigen, indem man hineinsteigt und die Arbeit knieend oder gebückt verrichtet.

Um die ganze Länge und Breite dieser Kästen herum geht nun eine Wand von starken Brettern, die unten an den Kästen befestigt ist, oben aber an das Gewölbe oder die Decke des Gebäudes anstößt. Sie bildet um die Kästen herum eine Kammer, zu welcher jedesmal da ein von außen verschiebbarer Schublanden geht, wo die inneren Kästen ihre Oeffnungen haben, so daß man letztere beim Oeffnen der Laden vor sich hat. Der ganze innere Raum dieser Kästen ist nun mit Regalen oder Lattengerüsten versehen; die Bohlenpfosten stehen paarweise neben einander, dann findet sich jedesmal ein Durchgang; die Latten der Regale stehen in ihrer Höhe mit 0,31 m Zwischenraum von einander ab. Die Höhe der Kammern über dem Niveau der unteren Kästen mag zwischen 1,9 bis 2,6 m betragen. Zur Verdichtung der einzelnen Bretterfugen sind Leinwandstreifen aufgeklebt. In jeder der Oeffnungen in den unteren Kästen befindet sich eine hölzerne Krücke zum Umrühren der Flüssigkeit, deren Stiel auf einer der Seiten heraustragt.

In dem Raume unter dieser Vorrichtung, d. h. auf dem Boden der unteren Etage oder im Erdgeschosse befindet sich ein langer steinerner Canal, der auf der Erde hinläuft. Am vorderen Ende bildet der Canal einen Feuerraum, zu dem man außerhalb des Locals das Brennmaterial auflegen kann. Am hinteren Ende mündet derselbe in einen Schornstein, der zum Dache hinausführt. Diese Einrichtung dient zum Erwärmen des Locals, vorzüglich der oberen Loogenvorrichtung, vermittelst des unteren warmgehaltenen Raumes.

Die obere innere Einrichtung der Kammern mit Regalen dient zum Aufhängen des Bleies, welches der Verkalkung unterworfen werden soll. Hierzu wird das Blei, wie bei der holländischen Methode, in Platten gegossen, aber die letzteren sind dünner und breiter. Das Gießen geschieht hier nicht in geschlossene Formen; diese sind vielmehr vorn offen und werden auf den Rand des Kessels in schiefer Fläche aufgelegt. Man schöpft einen Löffel voll Blei aus dem Kessel, wirft es gegen die schiefe Fläche, so daß es sich zertheilt und die Platte überzieht; der überschüssige Theil läuft in den Kessel zurück. Es bleibt eine dünne Platte hängen, die jedoch dicker als Theerblei ist und, je nachdem die Gießplatte kalt oder schon heiß geworden, mehr oder weniger hastig erstarrt. Die erstarrte Platte wird von einem Handlanger mit einer Zange weggenommen, und wenn die Gießplatten zu heiß sind, werden sie gegen kältere ausgewechselt.

Die so gegossenen Platten werden in der Mitte über dünne Stäbe gebogen, und mittelst der zwei hervorstehenden Enden auf die Latten der Regale aufgelegt und aufgehängt. Man manipulirt dabei in der Art, daß zwischen den beiden Enden jeder Platte und zwischen zwei Platten immer ein Zwischenraum von 4 bis 5 cm bleibt. Erst werden die Stellagen vollgehängt, dann auch rückwärtsgehend die Gänge zwischen denselben, auf Stäben, die die dreifache Länge haben und drei Bleitafeln aufnehmen. Das Blei wird in schmalen Körben herbeigetragen, so auch die Stäbe, um damit in die Gänge gelangen zu können, in denen man mit reinen Schuhen arbeitet, um die Räume nicht schmutzig zu machen.

Nach dem Füllen der Loogen werden die hölzernen Kästen mit Essig und dem Extracte getrockneter Reben gefüllt, worauf im unteren Raume geheizt wird. Bei steigender Wärme verdampft nicht nur Essig, sondern die zuckerhaltige Flüssigkeit kommt zugleich in die weingeistige Gährung, wobei sich eine bedeutende Menge Kohlensäure entwickelt: es sind also alle Verhältnisse vorhanden, welche bei der holländischen Fabrikation eine Rolle spielen; das Blei wird corrodirt. Nach dieser geistigen Gährung der zuckerhaltigen Flüssigkeit, aber auch schon während derselben tritt ferner die Essiggährung aus dem gebildeten Alkohol ein, und es entsteht ein eigentlicher Essig, der für sich verarbeitet wird. Hat derselbe die übliche Stärke in einem oder dem anderen Kasten erreicht, so wird er zur Hälfte abgelassen und wieder durch neue zuckerhaltige Flüssigkeit ersetzt, so daß stets sowohl die geistige Gährung als die Essiggährung, sowie die Verdunstung des Essigs in die obere Kammer gleichzeitig im Gange ist. Es wird dabei öfters umgerührt, um die Oberfläche der Flüssigkeiten zu erneuern. Das Blei überzieht sich bald mit einer Kruste von halbweichem Bleiweiß, sie vermehrt sich nach und nach so, daß das Blei auf die Decke herabfällt, und wenn dies fast durchgängig geschehen ist, so wird dasselbe herausgenommen, und die Looge mit neuem Blei beschickt. Die Operation in solchen Loogen dauert übrigens lange, bis 6 Monate, aber man erhält auch ein ausgezeichnetes Bleiweiß, welches durch nichts Färbendes und keine mechanischen Unreinigkeiten verunreinigt ist. Man sieht oft an diesen Platten rothes Bleioxyd entstehen, was darzuthun scheint, daß es häufig an Kohlensäure fehlt.

4. Bleiweißfabrikation in Dampfloogen.

In neuerer Zeit ist die von Dietel in Eisenach erfundene Methode, das Bleiweiß in kurzer Zeit aus metallischem Blei in sogenannten Dampfloogen herzustellen, zuerst fast überall in Deutschland, dann auch in mehreren anderen Ländern eingeführt worden, welche eigentlich eine Nachahmung des vorhin beschriebenen Klagenfurter Verfahrens, aber weit vollkommener ist, weil man mittelst dieser neuen Methode die Corrobirung und Bildung des Bleiweißes ganz sicher leiten kann.

Die Einrichtung zuvörderst zur Gewinnung des Bleikalkes ist folgende:

Die untere Etage eines Gebäudes, welches der Länge nach mehrere solche Einrichtungen neben einander enthalten kann, ist überwölbt, und über dem Gewölbe ist die Looge zur Corrobirung des Bleies angebracht, bestehend aus einem Raume mit starken, gemauerten Seitenwänden, welcher mit einer einzigen kleineren Fensteröffnung und mit einer Thür versehen ist, zu welcher man von der Seite in einem Gange des Gebäudes gelangen kann. Eine solche Looge hat gewöhnlich eine Länge von 7 bis 8 m, eine Breite von 5 bis 6 m, sowie eine Höhe von 6 m an den Seiten und ist oben ebenfalls mit einem kleineren Gewölbe bedeckt. Zum Verschließen der Looge ist in deren Wandung eine Doppelthür angebracht, zugleich kann die schon bemerkte kleine Fensteröffnung derselben durch einen von innen nach außen gehenden Laden aus starken Bohlen ebenfalls dicht geschlossen werden. Zu diesem Verschlusse kann auch jede andere Vorrichtung dienen, wenn sie nur die Bedingung erfüllt, gut zu schließen. Die inneren Wände dieser Looge werden mit sehr hart gebrannten Ziegeln, zweckmäßiger aber mit gehauenen Sandsteinen und Cement

Einrichtung der Dampfloogen. 139

aufgemauert. Statt des Cements ist die Anwendung von gebranntem Gyps vorzuziehen, da der Cement allmälig angegriffen wird, in Folge dessen abbröckelt und durch seine losgelösten, herabfallenden Stücke den Bleikalk verunreinigt. Eine Ausfütterung der Loogen mit Brettern in der Absicht, daß sie die Wärme besser halte, ist nach meiner Erfahrung für den Gang der Loogen nachtheilig, wenn sie auch den Nutzen hat, das Abfallen von Cement zu verhüten oder unschädlich zu machen.

In diesen Raum müssen sehr schwache Essigdämpfe, ferner das durch vollständige Verbrennung von Kohle erzeugte Gas, also Kohlensäure, und endlich atmosphärische Luft nach Belieben eingeleitet und darin möglichst vertheilt werden können. Zur Erreichung dieses Zweckes dienen verschiedene Vorrichtungen. Entweder man mauert unter dem Gewölbe in der untersten Etage einen heizbaren und leicht füllbaren kupfernen Dampfkessel ein, der mit schwefelfreiem Brennmaterial geheizt wird. Die erzeugten Dämpfe werden in einer Röhre durch das Gewölbe in die Looge geleitet, und zwar unter einem steinernen, mit Sandsteinplatten bedeckten Canal, der an der Seite mit Oeffnungen versehen ist, welche den Dampf nach allen Richtungen verbreiten. Oder man mauert unter das Gewölbe einen oder zwei offene eiserne Kessel ein, wenn mit Steinkohlen geheizt werden soll, und ummauert sie oben mit einem Mantel, in welchem eine Oeffnung zum Anfüllen und Nachfüllen der Kessel gelassen wird, die man mit einem hölzernen, in einen eingemauerten Rahmen von entsprechender Größe passenden Deckel von außen verschließen kann. Der Mantel leitet dann durch eine Oeffnung die Dämpfe ebenfalls in den schon erwähnten Canal. Der Schornstein für diese Feuerungen wird unter der Erde an eine passende Seitenwand hin und dann nach oben geführt.

Um die Kohlensäure zu erzeugen und gleichfalls in den Canal zu leiten, sind neben dem Gemäuer der Dampf- oder anderen Kessel zwei kleine Windöfen mit Rost und Aschenraum angebracht. Ihre Oeffnung zum Einfüllen der Kohle kann mit einem Stein bedeckt werden. Das Verbrennungsproduct geht dann in einem kleinen viereckigen gemauerten Canale von 20 cm Weite entweder direct in den auf der Looge angebrachten Vertheilungscanal durch das Gewölbe hindurch, oder es geht zunächst, wenn die letzterwähnten offenen Kessel zur Erzeugung der Dämpfe angewendet werden, in den schon beschriebenen, die Kessel umgebenden Mantel. Diese kleinen Canäle müssen durch Schieber abschließbar sein. Endlich gehen in die Kammern noch zwei solche gemauerte, ebenfalls durch Schieber verschließbare Canäle, mit Oeffnung oben und unten, um reine Luft direct in die Kammer einziehen zu lassen.

Da die Construction des die Looge bedeckenden Gewölbes um so schwieriger wird, je flacher es ist, so construirt man dasselbe am zweckmäßigsten im Halbkreise unter entsprechend verringerter Höhe der das Gewölbe tragenden Loogenseitenwände.

Bleiweißfabrikation in Dampflaugen.

Ist die Dampflauge in der beschriebenen Weise vorgerichtet, so werden darin ähnliche Stellagen von Holz angebracht wie bei den vorhin erläuterten Lagerofenartigen Einrichtungen. Das in dünne Blätter gegossene Blei wird darin auf Latten aufgehängt, doch nicht allzudicht neben einander, von oben bis unten. Nur an der Thür wird ein kleiner Gang ausgespart, in dem man treten und von hier aus, wie nachher noch speciell erklärt werden wird, den Verlauf des chemischen Processes im Innern der Lauge beobachten kann. Der ganze übrige Raum der Lauge wird vollgehängt, so zwar, daß die Flächen des Bleies Zwischenräume von 6 bis 7 cm zwischen sich lassen. Eine solche Lauge nimmt 10 000 bis 15 000 kg von dünnen Bleiplatten auf.

Um dünne Bleifolie oder Blätter für diese Laugen herzustellen, benutzt man einen gewöhnlichen, zum Schmelzen des Bleies eingemauerten Kessel. Man stellt neben demselben zwei eiserne, 1,42 bis 1,50 m lange, ca. 60 cm breite gußeiserne Platten so auf, daß sie mit der horizontalen Ebene einen spitzen Winkel bilden. Schöpft man nun einen Löffel voll geschmolzenes Blei aus dem Kessel und gießt dasselbe am oberen Rande jener eisernen Platte breit aus, so fließt es auf der letzteren als dünne Haut erstarrend herunter, die ein anderer Arbeiter sogleich wegnimmt, während der Gießer auf die zweite Platte gießt. Das Wegnehmen geschieht mit der Zange, mit welcher man die Blätter auf Haufen legt, welche dann noch in lange Streifen oder Bänder von etwa 18 cm Breite geschnitten werden, in denen es aufgehängt wird. Zwei Arbeiter gießen nach erlangter Uebung obige Quantitäten Blei in 3 bis 4 Tagen.

Wenn die Lauge mit Blei vollständig ausgehängt ist, so wird der Fensterladen gut verschlossen, die Thür zugeriegelt, die Kessel werden mit gewöhnlichem 4½ bis 5 Proc. Essigsäure haltendem Essig gefüllt und die luftzuführenden Canäle geöffnet. Hierauf leitet man aus den gut zu heizenden Dampf- oder offenen Kesseln die entwickelten Essigdämpfe ununterbrochen in die Lauge, verwendet aber von jetzt ab zum Nachfüllen der Kessel behufs Ersatz des Verdampften einen verdünnteren Essig, als bei der ersten Füllung, indem man einen dem anfänglich benutzten im Essigsäuregehalt gleichen Essig zuvor mit 8 bis 10 Theilen Wasser vermischt, oder auf je 1 Eimer des zuerst angewendeten Essigs stets 8 bis 10 Eimer Wasser nachfüllt. Den Stand der Flüssigkeit erkennt man im geschlossenen Dampfkessel an dessen Wasserstandszeiger, bei den offenen Kesseln mittelst directer Beobachtung durch die schon erwähnte Oeffnung im oberen Mantel derselben.

Nach Verlauf von zwei bis drei Tagen — vorher lohnt es sich nicht, die Laugen zu öffnen — tritt man in dieselbe. Wenn sich an den Bleiplatten überall Tropfen gebildet haben, die im Begriff sind abzulaufen, eher nicht, so schreitet man dazu, während unablässig Dampf zuströmt, einerseits die Luftcanäle theilweise zu sperren — namentlich bei Anwendung offener Kessel, deren Dämpfe immer viel von außen eindringende Luft mitführen — andererseits aber nunmehr in dem

Leitung und Beobachtung der Dampfloogen.

oben erwähnten kleinen Wind- oder Schachtöfen Kohle zu verbrennen und die so erzeugte Kohlensäure in die Looge treten zu lassen. Zu dieser Zeit hat sich an den Bleiplatten basisch-essigsaures Bleioxyd gebildet, das noch flüssig, an einigen Punkten weiß geworden ist. Nach Verlauf zweier oder dreier Tage, während welcher Kohlensäure und wenig Luft in die Looge eingetreten ist, haben sich die Platten schon mit Bleiweiß überzogen und sind weiß, am meisten in der Nähe der Canäle.

Durch das ununterbrochene Tag und Nacht fortgehende Einleiten von Dampf wird die Temperatur in der Looge immer höher und noch weiter gesteigert durch die bei Verbrennung der Kohle entbundene, von den Verbrennungsgasen mitgeführte Wärme, welche man jedoch auf die Weise herabmindert, daß man die Canäle von den Windöfen nicht gerade, sondern im Zickzack anlegt. Dadurch kann in den Kammern eine gewisse Trockenheit entstehen, die nicht vortheilhaft ist. Am besten ist es, wenn die Platten stets eine ziemliche Feuchtigkeit zeigen, d. h. das daran hängende Bleiweiß breiig, nicht körnig erscheint. Ergiebt sich bei der Beobachtung, daß das Bleiweiß eine körnige Beschaffenheit anzunehmen in Begriff ist, so stellt man die Kohlenfeuerung 1 bis 2 Tage ein und läßt dagegen durch die Luftcanäle mehr kalte Luft einströmen, wodurch der erwünschte Feuchtigkeitsgrad bald wieder erreicht wird. Während dieses Vorganges entweichen die sich nicht condensirenden Dämpfe durch die Undichtheiten der Thüre, um welche man sich nicht kümmert.

Bei so fortgesetzter Arbeit findet man, daß schon in Zeit von drei Wochen die untersten Bleiblätter zerfressen sind und herabfallen; dann geht der Proceß rasch weiter, bis nach etwa 6 bis 7 Wochen nur noch wenig Blei auf den Stangen hängt. Die Heizung wird nun eingestellt und die Operation ist als beendigt anzusehen.

Wo keine Holzkohle zu billigem Preise zu Gebote steht, benutzt man zur Erzeugung der Kohlensäure ohne Nachtheil auch Coles. Dieselben verbrennen aus dem Grunde leicht und vollständig in den Windöfen, weil in den letzteren vermöge der in der Looge herrschenden hohen Temperatur immer ein genügender Zug stattfindet.

Um die Loogen, zu welchen aller Lichtzutritt abgesperrt ist, und welche im Innern eine Temperatur von 70 bis 90° C. annehmen, zu betreten und sich zur Beobachtung ihres Ganges und Feuchtigkeitsgehaltes etwa eine halbe Minute darin aufhalten zu können, ist man genöthigt, doppelte Kleider anzuziehen, durch welche die Hitze innerhalb dieser Zeit nicht dringen kann. Zugleich verhüllt man das Gesicht, außer den Augen, mit einer Maske von doppeltem Tuche, steckt die eine Hand in einen Handschuh und zieht die andere Hand in den Rockärmel zurück. Man bedient sich beim Eintritt in die Looge einer Kugellaterne (die Thür wird durch eine andere Person geöffnet), die man mit der beschuhten Hand hält und mit welcher man die Bleiplatten näher beleuchtet. Mit der anderen Hand, die man

Dampflooge zur Bleiweißfabrikation.

aus dem Rockärmel zieht, betastet man und untersucht die Bleiplatten auf ihren Feuchtigkeitszustand. Während dieser Zeit hält man den Athem zurück, bleibt so lange in der Looge, wie man es ertragen kann, oder bis man über den Zustand derselben hinreichende Klarheit erlangt hat. Länger als eine halbe Minute kann man gewöhnlich nicht ausdauern und ist dann genöthigt, die Looge zu verlassen, auch wenn die Beobachtung des Innern noch nicht zum Ziele geführt hat und Gewißheit über die Beschaffenheit der Looge nicht gewonnen ist. In letzterem Falle muß man den Versuch wiederholen, bis man ein sicheres Resultat erlangt hat. Die Besuche müssen alle drei Tage wiederholt werden, um die Loogen richtig führen und auf gehörigem Feuchtigkeitsgrad halten zu können.

Fig. 37 zeigt eine solche Looge im Durchschnitt, jedoch ohne das darin aufgehäufte Blei.

a a a Seitenwände.
b Thür.
c Fensteröffnung.
d d Boden der Looge über dem unteren Gewölbe *g g*.
A Dampfkessel.
B B Windösen.
C C Luftzuführungscanäle.
e e Canal auf dem Boden der Looge, welcher die Luft, Kohlensäure und Dämpfe vertheilt.

Fig. 38 stellt den Grundriß einer Looge in der unteren Etage vor. Die selben Buchstaben bezeichnen dieselben Einrichtungen.

a' a' Wände einer angrenzenden Looge.
d d der gemeinschaftliche Eingang in die untere Etage der Loogen.
f f Thüren von dem Eingang *d d* in die unteren Etagen der Loogen, die einander gegenüber liegen.
b b' Lage der Thüren in die Loogen über dem Gewölbe.
h h' gegeneinander liegende Oeffnungen oder Thüren in der unteren Etage zu dem gemeinschaftlichen Treppenaufgang zu den beiden einander gegenüber liegenden Loogen, oder den oberen Etagen derselben.

Wenn der Gang einer Looge nach Maßgabe der oben angeführten Kennzeichen beendigt ist, so öffnet man die Thür und die verschlossene Fensteröffnung, um die Looge abzukühlen. Der Boden derselben wie der Canal ist nun mit herabgefallenem Bleikalk und Bleiresten bedeckt. Das noch hängende Blei wird ebenfalls heruntergerissen und fällt meistens bei loser Berührung von selbst herab, in dessen Bleikern ein sehr schwacher ist. Das ganze Bleimaterial bildet eine lockere feuchte, an manchen Stellen breiartige Masse, welche nun auf Bleiweiß weiter verarbeitet wird.

Dampflooge zur Bleiweißfabrikation.

Fig. 37.

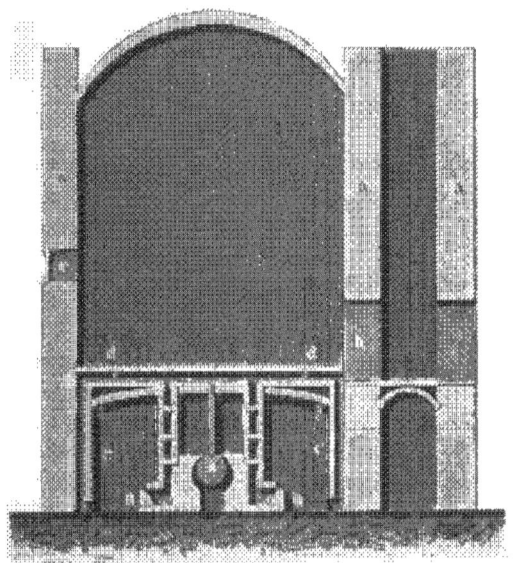

Fig. 38.

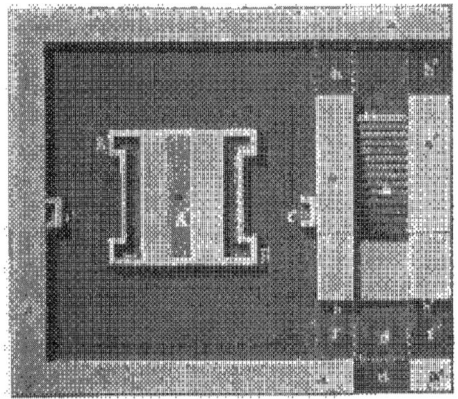

Schlämmen und Auswaschen des Dampfloogen-Bleiweißes.

Der größte Theil des Bleiweißes ist in einem Zustande vorhanden, daß er leicht mit Wasser geschlämmt werden kann und neben Blei um so weniger hartes Bleiweiß zurückläßt, je genauer man darauf gesehen hat, daß die Looge nie zu trocken wurde. Die zunächst mit dem Bleiweiß vorzunehmende Arbeit hat den doppelten Zweck, 1) die nicht zerfressenen Bleireste, 15 bis 20 Proc. betragend, vom Bleiweiß zu trennen; 2) das Bleiweiß, das sich in Wasser vertheilt, vom hart gewordenem zu scheiden.

Man erreicht dies durch eine einfache Vorrichtung und eine einzige Operation.

Eine kupferne Trommel, an den Wänden mit vielen kleinen Löchern, von dem Durchmesser einer kleinen Erbse, an der Peripherie mit einem mit Deckel und Scharnier verschließbaren Loche zum Einfüllen und Entleeren versehen, und zum Ausheben eingerichtet, bewegt sich in einem Kasten um seine Achse, die durch eine zum Abstellen eingerichtete Riemenscheibe in Bewegung gesetzt wird, während in den Kasten ein Strom Wasser zufließt. Wenn die Trommel, mit dem Bleiweiß aus der Looge angefüllt, in Drehung versetzt wird, so schlämmt sich das Bleiweiß vom Blei ab; das Feine zertheilt sich im Wasser und fließt mit dem letzteren als Milch in große Reservoire, welche aus Kasten oder Standen bestehen können. Das Grobe und Harte, welches durch die Bleireste noch in kleinere Stücke zerkleinert wird, geht ebenfalls durch die Löcher und setzt sich am Boden des Kastens ab, in welchem die Trommel im Wasser läuft. Nach kurzer Zeit kann man die Trommel entleeren und wieder füllen, was man so oft wiederholt, bis sich so viel hartes Bleiweiß unter der Trommel im Kasten abgesetzt hat, daß dessen Entfernung erfolgen muß. Nachdem solches geschehen, wird die Trommel wieder in Bewegung gesetzt und mit den beschriebenen Manipulationen so lange fortgefahren, bis der ganze Bleiweißvorrath abgeschlämmt ist.

Von nun an theilt sich die Arbeit. Das hart gewordene abgeschlämmte körnige Bleiweiß muß ganz auf dieselbe Weise verarbeitet werden, wie der auf holländische Weise gewonnene Metall, mit dem er alle Eigenschaften gemein hat.

Das Feinere, Abgeschlämmte setzt sich bald ab; die darüber stehende Flüssigkeit ist eine schwache Lösung von essigsaurem Bleioxyd, durch etwas essigsaures Kupferoxyd grün gefärbt, wenn das Blei Kupfer enthielt. Wird das so gewonnene Bleiweiß nicht ausgewässert, so trocknet es in Folge seines vorbemerkten Gehaltes an essigsaurem Bleioxyd zu steinharten Massen von glasigem Bruche. Dem Abschlämmen muß daher stets nach die Abwässerung oder das Auswaschen nachfolgen, wenn weiches, leicht pulverisirbares und lose zusammenhängendes (sogenanntes englisches) Bleiweiß erzielt werden soll. Durch das Auswaschen entsteht auch hier, wie in den entsprechenden früher erwähnten Fällen, ein Verlust an Blei. Das Auswaschungsverfahren selbst, sowie die Darstellung des mit Schwerspath zu versetzenden Bleiweißes stimmt mit der bezüglichen Behandlung des nach holländischer oder französischer Methode gewonnenen Bleiweißes überein.

Vergleich der verschiedenen Bleiweißfabrikationsmethoden.

Sämmtlichen hier angeführten Darstellungsweisen des Bleiweißes liegt, allgemein betrachtet, der nämliche chemische Vorgang zu Grunde, welcher im Wesentlichen in der Erzeugung von basisch-essigsaurem Bleioxyd einerseits und in der Zerlegung desselben durch Kohlensäure andererseits besteht. Bei der Bleiweißfabrikation auf französische Weise haben wir gesehen, wie Blei und Essig bei Luftzutritt so aufeinander einwirken, daß sich das Blei oxydirt und dann basisch-essigsaures Bleioxyd entsteht. Bei der französischen Methode wird das Blei durch Essig direct benetzt. Bei der Holländischen, Klagenfurter, sowie der Fabrikationsmethode in Dampfstoßen kommen bloß die Essigdämpfe, mit atmosphärischer Luft gemengt, die auch bei der holländischen Methode nicht ausgeschlossen werden kann, mit dem Blei in Berührung, und es bildet sich am Blei abhärirendes basisch-essigsaures Bleioxyd, oft zugleich auch Bleioxyd, welches man namentlich bei der Klagenfurter Methode, wie dort erwähnt, oft an den Platten vorfindet. Die hinzukommende Kohlensäure schlägt aus dem basisch-essigsauren Bleioxyde den basischen Theil des letzteren als mehr oder weniger basisches, kohlensaures Bleioxyd bei den letzteren Methoden sogleich am Bleie nieder, und das freiwerdende neutrale essigsaure Bleioxyd sowie die hinzutretende freie Essigsäure wirken aufs Neue auf das Blei lösend und oxydirend ein, so daß der Oxydations-, Auflösungs- und Niederschlagungsproceß am Blei in ununterbrochner, gleichmäßiger Reihenfolge vor sich geht, so lange Wärme zur Dampfbildung, Essigsäure, Kohlensäure und Luft auf noch vorhandenes Blei einwirken. Bei der französischen Methode ist die Oxydation und Auflösung von der Fällung des kohlensauren Bleioxyds getrennt, bei den übrigen finden die Vorgänge nebeneinander in weniger Flüssigkeit statt, daher bleibt im letzteren Falle der Niederschlag am Blei hängen und trocknet fest, wenn wie bei der holländischen Methode die Erhitzung noch fortwährt, während sich keine Essigsäure- und Wasserdämpfe mehr aus den trocken gewordenen Töpfen entwickelt. Bei der französischen Methode scheint das Bleioxyd, wie schon früher (S. 135) erwähnt, von der Kohlensäure vollständig zu neutralem kohlensaurem Bleioxyde gesättigt zu werden; denn die Flüssigkeit wird bei diesem Verfahren von dem niedergeschlagenen Bleiweiße lackmusröthend abgezogen, enthält also freie Essigsäure, woraus sich die Folgerung ergibt, daß in jenem Bleiweißniederschlage freies Bleioxyd oder Bleioxydhydrat nicht enthalten sein kann. Bei den übrigen Methoden kann freies Bleioxyd oder Bleioxydhydrat vorhanden sein, weil die Oxydation des Bleies schneller zu erfolgen scheint, als die Sättigung mit Kohlensäure, was ja daraus hervorgeht, daß das Bleioxyd auf den Platten selbst angetroffen wird.

Holländischem, Klagenfurter und Dampfstoßen-Bleiweiß schreibt man größere Deckkraft zu, aber die letzteren beiden sind ohne allen Widerspruch viel weißer; so ist es auch das englische, nach der holländischen Weise aus Blaquelblei erzeugte Bleiweiß wegen der Güte und Reinheit des angewendeten Bleies. Bei dem Klagenfurter Bleiweiß kommt außer der schon erwähnten besonderen Güte des

146   Chemischer Bestand der verschiedenen Bleiweiße.

Villacher Bleies noch der günstige Umstand hinzu, daß bei der Klagenfurter Fabrikation jede Gelegenheit zur Verunreinigung des Bleiweißes durch hineinfallende färbende Körper, wie Lohe, Staub u. s. w. vollständig beseitigt ist.

Man kann in den Dampfloogen aus ziemlich unreinem Blei schöne Bleiweiße erzeugen und ein Cremserweiß, von welchem unten die Rede sein wird, das sich dem aus Villacher Blei nach der Klagenfurter Methode dargestellten Bleiweiße an die Seite stellen läßt. Das Dampfloogen-Bleiweiß ist aber, um eine solche Qualität zu erlangen, zuvor noch einer weiteren, unten (S. 151) näher zu beschreibenden Reinigung zu unterwerfen. Unterläßt man diese Reinigung, so bleibt in demselben stets feinvertheilte Kohle oder Ruß, welches ihm gewöhnlich zwar nicht schadet, aber die milchweiße Farbe ins Bläuliche nüancirt. Man erkennt daher Dampfloogen-Bleiweiß daran, daß bei seiner Auflösung in verdünnter Salpetersäure und Filtriren der Flüssigkeit stets Ruß auf dem Filter zurückbleibt.

Die Untersuchungen und Analysen des Bleiweißes haben weniger große Unterschiede in seiner Zusammensetzung ergeben, als man bei einer auf so verschiedene Weise erzeugten Waare erwarten sollte. Folgende Bleiweiße sind von Hochstetter untersucht worden:

M. Magdeburger nach der französischen Methode dargestelltes Bleiweiß.
M b. Bleiweiß der vorigen Art, von Hochstetter im Kleinen bereitet.
H. Holländisches Bleiweiß.
E. Englisches Bleiweiß.
Cr. Cremserweiß.

Die Analyse dieser Bleiweißsorten ergab folgende Zusammensetzung derselben:

	M.	M h.	H.	E.	Cr.
Bleioxyd PbO	85,87	86,20	86,59	86,16	86,55
Wasser HO	2,31	2,44	2,01	1,93	2,21
Kohlensäure CO_2	11,77	11,45	11,71	11,91	11,27
	99,95	100,09	100,31	100,00	100,03

Diese Resultate der Analyse scheinen obige Voraussetzungen nicht zu bestätigen, daß das französische Bleiweiß weniger Bleioxyd enthalte, und es ist daher wahrscheinlich, daß die nach französischer Methode arbeitenden Fabriken in letzter Zeit den von mir schon früher (S. 136) angedeuteten Weg verfolgen, oder einen anderen ähnlichen aufgefunden haben, um das französische Bleiweiß dem holländischen ähnlich zu machen. Der Unterschied in der Decklast der Bleiweißsorten hat wahrscheinlich seine Ursache nur in der Verschiedenheit der Dichte und Theilbarkeit der einzelnen Sorten, so daß beim Anstrich von der einen Sorte zweimal angestrichen werden muß, ehe die Fläche gleich gedeckt wird, wie bei einer anderen. Aber der Anstrich der weniger deckenden Sorte erfordert dem Gewichte nach auch nur die Hälfte, oder die Lage des Materials ist wegen der größeren Theilbarkeit

Anwendung und Prüfung des Bleiweißes.

...s Bleiweißes dann auch nur halb so dick und halb so schwer. In der That ist ...n Stück Cremserweiß aus Bleiweiß nach der Klagenfurter Methode dargestellt, ...el schwerer als ein gleich großes Stück Bleiweiß, das nach französischer Methode ...wonnen wurde.

Das Bleiweiß wird sowohl als Wasser- wie auch als Oelfarbe angewendet. ...ls Oelfarbe übertrifft es alle andern weißen Farben, wenn es rein ist. Es ...nn als Oelfarbe mit Leinöl, Mohnöl, Nußöl, selten Lackfirnissen angestrichen ...rden. Die Anstriche sind milchweiß, wenn der Firniß oder das Oel nicht ge... ...bt ist. In dunklen Räumen mit Oel angestrichen, wird es oft hinterher gelb; ...ses kommt jedoch nicht vom Bleiweiß, sondern vom Oel; auch bleichen solche ...bgewordenen Anstriche wieder aus, wenn gelegentlich das Licht wieder einwirken ...n. Die Bleiweißanstriche, zu welchen reine Luft und das volle Tages- oder ...onnenlicht Zutritt hat, halten sich sehr gut und bleiben blendend weiß. In ...allen Räumen ist das Zinkweiß vorzuziehen, da es mit Oel weniger leicht gelb ...d auch nicht von schwefelwasserstoffhaltigen Ausdünstungen und Gasen ge... ...unt wird.

Das Anreiben von Bleiweiß in Oel oder Oelfirniß geschieht auf zweierlei ...eise. Es wird trocken angerieben wie jede andere trockene Oelfarbe, und diese ...ethode befolgen gewöhnlich die Maler, wenn sie die Farbe selbst bereiten. In den ...leiweißfabriken dagegen wird der ungetrocknete wasserhaltige Teig mit dem Oel ...gerührt und tüchtig verarbeitet, wobei das Oel an die Stelle des Wassers tritt und ...ieses abscheidet. Der Teig wird so lange geknetet, bis er dick genug und gleich... ...mäßig ist, dann mit Wasser abgewaschen, etwa noch durch ein paar Steinwalzen ...sirt, und so in steifer Butterform als „Bleiweiß in Oel" zum Verkaufe verpackt.

Für den Kaufmann und Consumenten ist es von Wichtigkeit zu wissen, ob ...reine Sorten von Bleiweiß erhält, wenn er sie als solche bezahlt, und bei ge... ...schten Sorten, ob er sie nicht unverhältnißmäßig theuer nach dem Gehalt an ...nem Bleiweiß bezahle. Es giebt einfache Mittel, dies zu erfahren, die ich hier ...führen werde.

a. Bei trockenen Bleiweißen.

Man wägt sich 10 g des zu prüfenden trockenen Bleiweißes auf einer ...pfindlichen Wage ab, bringt sie in ein Glas, gießt etwa 50 ccm Wasser hinzu ...d nach und nach soviel chemisch reine Salpetersäure, als ein neuer Zusatz davon ...h Aufbrausen verursacht. Hört dieses Aufbrausen nach erneuertem Zusatz und ...m Umrühren mit einem Glasstabe völlig auf, und hat bei vorgenommener ...rdünnung mit reinem destillirtem Wasser sich nicht Alles gelöst, so war das ...leiweiß nicht rein. Eine kleine Trübung kann unberücksichtigt bleiben, wenn man ...nnenwasser statt destillirtem Wassers angewendet hat, da dessen Gehalt an schwefelsauren Salzen, Gyps ꝛc. stets eine Trübung in der Bleilösung hervorbringt. Sie bedeutet aber auch bei Anwendung von destillirtem Wasser in jedem Falle nur eine geringe zufällige Verunreinigung durch die angewendete Arbeitsmethode, z. B. das Mahlen u. s. w., und eine solche wird sich bei fast allen Bleiweißen finden. Bleibt dagegen ein beträchtlicherer Bodensatz, oder entsteht ein solcher nach jedesmaligem Umrühren wieder, was auf einen schweren unlöslichen Körper deutet, so ist das Bleiweiß gewöhnlich mit Schwerspath versetzt, dessen Quantität nun zu ermitteln ist. Man wägt nun auf derselben Wage ein kleines Filter von weißem Druckpapier ab, schneidet es so zu, daß es eine gerade Anzahl Centigramme wiegt und notirt sich dieses als Thara. Durch dieses Filter, das man in einen Glastrichter einsetzt, filtrirt man nun erst die helle Flüssigkeit ab, gießt das trübe Ungelöste nach, und spült alles am Glase hängende mit Wasser nach, bis dasselbe nicht mehr getrübt wird, wäscht nachher noch durch Aufgießen von Wasser auf das Filter mehrere Male wiederholt aus, und trocknet dann das Filter mit dem darauf gebliebenen unlöslichen Rückstande an einem warmen Orte so lange, bis dasselbe beim Umrühren das Geräusch trockenen Papiers von sich giebt und der Inhalt in ein Pulver zerfällt. Man wägt nun das Filter mit dem darin befindlichen, völlig trockenen Rückstande, und zieht dann die Thara von dem so gefundenen Gewichte des Ganzen ab. Die Differenz ergiebt das Gewicht des Schwerspaths, welcher in 10 g des zur Untersuchung verwendeten Bleiweißes enthalten ist, so daß je 1 Decigramm jenes unlöslichen Rückstandes je 1 Proc. Schwerspathgehalte des Bleiweißes entspricht.

Bei dieser Untersuchung ist allerdings angenommen, daß das bei der Behandlung mit Salpetersäure unlöslich Gebliebene lediglich gemahlener Schwerspath sei; es könnte auch ein anderer weißer Körper sein, doch genügt es schon, hierdurch ermittelt zu haben, daß Bleiweiß sei gemischt und wie viel der Zusatz beträgt. Was der Zusatz sonst noch sein kann, interessirt mehr den Chemiker als Kaufmann und Consumenten; ich übergehe daher, wie derselbe weiter auf seine Natur zu untersuchen wäre. Andererseits kann das Bleiweiß — doch ist dieser Zusatz viel schlechter — entweder neben dem Schwerspath oder allein mit Kreide oder gemahlenem Kalkspath versetzt sein, was jedoch nicht leicht vorkommt, weil das so versetzte Bleiweiß für ein gleiches Gewicht letzterer Zusätze viel mehr an seiner weißen Farbe einbüßt als es mit Schwerspath geschehen würde. Wenn dieser Zusatz im Bleiweiße vorkommt und kein anderer, so löst er sich mit dem Bleiweiß in der Salpetersäure auf. Wenn die Auflösung erfolgt ist, leitet man einen Strom Schwefelwasserstoffgas in die Flüssigkeit, bis eine von dem dabei entstehenden, erst braunen, dann schwarzen Niederschlage abfiltrirte Probe der Flüssigkeit mit demselben Gase keinen weiteren Niederschlag mehr hervorbringt. Zu diesem Verfahren verwendet man eine geringere Menge des zu untersuchenden Bleiweißes, damit man nicht eine so große Menge des Gases anzuwenden nöthig hat. Man filtrirt nun die Flüssigkeit von dem aus Schwefelblei (PbS) bestehenden Niederschlage

Prüfung des in Oel angeriebenen Bleiweißes. 149

ein Becherglas ab, indem man zugleich den letzteren auf dem Filter etwas nachwäscht und das ablaufende Waschwasser mit jener Flüssigkeit vereinigt. Ist nun
Kreide oder Kalkspath im Bleiweiße vorhanden gewesen, so giebt die abfiltrirte
Flüssigkeit mit einer wässerigen Auflösung von reiner krystallisirter Soda einen
weißen Niederschlag. Es wird so viel dieser aus 1 Theile Soda in 10 Theilen
destillirten Wassers bereiteten Lösung zugesetzt, bis dieselbe keine Fällung mehr verursacht, d. h. bis in der über dem in Ruhe abgesetzten weißen Niederschlage
stehenden, klaren Flüssigkeit durch ferneren, tropfenweisen Zusatz von Sodalösung
keine Trübung mehr hervorgerufen wird. Der entstandene Niederschlag wird nun
auf einem gewogenen Filter abfiltrirt und so lange mit destillirtem Wasser ausgewaschen, bis das ablaufende Wasser keinen Fleck mehr auf einem Platinblech
hinterläßt, wenn man eine Probe jenes Wassers darauf rasch trocknet. Der ausgewaschene Niederschlag ergiebt, vollkommen getrocknet und hierauf gewogen, ziemlich
genau das Gewicht der Kreide oder des Kalkspaths, die in dem untersuchten Bleiweiße enthalten war, woraus sich dann der Procentgehalt berechnen läßt.

b. Bei Bleiweißen in Oel.

Ist das Bleiweiß in Oel angerieben, so thut man am besten, sich etwa 10 g
davon abzuwägen, dasselbe in einem kleinen Glaskolben mit Aether zu schütteln,
diesen dann abzufiltriren, das Filter erst mit Aether, dann mit Alkohol und zuletzt
mit Wasser zu waschen. Man trocknet den Rückstand, welcher nach Abrechnung
des Filtergewichts jedenfalls weniger als 10 g wiegt. Die Differenz giebt das
Gewicht des vorhandenen Oels an. Man wägt sich nun etwa 5 g dieses Rückstandes vom trockenen Bleiweiße ab, und untersucht denselben nach dem unter a.
angegebenen Verfahren, wodurch man die dort erwähnten Zusätze ermitteln und in
ihrem procentualen Betrage berechnen kann.

Manche Maler ziehen das trockene, nicht in Oel angeriebene Bleiweiß dem
Bleiweiße in Oel aus dem Grunde vor, weil sie ersteres nach Methode a. auf leichte
Weise wenigstens annähernd genau prüfen können, letzteres aber nicht, oder doch
nur mit viel Zeitaufwand und bei Anwendung lästiger und ungewohnter Manipulationen. Wenn dieser Grund als ein zutreffender anzuerkennen ist, so giebt
es gleichwohl ein Mittel, um auch ohne das lästige chemische Verfahren auf praktischem Wege den Werth des Bleiweißes, sowohl des trockenen, wie des in Oel
angeriebenen, ebenso genau zu ermitteln, wie durch die obigen chemischen Analysen.

Zu diesem Behufe läßt man sich gehobelte Brettstückchen von einerlei Holz
und Farbe, am besten von Buchenholz, anfertigen, die alle eine gleich große Oberfläche haben, z. B. 12 cm lang und 7 cm breit sind. Man wägt dann z. B.
5 g trockenes reines Bleiweiß ab, vermischt es mit 1 g Oel, und reibt es auf einer
Glastafel fein, worauf man es mit einigen Tropfen Terpentinöl auf ein solches

Brettchen streicht. Ebenso verfährt man mit dem zu prüfenden Bleiweiß. Aus der Deckkraft und der Farbe der beiden Waaren wird man leicht einen Schluß ziehen können hinsichtlich ihres gegenseitigen Werthverhältnisses. Hat man ein verseßtes Bleiweiß gekauft, so wird dieses auf die nämliche Weise mit einem selbst angefertigten Gemische in Vergleich gestellt, und man wird dann ziemlich genau beurtheilen können, ob die zu prüfende Waare ebenso gut, schlechter oder besser als die Waare von bekanntem Gehalte ist. Sind die zu vergleichenden Bleiweiße in Oel angerieben, so sind nur gleich große Quantitäten davon abzuwägen, mit gleich viel Tropfen Terpentinöl zu verdünnen und aufzustreichen, wozu man sich eines kleiner Haarpinsel bedient, welche man nach dem Gebrauche jedesmal in Terpentinöl auswäscht, damit sie nicht hart und unbrauchbar werden.

Schieferweiß, Cremserweiß (Kremnißerweiß).

Schieferweiß nennt man den Bleifall, wie er bei der holländischen Bleiweißfabrikationsmethode von den Bleiplatten in schieferähnlichen weißen Plättchen abgeklopft wird. In dieser Form kann es nicht durch Zusätze gemengt oder verfälscht sein, und es ist dies wohl der Grund, warum es seiner Zeit als besondere feine Waare gesucht und bekannt war, denn man erkannte seine Reinheit von Beimengungen an dem äußeren Ansehen.

Cremserweiß ist ein sehr hartes, reines Bleiweiß, das (siehe S. 105) in viereckigen thönernen Formen getrocknet wird, deren Gestalt es dann annimmt. Außer dem auf französische Weise hergestellten Bleiweiße nimmt jeder seiner gereinigten und nicht gewaschene Bleifall beim langsamen Trocknen zwar denselben speckigen oder glatten Bruch an, wie das Cremserweiß ihn zeigt. Aber die Farbe anderen Bleiweißsorten ist nicht so weiß wie diejenige des Cremserweißes, theils weil das in Klagenfurt angewendete Blei seiner Reinheit wegen überhaupt das reinste und schönste Bleiweiß giebt, theils weil bei den anderen Darstellungsmethoden außer der in den Dampfslogen nicht dieselbe Reinlichkeit herrschen kann. In Klagenfurt und den übrigen Fabriken Kärnthens hat man zur Darstellung des Cremserweißes nichts nöthig, als den sich vom Blei ablösenden, leicht erweichenden Bleifall abzuschlämmen, den erzielten feinen Bleiweißschlamm, nachdem er beim Stehen hinreichend dick geworden ist, in die erwähnten Formen zu füllen, trocknen zu lassen und weiter so zu behandeln, wie oben beim Formen der Farben angegeben ist.

Aus dem aus den Dampfslogen kommenden Bleifalle, selbst von den nicht reinen Sorten Harzer Blei herrührend, die jedoch schwerer zerfressen werden als das viel reinere, dem Villacher Blei nahekommende englische Blaquart- oder Tarnwißer-Blei, welche letztere selbst nach der holländischen Methode sehr schöne weiße Waaren liefern, läßt sich ebenfalls ein mit den anderen Sorten concurrirendes Cremserweiß herstellen. Zu diesem Behufe entfernt man nach dem Schlämmen

Verarbeitung der Bleireste von der Bleiweißfabrikation. 161

erst die früher erwähnte grüne, essigsaures Bleioxyd und Kupferoxyd enthaltende Lauge, rührt die Masse wieder mit Wasser auf und versetzt sie mit einigen Eimern reinem Branntweinessigs. Der Erfolg ist, daß sich auf der Oberfläche ein grauer Schaum erhebt, die Flüssigkeit aber nach dem Absetzen wie durch Ruß getrübt erscheint. Dies ist auch der Fall, und der Ruß rührt von der in die Laugen eingeleiteten Kohlensäure her, die diesen Ruß in dem Falle mit sich führt, wenn dieselbe durch Verbrennung von Kohlen hergestellt ist. Man entfernt den Schaum und die rußhaltige Flüssigkeit, und wiederholt dieses Verfahren noch einige Male mit neuem Essig. Man läßt dann den Brei durch Stehen sich verdicken und absetzen, und wenn er dick genug ist, versetzt man ihn unter starkem Umrühren mit einer heißen starken Auflösung von Bleizucker, wodurch er noch viel dicker wird und in den Formen zu schönem Cremserweiß mit glasigem Bruch austrocknet. Jener Rußgehalt des Dampfloogen-Bleiweißes ist auch insofern ein besonderer Uebelstand für die Verarbeitung dieser Bleiweißsorte zu Cremserweiß, als bei dem obigen Reinigungsverfahren mittelst Essigs zugleich Blei aufgelöst wird. Die hierdurch gewonnenen Bleilösungen lassen sich, ebenso wie die früher angeführten, beim Abschlämmen erhaltenen grünen, kupferhaltigen Bleilösungen, allerdings anderweit verwerthen, z. B. auch zur Darstellung von Chromgelben anwenden, allein dann müssen sie durch Kohlenschichten filtrirt werden, um den Ruß zurückzuhalten, was bei der Menge von Flüssigkeit, die hierbei erhalten wird, mit Schwierigkeiten verbunden ist.

Bleireste, Bleiabfälle. Ihre Verarbeitung. Bei allen Methoden der Bleiweißfabrikation, wo metallisches Blei verkalkt wird, bleibt ein Theil des letzteren in verschiedener Gestalt bei der Verarbeitung des erhaltenen Bleikalks zurück, meistens in der Form dünner Blättchen, Graupen u. s. w. Nach ihrem Trocknen, wenn sie naß geworden sind, werden sie in den meisten Fabriken mit frischem Blei oder für sich umgeschmolzen, um diesen Bleiresten die bei der daselbst angewandten Fabrikationsmethode übliche und für die Laugen passende Form zu geben. So einfach eine solche Verarbeitung einerseits erscheint, so wenig vortheilhaft ist dieselbe andererseits besorgen, weil bei diesem Umschmelzen viel Bleiasche entsteht. Ist die Bleiweißfabrik nicht mit einer Farbenfabrik oder anderen Fabrik vereinigt, welche Bleioxyd verwendet, so ist man genöthigt, die Bleiasche zu sammeln und sie dann in einem kleinen Schachtofen zu Blei zu reduciren, oder sie auf einer nahe liegenden Hütte reduciren zu lassen, nachdem man eine größere Partie davon gesammelt hat. Man ist dann also gezwungen — und darin liegt namentlich der Nachtheil — ein nicht unbeträchtliches Capital in diesen Bleiabfällen längere Zeit unbenutzt liegen zu lassen.

Ich habe indessen für alle diese Methoden der Bleiweißfabrikation, bei denen solche Bleireste früher umgeschmolzen wurden, eine Methode eingeführt, die Bleigraupen und Abfälle direct zu verkalken, wodurch die Production von Bleiasche auf diejenige geringe Quantität, welche beim ersten Schmelzen der Bleiblöcke abfällt, eingeschränkt bleibt. Sie besteht in Folgendem:

Man läßt sich auf hölzerne vierkantige Rahmen Geflechte von Weide oder Rotting anfertigen, wie sie für grobe Siebe gemacht werden und gebräuchlich sind. In diese füllt man eine locker gelegte, etwa zwei Zoll hohe Schicht solcher Graupen. Belegt man bei der holländischen Methode die Oberfläche der Töpfe mit so gefüllten Rahmen, oder bringt man sie in die Gestelle der übrigen Loogen, in denen sonst Blei aufgehängt wird, so werden die Bleireste fast vollständig zerfressen. Es genügt nicht, die Bleireste auf Bretter statt auf Geflechte zu legen, denn der Erfolg ist in diesem Falle nur ein ganz geringer, weil dann die Dämpfe und Gase nicht hinreichend Gelegenheit haben, die Masse zu durchziehen. Ueber diejenigen Bleireste, welche bei der Fabrikation nach französischer Methode entstehen, ist das Nöthige schon früher angeführt.

Ich habe nun noch der Krankheit zu erwähnen, welcher alle Personen zuweilen ausgesetzt sind, die sich wie die Fabrikarbeiter in Bleiweißfabriken, oder wie die Maler, mit dessen Verarbeitung beschäftigen. Die Krankheit trifft meistens diejenigen Personen, welche viel in einer bleiweißstaubhaltigen Atmosphäre arbeiten, nicht diejenigen, welche nur mit nassem Bleiweiß umgehen. Letztere können jedoch ebenso davon befallen werden, wenn sie ihre Kleider mit nassem Bleiweiß beschmutzen. Die Bleiweißmasse trocknet auf den Kleidern, und es entsteht dann bei jeder Bewegung der letzteren Bleiweißstaub. Die Fabrikarbeiter mit so beschmutzten Kleidern leben also nicht bloß in der Fabrik oder den Arbeitslocalen in einer Atmosphäre von Bleiweißstaub, sondern auch außerhalb; sie bringen den Staub an ihren Kleidern mit nach Hause, verbreiten ihn daselbst und machen ihn daher in ihrer Umgebung continuirlich.

In den Arbeitslocalen ist es aus Gesundheitsrücksichten nützlich und das Gewissen gebietet es, dahin zu wirken, daß jeder vermeidbare Bleiweißstaub auch wirklich vermieden werde, und alle Arbeiten, soweit als möglich auf nassem Wege vorgenommen werden. Der Staub kann sehr vermindert werden, wenn man die Fußböden der Locale naß hält, was außer in den Trockenräumen überall möglich ist, und daß man sie öfters wäscht, wenn das Naßhalten nicht thunlich ist. In letzterem Falle wird doch der feine Staub entfernt, der sich auf den Boden senkt und bei jedem Schritt der Arbeiter sonst aufgerührt werden würde, um hierdurch die Atmosphäre noch mehr damit zu verunreinigen.

Kann man die Arbeiter gewöhnen, daß sie, bevor sie die Arbeitslocale verlassen, sich in einem staubfreien Locale wohl waschen und vor dem Nachhausegehen frische und reine Kleider anziehen, so ist das sehr zweckmäßig, weil dann ihre Wohnungen nicht ebenfalls verpestet werden. Ihre Arbeitskleider müssen sie wenigstens jede Woche gut waschen und abspülen, damit der Staub darin sich nicht anhäufe und bis aufs Hemd dringe. Man muß sie gleichfalls daran gewöhnen, keine Speisen mit in die Arbeitslocale zu bringen und hier zu verzehren, da sich darin leicht Staub darauf absetzt, den sie dann mit verzehren würden.

Das Bleiweiß scheint dadurch giftig zu wirken, daß es dem Körper nach und nach das Fett entzieht, welches es sehr begierig aufnimmt. Genießen die Arbeiter alkoholische Getränke, so wird das Uebel ärger, da dieselben für das Fett ein Lösungsmittel in mehr oder minder hohem Grade abgeben. Genießen sie aber fette Speisen in einer Menge, die hinreicht, den Bleistaub, den der Körper aufnimmt, mit Fett zu verbinden, ohne daß er es dem Körper zu entziehen braucht, so ist dies das beste Mittel, die Gedärme vor Entfettung zu bewahren, und das beste Mittel gegen die eigentliche Bleikrankheit, die sogenannte Bleikolik. Die letztere scheint immer dann einzutreten, wenn die Gedärme in hohem Grade entfettet sind und hierdurch einerseits ihre natürliche Schlüpfrigkeit zu sehr vermindert, andererseits Gelegenheit gegeben ist, mittelst Diffusion durch die fettärmere Darmhaut dem Darminhalte die ihm eigenthümlichen wässerigen Flüssigkeiten zu entziehen, also diesen Inhalt in abnormer Weise auszutrocknen.

Diejenigen Vorbeugungsmittel gegen die Krankheit, wodurch man das Bleiweiß, das der Körper aufgenommen hat, durch Genuß von und Waschen mit Flüssigkeiten in andere Bleiverbindungen überführen will, verhüten die Krankheit nicht mit der Sicherheit, wie die Befolgung obiger Regeln und der Genuß fetter Speisen. Denn jene Präventivmittel erzeugen durch chemische Umwandlung des Bleiweißes zwar andere, unlösliche Bleiverbindungen im Körper; aber die letzteren haben doch die oben erwähnte schädliche Eigenschaft, welche mehr oder weniger allen in Wasser unlöslichen Bleiverbindungen eigenthümlich ist, mit dem Bleiweiß gemein, nämlich die Eigenschaft, sich mechanisch mit Oelen und Fetten zu vereinigen und dabei Wasser abzuscheiden. Als fette Speise ist namentlich unter anderem die frische Milch zum Genuß zu empfehlen, welche das Fett in sein zertheiltem Zustande als Emulsion enthält, also am meisten geeignet ist, Berührungspunkte für den verschluckten Bleiweißstaub darzubieten. Fabriken, welche den Arbeitern die nöthige Portion frischer Milch täglich anschaffen, vermeiden die Kosten der Experimente der Aerzte und der Apotheke, und sind allen übrigen Unannehmlichkeiten wegen eintretender Krankheit der Arbeiter auf eine recht wohlfeile Weise enthoben.

Für diejenigen Arbeiter bei den Malern, welche das Abreiben des Bleiweißes in Oel besorgen, gelten ebenfalls die oben angeführten Regeln. Diese Arbeiter haben sich jene Krankheiten ebenfalls nur durch den Staub zu, welchem sie beim Beginnen des Reibens ausgesetzt sind, bis das anfangs trockene Bleiweiß so weit mit Oel angemacht ist, daß das Stäuben aufhört. Diesen Professionisten ist der Gebrauch des bereits in Oel angeriebenen Bleiweißes, wie es die Fabriken liefern, auch aus Schwung zu empfehlen. Sie können dasselbe selbst niemals billiger herstellen, vereinfachen aber ihr Geschäft sehr und sind dann der Gefahr, daß sie oder ihre Arbeiter der Bleikolik anheimfallen, überhoben. Es ist eine schlechte Oeconomie mancher Maler, nur um Lehrlinge zu beschäftigen, die letzteren Bleiweiß reiben zu laſſen, und vielleicht ihre Geſundheit zu ruiniren. Die hierauf verwandte Zeit können die Lehrlinge beſſer in einer Schule anwenden, was ihrem Meiſter ſpäter zu gute kommt; und geſchieht jene Arbeit des Bleiweißabreibens deswegen, damit der Maler ſicher ſei, daß ſein geriebenes Bleiweiß gut oder rein iſt, ſo ſind oben die Mittel angegeben, wie er gekaufte in Oel abgeriebene Waare prüfen kann. Er erhält auch in dem Falle reine Waare von jeder Fabrik zu billigerem Preiſe, als er ſie ſelbſt herſtellen kann, wenn er ſich ausdrücklich reine Waare bedingt oder ſolche beſtellt.

Von dem Gebrauche der Filterpreſſen bei der Bleiweißfabrikation.

Da, wo weiches Bleiweiß in großen Maſſen dargeſtellt wird, welches ſich nach dem Auswaſchen nicht ſehr raſch und nicht feſt abſetzt, oder erſt nach langer Zeit, hat man berechnet, daß wenn die Ueberführung eines derartigen Bleiweißes in den Handel raſch geſchehen kann, durch Erſparung von ſonſt aufwachſenden Zinſen die Anſchaffung ſogenannter Filterpreſſen ſich wohl lohnt. Denn mittelſt dieſer Vorrichtungen iſt die Filtration und Auspreſſung des Teiges bis zu dem Grade, daß er in die Trockenſtuben geſchafft werden kann, auf einmal, in Tagen ſtatt ſonſt in Wochen, außerdem aber auch mit weit geringerem Kraftaufwande zu bewirken.

Die Filterpreſſen beſtehen aus Wänden von Leinwand und zwar an feſten Seitenwänden anliegend, welche ihre Lage feſt und unveränderlich machen, aber das Ablaufen der durch die Leinwand gehenden Flüſſigkeit nicht hindern. In dieſe Filter oder Wände von Leinwand pumpt eine Druckpumpe die Flüſſigkeit, welche den darin aufgeſchwämmten Körper enthält. Durch den Druck, welchen die Druckpumpe ausübt, wird das Durchlaufen der Flüſſigkeit wie in einer Preſſe beſchleunigt, und da immer mehr des Flüſſigen hinzugepumpt wird, das den feſten Körper ſuspendirt enthält, ſo wird die Maſſe im Filter, die zurückbleibt, endlich ſo feſt, wie ſie nach dem Filtriren und Preſſen auf gewöhnlichen Preſſen nicht beſſer erhalten werden kann. Die Druckpumpe wird durch Handkraft, mechaniſch, Waſſer- oder Dampfkraft in Bewegung geſetzt und iſt mit einem Sicherheitsventile verſehen, welches ſich, wenn der Filtrirapparat das einem beſtimmten Maximaldrucke entſprechende Quantum Flüſſigkeit aufgenommen hat, bei weiterem Zufluß von Flüſſigkeit öffnet und ſo eine Sprengung des Apparates verhütet.

Es giebt verſchiedene Conſtructionen dieſer Filtrirapparate, die nach und nach in ihren Details immer mehr vervollkommnet und bequemer eingerichtet worden ſind. Die Firma Wegelin & Hübner in Halle a. d. Saale liefert ſie von der Art, daß ſie weiter nichts zu wünſchen übrig laſſen.

Filterpresse. 155

Sie bestehen aus 6 bis 12 oder 18 hölzernen Rahmen, wovon zwei äußere oder Seitenrahmen, die anderen mittlere Rahmen des Apparates sind.

Ein äußerer Rahmen A (Fig. 38), welcher zur Einführung der Flüssigkeit dient und mit der Druckpumpe in fester Verbindung steht, hat in der Mitte die Oeffnung a für das Einleitungsrohr b. An die innere Seite des Rahmens wird ein Leinwandstück von gleicher Größe mit dem letzteren und in der Mitte mit einem, dem Einleitungsrohre b entsprechenden Loche versehen, derart angehängt, daß es die Innenfläche des Rahmens, in welche parallel laufende Keffeln eingehobelt sind, vollständig bekleidet. Eine Messingbüchse c kann so auf das Einleitungsrohr b aufgeschraubt werden, daß die Ränder der Leinwand fest an das Holz des Rahmens, das hier stark und etwas über die Keffeln erhaben ist, angedrückt werden. Wenn Flüssigkeit durch diese Leinwand geht, so kann sie in den eingehobelten Keffeln des Rahmens nach unten laufen, und dort durch eine Oeffnung austreten. Der entgegengesetzte Seitenrahmen hat dieselbe Einrichtung, nur ist

Fig. 38.

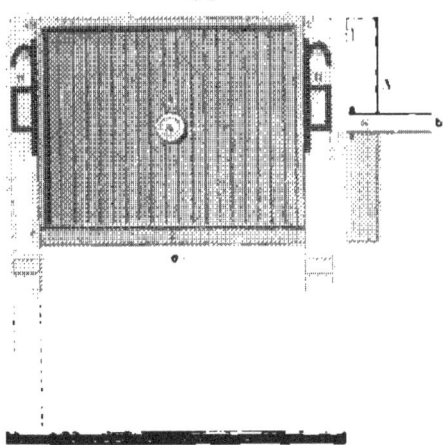

die Oeffnung in der Mitte entweder nicht vorhanden, oder durch einen Messinghut zugeschraubt und für das Durchgehen der Flüssigkeit verschlossen.

Die mittleren Rahmen B (Fig. 39 a. f. S.), haben alle eine gleiche Einrichtung. Dieselben werden auf beiden Seiten, welche ebenfalls mit Keffeln versehen sind, mit Leinwandstücken von der Größe der Rahmen behängt. Durch Rahmen und Tuch tritt in der Mitte das messingene, mit Schraubengewinde versehene, an beiden Seiten offene Rohrstück d, und die Ränder der Tücher werden durch einen diesen Rohrstück passenden Schraubenring auf beiden Seiten des Rahmens dicht auf das Holz geschraubt und fest darangedrückt. Durch das Rohrstück d erfolgt der Eintritt der zu filtrirenden Flüssigkeit in die durch je zwei benachbarte Rahmen gebildete, einzelne Zelle.

Die Rahmen, welche ringsum einen erhabenen Rand $eeee$ haben, bilden nebeneinander gereiht eine Anzahl Kästen oder Zellen, die nun alle mit Leinwand ausgekleidet und durch die Rohrstücke d einestheils unter einander, durch die Oeffnung a des erstbeschriebenen äußeren Rahmens und die Röhre b, welche mit der Druckpumpe in Verbindung steht, andererseits auch mit dieser communiciren. Es ist nur nothwendig, daß die Aneinanderreihung der Rahmen bequem erfolgen

Fig. 39.

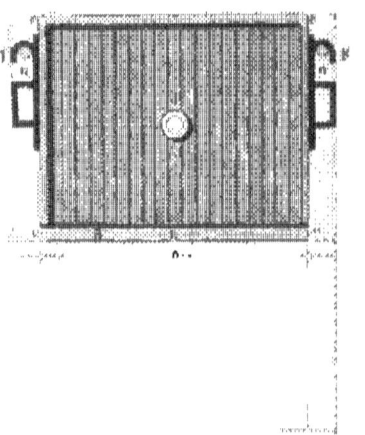 

kann, daß ferner die Zellen dicht sind und nur Flüssigkeit durch die Leinwand hindurchlassen, wenn in sie das zu Filtrirende durch die Druckpumpe eingepumpt wird, und daß man endlich, wenn die Filtration und das Pressen beendigt ist, den Preßrückstand bequem herausnehmen und den Apparat alsbald wieder zu einer Filtration in Gebrauch nehmen kann, um eine derartige Filterpresse als eine Vorrichtung zu bezeichnen, deren Leistungsfähigkeit dem vorliegenden Zwecke der Farbenauspressung im hohen Maße entspricht.

Alle diese Erfordernisse sind befriedigt in den von genannter Firma gelieferten Filterpressen. Der erste Rahmen, in welchen die zu filtrirende Flüssigkeit von der Druckpumpe aus zunächst tritt, sitzt am Ende eines gußeisernen Gestelles fest; die übrigen Rahmen sind beweglich, indem sie, mittelst der an ihnen befestigten Joche FF auf zwei Stangen nn des Gestelles hängend, auf den letzteren frei laufen, so daß man die Rahmen nach Belieben von einander und auf zu

Bleiweißauspressung mittelst Filterpressen.

ndere Seite des Gestelles schieben kann. Dies thut man beim Entleeren der Presse, wobei die steife Masse theils alsbald aus den geöffneten Zellen fällt, zum Theil auch an den Tüchern hängen bleibt, von wo man sie dann mit Spateln hinwegnimmt. Damit aber die Zellen nur durch die Tücher Flüssigkeit auslaufen lassen, so können die Rahmen, welche mit Leinwand auch auf dem Rande überzogen sind, durch eine angebrachte Schraube, welche auf den äußersten, dem Einlaufrohre entgegengesetzten Rahmen wirkt, so zusammengepreßt werden, daß der Verschluß dann ein vollkommen dichter ist, wenn man zugleich vermeidet, daß die Leinwand irgendwo an den Rändern der Rahmen Falten bildet. Damit die Leinwand immer in ihrer Lage bleibe, wird sie am oberen Ende entweder an Knöpfe festgebunden, oder mit kleinen Stiften festgenagelt.

Die angeführte Firma in Halle theilt detaillirte Zeichnungen ihrer Pressen gern mit, welche vollständig außer den Rahmen, Rohrstücken und Ringen aus Eisen bestehen. Ich kann ihre Brauchbarkeit um so mehr empfehlen, da sie nicht nur nicht filtrirbare Flüssigkeiten leicht filtriren und pressen, sondern auch sonst gar nicht einmal filtrirbare, wie Steingut- und Porzellanmassen, deren Wassergehalt früher sogar durch Einkochen, also Verdampfung, entfernt werden mußte.

Mit den Pressen liefert die Fabrik auch die dazu gehörigen Pumpen für Handkraft oder zum Betrieb mit Riemenscheibe, und diese sind so eingerichtet, daß die Reibung eine geringe ist und der Pumpenkolben eigentlich gar nicht in Berührung mit der Flüssigkeit kommt. Bei der kurzen Berührung des Bleiweißes in den Leitungsröhren mit Eisen übt dieses keine Einwirkung auf das Bleiweiß aus. Diese eisernen Röhren können aber auch durch Kupferröhren ersetzt werden, wenn es verlangt wird.

Die Filterpressen werden übrigens zum Zwecke der Bleiweißauspressung so aufgestellt, daß die Flüssigkeit, welche beim Beginn der Arbeit trübe abläuft, in einem Reservoire gesammelt werden kann, um in demselben das Bleiweiß allmälig abzusetzen. Beim Entleeren der Presse muß eine Platte untergeschoben werden zur Aufnahme der steifen Masse, welche von den Tüchern etwa abfällt. Die Pumpe muß so nahe an der Presse stehen als möglich, so daß man beide beobachten kann; und wenn sich das Ventil der Pumpe öffnet, um zu entleeren, was nicht in den Filterapparat gedrückt werden kann, so muß eine solche Einrichtung vorhanden sein, daß das vom Ventil Ablaufende wieder in dasselbe Reservoir zurückfließt, aus welchem es gepumpt worden ist.

Daß diese Filterapparate zum Befreien von Wasser aller anderen Farben, die in großem Maßstabe dargestellt werden, gebraucht werden können, ist nach Obigem unmittelbar einleuchtend. Dieselben sind daher in kurzer Zeit in allen größeren Farbenfabriken zur Anwendung gekommen, welche Farben in bedeutenden Quantitäten bereiten und in Folge dessen die Filterpressen genügend beschäftigen können. Die früher angeführten Schraubenpressen (S. 102), welche für Farben dienen, die in verhältnißmäßig geringeren Quantitäten hergestellt und in gewissen geformten Stücken aus den Preßkuchen geschnitten werden, können jedoch nicht durch Filterpressen ersetzt werden.

B. Metallweiß. Schwefelsaures Bleioxyd. SO_3, PbO.

In reinem Zustande ist schwefelsaures Bleioxyd ein rein weißes Pulver von demselben Aussehen, wie Bleiweiß. Es ist der getrocknete pulverige Niederschlag, der immer entsteht, wenn ein Bleisalz in wässeriger Lösung mit Schwefelsäure oder einem löslichen schwefelsauren Salze zusammengebracht wird. Der Niederschlag ist sehr schwer und muß gut ausgewaschen werden.

Da es eigentlich nicht als Malerfarbe gebraucht wird, weil es nicht viel besser deckt als Kreide oder Schwerspath, aber viel theurer zu stehen kommt, als letztere Materialien, so gelangt das schwefelsaure Bleioxyd nicht häufig in den Handel und wird als Farbe nur zur Siegellackfabrikation verwendet, wofür eine bessere nicht zu haben ist. Es wird daher wohl selten in einer Farbenfabrik absichtlich hergestellt. Dagegen wird es sehr häufig bei anderen chemischen Fabrikationen als Nebenproduct gewonnen. Kann man von solchen Fabriken, welche dieses Product nicht zu eigenen Zwecken benutzen können, das schwefelsaure Bleioxyd in reinem Zustande naß oder trocken für billigen Preis erhalten, so ist dasselbe auch in der Farbenfabrikation zur Darstellung einiger Farben, statt anderer theurerer Bleisalze, oft mit Vortheil anwendbar; es muß dann aber erst von der gewöhnlich noch anhängenden freien Schwefelsäure durch Neutralisation derselben mit kohlensaurem Natron und öfteres Auswaschen befreit werden.

Das schwefelsaure Bleioxyd besteht in 100 Theilen aus:

73,65 Bleioxyd und
26,35 Schwefelsäure.
100,00.

Es ist unlöslich in Wasser, löst sich aber in concentrirter warmer Salzsäure zu einer Flüssigkeit, welche im unverdünnten Zustande Chlorblei anschießen, aber beim Verdünnen mit Wasser das schwefelsaure Bleioxyd wieder niederfallen läßt. Es löst sich ferner in einigen Ammoniaksalzen und zersetzt sich, mit kohlensauren Alkalien digerirt, theilweise in kohlensaures Bleioxyd, mit neutralem chromsauren Kali aber in Chromgelb (s. das letztere), daher es auch zur Chromgelbbereitung verwendet werden kann. Obwohl das schwefelsaure Bleioxyd ferner als Beimischung zu geringeren Sorten Bleiweiß und anderen Farben, oder zu Wasserfarbe gebraucht werden könnte, so wird es doch, weil es keine Eigenschaften besitzt, die eine fabrikmäßige Darstellung lohnen, nur zufällig benutzt, wenn es als

Weiße Zinkfarben. Zinkoxyd. 159

Nebenproduct erhalten wird oder sich bei seiner Bildung anderen Farben von selbst beimengt.

Schwefelsaures Bleioxyd löst sich nicht in Salpetersäure, aber, wie gesagt, in concentrirter Salzsäure. Mit Schwefelammonium färbt es sich schwarz, mit neutralem chromsaurem Kali gelb, mit diesem und Aeplauge roth. Es ist daher leicht von Schwerspath und Bleiweiß zu unterscheiden, denen es nach Schwere und Ansehen gleicht.

C. Weiße Zinkfarben.

Das Zink giebt zwei Verbindungen, welche als weiße Farben Anwendung finden können, nämlich das Zinkoxyd, welches in großer Menge angewandt wird, und das Schwefelzink, dessen zukünftige Anwendung noch in Frage steht. Was das metallische Zink betrifft, so wird es nicht, wie die meisten Metalle, durch Ausschmelzen aus seinen Erzen producirt, sondern, weil es verdampfbar und flüchtig ist, durch Destillation. Die größte Menge des Zinks wird auf diese Weise in Deutschland, namentlich in Schlesien, zu Altenbergen bei Aachen, zu Mühlheim a. Rhein, ferner in Belgien in großartigen Hüttenanlagen hergestellt. An diesen Productionsstätten und in deren Nähe wird auch die Darstellung namentlich des Zinkoxydes, als sogenanntes Zinkweiß, betrieben.

1) Zinkoxyd. Zinkblumen. Zinkweiß. ZnO.

Erhitzt man metallisches Zink in einem Tiegel zwischen Holzkohlen etwas über seine nicht hohe Schmelzhitze, so bildet sich bei Zutritt der Luft ein weißer leuchtender Dampf oder Rauch, das Zink verbrennt mit einer blendendweißen Flamme, aus welcher weiße Nebel emporsteigen, die sich zu weißen Flocken verdichten und sich zum Theil an die Ränder des Tiegels anlegen. Stülpt man über diesen Tiegel einen zweiten, so setzen sich an dessen innere Wandung jene weißen Flocken in noch größerer Menge an und können nach einiger Zeit herausgenommen und gesammelt werden. Der Vorgang hierbei besteht darin, daß das Zink sich nach und nach in Dämpfe verwandelt. Diese Dämpfe verbrennen mit dem Sauerstoff der Luft zu Zinkoxyd, ZnO, jenen weißen Flocken, die sich nun, als eine nicht flüchtige Verbindung, ähnlich dem Ruß, an feste Körper anlegen. Die Operation und die Verbrennung geht rasch vor sich, wenn das Zink durch Anwendung höherer Temperatur rasch verdampft und der Luftzutritt hinreichend ist, um die Verbrennung des Zinks zu gestatten. Auf analoge Weise wird im Großen verfahren, um jenes Zinkoxyd, das Zinkweiß des Handels, herzustellen. Das Zink wird in feuerfeste thönerne Röhren

in dem Maße eingetragen, als sie durch Erhitzung von außen des Zink
dämpfe zu verwandeln gestatten. Zu den aus den Röhren austretenden Z
dämpfen tritt ein Luftstrom, mit welchem sie verbrennen. Der Luftstrom,
cher in Folge der höheren Temperatur wie bei jedem Verbrennungsproceß
jeder Schornsteineinrichtung sich von selbst einstellt, führt das Verbrennungs
product, die weißen Flocken, in ein System von Kammern oder hohlen
Leinwandschläuchen und Säcken, an deren Wände sich das Zinkweiß an
weil der Luftstrom theils wegen Abkühlung schwächer wird, theils indem in
Schläuchen oder Säcken von Leinwand geradezu filtrirt wird. Es werden d
diese Vorrichtungen von Zeit zu Zeit entleert. Die Producte werden in F
eingestampft und verpackt und so ohne weitere Bearbeitung als Zinkweiß in
Handel gebracht.

Es giebt davon sehr verschiedene Sorten vom höchsten Weiß bis zu G
theils davon herrührend, daß das Zink selbst von verschiedener Reinheit
ferner daß gleichzeitig mit dem Zinkweiß bei den bestehenden Einrichtungen
Staub und Ruß mit in die Kammern gelangen können, welche das Zink
verunreinigen, und endlich davon, daß die Zinkblumen noch unverbrannt
in fein vertheilten Zustande enthalten können, welches oft die Ursache der gr
Farbe sein mag.

Der Theorie nach sollten 32,2 Thle. Zink 40,2 Thle. Zinkweiß lie
aber in der Praxis erhält man aus käuflichem Zink viel weniger, weil
letztere viel eingemengte Kohle enthält, die auch beim Auflösen desselben
Säuren zurückbleibt und verursacht, daß gewalztes Zink keine ordentliche
Schliffläche annimmt, weil sich beim weiteren Bearbeiten immer wieder s
Höhlen bilden, aus welchen Kohlenstückchen herausgeschliffen sind.

Das Zinkweiß ist zum Oelanstrich als weiße Farbe sehr tauglich, es er
dert aber mehr Oel als das Bleiweiß. Was die Deckkraft betrifft, so ver
es sich so, daß zwar der Zahl nach mehr Anstriche davon nöthig sind,
beim Bleiweiß, daß aber das Gewicht des in jener größeren Zahl von
strichen enthaltenen Zinkweißes meistens kleiner ist, als das Gewicht des B
weißes, welches die an Zahl geringeren Bleiweißanstriche enthalten.
anderen Worten: die Deckkraft des Zinkweißes ist dem Gewichte nach mi
stens ebenso groß, wie diejenige des Bleiweißes. Das Zinkweiß hat aber
sich den außerordentlichen Vortheil, daß es durch äußere Einflüsse, wie S
wasserstoffgas, Schwefeldämpfe seine Farbe nicht ändert wie das Bleiweiß,
es ist also für Anstriche in Wohnungen dem Bleiweiß vorzuziehen.

Als Wasserfarbe ist das Zinkweiß weniger brauchbar; namentlich ha
den Fehler, beim Stehen in Wasser sich zu einer festen, zuletzt körnigen M
abzusetzen, die sehr schwer wieder zu zertheilen ist. Sogar, wenn das Zink
an feuchten Orten liegt, ballt es sich zusammen und

welche kaum wieder für den Anstrich in Oel zerrieben werden können. Es ist also nothwendig, das Zinkweiß so trocken als möglich aufzubewahren.

Verfälschtes Zinkweiß oder Fabrikate der Hütten, welche unter der bestimmten Bezeichnung „Zinkweiß" von den letzteren abgegeben werden und neben Zinkoxyd noch Zusätze anderer weißer Körper enthalten, sind bis jetzt im Handel nicht angetroffen worden. Schwefelsaurer Baryt würde sich darin wie im Bleiweiß leicht auffinden lassen, weil das reine Zinkweiß in Salzsäure und verdünnter Schwefelsäure vollständig löslich ist, also den schwefelsauren Baryt ungelöst zurücklassen würde.

2) Schwefelzink, ZnS.

Schwefelzink kommt im Mineralreiche als „Zinkblende" in großen Quantitäten vor und bildet einen großen Theil des Rohmaterials, aus welchem das metallische Zink hüttenmännisch gewonnen wird. Aber selbst das reinste natürliche Schwefelzink, das man bis jetzt gefunden hat, ist nicht rein weiß, sondern giebt ein silbergraues Pulver, von welchem schon oben unter Erdfarben die Rede war.

Das künstliche Schwefelzink ist dagegen ein sehr schön weißes, lockeres Pulver von ansehnlicher Deckkraft. Man erhält es auf nassem Wege, wenn man in alkalische Zinkoxydlösungen Schwefelwasserstoffgas leitet, oder wenn man in diese oder in neutrale Lösungen von Zinkoxydsalzen, z. B. von reinem Zinkvitriol, Chlorzink, Lösungen von Schwefelalkalien gießt, wobei dann das Schwefelzink als weißer Niederschlag erhalten wird, der nun, wie von Farbniederschlägen gesagt wurde, weiter behandelt wird. Seine Entstehung folgt bei diesen chemischen Zersetzungen nach den Gleichungen, z. B.:

$$NaO, ZnO + HS = ZnS + NaO, HO,$$
$$KO, ZnO + KS = ZnS + 2KO,$$
$$ZnCl + NaS = ZnS + NaCl.$$

Bis jetzt wird die Darstellung des reinen Schwefelzinks als Malerfarbe noch nicht im Großen betrieben; die Zeit dürfte aber nicht so fern liegen, wo dies geschieht; denn wenn es im Großen gelänge, z. B. aus gerösteter Zinkblende, die nach der Röstung zum größten Theil ZnO darstellt, wenn die reinste Blende angewendet wird, das Zinkoxyd durch Behandlung mit Aetznatronlauge in Lösung zu bringen, so würde diese Lösung durch HS oder NaS gefällt werden können, ohne daß große Kosten entstehen, da das angewendete Natron bis auf den unvermeidlichen Arbeitsverlust wieder erhalten wird.

Dagegen kommt als weiße Malerfarbe ein Product im Handel vor, das Permanentweiß und 10 bis 15 Proc. Schwefelzink besteht und Lithopone genannt wird. Es wird unten davon das Nöthige angeführt.

Auf dem Umstande, daß das Schwefelzink selbst eine weiße Farbe ist, beruht die Unveränderlichkeit des Zinkoxyds gegen die Einwirkung von schwefelhaltigen Gasen, welche das Zinkoxyd in Schwefelzink verwandeln können. Denn da das Product der Einwirkung dieser Gase wieder weiß ist, so wird dadurch das äußere Ansehen eines Zinkoxydanstrichs nicht beeinträchtigt, wenn auch die Oberfläche eine chemische Veränderung erfahren hat.

D. Weiße Barytfarben. Blanc fixe. Permanentweiß. Lithopone.

Unter den Barytfarben wurde bei Erdfarben des gemahlenen in der Natur vorkommenden Schwerspaths erwähnt, welcher nicht sowohl als eine Farbe betrachtet werden kann, sondern als Zusatz dient, um dunklere Farben heller zu machen. Der im Mineralreiche vorkommende Witherit würde wohl die Kreide ersetzen können, wenn er nicht verhältnißmäßig zu theuer wäre, besitzt aber jedenfalls keine besondere dem Maler empfehlungswerthe Eigenschaften. Es werden jedoch Verbindungen des Baryts hergestellt, welche als weiße Farbe Anwendung finden. Namentlich der künstliche schwefelsaure Baryt SO_3, BaO, im Handel Blanc fixe, auch Permanentweiß genannt, und das Lithopone, ein Gemenge des letzteren mit dem vorerwähnten artificiellen Schwefelzink.

Der künstliche schwefelsaure Baryt wurde eine Zeit lang fast nur aus mineralischem Schwerspath hergestellt, da der Witherit oder kohlensaure Baryt nicht im Handel vorkam. Jetzt hat sich die Sache geändert.

Der Witherit ist, wie schon bei den Erdfarben angedeutet, zur Zeit in England ein ebenso couranter Handelsartikel, wie in Deutschland der Schwerspath. Dieser natürlich vorkommende kohlensaure Baryt bildet nicht nur zur Darstellung des künstlichen schwefelsauren Baryts, sondern auch für die Gewinnung aller anderen Barytsalze das bequemste Rohmaterial, und sein Preis ist ein so niedriger, 3 Pfund Sterling pro englische Tonne, daß es meistens vortheilhafter ist, ihn zu benutzen, als die größeren Kosten anzuwenden, welche die schwierigere und umständlichere Verarbeitung des Schwerspaths verursacht.

a. Fabrikation des künstlichen schwefelsauren Baryts aus Schwerspath.

Die Darstellung des künstlichen schwefelsauren Baryts aus Schwerspath beruht darauf, daß fein gepulverter Schwerspath durch Glühen mit Kohle oder kohlenstoffhaltigen Körpern zu Schwefelbarium reducirt wird:

$$SO_3, BaO + 4C = BaS + CO,$$

Fabrikation von Permanentweiß aus Schwerspath. 163

indem dem Schwerspath durch die Kohle C sämmtlicher Sauerstoff O unter Bildung von gasförmigem Kohlenoxyd CO, entzogen wird. Dieses Schwefelbarium löst sich nun in Chlorwasserstoffsäure oder Salzsäure zu Chlorbarium auf, das in dem mit der Salzsäure angewendeten Wasser löslich ist:

$$BaS + HCl = BaCl + HS.$$

Das Schwefelbarium löst sich auch an und für sich, jedoch unter theilweiser Zersetzung, in Wasser auf zu einer gelben, sehr veränderlichen Flüssigkeit.

Die erwähnte Auflösung des Schwefelbariums in Salzsäure HCl erfolgt unter Entwickelung von Schwefelwasserstoffgas HS, welches natürlich auf passende Weise fortzuschaffen ist. Zu der erhaltenen wässerigen Auflösung von Chlorbarium wird nun so lange verdünnte Schwefelsäure gesetzt, als noch ein Niederschlag erfolgt, und dieser weiße, schwere Niederschlag bildet den künstlichen, schwefelsauren Baryt. Zugleich wird bei dieser durch die Gleichung:

$$BaCl + SO_3, HO = SO_3, BaO + HCl$$

versinnlichten Fällung die zur Lösung des Schwefelbariums verwendete Salzsäure wieder frei und kann daher bis auf den durch die Arbeit selbst unvermeidlich verloren gehenden Antheil aufs Neue zur Lösung von Schwefelbarium Anwendung finden.

Der durch Absetzen und darauf folgendes Abziehen der überstehenden Flüssigkeit erhaltene Niederschlag ist von der anhängenden und verloren gehenden Salzsäure nur durch Auswaschen zu befreien, um so das Blanc fixe en pâte, oder aber getrocknet die unter oben angeführten Benennungen vorkommenden weißen Farben herzustellen. Wenn auch der Schwerspath andere Metall- und Erdmetallverbindungen als Verunreinigungen enthält, so gehen diese doch nicht mit in das Blanc fixe ein, weil diese Metalle oder ihre Oxyde nicht durch die Schwefelsäure aus ihrer salzsauren Lösung gefällt werden; aber die angewandte Salzsäure kann doch nur eine Zeit lang wieder gebraucht werden, gerade weil sich jene fremden, durch die Schwefelsäure nicht niedergeschlagenen Körper nach und nach darin anhäufen und das Auswaschen der Niederschläge erschweren.

Die Fabrikation des Blanc fixe aus Schwerspath kann im Großen folgendermaßen geschehen. Man erbaut sich eine Art Töpferofen, Porzellan- oder Ultramarinofen von solcher Einrichtung, daß man darin eine bedeutende Anzahl thönerner Tiegel auf einander stellen und sie einer sehr starken Rothglühhitze aussetzen kann. Auch ist es nöthig, daß der Ofen, wenn man das Feuer ausgehen lassen will, recht genau durch Zustellen der Feuerräume und eines Schornsteinschiebers verschlossen werden kann.

Natürlicher Schwerspath wird sehr fein gemahlen oder in Ermangelung der nöthigen Anstalt dazu so angekauft. Dann hat man sehr feingemahlene

11*

Fabrikation von Permanentweiß aus Schwerspath.

Holzkohlen oder besser feingemahlene backende Steinkohlen nöthig und irgend ein wohlfeiles klebriges Material, als Theer, Steinkohlentheer, Leinsamenmehl Oelkuchen, Kleie oder etwas Aehnliches, welche, mit festen Körpern gemengt, diesen einen gewissen Zusammenhang geben. Doch müssen diese Stoffe organischer Natur sein und bei der Erhitzung verkohlen. Man wägt nun auf einen Haufen 200 Kilo trockenen gemahlenen Schwerspath und 50 Kilo gemahlene Kohle, schaufelt das Ganze gut durcheinander und siebt es nöthigenfalls noch durch ein Sieb, um Klümpchen zu zertheilen und das Gemenge recht vollkommen zu machen; darauf vermischt man es mit Theer, Steinkohlentheer ꝛc. und formt daraus einen zähen Teig. Wird Kleie, Oelkuchen oder ein ähnliches Bindemittel angewendet, so werden diese Materialien auch trocken zugemischt, und das Ganze wird dann mit Wasser zur Teigform angemengt. Der Teig wird hierauf in diejenigen Tiegel fest eingedrückt oder eingefüllt, welche in den betreffenden Öfen gebracht werden sollen. Es taugen dazu Tiegel von guter Töpfermasse; ihre Form ist gleichgültig. Man macht sie etwas conisch und versieht sie mit einem starken Deckel, wie für Ultramarin, so daß die Deckel als Unterlage für die darauf zu setzenden Tiegel dienen können. Oder man giebt ihnen die Form kleiner Porzellankapseln, so daß der Boden des zweiten als Deckel des ersten dient und nur der obere mit einem besonderen Deckel versehen zu sein braucht. Diese Tiegel werden nun in den Töpfer-, Porzellan- oder Ultramarinofen mit wenig Zwischenräumen zum Durchzug des Feuers eingesetzt, nach und nach unter allmäliger Verstärkung des Feuers zur hohen Rothgluth erhitzt und einige Stunden in dieser Temperatur erhalten. Dann werden die Züge und Oeffnungen in und aus dem Ofen mit Steinen versetzt, wohl mit Lehm verstrichen, ehe noch alles Brennmaterial ganz verbrannt ist, und so der Ofen erkalten gelassen. Erst nach dem Erkalten wird der Ofen aufgebrochen und werden die Tiegel oder Kapseln herausgenommen. Der Luftzutritt noch während des Glühens nach dem Ausziehen des Feuers wäre aus dem Grunde schädlich, weil das Schwefelbarium sich leicht wieder zum Theil oxydiren und in schwefelsauren Baryt verwandeln könnte.

Der Zusatz der theerigen oder schleimigen Bindemittel kann bei sehr backenden Steinkohlen unterlassen werden, welche überhaupt hierzu am besten sind; durch diese Mittel erzielt man ein festes Zusammenkleben und Umschließen der Masse mit Kohle auch nach dem Glühen, so daß eine Oxydation nicht so leicht wieder eintritt, ferner daß die Masse in Klumpen zusammensintert und sich von den Tiegeln loslöst, ohne daß Gewalt dazu nöthig wäre.

Den geglühten Inhalt der Tiegel macht man nun aus denselben los und schüttet ihn in hölzerne Kufen. Es könnte nun zwar das Schwefelbarium mittelst Wasser aufgelöst werden, und man erhielte so im Rückstande die Kohle, doch ist es besser, zum Auflösen sogleich verdünnte Salzsäure anzuwenden, die zu

Fabrikation von Permanentweiß aus Schwerspath.

nach und nach zusetzt, damit das Aufschäumen nicht zu heftig wird, welches durch Schwefelwasserstoffgas verursacht wird, das in Menge entweicht. Wenn man keine Anwendung von dem Gase macht, so benutzt man nur offene Standen, die am besten im Freien stehen, wo das Gas sich rasch verbreiten kann, das in größerer Menge eingeathmet gefährliche Folgen hat. Soll aber das entbundene Schwefelwasserstoffgas noch Verwendung finden, so kann man die Lösung in geschlossenen Standen wie zur Entbindung der Kohlensäure aus Kreide vornehmen; die beste Benutzung einer so großen Menge dieses Gases würde freilich die sein, es in Apparate zu leiten, um es darin zu verbrennen und die schweflige Säure und den Wasserdampf, die dabei entstehen, zur Schwefelsäurefabrikation zu benutzen, was also in einer Schwefelsäurefabrik nebenbei recht gut vor sich gehen könnte.

Die entstehende salzsaure Barytlösung wird öfters umgerührt, damit alles Gas entweicht. Kann sie durch einen Dampfstrom aus einem Dampfkessel eine kurze Zeit zum Kochen erhitzt werden, so ist dies sehr vortheilhaft, weil dann aller Schwefel leichter zu entfernen ist, sowohl die geringe Menge, welche sich in der Flüssigkeit niedergesetzt hat, als auch das Schwefelwasserstoffgas, wovon sonst ein Theil längere Zeit absorbirt bleibt, nach welchem die Flüssigkeit auch ebenso lange riecht, das aber leichter mit dem Wasserdampf entweicht.

Wenn die Auflösung erfolgt ist, erscheint die Flüssigkeit gewöhnlich trübe, nicht allein von Kohle, sondern auch von feinzertheiltem Schwefel; von diesen Unreinigkeiten muß sie befreit werden, entweder durch längeres Absetzen, oder durch Filtration. Man kann mit Vortheil dichte Flanellspitzbeutel von der Form eines Zuckerhutes gebrauchen, in welche man die Flüssigkeit aus einem Hahn so schnell laufen läßt, als das Filtriren erfolgen will. Die Flüssigkeit, welche klar ist, sammelt man wieder in reinlichen hölzernen Standen, und den Rückstand wäscht man einige Male mit wenig Wasser aus; das Waschwasser filtrirt man gleichfalls und bringt es zu der Lauge. Der gewaschene Rückstand wird weggeworfen.

Die nun noch folgende Arbeit ist sehr einfach. Man gießt in die Staude, welche die Chlorbariumlösung enthält, Schwefelsäure, die man vorher verdünnt hat, anfänglich in größeren, später in kleineren Portionen. Es entsteht ein milchweißer Niederschlag, von dem sich ein großer Theil bald absetzt. Um nicht zu viel Schwefelsäure zuzusetzen, nimmt man öfters eine Probe aus der Staude heraus, filtrirt etwas durch doppeltes oder dreifaches Druckpapier ab, und tröpfelt in die klare Flüssigkeit nun etwas Schwefelsäure; je nachdem nun noch ein starker oder schwacher Niederschlag entsteht, kann noch mehr oder weniger Schwefelsäure zugesetzt werden. Entsteht kein Niederschlag oder keine Trübung mehr, so kann schon zu viel Schwefelsäure zugelegt worden sein, was man vermeiden muß; denn will man die hierbei ausgeschiedene Salzsäure nachher wieder zum Auflösen von Schwefelbarium wiederholt benutzen, so würde durch den Schwefelsäure-

166   Fabrikation von Permanentweiß aus Witherit.

gehalt jene Salzsäure schon in dem Auflösungsgefäße etwas schwefelsaurer Baryt gefällt werden, der mit dem schmutzigen Rückstande verloren gehen würde. Man würde somit beides, Schwefelsäure und Baryt verlieren. Diesem vorzubeugen hört man lieber bei der Fällung mit dem Zusatze von Schwefelsäure auf, wenn eine abfiltrirte klare Flüssigkeitsprobe mit ihr nur noch eine schwache Trübung giebt. Dann enthält die Flüssigkeit noch eine Spur salzsauren Baryt, der nicht verloren geht, wenn die Flüssigkeit wieder mit Baryt gesättigt werden soll. Wäre zu viel Schwefelsäure zugesetzt gewesen, was man erfährt, wenn die ihr abfiltrirte Probeflüssigkeit mit Schwefelsäure nicht getrübt wird, dagegen mit Chlorbarium oder mit einer Barytauflösung, zu welcher noch keine Schwefelsäure gesetzt worden war, so hilft man sich dadurch, daß man in dieselbe Stande sich so viel frische Chlorbariumlösung, die man etwa zu diesem Behufe zur Vorrath reservirt, unter Umrühren gießt, bis alle Schwefelsäure entfernt ist, und eine abfiltrirte Probe mit Schwefelsäure nun getrübt wird, weil wieder etwas in schüssiges Chlorbarium vorhanden ist.

Nach Beendigung der Fällung bis zu dem angegebenen Puncte läßt man die Flüssigkeit vom schwefelsauren Baryt abklären, der sich in einigen Tagen fest absetzt. Man zapft die über dem Niederschlage stehende Flüssigkeit alsdann klar ab, um sie wie vorhin als Salzsäure anzuwenden. Der zurückgebliebene schwefelsaure Baryt muß nun auf das Sorgfältigste ausgewaschen und ausgesüßt werden. Dies geschieht dadurch, daß man ihn zehn bis zwölf Mal in einem großen Stande mit reinem Wasser aufrührt, nach dem jedesmaligen Absetzen das Wasser fortlaufen läßt, und dieses Verfahren so oft als gesagt wiederholt. Endlich schöpft man den Niederschlag in große Abtropffilter aus, und wenn er der steif genug geworden ist, verpackt man ihn zum Versande in nasser Form, als Blanc fixe en pâte, oder auch, wenn es begehrt wird, trocknet man ihn und verkauft ihn als trocknes blanc fixe; zum Trocknen kann dasselbe Verfahren eingeschlagen werden, wie zum Trocknen der Bleiweiße.

b. Fabrikation des künstlichen schwefelsauren Baryts aus Witherit.

Die Darstellung des künstlichen schwefelsauren Baryts aus Witherit ist eine sehr einfache und wird daher dem Verfahren unter a. vorgezogen. Das gepulverte Material, der Hauptsache nach kohlensaurer Baryt CO_2, BaO, löst sich in verdünnter Salzsäure unter Aufbrausen und Entwickelung von Kohlensäure CO_2 neben gleichzeitiger Bildung von in Wasser gelöstem $BaCl$ nach der Gleichung

$$CO_2, BaO + HCl = CO_2 + BaCl + HO.$$

Man erhält also auch hier direct, wie bei der Fabrikation unter a. aus Schwerspath indirect, eine zur Fällung zu benutzende wässerige Lösung des

Lithopone. 167

Chlorbarium. Die erhaltene Flüssigkeit, welche gesättigt und durch Absetzen geklärt sein muß, gibt nun, mit verdünnter Schwefelsäure versetzt, denselben Niederschlag von schwefelsaurem Baryt, wie er bei der vorigen Methode erhalten wird, und welcher schließlich in gleicher Weise wie früher durch Auswaschung von anhängender Säure zu befreien ist.

Man wird ohne Schwierigkeiten einsehen, daß hier eine Menge Arbeiten wegfallen, die das Product nach dem vorigen Verfahren vertheuren; aber ein Hauptvortheil der vorliegenden Darstellungsmethode besteht namentlich darin, daß dabei kein Schwefelwasserstoffgas entwickelt wird. Die Bildung des Schwefelwasserstoffs bei ersterem Verfahren hinderte bisher immer die Darstellung des Blanc fixe in solchen Fabriken, in welchen andere Farben hergestellt werden, weil die meisten der letzteren durch Schwefelwasserstoff, dessen Verbreitung in den Fabrikräumen nicht ganz zu vermeiden ist, geschwärzt werden. Aus Witherit kann die Darstellung des Blanc fixe überall neben derjenigen anderer Farben ohne Nachtheil stattfinden.

Lithopone. Unter diesem Namen hat man seit einigen Jahren ein Fabrikat als weiße Malerfarbe einzuführen versucht, das aus einem Gemenge von künstlichem schwefelsaurem Baryt und Schwefelzink besteht und worin das letztere in Mengen von 10 bis 15 Procent vorhanden ist. Es wird offenbar so hergestellt, daß man entweder zunächst nach der angegebenen Blanc fixe-Fabrikation a. Schwefelbarium und hieraus eine gesättigte Chlorbariumlösung bereitet, dann zu dieser eine Lösung von Schwefelbarium in Wasser fügt, und nun das Gemenge mit Schwefelsäure theilweise, und den Rest mit Zinkvitriol oder Chlorzink fällt. Oder man mengt den Niederschlag, den schwefelsaures Zinkoxyd mit der wässerigen Lösung von Schwefelbarium giebt, einfach mit dem ausgewaschenen Blanc fixe. Die wässerigen Lösungen von Schwefelbarium sind durch Auslaugen der Rückstände vom Glühen des Schwerspaths mit kohlehaltigen Gemischen, wie oben bereits angegeben, leicht zu erhalten. Wenn man diese Schwefelbariumlösungen lediglich mit Zinkvitriol fällte, so würde hierbei folgender chemische Proceß vor sich gehen:

$$SO_3, ZnO + BaS = SO_3, BaO + ZnS.$$

Demnach würde als Niederschlag ein Gemenge von schwefelsaurem Baryt und Schwefelzink erhalten, in welchem der letztgenannte Bestandtheil höchstens 13 Procent betragen könnte. Da das Lithopone nicht einmal diese Quantität Schwefelzink enthält, so muß man annehmen, daß dem so erhaltenen Gemenge entweder noch besonders Blanc fixe beigemengt, oder daß bei Darstellung des Lithopone in der zuerst angegebenen Weise verfahren ist, wobei jedoch der zu erstrebende Schwefelzinkgehalt nicht sicher eingehalten werden kann.

Das Lithopone hat natürlich die Eigenschaft seiner beiden Bestandtheile.

Anwendung des Blanc fixe.

Das Blanc fixe deckt wenig in Oel. Von Fabrikanten ist zwar in neuerer Zeit behauptet worden, daß sich das Blanc fixe bezüglich der Deckfähigkeit ähnlich verhalte wie Zinkweiß, was jedoch nicht sehr wahrscheinlich ist, da das erstere fast ebenso schwer ist wie Bleiweiß, also eine dünn angestrichene Fläche schon eine ziemliche Menge davon dem Gewichte nach erheischt. Es ist aber eine gute Wasserfarbe und für Buntpapier-, Glanzpapier-, sowie Glanztapetenfabrikation ein sehr schätzbares Fabrikat, welches an Fabriken, die solche Papiere darstellen, stets in Teigform abgegeben wird, weil es anderenfalls mit erheblichen Schwierigkeiten verbunden sein würde, das einmal getrocknete und wenn auch höchst fein pulverisirte Product nachher wieder derart fein zu zertheilen, wie es für den gedachten Zweck erforderlich ist, um vollkommene Glättung und Glanz dieser Papiere zu erzielen.

Als weißer Zusatz für Farben, um sie heller zu machen, verträgt 1 Thl. Blanc fixe wenigstens 4 Theile feingemahlenen Schwerspath, ist also sehr vortheilhaft für den Fabrikanten. Daraus geht hervor, daß es wenigstens als Wasserfarbe viermal mehr deckt als gemahlener Schwerspath, und daraus ist auch wohl erklärlich, warum es in der Tapeten- und Papierfabrikation sich gegenwärtig eine allgemeine Anwendung gesichert hat. Es giebt jetzt auch Fabriken, die sich ausschließlich mit der Darstellung dieses Productes beschäftigen.

Gegen Reagentien verhält sich Blanc fixe wie Schwerspath. Es ist in allen Säuren und alkalischen Flüssigkeiten unlöslich und schwärzt sich nicht mit Schwefelammonium. Ist ihm wie im Lithopone Schwefelzink beigemengt, so entwickelt es mit Salzsäure Schwefelwasserstoffgas, und die salzsaure Lösung giebt nach der Neutralisation mit kaustischem Ammoniak mit Schwefelammonium einen weißen Niederschlag von Schwefelzink. Was von der Salzsäure hierin nicht gelöst wurde, ist Permanentweiß, so daß die Bestimmung der Bestandtheile des Lithopone sehr leicht ist.

Nachtrag zu Permanentweiß.

Es ist jedem Chemiker, der sich mit Analysen beschäftigt, bekannt, daß der durch lösliche Barytsalze in Lösungen von Schwefelsäuresalzen zum Zwecke der Schwefelsäurebestimmung erzeugte Niederschlag von schwefelsaurem Baryt in Folge seiner außerordentlich feinpulverigen Beschaffenheit sich meistens schwer filtriren läßt und durch die feinsten Filter hindurchgeht. Diese Beschaffenheit des Niederschlages wird durch starken Zusatz von Salzsäure insofern aufgehoben, als dadurch der Niederschlag mehr eine krystallinische Form erhält, sich dann leichter absetzt und besser von der Flüssigkeit trennen läßt. Falls man daher Chlorbarium bei der Darstellung des Permanentweißes mit freier Schwefelsäure, so entsteht dieser gröbere und krystallinische Niederschlag durch die Gegenwart

Amorphes Blanc fixe.

der aus dem Chlorbarium frei gewordenen Salzsäure, die man also nicht erst zuzusetzen braucht, um das leichtere Absetzen des Niederschlages zu veranlassen. Fällt man dagegen Chlorbarium statt mit freier Schwefelsäure mit der Lösung eines neutralen schwefelsauren Salzes, so entsteht hierbei nicht freie Salzsäure, sondern durch Wechselzersetzung des Chlorbariums mit dem schwefelsauren Salze ein entsprechendes neutrales Chlorsalz, in dessen Lösung nun der schwefelsaure Baryt niederfällt. Letzterer Niederschlag ist aber nach Meißner in Schöningen, weil von höchst fein zertheilter, mehr amorpher Beschaffenheit, bei seiner Anwendung als Farbe weit bedeckender, als der vorerwähnte, aus salzsäurehaltiger Flüssigkeit niederfallende schwefelsaure Baryt von mehr krystallinischer Form. Meißner fällt daher das Chlorbarium in neutraler Lösung mit neutralen schwefelsauren Salzen statt mit Schwefelsäure, und erhält dadurch zwar ein besseres Product, als das durch Fällen mit Schwefelsäure gewonnene Blanc fixe, das aber jedenfalls viel theurer wird, weil dabei jedenfalls alle zur Darstellung des Chlorbariums angewandte Salzsäure nebst der Base des schwefelsauren Salzes verloren gehen, wenn als letzteres nicht vielleicht feingemahlener reiner Gyps anwendbar ist. Wie dann aber die Schwierigkeiten beim Auswaschen und Filtriren des Productes überwunden werden, ist mir nicht bekannt.

Meißner hat außerdem gefunden, daß durch Glühen des so erhaltenen, getrockneten schwefelsauren Baryts in Muffeln, Ausziehen desselben in kaltes Wasser, Mahlen, Trocknen und abermaliges Pulverisiren ein in noch weit höherem Grade deckendes Product erhalten werde, weil der schwefelsaure Baryt in Folge dieser Behandlungsweise noch mehr den amorphen Zustand annehme, was auch ganz wahrscheinlich ist. Das so hergestellte Permanentweiß wird auch bereits mit allen den neuen vorzüglicheren Eigenschaften, die es ohne Zweifel besitzt, im Handel ausgeboten, allein sein Preis ist noch der Art, daß er ein großes Hinderniß bildet, um diese Farbe dem praktisch bewährten Zinkweiß und Bleiweiß vorzuziehen. Der bemerkte hohe Handelspreis erklärt sich aber leicht, wenn man die Fabrikationsweise in Betracht zieht, welche zur Herstellung des Productes eine so große Anzahl nach einander folgender Operationen in Anspruch nimmt.

II. Gelbe Farben.

A. Bleifarben.

Auch in vielen gelben Farben ist das Bleioxyd die metallische Grundlage, und bei zur Herstellung dieser Farben je nach Oertlichkeit und dem Preise der Materialbedingungen verschiedene Wege eingeschlagen werden können und man

170   Gelbe Bleifarben. Bleiglätte.

oft vortheilhafter verfährt, diese Verbindungen selbst herzustellen oder in halbfertigem Zustande anzuwenden, so ist es nothwendig, jene Materialien zu geben Bleifarben sowie das in Frage kommende Herstellungsverfahren an geeigneten Stellen jedesmal besonders anzuführen, soweit es sich dabei um praktische und finanzielle Gesichtspunkte handelt.

a. Bleioxyd, PbO. Bleiglätte. Silberglätte.

Das Blei hat die Eigenschaft, bei der verhältnißmäßig nicht sehr hohen Temperatur von ungefähr 325° C. zu schmelzen. Dabei und noch mehr bei seiner weiteren Erhitzung über den Schmelzpunkt hinaus erzeugt sich bei Luftzutritt stets auf der Oberfläche eine gewöhnlich regenbogenfarbige Haut, die sich schnell wieder erneuert, wenn man sie vom Bleie wegzieht. Hierbei einer das Blei Pb Sauerstoff O auf und bildet das Oxyd PbO, das im Großen beim Abtreiben silberhaltigen Bleies auf eine der vorbeschriebenen Bildung analoge Weise in den Silbertreiböfen gewonnen wird, daher es auch die beiden Namen Silberglätte und Bleiglätte erhalten und beibehalten hat. Das Bleioxyd bildet in dieser Form als Bleiglätte, in welcher es im Handel vorkommt, einen sehr wichtigen Rohstoff für die Farbenfabrikation, indem alle Bleioxydverbindungen, die zur Farbenfabrikation angewendet werden, direct oder indirect daraus hergestellt werden. Die Reinheit der Bleiglätte ist daher in den meisten Fällen von einiger Wichtigkeit und hängt von der Reinheit des Bleies ab, aus welchem die Glätte hergestellt ist.

Die Verunreinigungen der Bleiglätte sind immer dieselben, wie die des Bleies nur kommt noch ein geringer und weniger schädlicher Gehalt von Kieselerde und Kalk hinzu, welchen die Bleiglätte aus den Treibherden aufgenommen hat.

Man kennt ihre Güte von vornherein nach den Gewinnungsorten, denn die Glätte von den reineren Bleisorten, von Villacher, Tarnowitzer, englischem Plaquetblei ist auch reiner als die sächsische, rheinische und Harzer Glätte. Die englische Glätte ist ihrer Reinheit wegen sehr beliebt; sie enthält nur wenig Kupferoxyd, was in der Harzer Glätte in bedeutender Menge vorkommt. Man erkennt das Kupferoxyd daran, daß Aetzammoniak mit welchem man die Bleiglätte einige Zeit digerirt, sich nach und nach blau färbt.

Die Bleiglätte zieht an der Luft Kohlensäure an und enthält daher oft kohlensaures Bleioxyd. Sie löst sich, wenn sie rein ist, völlig und leicht in verdünnter reiner Salpetersäure zu salpetersaurem Bleioxyd. Auch durch Essigsäure wird die Bleiglätte aufgelöst, jedoch langsamer als in Salpetersäure. Schwefelsäure wirkt wenig darauf ein, weil das an der Oberfläche entstehende in Wasser unlösliche schwefelsaure Bleioxyd die weitere Einwirkung der Säure hindert. Salzsäure wirkt aus gleichem Grunde langsam, weil das entstehende Product in Wasser, namentlich in kaltem, wenig löslich ist. Wird die Glätte aber sehr fein gemahlen, so schwillt sie mit Salzsäure auf und es bildet sich bei Ueberschuß der letzteren einfach Chlorblei: $PbCl$, bei Ueberschuß von Glätte basisches (bleioxydhaltiges) Chlorblei. Wird die Bleiglätte mit einer Lösung von Kochsalz oder Salmiak längere Zeit in Berührung gelassen, so bildet sich immer basisches Chlorblei oder Chlorblei-Bleioxyd. In den wässerigen ätzenden Alkalien, Kali und Natron, löst sich das Bleioxyd ebenfalls langsam auf.

b. Mennige.

Sie kann als eine Verbindung von Bleioxyd PbO mit dem Bleihyperoxyd PbO_2 in verschiedenen Verhältnissen betrachtet werden und ist selbst eine gelb-rothe oder orangerothe Farbe.

Die Mennige wurde ehedem in Deutschland in der Gegend von Nürnberg in großen Quantitäten bereitet, jetzt ist der Hauptsitz ihrer Bereitung England und die Gegend von Villach; denn da zu ihrer Darstellung in schönster Qualität nur ausgezeichnet gute Bleisorten verwendbar sind, so zogen die Gewinnungsorte der besten Bleie auch die Mennigefabrikation an sich, die nur in größerem Maßstabe ausgeführt einen erheblichen Nutzen abwerfen kann. Die Mennige unterscheidet sich durch ihre Schönheit und ihr Feuer; sie ist gewöhnlich um so schöner und feuriger, je weniger sie zugleich ins Braune geht. Verfälscht oder vermischt mit anderen rothen Farben wird sie sehr selten, da gegenwärtig geringe Sorten keinen Absatz finden.

Obgleich die Darstellung der Mennige gegenwärtig eine Art großer hüttenmännischer Production geworden ist, so will ich doch die Darstellungsweise derselben angeben, besonders, da dieselbe auch im Kleinen ausgeführt werden kann.

Man kann, um die Mennige darzustellen, zweierlei Wege einschlagen, nämlich Blei zunächst entweder in reines kohlensaures Bleioxyd, oder in Silberglätte verwandeln. Beide Zwischenproducte eignen sich gleich gut zur Mennigegewinnung, müssen aber vor der Verwendung erst naß zu dem feinsten Pulver gemahlen werden, welches nach dem Trocknen nochmals sehr fein pulverisirt wird, eine Arbeit, die durch Mühlen und Maschinen auf eine Art verrichtet wird, daß der Staub beim trockenen Sieben sich nicht weit verbreiten und so der Gesundheit der Umgebung nachtheilig werden kann. Die gemahlenen Materialien werden nun in blecherne Kästen gefüllt und in eine Art Flammenöfen geschafft, welche zum dunklen Rothglühen erhitzt sind, und etwa 12 Stunden gleichmäßig auf dieser Temperatur erhalten werden, während welcher Zeit ein guter Luftzutritt besteht. Alsdann werden die Kästen aus dem Ofen gezogen, wo das darin befindliche Material eine mehr oder weniger rothe oder rothbraune Farbe angenommen hat. Dieses Product wird nun wiederholt durch Rollsteine zerbrückt und derselben Operation drei- bis viermal wiederholt ausgesetzt, bis die Farbe gleichartig und feurig genug ist.

In den Villachischen Mennigeöfen, die eine andere Einrichtung besitzen, kommt die gemahlene Glätte nicht in eisernen Kästen in den heißen Ofen, sondern sie wird auf dem eisernen Herde, einer Art Flammenofen, der Glühhitze ausgesetzt. Es ist dies ein Ofen, der einen zweiten steinernen, mit einer Eisenplatte bedeckten Herd hat, der überwölbt ist und einige Arbeitsthüren besitzt zum Eintragen, Umrühren und Auszuziehen der Glätte. Unter dem Herde befindet sich der Feuerraum, und blos die Stichflamme des Holzfeuers geht auf beiden Seiten des Herdes unter dem Feuerraume hervor, von da durch den Fuchs im Gewölbe über einen zweiten Herd auf diesem Gewölbe, der wieder überwölbt ist, und von da in einen Schornstein von beträchtlicher Höhe. Der obere Herd hat ebensolche Arbeitsöffnungen, wie der untere, das Feuer tritt an einer Seite vom unteren Herde ein, und an der anderen in den Schornstein. Beide Herde communiciren endlich noch durch ein in der Mitte des oberen befindliches Loch, durch welches es möglich ist, den Inhalt vom oberen Herde auf den unteren fallen zu lassen. Diese Oeffnung kann durch eine Eisenplatte zugeschoben werden.

Beide Herde werden mit Glätte beschickt, und diese wird bei schwacher Rothglühhitze im unteren Ofen so lange unter häufigem Umrühren mit eisernen Haken erhitzt, bis dieselbe eine hinreichend hohe rothe Farbe angenommen hat. Dann wird die erzeugte Mennige aus dem unteren Ofen geschafft, die Glätte vom oberen Herde auf den unteren Herd geworfen, auf den oberen Herd wieder frische Glätte gebracht und so weiter fortgefahren. Ein helles Feuer im Ofen ohne Rauch und eine nicht zu hohe Temperatur beschleunigt bei reichlichem Zutritt der Luft die Mennigebildung, die dadurch vor sich geht, daß die vorhandene Glätte oder das bei Anwendung von Bleiweiß nach Entweichung der Kohlensäure zurückbleibende Bleioxyd noch mehr Sauerstoff aufnimmt und, wie oben bereits bemerkt, in eine Verbindung von Bleioxyd mit Bleihyperoxyd übergeht, welche in chemisch reinem Zustande zusammengesetzt ist aus:

90,7 Blei,
9,3 Sauerstoff,
100,0

oder

65,12 Bleioxyd,
34,88 Bleihyperoxyd,
100,00.

Im Kleinen läßt sich die Mennige ohne Schwierigkeit ebenso schön herstellen, wie im Großen, wenn man auf einer dünnen Eisenplatte sehr fein

Anwendung der Mennige. Massicot.

gemahlenes Bleiweiß ausbreitet, und die Eisenplatte längere Zeit im dunklen Glühen erhält, wobei man das Bleiweiß oft umrühren muß. Auf der heißesten eisernen Oberplatte der gewöhnlichen gußeisernen Circulirösen, wie sie oft zum Heizen der Trockenstuben in Farbenfabriken angewendet werden, auf dieselbe Art ausgebreitet, entsteht bei mäßigem Feuer aus dem Bleiweiße eine recht hübsche Mennige, wobei man deren Bildung und Entstehungsweise recht gut wahrnehmen kann. Aus dem Bleiweiße entsteht erst gelbes Bleioxyd, das Massicot, das früher auch als gelbe Farbe angewendet wurde; dann wird das Pulver bräunlich und zuletzt roth. In der Hitze sieht jedoch die Farbe immer dunkler und bräunlicher aus, als nach dem Erkalten.

Die Mennige löst sich in schwachen Säuren nicht auf; aber stärkere Säuren, wie die Salpetersäure, und solche, die das Bleihyperoxyd nicht zersetzen, lösen aus ihr das Bleioxyd auf dieselbe Art, wie sie Bleiglätte lösen, lassen jedoch das Bleihyperoxyd als ein braunes Pulver zurück. Die Wasserstoffsäuren zersetzen sie vollständig; Salzsäure bildet damit Chlorblei, wie mit Silberglätte, nur leichter, und entwickelt dabei Chlor, das bei Anwendung der Salzsäure in sehr verdünntem Zustande in der wässerigen Flüssigkeit absorbirt bleibt, worauf die Darstellung einer bleichenden Flüssigkeit beruht. Durch starkes Erhitzen geht die Mennige wieder in Silberglätte oder Bleioxyd über, wobei sie den Sauerstoff abgiebt, den sie bei der Mennigebildung aufgenommen hatte. Durch schwefelwasserstoffhaltige Gase wird die Mennige sehr rasch geschwärzt. Sie läßt sich nicht mit Farben mischen, welche sauer sind oder Schwefel lose gebunden enthalten. Sie dient als Wasser- und Oelfarbe, und ist in beiden Fällen von großer Deckkraft; beim Anreiben mit Oel nimmt sie nur wenig davon auf, um die gewöhnliche Abreibeconsistenz zu erlangen, ungefähr soviel, wie das Bleiweiß; ihr Anstrich trocknet daher sehr rasch; der Brei dient auch in manchen Fällen als gut trocknender Kitt, namentlich zum Verstreichen von Fugen von Kesseldeckeln ꝛc., welche nachher zusammengeschroben werden. In Oel abgeriebene Mennige kann nicht ohne Nachtheil, eben wegen dieses schnellen Trocknens, verwahrt werden.

c. Von den verschiedenen Bleisalzen, die hauptsächlich bei der Darstellung des Chromgelbs und Chromroths Verwendung finden, wird unter Chromgelb specieller die Rede sein.

d. **Massicot, ebenfalls Bleioxyd, PbO.**

Die gewöhnliche Silber- oder Bleiglätte erscheint entweder als röthliches, oder als gelbes Pulver, und dieser Farbenunterschied beruht nur auf einem abweichenden Aggregatzustande jener beiden, in der chemischen Zusammensetzung übrigens ganz gleichen Bleioxyd-Modificationen. Wenn hiernach das Bleioxyd nicht

174   Casselergelb. Mineralgelb.

ausschließlich als gelbe Farbe classificirt werden kann, so ist dasselbe doch thatsächlich eine der ältesten bekannten rein gelben Farben, welche unter dem Namen Massicot früher eine ausgedehnte Anwendung gefunden hat.

Das Massicot wurde erhalten, indem man Bleiweiß so weit erhitzte, daß sowohl das darin enthaltene Bleioxydhydrat sein Wasser, als das kohlensaure Bleioxyd die Kohlensäure verloren hatte. Es blieb so ein lebhaft hellgelbes Pulver, das Massicot zurück, welches keiner weiteren Verarbeitung mehr bedurfte.

Das Massicot nahm hierbei doch eine um so mehr dunkle und orangerothe Farbe an, je länger es erhitzt wurde, wodurch das Bleioxyd nach und nach theilweise in Mennige übergeht, wie oben bei Mennige angeführt ist. Jetzt wird dieser Artikel als gelbe Farbe nicht mehr gebraucht und angefertigt, weil sie im Verhältnisse zu ihrem Aussehen viel zu theuer zu stehen kommt. Zu andern Zwecken aber wird statt des Massicots feingemahlene Glätte angewendet, welche beim Mahlen auch eine schwach gelbe Farbe annimmt.

α. **Cassclergelb. Mineralgelb. Mengel**, $PbCl + 7 PbO$.
Bleioxyd-Chlorblei.

Dies war früher das zweite zu Farbenzwecken dienende gelbe Bleipräparat, das einige Maler zuweilen jetzt noch gebrauchen, und das deswegen auch noch hier und da dargestellt wird. Es war seiner Zeit die vorzüglichste gelbe Farbe, die man kannte, und der eine rein citrongelbe Nüance zukommt.

Dieselbe besteht aus Bleioxyd und Chlorblei. Es giebt verschiedene Vorschriften, sie darzustellen, sowohl hinsichtlich des Materials, woraus man sie herstellte, als der Manipulationen, doch ist es nicht der Mühe werth, sie anzuführen. Man wandte sonst sowohl Massicot als Bleiweiß an, gegenwärtig nur käufliche Bleiglätte, von welcher allerdings erfordert wird, daß sie rein und in ein möglichst feines Pulver verwandelt ist, wenn das Gelb schön ausfallen und die Arbeit rasch von Statten gehen soll. Die Darstellung der Farbe besteht darin, daß man 10 Theile jener Bleiglätte mit 1 Theil gepulvertem Salmiak in glühenden Fluß bringt, in Formen ausgießt und erkalten läßt. Die Farbe kommt dann entweder in den angewendeten Formen entsprechenden Stücken in den Handel oder aber gemahlen und heißt dann gemahlenes Casselergelb oder Mineralgelb.

Zum Schmelzen gebraucht man am besten aus Porzellan- oder Chamottemasse gefertigte feuerfeste Tiegel, welche ungefähr 0,5 bis 1 Kilo Silberglätte fassen. Um sie zu füllen, braucht man eine rinnenförmige Blechschaufel, welche gerade so viel aufnimmt, als ein Tiegel faßt, und deren Rinne nicht breiter ist, als der Durchmesser der Tiegel, so daß die letzteren mit Hülfe der Schaufel

Darstellung von Casseleregelb.

nicht gefüllt werden können, ohne daß etwas verloren geht, auch wenn der Tiegel im Feuer steht oder glüht.

Für die nöthige Erhitzung dieser Tiegel zum Behufe der Schmelzung braucht man nicht einmal einen Windofen; es genügt eine freie steinerne Esse, z. B. ein gewöhnlicher Kochherd. Man umgiebt denselben mit Ziegelsteinen in drei Lagen, so daß darauf ein länglicher Kasten von 0,94 m Länge und 0,47 m Breite entsteht. Auf den Boden dieses Kastens legt man etwa vier Ziegelsteine mit Zwischenräumen von einigen Zollen; dieser kastenförmige Raum ist dann als Ofen und ist dazu vollkommen brauchbar.

Man hat außerdem noch eine Zange nöthig, um die glühenden Tiegel anfassen und aus dem Feuer heben zu können, eine Kohlenzange, einen Blasebalg und die Formen, in welche man die geschmolzene Masse gießt; ferner einen größeren oder kleineren viereckigen Kasten, um darin die Glätte und den Salmiak zu mischen, und einige gewöhnliche Spaten oder Schäufelchen, um damit die Mischung dieser Rohmaterialien zu bewerkstelligen.

Man wägt in den Kasten höchstens 5 Kilo gemahlene Glätte und 0,5 Kilo eingesiebten gepulverten Salmiak, mischt dann mit dem hölzernen Schäufelchen recht oft hin und her, und wenn die Mischung soweit vollendet ist, daß man keinen Salmiak mehr erkennen kann, schöpft man sie in ein beliebiges anderes Gefäß aus, worauf man auf dieselbe Art noch mehrere Mischungen macht und in dasselbe Gefäß bringt. Man mischt deshalb in so kleinen Quantitäten, damit man sicher ist, daß die Mengung recht vollkommen sei und zwar in der ganzen in Vorrath gemachten Quantität. Bei dieser Arbeit entwickelt sich immer ein starker Ammoniakgeruch, weil das Bleioxyd schon bei der Berührung mit dem Salmiak oder Chlorammonium auf denselben einwirkt und ihm Chlor entzieht, wobei dann das Ammoniak frei wird.

Wenn die zu verarbeitende Mischung gemacht ist, so legt man glühende Kohlen in den viereckigen Raum um 6 bis 8 Tiegel herum, die man auf die darin gestellten Backsteine frei hingestellt hat. Man legt frische Holzkohlen darauf und um die Tiegel bis etwa zu ihrer Höhe und bedeckt dabei die Tiegel selber mit dazu passenden Deckeln oder mit Dachziegelstücken, damit keine Kohlen hineinfallen. Man facht das Feuer mittelst des Gänseflügels an, läßt es aber nach gehöriger Entzündung von selbst brennen unter Auflegung von Kohlen. An die hintere Backsteinwand des Ofens setzt man einige leere Tiegel, um sie nach und nach im Vorrath vorzuwärmen. Wenn die Tiegel, wie es bald geschieht, rothglühend geworden sind, so nimmt man die Deckel ab und gießt in jeden nacheinander das in die rinnenförmige Schaufel gebrachte richtige Quantum des Gemisches, während man das Feuer in gleicher Stärke hält. Binnen kurzer Zeit ist die Masse geschmolzen; sie zeigt sich beim Rütteln des Tiegels dünnflüssig; man nimmt dann den Tiegel mit der Zange aus dem Feuer und gießt den

Darstellung und Anwendung des Casselergelb.

Inhalt rasch in neben dem Ofen stehende Formen aus; ebenso rasch, ehe er erkaltet, setzt man ihn wieder an Ort und Stelle, außer wenn es sich zeigt, daß er leck, wo man ihn als unbrauchbar bei Seite thut und ihn durch einen vorräthig stehenden vorgewärmten ersetzt. Man füllt denselben wieder und verfährt so mit allen anderen und den ausgewechselten so fort, bis die Mischung aufgearbeitet ist oder man aus anderen Gründen das Tagewerk beschließen will. Es ist dabei nur zu bemerken, daß die Tiegel drei- bis sechsmal halten können, wenn sie gut sind, aber auch nur einmal, namentlich solche, die sehr sandig und porös sind. Thonige Tiegel sind daher vorzuziehen. Man erhält, wenn nichts durch Ausfließen verloren gegangen ist, einige Procente mehr an Gewicht, als man Bleiglätte angewendet hat. Am Boden der Form, in der diese geschmolzene Masse starr gesteht und im Bruch krystallinisch ist, befindet sich häufig ein Bleikorn von reducirtem Blei, das man leicht wegnehmen kann. Es bildet sich, indem das entweichende Ammoniak durch seinen Wasserstoffgehalt etwas Bleioxyd reducirt. Vor dem Hineinfallen von Kohle oder brennbaren Stoffen in die Tiegel muß man sich in Acht nehmen, weil dieselben ebenfalls leicht Blei reduciren, und so eine Minderausbeute von Farbe, statt deren aber ein größeres Bleikorn erfolgt.

Das Mahlen dieser Farbe, wenn es erfolgen soll, um sie als Mineralgelb oder gemahlenes Casselergelb in den Handel zu bringen, geschieht, nachdem die geschmolzene Masse gröblich zerstoßen worden ist, auf kleineren Farbmühlen, die übrigens ebenso eingerichtet sind, wie die Mühlen für Bleikalk, und auf eben dieselbe Weise auf nassem Wege. Die Farbe wird ohne weiteres Auswaschen getrocknet, noch trocken zerrieben und gesiebt, worauf sie zur Verpackung fertig ist. Dieselbe enthält nach Maßgabe der oben angegebenen chemischen Formel in 100 Theilen:

15,1 Chlorblei,
84,9 Bleioxyd,
100,0.

Das in Stücken vorkommende Casselergelb kann nicht verfälscht werden, wohl aber das Mineralgelb, wozu sich übrigens nur fein gemahlener Schwerspath eignen würde. Das Gelb ist zwar ziemlich beständig, aber es kann sich schwärzen mit schwefelhaltigen Farben. Mit Grünspan verschwindet es unter Bildung von essigsaurem Blei, Chlorblei und Kupferoxydhydrat. In Salpetersäure, wenn sie sehr verdünnt ist, löst es sich beinahe ganz, und wenn es rein ist, auch und nach vollständig bei Anwendung von viel Wasser, welches auch das zurückbleibende Chlorblei aufnimmt. Braust das Mineralgelb dabei mit auf, so ist es mit Kreide versetzt. Andere Verfälschungsmittel, z. B. Ockererde, theuer, als daß sie angewendet werden würden. Mit blauen Farben, Grundlage Berlinerblau ist, kann es zu Grün benutzt werden. Es ist als Kalk- und Wasserfarbe anwendbar.

Chromsaures Bleioxyd.

ben, gebraucht man ungefähr 5 bis 6,5 kg Leinöl, mit welchem es sehr rasch trocknet.

Wenn man die verschiedenen Arten Bleioxyd-Chlorblei, welche durch Fällung von basisch-essigsaurem Bleioxyd mit Kochsalz erhalten werden und im Allgemeinen der Formel $PbCl + PbO, HO$ entsprechen, ferner die unten noch näher zu erörternden anderweitigen weißen Chlorblei- und Bleioxydverbindungen derart erhitzt, daß sie ihr Wasser verlieren, so geben sie alle ziemlich schöne gelbe Farben. Beim Zusammenschmelzen mit Glätte in gehöriger Proportion liefern sie auch alle dieselbe Farbe wie Casselergelb, wenn die Schmelzproducte pulverisirt werden, und schmelzen überhaupt sehr leicht, wobei das Bleioxyd immer die Tiegel stark angreift. Solche Producte und Schmelzproducte kamen ehemals unter dem Namen Montpelliergelb und Turnersgelb im Handel vor, werden aber jetzt nicht einmal mehr in Preiscouranten aufgeführt.

Das Casselergelb und sämmtliche Gelbe, welche aus Chlorblei-Bleioxyd bestehen, lösen sich, wenn sie sonst rein sind und keine Zusätze enthalten, sowohl in verdünnter Salpetersäure, als auch in concentrirter Kali- oder Natronlauge zu vollständig farblosen Flüssigkeiten auf. Durch diese Farblosigkeit ihrer auf angegebene Weise erhaltenen Lösungen lassen sich die in Rede stehenden Gelbe sogleich von den Chromgelben und Zinkgelben unterscheiden, deren Farbennuance übrigens auch eine andere ist. Letztere lösen sich nämlich ebenfalls in den genannten Agentien auf, aber die Lösung ist dann immer mehr oder weniger noch gelb gefärbt.

f. Chromsaure Bleioxydverbindungen. Chromgelbe.

A. Allgemeines.

Die schönsten gelben Mineralfarben, die man kennt, sind die Chromgelbe, das chromsaure Bleioxyd, von welchem es aber sehr verschiedene Abänderungen giebt. Obwohl es mit Rücksicht auf die verhältnißmäßig einfache chemische Zusammensetzung der vorliegenden Farben manchem theoretischen Chemiker erscheinen mag, daß Nichts leichter sei, als die Chromgelbe herzustellen, so kann ich doch auf Grund meiner Erfahrung versichern, daß das Gegentheil der Fall ist, wenn es sich darum handelt, diejenigen Nuancen des Chromgelbs bestimmt zu erhalten, die man sich wünscht. Soweit dieselben nicht durch Beimischungen von weißen Körpern verändert sind, haben alle Chromgelbe, wenn sie nicht ins Rothe oder Orange gehen, nämlich zweierlei Zusammensetzung, sie sind nämlich reines Bleioxyd: CrO_3, oder sie sind von sehr verschiedener Farbe in sehr verschiedenen Nuancen

178 Chromgelb.

zuzuschreiben ist. Ich werde nun darüber anführen, was man wissen muß, um diese Zustände des chromsauren Bleioxyds bei der Fabrikation herbeizuführen oder zu vermeiden, wenn man bei der Darstellung ein voraus bestimmtes Resultat erzielen will.

Um das chromsaure Bleioxyd herzustellen, benutzt man einestheils stets das rothe chromsaure Kali $2 CrO_3$, KO, welches allein das für den Handel dargestellte, käufliche und mit Vortheil zu verwendende chromsaure Salz ist, anderentheils aber ein Bleisalz, aus welchem jenes rothe chromsaure Kali das Bleioxyd als chromsaures Bleioxyd fällen kann, wenn die Lösungen beider zusammentreffen. Als Bleisalz verwendet man meistens essigsaures Blei $\bar{A}, PbO + 3HO$, worin $\bar{A} =$ Essigsäure $= C_4H_3O_3$ ist, und das im Handel Bleizucker genannt wird, obwohl unter Umständen auch andere Bleisalze, auf die ich später zurückkomme, angewendet werden können. Wird saures chromsaures Kali und Bleizucker angewandt, so bildet sich nach der Gleichung:

$$2 CrO_3, KO + 2(\bar{A}, PbO + 3HO) = 2(CrO_3, PbO) + \bar{A}, KO + \bar{A} + 6H_2O$$

einestheils niederfallendes chromsaures Bleioxyd und anderentheils lösliches pfachs- oder saures essigsaures Kali, daher die Flüssigkeit, welche den Niederschlag enthält, stets sauer reagirt.

Wenn man nun eine Bleizuckerlösung ohne Weiteres mit chromsaurem Kali ausfällt, so entsteht wohl neutrales chromsaures Bleioxyd als hellcitronfarbener Niederschlag, aber der letztere behält diese Farbe nur vorübergehend. Er wird schnell dunkler, zieht sich zusammen, wird mehr krystallisch und auch noch nicht sogleich, doch endlich beim Trocknen dunkel und frohfarb. Die erwähnte Umänderung tritt aber noch rascher ein, wenn das chromsaure Kali oder aber Chromsäure im Ueberschuß vorhanden ist, die der Zusatz etwas Schwefelsäure zu dem Niederschlage frei macht. Diese Sorte Chromgelb ist die unbeliebteste und giebt mit Blau weder ein feuriges noch reines Grün, obwohl sie bei dunklen Grünen anwendbar, bei welchen die Nüance nicht so stark hervortritt. Die Farbe des Gelbes läßt sich auf keine Weise mehr in Citrongelb überführen, wie man auch behandeln möge, wohl aber in Orange oder Roth durch Entziehung Chromsäure mit Alkali. Vergl. Chromroth.

Wenn man dagegen bei der Fällung einen ziemlichen Ueberschuß von Zucker in der Lösung läßt, so sind zwar die Erscheinungen beim Fällen dieselben, aber der Niederschlag bleibt molliger und leicht.

Bewirkt man die Fällung bei Gegenwart von viel Wasser, stets man tüchtig und anhaltend um, läßt den Niederschlag absetzen, was rasch erfolgt, wässert ihn rasch nach einander mit sehr viel Wasser, mit welchem er anhaltend durchgerührt hat, so bleibt er immer wohl erhalten.

Darstellung der dunkelcitronfarbigen Chromgelbe im Allgemeinen.

behält eine feurige dunkelcitrongelbe Farbe, trocknet zu sehr lichten Stücken aus und giebt feurig grüne Farben, obwohl nicht vollständig rein grüne, wenn man ihn mit reinem Blau mischt. Durch diese Behandlung verhindert man das Krystallinischwerden der Farbe. Daß solches aber den letztangegebenen Bedingungen der Darstellung nicht eintritt, ist eine Folge der durch heftiges Umrühren der Flüssigkeit erzielten beschleunigten Bewegung, wodurch eine höchst feine Zertheilung des Niederschlages in seine kleinste Theile in Wasser bewirkt wird, dessen Adhäsion ihre Verdichtung hindert. Denn je kräftiger und anhaltender man die Flüssigkeiten umrührt und in je mehr Wasser man arbeitet, desto heller bleiben die Nüancen und um so leichter und voluminöser werden die Farben.

Auch diese Farben ziehen sich nachträglich in ganz kurzer Zeit zu einem festen Niederschlage zusammen, wenn man ihnen eine ganz geringe Quantität schwefelsaures Kali als Lösung zusetzt, oder wenn nur eine ganz geringe Menge einer Säure hinzukommt, die Chromsäure frei macht. Mischt man ein solches Chromgelb daher mit Pariserblau, dem noch Säure anhängt, so erhält man zwar anfangs ein feuriges Grün, aber beim Trocknen nimmt das Gemisch eine fahle, graugrüne Farbe an, weil das Chromgelb in die strohgelbe Modification übergeht.

Dem Chemiker Dullo ist es nach dem Polytechn. Centralblatt, 1865, S. 883 nicht gelungen, nach einer von Habich in Dingl. polytechn. Journal t. CXL, S. 122 gegebenen Vorschrift Chromgelb herzustellen, das nicht seine Farbe veränderte und basisch werde. Es wird bei diesem Verfahren allerdings heller und röthlicher, aber nicht basisch; und die Ursachen der Farbenveränderung sind nur die angegebenen, die freilich manchen Chemiker schon in Verzweiflung brachten, weil es ihm nicht gelang, trotz alles angewandten Ueberschusses Gründen die vermeintliche Bildung der als basisch angesehenen Chromgelbe angehen, welches nur gelingt, wenn man die oben angeführten Umstände berücksichtigt, namentlich nur, wenn die Bleioxydlösung im Ueberschuß und viel Wasser vorhanden ist.

Keine hellcitrongelbe oder schwefelgelbe Chromgelbe lassen sich auf die angegebene Weise nicht darstellen und bestehen überhaupt nicht einem chromsaurem Bleioxyd, sondern sie sind wahrscheinlich eine Doppelverbindung aus gleichen Aequivalenten schwefelsauren und chromsauren Bleis. Aber es ist auch möglich, daß das eingemengte schwefelsaure Bleioxyd das Zusammenziehen des chromsauren Bleioxyds zu krystallinischem Chromgelb mehr hindert, als die oben angeführten Umstände, zumal auch bei der lange dieser Chromgelbe große Wassermengen, rasches Abwässern und Umrühren eine hellere Nüance entstehen lassen, die auch nur bei Ueberschuß des Bleioxydes bleibend wird, bei Ueberschuß von chromsaurem Kali aber gleichfalls

180   Darstellung der hellcitronfarbigen Chromgelbe im Allgemeinen.

ins Strohgelbe übergeht, und ebenso bei Einwirkung von Säuren und überhaupt, wenn letztere Chromsäure frei machen.

Man erhält rein gelbe oder schwefelgelbe Chromgelbe nur auf die Art, daß man bei Gegenwart von sehr viel Wasser den Bleizucker mit einer Lösung von chromsaurem Kali fällt, welche mit soviel Schwefelsäure versetzt ist, daß eine Hälfte des Bleizuckers durch Schwefelsäure, die andere durch die Chromsäure gefällt wird, also $CrO_3, PbO + SO_3, PbO$ zu gleichen Aequivalenten enthält und noch ein Ueberschuß von Bleizucker bleibt. Zugleich muß die Fällung unter starkem Umrühren der Flüssigkeit bewerkstelligt und der gebildete Niederschlag darauf mit viel Wasser, mit welchem man ihn jedesmal stark aufrührt, ein Male gut ausgewaschen werden. Diese Chromgelbe werden ebenfalls durch das Waschen leichter, aber nie so voluminös, wie die vorhergehenden. Sie geben mit Pariserblau die reinsten, durch Mischung der Chromgelbe mit Blau herstellbaren Grüne, und die damit erzielten Grüne werden daher auch strohgrüne genannt.

Wenn man die Menge der Schwefelsäure bei jener Fällung vermindert, daß weniger als die Hälfte des Bleioxyds gefällt wird, z. B. nur 0,45, 0,40, 0,35 0,30, 0,25, 0,20 des zu fällenden Theiles des Bleizuckers, der übrige Theil des letzteren aber durch das saure chromsaure Kali, so lassen sich alle Nüancen hervorbringen, die zwischen Dunkelcitron, ohne Zusatz von Schwefelsäure erhalten und zwischen der schwefelgelben Sorte liegen. Die Gesammtmenge des saueren chromsauren Kalis und der Schwefelsäure, welche zur Fällung des Bleies nothwendig sind, müssen dann jedesmal berechnet werden.

Man verwendet zur Ausfällung des Bleizuckers in keinem Falle unter $36\frac{1}{2}$, höchstens 38 Theile rothes chromsaures Kali auf 100 Theile Bleizucker. Wenn man die Hälfte des letzteren durch Schwefelsäure mitfällen will, die man immer der Lösung des rothen chromsauren Kali zufügt und wohl damit vermischt, so verwendet man zur Fällung $18\frac{1}{4}$ bis 19 Theile saures chromsaures Kali und 12 bis 13 Theile englische Schwefelsäure von 66° Baumé. Für 1 Theil rothes chromsaures Kali, das man zur Erzeugung von mehr dunklen Sorten zur Fällung mehr verwendet, bis man auf $36\frac{1}{2}$ Theile chromsaures für 100 Theile Bleizucker gelangt, muß man zugleich die Schwefelsäure um $\frac{2}{3}$ Theile verringern, es bleibt dann immer ein kleinerer Theil des Bleies hier Bleizucker, im Ueberschuß, und zwar desto mehr, je weniger chromsaures durch Schwefelsäure ersetzt wird.

Wenn man basische Bleisalze, z. B. Bleizucker, in welchem 1 Aequivalent Bleioxyd, PbO, gelöst wurde, dessen wässerige Lösung dann die basische Verbindung $\overline{A}, 2 PbO + HO$ enthält, mit neutral chromsaurem Kali fällt, so entsteht keine der obigen gelben Farben, sondern ein rother, sehr feuriger Niederschlag, der in der Ruhe körniger wird.

Darstellung der orangefarbenen Chromgelbe im Allgemeinen. 161

bives basisch-chromsaures Bleioxyd, $CrO_3, 2PbO$, und die Gleichung seiner Bildung ist:

$(2PbO + HO) + CrO_3, KO = CrO_3, 2PbO + \overline{A}, KO + HO$.

Wenn man dagegen die gleiche Lösung des basisch-essigsauren Bleioxyds mit dem chromsauren Kali fällen wollte, so würde doch nur das dunkel citrongelbe, neutrale chromsaure Bleioxyd entstehen, wie folgende Gleichung zeigt:

$(2PbO + HO) + 2CrO_3, KO = 2(CrO_3, PbO) + \overline{A}, KO + HO$.

Bringt man auf neutrales chromsaures Bleioxyd, sei es trocken oder naß eben erst gefällt, irgend ein ätzendes Alkali, Ammoniak, Kali, Natron, oder Kalkmilch, in viel Wasser angerührt, so verändert sich die gelbe Farbe rasch in eine rothe, die immer tiefer wird, indem nach und nach aus dem neutralen chromsauren Bleioxyd das vorher erwähnte basisch-chromsaure Bleioxyd dadurch wird, daß die Alkalien jenem neutralen Bleisalze 1 Aequivalent Chromsäure unter Bildung von neutralem chromsaurem Kali entziehen:

$2(CrO_3, PbO) + KO = CrO_3, 2PbO + CrO_3, KO$.

Es entsteht hierbei immer eine gelbe Flüssigkeit, nämlich eine Auflösung des bei dem beschriebenen Processe gebildeten chromsauren Alkalis, das nun wieder zur Fällung von Bleisalzen Verwendung finden kann.

Wenn dem neutralen chromsauren Bleioxyde die Chromsäure nur theilweise entzogen wird, so daß es auch nur theilweise in die basische Verbindung übergeht, so entstehen die sogenannten

Orange Chromgelbe. Sie sind Gemenge der basischen und neutralen Verbindung, und nähern sich um so mehr einer hochrothen Nüance, der der basischen Bleiverbindung, dem Chromroth, eigen ist, je mehr von dieser basischen Verbindung bei jener Behandlung entstehen konnte, je mehr Alkali also eingewirkt hat. Wollte man auf letztere indirecte Bildungsweise der orangegelben Chromgelbe und auch des Chromrothes die praktische Darstellung derselben gründen, so ist die Zugutemachung der dabei immer wieder entstehenden chromsauren Alkalien eine sehr unbequeme Arbeit. Denn die letzteren sind zunächst nur in Lösung, nämlich als Flüssigkeiten von unbestimmter Beschaffenheit vorhanden, deren Trennung und Sammlung von den Niederschlägen mühsam ist. Im Uebrigen sind sie auch zur Fällung deshalb nicht geeignet, weil die damit erzielbaren Niederschläge von eben stets ungleich ausfallen. Man sucht daher die orangefarbenen Niederschläge von vornherein in den gewünschten, bestimmten Nüancen ins Rothe direct unter solchen Umständen hervorzubringen, daß in den Flüssigkeiten, aus welchen die Niederschläge hervorgehen, weder Bleisalze noch chromsaures Alkali übrig bleiben.

182 Darstellung der orangefarbenen Chromgelbe im Allgemeinen.

Dieses läßt sich dadurch erreichen, daß aus den Flüssigkeiten, welche den Niederschlag hervorbringen sollen, statt neutralen chromsauren Bleioxyds ein statt basischen, gleich ein Gemenge beider gefällt wird. Will man sich hier des Bleizuckers bedienen, so ist es nöthig, nicht allein das saure chromsaure Kali in neutrales Salz zu verwandeln — denn jenes würde aus der Bleizuckerlösung, wie oben (S. 181) angeführt, doch nur dunkles, citronfarbiges Chromgelb fällen — sondern es muß dem gebildeten neutralen chromsauren Kali auch noch so viel Alkali in kaustischer Form zugesetzt werden, daß aus dem Bleizucker auch ein Theil des Bleioxyds durch das Alkali gefällt wird, welches nicht an Chromsäure gebunden ist. Derjenige Theil, der die rothe Fällung hervorbringen soll, erfordert, daß er bestehe aus 1 Aequivalent $CrO_3, KO + KO, HO$ und derjenige Theil, der die gelbe Verbindung im Gemische geben soll, erfordert, daß er CrO_3, KO sei. Das Kali, KO, kann in diesen Verbindungen zum Theil durch NaO, und KO, HO durch CaO, HO ersetzt sein; das erstere geschieht, wenn man 1 Aequivalent 2 CrO_3, KO zusammen mit 1 Aequivalent Salz = Natronhydrat auflöst, wobei ein Gemenge von CrO_3, KO und CrO_3, NaO entsteht, welche beide gleichen Werth haben; das letztere geschieht, wenn man zu $CrO_3, KO + CrO_3, NaO$ noch 2 Aequivalente Kalkhydrat hinzufügt, welche Mischung denselben Zweck erfüllt, wie $CrO_3, KO + KO, HO$ und zwar ist:

$$CrO_3, KO + CrO_3, NaO + 2 CaO, HO.$$

Um die neutrale Verbindung, chromsaures Kali-Natron $CrO_3, KO + CrO_3, NaO$ herzustellen, kann man auch in der wäßrigen Lösung, die 1 Aequivalent saures chromsaures Kali enthält, 1 Aequivalent kohlensaures Natron kochend auflösen, wobei sich Kohlensäure entwickelt. Das Kochen muß so lange fortgesetzt werden, bis sich keine Kohlensäureblasen mehr entwickeln:

$$2\ CrO_3, KO + CO_2, NaO = (CrO_3, KO + CrO_3, NaO) + CO_2.$$

Dieser Proceß erfolgt sehr langsam, da, wie es scheint, anfänglich auch doppeltkohlensaures Natron erzeugt wird.

Wenn man sich das basische essigsaure Bleioxyd herstellt, so kann man sich die rothe Verbindung auf eine weniger kostspielige Weise darstellen, wie schon erwähnt ist und wofür die Gleichung S. 181 angegeben wurde. Zur Darstellung der orangen Chromgelbe löst man alsdann in der Bleizuckerlösung eine so größere Menge Bleiglätte, je röther das Gelbe ausfallen soll, und fällt mit chromsaurem Kali-Natron, wozu auf je 1 Aequivalent angewendeten Bleizuckers zu 1 Aequivalent CrO_3, KO oder CrO_3, NaO, oder auf 2 Aequivalente angewendeten Bleizuckers 1 Aequivalent $CrO_3, KO + 1$ Aequivalent CrO_3, NaO gehört. Die Fällung erfolgt dann mit demjenigen Antheile des Bleizuckers, der nicht in die basische Verbindung übergegangen ist nach der Gleichung:

Bleiverbindungen zur Chromgelbbereitung.

CrO, KO oder CrO_3, $NaO + \bar{A}$, $PbO = CrO_3$, PbO
  $=$ Chromgelb dunkel $+ \bar{A}$, KO,

und mit dem Theile, der in basisch-essigsaures Bleioxyd übergegangen ist, nach der Gleichung:

CrO_3, KO oder CrO_3, $NaO + \bar{A}$, $2 PbO = CrO_3$, $2 PbO$
  $=$ Chromroth $+ \bar{A}$, KO,

wodurch also das röthliche Farbengemisch direct erhalten wird. Es wird hierbei nicht beabsichtigt, daß das Roth krystallinisch werden soll, wie bei der Darstellung des Chromroths erwähnt werden wird; man rührt also bei der Fällung sehr gut um, gerade wie bei der Darstellung der Chromgelbe, hat übrigens keinen Umschlag in die lederfarbige Nüance zu befürchten, welche in basischen Flüssigkeiten nicht einzutreten scheint. Diese Chromgelbe fallen um so leichter und wolliger aus, je mehr sie von der neutralen Verbindung enthalten, je mehr sie gerührt und abgewässert werden. Die hochrothen Sorten, die sich dem Chromroth nähern, sind daher schwerer, aber auch sie werden durch starkes Umrühren während und nach der Fällung leichter, weil dadurch ihr Krystallinischwerden wesentlich verhindert wird.

Andere Bleiverbindungen als der Bleizucker und Lösungen davon können ebenfalls zur Darstellung der Chromgelbe benutzt werden. Es ist daher nothwendig, dasjenige hier anzuführen, was theils zur Darstellung der Bleiverbindungen im Allgemeinen zu wissen nothwendig ist, weil man diese oft vortheilhaft selbst ausführen kann. Dann soll noch vor Angabe specieller Vorschriften über die Bereitung der Chromgelbe dasjenige angegeben werden, was rücksichtlich der übrigen in Betracht kommenden Materialien zu bemerken ist.

1. Essigsaures Bleioxyd, neutrales. Der Bleizucker ist neutrales essigsaures Bleioxyd $\bar{A}$, $PbO + 3HO$. Zu seiner Darstellung ist immer Essigsäure, $\bar{A}$, nothwendig, welche für den vorliegenden Zweck als wässerige Lösung meistens in der Form von Essig zur Anwendung gelangt. Dieser Essig wird gewöhnlich nach der Methode der Schnellessigfabrikation dargestellt, und zwar ohne Zusatz von Bier, wenn man ihn direct anwenden will. Ist der Essig aber mit Zusatz von Bier oder gegohrener Maische gewonnen, so wird er erst destillirt, um die darin enthaltenen Extractivstoffe als Rückstand in dem Destillirapparate zurückzubehalten, abzuscheiden. Auch kann die Essigsäure in einer etwas stärkeren, wässerigen Form erhalten werden durch Destillation von holzessigsaurem Kalk mit Salzsäure. Obwohl die so gewonnene wässerige Essigsäure gewöhnlich etwas Salzsäure enthält, so ist doch die schädliche Wirkung der letzteren bei der hier in Betracht kommenden Verwendung der Essigsäure ohne erhebliche nachtheilige Wirkung; nur darauf zu halten, daß die durch gedachte Destillation erzielte Essigsäure im Uebrigen rein und farblos ist und sich an der Luft nicht bräunt.

Bleiverbindungen zur Chromgelbbereitung.

Wenn man in diesem Essig, der mehr oder weniger stark, d. h. essigsäurehaltig sein kann, unter Erwärmung, um die Auflösung zu beschleunigen, so viel Silberglätte auflöst, daß blaues Lackmuspapier durch die Flüssigkeit eben noch sehr schwach geröthet wird, so hat man eine mehr oder minder starke Auflösung von Bleizucker in Wasser, deren Gehalt von demjenigen des angewendeten Essigs abhängt. Die letzterwähnte schwach saure Reaction der Lösung muß, sofern krystallisirter Bleizucker hergestellt werden soll, deshalb erhalten bleiben, weil andernfalls durch einen bis zur gänzlichen Neutralisation der Essigsäure vermehrten Zusatz von Bleiglätte so viel der letzteren gelöst wird, daß sich zum Theil basisch-essigsaures Bleioxyd bildet, welches an sich nicht krystallisirt, überdies aber auch die später zu bewirkende Auskrystallisation des Bleizuckers durch seine Gegenwart verhindert. Die so gewonnene Auflösung läßt sich bei der Chromgelbfabrikation statt einer aus fertigem, gekauftem Bleizucker bereiteten Lösung anwenden, wenn nur ihr Gehalt an Bleizucker, oder wenigstens an Bleioxyd bekannt ist. Gewinnt man die Lösung auf die angeführte Art, so läßt sich ihr Gehalt an Bleizucker leicht aus der zur Auflösung gelangten Menge von Bleiglätte berechnen. Da nach Maßgabe der auf S. 4 angegebenen Aequivalente der Bleiglätte und des Bleizuckers je 1 Gewichtstheil Bleiglätte $\frac{189{,}8}{111{,}8} = 1{,}697$ Gewichtstheilen Bleizucker entspricht, so braucht man die Gewichtsmenge der aufgelösten Bleiglätte in Kilo oder in einer beliebigen andern Gewichtseinheit nur mit 1,697 zu multipliciren, um in dem Producte das Gewicht des gesammten in der Flüssigkeit aufgelösten Bleizuckers ebenfalls in Kilo oder der entsprechenden anderweiten Gewichtseinheit zu erhalten. Die Data sind dann gegeben, um die Auflösung oder einen Theil davon als eine gegebene Menge Bleizuckers verwenden zu können.

Wenn man diese Auflösungen in kupfernen Kesseln verdunstet, nämlich bis auf 32 bis 40° Baumé, und sie dann in (hölzernen) Gefäßen erkalten läßt, so krystallisirt ein großer Theil des Bleizuckers heraus. Die hierbei zurückbleibende Flüssigkeit, mehrere Male nach dem Erkalten abgedampft, ergiebt jedesmal eine weitere Krystallisationen, bis nur noch wenig Flüssigkeit übrig ist, die nicht mehr krystallisirt, weil sie aus essigsaurem Kalk besteht, davon herrührend, daß die Glätte etwas Kalk enthält, der sich in der Mutterlauge concentrirt und ansammelt.

War die Essigsäure rein, so erhält man vollkommen ungefärbte Krystalle, im anderen Falle gefärbte. Um erstere jedenfalls zu erhalten, kann man, wenn die Concentration der Lösung durch Abdampfen vollendet ist, die Flüssigkeit etwas gekörnter, staubfreier Knochenkohle versetzen und damit heiß durch Filz filtriren, worauf dann immer weiße Krystalle erhalten werden.

Bleizucker und basisch-essigsaures Bleioxyd.

Der krystallisirte Bleizucker enthält in 100 Theilen:
26,87 Essigsäure, wasserfreie,
58,91 Bleioxyd,
14,22 Wasser,
_____
100.

Der Bleizucker schmilzt beim Erwärmen in seinem Krystallwasser, verliert bei stärkerer Erhitzung seinen ganzen Wassergehalt und erstarrt dann zu trockenem ꝛc. Kauft man den Bleizucker fertig, so ist auf rein weiße Waare, feste und zeige Krystalle zu sehen.

2. Das basisch-essigsaure Bleioxyd ist ein Product, welches nicht im Handel vorkommt. Dasjenige, das allein und immer bei der Farbenbereitung anzuwenden von Vortheil ist, enthält in seiner wässerigen Lösung, in man es darstellt, auf eine gleiche Menge Essigsäure, wie in der Bleizuckerlösung enthalten ist, gerade die doppelte Menge Bleioxyd. Man erhält sie also, wenn man der auf vorhin beschriebene Weise durch Auflösen von Bleiglätte in gedachten Bleizuckerlösung noch einmal so viel Bleiglätte zusetzt, als sie gelöst hat, und sie ebenfalls auflöst, oder indem man in einer wässerigen Lösung von 100 Theilen Bleizucker noch 59 Theile Bleiglätte auflöst. Die Auflösung erfolgt in beiden Fällen ziemlich rasch beim Kochen der Flüssigkeit mit fein gemahlenen Glätte, entweder im kupfernen Kessel, oder in einem Holzbottich, in welchen man einen Wasserdampfstrom leitet, was vorzuziehen ist.

Auch die basisch-essigsaure Bleioxydlösung, welche mit Essig und metallischem Blei nach der Methode dargestellt werden kann, wie sie für die Darstellung Bleiweißes nach französischer Methode oben angegeben worden, ist für Chromgelb anwendbar, nur ist dabei nöthig, entweder den Bleigehalt dieser Lösung zu kennen oder im Voraus durch kleinere Versuche zu ermitteln, in welchem Verhältnisse die gedachte Bleilösung durch eine Lösung von sauren chromsaurem Kali gefällt wird. In diesem Verhältnisse sind dann die Lösungen anzuwenden, die Portion der Bleilauge ist aber zu vergrößern, weil bei der Fällung Bleioxydlösung im Ueberschusse vorhanden sein muß, sofern sie zur Darstellung heller oder mittlerbiger Chromgelbe dienen soll.

Um den Unterschied im Preise der darzustellenden Sorte von Chromgelb zu sehen, der entsteht, wenn man das letztere basische Salz anwendet, sei nur angeführt, daß dann 100 Pfd. Bleizucker und 59 Pfd. Glätte 200 Pfd. Bleizucker treten. Da der Bleizucker jetzt 32 Mark, die Silberglätte 18 Mark kosten, so ist im einen Falle die Auslage für 200 Pfd. Bleizucker 64 Mark, im anderen Falle:

100 Pfd. Bleizucker 32 Mark
59 Pfd. Bleiglätte 10,62 „
_____
42,62 Mark,

was einen Unterschied von 21,38 Mark beträgt, während die Kosten der Darstellung jener basischen Bleizuckerlösung höchst unbedeutend sind. Diese Differenz von 21 Mark kommt auf eine Quantität von höchstens 85 Theilen neutralen chromsauren Bleioxyds, die man aus obigen Quantitäten zu erwarten hat, ist also so groß, daß sie als ein guter Fabrikationsgewinn zu betrachten ist.

3. **Chlorblei, PbCl.** Das neutrale Chlorblei kann zur Darstellung des Chromgelbes gebraucht werden, und es kommt nur darauf an, dasselbe billig zu erhalten. Es ist entweder ein weißes Pulver oder bildet, wenn es aus den dünneren Flüssigkeiten krystallisirt ist, kleine spießige Krystalle. In Wasser löst es sich schwer, doch kann es auch als Pulver durch neutrales chromsaures Kali oder chromsaures Kali-Natron in Chromgelb verwandelt werden, das auf diese Weise billiger herzustellen ist, als das aus Bleizucker gewonnene Chromgelb, weil im letzteren Falle stets die mitverbrauchte Essigsäure das zur Bildung des Chromgelbs nothwendige Bleioxyd vertheuert.

Man erhält das Chlorblei auf verschiedene Weise:

a. Man rührt weiches pulverisirtes Bleiweiß zu seiner Milch in Wasser auf und setzt periodenweise so lange Salzsäure hinzu, als noch ein Aufbrausen erfolgt, vermeidet jedoch einen über diese Grenze hinausgehenden weiteren Zusatz von Salzsäure, um nicht einen zu erheblichen Ueberschuß von der letzteren in der Mischung zu erhalten. Hat man aus Unvorsichtigkeit doch zu viel zugesetzt, so fügt man, um den Ueberschuß zu neutralisiren, wieder kleine Portionen Bleiweiß hinzu, so lange diese noch ein Aufschäumen verursachen, doch immer erst nach einiger Zeit und unter beständigem Umrühren des Gemisches. Die entstehende Mischung, welche nun fein vertheiltes Chlorblei ist, kann dann direct verwendet werden.

b. Man löst schwefelsaures Bleioxyd in concentrirter Salzsäure warm auf, was nur in Bleikesseln geschehen kann. Beim Erkalten krystallisirt das Chlorblei in Nadeln. Die Flüssigkeit enthält Schwefelsäure und überschüssige Salzsäure.

c. Man versetzt eine der nachstehend aufgeführten basischen Chlorblei-Bleioxyd-Verbindungen mit Salzsäure in geringem Ueberschuß.

4. **Chlorblei-Bleioxyd a).** $PbCl + PbO, HO$. Da diese Verbindung, obgleich unlöslich in Wasser, sich mit zweifach-chromsaurem Kali zersetzen läßt, gleichwie basisch-essigsaures Bleioxyd:

$$(PbCl + PbO, HO) + 2CrO_3, KO = 2(CrO_3, PbO) + KCl + HO$$

so kann man die Essigsäure des basisch-essigsauren Bleioxyds, durch Umwandlung des letzteren mit Kochsalz in Chlorblei-Bleioxyd, zu Gute machen, was sich in dem Falle sehr lohnt, wenn man in der Lage ist, essigsaures Natron in aufgelöstem Zustande, wie z. B. bei der Schweinfurtergrün-Fabrikation, anzuwenden. In diesem Falle fällt man die Lösung des auf oben angeführte Weise erhaltenen basisch-essigsauren Bleioxyds mit einer gesättigten Lösung von Kochsalz,

Chlorblei und Chlorblei-Bleioxyd.

wodurch unter gleichzeitiger Bildung von essigsaurem Natron ein weißer Niederschlag erzeugt wird, welcher die hier in Rede stehende basische Chlorblei-Bleioxydverbindung ist. Ein kleiner Ueberschuß von Kochsalz schadet hierbei wenig, weil es sich bei der Anwendung des so erhaltenen essigsauren Natrons passiv verhält. Man trennt die Auflösung des letzteren von dem Niederschlage durch Filtration, ohne auszuwaschen, damit man nicht zu verdünnte Flüssigkeiten erhält. Die Flüssigkeiten, welche nun das essigsaure Natron enthalten, werden gesammelt.

Sollen mit diesem Chlorblei-Bleioxyde schwefelgelbe Chromgelbe hergestellt werden, so ist mit dem zweifach-chromsauren Kali 1 Aequivalent saures schwefelsaures Kali oder Natron aufzulösen. Die rothen, basischen chromsauren Bleioxydverbindungen entstehen dagegen aus dem Chlorblei-Bleioxyd mit neutralem chromsaurem Kali-Natron:

$$2(PbCl + PbO, HO) + (CrO_3, KO + CrO_3, NaO)$$
$$= 2(CrO_3, 2PbO) + KCl + NaO + 2HO,$$

und Gemenge von neutralem und rothem chromsaurem Bleioxyd, also die orangen Chromgelbe, wenn man ein Gemenge von aufgelöstem rothem chromsauren Kali und von neutralem chromsauren Kali-Natron anwendet. In letztere mit viel Wasser verdünnte Flüssigkeiten bringt man das noch feuchte, breiförmige, basische Chlorblei in geringem Ueberschuß hinzu, so daß die Flüssigkeit entfärbt wird.

5. **Chlorblei-Bleioxyd b).** $PbCl + 3PbO, HO$. Ein anderes basisches Bleioxyd-Chlorblei läßt sich sehr billig dadurch herstellen, daß man fein gemahlene Silberglätte in einer Auflösung von Kochsalz aufrührt und einige Tage unter öfterem Umrühren stehen läßt. Die Masse schwillt dabei sehr auf, wird dick und weiß, und muß zuweilen durch einen weiteren Zusatz von Kochsalzlösung verdünnt werden, um sie bearbeiten zu können. Das Bleioxyd entzieht dem Kochsalz Chlor, bildet Chlorblei, das sich mit einem anderen Theile Bleioxyd vereinigt, welches nur Wasser dabei aufnimmt, während aus dem Kochsalz Natron frei wird, auf dessen Anwendung man hierbei verzichtet, wenn man nicht in sehr großem Maßstabe arbeitet.

$$4PbO + NaCl + xHO = (PbCl + 3PbO, HO)$$
$$+ (x - 3)HO + NaO$$

Wenn der Niederschlag weiß geworden ist, so wäscht man ihn in Wasser aus, filtrirt ihn ab und verwahrt ihn als Trig. Er wurde seiner Zeit auch als Surrogat für Bleiweiß vorgeschlagen, kann dasselbe jedoch nicht ersetzen. Um auf dem Wege der vorangegebenen Zersetzung mittelst Bleioxyds die Darstellung von Natron aus Kochsalz zu ermöglichen, was nur dann geschehen kann, wenn man den dabei erhaltenen Chlorblei-Bleioxyd-Niederschlag von obiger Zusammensetzung gut zu verwerthen im Stande ist, hat man durch Erhitzen desselben eine dem Mineralgelb ähnliche und ähnlich zusammengesetzte Farbe darzustellen versucht, gegen welche aber die Chromgelbe, selbst die sehr aufgemischten Sorten, mit solchem Erfolge concurriren, daß jene gelbe Farbe keinen Eingang in den Handel gefunden hat und gegenwärtig nirgend mehr hergestellt wird, wie denn auch in Folge dessen zugleich die Darstellung von Natron auf dem beschriebenen Wege aufgegeben werden mußte.

Dieses basische Chlorblei läßt sich jedoch sehr gut zur Darstellung von Chromgelb verwenden. Mit saurem chromsaurem Kali zersetzt es sich rasch in das rothe, basische chromsaure Bleioxyd, wenn man nicht einen großen Ueberschuß an doppelt chromsaurem Kali anwendet.

$$(PbCl + 3 PbO, HO) + 2 CrO_3, KO = 2(CrO_3, 2 PbO) + KCl + 3 HO$$

Versetzt man es mit 1 Aequivalent einer Säure z. B. Essigsäure, oder Salpetersäure, oder selbst Salzsäure, so giebt saures chromsaures Kali damit das dunkelcitronfarbene, neutrale chromsaure Bleioxyd, doch darf das saure chromsaure Kali nicht vorwalten, wenn der Niederschlag nicht die lederfarbige Modification des chromsauren Bleioxyds werden soll. Wird weniger Säure zugesetzt, als 1 Aequivalent, so entstehen die mehr oder weniger orangefarbenen Chromgelbe, weil dann beide, das basische und neutrale chromsaure Bleioxyd entstehen.

Fügt man nämlich 1 Aequivalent Salzsäure hinzu, so entsteht das Bleioxyd-Chlorblei a) oben. Setzt man aber eine andere Säure, z. B. Essigsäure zu, als $\overline{A} = 1$ Aequivalent Essigsäure, so entsteht eine milchige Flüssigkeit, welche ein Gemenge bildet von $PbCl + PbO, HO$ und $\overline{A}, PbO + PbO, HO$, also Bleioxyd-Chlorblei a) suspendirt in aufgelöstem basisch-essigsaurem Bleioxyd, und das Verhalten ist unter diesen Umständen dasselbe, wie bei jeder dieser Bleiverbindungen für sich, wie es schon angeführt ist.

Die schwefelgelben Sorten Chromgelb lassen sich mit dem Chlorblei-Bleioxyd bei zwar auch herstellen, die Zersetzung muß dann aber in sehr viel Wasser erfolgen.

Man verwendet dann zur Fällung 1 Aequivalent saures chromsaures Kali mit 2 Aequivalenten Schwefelsäure, so daß die Zersetzung erfolgt nach der Gleichung:

$$(PbCl + 3 PbO, HO) + 2 CrO_3, KO + 2 (SO_3, HO)$$
$$= 2(CrO_3, PbO) + 2(SO_3, PbO) + KCl + 5 HO.$$

Uebrigens sei hier noch bemerkt, daß auch die geglühten Bleioxyd-Chlorblei, welcher Art sie immer sein mögen, dem chromsauren Kali die Chromsäure entziehen, indem sie sich nach und nach in basisches chromsaures Bleioxyd verwandeln, und daß sogar die Bleiglätte einer gleichen Umwandlung unterliegt. Schöne Farben lassen sich jedoch auf diesem Wege nicht erzielen.

6. Wenn schwefelsaures Bleioxyd (vergl. S. 155) billig zu erhalten ist, so läßt sich dasselbe mit einfach-chromsaurem Kali-Natron

Darstellung der hellcitronfarbigen Chromgelbe im Speciellen. 189

gelb zersetzen, noch leichter in die orangefarbenen Sorten unter Anwendung eines Gemisches von neutralem chromsaurem Salz und Aetzkali oder Aetznatron zugleich, worüber unten das Nähere wegen des einzuschlagenden Verfahrens.

B. Specielle Anweisungen zur Darstellung der Chromgelbe.

1. Darstellung der hellcitrongelben Chromgelbe.

Arbeitet man mit Bleizuckerlösungen oder mit Lösungen von basisch-essigsaurem Bleioxyd, so benutzt man die Seite 94 u. f. beschriebene Einrichtung zur Hervorbringung von Niederschlägen. Man löst 15 kg Bleizucker und 3½ kg saures chromsaures Kali, jedes für sich, und füllt jede Lösung in eines der Klärgefäße, auf der Präcipitirstande mit so viel Wasser verdünnt, daß die Lösungen nicht krystallisiren. Zu der Lösung von rothem chromsaurem Kali setzt man noch 1,88 kg Schwefelsäure à 66° Baumé. Die obigen Gewichtsmengen der zur Fällung erforderlichen Substanzen entsprechen etwa den Gefäßen von solcher Größe, wie dieselbe Seite 94 u. f. bei Beschreibung der Präcipitireinrichtung angegeben ist.

Nachdem die Flüssigkeiten ungefähr 2 bis 4 Stunden gestanden haben, um etwaige Unreinigkeiten abzusetzen, und die Präcipitirständen mit so viel Wasser angefüllt sind, daß die hinzuzulassenden Flüssigkeiten noch Platz haben, schlägt man die Ablaßzapfen aus dem Abklärständchen aus und läßt nun die beiden Lösungen unter stetem Umrühren zusammenlaufen. Das Umrühren wird nachher noch 10 bis 15 Minuten fortgesetzt, je länger desto besser und zwar aus den früher wiederholt angegebenen Gründen.

Läßt man nun stehen, so setzt sich der Niederschlag in Zeit von einer Stunde so ab, daß man die helle Flüssigkeit vom Niederschlage, welcher in der Präcipitirstande eine Schicht von nur etwa 18 bis 20 cm Höhe bildet, abziehen kann. Das Abziehen muß so bald als möglich und so dicht über dem Niederschlage als thunlich erfolgen, indem man die nächsten Zapfen über dem letzteren zieht. Hierauf läßt man von Neuem unter beständigem Umrühren Wasser zu dem Niederschlage laufen, der sich darin dann eben so rasch wieder absetzt, und wiederholt dieses Auswaschen und Absetzenlassen wenigstens noch drei Male.

Soll nun dieses Chromgelb diejenige Waare werden, welche als „Chromgelb hellcitron, chemisch rein, hellcitron Chromoxyd" im Handel vorkommt, so wird es auf Filter gebracht, hierauf gepreßt und in cubische oder längliche Stücke zerschnitten, oder aber in kreisrunden Stücken ausgehoben, wenn es amerikanisches heißen soll, und dann getrocnet. Sollen geringere Sorten, „extrafein, superfein, fein fein, fein, ordinär, Neugelb hell, Pariergelb hell" hergestellt werden, so giebt man nach Belieben des Fabrikanten Zusätze und zwar in Form von Gyps und Schwerspath, beide im höchst fein gemahlenen ... Will man aber Farben mit der gleichen Benennung fabri-

circa, die als Tapetenfarben gebraucht werden, so wird statt Gyps und Schwerspath ein Zusatz von Blanc fixe gemacht.

Das Verhältniß zwischen Zusatz und eigentlicher Farbe bestimmt jeder Fabrikant nach eigenem Gutdünken, so daß die Quantität der Zusätze in weiten Grenzen variirt. Es kann in dieser Beziehung bemerkt werden, daß Neugelbe und Parisergelbe von sehr schönem Ansehen oft nur 10 bis 15 Procent der eigentlichen reinen Farbe enthalten.

Man erhält an reiner unvermischter Farbe bei den angewendeten Gewichtsverhältnissen höchstens 12½ Theile lufttrockener Farbe, oft auch nur 11,7 Theile, in diesem Falle also Kilo, als das Minimum.

Hat man Gelegenheit und Einrichtungen, sich des basischen essigsauren Bleioxyds zu bedienen (siehe oben), so verwendet man statt 15 Theile Bleizucker nur 7,5 Theile, löst darin 4,4 Theile gemahlene Bleiglätte auf und fällt übrigens mit derselben Lösung von saurem chromsaurem Kali und Schwefelsäure, wodurch man das gleiche Resultat und dieselbe Menge von reinem Chromgelb dieser Art erhält, wie im vorigen Falle.

Hat man für vortheilhaft gefunden, das Chlorblei-Bleioxyd a), PbCl + PbO, HO herzustellen, so rührt man dieses in der Menge, wie es sich ergab, indem man das aus 7,5 kg Bleizucker und 4,4 kg Bleiglätte hergestellte basisch essigsaure Bleioxyd mit Kochsalz fällt, in dem Wasser der Präcipitirstande ein und läßt nun dieselbe Quantität aufgelösten und mit derselben Quantität Schwefelsäure versetzten sauren chromsauren Kalis unter Umrühren hinzulaufen. Das Resultat ist auch hier das gleiche, nur müssen die Regeln des heftigen Umrührens und des Auswaschens ebenso beobachtet werden.

Einfach-Chlorblei fällt man in viel Wasser vertheilt, worin es sich theilweise löst. Auf welchem Wege man es aber auch erhalten haben mag, so muß man die Quantität desselben dem Gewichte nach bestimmen können, die man in Arbeit nehmen oder nehmen will. Man fällt dann mit einem Gemenge von chromsaurem Kali Natron und Glaubersalz zu gleichen Aequivalenten, doch so, daß ein wenig Chlorblei unzersetzt bleibt. Auf 25 Theile einfach Chlorblei (dessen Menge man auf irgend eine Weise berechnet hat, je nach der zu seiner Herstellung angewandten Menge von Bleiweiß, basischem Chlorblei ꝛc.) verwendet man 6½ Theile saures chromsaures Kali, mit dem man zugleich 6 Theile krystallisirtes kohlensaures Natron und 14 Theile Glaubersalz aufgelöst hat.

Das mit Kochsalz und Bleiglätte dargestellte basische Bleioxyd-Chlorblei in viel Wasser zerrührt, wird auf 25 Gewichtstheile durch die wässerige Lösung von 5,5 Gewichtstheilen rothen chromsauren Kali, welcher man auch Gewichtstheile englische Schwefelsäure zugesetzt hat, gefällt oder zersetzt. Hat man dieses Bleioxyd Chlorblei nicht im trockenen Zustande, so berechnet man seine Menge aus der angewendeten Menge Bleiglätte, die man mit Kochsalz behandelt

Darstellung der hellcitronfarbigen Chromgelbe im Speciellen.   191

a je 23 Bleiglätte 25 des basischen Chlorbleies gegeben haben, oder man bestimmt
Zeige den Wassergehalt und berechnet darnach die anzuwendende Menge.
Die Zusätze, die man diesen Niederschlägen geben will und die aus Gyps
Schwerspath im sehr feingemahlenen Zustande bestehen, zerrührt man erst für
in einem hölzernen Gefäße zu einer dünnen Milch auf. Man legt zwei
über die Präcipitirstande, darauf stellt man ein feines Haar- oder Messing-
und schöpft nun die Milch auf das Sieb und in die Stande, in welcher in-
fleißig umgerührt wird, damit eine gleichförmige Vertheilung erfolgt. Das
wird angewendet, damit keine Klumpen der weißen Zusätze in den Nieder-
gelangen können, welche nachher sichtbar sein würden. Vor dem Mischen
ferner der Niederschlag dick genug geworden sein, damit die Zusätze sich nicht
ihres verschiedenen specifischen Gewichtes trennen, und man rührt sie auch
gehörig um, ehe man sie auf die Filter bringt. In den letzteren erfolgt dann
Ablaufen des Wassers durch die Leinwand im Allgemeinen bei allen Chrom-
ungemein rasch, daher man zu ihrem Filtriren gewöhnlich auch mit einer
von Filtrirtüchern auf Rahmen auskommt.

Wenn reines, nicht durch Schmutz verunreinigtes schwefelsaures Bleioxyd
(§. 158) zu Gebote steht, und dasselbe durch Auswaschen und Behandeln
etwas Soda von der anhängenden Säure befreit ist, so läßt sich damit auf
Weise ein hellcitronfarbiges Chromgelb herstellen:

Man vertheilt eine Quantität schwefelsaures Bleioxyd in mehrere kleine
welche man etwa zu $^1/_3$ damit anfüllt, und bringt in jede derselben
Rührscheit. Man macht sich ferner eine Lösung von chromsaurem Kali-Natron.
man etwa vier solche Standen mit schwefelsaurem Bleioxyd beschickt hat,
man sie mit A, B, C, D bezeichnen. Man füllt nun A mit der Lösung
chromsaurem Kali-Natron, rührt gut um, des Tages mehrere Male, und läßt
1 oder 2 Tagen absetzen. Das schwefelsaure Bleioxyd ist dann schon gelb
die Flüssigkeit ist heller geworden. Die letztere wird abgezapft und nach B
nach A kommt wieder frische Lösung von chromsaurem Kali-Natron. In
Weise fährt man mit der hintereinander erfolgenden Beschickung von $A B$ u. s. w.
so daß die Lauge in jedem Gefäße mit dem darin befindlichen schwefelsauren
einige Tage unter öfterem Umrühren in Berührung steht, bis die in A
Flüssigkeit nach dem Passiren der übrigen Gefäße endlich in D angelangt
Die von D ablaufende Flüssigkeit kann man wegfließen lassen; sie ist gewöhn-
noch schwach gefärbt, enthält aber nur noch sehr wenig chromsaures Salz.

In Zwischenzeiten nimmt man von A Proben der entstandenen Farbe her-
und ist sie im Vergleiche zu anderen befriedigend, so kommt sie zum Aus-
und Filtriren, im anderen Falle fährt man mit derselben Behandlung
fort, bis die Farbe befriedigend ausgefallen ist. Man entleert nun das
A, beschickt dasselbe aufs Neue mit schwefelsaurem Bleioxyd, und behandelt

192 Darstellung der dunkelcitronfarbigen Chromgelbe im Speziel[len]

nun B wie A, C wie B, D wie C und A wie D. A wird so die letz[te Ent]-
in der Reihe, von der man dann die ausgenutzte Flüssigkeit vorgstellt [ist.] [Im] Uebrigen wird auf diese leicht verständliche Weise mit dem beschriebenen Verfah[ren] wie vorhin fortgefahren. Letzteres hat nur den Zweck, das schwefelsaure [Blei] so oft und so lange mit der Lösung von neutralem chromsauren Kali in Be[rüh]rung zu bringen, als sich noch chromsaures Bleioxyd bildet, und zugleich die [Men]ge des ersteren so oft mit frischen Mengen von schwefelsaurem Bleioxyd, als a[uch] noch chromsaures Alkali vorhanden ist. Gewöhnlich geht doch von letzterem [nur] ein geringer Theil verloren, und das schwefelsaure Bleioxyd wird auch nich[t voll]ständig zersetzt, so daß das erzeugte Gelb ungefähr die Bestandtheile des he[ll]gelben Chromgelbs bekommt und auch dessen Nuance annimmt, aber die h[eller] und voluminöser wird.

2. Darstellung der dunkelcitronfarbigen Chromgelbe.

Die allgemeinen Bedingungen, unter welchen diese Farben entstehen, sin[d] angeführt.

Aus Bleizucker stellt man die dunkelste Sorte her, indem man d[ie Darstel]lung auf dieselbe Weise wie bei der hellcitron- oder schwefelgelben Sorte [mit] denselben Vorrichtungen vornimmt. Man löst einerseits 15 kg Bleiz[ucker in] Wasser und bringt die Lösung in das eine Klärständchen auf der Präc[ipitirstärke] unter Zusatz von so viel Wasser, etwa 90 kg, daß sie beim Erkalten nicht kry[stallisirt.] Andererseits löst man 4,5 bis 4,75 kg rothes chromsaures Kali für s[ich] und bringt es in das andere Klärständchen. Nachdem die Flüssigkeiten [klar] sind, und sich dabei unter Absetzung etwaiger mechanisch beigemengter Un[reinig]keiten geklärt haben, öffnet man zu gleicher Zeit die Zapfen an beiden Klä[r]ständchen und läßt unter beständigem Umrühren in der Präcipitirstärke, die bereits mit Wasser voll ist, die Flüssigkeiten zusammenlaufen. Ist dies geschehen, so [läßt] man noch einige Zeit um, worauf man, wie bei den hellcitrongelben Sorten [mit] dem Absetzen und Auswaschen weiter verfährt, ebenso auch mit den Zusätzen, [die] solche gegeben werden sollen. Man vergesse hierbei nicht, was wegen des Um[rührens] bei der Fällung der Chromgelbe angeführt ist. Je länger man umrührt, [desto] heller fallen auch hier die Chromgelbe aus, und zwar noch heller, wenn man weniger chromsaures Kali anwendet, also noch mehr Bleizucker im Ueberschuß.

Es folgen nun hier die Proportionen für immer heller citronfarbige [Gelbe,] welche sich nach und nach den schwefelgelben nähern. Der Bleizucker [und das] chromsaure Kali wird immer jedes für sich gelöst und geklärt, die Schw[efelsäure] aber immer vorher dem chromsauren Kali in der Klärstande zugefügt.

Darstellung der dunkelcitronfarbigen Chromgelbe aus Bleizucker. 193

Proportionen	Bleizucker	Rothes chrom-saures Kali	Schwefelsäure à 66° Baumé
1	15	4,00	0,45
2	15	3,75	0,66
3	15	3,25	1,11
4	15	3,00	1,40

Stets bleibt hierbei nach der Fällung ein kleiner Ueberschuß von Bleizucker, der der Nüance wegen aufgetropfelt werden muß. Will man noch andere Schattirungen, z. B. zwischen 1 und 2 darstellen, so nimmt man das Mittel aus den, welches sich ergiebt durch Addition der Mengen 1 und 2 und Halbirung der Summe. Der Ueberschuß an Bleizucker braucht dabei um so weniger zu betragen, je mehr Schwefelsäure angewendet wird.

Bedient man sich des basisch-essigsauren Bleioxyds $\overline{A}$, 2PbO, so verfährt man, um eine Lösung desselben zu erhalten, die das gleiche Resultat giebt, 5 kg Bleizucker, in dessen wässeriger Lösung man 4,4 kg Bleiglätte gelöst hat, füllt dann übrigens mit denselben Mengen von rothem chromsaurem Kali hin, oder mit Schwefelsäure versetzt, wie eben angegeben ist, unter Beobachtung eines ganz desselben Verfahrens beim Fällen, Auswaschen u. s. w.

Auch wenn man sich des basischen Bleioxyd-Chlorbleies a) PbCl · PbO, HO bedient, welches man erst selbst aus dem basisch-essigsauren Bleioxyd auch Fällen mit Kochsalz hergestellt hat, um essigsaures Natron als Nebenproduct zu gewinnen, so verfährt man auf gleiche Weise, nur mit dem Unterschiede, daß in diesem Bleioxyd-Chlorblei erst mit dem Wasser in der Präcipitirstande aufgelöst, ehe man die Lösung des sauren chromsauren Kalis oder die äquivalente Mischung mit Schwefelsäure unter Umrühren hinzulaufen läßt, worauf übrigens weitere Behandlung in Allem dieselbe ist. Zu dem Niederschlage von 7½ kg Bleizucker, in welchem 4,4 kg Bleiglätte gelöst worden sind, vermittelst Kochsalz dargestellt, gehören auch dieselben Quantitäten von saurem chromsaurem Kali oder denselben und Schwefelsäure, und das Resultat ist bei dieser indirecten Wirkung dasselbe, als hätte man das basisch-essigsaure Bleioxyd direct mit dem sauren Kali gefällt.

Wenn man zur Darstellung derselben Sorte von Chromgelb sich des Einfachchlorbleies PbCl bedienen will, so muß man, um es im richtigen Verhältnisse Sicherheit zur Fällung verwenden zu können, dasselbe zuvor entweder direct abwägen, oder dessen Menge in dem Falle wenigstens annäherungsweise nach

194 Darstellung der dunkelcitronfarbigen Chromgelbe aus Chlorblei.

dem Gehalte an Blei bestimmen, wenn es erst aus einer anderen Verbindung, z. B. durch Behandlung von Bleiweiß mit Salzsäure hergestellt wird.

Um die dunkelcitrone Nüance des Chromgelbs darzustellen, löst man in auf je 12½ Gewichtstheile Chlorblei oder 12½ kg für Gefäße angeführter Größe 6¼ kg saures chromsaures Kali und 6 kg krystallisirter Soda auf (siehe chrom saures Kali-Natron), und bringt die Lösung in das Klärungsgefäß über der Präcipitirstande, in welcher man das Chlorblei mit dem Wasser gut aufrührt. Wenn sich die Lösung geklärt und abgekühlt hat, läßt man sie unter stetem Umrühren in die Präcipitirstande laufen, und bewegt noch einige Zeit, etwa ¼ Stunden, worauf man absetzen läßt und dann zur Abwässerung schreitet.

Wenn die helleren Sorten zwischen Dunkelcitron- und Schwefelgelb entsteht sollen, nimmt man das Mittel aus den Proportionen für das schwefelgelbe Chromgelb; für eine Sorte, die halb aus letzterem und halb aus der dunklen Sorte besteht und eine zwischenliegende Nüance erhält, nimmt man daher auf 12½ kg Chlorblei:

saures chromsaures Kali	Soda	Glaubersalz
a) 3,25	3,00	7,00
b) + 6,50	6,00	—
9,75 : 2	9,00 : 2	7,00 : 2
= 4,875	4,50	3,50

d. h. also 4,875 kg saures chromsaures Kali, 4,50 kg Soda und 3,50 k Glaubersalz.

Wenn man die Quantitäten a y mal, die Quantitäten b x mal setzt, die entsprechenden Producte addirt und dann jede Summe mit y + x dividirt, so kann man alle möglichen Proportionen für die drei zur Auflösung anzuwendenden Salze, welche den Niederschlag stets so bewirken, daß der Nüance wegen ein wenig Chlorblei unzersetzt in der Flüssigkeit bleibt.

Aus dem basischen Chlorblei b) PbCl + 3(PbO, HO) läßt sich das dunkel citronfarbige Chromgelb nicht direct herstellen; die Fällung kann aber indirect bewirkt werden, indem man dem basischen Chlorblei zuvor so viel Salzsäure Essigsäure in der Präcipitirstande zusetzt, daß aus jener Verbindung im erst Falle Chlorblei-Bleioxyd a) 2 (PbCl + PbO, HO), im letzten Falle Chlorb Bleioxyd a) und basisch-essigsaures Bleioxyd = (PbCl + PbO, HO) + (A, P + PbO, HO) entsteht. In beiden Fällen kann man dann mit saurem chromsaurem Kali fällen, ohne es in chromsaures Kali-Natron zu verwandeln, wie bei einer jeden dieser Verbindungen für sich angegeben ist. Es ist also nur noch die Gewichtsmengen der anzuwendenden Essigsäure und Salzsäure zu bestimm ferner das Bleioxyd-Chlorblei entweder trocken zu wägen, oder, falls es in ein

Darstellung der dunkelcitronfarbigen Chromgelbe aus basischem Chlorblei. 195

form bringt werden soll, das Gewicht desselben auf die trockne Verbindung zu
errechnen.
12½ kg basisches Chlorblei b) erfordern dann einen Zusatz von Essigsäure
der Essig in der Stärke, daß darin 3,1 kg Essigsäurehydrat enthalten sind.
Hätte man z. B. einen reinen Essig zur Disposition, der 5 Proc. Essigsäurehydrat
enthält, so würde man davon nöthig haben

$$\frac{100 \times 3,1}{5} = 62 \text{ kg},$$

wobei es ist zu bemerken, daß hier ein Ueberschuß von Essigsäure nicht schadet, weil
das saure chromsaure Kali auch das einfach-essigsaure Salz zersetzt, wenn sich
was davon gebildet hat.
Dagegen ist ein Zusatz von Salzsäure im Ueberschuß zu vermeiden und auch
nicht anzuwenden, die Schwefelsäure enthält. Die gewöhnliche käufliche
Salzsäure zeigt 21 bis 22° vom Baumé'schen Aräometer, und hält dann circa
36 Procent H Cl oder wasserfreie Salzsäure (siehe unter Atomgewichte S. 5).
2½ kg des basischen Chlorbleies, von dem die Rede hier ist, erfordern einen Zusatz von 2 kg H Cl oder wasserfreier Salzsäure, welche also in

$$\frac{100 \times 2}{36,4} = 5,49 \text{ kg}$$

der 22grädigen Salzsäure enthalten sind. Einige Kilogramm Essig kann man
noch zufügen, damit kein basisches Salz entsteht, da ein Ueberschuß von dieser
Säure, der nach der Fällung bleibt, keinen Einfluß hat.
Die Fällung geschieht unter denselben Umständen und auf dieselbe Art, wie
bei den übrigen für Chromgelbe direct angewendeten Bleiverbindungen mit einer
Lösung von 7 kg rothem chromsaurem Kali, wobei noch etwas Bleiverbindung
unzersetzt bleibt. Will man mit diesem basischen Bleioxyd-Chlorblei auch die
zwischen Schwefelgelb und Dunkelcitron liegenden Chromgelbnüancen herstellen,
so kann man in der Weise verfahren, daß man nach oben gegebener Vorschrift
einen Satz des schwefelgelben Chromgelbs macht, dann einen Satz des dunkelcitronfarbenen, nach einer der beiden oben angegebenen Vorschriften, und daß man dann
die ausgewaschenen Niederschläge noch naß in einer Staude in solchen Verhältnissen mischt, bis die gewünschten Nüancen erreicht sind. Oder man wendet die
arithmetischen Mittel der Materialien an, welche zur Darstellung der beiden
Nüancen genommen werden müssen, z. B.:

	Rothes chrom-saures Kali	Schwefel-säure	Essigsäure à 5 Proc.
a) für die schwefelgelbe Nüance	3,75	2,50	—
b) für die dunkelcitronfarbige Nüance	7,00	—	62
	10,75	2,50	62

190 Darstellung der orangefarbigen Chromgelbe im Speciellen.

Man verwendet also $\frac{62}{2} = 31$ Essigsäure à 5 Procent auf 12^1 kg der Bleiverbindung PbCl + 3 PbO, HO, ferner zur Fällung $\frac{10,75}{2} = 5,37$ kr rothes chromsaures Kali, dessen Lösung $\frac{2,50}{2} = 1,25$ kg englische Schwefelsäure im Klärgefäße zugefügt werden.

Wenn man auf gleiche Weise das arithmetische Mittel aus $2a + b$ berechnet und anwendet, so erhält man eine mehr helle Nüance, und umgekehrt eine dunklere, wenn man das Mittel aus $2b + a$ anwendet u. s. w.

3. Darstellung der orangefarbigen Chromgelbe.

Es ist sehr unvortheilhaft, sich hierbei des Bleizucker zu bedienen, da in diesem Falle sehr viele Essigsäure verloren geht. Will man aber Bleizucker anwenden, und soll die Fällung auf einmal geschehen, so muß die Lösung des sauren chromsauren Kali nicht nur zuvor in neutrales chromsaures Kali Natron verwandelt sein, sondern sie muß noch freies Alkali, und zwar um so mehr davon enthalten, je mehr ins Rothe der Niederschlag gehen soll. Arbeitet man mit Aetzlaugen, Kali oder Natronlaugen, die man selbst bereitet, so hat man zu berücksichtigen, daß ihr Gehalt an trocknem Alkali nicht immer der gleiche ist, sondern verschieden sein kann. Setzt man der Lösung von saurem chromsaurem Kali eine gewisse Menge solcher Aetzlauge zu, so läßt sich nicht immer bemerken, ob die Lösung nun den Bleizucker vollständig fällt, und ob der Niederschlag die rechte Farbe erhält. Wird er zu dunkel und ist chromsaures Kali im Ueberschuß vorhanden, so muß noch Bleizuckerlösung zugefügt werden, um den Ueberschuß zu fällen. Ist der Niederschlag andererseits zu hellgelb, so muß man noch Aetzlauge hinzufügen; aber die Flüssigkeit nimmt dann dadurch, daß dem Bleioxyd ein Theil der Chromsäure entzogen wird, wieder eine gelbe Farbe an und giebt nun mit Bleizucker einen weiteren Niederschlag. Durch abwechselnden Zusatz von Aetzlauge zu den Niederschlägen, bis die Farbe röthlich genug ist, und dann wieder von Bleizuckerlösung, bis das gebildete chromsaure Alkali gefällt ist, erhält man endlich die gewünschte Nüance. Die überstehende Flüssigkeit soll weder gelb sein, noch auch bedeutenden Ueberschuß an Bleizucker enthalten.

Hat man Aetznatron- oder Aetzkalilaugen stets von bestimmter Stärke (zum Baumé'schen Aräometergraden), so kann man sich die für das angewendete Quantum sauren chromsauren Kalis bei der vorgedachten Fällung nöthig gewesenen Mengen der Aetzlauge nach Maaßen oder Gewichten notiren, ebenfalls die zur Fällung nöthig gewesene Menge Bleizucker, um diese bestimmten Mengenverhältnisse in späteren Fällungen von vornherein anzuwenden. Soll nun eine Fällung ausgeführt werden, so bringt man die Lösung des sauren chromsauren Kalis sogleich

Darstellung der orangefarbigen Chromgelbe aus Bleizucker.

och der Klärung in die Präcipitirflasche, fügt dann die Auflösung des Bleizuckers wie die Aetzlauge hinzu, und erhält hierdurch sogleich die erwünschte Farbe, die sich einigen Stunden sich nicht weiter verdunkelt.

Hat man Gelegenheit, festes Aetznatron, wie es jetzt von England zu einem Preise in den Handel kommt, zu welchem man kaum Aetznatronlauge selbst herstellen kann, zu verwenden, so ist die Arbeit eine viel bequemere und sicherere, besonders da der Natrongehalt jenes englischen Productes immer angegeben und bekannt ist, und gewöhnlich 62 bis 70 Proc. an Natron beträgt. Wenn man nun 1 Theil saures chromsaures Kali mit 0,618 Theilen reinen Natrons, nach dem Procentgehalte des vorhandenen käuflichen Aetznatrons berechnet, in Wasser auflöst, so giebt dies in dem Bleizucker und zwar mit genau 5 Theilen den rothen Niederschlag. Um also 30 kg Bleizucker zu fällen, braucht man eine Lösung von 6 Theilen rothen chromsauren Kalis und so viel Aetznatron, daß darin 3,708 kg reinen Natrons enthalten sind; von käuflichem 70procentigem Aetznatron sind daher $\frac{3{,}708 \times 100}{70}$

= 5,297 kg erforderlich. Soll aber zugleich dunkelcitrongelbes Chromgelb mit gefällt werden, so müssen für dasselbe auf je 1 Theil saures chromsaures Kali genommen werden 0,207 Theile Natron, und um 30 kg Bleizucker damit zu fällen, sind nöthig 12 kg saures chromsaures Kali, mit welchem zugleich so viel Aetznatron gelöst worden ist, daß es $12 \times 0{,}207 = 2{,}484$, oder rund 2,5 kg reines Natron enthält; von 70procentigem Aetznatron müssten also $\frac{2{,}5 \times 100}{70}$

= 3,57 kg angewendet werden. Die bei den vorerwähnten beiden Fällungen anzuwendenden Gewichtsverhältnisse der Substanzen betragen also:

a. 30 kg Bleizucker.   6 kg rothes chromsaures Kali.   3,7 kg Natron
b. 30 „   12 „   „   „   3,57 „   „

Da nun alle orangegelben Sorten nur Gemenge der Producte beider Fällungen ſind, und um so mehr von dem aus a resultirenden Niederschlage enthalten, je rother ſie ſind, so kann man ſich leicht ein Sortiment aus a und b machen, und wenn die Nüance zwiſchen zwei anderen liegt, berechnen, wie ſie hergestellt werden muß.

Soll das Gemiſch aus a und b beſtehen, so addirt man die Materialien, die a und b gehören, und dividirt mit 2. So hat man dann $\frac{60}{2} = 30$ kg Bleizucker mit $\frac{18}{2} = 9$ kg rothem chromſaurem Kali zu fällen, mit dem $\frac{7{,}27}{2}$

= 3,635 kg Natron als Aetznatron gelöſt sind.

Das Verhältniß $\frac{2a+b}{3}$ giebt eine viel rothere, $\frac{2b+a}{3}$ eine viel gelbere als. $\frac{2a+b}{3}$ erfordert $\frac{90}{3} = 30$ kg Bleizucker, $\frac{24}{3} = 8$ kg rothes chrom-

198 Darstellung der orangefarbigen Chromgelbe aus basisch-essigs. Bleioxyd.

saures Kali und $\frac{10{,}97}{3} = 3{,}66$ kg Natron, $\frac{2b+a}{3}$ erfordert dagegen $\frac{30}{3}$ = 30 kg Bleizucker, $\frac{30}{3} = 10$ kg rothes chromsaures Kali und $\frac{10{,}94}{3}$ = 3,61 kg Natron u. s. w.

Die Fällung dieser Niederschläge kann in weniger Wasser erfolgen und wie in obigen Präcipitirlaugen die doppelte Menge Bleizucker angewendet werden, aber starkes Umrühren und gutes Abwässern macht die Niederschläge ebenfalls leicht. Zusätze von Gyps und Schwerspath werden diesen Niederschlägen in derselben Weise gegeben, wie den anderen früher angeführten Chromgelbsorten.

Von der Darstellung der Aetzlaugen wird unten noch speciell die Rede sein. Viel vortheilhafter ist das Verfahren, diese Chromgelbe aus dem basisch essigsauren Bleioxyde $\overline{A}$, 2 PbO oder einem Gemenge davon mit Bleizucker herzustellen, und zur Fällung dieses in Lösung gebrachten Gemenges chromsaures Kalinatron anzuwenden. Denn $\overline{A}$, 2 PbO giebt mit CrO_3, KO den orangegelben Niederschlag, und Bleizucker den dunkelcitronfarbigen, so daß man die Nüancen ganz in der Gewalt hat. Ebenso giebt aber ein Gemenge von neutralem chromsaurem Kali-Natron und saurem chromsaurem Kali mit jener basisch-essigsauren Bleioxydlösung eine Mischung des rothen und gelben Niederschlages, weil erstere CrO_3, 2 PbO, letzteres aber CrO_3, PbO fällt, vgl. oben S. 181 und 19. Daß der letztere Weg vortheilhafter ist, wurde schon oben angedeutet, auch S. 13 bereits die Darstellung der basischen Bleisalze $\overline{A}$, 2 PbO erläutert.

Vorausgesetzt, man habe dieses basische Bleisalz dargestellt, also in der Lösung von 15 kg Bleizucker noch 8,8 kg gemahlene Bleiglätte durch Kochen im kupfernen Kessel oder mit einströmendem Wasserdampf aufgelöst, so kommt es nun darauf an, welche Farbe man erzeugen will. Hellroth würde die Farbe ausfallen, wenn man mit neutralem chromsauren Kali-Natron fällte, und dazu wären für die angegebenen 15 Theile Bleizucker und 8,8 Theile Bleiglätte nöthig 6 Theile saures chromsaures Kali, in welchem man in der Siedhitze 5,75 Theile krystallisirte Soda aufgelöst hat, um chromsaures Natron-Kali zu bilden. Dunkelcitronfarbig wird dagegen der Niederschlag ausfallen, wenn man auf obige 15 Theile Bleizucker und 8,8 Theile Glätte 12 Theile rothes chromsaures Kali in Lösung für sich anwendete.

Man hat nun wieder alle Daten, um die Nüancen zu bestimmen oder das Gemenge aus beiden Nüancen herzustellen. Man verwendet daher bei gleichbleibender Lösung von 15 kg Bleizucker und 8,8 kg Silberglätte zur Fällung:

	Rothes chromsaures Kali	Krystallisirte Soda
a) für die rothe Nüance . . .	6 kg	5,75 kg
b) für die gelbe Nüance . . .	12 kg	—

Darstellung der orangefarbigen Chromgelbe aus basischem Chlorblei. 199

Ein Gemenge beider Niederschläge entsteht also, wenn man anwendet $\frac{18}{2}$ = 9 kg rothes chromsaures Kali und $\frac{5{,}75}{2}$ = 2,88 kg krystallisirte Soda, und man kann die Menge des einen oder anderen Niederschlages vermehren, wenn man a oder b mehrere Male nimmt, wodurch die eine oder andere Nüance überwiegend wird. Die Berechnung erfolgt wie in vorhergegangenen Berechnungen dieser Art.

Wenn man das basisch-essigsaure Bleioxyd erst mit Kochsalz fällt, mithin zunächst das Bleioxyd-Chlorblei a) darstellt, so wird dieser weiße im Wasser in der Präcipitirflasche zertheilte Niederschlag mit denselben Lösungen von chromsaurem Kali und Soda behandelt, und giebt dann die entsprechenden Farben. Bei der Fällung ist hier nur fleißiges Umrühren und öfteres Auswaschen zu beobachten.

Das basische Bleioxyd-Chlorblei PbCl + 3 PbO, HO giebt durch Zusammenbringen mit saurem chromsaurem Kali, jedoch nicht im Ueberschuß, nur die rothe Farbe. Um damit zugleich die gelbe Farbe hervorzubringen, ist es erforderlich, eine Säure zuzusetzen, am zweckmäßigsten Essigsäure oder Salzsäure. Setzt man 1 Aequivalent Essigsäurehydrat hinzu, so entsteht durch deren Einwirkung auf das basische Chlorblei:

$$PbCl + Pb, HO + \bar{A}, 2PbO,$$

und dieses Gemisch giebt mit saurem chromsaurem Kali 2 (2 CrO$_3$, KO):

$$4 (CrO_3, PbO) + KCl + \bar{A}, KO,$$

also das citrongelbe Chromgelb.

Setzt man auf 1 Aequivalent des basischen Bleioxyd-Chlorbleies b) 1 Aequivalent Salzsäure HCl hinzu, so entsteht aus jenem: 2 (PbCl + PbO, OH), also dieselbe Verbindung, welche erhalten wird, wenn man das basisch-essigsaure Bleioxyd mit Kochsalz fällt. Sie ist alsdann auf dieselbe Weise zu behandeln, und dies ist auch der wohlfeilste Weg, die in Rede stehenden Chromgelbe darzustellen.

Wenn man 38 Theile des eben erwähnten Bleioxyd-Chlorbleies b) mit 5,6 Theilen wasserfreier Salzsäure versetzt, die in 16,4 Theilen 22grädiger Salzsäure enthalten sind, so fällen 24 Theile gelöstes rothes chromsaures Kali die gelbe Verbindung, während dagegen ohne Zusatz von Salzsäure 12 Theile des rothen chromsauren Kalis die rothe Verbindung fällen. Man hat also wieder die Daten, um beliebige Gemenge von Niederschlägen beider Art zu erzeugen, wobei kaum nur die Quantitäten der anzuwendenden Salzsäure und des chromsauren Kalis wechseln.

Aus den Quantitäten für 38 kg des basischen Chlorblei-Bleioxyds an nöthigem

	roth. chromsaurem Kali	Salzsäure wasserfrei
die rothe Farbe . . .	12	—
die gelbe Farbe . . .	24	5,6

laffen fich nun arithmetifche Mittel von $xa + yb$ nehmen und daraus die nöthigen Quantitäten von faurem chromfaurem Kali und Salzfäure für die abweichenden, fpeciellen Fälle berechnen.

Das bafifche Bleioxyd-Chlorblei wird behufs der Fällung mit Waffer in die Präcipitirftande eingerührt, die Salzfäure nachgegeben und dann die Löfung des rothen chromfauren Kalis aus der Klärftande hinzugelaffen, der Niederfchlag übrigens wie bei anderen Chromgelben gut umgerührt und mit Waffer ausgewafchen, fonft weiter filtrirt und gepreßt, wie bei den hellen fchwefelgelben Sorten und anderen Chromgelben angeführt ift.

Von dem eigentlichen Chromroth wird befonders die Rede fein.

Die dunkelcitronfarbigen Chromgelbe in reinem Zuftande find CrO_3, PbO und enthalten nach Maßgabe diefer Formel in 100 Theilen:

68,2 Bleioxyd
31,8 Chromfäure
———
100,0

Die fchwefelgelben Chromgelbe entfprechen im reinen Zuftande der Formel $CrO_3, PbO + SO_3, PbO$, und enthalten demgemäß in 100 Theilen:

70,9 Bleioxyd
16,5 Chromfäure
12,6 Schwefelfäure
———
100,0

Die zwifchenliegenden Nüancen find Gemenge beider, in fehr verfchiedenen, abfichtlich dargeftellten Verhältniffen.

Die rothen reinen Chromgelbe dagegen find $CrO_3, 2PbO$ und enthalten nach Maßgabe diefer Formel in 100 Theilen:

81,1 Bleioxyd
18,9 Chromfäure
———
100,0

Alle orangerothen Chromgelbe find Gemenge der dunkelcitronengelben mit diefen, ebenfalls in verfchiedenen Proportionen.

Jede der Chromgelbforten außer den eigentlichen Chromrothen, deren Pulver jedoch auch um fo gelber wird, als man es feiner zerrieben hat, und die ihre Schönheit durch Vermifchen einbüßen würde, kommt im Handel mit weißen Zufätzen gemengt vor, von denen die Chromgelbe eine unglaubliche Menge vertragen, ohne daß diefe Beimifchungen durch das Anfehen bemerklich oder abfchätzbar find. Man benutzt die fchon genannten Zufätze von Gyps und Schwerfpath als billigfte Materialien, denn theurere weiße Zufätze geben kein befferes Refultat. Die mit den genannten Materialien vermifchten Chromgelbe werden dann aber auch unter

Unterſuchung der Chromgelbe durch ihre Deckkraft. 201

anderen, beſonderen und verſchiedenen Namen, z. B. Neugelb, Pariſergelb ꝛc. billiger verkauft. Farben, die nur 10 Proc. chromſaures Bleioxyd enthalten, geben mit Blau doch noch ſehr kräftige grüne Farben. Sie werden durch den Gyps leichter als durch Schwerſpath, ſind aber dann in Oel ſchwieriger anzuwenden.

Bei dieſer Farbe iſt es mehr als bei jeder anderen nothwendig, ſich von ihrer Güte oder dem eigentlichen Gehalte an reinem Chromgelb zu unterrichten, da daſſelbe an und für ſich ziemlich theuer und der Gehalt nach dem Aeußeren der Farbe ſchwer zu beurtheilen iſt. Man kann nun die Prüfung auf zweierlei Weiſe vornehmen, einmal wie beim Bleiweiße, indem man die Deckkraft unterſucht; oder auf chemiſchem Wege, mittelſt deſſen man den Chromſäuregehalt beſtimmt und dadurch ein genaueres Reſultat erhält. Aber das letztere Verfahren iſt für den Geſchäftsmann meiſtens zu zeitraubend und umſtändlich, um trotz ſeiner größeren Beſtimmtheit und Zuverläſſigkeit auf häufige Anwendung in der Praxis rechnen zu dürfen. Ich werde jedoch beide Prüfungsmethoden beſchreiben.

Unterſuchung der Chromgelbe durch Vergleich der Deckkraft.

Man kann zwar auf gleich große abgehobelte Brettchen ein gleich großes Quantum der Farbe ausſtreichen, allein dies giebt bei der guten Deckkraft derſelben noch kein ſicheres Reſultat. Wenn man aber zur Unterſuchung der hell- und dunkelcitronfarbenen Sorten, welche noch ein reines Grün geben, das nicht ins Olivenartige oder Broncegrüne zieht, ſich von einer reinen Sorte Normalgemiſche macht, mit 10, 20, 30, 40, 60, 80 Proc. Schwerſpath zerrieben, und ſie im Vorrath hält, ſo kann man ſie und die Probe gegen ein gleich großes Quantum Blau zu Grün probiren, und aus dieſer Probe läßt ſich der Gehalt ziemlich genau ermitteln, auch iſt dabei von wenig Einfluß, von welcher Art der Zuſatz im Gelb iſt. Geſetzt, man hätte ein helles Chromgelb zu unterſuchen, das als reines Chromgelb verkauft worden iſt, alſo nur ſoviel ſchwefelſaures Bleioxyd enthalten darf, als zur Erzeugung der Farbe nöthig iſt, ſo nimmt man davon etwa 1 g und reibt ſie mit 0,3 g Pariſerblau ab, von welchem man ſich zu dieſem Behufe ſtets eine Sorte vorräthig hält. Dann macht man es zur Gegenprobe ebenſo mit wirklich reinem Chromgelb und mit den Sorten, die 10 bis 20 Proc. Schwerſpath enthalten. Man vergleicht nun, ob die Nüance Grün des Gemiſches, welches das zu beſtimmende Chromgelb enthält, mit dem Grün von einer der Gegenproben übereinſtimmt. Fiele die Nüance des erſterwähnten Gemiſches gelblicher aus, ſo würde das Chromgelb noch beſſer ſein, als dasjenige der damit verglichenen Gegenprobe; fiele ſie bläulicher aus, ſo würde das Chromgelb ſchlechter ſein, denn es enthielte weniger Gelb. Man würde im letzteren Falle noch Quantitäten von je 0,1 g des fraglichen Chromgelbs hinzuwägen müſſen, um dieſelbe gelbgrüne Nüance zu erhalten, wie die Gegenprobe. Wäre noch einmal soviel davon nöthig gewesen, so würde man daraus schließen müssen, daß es [...] die Hälfte soviel Gelb enthielte; dies ist leicht einzusehen und zu berechnen.

Für eine dunklere Nüance hat man ebenso zu verfahren, indem man [...] einer ähnlichen reinen Sorte und den Gemischen davon vergleicht.

Bei den orangefarbenen Sorten kann man die Mischung mit Blau [...] mit demselben Vortheile gebrauchen. Hier vergleicht man die Anstriche [...] Originalprobe und ihrer Mischungen mit Schwerspath mit der zu prüfenden Sorte direct bloß nach der Deckkraft.

Chemische Prüfung der Chromgelbe.

Diese kann für Geschäftsleute nicht aus einer vollständigen Analyse [...] zu deren Ausführung selbst ein Chemiker geübt sein muß. Man kann sich [...] mehr darauf beschränken, entweder die Menge der in der Farbe vorhandenen an Bleioxyd gebundenen Chromsäure, oder diejenige der Zusätze zu bestimmen, um daraus im ersten Falle direct, im letzteren indirect den Gehalt der [...] an reinem Chromgelb durch einfache Rechnung zu finden.

Will man nach der erstangeführten Untersuchungsmethode die Chromsäure und damit also zugleich die in der Farbe vorhandene Menge des [...] chromsauren Bleioxyds direct bestimmen, so übergießt man z. B. 5 g [...] zu untersuchenden Chromgelbs mit dem zwei- bis dreifachen Gewichte [...] Schwefelsäure, setzt etwas Weingeist hinzu und digerirt in gelinder Wärme, bis die gelbe Farbe des Chromgelbs sich in reines Weiß verwandelt und die Flüssigkeit eine grüne Färbung angenommen hat. Man filtrirt sie nun auf ein Filter nach einiger Verdünnung von dem weißen Rückstande rein ab, [...] den letzteren gut aus und vereinigt das hierbei ablaufende Waschwasser mit [...] ersten Filtrate. Die so gewonnene Flüssigkeit enthält nun die sämmtliche Chromsäure des Chromgelbs in Form von Chromoxyd aufgelöst, welches durch Reduction der durch Schwefelsäure freigemachten Chromsäure mittelst des zugesetzten Alkohols entstanden ist. Um nunmehr dieses Chromoxyd zu fällen und eine zur Wägung geeignete reine Form zu bringen, verfährt man folgendermaßen: Man versetzt die Flüssigkeit mit so viel Ammoniak, daß sie stark danach riecht, verdunstet sie erst in einem Becherglase, dann in einem Porzellantiegel Trockne, und glüht schließlich den Rückstand, bis derselbe keine weißen [...] mehr entwickelt. Man weicht dann den Rückstand mit concentrirter reiner [...] säure auf, spült ihn in ein Becherglas, digerirt damit in der Wärme, [...] ihn einige Male mit Wasser aus, welches sich leicht decantiren läßt, weil unlöslich zurückbleibende Chromoxyd sehr schwer ist und sich schnell und [...] absetzt, bringt es zuletzt auf ein gewogenes Filter, trocknet bei circa 100 [...] und bestimmt das Gewicht des erhaltenen Chromoxyds. 1 Theil des [...]

Chemische Prüfung der Chromgelbe.

ternen Chromoxyds entspricht nun so viel Chromsäure, wie in 4,1 Theilen des neutralen chromsauren Bleioxyds enthalten ist. Hat man z. B. aus 5 g des zur Prüfung verwendeten Chromgelbs 0,75 g Chromoxyd erhalten, so entsprechen diese $0{,}75 \times 4{,}1 = 3{,}075$ g neutralen chromsauren Bleioxyds, oder, procentisch ausgedrückt: das Chromgelb enthält $\dfrac{3{,}075 \times 100}{5} = 61{,}5$ Proc. neutrales chromsaures Bleioxyd. Die übrigen Bestandtheile sind dann schwefelsaures Bleioxyd oder Zusatz, welches erstere nur in hellcitrongelben Sorten Chromgelb der Nüance wegen durch die Darstellungsweise mit hineinkommt und dann nicht als Zusatz betrachtet werden kann. Bei den dunkelcitronfarbigen und orangefarbigen Sorten ist das schwefelsaure Bleioxyd als Bestandtheil aus der Bereitung nicht vorhanden. Ergiebt eine andere Sorte Chromgelb dem Gewichte nach nur eine halb so große Menge Chromoxyd, so erhält es selbstverständlich auch nur eine halb so große Quantität chromsaures Bleioxyd. Die obige Untersuchungsmethode gestattet daher durch directe Bestimmung des Gehalts der Chromgelbe an neutralem chromsauren Bleioxyd schon einen unmittelbaren und ziemlich genauen Werthvergleich jener Farben in Bezug auf diesen Hauptbestandtheil.

Kommt es darauf an, die Zusätze des Chromgelbs — Gyps und Schwerspath — zu bestimmen, so kann dies dadurch geschehen, daß man 5 g desselben einige Zeit mit concentrirter Salzsäure digerirt, bis die gelbe Farbe des Chromgelbs verschwunden ist. Man läßt die Flüssigkeit im Becherglase abklären, gießt sie dann rein ab, und wiederholt dies noch einmal, worauf man ebenso einige Male Wasser darauf bringt und abgießt, welches man den salzsauren Lösungen zufügt. Den in Wasser vertheilten Rückstand im Becherglase läßt man nun 24 Stunden mit 5 g kohlensaurem Ammoniak stehen, wobei man mehrere Male aufrührt. Man gießt dann die helle Flüssigkeit in ein Becherglas ab und wäscht einige Male durch Decantiren aus. Uebergießt man den Rückstand nun mit Salzsäure, so löst dieselbe, wenn die Farbe Gyps enthielt, den aus letzterem mit kohlensaurem Ammoniak gebildeten kohlensauren Kalk vollständig auf, während etwa vorhandener Schwerspath ungelöst zurückbleibt (vgl. S. 60), der nun auf einem gewogenen Filter abfiltrirt, gewaschen, getrocknet und gewogen werden kann.

Die erste Auflösung von der Behandlung des Chromgelbs mit Salzsäure setzt bei ihrer Verdünnung mit den Waschwassern schwefelsaures Bleioxyd ab, welches man, wenn man will, ebenfalls quantitativ bestimmen kann, indem man die Flüssigkeit von dem abgesetzten Niederschlage abgießt, den letzteren auf ein gewogenes Filter bringt, auswäscht, trocknet und dann wägt. Die davon abgegossene klare Flüssigkeit und das Waschwasser sammelt man und vereinigt sie mit der salzsauren Lösung, welche nach der obigen Behandlung des Rückstandes mit kohlensaurem Ammoniak, dann mit Salzsäure erhalten ist. Man dampft diese vereinigten Flüssigkeiten, welche zur Prüfung auf Gyps dienen

204   Chemische Prüfung der rothgelben Chromgelbe.

sollen, in einem Becherglase zu einem kleineren Volum ein, versetzt sie hierauf mit Schwefelsäure und dann mit Weingeist, wodurch ein Niederschlag von Gyps entsteht, der also nun, wenn die zur Prüfung verwendete Farbe überhaupt Gyps enthielt, durch die angegebene Behandlung aufs Neue gebildet ist. Dieser Niederschlag wird auf einem gewogenen Filter gesammelt, einige Male mit alkoholhaltigem Wasser ausgewaschen, auf dem Filter vollständig getrocknet und gewogen. Aus seinem nach Abzug der Filtertara ermittelten Gewichte berechnet man nun den Gypsgehalt des Chromgelbs nach Procenten. Die Summe der so gefundenen Procente von schwefelsaurem Bleioxyd, Gyps und Schwerspath ergiebt dann, von 100 abgezogen, in der Differenz den procentischen Gehalt des Chromgelbs an neutralem chromsaurem Bleioxyd indirect.

Der Werth der dunkelcitronfarbenen, lederfarbenen und hellcitronfarbenen Chromgelbe steht genau beziehungsweise für dieselben Nüancen im Verhältniß zum Gehalte an chromsaurem Bleioxyd, der, wie oben angeführt, gefunden werden kann. Schwieriger ist es, den Werth der orangefarbigen oder rothgelben Chromgelbe zu bestimmen, weil dieselben aus einem Gemenge der basischen und neutralen chromsauren Bleioxydverbindungen bestehen. Man kann zwar ihren Chromsäuregehalt wie vorhin bestimmen, aber man kann dann nicht wissen, wie viel von dieser Chromsäure der gelben und wie viel der rothen Verbindung angehört. Es ist jedoch auf einem anderen Wege möglich, dies zu ermitteln. Die anzuwendende Bestimmungsmethode beruht darauf, daß durch Digestion der Farbe mit Ammoniakflüssigkeit dem neutralen chromsauren Bleioxyd die Hälfte seiner Chromsäure unter Bildung von basisch-chromsaurem Bleioxyd entzogen wird, während auf letzteres sowie auf das in der Farbe ursprünglich vorhandene basisch-chromsaure Bleioxyd das Aetzammoniak nicht einwirkt. Digerirt man demgemäß z. B. 5 g eines solchen Gelbes in gelinder Wärme mit kaustischem Ammoniak, decantirt die erhaltene gelbe Flüssigkeit von der bleibenden rothen Farbe, wäscht letztere durch Decantiren aus, vereinigt das Waschwasser mit der ammonikalischen Flüssigkeit, verdampft letztere erst im Becherglase, dann im gewogenen Tiegel zur Trockne und glüht ihn, so bleibt als Rückstand eine gewisse Menge Chromoxyd A.

Verfährt man nun mit der bei obiger Behandlung mit Ammoniak zurückbleibenden rothen Farbe, um darin die Chromsäure zu bestimmen, wie vorhin bei den Chromgelben, so erhält man noch eine zweite Quantität Chromoxyd B. Jedenfalls ist A kleiner als B. Zweimal A entspricht der Menge des Chromoxyds, die von dem vorhanden gewesenen neutralen chromsauren Bleioxyd herrührt, und welche in Grammen ausgedrückt mit 4,1 multiplicirt das Gewicht des letzteren in 5 g des Gelbes angeben. Das Gewicht $A + B - 2 \times A$ ist das Gewicht an Chromoxyd, welches der Chromsäure entspricht, die als basisches, entsäuert chromsaures Bleioxyd vorhanden war. Dieses Gewicht, mit 8,9 multiplicirt, giebt dasjenige des basisch-chromsauren Bleioxyds, das in 5 g der

Barytgelb. Chromsaurer Baryt.

...war, woraus man also den Procentgehalt an beiden chromsauren Bleiverbindungen, mithin auch an Farbe und Zusatz berechnen kann. Die Zusätze ... bei den vorliegenden Farben in gleicher Weise wie vorhin bei den anderen ... ermittelt werden. Einfachere Methoden für diese Untersuchungen giebt ..., und genauere Analysen müßten durch Chemiker vorgenommen werden.

Die Chromgelbe ohne Ausnahme können als Oel- und Wasserfarben ge... werden und sind überaus deckend, wie dies schon daraus hervorgeht, daß eine große Menge von Zusätzen vertragen. In Oel trocknen sie leicht und braucht von dem letzteren ebenso viel wie bei den Bleiweißen, um sie zu einem dicken Teige abzutreiben. Bleichenden Einflüssen widerstehen sie, aber sie ... durch schwefelwasserstoffhaltige Dämpfe wie Bleiweiß angegriffen und ... Auf frischem Kalke oder in demselben können sie nicht gebraucht ..., ohne ihre Farbe in Roth zu ändern, weil der Kalk ebenso zersetzend die chromsauren Bleioxydverbindungen einwirkt, wie ein Alkali. Für eine ... Anwendung ist das später zu erwähnende Zinkgelb geeigneter.

Barytgelb. Steinbühlergelb. Chromsaurer Baryt, CrO_3, BaO.

Der chromsaure Baryt, im Handel unter dem Namen Steinbühlergelb, ... selten als Malerfarbe vorkommend und angewendet, ist von sehr blasser ... Farbe und allerdings sehr beständig, übrigens aber von geringem ... Man erhält den chromsauren Baryt durch Fällen von Barytsalzen, ...ßigsten und billigsten von Chlorbarium mit neutralem chromsaurem ... Kali-Natron, und Auswaschen des entstandenen Niederschlages, welcher ... rasch absetzt und nach dem Trocknen von selbst leicht in ein zartes, gelbes Pulver zerfällt. Diese ohnehin sehr helle Farbe wird nicht mit weißen ... vermischt oder verfälscht.

Seine hauptsächlichste Anwendung findet der chromsaure Baryt gegenwärtig ...reitung der Streichzündhölzchenmasse, worin er als Zusatz ganz oder theil... das saure chromsaure Kali vertritt.

Versetzt man das Steinbühlergelb mit verdünnter oder concentrirter Salz..., der etwas Weingeist zugefügt ist, so löst sich das Gelb nach und nach ... grüner Färbung der Flüssigkeit auf, und die Auflösung wird durch Schwefel... weiß gefärbt. Der Niederschlag ist schwefelsaurer Baryt. Wäre der ...saure Baryt bleihaltig, d. h. mit chromsaurem Bleioxyd etwa in der Ab... gemengt, ihm eine schönere Farbe zu ertheilen, so würde die mit Ammoniak ...lisirte und filtrirte Auflösung in Salzsäure mit Schwefelammonium oder ...selwasserstoffgas einen braunen, alsbald schwarz werdenden Niederschlag von ...ilblei, PbS geben. Ist das Steinbühlergelb einem Permanentgrün oder ...grün zugesetzt, so läßt es sich ebenso daraus durch Salzsäure auslösen.

C. **Neapelgelbe**, der Hauptsache nach antimonsaures Bleioxyd mit überschüssigem Bleioxyd.

Auch mit der Antimonsäure giebt das Bleioxyd eine Verbindung, die eine gelbe Farbe hat, welche jedoch je nach der Bereitungsweise verschieden nüancirt ausfällt. Sie ist zwar nicht von der Reinheit und Schönheit des chromsauren Bleioxyds, wird aber doch häufig ihrer Solibität wegen angewandt. Sie hat die vorzügliche Eigenschaft, daß sie selbst Glühhitze aushält, und daß auch als Porzellanfarbe angewendet werden kann.

Die Farbe oder Verbindung, deren Zusammensetzung variirt, entsteht auf mehrfache Art und darauf beruhen auch die Darstellungsmethoden. Wenn man antimonsaures Kali oder Natron mit salpetersaurem Bleioxyd im Uebermaß kocht, so bleibt ein weißer Niederschlag von antimonsaurem Bleioxyd. Wird derselbe von den anhängenden Salzen durch Auswaschen befreit und dann geglüht wird, so entsteht eine gelbe Farbe, welche die wasserfreie reine Verbindung ist.

Da das Antimon sowohl als das Blei durch Glühen an der Luft oxydirt wird, und ersteres in Gegenwart von Basen in Antimonsäure übergeht, entsteht die in Rede stehende Verbindung auch bei längerem Rösten von Antimonbleilegirungen, z. B. von Buchdruckerletternmetall; ferner beim Glühen von Oxyden des Bleies mit den übrigen Sauerstoffverbindungen des Antimons unter Luftzutritt. In jedem dieser Fälle entsteht eine mehr oder minder schöne gelbe Farbe, welche den einen oder anderen Bestandtheil im Ueberschuß enthalten kann, namentlich Bleioxyd. Zieht man das letztere aus, vermittelst verdünnter Salzsäure, so erscheint nachher die gelbe Farbe reiner und satter.

Unter den älteren Vorschriften, welche die Bereitung lehren, will ich die Merimé angeben. Es werden angewendet:

1) Bleiasche 3, Antimonoxyd 1;
2) Mennige 2, Antimonoxyd 3, Zinkoxyd 1;
3) Blei 24, Antimon 16, saures weinsaures Kali 1, Kochsalz 1;
4) Blei 16 1/3, Antimon 10 1/3, saures weinsaures Kali 1;
5) Blei 10 2/3, Antimon 6 2/3, saures weinsaures Kali 1;
6) Blei 5 1/2, Antimon 2, saures weinsaures Kali 1.

Die hier angeführten Mengen Blei und Antimon werden entweder zusammengeschmolzen, granulirt und dann geröstet, oder man pulvert bloß Antimon, röstet es und mengt es mit der Bleiasche von der angegebenen Menge Blei, oder besser, man ersetzt das metallische Blei geradezu durch Mennige, mischt sie mit dem pulverisirten Antimon und weinsauren Kali, und röstet im Kleinen

Darstellung der Neapelgelbe.

eisernen Platten, besser aber in thönernen Muffeln gelinde, wobei nach und nach eine bleibende gelbe Färbung der Masse eintritt, deren Schönheit theils von Mischungsverhältnisse der Ingredienzien, theils von der Temperatur beim Glühen abhängt.

Wenn man in einem Windofen in einem guten hessischen Tiegel 12 Theile pulverisirtes reines Bleiweiß mit 3 Theilen antimonsaurem Kali und 1 Theil Salmiak 1 Stunde lang glüht, so erhält man gleichfalls ein schönes Neapelgelb. Salmiak wird der Vorschrift nach nur zugesetzt, um durch dessen Verdampfung zu verhüten, daß die Hitze über einen gewissen Punkt steige, allein es ganz wahrscheinlich, daß sich hier neben dem Neapelgelb auch Cassius bildet, welche beide zusammen in diesem Producte die gelbe Farbe ausmachen.

Wenn die Legirungen von Blei und Antimon, wovon diejenige aus 1 Theil Blei und 1 Theil Antimon am besten ist und sich leicht pulverisiren läßt, mit 2 Theilen Salpeter, 3 Theilen Kochsalz, alles in ein feines Pulver verwandelt, gemischt und in einem Tiegel geglüht werden, so erhält man gleichfalls Gelb von verschiedener Schönheit. Der Salpeterzusatz dient dazu, um die Oxydation der beiden Metalle zu bewerkstelligen. Der Kochsalzzusatz hat den Zweck, das Zusammenbacken derselben zu verhindern und gleichwohl als Schmelzmittel zu dienen. Nach dem Pulverisiren wird die Farbe ausgewässert, um die Salze zu entfernen.

Nach Brunner erhält man die schönste Farbe, welche allerdings theuer zu stehen kommt, wenn man 1 Theil Brechweinstein mit 2 Theilen salpetersaurem Bleioxyd, beide in ein sehr feines Pulver verwandelt, wohl mischt und zu dem Gemische noch 4 Theile Kochsalz mengt, dann das Ganze in einem hessischen Tiegel 2 Stunden lang glüht, wobei die Hitze nicht höher steigen soll, als daß die Masse fließt. Man stößt dieselbe nach dem Kalten aus dem Tiegel und wäscht das Salz aus ihr weg. Die Farbe muß nachher mit Wasser fein gemahlen werden. Die angegebene Hitze darf nicht überschritten werden, weil sonst die Masse sehr schwer zu zerreiben wäre. Bei geringerer Hitze fällt die Farbe mehr orangegelb, bei größerer mehr citrongelb aus, die gesuchte Nüance läßt sich zwar nicht jederzeit erzielen, aber die Farben sind stets brauchbar.

Bei diesem Verfahren wird die Weinsäure im Brechweinstein durch die Salpetersäure des salpetersauren Bleioxyds zersetzt und durch sie auch das Antimonoxyd in Antimonsäure verwandelt, welche sich mit dem Bleioxyd zu antimonsaurem Bleioxyd verbindet. Der Brechweinstein wird von Brunner gewählt, um reine Antimonsäure in die Verbindung zu bringen, da das gewöhnliche Antimon Eisen, Arsen u. s. w. enthält, deren Entfernung schwierig ist.

Auf welche Weise auch das Gelb hergestellt worden sein mag, so muß es doch stets in Wasser abgerieben und wohl ausgewaschen werden. Nachträglich kann dann noch die Ausziehung mit sehr verdünnter Salzsäure erfolgen, um die Farbe durch Entziehung eines Bleioxydüberschusses tiefer und intensiver zu machen.

Die Neapelgelbe bilden sehr beständige und sehr gut deckende Farben, sind jedoch empfindlich gegen Schwefelwasserstoffgas. Sie lösen sich in keiner Säure, obwohl Salpetersäure die Farbe zerstört und einen Theil des Bleioxyds löst. Salzsäure zerstört die Farbe gleichfalls ganz unter Bildung von Chlorblei und Chlorantimon $SbCl_3$, ohne daß dabei wie bei einigen anderen Gelben, welche Chromsäure enthalten, eine gefärbte Flüssigkeit entsteht. Die Analysen dieser Farben, welche wie schon erwähnt, keine beständige Zusammensetzung haben, indem das Bleioxyd darin gegen die Antimonsäure in sehr wechselnden Verhältnissen oft neben Chlorblei-Bleioxyd vorhanden ist, sind schwieriger, als daß sie von einem Geschäftsmanne ausgeführt werden können, welcher sie am besten einem Chemiker überläßt, der sich mit Analysen hauptsächlich beschäftigt.

D. Zinkgelbe. Gelber Ultramarin.

a. Doppelsalze von basisch-chromsaurem Zinkoxyd mit anderen chromsauren Salzen.

Wenn ich in der ersten Auflage meines Lehrbuches der Farbenfabrikation erwähnte, das Zinkgelb werde bald unter die gangbaren Farben aufgenommen werden, so hat sich solches seitdem bestätigt.

Wird irgend eine neutrale oder basische Zinkoxydlösung mit einer Lösung von neutralem chromsaurem Kali kochend versetzt, so bildet sich ein schön gelber Niederschlag, welcher $CrO_3, 2ZnO$ zu sein scheint. Dabei wird die Flüssigkeit sauer, und es bildet sich nebenbei saures chromsaures Kali, das nun keinen weiteren Niederschlag mehr hervorbringt. Versetzt man eine Lösung von saurem chromsaurem Kali mit Kalilauge in größerer Menge, und fällt dann mit dieser Flüssigkeit ein basisches oder neutrales Zinksalz, so entsteht anscheinend ebenfalls ein gelber Niederschlag, aber nach dem Abfiltriren und Waschen erscheint er brennendweiß und besteht bloß aus Zinkoxydhydrat, weil, so lange freies Alkali vorhanden ist, dieses dem Zinkoxyd die Chromsäure entzieht. Wenn man diesem Zinkoxydhydrat nun vor oder nach dem Abfiltriren eine Lösung von saurem chromsaurem Kali hinzufügt und zwar im Ueberschuß, so verwandelt es sich bald in ein schönes Gelb, es wird zugleich schwerer und wollig dabei. In einen pomeranzengelben Niederschlag verwandelt sich bei längerem Stehen auch der

Darstellung von Zinkgelb.

mit einer kalten Lösung von neutralem chromsaurem Kali in kaltem Zinkvitriol entstehende erst flockige Niederschlag, und dieser letztere ist ein Doppelsalz, aus:

$$CrO_3, KO + 3(CrO_3, 2ZnO)$$

bestehend, daher es sich immer etwas in kaltem Wasser löst und dasselbe gelb färbt, indem dieses wie ein Alkali wirkt, saures chromsaures Kali entzieht und wenig gefärbtes, noch basischeres Zinkoxyd zurückläßt. Die Bereitung der Zinkselbe nach den angegebenen Methoden ist aber eine kostspielige und mit dem nachtheiligen Nebenumstande verbunden, daß die Flüssigkeiten über den Niederschlägen, welche chromsaures Salz enthalten, schwierig zu verwenden sind.

Seitdem das Zinkoxyd im Großen dargestellt wird und im Handel als Zinkweiß sehr rein bezogen werden kann, ist die Darstellung des Zinkgelbes sehr erleichtert. Kocht man nämlich Zinkweiß mit saurem chromsaurem Kali, so färbt es sich nach und nach schön gelb, aber die Farbe wird hierbei körnig und schwer zerreiblich, nach dem Zerreiben wenig intensiv, weil die Bildung der Körner die Einwirkung des chromsauren Kalis hindert und daher freies Zinkweiß in sie eingeschlossen bleibt. Kocht man aber das Zinkweiß erst mit 1 Aequivalent Natron oder etwas mehr, auf 4 Theile mit $3^1/_2$ Theilen Aetznatron als NaO berechnet, längere Zeit, wobei sich ein Theil löst, so nimmt nun das Zinkweiß, wenn man saures chromsaures Kali zufügt, so daß ein Ueberschuß vorhanden ist, eine prächtige, intensive gelbe Farbe an und bildet dann eines der schönsten Zinkgelbe, die man überhaupt darstellen kann. Wenn man eine Mischung von 1 Aequivalent Zinkweiß = 40,2 Gewichtstheilen, mit 1 Aequivalent Natron = 31,2 Gewichtstheilen, nach dem Kochen mit 1 Aequivalent Zinkvitriol = 143,2 Gewichtstheilen versetzt, wodurch das angewendete Aetznatron neutralisirt wird:

$$ZnO, NaO + SO_3, ZnO + HO = 2ZnO + HO + SO_3, NaO,$$

so verhält sich das Gemenge und der Niederschlag gegen saures chromsaures Kali ebenso wie vorher angegeben ist. Es bildet sich eine ebenso schöne Farbe, aber es ist dazu ein geringerer Zusatz von saurem chromsaurem Kali erforderlich und es entsteht dabei weniger neutrales chromsaures Kali. Die gelben Flüssigkeiten lassen sich wieder statt des sauren chromsauren Kalis verwenden, wenn man ihnen eine Säure in dem Maße zusetzt, daß wieder saures chromsaures Kali entsteht.

Das so erhaltene Zinkgelb scheint eine Verbindung von chromsaurem Zinkoxyd mit chromsaurem Kali zu sein. Es löst sich in Salzsäure und färbt das Wasser stets citronengelb, indem es an letzteres wahrscheinlich beständig chromsaures Kali abgiebt und dabei zugleich das blassere, basische chromsaure Zinkoxyd zurückläßt. Jedes so dargestellte Zinkgelb muß jedoch jedenfalls gut ausgewaschen werden, weil

sonst saures chromsaures Kali hartnäckig anhängt und ihm einen Stich
Orange mittheilt.

Es kommt ein Zinkgelb, auch gelber Ultramarin genannt, im Handel
vor, das eine sehr schöne helle Citronenfarbe hat und dem schwefelsaftrigen Chromgelben ähnlich ist. Dasselbe theilt reinem Wasser, wie alle chromsauren Zinkgelbe, eine schwach gelbe Farbe mit und löst sich in Salzsäure vollständig unter
Ausscheidung von Chromsäure, die dem Wasser eine rothe Farbe ertheilt, und
bei Zusatz von Alkohol bald ins Grüne übergeht. Schwefelsäure fällt aus
salzsauren Lösung eine große Menge schwefelsauren Kalkes. Das in Rede stehende
Zinkgelb ist daher im Wesentlichen ein Gemenge von basisch-chromsaurem Zinkoxyd mit chromsaurem Kalk, wogegen die erstererwähnten Zinkgelbe chromsaures
Kali enthalten. Zugleich ist dem letztgedachten Zinkgelbe etwas kohlensaurer
Kalk beigemengt, in Folge dessen die zur Auflösung benutzte Salzsäure ein
einiges Aufbrausen verursacht.

Verschiedene helle Nüancen von dem letzteren Zinkgelb erhält man indem
daß man Zinkoxyd, in Form von Zinkweiß, mit Salzsäure kocht, was in
Dampf in hölzernen Gefäßen geschehen kann, oder in kupfernen, wobei die Säure
nach und nach zuzusetzen ist, bis sich das Zinkweiß beinahe aufgelöst.
Dieser Lösung von Chlorzink, welche basisch ist, fügt man nun Chlorcalcium
in größeren Quantitäten hinzu, das Zwei- bis Vierfache des in Arbeit
genommenen Zinkweißes, und fällt dann mit neutralem chromsauren Kali oder
chromsaurem Kali-Natron, bis der Niederschlag eine schön gelbe Farbe angenommen hat, oder die Flüssigkeit beginnt, von gebildetem saurem chromsauren
eine röthliche Farbe anzunehmen, worauf man den Niederschlag absetzen läßt,
ihn auswäscht, filtrirt und trocknet.

Das Chlorcalcium ist ein sehr billiges Product oder Nebenproduct der
scher Fabriken. Man kann es jedoch auch sehr billig zu diesem Behuf
selbst darstellen, indem man in der käuflichen Salzsäure so viel Kalk oder Kreide
auflöst, als sich lösen will, wobei aber stets ein Ueberschuß der letzteren Materialien vorhanden sein muß. Bei Anwendung von Kreide erfolgt die Auflösung
unter lebhafter Entwickelung von Kohlensäure und entsprechendem Aufschäumen
der Flüssigkeit, so daß ein allmäliger Zusatz der Kreide geboten ist. Bei ruhigem
Stehen klärt sich hierauf die Flüssigkeit bald und bildet so eine mehr oder weniger
concentrirte Lösung von Chlorcalcium, die als solche direct angewendet werden
den kann.

Auf eine andere billigere Weise kommt man zu demselben Zwecke, wenn
man eine wie oben erhaltene Lösung von Chlorzink mit einer Lösung von
1 Aequivalent zweifach-chromsaurem Kali, in der man etwas über 1 Aequivalent
Kalkhydrat der feinsten weißesten Sorte aufgeschlämmt und zerrührt hat, fällt,
so fällt, wie mit chromsaurem Kali-Natron. Die Niederschläge werden

Pikrinsaures Alaunerde-Zinkoxyd.

der Fall rein war, ebenso schön und in allen Fällen um so mehr citronfarben und heller, je mehr Chlorcalcium zugleich angewendet wurde. Man hat es in der Hand, auf diese Art Niederschläge von dunkel bis zum hellsten Citrongelb herzustellen.

Fällt man dagegen schwefelsaures Zinkoxyd mit dem Gemische aus chromsaurem Kali und Kalkhydrat oder chromsaurem Kali-Kalk, so erhält man ganz andere Niederschläge, welche beinahe orangegelb ausfallen, wenn sie getrocknet sind und sich überhaupt nicht empfehlen.

Auch aus einem Gemenge von Chlorzink und Chlorbarium fällt neutrales chromsaures Kali- oder Kali-Natron oder chromsaurer Kali-Kalk sehr schöne citronfarbige Zinkgelbe, die alle viel intensiver sind, als chromsaurer Baryt allein.

Die Zinkgelbe unterscheidet man von den Chromgelben leicht dadurch, daß sie sich, wie schon erwähnt, immer etwas in Wasser lösen, und daß sie, wenn nicht etwa schwefelsaurer Baryt darin enthalten ist, ganz in Salzsäure löslich sind. Mit Schwefelammonium übergossen schwärzen sie sich nicht, wie die Chromgelbe oder die anderen gelben Bleifarben. Daß die gelbe Farbe der salzsauren Lösung des Zinkgelbs von Chromsäure, nicht etwa von einer organischen gelben Verbindung rührt, erkennt man daraus, daß sie nach Zusatz von Alkohol bald die grüne Farbe der Chromoxydsalze annimmt und die gelbe Farbe verschwindet.

b. Pikrinsaures Alaunerde-Zinkoxyd.

Eine überaus schöne, alle anderen Zinkgelbe übertreffende gelbe Farbe erhält man dadurch, daß man zu Zinkweiß erst wenig concentrirte Natronlauge gießt und es damit flüssig zerrührt, dann etwa 12 bis 16 Procent Pikrinsäure, ziemlich viel Wasser und hernach einen Ueberschuß von Alaun, um das freie Alkali zu neutralisiren. Die Masse, die man nun auswäscht, hat eine alle Chromgelbe und andere Zinkgelbe an Intensität und Schönheit übertreffende gelbe Farbe angenommen und behält sie auch beim Trocknen bei. Die trockene Farbe hat aber ebenfalls die Eigenschaft, Wasser gelb zu färben, und scheint aus pikrinsaurem Zinkoxyd und Alaunerde zu bestehen. Auch sie läßt sich mit Berlinerblau mischen, giebt aber die schönsten Nüancen von Grün nur dann, wenn das Gelbe vorherrscht, oder bei den gelblichgrünen Sorten. Es hat außerdem eine große Deckkraft als Wasserfarbe, als Oelfarbe ist es mehr durchscheinend.

Diese Farbe zeigt natürlich nur die Reactionen für Pikrinsäure und Zinksäure (siehe unten), nicht die der Chromsäure.

Anhang zu Chromgelb und gelben Chromfarben.

Bei den Vorschriften zur Bereitung des Chromgelbs ist von rothem [...] und gelbem neutralem chromsaurem Kali die Rede gewesen, als Rohstoffe die Chromgelbgewinnung, gleich den Bleisalzen. Ebenso wurde von [...] Aetzallali, Aetznatron gesprochen und Gebrauch gemacht. Es scheint mir [...] am Platze, das für den Zweck des vorliegenden Lehrbuchs Wissenswerthe [...] die Natur dieser Stoffe hier im Anhange anzuführen, besonders da die [...] zugleich das Rohmaterial bilden für die Darstellung mehrerer noch abzuhand[...] der Farben.

Kali KO,

ist das Oxyd eines Metalles K, das an der Luft oder Feuchtigkeit nicht [...] kann, sondern sogleich in Kaliumoxyd oder Kali KO durch Aufnahme von [...] stoff übergeht. In Verbindung mit 1 Aequivalent Wasser, HO, bildet [...] KO, HO das feste Kalihydrat, Aetzkali, welches in viel Wasser [...] scharfen die Haut zerfressenden Flüssigkeit, die Kali- oder Aetzlauge [...] löslich ist. Das Kali und sein Hydrat verbinden sich mit großer [...] mit den meisten Säuren, und es wird daher in der Natur auch nur mit [...] verbunden angetroffen. Diese Verbindungen nennt man Kalisalze. [...] dieser Kalisalze werden bei der Farbenfabrikation theils als Roh- oder [...] materialien angewendet, theils entstehen sie erst bei den Zersetzungs[...] Fabrikation. Die am meisten in Anwendung kommenden Kalisalze sind [...] lich kohlensaures Kali, salpetersaures Kali und das neutrale[...] saure chromsaure Kali.

Kohlensaures Kali, CO_2, KO. Pottasche, rohe Pottasche. Cal[...] Pottasche. Raffinirte Pottasche.

Bei dem Verbrennen vegetabilischer Körper, Holz, Stroh rc. bleibt Asche zurück, die theils aus in Wasser löslichen Salzen: hauptsächlich [...] saurem, schwefelsaurem Kali, Chlorkalium und entsprechenden Natron[...] bungen, theils aus in Wasser unlöslichen Verbindungen: kohlensaure[...] phosphorsaurem Kalk, Kieselerde, Eisenoxyd rc. besteht. Zur Gewinn[...] löslichen Salze, namentlich der nutzbarsten und werthvollsten derselben, des [...] sauren Kalis, wird die Asche mit Wasser ausgelaugt, und die gewonnen[...] dunkelbraune Lauge, Pottaschenlauge, in eisernen Kesseln, Potten, zur [...] eingedampft, wobei eine gewöhnlich dunkelbraune Salzmasse als Rückstand [...] welche 36 bis 45 Procent kohlensaures Kali enthält und als rohe [...] bezeichnet wird, jedoch selten in den Handel gelangt. Ihre braune Farbe [...]

Pottasche.

...humusartigen organischen Verunreinigungen her, welche verbrennen, wenn ... die Masse bei Luftzutritt glüht, indem man sie in einem Flammenofen ... früher beschriebenen Art der Calcination unterwirft. Das Product dieser ... ist die käufliche calcinirte Pottasche, welche in Form von mehr ... weniger großen und festen Stücken, oder als eine krümliche, an der Luft ... verlaufende Salzmasse von weißer, meistens etwas bläulicher oder röthlicher ... in den Handel gelangt. Sie enthält dann je nach ihrem Ursprunge ... wechselnde Mengen, gewöhnlich aber 50 bis 80 Procent reines kohlensaures ... und nach dem procentischen Gehalte an letzterem wird ihr Handelswerth ... Diejenige calcinirte Pottasche, welche beim Auflösen in ... aller ungefärbte Lösungen giebt, ist in den meisten Fällen bei ... Farbenfabrikation anwendbar, jedoch ist zugleich behuf Beurtheilung ... Nutzungswerthes die Menge der wirksamen Bestandtheile der Pottasche, kohlensauren Kalis, genau zu berücksichtigen.

Wenn man diese calcinirte Pottasche in Wasser auflöst, so erhält man stets ... Lösungen, und es bleiben auch grobe Verunreinigungen, Sand, Stein... u. s. w. zurück.

Zur Entfernung der neben dem kohlensauren Kali in der Pottasche vor... Alkalisalze, namentlich des schwefelsauren Kalis und Chlorkaliums, ... man den Umstand, daß dieselben viel schwerer in Wasser löslich sind, ... kohlensaure Kali. Man dampft nämlich die Lösung der Pottasche ziem... ein und überläßt die eingedampfte und erkaltete Lauge der Ruhe, wobei ... schwerer löslichen Salze zum größten Theile auskrystallisiren. Die ... legen sich theils auf den Boden der Gefäße, theils an ihre Seitenwände ..., so daß man die reine helle Lauge davon abziehen kann. Diese giebt, zur ... abgedampft, die raffinirte Pottasche, wenn nachher wieder geglüht, raffinirte calcinirte Pottasche des Handels, deren Gehalt an kohlensau... Kali nun bis 80 Procent und darüber beträgt.

Arbeitet man mit Lösungen von calcinirter oder raffinirter Pottasche, so ..., wie schon bemerkt, oft nothwendig und stets vortheilhaft, ihren Gehalt an kohlensaurem Kali zu kennen. Man kann dieses auf zweierlei Art erreichen. ... man nämlich den Gehalt der aufgelösten Pottasche im Voraus schon ... Einkauf bestimmt hat, und wenn die zur Auflösung der Pottasche angewen... Menge Wasser, wozu auch das Auswaschwasser des Rückstandes kommt, ... man es der Lösung zufügt, n-Liter beträgt, so weiß man, daß in n-Maßen

x Litern der Auflösung y-Kilo Pottasche, also in 1 Maaß $\frac{y}{n}$ Pottasche ent-

... sind, und aus dem Procentgehalte der letzteren an kohlensaurem Kali ... sich dann der Gehalt der Pottaschenlösung an kohlensaurem Kali durch ein... Rechnung. Ist dies aber nicht der Fall, hat man eine Lösung vor sich, die eine unbestimmte Menge einer Pottasche von unbekanntem Procentgehalt enthält, muß man die alkalimetrische Probe anwenden, von der nachher die Rede sein wird.

Das ganz reine kohlensaure Kali CO_2, KO kommt für technische Zwecke nicht im Handel vor. Alle chemischen Processe, die man mit der Pottasche vornimmt, haben jedoch, wie schon angedeutet, nur den Zweck, ihren Gehalt an CO_2, KO anzuwenden, die übrigen noch vorhandenen Salze verhalten sich meist indifferent, oder verursachen doch bei der Farbenfabrikation gewöhnlich keine Schwierigkeiten. Die in meinen Vorschriften gemeinte calcinirte Pottasche ist die gewöhnliche russische, welche 50° am Descroizilles'schen Alkalimeter zeigt. Bei einer Pottasche von niederen oder höheren Graden kann man durch folgende Rechnung die äquivalente Menge leicht finden. Es seien in der Vorschrift angegeben z. B. 100 Gewichtstheile Pottasche à 50°, so multiplicirt man 100 mit 50 und erhält so 5000; hätte man nun eine Pottasche z. B. à 45° anzuwenden, so dividirt man mit ihren Graden in 5000, und erhält als Quotient hier $\frac{5000}{45} = 111\frac{1}{9}$, dasjenige Gewicht an Pottasche, welches man mit 45grädiger statt der vorgeschriebenen 100 Gewichtstheile Pottasche à 50° zu nehmen ist. Von einer stärkeren, z. B. 56grädigen Pottasche wären nach derselben Rechnungsmethode nur $\frac{5000}{56} = 89\frac{1}{7}$ Gewichtstheile nöthig gewesen. Es wird daraus auch ersehen, daß es der Kosten wegen nöthig ist, die chemische Grade der Pottasche beim Einkauf zu untersuchen. Es ist einerlei, ob der Gehalt in Procenten oder Graden ausgedrückt ist. Der Werth ist immer Graden oder Procenten proportional.

Kalihydrat, kaustisches Kali, Aetzkali, Kalilauge, KO, HO Aetzkalilauge.

Wenn man dem kohlensauren Kali in wässeriger Lösung die Kohlensäure entzieht, so tritt Wasser an die Stelle der letzteren, und es entsteht Kali ebenfalls in wässeriger Lösung:

$$CO_2, KO + xHO - CO_2 = KO, HO + (x-1)HO.$$

Diese wässerige Lösung nennt man Kalilauge oder Aetzkalilauge. Entzieht man ihr Wasser, bis eine glühend schmelzende Masse bleibt, so hat man als Rückstand das feste Kalihydrat KO, HO, welches nur von chemischen Fabriken und für chemische Laboratorien im Handel vorkommt. Farbenfabriken, welche nur die wässerige Lösung desselben anwenden, bereiten es selbst als Kalilauge aus calcinirter oder raffinirter Pottasche, denn die Kalisalze, welche derselben noch anhängen und nicht von ihrer Säure befreit werden können, zugleich gelöst bleiben, verhalten sich in den allermeisten Fällen ganz passiv.

Bereitung der Kalilauge.

Die Bereitung der Kalilauge beruht einfach darauf, daß man mittelst Kalkhydrat dem in Wasser aufgelösten reinen oder unreinen kohlensauren Kali die Kohlensäure entzieht, so daß einerseits eine Lösung von Kalihydrat, andererseits kohlensaurer Kalk entsteht, welcher in jener Flüssigkeit unlöslich ist und daher auf mechanischem Wege von derselben getrennt werden kann. Um nun nach diesem Verfahren Aetzkalilauge darzustellen, löst man z. B. 15, 50, 100 kg calcinirte Pottasche in einem eisernen Kessel mit soviel Wasser unter Erwärmen auf, daß eine Pottaschenlösung entsteht, die ungefähr 17 Grad am Baumé'schen Aräometer zeigt. Man bringt dann die Lösung in demselben eisernen Kessel zum Kochen und setzt nun stückweise ungelöschten gebrannten Kalk hinzu, während man das Feuer ausgehen läßt, denn die durch das Löschen des Kalkes in der Flüssigkeit hervorgebrachte Hitze ist so groß, daß sich das Kochen von selbst fortsetzt; ja man darf nicht auf einmal zu viel Kalk hinzuthun, weil sonst das Aufwallen ein Uebersteigen der Flüssigkeit über den Rand des Kessels veranlassen könnte. Man kann zunächst ungefähr ein Drittel des Gewichtes der angewendeten Pottasche an Kalk zufügen, worauf man die im Weiteren noch erforderliche Quantität Kalk durch nachstehenden Versuch ermittelt. Zu diesem Behufe nimmt man eine kleine Probe der milchig gewordenen Flüssigkeit heraus, und filtrirt davon durch Druckpapier etwas klare Flüssigkeit ab, indem man das wieder zurückgießt, was im Anfange nicht klar hindurchfiltrirte. Wenn man zu dieser klaren Flüssigkeit eine Säure zufügt und es erfolgt kein Aufbrausen (von Kohlensäure) mehr, so war der Zusatz von Kalk schon hinreichend; entstehen dagegen noch Gasblasen, so muß noch mehr Kalk hinzugefügt werden, bis eine ebenso abfiltrirte neue Probe kein Aufbrausen mehr mit Säuren verursacht. Ist dieses erreicht, so läßt man den gebildeten kohlensauren Kalk:

$$CO_2, KO + CaO, HO = KO, HO + CO_2, CaO,$$

mit dem etwa hinzugekommenen überschüssigen Kalke durch ruhiges Stehen der Flüssigkeit sich absetzen und zieht dann die über dem Niederschlage befindliche volle Aetzkalilauge von dem Niederschlage durch Abschöpfen oder mit dem Heber so rein als möglich in ein anderes Gefäß ab. Da man nicht alle Lauge auf diese Art von dem Niederschlage hell wegbringen kann, so übergießt man den Rückstand wieder mit Wasser, rührt ihn damit auf und läßt wieder absetzen, worauf man eine schwächere verdünnte Lauge abzieht. Dasselbe Verfahren kann man wiederholen, so daß man immer schwächere Laugen erhält, welche man mit den ersten vereinigen kann, wenn die anzuwendende Kalilauge nicht stark zu sein braucht, während man anderenfalls jene schwächeren Laugen statt Wasser zur Lösung der Pottasche bei Bereitung neuer Aetzkalilauge benutzt.

Hat man nicht Gelegenheit, sich stets des frisch gebrannten Kalkes zu bedienen, den man wie erwähnt in der Lauge ablöschen kann, so ist sowohl der in trocknem Pulver abgelöschte Kalk, das trockne, als das teigförmige in

Gruben aufbewahrte Kalihydrat anwendbar, vorausgesetzt jedoch, daß le[tz]-
teres nicht allzu lange dem Luftzutritt ausgesetzt gewesen ist und sich in Folge [dessen]
theilweise oder größtentheils mit Kohlensäure gesättigt hat. Das Pulver [in]
den Teig setzt man dann unter Aufkochen der Flüssigkeit in solcher Menge [und]
und nach hinzu, daß die Lauge nun mit Säuren wie oben keine Kohlensäure [mehr]
entwickelt, b. h. eine ebenso abfiltrirte Probe mit demselben nicht mehr auf[braust.]
In den Vorschriften zur Farbenfabrikation ist öfters angegeben, man b[e]-
reite sich z. B. eine Aetzlange mit einer gewissen Menge Pottasche und [Kalk.]
In solchem Falle ist es am besten, die specielle Vorschrift zu befolgen, [wenn]
soll die Lauge vollständig kohlensäurefrei werden, so ist die Kaltmenge, [die in]
der Vorschrift für den speciellen Zweck angegeben ist, völlig hinreichend, [ein]
Ueberschuß an Kalk wirkt nicht schädlich und kostet auch nur wenig. [Ist aber]
die in der Vorschrift bezeichnete Menge Kalk ist unzulänglich, um alle K[ohlen]-
säure zu entziehen; in diesem Falle ist es dann auch die Absicht, eine [bis zu]
gewissem Grade kohlensäurehaltige Lauge zu verwenden.

Bei der Bereitung und Aufbewahrung der Aetzlaugen ist es imm[er nöthig]
sie ungefärbt zu erhalten. Man vermeidet daher sorgfältig, daß mit dem [Kalk]
oder mit dem Wasser, oder mit der Pottasche organische Stoffe, als [zum Beispiel]
Blätter oder andere Unreinigkeiten in die Flüssigkeit kommen, vor oder [bei der]
Bereitung; denn dadurch wird die Aetzlauge stets gelblich gefärbt und gie[bt]
oft sehr unerwünschte Resultate. Es ist auch nicht zweckmäßig, die Aetz[lauge]
lange vor ihrer Anwendung herzustellen und stehen zu lassen, weil sie [aus der Luft]
wieder Kohlensäure anzieht und mit der Zeit wieder ganz in kohlensaures [Kali]
oder eine Auflösung von Pottasche übergeht.

Ueber die Bestimmung des Alkaligehaltes einer Aetzlauge, wenn er [nicht]
sonst auf eine Weise berechnet werden kann, s. unten bei Alkalimetrie.

Salpetersaures Kali. Kalisalpeter. Salpeter, NO_5, KO.

Auch dieses Kalisalz liefert die Natur, und es wird an geeigneten Ort[en]
namentlich in Ostindien, wo salpeterhaltige Erden vorkommen, durch Aus[laugen]
und eine Reihe von chemischen Operationen im Großen in den sogenannten S[al-]
peterfiedereien gewonnen. Neuerdings bereitet man auch viel Kalisalpete[r aus]
dem Natronsalpeter (Chilisalpeter) durch Zersetzung des letzteren mit Chlork[ali.]
Der Kalisalpeter kommt als Rohsalpeter und als raffinirter Salpete[r in]
den Handel; unter jeder dieser Benennungen jedoch in verschiedener Reinh[eit.]
erscheint entweder in Form eines krystallinischen Pulvers, oder in säulenför[migen]
weißen, meistens gestreiften Krystallen. Der raffinirte Salpeter des Ha[ndels]
namentlich der letztbemerkte in Form von säulenförmigen Krystallen, ist [im]

wenigen Fällen, in denen er bei der Farbenfabrikation angewendet wird, meistens rauchbar. Oft kann man sogar Rohsalpeter anwenden, wenn derselbe nur nicht absichtlich verfälscht ist. Die Waare läßt sich jedoch leicht beurtheilen; besteht sie nur aus langen, streifigen, trocknen Krystallen, welche an der Luft sich nicht in einigen Tagen verändern und keine mit Mutterlauge erfüllte Hohlungen aufweisen, so ist der Salpeter von der Art, daß man ihn ohne Furcht vor Verfälschung mit anderen Salzen verwenden kann. Es giebt auch Fälle, wo der Farbenfabrikant, wenn er es der Mühe werth hält, etwas Salpeter selbst gewinnen kann. So oft er nämlich die salpetersaure Lösung irgend eines Metalles mit Kali oder einem Kalisalze niederschlägt, so bleibt in der Flüssigkeit eine Auflösung von salpetersaurem Kali, das er gewinnen kann, wenn er die Lauge oder Flüssigkeit so weit abdampft, bis sie krystallisirt, was allerdings bei sehr großer Verdünnung der Flüssigkeit nicht immer lohnend sein möchte.

Der Salpeter löst sich in der Kälte ziemlich rasch und bei Siedhitze außerordentlich reichlich in Wasser auf und krystallisirt dann beim Erkalten wieder aus. Trocken für sich erhitzt kommt er in feurigen Fluß und schmilzt ruhig, aber bei einer gewissen weiteren Erhitzung zersetzt er sich dann in Sauerstoffgas, salpetrige Säure und zurückbleibendes Kali. Diese Leichtigkeit, womit der Salpeter seinen reichen Sauerstoff in der Hitze abgiebt, macht ihn zu einem der kräftigsten Oxydationsmittel. Mit brennbaren Körpern und leicht oxydirbaren Metallen erhitzt, verpufft derselbe meistens oder veranlaßt ein heftigeres Glühen und Aufschäumen, indem der brennbare oder oxydirbare Körper sich seines Sauerstoffs bemächtigt, sich mit letzteren vereinigt und das Stickgas unter Aufschäumen entweichen läßt. Hauptsächlich wegen dieser stark oxydirenden Eigenschaft wird er in der Farbenfabrikation angewendet, wie bei der später zu erläuternden Bereitung des chromsauren Kalis, wo das im Chromeisenstein enthaltene Chromoxyd durch ihn in Chromsäure übergeführt wird, die nun ihrerseits selbst als Säure sich des Kalis vom Salpeter bemächtigt. In anderen Fällen gebraucht man ihn auch nur mit der Wirkung, die das Aetzkali im feurigen Fluß ausüben würde; ebenso wirkt er bei Vorhandensein einer stärkeren Säure, die das Kali dann aufnimmt, während die Salpetersäure versetzt ausgetrieben wird.

Der Salpeter krystallisirt ohne Wasser und besteht in reinem Zustande aus
46,64 Kali,
53,36 Salpetersäure
100,00.

Chromsaures Kali.

Die Rohmaterial zur technischen Darstellung aller Chromverbindungen besteht hauptsächlich dem im Mineralreiche vorkommenden Chromeisenstein, das wichtigste der Chromerze. Die übrigen Chrommineralien sind theils zu selten, theils zu arm an Chrom, um eine Verarbeitung lohnend zu machen. Der Chromeisenstein wird in Norwegen und Ungarn in bedeutenderen Mengen gewonnen und entweder gleich dort verarbeitet oder zur Verarbeitung an andere Orte versandt. Das Mineral besteht im Wesentlichen aus Cr_2O_3, FeO, also aus Chromoxyd und Eisenoxydul, von denen ersteres zum Theil durch Alaunerde: Al_2O_3, und Eisenoxyd: Fe_2O_3, letzteres aber theilweise durch Magnesia: MgO, vertreten ist. Das in diesem Material enthaltene Chromoxyd: Cr_2O_3, läßt sich auf keine andere Weise ausziehen, als daß man es in Chromsäure überführt und diese zugleich mit einer Base vereinigt, welche ein in Wasser lösliches Salz bildet. Durch Glühen des feingepulverten Chromeisensteins mit salpetersaurem Kali erhält man chromsaures Kali, indem das im Chromeisenstein vorhandene Chromoxyd durch den Sauerstoff des Salpeters zu Chromsäure oxydirt wird, und letztere sich mit dem Kali des letztgenannten Salzes zu chromsaurem Kali verbindet. Diese im Allgemeinen beschriebene Methode zur Extraction des Chroms wird, da sie einfach und bequem ist, mit verschiedenen, unten noch speciell angegebenen Modificationen angewendet, um zunächst das einfache chromsaure Kali und aus diesem dann das doppelt chromsaure Kali des Handels darzustellen. In letzterer Form dient es nicht nur zur Darstellung anderer chromsaurer Verbindungen, sondern auch zur Herstellung des reinen Chromoxyds, das selbst eine Farbe ist, von welcher bei den grünen Farben die Rede sein soll.

Um zunächst das einfach-chromsaure Kali aus dem Chromeisenstein herzustellen, muß der letztere fein gemahlen oder pulverisirt angewendet werden. Man mischt sein Pulver je nach seinem Gehalte an Cr_2O_3 mit gleichen Theilen $\frac{1}{2}$ oder $\frac{1}{3}$ Rohsalpeter, am besten durch Umschaufeln, bis gleichförmige Mischung erzielt ist. Das Gemenge wird dann in starker Rothglühhitze auf eine sehr verschiedene Weise geschmolzen. Die Fabrikanten, welche ehemals in kleinem Maßstabe arbeiteten, füllten die Masse in Tiegel von einigermaßen haltbarem Thon, stampften sie wohl ein und setzten sie in einem Töpferofen einem 12- bis 15stündigen Brande aus; oder sie benutzten eine ähnliche Einrichtung, bei welcher eine gleiche Temperatur erzielt, aber eine Menge Tiegel auf einmal eingesetzt werden konnten. Nach dem Glühen war die Masse geschmolzen und zusammengesintert, so daß sie trocken nicht vom Tiegel abgelöst werden konnte. Man setzt die Tiegel daher in Wasser, welches nach und nach die geschmolzene Masse auflöste, wobei nur wenige Tiegel so erhalten blieben, daß sie auf's Neue in Benutzung genommen werden konnten. Die gelb gewordene Lösung enthielt das neutrale einfach-chromsaure Kali, CrO_3, KO, aufgelöst; ungelöst blieben unzersetzter Chromeisenstein, freigewordenes Eisenoxyd ec. Wenn es sich lohnte, d. h. der Rückstand verhältnißmäßig noch viel Chrom enthielt, so wurde er noch einmal mit weniger Salpeter derselben Operation unterworfen, wodurch man noch et-

Darstellung von chromsaurem Kali.

fertiges chromsaures Kali in Lösung erhielt. Heutzutage benutzt man zu diesem Lösungsprocesse, der sich vortheilhaft nur in größerem Maßstabe ausführen läßt, Reverberir- oder Flammöfen, mit gußeiserner Schale als Boden, wie man sie zur Darstellung des Blutlaugensalzes verwendet. Die Schale wird zuerst durch Unterfeuern sehr heiß gemacht, und dann das oben erwähnte Gemenge von gepulvertem Chromeisenstein und Salpeter portionsweise nach und nach auf die Weise eingetragen, daß man eine neue Portion der vorhergehenden jedesmal erst dann zufügt, nachdem die letztere in ruhigen Fluß gekommen ist, wobei beständig gut gerührt wird. Die erhaltene Masse giebt durch Auslochen mit Wasser ebenfalls die oben erwähnte Lösung von chromsaurem Kali. Ist die Schale entleert, werden neue Portionen eingetragen, und mit dieser Operation continuirlich fortgefahren.

Diejenige Quantität des Salpeters, nämlich 2 Aequivalente, welche bei dem eigen Verfahren erforderlich sind, um die aus je 1 Aequivalent Chromoxyd ($Cr_2 O_3$) gebildete Chromsäure an Kali zu binden, enthält viel mehr Sauerstoff, als das Chromoxyd bedarf, um zu Chromsäure oxydirt zu werden, so daß dieser überflüssige Theil des Sauerstoffgehaltes im Salpeter ungenutzt verloren geht. Es geht daraus hervor, daß man das Kali des theueren Salpeters durch andere Alkalisalze oder Basen, die lösliche chromsaure Salze bilden, theilweise zu ersetzen und nur so viel Salpeter anzuwenden hat, als bei vollständiger Ausnutzung seines ganzen Sauerstoffgehaltes die Oxydation des Chromoxydes zu Chromsäure und die noch die theilweise Oxydation des mit dem Chromoxyd verbundenen Eisenoxyduls zu Eisenoxyduloxyd erfordert. Dem entsprechend betreibt man jetzt die Fabrikation im Großen, indem man den Salpeter theils durch kohlensaures Kali ersetzt, so daß der beim Glühen vor sich gehende chemische Proceß im Allgemeinen der Formel entspricht:

$$3 [Cr_2 O_3, FeO] + 2 (NO_5, KO) + 4 (CO_2, KO) = 6 (CrO_3, KO) + 4 CO_2 + 2 N + Fe_3 O_4, FeO.$$

Es ist ohne Weiteres einleuchtend, daß bei diesem Verfahren viel Salpeter spart und daß zugleich der Sauerstoffgehalt des zur Verwendung gelangenden Salpeters möglichst ausgenutzt wird. Dadurch daß man den Chromeisenstein erst mit kohlensaurem Kali einige Zeit bei Luftzutritt glüht, wobei schon etwas chromsaures Kali gebildet wird, und das Eisenoxydul sich zu Oxyd oxydirt, dann erst den Salpeter nach und nach hinzufügt, kann man die Menge des letzteren noch weiter verringern und das meiste Kali des Salpeters durch Pottasche ersetzen. Da sich nun diese letzteren Operationen nicht in kleinerem Maßstabe praktisch ausführen lassen, die Anwendung des Salpeters allein aber den Vortheil wieder aufheben würde, den man vielleicht durch Selbstdarstellung des chromsauren Kalis in Lösung erzielen wollte, so hat sich die Fabrikation des chromsauren Kalis für

Darstellung von chromsaurem Kali.

sich zu einer Großindustrie ausgebildet, und dieses Salz wird jetzt kaum noch in einer Farbenfabrik hergestellt, weil die Großindustrie es weil billiger liefert, wie man es im Kleinen mit Salpeter herstellen kann.

Wenn man sich die Auflösungen von neutralem chromsaurem Kali durch Auslaugen oder Auskochen der auf obige Weise geglühten Massen verschafft hat, so geben sie beim hinreichenden Abdampfen Lösungen, aus welchen das Salz schon in der Hitze beim fortgesetzten Kochen und Eindampfen krystallinisch niederfällt, beim Erkalten aber in Blättchen anschießt. Weil das Salz in Wasser schwer löslich ist, so ist das Auskochen jener Schmelzen nothwendig, um sogleich concentrirte Lösungen zu erhalten. Man könnte es aber umgehen, wenn man mit der Lösungen unmittelbar Niederschläge von Farbe hervorbringen wollte. In letzterem Falle wäre jedoch der Gehalt der Lösung annäherungsweise dadurch zu bestimmen, daß man Probefällungen mit Bleizuckerlösungen macht, und wenn die Lösung des chromsauren Kalis freies Alkali hält, daß man dieses durch Zusatz von Schwefelsäure hinwegräumt, insofern seine Gegenwart etwa wie für citronfarbige Chromgelbe schädlich ist.

Das neutrale chromsaure Kali, $Cr O_3, K O$, kann als solches verwerthet werden, wie unter Chromgelben angeführt ist. Es löst sich bei 15° in 2,07 Wasser, bei 100° in 1,67. Es giebt mit den meisten neutralen Salzen der schweren Metalle Niederschläge, wovon die des Bleies und Zinks schon erwähnt sind und als Farben gebraucht werden. Es besteht in 100 Theilen aus 47,58 Kali und 52,42 Chromsäure. Im Handel kommt es nur noch sparsam vor und scheint seinen Credit dadurch verloren zu haben, daß sein Aeußeres keinen Anhalt für ein reines Product bietet, und man es bequem aus dem rothen zweifach sauren Salz herstellen kann, wenn man seiner bedarf.

Das einfache chromsaure Kali oder das gelbe chromsaure Kali des Handels wird gegenwärtig meistens aus dem zweifach oder rothem chromsaurem Kali dargestellt, indem man 2 Theile des letzteren in 4 Theilen kochenden Wassers löst, unter Umrühren kohlensaures Kali bis zur schwach alkalischen Reaction hinzufügt, und hierauf die Lösung erkalten läßt, aus der sich dann das einfache chromsaure Kali in gelben rhombischen Krystallen zum größten Theile ausscheidet, während aus der überstehenden Lauge durch Eindampfen weitere Krystallisationen des letzteren Salzes erhalten werden können.

Das rothe oder zweifach-chromsaure Kali ist dagegen, wie schon früher bemerkt, das wichtigste und fast ausschließliche chromsaure Kalisalz des Handels, sowie überhaupt das Ausgangsmaterial für die Darstellung der übrigen Chromsäureverbindungen. Bei der angegebenen fabrikmäßigen Verarbeitung des Chromeisensteins wird als Endproduct stets das rothe oder chromsaure Alkali gewonnen. Im Laufe der Fabrikation resultirt aber zunächst, wie oben angegeben, immer erst das gelbe oder einfach-chromsaure Kali als Zwischenproduct in

Darstellung von rothem chromsaurem Kali.

der Schmelzen und Lösungen. Die Umwandlung des letzteren in das rothe chromsaure Kali geschieht schließlich auf die Weise, daß dem einfach-chromsauren Kali die Hälfte seines Kaligehaltes durch irgend eine Säure entzogen wird. Obgleich mehrere Säuren diese Entziehung bewirken können, so beschränkt man sich doch bei der Darstellung auf die Anwendung der Salpeter- und Schwefelsäure, theils wegen der Beschaffenheit der Nebenproducte, theils wegen der Preise.

1) Verfahren bei Anwendung von Schwefelsäure. — Wird das neutrale Salz, dessen chemische Formel KO, CrO_3 ist, bei 2 Aequivalenten, also $2(KO, CrO_3)$ mit 1 Aequivalent Schwefelsäure, SO_3, in Auflösung versetzt, so entsteht KO, SO_3 und $KO, 2CrO_3$, aber die Trennung dieser beiden Salze ist mit großen Schwierigkeiten verbunden, weil beide schwer löslich sind und bei keiner Temperatur in ihrer Löslichkeit einen großen Unterschied zeigen. Man kann sich damit im Großen nicht behelfen. Anders wird die Sache, wenn man statt 1 Aequivalent der Schwefelsäure 2 Aequivalente davon anwendet, so daß aus $2(KO, CrO_3)$ nun $KO, 2SO_3$ und $KO, 2CrO_3$ entstehen, also sowohl saures schwefelsaures Kali, als auch saures chromsaures Kali, von denen das erstere ungemein leicht, das andere schwer löslich ist. Man setzt daher der kochenden Lösung von 2 Aequivalenten neutralem chromsaurem Kali 2 Aequivalente Schwefelsäure zu, worauf sogleich beide genannten sauren Salze entstehen, von denen das saure chromsaure Kali theilweise niederfällt, theils beim Erkalten auskrystallisirt. Nach Gewicht werden auf 50 kg des gelben Salzes 12,5 kg concentrirte Schwefelsäure genommen. Wenn das meiste rothe chromsaure Kali durch Ausfällung und Krystallisation aus der concentrirten Mischung gewonnen ist, so kann man die Flüssigkeit mit Wasser mäßig verdünnen, alsdann krystallisirt etwas einfach-schwefelsaures Kali heraus; die letzte Zugutemachung der Salze ist aber schwieriger, als daß sie sich lohnt, wenn die Fabrikation nicht neben der anderer chemischer Producte, z. B. des Alauns, ausgeübt wird, wo die Flüssigkeiten ihres Kaligehaltes wegen eine gute Verwerthung finden können. Das zuerst gewonnene weniger ansehnliche Salz wird in kochendes Wasser gethan in dem Maße, als davon gelöst wird, und dann in hölzernen Gefäßen umkrystallisirt. Bei dieser Darstellungsmethode enthält es stets schwefelsaures Kali, wenn das Umkrystallisiren nicht öfters wiederholt wird, und so ist es auch stets der Fall mit dem im Handel vorkommenden Salze.

2) Verfahren bei Anwendung von Salpetersäure. — Wendet man zur Darstellung von doppelt-chromsaurem Kali Salpetersäure an, so wird das Verfahren einfach und sogar vortheilhafter; doch hängt dies davon ab, zu welchem Preise man die Salpetersäure sich zu verschaffen weiß, deren man bedarf. Bei dieser Zersetzung ist der Proceß ganz derselbe. Man bedarf aber auf 2 Aequivalente neutrales chromsaures Kali nur 1 Aequivalent Salpetersäure, weil hier aus $2 KO, CrO_3$ 1 Aequivalent NO_5, 1 Aequivalent KO zu KO, NO_5 wegnimmt und $KO, 2 CrO_3$ übrig bleibt. Beide Salze unterscheiden sich in ihrer Löslichkeit bedeutend, und es krystallisirt erst das meiste saure chromsaure Kali heraus, dann chromsaures Kali haltender Salpeter. Dieser bedarf nun keiner Reinigung, indem er wieder zur Bereitung des neutralen Salzes angewendet wird. Diese Methode ist überhaupt die beste, weil hier kein Kali verloren geht, sondern wieder zur Benutzung in das chromsaure Kali gelangt. Bei Anwendung von Salzsäure erhält man auf gleiche Weise leicht lösliches Chlorkalium als Nebenproduct, was aber nur wie das schwefelsaure Kali Anwendung findet.

In neuerer Zeit wird das rothe chromsaure Kali aus Chromeisenstein vielfach ganz ohne Anwendung von Salpeter in nachstehender Weise im Großen gewonnen. Ein Gemisch von etwa 2 Theilen geglühten und feingemahlenen Chromeisensteins mit 1 Theile kohlensauren Kalis und 3 Theilen Aetzkalkes wird in flachen Flammöfen bei häufigem Umrühren einer starken Rothglühe ausgesetzt. Man erhält hierbei durch Oxydation von Cr_2O_3, FeO des Chromeisensteins unter Einfluß der oben erwähnten starken Basen ein grüngelbes Product, bestehend im Wesentlichen aus chromsaurem Kali, chromsaurem Kalk und Eisenoxyd, von denen die ersteren beiden Salze durch kochendes Wasser extrahirt werden. Die gewonnene Lösung wird zur Niederschlagung des Kalkes mit kohlensaurem oder schwefelsaurem Kali versetzt, so daß sich unlöslicher kohlensaurer, bezüglich schwefelsaurer Kalk ausscheidet, während das gleichzeitig entstandene einfach-chromsaure Kali gelöst wird, welches man nun schließlich in der vorhin angegebenen Weise mit Schwefelsäure oder Salpetersäure in rothes chromsaures Kali überführt.

Das rothe oder doppelt-chromsaure Kali, $2 CrO_3, KO$, stellt schön gelbrothe, luftbeständige Säulen oder Tafeln dar und löst sich bei 15° in 10 Theilen, bei 100° in etwa 1¼ Theilen Wasser zu einer sauer reagirenden Flüssigkeit, deren Färbung beim Kochen intensiver wird.

Um zu untersuchen, ob das rothe chromsaure Kali rein ist, was man oft wissen muß, oder ob es namentlich Schwefelsäure (in Form von schwefelsaurem Kali) enthält, übergießt man es mit chemisch reiner Salzsäure, gießt Weingeist hinzu und erwärmt hierauf, bis die Lösung rein grün ist. Setzt man alsdann Chlorbarium in Auflösung hinzu, so entsteht, wenn Schwefelsäure im chromsauren Kali vorhanden war, ein weißer Niederschlag von schwefelsaurem Baryt, der um so stärker ausfällt, je größer die Menge der vorhandenen Schwefelsäure ist. Beträgt der Niederschlag sehr viel, so ist das Salz absichtlich verfälscht. Auf gleiche Weise untersucht man das gelbe Salz, was ebenso gut schwefelsaures Kali, oft in noch bedeutenderer Menge enthält, welches dann absichtlich zugesetzt war.

Einfach-chromsaures Kali-Natron, $CrO_3, KO + CrO_3, NaO$.

Dieses thut, wo man sonst einfach-chromsaures Kali anwenden sollte, dieselben Dienste, wie letzteres Salz, und hat noch den Vortheil, daß es leichter löslich ist. Man stellt es dadurch her, daß man 15 Theile rothes chromsaures Kali in kochendem Wasser zusammen mit 14 Theilen krystallisirter Soda oder kohlensaurem Natron unter Kochen auflöst, welches man fortsetzt, bis alles Aufbrausen, durch Entwickelung der Kohlensäure veranlaßt, aufgehört hat. Man hat nun die Verbindung in wässeriger Auflösung, in welcher sie dann ohne Weiteres verwendet und daher in der nöthigen Quantität jedesmal erst vor dem Gebrauche dargestellt wird.

Manchmal bildet sich in Folge chemischer Processe bei Verwendung des rothen doppelt-chromsauren Kalis, einfach-chromsaures Kali aus dem ersteren dadurch, daß demselben Chromsäure entzogen wird, so beim Digeriren mit Bleioxyd rc.; aber diese Methode wird nicht zum Zwecke der Herstellung des einfach-chromsauren Kalis angewendet.

Bei der Auflösung von krystallisirter Soda und rothem chromsauren Kali verwendet man gleiche Aequivalente:

$$2 CrO_3, KO + (CO_2, NaO + 10 HO)$$
$$= (CrO_3, KO + CrO_3, NaO) + CO_2 + Aq.,$$

entsprechend dem obigen Verhältnisse von 15 : 14. Die Kohlensäureentwickelung geht gewöhnlich langsam von Statten, und es erfordert längeres Kochen, bis dieselbe völlig ausgetrieben ist. Es scheint dieses davon herzurühren, daß sich anfänglich theilweise doppelt-kohlensaures Natron und einfach-chromsaures Kali bildet. Das doppelt-kohlensaure Natron zersetzt sich dann beim Kochen wieder und verschwindet allmälig, so daß die Lösung schließlich nur beide chromsauren Salze enthält.

Chromsaures Kali-Kali, $CrO_3, KO + CrO_3, CaO$.

In manchen Fällen kann man sich auch des chromsauren Kali-Kalkes bedienen. Man erhält diesen, wenn man auf 1 Aequivalent gelöstes saures chromsaures Kalis 1 Aequivalent Kalkhydrat zufügt, und die entstehende, je nach der Verdünnung milchige oder klare Flüssigkeit statt des neutralen chromsauren Kalis anwendet (vgl. Zinkgelbe); das saure chromsaure Kali ist dann im Verhältnisse von 5 rothem chromsauren Kali zu 1 Kalkhydrat in Pulver anzuwenden, da ein kleiner Ueberschuß von Kali in den Fällen, wo die Anwendung dieses Chemikales überhaupt zulässig ist, nicht nachtheilig wirkt.

Natron, NaO.

Auch das Natron ist gleich dem Kali das Oxyd eines Metalles, des Natriums Na, das an der Luft und im Wasser zu eben diesem Oxyde, dem Natron, verbrennt. Von den Verbindungen des Natrons, welche denen des Kalis im Allgemeinen chemisch analog sind, kommen für den vorliegenden Zweck namentlich diejenige mit Kohlensäure, das kohlensaure Natron oder die Soda, und die Verbindung des Natrons mit Wasser, das Aetznatron in Betracht.

In den meisten Fällen kann man sich des Natrons statt des Kalis, des kohlensauren Natrons statt des kohlensauren Kalis bedienen, wenn irgend ein Niederschlag damit hervorgebracht oder eine Säure gesättigt werden soll, und dann ist das Natron vorzuziehen, weil sein Aequivalent sich im Preise billiger berechnet.

Kohlensaures Natron, CO_2, NaO. Soda. Krystallisirte Soda. Calcinirte Soda. Sodaasche.

Das kohlensaure Natron wurde früher aus der Asche der See- und Strandpflanzen gewonnen, wird aber jetzt fabrikmäßig in sehr großem Maßstabe aus Kochsalz dargestellt. Dasselbe kommt in zwei Formen im Handel vor, nämlich einmal in großen, hellen, wasserhaltigen Krystallen, krystallisirte Soda, welche im reinen Zustande der Formel:

$$CO_2, NaO + 10 HO,$$

entspricht und demgemäß in 100 Theilen enthält: 21,79 Natron, 15,36 Kohlensäure, 62,85 Wasser, oder auch 37,15 kohlensaures Natron und 62,85 Wasser. Die andere Handelsform der Soda ist die calcinirte Soda, Sodaasche, das Sodasalz, Sel de Soude, die wasserfreie Soda, eine weiße lose Salzmasse, welche im Großen in der Weise gewonnen wird, daß man entweder die beim Verdampfen der rohen Sodalaugen ausgeschiedene einfach gewässerte Sodasalz (CO_2, NaO + HO) durch Glühen in Flammöfen vollständig vom Wasser befreit, oder daß man die Sodalauge direct unter Anwendung oberschlächtiger Feuerung zur Trockne eindampft und den erhaltenen Rückstand hierauf behufs Oxydation des vorhandenen Schwefelnatriums im Flammofen calcinirt. In reiner Form und im Kleinen kann man die calcinirte Soda durch Erhitzen und Glühen einer reinen krystallisirten Soda bis zur gänzlichen Austreibung des Wassers erhalten. Sie bildet dann ein rein weißes, pulveriges Salz, welches CO_2, NO ist.

Die krystallisirte Soda ist, wie sie jetzt im Handel vorkommt, ziemlich rein, bis auf einen stets darin vorkommenden geringen Gehalt von Glaubersalz

Krystallisirte und calcinirte Soda.

b Kochsalz, welcher jedoch nicht von erheblichem Nachtheil bei der Farbenbildung ist. Zuweilen enthält sie aber etwas Schwefelnatrium, und dies ist eine schlimmere Verunreinigung, wenn die Soda zu Niederschlägen verwendet werden soll. Eine Lösung davon fällt dann die ersten Tropfen einer Bleizuckerlösung braun. Der Gehalt der krystallisirten Soda an kohlensaurem Natron ist, wenn man Sodasorten von gleichem Wassergehalt, d. h. in gleich lufttrocknem Zustande vergleicht, ziemlich derselbe. Beim Liegen an der Luft verliert die krystallisirte Soda leicht Wasser, verwittert also. Es ist dies zu vermeiden, wenn man sie nach dem Gewichte verwenden will. Sie löst sich gern und leicht in Wasser auf, auch in kaltem.

Die calcinirte Soda des Handels ist in Folge ihrer vorhin beschriebenen Darstellungsweise, direct oder indirect aus den Sodarohlaugen, im Allgemeinen unreiner, namentlich stets reicher an schwefelsaurem Natron und Chlorium, als die krystallisirte Soda, enthält jedoch selten Schwefelnatrium, da es durch den Calcinationsproceß meistens oxydirt wird. Ihr Gehalt an kohlensaurem Natron ist ein sehr ungleicher, muß daher jedesmal bei Anwendung der calcinirten Soda vorher bestimmt werden. Um diese häufigen und mithin zeitraubenden quantitativen Bestimmungen zu vermeiden, zieht man in der Farbenfabrikation wohl die Verwendung krystallisirter Soda vor; wenn auch der Preis zwischen dem reinen kohlensauren Natron in der krystallisirten und dem Sodasalz eine bedeutende Differenz ausmacht, so ist es doch oft rathsamer, nach Maßgabe specieller Untersuchung die calcinirte Soda anzuwenden.

Das Sodasalz oder die calcinirte Soda hat ungefähr dasselbe Ansehen wie harte Pottasche, ist aber weißer, weniger bläulich. Sie wird wie die krystallisirte Soda immer nur in wässeriger Lösung angewendet. Die Auflösung der krystallisirten Soda erfolgt in kaltem Wasser bald, in heißem Wasser noch schneller. Aber die calcinirte Soda, wenn auch als Pulver in kaltes Wasser geworfen, erstarrt darin leicht durch Bindung von Wasser zu einer festen, zusammenhängenden, glasigen Masse von krystallisirter Soda. Ein solcher fester Klumpen löst sich dann nur schwierig in dem Wasser auf, weil er demselben wenig Berührungspunkte darbietet. Um diesen leicht eintretenden Uebelstand zu verhüten, löst man die calcinirte Soda am besten in kochendem Wasser auf und verdünnt nachher mit kaltem die erhaltene Lösung. Vor der Anwendung der Sodalösungen, die man mit soviel Wasser herstellt, daß sie nicht krystallisiren, läßt man sie in hölzernen oder eisernen Gefäßen in Ruhe abklären. Die geringen fremden Salze in denselben, die mitgelöst sind und höchstens bei calcinirter Soda Procente ausmachen, verhalten sich bei den meisten Anwendungen passiv.

Natronhydrat, NaO, HO, Aetznatron, Aetznatronlauge, Natronlauge.

Ganz auf dieselbe Weise, wie dem kohlensauren Kali die Kohlensäure entzogen wird, und zwar durch gebrannten Kalk oder Kalkhydrat, geschieht es auch mit dem kohlensauren Natron, und das Verfahren, Aetznatronlauge darzustellen, ist bis ins geringste Detail dasselbe, daher eine besondere Beschreibung nicht nöthig ist. Auch hier müssen die mit Kalk zu behandelnden Sodalösungen so verdünnt angewendet werden, daß sie 17° Baumé zeigen. Seit einigen Jahren kommt das Aetznatron oder die kaustische Soda im Handel in fester Gestalt vor und zwar in Blechtonnen oder Trommeln eingegossen, worin es zu erstarrter fester Masse bildet. Es ist in diesem Zustande das feste Hydrat, das man es erhält, wenn man die Aetznatronlauge zur Trockne verdampft, das in ihrem Hydratwasser schmelzend, beim Erkalten fest wird. Um daraus die natronlaugen darzustellen, ist nichts weiter nöthig, als diese Masse, das Aetznatron, in Wasser aufzulösen.

Die Verwendung der aus festem käuflichen Aetznatron in angegebener Weise gewonnenen Lösung statt der aus Soda durch Behandeln mit Kalk selbst bereitenden Aetznatronlauge bietet den großen Vortheil, daß man des Vorräthighaltens von Kalk und der Arbeiten zur Darstellung der Aetzlaugen überhoben ist, und daß, wenn der Gehalt des festen Aetznatrons an Natron gegeben ist, nach Maßgabe des Aequivalentgewichts erforderlichen Quantitäten desselben zu bestimmen sind. Die feste kaustische Soda, die im Handel vorkommt, meistens hinsichtlich fremder Bestandtheile ebenso rein, wie man sie aus krystallisirter Soda selbst herstellen kann, und ihrer Anwendung in der Farbenfabrikation nichts entgegen. Die englische käufliche Waare enthält von 62 bis 72 Proc.

Alkalimetrie.

Da die Wirkungen, welche die Pottasche oder das kohlensaure Kali und Aetzkali ausüben, sowie auch die des kohlensauren Natrons oder des Aetznatrons in fester oder flüssiger Gestalt nur von ihrem Gehalt an reinem Kali oder Natron abhängen, so ist es beim Einkauf wichtig, nur diesen Gehalt zu bezahlen, und bei der Anwendung nothwendig, ihn zu kennen, um das Aequivalent, d. h. die gleichwerthige Ersatzmenge jener Stoffe zu bestimmen, beispielsweise also zu ermitteln, wie viel Soda von gewissem Gehalt statt kohlensaurem Kali von gegebenem Gehalt anzuwenden ist. Methoden zur Bestimmung des Alkaligehalts in den Aetzalkalien und kohlensauren Alkalien giebt es eine Menge, doch ist immerhin das älteste Verfahren nach Descroizilles der einfachsten und allen Maßen und Gewichten leicht anzupassen.

Alkalimetrie.

st zu seiner Ausführung nichts weiter nöthig, als eine gute Wage, Grammgewichte, ein Alkalimeter und Lackmuspapier, welches letztere in jeder Apotheke zu haben ist. Das Alkalimeter ist ein Glascylinder von etwa 3,3 cm Durchmesser und 30 bis 33 cm Höhe, auf einem Fuße befestigt; sein Inhalt wird bis auf eine gewisse Höhe in 100 gleiche Grade getheilt, welche durch Theilstriche in den Cylinder eingeätzt sind. Ferner gebraucht man als Probeflüssigkeit Schwefelsäure von einem gewissen Gehalte an wasserfreier Schwefelsäure, welche zwar nach Vorschrift aus einer gewissen Quantität concentrirter Schwefelsäure und Wasser gemischt werden soll, aber welche man noch leichter auf folgende Art aus der Art Schwefelsäure darstellt, was zwar einige Proben erheischt, aber ein sehr zuverlässiges Resultat ergiebt und im Ganzen nicht soviel Schwierigkeiten macht, als die Anschaffung von Schwefelsäure von gleichem specifischen Gewicht oder von gleichem Gehalt.

Geht man davon aus, daß z. B. 5 g krystallisirter reiner Soda (statt des Grammgewichts kann man auch ein nicht abgenutztes Frankstück anwenden) von der Säure grade 36° des Alkalimeters sättigen und neutralisiren sollen, so hat man die Schwefelsäure, die man anwendet, durch Verdünnung mit Wasser so einzurichten, daß sie dieser Sättigungsfähigkeit genau entspricht, und man besitzt dann eine hinreichend genaue Flüssigkeit, von welcher man sich auf einmal eine größere Quantität anfertigt, um die öftere Ajustirung nicht nöthig zu haben.

Man wägt 5 g reiner krystallisirter Soda ab, die nicht verwittert, aber auch nicht feucht ist, bringt sie mit einer zur Auflösung genügenden Menge Wasser in eine kleine Porzellanschale, die man auf einem kleinen Dreifuß von Blech oder auch über einer kleinen Weingeistlampe erhitzen kann. Man verdünnt nun concentrirte Schwefelsäure so, daß auf 1 Gewichtstheil derselben ungefähr 9 Theile Wasser kommen. Man gebraucht hierbei die Vorsicht, die Schwefelsäure in einem dünnen Strahle langsam unter Umrühren in das Wasser zu gießen, weil anderenfalls im umgekehrten Verfahren die Säure unter starker Erhitzung aufwallen und umherspritzen würde. Mit diesem Gemische, der verdünnten Schwefelsäure, füllt man das Alkalimeter bis genau an den obersten Theilstrich 0, und fügt von derselben nach und nach zu der Auflösung der Soda im Porzellanschälchen hinzu, die man auf der Lampe erwärmt hat. Die ersten Portionen der zugesetzten Säure bewirken ein stürkes Aufbrausen; wird dasselbe schwächer, so darf man nur noch gradweise Flüssigkeit aus dem Alkalimeter zugießen, und man muß jedesmal die ausgegossenen Grade ablesen. Vor und nach jedem neuen Zugießen der Probeflüssigkeit taucht man in die Flüssigkeit im Schälchen ein kleines Streifchen blaues Lackmuspapier, welches anfangs nur vorübergehend, und zwar durch den Kohlensäuregehalt der Flüssigkeit geröthet wird, so daß diese Röthung des Papiers beim Entweichen der Kohlensäure an der Luft wieder verschwindet. Die Sättigung ist beendigt, sobald das eingetauchte Lackmuspapier eine zwar schwache, aber bleibende, an der

15*

Luft nicht wieder verschwindende Röthung annimmt. Gewöhnlich ist dann genaue Neutralisationspunkt schon etwas, um etwa $\frac{1}{2}$ Grad der Säure, überschritten, und man hat in diesem Falle die Gesammtzahl der verbrauchten Säuregrade um jenen halben Grad zu verringern. Wenn die Probeflüssigkeit richtig war, so hat man $36°$ verbraucht. Zeigt sie weniger an, z. B. $32°$, ist sie zu stark, zeigt sie mehr an, so ist sie zu verdünnt. Im ersten Falle hat man etwas mehr Wasser, im letzteren etwas mehr Säure zuzusetzen, bis eine wiederholte Probe die rechten Grade, nämlich $36°$, angiebt.

Ist diese Probeflüssigkeit für das Alkalimeter wie angegeben genau stimmt, so untersucht man jede Pottasche, Soda oder calcinirte Soda auf die Weise, indem man immer je 5 g dieser Stoffe zur Sättigung nach dem angegebenen Verfahren anwendet. Hat man zufällig gegen das Ende zuviel Säure auf einmal zugegossen, so muß die Probe wiederholt werden. Hat man mit einem Material zu thun, das sich nicht vollständig in Wasser löst, so muß man die Lösung durch Filtration von dem ungelösten Rückstande trennen, das Filter auswaschen und die so gewonnene gesammte Flüssigkeit wie die Auflösung behandeln.

Die Alkalimetergrade, die so von Pottasche, Soda, welcher Art sie auch mögen, erhalten werden, drücken direct das alkalische Werthverhältniß der Materialien unter einander bei ihrer Anwendung aus. Beispielsweise ist eine Pottasche von $50°$ Descroizilles ebenso viel werth, wie eine Soda von und krystallisirte Soda von $36°$ hat nur den Werth $\frac{36}{50}$ einer Pottasche von sowie den Werth $\frac{36}{72}$ einer calcinirten Soda, die $72°$ angiebt. Um nun die gleichwerthigen Ersatzmengen (Aequivalente) der Stoffe auf diese Weise, und zwar lediglich mittelst einfacher Division durch die gefundenen Alkalimetergrade, direct zu berechnen, verfährt man folgendermaßen.

Je ein Aequivalent NaO, KO, CO_2, KO, CO_2, NaO und CO_2, $+ 10 HO$ entspricht, wenn man das Aequivalentgewicht der krystallisirten $= 143,2$ als Vergleichsnorm annimmt, $(143,2 \times 36) = 5155,2$ alkalimetrischen Graden. Dividirt man nun mit der Zahl der Grade, die ein und dasselbe Gewicht Aetznatron, kohlensaures Kali oder eine Soda bei der Sättigung nach in $5155,2$, so erhält man diejenigen Gewichte der genannten Stoffe, in welchen die letzteren einander mit gleicher alkalischer Wirkung vertreten können. Diese einander vertretenden Gewichtsmengen verhalten sich umgekehrt, wie Zahl der zur Sättigung nöthigen Säuregrade, d. h. je kleiner die letztere, desto an Gewicht des Stoffes ist erforderlich für eine gleiche alkalische Wirkung. So giebt z. B. 36grädige Soda $\frac{5155,2}{36} = 143,2$, 55grädige Pottasche

$\frac{2}{?} = 93{,}72$, und in diesen Gewichtsquantitäten, welche mithin nur Verhältnißzahlen sind, ersetzen sich die genannten beiden Materialien gegenseitig. Daten sind sowohl zur Ermittlung des Werthes beim Einkauf der in Rede stehenden Materialien, als auch bei deren Verwendung zu allen bei der Farbenbereitung nöthigen Berechnungen ausreichend. Man darf jedoch niemals außer Acht lassen, daß das Descroizilles'sche Verfahren, wie schon erwähnt, immer nur relativen alkalischen Werth der danach geprüften Substanzen, nicht absoluten Gehalt angiebt, daß also durch die gefundenen Zahlen nur das Verhältniß der Stoffe ausgedrückt wird, dessen Kenntniß jedoch dem hier oben praktischen Zwecke genügt.

auch Flüssigkeiten, Laugen, Aetzlaugen ꝛc. kann man mit dem Alkalimeter auf alkalischen Werth untersuchen. Man wägt von derselben je 5 g ab und be... sie in dem Schälchen mit der Probeflüssigkeit ebenfalls, wie oben angeführt in sicherer zu gehen, kann man die drei- und vierfache Quantität d. h. 20 g der Flüssigkeiten anwenden. Die erhaltenen Grade sind dann aber respective 4 zu dividiren, um die wirklichen Grade zu erhalten. Sind die letzten ätzend, d. h. kohlensäurefrei, so daß beim Zusatz von Schwefelsäure Aufbrausen stattfindet, so ist das Zugießen der letzteren mit vieler Vorsicht Ihnen, und die Annäherung an die Neutralisation ist nur durch die Färbung des Lackmuspapiers zu beurtheilen.

Salpetersaures Natron NO_5, NaO. Dieses Salz, welches gegenwärtig nebst roh unter dem Namen Chilisalpeter, raffinirt als Natronsalpeter vorkommt, enthält ungefähr $\frac{1}{3}$ mehr Salpetersäure als der Kalisalpeter. Natronsalpeter kann wegen seines billigeren Preises bei größerem Säuregehalt Kalisalpeter oft mit Vortheil ersetzen, auch z. B. zur Ausziehung des Chroms aus Chromeisenstein behufs Darstellung von Chromsäuresalz. Man erhält in dem Falle dann leicht lösliches und gut krystallisirendes einfach-chromsaures Natron, CrO_3, $NaO + 10 HO$, welches jedoch noch nicht im Handel zu ist. Auch kann man oft ein Gemisch von Natronsalpeter mit Schwefelsäure im Verhältnisse von 100 der letzteren auf 85 des zu, statt der Salpetersäure anwenden:

$$NaO + 2(SO_3, HO) = SO_3, HO + SO_3, NaO + NO_5, HO,$$

wie bei der Bereitung z. B. des Pariserblaues nur auf eine Oxydation durch Salpetersäure abgesehen ist. Man hat in dem Gemische die Säure um billiger, als sonst die Fabrikations- und Destillationskosten betragen würden, den Werth des sauren schwefelsauren Natrons, das in diesem Falle verbleibt, weil dasselbe beim Auswaschen des Blaues mit dem Waschwasser weggeschafft werden muß. Man hat also ferner dabei den Nachtheil, daß das Auswaschen der Farbe durch das vorhandene saure schwefelsaure Natron erschwert wird, während bei Anwendung von Salpetersäure jenes Salz nicht in das Gemisch kommt.

E. Gelbe Eisenoxydfarben.

1. Marsgelb, Zinkoxyd-Eisenoxyd.

Zu den gelben Eisenoxydfarben gehören alle im Mineralreiche vorkommenden gelben Ocker, und es scheint kein Bedürfniß vorhanden, sie künstlich darzustellen. Es gelangen jedoch unter der Benennung Marsgelb feinere gelbe Farben in den Handel, welche aus Zinkoxyd und Eisenoxydhydrat bestehen. Das Eisenoxydhydrat an sich erscheint nämlich in dieser Schicht aufgestrichen gelbbraun, in dünner gelb. Je mehr dem Eisenoxydhydrat nun Zinkoxyd beigemengt ist, desto mehr scheint die Farbe rein gelb oder von Nankingfarbe. Man erhält das Marsgelb durch Fällen eines Gemisches von Zinkvitriol und schwefelsaurem Eisenoxyd mit nicht überschüssigem Alkali, Auswaschen und Trocknen des Niederschlages. Je mehr Zinkoxydmenge vorwiegend, so hat selbst die geglühte Farbe noch einen mehr gelben als rothen Ton. Diese Farben werden nur im Kleinen dargestellt und von Kunstmalern in der Oelmalerei verwendet.

2. Sideringelb, basisch-chromsaures Eisenoxyd.

Kommt, jedoch nur selten, im Handel vor und hat eine orange, rothe Farbe, wie manche Chromgelbe, aber nicht von gleichem Feuer, wie die letztern, entsteht, wenn man Eisenchlorid mit überschüssigem neutralem chromsauren vermischt, in ungleichen Nüancen, wobei weder alles Eisen gefällt, noch chromsaure Kali völlig zersetzt wird, daher das Product viel zu theuer ist, als daß es, da es weder an Schönheit die Chromgelbe übertrifft, noch an Kraft sich mit ihnen messen kann, in den Farbenhandel mit Erfolg eingeführt werden könnte.

Sideringelb löst sich leicht in verdünnter Salzsäure, und in der Lösung Bleizuckerlösung sogleich einen Niederschlag von der Farbe des Chromgelbs. wurde statt des Chromgelbs und chromsauren Kalis zur Einmischung und bung der Zündmassen für Streichzündhölzchen empfohlen, hat aber auch keinen Eingang gefunden, weil es nicht zu billigen Preisen hergestellt werden

F. **Gelbe Kobaltfarbe, Jaune indienne, salpetrigsaures Kobaltoxyd-Kali**, $C_2O_3, 2NO_2 + 3NO_3, KO, 2HO$.

Diese eigenthümliche, glänzende und feurige Farbe ist, obgleich kalihaltig, doch völlig unlöslich in Wasser, und sonst als Oel- und Wasserfarbe sehr anwendbar. Ihres hohen Preises wegen ist jedoch die Anwendung dieser Farbe auf die Kunstmalerei beschränkt geblieben.

Man stellt sie dadurch dar, daß man salpetersaures Kobaltoxydul NO_5, CoO in Wasser auflöst und die Lösung mit Essigsäure ansäuert; diese Lösung wird dann durch eine Auflösung von salpetrigsaurem Kali gefällt. Die Lösung von salpetersaurem Kobaltoxydul stellt man sich am einfachsten her, indem man das im Handel vorkommende schwarze Kobaltoxyd Co_2O_3, CoO im Tiegel mit Schwefelsäure erhitzt, bis die überschüssige Schwefelsäure verdampft ist, dann die Auflösung der hierbei gewonnenen, aus schwefelsaurem Kobaltoxydul SO_3, CoO bestehenden rothen Masse in Wasser, mit salpetersaurem Baryt in wässeriger Lösung fällt, bis kein weiterer Niederschlag von schwefelsaurem Baryt mehr erfolgt. Man läßt letzteren sich absetzen, decantirt die Flüssigkeit und benutzt sie direct zur Fällung des Kobaltgelbes unter Versetzen mit Essigsäure. Die Lösung von salpetrigsaurem Kali verschafft man sich dadurch, daß man Kalisalpeter in einem eisernen Tiegel bis zum Schmelzen erhitzt und in die geschmolzene Masse Eisenfeile hineinrührt, jedoch nicht mehr, als bis Aufschäumen beginnt, worauf man das Schmelzen beendigt. Man löst die Masse in Wasser auf, decantirt und filtrirt die Lösung, und mischt das Filtrat zu der mit Essigsäure angesäuerten Kobaltoxydullösung so lange hinzu, als noch ein Niederschlag hervorgerufen wird. Ein anderes Verfahren besteht darin, daß man in salpetersaures Kobaltoxydul-Kali, welches mit Kali versetzt ist, die Dämpfe der Untersalpetersäure leitet, wobei alles Kobaltoxydul als Farbe von obiger Zusammensetzung gefällt wird. Letzteres muß jedoch auch bei dem erstangeführten Darstellungsverfahren eintreten, sobald nur hinreichend Essigsäure und salpetrigsaures Kali angewendet wird. Diese zweite Gewinnungsmethode ist andererseits deshalb nicht besonders empfehlenswerth, weil die Darstellung der Untersalpetersäure ebenso theuer ist, als die des salpetrigsauren Kalis, und noch ein specieller Apparat erfordert wird, um sie zu erzeugen und in die Flüssigkeit zu leiten.

Ob man diese Farbe vor sich hat, erkennt man daran, wenn man etwas davon mit Schwefelsäure in einem kleinen Porzellantiegel auf einer Weingeistlampe bis zum Verdampfen der Schwefelsäure erhitzt. Es entwickeln sich viel salpetrige Dämpfe und es bleibt ein rother, im Wasser mit rother Farbe löslicher Rückstand von schwefelsaurem Kali und schwefelsaurem Kobaltoxydul. Dieser Glührest hinterläßt beim Auflösen mit Wasser keinen Rückstand, wenn die Kobaltfarbe nicht mit einer Blei- oder Barytverbindung versetzt war.

Die Farbe ist vermöge ihrer Unlöslichkeit mit den meisten anderen, sogar schwefelhaltigen Farben, wenn letztere ebenfalls unlöslich sind, mischbar.

G. Cadmiumgelb.

1) **Schwefelcadmium, CdS.** Das Cadmiumgelb, auch Jaune brillant genannt, besteht aus Schwefelcadmium. Es ist eine schöne, pomeranzengelbe, sehr beständige Farbe, die zwar viele Vorzüge darbietet, aber leider theuer ist, da das Cadmium selten vorkommt und deshalb einen hohen Preis hat. Es kann auf mehrfache Weise hergestellt werden und ist um so reiner und tiefer gelb, je weniger Zink das gewöhnliche im Handel vorkommende zinkhaltige Cadmium noch enthält. Um das Cadmiumgelb darzustellen, zerschlägt man die kleinen Cadmiumbarren in kleinere Stücke und löst sie in gläsernen, Porzellan- oder Holzgefäßen in verdünnter Schwefelsäure auf, welche Auflösung unter Sauerstoffgasentwickelung rasch erfolgt. Man kann nun entweder die gewonnene Lösung erst in einer Porcellanschale eindampfen und das schwefelsaure Cadmiumoxyd krystallisiren lassen, um es hierauf zur Darstellung des Cadmiumgelb zu verwenden; oder man kann jene Auflösung unmittelbar in Benutzung nehmen, wenn man nur dafür Sorge trägt, daß sie nicht zu sauer ist. Am zweckmäßigsten läßt man die Auflösung mit einem kleinen Ueberschusse oder einigen Stücken Cadmium nach der Sättigung der Schwefelsäure noch einige Tage stehen, wodurch fremde Metalle gefällt werden und die Lösung sich auch völlig von mechanischen Unreinigkeiten klärt, so daß sie davon rein abgegossen werden kann.

Diese gesättigte und neutrale Lösung von schwefelsaurem Cadmiumoxyd wird nun mit viel Wasser verdünnt, worauf man eine frischbereitete und klare Lösung von Schwefelnatrium so lange hinzufügt, als neue Mengen davon noch einen weiteren gelben Niederschlag hervorbringen. Den Niederschlag läßt man dann absetzen, wässert ihn einigemale aus, filtrirt ihn, preßt und trocknet darauf. Die so gewonnene Farbe ist nun eine Verbindung von Cadmium und Schwefel, zugleich aber auch, wenn das Cadmium zinkhaltig war, von Zink und Schwefel, welches sich als weiße Farbe einmischt und in diesem Falle die gelbe Farbe heller macht. Die reine Farbe oder das Schwefelcadmium besteht in 100 Theilen aus 27,71 Cadmium und 22,29 Schwefel. Auch auf trockenem Wege läßt sich Cadmiumgelb herstellen, und dieser Weg wird für die Darstellung dunklerer Sorten eingeschlagen. In diesem Falle fällt man aus der schwefelsauren Cadmiumoxydlösung erst das Cadmiumoxyd durch kohlensaures Natron und wäscht es mit Wasser aus. Man

Schwefelarsen. Auripigment. Realgar.

zerreibt es nach dem Trocknen zu Pulver und mengt es mit der Hälfte seines Gewichtes an gepulvertem Schwefel. Dieses Gemenge trägt man nach und nach in einen zum Glühen erhitzten hessischen Tiegel, und glüht die Masse gut durch. Nach dem Erkalten wird sie zerrieben. Ist die Masse nicht hinreichend seurig geworden, so kann man sie noch einmal mit etwas Schwefel mischen und das Glühen wiederholen.

Die Farbe schwärzt sich nicht wie andere gelbe, namentlich die Bleifarben durch Schwefelwasserstoffgas. Sie läßt sich mit Ultramarin mischen und als Oel-, Wasser- und Kalkfarbe gebrauchen. Sie hat eine starke Deckkraft. In concentrirter Salzsäure löst sie sich vollkommen unter Entwickelung von Schwefelwasserstoffgas auf, so daß etwaige in der Farbe enthaltene Zusätze, welche in Salzsäure unlöslich sind, hierbei zurückbleiben. Seines schon oben erwähnten theuren Preises wegen wird das Cadmiumgelb fast nur für seine Oelmalereien zu Kunstarbeiten benutzt.

Das Schwefelnatrium, NaS, das man zur Fällung des Schwefelcadmiums anwendet, bereitet man sich am einfachsten dadurch, daß man 1 Theil wasserfreies Glaubersalz oder schwefelsaures Natron mit $^1/_3$ Theil gemahlener oder gepulverter Holzkohle in einem hessischen Tiegel so lange glüht, bis die Masse ruhig fließt, die letztere ausgießt, in kochendem Wasser auflöst und von der zurückbleibenden Kohle die Flüssigkeit abfiltrirt. Das erhaltene Filtrat stellt alsdann im Wesentlichen eine Lösung von Schwefelnatrium dar, welches bei jener Schmelzung nach der Gleichung:

$$SO_3, NaO + 4C = NaS + 4CO$$

entstanden ist.

2. **Chromsaures Cadmiumoxyd** soll gleichfalls eine sehr schöne, wie das chromsaure Zinkoxyd zu erhaltende Farbe sein, ist mir aber bisher nicht im Handel vorgekommen und kommt jedenfalls viel zu theuer, als daß es den anderen chromsauren gelben Verbindungen den Rang ablaufen oder auch nur damit concurriren könnte.

II. Schwefelarsen, Operment, Auripigment, Rauschgelb, Königsgelb AsS_3. Realgar, Sandarach AsS_2.

Diese Verbindungen werden entweder auf Hüttenwerken beim Rösten arsen- und zugleich schwefelhaltiger Kiese als Nebenproduct gewonnen, oder in Arsenwerken durch Sublimation von Gemengen aus Arsenkies und Schwefelkies besonders dargestellt. Sie erscheinen dann als harte Sublimate von muschligem glasigem Bruch. Man unterscheidet zwei Verbindungen von Arsen mit Schwefel, eine

Gelbes und rothes Operment. Schwefelarsenfarbe.

citronengelbe mit größerem Schwefelgehalte: As_3S_3, das Operment oder das Schwefelarsen, auch gelbes Operment genannt, dessen Pulver mehr oder weniger rein gelb ist, und andererseits eine hochrothe oder orangerothe Verbindung, mit geringerem Schwefelgehalte: As_2S_3, das Realgar, rothe Operment oder rothes Schwefelarsen, welches ein röthlichgelbes oder pomeranzegelbes Pulver giebt. Das rothe Operment kann auch auf die Weise gewonnen werden, daß man das gelbe Operment mit der entsprechenden Menge Arsen zusammenschmilzt.

Das Realgar oder rothe Schwefelarsen findet sich ferner als Mineral krystallisirt in kleinen, rubinrothen, durchscheinenden Säulen. Auch das gelbe Operment oder gelbe Schwefelarsen kommt fertig gebildet im Mineralreiche, doch nicht häufig vor, und zwar in Form glänzender Blättchen von sehr heller Citronenfarbe. Eine der letzteren ähnliche Farbe erhält man, wenn man das Realgar mit etwas Schwefel zusammenschmilzt. Im Handel findet sich überdies noch eine andere und viel giftigere Sorte des gelben Opermentes, welche eigentlich nur durch gelbes Schwefelarsen, As_2S_3, gefärbte arsenige Säure ist und im Großen in den Arsenhütten dadurch hergestellt wird, daß man die arsenige Säure mit wenig Schwefel sublimirt. Dieses Product enthält oft über 90 Procent arseniger Säure, die sich durch kochendes Wasser ausziehen läßt, und ist also ebenso giftig wie die arsenige Säure selbst. Beide oben erwähnten Formen von Schwefelarsen sind, da sie von Hütten- oder Arsenwerken leicht erhalten werden können, nicht eigentlich ein Gegenstand der Farbenfabrikation. Diejenigen Farbenfabriken, welche die Schwefelarsenverbindungen noch verarbeiten, kaufen dieselben von den Hüttenwerken, um sie auf nassen Mühlen zu mahlen und hierauf zu trocknen. Indessen hat der Gebrauch einestheils wegen ihrer giftigen Eigenschaften, anderentheils deshalb abgenommen, weil die Preise gegen den Preis der Chromgelbnüancen, welche dieselben Dienste leisten, viel zu hoch gehalten werden.

Auf nassem Wege läßt sich eine Schwefelarsenfarbe in sehr schöner hochgelber Nüance, welches die geschätzteste ist, dadurch herstellen, daß man in einer Quantität Kali- oder Natronätzlauge 99 Theile weißen Arsenik auflöst, aber dabei nicht mehr Aetzlauge hinzusetzt, als nöthig ist, die Auflösung in etwa 500 Theilen Wasser zu bewirken. Jedenfalls reicht die Aetzlauge von 100 Pottasche oder 150 Theilen krystallisirter Soda dazu hin. Dann bereitet man sich eine Auflösung von Schwefelnatrium (siehe S. 233) aus 600 Theilen (Glauber?). Man vereinigt beide geklärte Lösungen, und setzt nun verdünnte Salzsäure hinzu oder gießt die Mischung in verdünnte Salzsäure, wodurch man einen gelben Niederschlag erhält, den man auswäscht, filtrirt und dann in stark erhitzten Porcellanschalen austrocknet.

Hollunder hat seiner Zeit eine einfache Methode zur Darstellung der Schwefelarsenfarbe veröffentlicht. Ich habe diese Methode nicht versucht, theile sie aber hier mit, da der genannte Schriftsteller nie etwas angegeben hat, das sich nicht bewährt hätte. Nach ihm soll man sich eine Schwefelleber dadurch herstellen, daß man 4 Theile Pottasche mit 2 Theilen Schwefel glüht, wodurch jedenfalls ein Mehrfach-Schwefelkalium erhalten wird. Die geglühte Masse soll man in 16 Theilen Wasser auflösen und warm filtriren. Man fällt die Lösung dann warm, indem man nach und nach arsenige Säure in kleinen Portionen unter Umrühren einträgt, wodurch die Flüssigkeit erst braun wird und später einen gelben Niederschlag absetzt, während sie selbst eine gelbe Farbe annimmt. Man filtrirt alsdann und läßt weiter über Nacht stehen, wo sie einen weiteren Niederschlag von außerordentlicher Schönheit absetzt, der den Vergleich mit dem schönsten Opermenl aushält, aber ins Zinnoberrothe fällt.

Die Schwefelarsenfarbe besitzt für sich eine große Haltbarkeit in Oel, läßt sich jedoch mit vielen Farben wegen ihres Schwefelgehaltes nicht mischen, wohl aber mit Zinnober und Ultramarin, welche selbst ebenfalls Schwefelverbindungen sind. Die Schwefelfarben werden als solche durch ihre vollständige Flüchtigkeit beim Erhitzen in einem Porcellantiegel über einer Weingeistlampe erkannt, wobei fremde, nicht flüchtige Zusätze zurückbleiben. Auch in starker Aetzlauge lösen sich die gelben Arsenikfarben, und diese Lösungen geben beim Versetzen mit Säuren wieder gelbe Niederschläge von Schwefelarsen.

I. Musivgold, Schwefelzinn SnS_2.

Diese Farbe hat ein metallisches goldähnliches Ansehen und wurde auch vor Einführung der unechten Goldbronzen zur falschen Vergoldung angewendet. Sie steht deshalb sehr gut, weil sie selbst ein Schwefelmetall ist, daher nicht wie geriebene Metalbronzen durch schwefelhaltige Gase und Dämpfe angegriffen wird. Von den Gewinnungsmethoden des Musivgoldes, welches auf verschiedene Weise dargestellt werden kann, sollen die folgenden angeführt werden.

Man verwandelt Zinn in sehr fein zu siebende Zinnfeile und vermischt diese dann mit gleichen Theilen Schwefel und Salmiak. Oder man schmilzt 12 Theile Zinn unter gelinder Erwärmung mit 6 Theilen Quecksilber zusammen, pulverisirt das ausgegossene und erkaltete Gemisch (Amalgam) und vermischt es mit 7 Theilen Schwefel, oder man rührt den Schwefel auch nach und nach zu dem schmelzenden Gemisch und zerreibt nachher die nach dem Ausgießen aus dem Tiegel erstarrte Masse, der man dann in beiden Fällen noch 7 Theile Salmiak, natürlich in Pulverform, zumengt. Das eine oder andere dieser Gemische füllt man alsdann in gute Glasretorten und erhitzt diese nun im Sandbade. Man feuert einige Stunden gelinde, dann stärker, ohne Glühhitze eintreten zu lassen, und zwar so lange, als noch Dämpfe von Salmiak erscheinen, dessen Zusatz überhaupt nur den Zweck zu haben scheint, um dadurch das Entstehen einer zu hohen Temperatur im Gemische zu verhüten. Bei dem zuerst angewendeten Gemenge ist es nicht gerade nothwendig, Retorten anzuwenden, es können auch runde, gerabhalsige Sublimirkolben benutzt werden, die man kurz abschneidet und lose zudeckt. Bei der zweiten Mischung ist aber die Verwendung von Retorten deshalb zweckmäßiger, weil aus dem Gemische nicht nur Salmiak, sondern auch Chlorquecksilber sublimirt, das nicht zu benutzen ist und sich im Halse der Retorte sammelt.

In jedem Falle erhält man die farbige Substanz theils als Sublimat, theils als Rückstand auf dem Boden der Retorte oder der Kolben. Das Sublimat bedeckt den letzteren gewöhnlich in schönen Flittern. Das Ganze besteht aus goldgelben Schuppen, von denen die sublimirten und schönsten für sich gesammelt werden. Beide werden alsdann für sich in Wasser abgerieben und entweder als Pulver getrocknet, unter der Benennung Musivgold, oder in Muscheln gefüllt und getrocknet als Muschelgold in den Handel gebracht.

Diese gelbe Farbe wird weder von Salpetersäure noch von Salzsäure, noch die gelben Blei-, Zink-, oder Cadmiumfarben angegriffen, wohl aber beim Kochen mit einem Gemische dieser beiden Säuren, wobei ein weißes, schweres Pulver zurückbleibt, welches das in Säuren und Wasser unlösliche Zinnoxyd SnO_2 ist. Letzteres wird als solches daran erkannt, daß es, mit Schwefelammonium übergossen, bald gebräunt wird.

Anhang.

Folgende chemische Verbindungen sind gelb und würden als Farben gebraucht werden können, wenn ihre Preise nicht zu hoch wären. Jedenfalls scheint allein Bedürfniß vorhanden, die Anzahl der im Handel bereits eingebürgerten gelben Farben durch neue zu vermehren. Diese gelben Verbindungen sind:

Basisch-schwefelsaures Quecksilberoxyd oder mineralischer Turbith SO_3. 3 Hg O.

Wolframsäure WO_3.

Kohlensaures Uranoxyd U_2O_3, CO_2.

Uranoxydhydrat U_2O_3, HO.

Uranoxydbaryt $2 U_2O_3, BaO$.

Basisch-salpetersaures Uranoxyd.

Arsensaures Uranoxyd.

Chromsaures Wismuthoxyd.

Antimonsaures Eisenoxyd.

Anderthalb Chanutan.

Jodquecksilber.

Die genannten Verbindungen werden sämmtlich bislang weder fabrikmäßig in größerem Maße gewonnen, noch als Malerfarbe ausgeboten.

III. Blaue Mineralfarben.

Zur Herstellung blauer Mineralfarben dienen nur wenige mineralische Körper, Metalle oder Metalloxyde und ihre Verbindungen, nämlich die des Kupfers, des Kobalts, des Eisens. Der künstliche Ultramarin ist eine Verbindung, in welcher die färbende Substanz entweder Schwefel, oder eine Schwefelverbindung ist.

A. Blaue Mineralfarben.

Materialien zu ihrer Darstellung.

a) **Kupfervitriol**, SO_3, $CuO + 5HO$.

Die blauen Farben, zu welchen das Kupferoxyd die Grundlage bildet, haben zum Theil eine grünliche Nüance und werden deshalb auch ebenso gut grüne genannt. Zu ihrer Herstellung dient meistens der Kupfervitriol oder das schwefelsaure Kupferoxyd in Krystallen, SO_3, $CuO + 5HO$, welcher im Handel den Namen blauer Vitriol, Blaustein, cyprischer Vitriol führt.

Nur selten kommt der Kupfervitriol so rein im Handel vor, wie man ihn zur Fabrikation recht schöner und lebhafter Kupferfarben nöthig hat; oft enthält welche beträchtliche Mengen von schwefelsaurem Eisenoxydul und Zinkoxyd, ohne daß diese Beimengungen die dunkelblaue Farbe des Kupfervitriols, welche sonst ein Zeichen seiner Reinheit sein soll, beeinträchtigt. Die schädlichste Verunreinigung ist indessen die mit schwefelsaurem Eisenoxydul (Eisenvitriol), und man darf keinen Kupfervitriol zur Farbenbereitung anwenden, ehe man ihn in dieser Beziehung untersucht hat. Um den Eisengehalt des Kupfervitriols zu bestimmen, wägt man 5 g davon ab, löst diese in einem Becherglase mit Wasser und versetzt die Lösung lange mit ätzendem Ammoniak, bis der erst entstehende blaue Niederschlag sich völlig wieder gelöst hat und eine dunkelblaue Flüssigkeit entstanden ist. Durch den obigen Ammoniakzusatz wird alles Eisen eines eisenhaltigen Kupfervitriols in Form von basischem Eisenoxydhydrat als ein ockerartiger Niederschlag gefällt, welcher sich in der Flüssigkeit vertheilt und bei der dunkelblauen Farbe der letzteren meistens nicht deutlich darin erkannt werden kann, jedoch beim Abfiltriren der Flüssigkeit klarer wird. Man filtrirt also die Flüssigkeit durch ein kleines Filter von gewöhnlichem Filtrirpapier, dessen Asche man kennt, wäscht den darauf zurückbleibenden Niederschlag von Eisenoxyd aus, giebt hierauf beides, Nieder-

Materialien zu blauen Mineralfarben.

schlag und Filter, in einem Porcellantiegel bis zum völligen Verbrennen des Filters und wägt den Rückstand in demselben Porcellantiegel. Das Gewicht des Tiegelinhalts, abzüglich des Gewichts der Filterasche, ist dasjenige des sämmtlichen = dem Niederschlage vorhandenen Eisenoxyds. Je 1 mg des so erhaltenen Eisenoxyds entspricht dann 3,54 mg Eisenvitriol, die in den angewendeten 5 g Kupfervitriol enthalten sind. Hätte man z. B. aus 5 g Kupfervitriol 7 mg Eisenoxyd, Fe_2O_3 erhalten, so entsprächen diesen 24,78 mg Eisenvitriol, oder der Kupfervitriol enthielte in 100 Gewichtstheilen $\frac{24{,}78}{50} = 0{,}495$ Gewichtstheile, d. i. also beinahe $^1/_2$ Procent Eisenvitriol. Ein solcher Gehalt bezeichnet schon die äußerste Grenze des Zulässigen, und es erscheint nicht rathsam, für Farbenzwecke einen Kupfervitriol mit mehr als $^1/_2$ Procent Eisenvitriol anzuwenden.

Wird in dem Kupfervitriol außer dem Eisenvitriol noch Zinkvitriol vermuthet, so wird zur Nachweisung des Zinks die bei der obigen Prüfung auf Eisen erhaltene ammoniakalische, blaue, von dem Niederschlage abfiltrirte Flüssigkeit folgendermaßen weiter untersucht. Man fügt derselben etwas reines Aetzkali hinzu und kocht, wobei unter Verflüchtigung des Ammoniaks die blaue Farbe nach und nach verschwindet, das Kupferoxyd gefällt wird, aber vorhandenes Zinkoxyd gelöst bleibt. Man filtrirt die nun farblose Flüssigkeit vom Kupferoxyd ab und sammelt sie mit dem Waschwasser in einem Becherglase. Giebt dieselbe nun mit Schwefelwasserstoffgas keinen Niederschlag, so ist der Kupfervitriol frei von Zinkvitriol. Entsteht aber eine weiße Trübung, so enthält er auch den letzteren. Ist der Zinkgehalt so groß, daß die Menge des Niederschlages bei fortgesetztem Einleiten von Schwefelwasserstoffgas noch zunimmt, so ist der Kupfervitriol zu verwerfen. Wenn auch der Zinkvitriol die Qualität der dargestellten Farben nicht in dem Maße beeinträchtigt, wie der Eisenvitriol, so macht er die Farben doch heller, und man würde beim Einkaufe statt vollständig verwerthbaren Kupfervitriols einen Theil unverwerthbaren Zinkvitriols mit bezahlen.

Da der Kupfervitriol überhaupt selten in der für die Farbenbereitung erwünschten Reinheit im Handel vorkommt, so wird derselbe häufig seitens derjenigen Farbenfabriken, welche Farben anfertigen, deren Grundlage Kupferoxyd ist, selbst dargestellt. Ich gehe auf diese Fabrikation des Kupfervitriols hier etwas näher ein, um die Mängel und Unvollkommenheiten einiger Verfahrungsweisen dabei zeigen zu können, und die besseren hervorzuheben.

Die älteste Methode der Darstellung des Kupfervitriols ist diejenige mittelst künstlich gewonnenen Schwefelkupfers. Wie bekannt ist, verfährt man dabei so, daß man in Reverberiröfen, ähnlich denjenigen, welche man zum Brennen der Mennige verwendet, die aber außerdem durch einen Schieber im Schornsteine noch dicht verschlossen werden können, eine gewisse Menge Kupferabfälle, Kupferasche u. zum Glühen erhitzt, dann in den Ofen ungefähr $^1/_6$ des Gewichtes vom Kupfer gepulverten Schwefel bringt, und nun den Ofen am Register und allen Thüren, letztere durch Verstreichen, zumacht, und das Ganze erkalten läßt. Hierbei verdampft der Schwefel, seine Dämpfe kommen alsbald mit dem glühenden Kupfer in Berührung, und es bildet sich unter Feuererscheinung Schwefelkupfer beinahe aus der ganzen Kupfermasse, selten bleibt ein Kern von metallischem Kupfer. Dieses Verfahren ist ziemlich gut und stimmt in allen Fabriken überein, die ihren Kupfervitriol aus Schwefelkupfer darstellen. Um aber das Schwefelkupfer in schwefelsaures Kupferoxyd überzuführen, werden an verschiedenen Orten ganz verschiedene Wege eingeschlagen. In jedem Falle wird dasselbe nun geröstet, um es zu oxydiren; hierzu bedient man sich immer desselben Reverberirofens, worin die Schwefelung vorgenommen ist, nachdem man vorher einen größeren Vorrath von Schwefelkupfer fertig gestellt hat. Man breitet zur Röstung eine dünne Schicht Schwefelkupfer auf den beiden Herden aus, wenn zwei übereinander vorhanden sind, und erhitzt diese längere Zeit, 5 bis 6 Stunden, zu dunklem Rothglühen, worauf die Masse, gewöhnlich noch glühend, in Wasser gezogen, und der Ofen frisch beschickt wird. Der Kupfervitriol, der sich gebildet hat, löst sich dabei in dem Wasser auf, während ein Rest ungelöst bleibt, der wieder der Schwefelung unterworfen wird. Die blaue Lösung des Kupfervitriols wird entweder ohne Weiteres verwendet, oder aber zuvor in bleiernen oder kupfernen Pfannen zur Krystallisation eingedampft.

Die Röstung des Schwefelkupfers bedarf keiner hohen Temperatur, damit der Schwefel zu Schwefelsäure und das Kupfer zu Oxyd verbrennt, und erstere zugleich an Kupfer gebunden bleibt. Diejenigen Fabriken, welche das erzeugte Schwefelkupfer, das gröbliche Stücke bildet, in solcher Form zur Röstung in den Ofen bringen, begehen hierin einen großen Mißgriff. Wie nämlich bei jeder Oxydation, so auch hier, steigt ihre Raschheit mit den Berührungspunkten der sich oxydirenden Flächen mit der Luft, und es können bei so stückigem Material deren nicht viele sein; ihre Anzahl wächst aber ungemein und unzählige Male, wenn das erzeugte Schwefelkupfer zum Behufe des Röstens unter Stoßmühlen oder Rollsteinen und durch Sieben erst in ein sehr feines staubartiges Pulver verwandelt wird, das dann auf die vorhin angegebene Weise zu rösten ist, aber sich nun viel rascher in die schwefelsaure Verbindung verwandelt.

Das erzeugte Schwefelkupfer ist immer Halbschwefelkupfer, d. h. die Schwefelmenge, die damit verbunden ist, reicht nur hin, wenn aller Schwefel in Schwefelsäure verwandelt wird, und alles Kupfer in Kupferoxyd, die Hälfte des letzteren in Kupfervitriol zu verwandeln, während die andere Hälfte des Kupfers als Kupferoxyd zurückbleibt, das dann wieder der Schwefelung, Röstung u. s. w. unterworfen werden muß. Dieses Kupferoxyd ist aber in sehr löslichem und vertheiltem Zustande vorhanden, man kann daher aus der ganzen gerösteten Masse sogleich Kupfervitriol erzeugen, wenn man sie mit wasserhaltiger Schwefel-

240　　　　　Darstellung des Kupfervitriols.

säure kocht, denn in derselben löst sich nicht nur der schon gebildete Kupfervitriol, sondern auch das Kupferoxyd, indem letzteres mit der Schwefelsäure ebenfalls Kupfervitriol bildet, so daß schließlich höchstens ein kleiner Rest nicht oxydirten Schwefelkupfers oder Kupfers bleibt. Dieser Weg ist offenbar der vortheilhafteste und steht folgender Bereitungsweise in nichts nach.

Diese andere Methode beruht darauf, daß Kupferoxyd oder Kupferoxydul direct in verdünnter Schwefelsäure auflöst und nun eine Kupfervitriollösung bildet. Das Kupferoxyd, das zu technischen Zwecken nicht in hinreichender Menge und genug als Kupferasche von Kupferschmieden und Kupferhammern aufgelaust gesammelt werden kann, stellt man sich dann aus altem gebrauchten Kupfer Kupferabfällen selbst dar. Man erhitzt die unregelmäßigen Platten und bogenen Stücke, aus welchen die Abfälle zu bestehen pflegen, in langen Flammöfen bei schwacher Rothgluth und hellem Feuer, wodurch das Kupfer verbrennt und sich mit einer Oxydhaut bedeckt. Das so oxydirte Kupfer zieht man in einiger Zeit glühend heraus in ein Gefäß mit Wasser, in welchem die an der Oberfläche des Kupfers gebildete Oxydhaut abspringt, bringt dann die Reste wieder in den Ofen zurück und wiederholt dieses Verfahren so oft, bis das Kupfer in Kupferasche verwandelt ist. Diese besteht dann noch nicht ganz aus Kupferoxyd, sondern enthält außerdem noch Kupferoxydul, und muß daher längere Zeit für sich schwach geglüht werden, damit die Oxydation vollständig wird. Anderenfalls bleibt beim Auflösen in Schwefelsäure das Oxydul als Rückstand, den man doch auch durch nachfolgendes Glühen in Oxyd verwandeln und nachher auflösen kann. Beim Glühen darf eine große Hitze nicht angewendet werden, weil sonst das Kupferoxyd schmilzt oder sintert und in diesem Zustande schwerer in der Schwefelsäure löslich ist. Diese Methode der Darstellung der Kupfervitriollösungen, welche man durch Abdampfen in Bleipfannen ebenfalls zur Krystallisiren bringen kann, ist einfach und kurz, allein sie erfordert die Schwefelsäure, die bei der ersteren Methode einem Theile nach aus dem verbrennen Schwefel kostenlos von selbst erzeugt wird.

Gänzlich zu verwerfen oder doch nicht vortheilhaft ist aber eine Fabrikation, wie ich sie zuweilen in Schwefelsäurefabriken ausgeführt gesehen habe. In derselben wurden in sehr dicken kupfernen Kesseln Kupferschnitzeln oder Kupferblech mit sehr concentrirter Schwefelsäure gekocht, wobei die Oxydation des Kupfers auf Kosten von Schwefelsäure stattfindet, indem diese dabei zum Theil in schweflige Säure zersetzt wird:

$$2(SO_3, HO) + Cu = SO_3, CuO + SO_2 + 2HO.$$

Die so erhaltene Lösung von Kupfervitriol wird zur Trockne abgedampft, der Rückstand in Wasser aufgenommen, und zum Krystallisiren gebracht.

Materialien zur Bereitung blauer Kupferfarben. Salmiak.

Der Kupfervitriol krystallisirt in schönen blauen Krystallen. Er ist in 3 Theilen und ½ kochendem Wasser, also ziemlich leicht löslich, und hält sich an der Luft unverändert. Er wird durch Alkalien und durch Kalk blau gefällt; die Niederschläge behalten ihre Farben aber nur unter gewissen Umständen, denn sie bestehen aus Kupferoxydhydrat, welches äußerst leicht sein Wasser verliert, wodurch es schwarz wird. Seine weiteren Eigenschaften werden aus seiner Anwendung hervorgehen. Der Kupfervitriol besteht in 100 Theilen aus

32 Kupferoxyd
32 Schwefelsäure
36 Wasser

100.

Salmiak. Chlorammonium NH_4Cl **Salzsaures Ammoniak** NH_3, HCl.

Der Salmiak wird bei der Darstellung einiger Kupferfarben angewendet. Er kommt im Handel in zweierlei Formen vor, nämlich einmal als krystallisirter in pulverigen Krystallen, oder zuckerförmigen Broden, sodann als sublimirter Salmiak in gewölbten, halbburchsichtigen Kuchen, welche sehr hart, und schwer zu zerschlagen sind. Beide Sorten sind für den hier vorliegenden Zweck anwendbar. Bedingung ist nur, daß sie eisenfrei sind. Der sublimirte läßt einen etwaigen Eisengehalt schon äußerlich durch eine gelbliche Farbe zu erkennen. Die wässerige Lösung des Salmiaks darf durch Blutlaugensalzlösung nicht gebläut und beim Versetzen mit Ammoniakflüssigkeit nach längerem Stehen nicht trübe werden.

Man löst den Salmiak bei der Verwendung zu Farbenzwecken gewöhnlich in eisernen Kesseln auf. Das in ihm enthaltene Chlor oder die Salzsäure HCl macht, daß er Metalle sehr leicht angreift, namentlich solche, die sich in Säure leicht auflösen. Seine Lösung darf daher nicht in metallenen Gefäßen aufbewahrt werden, da namentlich die eisernen sehr rasch angegriffen werden. Am besten ist es, wenn man das Auflösen des in steinernen Mörsern zerstoßenen Salmiaks in Holzgefäßen durch Uebergießen mit kochendem Wasser vornimmt, und die gewonnene Lösung auch darin verwahrt.

Kommt der Salmiak mit kaustischem Kali oder Natron, trocken oder naß, oder trocknem oder nassem Aetzkalk zusammen, so entwickelt sich augenblicklich ein stechender Geruch von Ammoniak, welches dadurch aus dem Salmiak frei wird, daß jene dem Letzteren die Salzsäure entziehen, an die das Ammoniak gebunden ist:

$NH_3, HCl + CaO = NH^3 + CaCl + HO$.

In 100 Theilen besteht der Salmiak aus:
31,8 Ammoniak NH_3 und
68,2 Salzsäure HCl.

242 Materialien zur Bereitung blauer Kupferfarben. Ammoniakflüssig.

c. **Ammoniak. Ammoniakflüssigkeit. Salmiakgeist. Salmiakspiritus.**

Wird das im Salmiak mit Salzsäure verbundene Ammoniak von der letzteren durch die früher angeführten Basen, von denen man zur technischen Ammoniakdarstellung gewöhnlich den Kalk anwendet, abgeschieden, so bildet es ein Gas von durchdringendem Geruch, das von Wasser bis zu einem gewissen Grade gierig aufgenommen wird zu einer ebenfalls den stechenden Geruch des Ammoniakgases besitzenden Flüssigkeit, welche die obigen Namen führt. Diese Ammoniakflüssigkeit hat ähnliche alkalische Eigenschaften, wie die Lösungen von Aetzkali, Aetznatron, ohne jedoch auf organische Stoffe in dem Grade zerstörend einzuwirken wie die letzteren. Vermöge dieser Aehnlichkeit seiner Lösung mit den Alkalien ist das Ammoniak auch **flüchtiges Alkali.** Da das im Salmiakgeist enthaltene Ammoniak gleich den fixen Alkalien durch Säuren neutralisirt wird, und damit gleich jenen Salze bildet, so kann man den Ammoniakgehalt des Salmiakgeistes ebenso alkalimetrisch, d. h. durch die Quantität der zur Neutralisation erforderlichen Säure bestimmen, wie den Alkaligehalt von Kalilauge, Natronlauge, Soda u. s. w.

Die Ammoniakflüssigkeit oder der Salmiakgeist findet gleich dem Gase nur geringe Anwendung bei der Farbenfabrikation, wird also nur ausnahmsweise in Farbenfabriken selbst hergestellt, da die Anschaffung der behufs seiner Darstellung zum eigenen Gebrauch erforderlichen Apparate sich nicht lohnen würde. Man kauft das wässerige Ammoniak daher von chemischen Fabriken, die es im Großen herstellen und in Glasballons versenden. Der Salmiakgeist des Handels bildet eine wasserhelle Flüssigkeit. Erscheint letztere gefärbt, so ist sie durch hineingefallene organische Stoffe verunreinigt, welche sich zum Theil unter gleichzeitiger Zersetzung in der Ammoniakflüssigkeit auflösen und dieselbe bräunen. Verdampft man etwas Salmiakgeist in einem Platintiegel, so darf derselbe darin keinen Rückstand zurücklassen. Je reicher die Ammoniakflüssigkeit an Ammoniakgas ist, desto geringer ist ihr specifisches Gewicht. Daher wird die Stärke, d. h. der Ammoniakgehalt der Ammoniakflüssigkeit, nach welchem sich ihr Handelswerth richtet, oberflächlichen Schätzungen gewöhnlich nach dem specifischen Gewichte der Flüssigkeit beurtheilt und berechnet. Jedoch giebt die **alkalimetrische Bestimmung** (s. S. 226 u. f.) der Ammoniakflüssigkeit ein weit zuverlässigeres und genaueres Resultat hinsichtlich des Ammoniakgehalts, als die Ermittelung des specifischen Gewichts, durch welche geringere Unterschiede im Ammoniakgehalte nicht, oder nur schwierig unter Anwendung sehr genauer Aräometer gefunden werden können.

Beim Ausgießen des Salmiakgeistes aus den Ballons muß man Vorsicht gebrauchen, den Athem zurückzuhalten, da die Flüssigkeit stets Ammoniak entweichen läßt, welches stark betäubend wirkt. Zur Verhütung dieser Ammoniak-

Bremerblau. Bremergrün.

richung, welche in der Wärme in verstärktem Maße erfolgt, ist es auch ...dig, die Gefäße, worin man die Ammoniakflüssigkeit aufbewahrt, gut ...loffen zu halten und an kalte Orte zu stellen, da das Gas sogar bei über... ...chmender Wärme die gläsernen Gefäße zersprengen kann. Beim Kochen ...flüssigkeit entweicht das Ammoniak sehr rasch aus derselben und bleibt nur ... zurück.

Oft läßt sich statt der in Rede stehenden reinen Ammoniakflüssigkeit eine ... Lösung von Ammoniak benutzen, die man dadurch erhält, daß man ... Theile Salmiak in Wasser löst, und dieser in Glasballons gefüllten Flüssig... 90 bis 95 Theile gelöschten Kalk zufügt, welcher sich meistens darin auf... Wenn die Gegenwart des Kalkes in der Flüssigkeit in Form von Chlor... ... nichts schadet, so kann man nun die klar abgegossene Flüssigkeit wie ...iges Ammoniak unmittelbar benutzen.

d. Weinstein. Saures weinsaures Kali, $\bar{T}, (HO, HO)$.
($\bar{T}$ = Weinsäure = $C_n H_4 O_{10}$.)

Zur Bereitung einiger Kupferfarben verwendet man auch Weinstein, oder ... weinsaures Kali, im Handel als weißer raffinirter Weinstein, oder ... Tartari vorkommend.

Die Wirkung, die man bei seiner Anwendung bezweckt, scheint darin zu be... ..., daß seine Gegenwart die Fällung des Eisenoxyduls oder Eisenoxyds, das ... angewendeten Kupfersalzen enthalten ist, verhindert.

Die außerdem zur Bereitung der blauen Kupferfarben anzuwendenden ...rialien, Kalk, Kali, Pottasche, Soda sind bereits oben besprochen ... Anhang zu den Chromgelbfarben, S. 212 ꝛc.).

1. Bremerblau. Bremergrün, CuO, HO. Kupferoxydhydrat.

Diese Farbe, welche grün und blau zu gleicher Zeit ist, besteht entweder aus ... Kupferoxydhydrat: CaO, HO, oder enthält doch nur wenig andere Be... ...heile, wenn ihr etwa zur Gewichtsvermehrung ein Zusatz gegeben ist. Sie außerdem noch ein wenig kohlensaures Kupferoxyd und kohlensauren Kalk ...ten, welche bei der Bereitungsweise mit kalkhaltigem Wasser oder Aetzlaugen ... gelangen können.

Man kann diese Farben auf verschiedene Art herstellen, je nachdem locale ...ältnisse das eine oder andere Verfahren bequemer oder vortheilhafter er... ...en lassen. Statt des Kupfervitriols lassen sich zur Bereitung der Farben

244   Darstellung von Bremerblau.

auch andere Kupfersalze verwenden, wenn sie billiger herzustellen oder zu erha[lten]
ten sind. Bei Anwendung von Kupfervitriol ist es jedoch unumgängli[ch]
nothwendig, daß derselbe eisenfrei sei; denn aus eisenhaltigem Kupf[er-]
vitriol läßt sich eine reine, schöne und feurige Farbe nicht herstellen.

Erste Darstellungsweise. Man bereitet sich Lösungen von Kupf[er-]
vitriol und Aetzkalilaugen von ungefähr 16° nach dem Baumé'schen Aräom[eter.]
Man bringt die Kupfervitriollösung in einen kupfernen Kessel und erwär[mt]
sie darin auf 25 bis 30° Celsius, wobei man so viel Raum übrig läßt, d[aß]
der Kessel die zur Fällung nöthige Aetzlauge noch aufnehmen kann. D[ie]
Aetzlalilauge wird in ein hölzernes oder eisernes Gefäß mit hölzernem o[der]
messingenem Abziehkrahn gebracht, welches so über dem kupfernen Kessel [und]
dessen Rand aufgestellt wird, daß man die Lauge in einem dünnen Strahle [in]
im Kessel befindlichen Kupfervitriollösung zufließen lassen kann. Hat die letz[tere]
die angegebene Temperatur erreicht, so öffnet man den Krahn am Aetzlaug[en-]
gefäße, so daß ein schwacher Strahl von Aetzlauge hinzufließt, was unter U[m-]
rühren und Einhaltung der bemerkten Temperatur geschehen muß. Man f[ährt]
so lange mit dem Zulaufenlassen fort, bis sich die Kupfervitriollösung entfärbt. Z[ur]
genauen Ermittelung dieses Punktes prüft man die Flüssigkeit wiederholt, in[dem]
man eine kleine Probe derselben in ein Spitzglas abfiltrirt, was bei der Beschaf[fen-]
heit des Niederschlages sehr rasch vor sich geht. Man vermeidet bei eingetret[ener]
Entfärbung jeden weiteren Zusatz von Aetzlauge und jede höhere Temperat[ur,]
welche den Niederschlag sonst zum Theil schwärzen könnte. Der Niedersch[lag]
sieht nun grün aus, ist wollig und besteht aus basisch-schwefelsaurem Kupf[er-]
oxyd, SO_3, $8 CuO + 12 HO$. Er setzt sich leicht aus der Flüssigkeit ab [und]
wird nun auf Filter gebracht, um ihn zu einem dicken Brei abtropfen zu las[sen.]
Nach seiner Entfernung füllt man den Kessel sofort wieder, verfährt auf gle[iche]
Weise mit neuer Lösung und arbeitet so eine Quantität Kupfervitriollösung a[b,]
von der man sämmtliche Niederschläge vereinigt, um sie dann weiter zu verarb[ei-]
ten, d. h. zu bläuen.

Bei der vorhergehenden Arbeit wurde dem schwefelsauren Kupfero[xyd]
der größte Theil der Schwefelsäure entzogen. Die von dem Niederschlage a[b-]
filtrirte Flüssigkeit besteht aus in Wasser gelöstem schwefelsaurem Kali. B[ei]
der weiteren Verarbeitung des Niederschlages, nämlich durch das Bläuen, m[uß]
demselben noch der Rest der Schwefelsäure entzogen werden, so daß reines Kup[fer-]
oxydhydrat zurückbleibt. Dieses letztere verliert aber leicht Wasser, wenn [das]
Kali im Ueberschuß angewendet wird, um die Schwefelsäure zu entziehen, e[s]
geht dann vom blauen Oxydhydrat in schwarzes Oxyd über, wodurch, we[nn]
diese Umwandlung auch nur theilweise erfolgt, die Farbe verdorben wird. D[ie]
Bläuung muß daher mit der größten Vorsicht ausgeführt werden. Man [be-]
bemerkt, daß eine Aetzlauge, welche nicht vollkommen ätzend ist, also auch kohl[en-]

Darstellung von Bremerblau.

es Kali enthält, zur Bläuung besser taugt. Man bereitet sich daher eine 'auge, indem man in 17-grädiger Kalilauge noch so viel calcinirte Pottauflöst, daß sie 22 bis 25° Baumé zeigt, und verwendet dieselbe, dem sie sich durch Absetzenlassen geklärt hat. Das Bläuen nimmt man besten in kupfernen Gefäßen oder nicht eingemauerten kupfernen Kesseln Man bringt etwa 25 kg des nassen grünen Niederschlages hinein, rührt auf, so daß der Brei völlig flüssig und gleichförmig wird, und gießt nun z. B. t halben Handeimer voll der auf angegebene Weise hergestellten Aetzlauge hinzu, uf man rasch mit einem hölzernen Rührscheite das Ganze durcheinander t und dann stehen läßt. Das Gemisch nimmt eine bläuliche Farbe an und t noch weiter nach. Man bringt eine kleine Probe auf Filtrirpapier und icht die Farbe mit einer anderen Probe, die man in einem Glase mit wenig blilauge zerrührt und wovon man dann einen kleinen Theil auf dasselbe in bringt. Ist die Farbe der ersteren Probe befriedigend, oder zeigt die mehr Kalilauge im Glase keine tiefere blaue Farbe, so hat man schon eine richtige Menge Kalilauge hinzugefügt. Zeigt die Probe im Glase aber eine e blaue Farbe, so ist noch ein weiterer Laugenzusatz nothwendig. Man verbehrt das Gemisch noch mit einer kleineren Portion, z. B. einem viertel Hand- r voll der vorgedachten Lauge, probirt wieder auf gleiche Weise und fährt so fort, die Nüance die größte Tiefe erreicht hat, ohne daß man jedoch mehr Aetzkali- i zusetzt, als zur Erreichung der tiefsten Nüance genau erforderlich ist. Nach em Bläuen wird das blaue Gemisch aus dem kupfernen Gefäße sofort in : große mit Wasser ziemlich angefüllte hölzerne Stande geworfen, darin zer- d und dann zum Absetzen der Ruhe überlassen; die Flüssigkeit wird hernach vom berschlage durch Abzapfen getrennt, das Aufrühren in frischem Wasser drei- viermal wiederholt, und dieses Auswaschen überhaupt je öfter desto besser genommen, damit dem Niederschlage, wenn er nun filtrirt und gepreßt wird, keines Alkali mehr anhänge. Geschähe das Auswaschen nicht sorgfältig und ie in Folge dessen an der Farbe noch Alkali haften, so würde letzteres noch t Trocknen des Niederschlages wasserentziehend auf das Kupferoxydhydrat 'en und wenigstens schwarze Flecken in der Farbe hervorbringen, wodurch die geradezu unbrauchbar werden würde. Nach dem Filtriren auf Leinen- ra wird die Farbe in Preßtüchern gepreßt, dann gewöhnlich in Würfeln von s 7 cm Breite geschnitten und getrocknet.

Es versteht sich von selbst, daß nicht eine jede gebläute Portion des grünen berschlages für sich diesen Behandlungen unterworfen wird, sondern daß man rere Niederschläge in der Auswaschstande vereinigt, um das Auswaschen mit ssen rc. auf einmal vorzunehmen. Ebenso versteht es sich von selbst, daß n man mehrere Portionen der gesammelten grünen Niederschläge zu verarbei- hat, nur bei der ersten Partie die zur Bläuung nöthige Quantität an

Aetzlauge nach und nach zu ermitteln ist; bei weiteren Bläuungen [cut] derselben Menge des Niederschlages die das erste Mal ermittelte [cut] Aetzlauge gleich anfangs auf einmal zu.

Die Farbe in Stücken hat einen wolligen, erdigen Bruch und ist [cut] lich leicht. Ihre große Leichtigkeit, welche geschätzt ist, und die auch einer [cut] blauen Farbe immer zukommt, hängt mit der Bildung des ersten gröben [cut] schlages zusammen, welcher in wolliger, etwas krystallischer Beschaffenheit [cut] einer gewissen Temperatur erhalten wird. Beim Bläuen quillt derselbe [cut] bedeutend auf. Wird der Kupfervitriol kalt gefällt, und zwar mit der [cut] Aetzlauge, bis zum Erscheinen der blauen Farbe des nun käsigen, nicht [cut] Niederschlages, so trocknet der letztere, wenn es gelingt, ihn auszuwaschen [cut] trocknen, ohne daß er schwarz wird, zu einer glasigen, spröden Masse. [cut] gelingt dieses; der so erhaltene Niederschlag wird vielmehr meistens [cut] beim Auswaschen und noch leichter beim Trocknen, wahrscheinlich, weil [cut] kali ihm in diesem Zustande fester anhängt, also schwerer vollständig [cut] nen ist. — Wird eine Kupfervitriollösung ebenfalls kalt mit Kalilauge [cut] doch mit nicht mehr davon, als bis der Niederschlag beginnen will, [cut] liche Farbe anzunehmen, und wird dann die Flüssigkeit mit dem Nieder[cut] nach und nach erwärmt, so geht auch hierbei der erst entstehende [cut] Niederschlag in den wolligen Zustand über.

100 Theile Kupfervitriol geben bei einem Aufwande von 100° [cut] Pottasche auf diese Art 38 bis 39 Theile Farbe.

Es scheint, daß man bei der Bereitung dieser Farbe das Kali [cut] tron, Pottasche durch Soda ersetzen kann. Versuche im Kleinen [cut] befriedigende Resultate.

Mißräth die Farbe durch Schwarzwerden, so muß man dieselbe [cut] auf Kupfervitriol verarbeiten, wenn man dafür keine anderweitige [cut] hat; man erleidet jedoch großen Verlust, denn man verliert die [cut] im Vitriol, dann die angewendete Pottasche und die Arbeitskosten. [cut] welche mit der Darstellung dieser Farbe im größerem Maßstabe beginnen [cut] ist immer anzurathen, vorher erst kleine Quantitäten probeweise zu [cut] namentlich die Bläuung nur pfundweise vorzunehmen, bis ihnen die [cut] heit der Niederschläge und die Erscheinungen beim Bläuen derselben gen[cut] kannt sind. Erst dann, wenn ihnen jedesmal die Farbe im Kleinen gelingt [cut] die Arbeit mit größeren Quantitäten vorzunehmen, bis man zuletzt bei [cut] Sicherheit zur Verarbeitung derjenigen Mengen übergeht, in welchen [cut] Fabrikation zu betreiben gedenkt.

Zweite Darstellungsweise. Bei dieser geht man darauf aus, [cut] sches Kupferoxyd-Chlorkupfer zu erzeugen, und diesem dann [cut] durch Kalihydrat das Chlor zu entziehen, um so ein reines Kupfer[cut]

Darstellung von Bremerblau.

stellen. Das basische Kupferoxyd-Chlorkupfer kann dazu auf verschiedene
e hergestellt werden. Das gewöhnlichste und auch wohlfeilste Verfahren ist jedoch folgendes: 112,5 kg Kochsalz und 111 kg Kupfervitriol
zu trocken gemengt und dann auf einer Farbenmühle zu einem etwas dicken
gemahlen, wobei der Kupfervitriol zersetzt und in salzsaures Kupferoxyd,
sgl mit Glaubersalz, verwandelt wird.

112,5 kg Kupferbleche, altes Schiffskupfer, Abfälle aus Werken und dergleichen werden mittelst einer Blechscheere in Stücke von 1 Quadrat Fläche geschnitten, dann in hölzernen Kübeln mit 1 kg Salzsäure mit nöthigen Menge Wassers verdünnt, einige Tage eingeweicht, um die Unreinheiten los zu machen, und endlich in Rollfässern mit Wasser rein gewaschen, i ihre Oberflächen sich gegenseitig abscheuern.

Diese Blechstückchen werden nun in hölzernen Kästen mit dem aus Kupfervitriol und Kochsalz bereiteten Breie in Lagen von etwa 3,8 cm geschichtet und gegenseitigen Einwirkung überlassen. Die Kästen werden aus eichenem Holz ohne eiserne Nägel zusammengefügt und befinden sich in einem Keller einem anderen Raume von gleichbleibender gemäßigter Temperatur. Um innigere Berührung der Theile unter sich und mit der Luft hervorzubringen, alle 2 oder 3 Tage einmal umgeschaufelt, und zwar mit einer kupfernen Schaufel, indem man sie entweder in einen nebenstehenden gleichen Kasten oder denselben Kasten auf eine andere Seite schaufelt. Nach Verlauf von 8 Monaten hat sich gewöhnlich alles salzsaure oder Chlorkupfer in ein basisches, in ser auflösliches Kupferoxyd-Chlorkupfer zersetzt, welches grün ist. Wenn diese Umwandlung vollständig erreicht ist (und es ist am besten, mit der beschriebenen nicht so lange fortzufahren), dann entsteht, wenn man etwas vom Gemenge Wasser aufrührt, eine klare, farblose Flüssigkeit, welche mit Kali keinen Niederschlag von Kupferoxyd mehr hervorbringt. Ist der letztere Fall eingetreten, so man das Ganze in einen Schlämmbottig, rührt auf und schlämmt die ze Verbindung vom noch vorhandenen metallischen Kupfer ab. Man läßt Schlamm durch ein Sieb laufen, so daß kleine Kupferreste auf demselben zurückbleiben. Man wäscht ihn nun einige Male mit Wasser aus, um ihn von Salzen zu befreien, und bringt ihn auf Filter zum Abtropfen.

Um aus dem Niederschlage möglicherweise vorhandene kleine Kupferstückchen zu entfernen, setzt man demselben auf je einen Handeimer voll, etwa kg Schlamm enthaltend, 1 kg Salzsäure von 15° Baumé zu und rührt mit um, worauf man das Ganze wieder 24 bis 36 Stunden oder besser noch ger stehen läßt, damit die Kupfertheilchen gehörige Zeit haben, sich zu lösen ebenfalls ein basisches Salz zu bilden. Man wässert nun am besten noch mal aus, läßt den Niederschlag auf leinenen Filtern einige Wochen feucht zu, und nimmt dann erst die Bläuung vor; man kann sie aber auch gleich vornehmen, doch nicht mit so großer Sicherheit. Es ist nämlich zur Erlangung einer schönen Farbe unumgänglich nöthig, daß die Kupferverbindung kein Kupferoxydul, sondern bloß Chlorkupfer und Kupferoxyd enthalte; wenn daher der frische grüne Schlamm auch Kupferoxydul beigemischt enthält, so geht derselbe nach und nach in Oxyd über, wenn er an der Luft hinreichend lange ruhig stehen bleibt.

Die Bläuung dieses Niederschlages kann, wie die des obigen, aber auch so bewirkt werden, daß man den grünen Schlamm handbeimerweise mißt, und einmal 1 kg Salzsäure von 15° Baumé für jeden Handeimer zufügt und 24 Stunden stehen läßt. In eine andere Bütte bringt man für je einen Eimer angesäuerten Schlammes 2½ solche Eimer Aetzlauge von 25°, die rein und wenig als möglich gefärbt sein muß. Alsdann verdünnt man den Schlamm mit einem gleichen Volumen Wasser und trägt ihn in die Bütte, worin die Aetzlauge enthalten ist, ein, während in derselben zwei Arbeiter beständig umrühren, um ihn vollständig mit der Lauge zu mischen. Wenn die Masse anfängt steifer zu werden, läßt man sie 36 bis 48 Stunden stehen, worauf abgewässert und im Uebrigen ebenso verfahren wird, wie vorhin bei der aus Kupfervitriol allein bereiteten Farbe angegeben ist.

Es giebt noch einige andere Methoden, die grüne Verbindung zu bereiten, welche ich nachstehend anführen will. Die Darstellung des Blaues aus ihr geht immer auf dieselbe Weise vor sich:

Man löst 50 kg Kupfervitriol und 26 kg Kochsalz zusammen auf, wodurch in der Lösung salzsaures Kupferoxyd und schwefelsaures Natron entsteht. Nach dem völligen Erkalten gießt man diese Lösung langsam in eine Auflösung von 18,5 kg guter calcinirter Pottasche. Dadurch entsteht anfänglich ein Niederschlag von kohlensaurem Kupferoxyd, derselbe verwandelt sich aber bald in Chlorkupfer-Kupferoxyd und wird grün. Da wegen des ungleichen Gehalts der Pottasche an Alkali sich die Zuthaten dem Gewichte nach nicht im Voraus scharf bestimmen lassen, so thut man am besten, so lange Kupfervitriol und Kochsalzlösung hinzuzusetzen,, bis kein Aufbrausen mehr bewirkt wird, und eine vom Niederschlage abfiltrirte, Flüssigkeitsprobe blaugrün erscheint, oder mit Kali einen Niederschlag von Kupferoxydhydrat giebt. Den Niederschlag wäscht man aus und bläut ihn nachher.

Auch dadurch läßt sich ein Bremerblau herstellen, daß man Kupfervitriol mit so viel reinem flüssigen salzsauren Kalk zersetzt, als noch ein Niederschlag von Gyps oder schwefelsaurem Kalk entsteht; die grüne Flüssigkeit, welche salzsaures Kupferoxyd enthält, wird nun durch Absetzen und Filtriren vom Gyps getrennt, von dem jedoch eine kleine Menge gelöst bleibt. In diese Flüssigkeit, welche man etwas erwärmt, trägt man in kleinen Quantitäten unter beständigem Umrühren nach und nach eine wie zu Kalkblau hergerichtete reine Kalklösung

Darstellung von Bremerblau.

riet nach jedem Kilo des Zusatzes, nachdem auf 50 kg angewendeten Vitriol
a 4 kg Kalk zugefügt sind, einige Stunden ab, und untersucht dann die
ssigkeit. Sobald dieselbe ihre Farbe und damit ihren Kupfergehalt verloren hat,
man mit dem weiteren Kalkzusatz inne. Man wäscht den Niederschlag
ge Male aus und bläut ihn nachher. Die vom Niederschlage nach der Fäl-
g mit Kali abgezapfte Flüssigkeit enthält nun wieder salzsauren Kali, den
a bei weiteren ähnlichen Arbeiten benutzen kann.

Für Maler, welche diese oder doch eine ähnliche Farbe als Wasserfarbe
ngen wollen, desgleichen für Tapetenfabrikanten kann man in nachstehender
ise ähnliche Farben darstellen, die zwar nicht dieselbe Zusammensetzung haben
die vorigen, diesen aber beinahe gleich kommen. Sie haben nur den Fehler,
sie beim Trocknen einen glasigen Bruch erhalten, also nicht als Handels-
re die Stelle des Bremerblaues vertreten können.

1) Man löst 1 Theil Kupfervitriol mit 1 Theile schwefelsaurer Bittererde
r Bittersalz zusammen auf und läßt die Lösung erkalten; ferner löst man
Theile calcinirte Pottasche in ziemlich viel Wasser und klärt die Lösung durch
tzen und Filtriren. In die letztere klare, erkältete Lösung gießt man erstere
h und nach; den blauen Niederschlag, der auch keine Neigung hat, schwarz zu
rben, wässert man aus und benutzt ihn als Teig.

2) Ebenso verfährt man, indem man 1 Theil Kupfervitriol, 1 Theil Zink-
riol und 2 Theile calcinirte Pottasche anwendet.

Bei dem zweiten, S. 247 angegebenen Verfahren, aus Kupferblech mit
pfervitriol und Kochsalz Bremerblau darzustellen, kann es sich wie bei dem
sten Verfahren ereignen, daß das erzeugte Blau durch Hydratwasserverlust sich
ärzt und unbrauchbar wird. Hier hat man dann nicht nöthig, es wieder in
pfervitriol umzuändern, sondern man setzt die ausgewaschene Farbe ganz ein-
h den Kupferabfällen zu, welche man mit dem Gemische der Luft aussetzt,
bei sich dann die Farbe wie das metallische Kupfer nach und nach in bas-
sche Kupferoxyd-Chlorkupfer verwandelt und nun wieder der Bläuung unter-
rfen werden kann.

Schließlich will ich noch bemerken, daß ich bei meinen Versuchen, das
tron dem Kali bei der Bereitung des Bremerblaues zu substituiren, gefunden
be, daß die Gegenwart von etwas Ammoniak die Einwirkung der Aetzlaugen
f die basischen Kupfersalze sehr modificirt und die Bildung von schwarzem
pferoxyd sehr erschwert, so daß man aus einer etwas ammoniakhaltigen Kupfer-
triollösung mit Aetznatron direct blaue, basische Niederschläge erhält, die sich
ne Gefahr auswaschen und trocknen lassen. Direct ausgefällt, ohne erst basische
alze entstehen zu lassen, trocknen sie zu blauen glasigen Massen, welche wohl
ich als Farbe dienen könnten.

Kallblau. Neuwieberblau.

Das Bremerblau hat eine blaugrüne Farbe und ist um so beliebter, je tiefer blau und weniger grün die Nuance ist. Sie läßt sich als Wasser- und Kalkfarbe anwenden. Als Farbe in Oel wird der Anstrich mit der Zeit immer grüner. Wenn die Farbe rein ist, so besteht sie, wie schon angegeben, aus fast reinem Kupferoxydhydrat. Ist der Farbe ein Zusatz gegeben, so besteht derselbe meistens aus Gyps, welcher beim Auflösen des Bremerblaues in Schwefelsäure größtentheils zurückbleibt.

Etwaige Zusätze werden in den nassen Brei nach seinem Auswässern vor dem Filtriren eingerührt, worauf man das Gemisch behuf möglichster Zertheilung des Zusatzes durch Haarsiebe passiren läßt, welche über die mit dem abgefilterten Breie anzufüllenden Filtertücher gestellt werden.

Die Anstriche mit Bremerblau leiden nicht durch das Licht, aber die Feuchtigkeit der Mauern ꝛc. bringt darauf grüne Flecken hervor. Schwefeldämpfe, schweflige Säure und Schwefelwasserstoffgas schwärzen das Bremerblau äußerst rasch, noch leichter als Bleiweiß, mit welchem es gegen die genannten Gase an Empfindlichkeit wetteifert.

2) **Kallblau. Neuwieberblau.**

Dieses Blau wird jetzt weniger angewandt als früher; sein Name bezeichnet seine Anwendung. Es ist eine reinere blaue Nuance, als das Bremerblau, besitzt im Wasser ziemliche Deckkraft, aber wenig in Oel. Es giebt davon zwei abweichend zusammengesetzte Sorten, wovon das eine Kupferoxyd-Kalkhydrat, das andere eine Verbindung von schwefelsaurem Kalk mit Kupferoxydhydrat ist. Nur das letztere wird jetzt noch angewendet und heißt in Pulverform Kallblau, in viereckige Stücke oder quadratische Tafeln gepreßt aber auch Neuwieberblau.

Die Verbindung in reinster Form entsteht, wenn man schwefelsaures Kupferoxyd mit so viel Ammoniak versetzt, daß der zuerst gefällte Niederschlag wieder verschwindet und eine dunkelblaue Flüssigkeit bleibt, und wenn dann zu dieser Flüssigkeit so viel Kalkmilch nach und nach unter Umrühren gesetzt wird, daß ein bleibender Niederschlag erfolgt, von dem man so wenig wie möglich entstehen läßt. Filtrirt man jetzt die warme Flüssigkeit und läßt sie erkalten, so krystallisiren daraus sehr lange haarblaue Nadeln, die sogleich in kleine Stücke zerbrechen, wenn man die einige Tage gestandene Flüssigkeit davon ab gießt; diese sind die reine Farbe und haben ein prächtiges dem Bergblau ähnliches Ansehen. Das Kallblau hat zwar nicht diese Form, indem es nicht krystallinisch ist, aber es ist dieselbe chemische Verbindung, nur mit einem größeren Ueberschusse von Kalk gemengt, welcher eine etwas geringere Farbentiefe verursacht und die krystallinische Beschaffenheit der eigentlichen Verbindung nicht

Darstellung von Kalkblau.

nmen läßt. Der Ueberschuß von Kalk wird durch die Fabrikationsweise bedingt, bei nicht ebenso verfahren wird, wie bei der Darstellung der reinen Verbindung.

Zu dem gewöhnlichen Kalkblau ist ebenfalls wie zu allen Kupferfarben reiner Kupfervitriol erforderlich. 62,5 kg desselben löst man in Wasser verdünnt die durch Absetzen geklärte Lösung mit etwa zehnmal so viel ser. 15 kg frisch gebrannter Kalk, der sich schön weiß löscht, werden in ser zu einer Kalkmilch abgelöscht und einige Tage stehen gelassen; dann man den steif gewordenen Brei auf einer Farbenmühle sehr fein, und läßt ch einige Tage stehen. 6,25 kg Salmiak werden warm in wenig Wasser st, und die Lösung zu der des Kupfervitriols gesetzt. Dann wird der gelöschte Kalk in Wasser aufgerührt und zu dieser Kalkmilch das Gemisch von Kupfervitriol- und Salmiaklösung unter Umrühren gegossen. Es entsteht ein er Niederschlag und auch eine blaue Flüssigkeit. Letztere entfärbt sich in gen Tagen, worauf die Farbe fertig ist, die nun einige Male abgewässert d. In diesem Zustande ist sie als Teig für Tapetenfabrikanten sehr anwendbar, so auch für Wassermalerei, und sie läßt sich sowohl in kleinerem als größerem Maßstabe mit aller Sicherheit darstellen, wenn nur der angewendete Kalk sich im Wasser zu einer reinen Milch ablöscht, so daß keine ungelöschten Stücke bleiben, die das Verhältniß zwischen den zusammenkommenden Materien alteriren würden. Die Farbe wird auf gewöhnlichen Tüchern abfiltrirt, sie jedoch nicht gut abläuft, dann gepreßt, und als Neuwiederblau in regelmäßig viereckige Stücke, als Kalkblau in unregelmäßige Stücke geschnitten und trocknet. Als Kalkblau werden dann die unregelmäßigen Stücke noch zu einem gröblichen Pulver zerrieben oder zerstoßen, worauf die Farbe zum Verkauf fertig ist.

Die Farbe ist in jeder Beziehung haltbarer als Bremerblau, wird jedoch ch schweflige Gase ebenso geschwärzt, wie das letztere. Zum Anstrich in Oel ie unbrauchbar und deckt dabei viel zu wenig. Sie ist aber außerordentlich rauchbar, um damit Kupfergrün zu nüanciren, namentlich um Neuwiedergrünen en beliebigen blauen Ton zu geben, der ihnen durch andere Blaue nicht geben werden kann. Das Kalkblau in ganz reinem Zustande besteht nach meinen tersuchungen aus:

33,56 Kupferoxyd,
16,19 Kalk,
23,83 Schwefelsäure,
26,01 Wasser,
—————
99,59.

Diese Zusammensetzung entspricht ziemlich genau der Formel:

$$2\,(SO_3,\ CaO,\ 2\,HO) + 3\,(CaO,\ 2\,HO),$$

und aus dieser berechnen sich in 100:

$$34{,}68 \text{ CuO},$$
$$16{,}19 \text{ CaO},$$
$$23{,}12 \text{ SO}_3,$$
$$26{,}01 \text{ H}_2\text{O},$$
$$\overline{100{,}00.}$$

Eine Vermischung mit Schwerspath und anderen derartigen Beimengungen ist bei dem Kaltblau bisher nicht vorgekommen, weil die Farbe an und für sich keine große Tiefe hat. Man erhält von 100 Theilen Kupfervitriol ungefähr 100 Theile Farbe.

Als Neuwiederblau kommt die Farbe in viereckigen Stücken in den Handel vor. Da bei der angegebenen Darstellung des Kaltblaues einzelne weiße Punkte vom angewendeten Kalke in der gepreßten und getrockneten Farbe sichtbar bleiben, aber verschwinden, wenn die Masse pulverisirt wird, wie dies beim Kaltblau geschehen muß — so hat man bei der Darstellung des Neuwiederblaues darauf zu sehen, daß diese Punkte an den in den Handel gelangenden fertigen Stücken und deren Bruchflächen nicht erscheinen. Es wird dies dadurch erreicht, daß man die Farbe durch eine nasse Mühle passiren läßt, ehe man sie preßt und trocknet. Uebrigens ist das Neuwiederblau so gut als vollständig aus dem Handel verschwunden, indem das Zerreiben des stückigen und harten Productes dem Maler nur unnöthige Schwierigkeiten und Mühe verursacht.

Da diese Farbe sehr leicht herzustellen ist, wenn man nur im Stande ist, sich reines weißes Kalkhydrat zu verschaffen, und da sie immer nur als Wasserfarbe gebraucht wird, ihr Zerreiben in Wasser aber sehr mühsam ist, so thun Consumenten wie Tapetenfabriken sehr gut, die Farbe selbst herzustellen und gleich naß zu verwenden oder dieselbe von den Fabriken in Teigform zu kaufen.

Das Kaltblau und Neuwiederblau nehmen beim Erhitzen im Tiegel an der Weingeistlampe eine braune, dem Kupferoxyd gleiche Farbe an. Das krystallisirte reine Kaltblau behält dabei seine Form und spiegelt mit braunen glänzenden Flächen. In verdünnter Schwefelsäure löst sich das in ihm enthaltene Kupferoxyd auf, während der Gyps zurückbleibt. Enthält es überschüssigen angewandten Kalk, so erfolgt die Auflösung unter einigem Aufbrausen, weil der Kalküberschuß beim Trocknen in kohlensauren Kalk übergegangen ist.

3) **Bergblau.** Bleu vorditre. Cendres bleues en pâtes.

Von dem natürlichen Bergblau war schon im ersten Theile unter den Erdfarben die Rede. Es giebt jedoch auch Vorschriften, welche diese Farbe auf künstliche Weise darzustellen lehren, namentlich von Pützen, als sogenanntes

Darstellung von Bergblau.

Bleu verditre, cendres bleues en pâte; aber dieses Blau ist kein eigentliches Bergblau, sondern entweder das von mir erwähnte Kalkblau, oder eine andere Verbindung des Kupferoxyds mit Kalk. Ehe ich zu meinen Erfahrungen übergehe, will ich die Bereitungsweise Payen's anführen und sie beleuchten.

Nach Payen bereitet man eine Auflösung von Kupfervitriol in so viel Wasser, daß sie 35° Baumé wiegt, also sehr concentrirt ist. Diese Auflösung wird, indem man davon etwa 250 l oder ungefähr 275 kg bereitet, mit einer heißen Auflösung von salzsaurem Kalk (Chlorcalcium) genau zersetzt, wozu 180 l oder etwa 200 kg von 40° Baumé nöthig sind. Giebt die Flüssigkeit nach diesem Zusatze des salzsauren Kalkes mit mehr davon noch einen erheblichen Niederschlag, so setzt man mehr desselben hinzu, doch kann ein kleiner Ueberschuß von Kupfervitriol bleiben, einen Ueberschuß von Chlorcalcium sucht man dagegen zu vermeiden. Die Flüssigkeit wird nun vom Niederschlage durch Leinwandfilter getrennt und bei Seite gestellt; der Niederschlag selbst wird mit Wasser ausgewaschen, und die Waschwasser werden zu derselben Flüssigkeit gebracht, so lange als sie noch 10° Baumé zeigen; die schwächeren Laugen werden besonders aufgehoben, um sie theils wieder als Waschwasser, theils zur Auflösung von Kupfervitriol anzuwenden. Der erhaltene Niederschlag ist schwefelsaurer Kalk; die erhaltene grüne Flüssigkeit ist dagegen eine Lösung von salzsaurem Kupferoxyd, welche mit den Waschwassern vermischt 20° Baumé zeigen und ungefähr 650 l messen oder etwa 700 kg wiegen soll. Dieses Quantum Flüssigkeit wird in vier gleiche Theile in vier Fässern vertheilt und darin mit Kalk gefüllt. Zu diesem Behufe werden 100 kg Kalk mit 300 kg Wasser abgelöscht und durch ein breites Kupferdrahtsieb geschlagen, um Steine etc. zurückzuhalten. Der Kalkbrei wird hierauf auf einer Farbenmühle auf das Feinste gemahlen, auch ist es gut, ihn, wie beim Kalkblau, sowohl vor wie nach dem Mahlen noch einige Tage stehen zu lassen, damit alle Theile desselben in den Hydratzustand übergehen. Von diesem Breie wiegt man etwa ein Flüstel ab, vertheilt ihn gleichmäßig in jene vier Fässer, zerrührt ihn darin auf das Sorgfältigste und läßt dann absetzen. Nach dem Absetzen prüft man die Flüssigkeit auf Kupfergehalt mit Ammoniak; erzeugt dieses nur eine bläuliche Färbung, so ist hinreichend Kalk zugegeben; erzeugt es dagegen eine tiefblaue Färbung, so bringt man in jede Stande noch einige Kilo Kalk, rührt um, und läßt wieder absetzen, und wenn es nöthig ist, wiederholt man diese Operation mehrere Male, bis der Kupfergehalt gering genug geworden ist. Hierbei entsteht nun ein solches basisches Kupferoxyd Chlorkupfer, wie ich es schon beim Bremerblau (S. 248) angeführt habe. Es ist ein grauer Niederschlag, welchen man auf Leinwandfiltern abtropfen läßt; die Flüssigkeit von ihm, sowohl die, welche man abziehen kann, als die, welche man unter den Leinwandfiltern erhält, ist eine Lösung von salzsaurem Kalk; man dampft sie daher ab, um sie wieder bei der Zersetzung des Kupfervitriols zu verwenden. Der Niederschlag wiegt nach Payen in Teigform 500 bis 540 kg.

Den Teig prüft man nun auf seinen Wassergehalt durch Trocknen einer Probe, und bringt dann davon so viel in einen kleinen hölzernen Trog, daß die darin enthaltene trockene Substanz 8 kg beträgt, der Trog soll ungefähr 20 l (oder Kilo) Wasser fassen können. Man setzt dem Niederschlage nun 1 kg des erwähnten gemahlenen Kalkbreies zu, rührt sehr rasch um, fügt dann 0,7 l einer wässerigen reinen Pottaschenlösung von 15° Baumé hinzu und rührt wieder um, worauf das Ganze rasch durch eine Farbenmühle gemahlen wird, um die Vertheilung recht gut zu bewerkstelligen. Diese Arbeit muß rasch ausgeführt werden. Hierbei ist höchst wahrscheinlich der Kalk hinreichend, dem basischen Chlorkupfer alle Salzsäure und dem kohlensauren Kali alle Kohlensäure zu entziehen; es entsteht sonach Kupferoxydhydrat und kohlensaurer Kalk. Das freiwerdende Kali vermittelt wohl nur die Reactionen.

Während diese Arbeit mit dem ganzen angeführten Quantum von grünem Brei in den vorbemerkten einzelnen Portionen nach einander vollzogen wird, werden andererseits zu je einer solchen Portion 250 g Salmiak in 4 l Wasser aufgelöst und die Lösung mit 500 g Kupfervitriol in 4 l Wasser vermischt. Diese Portionen werden bereit gehalten. Ist ein Quantum des Teiges durch die Mühle gegangen, so füllt man es in größere Flaschen, wischt was in der Mühle hängen bleibt, nach, und setzt nun sogleich die gemischten Lösungen von Salmiak und Kupfervitriol hinzu, worauf man die Flaschen zumacht und mit einem festen Kitt von Talg und Theer verlittet, so daß kein Ammoniak sich verflüchtigen kann. Durch den Zusatz der angeführten beiden Salze wird offenbar aus dem hinzugekommenen Kupfervitriol und dem im Teige enthaltenen Kalküberschuß ein Kalkblau erzeugt, indem die Verhältnisse zu seiner Bildung vorhanden sind. Es ist aber möglich, daß das übrige freie Kupferoxyd auch noch mit in die Verbindung geht; dann wird die Farbe allerdings tiefer sein, als die des Kalkblaues, aber sie ist dann kein kohlensaures Kupferoxyd, wie das eigentliche Bergblau. Diese Operation wird nach und nach mit der ganzen Masse ausgeführt, und letztere bleibt in den Flaschen wenigstens 4 Tage lang stehen, worauf die Farbe dem Auswaschen unterworfen wird.

Dasselbe kann auf die gewöhnliche Weise in Auswaschständen erfolgen, in denen man die Masse mit viel Wasser übergießt und so oft das abgelassene durch frisches Wasser ersetzt, als durch das Waschwasser rothes Lackmuspapier noch gebläut wird. Die Farbe wird hierauf durch Leinenfilter filtrirt und gehörig zu dickem Brei abgetropft, in nassem Zustande verkauft. Sie wird aber auch getrocknet und giebt so ein Bergblau, was jedoch mit dem natürlichen nichts als den Namen und eine Aehnlichkeit in der Farbe gemein hat.

Darstellung von Bergblau. Neubergblau.

Ob das eigentliche Bergblau überhaupt künstlich dargestellt wird, ist vielleicht zweifelhaft, wenn es aber geschieht, so ist dieses eine der wenigen Fabrikationen, welche bis jetzt Geheimniß geblieben sind; sicher ist andererseits, daß nach den vorhandenen, bekannt gemachten Vorschriften kein Bergblau erhalten werden kann. Bei meinen Versuchen über Kupferoxydverbindungen habe ich allerdings gefunden, daß es nicht außer der Möglichkeit liegt, die Farbe künstlich herzustellen, doch ist ihr Gelingen insofern unsicher, als die Farbe, die man erhält, zwar sehr schön tiefblau, aber auch hell ausfallen kann. In jedem Falle ist jedoch ihr färbender Bestandtheil nicht wie im Kalkblau Kupferoxydhydrat, sondern wie im natürlichen Bergblau kohlensaures Kupferoxyd.

Wenn man in einem Becherglase in gewöhnlichem klaren Wasser so viel reines krystallisirtes kohlensaures Natron auflöst, als sich darin etwa bei 18 bis 20° auflösen will, und dann zu der klaren Lösung einige Lothe Kupfervitriol als Lösung hinzufügt, doch nicht so viel, daß ein stärkeres Aufbrausen erfolgt, hierauf zu dem Gemische so viel Aetzammoniak setzt, daß der entstandene blaugrüne Niederschlag von kohlensaurem Kupferoxyd wieder gelöst wird und eine schöne blaue Flüssigkeit bildet, dann die Lösung von einigen Lothen Chlorcalcium hinzufügt, welches einen weißen, durch Filtration sogleich abzuscheidenden Niederschlag hervorbringt: so entstehen nachher beim freiwilligen Verdunsten des Ammoniaks in der filtrirten Flüssigkeit, besonders wenn man später noch etwas Chlorcalciumlösung bis zu einer kleinen Trübung zufügt, mehr oder weniger grobkörnige, mehr oder weniger dunkelblaue Krystalle, welche eine Verbindung von kohlensaurem Kupferoxyd mit kohlensaurem Kalk sind, und oft ebenso dunkelblau und glänzend ausfallen, als das Pulver des natürlichen Bergblaues ist. Es wird noch erfordert, die Umstände festzustellen, unter welchen das dunkle Blau sicher zu erhalten ist. Wenn dies auch unter gegenwärtigen Verhältnissen nicht mehr von dem Werth ist, wie früher, so erscheint es doch für die Wissenschaft interessant.

4) Neubergblau.

Diese Farbe ist ein Blau, welches an Farbe dem eigentlichen Bergblau sehr nahe kommt, und wie es scheint, eine Zeitlang statt desselben auch angewendet wurde. Es fehlt jedoch derselben an Lebhaftigkeit, und die Farbe ist in Wirklichkeit nichts anderes, als reines Bremerblau mit einer ganz geringen Quantität hellen Pariserblaues zusammengemahlen, getrocknet und pulverisirt. Das Neubergblau hat daher die Eigenschaften, die den letztgenannten beiden Farben zusammen zukommen. Indessen, während das Bergblau als Oel-, Wasser- und Kalkfarbe brauchbar ist, und zwar in beiden letzteren am allerbesten, ist das Neubergblau als Oelfarbe ausgezeichnet, als Wasserfarbe gut, aber

256 Materialien zur Darstellung blauer Eisenfarben. Gelbes Blutlaugensalz
auf Kalk nicht zu gebrauchen, weil darauf das Pariserblau zerstört wird. Im
Bergblau und Neubergblau theilen dieselbe Empfindlichkeit gegen Schwefelwasserstoff, wie das Kalkblau, und das Neubergblau erleidet in Oel auch die Veränderung des Bremerblaues, weil letzteres seine Hauptmasse bildet; es ist
aber besser, als Bergblau, welches in Oel nur eine geringe Deckkraft besitzt.

B. Blaue Eisenfarben. Cyaneisenverbindungen.

Von den Materialien zu ihrer Darstellung.

Zur Bereitung der blauen Eisenfarben dienen hauptsächlich die nachfolgenden Materialien:

1) Gelbes Blutlaugensalz, blausaures Kali, gelbes eisenblausaures Kali.

Dieses Salz, die technisch wichtigste und das Ausgangsmaterial der
übrigen Cyanverbindungen, ist das Product einer besonderen Großindustrie, was
dasselbe theils für den Handel, theils aber auch behufs eigener Weiterverarbeitung zu Farben darstellt. Das gelbe Blutlaugensalz spielt in der Farbenfabrikation neben dem chromsauren Kali die bedeutendste Rolle und früher diente es noch
häufiger zur Darstellung blauer Farben als jetzt, wo einerseits der Ultramarin,
andererseits die blauen Anilinfarben den blauen Eisenfarben häufig eine scharfe
Concurrenz bereiten. Ferner hat auch in neuerer Zeit der Umstand zur Einschränkung der Blutlaugensalzfabrikation beigetragen, daß die für letztere unentbehrlichen stickstoffhaltigen thierischen Abfälle gegenwärtig eine früher nicht gekannte ausgedehnte Benutzung zu künstlichem Dünger finden. Ehemals wurde
das Blutlaugensalz in unreiner Lösung als sogenannte Blutlauge angewendet
und alle Vorschriften zur Bereitung von Berlinerblau bestehen hauptsächlich in
Anweisungen, eine solche Blutlauge herzustellen. Aber diese älteren Methoden
zur Herstellung blauer Eisenfarben sind zur Zeit nicht mehr anwendbar. Es
wohl auf der einen Seite die Bereitung jener Blutlauge an sich einfach ist
und deshalb, sowie mit Rücksicht auf ihre unmittelbare Verwendung zur
Farbenbereitung manche Vortheile gewährte, so wurde doch andererseits die
Benutzung von Blutlauge im weiteren Verlaufe der Farbenfabrikation bis zur
Fertigstellung der Farben eine so große Menge von Alkali und Säure nutzlos verschleudert, daß dieser Aufwand die Farben gegenwärtig viel zu theuer
machen würde.

Fabrikation des gelben Blutlaugensalzes.

Eine vollständige Beschreibung der umfangreichen Fabrikation des Blutsalzes und der dabei resultirenden Nebenproducte, sowie eine Anführung zahlreichen neueren Versuche zur Verbesserung der Fabrikation und zur Verwerthung der verschiedensten anderweitigen Nebenproducte, z. B. des Gases von der Leuchtgasfabrikation für die Blutlaugensalzgewinnung liegt außerhalb der Zwecke dieses Lehrbuches der Farbenfabrikation auf dem Gebiete chemischen Technologie. Ich beschränke mich deshalb hier darauf, dasjenige über der Darstellung des Blutlaugensalzes, welches am Allgemeinsten Anwendung findet und die Hauptmasse dieses Salzes für den Handel liefert, in n wesentlichen Zügen nachstehend anzuführen.

Als Rohmaterial zur Blutlaugensalzfabrikation benutzt man einerseits Pottasche, roh oder calcinirt; auf der anderen Seite billige stickstoffhaltige Körper, als getrocknetes Blut von Schlachthäusern, Horn, Hornspäne von Horndrehern, Kammmachern, Hufe, Klauen, wollene Lumpen, Leberabfälle u. s. w. Entweder werden diese so roh angewendet, oder an manchen Orten erst verkohlt, d. h. einer nicht scharfen trockenen Destillation unterworfen, worauf die erhaltene schwammige le unter Rollsteinen in ein zartes Pulver zerdrückt wird.

In dicke gußeiserne Schalen, welche man entweder unten und oben, oder oben durch überschlächtiges Feuer heizt, werden 50 kg Pottasche, nachdem Schale sehr glühend gemacht oder vor Kurzem erst entleert ist, eingetragen, kurze Zeit zum Schmelzen gebracht und nun nach und nach 50 bis 60 kg obiger Stoffe eingerührt, oder 30 bis 32,5 kg thierischer Kohle nebst einem von 1 kg Eisenspänen. Das Einrühren geschieht schaufelweise mit eisernen Krücken, und es erfolgt jedesmal eine neue Schaufel voll, wenn die Masse ihrer Verdickung herausgekommen, d. h. wieder so flüssig geworden ist, daß neues Hineinrühren möglich ist. Wenn Alles eingetragen ist und die Ile wieder erweicht, schöpft man sie in eiserne Kessel, alte Kapellen oder solche Gefäße aus und läßt sie erkalten, während indeß der Ofen wie vorhin Neue mit Pottasche u. s. w. beschickt wird, um das Schmelzen, so lange Material hat, ununterbrochen fortzusetzen.

Die ausgeschöpfte geschmolzene Masse, nun die „Schmelze" genannt, in Wasser eingeweicht, nachdem sie in kleinere Stücke zerschlagen ist, hierauf wird sie in demselben Wasser zum Kochen erhitzt, dann stehen gelassen, um erst die helle Lauge abzuzapfen und den Rückstand nachher auszulaugen, so man die stärkere Lauge sammelt, schwächere aber wieder anwendet, um frische Schmelze einzuweichen und auszukochen.

Die stärkeren Laugen sind nun das, was man früher Blutlauge nannte. Dampft man sie auf 32° Baumé ein und läßt erkalten, so krystallisirt ein lich gelbes Salz, und die nachher aufs Neue abgedampfte Lauge giebt noch einmal etwas Salz. Dies ist das sogenannte rohe Blutlaugensalz, „Rohsalz", was durch Wiederauflösen u. s. w. in schönen großen gelben Krystallen krystallisirt erhalten werden kann, in denen es auch in den Handel gebracht wird. Die von dem rohen Salze bleibende Mutterlauge besteht hauptsächlich aus kohlensaurem Kali. Sie wird daher zur Trockne abgedampft und statt wieder anstatt Pottasche in der Fabrikation nebenbei mit verwendet.

Mit den Rohkrystallen krystallisiren aus den Rohlaugen stets auch andere Salze, namentlich aber schwefelsaures Kali aus. Dieses leicht lösliche Salz verunreinigt alsdann oft auch die reinen Krystalle oder das krystallisirte Salz, namentlich die zweite oder dritte Krystallisation, ohne daß man es dem Salze ansehen kann. Ein Gehalt von 3 bis 5 Proc. schwefelsaures Kali im Blutlaugensalz ist keine große Seltenheit und verursacht den Consumenten einen beträchtlichen Nachtheil, indem er diese nutzlose Beimengung für Blutlaugensalz bezahlt und dann bei der Anwendung weniger erhält. Um auf diese Verunreinigung zu prüfen, löst man z. B. 50 g Blutlaugensalz in sehr viel reinem Wasser auf und versetzt die Lösung tropfenweise mit salzsaurem Baryt so lange, als noch ein zarter milchiger Niederschlag von schwefelsaurem Baryt entsteht. Diesen filtrirt man auf einem kleinen gewogenen Filter ab, wäscht ihn wohl mit reinem Wasser aus, trocknet und wägt ihn. Je 1162 Th. dieses niedergeschlagenen schwefelsauren Baryts entsprechen 872 Theilen schwefelsauren Kalis, das in dem Blutlaugensalze enthalten war; man berechnet nach diesem Verhältnisse den Gehalt in 50 g, welcher verdoppelt den Gehalt in 1 oder die Procente der Verunreinigung ergiebt. Bei der Pariserblaufabrikation kommt es vor, daß man aus 100 Theilen Blutlaugensalz 75, aber auch nur Pariserblau erhält; die Ursache dieser verschiedenen Ausbeute liegt hauptsächlich in dieser dem Ansehen nach nicht zu beurtheilenden Verunreinigung.

Das Blutlaugensalz stellt große, mehr oder minder hochgelbe Krystalle dar, die sich in kaltem Wasser ziemlich leicht, leichter in warmem und heißem zu einer gelblich gefärbten Flüssigkeit auflösen. Man kann die Auflösung ohne Nachtheil in eisernen oder kupfernen Kesseln vornehmen, auch darin, in hölzernen Gefäßen verwahren, ohne daß sie verunreinigt wird oder die Gefäße zerstört werden. Sind die Lösungen zu concentrirt, so krystallisirt das Salz wieder theilweise heraus, löst sich aber nach hinreichendem Wasserzusatz wieder auf.

Seine chemische Zusammensetzung ist:

$$2\,KCy, FeCy + 3\,HO \text{ oder } K_2FeCy_3 + 3\,HO,$$

wonach es in 100 Theilen enthält:

37,22 Kalium,
12,91 Eisen,
37,05 Cyan,
12,82 Wasser,
100,00.

Hauptsächlich seiner Eigenschaft, mit allen Eisenoxydulsalzen weiße Niederschläge, die an der Luft und durch oxydirende Mittel blau werden, oder mit Eisenoxydsalzen sogleich tiefblaue Niederschläge hervorzubringen, verdankt es seine Anwendungen in der Farbenfabrikation.

2) Rothes Blutlaugensalz.

Das rothe Blutlaugensalz, welches stets aus dem vorbeschriebenen gelben Blutlaugensalze gewonnen wird, hat erst viel später als letzteres und anfangs nur eine verhältnißmäßig geringe Anwendung zur Farbenbereitung gefunden. Gegenwärtig wird dasselbe jedoch von denselben Fabriken, welche das gelbe Salz produciren, im Großen dargestellt und bildet demgemäß einen wichtigen, in der Färberetechnik viel benutzten Handelsartikel. Da die Herstellung des rothen Blutlaugensalzes aus dem gelben Salze häufig in den Farbenfabriken selbst vorkommen wird, so mag dieselbe nachfolgend kurz beschrieben werden.

Die Umwandlung des gelben Blutlaugensalzes in das rothe geschieht dadurch, daß dem ersteren ein Theil des Kaliums entzogen wird. Diese Entziehung kann zwar auf verschiedene Weise bewirkt, am leichtesten jedoch dadurch ausgeführt werden, daß man das gelbe Blutlaugensalz entweder in wässeriger Lösung, oder in trockenem Zustande in Berührung mit Chlorgas bringt, wobei die Zersetzung nach folgender Gleichung vor sich geht:

$$2[2KCy, FeCy + 3HO] + Cl = (3KCy, Fe_2Cy_3) + KCl + 6HO.$$

Es wird also ¼ des Kaliumgehaltes als Chlorkalium KCl und alles Wasser ausgeschieden. Am zweckmäßigsten gewinnt man das rothe Blutlaugensalz gleich in demjenigen Zustande, in welchem es zur Farbenbereitung ohne Weiteres verwendet werden kann, nämlich in flüssiger Form, als Lösung. Um also die vorhafte Veränderung des gelben Blutlaugensalzes vorzunehmen, löst man es in viel Wasser, daß die Lösung beim Erkalten nicht krystallisirt und leitet dann trockenes Chlorgas so lange in die Auflösung, bis die der obigen Formel entsprechende Umwandlung vollständig erfolgt ist, worauf die Flüssigkeit als eine Lösung von rothem Blutlaugensalz anwendbar ist. Will man dagegen das rothe Blutlaugensalz nicht im flüssigen, sondern im festen Zustande herstellen, so verfährt man auf die Art, daß man das gelbe Blutlaugensalz in Pulverform der Einwirkung des Chlors aussetzt. Zu dem Zwecke wird das gemahlene und getrocknete gelbe Salz in denselben Apparaten, wie man sie zur Fabrication des Chlorkalkes benutzt, in Schichten ausgebreitet, und durch letzteren so lange Gas geleitet, bis es nicht mehr von dem Salze aufgenommen wird.

Ob die beabsichtigte Umwandlung des gelben Salzes in rothes völlig erreicht ist, wird in beiden Bereitungsfällen durch nachfolgende Prüfung ermittelt.

Im ersten Falle versetzt man eine Probe der mit Chlor behandelten Lösung des gelben Salzes mit einigen Tropfen einer Auflösung von schwefelsaurem Eisenoxyd, das kein Oxydul enthalten darf. So lange noch ein blauer Niederschlag hierdurch erzeugt wird, ist noch unverwandeltes gelbes Blutlaugensalz vorhanden, die Einwirkung des Chlors also noch unvollständig. Entsteht jedoch statt des blauen Niederschlages ein grüngelbliches Gemisch, so ist das gelbe Salz ganz in die rothe Verbindung verwandelt, und demzufolge die Zuleitung des Chlors nunmehr abzubrechen.

Hat man trockenes Blutlaugensalz der Einwirkung des Chlors ausgesetzt, so überzeugt man sich auf gleiche Weise von der erreichten vollständigen Umwandlung des Salzes dadurch, daß man etwas der Salzmasse im Wasser löst und diese Lösung wie obige mit schwefelsaurem Eisenoxyd prüft.

Die Salzmasse, welche bei der zweiten Bereitungsmethode als Resultat der vollständigen Chloreinwirkung erhalten wird, in möglichst wenig warmem Wasser gelöst, läßt beim Erkalten der Lösung das rothe Blutlaugensalz in schönen großen Krystallen anschießen. Nach dem Eindampfen der Mutterlaugen in Bleigefäßen erhält man noch mehr Krystalle dieses Salzes. Die Mutterlaugen bestehen fast nur aus Chlorkalium, und der geringe Gehalt an rothem Blutlaugensalze läßt sich nur dadurch zu Gute machen, daß man mit Eisensalzen die blaue Farbe fällt, die es damit giebt, sie auswäscht und trocknet. Die hier schließlich zurückbleibende chlorkaliumhaltige Flüssigkeit läßt sich am vortheilhaftesten bei der Darstellung des Alauns aus schwefelsaurer Thonerde benutzen.

Das rothe Blutlaugensalz bildet große, lange schiefwinklig vierkantige, gelb bis hellrothe Krystalle je nach ihrer Größe. Es ist schwerer löslich in Wasser als das gelbe Blutlaugensalz und giebt eine dunkler gelb gefärbte Flüssigkeit; giebt mit Eisenoxydulsalzen sogleich einen blauen, mit Eisenoxydsalzen keinen Niederschlag, während das gelbe Blutlaugensalz mit Eisenoxydulsalzen einen weißen, mit Eisenoxydsalzen einen blauen Niederschlag hervorbringt. Die Lösung des rothen Blutlaugensalzes wird am zweckmäßigsten in hölzernen oder Glasgefäßen aufbewahrt, da metallene Gefäße durch dieselbe rasch angegriffen werden, wobei zugleich das rothe Salz theilweise wieder in gelbes übergeht.

Das rothe Blutlaugensalz entspricht hinsichtlich seiner Zusammensetzung der Formel: $3\,KCy, Fe_2Cy_3$.

Materialien zu blauen Eisenfarben. Eisenvitriol.

b enthält daher in 100 Theilen:

$$\begin{array}{l} 35{,}85 \text{ Kalium,} \\ 16{,}59 \text{ Eisen,} \\ \underline{47{,}56 \text{ Cyan,}} \\ 100{,}00. \end{array}$$

Die Gleichung für die Zersetzungen des gelben Blutlaugensalzes mit Eisenvitriol oder schwefelsaurem Eisenoxydul ist:

$$2\,\text{KCy, FeCy} + 2\,(\text{SO}_3, \text{FeO}) = 2\,\text{FeCy, FeCy} + 2\,(\text{SO}_3, \text{KO}),$$
(oder 3 FeCy)

und die Zersetzung des gelben Blutlaugensalzes mit schwefelsaurem Eisenoxyd folgender Gleichung entspricht:

$$3\,(2\,\text{KCy, FeCy}) + 2\,(3\,\text{SO}_3, \text{Fe}_2\text{O}_3)$$
$$= 3\,\text{FeCy}, 2\,\text{Fe}_2\text{Cy}_3 + 6\,(\text{SO}_3, \text{KO}).$$

Die Zersetzung des rothen Blutlaugensalzes mit Eisenvitriol erfolgt nach Gleichung:

$$3\,\text{KCy, Fe}_2\text{Cy}_3 + 3\,(\text{SO}_3, \text{FeO}) = 3\,\text{FeCy, Fe}_2\text{Cy}_3 + 3\,(\text{SO}_3, \text{KO}).$$

Als weiteres Rohmaterial zur Darstellung der blauen Eisenfarben dient:

3) Eisenvitriol,

das billigste und überall im Handel leicht zugängliche Eisenoxydulsalz. Jedoch sind die im Handel vorkommenden Eisenvitriolsorten von verschiedener Güte, je nach ihrer sehr abweichenden Gewinnungsweise. Derjenige Eisenvitriol, welcher in chemischen Fabriken durch Auflösen von altem Eisen in verdünnter Schwefelsäure, Abdampfen und Krystallisirenlassen der erhaltenen Lösungen gestellt wird, ist der reinste, daher zur Farbenbereitung am besten geeignete Vitriol und den auf andere Weise, namentlich beim Bergbau gewonnenen Eisenvitriolen des Handels immer vorzuziehen. In Alaun- und Vitriolwerken werden nämlich durch Auslaugen gerösteter oder verwitterter Vitriol- und Alaunerze Alaun und Eisenvitriol in Lösung erhalten und durch Krystallisation getrennt. Dieser Vitriol ist stets unrein, und seine Verunreinigungen können namentlich bestehen aus schwefelsaurer Bittererde, Manganoxydul, schwefelsaurem Kupferoxyd, Zinkoxyd. Ein solcher Eisenvitriol, welcher neben dem erstangeführten reinen Vitriole sehr viel im Handel vorkommt, kann aber schon aus dem Grunde nicht mit Vortheil zur Farbenfabrikation angewendet werden, weil man über seinen Gehalt an reinem Eisenvitriol oder Eisen ohne vorgängige Analyse in Ungewißheit ist.

Prüfung des Eisenvitriols.

Sind indessen andere Gründe vorhanden, welche die Anwendung [...] derartigen unreinen Eisenvitriols in Farbenfabriken dennoch empfehlen, so [...] man eine zwar nicht absolut genaue, jedoch für praktische Zwecke genügende [...] stimmung seines Eisengehaltes am einfachsten auf die Weise aus, daß man [...] gewogenes Gewicht Vitriol, z. B. 5 g in einem Porzellantiegel erst gelinde [...] bis das Krystallwasser ausgetrieben ist, und den Rückstand hierauf noch $1/2$ [...] stark rothglüht. Dadurch wird das schwefelsaure Eisenoxydul einerseits [...] Schwefelsäure und schweflige Säure, die entweichen, andererseits aber in [...] Eisenoxyd zersetzt, das mit jenen theils gleichfalls zersetzten, theils [...] verunreinigenden Salzen des Vitriols zurückbleibt. Dieser Rückstand wird [...] wogen und auf 100 g des Vitriols berechnet. Reiner Eisenvitriol ergibt b[...] Glühen etwa 29 Procent reinen Eisenoxydes als Rückstand. Hinterläßt [...] der zu prüfende Vitriol mehr als 29 Procent Glührückstand, so besteht der [...] nicht aus reinem Eisenoxyd, sondern enthält die bemerkten fremden Salze, [...] sein Mehrgewicht bedingen. Um diese fremden Verbindungen, soweit solche [...] dem Glühen noch im Wasser löslich sind, von dem Eisenoxyde zu scheiden [...] das Gewicht des letzteren allein zu ermitteln, wird der Rückstand mit [...] ein gewogenes Filter gebracht, gut ausgewaschen, mit dem Filter getrockne[...] gewogen. Nach Abzug des Filtergewichts und Multiplication mit 20 [...] man als Resultat dieser zweiten Wägung den Procentbetrag an Eisenoxyd [...] der in Frage stehende Eisenvitriol beim Glühen ergibt. Hieraus lä[...] endlich nach den in der Einleitung gegebenen Aequivalentzahlen diejenige [...] reinen Eisenvitriols, welche den gefundenen Procenten Eisenoxydes entspre[...] nachstehender Weise leicht berechnen. 39 Theile Eisenoxyd entsprechen 138 Theilen reinen Eisenvitriols. Hätte man also z. B. bei der obigen [...] Wägung den Rückstand des Vitriols an reinem Eisenoxyd zu 25 Procent ge[...] so wäre der Gehalt des Vitriols an reinem Eisenvitriol: $39 : 138 = 25$ [...] also $x = 88{,}5$ Procent, und der untersuchte Vitriol daher mit 11,5 [...] obiger Salze verunreinigt gewesen. Diese Bestimmungsmethode ermöglicht [...] Beurtheilung eines Eisenvitriols auf seinen Reinheitsgrad mittelst weniger [...] leichter Manipulationen. Deshalb ist dieselbe einer exacteren, aber [...] Aufwand complicirter analytischer Hülfsmittel auszuführenden Bestimmu[...] Eisengehaltes unbedingt vorzuziehen, trotz der damit unter Umständen verb[...] für die Praxis indeß wenig erheblichen Ungenauigkeit. Die letztere ha[...] ihren Grund, daß jener Glührückstand vom Vitriol nach dem Auswasche[...] Wasser außer dem reinen Eisenoxyd, wie solches der obigen Berech[...] Grunde gelegt ist, auch die Glührückstände derjenigen Verunreinigungen, [...] sich unter Zurücklassung von in Wasser unlöslichen Verbindungen, bei der [...] hitze ebenfalls zersetzt haben, z. B. Zinkoxyd aus beigemengtem Zink[...] halten kann. Diese fremden Glührückstände, immerhin nur geri[...]

würden doch als Eisenoxyd mit zur zweiten Wägung und endlich zur Berechnung auf Eisenvitriol gelangen, also das Rechnungsresultat modificiren.

Guter Eisenvitriol oder krystallisirtes schwefelsaures Eisenoxydul SO_3, FeO + 7 HO, welches in 100 Theilen besteht aus 25,47 Eisenoxydul, 28,95 Schwefelsäure und 45,58 Wasser, hat eine hellbläulich grüne, nicht gelbgrüne Farbe, die er jedoch allmälig an der Luft durch Aufnahme von Sauerstoff und Bildung von basischem Eisenoxydsalz annimmt. Er löst sich in 1,6 kaltem und 0,3 kochendem Wasser. Beim Auflösen in der Wärme über Feuer ist stets umzurühren, weil er auf dem Boden der Kessel sonst leicht eine Kruste ansetzt, die dann viel längere Zeit mit dem Wasser in Berührung bleiben müßte, um sich wieder zu lösen. Die Lösungen sind blaßgrünlich, trüben sich aber beim Stehen an der Luft, indem sie basisch-schwefelsaures Eisenoxyd (Vitriolschlamm), absetzen, das sich durch Sauerstoffaufnahme bildet. Beim Erhitzen des trockenen Vitriols entweicht erst unter Schmelzen sein Krystallwasser, dann die Schwefelsäure, theils als solche, theils zersetzt als schweflige Säure, und zurück bleibt, wie oben und bei Caput mortuum angeführt ist, das rothe Eisenoxyd von verschieden tief rother Farbe, je nach der zuletzt angewendeten Temperatur.

Wenn man bei Bereitung der blauen Cyaneisenfarben

4) das **schwefelsaure Eisenoxyd**, $3SO_3$, Fe_2O_3,

anwenden will, so bereitet man dasselbe in Lösungen immer selbst, denn es wird für den eigentlichen Handel nicht dargestellt. Zur Bereitung solcher Lösungen, welche auf verschiedene Weise erfolgen kann, gebe ich die nachstehenden Vorschriften.

a. **Aus Eisenvitriol.** Man löst 276 Theile Eisenvitriol in der doppelten bis dreifachen Menge Wasser auf, und bringt die Lösung noch heiß in ein hölzernes Gefäß, in welchem man derselben nach und nach 45 Theile englische Schwefelsäure von 66 Baumé in einem dünnen Strahle unter beständigem Umrühren zusetzt, wobei man sich wegen des vorkommenden Spritzens in Acht nimmt. In die heiße Lösung gießt man dann nach und nach in kleinen Portionen so lange käufliche starke Salpetersäure, als heftiges Aufbrausen jedesmal bei erneuertem Zusatze wieder eintritt. Sobald dieses Aufbrausen aufhört, hört man auch mit dem weiteren Zusatze der Salpetersäure auf, und die Flüssigkeit ist zur Anwendung brauchbar. Statt obiger Materialien kann man auch folgende anwenden. Man löst 276 Theile Eisenvitriol und 25 Theile Natronsalpeter auf, oder bringt ihre Auflösung in ein Gefäß von Holz zusammen, und gießt dann in die Flüssigkeit nach und nach 45 Theile englische Schwefelsäure, wobei man mit dem Zusatze langsam verfahren muß, damit das Aufbrausen nicht zu heftig werde und die Flüssigkeit nicht über das Gefäß steige.

264   Darstellung von schwefelsaurem Eisenoxyd.

Das Aufschäumen wird in beiden Fällen durch salpetrige Säure und S[...]
oxyd verursacht, die als Gase in rothgelben Wolken entweichen. Man h[...]
in Acht zu nehmen, nicht zu viel davon einzuathmen, da diese Gase d[...]
sehr reizen und schädlich einwirken; man thut daher am besten, die O[...]
an Orten vorzunehmen, wo starker Luftzug ist, oder selbst im Freien, w[...]
mehr zu empfehlen ist, da man sich dann so stellen kann, daß die Dämp[...]
Gesicht abwärts ziehend entweichen. Für die meisten Anwendungen [...]
ohne Nachtheil, daß das Gemisch einen Ueberschuß beider angewendeten S[...]
enthält.

b. Billiger, sowie zugleich ohne Gehalt an Salpetersäure und
Schwefelsäure stellt man die in Rede stehenden Lösungen her:

α) Aus Eisenoxyd. Hierzu kann man jede Art von rothem [...]
oxyd oder Caput mortuum anwenden. Man wägt davon 70 Gewicht[...]
einen sandsteinernen Trog oder gußeisernen Kessel, befeuchtet mit so vie[l...]
daß ein ganz steifer Teig entsteht, und rührt nun nach und nach mit eine[r...]
nen Schaufel 120 Gewichtstheile englische Schwefelsäure darunter, wob[ei...]
sehr starke Erhitzung eintritt, während die Masse nach und nach weiß w[...]
endlich erhärtet. Man läßt sie nun einige Tage stehen, zerkleinert [...]
schlägt sie alsdann und löst sie in einem gußeisernen Kessel mit ungef[ähr...]
Gewichtstheilen Wasser kochend auf, wobei nur wenig Caput mortuum [...]
bleibt. Durch Absetzenlassen klärt man die zur Anwendung alsdann [...]
Flüssigkeit, welche nur wenig freie Schwefelsäure enthält und beim Ab[...]
bis zu einem gewissen Grade fast ganz zu einem festen, krystallinisch[en...]
erstarrt.

β) Aus Vitrioloder. Man erhält daraus das Salz im All[gemeinen]
ebenso wie bei dem vorigen Verfahren, jedoch mit dem Unterschiede, da[ß]
statt 120 nur 70 Gewichtstheile Schwefelsäure auf 70 Gewichtstheile
und den letzteren ohne vorgängige Mischung mit Wasser trocken anwendet.
der Alaunschlamm giebt dieselben Resultate.

Alle diese Lösungen geben bei gehörigem Abdampfen das schwe[felsaure]
Eisenoxyd als weißes krystallinisches Salz, wobei zugleich ein Theil oder [...]
alle freie Säure entweicht. Das so gewonnene Eisensalz löst sich leicht [...]
in Wasser zu einer fast farblosen Flüssigkeit auf. Diese Lösungen lasse[n]
aber, selbst wenn sie freie Säure enthalten, nicht über eine gewisse Grenze [...]
aus verdünnen, sondern das aufgelöste Salz zerfällt bei stärkerer Verdün[nung]
theilweise in wässerige freie Schwefelsäure und in hellgelbes, basisches, in [...]
unlösliches Eisenoxydsalz, das besonders schnell beim Erwärmen entsteht [...]
sich absetzt. Man hat also die Verdünnung der concentrirten Lösungen vor [...]
Anwendung zu vermeiden, weil man sonst Verlust an dem wirksamen Bestand[theil]
der Lösung erleiden würde.

Materialien zu blauen Eisenfarben. Schwefelsäure. 265

5) Säuren zur Bereitung der blauen Cyaneisenfarben.

a. **Schwefelsäure.** Man erhält sie von chemischen Fabriken in der Form von Vitriolöl oder englischer Schwefelsäure. Dieselbe ist im Wesentlichen Schwefelsäurehydrat SO_3, HO, enthält aber meistens noch etwas mehr Wasser, als dieser Verbindung entspricht, so daß man das Aequivalent der englischen Schwefelsäure = 52 setzen kann. Die Darstellung derselben, in das Gebiet der chemischen Großindustrie gehörend, übergehe ich und bemerke über diese Säure in Kurzem nur das rücksichtlich ihrer Eigenschaften und Behandlung Wissenswerthe.

Sie kommt von den chemischen Fabriken gewöhnlich in Glasballons, welche mit Halm umgeben, in geflochtenen Körben sitzen und mit thönernen Stöpseln verschlossen sind, die mit einem Gemische von geschmolzenem Schwefel und Thon oder Englischroth eingeschmolzen wurden. Dieser Kitt ist beim Oeffnen vorsichtig abzubrechen, weil er spröde ist; und damit beim Ausgießen der Schwefelsäure kein Stroh mit in die Gefäße fällt, wodurch die Säure verunreinigt würde, überbindet man den Korb mit Leinwand, und läßt den Hals des Ballons durch ein Loch in derselben hervorragen.

Die englische Schwefelsäure ist beinahe doppelt so schwer als Wasser und wiegt am Baumé'schen Aräometer 66°. Sie zieht mit großer Begierde Feuchtigkeit aus der Luft an, wird also beim Stehen an derselben unter Gewichtszunahme schwächer. Daher muß jeder angebrochene Ballon stets wieder sorgfältig verschlossen werden, um die Säure in ihrer ursprünglichen Concentration zu erhalten. Verdünnt man die Schwefelsäure mit Wasser, so erfolgt eine sehr starke Erhitzung des Gemisches. Solche Verdünnungen dürfen also nicht in Gefäßen vorgenommen werden, die einen starken und schnellen Temperaturwechsel nicht vertragen können. Sollen dennoch solche Gefäße benutzt werden, so ist folgendes Verfahren beim Verdünnen unerläßlich. Man gießt zu dem in dem Gefäße befindlichen Wasser langsam zunächst eine geringe Menge Schwefelsäure unter stetigem Umrühren, und läßt das Gemisch einige Zeit stehen, damit sich das Gefäß langsam erwärme, theils auch die Flüssigkeit sich wieder etwas abkühle, worauf man aufs Neue einen geringen Antheil Säure hinzugießt und mit derselben Vorsicht weiter fortfährt. Niemals darf die Verdünnung der Schwefelsäure umgekehrt, durch Hinzumischen des Wassers zu der Säure, geschehen. Aber nicht nur mit Wasser erhitzt sich die concentrirte Schwefelsäure, sondern auch mit allen organischen Stoffen, die dasselbe schon fertig gebildet oder auch nur dessen Bestandtheile enthalten. Ihre Anziehung zum Wasser und die Erhitzung ist hierbei so groß und sie wirkt so durchgreifend auf diese organischen Stoffe ein, daß letztere dadurch verkohlt, ja entflammt werden können. Man darf daher diese Flüssigkeit in keine hölzernen Gefäße bringen, in dieselbe keine organischen Stoffe fallen lassen; erstere und letztere werden zerstört und färben zugleich die Säure braun. Aus demselben Grunde darf man auch keine Stöpsel zum Verschließen von Schwefelsäure enthaltenden Flaschen ꝛc. benutzen, sondern man muß Glas- oder Steinzeugstöpsel anwenden. Wegen der zerstörenden Wirkung dieser Säure hat man sich auch persönlich selbst in Acht zu nehmen, indem das davon auf die Haut gebrachte sogleich seine zerstörende Wirkung beginnt, die nur durch Eintauchen des Gliedes in viel Wasser unterbrochen. Wenig Wasser verstärkt die Wirkung in soweit, als eine starke Erhitzung und die Wirkung einer kochenden Flüssigkeit an der Stelle hervorgebracht werden kann, deshalb ist stets anzurathen, erst mit Papier die auf die Haut gekommene Säure fortzuwischen und dann erst mit viel Wasser die Stelle abzuwaschen. Beim Ausgießen von Vitriolöl hat man sich namentlich in Acht zu nehmen, daß nichts in die Augen spritzt.

Auch die meisten Metalle, namentlich Eisen, Zink, Zinn und andere, die Säure rasch an, Blei dagegen schwerer; man ist daher bei ihrer Herstellung entweder auf zerbrechliche Glas- und Steinzeuggefäße angewiesen, oder auf Kübel u. s. w. von Blei, welche am besten sind; in bleiernen Gefäßen geschieht ihre Verdünnung mit Wasser am sichersten. Kupferne Gefäße, jedoch ohne Löthung, da die Löthung schnell aufgelöst werden würde, dienen gleichfalls zu Zwecke, doch werden sie nach und nach ebenfalls angegriffen.

Ist die Schwefelsäure mit so viel Wasser verdünnt, daß ein neuer Zusatz Wasser keine Temperaturerhöhung mehr hervorbringt, so hat sie zwar ihre störende Wirkung auf organische Stoffe eingebüßt und kann nun ohne Nachtheil in hölzernen Gefäßen aufbewahrt werden, aber ihre auflösende Wirkung gegen die Metalle, namentlich die vorhin als leicht angreifbar bezeichneten, sie noch nicht verloren und darf daher nicht in Gefäße aus solchen Metallen gebracht werden, ohne daß diese in Gefahr sind. Bei der auflösenden Wirkung der Säure gegen das Metall würde sie selbst stets durch das Oxyd dieses Metalls verunreinigt. Andererseits wird diese Eigenschaft gerade benutzt, um die schwefelsauren Salze der Oxyde dieser Metalle herzustellen, von denen einige schon erwähnt sind.

Außerdem ist die Schwefelsäure die stärkste unter allen bekannten Säuren, sie scheidet alle übrigen aus ihren Verbindungen mit Basen oder Metallen ab; es entsteht eine schwefelsaure Basis oder ein schwefelsaures Metall, während die anderen Säuren frei werden, die nun durch Filtration, Destillation u. s. w. von der schwefelsauren Verbindung zu trennen sind. Die freie Schwefelsäure ist in 100 Theilen aus 40 Theilen Schwefel und 60 Sauerstoff zusammengesetzt. Das Vitriolöl oder die englische Schwefelsäure hält in 100 Theilen etwa 81 Theile wasserfreie Schwefelsäure und 19

Waſſer. Durch Verdünnung des Vitriolöls können Säuren von jedem beliebigen Gehalt an Vitriolöl oder waſſerfrei berechneter Schwefelsäure hergeſtellt werden.

b. **Salzſäure. Chlorwaſſerſtoffſäure.** Man erhält ſie von chemiſchen Fabriken, namentlich als Nebenproduct von Sodafabriken zu ſehr billigen Preiſen, und zwar die rohe Säure als eine meiſt gelblich gefärbte rauchende Flüſſigkeit, am Baumé'ſchen Aräometer 21 bis 22° zeigend. Das Rauchen dieſer Flüſſigkeit rührt davon her, daß ſie beſtändig das in ihr vom Waſſer abſorbirte Gas HCl aushaucht, welches dann mit dem in der Luft enthaltenen Waſſerdampfe, alſo namentlich in feuchter Luft, weiße Nebel bildet. Die Salzſäure wird ebenſo in Ballons verſandt, wie die Schwefelsäure, aber die Thonſtöpſel der Salzſäureballons ſind gewöhnlich nur mit einem Verſchluſſe von Gypsaufguß gedichtet. Mit dieſer Säure iſt leichter umzugehen als mit der Schwefelſäure, da ſie nicht ſo ätzend wirkt, aber ſie zerfrißt doch auch die Kleider, wenn man ſich damit beſprißt, und vor dem Einathmen ihres Rauches hat man ſich ebenfalls zu hüten, da er auf die Athmungswerkzeuge ſehr reizend wirkt.

Die Salzſäure iſt eine Auflöſung von Chlorwaſſerſtoff in Waſſer und enthält gewöhnlich etwa 30 bis 43 Procent Chlorwaſſerſtoff. Dieſer wirkſame Beſtandtheil der Salzſäure, der Chlorwaſſerſtoff HCl, bildet an ſich ein farbloſes, ſtechend riechendes, an der Luft die ſchon erwähnten Nebel bildendes Gas und beſteht in 100 Theilen aus 97,25 Chlor und 2,75 Waſſerſtoff. Wird dem Chlorwaſſerſtoff in wäſſerigem oder gasförmigem Zuſtande Sauerſtoff dargeboten, ſo bildet ſich daraus Waſſer und freies Chlor: $HCl + O = HO + Cl$, wovon unten die Rede ſein wird. Die Salzſäure löſt einige Metalle unter Entwickelung von Waſſerſtoffgas zu Chlormetallen: $HCl + M = MCl + H$, ferner die Oryde und kohlenſauren Oryde dieſer Metalle unter Bildung von Waſſer und Chlormetall, die kohlenſauren Metalloxyde zugleich unter Entwickelung von Kohlenſäure:

$MO + HCl = MCl + HO$ und $CO_2, MO + HCl = MCl + HO + CO_2$.

Die gewöhnliche Salzſäure des Handels, die rohe Salzſäure, iſt meiſtens nicht rein, ſondern enthält als Verunreinigungen hauptſächlich Schwefelſäure und Chlor, ſodann — als Urſache ihrer gelben Farbe — Eiſen und organiſche Stoffe aufgelöſt. Die Säure kann daher zwar zur Darſtellung der blauen Eiſenfarben Benutzung finden, iſt jedoch mit Rückſicht namentlich auf ihren ſoeben erwähnten Gehalt an Eiſen und Schwefelſäure für manche andere Zwecke der Farbenfabrikation, welche eine eiſen- und ſchwefelſäurefreie Salzſäure unbedingt erfordern, nicht anwendbar. In dieſen letzteren Fällen bedient man ſich ſtatt der rohen der chemiſch reinen Salzſäure. Die letztere wird in gleicher Stärke und Emballage, wie die rohe Säure, ſowie zu wenig höheren Preiſen ebenfalls von chemiſchen Fabriken in den Handel gebracht.

268   Materialien zu blauen Eisenfarben. Salpetersäure. Chlor.

c. **Salpetersäure**, $NO_5 + xHO$. Man bezieht sie gleichfalls von chemischen Fabriken und erhält sie auf dieselbe Weise in Ballons verpackt, wie die vorigen beiden Säuren. Man begnügt sich mit einer Säure von 3? oder 40° Baumé. Die rohe Salpetersäure kann als verunreinigende, fremde Bestandtheile namentlich Chlor, Schwefelsäure und Eisen enthalten. Für die Anwendung zu blauen Farben ist es nicht nöthig, daß sie absolut chlorfrei sei, und bei anderen Farben ist ein kleiner Chlorgehalt nicht nachtheilig; doch sucht man wenigstens schwefelsäurefreie Salpetersäure zu erhalten. Man wendet sie gewöhnlich entweder nur zur Oxydation an, wobei sie dann einen Theil ihres Sauerstoffs abzugeben hat (vergl. z. B. Darstellung des schwefelsauren Eisenoxyds, S. 263), oder auch in anderen Fällen zur Auflösung von Metallen und Erzeugung salpetersaurer Salze. Im letzteren Falle wird ein Theil der Salpetersäure auf die Weise zersetzt, daß die Metalle ihr den Sauerstoff theilweise entziehen und sie gleichzeitig zu salpetrige Säure und Stickoxyd reduciren, welche sich aus der Flüssigkeit als gelbrothe Gase entwickeln. Die unzersetzt gebliebene Salpetersäure aber verbindet sich mit den entstandenen Metalloxyden zu salpetersauren Salzen, die gewöhnlich in Wasser löslich und krystallisirbar sind.

6) **Chlor, Cl.**

Das Chlor erhält man aus dem Grunde nicht käuflich, weil es gasförmig ist, und obgleich das Gas vom Wasser etwas verschluckt wird, so ist doch die Lösung, das Chlorwasser, zu wenig chlorhaltig, als daß es einen Transport verlohnte. Man ist daher jederzeit gezwungen, sich dasselbe selbst herzustellen, was auf verschiedene Weise geschehen kann, sowohl mit Rücksicht auf die Menge des Chlors, die man anwenden will, als bezüglich der dazu benutzten Materialien.

Arbeitet man in kleinem Maßstabe, so verschafft man sich einen gläsernen Kolben, den man in ein Kesselchen von Eisen, mit Sand umgeben (Sandbad), setzen und durch Erhitzen des Kesselchens erwärmen kann. Das Ende des Halses vom Kolben darf dabei nicht conisch gegen die Spitze zulaufen, sondern muß gestatten, einen starken Kork von etwa 4 cm Durchmesser und ebenso lang oder noch länger, recht dicht einzudrehen. Diesen Kork durchbohrt nun mit zwei Löchern, durch welche Glasröhren von circa 0,6 cm Durchmesser gesteckt werden können. In das eine Loch steckt man einen Glastrichter, dessen Röhre jedenfalls bis so weit in den Kolben hinabgeht, daß sie durch die in den Kolben zu bringende Flüssigkeit unten vollständig abgesperrt wird, und welche außerhalb je nach Umständen 30 bis 60 cm hoch sein kann. In das andere Loch steckt man den einen Schenkel einer zwei Mal in gleicher Richtung rechtwinklig gebogenen Glasröhre, wovon der Theil zwischen beiden Schenkeln so lang sein muß, daß er

Darstellung des Chlors im Kleinen. 269

dahin reicht, wo das Gas gewaschen oder ungewaschen benutzt werden soll. Soll das Gas, ohne zuvor gewaschen zu sein, benutzt werden, so läßt man den Schenkel unmittelbar in die Flüssigkeit tauchen, auf welche das Chlorgas wirken soll; soll es dagegen erst gewaschen werden, so geht dieser Schenkel durch einen Kork, der in einer zweihalsigen Flasche steckt, bis auf den Boden, und aus dem zweiten Halse durch den Kork geht eine andere ebensolche zweischenklige Röhre, welche nun das Gas in die zu seiner Aufnahme bestimmte Flüssigkeit leitet. Fig. 41 stellt diesen Apparat dar. *A* der Kolben, *a* sein Hals, *bb'* zwei Mal

Fig. 41.

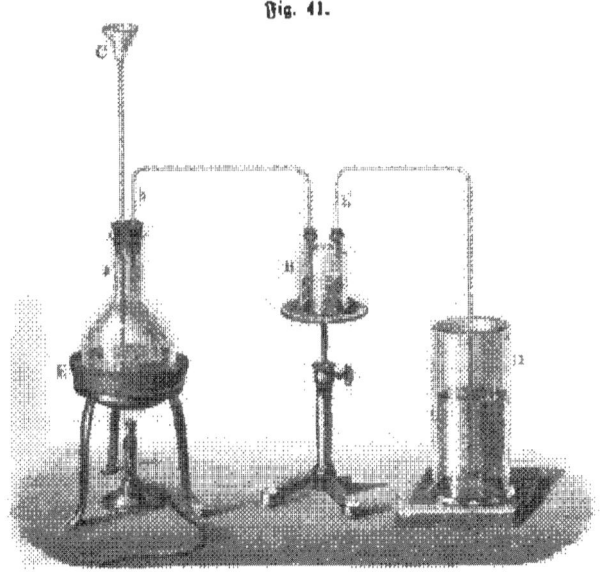

rechtwinklig gebogene Glasröhren, durch Körke gehend. Die Löcher in den Körken dürfen nicht gebrannt sein; man sticht sie am zweckmäßigsten mit hohlen Blechröhren aus, die von etwas kleinerem Durchmesser sind als die Glasröhren. Es ist vortheilhaft, die Körke vor der Anwendung zu ölen und etwas tiefer als den Rand der Oeffnung hineinzudrücken, so daß man darauf noch eine Schicht von Oelkonsitt fest aufdrücken kann, weil die Körke allein dem Durchgange des Chlors nicht lange widerstehen würden. *C* Glastrichter oder Trichterrohr; seine Länge muß mindestens gleich sein der Säule des Waschwassers und der Flüssigkeit, die über der Oeffnung des Schenkels steht, aus welchem das Chlorgas zu treten hat. *B* zweihalsige Waschflasche; sie braucht nicht groß zu sein und wird einige Zoll hoch mit Wasser angefüllt. D ein beliebiges Gefäß, in welches das Chlorgas in eine Flüssigkeit geleitet werden E Kesselchen und Sandbad, in welchem die Erwärmung des Kolbens e. folgen kann.

Vor der Zusammensetzung des Apparates muß der Kolben *A* und die Waschflasche *B* beschickt werden. Je nachdem man zur Chlorentwickelung entweder Braunstein Salzsäure, oder Kochsalz und Schwefelsäure anwendet, wird der Kolben im ersten Falle mit einem nur gröblichen, nicht feinen Pulver von Braunstein, von dem schon bei den braunen Erdfarben (S. 73) die Rede war, etwa zu 1/3 angefüllt, im anderen Falle mit einem innigen Gemische von fein pulverisirtem Braunstein mit 3/4 seines Gewichtes an Kochsalz. In keinem Falle hat man zu viel hineinzubringen, weil die schäumende Masse sonst leicht übersteigt, und zu fein gepulverter Braunstein ist ebenfalls zu vermeiden, damit er sich nicht an das Glas fest anlegt und nachher dessen Zerspringen verursacht. Wenn dann der Apparat zusammengesetzt ist, gießt man im ersten Falle in den Trichter concentrirte Salzsäure, bis der Kolben halb voll und die Trichterröhre in die Flüssigkeit tauchend, gesperrt ist. Im anderen Falle gießt man auf 1 Theil Kochsalz 2 1/2 Theile englische Schwefelsäure hinzu, welche man vorher in einem anderen Gefäße mit 2 Theilen Wasser verdünnt und abgekühlt hat, denn beim heißen Eingießen der Flüssigkeit könnte der Kolben springen. Hinsichtlich des Kolbens kann wohl bemerkt werden, daß man auch anders geformte und sogar Steinzeugflaschen im Nothfalle anwenden kann, aber sie zerspringen weit leichter während des Erwärmens und in ihnen läßt sich der Gang nicht beurtheilen. Der Glastrichter kann weggelassen werden, wenn man gewohnt ist, die Verbindungsröhre zwischen *A* und *B* mit dem Korke selbst einzusetzen; im anderen Falle würde man durch das sich sogleich entwickelnde Chlor belästigt werden.

Während man in dem ersten Falle zu dem Braunstein Salzsäure oder Chlorwasserstoffsäure in flüssiger Form bringt, hat man in dem anderen Falle Kochsalz und Schwefelsäure neben dem Braunstein, aber das Kochsalz und die Schwefelsäure zersetzen sich in schwefelsaures Natron und Chlorwasserstoffsäure, so daß in beiden Fällen doch nur letztere Säure es ist, die auf den Braunstein wirkt, obgleich der Proceß durch einen Ueberschuß von Schwefelsäure etwas modificirt wird.

Wenn die Salzsäure oder Chlorwasserstoffsäure und der Braunstein sich treffen, so verbindet sich der Sauerstoff des Braunsteins mit dem Wasserstoff der Salzsäure zu Wasser, während das Chlor der Salzsäure zur Hälfte sich mit dem Mangan des Braunsteins verbindet, zur anderen Hälfte aber Gasgestalt annimmt und entweicht. Der Erfolg tritt augenblicklich ein. Es entwickelt sich sogleich Chlorgas das man alsbald durch die Oeffnung der Glasröhre in *D* in Blasen austritt, wenn die Luft erst ausgetrieben ist und der Apparat dicht hält. Das Schließen des Apparates ist eine Hauptsache, weil sonst das Gas in das Local, worin man arbeitet, tritt, und nicht allein sehr belästigend wirkt, sondern leicht für die Gesundheit sehr schädlich wird. Man prüft den Apparat am besten auf vollständigen Schluß, indem man ein kleines Fläschchen mit Salmiakgeist an die Stellen hält, wo die Fugen der Korke sind. Entsteht ein weißer Nebel, so ist der Schluß unvollständig und man muß durch Festdrücken der Korke und durch Kitt abhelfen. Ein derart ungenaues Zusammenstellen des Apparates, so daß er nicht dicht hält, bestraft sich sehr, denn man kommt dadurch nicht nur um einen Theil des Chlors, sondern kann sogar gezwungen werden, den Raum und die Arbeit zu verlassen.

Die erste Gasentwickelung geht, wie gesagt, ohne alle Erwärmung sogleich vor sich und dauert, je nach der Sorte Braunstein, die man anwendete, eine verschieden lange Zeit, um dann nach und nach aufzuhören. Hat man keinen Glastrichter im Kolben, so darf man das vollständige Aufhören nicht abwarten, sonst könnte der Apparat Flüssigkeit aus D auffaugen, indem sich erst die Waschflasche und dann auch der Kolben füllen würde, in welchem Falle das Zurückgestiegene meist verdorben wäre. Man erwärmt deshalb durch gelindes Feuer unter dem Kesselchen, wodurch die Gasentwickelung wieder stärker wird, wie man es eben haben will. Wenn alles Chlor entwickelt werden soll, muß man zuletzt so weit erwärmen, daß der Hals des Kolbens heiß wird, und wenn dann kein Gas mehr entwickelt wird, beendigt man die Operation; bei Abwesenheit des Glastrichters nimmt man sogleich die Verbindungsröhre heraus, damit nicht der besprochene Fall des Zurückstiegens beim Erkalten eintrete, wenn sich das Gas zusammenzieht.

Man entleert dann den Kolben und beschickt ihn aufs Neue. Zurückgebliebene Braunsteinstückchen sammelt man und benutzt sie wiederholt. Wenn die Flüssigkeit beim Erwärmen so stark schäumt, daß sie aus dem Kolben überzusteigen droht, so muß man die Erwärmung mäßigen. In dem Gefäße D richtet man sich nach Kennzeichen, wodurch man die Erreichung des Zweckes beurtheilt, und hat die darin enthaltene Flüssigkeit genug Chlor aufgenommen, so kann man entweder neue Flüssigkeit hineinbringen, sie vertauschen, oder auch die Chlorentwickelung durch Aufhören mit der Erwärmung unterbrechen.

Die Eigenschaft des Chlors, sowohl in Gasgestalt als auch, vom Wasser absorbirt, als Chlorwasser die meisten Metalle rasch anzugreifen und sich mit ihnen zu Chlormetall zu verbinden, beschränkt die Anwendung von metallenen Gefäßen zur Chlorentwickelung. Es können zwar Bleigefäße sowohl statt des gläsernen Kolbens, als auch Bleiröhren statt gläserner Röhren gebraucht werden; aber auch sie werden nach und nach, weniger bei Anwendung von Kochsalz und

Schwefelsäure, von der flüssigen Masse angegriffen, während die Röhren dem trocknen Gase gut widerstehen. Andererseits hat man jedoch bei Anwendung bleierner Gefäße statt der Glaskolben bei der zur Austreibung alles Chlors nöthigen Erhitzung ein Schmelzen der Bleigefäße zu befürchten, und man ist daher auf Glas oder Steinzeug beinahe allein angewiesen. Während man sich im Kleinen hiermit auch behelfen kann, ist es um so mißlicher im Großen, denn eine große Quantität Chlor in vielen solchen kleinen Apparaten herzustellen, würde fast unausführbar sein. Man hat sich jedoch zur Darstellung des Chlors im Großen durch verschiedene Apparate und auf verschiedene Art zu helfen gewußt, nachdem man mit Salzsäure und Braunstein, oder mit Kochsalz, Bitriol und Braunstein das Chlorgas auf die angeführte Weise zu erzeugen für vortheilhaft findet.

1) **Chlorentwickelungsapparat bei Anwendung von Salzsäure und Braunstein.** Statt des Glaskolbens benutzt man große Steinzeuggefäße, welche mit einer weiten Oeffnung, zum Einfüllen von Braunstein und zum Entleeren bestimmt, und mit engeren Röhrenansätzen versehen sind, in welchen die Leitungsröhren angebracht werden. Von den Röhrenansätzen aus wird das Gas durch bleierne Röhren entweder erst gewaschen oder ungewaschen an den Ort des Verbrauchs abgeleitet. Wenn das Gas gewaschen werden soll, so kann man Verbindungsröhren das Gas zuerst in eine kleinere Steinzeugflasche, die gleicher Weise wie die vorhin beschriebene gläserne mit zwei Hälsen versehen ist. Es ist gut, wenn die statt des Kolbens benutzten steinzeugernen Gefäße ein Ablaßansatzrohr besitzen, durch welches man die zurückbleibende Flüssigkeit ablassen kann. Die Erhitzung dieser Gefäße geschieht weder in freiem Feuer noch im Sandbad, sondern man bewerkstelligt sie durch Wasserdampf. Zu dem Behufe werden ein oder mehrere solcher Gefäße in einen Kasten von Holz oder Mauerwerk mit hölzernem Deckel so eingesetzt, daß nur die Hälse und an den Seitenwänden die Ablaßröhren hervorragen, wobei die Fugen durch Werg oder Tuch sorgfältig verschlossen sind, um das Entweichen des Wasserdampfes zu verhindern, der aus einem Dampfkessel in die Kästen zur nöthigen Erwärmung geleitet wird, welche wie bei der Darstellung des Chlors in Glaskolben so lange erfolgt, bis die bleiernen Gasleitungsröhren anfangen heiß zu werden. Sonst ist die Operation dieselbe, als wenn man sich gläserner Kolben bediente. Man beschickt mit Braunstein in grobem Pulver oder in Stücken, füllt die Salzsäure durch das Füllloch, während der übrige Apparat schon in Verbindung ist, hierauf verschließt man auch dieses, worauf die Gasentwickelung beginnt. Entweicht kein Gas mehr oder werden die Bleiröhren heiß, wie zusammen eintrifft, so läßt man die Flüssigkeit aus dem Entwickelungsgefäße auslaufen. Man bringt zu dem zurückgebliebenen noch etwas frischen Braunstein und beschickt aufs Neue mit Salzsäure, um dann wieder wie vorher zu verfahren

Chlorentwickelung im Großen. 273

hren. Haben die Steinzeuggefäße kein Ablaßrohr, so muß man sie aus dem asten herausheben und ausgießen, wodurch die Arbeit umständlicher wird.

Auch hier hat die Verdichtung der Fugen an den Oeffnungen des Gefäßes ihre jedoch leichter überwindbaren Schwierigkeiten, weil sich den Oeffnungen eine zweckmäßigere Form geben läßt. Fig. 42 zeigt einen solchen Apparat im Durchschnitt.

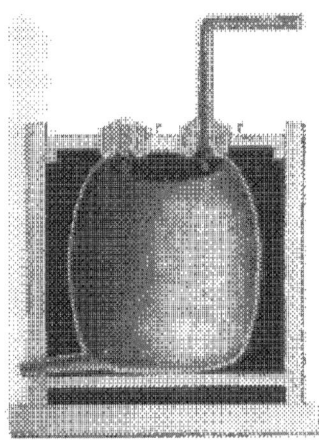

Fig. 42.

A das Chlorentwickelungsgefäß, a Oeffnung zum Einfüllen, b zur Ableitung des Gases, c Ablaßrohr, H Kasten, worin das Entwickelungsgefäß sitzt und in welchen Wasserdampf geleitet werden kann. Die Hälse a und b ragen aus dem Deckel hervor; sie sind mit einem Rande r rund herum umgeben, in welchen Thonkitt eingedrückt werden kann, der dann, mit weichem Leder noch überbunden, eine dichte Verschließung hervorbringt. Der Thonkitt wird dadurch hergestellt, daß man gewöhnlichen fetten Thon sehr fein pulverisirt, ihn mit Leinöl zu einer steifen Masse anmacht, die um so besser ist, je länger man sie in einem ... Mörser oder unter hölzernen Stempeln einer Pochmühle zu einer zähen ... Masse bearbeitet hat.

In allen Fällen, sowohl bei dem kleineren Glasapparat als dem vorhergehenden und dem nachfolgenden wachsen die Schwierigkeiten des Verdichtens mit dem Drucke, unter dem das Gas entweicht. Tritt das Gas nicht tief, ... hat es wenig Schwierigkeit, die Dichtung genau schließend zu erhalten; man ... daher gut, die Anwendung des Gases so zu bewerkstelligen, daß ein hoher ... vermieden wird. Tritt das Gas unter keine Flüssigkeit, oder höchstens ... Zoll unter das Waschwasser, so ist ein gutes Verschmieren und Andrücken ... Leithonkittes immer ausreichend.

2) Chlorentwickelungsapparat bei Anwendung von Kochsalz, Vitriolöl und Braunstein. Dieser Apparat muß eine größere Erhitzung halten. Der nachstehend beschriebene hält das ganze Jahr bei ununterbrochenem Betriebe aus, und ist ziemlich befriedigend. Fig. 43 (a. f. S.) zeigt denselben im ... Durchschnitt. Er besteht theils aus Eisen, theils aus Blei. Der eiserne Theil ... eine flache kesselförmige Schale mit vorstehendem Rande, a a, der mit

274 Materialien zu blauen Eisenfarben. Chlor.

Löchern in kurzen Distanzen durchbohrt ist, um eiserne Schrauben durch⸗
zu können. Die Schale hat unten ein Ausflußrohr b, ihre Eisenstärke kann 2.
Fig. 43.

3,9 cm betragen, wogegen der hervorstehende Rand bei 1,9 cm Dicke
reichend stark ist. Dieser eiserne Theil ist es, durch welchen die Erwärmung
chlorentwickelnden Mischung ohne Gefahr geschehen kann; derselbe ist mit
wöhnlicher Kesseleinmauerung versehen. Der darauf gesetzte bleierne Theil
größert das Gefäß und enthält die Füll⸗ und Ableitungsvorrichtungen. Es ist
ein Cylinder dd, aus 0,6 oder 0,9 cm dicken Bleiplatten gefertigt ohne Löthung
und nur durch Einschmelzung von Blei zusammengefügt. Der untere Rand
ist offen und hat eine der Flansche der eisernen Schale genau entsprechende
Flansche, in welche entsprechende Löcher gebohrt werden. Ein eiserner Ring zur
Verstärkung auf die Flansche gelegt, erlaubt es, mittelst hindurchgesteckter Schrauben
ben den Blei⸗ und Kesselrand oder eben die Flanschen so fest zusammenschrauben
ben, daß das Gefäß an der Fuge für Flüssigkeiten dicht ist. Vor dem Zu⸗
sammenschrauben kann man in die Fuge einen Kalteweißkitt bringen und das
Blei durch Aufklopfen rings herum gut anpassen.

Der obere Theil des Cylinders bildet ein Gewölbe. In demselben
findet sich ein Bleitrichter g mit einer innen und außen nach Regeln

r gebogenen Röhre von Blei, deren Durchmesser weniger als 2,6 cm betragen
; dann eine Röhre, welche fest mit dem Ableitungsrohre für das Chlor zu-
mengeschmolzen sein kann; ferner eine 15,6 cm lange, 7,8 cm breite Einfüll-
ug mit Hals von starkem Blei und gebogen, wie die Figur bei e angiebt.
selbe gehört ein mit Blei überzogener hölzerner Keil. Bei dem vorliegen-
Apparate ist nur diese Oeffnung zu verdichten, weil die Trichterröhre stets
selbst gesperrt ist. Diese Dichtung geschieht durch festes Einschlagen des Keils
Umgeben desselben mit Thonkitt. Die Oeffnung e f dient zum Einfüllen des
enges aus Kochsalz und Braunstein. Nach dem Eintragen desselben wird die
wefelsäure durch den Bleitrichter zugegossen, entweder auf einmal, oder besser
Aufschäumens wegen nach und nach; am Ende erhitzt man so weit, daß
bleitungsröhre heiß wird, worauf man mit der Feuerung aufhört. Die
e rückständige Masse läßt man noch heiß durch das Abzugsrohr ablaufen
schickt dann den Apparat aufs Neue. Das Heißwerden der Ableitungs-
s ist darum ein Kennzeichen hinreichender Erhitzung, weil von nun an statt
g warmen Chlorgases, das sich nicht condensirt, Wasserdämpfe kommen, die
erdichten und erhitzend wirken.

7) Chlorkalk.

Der Chlorkalk oder Bleichkalk ist ein Gemisch von unterchlorigsaurem Kalk
Chlorcalcium und Kalkhydrat:

$$ClO, CaO + x CaCl + y CaO, HO.$$

e Verbindung kann man an der Stelle des Chlors in manchen Fällen
uchen; sie kommt nur dann in Frage, wenn man das anzuwendende Chlor
besonders bereiten will, und wir haben uns daher mit der Darstellung
Chlorkalks weniger zu befassen, sondern werden nur das für den vorliegen-
Zweck Wissenswerthe davon anführen.
Der Chlorkalk wird auf die Weise dargestellt, daß das durch Wasser ge-
gene Chlorgas, um trockenen Chlorkalk zu erhalten, in dichte Räume geleitet
, worin man trockenes aber vollständig hydratisirtes Kalkhydrat ausgebreitet
welches das Gas begierig einsaugt, was durch Umrühren befördert wird.
: man leitet das Chlorgas in eine mehr oder weniger verdünnte Kalkmilch,
erhält so den flüssigen Chlorkalk, wie er auch entsteht, wenn man den
nen in Wasser aufrührt. Nur der trockene Chlorkalk wird in chemischen
ten zum Behufe des Handels dargestellt, und ist ein weißes, bröckliches,
t anzufühlendes Pulver von eigenem, chlorähnlichem Geruch, das in gute
r verpackt verschickt wird. In schlechten, undichten Fässern verliert derselbe
Chlorgehalt und zerfließt. Er löst sich im Wasser nicht ganz auf, indem

nicht aller Kalk mit Chlor verbunden und nur der an Chlor gebundene Antheil des Kalks löslich ist; er zertheilt sich aber darin. Zugesetzte Säuren zersetzen ihn, daß sie sich mit dem Kalke verbinden, und einen Theil des Chlors oder alles austreiben. Darauf beruht nun seine Anwendung zum Behufe der Farbenfabrikation. Statt in eine Flüssigkeit Chlor zu leiten, kann man sie, sofern sonst kein Nachtheil daraus entsteht, mit Chlorkalk mischen, und eine Säure zusetzen, wodurch das Chlor selbst in der Flüssigkeit entsteht und zur innigen Berührung der Wirksamkeit gelangt. Wählt man dazu eine Säure, welche mit dem Kalke lösliche Verbindung bildet, so bleibt beim nachherigen Auswaschen vom Chlorkalke nichts zurück, deshalb benutzt man hierzu am zweckmäßigsten die Salzsäure. Bei Anwendung von Schwefelsäure würde aus dem vorhandenen Kalke Gyps gebildet werden; die Säure ist also nur anwendbar, wo letztere nichts schadet, wenn er der Masse beigemengt bleibt.

Der Gehalt des käuflichen Chlorkalks an anwendbarem, wirksamem Chlor ist sehr verschieden und beträgt selbst bei sehr guter, chlorreicher Handelswaare durchschnittlich nicht über 25 Procent, meistens aber weit weniger. Sowohl um die Menge des zur Erzeugung einer bestimmten Quantität Chlor erforderlichen Chlorkalks genau zu erfahren, als auch zur Gewinnung eines sichern Urtheils über den Handelswerth eines Chlorkalks ist es durchaus unerläßlich, letzteren vor der Verwendung oder beim Ankaufe auf seinen Gehalt an wirksamem Chlor möglichst genau zu prüfen. Das Verfahren, das die Chlorkalkfabrikanten und Consumenten zum Behufe dieser Prüfung anwenden, ein sehr verschiedenes; es hat den Namen Chlorimetrie erhalten. Es genügt es, nur eine Methode von den vielen, die zu gleichem Ziele führen, zu lehren.

Diese einfache und sichere Prüfungsmethode besteht darin, daß man die Gewichtsmenge des Chlorkalks ermittelt, welche erforderlich ist, um vermöge durch Salzsäure daraus entbundenen Chlors eine bestimmte Gewichtsmenge Eisenvitriol zu oxydiren, d. h. in Eisenoxydsalz zu verwandeln. Zur Ausführung löst 39,1 Theile reinen (oxydfreien) Eisenvitriols in einem Becherglase in der bis 20fachen Menge Wassers auf und setzt der Lösung einen Ueberschuß von Salzsäure zu. Dann wägt man 100 Theile einer gleichartigen Durchschnittsprobe des Chlorkalks ab, zerrührt ihn sehr sorgfältig in Wasser zu einem feinen Brei, füllt ihn in eine in 100 Grade getheilte Glasröhre, in welche man noch so viel Wasser unter fortwährendem Umrühren gießt, daß sie bis zum obersten Striche 0 voll wird. Man gießt nun von dieser Bleichflüssigkeit in die Eisenlösung, rührt mit einem Glasstabe um und prüft, ob eine herausgenommene Probe des Gemisches mit einem Tropfen einer Lösung von rothem Blutlaugensalz noch einen blauen Niederschlag giebt. Ist letzteres der Fall, so setzt man nach Bleichflüssigkeit zu, indem man nach dem Zusatze jene Prüfung wiederholt und fährt in dieser Weise mit Zusetzen und Prüfen so lange fort, bis die

Darstellung der blauen Cyaneisenfarben. Pariserblau. 277

sich durch rothes Blutlaugensalz nicht mehr blau gefärbt wird, also der Eisenvitriol vollständig in Eisenoxydsalz verwandelt ist. Diese Umwandlung ist bewirkt durch das Chlor, welches die der Eisenvitriollösung beigemischte Salzsäure aus dem Chlorkalk frei und daher wirksam gemacht hat. Man liest nun die verbrauchten Theilstriche oder Grade der Chlorkalkflüssigkeit ab und berechnet daraus den Procentgehalt des Chlorkalks an Chlor in folgender einfacher Weise.

Da die angewendeten 30,1 Theile Eisenvitriol zu der obigen Umwandlung Theile freien Chlors erfordern, so sind in den hierzu verbrauchten Theilstrichen oder Graden Chlorkalkflüssigkeit (d. h. in ebenso viel Gewichtstheilen Chlorkalk) in jedem alle 5 Theile Chlor enthalten gewesen. Hat man daher z. B. 30 Theilstriche Chlorkalkflüssigkeit verbraucht, so enthalten je 30 Theile des geprüften Chlorkalks Theile Chlor, 100 Theile Chlorkalk daher $\frac{100 \times 5}{30} = 16{,}66$ Theile, d. h.

r Chlorkalk enthält 16²/₃ Procent wirksamen Chlors. Die Probe kann bei sehr starkem Chlorkalk noch empfindlicher dadurch gemacht werden, daß man statt 10 Theile Chlorkalk nur 50 Theile zu 100 Graden Chlorkalkflüssigkeit zerreibt, so zur Umwandlung des Eisenvitriols die doppelte Zahl Theilstriche Chlorkalkflüssigkeit zu verwenden hat. Die Berechnung ist in diesem Falle die nämliche wie ohin, nur daß man selbstredend die gefundenen Chlorprocente schließlich zu verdoppeln hat.

Bei der Anwendung des Chlorkalks richtet man sich dann natürlich gleichfalls nach dem so ermittelten procentischen Chlorgehalte, indem man z. B. nur die Hälfte von einem Chlorkalke nöthig hat, der doppelt so viel Chlor enthält, als von einem anderen, um den gleichen Zweck damit zu erreichen.

Darstellung der blauen Cyaneisenfarben.

1. Pariserblau.

Gegenwärtig stellt man ein Blau her, das im Handel Pariserblau genannt wird, obgleich man es in Paris lange noch nicht bereitete, als es im deutschen Handel schon in Menge vorkam und in vielen Fabriken im Großen hergestellt wurde. Es ist dieses die Grundlage für eine Menge anderer blauer Farben.

Es zeigt in seinem Aeußern sowohl als nach der Reinheit der Farbe nicht geringe Unterschiede. Man benutzt zu seiner Darstellung den Weg, erst den §. 259 u. 260 bereits erwähnten weißen Niederschlag von gelbem Blutlaugensalz mit Eisenoxydulsalz (Eisenvitriol) herzustellen, und denselben nachher durch Oxydationsmittel zu bläuen.

Die Herstellung dieses weißen Niederschlages ist indessen an ganz bestimmte Regeln geknüpft, und zwar nicht nur deshalb, damit der Niederschlag durch das

278 Darstellung von Pariserblau. Fällung.

bläuen eine schöne Farbe annimmt, sondern damit auch bei seiner Darste[ll]=
lein Verlust an Blutlaugensalz eintritt, der leicht möglich ist. Fällt man[näm]=
lich eine Auflösung von gelbem Blutlaugensalz mit einer Auflösung von Eisen=
vitriol, bis erstere Flüssigkeit mit letzterer keinen Niederschlag mehr giebt, so [en]=
sich zwar kein Blutlaugensalz mehr in der Lösung, aber der Niederschlag hat
dasselbe in bedeutender Menge enthalten und enthält es auch immer. Man [ver]=
daher lieber mit erfahrungsmäßig ermittelten Gewichtsquantitäten und [ei]=
Ueberschusse von Eisenvitriol, die man als Lösungen vermischt. Damit man
bei den Proportionen sicher ist, daß man in der vorher ermittelten Menge
demnach zu wenig Eisenvitriol anwendet, so muß man davon stets eine gleich[e]
und trockne Waare benutzen. Es giebt Eisenvitriol, namentlich aus Vitriol=
Alaunwerken, der beträchtliche Quantitäten Bittersalz enthält; solchen muß [man]
dieser Fabrikation ganz ausschließen und vorzüglich den Vitriol anwenden, [der]
aus Schwefelsäurefabriken erhält, und der direct durch Auflösung von [Eisen]
Schwefelsäure hergestellt ist. Man kann dann sicher sein, daß 42,5 kg,
45 kg dieses Eisenvitriols auf 50 kg Blutlaugensalz vollkommen zur Fäl[lung]
ausreichen werden.

Es ist auch nicht gleichgültig, wie die Fällung vorgenommen wird. Nach d[er]
Erfahrung erhält man keine schöne blaue Farbe, wenn der Niederschlag [zu]
weiß ausfällt, oder wenn er Gelegenheit hatte, sich an der Luft zu oxydiren,
wenn er körnig und grob ausfällt. Man bereitet ihn daher am besten nach
der Vorschrift: 50 kg gelbes Blutlaugensalz löst man in etwa 250 kg [heißen]
Wassers, und bringt die Lösung in ein Ständchen A; 45 bis 42,5 kg Eis[envitriol]
löst man in ebenso viel Wasser, und bringt die Lösung in das Ständchen B.
kann bei der Auflösung des Eisenvitriols alte Eisenstücke mit in den Kessel
wodurch etwa in dem Vitriol vorhandenes Oxydsalz in Oxydulsalz verwand[elt]
Beide Ständchen stehen über der Präcipitirstande, die 3mal so groß an Inh[alt]
als jedes der Ständchen, deren Inhalt durch einen Holzkrahn in die [erstere]
stande gelassen werden kann. Man füllt in die Präcipitirstande etwa 250
Wasser, und läßt unter beständigem Umrühren den Inhalt beider Ständchen g[leich]=
zeitig hineinlaufen, nachdem die Lösungen einige Stunden gestanden und sich
abgesetzt haben. Es entsteht ein feiner weißer Niederschlag, den man über N[acht]
sich absetzen läßt, den anderen Tag bringt man ihn auf Leinenfilter und läß[t]
abtropfen, wobei man allerdings nicht vermeiden kann, daß er sich an der O[ber]=
fläche etwas bläut. Es entsteht ein speckiger, nicht körniger Teig, der, sobal[d]
so dick geworden ist, daß er auf Spaten sich abnehmen läßt, der Bläuung [dem]
Vorzug unterworfen wird.

Bevor ich diese Bläuung beschreibe, will ich anführen, daß der erhaltene
derschlag auch in dem Falle, wo hinreichend Eisenvitriol vorhanden ist, in sei[ner]
sammensetzung doch unzersetztes Blutlaugensalz oder Cyankalium mit Cyaneis[en]

Bläuung mit Salpetersäure und Schwefelsäure.

ll. Kann sich derselbe an der Luft bläuen, so ist man im Stande, aus der blau gewordenen Masse durch Wasser Blutlaugensalz auszuziehen. Das letztere würde bei der Bläuung des Niederschlages an der Luft offenbar verloren gehen, wenn an diesen Umstand nicht kennte, und die Waschwasser nicht benutzte; allein vernünftiger wird Niemand die Bläuung auf diese Weise vornehmen, weil danach weder eine Farbe von schönem Aeußern noch von innerer Güte gewonnen werden kann.

Das älteste Verfahren, den weißen Niederschlag zu bläuen, besteht darin, den Brei in einem Kessel bis zum Kochen oder beinahe bis zum Kochen zu erhitzen, ihn heiß in eine hölzerne Staube zu bringen, zu demselben unter Umrühren eine Quantität Salpetersäure und dann eine andere Quantität englischer Schwefelsäure zu fügen, oder umgekehrt in der Reihenfolge zu verfahren. Dabei entsteht von der Salpetersäure ein mächtiges Aufschäumen und Entwicklung salpetrigsaurer Dämpfe, entweder sogleich oder erst nach einiger Zeit, was theilweise, wie unten noch näher erörtert ist, von der Temperatur abhängt, die das Gemenge hatte oder beim Zusatz der Säuren erhielt. Man verwendet auf den Niederschlag von 50 kg Blutlaugensalz gewöhnlich 25,5 kg Salpetersäure von 27° Baumé, und 18 kg Schwefelsäure von 66° Baumé.

Bei dieser Operation treten oft eigene Erscheinungen ein; es kommt vor, daß gleich anfangs, schon beim Zusatze der Salpetersäure sich viel salpetrigsaures Gas in Dämpfen entwickelt, oder doch bei Zusatz der Schwefelsäure. Manchmal unterbleibt dies aber, und die Gasentwickelung tritt erst stundenlang nachher unter heftigem Aufschäumen ein, welches Vorsicht erfordert, damit die Gefäße dann nicht überlaufen. Die gedachte Reaction ist abhängig theils von der Temperatur des Gemisches, theils noch mehr von einem Eisenüberschuß, der stets ein schnelles Aufbrausen veranlaßt, und das sicher gleich eintritt, wenn man zu dem kochenden Breie einige Pfund Eisenvitriol gesetzt hat. Es scheint daher die Einwirkung der Säuren durch die Umwandlung des Eisenvitriols in schwefelsaures Eisenoxyd vermittelt zu werden. Diese Einwirkung besteht darin, daß einestheils dem weißen Niederschlage Eisen, anderentheils Kalium entzogen wird. Beide müssen daher erst oxydirt werden, was durch die angewendete Salpetersäure geschieht, die sich dabei zersetzt. Schwer erklärlich ist, warum die Einwirkung durch die Gegenwart von überschüssigem Eisenvitriol beschleunigt wird, wenn man nicht annehmen will, daß schwefelsaures Eisenoxydul die Salpetersäure leichter zersetzt, als der weiße Niederschlag, und letzterer sein Kalium leichter an schwefelsaures Eisenoxyd abgiebt, als an Schwefelsäure und den Überschuß der Salpetersäure. Ein Niederschlag, der nicht mit Eisenvitriolzusatz hergestellt ist, zeigt niemals ein heftiges Aufbrausen und giebt auch kein schönes Blau, selbst wenn man mehr Säure angewendet hat, als gewöhnlich.

Wegen der salpetrigen Säure, die sich bei dieser Operation in rothen Dämpfen in sehr großen Mengen entwickelt, ist es nicht gleich, wo man sie vornimmt. In Localen, welche nicht ganz luftig sind, hat man kaum Zeit, Säuren zuzufügen, ehe schon das ganze Local mit diesem Gase erfüllt ist, kann dann nicht vermeiden, einige Athemzüge des Gases mitzunehmen, welche die Lungen sehr gefährlich sind. Ich selbst hatte einmal in Folge einer derartigen Einwirkung drei Tage lang die heftigsten Brustschmerzen und lag eine Nacht bewußtlos krank. Man thut daher am besten, die Standen ganz ins Freie zu setzen, und sie mit einem zweitheiligen Deckel zu versehen; zwischen beide Deckeltheile man das Röhrscheit ein, in die eine Hälfte bohrt man ein Loch zur Einsetzung eines Trichters, durch welchen man die Säuren aus Flaschen hinzugießt. Stellt sich dabei so, daß man auf der Seite steht, von welcher der Wind herkommt, man kann dann so ziemlich ohne Belästigung das Zugießen der Säuren machen, worauf man bedeckt 24 Stunden stehen läßt.

Nach dieser Zeit nimmt man den Brei aus der Standen heraus, rührt in sehr viel Wasser in einer großen Standen, läßt absitzen, zieht die klare Flüssigkeit ab und wiederholt das Auswaschen, je öfter desto besser, bis das Waschwasser einer Lösung von Chlorbaryum nur noch eine geringe Trübung hervorbringt. Öfter das Auswaschen des hartnäckig anhängenden Eisensalzes wiederholt wird, um so reiner und glänzender wird nachher die Farbe. Man filtrirt durch leinenen Filtern, preßt sie in dünnen Lagen, schneidet sie in länglich rechteckige Stückchen, und trocknet sie erst langsam an der Luft, dann in einer warmen Trockenstube bei 30 bis 40°. Je schärfer sie ausgetrocknet wird, einen desto größeren Glanz erhält die Farbe. Ihr Glanz ist kupferfarbig, auch hat das Pulver denselben Glanz, wenn es mit dem Finger glatt auf Papier gestrichen wird. Ze-fällt beim Anfeuchten mit wenig Wasser unter Krachen in ein Pulver, bis zu einem milden Teig erweicht. Sie ist sehr leicht.

Setzt man die Schwefelsäure vor der Salpetersäure zu, so wird das zwar heller, hat aber zugleich Kupferfarbe. Die Nuance geht dann mehr in Farbe des Indigs über. Es ist jedoch nicht ermittelt, worin der Unterschied liegt. Man erhält von den angegebenen Quantitäten an Rohmaterial etwa 39 bis 39,5 kg Pariserblau, je nach der Reinheit und Trockenheit des Laugensalzes.

Bei den folgenden Sorten des Pariserblaues, die auf andere Art gewonnen werden, verfährt man nach der vorgenommenen Bläuung im Uebrigen auf stehend angegebene Weise, daher nur noch von den weiteren verschiedenen Arten des Bläuens die Rede sein wird.

Ich habe vorhin erwähnt, daß die Wirkung der beiden Säuren auf den lichen weißen Niederschlag in der Entstehung von Kalium und Eisen besteht, sich dabei oxydiren müssen, wenn die Salpetersäure den Sauerstoff Vitriolöl allein bildet nur dem Niederschlage nur einen weißen Ton, der Auswaschen unverändert zurückbleibt. Bringt man aber den Nieder-

Bläuung mit Eisenoxydsalzen.

mit einer Lösung von Eisenchlorid oder von schwefelsaurem Eisenoxyd, so entzieht er diesen Eisenverbindungen Sauerstoff oder Chlor und Säure, und bildet beziehungsweise Eisenchlorür oder schwefelsaures Eisenoxydul. Das schwefelsaure Eisenoxyd ist im Allgemeinen leichter und billiger herzustellen als Eisenchlorid, und wird daher meistens vortheilhafter anzuwenden sein. Wegen der Darstellung von schwefelsaurem Eisenoxyd verweise ich auf die S. 263 u. f. hierzu gegebenen Vorschriften. Das Eisenchlorid kann man sich jedoch ebenfalls billig dadurch herstellen, daß man Caput mortuum oder sein gemahlenen Eisenstein in kleineren oder größeren Steinzeuggefäßen oder in Glasballons längere Zeit mit Salzsäure digerirt, wodurch eine gelbe Lösung entsteht, die man hell von dem ungelöst gebliebenen Rückstande decantirt. Es verursacht keine nachtheilige Wirkung, wenn in den Lösungen beider genannten Eisenverbindungen freie Säure vorhanden ist.

Um das Bläuen nun unter Anwendung der bemerkten Eisenoxydsalze auszuführen, bringt man den weißen Niederschlag, ebenso wie bei der vorigen Methode zum Kochen und entleert ihn dann in eine Stande. Dann wird so viel und so lange wiederholt einerweise von jenen Eisenoxydlösungen hinzugegeben, bis eine abfiltrirte Probe nach einigem Stehen zeigt, daß Eisenoxydsalz in der Lösung im Ueberschusse vorhanden ist und die Flüssigkeit nicht blos einen weißen oder blaßblauen, sondern dunkelblauen Niederschlag mit Lösung von gelbem Blutlaugensalz giebt. Es ist alsdann die Bläuung vollendet, und der blaue Brei kann weiter verarbeitet werden. Diese Bläuungsweise ist nicht nur sehr billig, sondern auch sehr einfach. Die abfallenden Flüssigkeiten, welche Eisenoxydul- und Eisenoxydsalz enthalten, könnte man zwar benutzen, aber ihre Anwendung ist zum Behufe der Farbenfabrikation zu unsicher, daher sie gewöhnlich weggegossen werden. Ist eine chemische Fabrik mit einer Farbenfabrik vereinigt, so ist eine anderweitige zweckmäßige Verwendung eher möglich.

Ebenso wie die Oxydsalze des Eisens kann das Manganchlorid verwendet werden. Das Verfahren des Bläuens ist ganz und gar dasselbe, aber unter den allermeisten Verhältnissen wird man nicht im Stande sein, sich das Manganchlorid entsprechend billig wie das Eisenchlorid herzustellen. Am einfachsten erhält man es, wenn man gewöhnlichen Braunstein kalt mit verdünnter Salzsäure digerirt; da derselbe stets etwas Manganoxyd neben Manganhyperoxyd enthält, so wird jenes gelöst und dieses bleibt allein zurück, so daß man es als gereinigten Braunstein wieder verkaufen oder zur Chlorbereitung weiter benutzen kann. Mit der erhaltenen Lösung von Manganchlorid, die jedoch nicht perfekt ist, verfährt man, wie vorhin, mit den Eisenoxydlösungen. Zurück bleibt dann schließlich eine Lösung von Manganchlorür, die eisenhaltig ist und, weil gleichfalls schwer verwendbar, gewöhnlich weggelassen wird.

Zu den Methoden, welche noch zum Bläuen des Niederschlages dienen und Leitung der Operation recht glänzende Produkte geben, gehören auch die, bei welchen als oxydirendes oder Kalium und Eisen entziehendes Agens Chlor direct oder indirect angewendet wird. Man kann zum Anbläuen sich recht gut eines Gemisches von Salpetersäure und Salzsäure bedienen, welches man sich aus 50 kg Salpetersäure von 30° Baumé und 35 kg Salzsäure von 2.. Baumé in Glasflaschen vorräthig mischt. Von dieser Mischung gießt man nach und nach zu dem in einer hölzernen Stande befindlichen Brei so wie als die Farbe an Feuer und Tiefe noch zunimmt. Um diesen Punkt des Vergleich der Farben festzustellen, streicht man eine Probe des geblauten Breis auf eine Glastafel, die rein ist, die zweite Probe macht man so, daß man zu demselben Breie etwas in ein Glas bringt, noch einige Tropfen Säure hinzufügt und davon auch auf das Glas streicht. Ist die entstandene Farbe nicht schön geworden, so ist genug Säure zugesetzt. Zeigt die Probe einen Stich ins Grünliche, so hat man zuviel Säure zugesetzt, und man kann den Fehler aufheben, wenn man zur Hauptmasse wieder behutsam von dem weißen Niederschlage hinzufügt, bis wieder die schönste blaue Farbennüance hervorgetreten ist. Man verbraucht zu einem Niederschlage aus 50 kg Blutlaugensalz von dem obigen Gemische aus Salpeter- und Salzsäure ungefähr 25 kg. Die weitere Verarbeitung der geblauten Waare kann dann sogleich erfolgen, wenn die richtige Färbung eingetreten ist.

Für den Fall, daß das Blau nicht als Pariserblau in den Handel gebracht soll, sondern etwa dient, um anderweitig zu geringen Blauen verwendet zu werden, kann auch die Bläuung durch Chlorkalk und Salzsäure bewerkstelligt werden. Zu diesem Behufe rührt man den Brei mit etwa 30 bis 35 kg concentrirter Salzsäure auf, und setzt nun von einer Milch, aus Chlorkalk in Wasser gerührt, so lange zu, bis wie oben die höchste Nüance der Farbe erzielt ist. Soll jedoch das Blau rein sein und als Pariserblau in den Handel kommen, so verfährt man zwar hinsichtlich der Bläuung ebenso, aber man verwendet statt einer Milch von Chlorkalk eine reine und klar abfiltrirte Lösung desselben, so daß keine der unlöslichen Beimischungen des Chlorkalkes mit unter die Farbe gerathen kann. Die Salzsäure macht bei diesem Verfahren das Chlor aus dem Chlorkalke frei, und dieses wirkt nun wie direct zugeführtes freies Chlor. Wenn die richtige Intensität der Farbe hervorgerufen ist, kann sogleich zum Auswaschen geschritten werden.

Wenn man sehr reine Stücke von Braunstein besitzt, so kann man mit Schwefelsäure und das gröbliche Pulver von diesen Stücken, von welchem man das feinste Pulver abgewaschen hat, auch eine ähnliche Operation ausführen, indem man den Brei damit längere Zeit warm in Steinkrügen digerirt, bis die rechte Farbe erzielt ist. Bei Zusatz von Salzsäure geht jedoch die Operation schneller vor sich. Man schlämmt kann das Blau von den gebliebenen Braunsteinresten ab.

Diese beiden letzten Methoden des Bläuens bieten keine andern Vortheile vor dem directen Bläuen mit Chlor, als daß der Chlorentwickelungsapparat

Bläuen mit Chlor und mit doppelt-chromsaurem Kali.

...wird. Aber man arbeitet mit direct angewandtem Chlor weit sicherer. Zu dem Behufe bringt man zu dem Farbenteig einige Pfund Salzsäure und so viel Wasser, daß derselbe die steife Breiform verliert. Dann bringt man ihn in eine ...Stande, und läßt aus einem Chlorentwickelungsapparate Chlorgas einströmen, so rasch es der Apparat liefert und unter öfterem Umrühren in der Stande. ...milchige Masse wird zusehends blau. In der Flüssigkeit, die man von der ...Masse von Zeit zu Zeit probeweise abfiltrirt, findet sich so lange Eisen Oxydulsalz, bis der Brei völlig gebläut ist, dieselbe giebt daher mit gelbem Blutlaugensalz einen bloß bläulichen Niederschlag. Fängt derselbe aber an dunkel... zu werden, so ist die Bläuung durch das Chlor beendigt, und man hört mit ...Einleiten auf oder nimmt das Blau zum Abwässern heraus und beschickt das ...mit frischem zu bläuenden Niederschlage.

Man kann endlich auch ein Gemisch von doppelt-chromsaurem Kali und Schwefelsäure zur Bläuung anwenden. Jetzt, wo das saure chromsaure Kali nur ...halb so viel kostet, wie vor zwanzig Jahren, macht dieses Salz das damit gewonnene Product nicht viel theurer, als wenn man mit Salpetersäure bläut. Zur ...des Niederschlages aus 50 kg gelben Blutlaugensalzes sind nöthig 10,5 kg saures chromsaures Kali und 24 kg Schwefelsäure, wobei ein geringer Ueberschuß ...Chromsäure in der Lösung bleibt. 9 kg saures chromsaures Kali reichen ...ganz aus. Verfährt man so, daß man erst die Lösung des chromsauren ...in etwa der fünffachen Wassermenge zu dem Breie hinzurührt, wodurch ...blau wird, und dann die Schwefelsäure, so erhält man nach dem Auswaschen ein sehr feuriges, kupferglänzendes Pariserblau. Verfährt man dagegen umgekehrt, und fügt erst die Schwefelsäure hinzu, so erhält man ein helles Stahl... von weniger Kupferglanz, sogenanntes Miloriblau.

Wenn die Blaue nach irgend einer dieser Methoden hergestellt sind, so ist es ...nothwendig, sie von den anhängenden Säuren und Salzen zu befreien. Der ...wird zu diesem Zwecke in großen Standen oder Holzgefäßen mit viel Wasser ...gerührt, dann stehen gelassen, bis man einen großen Theil der Flüssigkeit hell ...der Farbe abziehen kann, die sich mehr oder weniger tief abgesetzt hat. Man ...dann wieder frisches Wasser zuließen, und vollführt das Auswaschen 5 bis ...Male nach der allgemeinen Regel des Auswaschens, worauf zum Filtriren geschritten wird, wozu ziemlich dichte Leinwandfilter, auf Tenafeln befestigt, oder in ...ständergefäßen als Säcke angebracht, dienen können. Der erhaltene steife Brei ...dann gepreßt, auf der Presse in vierkantige längliche Stücke geschnitten, und ...in gewöhnlichen Trockenstuben, zuletzt in Räumen getrocknet, in denen eine Temperatur von 100° oder darüber gegeben werden kann.

In allen Fällen ist die Ausbeute ungefähr dieselbe, und die Blaue, wenn ...regelrecht hergestellt sind, erhalten ein dunkles, sehr kupferglänzendes Ansehen. ...rtlichkeiten bestimmen, welche Methoden man anwenden will. Die Bläuung mit Chlor ist jedenfalls die billigste, aber am wenigsten verbreitet, weil damit die Anschaffung eines Chlorentwickelungsapparates verbunden ist.

Merkwürdig und erwähnenswerth ist die Thatsache, daß die durch Eisenoxydsalze mit gelbem Blutlaugensalz erzeugten Niederschläge, obgleich dieselben eine ungemein intensive blaue Farbe besitzen, auch die nämliche Zusammensetzung zu haben scheinen, wie die anfangs weißen und nachher gebläuten Blutlaugensalzniederschläge, dennoch niemals Blaue liefern, die nach dem Trocknen sich, was Farbe und Glanz betrifft, mit jenen ersteren messen können, so daß dieser so beischeinende Weg zur Darstellung blauer Farben in den deutschen Farbenfabriken wenigstens nie zu einer Aufnahme gelangen konnte.

Es kommen noch einige Abarten von Pariserblau im Handel vor, von denen hier am geeignetsten die Rede ist. Die eine Sorte hat eine mehr stahlblaue Nüance; sie wird aus dem gebläuten wohl ausgewaschenen Brei von Pariserblau erhalten, indem man in ihn einem Kessel zum Kochen erhitzt und mit ¹⁄₁₀ bis ¹⁄₈ des Gewichtes, das er an trockenem Pariserblau enthält, von Blutlaugensalz kocht, welches dieser Niederschlag theils aufzunehmen, theils in rothes Blutlaugensalz zu verwandeln scheint. Das so erhaltene Blau wird dann wieder, wie das Pariserblau, gewaschen und getrocknet. Es scheint jedoch diese Farbe, welche vielleicht mit der folgenden ganz identisch ist, keine große Vorzüge zu besitzen, obwohl sie theurer im Preise gehalten wird.

Diese folgende hat den Namen Turnbulls Blau, und scheint mir in England dargestellt zu werden. Man erhält sie ganz einfach, indem man eine Auflösung von reinem Eisenvitriol kalt mit so viel einer Lösung von rothem Blutlaugensalz versetzt, als noch dadurch ein blauer Niederschlag hervorgebracht wird, den man nun ganz einfach abwässert und trocknet.

Die Hauptbestandtheile dieser blauen Farben sind Einfach-Cyaneisen und Anderthalb-Cyaneisen nebst Wasser. Ihr Unterschied in der Farbe scheint davon abzuhängen, in welchem Verhältnisse die beiden Verbindungen gemischt sind, und ob der weißen Verbindung alles Kalium entzogen ist oder nicht. Letztere beiden erwähnten Farben scheinen noch Blutlaugensalz enthalten zu müssen, wenn der selben das ihnen eigene Aeußere zukommen soll. Die in älteren Zeiten aus Blutlaugen gewonnenen Berlinerblaue, wenn aus denselben die Alaunerde durch Säuren ausgezogen wurde, stellten im Grunde nichts anderes dar, als die angeführten Blaue, nur hatten sie wegen der Bereitungsweise nicht jene Lebhaftigkeit erlangt, vielleicht enthielten sie auch weniger Anderthalb-Cyaneisen.

2. Berlinerblau.

Die alten Bereitungsweisen des Berlinerblaues bestanden darin, daß man Blutlauge, die der Hauptsache nach eine Lösung von Blutlaugensalz und kohlensaurem Kali war, mit einer Auflösung fällte, welche Eisenvitriol oder andere Eisensalze und daneben Alaun, oder Zinkvitriol, oder Bittererde enthielt, welche letztere Salze in vorwiegender Menge angewendet wurden. Dadurch wurden Füllungen erhalten, welche einestheils den weißen Niederschlag enthielten, den das Blutlaugensalz mit dem schwefelsauren Eisensalze allein geben würde, aber auch diejenige Alaunerde, das kohlensaure Zinkoxyd, oder die Magnesia, welche das kohlensaure Kali nebenbei aus dem zugemischten Salze beziehungsweise fällte. Den erhaltenen Niederschlag ließ man an der Luft oder durch Auswaschen mit viel lufthaltigem Wasser blau werden, wobei allerdings Blutlaugensalz verloren ging. Man erhielt so Blaue, welche die mitgefällten weißen Körper aufs innigste eingemengt enthielten; je mehr die letzteren betrugen, desto heller wurden die Berlinerblaue und umgekehrt. Bei dunklen Sorten fällte man blos mit Eisenvitriol und löste durch Zusatz einer Säure das zugleich mitgefällte Eisenoxydulhydrat wieder auf, bläute aber auf dieselbe Weise. Bei dieser Bereitungsmethode kamen die Berlinerblaue in jenen Zeiten doch theurer zu stehen als jetzt, denn man verwandte als weiße Körper zur Beimischung theure Erden oder Oxyde, die ebenso gut durch andere, billigere weiße Körper ersetzt werden können, und verschwendete zu diesem Behufe Pottasche, sowie schließlich Säure, um durch Pottasche gefälltes Eisenoxydul zu entfernen, ohne doch weiter Nutzen davon zu erzielen. Heutzutage wird daher rationell verfahren; man stellt die Blaue für sich her und zwar als Pariserblaue, und vermischt sie mit billigeren weißen Körpern, wenn sie noch teigförmig sind; diese Körper thun dieselben Dienste, wie früher die Alaunerde, das kohlensaure Zinkoxyd oder die Magnesia. Solche Körper, die im Allgemeinen als Zusatz angewendet werden, sind Stärke, Schwerspath, Gyps, gebrannte und feingemahlene Thone oder Kaoline, selten etwas anderes. Jede Fabrik hat darin ein eigenes Sortiment, und wendet diese Stoffe in verschiedenen Proportionen unter sich und gegen das Pariserblau an. Die erst für sich feingemahlenen genannten Körper werden ganz einfach mit dem Teige des Pariserblaues gemischt, und hierauf so oft wiederholt durch eine Farbenmühle gemahlen, bis die weißen Körper nach dem Trocknen des Gemisches nicht mehr als weiße Punkte in der Farbe erkannt werden können, was dem Ansehen der Farbe schaden würde.

Um die Güte eines Berlinerblaues zu beurtheilen, welche einzig von ihrem Gehalte an Pariserblau in 100 Theilen abhängt, genügt gegenwärtig das Ansehen nicht, denn der Gehalt an Blau kann bei ganz gleichem und namentlich gleich dunklem Ansehen doch ein ganz verschiedener sein. Dies kommt davon her, daß die genannten üblichen Zusätze durch ihre außerordentlich verschiedene Dichte derselben Menge Pariserblau beigemischt, dessen Farben sehr ungleich herabbringen. Stärke kann in sehr großer Menge beigefügt werden, und das Blau behält bei einer sehr dunkle Farbe, die ins Kupferfarbige zieht. Sie ertheilt der Farbe eine gewisse Leichtigkeit, so daß Stücke davon keinen erdigen Ansatz vermissen lassen. Schwerspath drückt die Farbe wegen seiner größeren Dichtkraft schon bei bedeutender bei gleichem Gewichte herab und macht das ganze Gemisch verhältnißmäßig viel schwerer. Es folgt dann der Gyps und endlich der gebrannte Thon, welche beide die Farben zwar nicht so schwer machen, aber in einem zu viel größeren Maße herabbringen.

3. Mineralblau, Hamburgerblau, Fingerhutblau.

Diese Farben wurden ehedem ganz so bereitet wie die Berlinerblaue. Es waren die Sorten wegen der noch größeren Beimischung jener angefügt weißen Niederschläge noch viel heller, als das Berlinerblau. Es wurde mehr als Beimischung Alaunerde mitgefällt und der Niederschlag abfiltrirt, dann einer concentrirten Alaunlösung gekocht, wobei der weiße Körper sich um das vermehrte, indem die Alaunerde in diesem Falle zur Bildung eines weißen etc. Körpers Anlaß giebt, der sowohl Schwefelsäure, Alaunerde, als schwefelsaures Kali enthält. Das Blau wurde dann ausgewaschen und getrocknet, und hat eine hellblaue Farbe, welche einen sehr feinen erdigen Bruch hatte und sich leicht in Wasser zertheilte. Heutzutage werden alle die genannten Blaue gerade bei dem noch nassen Pariserblau hergestellt, wie die Berlinerblaue, nur mit dem Unterschiede, daß die Menge der weißen Zusätze noch viel bedeutender genommen wird, wodurch die Farben heller werden. Uebrigens werden dieselben Zusätze angewendet und ganz auf dieselbe Weise, wie vorhin angegeben, dem Farbteig beigemengt.

Die Form des Berlinerblaues und Mineralblaues sind kleine viereckige lange Stückchen. Sie werden dadurch erhalten, daß man den gemahlenen Teig unter Farbenpressen in etwa 1,3 bis 1,9 cm dicken Lagen zwischen Tuch preßt. Nach dem Pressen wird der flache Farbenkuchen in geraden Linien von z. B. 1,3 cm nach der Breite zerschnitten, dann in die Länge von 7,8 bis 10,4 cm. Die Stücke werden abgehoben, auf Bretter gebracht und gut ausgetrocknet, entweder an der Luft oder in Trockenzimmern. Andere Formen kommen selten vor wie z. B. beim Fingerhutblau, welches in fingerhutähnlichen Vertiefungen der Gypsformen getrocknet wurde.

Da die sämmtlichen hier erwähnten blauen Farben, theils wegen der Art ihrer weißen Zusätze, theils wegen der Beschaffenheit der dazu verwendeten then Blaue sehr verschiedene Zusammensetzungen haben können, und zwar bei gleichem äußerm Ansehen, so würde es nichts nutzen, Vorschriften zu ihrer Bereitung zuzuführen, indem der Fabrikant durch kleine Proben leicht ermittelt, wie er eine vortheilhafte Mischung mit den erwähnten Zusätzen für eine gewisse Sorte zu machen hat. Jedoch kann ich ihm sagen, daß schwere Sorten auf Zusatz von viel Schwerspath, leichte, im Bruche nicht glatte auf Zusatz von viel Stärke, im Bruche erdige auf Zusatz von gebranntem Thon, sehr harte und rauhe im Bruche, auf Zusatz von Gyps schließen lassen. Sehr stärkemehlhaltige Sorten geben, zerrieben in kochendes Wasser geworfen, einen nach dem Erkalten elastischen Brei.

Für den Consumenten giebt es einfache Proben, die übrigens auch der Fabrikant zum Vergleiche seines Fabrikates mit anderen vortheilhaft anwenden kann. Sie beruhen darauf, daß man die Deckkraft der Blaue gegen Weiß und ihre Nüancirung durch Gelb vergleicht. Wenn man 1 g eines zu prüfenden Blaues mit Oel fein reibt und dann z. B. 10 g einer Bleiweißsorte zusetzt, so wird man ein helles Blau erhalten. Reibt man nun von einem damit zu vergleichenden anderen Blaue ebenfalls 1 g mit Oel ab und setzt von dem nämlichen Bleiweiße in Quantitäten von je 1 g so viel zu, bis das Blau eben so hell ist wie vorhin, so wird man von dem Bleiweiße für das andere Blau entweder mehr oder weniger als 10 g bedürfen. Bedarf man davon mehr, so ist die Farbe offenbar besser, und umgekehrt schlechter, wenn man weniger zusetzen kann; der Werth der Blaue verhält sich wie die angewendeten Bleiweißmengen. Hätte man z. B. nur 5 g Bleiweiß im letzteren Falle anwenden können, so wäre das Blau auch nur halb so viel werth gewesen, als das erstere, wiewohl es dem äußeren Ansehen nach auf gleiche Güte schließen ließe. Der Fabrikant kann daraus folgern, daß das erstere Blau mehr der deckenden Zusätze enthält, das letztere mehr der weniger deckenden, als Stärke und Schwerspath.

Auf dieselbe Weise vergleicht man das Blau mit Gelb versetzt. Man zerreibt die eine Sorte mit einer gewissen Quantität Chromgelb durch einen kleinen Maler ber auf einer Glasplatte, und erhält so eine Nüance von Grün. Dann ermittelt man, wieviel das andere Blau von demselben Gelb erfordert, um dieselbe Nüance Grün herzustellen, wozu man um so mehr nöthig haben wird, je besser das Blau ist, als das erstere. Beide Prüfungsarten geben ungefähr dasselbe Resultat, und man berechnet die Güte auf gleiche Weise. Man kann bei letzterer Prüfung zugleich auf die Reinheit der blauen Farbe einen Schluß machen. Nach dem Trocknen der beiden Grüne wird eines oder das andere reiner grün oder schmutziger erscheinen; in diesem Falle ist auch das Blau ein schöneres oder reineres und giebt, wo man es auch anwendet, ein vortheilhafteres Resultat.

Alle diese Farben zeigen hinsichtlich ihres Verhaltens gegen Luft, Licht, äußere Einflüsse ein gleiches Verhalten, wie das Pariserblau, welches der

288 Verhalten des Pariserblaues als Farbe. Neublau. Waschblau.

färbende Körper ist, und das Verhalten dieses letzteren soll daher noch erw[ähnt] werden.

Das Pariserblau hat zwar eine große Beständigkeit gegen Luft und Licht, denselben ausgesetzt bleicht es doch nach und nach aus; am besten bewährt [es sich] dies bei den grünen Farben, die mit dessen Hülfe hergestellt sind, da die[se] nach und nach immer gelbgrüner werden. Es hat eine außerordentliche Deckkraft, daß einigermaßen dunkle Farben einen so dunklen Anstrich geben, daß der [Grund] schwarz aussieht. Es hat sehr viel Oel zum Anreiben nöthig, je nach [dem] Versätzen von 30 bis 15 Procent, um so weniger, je mehr es namentlich gesetzten Schwerspath enthält. Als Wasserfarbe ist das Blau in jeder H[insicht] gut anwendbar, aber nicht auf frischen Kaltwänden, oder als Kalkfarbe, [denn der] Kalk zerstört das Pariserblau unter Bildung von Cyaneisenkalk und Abs[cheidung] von gelbem Eisenoxyd. Alkalien wirken ebenso. Die Farbe wird von [schwefel]haltigen Gasen, namentlich von Schwefelwasserstoffgas leicht afficirt und sch[wärzt] was man leicht an hellen Sorten oder ihren Anstrichen wahrnehmen [kann.] Farben, welche saurer Natur sind, läßt es sich ohne Nachtheil zumischen, [auch] mit alkalischen Farben oder solchen, die wegen unvollkommenen Auswas[chens] etwas kohlensaures Alkali oder Aetzkali enthalten, kann es nicht ohne N[achtheil] versetzt werden, jedenfalls wird dann ein Theil zersetzt und die zu erz[eugende] Nüance wird schmutzig. Mit rein gelben Farben giebt es ein vollkommne[s] Grün, das durch die Menge des Gelbes nüancirt wird.

4. Neublau, Waschblau.

Diese Farbe enthielt ursprünglich kein Pariserblau, sonder[n] stand aus Stärke und Indigcarmin. Aber mit der Zeit wurde ein [Theil] des Indigs in derselben durch Pariserblau ersetzt, bis der Indigo darau[s] verschwand und das Pariserblau ihn ganz ersetzte. Es kommen nun im H[andel] unter dem Namen Neublau gewöhnlich die bloß Pariserblau enthaltenden S[orten] vor; die mit Indig bereiteten Sorten haben dagegen den Namen Indigo[blau] erhalten; von ihnen wird nachher noch die Rede sein. Jedoch gi[ebt es] auch unter den letzteren solche, deren Farbstoff nicht bloß Indigo, son[dern] theilweise auch Pariserblau ist.

Obgleich nun diese Farbe keine Malerfarbe ist, sondern vielmehr zum Fä[rben] der Wäsche, des Papiers u. s. w. ihre Hauptanwendung findet, so kann doch [ihre] Herstellung erwähnt werden.

Wie schon gesagt, ist das hier in Rede stehende Neublau ein Gemenge [von] Stärke, namentlich Kartoffelstärke und Pariserblau. Zu dem noch breiförm[igen] Teige des Pariserblaues wird das 10- bis 30fache des Gewichtes des trock[en] gerechneten Pariserblaues an Kartoffelstärke eingerührt, wenn nöthig, noch

Darstellung von Neublau.

offen. Das Ganze wird auf Farbmühlen mehrere Male als dicker Teig durchmahlen, je öfter, desto besser. Der Teig wird in eine Trockenstube oder einen warmen Raum gebracht, worin sich Trockenregale, Trockenbretter und ein oder mehrere Tische befinden. Die Trockenbretter sind gehobelte Bretter, am Rande mit einer kleinen Leiste versehen, die höchstens 0,3 cm hoch ist. Auf diese Trockenbretter, welche man zu diesem Behufe auf den Tisch legt, streicht man von dem gemahlenen Teige eine 0,3 cm dicke Schicht auseinander und stellt sie zum Trocknen in die Regale. Während des Aufstreichens auf die nachfolgenden Bretter beachtet man den Zustand der Trockenheit des Teiges auf den schon bestrichenen Brettern fortwährend, und wenn sie soweit fortgeschritten ist, daß man jenen Teig mit einem Messer mit mehreren gleichweit von einander abstehenden Klingen nach der Länge und Breite in lauter kleine viereckige, durch den Abstand der Klingen bestimmte Stücke zerschneiden kann, ohne daß der Teig wieder zusammenläuft, so thut man dies sogleich, denn ein weiteres Trocknen würde dasselbe nicht mehr zulassen. Nach dem Zerschneiden läßt man, unter Fortsetzung der beschriebenen Arbeiten, das Trocknen weiter fortschreiten, und wenn die Stücke so weit abgetrocknet sind, daß sie sich mit einem dünnen kupfernen darunter geführten Spatel heben lassen, ohne daß sie ihre Form verlieren, so werden sie von den Brettern losgemacht und das, was sich auf mehreren Brettern befindet, auf ein Bretter gebracht und getrocknet, wobei man zugleich an Raum gewinnt. In dem Trockenheitszustande, wie man die Stückchen von den Brettern losmacht, haben sie nur einen geringen Zusammenhang; ihre Farbe sieht viel heller aus, als vorher, und die Stärke läßt sich durch einen seidenartigen Glanz erkennen. Durch das völlige Austrocknen werden sie aber ziemlich hart; einzelne zusammenhängende Stückchen zerbricht man. Die trockenen Partien werden in Fässer gelegt, und die Arbeit in der Trockenstube so fortgesetzt, bis aller Teig aufgearbeitet ist. Alle Abfälle, untauglichen Stücke, oder die wegen unzeitigen Zerschneidens der Form nach mißrathenen, rührt man wieder unter den Teig, wo sie rasch erweichen und keine Schwierigkeiten beim Verarbeiten verursachen.

Die Farbe ist nach dem Abnehmen von den Brettern fertig, aber man will gewöhnlich noch ein besseres Aussehen geben, was durch das Pudern geschieht, eine Arbeit, die zuweilen auch an anderen flüchtigen Farben vorgenommen wird, das Aeußere derselben zu verbessern. Zu diesem Behufe benutzt man gewöhnlich ein Rollfaß, d. h. ein Faß mit einer Axe durch die Mitte, um welche man es mittelst einer Kurbel herumdrehen kann. An dem Bauche des Fasses ist eine Oeffnung zum Einfüllen angebracht, welche durch einen passenden Deckel, mit Leder gedichtet und mit einem Keile festgemacht, verschlossen werden kann. Das Faß füllt man etwa bis zu ³/₄ mit den Neublaustückchen an und bringt einige Procente zu feinem Pulver zerriebenes und feingesiebtes Pariserblau, hinzu und läßt nun einige Stunden umdrehen. Dadurch werden alle Flächen

Verhalten und Prüfung der aus Pariserblau hergestellten Farben

des Blaues mit dem dunklen Staube überzogen und es erhält ein [...] Ansehen. Man nimmt es nun heraus und siebt den Staub sammt [zerbrochenen] Stücken durch ein Sieb mit weiten Maschen ab, worauf die Waare zum [...] packen fertig ist. Den Staub und Stücke, die davon abgesiebt worden [...] benutzt man bei der weiteren Fabrikation als Zusatz zu demselben Blau, [...] Berücksichtigung seines Gehaltes an trockenem Pariserblau.

Das Neublau weicht sich in Wasser leicht auf. Als Malerfarbe wird ungefähr dieselben Eigenschaften zeigen, wie ein sehr stärkehaltiges Berlinerbl[au].

Die sämmtlichen vorstehend angeführten Blaue, welche ihre Farbe der[...] halte an Pariserblau verdanken und sich nur nach der Menge der letzteren u[nd] eingemengten Zusätze von einander unterscheiden, zeigen natürlich, was die [...] selbst betrifft, bei ihrer Anwendung das Verhalten und den chemischen Cha[rakter] des Pariserblaues, ihrer farbengebenden Grundlage. Das reine Pariserblau [ist in] trockenem Zustande nicht unveränderlich am Lichte, sondern verliert seine Farb[e,] schon bemerkt, indem es anscheinend Cyan verliert. Da es sehr dunkelblau [ist, so] fällt diese Veränderung bei dem reinen Pariserblau nicht ins Auge, tritt [aber] deutlich bemerkbar hervor bei den helleren gemischten Sorten und noch [mehr bei] den grünen Farben, welche aus einer Mischung des Blaues mit Gelb b[ereitet] werden. Diese grünen Farben werden in ganz kurzer Zeit heller und bl[asser] namentlich wenn sie dem directen Sonnenlichte ausgesetzt sind. In [Oel an]gestrichen, scheint diese Veränderung viel langsamer vor sich zu gehen, [weil] die Verflüchtigung von Cyan und der Zutritt von Sauerstoff an dess[en Stelle] durch das die Farbe bedeckende Oel erschwert wird. Alle Alkalien, Kali, [Natron,] Ammoniak, auch die alkalischen Erden, welche wenig in Wasser löslich sind, en[tziehen] dem Pariserblau Cyan und entfärben es mehr oder weniger rasch, daher [stellen] das reine Pariserblau noch solche Farben, die es enthalten, auf Kal[k.] [...] kohlensaure Salze wirken nach und nach darauf ein. Lösungen von A[etzkali,] Aetznatron, mit Pariserblau digerirt, bilden damit einerseits eine Lösung von g[elbem] Blutlaugensalz, andererseits hinterlassen sie die dem Gehalte des Pari[serblaues] an anderthalb Cyaneisen entsprechende Eisenmenge in Form von Eisen[oxydhydrat] als ungelösten Rückstand. In analoger Weise wirkt Ammoniak. — Dies[es Ver]halten der Aetzalkalien benutzt man, um den Gehalt einer blauen Farbe a[n rei]nem Pariserblau in folgender Weise quantitativ zu ermitteln.

Digerirt man z. B. 5 g der zu prüfenden blauen Farbe mit Aetzk[ali] (welche gewöhnlich keinen der Zusätze so löst, daß er bei der nachfolgen[den] Handlung wieder gefällt wird), bis alle blaue Färbung verschwunden ist, [filtrirt] dann die entstehende Lösung ab, wäscht den Rückstand mehrere Male mit [Wasser] aus, was durch Decantiren geschehen kann, und vereinigt alle Flüssigk[eiten,] erhält man in der gesammten alkalischen Lösung genau dieselbe Menge [von] dem Blutlaugensalz, aus welchem das nunmehr zersetzte Pariserblau sich ur[sprünglich]

gebildet hat. Denn sämmtliches Cyan des letzteren ist in das zurückgebildete
Laugensalz wieder übergegangen. Aus dem ungelöst gebliebenen Rückstande,
er theils die Zusätze der Farbe, theils das aus der Zersetzung des Pariserblaus hervorgegangene Eisenoxydhydrat enthält, wird letzteres mit Salzsäure
und durch Filtration sowie durch Auswaschen der nun allein zurückbleibenden weißen Zusätze von diesem getrennt. Wenn man dann die erstere
klare, blutlaugensalzhaltige Flüssigkeit mit Salzsäure neutralisirt, und hierauf
obere Lösung von Eisenoxydhydrat damit vereinigt, so bildet sich das durch
Behandlung mit Aetzkali zersetzte Pariserblau aufs Neue, und zwar in der
täglich vorhandenen Menge. Bringt man den hierbei erfolgenden blauen
Niederschlag auf ein gewogenes Filter, wäscht vollständig mit Wasser aus, trocknet
ihn 80 bis 100° und wägt, so erhält man nach Abzug des Gewichts vom
Filter, das man ebenso getrocknet gewogen hatte, das Gewicht des Pariserblaues,
das 5 g der untersuchten Farbe enthalten ist, woraus sich schließlich ihr Procent an Pariserblau durch Multiplication mit 20 unmittelbar ergiebt.
Diese Methode, das Pariserblau in einer Farbe zu bestimmen, ist unter allen
einfachste und sicherste.

Hält eine Farbe neben Schwerspath, Gyps und Thon auch Stärke, so hat
Gegenwart bei der vorangeführten Bestimmung keinen Einfluß und erschwert
im Anfange das Filtriren. Aus Neublau, welches neben Pariserblau blos
Thon enthält, kann man letztere vor Anwendung des obigen analytischen Ver-
fahrens auch durch Kochen mit sehr verdünnter Salzsäure ausziehen. In gleicher
Weise können die übrigen Blaue behandelt werden, wenn man unter Verzicht auf
Ermittelung der Zusätze nur die obige Bestimmung des Pariserblaus beab-
sichtigt.

Ueber den Nachweis und die quantitative Bestimmung der Zusätze möge
dabei bemerkt werden. Ob gebrannter Thon vorhanden ist, erfährt man
durch Digeriren mit concentrirter Schwefelsäure, nachherigem Verdünnen mit
Wasser und Abfiltriren der Flüssigkeit. Verdampft man sie zur Trockne und
setzt den Rückstand mit Wasser, so bleibt, wenn Thon vorhanden war, ein
weniger, sich in Säuren nicht lösender Rückstand von Kieselsäure, während
Wasser, das von diesem sandartigen Rückstande abfiltrirt wurde, mit Ammoniak Niederschlag von weißer, flockiger Alaunerde giebt. War ungebrannter
Thon vorhanden, so wird hierbei von demselben nur eine Spur gelöst.
Mischt man aber die Farbe mit etwas trockenem Kalihydrat in einem kleinen
Tiegel, oder glüht man sie auch vorher nur flüchtig durch, so giebt sie bei
der Behandlung ebenfalls die obigen Reactionen des gebrannten Thones. Will
die Gegenwart von Gyps constatiren, oder denselben zugleich annäherungsweise quantitativ bestimmen, so digerirt man die Farbe mit kohlensaurem Ammoniak einige Tage lang, wäscht sie dann durch Decantiren mit Wasser aus (vergl.

292   Prüfung der blauen Cyaneisenfarben auf Zusätze.

S. 60 bei Gyps) und setzt verdünnte Salzsäure hinzu. Man hat es Kaltgehalt des Gypses in Lösung. Versetzt man diese mit Schwefels... fällt der Kalk in Form von Gyps nieder. Zur vollständigen Abscheidung letzteren setzt man der Flüssigkeit Alkohol zu, bringt den Gyps auf ein ge... Filter, wäscht mit alkoholischem Wasser aus und wägt. Wenn hinreichen... lensaures Ammoniak angewendet wurde, so verschwindet bei obiger Digeri... gleich Pariserblau in Folge von Zersetzung, ferner wird auch das Eisen... dem zersetzten Pariserblau durch die Behandlung mit Salzsäure gelöst. Rückstand ist dann weiß und besteht etwa noch aus Schwerspath, ode... Schwerspath und Thon, worin man letzteren, wie vorhin erwähnt ist, er... kann. Ist Thon vorhanden, so kann derselbe dadurch entfernt werden, da... eine Quantität des Restes mit Kalihydrat zusammenschmilzt, am besten einem großen Ueberschuß, dann die geschmolzene Masse in Wasser löst u... verdünnter Salzsäure neutralisirt. Die Bestandtheile des Thones wer... durch gelöst, während der schwefelsaure Baryt als schweres, weißes Pulver... bleibt und nach Abfiltriren der Flüssigkeit gewogen wird. Die Differen... ermittelten Schwerspathgewichtes gegen das Gewicht des Rückstandes vo... Behandlung mit Kali u. s. w. ist als Thon in Rechnung zu bringen.

Genauere und ausgedehntere Analysen, als die oben angegebenen, i... praktischen Untersuchung und Werthbestimmung der in Frage stehenden Fa... als wenig zweckfördernd nicht zu empfehlen. Wollte man z. B. auch no... Speciellen Kieselerde und Thonerde oder Alaunerde als Bestandtheile der T... quantitativ bestimmen, so wäre damit einerseits für die Beurtheilung der Fa... weiterer Anhalt nicht gewonnen, anderseits aber den Anforderungen einer st... bigen quantitativen Analyse immer noch nicht genügt, denn diese würde er... Bestimmung des Kalkes, der Magnesia, des Kali- und Eisengehaltes rc. b... Und hätte man selbst diese Bestandtheile im Einzelnen quantitativ bestim... bliebe man doch darüber noch in Ungewißheit, ob die letztbemerkten Besta... dem Thone angehören oder von unvollständigem Auswaschen der Farbe herrü... die blauen Eisenfarben oft Salze auf das hartnäckigste zurückhalten, so da... sich überhaupt nicht durch Auswaschen mit Wasser aus den Farben entferne...

Das reine Turnbulls Blau unterscheidet sich vom Pariserblau durch rein... Farbe und zeigt nie den starken dunklen Kupferglanz des Pariserblaues. Turnbulls Blau ist auch nie ein Fabrikat eigentlicher Farbenfabriken, denn d... rothe Blutlaugensalz theurer ist als das gelbe, und die damit zu erzielend... überdies weniger intensiv als das Pariserblau, so ist kein Grund vorhand... erstere Blau an Stelle des letzteren und besseren anzuwenden oder darz... Dagegen liefern die chemischen Fabriken, welche rothes Blutlaugensalz b... das Turnbulls Blau gewissermaßen als Nebenproduct, indem sie die Wa... des rothen Blutlaugensalzes, aus welcher keine Krystallisationen mehr z...

terschied von Pariserblau und Turnbulls Blau. Ausbeute an Pariserblau. 293

sind, behufs möglichst vortheilhafter Verwerthung mit Eisenvitriol fällen, durch Turnbulls Blau erhalten wird.

Sollte die Frage entstehen, ob ein Blau dieses Turnbulls Blau enthält oder nicht, so erhält man die Antwort, indem man die Farbe, wie von den reinen Blauen gesagt ist, aber in wohl verschlossenen Fläschchen mit Kalilauge behandelt, dann wohl auswäscht, doch wo möglich unter Abhaltung der Luft und mit ausgekochtem Wasser. Behandelt man dann den Rückstand mit Salzsäure, so enthält die Auflösung nicht nur Eisenoxyd, sondern auch Oxydul (also Eisenchlorid und Eisenchlorür), und giebt daher mit rothem Blutlaugensalz einen blauen Niederschlag: ein Beweis, daß man mit Turnbulls Blau zu thun hat. Wenn man die beiden zunächst resultirenden Flüssigkeiten, nämlich die alkalische Lösung, man von einem Blau erhält, und die salzsaure Lösung des Rückstandes davon, welche jedoch so bereitet werden muß, daß eine Oxydation nicht weiter stattfinden kann, zusammenmischt, wie es für die Bestimmung des Pariserblaues angegeben ist, so erhält man einen dem Gewichte nach ebenso wie vorhin zu bestimmenden Niederschlag, der dem Gehalte der untersuchten Farbe an Turnbulls Blaue entspricht. Daraus geht aber auch hervor, daß Turnbulls Blau hierbei nach folgender Gleichung entsteht:

$Fe_2Cl_3 + FeCl + 2(2KCy, FeCy) = 3FeCy, Fe_2Cy_3 + 4KCl$,

so aus einer Chlorverbindung, welche dem Oxydoxydul des Eisens: Fe_2O_3, FeO entspricht, und gelbem Blutlaugensalz (vergl. S. 261).

Nach ganz genauen Versuchen im Großen ergiebt es sich, daß aus 100 Gewichtstheilen gelben Blutlaugensalzes bis etwas über 79 Gewichtstheile Pariserblau erhalten werden können, aber meistens erhält man eine geringere Ausbeute, weil das Blutlaugensalz selten völlig rein ist, sondern oft einige Procente schwefelsaures Kali als Verunreinigung enthält. In diesem Falle trübt sich auch seine Lösung auf Zusatz von Chlorbaryum und setzt beim Stehen einen weißen Niederschlag von schwefelsaurem Baryt ab. Das reine Pariserblau, wie es auf die beschriebene Weise durch nachträgliche Oxydation oder Bläuung des aus gelbem Blutlaugensalze und Eisenvitriol erzeugten, anfangs weißen Niederschlages erhalten wird, hat, wie schon S. 284 bemerkt wurde, wahrscheinlich dieselbe chemische Zusammensetzung, wie der aus gelbem Blutlaugensalz und Eisenoxydsalz entstehende, gleich bei seiner Bildung blaue Niederschlag, nämlich unter Mitberücksichtigung des Wassergehalts: $3FeCy, 2Fe_2Cy_3 + xHO$. Diese Verbindung ist also der auf S. 261 angeführten Gleichung gemäß in beiden Fällen vom Cyangehalte nach hervorgegangen aus 3 Aequivalenten gelben Blutlaugensalzes. Bringt man den Wassergehalt des gelben Blutlaugensalzes mit in Rechnung, so ergiebt sich unter Zugrundelegung der obigen thatsächlichen Ausbeute an Pariserblau, sowie nach äquivalentenmäßiger Berechnung des xHO der vorstehenden Formel = 5 Aequiv. HO, denn:

294   Blaue Kobaltfarben. Smalte.

geben: $3\,(2\,\text{KCy},\,\text{FeCy} + 3\,\text{HO}) = 631,8$

$3\,\text{FeCy},\,2\,\text{Fe}_2\text{Cy}_3 + 9\,\text{HO} = 505,4,$

entsprechend 79,8 Procent der blauen Verbindung. Verschiedene Chemiker, ▫
das Pariserblau analysirten, fanden jedoch darin einen höheren Wassergeh▫
wohl weil sie Farben untersuchten, welche nicht so scharf ausgetrocknet w▫
was in Farbenfabriken schon deswegen geschieht, damit ihr Kupferglan▫ ▫
höchste Intensität erreiche.

C. Blaue Kobaltfarben.

1) Smalte. Eschel.

Blaue Farben wurden schon früh aus den Oxyden des Kobalts, oder ▫▫▫
direct aus den Kobalterzen hergestellt. Dieselben waren und sind ▫▫▫ ▫▫
wärtig weniger blaue Farben zur Benutzung für Maler, als vielmehr bla▫ ▫
mahlene Glasmassen von verschiedener Tiefe und Feinheit, die unter dem ▫▫▫
Smalte oder Eschel in den Handel kamen und immer noch kommen, ab▫ ▫
möge ihrer besonderen Beschaffenheit meistens zu anderen technischen Zweck▫ ▫
gen dienen, als die übrigen Farben. Obgleich nun also diese Verbindung▫ ▫▫
hierher gehören, so soll doch davon das Wissenswerthere angeführt werden.

Das Kobaltoxyd würde zur Herstellung der blauen Gläser zu theu▫ ▫▫
es wird deshalb dazu hauptsächlich ein kobalthaltiges Erz, der Glanzko▫
verwendet, welcher Kobalt, Eisen, Nickel, Kupfer, Arsen, Schwef▫
enthält. Die Erze werden nicht ganz, sondern nur soweit geröstet, daß ▫▫
Metalle zum großen Theil oxydiren, und theils als Oxyd, theils als schwefel▫▫
Metalloxyde, zum kleineren Theil aber als Arsen- und Schwefelmetalle z▫ ▫
bleiben. Dies geschieht in Flammöfen mit Abzugskanälen, wobei eine M▫
arseniger Säure als Oxydationsproduct des Arsens aufgefangen wird. ▫
unvollständig gerösteten Erze, auch Zaffer genannt, werden mit der gin▫
Menge arseniger Säure gemengt einem Glassatze zugegeben. Der Zusa▫
arsenigen Säure erfolgt, um Nickel, Eisen, Kupfer wieder mit Arsen zu ▫
einigen, welche sich dann als Arsenmetalle vermöge ihres großen specifischen ▫
wichtes unter dem Glassatze in Form eines Regulus — der sogenannten Ni▫
oder Kobaltspeise — am Boden der Schmelztiegel ansammeln, so daß ▫
oder doch fast nur das Kobaltoxyd als färbende Substanz in den Glassatz ▫▫
geht und das Glas blau färbt. Ohne den Zusatz von Arsen würden auch ▫
anderen Metalle in den Glassatz übergehen und mit ihrer Farbe die blaue F▫▫
beeinträchtigen.

Darstellung der Smalte.

Der hierzu verwendete Glassatz ist ein weiches Kaliglas aus reiner calcinirter Pottasche und Quarzsand. Es wird zu vermeiden gesucht, daß Alaunerde und kalkerhaltige Körper mit unter den Glassatz kommen, weil diese die Farbe ihr herabdrücken. Natron statt Pottasche läßt sich nicht anwenden, denn dadurch wird die Farbe gleichfalls heruntergedrückt und erhält ohnedies eine schlechte Nüance. Die Tiefe der Farbe des Glases hängt natürlich von der Menge des zugesetzten kobalthaltigen Erzes sowie von seinem Gehalte an Kobalt ab und wird durch Versuche im Kleinen ermittelt, in welcher Menge das Erz dem Glassatze für eine gegebene Farbe des Glases beizugeben ist.

Das Schmelzen des Glassatzes geschieht in einem Ofen und in eben solchen Tiegeln, wie sie zur Glasfabrikation gebraucht werden, oder die wenig davon abweichen. Die Arbeitsöffnungen, wovon für jeden Tiegel eine vorhanden ist, dienen nur zum Eintragen des Glassatzes und des gerösteten Erzes, sowie zum Ausschöpfen des Glases, wenn dasselbe gehörig geschmolzen, gerührt und durch Absetzenlassen bei tüchtiger Feuerung, wobei sich die Arsenmetalle, wie schon erwähnt, als „Speisen" zu Boden setzen, gereinigt worden ist. Das geschmolzene blaue Kobaltglas wird direct in Wasser ausgeschöpft, wodurch es zerspringt und mürbe wird. Es wird dann unter Pochstampfen zerstoßen, die in einem Troge arbeiten, in welchen die Glasmasse geworfen wird, während darin beständig ein dünner Wasserstrahl zu- und abläuft. Das ablaufende Wasser nimmt bloß Theile von größerer Feinheit mit sich, und indem es nachher mehrere Tröge durchläuft, worin es von seiner Geschwindigkeit einbüßt, setzt es nach dem Grade der Feinheit und Schwere auf seinem Wege nach und nach alles mitgeschwemmte Glas ab und läuft schließlich klar weg. Oder das Glas wird nur gestoßen und zwischen Granitsteinen wie der Schwerspath und das Bleiweiß gemahlen und nachher in Wasser aufgerührt und geschlämmt, wobei das gröbste Pulver sich immer zuerst und fest zu Boden setzt, und noch einmal gemahlen oder auch als Streusand verwerthet wird. Die feinere blaue Farbe wird jedenfalls wiederholt geschlämmt, um ganz feine Theile als Eschel abzusondern, welches ein helles weniger gefärbtes Glas ist und häufig wieder mit dem Glassatze zusammengeschmolzen wird. Die reine Smalte wird dann getrocknet und gesiebt. Es genügt gewöhnlich, auf einer Fabrik drei Sorten Smalte, dunkle, mittle und ganz helle herzustellen, alle übrigen werden dann daraus durch Mischen hervorgebracht; es giebt Fabriken, die sich bloß mit dem Mischen verschiedener Fabrikate beschäftigen, und dadurch besonders angenehme Töne hervorbringen, die diese Beschäftigung mit einem Gewinn lohnen.

Diese blaue Farbe ist allerdings wie alle Kobaltblaue sehr dauerhaft, aber der Maler benutzt sie höchstens als Wasserfarbe bei der Wandmalerei; ihre häufigste Anwendung fand sie früher, zum Bläuen der Leinwand und

Königsblau, Kobaltblau, Kobaltultramarin.

des Papierzeuges, sowie zum Blaufärben von Glas und Töpferwaaren, wo sie noch gebraucht wird, während sie beim vorerwähnten Bläuen jetzt größtentheils durch Ultramarin verdrängt ist.

2) **Königsblau, Kobaltblau, Thenardsblau, Kobaltultramarin, Leithners Blau.**

Dieses Blau, welches zu jeder Art Malerei gebraucht werden kann, die größte Unveränderlichkeit gegen alle äußeren Einflüsse zeigt, gerade wie die Smalte, und von einer die dunkelsten Ultramarine fast übertreffenden feurigen Farbe ist, wurde früher sehr häufig dargestellt, unter den obigen Bezeichnungen in den Handel gebracht und an Stelle des Ultramarins in ausgedehntem Maße angewendet. Neuerdings ist das Kobaltblau jedoch aus fast allen seinen Anwendungen durch den künstlichen Ultramarin verdrängt, besonders weil der letztere einen erheblich geringeren Handelspreis hat, so daß sich die Benutzung des Kobaltblaues gegenwärtig fast ausschließlich auf diejenige im Potteriefache beschränkt. Denn hierbei kann es nicht durch den künstlichen Ultramarin ersetzt werden, da der letztere sich nicht mit Borax oder Bleiglasflüssen zusammenschmelzen läßt, ohne eine chemische Umwandlung zu erleiden und seine Farbe zu verlieren.

Die Grundlage dieser Farbe ist entweder nur Kobaltoxydul und Alaunerde, oder beide und auch Zinkoxyd. Im ersten Falle wird die Farbe blau mit röthlichem Stich, im anderen rein blau, oder bei mehr Zinkoxyd mit grünlichem Stich. Ihre Tiefe hängt von der Menge des Kobaltoxyduls ab, welche darin enthalten ist. Man stellt diese Farbe am einfachsten her, indem man z. B. 100 Gewichtstheile Alaun mit oder ohne Zinkvitriol mit 5 bis 7 Gewichtstheilen schwefelsaurem Kobaltoxydul SO_3, $CoO + 7HO$, Kobaltvitriol zur Trockne eindampft und den Rückstand 7 bis 8 Stunden im Tiegel in einem Windofen auf das Heftigste glüht, wobei alle oder die meiste Schwefelsäure verflüchtigt wird und die blaue Farbe zurückbleibt. Kostspieliger wird die Farbe, wenn man sich erst Alaunerdehydrat durch Fällen des Alauns mit Soda oder Pottasche und Auswaschen bereitet, dasselbe trocknet und dann mit schwefelsaurem, salpetersaurem oder phosphorsaurem Kobaltoxydul glüht. Die Fällung der Alaunerde macht bei diesem letzteren Verfahren das Blau sehr theuer, bei ersterem das erforderliche starke Glühen. Vielleicht wäre die jetzt von denjenigen Sodafabriken, welche Soda aus Kryolith darstellen, zu erhaltende Alaunerde geeignet, die Farbe billiger als bisher herzustellen. Durch eine derartige wohlfeilere Gewinnung würde die Farbe in den Stand gesetzt werden, sich wieder unter den blauen Malerfarben in Oel einen Platz zu erringen, den sie ohne allen Zweifel verdient. Ein billiger Herstellungspreis dieser Farbe wird ferner gegenwärtig dadurch ermöglicht, daß auch der Preis des Kobaltoxyduls und seiner

Coeruleum. Künstlicher Ultramarin.

je gegen früher bedeutend heruntergegangen ist, weil man sicherere Verfahren hat, um das Kobaltoxyd von anderen Metalloxyden zu trennen, mit denen gemischt es stets bei Behandlung der gerösteten kobalthaltigen Erze mit in Lösung erhalten wird. Das Kobaltoxyd kommt jetzt als Handelswaare vor, und zwar als Oxydulooxyd: Co_2O_3, CoO, in welcher Form es sich klaren schwer löst. Verdampft man aber damit gemengtes Vitriolöl, so als Rückstand rosenrothes, wasserfreies, schwefelsaures Kobaltoxydul, welches zu allen Zwecken verwendbar und in Wasser leicht löslich ist, auch daraus alkifirt erhalten werden kann.

Phosphorsaures Kobaltoxydul-Zinkoxyd PO_5, CoO, $2ZnO$ ist eine schöne Farbe, sowohl vor als nach dem Glühen, kommt aber zu theuer, als daß sich als Malerfarbe würde empfehlen lassen. Dieselbe kann jedoch in der Glasmalerei verwendet werden.

Coeruleum. Bleue Coelestique. Zinnsaures Kobaltoxydul.

Unter diesem Namen kommt lediglich für Zwecke der Kunstmalerei eine im Handel vor, welche als färbenden Bestandtheil zinnsaures Kobaltoxydul ill. Es wird dadurch erhalten, daß man 120 Theile Kobaltvitriol mit Theilen Zinnsalz und 100 Theilen Kreide innig mengt, das Gemisch in Tiegel glüht, nachher das Product auswässert und zerreibt. Es besteht dann aus ungefähr 50 Zinnoxyd: ZnO_2, 18 Kobaltoxydul: CoO, und 32 schwefelsaurem Kalk. Die Farbe ist himmelblau, hat auch bei Lampenlicht diese Farbe, und läßt sich selbst mit Borax zusammenschmelzen, ohne ihre Nuance verändert. Sie wird mit Rücksicht auf diese Eigenschaft auch vorwiegend in der Malerei auf Porzellan und Steingut verwendet.

D. Künstlicher Ultramarin.

(Eine chemische Formel kann dafür nicht angegeben werden, da die chemische Constitution des künstlichen Ultramarins bislang nicht genau erforscht ist.)

Von dem Lasursteinblau oder natürlichen Ultramarin war bei den Erden die Rede.

1) Bildung, chemische Eigenschaften und Bestandtheile des Ultramarins.

Die Darstellung des Ultramarins wurde zuerst in den zwanziger Jahren des Jahrhunderts ein Gegenstand umfassender chemischer Forschung, als man

die Bildung desselben gelegentlich anderer chemischer Processe, namentlich [b]ei
dem Gerbe der Sodaschmelzöfen beobachtet und bei näherer Untersuchung
funden hatte, daß der hierbei entstandene blaue Farbstoff die Reaction des na[tür]
lichen Ultramarins, des Lasursteinblaues zeigte und die Bestandtheile des let[zte]
ren enthielt. Jetzt weiß man mit Bestimmtheit, daß die Bildung des Ultram[a]
rins jedesmal eintritt, wenn Schwefelnatrium mit Alaunerde und Kieselerde
nicht zu unrichtigem Verhältnisse stark geglüht werden, wobei dann zuerst [ei]ne
grüne Farbe entsteht, die aber bei weiterem Glühen an der Luft und bei [Ein]
wirkung gewisser anderer Reagentien in Blau übergeht. Anfangs versuchte [man]
die Darstellung des Ultramarins mit künstlich bereitetem reinem Mate[rial]
indem man z. B. Alaunerde und Kieselerde, beide im reinen Zustande der
Fällung hergestellt, dazu anwendete. Bald zeigte es sich aber, daß im Min[eral]
reiche vorhandene Thone jene beiden Bestandtheile schon in brauchbaren, [und]
in solchen Verhältnissen enthalten, wie sie sich im künstlichen Ultramarin [vor]
finden, und man benutzte daher nun unmittelbar dieses billige Rohmaterial, [so daß]
man nur noch mit den anderen Bestandtheilen des Ultramarins zu ver[mischen]
gen hatte.

Der Lasurstein sowie der künstliche Ultramarin enthalten als dem [Ge]
wichte (der Masse) nach vorwiegenden Bestandtheil ein Doppelsilicat, eine Ver[bin]
dung von kieselsaurer Alaunerde und kieselsaurem Natron $= SiO_3, NaO + Si[O_3,]$
Al_2O_3, welche auch entsteht, wenn man gleiche Aequivalente Alaunerde und Kiesel[säure]
säure mit kohlensaurem Natron zusammenschmilzt, und die sich ferner ohne
anderen löslichen Verbindungen bildet, wenn man Kaolin mit kohlensa[urem]
Natron glüht. Die Verbindung ist analog dem Minerale Nephelin zus[ammen]
mengesetzt, in welchem ein Theil des Natrons durch Kali ersetzt ist. Außer[dem]
findet sich im natürlichen wie im künstlichen Ultramarin, mit dem gen[annten]
Doppelsilicate gemengt oder vereinigt, eine Verbindung von Natrium mit Schwe[
fel, welche in dem grünen künstlichen Ultramarin mehr Natrium enthält als [im]
blauen, wenigstens zeigt der grüne Ultramarin ein dieser Annahme entspre[chend]
des chemisches Verhalten.

Wenn man den grünen Ultramarin zum schwachen Glühen erhitzt [und]
nun Chlor oder schweflige Säure oder trocknes Chlorwasserstoffgas darüb[er]
leitet, so verwandelt er sich augenblicklich in blauen Ultramarin. Ebenso w[enn]
man ihn mit Salmiak glüht, und dies letztere kann man öfters wieder[
holen, ohne daß er eine weitere Einwirkung zeigt. In allen d[iesen]
Fällen, in welchen der grüne Ultramarin sich in blauen verwandelt, wird ih[m]
Natrium entzogen, mit ganz wenig Eisenoxyd, die nun beide in dem Wasch[wasser]
gefunden werden. Der Schwefelgehalt, den der grüne Ultramarin vor d[er]
Behandlung zeigte, bleibt dabei ganz unverändert in dem blauen Ultram[arin]
zurück, daher man wohl annehmen könnte, daß, wofern ursprünglich Sch[wefel]

Die Chemie des Ultramarins.

natrium vorhanden war, dieses bei obigen Einwirkungen durch Entziehung eines Theils des Natriums in ein Schwefelnatrium von höherem Schwefelgehalt übergeführt ist.

Kocht man grünen Ultramarin mit einer Lösung von Salmiak tagelang, so riecht das Gemisch nach Schwefelammonium, und die Farbe jenes Ultramarins wird blaßblau, während der blaue Ultramarin sich durch jenes Reagens nicht verändert. Die Flüssigkeit enthält dann wenig Eisen- und Manganoxyd, daher habe ich mir vorgestellt, daß letztere als Schwefelmetalle den blaßblauen Ultramarin grün gefärbt haben, daß also die grüne Farbe einerseits durch das Blau fertig gebildeten Ultramarins, andererseits durch die gelbe Farbe oder das Färbevermögen dieser Schwefelmetalle, nämlich FoS und MnS, hervorgebracht ist und nur dann intensiv erscheint, wenn schon viel blauer Ultramarin gebildet war. Das schwache Blau aber, das der grüne Ultramarin hierbei hinterläßt, giebt gleichwohl, wenn man es mit Chlor, schwefliger Säure oder Salmiak glüht, wieder die dunkle Ultramarinfarbe, woraus hervorgeht, daß in der blaßblauen Substanz neben dem tiefen Blau noch eine ungefärbte weiße Verbindung vorhanden ist, welche durch Entziehung von Natrium ebenfalls den blauen Ultramarin giebt. Solche weiße Verbindungen, die Ultramarin geben können, scheinen auch von einigen Chemikern direct wirklich bei Versuchen erhalten zu sein.

Der grüne sowohl, wie der blaue künstliche Ultramarin entwickelt mit allen Säuren, welche Schwefelnatrium zu zersetzen vermögen, Schwefelwasserstoffgas, sogar mit solchen Salzen, wie Alaun, Eisenvitriol, deren Säure nicht stark gebunden ist. Zugleich wird hierbei Schwefel gefällt, was dafür spricht, daß ein Schwefelnatrium vorhanden ist, welches in beiden Fällen mehr Schwefel enthält, als das Einfach-Schwefelnatrium: NaS, und im blauen Ultramarin, dem Natrium entzogen ist, mehr als im grünen, oder in dem weißen mehr, als in dem blauen, da der weiße gleich dem grünen Ultramarin, wie schon angedeutet, erst durch Natriumentziehung und Erhitzung in den blauen Ultramarin übergeht.

Ich habe seinerzeit die blaue Färbung der farblosen Hauptmasse des Ultramarins einem Mehrfach-Schwefelnatrium, das etwa NaS_{10} sein könnte, zugeschrieben. Da es keinen Ultramarin giebt, der nicht noch Schwefelwasserstoffgas bei Behandlung mit Säuren entwickelt, und welcher bei noch so oft wiederholtem Glühen mit Salmiak seinen Gehalt an Schwefelnatrium nicht abgiebt, so ist diese Annahme zwar folgerichtig, obwohl ich gestehen muß, daß die Sache sich auch anders verhalten könnte.

Andere Chemiker glauben, die blaue Färbung des Ultramarins von einer Sauerstoffverbindung des Schwefels, z. B. von unterschwefligsaurem Natron ableiten zu müssen; noch andere glauben, daß darin freier, fein vertheilter Schwefel die Färbung verursache.

Nach meiner Ansicht kann eine Sauerstoffverbindung des Schwefels in dem Natrium die Färbung nicht verursachen, wenigstens die unterschwefligeSäure schon deshalb nicht, weil sie kein Salz bildet, das sich ohne Zersetzung glühen läßt. Insbesondere wird das unterschwefligsaure Natron bei derjenigen Glühhitze, welcher das Ultramarin bei seiner Darstellung ausgesetzt werden muß in schwefelsaures Natron und Fünffach-Schwefelnatrium zersetzt. Ferner muß doch bei Einwirkung von Chlor auf Ultramarin durch Zersetzung des etwa vorhandenen unterschwefligsauren Natrons jedenfalls schweflige Säure entstehen; aber eine solche Zersetzung findet nicht statt, es wird keine schweflige Säure hierbei gebildet.

Endlich spricht noch gegen die Gegenwart unterschwefligsauren Natrons im Ultramarin das Verhalten des letzteren gegen Salmiak. Es wäre merkwürdig, wenn der Salmiak, welcher doch nach obigen Erörterungen die grüne Farbe in die blaue überführen kann, dabei die Sauerstoffverbindung des Schwefels mit des im Ammoniak vorhandenen Wasserstoffs unzersetzt ließe.

Eher ist es möglich, daß freier Schwefel, an den Molecülflächen der Silicats, welches die Hauptmasse des Ultramarins bildet, abhärirend, die blaue Farbe veranlaßt. Es ist dies eine zuerst von Dr. Nöllner ausgesprochene Vermuthung, begründet auf Erscheinungen bei der Zersetzung von Schwefelcyankalium beim Glühen, welche ich bei ihm selbst ansah und die darin besteht, daß die glühende Masse eine Zeit lang ganz die Farbe des Ultramarins annimmt. Kommt noch dazu, daß Schwefelblumen, in Vitriol gelöst, gleichfalls eine zeitweilig blaue Lösung geben, welche unter Absatz des Schwefels wieder verschwindet, so hat die obige Annahme in der That etwas für sich. Wer mit der Fällung von Gold aus seinen Lösungen mittelst Eisenvitriol gearbeitet und gesehen hat, wie das gelbe Gold je nach seiner feinen Vertheilung am Glase, wo es sich ansetzt, dasselbe blau, grün und roth färben kann, ebenso auch Porzellanflächen, je nach der Dicke seiner Schicht, der wird es auch für möglich halten, daß sein vertheilter Schwefel die blaue Färbung an den Flächen der Molecüle des Silicats im Ultramarin hervorbringen kann.

Dieser Ansicht widerspricht nur, daß stets Schwefelnatrium oder eine Schwefelverbindung im Ultramarin enthalten ist, die mit Säuren Schwefelwasserstoffgas entwickelt. Man hätte also anzunehmen, daß dieses zum Silicat gehört aber nicht zur Farbe beiträgt. Es könnte etwas O im Silicat durch S vertreten sein.

Wenn der grüne oder blaue Ultramarin mit Säuren behandelt wird, so zersetzt sich auch das Silicat. Die Schwefelatome vereinigen sich zu Massen, und die Farbe verschwindet gerade wie die durch sein vertheiltes Gold hervorgebrachten Farben, wenn sich das Gold durch Stehen oder Erhitzen in Körner zusammenzieht.

Das Blauwerden des grünen und weißen Ultramarins durch Chlor beim Erhitzen oder durch die hierbei eintretende Natriumentziehung spricht auch für

Die Chemie des Ultramarins.

diese Anschauung. Das an den Molecülen des Silicats haftende Schwefelnatrium verliert Natrium und der im fein vertheilten Zustande dabei frei werdende Schwefel haftet an diesen Molecülen oder deren Flächen und bedeckt vielleicht dasjenige Schwefelnatrium, welches nach jener Behandlung im Ultramarin angetroffen wird.

Einige Chemiker behaupteten, daß Wasserstoffgas, über glühenden Ultramarin geleitet, Schwefelwasserstoffgas bilde und dabei zugleich der Ultramarin entfärbt werde. Ersteres ist indessen nicht richtig. Schwefelwasserstoffgas wird nicht gebildet und könnte auch nicht bestehen, weil es an und für sich in der Glühhitze in seine Bestandtheile zerfällt. Dagegen zeigt sich dabei eine ganz eigenthümliche Erscheinung. Der in der Glaskugelröhre befindliche Ultramarin zeigt nach dem Erhitzen und Einleiten des Gases weder Adhäsion gegen Glas noch Cohäsion. Er schwankt in der Kugel und verhält sich wie eine schwere Flüssigkeit, ohne flüssig zu sein, gerade wie Gyps, wenn man ihn in feingemahlenem Zustande brennt, wobei er das schon früher (S. 59) beschriebene Verhalten zeigt, wie eine Flüssigkeit zu kochen und gleich einer solchen beweglich zu werden. Das eingeleitete Wasserstoffgas nimmt aber aus dem Ultramarin Schwefel als Dampf auf, und diese Verdampfung des Schwefels scheint es zu verursachen, daß die Ultramarintheile getrennt werden und sich dann wie eine Flüssigkeit verhalten. Läßt man das Wasserstoffgas, nachdem es über den Ultramarin geleitet ist, in wässeriges Chlorarsen treten, so erhält man gar keinen Niederschlag, aber die Gasblasen zerplatzen unter Absatz eines weißen Ringes, allmälig einer Haut, von condensirtem weißem, der Schwefelmilch gleichendem Schwefel. Eine Wasserbildung wird bei Einwirkung von Wasserstoff auf Ultramarin auch nicht bemerkt, was doch geschehen müßte, wenn der Schwefel als Sauerstoffverbindung vorhanden wäre. Der Ultramarin wird aber nach und nach blasser und endlich von aschgrauer Farbe. Ich habe jedoch bei meinen früher über diesen Gegenstand unternommenen Versuchen versäumt, die Zusammensetzung dieses grauen Rückstandes und sein Verhalten gegen Chlor zu ermitteln, obwohl es von Interesse wäre, hiervon Kenntniß zu haben.

Mit Ammoniak, Kali oder Natron in wässeriger Lösung läßt sich der Ultramarin kochen, ohne daß eine Einwirkung zu bemerken ist. Verdampft man aber bis zur Trockne oder schmilzt den Ultramarin mit Kali oder Natronhydrat, so entsteht eine, die bezüglichen Schwefelalkalien enthaltende gelbe Masse. Gleichwohl wurde auch hierbei versäumt, zu untersuchen, ob diese Schwefelverbindung entsteht, ohne daß zugleich das Silicat angegriffen wird, oder ob die Einwirkung erst mit dessen Zersetzung erfolgt, was das Wahrscheinlichste ist.

Man kann den Ultramarin in schmelzenden Salpeter eintragen, ohne eine Einwirkung zu bemerken, die jedoch nach längerem Glühen und wahrscheinlich dann auf die Weise erfolgt, daß erst der Salpeter theilweise wie beim Glühen für sich zersetzt wird. Denn wird hierbei von vornherein etwas Alkali, z. B. Kalihydrat hinzugefügt, so erfolgt die oxydirende Wirkung des Salpeters und Zersetzung des Gemisches zu einer weißen Salzmasse sehr schnell unter Bildung von schwefelsaurem Alkali, sowie unter einigem Aufschäumen, Entwickelung von Stickgas und anderen Zersetzungsproducten des Salpeters.

Ob man nun im Ultramarin blos Schwefel, welcher färbt, oder ein höheres Schwefelnatrium annehmen will, so ist letzteres Verhalten in beiden Fällen auffallend und wieder nur erklärlich, wenn man annimmt, daß Eine oder Andere sei in die Krystalle oder Moleküle des Silicats eingeschlossen, und werde erst angreifbar, wenn letztere selbst durch Zersetzung sich theilen, wie es bei Einwirkung von wässerigen Säuren der Fall ist, welche das Natronsilicat augenblicklich zersetzen. — Die wässerigen Alkalien treffen daher nicht den Schwefel, weil sie das Silicat nicht lösen. Die Alkalihydrate aber greifen beim Schmelzen das Alaunerdesilicat an, und ebenso der Salpeter, wenn er sich theilweise zersetzt hat und dann ist auch der Schwefel oder das höhere Schwefelnatrium bloßgelegt.

Die Annahme, daß der färbende Körper im Ultramarin Schwefelaluminium sei, oder ein Einfach-Schwefelmetall, erklärt nicht die Abscheidung von Schwefel neben Schwefelwasserstoff, denn weder Al_2OS_2 noch Al_2S_3 würde sich mit Abscheidung von S durch Säuren zersetzen. Ferner müßte nebenbei noch eine Verbindung wie NaS_2, NaS_3 ꝛc. vorhanden sein, um hierbei die Entwickelung des Schwefelwasserstoffs durch Säuren zu erklären.

Nachdem Obiges über die Natur und Eigenschaft des Ultramarins mitgetheilt ist, bleibt nur noch anzuführen, daß zwar die Tiefe seiner blauen Farbe mit dem Schwefelgehalt zunimmt, daß aber die Farbendifferenz der Ultramarine nur dann auf einen verschiedenen Schwefelgehalt zurückzuführen ist, wenn man Ultramarinsorten von eben derselben Korngröße hinsichtlich der Farbenintensität mit einander vergleicht. Denn die blaue Farbe wird stets heller durch weiteres Zerreiben des Ultramarins, so daß ein helleres und dunkleres Product ein und dasselbe Material sein kann, und die Farbe zum Theil nur davon abhängt, wie grob sein Pulver ist. Das Pulver des Ultramarins hat stets krystallinische Beschaffenheit, selbst dann noch, wenn es durch langes Glühen an der Luft, wobei sich schwefelsaures Natron bildet, seine Farbe völlig verloren hat.

2) **Darstellung des Ultramarins. Rohmaterialien zur Ultramarinfabrication und ihre Vorbereitung.**

Zur Darstellung des Ultramarins werden gegenwärtig folgende Rohmaterialien angewendet:

1) Ein Thonerdesilicat, Kaolin oder andere weiße Thonarten zur

Rohmaterialien zur Ultramarindarstellung. 303

2) Schwefelsaures Natron im entwässerten Zustande.
3) Kohlensaures Natron oder calcinirte Soda.
4) Schwefel, als raffinirter oder geläuterter Stangenschwefel.
5) Holzkohle oder Steinkohle. Wenn letztere angewendet wird, soll sie wenig Asche als möglich geben. Eine backende, schmelzende, wasserstoffreiche Kohle wird jedenfalls die beste sein, da ihr Endzweck ist, das schwefelsaure Natron in Schwefelnatrium zu verwandeln, oder bei Anwendung von kohlensaurem Natron die Reduction des Natrons mit Schwefel zu Schwefelnatrium zu erleichtern, welches letztere auf das Thonerdesilicat einwirken soll, um den Ultramarin zu bilden.
6) Kieselsäure für gewisse Sorten Ultramarin. Entweder ist dazu fein gemahlener Quarz oder gebrannte Flinte anzuwenden, oder auch Infusorienerde, genannter Kieselguhr, welcher schon von Natur ein feines Pulver ist und nur der Entwässerung oder des Glühens bedarf. Zuweilen kann derjenige Sand dazu angewendet werden, welcher beim Schlämmen des Kaolins abfällt, muß der dann entweder schon ein sehr feines Pulver bilden, oder erst durch Mahlen unter sehr harten Quarzläufern in ein möglichst feines Pulver verwandelt werden.
7) Gemahlener Gyps gehört zu den Materialien für die Ultramarinfabrikation lediglich als Zusatz, um damit hellere Sorten herzustellen.

Alle diese Rohstoffe erfordern eine gewisse Reinheit, und ehe man die unter 1 bis 6 genannten Materialien in gewissen Proportionen aufeinander einwirken läßt, müssen sie besonderen mechanischen und chemischen Arbeiten unterworfen werden, theils um sie gehörig rein zu erhalten, theils sie in einen Zustand mechanischer Zertheilung zu versetzen, welcher eine innige Mischung derselben in solchen bestimmten Verhältnissen gestattet.

Der Kaolin oder der zur Ultramarinbereitung geeignete weiße Thon kommt in verschiedener Reinheit vor. Er enthält verschiedene theils verwitterte, theils halbverwitterte Mineralien, wechselnde Mengen der Oxyde des Eisens, auch Manganoxyd, Bittererde und Kalk, sowie Wasser (vgl. S. 64). Die letztgenannten drei Bestandtheile scheinen in derjenigen Menge, in welcher sie gewöhnlich im Kaolin vorhanden sind, keinen nachtheiligen Einfluß auf die Bildung und Beschaffenheit der Farbe auszuüben. Die mechanischen Unreinigkeiten, namentlich also die halbverwitterten Mineralien, entfernt man durch sorgfältiges Schlämmen, wenn letzteres nicht schon am Gewinnungsorte des Thones geschehen ist. Das Schlämmen wird im Allgemeinen so ausgeführt, wie es in den Thonfabriken üblich ist, und welches mit dem Verfahren, das beim Schlämmen der Erdfarben (S. 13 u. ff.), angegeben wurde, übereinkommt. Nach dem Schlämmen der Kaoline werden sie wieder scharf getrocknet, was durch die Zwischenwärme ... Oefen, und zwar am zweckmäßigsten mittelst Filterpressen

(S. 155), bedeutend abgekürzt werden kann. Die getrockneten Kaoline we[rden] hierauf geglüht, wodurch das schließliche Pulverisiren derselben erleichtert w[ird] welches auf das Feinste geschehen muß und auf Kollergängen oder Rüh[len] erfolgen kann. Man kann zwar das Glühen unterlassen, aber einestheils [er]leichtert es, wie bemerkt, das Pulverisiren wesentlich, anderentheils gewäh[rt es] auch den Vortheil, daß die geglühte Masse bei der weiteren, im Betrieb b[ei] Farbenfabrikation mit derselben vorzunehmenden Glühoperation schneller [und] sonst auf eine höhere Temperatur gebracht werden kann, da das im Kao[lin] ursprünglich vorhandene, chemisch gebundene Wasser durch jenes vorgän[gige] Glühen ausgetrieben wird.

Hinsichtlich der Zusammensetzung der Kaoline, welche nicht glei[ch] sondern sehr wichtig ist, wird Folgendes hervorgehoben. Ungewöhnlich [viel] Eisen- und Manganoxyd dürfen die Kaoline nicht enthalten. Enthalten [sie] eingemengte feine Kieselsäure in Form von feinem Sand, so ist es am [zweckmäßig]sten, diesen zuvor abzuschlämmen, um einen Kaolin von möglichst norma[ler Zu]sammensetzung zu erhalten. Wird dann etwa später noch ein Zusatz von [Kiesel]säure erfordert, so kann hierzu auch dieser Sand, wenn er fein gen[ug,] anderenfalls nach vorausgegangenem Mahlen in nassen Mühlen, statt b[esser] beschaffter Kieselsäure benutzt werden. Hat man eine Bezugsquelle, welche [stets] von stets gleicher Zusammensetzung liefert, wie solches z. B. bei dem eng[lischen] China Clay aus Cornwallis der Fall ist, so gewährt die Benutzung ein[es der]artigen gleichmäßigen Materials jedenfalls große Vortheile, vermindert d[ie Be]lagekosten und erspart oft viele Arbeit.

Zum Glühen des Kaolins kann man sich zwar derselben Einri[chtung] bedienen, in welchen der Ultramarin geglüht wird; aber weit besser eign[en sich] dazu besondere Flammöfen von gewöhnlicher Einrichtung, und sind je[denfalls] da erforderlich, wo das Schmelzen des Ultramarins in großem M[aßstab] ununterbrochen fortgesetzt wird. Rothglühhitze ist vollständig ausreichend, [um] alles Hydratwasser der Kaoline auszutreiben. Zu starkes Glühen würde [nur] die nachfolgende Arbeit des Pulverisirens nur erschweren, statt sie zu erleich[tern].

Das Pulverisiren des calcinirten oder rohen Kaolins erfolgt am best[en] unter Kollergängen oder in Kugelfässern, und die Masse ist nach dem [Pulveri]siren jedenfalls noch durch feine Drahtsiebe zu sieben, um alle groben [Theile] abzuscheiden.

Das schwefelsaure Natron in entwässertem Zustande bezi[eht man] am besten von chemischen oder Sodafabriken. Sie liefern es eisen- und [säure]auch frei von Säure, gewöhnlich in harten Stücken. Kann man solches erh[alten] welches durch Entwässern und Glühen des krystallisirten Glaubersalzes gew[onnen] ist, so verdient dieses Material wegen seiner größeren Reinheit den Vorzu[g].

Beim Auswaschen des blauen Ultramarins nimmt das Waschwasser Glaubersalz und schwefelsaures Eisen- und Manganoryd in geringer Menge auf. Diese Waschwässer, wenigstens die zuerst erfolgenden, also concentrirteren, sind zu sammeln. Man fällt aus ihnen das Eisen- und Manganoryd durch Zusatz von wenig Kalkmilch, verdampft die geklärten Flüssigkeiten zur Trockne und erhält auf diese Weise einen Theil des verwendeten Glaubersalzes wieder, der sich nun gleich dem anfänglich benutzten, angekauften Salze aufs Neue in Benutzung nehmen läßt.

Auch das Glaubersalz muß pulverisirt werden, und zwar am zweckmäßigsten unter Kollergängen, da man es nicht gern mit den eisernen Kugeln in Kugelfässern in Berührung bringt. Jedenfalls müssen die größeren Stücke erst unter Kollergängen zerdrückt werden.

Die calcinirte Soda oder das wasserfreie kohlensaure Natron (vgl. S. 224), erhält man ebenfalls von chemischen Fabriken, und man wählt zur Ultramarinfabrikation stets die reinsten Sorten. Dasjenige Sodasalz, welches beim Eindampfen der rohen Sodalaugen zuerst als einfach-gewässertes Salz überfällt, ist wegen seiner Reinheit vorzuziehen. Es wird dann noch geglüht und bildet so eine ziemlich lose, pulverige Salzmasse, welche, wie vorhin das Glaubersalz, noch in ein feines, gleichmäßiges Pulver verwandelt werden muß, wenn sich etwa bei starker Erhitzung härtere Stücke daraus gebildet haben.

Der Stangenschwefel oder raffinirte Schwefel kann unter Kollergängen erst zerdrückt, dann in Kugelfässern gemahlen werden.

Die Kohle, sei es eine gute Steinkohle oder Holzkohle, muß von Sand, Steinen oder ähnlichen Beimengungen wohl befreit gehalten werden. Ihr Zermahlen kann sehr bequem in den Kugelmühlen so erfolgen, wie unten beim Mahlen der als schwarze Farbe zu verwendenden Holzkohle angegeben wird. Die Holzkohle kann ohne Weiteres in die Kugelfässer aufgegeben werden. Steinkohlen, welche härter sind, werden dagegen erst unter Kollergängen zu einem groben Pulver zerdrückt. Man kann sie aber auch wie die Holzkohlen naß mahlen und dann wieder trocknen, wie man es den Umständen gemäß für zweckmäßig erachtet. Statt der Kohle verwendet man als reducirende Substanz in neuerer Zeit sehr häufig Kolophonium oder ähnliche kohlenstoffreiche harzartige Körper, z. B. Theerasphalt, Schwarzpech u. s. w., namentlich zur Herstellung der sogenannten kieselsäurereichen Ultramarine.

Die Kieselerde, deren Zusatz neben Kaolin dann unerläßlich ist, wenn es sich um die Herstellung von kieselsäurereichem Ultramarin handelt, muß gleichfalls in ein feines Pulver verwandelt werden. Man verwendet am vortheilhaftesten die reinsten, schwersten Formen der Kieselsäure, namentlich Quarzsand, etwa nachdem man aus dem Kaufmann ausgeschlämmt hat, oder andere reine Sorten. Infusorienerde (Polirschieferde) findet zwar neuerdings, nachdem dieses Material

20

terial als eine verhältnißmäßig sehr reine und sehr fein vertheilte Kieselsäure ein
gängigen, wohlfeilen Handelsartikel bildet und daher nur noch unerhebliche Zu-
bereitungskosten erfordert, eine ausgedehnte Anwendung, hat aber vermöge sei-
sehr voluminösen Beschaffenheit die nachtheilige Wirkung, daß es die Ultrama-
mischung zu locker macht. Wird Quarz angewendet, so muß derselbe erst ge-
und in Wasser abgeschreckt werden, wodurch er in kleine Theile zerspringt, er
dann schließlich auf nassen Mühlen fein gemahlen und wieder getrocknet zu w...

Die mechanische Verarbeitung der genannten Rohmaterialien zur Ul-
marinbereitung erfordert daher nach den obigen Erläuterungen hauptsächlich e
diejenigen Apparate und Operationen, welche zur Herstellung der Erd-
dienen und dort bereits ausführlich beschrieben sind. Ebenso wird das C...
des Thones und Quarzes, wie oben schon angedeutet, in den S. 43 u. f.
gestellten gewöhnlichen Calciniröfen ausgeführt.

Außer den vorangeführten Rohmaterialien kommen bei einer im ...
befindlichen Ultramarinfabrik noch die Salze in Betracht, welche aus den ...
und Waschwässern der grünen und blauen Ultramarine gewonnen w...
Die Verarbeitung der aus den blauen Ultramarinen resultirenden Ausw...
wässer auf Glaubersalz ist bereits erörtert. Die Waschflüssigkeiten vom grü-
Ultramarin enthalten außer Glaubersalz auch noch Einfach-Schwe-
natrium und Mehrfach-Schwefelnatrium. Sie werden ebenfalls
eisernen Pfannen zur Trockne abgedampft und nach ihrem zu erm...
Natrongehalte wieder als Natronsalz verwendet. Damit dieses Eindampfen ni
zu große Kosten verursacht, bringt man die Abdampfpfannen so in Verbindung
den Muffelöfen, in welchen der Ultramarin erzeugt wird, daß sie durch de...
gehendes Feuer geheizt werden. Die erhaltenen Abdampfrückstände müssen
ebenfalls pulverisirt werden. Ultramarinfabriken, welche zugleich Soda be...
verwenden diese Rückstände zweckmäßiger als Glaubersalz bei der Sodafabri-
wobei ihre Anwendung keine Schwierigkeit verursacht. Solchen Fabriken e-
dadurch der Vortheil, daß sie die Mischungen, welche den Ultramarin geben b
aus den sechs oben zuerst angeführten Materialien stets correct zusammensetzen
und nicht genöthigt sind, bei Herstellung jener Mischungen Rücksicht zu ...
auf die Verwerthung der Verdampfungsrückstände, deren chemische Zus...
setzung bei übrigens gleichem Natrongehalte doch erheblich verschieden sein ...
möge dieser Ungleichheit auf den Gang der Fabrikation störend einwirken ...

3) **Mischung der Rohmaterialien zur Ultramarinfabrikation
zunächst zur Herstellung des grünen Ultramarins.**

Die angeführten Rohmaterialien, in gewissen Verhältnissen gemengt,
halten im Allgemeinen diejenigen chemischen Bedingungen, unter dem

…lichen Bestandtheile des Ultramarins: ein Thonerde-Natronsilicat und eine …seserbindung des Natriums entstehen, also Ultramarinbildung dann erfolgt, …n das Gemisch einige Zeit einer höheren Temperatur ausgesetzt wird. In Be… …auf die in neuerer Zeit hervorgetretenen Abweichungen der Ultramaringemische …Fabrikationsmethoden mag dem Eingehen auf die eigentliche Fabrikations… …it folgende Erläuterung vorangeschickt werden. Es soll hier vor Allem die … Methode der Ultramarinfabrikation, die Herstellung des sogenannten **kiesel**-…en Ultramarins, ausführlich erörtert werden. Dieselbe ist in ihrem Wesen …genauesten erforscht und in ihren Manipulationen so mannigfaltig und be… …ausgebildet, daß sie die unterrichtende Grundlage bildet für die neueren …hoden; auch hat ihr Product den immer noch unerreichten Vorzug, von einer …, rein **blauen** Farbe zu sein. Zunächst haben wir uns mit der mecha-… Vorbereitung des Ultramaringemisches zu beschäftigen. Eine innige Men-…der Rohstoffe ist dabei eine Hauptbedingung, wenn das Product gleichförmig …n und die Operation gelingen soll.

Diese Mengung kann auf verschiedene Weise erfolgen. Einfach ist die …hode, die abgewogenen, fein gepulverten Materialien in einem breiten Kasten …einanderzuschichten, sie dann mit der Schaufel umzuschaufeln, und dieses … Male zu wiederholen. Dann siebt man das Gemenge durch ein Sieb …nicht zu engen Maschen in einen anderen Kasten, schaufelt es wieder um …sieht noch einmal durch. Oder man füllt die abgewogenen Materialien in …gefäß und läßt dasselbe nun einige Stunden rotiren. Das letztere Ver-…n ist vortheilhafter und einfacher.

Das **Mischungsverhältniß**, d. h. die Auswahl und Quantität der …braten Rohmaterialien ist zwar im Speciellen verschieden, entspricht jedoch …gemeinen der Voraussetzung, daß bei dem Glühen der Mischung die Hälfte …Kaolin enthaltenen Kieselsäure sich mit Natron sättigen, und daß zugleich …berschuß von Schwefelnatrium und Doppelt-Schwefelnatrium (s. unten) ent-… kann. Die Mischungen der deutschen Fabriken sind im Einzelnen ziemlich …ant abweichend von denjenigen der französischen oder rheinischen Fabriken, so …zwei Mischungsmethoden unterschieden werden können. Bei der einen wird …Mischung die erforderliche Menge Natron nur in Form von Glaubersalz, …ber anderen Methode in Form von Soda oder von Soda und Glaubersalz …außerdem stets Schwefel zugesetzt.

Bei der ersten Methode unter alleiniger Anwendung von Glaubersalz wird … dem Kaolin nur noch Kohle in die Mischung gebracht. In der Glühhitze …t die Kieselsäure des Kaolins auf das Natron, und die Kohle reducirt das …elsaure Natron. Es entsteht daher kieselsaures Natron oder Natron-Thon-…silicat einerseits, und Schwefelnatrium andererseits, welches theils zu Zweifach-…schwefelnatrium werden kann, weil zugleich die Schwefelsäure desjenigen Antheils

308   Mischung der Rohmaterialien zur Ultramarinbereitung.

Natron, welchen die Kieselerde in Anspruch nimmt, durch die Kohle zu Schw.. reducirt wird. Es kann sich nun dieses Gemenge von Schwefelnatriumverbindungen mit dem entstandenen Natron-Alaunerdesilicate vereinigen, oder grüne Ultramarin bilden. In der geglühten Mischung bleibt immer ein Ueberschuß von Schwefelnatrium, wodurch die Masse beim Glühen zusammenfrißt dieser Ueberschuß scheint aber zur Bildung der Farbe nöthig zu seyn und e beim Auslaugen oder Waschen mit Wasser als Auflösung wieder gewonnen.

Eine gute Mischung zur Bildung des kieselarmen Ultramarins bestehen aus:

100 Theilen wasserfreiem Kaolin,
100 bis 83 „ wasserfreiem Glaubersalz,
17 „ Kohle,

hierbei ist angenommen, daß der Kaolin die ungefähre Zusammensetzung zweifach-kieselsaurer Alaunerde habe.

Bei der anderen Methode, bei welcher nur Soda oder Soda neben Glaubersalz angewendet wird, ist die Reaction der Kieselerde des Kaolins mit Natron offenbar erleichtert. Der Ueberschuß an kohlensaurem Natron mit dem vorhandenen freien Schwefel gleichfalls Schwefelnatrium, und die Kohle scheint nur zugefügt zu werden, um keine Oxydation zuzulassen. Der Schwefel ist derselbe, wie im vorhergehenden Gemische.

Solche Mischungen sind:

	I.	II.
Kaolin	100	100
Entwässerte Soda	100	40
Glaubersalz	—	41
Schwefel	60	17
Kohle	12	13

Sollen die oben erwähnten Verdampfungsrückstände aus den schwefelnatriumhaltigen Auswaschlaugen zu jenen Mischungen verwendet werden, so können selben sowohl das Glaubersalz wie die Soda des Gemisches zum Theil ersetzen 80 Theile des trockenen und auf oben angegebene Weise gehörig vorbereiteten Rückstandes entsprechen etwa 100 Theilen Soda, 60 Theile desselben Rückstandes ungefähr 100 Theilen Glaubersalz. Es ist jedoch gerathen, diese Rückstände immer nur in geringen Quantitäten den einzelnen Mischungen hinzuzufügen, also jedesmal nur einen verhältnißmäßig kleinen Theil der überhaupt anzuwendenden reinen Natronsalze durch Verdampfungsrückstand zu ersetzen.

Von dem später erst entdeckten Einflusse des Zusatzes der gemahlenen Kieselerde zu der ultramaringebenden Masse wird unten bei der Darstellung kieselreichen Ultramarins die Rede seyn. Diese vorangegebenen Mischungen la..

Rohbrennen des Ultramarins.   309

ihr zunächst die grünen Ultramarine, welche dann durch Erhitzen mit Schwefel
r Luftzutritt die rein blauen Ultramarine von wenig ins Rothe gehender
nce geben.

4) Ueberführung der Rohmaterialien-Mischung in grünen Ultramarin durch Glühen (Rohbrennen).

Die Arbeit, welche nun mit den angegebenen Mischungen vorgenommen
t, ist ihr Verglühen, das sogenannte Rohbrennen des Ultramarins. Es
so geschehen, daß die Mischung die nöthige Temperatur annimmt, und
dies gleichförmig durch die ganze Masse erfolgt ohne bedeutenden Luftzutritt
der letzteren. Mangelhaftes Verglühen und ungleichförmige Mischung der
materialien würden auch bei dem besten Satze keine günstigen Resultate
n. Um dasselbe in der Gewalt zu haben und möglichste Gleichförmigkeit bei
Erhitzung zu erreichen, verwendet man tiegelförmige oder cylindrische Kapseln
feuerfestem Thone von nicht zu großem, etwa 30 bis 35 cm betragendem
chmesser. Obwohl sie von gutem, nicht zu leicht schmelzbarem Töpferthon
estellt werden können, so ist doch feuerfester Thon zu ihrer Verfertigung vor-
ehen. Derselbe kann, mit gebranntem Thone gemengt und gut verarbeitet,
die Porzellankapseln auf der Töpferscheibe, frei aufgedreht oder in Gyps-
en eingedreht werden, so daß die Kapseln die Formen der Figuren 44 oder
annehmen.

Die Form Fig. 44 erlaubt, die Kapseln aufeinander zu stellen, wobei dann
Boden der oberen der Deckel für die untere wird, die oberste Kapsel aber

Fig. 44.

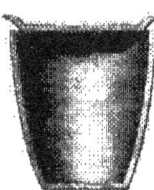

Fig. 45

einen besonderen platten
Deckel erhält. Bei der
Form Fig. 45 müssen be-
sondere Deckel für jeden
einzelnen Tiegel hergestellt
werden, der stark genug
sein muß, um mehrere
andere zu tragen. Die
letztere Form ist zweck-
mäßiger für die Erhitzung,

n wenn die Tiegel im Ofen auch dicht nebeneinander gestellt werden, so
en sie doch Zwischenräume, in welchen die Flamme sie umspielen kann.

Die Erhitzung der Tiegel geschieht in einer Art Muffelöfen, deren Inneres,
weil es direct mit dem Feuer in Berührung kommt, mit feuerfesten Steinen
ausgemauert ist. Diese Oefen sind nicht größer, als zur Aufnahme von so viel

310 Tiegelofen zum Rohbrennen des Ultramarins.

Tiegeln nöthig ist, daß in denselben etwa 300 kg Masse auf einmal verglüht werden können. Sie sind ähnlich eingerichtet wie die Muffelöfen, welche man bei der Porzellanfabrikation anwendet. Da bei ihrer Anwendung viel Säure verloren geht, oder oben abzieht, so leitet man zweckmäßig die abziehende saure Luft unter diejenigen Pfannen oder Kessel, in welchen man das Abdampfen der Laugen vom Auswaschen und Auslaugen der Ultramarine bewerkstelligt. Man placirt die Oefen daher so niedrig als möglich, um die Verdampfpfannen nicht zu hoch aufstellen zu müssen.

Es werden gewöhnlich mehrere Glühöfen derart in einer Reihe neben einander aufgestellt, daß ihre Glühräume nur durch einfache Zwischenmauern von

Fig. 46.

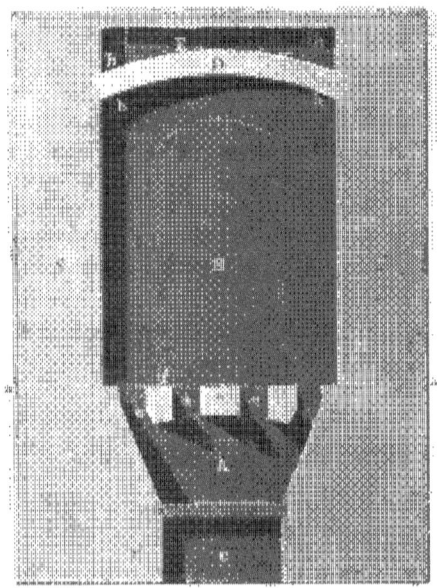

einander getrennt sind. Fig. 46 zeigt einen Glühofen im Aufrisse und Durchschnitt nach der Breite, Fig. 47 denselben im Durchschnitt nach der Länge, Fig. 48 (a. S. 312) ist der Grundriß über dem Herde nach der Linie a b in Fig. 46. In diesen Figuren bedeuten gleiche Buchstaben gleiche Theile.

A Feuerraum, b Rost, c Aschenloch mit Thür, d Schürloch mit Thür, eeeee Züge aus dem Feuerraum in den Verglühraum B, B ff dessen Herd, durch die Züge ee durchbrochen, welche mit

Tiegelofen zum Rohbrennen des Ultramarins.

zusteckender Keile von feuerfesten Steinen enger gemacht werden können. Die Züge sind so angeordnet, daß sie von den Kapseln nicht bedeckt werden, wenn diese auf dem Herde in Säulen aufgestellt sind. g g Umfangsmauern des Herdes und Ofens. Vorn lassen sie eine Einsatzthür offen, welche während des Brennens mit feuerfesten Steinen zugemauert wird, also eine provisorische Seitenwand darstellt. Der Herd des Verglühraumes wird durch das längliche Gewölbe über dem Feuerraume gebildet und ist mit feuerfesten Steinen ausgerbet. Den Verglühraum schließt das Gewölbe D mit vier Zügen an den Ecken (durch die Buchstaben h angedeutet), durch welche die Flamme austritt; letztere geht dann in einen bedeckten Canal E und von da entweder unter die darüber eingemauerten Abdampfpfannen, oder in den Schornstein F, je nach Stellung der Schieber, welche an Canal und Schornstein zweckentsprechend angebracht sind. An anderen Orten benutzt man geradezu runde Porzellanöfen mit Pultfeuer von drei Seiten; allein dieselben, da sie nicht groß sein dürfen, nehmen unverhältnißmäßig mehr Platz ein, indem sie wegen der Feuerungseinrichtung wie Porzellanöfen frei stehen müssen.

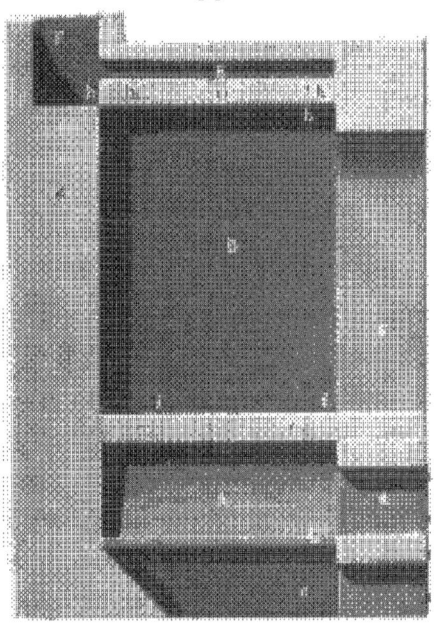

Fig. 47.

In jeder Fabrik muß sich außerdem noch ein Versuchsofen vorfinden, der am besten die Einrichtung der ersteren Oefen im kleineren Maßstabe hat und nur 6 bis 8 solcher Tiegel aufnimmt. Ein solcher Probeofen ist von großem Vortheil, denn in ihm kann man im Voraus die verschiedenen Sätze oder Mischungen probiren, ehe man mit ihnen im Großen arbeitet. Sie dienen hauptsächlich, um auch mit denjenigen Thonen und Kaolinarten Versuche anzustellen, die einem zu Gebote stehen. Denn die unmittelbaren Brennversuche, deren man gewöhnlich mehrere unter Anwendung abweichender Mischun-

gen vornehmen kann, sind weit leichter und schneller auszuführen, als die Untersuchungen der Thone auf dem Wege der chemischen Analyse. Außerdem gewähr

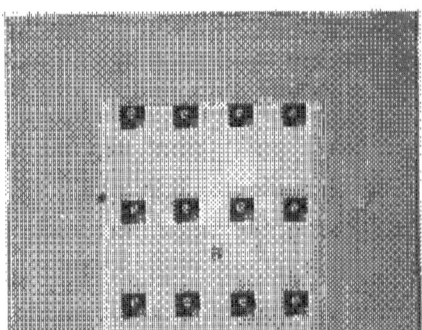

Fig. 48.

die im Kleinen gelungene
Brennversuche zugleich die
Sicherheit, daß die dabei
angewendeten Mischungen
auch im Großen entsprechend
gute Resultate liefern werden. Ebenso giebt der
Vergleich verschiedener
Mischungen, jede für sich
unter sonst gleichen Um-
ständen geglüht, eine zu-
verlässige Anleitung hin-
sichtlich einer zweckmäßigen
Auswahl der einzelnen Be-
standtheile und ihres quantitativen Verhältnisses.

Der zu verglühende
Topf oder die Mischung
der Rohstoffe wird, nachdem die Arbeit des Mischens vollendet ist, mit kleinen
Schaufeln in die Gefäße oder Kapseln gefüllt und darin mit hölzernen Stößern
gedrückt, so gut es angeht, ohne denselben zu schaben. Mit den so angefüllten
Gefäßen werden dann im Verglühraum der Oefen geradestehende Säulen bis zum
Gewölbe aufgeführt mit der Sorgfalt, daß die Züge am Herde offen bleiben.
Dann wird die Eingangsthür mit feuerfesten Steinen ohne Mörtel vermauert,
nur von außen zum Zumachen der Fugen applicirt wird und ein gewöhnlicher
sandiger Thonmörtel sein kann, da er keine Hitze auszuhalten, sondern nur den
Eintritt kalter Luft abzuhalten hat, und nun kann die Feuerung beginnen.

Es ist selbstverständlich, daß man sowohl mit Steinkohlen, gutem Torf,
als auch mit Holz heizen kann, wenn der Rost im Feuerraume eine entsprechende
Construction hat. Die Temperatur, welche man den Tiegeln oder Kapseln zu
geben hat und nach und nach giebt, streift an helle Roth- bis anfangende Weiß-
glühhitze. Bei Beginn der Fabrikation ist es gut, sich erst im Probeofen in
Hitze durch einige Probebrände abzumerken, d. h. das Ansehen der Töpfe im
Glühraume, wenn sie glühend sind und ein befriedigendes Resultat geliefert
haben, um sich hiernach bei dem wirklichen Verglühen zu richten. Um dieses
Ansehen der Töpfe beurtheilen zu können, setzt man in die vordere Mauer der
Eingangsöffnung einen Stein so ein, daß er leicht herausgezogen und wieder
eingesetzt werden kann, wenn man seine Beobachtung gemacht hat. Ein feh-

Feinbrennen des Ultramarins.

einem losen Steine verschließbare Oeffnung bringt man zweckmäßig auch der entgegengesetzten hinteren Wand des Verglühraumes an.

Die Dauer eines solchen Brandes oder das Verglühen vorhin angegebener Mengen in Oefen der obigen Art beträgt zwischen 7 bis 10 Stunden, und vom Zuge des Ofens, dem Brennmateriale sowie von den Bestandtheilen der Mengen und deren Verhältnissen abhängig. Je weniger die Mischungen bei dem Glühen an Schwefelnatrium enthalten, desto längere Zeit muß die Masse geglüht werden, um denselben Erfolg zu erreichen. Nach Maßgabe dieser Erfahrung kann man daher die Mischung modificiren, um die Operationen zu beschleunigen.

Nach dem Verglühen läßt man die Oefen verschlossen erkalten. Man entleert sie dann, und kann sie sogleich wieder beschicken, so daß in einem Ofen in der Woche drei Brände ausgeführt werden können. Die herausgenommenen Tiegel zeigen einen gesinterten, jedoch porösen Inhalt. Man legt die Tiegel in Wasser, wodurch die Masse erweicht. Die aufgeweichte Masse bringt man in Holzgefäße, läßt sie darin absetzen, wässert sie einige Male ab und verwendet die starken Laugen zum Abdampfen, die schwachen statt Wasser, um die Masse aufzuweichen und auszulaugen. Nach vollständigem Auslaugen wird die grüne schwammige Masse, die jetzt grüner Ultramarin ist, auf seinen Mühlen gemahlen und noch einige Male ausgewaschen. Man trocknet dann in Trockenräumen oder an der Luft, um das Product nun entweder als grünen Ultramarin zu verkaufen, oder zunächst in blauen Ultramarin überzuführen.

5) Zusammensetzung des grünen Ultramarins.

Der so erhaltene grüne Ultramarin ist weder eine dunkle, noch eine sehr rige Farbe, die jedoch als Ultramaringrün in den Handel gebracht wird. Sie stets bläulichgrün, nie gelbgrün. Dem Inhalt gesprungener Töpfe ist stets blauer Ultramarin beigemengt, der sich an denjenigen Stellen bildete, wo Lufttritt stattfand. Ich habe die Bestandtheile des grünen Ultramarins bestimmt und in 100 Theilen des letzteren gefunden:

Kieselsaure Alaunerde	47,31
Kieselsaures Eisenoxyd	1,95
Kieselsaures Natron	39,93
Schwefel	6,62
Natrium	3,92
Kali	1,13
	100,86.

6) **Bläuen (Feinbrennen) des grünen Ultramarins durch Ein**wirkung von schwefliger Säure in der Hitze, und weitere Ver*
arbeitung des blauen Ultramarins zu Handelswaare.

Wenn die Herstellung des grünen Ultramarins gelungen ist, so hat [die]
Darstellung des blauen daraus keine Schwierigkeiten mehr. Der grüne Ultra*
marin muß zu diesem Behufe in vorangeführter Weise zunächst ausgelaugt u[nd]
gemahlen werden. Obwohl der grüne Ultramarin durch Glühen mit Salmi[ak]
sowie durch Chlor, wenn es über den glühenden grünen Ultramarin gel[eitet]
wird, in den blauen verwandelt werden kann, so ist man doch dabei stehen [ge*]
blieben, zu dieser Umwandlung die Einwirkung der schwefligen Säure anzu[wen*]
den. Letztere bringt diese Farbenveränderung sehr rasch hervor, wenn man [über]
den glühenden Ultramarin schweflige Säure leitet, was man im Kleinen in [der]
einer Glasröhre über der Weingeistlampe ausführen kann. Dasselbe Verf[ahren]
wendet man zum Bläuen des Ultramarins im Großen an und nennt die[sen]
Röstproceß in der Ultramarintechnik zum Unterschiede von dem unter 5) [be*]
schriebenen Rohbrennen das Feinbrennen oder Blaubrennen des Ultram[arins.]
Man erhitzt oder röstet den grünen Ultramarin mit Schwefel, wobei hier [der]
entzündet, also die schweflige Säure in nächster Berührung mit dem g[rünen]
Ultramarin erzeugt wird. Hierbei wird ein Theil der schwefligen Säure [zu*]
gleich Natrium im Ultramarin unter Bildung von schwefelsaurem Na[trium]
oxydirt, was gar nicht bestritten werden kann, insofern nach dieser Behan[dlung]
der entstandene blaue Ultramarin an Wasser eine gewisse Menge Glaub[er*]
abgiebt. Weil nun hierbei Natrium entzogen wird, die Menge des Schw[efels]
im Rückstande aber nicht abgenommen hat, so muß entweder aus dem im g[rünen]
Ultramarin vorhandenen Schwefelnatrium ein Mehrfach-Schwefelnatriu[m ent*]
standen sein, dessen Natur unbekannt ist, oder freier Schwefel, von dem,
oben erwähnt, die Färbung abhängen könnte. Erhitzt man grünen Ultra[marin]
in einer Porzellanschale und streut Schwefel darauf, so entzündet sich der le[tztere]
und während seiner Verbrennung nimmt der Ultramarin eine blauere Färb[ung]
an, namentlich an den Kanten der Schale, wo die Luft zuströmt. Hier [zeigt]
auch der Ultramarin ein Erglühen durch Oxydation des Natriums, was in [dem]
leeren Theile der Schale nicht stattfindet, wo die Luft vom Schwefel völlig [des*]
oxydirt anlangt. Wiederholt man dieses Verfahren öfter unter Umrühren,
wird der Ultramarin endlich ganz blau; aber durch zu langes und öfteres Rö[sten]
verschwindet die blaue Farbe wieder, d. h. sie wird weniger intensiv und me[hr]
weiß. Man muß als Grund dieser Entfärbung annehmen, daß bei läng[erer]
Röstung entweder alles Natrium verbrennt, oder der färbende Antheil des Sch[we*]
fels; daher muß die Einwirkung der schwefligen Säure, oder wenigstens der V[er*]

Feinbrennen des Ultramarins in Cylindern.

... neben ihr in gewisse Grenzen eingeschränkt bleiben, wenn das intensivste ... Product entstehen soll. Dagegen hat es den Anschein, daß die Farbe ... zerstört wird, wenn man den grünen Ultramarin in Glasröhren mit schwefliger Säure ohne Luftzutritt behandelt.

Die Umwandlung des grünen Ultramarins in den blauen durch Einwirkung von schwefliger Säure in der Hitze, das Feinbrennen, wird im Großen auf folgende Weise ausgeführt.

Erste Methode. Man bedient sich eiserner kleiner Cylinder, welche über dem Feuerraum eingemauert sind, so daß sie zum schwachen Glühen erhitzt werden können. In den Cylinder kann eine mit Schaufeln versehene Flügelwelle eingepaßt werden, deren Achse vorn durch den Deckel heraustagt und mittelst einer Kurbel umgedreht werden kann. An der oberen Seite befindet sich ein Austrittsloch für schweflige Dämpfe und an dem vordern losen Deckel eine schließbare Klappe, groß genug, um mit kleinen Schaufeln Schwefel eintragen zu können. Thönerne Cylinder würden besser sein, und man würde ihr vorderes ... doch mit einem passenden Theile von Eisen verschließen können. Von solchen gemauerten Cylindern bedarf natürlich die Fabrik eine größere Anzahl. Sie ... den in einem gemeinschaftlichen Ofen in eine Reihe nebeneinander eingemauert, ... besitzt jeder Cylinder seinen eigenen mit Schieber regulirbaren Zug in den Schornstein. Die erwähnten obern Abzüge der Cylinder zur Entfernung der ... Dämpfe können ebenso in einen gemeinschaftlichen über den Oefen ... Canal ausmünden, in welchem sich dann mit der Zeit Ultramarin ... ansammelt, und von wo aus die Dämpfe gleichfalls in den Schornstein ..., oder z. B. in die Bleikammern einer mit der Ultramarinfabrik in Verbindung stehenden Schwefelsäurefabrik geleitet werden können.

Das Rösten und Abbrennen mit Schwefel geht darin auf folgende Weise ... sich. Der Ofen wird angeheizt, der Cylinder mit 12 bis 15 kg grünem ... tramarin beladen und wieder verschlossen. Im Verlaufe der Erhitzung wird ... die Flügelwelle zuweilen gedreht, um eine gleichmäßige Vertheilung der ... in der Beschickung zu bewirken. Wenn die letztere so heiß geworden ist, ... sich eine probeweise in den Cylinder geworfene kleine Quantität Schwefel ... entzündet, so mäßigt man das Feuer, um die Beschickung auf dieser Temperatur ... erhalten, oder sie wenigstens nicht viel höher steigen zu lassen. Man wirft ... in den Cylinder eine Ladung von etwa $^1/_2$ kg gepulverten Schwefel, ... die Flügelwelle rasch und läßt die Einfüllöffnung an dem vorderen Ver... offen, damit die zur allmäligen Verbrennung des Schwefels nöthige Luft eintreten kann. Man dreht dann langsamer, bis man bemerkt, daß keine Schwefel-Dämpfe mehr entstehen und verbrennen, worauf man mit einem an Draht ... festigten Löffel eine Probe Ultramarin herausholt, der nun bläulichgrün geworden ist. Diese Operation wiederholt man mit einer neuen, gleich großen

316   Herdofen zum Feinbrennen des Ultramarins.

Quantität von Schwefel so oft, bis die herausgenommene endlich rot gewordene Probe des Ultramarins zeigt, daß bei der letzten Beschickung Schwefel die blaue Farbe an Reinheit und Intensität nicht erheblich gewonnen hat. Damit die Flügelwelle beim Umbrechen nichts aus der oberen Öffnung, durch welche die Luft Zutritt hat, herauswirft, kann man in dieselbe den kurzen schräg stehenden Hals einsetzen. Man entleert den Cylinder durch Abnahme seines Deckels, d. h. des unteren Theils der vorderen Wand, und läßt der Masse in einen untergesetzten eisernen Kasten.

Zweite Methode. Bei dieser bedient man sich statt der Cylinder gemauerter Herdöfen, von der Einrichtung, daß die Flamme der Heizung, wie bei der ersten Methode, nicht direct, sondern immer nur indirect auf

Fig. 49.

Beschickung des Herdes einwirken kann. Fig. 49 ist der Durchschnitt eines solchen Ofens nach der Länge im Aufriß. Fig. 50 der Durchschnitt desselben nach der Breite. Fig. 51 der Grundriß desselben im Durchschnitt auf der Ebene des Herdes. Gleiche Buchstaben bedeuten gleiche Theile.

A Feuerraum, B Herd zur Aufnahme des Ultramarins, auf einem Gewölbe ruhend. Einzelne Canäle g g in letzterem leiten die Flamme in das Herdgewölbe d d und das Gewölbe um denselben e e, welches bei Schornstein C damit parallel läuft, dann sich in letzteren öffnet. Der Feuerraum A hat einen Rost a a, den Aschenraum b und die Ofenthür c.

Der Herd hat vorn eine Oeffnung f, welche durch eine eiserne in Bahn laufende, hängende Fallthür ganz oder theilweise verschlossen werden

Feinbrennen des Ultramarins auf Herden.

lichte Oeffnung ist mit einem Mantel gg überwölbt, welcher die aus der Herböffnung strömenden Dämpfe in den Schornstein führt, so daß sie nicht in das Local, worin der Ofen aufgestellt ist, entweichen können. Alle der Erhitzung ausgesetzten Theile werden aus guten Chamottesteinen erbaut, von denen die zum Bau des Herdes und Herdgewölbes dienenden noch besonders durch Abschleifen genau zusammengepaßt sind. Von diesen Röstöfen gebraucht eine Fabrik zwar gleichfalls eine größere, jedoch immer eine geringere Anzahl, als von den vorhin beschriebenen Cylindern, da die Oefen geräumiger sind und mehr leisten, als die Cylinder.

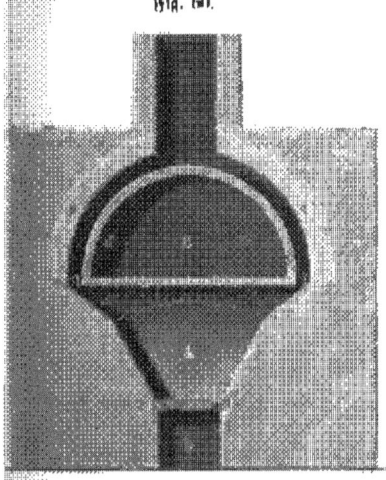

Fig. 60.

Diese Oefen werden angefeuert, bis das Innere des Herdes dunkle Rothglühhitze angenommen hat, dann wird die Fallthür aufgezogen und aufgehängt, und eine 5 bis 8 cm hohe Lage grünen Ultramarins, den man schaufelvollweise einträgt, auf dem Herde

Fig. 61.

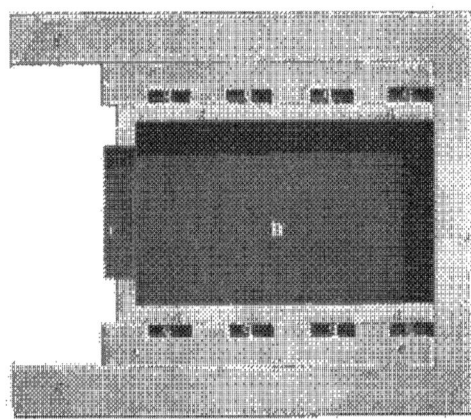

318   Auslaugen und Zusammensetzung des gebläuten Ultramarins.

ausgebreitet und unter Verschluß der Thür so lange erhitzt, bis der entworfener Schwefel sogleich zu brennen beginnt. Dann wird bei aufgezogener Thür auf den Ultramarin eine Schaufel voll Schwefel geworfen, welcher mit einer eisernen Krücke zerrührt und unter fortgesetztem Umrühren der ganzen Masse verbrennen läßt, wobei die Thür soweit herunter gelassen wird, daß noch eine zum Umrühren der Masse genügende Oeffnung bleibt. Nach dem Verbrennen des Schwefels trägt man aufs Neue eine gleiche Quantität Schwefel ein und wiederholt diese Operation so oft, bis die nach jedesmaliger Verbrennung des eingetragenen Schwefels herausgenommene Probe zuletzt zeigt, daß die Intensität der blauen Farbe nicht mehr zunimmt. Man vermeidet eine größere Hitzung, als zu einer rasch erfolgenden Verbrennung des Schwefels erforderlich ist. Die Bläuung des grünen Ultramarins wird auf diesen Herden in kürzerer Zeit bewirkt, als bei der erstbeschriebenen Anwendung von Cylindern, vermöge des größeren Luftzutritts auf dem Herde mehr schweflige Säure gebildet wird und weniger Schwefel lediglich verdampft, wie es bei mangelndem Luftzutritt in den Cylindern der Fall ist. Nach erreichter Intensität der Farbe wird der blaue Ultramarin ausgezogen, und der Herd zur Fortsetzung der Arbeit aufs Neue beschickt.

Das Rösten des grünen Ultramarins hat weniger Einfluß auf die Qualität des zuletzt daraus entstehenden blauen Products, als die primitive Eigenschaft des ersteren selbst. Ein guter und gelungener grüner Ultramarin liefert leicht ein schönes Blau.

Nach Erzeugung der Farbe muß der blaue Ultramarin jedenfalls gut ausgelaugt werden, um ihm das Glaubersalz zu entziehen, das sich hierbei gebildet hat. Es kann dieses systematisch in hölzernen Gefäßen erfolgen, und es sind dann die durch Decantiren gewonnenen starken Laugen abzudampfen und Wiederbenutzung des Verdampfungsrückstandes in der früher angegebenen Weise die schwächeren Lösungen aber bei neuen Auslaugungen an Stelle von Salz zu verwenden. Hierauf wird der Ultramarin auf nassen Mühlen gemahlen, wobei seine anfangs dunklere Farbe stets in eine hellere übergeht. Die besondere Zurichtung und der Grad der Vertheilung, welche dem Ultramarin hierbei gegeben wird, hängt von dem speciellen Verwendungszwecke ab, für welchen derselbe bestimmt ist. So erfordert die Anwendung des Ultramarins für den Lattenbau und zum Bläuen des Papiers eine Feinheit des Pulvers, wie es für Zwecke der Malerei und den Tapetendruck nicht erforderlich ist.

7) Zusammensetzung des blauen, kieselarmen Ultramarins.

Der durch Feinbrennen des grünen Ultramarins gewonnene blaue Ultramarin hat eine ähnliche Zusammensetzung wie der grüne. Er enthält kieselsaure anerbe und Natron im nämlichen Verhältnisse, ebenso Schwefel, aber weniger rium, gewöhnlich eine kleine Menge Schwefelsäure, größtentheils als schwefel- en Kali, und etwas Eisen in irgend einer Verbindung. Folgende Zusammen- ng kann als eine durchschnittliche der auf angegebene Art erzeugten, also kiesel- m blauen Ultramarine angesehen werden:

Kieselsäure	36,910
Alaunerde	29,173
Eisenoxyd	1,012
Kali	0,600
Schwefelsäure	2,526
Natron	17,533
Natrium	2,768
Schwefel	6,835
Feuchtigkeit	2,643
	100,000.

6) **Theils angestrebte, theils ausgeführte Verbesserungen in der Ultramarinfabrikation. Kieselreicher Ultramarin.**

Es ist nicht zu verkennen, daß die beschriebene Darstellungsweise des blauen :marins nach mehrfachen Richtungen hin einer Vervollkommnung fähig ist. den letzten beiden Jahrzehnten, in welchen sich die Ultramarinfabrikation *en* mehr ausgebreitet hat und eine außerordentliche Concurrenz hierin er- ffen ist, sind denn auch verschiedene Verbesserungen der Fabrikation theils geführt, theils versucht. Dieselben bestehen einmal in der Anwendung anderer richtungen zum Verglühen und Erhitzen der Masse, sodann auch in der wendung eines Satzes, welcher unter gewissen Umständen sogleich, oder durch des Rösten oder Glühen an der Luft ohne Schwefelzusatz einen blauen Ultra- rin zu geben vermag. Im letzteren Falle ist dann von der Darstellung eines achbaren Ultramaringrüns überhaupt abgesehen. Endlich hat man gefunden, i Thone, welche verhältnißmäßig mehr Kieselsäure als die Kaoline enthalten, n mit Kieselsäure versetzte Kaoline unter gewissen Bedingungen Ultramarine ben, welche dem natürlichen, aus Lasurstein gewonnenen Ultramarin insofern sichtlich des chemischen Verhaltens näher stehen, als sie zwar immer noch durch säure und Alaunlösung zersetzt werden, jedoch im Vergleich mit anderem tlichem Ultramarin weil schwieriger und langsamer. Diese größere chemische tabilität des Productes ist als eine sehr wesentliche Verbesserung zu betrachten, wigstens sind solche schwerer lösliche Ultramarine zu gewissen Zwecken besonders sucht und nur allein anwendbar, wie unten noch speciell angegeben ist. Man nu derartige Producte zum Unterschiede von den oben besprochenen sogenannten kieselarmen Ultramarinen allgemein kieselreiche Ultramarine, und die in den letzten zehn Jahren entstandenen Ultramarinfabriken produciren kieselsäurereiche Sorten. Diese Fabrikation gewährt im Vergleich mit der bereits beschriebenen Gewinnung des kieselarmen Ultramarins den Vorzug, daß, wie unten noch weiter erläutert ist, durch einmaliges Brennen der ursprünglichen Gemischung unmittelbar blaues Ultramarin erhält, so daß die beim kieselarmen Producte erforderliche zweite Glühoperation, das Feinbrennen, hier ganz erspart.

Die verbesserten Vorrichtungen zum Berglühen und Schmelzen der Mischungen für die Ultramarine sind entweder Oefen, welche den Glasschmelzöfen gleichen oder Flammöfen, oder auch eine Art von Muffeln aus feuerfestem Thon, ähnlich den Retorten, wie sie zur Darstellung von Leuchtgas üblich sind, und zugleich diesen paarweise nebeneinander eingemauert werden.

In den ersteren Oefen, in welchen sich die Masse in bedeckten Glashäfen befindet, kann sie durch zeitweise Abnahme des Deckels beobachtet und, wenn sie die richtige Beschaffenheit angenommen hat, ausgeschöpft und durch neue Masse ersetzt werden. Diese Oefen erlauben also einen continuirlichen guten Betrieb, erfordern aber alle die Nebenanstalten, wie in einer Glashütte, die Schmelzhäfen herzustellen, sie vorzuwärmen, aus- und einzusetzen, wenn gebrochene oder zersprungene ausgewechselt werden sollen.

Das Berglühen der Ultramarinmischungen in eigentlichen Flammöfen mit vertieftem Herde mit Reverberirfeuer scheint nirgend zu guten Resultaten geführt zu haben.

Dagegen wird das Schmelzen der Ultramarinmasse in den Leuchtgasretorten ähnlichen Muffeln, welche vorn mit einer losen Thür verschlossen oder vermauert sind, im Großen ausgeführt. Namentlich benutzt man dieselben zur Fabrikation der kieselreichen Ultramarine, während zur Gewinnung kieselarmer Producte Tiegelöfen häufiger Anwendung finden. In der vorderen Wand dieser Muffeln bleibt außerdem noch eine versetzte kleine Oeffnung, theils zum Austreten der Dämpfe, theils um Proben der Masse ausziehen zu können, welche so lange erhitzt wird, bis sie die erfahrungsgemäß beste und gewünschte Beschaffenheit zeigt. Man läßt die Masse alsdann in den Muffeln erkalten, und zwar sehr langsam, damit die Muffeln nicht zerspringen, sondern nach dem Ausnehmen der Masse noch mehrere neue Brände brauchbar bleiben. Hinsichtlich der Brennmaterialersparniß werden diese letzteren Oefen schwerlich den S. 309 u. f. beschriebenen kleineren Tiegelöfen vorzuziehen sein, weil große Massen schwerer durchzuheizen sind, als kleine, ferner wird ihre zum continuirlichen Betriebe erforderliche Anzahl deshalb geringer sein dürfen, weil sie, wie bemerkt, zum Erkalten längere Zeit stehen. Endlich sind auch diese Retorten oder Muffeln schwieriger haltbar herzustellen und daher kostspieliger, als kleine Tiegel. Andererseits gewähren die Muffeln doch den Vortheil, daß man die Masse selbst beobachten, während des Betriebes

...obisch untersuchen kann und in Folge dessen sicherer arbeitet, als in den Tiegel-
..., bei welchen diese Beobachtung nicht thunlich ist. Selbstverständlich müssen die
...olchen Retorten gewonnenen Producte von grünem Ultramarin noch der oben
...eführten weiteren Behandlung unterzogen werden, wenn man daraus blauen
...amarin herstellen will.

Im Allgemeinen bieten die Methoden, sich großer thönerner Gefäße zum
...melzen der Ultramarinmassen zu bedienen, dem Anscheine nach den Vortheil
...Brennmaterialersparniß, namentlich diejenigen Einrichtungen, bei denen die
...eit continuirlich fortgehen kann; aber ohne Zweifel sind sie auch mit nicht
...rheblichen Nachtheilen verbunden. In großen Gefäßen wird die an sich wenig
...uleitende Masse nicht so schnell durchhitzt, als in kleinen, und durch diesen
...stand wird die erwartete Brennmaterialersparniß ohne Zweifel bedeutend herab-
...rückt. Die schon erwähnte schwierigere Herstellung großer Thongefäße macht ihre
...wendung verhältnißmäßig theuer, zumal wenn sie öfters unbrauchbar werden.
... kleineren Tiegelöfen haben noch den Vorzug, daß sich die Fabrikation damit
...ächst ohne erhebliche Kosten und Risico in kleinem Maßstabe betreiben läßt,
... z. B. nicht der Fall ist, wenn man mit einem nach Art der Glasöfen
...errichteten Ofen den Betrieb beginnen wollte. Denn im letzteren Falle ist
... Schwierigkeit, das erforderliche weit beträchtlichere Anlagecapital angemessen
... verzinsen, viel größer. Man müßte nicht nur mit allen durch den größeren
...trieb bedingten kostspieligen Einrichtungen von vornherein versehen, sondern
... eines regelmäßigen Absatzes des in größerer Menge erzielten Fabrikates
...angemessenen Preisen vorweg sicher sein. Die kleineren Oefen gestatten
... Production allen Verhältnissen leichter anzupassen, und ermöglichen mit
...ig Kostenaufwand eine den Conjuncturen des Farbenmarktes entsprechende
...uctionsvergrößerung, bis man zu einem anderen Verfahren überzugehen für
...finden. Diese Möglichkeit, ohne beträchtliche Kostendifferenz den Betrieb nach
...enden Handelsverhältnissen zu reduciren oder zu erweitern, ist aber eine Le-
...bedingung der Fabrikation. Denn es ist erfahrungsmäßig leichter, ein gutes
...sultat zu erzielen, als für dasselbe einen sicheren und rentablen Absatz zu gewinnen,
... welchen eine Fabrik unter allen Umständen nicht lange betrieben werden kann.
... Fabriken sind deswegen zu Grunde gegangen, weil ihre Anlage zu groß
... und sie demzufolge den Verlauf des Productes nicht hinreichend schnell, oder
... mit Verlust bewirken konnten. In beiden Fällen gab die zu umfangreiche
...age keine entsprechende Rente, und die Speculation war verfehlt.

Hinsichtlich der Mischungen der Rohproducte zur Erzeugung des grünen
...marins hat man neuerer Zeit gefunden, daß es vortheilhafter ist, insofern
... mit Soda arbeitet, die Menge der letzteren zu vermindern, dagegen die
...ität des Schwefels zu vermehren. Die erhaltenen grünen Massen lassen
... ohne Zusatz von Schwefel bei Luftzutritt vor dem Auslaugen rösten,

322   Neuere Ultramarinfabrikation.   Kieselreicher Ultramarin.

und geben direct blauen Ultramarin. Auch scheint es, daß eine vermehrte Schwefelmenge, namentlich bei den sodahaltigen Mischungen, die Bildung tiefen Ultramarinblaues veranlaßt. Diese sollen nach Reinh. Hoffmann sogar 10 – 12 Proc. Schwefel enthalten können, während bei Anwendung der vorangegebenen Mengen von Schwefel Ultramarine entstehen, welche nur 7 Proc. Schwefel enthalten.

Was die schon oben angedeutete Wirkung einer größeren Kieselsäure in der Ultramarinmischung, also die Herstellung des „kieselreichen" Ultramarins betrifft, so hat sich in neuerer Zeit Folgendes ergeben. Wenn man statt der weißen Thone mit größerem Kieselsäuregehalt als jener benutzt, oder Kaolin mit überschüssiger Kieselsäure; oder wenn man Kaolin mit fein gemahlener Kieselsäure versetzt, so daß das Verhältniß zwischen Alaunerde und Kieselsäure im Gemenge ungefähr wie 35 : 65 ist, wobei gewöhnlich auf 100 Kaolin 80 Theile der letzteren zuzusetzen sind; wenn man zugleich statt des Schwefelnatrons entweder lediglich oder doch überwiegend Soda anwendet und die erforderliche Quantität Schwefel und Colophonium zusetzt: so giebt die Mischung bei hinreichend langem Bergglühen von vornherein blauen Ultramarin, so daß eine weitere Röstung mit oder ohne Schwefel nicht mehr nöthig ist. Auch das Auswaschen und Mahlen, überhaupt die ganze mechanische Aufarbeitung des Products, wie beim kieselarmen Ultramarin. Die kieselreiche Mischung backt beim Glühen in der Regel sehr zusammen und schmilzt. Im Ganzen besteht Besondere in der Rohmischung des kieselreichen Ultramarins gegenüber der S. 308 aufgeführten Mischungen des kieselarmen Products kurz in einem größeren Kieselsäuregehalte, in der vorwiegenden Anwendung von Soda bei geringerem Schwefelzusatze und in der Ersetzung der Kohle durch Colophonium oder eine entsprechende Harzsubstanz. Vergleicht man die Zusammensetzung des kieselfertigen Ultramarins mit dem kieselarmen Producte, so ergiebt sich bei ersterem in der That ein oft erheblicher Mehrgehalt sowohl von Kieselsäure wie von Soda. Anscheinend ist das Glühen kieselreicher Mischungen am zweckmäßigsten in Muffelöfen mit retortenartigen Muffeln zu bewirken, denn thatsächlich wird beim kieselreichen Ultramarin der Muffelbrand, wie schon angedeutet, namentlich in größeren Fabriken dem Tiegelbrande vorgezogen.

Der kieselreiche Ultramarin hat stets einen röthlichen Schein und hält, wie erwähnt, die Einwirkung von Alaun besser aus, als der kieselarme. Die Nuance und die Beständigkeit gegen Alaunlösung nehmen mit dem Gehalt an Kieselsäure zu, und es können sogar Producte erzeugt werden, die violett bis rosa sind, welche aber als Farben keinen Anklang gefunden haben. Außerdem findet zwischen dem durch Feinbrennen des grünen Ultramarins erzeugten, und kieselreichen direct blaugebrannten Ultramarin ein merkwürdiger Unterschied im Verhalten gegen weiße Körper statt. Der ohne Kieselerdezusatz aus grünem

Eigenschaften und Anwendung des Ultramarins.   323

...lle blaue Ultramarin verliert beim Vermischen mit Zinkweiß seine Farbe bei
...em nicht in dem Grade, wie der mit Kieselsäurezusatz dargestellte, welcher
... bei geringem Zusatze fast alle Farbe und auch den Glanz einbüßt. Dagegen
... sich alle Ultramarine mit Gyps, Schwerspath, Kreide, Talk, Stärke mischen,
... dann diesen Unterschied zu zeigen.

) **Eigenschaften des Ultramarins als Farbe. Vergleich seiner
Farbenintensität. Anwendung desselben und Nachweis
seines Vorhandenseins.**

Der Ultramarin ist als Wasser-, Kalk- und Oelfarbe anwendbar. Er wider-
... den Einwirkungen der Luft, des Lichtes, des Wassers, auch wird er nicht
... Gase geschwärzt, jedoch können Dämpfe von Säuren seine Farbe zerstören.
... schon S. 301 angeführte Widerstandsfähigkeit des Ultramarins gegen Alka-
... gewährt demselben einen nicht zu unterschätzenden Vorzug vor manchen
...eren blauen Farben, z. B. dem Pariserblau und dessen Mischungen, welche
... Alkalien zersetzt werden.

Die im Handel vorkommenden Ultramarinsorten zeigen nicht nur die vorhin
...geführten Differenzen in der Zersetzungsfähigkeit durch Alaunlösung und in
... Einflusse von zugesetztem Zinkweiße auf den Farbenton, sondern sie sind
... von vornherein im Aeußern sehr verschieden, namentlich an Farbentiefe und
..., so daß jede Fabrik ein eigenes Sortiment Ultramarinfarben führt, ein-
...theilt nach besonderen Bezeichnungen mit Buchstaben oder Nummern, oder mit
... zugleich. Diese Bezeichnungen und die denselben zu Grunde liegenden
...alitäten sind so verschieden bei den einzelnen Fabriken, daß das Sortiment
... einen Fabrik, wie groß es auch sein mag, selten eine Ultramarinsorte enthält,
... mit der Sorte einer anderen Fabrik genau übereinstimmt. Ebenso differiren
... Preise der Sorten unter einander, und zwar vom Ein- bis Zehnfachen. Der
...brikant bestrebt sich natürlich, nur die schönsten und farbenreichsten Sorten
...zustellen; da dies aber sowohl nach Nuance als Farbenreichthum nicht immer
...ingt, so entstehen schon von selbst verschiedene Sorten. Andere werden noch
...rgestellt durch feineres Mahlen auf den nassen Mühlen, wodurch sie zwar heller,
... zugleich theurer werden, während noch andere billigere Sorten durch Auf-
...ischen mit feingemahlenem Gyps hervorgebracht werden.

Alle künstlichen Ultramarine haben die Eigenschaft, an der Luft Feuchtigkeit
...zuziehen, so daß ihr Wassergehalt unter besonders ungünstigen Umständen
... Procent und darüber betragen kann.

Da ein und derselbe Ultramarin in grobem Korn, ganz abgesehen von
...ner Nüance (grünlichem oder rothem Stich), immer dunkler und tiefer gefärbt
...scheint, als wenn er fein zerrieben ist, so läßt sich überhaupt der Farbenreich-

21*

thun und Werth zweier oder mehrerer Sorten gegen einander nicht so Weiteres aus dem Ansehen taxiren, sondern nur dann mit Sicherheit vergl... feststellen, nachdem beide Sorten zu gleich feinem Pulver probeweise auf Glasscheibe zerrieben sind. Haben sie dann noch gleiche Farbe, so kann ein c der Unterschied hervortreten beim Zerreiben mit gleichen Quantitäten, z 20 Procent Gyps. Die Sorte, welche mehr Gypszusatz verträgt, um die ... tiefe Farbe zu bilden, ist die bessere. Ergeben sich daher nach dem ersten reiben mit einer gleich großen Gypsmenge Farben von ungleicher Tiefe, so ... dunkler gebliebene die bessere, und verträgt einen ferneren Zusatz von Gyps die hellere Sorte zu bilden.

Außer zum Malen wird der Ultramarin namentlich zum Tapetendruck, Kattundruck, zum Bläuen der Leinwand und Wäsche, sowie zum Bläuen Papiers im Holländer verwendet.

Der zum Kattundruck und zum Bläuen der Wäsche angewendete Ultramarin muß nicht allein von allen Salzen wohl ausgewaschen, sondern auch Feinste gemahlen sein. Für den Kattundruck ist der kieselreiche Ultramarin vermöge seiner Beständigkeit gegen Alaunlösung vorzuziehen. Der zum Bläuen der Wäsche angewendete wird in der Form von kleinen Kugeln in den Handel gebracht und ist mit etwas Stärke und Gummi versetzt, damit er die ... behält, die ihm mit der Hand gegeben wird. Die damit hervorgebrachte Bläuung der Wäsche beruht natürlich nur auf einer mechanischen Vertheilung des Ultramarins in den Maschen der Leinwand, in welche er mit dem Wasser, womit vertheilt wird, um so leichter einbringen kann, je feiner sein Korn ist. Beim Waschen der so gebläuten Wäsche oder Leinwand wird das die Bläue wirkende Pulver wieder losgelöst und ausgespült.

Bei der Papierfabrikation wird der Ultramarin der weißen Papiermasse Holländer zugesetzt, entweder um blaues Papier hervorzubringen, oder auch um dem weißen Papiere nur einen bläulichen Ton zu geben. Hierbei kommt hauptsächlich das Verhalten des Ultramarins gegen Alaun in Betracht, ... Einwirkung die kieselerdereicheren Sorten, wie mehrfach erwähnt, länger a stehen, als die kieselsäureärmeren Ultramarine, so daß erstere zur Papierfab... stets weit besser geeignet sind. Sorten, welche in dieser Hinsicht geprüft w sollen, vergleicht man ihrer Widerstandsfähigkeit nach dadurch, daß man g... Quantitäten davon je in ein Becherglas giebt, mit gleichen Mengen ... kalt gesättigten Alaunlösung übergießt und diese Gemische nach dem Auf... einige Stunden oder auch Tage nebeneinander stehen läßt. Nach Verlauf ... Zeit, meistens aber schon früher, kann man deutlich bemerken, welche Sort... meisten an Intensität verloren hat, also die geringere Widerstandsfähigkeit ... Um sich hierbei nicht zu irren, ist jedoch auch das Korn oder die Feinheit Ultramarins mit in Betracht zu ziehen, insofern nämlich auf einen gröbern

Prüfung auf Ultramarin. Grüne Mineralfarben.

...marin die Alaunlösung wegen geringerer Anzahl Berührungsflächen länge-
...r einwirkt, als auf einen höchst feingemahlenen, auch wenn ersterer an und
sich leichter zersetzbar ist. Der Vergleich gelingt also sicherer, wenn beide
...marinsorten erst durch Zerreiben in ein gleich feines Pulver verwandelt sind.
Ob eine blaue Farbe Ultramarin ist oder enthält, verräth sich sogleich da-
..., daß sie mit verdünnter Salzsäure den Geruch nach Schwefelwasserstoff
...faulen Eiern entwickelt, was sonst bei keiner blauen Farbe der Fall ist.
...h wenn man eine Probe Leinwand, Papier oder Zucker, die mit Ultramarin
...at ist, in ein Glas bringt, hierin mit Wasser tränkt und Salzsäure darauf
..., so färbt sich ein mit Bleizuckerlösung getränkter und dann in Ammoniak
...chter Papierstreifen, den man außerhalb der Flüssigkeit in das wohlbedeckte
...hängt, durch Bildung von etwas Schwefelblei braun oder schwarz, und
...laue Färbung der Probe verschwindet dabei augenblicklich. — Mit stärkerer
Säure verschwinden oder verändern sich auch die Anilinblaue, aber sie ent-
...ln kein Schwefelwasserstoffgas, und die Farben erscheinen bei hinreichendem
...erzusatz in der Flüssigkeit aufs Neue. Die aus Kobaltblau oder Pariserblau
...tenen Farben aber verändern sich durch jenen Zusatz von Salzsäure gar
..., oder doch erst nach sehr langer Einwirkung und in der Wärme beim
...en damit.

IV. Grüne Mineralfarben.

A. Grüne Kupferoxydfarben.

Rohmaterialien für die Darstellung derselben.

Zur Fabrikation der grünen Kupferfarben dienen theils die schon S. 237 u. f.
...führten, zur Bereitung der blauen Kupferfarben verwendeten Rohmaterialien,
...mlich Kupfervitriol, Salmiak, Weinstein, theils die nachstehenden Ver-
...ungen.

a. Essigsaures Kupferoxyd. Grünspan.

Die Essigsäure und das Kupferoxyd vereinigen sich zu mehreren eigenen
...em, von denen in dem Fache der Farbenfabrikation nur zwei Anwendung
...en, deren eines gewissermaßen selbst unter die Farben gerechnet zu werden
...gt. Beide Verbindungen heißen im Allgemeinen Grünspan, die eine davon
...ter, die andere destillirter Grünspan.

326 Rohmaterialien für grüne Kupferfarben. Grünspan.

Der rohe Grünspan ist ein Fabrikationsartikel aus dem südlichen Frankreich, und kommt von da fast ausschließlich auf die europäischen Märkte. Da von wenig Interesse sein kann, die dortigen Fabrikationsmethoden anzugeben, sich in Deutschland sehr schwer nachahmen lassen, so wollen wir uns nur mit den Eigenschaften im Allgemeinen und im Besonderen für unser Fach beschäftigen.

Der Grünspan kommt theils in Lederballen von runder Form, theils Kugeln vor; beide Sorten weichen nur wenig von einander ab, doch ist der Ledersäcken gewöhnlich reiner. Er ist sehr hart, schwer zu zerschlagen, und stäubt; der Staub erregt eingeathmet Uebelkeit und Erbrechen.

In dieser Handelsform bildet der Grünspan nicht etwa eine gleichartige reine chemische Verbindung zwischen Essigsäure und Kupferoxyd; er besteht mehr aus mehreren einzelnen Verbindungen, einfach essigsaurem, halbrem, drittelsaurem Kupferoxyd, etwas essigsaurem Kupferoxyd, sogar eingemischtem metallischen Kupfer und Unreinigkeiten, so daß es ungefähr 43 bis 44 Procent Kupferoxyd, 27 bis 29 Procent Essigsäure, 25 bis 28 Procent Wasser und $1/_2$ bis 2 Procent Unreinigkeiten enthält. Die Abweichungen sind also im Ganzen so gering, daß sie auf den Werth der Waare nur einen unbedeutenden Einfluß haben.

Wegen seiner Zusammensetzung aus mehreren verschiedenen essigsauren Salzen sind seine chemischen Verhältnisse verwickelter, als bei vielen anderen chemischen Verbindungen. Rührt man den Grünspan mit wenig Wasser an, schwillt er bald zu einer blaugrünen weichen Masse auf, welche sich ohne weitere Veränderung zum Kochen erhitzen läßt. Schlägt man sie in dieser Form in ein recht weites Haarsieb, so bleiben mechanische Unreinigkeiten, Traubenmetallisches Kupfer zurück. Mischt man mit mehr Wasser, so bildet sich Lösung von krystallisirtem Grünspan oder einfach saurem Salze und drittelsaurem Salze, während brittelessigsaures Salz in hellblauen Schuppen ungelöst bleibt. Bei noch mehr Wasserzusatz und namentlich bei Erwärmen zersetzen sich sämmtliche essigsaure Verbindungen derart, daß einfach saures Salz in Lösung geht, und eine schwarzbraune Verbindung von Kupferoxyd mit etwas Essigsäure, gemischt mit etwas brittelessigsaurem Kupferoxyd, das beim Abdampfen und Kochen schließlich in derselben Weise zersetzt wird, ungelöst bleibt. Es also der Grünspan mit wenig Wasser seine eigene Farbe und Zusammensetzung behält, zersetzt er sich mit mehr Wasser theils in eine Lösung des krystallisirten Grünspans, theils in brittelessigsaures Salz, bis schließlich bei Zusatz von viel Wasser der ungelöste Theil ganz seine blaugrüne Farbe verliert und die braune, fast schwarze Farbe des Kupferoxyds annimmt. Wenn man daher Grünspan ohne tiefere Veränderung seiner Constitution mit Wasser erwärmen will, so darf solches nur in kleinen Quantitäten, höchstens im 4 bis 6 fachen Betrage des Grünspans angewendet werden, wenn nicht schon eine geringe Zersetzung eintreten soll.

Darstellung des krystallisirten Grünspans.

Der Grünspan wird nur noch in einigen Ländern, namentlich in Rußland, als ...erfarbe in Oel verwendet. Zu diesem Behufe wird er zugleich mit Bleiweiß ...ngerieben, wodurch eine Zersetzung in kohlensaures Kupferoxyd und in ...-essigsaures Bleioxyd bewirkt wird. Ersteres giebt dem noch unzersetzten ...eißantheile eine hellblaue Farbe, die aber nach dem Anstriche in Oel nach und ... das angenehme Grün übergeht, welches die russischen grünen Tücher fast ...ein zeigen, und das mit dem Alter immer schöner wird. Dieser Anstrich ... überhaupt ungemein viele Vortheile vor dem mit manchen anderen grünen ...en, von denen immer nur die Kupferfarben recht haltbar sind.

Der bestillirte oder krystallisirte Grünspan wird gleichfalls in Frank-..., aber auch in manchen anderen Ländern im Großen dargestellt, und seine ...tellung kann auf mehrfache Weise geschehen; immer ist aber dabei nöthig, ... ein reiner und billiger Essig zu Gebote steht, wenn seine Darstellung mit ...em Vortheile verbunden sein soll.

Nach der ältesten Darstellungsweise verwendete man zu der Herstellung des ...tallisirten den rohen Grünspan, welcher in bestillirtem Essig aufgelöst ..., der im Ueberschusse vorhanden sein mußte. Die Flüssigkeit wurde in ...ernen Pfannen langsam eingedunstet und dann auf dieselbe Art krystallisirt, ... die nachfolgend erwähnte Lösung von einfach essigsaurem Kupferoxyd. ...iese verschafft man sich durch Zersetzung von schwefelsaurem Kupfer-...d mit essigsaurem Bleioxyd oder essigsaurem Baryt. Man kann sie ... aus anderen Kupfersalzen erhalten, aber da letztere nicht so wohlfeil sind ... Kupfervitriol, so ist man bei obigen Zersetzungen, als den einfachsten, ...n geblieben. Die essigsauren Salze sowohl als der Kupfervitriol brauchen ... einmal erst krystallisirt zu werden, man kann mit Vortheil die unmittel-...erhaltenen reinen und concentrirten Lösungen dieser Verbindungen dazu ...utzen. Man mag nun essigsaures Bleioxyd oder Baryt anwenden, so ...as Verfahren dasselbe, nur ist der beim Zusammenbringen der beiden Lösun-...entstehende Niederschlag in beiden Fällen verschieden; bei Anwendung von ...efelsaurem Kupferoxyd und essigsaurem Bleioxyd entsteht ein Niederschlag von ...efelsaurem Bleioxyd, bei der von essigsaurem Baryt entsteht statt jenes ...efelsaurer Baryt.

Um die Zersetzung zu bewerkstelligen, erwärmt man die Lösung des essigsauren ...lzes etwas, bringt dieselbe in ein höheres Absatzgefäß und gießt nun unter ...rühren von der Kupfervitriollösung eimerweise hinzu; es entsteht sogleich ein ...er Niederschlag, welcher sich bald absetzt. Man gießt so lange von der ...pfervitriollösung hinzu, als bei neuem Zusatz noch ein weiterer Niederschlag ...lgt; gegen Ende muß das Zugießen mit Vorsicht geschehen. Ist etwa zuviel ...on hinzugebracht, so entsteht weiter kein Niederschlag, wohl aber durch neu ...ugesetzte Lösung des essigsauren Salzes, welche nun in solcher Menge zugefügt

328 Rohmaterialien für grüne Kupferfarben. Kryſtalliſirter Grünſpan.

werden muß, daß von keinem der beiden Salze ein Ueberſchuß vorhanden. Um deutlich zu erkennen, ob die eine oder andere Flüſſigkeit noch einen oder le… Niederſchlag mehr hervorbringt, filtrirt man eine kleine Probe durch Löſchpar… in ein Spitzglas, und tröpfelt in die helle Flüſſigkeit einige Tropfen der Löſ… von der man vermuthet, daß ſie noch einen Niederſchlag hervorbringt. Ent… nun eine geringe Trübung, ſo iſt dies ein Beweis, daß nur noch ſehr wenig … derjenigen Löſung in der Hauptmaſſe fehlt, welche die Trübung verurſacht …

Wenn die Fällung auf die erwähnte Weiſe geſchehen iſt, ſo läßt man … entſtandenen ſchweren Niederſchläge durch ruhiges Stehen abſetzen, bis die … gefärbte Flüſſigkeit vollkommen hell und klar erſcheint. Dieſe zieht man d… durch Krahne, Zapfen oder Heber von dem Bodenſatze rein ab und bringt ſi… kupferne Pfannen, worin man ſie bei geringer Wärme, etwa 60 bis 80°, … dunſtet. Sobald die Flüſſigkeit, wenn man eine Taſſe voll ausſchöpft, beim … Kryſtalle abſetzt, läßt man das Feuer ausgehen, und hängt Schnüre an Sta… hinein. An dieſen, ebenſo wie an den Wänden der Kupferpfanne, ſetzen … dann die Kryſtalle des einfach-eſſigſauren Kupferoxyds ab.

In den Farbenfabriken, wo man den Grünſpan ſelbſt verwendet, bra… man gleich deſſen Löſungen, ohne vorher das Salz in Kryſtallen darzuſtellen… dieſen Fällen iſt bei der Anwendung nur die Frage, wie viel die Flüſſigkeit … in 100 Gewichtstheilen an kryſtalliſirtem eſſigſaurem Kupferoxyd gelöſt en… Um dies zu erfahren, giebt es ganz genaue chemiſche Wege, aber hinreich… genau und mit weniger Umſtändlichkeit kann man den Gehalt auf folgende … ermitteln. Man bereitet ſich im kleinen Maßſtabe eine Vergleichsflüſſig… indem man ein beſtimmtes Gewicht kryſtalliſirten einfach-eſſigſauren Kupfero… in Waſſer auflöſt und die Löſung noch mit ſo viel Waſſer verdünnt, bis ſi… ein und derſelben Temperatur genau die gleichen Baumé'ſchen Aräometergrade … wie die zu beſtimmende Flüſſigkeit. Da den gleichen Aräometergraden ein g… cher Gehalt beider Flüſſigkeiten entſpricht, ſo ergiebt ſich nun aus dem bekan… Gehalte der Vergleichsflüſſigkeit an eſſigſaurem Kupferoxyd unmittelbar der … gleiche Gehalt der zu beſtimmenden Löſung an demſelben Salze.

Da nicht alle Farbenfabriken ſich die eſſigſauren Salze darſtellen, un… vorkommen möchte, daß die eine oder andere derſelben Bleizucker oder eſſigſ… Baryt und Kupfervitriol in feſter Form anwendet, um die oben beſchrieb… Zerſetzung zu bewerkſtelligen, ſo iſt in dieſem Falle nur die Löſung von 125 … wichtstheilen Kupfervitriol mit einer Löſung von 190 Gewichtstheilen Bleizuck… oder von 154½ Gewichtstheilen eſſigſauren Baryt in Kryſtallen zu vermiſche… die Flüſſigkeit wie oben vom Niederſchlage zu trennen, und man hat nun in … Löſung 100 Gewichtstheile kryſtalliſirten Grünſpan. Bei dieſen Zerſetzung… reißt jedoch der Baryt- oder Bleiniederſchlag etwas Kupfer mit nieder; be… werden dadurch grünlich gefärbt, und es findet ein kleiner Verluſt an Ku…

Darstellung des krystallisirten Grünspans.

oder Grünspan statt. Durch öfteres Auswaschen mit Wasser gewinnt man aus den Niederschlägen noch anhängende Grünspanlösung, die man beim Auflösen der essigsauren Salze statt Wasser verwenden kann.

Wenn recht concentrirte Lösungen von krystallisirtem Grünspan angewendet werden sollen, so müssen natürlich obige Lösungen erst abgedampft werden.

Im Falle man essigsaures Natron in Lösung oder in Krystallen ebenso leicht erhalten kann wie Bleizucker oder Bleizuckerlösung, was gegenwärtig leicht der Fall ist, so hat man noch ein anderes kurzes und bequemes Mittel, sich eine concentrirte Grünspanlösung herzustellen, welche in den meisten Fällen recht gut zu verwenden ist. Die Lösung, welche man erhält, wenn man 144 Theile krystallisirter Soda mit Essig sättigt, wird, falls sie trübe und gefärbt ist, erst mittelst Filtration durch Knochenkohle entfärbt und hierauf bis zu einem gewissen Grade abgedampft, wenn der angewendete Essig sehr wasserhaltig war. In der so vorbereiteten Lösung werden dann 125 Gewichtstheile Kupfervitriol gelöst, und man hat nun eine helle Lösung von 100 Gewichtstheilen krystallisirtem Grünspan, in der aber auch zugleich Glaubersalz enthalten ist, welches jedoch bei Anwendung der Lösung zu gewissen Farben nicht nachtheilig wirkt.

Auch wenn man 29 Theile reinen Kalk in Wasser ablöscht und mit Essig auflöst, die Lösung eindampft, mit einer Lösung von 125 Theilen Kupfervitriol mischt, so entsteht ein Niederschlag von schwefelsaurem Kalk und eine Lösung von Grünspan, welche leicht von dem Niederschlage durch Absetzen und Filtriren zu trennen ist. Diese Lösung enthält nebenbei nur etwas Gyps, welcher sich beim Verdunsten zum Theil absetzt, aber sie kann doch benutzt werden, weniger schöne Farben aus Grünspan herzustellen. Die so erhaltenen Farben werden nur aus dem Grunde etwas geringer, weil sich denselben etwas Gyps beimischt, der sich bei der Concentration der Flüssigkeit und bei Verflüchtigung von Essigsäure daraus absetzt.

Der krystallisirte Grünspan löst sich in 400 Gewichtstheilen Wasser. Wird die Lösung einige Zeit gekocht, so wird sie trübe und setzt ein basisches Salz ab, weil sich Essigsäure verflüchtigt. In den meisten Fällen sucht man dies zu vermeiden, indem man die Lösung nicht bei Siedhitze bereitet, und sie nicht ganz bis zum Kochen erhitzt.

Als Malerfarbe wird derselbe, wie bereits angegeben, fast nur in Rußland gebraucht. Er bildet dunkelgrüne, undurchsichtige säulenförmige Krystalle und besteht in 100 Theilen aus 51 Theilen Essigsäure ($C_4 H_3 O_3$), 40 Theilen Kupferoxyd, 9 Theilen Wasser; seine Formel ist daher: $C_4 H_3 O_3$, $CaO + HO$ oder $C_4 H_3 CuO_4 + HO$.

Die basischen im französischen Grünspan neben dem obigen neutralen Salze noch vorkommenden Verbindungen sind folgende:

1. $C_4 H_3 CuO_4 + 2 CuO, HO$ oder drittelsaures Salz.

330   Rohmaterialien für grüne Kupferfarben.

Es ist ein hellgrünes, in Wasser unlösliches Pulver, welches nach vorstehender Formel etwa 66 Theile Kupferoxyd, 28 Theile Essigsäure und 6 Theile Wasser in 100 Theilen enthält, jedoch im Wassergehalte nicht constant ist.

2. $C_4H_3CuO_4 + CuO, 6HO$ oder halbsaures Salz.

Es bildet ein blaues Pulver oder blaue Nadeln, aus welchen überhaupt der größte Theil des blauen französischen Grünspans zusammengesetzt ist. Digerirt man das halbsaure Salz mit Wasser, so zerfällt es größtentheils in eine Lösung des krystallisirten Grünspans und des folgenden Salzes 3, während die Färbung 1 zurückbleibt. Bei Digestion mit mehr Wasser zersetzt sich auch dieses und das nachstehend aufgeführte Salz 3 unter weiterer Bildung von krystallisirtem Grünspan und eines leberbraunen flockigen Niederschlages, der nur noch sehr wenig Essigsäure enthält und fast ganz aus Kupferoxyd besteht. Das halbsaure Salz enthält in 100 Theilen 43,25 Theile Kupferoxyd, 27,57 Theile Essigsäure und 29,18 Theile Wasser.

3. $2(C_4H_3CuO_4) + CuO, 6HO$ oder zweidrittel essigsaures Salz.

Aus der Lösung des blauen französischen Grünspans in nicht zu viel heißem Wasser setzt sich bei ihrem freiwilligen Verdunsten diese Verbindung nach und nach in seinen Schuppen oder als Pulver von bläulicher Farbe ab, welches in 100 Theilen 43,48 Theile Kupferoxyd, 36,96 Theile Essigsäure und 19,56 Theile Wasser enthält. Wird es in viel Wasser stehen gelassen, so zersetzt es sich in der vorhin angeführten Weise, noch schneller beim Erwärmen der Lösung.

Hieraus ergiebt sich im Speciellen, was schon S. 326 kurz angedeutet ist, daß man den französischen Grünspan behufs Auflösung derjenigen Kupfersalze, die hauptsächlich in Wasser löslich sind, nur mit wenig Wasser von niedriger Temperatur in Berührung bringen darf, um die oben erörterten Zersetzungen zu vermeiden.

Will man den gewöhnlichen Grünspan in Kugeln oder Lederballen verarbeiten, so muß man ihn, nach Entfernung der Umkleidung bei letzterem, jedenfalls in kleine Stücke zerschlagen, in welchen er sich dann leichter aufweicht und aber weiter pulverisiren läßt. Bei diesem Zerschlagen oder Pulverisiren pflegt derselbe, wenn er gut trocken ist, Staub zu verbreiten, der durchs Einathmen in Mund und Nase geräth. Die Folge davon ist schnell eintretende, die Nerven sehr angreifende Uebelkeit, welche so empfindlich wird, daß man sich im größten Krankheitszustande befindet. Ein derartiges Unwohlsein hört fast augenblicklich auf, wenn man einen Eßlöffel voll Zuckersyrup oder Melasse verschluckt. Die zu nannten Mittel sind daher als probate und augenblicklich wirkende Antidote gegen Grünspanvergiftung zu bezeichnen.

Man unterscheidet der Farbe nach blauen und grünen Grünspan, und diese Abweichungen der Nüance scheinen namentlich durch das wechselnde Quantitätsverhältniß der oben angegebenen, verschieden zusammengesetzten und ungleich gefärbten Kupferverbindungen, welche insgesammt den Grünspan bilden, bedingt zu werden.

Sowohl der blaue als der grüne Grünspan wird mit Oel angerieben als Malerfarbe benutzt, und namentlich dazu mit geriebenem Bleiweiß vermischt, oder gleich von vornherein damit zusammengerieben. Die Anstriche haben erst eine bläulichgrüne helle Farbe, welche aber nach und nach in reines Grün übergeht, wie solches an den damit angestrichenen Dächern der russischen Kirchendächer zu sehen ist, wo dieser Anstrich eine große Haltbarkeit zeigt.

b. Essig, Essigsäure. Essigsaures Natron. Essigsaurer Kalk.

Hinsichtlich des Essigs, der bei der Darstellung der grünen Kupferfarben angewendet wird, gilt alles dasjenige, was S. 183 bei der Darstellung des Fluizuckers oder der Bleioxydlösungen für Chromgelbe angeführt ist.

Das essigsaure Natron zu technischen Zwecken wird fast ausschließlich von Holzessigfabriken in den Handel gebracht. Es sind weiße Krystalle, welche etwas an der Luft verwittern, bei mäßiger Wärme mehr und bei 100° unter gleichzeitiger Schmelzung ihr Krystallwasser ganz verlieren. Sie lösen sich leicht in kaltem, noch leichter in kochendem Wasser. Ihre Auflösung muß dann wasserhell und ungefärbt sein. Die Krystalle sind $C_4 H_3 Na O_4 + 6 Aq.$ und enthalten in 100 Theilen 22,91 Theile Natron, 37,44 Theile Essigsäure ($C_4 H_3 O_3$) und 39,65 Theile Wasser.

Essigsaurer Kalk gelangt nicht in einer zur directen Anwendung für Farbenzwecke geeigneten Beschaffenheit in den Handel, sondern nur als ein unreines, empyreumatisches Rohproduct, als sogenannter Holzkalk, zur Bereitung von Holzessigsäure und essigsaurer Salze. Der Holzkalk ließe sich nur indirect bei der Farbenfabrikation auf die Weise verwenden, daß man daraus entweder durch Destillation mit Salzsäure die Essigsäure behufs deren Benutzung abschiede, oder daß man sich aus dem Holzkalke durch Zersetzung mit kohlensaurem Natron essigsaures Natron bereitete. Letzteres müßte vor seiner Verwendung erst gereinigt werden durch Eindampfen und Krystallisirenlassen der bei jener Zersetzung erhaltenen unreinen Lösung, darauf folgendes Schmelzen der Krystalle, Wiederauflösen derselben, Filtriren der Lösung nöthigenfalls durch Knochenkohle, abermaliges Eindampfen und Krystallisiren. Aber alle diese Arbeiten werden zweckmäßiger in den Holzessigfabriken selbst ausgeführt, und von diesen thatsächlich die reineren Producte, Holzessigsäure und essigsaures Natron, zu einem verhältnißmäßig so geringen Preise in den Handel gebracht, daß die eigene Bereitung vergleichsweise keinen Nutzen gewährt. Die Verarbeitung des Holzkalkes in einer Farbenfabrik wird sich daher nicht lohnen.

Die bei der Farbendarstellung erforderlichen Lösungen von essigsaurem Kalk bereitet man daher selbst aus reinem Essig und Kalkhydrat, wie bei Verwendung solcher Lösungen unten noch speciell angegeben ist. Hinsichtlich des nöthigen Essigs

Rohmaterialien für grüne Kupferfarben. Arsenik.

mochte es immerhin von Vortheil sein, sich denselben auf dem Wege der Schwefelsäurefabrikation selbst zu beschaffen, und wenn neben den Farben, welche aus Hülfssauren Salze dargestellt werden, zugleich Bleiweiß fabricirt wird, wobei ohnehin großere Quantitäten von Essig erfordert werden, so geschieht solches auch regelmäßig.

c. **Arsenige Säure, As₂O₃. Arsenik. Weißer Arsenik.**

Die arsenige Säure gelangt von schlesischen und sächsischen Arsenhütten zweierlei Gestalt in den Handel, nämlich entweder in glasigen, mehr oder weniger durchsichtigen, auch theilweise undurchsichtigen, weißen, porzellanartigen Stücken oder aber in Form eines weißen Pulvers, welches durch Mahlen jener Stücke gewonnen wird. Die sächsischen und schlesischen Hüttenwerke liefern den weißen Arsenik in beiden Formen zu ungemein billigen Preisen und zwar in Originalfässern von 1, 2, 5 Centnern à 50 Kilo. Die Farbenfabrikanten ziehen in die Anwendung des pulverisirten Arsenik vor, weil sie dann des Pulverisirens überhoben sind, welches jedenfalls seiner Anwendung vorausgehen muß, weil der Arsenik in Form von Stücken zu schwer löslich ist.

Vor Allem ist hier zu bemerken, daß die arsenige Säure in jeder Form und in allen ihren löslichen oder leicht zersetzbaren, wenn auch in Wasser unlöslichen Verbindungen ein gefährliches Gift ist. Man hat sich daher sowohl vor dem Staube der arsenigen Säure selbst, wie auch vor dem ihrer Verbindungen und vor ihren Lösungen sorgfältig zu hüten und zu berücksichtigen, daß die Arsenverbindungen sowohl innerlich durch Verschlucken ihres Staubes, wie äußerlich durch die Berührung derselben mit der Haut giftige Wirkungen und Entzündungen verursachen, ja selbst in Folge davon den Tod herbeiführen können.

Der weiße Arsenik ist in Wasser sehr schwer und in geringer Menge löslich; heißes oder siedendes Wasser löst jedoch davon weit mehr auf, als kaltes Wasser. Concentrirte Lösungen der arsenigen Säure in Wasser werden bei der Fabrikation der grünen Kupferfarben häufig erfordert. Man erhält sie auf die Art, daß man den gemahlenen Arsenik mit dem zwanzig- und mehrfachen Gewichte von Wasser in kupferne Kessel bringt und so lange kocht, bis nur noch 12 bis 14 Theile Wasser auf 1 Theil Arsenik vorhanden sind, also das überschüssige Wasser verdampft ist. Hat sich dann noch nicht aller Arsenik gelöst, so setzt man wieder Wasser zu und kocht weiter, bis aller Arsenik in 12 bis 14 Theilen Wasser gelöst ist. Die Quantität Wasser im Kessel wird durch ein Zeichen an demselben bemessen.

Solche Auflösungen, welche halbtägiges und längeres Kochen erfordern, bewerkstelligt man zur Sicherung gegen die Einwirkung schädlicher Dämpfe in einem gut ziehenden, den Kessel umgebenden Mantel, oder unter einem allseitig, wo die Dämpfe abziehen können. Die

Arsenigsaures Kali und Natron. Arsenigsaurer Kalk.

war nicht flüchtig, es werden jedoch Blasen derselben mit den Dämpfen fortgerissen und verbreiten sich mit den letzteren im fein vertheilten Zustande in der umgebenden Luft. Andererseits trocknet immer etwas arsenige Säure an dem Kesselrande fest, wird durch die Erhitzung des letzteren zum Theil verflüchtigt und vergiftet mithin gewissermaßen den Raum, in welchem sich die Kochanstalt befindet. Beim Erkalten der so erhaltenen, bei Siedehitze gesättigten wässerigen Lösung der arsenigen Säure scheidet sich die letztere größtentheils wieder aus in Form eines weißen krystallinischen Pulvers. Die concentrirten Lösungen des Arseniks lassen sich daher nur in heißem oder kochendem Zustande erhalten und werden demnach immer erst unmittelbar vor ihrer Anwendung bereitet.

d. **Arsenigsaures Kali und Natron**, AsO_3, KO und AsO_3, NaO.

Diese Verbindungen werden in manchen Fällen statt der arsenigen Säure mit Vortheil angewendet, und brauchen dann weder chemisch rein, noch gerade so zusammengesetzt zu sein, wie die Formeln angeben. Man benutzt sie gewöhnlich, um aus einem Kupferoxydsalze, welches durch die arsenige Säure allein nicht zersetzt würde, arsenigsaures Kupferoxyd zu fällen, wobei dann so viel Kali oder Natron anzuwenden ist, daß die Säure des Kupferoxydsalzes dadurch nach Verhältniß der Aequivalentgewichte neutralisirt wird, während die Menge des in jenen Alkalien gelösten Arseniks je nach besonderen Zwecken wechselnd bemessen wird. Die genannten arsenigsauren Alkalien werden lediglich in Form wässeriger Lösungen angewendet, welche man selbst bereitet, indem man den feingepulverten weißen Arsenik mit einer Auflösung von kohlensaurem Kali (raffinirter Pottasche) oder kohlensaurem Natron (Soda) kocht. Hierbei läßt sich der Arsenik unter Aufschäumen der Flüssigkeit in Folge entweichender Kohlensäure weit schneller und in weit größerer Menge, als in bloßem Wasser.

e. **Arsenigsaurer Kalk.**

Diese Verbindung wird zu gleichem Zwecke wie die vorhergehende unter d. hergestellt. Man bereitet dieselbe, indem man erst den Arsenik für sich in kochendem Wasser auflöst, dann auf 100 Theile Arsenik 30 Theile gebrannten Kalk nach vorgängiger Löschung als dünnen Brei oder Kalkmilch einrührt. Auch kann man statt des Kalkhydrats Kreide oder gemahlenen Kalkspath anwenden, zu denen nach und nach so viel jener Lösung von arseniger Säure hinzugefügt wird, bis nach beendigtem jedesmaligem Aufbrausen ein fernerer Zusatz kein Aufbrausen mehr bewirkt. Es erfolgt hierbei keine Auflösung, wie bei der vorhin angegebenen Bereitung der arsenigsauren Alkalien, sondern eine als weißes Pulver in Wasser vertheilte Fällung von arsenigsaurem Kalk, die man in

dieser Form anwendet. Sie zersetzt ebenfalls die Kupfersalze unter Bildung r：
arsenigsaurem Kupferoxyd und einem Kalksalze, das die Säure des Kupfer[...]
enthält. Bei schwefelsaurem Kupferoxyd ist dieses Kalksalz schwefelsaure [...]
oder Gyps, der dann dem größten Theile nach mit niederfällt, weil er sehr [...]
in Wasser löslich ist.

Darstellung der grünen Kupferoxydfarben.

1. Berggrün, künstliches.

Unter den grünen Farben ist das Berggrün, wie es in der Natur vork[...]
die älteste grüne Farbe, welche aber auch künstlich nachgemacht ist. Das kü[...]
liche Berggrün bildet jedoch ein Präparat, welches mit dem natürlichen nich[...]
mehr gemein hat, als die Pulverform, die Farbe und den Kupfergehalt. S[...]
seit längerer Zeit hat man es unter den Farben nicht mehr gesucht, weil ingw[...]
andere grüne Farben fast um denselben Preis angefertigt sind, die ein viel kla[...]
res Grün haben. Es giebt unter den Farben, die jetzt noch unter obigem N[...]
zwar angeboten, jedoch selten begehrt werden, sehr verschiedene Arten, im Gr[...]
nichts anderes als Gemenge aus den nachstehend aufgeführten, arsenigsaur[...]
gen und fein gepulverten Farben, die man also ganz beliebig herstellen kan[...]

Die älteste Bereitungsweise bestand darin, eine Lösung von reinem [...]
freiem Kupfervitriol in Wasser, noch lauwarm, mit einer zur Fällung [...]
mehr als hinreichenden Menge kohlensaurem Kali zu fällen, den Niederschl[...]
wohl auszuwässern und zu trocknen. Dieser gepulverte Niederschlag war [...]
allerdings keine glänzende Farbe, wird aber als Oelfarbe nach und nach [...]
schönes, sehr stark nachdunkelndes Grün.

Die spätere Bereitungsweise ist wie die des älteren Neuwieder[...]
und die Farbe war entweder nichts anderes als das letztere, oder es wurd[...]
noch zur Erhöhung der Farbe etwas Schweinfurtergrün zugemischt. So w[...]
auch noch jetzt bereitet. Das Berggrün besteht daher im Wesentlichen [...]
Kupferoxydhydrat, Kalkhydrat und kohlensaurem Kalk mit einem Zusa[...]
arsenigsaurem und essigsaurem Kupferoxyd, auf welchem seine grüne Farbe b[...]

Das Berggrün ist als Wasser-, Oel- und Kalkfarbe anwendb[...]
schönsten Sorten verändern jedoch die Farbe auf frischem Kalk wege[...]
Schweinfurtergrüngehaltes und werden dadurch etwas mehr gelblich. [...]
hält zuweilen Beimischungen, z. B. Gyps und namentlich Schwerspath. [...]
prüft seine Güte daher am besten durch Vermischung mit Weiß, wie bei[...]
Man kann aber auch zur Prüfung des Grün mit Salmiak [...]
niak digeriren, welches nach und nach alles Kupfer au[...]

n, den man durch unmittelbare Wägung bestimmen kann. Je mehr dieser
ägt, desto weniger Werth hat die Farbe. Der Kupferoxydgehalt dieser Farbe
zuweilen nicht über 15 Procent.

2. Braunschweigergrün.

Mit dem Braunschweigergrün verhält es sich ungefähr wie mit dem Berg-
n. Diese sehr hellgrünbläuliche Farbe hat beinahe ihre ganze Anwendung
oren und wird nur noch an wenigen Orten und dann selten bereitet. 50 kg
pfervitriol werden mit 1 kg Weinstein in einem kupfernen Kessel aufgelöst
in einer großen Präcipitirstande mit viel Wasser verdünnt. 100 g Arsenik
den ferner mit 5 kg calcinirter Pottasche in einem kupfernen Kesselchen gelöst,
11 kg Kalk so abgelöscht, wie S. 251 bei der Bereitung des Kalkblaues
gegeben ist. Man füllt nun die Kupfervitriollösung unter Umrühren, indem
n erst die Arsenikslösung, dann den Kalk in Form von Kalkmilch in die Prä-
zipitirstande hinzurührt, absetzen läßt und ein oder zwei Mal mit viel Wasser
wässert. Zu geringeren Sorten wird noch gemahlener Schwerspath gefügt.
i Zusatz von 30 kg Schwerspath erhält man 68 bis 70 kg Farbe. Sie
d in Form von langen vierkantigen Tafeln gepreßt, dann geschnitten und
der Luft getrocknet. Auch Bremerblau heißt an einigen Orten Braunschwei-
grün.

Die Farbe ist als Wasser-, Oel- und Kalkfarbe anwendbar, ist jedoch bloß
d von geringer Intensität. Als Oelfarbe angewandt wird sie nach dem An-
ich, der erst blaß ist, immer dunkler, ähnlich dem Bremerblau, und erscheint
letzt als ein recht schönes Grün.

3. Neuwiedergrüne, auch Kalk- und Patentgrüne.

Gegenwärtig kommen noch dreierlei Arten von Neuwiedergrün im Handel
r, welche sich sowohl hinsichtlich ihrer Bereitungsweise als Zusammensetzung
d chemischen Eigenschaften von einander.unterscheiden. Das älteste Product
urde folgendermaßen hergestellt:

50 kg Kupfervitriol löst man in 300 kg Wasser mit 1 kg Weinstein.
le Lösung klärt man durch Absetzen und bringt dieselbe in eine Präcipitirstande,
e um so zweckmäßiger, je größer sie ist; dieselbe wird bis zu ²/₃ ihres Inhaltes
erher mit Wasser angefüllt.

1,25 kg Arsenik werden mit 5 bis 6 kg Pottasche in circa 300 kg Wasser
elöst. Die Lösung läßt man gleichfalls durch Absetzen klären.

11 kg Kalk werden abgelöscht und, wie bei Kalkblau und Kalk angegeben,
a eine feine Milch verwandelt.

Darstellung der Neuwiedergrüne.

30 kg höchst fein gemahlener Schwerspath werden mit Wasser zu einer Milch angerührt und dann durch ein Haarsieb geschlagen, um sicher alle Klumpen zu zertheilen.

Alsdann fällt man die Lösung des Kupfervitriols, indem man erst die Arseniklösung, dann die Kalkmilch unter Umrühren in die Absatzstande gießt; als letzte Beimischung kommt dann der Schwerspath hinzu. Die Farbe wird nach dem Absetzen einige Male mit frischem Wasser ausgewaschen, dann auf Leinwand abfiltrirt, hernach zu 2,6 bis 3,2 cm dicken Lagen gepreßt, nach dem Pressen in Stücke von ungefähr 5 cm Seite geschnitten und auf Brettern erst an der Luft, dann in geheizten Trockenstuben wohl ausgetrocknet. Durch längeres Pressen nimmt ihre Intensität und Schönheit nicht unbeträchtlich zu.

Wie man bemerken wird, so hat diese Farbe dieselbe Bereitungsweise und vermöge der zu ihrer Herstellung verwendeten gleichen Materialien dieselbe Zusammensetzung wie das Braunschweigergrün, nur enthält sie mehr arsenige Säure mit Kupferoxyd verbunden, welches ihr die grünere Farbe ertheilt. Sie hat daher auch vollkommen die Eigenschaften des Braunschweigergrüns, nur ist sie weit intensiver als dieses.

Für Sorten, welche mehr bläulichgrün oder mehr gelbgrün werden sollen, braucht man nur die angegebene Quantität des aufzulösenden Arsenits zu vermehren. Gepulvert werden diese gewöhnlich mit größerem, 2 bis 5,5 kg betragendem Arsenikzusatz als Berggrüne verwendet, entweder mit oder ohne Zusatz von Schweinfurtergrün, wie schon bei Berggrün angegeben ist. Von obigem Quantum an Materialien erhält man 68 bis 70 kg Farbe.

Die zweite Sorte von Neuwiedergrün wurde lange neben ersterer als vorzüglicheres Product dargestellt, und war Geheimniß einzelner Fabriken. Man erhält sie, indem man sich ein Kaltblau darstellt, wie es unter letzterem angegeben ist. Wenn dasselbe so weit fertig ist, daß es als Kaltblau in die Filtrirkästen gebracht werden könnte, so rührt man in den nassen Brei so viel einer wässerigen kalten Lösung von Arsenit ein, bis eine schön grüne Farbe an die Stelle der blauen getreten ist, deren Nüancen man sonach ganz in der Gewalt hat. Man bringt sie nun in Filtrirkästen, preßt und schneidet sie nach dem Abtropfen in länglich viertkantige Tafeln und trocknet sie hernach an der Luft; später verwahrt man sie in größeren Fässern, womöglich in kellerartigen Räumen, wo sie von Außen nach Innen eine viel schönere und reinere gleichmäßigere Farbe annimmt, und bringt sie erst in den Handel, wenn diese Veränderung durch die ganzen Stücke hindurchgegangen ist. Auch sie wird beliebig mit Schwerspath versetzt und verhält sich im Gebrauche, wie die vorhergehende Farbe. Sie ist gewöhnlich bläulichgrün, wollig und zart auf dem Bruche anzufühlen.

Die Güte und Deckkraft dieser Grüne läßt sich ebenfalls nur so ausmitteln, wie die des Berggrüns. Das Ansehen giebt zwar hinsichtlich der Nüance einen

...tellung von Neuwiedergrün aus Kupfervitriol und essigsaurem Kalk.

...tspunkt, aber in sonst weiter nichts, und durch Zusatz von Schwerspath
ihr Gewicht ohne merkliche Veränderung der Farbenintensität sehr vermehrt
..n, so daß eine Farbe zwar im Aeußeren sehr schön erscheinen und einen
. Handelspreis haben, trotzdem aber von sehr geringer Deckkraft sein kann.
Die dritte Sorte Neuwiedergrün ist ihrer Bereitungsweise nach nichts
..es als ein mit Gyps allein oder mit Gyps und Schwerspath zugleich ver-
..tes, oder besser gesagt, versetztes Schweinfurtergrün, das in diesem Zustande
mehrfache Weise gewonnen werden kann. Folgende zwei Darstellungsmetho-
..ind am zweckmäßigsten.

1) Bereitung unter Verhältnissen, in denen Essig, oder destillirter
..g, oder reiner essigsaurer Kalk und Kupfervitriol zu einem vortheilhaften
..e zu beschaffen ist.

Es werden alsdann dieselben Geräthschaften verwendet wie zur Bereitung
Schweinfurtergrüns.

40 kg trockener essigsaurer Kalk, oder wenn man ihn flüssig anwendet und
selbst bereitet, eine Lösung davon, welche beim Verdampfen das obige Gewicht
rockuem Rückstande geben würde, oder von destillirtem Essig so viel, daß er
20 kg reines Essigsäurehydrat enthält, vermischt mit einer Kalkmilch von
.g trockenem Kalk (wovon ein Theil im Ueberschuß bleibt und nicht gelöst
.), werden in den Arsenikkessel gebracht und darin mit 50 kg gemahle-
Arseniks einige Stunden gekocht. Es findet keine Auflösung des Arse-
..hierbei statt; derselbe verbindet sich aber mit dem Kalk und die flüssige
.h besteht nun aus arsenigsaurem Kalk und verdünnter Essigsäure. Man
.. jetzt in den Kessel nach und nach schaufelweise 62,5 kg eisenfreien Kupfer-
.ol, während man nebenbei umrührt. Es entsteht erst eine gelbliche Farbe,
.je nach dem Zusatz allen Kupfervitriols von der Oberfläche aus, namentlich
Schaumblasen anfangend, schön bläulichgrün wird. Beginnt sich diese Ver-
..rung an der Hauptmasse zu zeigen, so zieht man das Feuer unter dem
..el heraus, läßt den Inhalt durch den Hahn in einen Zuber ablaufen und er-
..n. Während des Erkaltens bildet sich dann das Grün noch vollständig aus.
..ist nichts anderes als Schweinfurtergrün, das mit demjenigen schwefelsauren
..e ganz innig gemengt ist, der aus der Schwefelsäure des zugesetzten Kupfer-
.ols und dem zugesetzten Kalke nebenbei entstanden ist. Nach dem Erkalten
.. man die etwas grünlich gefärbte Flüssigkeit ab, bringt die abgesetzte Farbe,
.. sie zu waschen oder zu pressen, auf Trockenrahmen und trocknet in unregel-
..igen Stücken. Wird ein Zusatz von Schwerspath gegeben, so geschieht
..elbe nach dem Abziehen der Flüssigkeit, indem man ihn in fein gemahlenem
.tande unter die Farbe rührt. Man läßt dann die Farbe noch durch Haar-
.. gehen, um die Zertheilung zu vollenden, und trocknet nach dem Absetzen
..er wie vorhin.

338 Darstellung von Neuwiedergrün aus Kupfervitriol und essigsaurem K[alk]

Statt 40 kg trocknen oder trocken gerechneten essigsauren Kalkes kann m[an] ohne Nachtheil nur ⅔ davon anwenden, indem darin so viel Essigsäure [ent-] halten ist, als zur Bildung der Farbe erfordert wird. Aber den fehlenden [Kalk] muß man dann durch eine Kalkmilch von 5 kg frisch gebranntem Kalk ers[etzen,] die man zu der Flüssigkeit giebt. Wenn man den essigsauren Kalk in fl[üssiger] Form etwa kauft, so kann man auf mehrere Arten den Gehalt an trocknem [essig-] saurem Kalk ermitteln; am einfachsten und hierzu genügend genau ist die [Me-] thode, daß man z. B. 100 Theile in einem tarirten Becherglase im Sand[bade,] jedoch bei gelinder Wärme, zur Trockne eindampft und den Rückstand wägt, [dies] nun den Gehalt an trocknem Salze in 100 Theilen oder der angewendeten [Menge] der Lösung angiebt. Ist derselbe aber ermittelt, so ist dann leicht zu ber[echnen,] wieviel Lösung man nehmen muß, um 40 kg oder ⅔ 40 kg trocknes Salz i[n den] Kessel zu bringen.

Verwendet man Essig, so ist es nöthig, denselben erst zu bestilliren, w[as] einer gewöhnlichen Branntweinsblase unter Abkühlung bewerkstelligt werden k[ann.] Es läßt sich zwar aus Branntweinessig, der ohne Zusatz von schleimigen T[heil-] theilen, als Bierwürze ic. hergestellt wird, ein schönes Neuwiedergrün d[ar-] stellen, allein es hat doch nicht dasselbe Feuer, wie das mit bestillirtem Essig herge[stellte.] Die Bestimmung des Procentgehaltes von Essigsäurehydrat in reinem Essi[g ist] gewöhnlich Jedem bekannt, der Essig bereitet oder kauft, ich unterlasse also, [eine] Methode anzuführen.

Es ist noch zu erwähnen, daß bei dieser Bereitungsweise (und auch b[ei der] folgenden) die vom Grün abgezogene Flüssigkeit noch Kupfer und Essig[säure] enthält. Wenn dieser Kupfergehalt nicht daher rührt, daß man bei Berei[tung] von Kalk und Essig schlechten Kalk angewendet hat, der nicht allen Kupfer[vitriol] zersetzte, also noch etwas Kupfervitriol in der Flüssigkeit unzersetzt ließ, w[o] die Kalkmenge noch etwas zu vergrößern wäre: so besteht die in jener Flü[ssig-] vorhandene Kupferverbindung nur aus aufgelöstem Schweinfurtergrün. [Dies] und die vorhandene Essigsäure lassen sich nun immer wieder mitbenutzen. [Man] bringt die Flüssigkeit bei dem nächsten Male, wo man einen Satz Grün be[reitet,] wieder in den Kessel zurück, bringt jetzt nur 15 kg Essigsäurehydrat oder 2[0 kg] essigsauren Kalk in den Kessel, aber im ersten Falle 15 kg, im letzteren [nur] 10 kg Kalk als Kalkmilch präparirt, und verfährt dann wie vorhin. So be[nutzt] man auch nachher wieder die aufs Neue fallende Flüssigkeit u. s. w.

Wenn kein reiner Kalk vorhanden ist, sondern nur ein thoniger oder sa[ndi-] ger, so kann man statt dessen mit Vortheil entweder gemahlenen Kalkspath [oder] geschlämmte Kreide anwenden. Man verwendet alsdann von diesen Materi[alien] je 5 Theile statt 3 Theilen Kalkes, und erhält dasselbe Resultat; nur ist [zu] beachten, daß man dieselben nur nach und nach in den Arsenikkessel bringen [muß,]

Darstellung von Neuwiedergrün aus Grünspan.

die veranlaßte Kohlensäureentwickelung ein heftiges Aufschäumen verur-
durch welches der Kessel überlaufen könnte.

Für die angewendete Quantität der Rohmaterialien erhält man 80 bis
…g Farbe, welche blos Gyps enthält, also Primasorte ist. Die Ausbeute
ürlich um so größer, als man, im Falle der Beimischung von gemahlenem
…spath, von diesem zugesetzt hat.

2) Bereitung unter Verhältnissen, in denen entweder Kupfervitriol oder
oder essigsaurer Kalk schwerer, dagegen französischer Grünspan ver-
…mäßig billig zu beschaffen ist.

50 kg Grünspan werden gröblich zerschlagen, dann in etwa 100 kg Wasser
…em hölzernen Gefäße eingeweicht, was wenigstens 12 Stunden vor der
…ung geschehen muß. Der Grünspan quillt dadurch zu einem dicken
…nf.

50 kg Arsenik werden im Arsenikkessel etwa 3 bis 4 Stunden lang gekocht,
…o lange, bis man beim Umrühren findet, daß Alles aufgelöst ist. Darauf
…135 kg fein gemahlener gewässerter Gyps in die Lösung eingerührt, und
darauf auch der Brei von den eingeweichten 50 kg Grünspan. Die Bil-
des Grüns geht hier ganz so vor sich wie oben. Man läßt es alsdann
…use ab, rührt den Spath hinzu, wenn solcher zugesetzt werden soll, und
…nachher durch ein Sieb, um Alles wohl zu mischen, und Unreinigkeiten
Grünspan auf dem Siebe zurückzubehalten. Man erhält ungefähr 85 kg
…rster Qualität, das beliebig versetzt werden kann.

Bei dieser Fabrikation und bei der Fabrikation des Schweinfurtergrüns aus
…span bleiben gleiche Laugen zurück, welche etwas gelöstes Schweinfurtergrün,
…e Säure und freie Essigsäure enthalten. Man kann sie daher auch wie-
…nutzen, indem man sie statt Wasser in den Kessel zur Auflösung des Arse-
…nikg, anstatt 50 kg Arsenik aber nur 40, und etwa 12,5 kg Kupfervitriol
der Milch von 3 kg frisch gebranntem Kalk anwendet, nachdem man erst
…) kg Grünspan zugesetzt hat. Findet man diese Methode nicht anwendbar,
…t man die Brühe vom Grün, ehe man sie weglaufen läßt, durch Pottasche
Soda, und erhält so eine hellgrüne Farbe, welche als Zusatz zum Berggrün
…dbar ist.

Dieses Neuwiedergrün hat alle Eigenschaften des Schweinfurtergrüns, in-
…† seinem wesentlichen Bestande nach dieselbe Verbindung ist und nur Gyps
Schwerspath als Zusatz enthält. Sie ist eine sehr gute Wasserfarbe, aber
…r abzureiben. In Oel hat sie keine vorzügliche Deckkraft. Auf frischem
…eht sie nicht, denn der Kalk entzieht ihr die Essigsäure, wodurch ihre Farbe
…elbgrüne übergeht und sie viel matter wird.

Diese Farbe ist viel glänzender als die beiden vorigen und man kann sie
…rm Feuer und ihrem dem Schweinfurtergrün ähnlichen Charakter wohl

22*

von jenen unterscheiden. Die Güte dieser Farben kann man durch ihren
unterscheiden, daß man entweder ihren Kupferoxydgehalt, oder ihren Arsenik
quantitativ bestimmt. Ersteres ist sicherer, denn es befindet sich oft in den
Grünen ein Ueberschuß von arseniger Säure, der gleichfalls als Arsenik
und löslich ist. Um den Kupferoxydgehalt zu bestimmen, verfährt man so,
man die Farbe in wenig Salzsäure kalt auflöst, bis der Rückstand weiß ist.
Man filtrirt die Flüssigkeit vom Bodensatze ab, wäscht das Filter mit Wasser
nach und setzt der grünen Flüssigkeit nach und nach Aetzkalilauge hinzu, et
mehr, als bis sie entfärbt ist. Man kocht alsdann diese Flüssigkeit gut um
der Niederschlag schwarz erscheint, filtrirt und wäscht ihn mit reinem Wasser
einem trocken gewogenen Filter aus. Man trocknet dann den aus Kupferoxyd
bestehenden Niederschlag und wägt ihn. Diejenige Farbe ist natürlich die
welche das meiste Kupferoxyd enthält. Sie ist doppelt so gut u. s. w. als eine
andere Sorte, wenn sie doppelt so viel u. s. w. an Kupferoxyd giebt. Ist
keine freie Säure eingemengt, so ließe sich die Farbe geradezu auf Prüfstein
untersuchen, wie das Schweinfurtergrün.

4. Mineralgrün (Scheel'sches Grün).

Dieses ist eine Farbe, welche in breiten, unregelmäßigen, tafelförmigen
Stücken im Handel vorkommt, und eine verschiedene, nämlich eine helle und
dunkle Farbe besitzt. Sie ist aber im Bruche stets muschlig und von einem
bei dunklen Sorten fast ins Pechbraune fallendem Glanze. Sie ist sehr spröde
trocken leicht, naß schwer zerreiblich, ein Pulver gebend, das viel heller ist
als die Farbe in Stücken. Die Bereitung der verschiedenen Sorten ist
immer auf eine und dieselbe Weise, worin nur die Menge des angewandten
Arsenits wechselt. Je mehr von denselben hinzukommt, desto heller wird die
Farbe, und fällt zugleich ins Gelbgrüne, so daß man die Nuance ganz in
Gewalt hat.

50 kg Kupfervitriol werden in ungefähr 250 kg Wasser aufgelöst,
Auflösung durch Absetzenlassen geklärt und in eine Präcipitirstande gebracht
welche bis ⅔ ihres Raumes voll Wasser angefüllt worden ist.

Aus 45 kg guter calcinirter Pottasche und 30 kg Kalk wird eine Lauge
bereitet, wovon die erste Lauge ungefähr 15 bis 20° Baumé hat, die dem
Kalke folgenden Waschwasser werden mit der ersten Lauge in einem
Gefäße vereinigt.

5 bis 6 kg Arsenik und 10 kg calcinirte Pottasche werden durch Kochen
in einem kupfernen Kessel gemeinschaftlich aufgelöst und die Auflösung durch
Absetzenlassen oder Filtriren geklärt.

Darstellung von Mineralgrün. — Schweinfurter Grün.

Man bringt alsdann in die Präcipitirkanne unter Umrühren erst die [...]lösung, dann die Aetzlauge; nach dem Zusatze läßt man absetzen und wäscht [...] 6 Mal mit frischem Wasser und durch Absetzen aus, je nach der Größe benutzten Präcipitirgefäßes.

Nach dem Auswaschen filtrirt man auf leinenen Filtrirtüchern, preßt in [...]stene 0,6 bis 1 cm dicken Lagen, die man von den Preßtüchern abhebt, wie angeht, ohne sie zu zerreiben, und auf Brettern trocknet. Nach dem Trocknen Brettern trocknet man noch nachträglich an sehr warmen Stellen, z. B. an[...] wärmsten Stellen eines Trockenofens, wo das Grün noch viel nachdunkelt [...] namentlich an Glanz zunimmt.

Nach meinen Versuchen läßt sich bei dieser Fabrikation die Pottasche recht [...] durch kohlensaures Natron ersetzen, wodurch die Farbe um ein Bedeutendes [...]iger zu stehen kommt. Man hat ungefähr 70 kg krystallisirte Soda statt angegebenen Menge Pottasche anzuwenden nöthig, und etwa die gleiche [...]nge Kalk.

In Schweden, wo das Scheel'sche Grün erfunden ist, nennt man diese [...]rbe Scheel'sches Grün. In Deutschland versteht man unter letzterer Be[...]nung ein anderes, nachher anzugebendes Präparat.

Von den angegebenen Materialien erhält man 24,5 bis 25 kg Farbe. Sie [...]rd meistens ohne Zusatz bereitet, denn sie verliert durch zugesetzte weiße Körper [...] ihr eigenen glatten Bruch und Glanz, und es ist schwer, die Zusätze so fein [...]zertheilen, daß sie auf dem Bruche unsichtbar sind. Als Zusatz würde nur [...]hwerspath angewendet werden, und dessen Menge würde man finden, wenn [...]n die Farbe in Salpetersäure auflöste, dann den Rückstand noch mit Ammo[...]k digerirte. Man könnte ihn nun auf einem getrockneten Filter bestimmen, wie bei der Bestimmung des im Bleiweiße vorhandenen Schwerspaths (S. 148) [...]sführlich angegeben worden ist.

Schweinfurter-, Wiener-, Neu-, Cassler-, Saalfelder-, Pariser-, Kaisergrün. Hamburger Deckgrün. Wiener Deckgrün.

Diese hier genannten Grüne sind alle eine und dieselbe chemische Verbin[...]ng, doch von verschiedener, theils von der Darstellung, theils von der Reinheit [...]hängender Schönheit. Die Farbe wurde zuerst in Schweinfurt hergestellt, [...]nn auch an andern Orten, und erhielt so auch von diesen Orten ihre Be[...]ungen. Wenn die Farbe keine Zusätze erhalten hat und aus reinem Material [...]gestellt ist, so ist sie, auf welche Art sie auch sonst dargestellt sein mag, eine [...]mische Verbindung von essigsaurem und arsenigsaurem Kupferoxyd, die in

342 Darstellung von Schweinfurter Grün aus Grünspan.

$$31{,}24 \text{ Kupferoxyd},$$
$$58{,}62 \text{ arsenige Säure},$$
$$10{,}14 \text{ Essigsäure},$$
$$\overline{100{,}00},$$

entsprechend der Formel:

$$3\,(As_2 O_3,\, Cu\,O) + (C_4 H_3 O_3,\, Cu\,O).$$

Ihre Darstellung ist eine abweichende, je nach dem Kupfersalz, welches man anwendet, um das Kupferoxyd in die oben erwähnte Verbindung zu bringen, und andererseits nach dem Aggregatzustande, d. h. der mehr oder weniger krystallinischen Form, in welcher man das Grün erhalten will, und welche auch bei den im Handel vorkommenden Grünen obiger Bezeichnung thatsächlich verschiedene ist.

Darstellung aus Grünspan, Schweinfurter Methode.

Zwei große Kessel werden neben einander so eingemauert, daß der Inhalt beider durch Ablaßkrahne in einen unter dieselben gesetzten Zuber abgelassen werden kann. Der eine der Kessel dient zum Auflösen des Arsenits und muß, auf einmal 35 kg roher französischer Grünspan verarbeitet werden sollen, 50 kg Arsenik und wenigstens 750 kg Wasser fassen; der andere Kessel braucht jene 35 kg rohen, beziehungsweise 50 kg bestillirten Grünspan (s. unten) und 250 kg Wasser aufnehmen zu können. Der darunter gesetzte Zuber muß groß sein, daß er den Inhalt beider Kessel aufnehmen kann und das Umrühren gestattet. Man beginnt die Arbeit am Abend damit, daß man in den kleineren Kessel 35 kg zerschlagenen rohen Grünspan in 250 kg Wasser einweicht. Am folgenden Morgen füllt man den großen Kessel mit 750 kg Wasser (nach einem Zeichen am Kessel) und bringt 50 kg fein gemahlenen Arsenik ein, macht dann Feuer unter den großen Kessel, später auch unter den kleinen und erhitzt den Inhalt des ersteren zum Kochen, was 5 bis 6 Stunden anhaltend geschehen muß, oder überhaupt so lange, bis sämmtlicher Arsenik gelöst. Wenn man bemerkt, daß diese Auflösung bald beendigt ist, wobei man das verdampfte Wasser wieder bis zum anfänglichen Volum ersetzt, so erhitzt man die Grünspanmasse in dem kleinen Kessel auf etwa 85° C., aber nicht höher. Es ist selbstverständlich, daß in jedem der Kessel zur Begünstigung der Auflösung öfters umgerührt werden muß. Ist die Arsenitlösung fertig, und nach etwaigem Wasserzusatz wieder etwa eine halbe Stunde im Kochen, so setzt man unter den Krahn des Grünspankessels ein weites Kupfersieb auf zwei Latten, dreht dann beide Krahne auf einmal auf und läßt unter Umrühren beide Lösungen zusammenlaufen, die Arsenitlösung nur bis zu ⅔ ihrer Menge. Die Grünspanmasse ist niemals klar, sondern ein ziemlich dicker Brei. Besser ist es, die Grünspan-

Darstellung von Schweinfurtergrün aus Grünspan.

dem Zusammenlaufen bei beinahe ganz ausgelöschtem Feuer eine Viertelstunde
ziehen zu lassen, damit namentlich keine Körner von ungelöstem Arsenik
folgen.

Nachdem Alles im Zuber 2 bis 3 Stunden völlig ruhig gestanden hat,
rührt man einmal mit 7 bis 8 Krückenzügen um, läßt nun den Rest der Arseniklösung noch hinzulaufen und rührt das Ganze noch ein wenig auf.

Nach dem ersten Zusammenlaufen der Flüssigkeiten erscheint ein sehr schlecht
sehender Niederschlag von schmutzig gelbgrüner Farbe. Obenauf zeigen sich
einige Blasen von einer dem Schweinfurtergrün ähnlichen Farbe; das Ganze ist
innerer Bewegung durch den Niederschlag, der in der Flüssigkeit stets unruhig
ist. Nach 2 bis 3 Stunden, öfter auch erst dann, nachdem der Rest der
Arseniklösung hinzugekommen ist, zieht sich der Niederschlag zusammen, und je
eher dies stattfindet, desto schöner wird die Farbe. Er setzt sich endlich ganz
zu Boden, und darüber steht eine blaugrüne Flüssigkeit, auf welcher sich eine
Haut von Schweinfurtergrün erzeugt. Der Niederschlag ist krystallinisch und
der Glanz und die Intensität seiner Farbe hängt davon ab, wie groß oder körnig
die Krystalle sind. Je größer dieselben nämlich geworden sind, um so dunkler
erscheinen sie und somit auch die Farbe.

Nach Verlauf von 24 bis 36 Stunden kann man die Flüssigkeit abziehen,
die Farbe durch geeignete Haarsiebe schlagen, auf leinenen Filtrirtüchern abtropfen lassen, dann trocknen, hernach zerreiben, was bei ihrer pulverigen Beschaffenheit sehr leicht vor sich geht und etwa nochmals, jedoch in bedeckten
Beuteln sieben, um ihrem Staube weniger ausgesetzt zu sein.

Von 35 kg Grünspan erhält man zwischen 35 bis 40 kg Schweinfurtergrün der besten Sorte.

Der hier in Anwendung kommende Grünspan ist solcher, welcher in Lyon
und Frankreich aus in den Handel kommt; er ist ein basisches Salz. Er enthält außer einfach-essigsaurem Kupferoxyd auch basische Salze des Kupferoxyds
(pag. S. 329), und giebt daher mehr Farbe, als das einfach-essigsaure Kupferoxyd
oder der sogenannte bestillirte Grünspan. Wendet man den letzteren an,
nimmt man statt 35 kg rohen, 50 kg desselben, und erhält dann 40 kg grüne
Farbe, welche gewöhnlich viel schöner und in reineren Krystallen ausfällt, weil
der bestillirte oder krystallisirte Grünspan nicht die Unreinigkeiten des rohen
Grünspans enthält. Das aus diesem reineren Grünspan dargestellte Grün erhält
gewöhnlich den Namen bestillirtes Schweinfurtergrün; statt desselben wird aber
auch aus rohem Grünspan gewonnenes Grün verkauft, wenn es zufällig sehr
schön oder schöner als gewöhnlich ausgefallen ist. Das aus bestillirtem Grünspan erhaltene Grün braucht weder naß noch trocken gesiebt zu werden, weil es
bei achtsamer Fabrikation keine Unreinigkeiten enthält, die abgesiebt zu werden

344 Schweinfurtergrün aus Kupfervitriol und essigsauren Salzen.

Es ist dies nicht das einzige Verfahren, mittelst dessen das Grün [dargestellt] werden kann, doch erhält man es nach dieser Methode am meisten krystallinisch, denn seine Bildung geht langsamer und ohne große Störungen vor sich; Störungen würden die Bildung größerer Krystalle beeinträchtigen. — Wenn man nicht auf eine grobe krystallinische Form rechnet, so kann man auch folgendermaßen verfahren. Man löst den Arsenik im großen Kessel, schöpft nach einigen Lösung desselben den Grünspanbrei aus dem kleinen Kessel kalt oder warm hinzu und läßt nun das Gemisch entweder sogleich in den Zuber ab, wobei dann der entstandene gelbgrüne Niederschlag schon während des Auslaufens aus dem Kessel die grüne Farbe des Schweinfurtergrüns annimmt, oder man kocht erst das Gemisch und wartet mit dem Ablassen desselben erst eine kurze Zeit, so daß die Farbe schon im Kessel entsteht. Oder man pulverisirt den Grünspan und bringt ihn als sein gesiebtes Pulver statt des Breies zu der fertigen Arsenik[lösung] im großen Kessel und verfährt übrigens ebenso. Man kann aber endlich auch die fertige Arseniklösung erst in den Zuber ablaufen lassen und dort das Grünspanpulver hineinrühren; die Farbe bildet sich dann ebenso wie bei dem ersten Verfahren. Sie entsteht überhaupt in allen Fällen, wenn arsenigsaures Kuperoxyd mit überschüssiger arseniger Säure und Essigsäure bei der Siedehitze zusammentrifft. Aus Grünspan und arseniger Säure bildet sich zunächst gelbes arsenigsaures Kupferoxyd, welches sich dann unter den bemerkten Umständen allmälig in das oben angeführte grüne Doppelsalz von arsenigsaurem und essigsaurem Kupferoxyd verwandelt.

Darstellung des Schweinfurtergrüns aus essigsauren Salzen und Kupfervitriol.

Kann man reinen Essig, destillirten Essig oder reine Essigsäure, reinen essigsauren Kalk oder essigsaures Natron und reinen (eisenfreien) Kupfervitriol zu mäßigen Preisen erhalten, daß ihre Verwendung sich billiger berechnet, als diejenige des Grünspans, so läßt sich aus jenen Rohmaterialien ein Schweinfurtergrün von sehr schöner Qualität vortheilhafter herstellen, als aus Grünspan.

1) Bei essigsaurem Natron. Statt einer Auflösung von 100 Theilen krystallisirtem Grünspan verwendet man eine gemeinschaftliche Lösung von 136 Theilen krystallisirtem essigsaurem Natron und 125 Theilen reinem eisenfreiem Kupfervitriol. Sie besteht dann aus 100 Theilen krystallisirtem Grünspan nebst gleichzeitig gebildetem Glaubersalz $(\bar{A}, NaO + SO_3, CuO = \bar{A}, CuO + SO_3, NaO)$, durch letzteres wird jedoch die Reaction der hinzukommenden arsenigen Säure und die Bildung der Farbe nicht im Geringsten beeinträchtigt. Das Verfahren ist im Uebrigen ganz dasselbe, wie bei der Verwendung einer Lösung von krystallisirtem Grünspan.

Bei der Darstellung des Chlorblei-Bleioxyds aus essigsaurem Bleioxyd und Kochsalz behufs Verwendung der erstgenannten Verbindung zur Chromgelb[...]

Schweinfurtergrün aus Kupfervitriol und essigsauren Salzen. 345

ation (vgl. S. 186) ist unter Umständen die Gelegenheit geboten, sich essig-
s Natron zu einem geringen Preise anzuschaffen. 1 Aequivalent Bleizucker
90 Theile, giebt bei der obigen Zersetzung mit Kochsalz rechnungsmäßig
Theile krystallisirtes essigsaures Natron, vorausgesetzt, daß man alle Flüssig-
und Waschwasser hierbei gesammelt habe.

2) Bei essigsaurem Kalk. Kann man reinen, trocknen, essigsauren
erhalten, so ist bei Anwendung desselben ein zweifaches Verfahren möglich.

a. Man löst 80 Theile essigsauren Kalk oder etwas mehr, wenn er nicht
trocken sein sollte, in ungefähr 160 Theilen Wasser, dann 125 Theile Kupfer-
l in etwa 500 Theilen Wasser, letztere kochend, und läßt die Lösung etwas
en. Man gießt dann die erstere Auflösung in letztere, so lange noch ein Nieder-
entsteht, wobei die Lösung des essigsauren Kalkes ganz, oder doch beinahe
aufgebraucht wird. Was davon übrig bleibt, verwendet man das nächste

Den entstandenen Niederschlag filtrirt man ab; die abfiltrirte Flüssigkeit
lelt man als Grünspanlösung in den Grünspankessel. Den Niederschlag
t man dann noch einige Male mit Wasser aus und verwendet die noch etwas
spau enthaltenden Waschwässer bei solchen späteren Auflösungen statt Wasser.

jedoch bei dem hierbei gebildeten schwefelsauren Kalke stets gern etwas
erfalz bleibt, das nicht zu entfernen ist, so kann man auch so verfahren,
man

b. aus dem essigsauren Kalke erst essigsaures Natron herstellt. Man kann
zwar dadurch bewerkstelligen, daß man die Lösung des essigsauren Kalkes
Glaubersalz fällt, wobei neben essigsaurem Natron durch Filtration abzu-
ender Gyps gewonnen wird; da aber jetzt das kohlensaure Natron sehr billig
o fällt man vortheilhafter 1 Aequivalent oder rund 144 Theile krystallisirter
mit 1 Aequivalent oder etwa 80 Theilen essigsaurem Kalk, bis kein
rschlag mehr entsteht. Die hierbei vom niederfallenden kohlensauren Kalke
rirte Lösung von essigsaurem Natron, welche 1 Aequivalent des letzteren
ll, zersetzt man wie unter 1) mit 1 Aequivalent (125 Theilen) Kupfervitriol,
verfährt übrigens mit der so erhaltenen Grünspanlösung wie früher.

3) Bei Anwendung von Essig. Hierbei kommt es darauf an, ob der
, der jedoch bestillirt sein muß und keine extractartigen Stoffe enthalten darf,
as Kupfer reduciren, stark oder schwach ist. Zu einer Portion Grün indeß,
er Anwendung von 100 Theilen bestillirtem Grünspan oder 100 Theilen
nil entspricht, sind 60 Theile Essigsäurehydrat erforderlich. Enthält der
rwendende Essig 10 Procent Essigsäurehydrat, so werden

a. 600 Theile desselben in den Grünspankessel gebracht und dort mit
equivalent (144 Theilen) krystallisirter Soda neutralisirt, d. h. unter allmäli-
Hinzufügen so lange damit versetzt, bis das Aufbrausen aufhört. Die er-
Lösung von essigsaurem Natron wird weiter wie unter 1) verwendet.

346 Schweinfurtergrün aus Kupfervitriol und essigsauren Salzen.

Enthält der zur Verfügung stehende Essig nur 5 Procent Essigsäure, so bedarf man für die erforderlichen 60 Theile Essigsäurehydrats 1200 Th. jenes Essigs. Ist der Grünspankessel nicht geräumig genug, um diese große Menge auf einmal zu fassen, so bliebe der Ausweg, den Essig wie oben zu neutralisiren und die Lösung auf das halbe Volum abzudampfen. Um das Abdampfen zu vermeiden, kann man, namentlich bei Benutzung schwacher Essige, auch folgendermaßen verfahren, was zugleich deshalb vortheilhafter ist, weil man dabei ein ganzes Drittheil der Essigmenge, die man sonst aufwenden muß, sparen kann.

b. Man berechnet die Essigmenge, welche 40 Theile Essigsäurehydrats enthält. Von dieser Quantität bringt man dem Raume nach so viel in den Grünspankessel, als 600 Theile Wasser einnehmen; den Rest des Essigs giebt man in den Arsenikkessel. In den letzteren bringt man dann den für die nöthige oder auch eine geringere Menge Wasser, erhitzt zum Kochen und nach und nach 144 Theile krystallisirte Soda hinzu, welche sich unter Aufbrausen löst und wovon auf einmal nicht zuviel zugesetzt werden darf, damit die Flüßigkeit nicht zum Ueberschäumen kommt. In dem Grünspankessel, der den anderen Essig enthält, löst man zu gleicher Zeit die zur Zersetzung erforderlichen Theile Kupfervitriol, und wenn beide Lösungen fertig sind, d. h. nichts gelöstes mehr vorhanden ist, so läßt man sie zusammenlaufen. Das Resultat sehr gut, denn es bildet sich aus dem erzeugten arsenigsauren Natron und Kupfervitriol zuerst ebenfalls das gelbe arsenigsaure Kupferoxyd, welches bei der Gegenwart der Essigsäure in Schweinfurtergrün übergeht. Man kann auch allen Essig in den Arsenikkessel bringen, b. h. denselben zusetzen, nachdem man in diesem Kessel vorher den Arsenik mit einer geringeren Menge Wasser der zugegebenen Soda gelöst hat, dann den Kupfervitriol im Grünspankessel in Wasser lösen und kochend die Lösungen zusammenlaufen lassen. Oder man kann auch den Kupfervitriol der Lösung im Arsenikkessel hinzu, löst ihn unter Umrühren und läßt dann das Gemisch zum Erkalten in den Zuber vor dem Kessel ablaufen.

Alle diese Variationen sind zulässig; nur erhält das Grün auch bei dem verschiedenen Verfahren entsprechend, ein ebenso verschiedenes Korn, wie bei der Darstellung aus Grünspan unter ähnlicher Modification der Umstände in abweichender Beschaffenheit resultirt. Diejenige Methode, nach welcher nur ⅔ eines Aequivalents der Essigsäure anwendet, ist in den meisten Fällen vortheilhafter, als die unten noch zu erörternde Methode, wobei man aus dem ganzen Quantum des Essigs erst essigsauren Kalk und aus letzterem dann mit Glaubersalz essigsaures Natron darstellt. Auch werden die Grüne bei jenem Verfahren reiner, weil sich ihnen kein Gyps beimischen kann, wobei nachher die Rede sein wird. Das vorhin beschriebene Verfahren mit ⅔ Aequivalent Essigsäurehydrat läßt sich auch bei starkem Essig anwenden, und selbst bei Benutzung

Schweinfurtergrün aus Kupfervitriol und essigsauren Salzen. 347

essigsaurem Natron, in welchem Falle man ²/₃ Aequivalent essigsaures Natron mit dem Kupfervitriol im Grünspankessel und ¹/₃ Aequivalent krystallisirter Soda im Arsenikkessel mit dem Arsenik zu gleicher Zeit auflöst und dann die kochenden Lösungen wie üblich zusammenlaufen läßt.

c. Im Falle die Calculation bei Anwendung von Glaubersalz statt der Soda einen Vortheil ergeben sollte, verwandelt man den vorhandenen Essig, er mag stark oder schwach sein, doch bei letzterem weniger vortheilhaft und umständlicher wegen des großen Volums der Flüssigkeiten, in essigsauren Kalk. Zu diesem Behufe setzt man einer Quantität Essig, welche 60 Theile Essigsäurehydrat enthält, so lange trocknes Kalkhydrat zu, bis die Flüssigkeit Lackmuspapier nicht mehr röthet, wozu ungefähr 42 Theile nöthig sind. Man vermeidet jedoch einen unnöthigen Ueberschuß von Kalk. Dann fügt man zu der noch trüben Flüssigkeit eine ganz concentrirte Auflösung von 165 Theilen krystallisirtem Glaubersalz, das nicht einmal eisenfrei zu sein braucht, da das Eisen durch den vorhandenen Kalküberschuß gefällt wird. Es entsteht derselbe Niederschlag, wie oben unter 2) b. bei Anwendung von fertig gekauftem essigsaurem Kalk, und die weitere Behandlung ist dieselbe wie früher. Jedoch kommt hier noch in Betracht, daß die vom entstandenen schwefelsauren Kalke durch Absetzen und Filtriren zu trennende Flüssigkeit, welche das essigsaure Natron enthält, entweder weniger oder meistens mehr wiegt, als 600 Theile. Im ersteren Falle, der ohne jeden Nachtheil ist, vermehrt man die Flüssigkeit auf das Gewicht von 600 Theilen leicht und nützlich durch das von dem Auswaschen des Gypsniederschlages resultirende Waschwasser. Beträgt die Flüssigkeit aber mehr als 600 Theile, so kann man sie zwar durch Eindampfen auf dieses Gewicht concentriren, jedoch kann man auch 600 Theile der Flüssigkeit unter Hinzufügung von 125 Theilen Kupfervitriol in den Grünspankessel bringen, und den Rest statt des Wassers in den Arsenikkessel. Bei dem endlichen Zusammentreten der Flüssigkeiten wird dann durch das gesammte essigsaure Natron die Zersetzung des Kupfervitriols unter Bildung der Farbe erzielt.

In allen Fällen, in denen aus Zersetzung des essigsauren Kalkes mit Glaubersalz dargestelltes essigsaures Natron in Lösung angewendet wird, enthält die letztere natürlich stets etwas Gyps. Aber außer diesem ist darin zugleich eine geringe Menge unzersetzter essigsaurer Kalk und Glaubersalz vorhanden, weil die Zersetzung dieser Salze keine vollkommene ist, und ein kleiner Theil beider neben einander unzersetzt bestehen kann. Kommt nun zu dieser unreinen Lösung des essigsauren Natrons Kupfervitriollösung, so bildet sich neben dem schon vorhandenen Gyps noch ein weiterer Betrag des letzteren, aus dem mitgelösten essigsauren Kalk herrührend. Es scheidet sich daher nach dem Zusammentreten der essigsauren Lösung und der Arseniklösung zugleich mit dem entstandenen Grün eine kleine Menge von Gyps aus, welche mit dem Grün vermischt bleibt. Die Farbe des letzteren wird dadurch etwas beeinträchtigt, et zugleich das Gewicht des Grüns vermehrt. Dieser Umstand tritt nicht ein b Anwendung von reinem essigsaurem Natron, oder von Essig und Soda, der erzeugt man auf letzterem Wege stets die schönsten Sorten von Grün, wobei d Vortheil eines dafür zu erzielenden höheren Preises nicht nur den Nachtheil ei geringeren Gewichts an Grün, sondern meistens auch die etwaigen Mehrkost der erwähnten reinen Rohmaterialien mehr als ausgleicht.

Wie bei Anwendung von Grünspan, so resultiren auch hier die Gr heller und von feinerem Korn, wenn sie im Kessel schnell, und nicht langsam i Zuber entstehen, denn im letzteren Falle werden die Grüne grobkörniger und f stallinischer ausgebildet.

Für den Maler muß ich hier bemerken, daß er gleichwohl im Nachtheile wenn er dunkle körnige Sorten dieser Grüne gegenüber unversetzten heller Sorten theurer bezahlt. Werden nämlich zwei dem Anscheine nach verschied Sorten von Grün, deren Farbenunterschied, wie schon gesagt, nur in dem ve schiedenen Korne liegt, gleich fein zerrieben, wobei das dunklere Grün nur me Arbeit erfordert, so wird sich herausstellen, daß beide einander absolut gleich d und dieselbe Deckkraft besitzen. Es giebt allerdings Anwendungen, wie z. B. b der Tapetenfabrikation, beim Bedrucken von Borden, wo ein Unterschied hervo tritt, weil hier die Farbe nicht zerrieben wird; dann dient die größere Fa allerdings zum Hervorbringen eines größeren Effectes, und nur zu ähnlich Zwecken ist die Anwendung der dunkleren Sorten und ihre höhere Bezahlung z entschuldigen.

In den meisten Fabriken, in denen man diese Grüne noch in erheblich Quantitäten herstellt, werden sie nach ihrer natürlichen mehr oder weniger dunk ren Farbe, in dunklere und hellere Grüne sortirt, die helleren werden etw billiger, die dunkleren etwas theurer verkauft, so daß ein Mittelpreis angeno wird. Doch kommen auch Zusätze vor, und diese sind lediglich Gyps und Schwer spath, von welchen ersterer indessen meist nur auf die angeführte Weise der die Fabrikationsmethode in die Farbe gelangt.

Ein Zusatz von Gyps oder Schwerspath im Schweinfurtergrün läßt si sehr leicht quantitativ auf die Weise ermitteln, daß man eine abgewogene gering Menge der Farbe in einem Glase mit Ammoniakflüssigkeit übergießt und dan unter häufigerem Umschütteln eine kurze Zeit in Berührung läßt. Hierbei lö sich die reine Farbe selbst vollkommen auf, während die obigen Zusätze ungelö zurückbleiben, so daß man sie auf einem gewogenen Filter sammeln und na dem Auswaschen und Trocknen zur Wägung bringen kann.

Zuweilen entstehen etwas mehr gelbgrünliche Nüancen der Farbe, nam lich, wenn es bei ihrer Bildung an Essigsäure fehlt, was jedoch selten vorkomm da die Grünspane gewöhnlich mehr als nöthig davon enthalten. Dieselben kö

Laugen von Schweinfurtergrün. Arsenikkrankheit. 349

einiger beliebt. Das Cafselergrün ist eine ähnliche Farbe. Sie wird aber
nicht auf diese Weise absichtlich hergestellt, weil die Darstellungsweise zu unsicher
ist. Man erhält sie vielmehr, indem man ein solches Grün mit einigen
Procenten citronfarbigem Chromgelbs zusammenreibt, von dem man um so viel
mehr anwendet, je gelblicher die Nüance ausfallen soll.

Schon beim Neuwiedergrün habe ich erwähnt (S. 336), daß bei dieser
Fabrikation wie bei derjenigen des Schweinfurtergrüns noch verwendbare Flüssigkeiten bleiben, nämlich die über den Grünen stehenden und abzulassenden Mutterlaugen, welche freie arsenige Säure, Essigsäure und aufgelöstes Schweinfurtergrün
enthalten. Werden die Schweinfurtergrüne nach einer der angeführten Methoden
aus Kupfervitriol und essigsaurem Natron hergestellt, so enthalten die Laugen
außerdem noch schwefelsaures Natron, das sich gebildet hat, indem die Schwefelsäure des Kupfervitriols und das Natron zusammentreten, während auf der
andern Seite arsenige Säure und Essigsäure sich mit dem Kupferoxyd vereinig-
en. Das schwefelsaure Natron bleibt dann passiv in der Flüssigkeit. Diese
Laugen kann man daher zur Fabrikation von Neuwiedergrün verwerthen, und
zwar, da das Glaubersalz wegen seines neutralen Verhaltens nicht mit in Betracht
kommt, wie einen verdünnten, arsenige Säure enthaltenden Essig. Die aus
der Verwendung von 100 Theilen destillirten Grünspans resultirende Lauge
kann man ansehen, als enthalte sie noch ⅔ des Essigs oder der Essigsäure und
0 Theile Arsenik, ebenso die von 186 Theilen essigsaurem Natron mit 125 Theilen Kupfervitriol verbleibende Lauge, während die Brühe von Grünen, zu welchen
man nach obigem Verfahren 3) b. nur 40 Theile Essigsäurehydrat als Essig
der essigsaures Natron angewendet hatte, als 20 Theile Arsenik und 20 Theile
Essigsäurehydrat enthaltend betrachtet und wieder benutzt werden kann.

Aus den bei der arsenigen Säure angeführten Gründen werden die Einrichtungen zur Schweinfurtergrünfabrikation stets in luftigen Gebäuden angebracht, wo
die Dämpfe, die beim Kochen des Arseniks mit Wasser und nach dem Zusam-
menlassen der Flüssigkeiten bis zum Erkalten sich fortwährend entwickeln, leicht
weichen können. Obwohl man sich vor dem Staube des Arseniks und der grünen Farben selbst, sowie vor dem Berühren der Flüssigkeit möglichst in Acht
nimmt und die Gebäude stets rein zu halten sucht, da sich unter die Fingernägel
leicht grüne Farbe festsetzt; obwohl man ferner beim Sieben und Verpacken dieser
Farben alle mögliche Vorsicht anwendet: so bleibt es doch nicht aus, daß die
Arbeiter nach und nach von der sogenannten Arsenikkrankheit befallen werden.
Nach meiner Erfahrung giebt es auch kein Mittel, der endlichen Ankunft dieser
Krankheit vorzubeugen, welche mit Brennen zwischen den Beinen und an den
Hoden beginnt, worauf letztere, ebenso wie die Vorhaut des männlichen Gliedes
wund werden. Auf dieselbe Art und gleichzeitig entsteht ein Brennen und
nachher ein Ausschlag um die Nasenwurzel und Nasenlöcher herum. Hält man

sich dann nicht von dieser Arbeit entfernt, so kann man bald nicht mehr gehn aus dem Grunde, weil der Schmerz zwischen den Beinen und Hoden durch die Reibung bei der Bewegung unerträglich wird. Die Krankheit hat übrigens den bösen Folgen nach sich, und wenn man sich 3 bis 4 Wochen von der in Red stehenden Arbeit entfernt hält, so heilen die Wunden ohne alles Zuthun zu, ohne Narbe oder Nachtheil zu hinterlassen. In Fabriken wechselt man also rechtzeitig mit den Arbeitern in dieser Branche ab, und die Erscheinung verursacht dann keine weiteren Unannehmlichkeiten.

Die Farben, die auf diese Art dargestellt werden und unter obigen verschiedenen Namen im Handel vorkommen, ebenso das Neuwiebergrün, weniger das Mineralgrün, sind natürlich giftig, die ersteren noch mehr, da sie oft freie arsenige Säure enthalten, die bei der Bereitung mit niederfallen kann. Sehr leidige Zufälle und Umstände können aus ihrer rücksichtslosen oder unvorsichtigen Anwendung hervorgehen, wovon ich folgendes Exempel anführen will. Ich trug nämlich einige Zeit eine Mütze mit inwendig grün lackirtem Lederschilde, ebenso befand sich inwendig um die Mütze herum als Futter ein schmaler Streifen des Leders, das beim Aufsetzen das Haar und die freie Stirn berührte. In dieser bildeten sich in kurzer Zeit sehr schmerzhafte und eiternde Knoten, von denen ich bald einsah, daß sie von der arsenigsäurehaltigen Farbe des Futters herrührten. Sie verschwanden nach kurzer Zeit, als ich die Mütze ablegte, kamen aber wieder zurück, als ich dieselbe Mütze zum Versuche und zur Constatirung der Wirkung der Farbe noch einmal in Gebrauch nahm.

Alle die oben genannten Farben lassen sich als Oel- und Wasserfarben gebrauchen, sind aber um so schwerer zerreiblich, je gröbkörniger und dunkler sie sind, decken in Oel nicht besonders, trocknen aber ziemlich gut. Die Farben stehen sehr gut gegen Luft und Licht, werden aber durch schweflige Ausdünstungen gebräunt. Auf frischem Kalk lassen sie sich nicht anwenden, denn der Kalk entzieht ihnen die Essigsäure, und es bleibt gelbgrünes arsenigsaures Kupferoxyd zurück, welches keine angenehme Farbe und wenig Feuer besitzt.

Ihr Verhalten gegen Aetzammonial, in dem sie sich mit blauer Farbe erlösen, läßt sie leicht von solchen grünen Farben unterscheiden, welche keine Kupferfarben sind. Von anderen Kupferfarben aber unterscheiden sie sich durch im Aeußeren durch die außerordentliche Lebhaftigkeit und den Glanz ihrer Farbe so auffallend, daß eine Verwechselung kaum möglich ist.

G. Scheel'sches Grün.

Ich habe schon bemerkt (S. 341), daß das Mineralgrün in dem Lande, wo Scheele lebte, diesen Namen führt. In Deutschland kommt ein anderes Grün unter diesem Namen vor und zwar von verschiedener Farbe, so daß kaum anzugeben was man gegenwärtig unter Scheel'schem Grün versteht. Diejenige Sorte der Farbe, die ich am meisten in Deutschland unter dieser Benennung angetroffen habe, wird so dargestellt, daß man eine kochende Auflösung von 50 kg freien Kupfervitriols und eine kochende Auflösung von 45 kg guter calcinirter Asche, in welcher eine große Menge Arsenik aufgelöst ist, gewöhnlich 33 Proc. von der Menge des Kupfervitriols, unter Umrühren zusammengießt. Den grünen Niederschlag wäscht man einige Male aus und trocknet ihn dann in geltmäßigen oder gepreßten Stücken. Die Farbe ist sehr deckend und als , Wasser- und Kalkfarbe verwendbar.

7. Mitisgrün, Papageigrün.

Unter den vorstehenden Bezeichnungen kommen, neuerdings zwar seltener, allein gelblichere oder weniger gelungene Sorten von Schweinfurtergrün vor, sern auch eigene Gemenge von dem vorhergehenden Scheel'schen Grün und Schweinfurtergrün. Zur Herstellung solcher Gemische wird jedes der Grüne sich bereitet, das Scheel'sche Grün gut ausgewässert und dann mit Schweinfurtergrün gemengt, bis das erhaltene Grün die rechte Nüance hat. Wird es an und für sich nicht hart genug, so mengt man es mit dünnem Leimwasser an und trocknet hierauf. Für einen geschickten Maler sind diese Grüne nicht entbehrlich. Sie verhalten sich bei ihrer Anwendung natürlich ganz wie die einzelnen Bestandtheile, also wie die Grüne, woraus sie gemischt worden sind.

8. „Giftfreie Grüne". Kupfergrüne.

Seitdem das Guignet'sche Grün erfunden ist und, wie unten angeführt werden wird, unter verschiedenen Namen und verschieden nüancirt in Handel kommt, können folgende Farben nicht mehr damit concurriren, weil sie sich nicht in so schönen Nüancen herstellen lassen, noch billiger sind, abgesehen von, daß man diese Farben eben auch nur relativ „giftfrei", nämlich nur aus dem Grunde so nennen kann, weil sie keinen Arsenik enthalten. Diese sind:

a) Elsner's Grün.

Unter dem Namen „giftfreies Grün" kommt seit einigen Jahren, nachdem auf die gefährliche Anwendung der arsenikhaltigen Grüne Seitens mehrerer Regierungen aufmerksam gemacht und in mehreren Ländern dieselben ganz verboten sind, eine grüne Farbe in den Handel, die zwar arsenikfrei ist, aber aus der Kupferfarbe besteht. Es giebt davon verschiedene Nüancen, von Blaugrün

„Giftfreie Grüne": Kupfergrüne. Elsner's Grüne. Zinnkupfergr[ün]
bis Gelbgrün; sie können sich freilich an Schönheit noch lange nicht m[it]
feurigen arsenikhaltigen Farben messen, doch muß man gestehen, daß die N[üancen]
gut sind und viel feuriger, als die der grünen Ultramarine.

Ich habe diese Grüne untersucht und gefunden, daß dieselben jedenfalls [genau]
nach den Vorschriften, die Herr Elsner seiner Zeit gegeben hat, oder doch [nach]
einem sehr wenig davon abweichenden Verfahren dargestellt sein müssen. [Sal-]
talilange zieht daraus eine gelbe Farbe und hinterläßt Kupferoxyd. Die [al-]
kalische Flüssigkeit enthält dann Zinnoxyd in nicht unbedeutenden Quantitäten.

Das Grün kann erhalten werden, wenn man einerseits eine Kupferv[itriol-]
lösung macht, andererseits eine Abkochung von Gelbholz, die man mit [etwa]
1 Procent in Wasser gelöstem Leim vermischt und klären läßt. Man se[tzt der]
Kupfervitriollösung die geklärte Gelbholzabkochung zu, versetzt das Gemis[ch mit]
10 bis 12 Procent Zinnsalz, fällt alsdann mit einer Kali- oder Natro[nlauge]
bis alles Kupfer gefällt ist, und bläut schließlich mit Aetzlauge etwas nach. [Das]
Grün wird beim Trocknen noch ein wenig bläulicher. Je mehr Gelbholzab[koch-]
ung man anwendet, desto gelblicher wird das Grün.

Man kann die Nüance beliebig und viel sicherer erreichen, wenn m[an aus]
dem Gelbholze erst einen gelben Lack unter Anwendung von Zinnsalz [sich]
bereitet. Andererseits bereitet man Bremerblau und wäscht dasselbe gut [aus,]
den gelben Lack aus. Man mischt alsdann von dem gelben Lacke so lange
Bremerblau, beide in Wasser angerührt, bis die gewünschte Nüance erreich[t ist,]
worauf man noch einmal entwässert, abfiltrirt und trocknet. Diese Farbe
indessen sehr empfindlich, zwar nicht gegen das Licht, aber gegen Feuchtigke[it und]
schwefelhaltige Dünste; sie läßt sich als Kalk- und Wasserfarbe benutz[en.]
Oel dunkelt sie sehr nach und ist sehr gut, eine Eigenschaft, die f[ür das]
Bremerblau, das sie enthält, bekommen hat.

b) Zinn-Kupfergrün.

Ein Grün, das nur eine bestimmte stets gleiche Nüance hat und
jedenfalls mit den vorhergehenden giftfreien Grünen in jeder Be[zie-]
hung messen kann, ist das sogenannte zinnsaure Kupferoxyd, [wel-]
ches man auf verschiedene Weise herstellen kann. Ich werde die [ver-]
schiedenen Wege dazu anführen und bin überzeugt, daß nur wenige Versuche
einem Farbenfabrikanten angestellt zu werden brauchen, um eine erwünschte [Nüance]
zu erhalten, die auf die eine oder andere Art bereitet, mit einigem Vortheil e[inen]
Platz im Farbenhandel sich erobern wird.

1) Löst man 125 Theile Kupfervitriol auf und setzt dazu eine Lösung
59 Theilen metallischem Zinn in so viel Salpetersalzsäure, als zur Auflös[ung]

nöthig ist, fällt alsdann mit Natronlauge, bis in der gemischten obigen Lösung ein Niederschlag mehr erfolgt, so erhält man eine grüne Verbindung, die nur auszuwaschen und zu trocknen ist.

2) Man bereitet sich zinnsaures Natron oder Zinnoxyd-Natron auf die Weise, daß man 100 Theile salpetersaures Natron mit 59 Theilen metallischem Zinn glüht, was in guten hessischen Tiegeln erfolgen muß, wobei eine geringe Verpuffung eintritt, löst dann die geglühte Masse in verdünnter Natronlauge auf, bis sie klären und verdünnt mit Wasser. Nachher fällt man mit dieser Lösung eine kalte Lösung von Kupfervitriol, wobei man einen rothgelben Niederschlag erhält, der nach und nach beim Auswaschen und Trocknen schön grün wird, und derselbe Verbindung ist wie die bei dem vorigen Verfahren gewonnene. Nach dieser Methode erhält man das Grün weit billiger.

3) Löst man 59 Theile metallisches Zinn in Salzsäure, wovon man nur so viel anwendet, als gerade nöthig ist; bringt man alsdann diese Lösung in die von 125 Theilen Kupfervitriol, so erhält man einen ganz weißen ungefärbten Niederschlag von zinnsaurem Kupferoxydul (die Zusammensetzung dieser Verbindung ist noch nicht untersucht), welcher nach und nach grün wird. Einmal erhielt ich bei Anwendung von basisch-salpetersaurem Kupferoxyd einen blauen Niederschlag, der ebenfalls nachher schön grün wurde. Auch diese Grüne würden sich nach dem Auswaschen noch mit Bremerblau ins Blaue nüanciren lassen und dadurch gewiß feuriger werden, als die Gemische mit gelben Laden.

B. Grüne Chromoxydfarben.

1) Chromgrün. Chromoxyd, Cr_2O_3.

Die Bennung Chromgrün wird in neuerer Zeit sowohl im Farbenhandel, wie seitens der Farbenfabriken vielfach mißbräuchlich angewendet. Dieser Name bezeichnet ursprünglich und in seiner richtigen Bedeutung lediglich das Chromoxyd, während thatsächlich und in durchaus ungerechtfertigter Weise auch die grünen Gemische von Blau mit Chromgelb verschiedener Nüance, sowie andere grüne Farben abweichender Zusammensetzung als „Chromgrün" bezeichnet werden.

Das eigentliche Chromgrün besteht aus Chromoxyd: Cr_2O_3, das an der Luft, am Lichte und im Feuer, sowie in Säuren, sogar den stärksten, unveränderlich ist. Seine Farbe ist jedoch nicht glänzend, vielmehr matt, etwas ins Graue ziehend, und da das Chromoxyd noch dazu einen hohen Preis hat, so wird es selten von Malern, sondern meist nur bei Porcellandecoration, und zwar hierbei ins tiefe Grüne angewendet, weil es feuerbeständig ist.

354 Darstellung von Chromoxyd.

Zur Darstellung des Chromoxyds bedient man sich des doppelt-chromsauren Kalis $2CrO_3$, KO als Rohmaterial, indem man diesem Salze 3O und KO a eine geeignete Weise entzieht, so daß nur die Verbindung Cr_2O_3 zurück. Es giebt mehrere Wege, diese Entziehung auszuführen.

 a. Man glüht ein Gemenge von Kartoffelstärke, oder mit Salzsäure gezogener Papiermasse von gemahlenem Holz (Holzstoff, Cellulose), w. beim Verbrennen nur eine Spur Asche, aus Kieselsäure bestehend, hinter würde, mit rothem chromsauren Kali, und zwar 1 Theil des letzter $1/2$ Theil obiger Stoffe. Hierbei reducirt der Kohlenstoff der genannten schen Stoffe die Chromsäure zu Chromoxyd unter gleichzeitiger Bildung Kohlensäure, welche sich theils mit dem Kali vereinigt, theils aus der be Reductionsprocesse schmelzenden Masse entweicht:

$$2CrO_3, KO + 3C = Cr_2O_3 + CO_2, KO + 2CO_2.$$

Das in Wasser lösliche kohlensaure Kali wird dann durch Auswaschen w unlöslichen Chromoxyd getrennt.

 b. Man glüht ein inniges Gemenge von doppelt-chromsauren Kali $1/4$ Theil Schwefelblumen. Der Schwefel wirkt hier wie vorhin die R unter Bildung von schwefelsaurem Kali:

$$2CrO_3, KO + S = Cr_2O_3 + SO_3, KO.$$

Letzteres ist in Wasser löslich und kann daher ebenfalls vom Chromoxyd Auswaschen getrennt werden. Ein Ueberschuß von Schwefel entweicht bei gesetztem Glühen.

Das Glühen kann in beiden Fällen bei kleinerer Fabrikation in r kleinen Schmelzofen und in hessischen Tiegeln erfolgen. Die Masse b zunächst in Fluß und wird, wenn die Reaction vorüber ist, wieder fest, porös. Man nimmt dann die Tiegel aus dem Feuer. Die Masse läßt nach dem Erkalten leicht von den Tiegelwänden ablösen und wird dann in Wasser geworfen, um die Salze auszuziehen, wobei das Grün als feines P zurückbleibt. Es ist zweckmäßig, das letztere nach dem Trocknen noch einmal glühen, um die etwa unverbrannt gebliebene Kohle nachträglich zu verbrennen abgeschiedenen Schwefel zu verjagen.

 c. Man mischt saures chromsaures Kali mit $1/3$ Salmiak und c das Gemenge, das nach und nach in den Tiegel getragen wird. Die Redu der Chromsäure bewirkt hier der im Ammoniak des Salmiaks enthal Wasserstoff:

$$2CrO_3, KO + NH_4, Cl = Cr_2O_3 + KCl + 4 HO + N,$$

während Chlorkalium entsteht, das ebenso ausgewaschen werden kann, wie b den vorhergehenden Methoden gebildeten Salze. Bei diesem, wie bei dem

Chromoxyd und Chromoxydhydrat. Guignetsgrün.

den Verfahren muß natürlich das doppelt-chromsaure Kali zuvor pulverisirt eben, was bei größerem Bedarfe auf einem kleinen Kollergange geschehen kann. Als Salmiak kann der in Form eines Kryſtallmehles im Handel vorkommende benutzt werden.

Die Ausbeute aus 100 Theilen doppelt-chromſauren Kalis beträgt je nach Reinheit des letzteren etwa 50 bis 53 Theile Chromoxyd.

Es ist selbstverständlich, daß man ſich zur Fabrikation des Chromoxyds nach einer der obigen Methoden im größeren Maßſtabe zweckmäßig eines Flammofens von entsprechender Größe, und zwar am beſten eines ſolchen bedient, wie für Guignet's Grün, deſſen Gewinnung unten beſchrieben wird, zur Anwendung gelangt.

Es giebt noch andere Wege, das Chromoxyd herzuſtellen, welche aber weder schöneres, noch billigeres Product liefern, als nach den obigen Verfahren. Man kann es z. B. gewinnen durch Glühen des aus Chromoxydſalzen mit Alkalien fällten Chromoxydhydrats, enthält daraus aber nur ein unansehnliches Chromoxyd.

Eine wichtige und schöne grüne Farbe iſt das wasserhaltige Chromoxyd, Chromoxydhydrat, welches jedoch auf beſondere Weiſe bereitet sein muß. bei der eben angeführten Fällung von Chromoxydſalzen mit Alkalien erhält man nur ein Hydrat von ſo wenig anſprechender blaugrüner Farbe, daß ſolches als Malerfarbe gar keine Anwendung findet. Dagegen läßt sich mittelſt einer neuen, nachfolgend zu beſchreibenden Methode ein Chromoxydhydrat herſtellen, welches eine ſehr schöne Farbe hat, und unter verschiedenen Namen theils rein, theils durch Zuſätze nüancirt im Handel vorkommt.

Guignetsgrün. Vert virginal. Vert Pelletier. Mittlersgrün. Smaragdgrün. Chromoxydhydrat, Cr_2O_3, HO.

Guignetsgrün iſt nach einer beſonderen Methode erhaltenes Chromoxydhydrat und frei von nüancirenden Zuſätzen.

Um es herzuſtellen, erhitzt man 1 Theil pulverisirtes doppelt-chromſaures Kali mit 3 Theilen kryſtalliſirter Borſäure zum dunklen Rothglühen. Dabei schäumt die Masse ungemein auf, erſtarrt dann zu einem porösen nach dem Erkalten schwarzgrünen Schwamme, den man mehrere Male mit heißem Waſſer auskocht. Das Wasser löſt dabei Borſäure und borſaures Kali auf, die wieder zu Gute gemacht werden können, während das Chromoxydhydrat, unerhebliche kleine Mengen Borſäure enthaltend, zurückbleibt. Dieſes Chromoxydhydrat iſt die hier in Rede ſtehende Farbe.

Es bildet sich bei jenem Glühprocesse unter Zerſetzung der durch die Borſäure vom Kali getrennten Chromſäure in Chromoxyd und entweichenden Sauerstoff neben borſaurem Kali borſaures Chromoxyd. Bei der nachfolgenden Be-

356 Darstellung und Eigenschaften von Guignetsgrün.

handlung der Schmelze mit Wasser zerfällt dieses borsaure Chromoxyd in B‑
säure und Chromoxydhydrat. Durch das beim Schmelzen entweichende Sau‑
stoffgas erhält die Masse ihre oben erwähnte poröse Beschaffenheit.

Man kann zwar versuchsweise die Operation im Kleinen in einem P‑
cellan‑ oder Thontiegel vornehmen, wobei sie sehr gut gelingt; aber ansehn‑
Mengen lassen sich so nicht erzeugen wegen des Aufschäumens der Mischung,
schon in kleiner Menge beim Erhitzen den ganzen Raum des Tiegels erfüllen w‑

Zur Fabrikation von Guignetsgrün benutzt man daher einen besonderen
diesen speciellen Zweck construirten und nur für den letzteren in Gebrauch zu t‑
menden Flammöfen. Nachdem dieser Ofen bis zur geeigneten Temperatur er‑
ist, wird die obige Mischung in denselben eingetragen. Sie schmilzt dann, b‑
sich auf und wird, wenn sie dunkelrothglühend geworden ist, herausgeholt‑
Hierauf wird der Ofen mit neuer Mischung beschickt, und dieses Verfahren
ununterbrochen fortlaufenden Betriebe nach Bedürfniß wiederholt.

Zum Auskochen kann man sich sowohl kupferner Kessel, aber besser höl‑
Kufen bedienen, in die man längere Zeit einen Dampfstrom zu leiten hat.
methodischem und ökonomischem Betriebe der Fabrikation verwendet man aus n‑
näher zu erörternden Gründen nicht mehr Wasser, als unbedingt erforderlich
Die erste concentrirte Lauge wird gesammelt, die zweite Lauge von neu‑
gegebenem Wasser verwendet man statt Wasser zu neuen Ablochungen fr‑
Schmelzen u. s. w.

Es ist nämlich bei dem ziemlich hohen Preise der Borsäure wichtig,
man möglichst viel davon wieder gewinnt. Die Borsäure ist theils in fr‑
Zustande, theils gebunden an Kali in den wässerigen Ablochungen der Sch‑
enthalten. Wenn diese Laugen hinreichend concentrirt sind, so versetzt m‑
in kupfernen oder hölzernen Gefäßen mit einem Ueberschuß von Salzsäure, w‑
auch die an das Kali gebundene Borsäure freimacht, die dann in der Kä‑
weißen Blättchen auskrystallisirt. Man begnügt sich mit diesen Borsäurek‑
sationen, und nur in wenigen Fällen wird es sich lohnen, auch die in der M‑
lauge enthaltene Borsäure, sowie das durch den Salzsäurezusatz gebildete Ch‑
kalium noch zu verwerthen, es sei denn, daß die Darstellung der Farbe in c‑
chemischen Fabrik erfolgt, welche die unmittelbare Anwendung solcher Laugen
anderen Zwecken ermöglicht, z. B. die Verwerthung der bemerkten Chlorkali‑
lauge zur Alaungewinnung.

Guignetsgrün ist ein sehr feuriges dunkles Grün, wie es in theil‑
Nüance und mit gleichem Feuer durch Mischung von Gelb und Blau nicht
gestellt werden kann. 100 Theile doppelt‑chromsaure Kali liefern 65 bis 66 Gr‑
je nach dem Borsäuregehalt des letzteren, der nicht leicht ganz zu beseitigen
Es löst sich weder in Mineralsäuren noch in Alkali, ist haltbar beste‑
beim Glühen nimmt es durch Verlust seines Hydrates

Farbe des gewöhnlichen, auch auf andere oben beschriebene Weise zu gewinnenden Chromoxyds an. Durch Schmelzen mit Salpeter im Porcellantiegel löst es sich leicht zu chromsaurem Kali auf, wie andere Chromoxyde. An Luft und Licht ist es völlig unveränderlich.

Als Malerfarbe hat es im ursprünglichen, unvermischten Zustande weniger Werth, denn es deckt nicht gut vermöge seiner krystallinischen Eigenschaft. Dagegen wird Guignetsgrün zum Tapetendruck und zum Druck auf Kattun viel verwandt.

Mischt man es mit Permanentweiß, so wird seine Deckkraft viel größer, aber seine Farbe geht dabei ins Bläulichgraue über. Setzt man jedoch nun ein feuriges Gelb hinzu, so kann die Farbe in schöne und rein grüne Nuancen verwandelt werden, die dem Schweinfurtergrün sehr nahe kommen und die sich namentlich sehr gut für Tapetendruck eignen.

3) Victoriagrüne.

Unter diesem Namen kommt Guignetsgrün im Handel als giftfreies Grün vor, mit der Angabe, „frei von Eisen, Kupfer und Blei," in sehr verschiedenen Nuancen. Diese Grüne werden in vorzüglicher Schönheit von der Anilin- und Sodafabrik in Stuttgart sowohl in trockenem Zustande als en pâte dargestellt und ausgeboten. Es sind Nuancen darunter, die mit dem Schweinfurtergrün an Schönheit wetteifern.

Nach meinen Untersuchungen sind alle diese Farben Gemenge, enthaltend Guignetsgrün, feingemahlenen Schwerspath oder aber Permanentweiß, und endlich solche Zinkgelbe, wie sie auf früher (S. 210) angegebene Weise durch Fällung von Gemischen aus Chlorzink und Chlorcalcium mit neutralem chromsaurem Kali oder Kali-Natron erhalten werden, und welche im Wesentlichen aus chromsaurem Zinkoxyd-Kali mit Gehalt von chromsaurem Zinkoxyd-Kali bestehen.

Vermöge dieser Zusammensetzung, welche die Darstellung eines großen Sortiments erlaubt, verhalten sich die in Rede stehenden Farben daher gegen Reagentien wie folgt:

Digerirt man eine derartige Farbe mit Wasser, so färbt es sich gelb, indem etwas chromsaures Zinkoxyd-Kali und Zinkoxyd-Kali gelöst wird. Aetznatronlauge zieht Chromsäure aus und fällt nun aus Bleizuckerlösung basisch-chromsaures Bleioxyd. Schwefelsäure, welche das Zinkoxyd auflöst und die Chromsäure auch aus dem chromsauren Kalke frei macht, giebt die sehr rothgelbe Lösung der Chromsäure, welche mit Aetznatronlauge im Ueberschuß, und dann mit Schwefelnatrium versetzt, einen durch die Flüssigkeit gelb erscheinenden weißen Niederschlag von Schwefelzink giebt, der auf dem Filter bleibt, während die Flüssigkeit noch gelb abläuft, wenn nicht zu viel Schwefelnatrium zugesetzt ist, wodurch sonst die Chromsäure reducirt wird. Chromoxyd und schwefelsaurer Baryt werden in der Farbe nachgewiesen.

Nach Digestion der Farbe mit Salzsäure, wodurch Zinkoxyd, Kalk be[-]
ziehungsweise Kali, sowie die Chromsäure gelöst und entfernt werden, enthält
der verbleibende Rückstand nur noch Guignetsgrün und schwefelsauren Baryt.
Glüht man diesen Rückstand mit Kalisalpeter und behandelt die geglühte Masse
mit Wasser, so wird das aus dem Chromoxyd mit Salpeter gebildete chromsaure
Kali aufgelöst, während gleichzeitig entstandener chromsaurer Baryt zurückbleibt.
Durch Digestion des letzteren Rückstandes mit Schwefelsäure und Wägung des
so erhaltenen ausgewaschenen und getrockneten schwefelsauren Baryts kann schließ[-]
lich die Menge des letzteren bestimmt werden.

Dieses Verhalten der Farben bestätigt die oben gemachte Angabe, daß die
fraglichen Grüne im Wesentlichen aus Guignetsgrün, schwefelsaurem Baryt und
Zinkgelb (chromsaurem Zinkoxyd-Kali mit etwas Zinkoxyd-Kali) bestehen. Die
Nüance ins Gelbgrüne beruht auf dem Gehalte an Zinkgelb, und ihre Tiefe ist
derselben Nüance auf dem Zusatze von Schwerspath oder Permanentweiß, mit
dessen Menge die Tiefe abnimmt.

Nach meinen Versuchen kann das pikrinsaure Alaunerde-Zinkoxyd das
chromsanten Zinkoxyd-Kali sehr gut ersetzen. Die Farben erhalten dadurch, zwar
nicht ein größeres, doch ein ebensolches Feuer.

4) Permanentgrün.

Das im Handel vorkommende Permanentgrün hat alle Eigenschaften der
vorher angeführten Victoriagrüne und wird ebenso von der genannten Fabrik
dargestellt. Die blaugrünen Sorten sind Guignetsgrüne ohne andere Zusätze
als nur von schwefelsaurem Baryt. Die gelblichgrünen Sorten, wovon keine
soweit ins Gelbliche geht, wie bei den Victoriagrünen, haben dieselben Beimischun[-]
gen von Zinkgelb wie die Victoriagrüne. Sie verhalten sich daher bei gleicher
Behandlung auf dieselbe Weise.

5) Nürnbergergrüne.

Nürnbergergrüne, „frei von Kupfer, Blei und Arsenik", sind ebenfalls
Grüne und werden von Pabst und Lamprecht in Nürnberg in den Handel ge[-]
bracht, sowohl unter obigem Namen, als auch mit der Bezeichnung Victoriagrün.
Aber dieselbe Firma führt unter dem Namen Permanentgrün zugleich ein Sortiment
Grüne „frei von Kupfer und Arsenik, haltbar in Licht und Sonne",
und dieses sind Gemenge von Guignetsgrün, gemischt mit Chromgelb und Schwer[-]
spath, um sie zu nüanciren.

Was nun die Bezeichnung „giftfreie Grüne" für die unter 3 bis 5
angeführten Grüne betrifft, so ist dieselbe keineswegs zutreffend; denn die ver[-]

Arnaudsgrün. Plessigsgrün. Rinmannsgrün.

enthaltenen Zinkgelbe, wie chromsaurer Zinkoxyd-Kalk u. s. w. sind in der That giftige Verbindungen, wenn man sie verzehren wollte, was ja aber ebensowenig bei diesen, wie bei den blei- und kupferhaltigen Farben die Absicht sein kann. **Mittlersgrüne** sind ebensolche nüancirte Gemenge wie 3, 4 und 5.

6) Arnaudsgrün und Plessigsgrün,

welche aus metaphosphorsaurem Chromoxyd bestehen, haben keinen Eingang als Farben gefunden, denn theils sind sie nicht so schön wie Guignetsgrüne, theils nicht billiger herzustellen.

C Koballgrüne. Zinkoxyd-Koballoxyd.

1) Rinmannsgrün.

Diese Farbe kommt gegenwärtig nicht im Handel vor und ist auch nie in den Handel gekommen, weil sie weder von großer Schönheit noch Deckkraft, noch endlich billig ist. Gleichwohl hat sie die vortheilhafte Eigenschaft, daß sie ganz unveränderlich gegen alle äußeren Einflüsse ist, wie das Chromgrün. Vielleicht kommt ihre Bereitung noch in Aufnahme, weil das Zinkoxyd als Zinkweiß jetzt gegen früher zu geringen Preisen zu haben, und auch reines Koballoxydul viel leichter und billiger zu beschaffen ist. Man erhält die Farbe, indem man 1 Theil Koballoxyd in Salzsäure löst, zur Lösung 15 Theile Alaun fügt und nun 50 bis 100 Theile Zinkoxyd hineinrührt, das Ganze trocknet und auf das Schärfste glüht. Das Grün wird bei größerem Zinkoxydzusatz heller, nimmt aber gern eine sehr tiefe Farbe an, welche durch größeren Alaunerdezusatz gehoben wird.

Das eigentliche Rinmann'sche Grün soll bestehen aus 88 Theilen Zinkoxyd und 12 Theilen Koballoxyd, würde also erhalten werden durch Glühen des Niederschlages aus einer Lösung von 320 Theilen Zinkvitriol und 140 Theilen Kobaltvitriol mit kohlensaurem Kali oder Natron.

Wenn man bei analytischer Trennung des Zinkoxyds vom Koballoxyd ein Zinkoxydhydrat erhält, in welchem noch eine Spur von Koballoxyd vorhanden ist, so nimmt das Gemisch beim Glühen eine herrliche hellgrüne Färbung an, welche zur Darstellung dieser Verbindung für Farbenzwecke einladet. Es ist mir aber nicht bekannt, ob auch Zinkweiß, mit wenig Kobaltsalz gemengt, dasselbe Resultat giebt, was vielleicht nicht der Fall ist, da das Zinkoxydhydrat beim Glühen gelb wird, nicht aber Zinkweiß.

2) **Turtisgrün. Chromoxyd-Alaunerde-Kobaltoxyd.**

Das Chromoxyd hat an und für sich eine, wie oben angeführt, unwirthliche Farbe. Glüht man aber ein inniges Gemenge von Alaunerde und Chromoxyd, welches am besten aus schwefelsaurem Chromoxyd und Alaun in dem Verhältnisse gefällt wird, daß 40 Theile Alaunerdehydrat: Al_2O_3, HO, mit 20 Theilen Chromoxyd: Cr_2O_3, HO, entstehen, und versetzt man dieses Gemenge mit 20 Theilen kohlensaurem Kobaltoxydul: CO_2, CoO, so erhält man nach dem Glühen des Gemenges eine schöne grüne Farbe, die an Haltbarkeit alle anderen übertrifft, aber eigentlich mehr für die Porcellanmalerei braucht, wo man sie mit den gewöhnlichen Flüssen versetzt.

Noch schöner erhält man die Farbe, wenn man dem Alaun und dem schwefelsauren Chromoxyd von vorn herein das Kobaltsalz zufügt, und dann mit kohlensaurem Natron fällt, den Niederschlag vollkommen auswäscht, trocknet und dann glüht. Ich glaube jedoch nicht, daß diese sonst schöne und beständige Farbe jemals im Großen für die gewöhnliche Malerei wird dargestellt werden. Denn die Rohmaterialien, die ziemlich complicirte Manipulation der Gemenge, dazu das Glühen u. s. w. erfordern nicht unerhebliche Kosten- und Arbeitsaufwand, während die erzielte Farbe in der That doch nicht das Feuer des Guignetschen Grünes erreicht.

D. Gemischte Grüne.

Alle blauen und gelben Mineralfarben, wenn sie sich mischen lassen, ohne chemisch auf einander einzuwirken, geben grüne Farben, nüancirt ins Gelbe oder Blaue, je nachdem eine dieser Farben mit ihrem Reflex vorwaltet. Ebenso läßt sich die an sich grünen Mineralfarben, wenn sie das Mischen ohne chemische Zersetzung ertragen, durch eine blaue Farbe ins Blaugrüne, durch gelbe Farbe ins Gelbgrüne nüanciren. Da den Vortheil des Mischens indeß verständige Consumenten selbst zu benutzen verstehen, so werden nur wenige, nämlich die nachstehend aufgeführten Gattungen gemischter Farben in den Farbenfabriken selbst bereitet und fertig in den Handel gebracht. Es sind einmal die oben besprochenen Grüne aus Guignetsgrün, das Victoriagrün, Permanentgrün und die Nürnbergergrüne, sodann die aus den verschiedenen Sorten von Chromgelben durch Mischung mit Pariserblau hergestellten Grüne und endlich die Zinkgrüne, welche aus Zinkgelb und Pariserblau gemacht werden. Die aus gelben Lacken und Blau hergestellten Grüne gehören zu den Lackfarben. Demnach sind hier nur die aus Chromgelb und Zinkgelb her-

Gemischte Chromgelbgrüne.

…bern Grüne abzuhandeln, da von den übrigen gemischten Grünen schon die
… war.

1) **Gemischte Chromgelbgrüne.**

Chromgrüne, Oelgrüne, Zinnobergrüne, grüne Zinnober, helle
dunkle, Laubgrüne, Moosgrüne, Seidengrüne, Broncegrüne,
lgrüne und Chromgrünextract, Smaragdgrüne sind die Namen
er gemischten Farben, welche man theils aus Unkenntniß der Bestandtheile,
s aus Heimlichthuerei und Gewinnsucht, theils zur Bezeichnung der besondergrünen
Nüance diesen gemischten Grünen gegeben hat.

Zu ihrer Darstellung werden ausschließlich die schon abgehandelten folgenden
Materialien angewendet.

1) **Pariserblau.** Man verwendet es entweder ohne vorgängiges Trockfrisch
und wasserhaltig, oder, falls man es nicht selbst darstellt, im getrock…
n Zustande. Zu reinen Grünen, Seidengrünen, welche keinen Stich in
andere Farbe besitzen und von möglichst hohem Feuer sein sollen, dürfen
solche Pariserblaue angewendet werden, denen bei der Bläuung die möglichst
e Farbe gegeben ist. Zu Sorten, welche keinen rein grünen Ton, vielmehr
h die Wirkung des beizumischenden Gelbes doch schon einen broncefarbigen
ein erhalten, kann auch ein weniger schönes Blau in Anwendung kommen, wie
entsteht, wenn man den Niederschlag zu Pariserblau nicht durch chemische
gentien bläut, sondern an der Luft blau werden läßt.

Berliner- und Mineralblau sind nicht wohl statt des Pariserblaues
endbar. Es lassen sich zwar damit dem äußeren Ansehen nach dieselben
ne herstellen, letztere würden sich jedoch bei der Anwendung in Oel abweichend
alten vermöge der Zusätze, welche in jenen beiden Blauen ursprünglich ent…
en sein können.

2) **Chromgelbe.** Zu Seidengrünen von rein grünem Farbenton ohne
h ins Olivenfarbige kann man nur die schwefelgelben Sorten anwenden.
den Chromgrünen von weniger reiner Nüance, namentlich, wenn sie durch
errschendes Blau dunkel werden, verwendet man die hell- bis dunkelcitronigen
Sorten. Die lederfarbigen Chromgelbe geben immer nur Grüne ohne
er und gehen ins Olivenfarbige. Die orangefarbigen Chromgelbe geben
mliche broncefarbige Grüne.

3) **Zusätze.** Als Zusatz, um die Grüne lichter zu machen, dient gewöhnlich
und auch am zweckmäßigsten der Schwerspath. Es ist dieses unter
n Zusätzen zugleich der billigste. Die Grünmischungen, sowie die ursprünglichen
Grüne ertragen davon einen ungemein großen Zusatz, und es kommen
schöne, gut deckende, feurige derartige Chromgrüne im Handel vor, welche
10 Procent Chromgelb und Pariserblau zusammen, dagegen 90 Procent

362   Bereitung von Probesortimenten gemischter Chromgelbgrüne.

Schwerspath enthalten. Wird indessen ein Grün von gegebener Nuance, w[...] rein oder schon mit Schwerspath versetzt ist, weiter mit demselben gemischt, [so] hält das Grün seine Nuance nicht, sondern wird bei größerem Zusatz immer bläulich und zuletzt graulich, weil die Farbe des Pariserblaues bedeuten[d] ü[ber] die des Chromgelbs. Die graulich blaue Farbe geht dann aber wieder in [das] Grün über, wenn man etwas mehr Chromgelb zufügt.

Es wäre zwecklos und vergebens, Quantitätsverhältnisse hier an[zu-ge]ben, in denen diese drei Rohmaterialien zur Erlangung gewisser Grüne g[e-mischt] werden müssen, weil die Nuancen der Farbe und ihre Tiefe ja nicht [am] vorliegendes Muster verdeutlicht werden können, und die gebräuchlichen Gr[ün]gen außer den Seidengrünen auch keine bestimmte Nuance bezeichne[n. Wer] sich mit deren Darstellung beschäftigen will, hat es nicht schwer, ein Sorti[ment] verschiedener Verhältnissen und Nuancen mit abweichenden Quantität[en] Schwerspath versetzt anzufertigen. Nach Maßgabe eines solchen Sortiment[s] man verwahrt, lassen sich dann mit leichter Mühe dazwischen liegende N[uancen] und Sorten nach Farbentiefe beurtheilen und herstellen.

Die Bereitung eines solchen Sortiments geschieht auf die Weise, da[ß man] in der Präcipitirstande einen Satz Chromgelb, z. B. aus 15 kg Bleizu[cker] stellt, auswäscht und filtrirt, den nassen Brei in vier gleiche Theile th[eilt,] einen A mit $\frac{25}{4}$, den zweiten B mit $\frac{50}{4}$, den britten C mit $\frac{100}{4}$, den [vierten] D mit $\frac{150}{4}$ kg Schwerspath gut vermischt, und diese versetzten Gelbe e[inzeln] für sich trocknet und wägt. Die so ermittelten vier abweichenden Gewich[te] tilsten ergeben dann, jede einzelne mit 4 multiplicirt, diejenigen Gewich[te] selber Größe, welche man erhalten würde, wenn man statt eines Satzes [vier] sonderer Sätze Chromgelb aus je 15 kg Bleizucker bereitete und denselben bezie[hungs-] weise 25, 50, 100 und 150 kg Schwerspath zusetzte.

Macht man von vier abweichenden Nuancen der Chromgelbe je aus [15 kg] Bleizucker ein solches Sortiment, so hat man schon 16 Sorten Gelb, die [in] Nuance und Zusatz von einander unterscheiden, und von denen man je ein[es] in Standgefäßen oder Standgläsern aufbewahrt.

Man bereitet sich ferner einen Satz Pariserblau und verwahrt sich [ihn] in einem Gefäße oder in mehreren eine Partie als Teig, aber so, daß e[r nicht] austrocknen kann. Durch Trocknen einer Quantität dieses Teiges bestimm[t man] dessen Gehalt an trockner Farbe.

Wenn man nun eine Nuance der Chromgelbe, z. B. die schwefe[lige] wovon man nach dem obigen Verfahren vier Sorten hat, in Arbeit nimm[t, so] von D der bemerkten Nuance genau so viel Gramme, wie man Kilogr[amme] von D aus 15 kg Bleizucker nach Obigem erhalten hat, mit 4 g Parise[r]

…en berechnet, als Teig in einer Reibschale innig durcheinanderreibt, wobei … Wasser zuzusetzen ist, so erhält man eine Sorte Grün A. Man bereitet so eine Sorte Grün B mit 8 g trocknem Pariserblau, ferner C mit 12 g, D 16 g, und erhält also vier Sorten von gemischtem Grün.

Aus jeder der anderen drei Sorten des schwefelgelben Chromgelbes von gerigem Schwerspathgehalte bereitet man auf dieselbe Weise vier Sorten Grüne $C'D'$, $A'' B'' C'' D''$, $A''' B''' C''' D'''$, und erhält so 16 Sorten Seirüne, welche alle brauchbar und geeignet sind, die dazwischen liegenden Nüancen …stellen und zu beurtheilen.

Auf gleiche Weise vermischt man die aus den anderen drei Chromgelbnüancenhergestellten 12 Sorten von Gelb mit Pariserblau, wodurch man schon … Sorten dieser gemischten Grüne erhält.

Die so im Kleinen ermittelten Gewichtsverhältnisse sind bei Herstellung der gehörn Grüne im Großen als Normen zu Grunde zu legen. Das Mischen selbst zieht im Großen folgendermaßen. Man läßt das trockne Chromgelb mit dem …erblauteig, oder auch mit trocknem Pariserblau, um eine innige Mischung und ständige Zertheilung des letzteren zu bewirken, zu wiederholten Malen durch eine … Mühle als Teig passiren, worauf der Teig getrocknet, dann zu Pulver gemahlen gesiebt wird. Statt der Vermischung des trocknen Chromgelbs ist es weit …mäßiger, das Chromgelb mit dem schon gegebenen Zusatze von Schwerspath … als nassen Brei mit der nöthigen Menge Pariserblau in Teigform innig …einander zu rühren, bis keine anders gefärbten Streifen der Farbe mehr in … Gemische beim Bearbeiten erscheinen, dann die flüssige Masse auf Tücher, … dem Abtropfen auf Bretter zu bringen und zu trocknen. Aber auch … letzteren Falle wie überhaupt erreicht man nur dann die innigste Mischung, … man erspart meistens zugleich an Blau, wenn der Brei erst naß durch die … passirt.

Wenn man Pariserblau en pâte in der angegebenen Weise verwendet, so muß … selbe unter allen Umständen vollständig rein ausgewaschen sein. … ihm etwa noch freie Säure an, so würde diese seine Einwirkung auf das …omgelb nicht verfehlen, und letzteres, wenigstens theilweise, in die lederfarbige …ce überführen, dadurch würde die Farbe mehr oder weniger beeinträchtigt … unansehnlich werden, da diese Nüance von Chromgelb überhaupt die wenigsten feurigen Grüne liefert.

Man kann den Einfluß einer geringen anhaftenden Menge von Säure im …serblau jedoch durch ein abgeändertes, nachstehend beschriebenes Mischungs…fahren unschädlich machen.

Wenn die Proportionen zwischen einem Satze Chromgelb aus 15 kg Bleizucker, … Schwerspathzusatze und dem Pariserblau zuvor bestimmt sind, so kann die Grün…ischung auf die Weise bewirkt werden, daß man das Pariserblau in dem Wasser

364 Eigenschaft und Anwendung der gemischten Chromgelbgrüne.

aufrührt, worin das Chromgelb in der Präcipitirflande (s. Chromgelbe) g-
werden soll, und hierauf erst die Fällung des Chromgelbs in der gewöhn-
Weise vornimmt. Hierbei wirkt dann ein geringer Säuregehalt in K-
blau nicht nachtheilig, da er nicht ausreichend ist, um allen Ueberschuß
Bleizucker in Anspruch zu nehmen. Man wässert nun aus, giebt den
von Schwerspath nachher wie bei Chromgelben, filtrirt und trocknet. K-
einzige hinderliche Umstand tritt hierbei ein, daß sich der auf das Ferri-
gefällte Niederschlag nicht so rasch absetzt und das Auswässern einige Zeit-
mehr Zeit in Anspruch nimmt. Dagegen wird das nachträgliche Rühren
Gemisches in dem Falle überflüssig, wenn der Pariserblauteig vorher recht
in der Präcipitirflande aufgerührt ist.

Sämmtliche der oben genannten und auf ähnliche Weise aus den ver-
denen Nüancen von Chromgelben hergestellten gemischten Grüne haben eine
dieselbe Eigenschaft. Sie decken insgesammt auf das Vortrefflichste als Ölf-
und trocknen sehr gut. Sie erfordern zum Anmachen in Teigform 12 bis 13 f
cent Oel und sind, wenn der Schwerspath recht fein gemahlen war, sehr fein
leicht zertheilbar. Sie werden zwar gleichfalls als Wasserfarbe namentlich
Tapetendruck angewendet, haben jedoch in dieser Form viel weniger Schön-
Deckkraft und Glanz, als in Oel. Sie sind ziemlich haltbar an nicht zu
belichteten Stellen. Schwefelhaltige Dämpfe verdunkeln das Gelb in der F-
Starkes Licht bewirkt, daß das Blau verbleicht, wodurch das Grün nach
nach heller wird. Diese Farbenveränderung tritt mehr hervor, wenn das G-
als Wasserfarbe, weniger, wenn es als Oelfarbe angewendet war, und ist
einem geringeren Grade bemerkbar bei dunkleren Sorten. Trocken den ?
ausgesetzt, wobei kein Bindemittel den Einfluß des Lichtes und der Luft hin-
bleichen die gemischten Chromgelbgrüne ungemein rasch und werden gelber. Z-
in zwei Stunden ist ein Unterschied bemerkbar.

Die Prüfung dieser grünen Farben auf ihre Güte, d. h. auf den ?
Gehalt an Chromgelb und Pariserblau ist zwar chemisch ausführbar, aber
umständlich, daß sich weder Fabrikant noch Consument die Mühe geben r
jene werthbedingenden Verbindungen auf dem Wege der quantitativen chem-
Analyse zu bestimmen. Der Fabrikant, welcher ein Sortiment gemischter G-
gelbgrüne auf oben angegebene Weise hergestellt hat und in Vorrath hält, k-
durch bloßen Vergleich leicht herausfinden, welcher Sorte ein zu prüfendes Grü-
Gehalte am nächsten steht. Der Maler kann sicher darauf rechnen, daß von
zwei anscheinend gleichen Sorten vor sich hat, diejenige besser ist, welche den
großem Zusatze von Bleiweiß oder Schwerspath am wenigsten in Grau verändert-

Uebrigens kann man indirect aus der Menge des vorhandenen Zu-
ebenfalls auf den Werth schließen, und da dieser Zusatz fast ohne Ausn-
immer nur aus Schwerspath besteht, so ist derselbe leicht zu ermitteln.

Man digerirt zu diesem Behufe eine abgewogene Quantität, z. B. 10 g des
i chen Grünes mit einer überschüssigen Quantität Kalilauge etwa einen Tag,
die helle Flüssigkeit ab, wäscht einige Male durch Decantiren mit Wasser,
fügt nachher concentrirte Salzsäure hinzu, läßt abermals 24 Stunden
r und decantirt aufs Neue. Man bringt nun den aus Schwerspath beiden weißen Rückstand auf ein gewogenes Filter, wäscht ihn mit Wasser
ältig ab, trocknet und ermittelt sein Gewicht. Aus diesem läßt sich dann
Procentgehalt des Grüns an Schwerspath leicht berechnen. Weiter kann
g stens der Fabrikant, wenn er sein Probesortiment hierbei vergleichend zu
e zieht, aus der Nüance schließen, welche Art Chromgelb angewendet wurde,
wie viel Pariserblau zu einer solchen Nüance ungefähr angewendet werden
. Die bei obiger Schwerspathbestimmung angewendete Kalilauge löst das
mgelb, das Bleioxyd sowie die Chromsäure, und zersetzt das Pariserblau,
diesem blos Eisenoxydhydrat zurücklassend. Die Salzsäure löst dann auch
res, und läßt blos den Schwerspath zurück.

Zinkgrüne verhalten sich auf gleiche Weise, aber in der daraus erhaltenen
ischen Lösung bringt Schwefelwasserstoffgas einen weißen Niederschlag her-
während gemischte Chromgelbgrüne unter denselben Umständen vermöge
s Bleigehaltes einen schwarzen oder schwarzbraunen Niederschlag geben.

Folgende Anmerkung in Bezug auf die mit den verschiedenen Chromgelben
ly Mischung mit Pariserblau und Schwerspath hervorgebrachten Gelbe ist
leicht nicht überflüssig, um die Nothwendigkeit zu zeigen, die Beschaffenheit
Grüne mit jeder besonderen Sorte Gelb genau zu prüfen. Man wird näm-
finden, daß aus dunkelcitronfarbigen und schwefelgelben Sorten bei ungleicher
sammensetzung die Farben dem äußeren Ansehen nach einander täuschend
lich sein können. Aber man darf trotzdem die eine Sorte nicht durch die
ere substituiren, denn streicht man beide in Oel auf, so kann die eine blau-
n, die andere gelbgrün erscheinen. Im letzteren Falle enthält das Grün
ner entweder blos das dunkelcitronfarbige Chromgelb, oder einen Antheil
on. Erscheinen die Sorten grasgrün, wenn in Oel angestrichen, jedoch wenig
utlich durchscheinend, wenn auf Glas gestrichen, so enthalten sie immer Ge-
che aus verschieden nüancirten Chromgelben. Es ist also beim Vergleiche einer
rbe mit dem hergestellten Sortiment auch dieser Umstand in Betracht zu ziehen.

2) Gemischte Zinkgelbgrüne.

Zinkgrüne.

Diese Grüne haben ähnliche Eigenschaften, wie die Chromgelbgrüne; es
d ebensolche Gemische von Zinkgelben der oben beschriebenen Art mit Pariser-

blau und zugleich mit gewissen Mengen von Schwerspath, um die Farbe b[...] und billiger zu machen. Die Wirkung der einzelnen Mischungsbesta[ndtheile] auf das Gesammtproduct ist derjenigen bei den Chromgelben im Allge[meinen] gleich, so daß die dort gegebenen Mischungsregeln auch hier im Ganzen m[aß]= gebend sind.

Ein größerer Zusatz von Spath erfordert hier eine größere Menge [von] Gelb, wenn die Nüance feurig bleiben und nicht ins Graue gehen [soll.] Die etwas ins Gelbliche fallenden Nüancen der Zinkgrüne sind die sch[önsten] und die Anzahl der Sorten von Zinkgrün, die man theils nach der N[uance] theils nach der Quantität des Schwerspathzusatzes herstellen kann und the[ils wirk]= lich in den Handel bringt, ist eine außerordentlich große. So findet ma[n in] den Preiscouranten der einen Fabrik über 30 Sorten Zinkgrüne, deren [Preise] um das Sechsfache variiren; ein anderer Preiscourant enthält 22 verschie[dene] Sorten Zinkgrün, deren theuerste den vierfachen Preis der billigsten hat u [s. w.]

Um zu einem passenden Sortimente sowohl hinsichtlich der Nüance [als] auch des Preises zu kommen, sowie auch, um Sorten des Handels vergl[eichen] und nachahmen zu können, thut der Fabrikant am besten, Mischungsver[suche] mit einem oder mehreren Arten der angeführten Zinkgelbe zu befolgen, w[ie bei] den Chromgelbgrünen. Er wird dann aus den verschiedenen Probemisch[ungen] diejenige auswählen, welche er in größerem Maßstabe durch entspr[echende] Mischung für den Handel darstellen will. Er kann ferner aus dem Sort[imente] ersehen, wie er zu verfahren hat, um eine vorgelegte Sorte hinsichtlich [der] Nüance und Farbentiefe nachzuahmen, da z. B. eine bläulichgrünere Sorte d[urch] Zusatz von mehr Blau, eine gelblichere durch geringeren Zusatz davon oder [durch] mehr Gelb, eine tiefere intensivere Farbe durch geringeren Zusatz von Sch[wer]= spath ohne Schwierigkeiten hergestellt werden kann.

Die Zinkgrüne sind als Farbe ebenso beständig wie die Chromgrüne, h[aben] aber niemals einen olivengrünen Stich, sondern sind stets rein grün. Sie [sind] in Oel, namentlich aber als Wasserfarben und für den Tapetendruck, sowi[e als] Anstrichfarbe auf Gyps und Pfeifenthongrund anwendbar. Auf frischem K[alk]= grund sind sie indessen nicht haltbar, da dieser ihr Blau zerstört und selbst [das] Gelb angreift. Dem Wasser theilt das Grün immer eine gelbliche Farbe [mit,] weil das Zinkgelb etwas darin löslich ist. In verdünnter Salzsäure kan[n das] Zinkgelb selbst, welcher Art es auch sei, immer ganz aufgelöst werden, m[it] pikrinsaurem Alaunerde-Zinkoxyd bleibt die Pikrinsäure ungelöst. Es bleibt z[u]= gleich das Berlinerblau mit dem Schwerspath zurück. Wird der gewoe[...] Rückstand mit Kalilauge übergossen, und färbt sich die Flüssigkeit gelb, so i[st] Pikrinsäure vorhanden gewesen. Beim Digeriren jenes Rückstandes mit K[ali] und Auswaschen bleibt der Schwerspath und vom Pariserblau herrühr[end] Eisenoxyd zurück. Digerirt man letzteres Gemenge zur Entfernung des Ei[sens]

Untersuchung der Zinkgelbgrüne.

mit Salzsäure und wäscht aus, so bleibt nur der reine weiße Schwerspath
ös, der auf einem Filter abfiltrirt, getrocknet und gewogen werden kann,
aus dessen Gewicht sich dann der procentische Gehalt der Farbe an diesem
ge ergiebt.

Ein von mir untersuchtes Zinkgrün kam auch im Handel unter dem
en Kaltgrün vor, obgleich es jedenfalls in frischem Kalk seine grüne Farbe
rt und in Gelb übergeht.

Um zu ermitteln, ob das in einem Zinkgrüne enthaltene Zinkgelb basisch-
saurer Zinkoxyd-Kalk oder basisch-chromsaures Zinkoxyd-Kali (S. 208 u. f.)
nd um dessen Gehalt an Kali, Chromsäure und Zinkoxyd zu bestimmen,
hrt man folgendermaßen. Man digerirt das Zinkgrün mit kalter, ver-
ter Salzsäure, welche das Zinkgelb löst und Berlinerblau, sowie die Zusätze
öst läßt, von denen man die gelbe Lösung abfiltrirt. Der blaue Rückstand
nun auf die weißen Zusätze und das Pariserblau nach Maßgabe des bei
blauen Farben angegebenen Verfahrens (S. 290 u. f.), oder beziehungsweise
vorhin untersucht werden. Die gelbe Lösung enthält die Bestandtheile
Zinkgelbs, also je nach der Zusammensetzung des letzteren: Kalk oder
Chromsäure und Zinkoxyd. Man versetzt sie mit etwas verdünnter
vitriolsäure, wodurch in dem Falle ein beträchtlicher weißer Niederschlag
t, wenn das zu bestimmende Zinkgelb aus chromsaurem Zinkoxyd-
besteht. Man mischt mit Weingeist und filtrirt den Gyps ab, der
waschen, zu trocknen und zu wägen ist, um aus dem so gefundenen Ge-
t den Gehalt des Zinkgelbs an Kalk zu berechnen. Die abfiltrirte
figkeit enthält das Zinkoxyd und die ganze Chromsäure, letztere vermöge
: durch den Weingeist erfolgten Reduction in Form von Chromoxyd. Man
nun beide Oxyde mit kohlensaurem Natron, wäscht den auf ein Filter
chten Niederschlag mit destillirtem Wasser gut aus, spült ihn darauf in
Kochfläschchen und kocht ihn darin einige Zeit mit Kali- und Natron-
e rein aus, welche das Zinkoxyd auflöst, das Chromoxyd aber ungelöst läßt.
Flüssigkeit wird nach vorgängigem Verdünnen mit Wasser abfiltrirt, und
auf dem Filter zurückbleibende Chromoxyd nach dem Auswaschen, Trocknen
Glühen gewogen. Das gefundene Gewicht des Chromoxyds ergiebt das
richt der Chromsäure durch äquivalentmäßige Berechnung. In die abfiltrirte,
Zinkoxyd enthaltende Flüssigkeit wird so lange Schwefelwasserstoffgas ein-
ilet, bis alles Zinkoxyd als weißes Schwefelzink gefällt ist, was daran erkannt
, daß in einer abfiltrirten Probe Schwefelammonium keinen weiteren Nieder-
g mehr hervorruft. Das gefällte Schwefelzink ist nun von der Flüssigkeit
h Filtration zu trennen und so lange mit Wasser, in welches man etwas
efelammonium tröpfelt, auszuwaschen, bis ein Tropfen des Waschwassers beim
en auf Platinblech keinen Fleck mehr zurückläßt. Man löst alsdann das

auf dem Filter zurückgebliebene Schwefelzink mit verdünnter Schwefelsäure, verdunstet die Lösung mit dem Waschwasser des Filters erst in einem Becher im Sandbade, dann in einem Platintiegel und bringt den Verdampfungsrückstand zuletzt bei schwacher Glühhitze völlig zur Trockne. Das Glühen ist vorsichtig zuzuführen, da das schwefelsaure Zinkoxyd bei starker Glühhitze unter Zurücklassung von Zinkoxyd zersetzt wird. Man wägt dann den Tiegel nebst Inhalt, entfernt den letzteren mit heißem Wasser und wägt nun den Tiegel wieder zurück. Die Differenz ergiebt das Gewicht des aus dem Schwefelzink gebildeten wasserfreien schwefelsauren Zinkoxyds SO_3, ZnO, aus welchem sich schließlich durch Rechnung die Summe des in dem Zinkgelbe des untersuchten Zinkgrüns gebundenen Zinkoxyds ergiebt.

Entspricht ein Zinkgrün bei der Untersuchung dem obigen Verhalten, ergiebt es die bei dem vorangegebenen analytischen Gange zu bestimmenden zelnen Bestandtheile, namentlich einen entsprechend großen Kaligehalt, so ist das vorhandene Zinkgelb aus basisch-chromsaurem Zinkoxyd-Kali, dessen Titel sich aus den gefundenen Gewichten der einzelnen Stoffe berechnen, kann daneben nur Spuren von Kali enthalten. — Ergiebt das Zinkgrün gegen bei entsprechendem Gehalte von Chromsäure und Zinkoxyd keinen gehalt, also keine Fällung mit Schwefelsäure in der anfangs erhaltenen salz.. Lösung, so muß gefolgert werden, daß ein ohne Kalizusatz hergestelltes chromsaures Kali-Zinkoxyd im Zinkgrün vorhanden ist. Die Bestimmung Kaligehalts erfordert ein besonderes und ziemlich umständliches Verfahren, nur von geübteren Analytikern mit Sicherheit auszuführen und deshalb Rücksicht auf die praktischen Zwecke dieses Buches nicht angegeben ist.

Anhang zu den gemischten Grünen.

Da alle gelben Farben mit Blauen, sofern sie sich mit letzteren nicht zersetzen, grüne Farben liefern, so versteht es sich von selbst, daß noch gemischte Grüne als die angeführten möglich sind; bisher kommen jedoch solche im Handel vor, deren Chromgelbgehalt, wie unten angegeben, theils durch Terra de Sienna ersetzt ist. Die rein gelben Oder und die Terra Sienna geben mit Pariserblau Grüne, die zwar nicht feurig sind, aber vorwiegend grasgrüne Farbe haben und bei der Anwendung behalten, während zugleich das Eigenthümliche zeigen, daß ihre Anstriche in Oel immer verhältnißmäßig viel dunkler sind als die Farben an sich, ohne daß jedoch diese Nüance, wie bei den aus Chromgelb und Pariserblau mit Schwerspath gemischten dunklen Grünen, durch überwiegendes Blau hervorgebracht ist. S man bläuliches, aber feuriges Oelgrün aus rein gelbem Chromgelb, und Schwerspath mit 20 Procent guter reiner Terra de Sienna, nassen Teig, oder auf der Mühle, so verliert das Oelgrün hierdurch

haftigkeit, die Nüance wird dunkler, aber mehr rein grasgrün. Dunkle Ori-
ne, welche auf diese Art hergestellt sind, also deren Gelb zum Theil Terra de
ssa ist, kommen neuerdings im Handel vor, und man würde sich vergebens
ühen, sie aus Nüancen von Chromgelb allein hervorzubringen. Ebenso entgeht
r Zusatz bei der gewöhnlichen Prüfungsweise der gemischten Grüne sehr leicht
Wahrnehmung, weil auch das in der Farbe vorhandene Pariserblau mit ge-
m Reagentien, z. B. mit Kalilauge Eisenoxyd zurückläßt, welches mit dem be-
ers zugesetzten Eisenoxyd leicht verwechselt werden kann. Es ist daher noth-
dig, durch eine entsprechende Untersuchungsmethode das Eisenoxyd der zugesetzten
ra besonders nachzuweisen. Zu dem Zwecke digerirt man das Grün einige
mit nicht zu starker Salzsäure, wobei eine Lösung von salzsaurem Eisenoxyd
Chromoxyd entsteht, der man noch etwas Weingeist zufügt, um alle Chromi-
e in Chromoxyd zu verwandeln. Man fällt dann beide Oxyde mit Ammoniak,
net den Niederschlag und schmilzt ihn im Porcellantiegel mit Salpeter, bis er
g fließt. Die Masse löst man dann in einem Becherglase mit Wasser auf.
ibt dabei Eisenoxyd in einiger Menge zurück, so enthält die Farbe diesen
aß. Erhält man jedoch hierbei nur einen sehr geringen Rückstand von Eisen-
l, so kann der letztere aus einem eisenoxydhaltigen Blau herrühren, wie solches
l entsteht, wenn man Blutlaugensalz mit Eisenoxydulsalzen fällt und dann
fast weißen Niederschlag an der Luft ohne weiteren Zusatz blau werden läßt.

F. Grüner Ultramarin. Ultramaringrün.

Von der Bildung und Darstellung dieser Farbe war unter den blauen
ben, beim Artikel 'Ultramarin', bereits die Rede. Es versteht sich von selbst,
man dem grünen Ultramarin durch den zu seiner Umwandlung in blauen
amarin angewendeten Röstungsproceß zugleich beliebige Nüancen geben kann,
he zwischen seiner ursprünglichen grünen Farbe und dem reinen Blau liegen.
erzielte Nüancen des Ultramaringrüns kommen denn auch thatsächlich im
del vor. Indessen sind diese Farben von keiner großen Intensität und wenn
ine solche erlangen, so sind sie eigentlich schon blau.

Bei Gelegenheit der Untersuchung von im Handel vorkommenden grünen
amarinen habe ich gefunden, daß auch diese Waare schon verfälscht, oder
h Kunstgriffe verschönert wird, und dann eigentlich mehr zu den gemischten
ben zu rechnen ist. Derartige Sorten sind entweder grünblaue Ultramarine,
ganz blaue, auf welche ein gelber zinnhaltiger Lack, wahrscheinlich Kreuz-
engelb in geringer Menge gefällt, und wodurch die tiefere blaue Farbe
rlich in ein entsprechend tieferes Grün verwandelt, oder sie sind zugleich
 blau gefärbt, indem anscheinend aus einer alkalischen Lösung reducirter

Indigo darauf gefällt ist. Ein solcher grüner Ultramarin verhielt sich aber bei der Untersuchung ganz eigenthümlich.

Während der gewöhnliche grüne Ultramarin durch Salzsäure auf der S... unter Entwickelung von Schwefelwasserstoffgas entfärbt wird, und ein r... Ungelöstes zurückbleibt, so entwickelte die fragliche Sorte des grünen Ultram... zwar ebenfalls Schwefelwasserstoffgas, aber statt einer Entfärbung tr... Verschwinden der grünen Farbe eine blaue hervor, und auf der Oberfläche Flüssigkeit ein metallisch glänzendes Häutchen von einem Schwefelmetall, w... ich für Schwefelzinn ansah, aus dem Zinngehalt des gelben Lackes herrüh... Auch durch wässerige Lösung von Aetzkali, welche weder warm noch kalt a... unvermischten grünen Ultramarin einwirkt, wurde diese Waare sogleich in bla... nüancirt. Die dabei erhaltene Flüssigkeit erschien gelblich und wurde durch Sch... wasserstoff bräunlich gefällt. Da die beiden zugesetzten Farbstoffe aber verbl... obwohl sie dem grünen Ultramarin ein tieferes grünes Ansehen ertheilen, so r der Käufer jedenfalls getäuscht, wenn er glaubt, mit einem derartigen gefärbten Ultramarine zugleich eine am Lichte unveränderliche grüne Farbe erhalten.

Von anderen grünen Farben unterscheidet sich der grüne Ultramarin dadurch, daß er mit Säuren seine Farbe verliert und dabei Schwefelwasserstoff entwickelt, mithin sich ebenso verhält, wie der blaue Ultramarin und wie bei de... angeführt ist.

Von den braungrünen gemischten Farben wird noch bei Schw... Rede sein.

V. Rothe und orangerothe Mineralfarben.

Neben denjenigen rothen Farben, welche als Erdfarben anzusehen u... unter diesen schon früher besprochen sind, zu denen also namentlich die ... Eisenoxydfarben, die verschiedenen gebrannten Oder und der Bergzinnober geh... ist die Anzahl der künstlich dargestellten rothen Farben, der rothen Tha... farben, eine verhältnißmäßig beschränkte. Von diesen hat nur eine während langen Zeitraumes unverändert bis zur Gegenwart ihren Rang behauptet, nä... der Zinnober. Die jetzt weniger wichtige Mennige ist gleichfalls lange beka... Das Chromroth ist erst nach der Entdeckung des Chroms und seiner Verbind... gen eine Handelswaare geworden; einige andere rothe künstlich herstellbare Fa... haben sich theils wegen ihres hohen Preises, theils wegen gewisser unvortheilh... Eigenschaften, theils weil sie nicht besonders bekannt geworden sind, ... gemeine Anwendung und Nachfrage zu verschaffen vermocht.

A. Rothe Quecksilberfarben.

1) Zinnober. Rothes Schwefelquecksilber, HgS.

Der geringste Theil des in der Malerei verbrauchten und in den Handel kommenden Zinnobers ist natürlicher oder sogenannter Bergzinnober, der, um brauchbare Waare zu sein, nur gemahlen, geschlämmt und getrocknet ist; größte Menge dagegen und die schöneren Sorten sind immer ein durch die Kunst dargestelltes Product, welches gleichwohl dieselbe Zusammensetzung hat, wie der natürliche. Die Darstellungsweisen des Zinnobers sind verschieden und werden in den Zinnoberfabriken eigentlich geheim gehalten, jedoch ist weiter nichts von geheim, als kleine Vortheile, welchen man zuschreibt, daß das Product in einer Fabrik schöner als das der anderen ist.

Es lassen sich zwei Methoden der Zinnoberdarstellung von einander unterscheiden. Die älteste Methode, nach welcher auch jetzt noch der meiste Zinnober dargestellt wird, heißt die Methode auf trocknem Wege, weil seine Darstellung mit trocknen Materialien geschieht, zum Unterschiede gegen die neuere, bei welcher sie mit nassen Materialien vor sich geht. Erstere Methode wurde früher hauptsächlich in Holland ausgeübt, und wird noch jetzt in Idria betrieben; die letztere Darstellungsmethode wird dagegen in den chemischen Fabriken Deutschlands angewendet, und zwar wie es scheint nur da ausschließlich.

a. Zinnoberfabrikation auf trocknem Wege.

Sie beruht darauf, daß Schwefel und Quecksilber, innig mit einander verrieben, sich zu einer pulverigen, schwarzen Masse, dem schwarzen Schwefelquecksilber, chemisch verbinden, welchem zwar anfangs noch freier Schwefel und freies Quecksilber beigemengt sein kann, deren Verbindung jedoch durch lange fortgesetztes Reiben endlich auch zu bewirken ist. Das so erhaltene schwarze Schwefelquecksilber, der sogenannte schwarze Zinnober, hat zwar eine gleiche chemische Zusammensetzung wie der eigentliche, der rothe Zinnober, unterscheidet sich jedoch von letzterem durch eine abweichende Anordnung der Molecüle, indem das schwarze Schwefelquecksilber amorph, das rothe krystallinisch ist. Das schwarze Schwefelquecksilber geht durch Erhitzung bis zu einer Temperatur, bei welcher die Verbindung Dampfgestalt annimmt, in rothen Zinnober über. Dieser Uebergang ist zugleich mit einer erheblichen Wärmeentwickelung verbunden, die zuweilen bei jener Erhitzung, wenn die Umänderung zu plötzlich vor sich geht, eine Explosion verursachen kann. Man sublimirt daher die schwarze Verbindung in geeigneten

Apparaten, wobei sich der Dampf des schwarzen Schwefelquecksilbers als rc[...] Zinnober condensirt. Man sucht nebenbei durch geeignete Vorrichtungen die D[...] von etwa überschüssig vorhandenem Schwefel zu entfernen; die Unreinigk[...] Quecksilbers, fremde Metalle, die es enthält, bleiben dabei als Schw[...] zurück und können den Zinnober nicht verunreinigen, weil sie nicht flüchtig [...] Es ist also bei dieser Fabrikation selbst ein nicht vollständig reines Que[...] anwendbar.

Im Großen stellt man die schwarze Verbindung dar, indem man ent[...] auf 18 Theile Schwefel, die man in einen eisernen Kessel bringt und sch[...] 100 Theile Quecksilber nach und nach einrührt, das Gemenge mit einem [...] zerreibt und die Masse dann zur unten beschriebenen Sublimation in ver[...] nen Krügen verwahrt, welche nur einige Pfund der Masse fassen. Da [...] Einrühren entstehen zuweilen Explosionen, die man durch langsameres [...] bringen des Quecksilbers und gelinderes Erhitzen vermeiden kann. Oder [...] füllt den Schwefel im Verhältnisse von 19 Theilen auf 100 Theile Quec[...] in größere Rollfässer mit inwendig vorstehenden Leisten, und läßt die Fäss[...] dem Gemische mehrere Tage rotiren. Es entsteht hierbei die nämliche Ver[...] bung wie im vorigen Falle, und dieselbe wird ebenso verwahrt. Beide Prä[...] werden nun sublimirt.

Die Holländer sublimiren die Masse in irdenen Sublimirkolben aus [...] festem Thone. Diese Gefäße, wovon mehrere zugleich erhitzt werden, k[...] zu drei oder vier in einer gußeisernen Platte auf einem Rande. Die [...] bedeckt den Feuerraum eines Ofens, und die Gefäße gehen zu ²/₃ ihrer [...] in denselben hinab, während ¹/₃ über die Platte hervorsteht. Sie besitz[...] ihrer Mitte eine 5,2 bis 7,8 cm weite Oeffnung, sind 48 bis 62 cm hoch, 3[...] im Durchmesser; die Heizung kann mit Torf erfolgen. Vor dem Einle[...] halten die Sublimirgefäße noch einen Beschlag von Thon und Kuhhaaren, [...] sie nicht so leicht zerspringen.

Die Sublimirgefäße werden sehr langsam erhitzt, bis sie dunkelroth glühen. [...] dann wird in jedes Gefäß ein Krug (s. oben) voll schwarzen Schwefelquec[...] eingetragen, worauf Entzündung und Entflammung erfolgt. Später werden [...] je zwei, drei und mehrere Krüge voll desselben Schwefelquecksilbers nach eina[...] jedes Sublimirgefäß geschüttet, und so fort, bis die vorher ermittelte, für die [...] des Gefäßes passende Quantität eingetragen ist, und jedesmal wird erst das [...] neue Portion eingetragen, wenn die entstehende Flamme schwächer geword[...] Durch diese allmälige Beschickung der Gefäße verhütet man eine nach[...] Steigerung der Hitze. Nach dem Eintragen der ganzen Quantität des [...] misches, und wenn die Flamme sich vermindert hat, also ziemlich aller [...] schüssiger Schwefel entfernt ist, wird auf die Oeffnung der Sublimirgefäß[...] eiserne, einige Zoll dicke Platte gelegt, und dann das Feuer zur eigen[...]

Sublimation des Zinnobers verstärkt. Dabei wird die Platte öfters gelüftet und die Hitze so gehalten, daß die auch im Verlaufe des Sublimationsprocesses immer noch hervorbrechende Flamme beim Abheben der eisernen Platte nur einige Zoll hoch aus der Oeffnung herausschlägt, aber nicht höher wird, oder ganz erlischt. Zuweilen wird auch die Masse im Gefäße mit eisernen Stäben umgerührt, wobei jedoch vermieden wird, Staub zu verursachen, der an das Sublimat kommen könnte. Nach ungefähr 36 Stunden Feuerung, wo endlich bei starker Hitze die Flamme aufhört und sich auch an die eisernen Platten Zinnober anlegt, läßt man das Feuer ausgehen, zerschlägt die Sublimirgefäße, in denen noch ein Rückstand zur spätern Sublimation, oder zur Sublimation für sich bleibt, wenn genug davon gesammelt ist. Den Zinnober trennt man von den Scherben; derselbe ist nun als Stückzinnober zur weiteren Verarbeitung fertig.

In Idria, wo das Mischen des Quecksilbers und Schwefels in den beschriebenen Rollfässern geschieht, erfolgt die Sublimation nicht in irdenen, sondern in birnförmigen, gußeisernen Kolben, auf welche man irdene Helme setzt, die mit irdenen Vorlagen verbunden sind. Diese Kolben fassen 50 kg der schwarzen Masse; nachdem sie hinein gefüllt worden ist, wird sie erst unter loser Bedeckung der Kolben mit einem eisernen Helme erhitzt, um überschüssigen Schwefel und hygroskopisches Wasser auszutreiben. Wenn sich an der Rohröffnung des eisernen Helmes eine Flamme zeigt, was innerhalb 3 bis 4 Stunden erfolgt, so wird der eiserne Helm abgenommen und statt dessen der irdene Helm mit einer Vorlage angelegt, die Fugen werden lutirt und es wird so lange gefeuert, als noch eine Flamme an der Helmöffnung erscheint; wird dieselbe kleiner oder hört sie bei derselben Feuerung zeitweise auf, so läßt man erkalten. Der Rest im Kolben wird für sich nachher wieder weiter sublimirt. Der Zinnober im Helme wird durch dessen Zerschlagen losgemacht. Der rothe Stückzinnober wird von dem ihm anhängenden schwarzen Zinnober durch Messer getrennt, und letzterer ebenfalls zu weiterer Sublimation verwendet. Der Stückzinnober kommt zur Verarbeitung für sich.

Bei dieser Methode sind allerdings die thönernen Sublimirgefäße umgangen. Obwohl das Eisen den Zinnober durch Entziehung von Schwefel zerstört, so soll sich doch hier das Sublimirgefäß bald mit einer Kruste von Schwefeleisen überziehen, welche dann die weitere Einwirkung des Eisens verhindert.

Der Stückzinnober wird durch Zermahlen und Schlämmen in den gewöhnlichen pulverigen Zinnober oder Vermillon verwandelt. Durch Behandlung mit Aetzkalilaugen bei niedriger Temperatur soll er ein größeres Feuer erhalten und überhaupt schöner werden. Denn hierbei wird theils das etwa noch vorhandene schwarze Schwefelquecksilber in rothes übergeführt, theils beigemengter freier Schwefel durch Auflösung entfernt, und somit durch beide Wirkungen die Farbe des Zinnobers erhöht.

b. Zinnoberfabrikation auf nassem Wege.

Es ist sicher, daß auf nassem Wege Zinnober hergestellt wird, dessen Schönheit die des sublimirten Zinnobers übertrifft, und der dem chinesischen gleichkommt, dessen Bereitungsweise bis jetzt nicht zuverlässig bekannt geworden ist. Kirchhoff gab für seine Bereitung die folgende Vorschrift. Man soll 300 Th. Quecksilber mit 68 Theilen Schwefel, mithin über $\frac{1}{3}$ des letzteren mehr, als zur Bildung von Schwefelquecksilber nothwendig ist, zusammenreiben, und zuletzt mit einigen Tropfen Aetzkali, bis das Gemenge keine Quecksilberkügelchen mehr zeigt. Das entstandene schwarze Schwefelquecksilber soll man mit 160 Theilen Aetzkali, mit 160 Theilen Wasser gelöst, unter Ersatz des verdunstenden Wassers, so daß die Masse nie trocken wird, sondern stets einige Linien hoch von der Flüssigkeit bedeckt wird, bei sehr mäßiger Wärme digeriren. Es tritt nach einigen Stunden eine Farbenveränderung ins Braune ein, dann viel rascher in Roth, und man digerirt nun ohne weiteren Wasserzusatz unter stetigem Umrühren, bis die Masse gallertartig geworden ist und das höchste Feuer erreicht hat. Jetzt muß das Gefäß mit dem Inhalte sogleich vom Feuer genommen werden, weil sonst die Farbe ins Braunrothe übergeht. Besser ist es jedoch nach Kirchhoff, von da an, wo die Masse roth geworden ist, die Bildung der Farbe nicht mehr auf dem Feuer zu vollenden, sondern das Gemisch einige Tage bei ganz gelinder Wärme zu digeriren, von Zeit zu Zeit umzurühren und hin und her abzulaugen, und zwar erst mit schwacher Kalilauge und zuletzt noch mit Wasser. Süßte man gleich anfangs mit reinem Wasser aus, so würde aus der Flüssigkeit, die Schwefelquecksilber gelöst enthält, etwas davon niederfallen und den Zinnober verunreinigen. Die Flüssigkeit, die Schwefelquecksilber enthält, läßt dasselbe nach und nach durch Stehen an der Luft niederfallen.

Obige Methode ist jedoch weder einfach, noch sicher, noch wohlfeil, um darnach arbeiten zu können. Sicherer ist das Verfahren, nach welchem man Quecksilber in einer Lösung von Fünffach-Schwefelkalium so lange unter Erwärmung mittelst eines Pistilles reibt, bis es in eine dunkelrothe pulverige Masse verwandelt worden ist, von der man die Brühe abgießt. Dieser unansehnliche Zinnober wird nun in eiserne Pfännchen gebracht, darin mit sehr verdünnter Aetzlauge angerührt und nun bei einer Temperatur von 40 bis 50° erwärmt, bis er brennend roth erscheint, worauf man erkalten läßt und auswässert. Bei zu großer Erwärmung geht auch hier die Farbe ins Braunrothe über, was zu vermeiden ist. Die braunrothe Farbe soll sich jedoch dadurch wieder beseitigen lassen, daß man Wasser zusetzt und die Erwärmung wiederholt. Vorstehende Darstellungsmethode verdankt man Döbereiner, nach Th. Netius aber läßt sich dieselbe auf die Weise vereinfachen und wesentlich ereifern, daß man lediglich die Ingredienzien in Gefäße bringt und sie darin eständig schüttelt. Der Zinnober bildet sich alsdann ohne alle Erwärmung vollständig aus, und man hat dann nicht die Gefahr, daß er ins Braunrothe übergehe.

Bei dieser Fabrikationsmethode wird kein anderes Material verbraucht, als Quecksilber und Schwefel; das anzuwendende Kali, wenn vorsichtig gearbeitet wird, erhält man immer wieder. Das Fünffach-Schwefelkalium erhält man durch Glühen von kohlensaurem Kali mit $^2/_3$ seines Gewichtes Schwefel und Auflösen in Wasser. Durch das Zerrühren mit Quecksilber wird ihm nur Schwefel entzogen. Sowohl das Schwefelkalium, als das Aetzkali, das dabei angewendet wird, kann wieder gebraucht werden. Durch Abdampfen der Laugen und Glühen mit Schwefel erhält man immer wieder brauchbares Schwefelkalium u. s. f. Aus dem Quecksilber erhält man auf nassem Wege auch eine größere Ausbeute, als auf trocknem Wege, etwa 110 Procent Zinnober, weil keine Verflüchtigung des Quecksilbers wie bei einer Sublimation stattfinden kann. Es ist aber nothwendig, daß nur reines Quecksilber, frei von anderen Metallen verwendet wird, weil sonst diese Metalle gleichfalls Schwefelmetalle erzeugen, die durch ihre schmutzige Farbe die des Zinnobers beeinträchtigen würden.

Der Zinnober HgS besteht aus je 1 Aequivalente Quecksilber und Schwefel, enthält mithin in 100 Theilen:

86,3 Quecksilber und
13,7 Schwefel
100,0.

Er ist gegen äußere Einflüsse ziemlich beständig und als Wasser-, Oel- und Kalkfarbe brauchbar. An starkem Lichte wird er jedoch nach und nach dunkler, indem er zum Theil wieder in die schwarze Modification des Schwefelquecksilbers überzugehen scheint. Nach Jahren ist diese Rückbildung so weit fortgeschritten, daß die Farbe des Zinnobers braun und zuletzt ganz schwarz wird. Er wird bei der Fabrikation selbst in verschiedenen Farbennüancen von Gelbroth bis Violettroth und Bräunlichroth erhalten. Die violettrothe Nüance, frei von einem Stich ins Bräunliche, ist die geschätzteste Sorte und heißt Carminzinnober.

Auch vom Zinnober kommen mit Schwerspath und anderen rothen Farben versetzte Sorten vor. Da der reine Zinnober in der Hitze vollständig flüchtig ist, so können jene Beimischungen leicht ermittelt werden, wenn man eine kleine Menge des zu prüfenden Zinnobers über der Weingeistlampe in einem Porcellantiegel erhitzt. Bleibt hierbei ein weißer Rückstand, so rührt dieser von Schwerspath her. Schwarze Rückstände zeigen Bleifarben an, rothe Rückstände Eisenoxydfarben.

Es scheint auch, daß man in neuerer Zeit die unansehnlicheren Zinno[ber]
mit Anilinfarben nüancirt, und daß ferner dem mit Schwerspath ver[setzten]
Zinnober, um dessen Intensität zu erhöhen, kleine Mengen von feurig ro[then]
Anilinfarben beigemischt werden. Denn ich habe Zinnobersorten angetr[offen]
welche an Alkohol zwar wenig, aber doch eine deutlich rothe Farbe abge[ben]
deren Qualität indessen wegen der geringen Menge sowohl des Materials [als]
der Beimischung von mir nicht näher bestimmt werden konnte.

2) **Chromsaures Quecksilberoxydul und Quecksilberoxyd.**

Das chromsaure Kali giebt sowohl mit Quecksilberoxydulsalzen, z. B.
petersaurem Quecksilberoxydul, als mit Quecksilberoxydsalzen sehr schöne
Niederschläge, die jedoch dem Zinnober nicht gleich kommen. Diese Queck[silber]
chromate sind zwar als Farbe in Wasser und Oel anwendbar, zeigen sich
dabei sehr veränderlich, indem die Farbe durch schweflige Dämpfe geschwärzt
und in Oel, wahrscheinlich in Folge einer theilweisen Reduction des Queck[silber]
oxyduls oder Quecksilberoxyds, sehr nachdunkeln. Es ist dies wohl die Ur[sache]
daß sie nie als Malerfarbe Eingang gefunden hat.

3) **Jodquecksilber, Quecksilberjodid, Jodzinnober, Starlett,** [etc.]

In neuerer Zeit kommt das rothe Jodquecksilber als rothe Farbe im [Handel]
des vor, dessen Farbe zwischen der des Zinnobers und chromsauren Queck[silber]
oxyds mitten inne liegt. Es ist nur Schade, daß der hohe Preis desselben
keine Ermäßigung rechnen darf, weil der Preis des Jods, welches dazu er[fordert]
wird, immer noch ein sehr hoher geblieben ist. Die Farbe wird ganz ei[nfach]
dadurch erhalten, daß man eine Auflösung von Quecksilbersublimat (Queck[silber]
chlorid) in Wasser, mit einer wässerigen Auflösung von Jodkalium versetzt,
lange noch ein Niederschlag erfolgt, der die angeführte Farbe ist, welche a[us]
gewaschen werden muß. Man erhält sie auch, doch nicht von so großer Sch[ön]
heit, wenn man 100 Theile metallisches Quecksilber in eine Schale nimmt,
nun nach und nach eine Auflösung von 125 Theilen Jod in Alkohol tropfen[weise]
hinzuführt. Hierbei erfolgt leicht eine starke Erhitzung, die man durch das [vor]
geschriebene tropfenweise Hinzusetzen der Jodlösung zu vermeiden sucht, weil sich le[icht]
von dem theuren Jod etwas verflüchtigt. Das Zusammenrühren geschieht am b[esten]
mit dem Pistille der Reibschale, und muß sehr gründlich jedesmal erfolgt sein
neue Portionen der Jodlösung zugefügt werden dürfen. Diese Verbindung, so
die nach vorhergehender Methode erhaltene noch schönere, ist in Wasser nur [sehr]
wenig löslich. Sie ist es aber in bedeutenderer Menge in einer Auflösung [von]
salpetersaurem Quecksilberoxyd. Trägt man in die kochende Lösung des letz[teren]

Mennige. Chromroth. 377

Niederschlag oder die durch Reibung erhaltene Farbe in Pulverform ein, uge sich noch etwas auflöst, und läßt erkalten, so erhält man prachtvolle Krystalle der Verbindung, die von jedem Präparat gleich schön sind. Zu *n sehen sie beim Erkalten oder so lange sie noch warm sind, gelb aus, werden aber nachher noch roth. Dieses Verfahren vertheuert das Product dem Grunde nur sehr wenig, weil dazu nur die Arbeit und das Brennmaterial verbraucht wird, während die Lösungen, woraus dasselbe krystallisirt, unverändert zurückbleiben, also immer wieder zu demselben Zwecke gebraucht en können. Die Farbe ist als Wasser- und Oelfarbe brauchbar, als Wasserfarbe zersetzt sie sich und verliert am Licht; aber als Oelfarbe hat sie wenigstens die Haltbarkeit als der Zinnober. Sie besteht aus je 1 Aequivalente Quecksilber und Jod, enthält daher in 100 Theilen:

$$\frac{\begin{array}{l}44,5 \text{ Quecksilber,}\\ 55,5 \text{ Jod}\end{array}}{100,0.}$$

metallenen Gefäßen und mit Metallen überhaupt darf sie nicht in Berührung kommen, weil sie durch die meisten Metalle zersetzt wird.

B. Rothe Bleioxydfarben.

1) Mennige.

Ueber diese orangerothe Farbe, welche immer gelber wird, je mehr man zerreibt, ist alles Bemerkenswerthe schon S. 171 bei den gelben Bleifarben ra und im Zusammenhange mit Bleioxyd angeführt.

2) Basisch-chromsaures Bleioxyd. Chromroth, $CrO_3, 2PbO$.

Schon bei den Chromgelben ist die obige Verbindung wiederholt in Betracht gekommen, und wir haben gesehen, daß dieselbe zwar unter abweichenden Ständen, immer aber durch Einwirkung von chromsaurem Kali auf basische Salze verschiedener Zusammensetzung entsteht. Die Herstellung des Chromroths ist hiernach nicht an ein bestimmtes Bleisalz als Rohmaterial gebunden. rer ist die Nüance und Farbentiefe des eigentlichen reinen Chromroths, e es aus verschiedenen Bleiverbindungen resultirt, nicht etwa bedingt durch e abweichende chemische Zusammensetzung, welche immer der obigen Formel tspricht, sondern sie beruht auf dem besonderen Aggregatzustande, in welchem des basisch-chromsaure Bleioxyd bei irgend einem Darstellungsverfahren je nach abweichenden Manipulationen erhalten wird. Gewinnt man die in zusammenhängender Farbe in krystallinischen Körnern, und zwar in je gröberen, desto besser, so kann ihr Feuer und ihre Intensität die des Zinnobers nahezu erreichen. Je mehr man aber die Farbe trocken oder naß zerreibt, die Krystalle also verkleinert, oder bei der Darstellung die Krystallentwickelung durch beständiges Bewegen und Umrühren der Flüssigkeit stört, desto mehr wird ihre Nüance in diejenige eines orangefarbigen Chromgelbs (vgl. S. 181 bis 196 u. f.) hinübergeführt. Es kann daher allgemein als Erfahrungssatz ausgesprochen werden: das basisch-chromsaure Bleioxyd hat nur in gröberer Krystallform eine rein rothe Farbe, und ist um so schöner roth, je größer und vollkommener seine Krystalle ausgebildet sind. Beim Schweinfurtergrün bedingt, wie wir schon früher gesehen haben, der abweichende Aggregatzustand einen ähnlichen Farbenunterschied, jedoch mit der Beschränkung, daß dieses Grün durch eine feinere Zertheilung seiner Masse nur heller wird, die ihm eigene Nüance jedoch nicht wechselt.

Dem obigen Erfahrungsgesetze gemäß muß die Gewinnung des Chroms vor Allem auf ein möglichst grobkörniges, großkrystallinisches Product abzielen. Von den verschiedenen gebräuchlichen Darstellungsmethoden, welche nachfolgend beschrieben sind, liefert jede ein besonderes, in Nüance und krystallinischem Gefüge abweichendes Product.

a. Wenn man ein basisches oder neutrales Bleisalz, Chlorblei oder auch unter Chromgelb angeführten Chlorblei-Bleioxyde mit einer Lösung von gelbem neutralem oder von rothem doppelt-chromsaurem Kali fällt, oder die anderen Bleiverbindungen damit übergießt, bis das chromsaure Kalisalz im geringen Ueberschuß vorhanden ist, so entsteht immer zunächst ein Chromgelb (die drei sind unter Chromgelb specificirt), welches, je nachdem das Bleisalz basisch oder neutral war und gelbes oder rothes chromsaures Kali angewendet wurde, blaß citronfarben, leberfarbig, oder orange aussehen kann. Der Niederschlag ist immer voluminös, und man wäscht ihn vor seiner nachfolgend angegebenen Weiterverarbeitung zweckmäßig einige Male mit Wasser aus. Setzt man zu diesem Niederschlage, der sich in einer hölzernen Kufe befindet, nach und nach concentrirte Aetzlauge zu, so verändert sich seine Farbe allmählig in Roth, während er sich zugleich nach und nach zu einem schweren Pulver zusammenzieht, und zwar um so mehr, je allmäliger der obige Zusatz erfolgt, je länger also die ganze Behandlung des Niederschlages ausgedehnt wird, und je weniger man den letzteren hierbei umrührt oder stört.

Wenn der Niederschlag sich in der Färbung nicht weiter verändert bei neuem Zusatz von Aetzlauge, und sich auch anscheinend nicht dichter zusammenzieht, so wird zunächst die darüberstehende Brühe, welche Aetzlauge und das saures Kali enthält, abgezogen. Man kann dieselbe bei neuen Fällungen wieder leisalz als Lösungsmittel für das dabei anzuwendende rothe chromsaure Kali nutzen, oder damit Zinkgelbe ausfällen, nachdem man ihr vorher so viel rothes chromsaures Kali zugesetzt hat, daß ihr überschüssiger Alkaligehalt gebunden und hierdurch eine Auflösung von neutralem chromsauren Alkali erhalten wird. Das in der Kufe zurückgebliebene Chromroth wird dann einige Male mit Wasser abgewaschen und getrocknet. Es ist gewöhnlich am wenigsten tief. Wenn doch alle angewendeten Materialien recht rein gewesen sind, so erhält es ein Feuer, wie es die auf andere Weise dargestellten Chromrothe nicht besitzen.

Es läßt sich allerdings auch dunkler herstellen, aber dazu gehört ein Muffelofen, wie man ihn anwendet, um grünen Ultramarin nach der französischen Methode in blauen zu überführen. Erhitzt man darin dieses Chromroth gelinde, ungefähr bis zum dunklen Rothglühen, so wird es viel dunkler und erhält beinahe die Farbe des mit Salpeter hergestellten, wovon nachher die Rede sein wird. Man kann dabei durch Probeziehen sehen, wenn die Intensität der Farbe nicht mehr zunimmt, worauf man sie herauszieht. Die eingetretene Veränderung beruht wahrscheinlich auf einer weiter vor sich gehenden Verdichtung, welche man auch beobachten kann, wenn man die so erhaltenen Chromrothe in einer Porcellanschale auf der Weingeist- oder Gasflamme einige Zeit erhitzt und nun die Probe mit der ungeglühten Waare vergleicht.

b. Liebig und Wöhler lehrten die Darstellung des dunkelsten Chromroths durch Schmelzen von Chromgelb mit Salpeter, eine Methode, die sich jedoch nicht besonders eignet, die Farbe im Großen und wohlfeil herzustellen.

Nach diesem Verfahren werden die reinen Chromgelbe, statt der oben angegebenen Behandlung mit Aetzlaugen nur ausgewaschen, getrocknet und dann in ein feines Pulver verwandelt. Es wird hierauf in einem guten hessischen Tiegel, den man in einem gewöhnlichen Tiegelofen erhitzt, Kalisalpeter zum Schmelzen gebracht und so lange nach und nach von dem Chromgelbpulver in den Tiegel eingetragen, bis von dem Salpeter, der sich unter Aufschäumen zersetzt, nur noch wenig in unzersetztem Zustande vorhanden ist, d. h. bis die geschmolzene Masse auf erneuten Zusatz von wenig Chromgelb nur noch unbedeutend aufschäumt. Man nimmt alsdann den Tiegel aus dem Tiegelofen, läßt ihn kurze Zeit ruhig stehen, wobei sich das Roth aus der schwarz aussehenden Masse zu Boden setzt, und gießt dann den über der abgesetzten Farbe stehenden, noch flüssigen Salpeter mit dem gebildeten chromsauren Kali in ein eisernes Gefäß oder einen eisernen Kasten ab. Dann setzt man den Tiegel unter einen Wasserkrahn, läßt einen dünnen Strahl Wasser unausgesetzt in den Tiegel fließen und sammelt die über den Rand des letzteren ablaufende gelbe Flüssigkeit in einem anderen Gefäße auf. Diese Abwässerung mit einem stets erneuten Strome von Wasser ist nothwendig, weil die Farbe einen unangenehmen Stich ins Braune erhält, sobald dieselbe längere Zeit mit der aus dem anhängenden Salpeter und chrom-

380 Darstellung von Chromroth aus Bleizucker.

sauren Kali gebildeten Lösung in Berührung bleibt. Die Farbe wird nemlich durch das zuströmende Wasser so erweicht, daß sie vom Tiegel losläßt, um nun in einer größeren Menge Wasser geworfen und vollständig ausgewaschen zu werden. Die hierbei fallenden gelben Flüssigkeiten werden alle als verdünnte Lösungen von neutralem chromsaurem Kali gesammelt und am zweckmäßigsten wieder benutzt, um aus neutralen Bleioxydsalzen aufs Neue Chromgelbe für den gleichen Zweck zu fällen.

Das so erhaltene Chromroth ist sehr krystallinisch und hat daher einen dem Zinnober sehr ähnliche Farbe, so daß auf diese Weise eines der schönsten Chromrothe hergestellt werden kann.

c. Auf folgende Weise erhält man direct mit Bleizucker ein Chromroth, das immer schöner ausfällt, als das nach a. erhaltene, öfter aber ebenso schön, wie das nach b. dargestellte.

Man löst eine beliebige Menge Bleizucker in etwa der achtfachen Menge Wasser dem Gewichte nach unter Erhitzung bis zum Kochen auf, und setzt von einer ganz concentrirten Aetznatronlauge (durch Auflösen von festem Natron in Wasser bereitet) nach und nach so viel hinzu, bis keine weitere Fällung mehr entsteht und der Niederschlag in dem kupfernen Kessel sich zum Boden setzt, so daß das Kochen unter Aufstoßen erfolgt. Man vermindert nun das Feuer etwas, um ein Anbrennen am Kessel zu verhüten, zu welchem Zwecke man auch fleißig umrührt. Nun setzt man in kleineren Portionen, etwa löffelweise, rothes chromsaures Kali hinzu, und rührt um. Unter Gelbwerden der Flüssigkeit beginnt der Niederschlag röthlich zu werden. Man fügt neues titrirtes chromsaures Kali hinzu, bis der sich stets am Boden haltende Niederschlag sehr intensiv roth geworden ist, und eine herausgenommene auf weißes Filtrirpapier gelegte Probe keine weißen Punkte mehr erkennen läßt. Fügt man nun chromsaures Kali hinzu, so geht die Nüance sogleich etwas ins Gelbliche über. In diesem Falle muß man wieder etwas Aetznatronlauge zusetzen. Man löst dann aus, zerrührt in Wasser und läßt einige Tage ruhig stehen, worauf man die Brühe abzieht und das entstandene Chromroth auswässert, dann filtrirt und trocknet. Das Chromroth wird um so schöner, je rascher die erste Fällung mit überschüssiger Natronlauge erfolgt, weil dieser erste Niederschlag schwerer und sich in Folge davon rascher absetzt. Die Bildung eines schönen Rothes bei dieser Methode scheint darauf zu beruhen, daß der anfangs gebildete weiße Niederschlag von Bleioxydhydrat körnig-krystallinischer Structur ist, und daß bei seiner Umsetzung mit dem sauren chromsauren Kali zu basisch-chromsaurem Bleioxyd die krystallinische Beschaffenheit von dem letzteren übernommen, das gebildete Chromroth also in den Afterkrystallen des Bleioxydhydrats erhalten wird, die Krystalle ebenso groß ausfallen, als die nach dem Verfahren b. erhaltenen Chromroth-Krystalle und daher auch dieselbe Farbentiefe besitzen, ohne jedoch einen bräunlichen Stich zu zeigen.

d. Kocht man feingemahlenes, reines Bleiweiß mit einer Lösung von chromsaurem Kali, mit Natronlauge versetzt, so entsteht zwar auch hier Chromroth; aber ein schönes Handelsproduct ist auf diese Weise nur schwierig zhalten. Folgendes, weit zweckmäßigeres Verfahren liefert dagegen ein Pro, welches dem aus Bleizucker nach c. dargestellten oft ganz gleichkommt.

Man übergießt das in Wasser feingemahlene Bleiweiß mit etwas mehr ronlauge, als nach der Berechnung nöthig sein würde, um dem als kohlensaures oryd zu betrachtenden Bleiweiße alle Kohlensäure zu entziehen, also mit einer ze, die auf 100 Theile Bleiweiß 25 Theile Natron enthält. Man läßt einige e stehen, zieht die Flüssigkeit größtentheils ab, bringt das Gemisch in den ernen Kessel, erwärmt zum Kochen und setzt nun saures chromsaures Kali in :lben Weise hinzu, wie dem Niederschlage von Bleioxydhydrat beim vorherabern Verfahren unter c. Die Farbe entsteht auf dieselbe Weise, wohl aus Grunde, weil eben auch hier erst krystallinisches Bleioxydhydrat entsteht. hielte das Bleiweiß nicht neben kohlensaurem Bleioxyd schon Bleioxydhydrat, hes nicht krystallinisch ist, so würde wohl auch hier ein gleiches Product illen werden. Lediglich durch dieses in wechselnder Menge vorhandene amorphe ioxydhydrat wird bewirkt, daß die Chromrothproducte nicht jedesmal so schön sallen, wie nach c. Immerhin werden sie aber ebenso schön, wie die nach a. Chromgelb gewonnenen.

e. Behandelt man die unter Chromgelb besprochenen basischen Bleioxydbrkleie mit neutralem, und vierfach-basische Bleioxyd-Chlorbleie mit saurem msaurem Kali, so entstehen wohl Chromrothe, welche aber nicht krystallinisch nicht von tiefer Farbe sind. Erwärmt man aber jene Bleisalze im kupfernen sel mit Natronlauge im Ueberschuß und fügt nun auf dieselbe Weise chromres Kali hinzu, so erhält man mehr krystallinische Producte, welche hinreichend gefärbt sind, um z. B. zu dem unten erwähnten Zinnobereresatze verabbar zu sein.

Selbst Silberglätte und Casslergelb, am leichtesten die gelbe Silberglätte, rn beim Kochen mit nicht überschüssigem saurem chromsaurem Kali, welches unter Säureentziehung in neutrales verwandeln, ein Chromroth, aber von iingem Feuer, daher keine gut verkäufliche Waare.

Die bei dem Verfahren c. d. und e. fallenden Laugen, welche neutrales imsaures Kali, freies Kali oder Natron enthalten, lassen sich am besten bei Zinkgelbbereitung verwenden, weil sie nicht gut zur Darstellung von Chromlten von bestimmten Nüancen anwendbar sind, es sei denn, daß man vorher freie Alkali durch irgend eine Säure neutralisirt, wozu der Billigkeit wegen Salzsäure zu empfehlen wäre.

Das reine Chromroth CrO_3, $2 PbO$, besteht in 100 Theilen aus 81,1 Thei Bleioxyd und 18,9 Theilen Chromsäure (vgl. S. 200).

Eine Verfälschung dieser Farbe mit weißen Körpern wird nicht leicht vorkommen, weil es dabei zu viel an Intensität verlieren, und dann schon aus Bleiweiß hergestellte Mennige an Schönheit kaum noch übertreffen würde. Dagegen hat man sich wohl bestrebt, durch Anfärbung mit rothem Auxiliarstoffe ihm ein noch mehr zinnoberähnliches Ansehen zu geben, so daß es denselben in manchen Fällen ersetzen kann. Es heißt dann Zinnoberersatz, und Imitation.

Das Chromroth ist als Wasser-, Kalk- und Oelfarbe anwendbar, es hat aber den Fehler aller Bleioxydfarben, durch schweflige Dämpfe und wasserstoffhaltige Gase geschwärzt zu werden. Um es mit Oel in Zeug anzureiben, erfordert es nur 8 bis 10 Procent davon, und trocknet dabei sehr schnell.

Chromroth als Zinnoberersatz. Theils unter dem Namen Chromroth, theils unter der Bezeichnung Zinnoberersatz oder Zinnoberimitation kommen gegenwärtig rothe Farben im Handel vor, die als Chromrothe außerlich schön, und als „Zinnoberersatz", näher untersucht, sich als Chromroth erweisen, welche durch einen geringen Zusatz einer zur Nüance passenden Theerfarbe gefärbt sind. Sie geben daher, mit Weingeist digerirt, die rothe Theerfarbe an diesen ab und lassen das Chromroth mit seiner natürlichen, eigenen Farbe zurück. Die Theerfarben sind hier nur durch Flächenanziehung mit dem Chromroth vereinigt, und die in Rede stehende Färbung muß also dadurch erfolgen, daß man das Chromroth, nachdem es beinahe trocken geworden ist, mit der Lösung der Theerfarbe zusammenbringt. Zur Auflösung der letzteren ist Wasser, besser aber Weingeist, unter Zusatz einer harzartigen Substanz, als Schellack, dienen. Durch diesen Zusatz wird die rothe Theerfarbe, wenn sie sich im Wasser löslich, nunmehr darin unlöslich gemacht.

Er beruht einestheils auf der Beschaffenheit und Schönheit des Chromroths, anderentheils auf der Nüance der Theerfarben, bis zu welchem Grade man durch eine solche Schönung des Chromroths der Farbe des Zinnobers nahe kann. (Weiteres in dieser Beziehung siehe unter Kaiserroth und Eosin.)

C. Rothe Chromoxydfarben.

1) Dreifach-schwefelsaures Chromoxyd in unlöslicher Modification, $3SO_3, Cr_2O_3$.

Diese Verbindung ist ein eigenthümlich pfirsichblüthrother, pulveriger Körper, welcher gegen äußere Einflüsse unveränderlich, auch in Flüssigkeiten unlöslich ist. Er hat zugleich die sonderbare, jedoch zur Hervorbringung cte wohl geeignete Eigenschaft, daß seine Farbe bei Lampenlicht nicht roth, ern grün erscheint. Ich habe diese Verbindung dadurch erhalten, daß ich rothes nsaures Kali in viel warmer Schwefelsäure auflöste und die ausgeschiedene onsäure mit dem anhängenden Reste von Schwefelsäure und etwas Weingeist le, wobei sich dann diese Verbindung ausschied, welche durch Auswaschen überschüssiger Schwefelsäure getrennt wurde.

2) Chromoxyd-Zinnoxyd. Pink colour.

Diese Farbe ist bisher nicht als Malerfarbe in Anwendung gekommen, ern wird hauptsächlich nur bei der Fayencefabrikation als Porcellanmaler-Druckfarbe gebraucht. Ich habe jedoch gefunden, daß sich aus ihr eine lerfarbe darstellen läßt, die ganz das Ansehen eines hellen Krapplackes und noch den eminenten Vorzug hat, daß sie allen äußeren Einflüssen vollern widersteht, so daß diese Farbe, wenn sie mehr bekannt wäre, gewiß eine meine Anwendung finden würde.

Um sie herzustellen, verfährt man am besten so, daß man granulirtes Zinn h Salpetersäure in Zinnoxyd verwandelt. Zu dem Zinnoxyde von 1 kg n löse man 50 g chromsaures Kali in etwa 1 kg Wasser, zerrühre in der ng 2 kg Kreide und 1 kg gemahlenen Quarzsand, bringe sie zur Breiform, e nachher das Zinnoxyd hinein und mische hierauf so innig als möglich. u läßt die gelbgefärbte Masse an einem warmen Orte trocknen, und zerreibt n den Rückstand trocken mit einem Pistill, um ihn noch besser zu mengen. rauf drückt man ihn recht fest in Steingut oder hessische Tiegel und glüht ge Stunden sehr scharf im Windofen, oder setzt die Tiegel einem Steingutbrande aus. Nach diesem Glühen ist die Masse im Tiegel zusammengesintert in eine dunkelrosenrothe, ungleichartige Farbe verwandelt. Mahlt man sie wiepoll auf einer Farbenmühle sehr fein, und glüht noch einmal, so wird die Farbe) schöner; noch mehr gewinnt sie aber an Schönheit, wenn man ihr etwas einte Soda zusetzt. Man mahlt alsdann wieder auf einer nassen Mühle , wässert aus, filtrirt und trocknet. Man erhält so 3,5 bis 4 kg Farbe, he bei gehörigem Mischen und Glühen ganz die rosenrothe Farbe heller upplacke besitzt.

D. Rothe Kupferfarben.

Cyaneisen-Kupfer, 2 CuCy, FeCy.

Das Cyaneisenkupfer ist eine ziemlich angenehme, violettrothe, bei großer tdünnung fast rosenrothe Farbe, die bis jetzt im Großen zwar nicht hergestellt ist, auch nicht im Handel vorkommt, die ich aber glaube empfehlen zu k[önnen]. Man erhält die Farbe, wenn man eine wässerige Auflösung von möglichst ei[sen]freiem Kupfervitriol mit einer wässerigen Lösung von gelbem Blutlaugen[salz] fällt, als violett- oder purpurrothen Niederschlag, den man auszuwaschen, filtriren und zu trocknen hat. Die so erhaltene Farbe steht vortrefflich [als] Wasserfarbe, muß jedoch zu dieser Anwendung, um sie heller zu machen, mit [Kreide] versetzt werden. Die damit angestrichenen Wände zeigen dann ein viel ange[neh]meres Aussehen, als solche, die mit anderen glänzenden, grellen und rein[en] Farben bemalt sind. Auch wird die Farbe mit der Zeit noch schöner, we[il] weil die Kreide nachträglich auf die Kupferverbindung verändernd einwirkt.

F. Rothe Kobaltfarben.

Viertel-arsenigsaures Kobaltoxydul, AsO_3, $4 CoO$.

Mehrere in Wasser unlösliche Kobaltoxydulverbindungen haben eine rothe oder violettrothe Farbe. Wenn man Chaux métallique des [Herrn] (arsensaures Kobaltoxydul), das eine violette ungleichartige Farbe besitzt, oder ebenso gefärbten Niederschlag, welcher durch Fällen eines in Wasser löslichen Kobaltsalzes mit wässerigem arsenigsaurem Kali oder Natron erhalten wird, [eine] Zeit einer sehr starken Glühhitze aussetzt, so bildet sich eine äußerlich [ver]erscheinende Masse, welche jedoch zerrieben ein rosenrothes Pulver bildet, [die] Farbe um so schöner wird, je länger und feiner man jene Masse zerreibt. [Die] Farbe, welche bis jetzt nicht in den Handel gelangt ist, kommt freilich [nicht] als viel intensivere Krapp- und andere Lacke, ist aber viel haltbarer als [diese,] da sie nicht verbleicht.

Ich habe die Farbe durch Schmelzen von Chaux métallique mit [Borax] im Porcellanofen in schönen violetten, rhombischen Säulen von [gleicher] Zusammensetzung erhalten, welche beim Zerreiben ebenfalls das erwähnte rothe Pulver gaben.

F. Rothe Antimonfarben.

Antimonzinnober, $SbOS$, oder SbO_3, $2 SbS_3$ — Antimonoxysulfi[d]

Diese in ihrer Constitution der...

e als Malerfarbe in den Handel zu bringen, ist anscheinend erfolglos ge-
, denn man findet die Farbe nicht in den Preiscouranten der Farbenfabriken.
Darstellung derselben wird die Lösung von 25 Theilen Antimonchlorür in
Theilen Wasser mit einer Lösung von 30 Theilen unterschwefligsaurem
a in 300 Theilen Wasser aufgekocht, wobei sich die Farbe sogleich als
rtartiges Pulver abscheidet. Man erhält sie ferner, wenn man weinsaures
monoxydkali (Brechweinstein) mit unterschwefligsaurem Natron und Salz-
kocht.

Die Farbe ist haltbar an Luft und Licht, verändert sich auch nicht durch
irkung schwacher organischer Säuren und durch deren saure Salze, z. B.
stein und saures oxalsaures Kali; aber sie wird durch Salz- und Salpeter-
sowie von Chromsäure zersetzt, und Alkalien, sogar kohlensaures Natron,
wandeln sie in rothbraun gefärbten Kermes. Durch diese Reactionen unter-
t sie sich vom Zinnober, ebenso durch abweichendes Verhalten beim Glühen,
sie schwarz wird und sich nicht wie der Zinnober verflüchtigt. Vom
roth unterscheidet sie sich dadurch, daß sie nicht wie jenes in starker
uge völlig löslich ist. Essigsäure verwandelt die Farbe des Chromroths
lig in Gelb, läßt aber die Farbe des Zinnobers und Antimonzinnobers
ändert. Auf diese Weise lassen sich die genannten drei ähnlichen Farben von
der ohne Schwierigkeit unterscheiden, jedoch bei geübtem Auge auch schon
sich durch Nüance und Korn.

VI. Braune Mineralfarben.

Bei der großen Anzahl natürlich vorkommender und deshalb bereits unter
Erdfarben aufgeführter brauner Mineralfarben, wie Umbra, brauner Ocker,
raun, Sammetbraun, Manganbraun, Kastanienbraun ic., deren Menge noch
l ihre mittelst abweichender Calcinationsverfahrens leicht zu erzielenden
rten beträchtlich vermehrt wird, erscheint die Darstellung künstlicher brauner
eralfarben um so weniger nutzbringend, als jene natürlichen Mineralfarben
eist vortrefflichen Eigenschaften zugleich verhältnißmäßig billig sind. Doch
e ich hier auf folgende Verbindungen aufmerksam machen, die unter Um-
en wohl als braune Farben angewendet werden könnten.

1) Basisch-chromsaures Eisenoxyd-Chromoxyd.

Der Niederschlag, den neutrales chromsaures Kali in einer Lösung von
nvitriol hervorbringt, ist sehr schön braun. Er deckt so außerordentlich, daß

Braune Manganfarben. — Schwarze Mineralfarben.

er mit sehr viel Kreide versetzt werden kann, um noch sehr satte Anstriche Wasser und Oel zu geben. Beim Erhitzen geht er in ein noch dunkleres [...] über. Durch Beimischung von Blau liefert er sehr schöne oliven- und [...] grüne Farbschattirungen, wie sie die Umbra oder Rehbraune selten liefern.

2) Chromsaures Kupferoxyd und Manganoxydul.

Die Niederschläge, welche neutrales chromsaures Kali in Auflösungen Kupfer- oder Manganvitriol hervorbringen, sind von ähnlicher, aber mehr roth[er] Farbe, wie die vorige Verbindung. Nach dem Glühen werden sie schwarz, aber ihre Färbung beim Zerreiben, indem der Niederschlag vom Kupfer hierbei eine grünlichbraune, der vom Manganvitriol eine schwarzbraune Farbe [...]

3) Durch Glühen von Braunstein hervorgebrachte braune F[...]

Durch Glühen aller Arten von Braunstein erhält man braunes [...] oxydulopyd. Zur Herstellung brauner Manganfarben auf solche Weise [...] aber der Kosten wegen nur geringhaltige Braunsteine benutzen [...] reineren Braunsteine geben zwar beim Glühen sehr tiefe Farben, sind [...] anderen technischen Zwecken viel vortheilhafter zu verwerthen.

Die meisten Umbra sind, wie dort erwähnt, manganhaltige Farben, viele Braunocker. Sollen Braune durch Glühen von Braunsteinarten [...] werden, so wird das Calciniren vor dem Pulverisiren und Mahlen vorg[...]

Durch Mischen rother, gelber, schwarzer und blauer Farben [...] braune herstellen, und die braunen Farben können durch jene Beimischung[en] [...] ciel werden. Das erstere wird selten, höchstens vom Maler selbst auf[...] das letztere geschieht in Fabriken zuweilen bei Erdfarben. Die Art und [...] des Zusatzes behuf Erzielung einer Nüance ist jedesmal durch specielle zweckmäßigsten zunächst im Kleinen anzustellenden Versuch zu ermitteln.

VII. Schwarze Farben.

Das färbende Princip fast aller zum Malen oder Anstreichen verwend[...] Farben ist der Kohlenstoff. Unter den Erbfarben sind diejenigen [...] haltigen schwarzen Farben besprochen, welche fertig gebildet im Mineral[...] vorkommen und nur einer mechanischen Ausarbeitung bedürfen.

Die hier abzuhandelnden artificiellen schwarzen Malerfarben bestehen ausschließlich aus amorphem Kohlenstoff und sind, wenn auch der letztere irgend der organischen Natur entnommen wird, gleichwohl vermöge ihrer organische beseitigenden Zubereitung als künstliche Mineralfarben anzusehen.

Man erhält diese schwarzen Farben auf zweifache Weise, nämlich 1) durch ...ung kohlenstoffreicher organischer Körper bei Luftabschluß (Verkohlung, ...e Destillation) und Benutzung der zurückbleibenden Kohle (Holzkohle, ...enkohle), oder 2) durch unvollständige, d. h. bei ungenügendem Luftzutritt ...lle Verbrennung harziger, öliger oder kamphorartiger Körper mit hohem ...nstoffgehalt, und durch Benutzung des aus dem Rauche bei dessen Abkühlung ...scheidenden fein zertheilten Kohlenstoffs (Ruß). Hieraus ergeben sich entweder ...s Verkohlungsproducte oder B. als Rußschwarze die nachfolgenden Farben.

A. Verkohlungsproducte.

1) Kohle von Hölzern. Holzkohle.

Sie wird durch Verkohlung der verschiedenen Hölzer in verschlossenen eisernen Gefäßen oder in Meilern erhalten, ist porös und von glänzend schwarzer ...r. Die Rinde der Hölzer, sowie ausgelaugte Gerberlohe giebt gleichfalls ...schwarzes, jedoch weniger glänzendes Verkohlungsproduct. Höchst fein ...ten geben diese Kohlen eine schwarze glanzlose Farbe, welche allerdings zu ...tem Anstrich sehr brauchbar ist. Im Vergleich mit reinem Ruß hat sie eine geringere Deckkraft, weil in letzterem die Kohle viel feiner vertheilt ist, ein so zarter Anstrich wie mit Ruß ist damit nicht zu erzielen, aber die ...n hat andererseits die gute Eigenschaft, daß sie rein schwarz erscheint. ...ht man dieses Kohlenschwarz mit weißen Körpern, z. B. Bleiweiß, Kreide, ...hält man ein reines, oder etwas ins Bläuliche nüancirendes, nicht aber ein ...liches oder fuchsiges Grau, wie es bei Anwendung von Rußen der Fall zu ...flegt. Ein solches Grau verdient daher den Vorzug, z. B. bei der Appli...n auf Tapeten, da es hier von angenehmer Wirkung ist, während das Ruß... einen unangenehmen, bräunlichen Ton geben würde.

Das Kohlenschwarz kommt jetzt in großen Quantitäten unter dem Namen ...edischer Ruß in den Handel, und es werden in Schweden jährlich wenig... 10000 Centner fabricirt und nach Rußland, Deutschland und Holland ...endet, wo es als Oelfarbe zum Schiffsanstrich, zum Anstrich eisenblecher... Dächer, von Blechröhren, Dachrinnen und Dachröhren eine immer ...deihtere Anwendung gefunden hat.

Frankfurter Schwarz. Rabenschwarz.

Die Fabrikation des Kohlenschwarzes erfordert zu einem vortheilhaften B[…] außer billiger Kohle aus irgend einer Holzart (auch sandfreie Torfkohle ist an[…] bar) eine bedeutende und dabei doch wohlfeile mechanische Kraft, am besten S[…] kraft, welche auch in Schweden immer angewendet wird. Zum Pulveris[…] Mahlen der Kohle benutzt man immer die S. 23 u. ff. beschriebenen, au[…] Mahlen der Kohle für Schießpulver dienenden Rollfässer mit Kugeln, […] zu diesem Behufe ganz aus Eisen angefertigt und neben der Kohle mi[…] Kugeln von etwa 3 bis 4 cm Durchmesser beschickt werden.

2) Frankfurter Schwarz. Noire de Vigne. Rebenschw[…]

Die Farbe wird in den Weinländern durch Verkohlung verschiedener, […] Weinstöcke und Weine herrührender Rohmaterialien gewonnen. Hierzu bie[…] lich die beim Lagern des Mostes sich absetzende Weinhefe. Der trübe, […] Rückstand, welcher beim Abzapfen des geklärten Weines auf andere Fäll[…] wird zur Gewinnung des darin enthaltenen Weines in einfachen Desti[…] erhitzt, wobei der sogenannte Weinbranntwein übergeht. Die zurüc[…] dicke Masse bringt man, nöthigenfalls nach vorgängigem Abdampfen in […] Kesseln, in irdene Töpfe oder eiserne Cylinder, deren Deckel bis auf ein[…] Oeffnung tubulirt ist, erhitzt sie darauf in einem nach Art der Töpfer- od[…] marinösen construirten Ofen so lange, bis keine Flammen oder brennl[…] mehr aus der Deckelöffnung hervorbringen, und verschließt nun den D[…] daß die Feuerung erlischt. In den Tiegeln oder Cylindern bleibt dann […] milde und lose Kohle zurück, die nur gewaschen und getrocknet zu werden[…] um ein vorzügliches Frankfurter Schwarz zu geben. Zum Verkohl[…] abdestillirten Weinhefe dienen auch vortheilhaft eiserne Kessel, mit […] Ableitungsrohr für Dämpfe und Gase versehen. In denselben wird […] zuerst offen abgedampft, dann nach Aufsetzung des Deckels bei stärke[…] verkohlt, bis keine Gase mehr entweichen. In Folge des Weinsteing[…] Weinhefe ist die zurückbleibende feinvertheilte Kohle pottaschehaltig. Bei […] des Frankfurter Schwarzes im Großen lohnt sich daher die Gewinnung […] Pottasche durch Auslaugen der Kohle. Ferner enthält das Frankfurter Sch[…] herrührend aus dem weinsauren Kali der Weinhefe, eine geringe Menge […] sauren Kali, der jedoch die Farbe nicht beeinträchtigt und welcher dah[…] daraus entfernt wird, obgleich dies durch Extraction mit Salzsäure leich[…] schehen könnte.

Geringere Sorten Frankfurter Schwarz werden noch durch Verk[…] von Weintrestern und Rebenabschnitten oder von Rebenholz und Rebenz[…] gewonnen. Diese Kohle bedarf dann noch des Mahlens auf nassen Mühl[…] in Rollfässern wie vorhin die Holzkohle, von der sie sich nur dadurch unt[…]

Elfenbeinschwarz. Beinschwarz. Knochenkohle.

sie leichter zerreiblich ist, also ein weit feiner zertheiltes, zarteres Product
t. Gemenge von dem letzteren Schwarz mit dem feineren aus der Weinhefe
in die verschiedenen Sorten des im Handel vorkommenden Frankfurter Schwarzes.
Alle diese Schwarze geben mit Bleiweiß ein reines, etwas ins Bläuliche
übers Grau, wie die Holzkohle. Von der letzteren unterscheiden sie sich in der
wendung als Farbe überhaupt nur durch eine größere Deckfähigkeit, welche auf
schon erwähnten feineren Beschaffenheit ihres Pulvers beruht. Sie werden
in ihrer tief schwarzen Farbe und sonstigen körperlichen Eigenschaften außer
erem auch für den Kupferdruck angewendet. Für den gewöhnlichen Buchdruck
nen sie weniger geeignet zu sein.

3) **Elfenbeinschwarz. Beinschwarz (Knochenkohle).**

Diese beiden Schwarze, welche gegenwärtig ganz dasselbe, nämlich verkohlte
feingemahlene Knochen sind, wurden lange Zeit als Farbe häufig angewen-
da sie eine gute Deckkraft besitzen. Alle thierischen Knochen geben nach dem
kohlen eine schwarze Kohle, welche, jedoch nur nach vorgängiger feinster Zer-
ung, auch einen glatten Strich annimmt, und schon in dünner Lage tief
warz ist. Leider ist das Zermahlen der verkohlten Knochen zur Gewinnung
r benutzbaren, d. h. genügend feinen schwarzen Farbe in Folge der für den
sbetrieb erforderlichen erheblichen mechanischen Kraft zu kostspielig, so daß
Zeit das Beinschwarz nur noch für besondere Zwecke als Malerfarbe im be-
ränkten Maße bereitet und angewendet wird.

Die Verkohlung der Knochen zur Beinschwarzgewinnung kann auf verschiedene Weise erfolgen. Im Kleinen werden gußeiserne oder auch thönerne
Röhren mit gewaschenen, sandfreien Knochen gefüllt und gut bedeckt und lutirt in
einer kleinen Ofeneinrichtung so lange erhitzt, bis keine entzündbaren Dämpfe
rt hervorbrechen. Wenn hierbei durch guten Verschluß der Töpfe jeder Luftzutritt abgehalten wird, so erscheinen die verkohlten Knochen nach dem Erkalten
in ihrer ganzen Substanz gleich schwarz gefärbt bei ungeänderter äußerer Form.
mlich, aber im größeren Maße erfolgt die gleichzeitige Erhitzung vieler Cylin-
oder Töpfe in Oefen von der Einrichtung der Töpferöfen, in denen die Töpfe
gleicher Größe so auseinander gestellt werden, daß die unteren durch die
ren bedeckt und nur die ganz obersten mit Deckeln geschlossen werden. Die
itzung, welche theilweise durch die aus den Töpfen sich entwickelnden brennen-
n Gase selbst bewirkt wird, ist einzustellen, sobald letztere nicht mehr austreten.
nn wird zur Vermeidung jedes Luftzutritts selbst der Schornstein des Ofens
schlossen, und es erfolgt nach Entleeren der erkalteten Töpfe deren Beschickung
s Neue. Sofern hierbei die Destillationsproducte verbrannt werden, also
e jeden belästigenden Geruch verschwinden, ist diese Verkohlungsmethode auch

in der Nähe von Städten oder in diesen selbst zulässig, wo andere, mit Gewinnung der wegen ihres üblen Geruches höchst belästigenden flüchtigen Producte verbundene Verkohlungsarten nicht gebildet werden.

Behuf Verkohlung der Knochen unter Auffangung der flüchtigen Producte (kohlensaures Ammoniak, brenzliches Thieröl u. s. w.) erhitzt man die Knochen in Kesseln oder Cylindern, welche eine besondere Feuerung haben und mit schmiedeeisernen Helmen oder beziehungsweise Ableitungsröhren versehen sind, um durch letztere die Destillationsproducte in eine Reihe erst eiserner oder kupferner, dann hölzerner Gefäße zu leiten und hier zu verdichten.

Die Beinschwarzfabrikation im Großen hat gegenwärtig fast den alleinigen Zweck, die zum Läutern des Zuckersaftes bei der Zuckerfabrikation benöthigte Knochenkohle, eine möglichst harte und feste Kohle von Bohnen- bis Haselnußgröße zu gewinnen, während nur das davon abfallende feinere Pulver als Beinschwarz zu Malerfarbe Benutzung findet, indem es zu dieser Anwendung noch weiter gemahlen wird. Diese Knochenkohlengewinnung im Großen ist die damit verbundene anderweitige Production, obgleich außerhalb des Gebiets der eigentlichen Farbenfabrikation liegend, soll hier doch in Rücksicht auf manche Berührungspunkte mit der letzteren, sowie deßhalb kurz beschrieben werden, weil Knochenkohle häufig, wie wir früher gesehen haben, zur Läuterung von Stoffen für die Farbengewinnung Anwendung findet.

Knochen aller Art werden eingekauft. Diejenigen, welche sehr gallertig sind, wie die Hornkerne, werden aussortirt und zur Leimfabrikation verwendet. Sie würden wegen ihres geringen Gehaltes an phosphorsaurem Kalk nur wenig Beinkohle nach dem Verkohlen hinterlassen. Die übrigen Knochen werden mit Wasserdampf ausgekocht, theils um das darin enthaltene, nach dem Erkalten oben abzuschöpfende Fett zu gewinnen, hauptsächlich aber, um es überhaupt zu beseitigen, weil es die Kohle, welche porös bleiben soll, mit einer Schicht glatter Kohle, Glanzkohle, überziehen würde.

Die ausgedämpften und scharf getrockneten Knochen werden nun behufs Sonderung der festen Knochentheile von den lockeren unter Rollersteinen gemahlen. Schon nach kurzer Einwirkung der letzteren sind alle porösen Knochentheile, welche auch gallert- oder leimhaltiger sind, zerdrückt und in ein feines Pulver verwandelt, das durch Absieben von den harten Knochen getrennt wird, um es für sich zu verwenden. Die zurückbleibenden härteren Knochen geben dann bei weiterem Vermahlen oder Zerstampfen ein sehr grobes, zur Herstellung der Läuterungskohle am besten geeignetes Korn.

Das beim ersten Mahlen erfolgende feine Pulver der porösen Knochen wird entweder zur Düngerfabrikation oder zur Leimfabrikation verwendet. Das feine Korn der härteren Knochen wird dagegen nach sorgfältiger Absiebung ihres beim zweiten Vermahlen abfallenden staubigen Pulvers nach einer der obigen Methoden

Gewinnung und Eigenschaften des Beinschwarzes. 991

sich verkohlt, um so die werthvolle Zuckerläuterungskohle von fester Structur üben.

Die Hornknochen, sowie das abgesonderte Beinmehl der porösen Knochen en, sofern man auf Leimfabrikation eingerichtet ist, mit verdünnter Salzsäure zossen, welche den phosphorsauren Kalk in Zeiträumen von 8 bis 14 Tagen ist und die leimgebende Substanz zurückläßt. Diese giebt nach gutem Aus- hen durch Kochen mit Wasser eine Leimgallerte, die zur Darstellung des tannten Hornleims oder Knochenleims dient. Aus der salzsauren Lösung man durch Kalkmilch den phosphorsauren Kalk (vergl. S. 60) und verwendet n meistens als Düngemittel, indem man ihn solchen gemahlenen thierischen tresten, als Horn, Klauen, Wollenhaaren zusetzt, die an sich arm an phos- saurem Kalk sind.

Durch das vorbemerkte Absieben der grob gemahlenen harten Knochen wird : nur eine geringe Menge feineres Knochenpulver erhalten, aber dieses giebt 1 für sich verkohlt und entsprechend fein gemahlen ein Beinschwarz für Maler Stiefelwichsefabrikanten von ausgezeichneter Qualität, weil es nur matte, t von verkohltem Fett beeinträchtigte Kohle enthält. Das alte Renommé des lichen gebrannten Elfenbeins als Malerfarbe beruht überhaupt darauf, daß Elfenbein ein fettfreier harter Knochen ist, wie die Röhrenknochen unserer thiere, wie überhaupt feste Knochen, welche alle ein ebenso gutes und arzes Product liefern.

Nach einem anderen, minder zweckmäßigen Verfahren der Knochenkohlen- cidation werden die Knochen nach der Abdämpfung des Fettes nicht erst grob mahlen und ausgesondert, wie vorhin, sondern ohne Weiteres gebrannt. Die bohlten, ganzen Knochen mahlt man unter gerefelten Walzen, um nunmehr mittelst Absiebung die grobkörnige Läuterungskohle von der anderweil zu vertheilenden feineren Kohle zu trennen. Diese Gewinnung hat den Nachtheil, : in der grobkörnigen Kohle auch weniger feste, oft sehr lodere Stücke zurück- ibern, welche von den Walzen nicht getroffen sind. Zugleich giebt das hierbei allemme Pulver, weil es von den porösesten, mürbesten Knochen erfolgt, ein lechtes Beinschwarz für Malerzwecke, obwohl es bei der Anwendung zur Fa- lation der Stiefelwichse sehr brauchbar ist. Immerhin muß es auch noch ner gemahlen werden, entweder auf trocknen oder nassen Mühlen, wenn es letztgenanntem Behufe oder als Malerfarbe dienlich sein soll.

Das Beinschwarz hat im Wesentlichen als Malerfarbe die Eigenschaft der ohle. Beim Erhitzen unter Luftzutritt verbrennt der Kohlengehalt unter Zurück- ßung des phosphorsauren Kalkes, welcher also den Träger der färbenden Kohle bet (vergl. S. 60). Aehnliche Producte, schwarze Kreide, kann man künst- h herstellen. Bildet man kleine Stangen von fettem Pfeifenthon von der Form wöhnlicher Bleifedern, umgiebt sie mit Knochenmehl und verkohlt dann letzteres, so nehmen die Stangen eine intensive schwarze Farbe an, indem der Thon [...] ebenso mit Kohle durchdrungen wird, die er aus den Gasen aufnimmt, w[...] mit dem phosphorsauren Kalke in den Knochen der Fall ist. Solche S[...] können dann als schwarze Zeichenkreide und schwarze Farbe gebraucht werden.

Ich kann noch hinzufügen, daß manche bituminöse Schiefer, wie der b[...] bische Alaunschiefer, mittelst Verkohlung, welche unter Destillation flüchtiger [...] erfolgt, Rückstände geben, die durch hier leichter als beim Weinschwarz [...] wirkendes Mahlen sehr schöne und deckfähige Farben liefern. Die Ben[...] dieser Schiefer zur Farbenbereitung ist aber wohl aus dem Grunde unter[...] weil die Anzahl der schwarzen Farben schon eine sehr große ist, so daß ein n[...] wenn auch billiges Product schwer einen den Anlagekosten der Fabrikation [...] valenten Absatz findet.

Anmerkung zum Frankfurter Schwarz. In den Preiscouranten de[...] Farbenfabrikanten, welche die eigentlichen Farben selbst herstellen, findet man ni[...] folgenden Schwarze: Kernschwarz, Kaffeeschwarz, Korkschwarz, [...] Neutralschwarz, wohl aber in den Preiscouranten der Fabrikanten, welc[...] Farben als Oel- und Wasserfarben oder Honigfarben für Kunstmaler [...] gerieben in den Handel bringen. Allerdings hinterlassen die Kerne und St[...] der Steinfrüchte: Pflaumen, Zwetschen, Mandeln, Nüsse, ferner Kaffee[...] Korkabfälle, namentlich letztere, schwarze Verkohlungsproducte, welche sehr g[...] ähnliche Eigenschaften haben, wie das Frankfurter Schwarz. Aus dieser Ue[...] und aus dem schon bemerkten Umstande, daß die oben bezeichneten Schwarze au[...] zweiter Hand abgegeben werden, ist wohl zu folgern, daß jene Farben lediglich F[...] furter Schwarz sind. Es giebt aber kein Mittel, zu entscheiden, ob z. B. e[...] artiges Schwarz aus Obstkernen oder aus Rebenabfällen hergestellt ist.

B. Rußschwarze.

Ruße sind die zartesten und feinsten schwarzen Farben, deren Deck[...] der vorhergehenden vielmal übertrifft und deren Vertheilbarkeit sie so ungemein nehmlich macht. Sobald sie nämlich mit den zum Anstriche erforderlichen [...] getränkt sind, ist keine größere Kraft nöthig, die einzelnen Theile zu trennen die, welche die steifen Haare der Pinsel bei ihrem Drucke ausüben können.

Die Darstellung der Ruße, welche bei der großen Verschiedenheit der b[...] auf mannigfach abweichende Weise erfolgt, ist in ihren wesentlichen Zügen folg

Die älteste Fabrikation des Rußes scheint auf die Anwendung ha[...] Holzes (Kienholzes), sehr harziger Kieferwurzeln, von Harz und der Rück[...] vom Pech und Harzsieden, als Rohmaterial beschränkt gewesen zu sein, und sen Ruß kann man füglich Holzruß oder Kienruß nennen. In den K[...] Röhren, Schornsteinen der gewöhnlichen Feuerungen setzt sich an den S[...] welche dem Feuer näher liegen, aus dem Rauche eine schwarzbraune, glä[...]

Darstellung von Kienruß aus harzigem Holze.

weiche und feuchte Masse ab, der Glanzruß, ein Brandharz, welches beim
*ärmen schmilzt und meistens auch brenzliches Oel, flüssige Theerproducte,
*osot, Carbolsäure u. s. w. enthält. An den entfernteren, kälteren Stellen
*r Röhren wird dagegen ein trockener, staubförmiger, beim Erwärmen nicht
*rgehender Ruß, der Flatterruß abgesetzt. Je ungenügender die Verbrennung
je mehr Brennmaterial also zugleich eine trockene Destillation erleidet, desto
*er ist die Menge des Glanzrußes und dessen Theergehalt, während bei besse-
Verbrennung oft nur der trockene Flatterruß gebildet wird. Von diesen
*arten ist bisher wenig oder kein Gebrauch gemacht, weil die Rauchabzüge
*Feuerungsanlagen, in denen sie sich absetzen, so beschaffen sind, daß bei dem
*sen des Rußes Mauerwerk und andere mechanische Unreinigkeiten mitfolgen.
Sammlung des Rußes durch die Schornsteinfeger, die erforderliche Zuberei-
g desselben durch Ausglühen, Mahlen u. s. w. würde das daraus zu gewin-
de Farbenproduct viel zu theuer machen.

Verbrennt sehr harziges Holz, Harz oder Harzabfälle, wie sie die Pech-
*reien liefern, unter nicht zu geringem Luftzutritt, so wird der Ruß wenig
therartigen, wässerigen, kreosolhaltigen Stoffen verunreinigt und legt sich
*argebotene kalte Wände als ein höchst feiner, leichter Staub an, den schon
*ganz geringe Luftbewegung vertheilbar macht. Es kommt nun darauf an,
*e Einrichtungen zu treffen, daß die Verbrennung nach Wunsch geleitet wer-
*ann, daß sich so viel als möglich Ruß in der Verbrennung ausscheidet, daß
* Ansetzen des Rußes ausreichende, dessen nachherige Ablösung leicht gestattende
*hen vorhanden sind, und daß endlich ein die Ausbeute schmälerndes Ent-
*chen von Rußtheilen in die Luft vermieden wird.

Von Altersher benutzt man eine Einrichtung, die diesen Anforderungen ent-
*icht. Man erbaut in einer Ebene auf dem Boden einen Kanal, der wenig-
* 4,5 bis 5 m lang ist, aus Ziegelsteinen, oder besser Sandsteinplatten. Der
*dere Theil des Kanals wird mit einer Ofenthür mit Klappen versehen und
* als Verbrennungsstelle. Der hintere Theil steht mit der sogenannten
*ßkammer in Verbindung, deren vier Seitenwände aus Flanell oder aus-
*pannter Leinwand zusammengesetzt sind, und deren Decke eine vierseitige Pyra-
*e von gleichem Material ist, die aufgespannt und heruntergelassen werden
*n. Der Boden dieser, je größer desto besser herzurichtenden Rußkammer
*steht entweder aus Brettern, oder ist doch von einem festen Material verfertigt.
* besonderer Zug geht nicht von der Kammer aus ins Freie, vielmehr müssen
* in dieselbe eintretenden Verbrennungsproducte durch die Poren des Zeuges
*weichen, wobei sie dann den Ruß an die Berührungsfläche absetzen. Solcher
*mmern können mehrere vorhanden sein, die dann mit einander in Verbindung
*hen. Es giebt zwar auch Anstalten, bei denen die Kammern entweder weg-
*llen, oder darin ein Zug hergestellt wird, jedoch nicht beim Rußbrennen aus

Harz oder harzigem Holze. Bei diesen Anstalten verbindet eine Röhre [von] Blech oder Leinwand, um Blechreife genäht, je zwei oder mehrere Kammern; tritt zuletzt in Stücke und von da an ins Freie; es ist dann auch nicht nothwendig, daß die Kammern selbst poröse Wände besitzen; jedoch braucht es immer ein bewegliches Zeug, rauhe Flächen, die nicht verunreinigend sind, z. B. haarige Felle, an die sich der Ruß leichter anlegt, und, weil sie bei Schlagen erschüttert werden können, auch leicht wieder davon abfällt.

Wenn das Rußbrennen beginnt, so wird der gemauerte Kanal erst eine Zeit, etwa 12 Stunden, gelinde erhitzt, nur in der Absicht, um das Anlegen des Ruß an die Kanalwände zu verhindern, da sonst der hier abgesetzte Ruß als Glanzruß verunreinigt werden und nicht in reiner Beschaffenheit abzulösen wäre. Auch könnte der Ruß in dem Kanale sich entzünden und die Entzündung in die Kammern fortpflanzen. Alsdann werden die harzhaltigen Materialien, mit Harz betropfte Baumrinden, Harz- oder Pechgrieben, Kienflöcke in kleinen Portionen in den Feuerraum gebracht und angezündet, entweder zu wiederholten Malen im Laufe des Tages oder ununterbrochen. Bei diesem Verfahren, dessen Leitung schwierig ist, wird einestheils danach gestrebt, daß die Verbrennung lebhaft und mit Flamme erfolgt, und kein wässeriger weißer Rauch unter Ausdunstung ätherischen Oels entsteht, andererseits läßt man aber auch die Erwärmung nicht zu heftig werden, weil sonst leicht auch Ruß verbrennen würde. Dies man regulirt dies möglichst mittelst entsprechender Luftzuführung durch die Klappen der Ofenthür. Gewöhnlich kann bei einer Kammer das Abbrennen, dessen Beendigung man stets übrigbleibende Kohle herauszuziehen hat, nur für gewisse Quantitäten für eine bestimmt bemessene Zeit ausgedehnt werden. Bei zu langer Fortsetzung der Verbrennung würde theils der Zug durch den letzten, die Poren der Wände verschließenden Ruß zu sehr geschwächt, theils der Kanal in einem zur Entzündung des Rußes führenden, unzulässigen Grade überhitzt, endlich auch der Rußabsatz bald verringert werden. Daher wird der Verbrennungsproceß je nach einigen Tagen immer kurze Zeit sistirt, um den Ruß aus den erkalteten Kammern zu entfernen. Das Losmachen des Rußes geschieht durch Klopfen an die Wände. Der leichtere Ruß setzt sich in entfernteren Theilen der Kammer, also in der Pyramide ab, oder bei mehreren Kammern in der letzten derselben, und wird als feinere Waare für sich gesammelt. Die Ausbeute bei dieser Art des Rußbrennens hängt von dem Gehalte der angewandten Materialien an Harz und flüchtigem Oele, dann von der Geschicklichkeit in Leitung der Verbrennung ab, so daß sich schwerlich für so gemischte und Rohstoffe eine bestimmt berechnete Ausbeute angeben läßt.

Zu dieser Art von Rußbrennerei gehört auch die Bereitung feiner Ruße, wobei als Rohmaterial geradezu flüchtige Oele angewendet werden. Die vorhin erwähnten harzigen Stoffe geben den Ruß bei

Fabrikation von Ruß aus Theeren und ätherischen Oelen.

ächlich auch nur vermöge ihres mit Flamme brennenden Gehalts an kohlenstoffreichem flüchtigen Oele. Aber bei der Gegenwart des Holzes und dessen wässeriger Theile ist es einestheils nicht zu vermeiden, daß brenzliche Stoffe mitfolgen, die dem Ruße ankleben, und die, wie es scheint, auch seiner Vertheilbarkeit im Wege sind, anderentheils folgen Flugasche und feste Stoffe als Staub mit, die ihn verunreinigen. Bei Anwendung der flüchtigen Oele fallen alle diese nachtheiligen Einwirkungen weg. Als solche flüchtige Stoffe dienen die empyreumatischen Oele der trockenen Destillation, welche billig erhalten werden, z. B. Steinkohlen- und Braunkohlentheer, mineralische Theeröle verschiedenen Ursprungs, Terpentinöl, Pechöl u. s. w. Bei Verbrennung dieser Stoffe kann man den Kanal der Kammer ganz weglassen und eine gute Thür an der Kammer anbringen. Man legt von der Thür bis in die Mitte der Kammer eine kleine Schienenbahn, welche einen eisernen Karren leitet, auf den man eine eiserne Pfanne, mit dem Oele setzt. Nachdem das Oel vorn bei der Thür angezündet ist, wird der Karren in die Mitte der Kammer geschoben und nach dem Abbrennen des Oeles wieder zurückgezogen. Dieses Verfahren setzt man fort, ohne in die Kammer zu gehen, bis man zuletzt den Ruß abklopft und sammelt.

Bei so theuren Materialien einerseits und dem hohen Preise andererseits, in welchem feine Ruße stehen, ist selbstredend, eine möglichst hohe Ausbeute anzustreben. Die flüchtigen Oele bestehen in der Hauptsache aus Kohlenstoff und Wasserstoff. Ließe sich die Verbrennung derselben so leiten, daß nur der Wasserstoff allein und keine Kohle mit verbrennte, so würde man die größte Ausbeute erhalten. Ganz läßt sich diese Theorie nicht verwirklichen, und man hat in dieser Beziehung bis jetzt nur durch Innehaltung einer möglichst niedrigen Verbrennungstemperatur, durch Kühlhalten der Flamme einige Erfolge erzielt. Indessen ist eine so regulirte Verbrennung schwierig auszuführen und nur bei Oelen anwendbar, die ziemlich rein sind und in Lampen gebrannt werden können, wie Terpentinöl. Für diese schlägt dann Prechtel das allerdings gewiß mit Vortheil ausführbare Verfahren vor, seitlich neben und theils über der Flamme einen großen eisernen Cylinder drehen zu lassen, an den sich der Ruß sofort anlegt. An der anderen Seite des Cylinders streift eine Bürste den angelegten Ruß wieder ab, und der Cylinder kommt wieder kalt an die Flamme an; damit dies auch stets der Fall ist, so kann durch den Cylinder ein Strom kalten Wassers circuliren; auch können die Lampen möglicherweise im Cylinder selbst brennen, was wohl noch besser seyn würde. Wo gegenwärtig Ruß aus Oelen oder etwa Kampher verfertigt wird, hält man über ihre Flammen kalte blecherne Schirme, die man wegnimmt, sobald sie warm werden, und durch andere abwechselungsweise ersetzt. Die von den besseren, reinen Oelen erzeugten Ruße, welche von der größten Feinheit sind, kommen im Handel unter dem Namen Lampenruße

396 Fabrikation von Ruß aus mineralischen Kohlen. Steinkohlenruß

vor, und stehen im Preise 10. bis 20mal so hoch, als die gewöhnlichen Ruß
je nach der Feinheit.

Steinkohlenruß wurde erst in neueren Zeiten dargestellt, ebenso der [...]
von Blätterkohle und sehr harziger Braunkohle oder Torf. Die [...]
arten von diesen Materialien stehen in der Qualität dem gewöhnlichen Ruße
aus harzigen Hölzern nicht nach, und obgleich ihre Gewinnung als Haupt[...]
meistens zu kostspielig ist, so werden doch jetzt schon nicht unerhebliche [...]
aus Steinkohle und Schieferkohle gewonnen. In Steinkohlenöfen[...]
auch in Öfen, in denen mit bituminösem Schiefer geheizt wird, wie a[...]
Alaunsiedereien in Schweden, wo die Verbrennung wegen rascher Abkühl[...]
eben nicht vollständig vor sich geht, sammelt sich wie bei Holzfeuerungen [...]
falls ein Ruß, der aber nicht zu Glanzruß wird, weil in diesen Bren[...]
rialien die harzigen Stoffe bei weitem nicht so reichlich vorhanden sind, [...]
wässerige Dämpfe viel weniger auftreten. Es setzt sich vielmehr ein sehr l[...]
Ruß ab, der in den Schornsteinen zu Boden fällt und wirklich zum [...]
gesammelt wird.

Die fabrikmäßige Gewinnung des Steinkohlenrußes ist verbunden, [...]
zwar meistens in der Bedeutung eine Nebenfabrikation, mit der Cokes[...]
aus solchen backenden Kohlen, welche mit einer stark rußenden Flamme [...]
Die Cokesöfen sind dabei nur insofern verändert, als man die Verbrennung
in eiserne oder ausgemauerte viereckige Kammern treten läßt, von denen [...]
über einander liegen und aus deren oberster eine weite Röhre in einen [...]
mündet, welcher durch eiserne Reife ausgespannt gehalten wird. Auf der [...]
gegenüberliegten Seite verbindet eine eiserne Röhre diesen Sack mit einem [...]
und so hängt ein ganzes System von Säcken hintereinander, wovon der [...]
Sack endlich durch eine Röhre in einen gut ziehenden Schornstein ausm[...]
diese Säcke haben an ihrem unteren Theile eine Blechbüchse mit Deckel, [...]
außen weggenommen werden kann. Bei diesem System erhält man in den [...]
mern den gröberen, in den Säcken vom ersten bis zum letzteren immer [...]
Ruß, welcher so als Nebenproduct mit verhältnißmäßig geringem Koste[...]
gewonnen wird.

Wie der Ruß auch erzeugt sein mag, so zeigt es sich, daß er mit [...]
Körpern gemischt ist, nicht ein reines Grau, sondern ein braunes oder [...]
tes fuchsiges Grau erzeugt. Diejenigen Ruße haben diese Eigenschaft in [...]
Grade, welche sich nahe an den Verbrennungsstellen der rußerzeugenden [...]
abgelegt haben, indem sich dort, wie schon Eingangs angedeutet, alle die b[...]
Stoffe von Harzconsistenz ablegen, welche im Glanzruß ver[...]
insgesammt eine vorwiegend braun gefärbte Masse bilden. [...]
mischung, theils ein ungenügender [...]

ung mit Flugstaub und anderen fremden Körpern verringert den Werth des Rußes und verschlechtert seine Farbe.

Um die Ruße von den harzartigen Bestandtheilen zu befreien, was den Werth r seiner Ruße sehr erhöht, hat man wohl das braunfärbende Harz mit Lösungsmitteln ausgezogen. Ein solches Lösungsmittel ist Aetzkalilauge, mit welcher der Ruß einige Male auszukochen und dann zu waschen ist, allein die Wirkung ist nicht vollständig, obwohl allerdings der Ruß dadurch eine Verbesserung der Farbe erfährt, dagegen wird derselbe dann zu anderen Zwecken unbrauchbar. Ein ndres Lösungsmittel ist auch Terpentinöl, allein auch seine Wirkung ist nicht vollständig, wogegen ein Gemisch von Aether und Terpentinöl alles Harz auszieht; aber dieses Mittel ist zu kostspielig, als daß es im Großen angewendet werden könnte. Um das Harz aus dem Ruße auf wohlfeile Weise wegzubringen, giebt es nur ein sicheres, leicht ausführbares und nicht theures Mittel, das darin besteht, denselben in verschlossenen Gefäßen gut durchzuglühen, wobei das Harz sich theils verflüchtigt, theils verkohlt. Man benutzt dazu mit Vortheil gut arbeitete, mit genau passenden Deckeln verschließbare Blechbüchsen, welche man in einem Ofen recht langsam zur Rothglühhitze erhitzt. Es ist dabei, um ihren Ruß durch Verbrennen zu verlieren, durchaus nothwendig, daß diese Gefäße beinahe luftdicht sind. Zur Sicherheit kann man sie in andere Büchsen thun, und den Zwischenraum mit feinem Sande ausfüllen, der die ersteren Büchsen einige Zolle umgiebt. Der so behandelte Ruß giebt nun ein reines sehr kaum nüancirtes Grau.

Der Ruß wird meistens als Oelfarbe gebraucht, der aber ein sehr gut trocknender Firniß zugesetzt werden muß. Er erfordert je nach seiner Feinheit 40 bis 60 Procent Oel, um ihm die Consistenz eines dicken Teiges zu geben. Statt ihn mit Oel anzureiben, erhitzt man den Firniß und rührt nach und nach den Ruß hinein, bis die Masse ganz steif geworden ist; nach einige Tage langem Stehen wird die steife Masse von selbst wieder flüssig und sie ist nun durch Verdünnung verwendbar, aber man kann sie noch einmal erwärmen und aufs Neue etwas zurühren, wenn man eine Waare erhalten will, die als Schwarz in angetriebener Form verkauft werden soll.

Die Deckkraft der Ruße wie überhaupt aller schwarzen Farben und die Reinheit ihrer Nüance prüft man am besten dadurch, daß man ein gleiches Gewicht mehrerer Sorten, z. B. 2 g, in Oel anreibt und dann die Farbe mit abgewogenen Mengen von Bleiweiß versetzt, bis sie gleich grau sind. Die Deckkraft er geprüften schwarzen Farben verhält sich dann, wie die Menge des zugesetzten Bleiweißes, und die Reinheit des Schwarzen beurtheilt man nach der Nüance des Graues, inwieweit sie rein grau, oder mehr oder minder stichig ist.

Die trockenen Rußschwarze, wie sie im Handel vorkommen, sind wohl absichtlich nie verfälscht. Denn die reinen und feineren Ruße werden in Vergleich mit den schlechteren, gröberen Sorten unverhältnißmäßig höher bezahlt, so daß er behuf Erzielung eines guten und gewinnbringenden Preises weit mehr braucht, den Ruß in möglichster Reinheit zu gewinnen und zu erhalten, als ihn durch Zusätze zu verschlechtern und dadurch unverhältnißmäßig im Preise herabzudrücken. Die dem Rußen etwa enthaltenen festen mineralischen Substanzen bestehen vielleicht nur aus zufälligen, von der Fabrikation herrührenden Verunreinigungen, namentlich Aschen- und Staubtheilen u. s. w. Will man den Ruß nicht geradezu bei einer Probe unter dem Reibsteine prüfen, wobei gröbere Theile sich fühlbar machen, so kann man eine Quantität Ruß im offenen Porcellantiegel verbrennen und die etwa vorhandenen mineralischen Stoffe als Verbrennungsrückstand zur weiteren Prüfung unmittelbar für sich gewinnen.

Zur Prüfung der in Oel angeriebenen schwarzen Farben auf die Natur des darin enthaltenen Schwarzes und auf Zusätze werden erstere gleichfalls im Porcellantiegel verbrannt. Erfolgt ein erheblicher, weißer Verbrennungsrückstand, welcher in starker Salpeter- oder Salzsäure löslich ist, so ergiebt sich hieraus mit ziemlicher Sicherheit das Vorhandensein von Beinschwarz. Ist der weiße Rückstand in jenen Säuren unlöslich, so besteht derselbe gewöhnlich aus Schwerspath. Die vorliegende Oelfarbe enthält dann meistens einerseits Ruß, andererseits einen Zusatz von Schwerspath, der bis zum vierfachen Gewichte des Rußes gesetzt werden kann, um Farben zu ordinärem Anstrich von großen Eisen- und Holzflächen, namentlich von Schiffen, eisernen Brücken u. s. w. herzustellen. Ist aber ein dunkler gefärbter, überhaupt nicht weiß zu brennender Glührückstand, so liegt ein Mineralschwarz mit gewöhnlichem Kohlenstoff, oder Graphit vor. Den reinen mit Oel angeriebenen Graphit erkennt man an dem besonders metallähnlichen Glanze dieser Farben.

Anhang zu den schwarzen Mineralfarben.

Gemischte Grüne aus Schwarz. Broncegrüne.

Wenn man irgend eine schwarze Farbe mit irgend einer gelben, gelbbraunen oder gelbrothen Farbe innig mischt, so entsteht immer eine vorherrschend grüne Farbe. Ist das Schwarz bläulich, und giebt es mit Weiß ein reines, etwas bräunliches Grau, so erzeugt es auch mit Gelb ein reines Grün, welches natürlich um so reiner wird, je reiner andererseits das zugesetzte Gelb ist. Fällt das Schwarz oder Gelb dagegen ins Bräunliche, so entsteht auch ein mehr bräunlich ins Kastanienbraune nüancirendes Grün. Von der letzteren Nüance giebt es eben so viele leicht herzustellende Variationen, als es verschiedene gelbe oder gelb-

Darstellung der Broncegrüne.

inrral- oder Erdfarben giebt, die alle hierzu verwendbar sind. Ferner wird die Anzahl der Nüancen noch gesteigert und in überwiegendes Grün variirt, wenn man den warzen Farben neben einem oder mehreren Gelben noch ein reines Blau zusetzt. Solche Gemische sind die vielen verschiedenen, im Handel vorkommenden Bronce-töne, deren Farbe von Bräunlichgrün bis zu Grünlichbraun wechselt, und welche auf hundertfältige Art zusammengesetzt werden können. Zu den feineren Sorten verwendet man Holzkohlenschwarz, Blau und helle oder dunkle Chromfarben von Citron- bis Orangegelb, aber mit Schwerspath versetzt. Zu ordinären Sorten benutzt man statt der Chromgelbe gelbe Ocker, Rohbraune sowie Umbra, und giebt ihnen durch Zusatz von Blau stets einen grünlichen Stich, der durch Schwarz nur dunkler und schmutziger, aber durch Zusatz von Schwerspath oder etwas gehoben wird.

Aus dem Verhalten von Schwarz gegen Gelb scheint hervorzugehen, daß das Schwarz nur ein sehr dunkles Blau ist, das, wenn es noch feiner vertheilt werden könnte, vielleicht rein Blau erscheinen würde. Andererseits aber, im Einklang hiermit, erzeugen dunkle Blaue, wie Pariserblau, wenn sie so dick in Oel aufgestrichen werden, daß der Grund nicht durchscheint, nur den Eindruck von Schwarz. Man setzt deshalb dem Rußen und anderen schwarzen Farben bei der Anwendung oft Pariserblau zu, um die Intensität des Schwarz zu erhöhen. Schwarze Spritlacke werden gegenwärtig durch Auflösen von Indulin, eines neuen Theerfarbstoffes, in Schellackfirniß hergestellt. Solcher Lack ist in dünnen Schichten blau, in dicken rein schwarz.

Dritter Theil.

Von den Lackfarben.

Allgemeines.

Unter Lackfarben versteht man diejenigen festen oder teigförmigen Farben, deren Farbstoff aus dem Pflanzen- oder Thierreiche, oder von den sogenannten Theerfarben herrührt, und welche diesen Farbstoff entweder in gutem oder doch fast reinem Zustande (z. B. Carmin), oder aber theils in chemischer Verbindung mit anderen Stoffen, theils nur in mechanischer, durch Flächenanziehung bewirkter Vereinigung mit weißen, leicht zertheilbaren Körpern enthalten. Lediglich Mißbrauch ist es, wenn Fabrikanten auch Mineralfarben den Namen „Lack" beilegen, wie es z. B. bei Mahagonibraun geschieht, welches unrichtiger Weise auch Acajoulack genannt wird. In ähnlicher Weise kommen viele Farben unter der Bezeichnung von Lackfarben vor, welche dem Begriffe der letzteren in keiner Weise entsprechen und die man nur deshalb so benennt, um für minderwerthe Farben mit Hülfe eines ansprechenden, neuen Namens höhere Preise zu erzielen.

Die Bildung der Lackfarben beruht namentlich auf einer ziemlich allgemeinen Eigenschaft der aus Pflanzen- oder Thierstoffen durch Kochen derselben mit Wasser extrahirten Farbstoffe und vieler Theerfarben, sich mit gewissen in Wasser löslichen oder unlöslichen Körpern zu unlöslichen Farben zu vereinigen. Eine große Anzahl dieser Farbstoffe nähert sich in ihren Eigenschaften der Natur der Gerbsäuren. Sie geben dann direct Niederschläge selbst mit solchen Metall- und Erdsalzen, welche eine starke Mineralsäure enthalten: so die Farbstoffe des Blauholzes. Andere Farbstoffe haben diese gerbstoffartige Eigenschaft nicht, verbinden sich aber mit den durch Alkalien frisch gefällten Erden und schweren Metalloxyden, wobei unentschieden bleibt, ob diese Verbindung eine chemische oder nur eine mechanische, eine Flächenanziehung ist: so die Farbstoffe des Gelbholzes, der Kreuzbeeren und andere. Bei vielen der

Darstellung der Lackfarben im Allgemeinen.

...ben ist ein Theil des Farbstoffes chemisch, ein anderer Theil nur mechanisch mit derartigen festen Körpern vereinigt. Bei den Lackfarben, deren Farbstoff von Theerfarben herrühren, zeigen sich die sämmtlichen vorangeführten verschiedenen Verhältnisse zwischen dem eigentlichen Farbstoffe und dem hinzugekommenen festen Körper in deutlich zu unterscheidender Weise.

Denjenigen Lacken, welche aus reinen oder fast reinen Farbstoffen für sich bestehen, werden oft weiße Körper beigemischt, welche die eigentliche Farbe verdünnen, wie z. B. aus Carmin der Carminlack. Man giebt meistens solche Zusätze, die nicht stark decken, die Farbe also nicht viel beeinträchtigen und die Lacke selbst nicht verändern, auch die Durchsichtigkeit beim Auseinanderstreichen nicht aufheben: namentlich Alaunerde, Zinnoxydhydrat und Stärke. Die Lacke werden dadurch natürlich heller und weniger ergiebig bei der Anwendung, sowie entsprechend minderwerthig.

Bei Bereitung derjenigen Lacke, welche nicht, wie die obigen, besonders calcinirte Farbstoffe im isolirten Zustande bilden, sondern deren Farbstoff von dem fremden Körpern chemisch oder mechanisch aufgenommen ist, dienen als die farbstoffaufnehmende Substanzen: weiße Thone, gebrannte weiße Thone, Alaunerde, Zinnoxydulhydrat und Zinnoxydhydrat, namentlich aber Stärke; doch verhalten sich diese Körper gegen die Farbstoffe sehr ungleich. Minfarben haften nicht gern an mineralischen weißen Körpern, aber sehr gern an Stärke, Baumwolle, Cellulose und Wollfasern. Könnte man diese Stoffe in unfühlbares feines Pulver vertheilen, so würden sie gefärbt höchst wahrscheinlich Lackfarben von größter Intensität geben, weil man diesen Faserstoffen, durch Färbung so glänzende Farben ertheilen kann, wie sie sonst nicht zu erreichen sind.

Die Lackfarben haben alle eine gewisse Durchsichtigkeit, sie mögen als Oel- oder Wasserfarben angewendet werden, lassen also beim Anstrich den Grund mehr oder weniger durchscheinen, sie lasiren. Werden sie dick aufgetragen, so verschwindet zuweilen ihre sonst feurige, eigenthümliche Farbe ganz, und es stellt sich eine ganz andere Farbe ein. So ist das dünn aufgetragene Carthamin der schönste rothe Lack, in dicker Lage erscheint es dagegen grün, wie die Flügel gewisser Käfer. Andere Lacke variiren hierbei ihre eigentliche feurige Farbe ins Kupfer- oder Broncefarbige mit metallischem Reflex, und man benutzt wohl diese Erscheinung zur Hervorbringung gewisser Effecte.

Da ein und dasselbe Rohmaterial verschieden gefärbte Lacke liefern kann, so sollen die nachfolgenden Lackfarben generell nach ihrem Ursprunge und erst speciell nach ihrer Färbung, dementsprechend also zunächst in zwei Gruppen geordnet: einmal in Lacke mit Farbstoffen aus Pflanzen- und Thierkörpern, sodann in Lacken mit Theerfarbstoffen hergestellt.

Erster Abschnitt.

Lackfarben, deren Farbstoff von Pflanzen- oder Thierkörpern herrührt.

A. Blaue Farbstoffe und blaue Farben.

1) Indigo. Indigblau. Indigcarmin. Indigneublau.

Der Indigo oder Indig wird aus verschiedenen in außereuropäischen Ländern angebauten Pflanzen durch eine Art Gährungsproceß bereitet und vorzüglich aus West- und Ostindien zugeführt. Er bildet eine feste, leichte, dunkelblaue, beim Reiben mit einem glatten Körper kupferroth schimmernde Masse, die von sehr verschiedener Qualität und enthält neben dem eigentlichen blauen Farbstoffe, dem Indigblau, welches allein den Werth des Indigos bedingt, noch andere organische und unorganische Substanzen, erstere meistens als natürliche Begleiter des Indigblaues, letztere oft als zufällige oder verfälschende Beimischungen. Die wesentlichen, im Indigo neben einander vorkommenden organischen Körper sind folgende:

a. Indigleim. Eine dem Pflanzenleim ähnliche Substanz, die sich aus dem Indig durch Digestion mit verdünnter Schwefelsäure und Filtration ausziehen läßt.

b. Indigbraun. Ein brauner Körper, der, wie es scheint, im Indig an Kali gebunden vorhanden ist. Wird der durch Schwefelsäure vom Indigleim befreite Indig mit Kalilauge digerirt, so löst diese das Braun mit ein wenig Indigblau auf; die Flüssigkeit färbt sich dadurch dunkelbraun, beinahe schwarz. Es kann aus der Kalilauge isolirt werden, doch hat es keine Anwendung gefunden, weil es an braunen Farbstoffen bisher nie gefehlt hat.

c. Indigroth. Durch Auskochen des von den ersteren beiden Stoffen auf eben angegebene Weise befreiten und wieder getrockneten Indigs mit Alkohol

Indigo. Darstellung von Indigblau.

von 0,83 specifischem Gewichte erhält man eine dunkelrothe Lösung des Indigroths, welches nach dem Verdunsten des Alkohols als schwarzbraunes Pulver
oder so gefärbter Firniß zurückbleibt, jedoch ebenfalls als Farbstoff bisher keine
Berücksichtigung gefunden hat.

d. Das Indigblau oder der blaue Farbstoff. Nach Entfernung der
vorigen Stoffe durch die bemerkten Mittel bleibt zuletzt, nur noch etwas verunreinigt mit jenen Stoffen sowie mit ursprünglich vorhandenen mechanischen Beimengungen, als Sand ꝛc., das Indigblau oder der gereinigte Indigo als ein
mittelblaues Pulver zurück und bildet nun eine viel schönere, natürlich aber auch
reinere blaue Farbe als der rohe Indigo.

Ein directes Verfahren zur Darstellung des reinen Indigblaues beruht darauf,
daß letzteres bei Behandlung des Indigos mit reducirend wirkenden Stoffen und
alkalischen Flüssigkeiten zu Indigweiß reducirt und als solches gelöst wird.
Läßt man diese Lösung an der Luft stehen, so geht das Indigweiß (reducirte
Indigblau) durch Oxydation wieder in unlösliches Indigblau über, welches als
blaues Pulver niederfällt. Wird der Alkaligehalt einer solchen Lösung mit einer
Säure unter Ausschluß der Luft neutralisirt, so fällt das reducirte Indigblau als
ein weißer Körper nieder, der bei fernerem Luftabschluß unter Erhaltung der
weißen Farbe getrocknet werden kann. Er geht aber, an der Luft getrocknet,
durch Oxydation ebenso in das Indigblau über, wie in der Flüssigkeit.

Zur technischen Gewinnung von Indigblau mittelst dieser Reductionsmethode
nimmt man möglichst billige Materialien, z. B. als alkalischen Stoff vorwiegend
Kalk, und als reducirenden Eisenvitriol. Man nimmt auf 1 kg sehr fein zu
pulverisirenden Indigo 1 kg gebrannten Kalk, 0,5 kg krystallisirte Soda, 2 kg
frischen Eisenvitriol, rührt das Ganze mit dem vorher wohl abgelöschten Kalk
unter genügendem Wasserzusatz zusammen, bringt es in eine Flasche und digerirt
längere Zeit. Im Großen verwendet man hölzerne Gefäße, bedeckt zu haltende
Fässer u. s. w. Erscheint der Bodensatz nicht mehr bläulich gefärbt, die Flüssigkeit
hingegen weingelb, so läßt man dieselbe ab, wäscht mit ausgekochtem Wasser aus und
läßt die hellen Flüssigkeiten an der Luft stehen, bis sie sich entfärbt haben und das Indigblau niedergefallen ist, sammelt dann das letztere auf Leinwandtüchern und trocknet.

Bei jenem Verfahren bilden sich aber aus den Materialien leicht Bodensätze,
welche Indigo ungelöst zurückhalten, der durch Auswaschen nicht zu extrahiren ist.
Diesen Uebelstand vermeidet die nachfolgende Gewinnung, bei welcher überdies
der Verlauf des Reductionsprocesses genauer zu übersehen ist. Man digerirt den
aufs Feinste pulverisirten Indigo mit einer Auflösung von Aetznatron und Stärkezucker oder Stärkesyrup, und erhält so wie vorhin eine weingelbe Flüssigkeit, die
aber jetzt mit viel weniger festen Stoffen vermengt ist, weil schließlich nur diejenigen zurückbleiben, welche im Indig selbst enthalten sind. Daher bemerkt man
auch das Fortschreiten der Reduction an dem Verschwinden des Indigos leichter,

26*

und wenn sie durch den anfangs gegebenen Zuckerzusatz nicht beendigt wird, kann man von letzterem noch mehr hinzufügen.

Die Reduction, Auflösung und Wiederfällung des Indigoblaues bildet das einzige sichere Mittel, den Indig auf seinen Gehalt an blauer Farbe zu prüfen und dadurch seinen Werth zu bestimmen. Zur Ermittelung des Indigblaugehaltes eines rohen Indigos zerreibt man 2 g des letzteren auf einem Steine mit 2 g reinem frischgebranntem Kalk. Man bringt das Gemisch in eine Flasche, gießt 600 g Wasser hinzu, in welchem vorher 4,8 g frischer Eisenvitriol aufgelöst sind, verschließt die Flasche mit einem Korke und digerirt das Ganze einem Sand- oder Wasserbade bei 80 bis 90° mehrere Stunden lang, bis die blaue Farbe des Gemisches verschwunden ist. Nachdem sich die Flüssigkeit geklärt hat, wägt man von derselben die Hälfte des angewendeten Wasserquantums, = 250 g, in ein offenes Cylinderglas und läßt daraus durch Stehen an der Luft den ganzen Gehalt an Indigblau niederfallen. Das letztere wird auf ein Filter von bekanntem Gewicht gebracht und nach dem Abfüßen und Trocknen gewogen. Das erhaltene Gewicht in Grammeintheil ausgedrückt, ergiebt durch Multiplication mit 100 den Procentgehalt des Indigs an reinem Indigblau. Den Indigconsumenten ist diese Prüfungsweise nicht genug zu empfehlen; aber es leicht möglich, daß er Indigo von 50 und 30 Procent Indigblaugehalt zu gleichem Preise kauft. Selbst sehr guter Indigo enthält in der Regel wenig über 60 Procent reines Indigblau, geringe Waare aber viel weniger.

Die wiederholt angeführte Lösung des reducirten Indigblaues in Kalk- oder Kaliwasser findet in der Färberei als sogenannte Indigküpe Anwendung. Letztere wird erhalten durch Reduction des Indigs in alkalischer Flüssigkeit mit Eisenvitriols oder gährender Substanzen wie Harn, Waid u. s. w. Werden in die Küpe getränkte Gewerbe, Zeuge oder andere organische Stoffe, z. B. Stärke, der Luft ausgesetzt, so schlägt sich das durch Oxydation wieder gebildete Indigblau als eine sehr dauerhafte blaue Färbung auf jenen Stoffen nieder.

Die Zusammensetzung des Indigblaues entspricht der Formel $C_{16} H_5 NO_2$.

Das auf obige Weise erhaltene Indigblau bildet ein feines, amorphes rein blaues Pulver, ist weder in Alkalien, noch in wässerigen Säuren löslich wird aber von sehr concentrirter Schwefelsäure, besonders rauchender (sächsische) vollständig gelöst. Wird daher fein gepulverter Indigo mit solcher Schwefelsäure eine genügende Zeit in Berührung gelassen und das Gemisch mit Wasser dünnt, so bleibt das Indigblau in der wässerigen Flüssigkeit gelöst, es ist nicht etwa wie eine Base mit der Schwefelsäure verbunden, sondern die Lösung hält eine besonders charakterisirte Säure: die Indigblau-Schwefelsäure, freier Schwefelsäure. Sättigt man daher die Lösung mit einer Base, Kali oder Natron, so wird nicht Indigblau ausgeschieden, sondern es bildet blaue Verbindung von indigblau-schwefelsaurem Kali oder Natron aus

Bereitung von Indigcarmin.

... s der die Schwefelsäure nicht leicht für sich abgeschieden werden kann. Diese ... ue Verbindung ist der blaue Carmin oder Indigcarmin, welcher als Farben... aterial, jedoch weniger zum Malen als zu anderen Zwecken im Handel vor... mmt und technisch auf folgende Weise bereitet wird.

Man pulverisirt Indig auf das Feinste; diese Manipulation, die bei allen ... nwendungen des Indigs vorkommt und bei größerem Verbrauche schwierig ist, ... rd auf verschiedene Weise ausgeführt. Entweder bringt man den Indig in ... oßfässer von Holz, die inwendig mit Blech ausgeschlagen sind, und läßt den... ben darin mit eisernen Kugeln sehr lange drehen, welche ihn nach und nach in ... l seines Pulver verwandeln, das durch feine Seidensiebe gebeutelt wird. Das ... öbere Pulver wird wiederholt dem Pulverisiren unterworfen, bis alles durch ein ... ieb gegangen ist. Oder man zerstößt den Indig nur gröblich, bringt ihn dann ... f eine nasse Farbemühle und mahlt ihn zum feinsten Brei. Diesen digerirt ... an einige Tage mit verdünnter Schwefelsäure, wäscht alsdann alle Säure durch ... eres Uebergießen mit Wasser aus, filtrirt und trocknet. Es ist dadurch die ... en erwähnte leimartige Substanz aus dem Indigo entfernt, und er trocknet ... m zu einer Masse, die leicht in Reibschalen zu zerreiben ist. Nachdem der so ... andelte Indigo aufs Neue in das feinste Pulver zerrieben ist, muß derselbe ... trocknet werden, und zwar vollständig, weil selbst ein geringer Wassergehalt ... s Indigopulvers bei seiner nachfolgenden Behandlung mit Schwefelsäure eine ... hitzung verursachen würde, die durchaus vermieden werden muß, da die Schwe... lsäure bei Ueberschreitung einer gewissen mäßigen Temperatur sehr leicht auf das ... digblau und die übrigen Indigofarbstoffe zersetzend einwirkt. Das Trocknen kann ... ar in stark geheizten Trockenstuben geschehen, wird jedoch hier immerhin nicht ... nz vollständig erreicht, dasselbe ist daher am zweckmäßigsten in Pfannen auf ... m Wasserbade vorzunehmen, wobei durch häufiges Umrühren des Indigopulvers ... s Entweichen der Feuchtigkeit befördert werden muß. Nach etwa 24stündigem ... strocknen in den Trockenstuben oder 12stündigem im Wasserbade bringt man ... s Indigopulver, theils zur Abkühlung, theils für späteren Gebrauch, zur Auf... wahrung sofort in gut zu verschließende Blechbüchsen, weil es anderenfalls die ... ähere Feuchtigkeit alsbald wieder aus der Luft aufnehmen würde.

Man füllt alsdann in Krüge von Steinzeug so viel Vitriolöl, daß sie ⅔ ... mit angefüllt sind, und rührt nun mit einem Glasstabe das getrocknete Indigo... ulver nach und nach hinein, indem man kleine Portionen aus den Blechbüchsen ... rausnimmt, die man in den Zwischenzeiten wieder verschließt. Bei diesem ... mrühren erhitzt sich die Säure etwas, und sobald das Steinzeuggefäß sehr warm ... rd, bedeckt man es und läßt erkalten. Nach dem Erkalten rührt man aufs ... eue Indigo wie vorhin hinein, und wiederholt dieses Verfahren so oft, bis man ... s Vitriolöl den sechsten oder achten Theil seines Gewichtes an Indigo ... ngerührt hat. Schließlich läßt man das Gemisch 8 bis 14 Tage oder besser

406 Bereitung von Indigcarmin.

noch länger stehen, um die Einwirkung der Stoffe auf einander sich w[...] lassen.

Je concentrirter die angewendete Schwefelsäure ist, desto mehr Ind[...] dieselbe auf, desto mehr derselben kann man also bei dem obigen Verf[...] rühren. Die concentrirtere rauchende (sächsische, Nordhäuser) Schwefs[...] eine größere Menge Indigo, als die englische Schwefelsäure. Beide S[...] dürfen jedoch nur in ihrer ursprünglichen Concentration und nicht etwa [...] gewendet werden, nachdem sie bei längerem Aufbewahren in schlecht ver[...] Gefäßen durch angezogene Luftfeuchtigkeit verdünnt sind, denn schon bei g[...] Verdünnung wirkt die Schwefelsäure überhaupt nicht mehr lösend auf den [...] Bei der Verschiedenheit der in Vorschriften angegebenen Mengenver[...] zwischen Indigo und Säure muß allgemein bemerkt werden, daß es besser [...] viel als zu wenig Schwefelsäure anzuwenden, um nachher beim Verdünn[...] ungelösten Indigo mehr im Rückstande zu haben, der entweder verloren g[...] nur auf umständlichem Wege wieder zu gewinnen ist.

Wenn das Indig-Vitriolölgemisch die bemerkte Zeit gestanden hat, so [...] man die Steinkrüge und gießt in die Masse unter Umrühren in kleinen [...] nen vorsichtig und unter Vermeidung einer starken Erhitzung reines Wasse[...] neue Portion Wasser wird erst dann zugegossen, nachdem das Gemisch [...] Kruge wieder kalt geworden ist. Bringt weiterer Wasserzusatz keine Ext[...] mehr hervor, so kann das Gemisch nun mit seiner 10- bis 15fachen [...] Wasser in einem hölzernen Gefäße verdünnt werden. Man läßt hierauf d[...] zieht nach einigen Tagen die Flüssigkeit bis auf 10 bis 12 cm vom [...] filtrirt den Rest durch ein doppeltes leinenes Filter und wäscht mit wenig [...] nach. Die gesammelten Flüssigkeiten können nun mit kohlensaurem K[...] Natron gefällt werden.

Zu diesem Behufe bringt man dieselben in geräumige Gefäße und [...] centrirte Lösungen von Soda oder kohlensaurem Kali, die vollkommen klar [...] sein müssen, nach und nach unter Vermeidung allzu heftigen Aufschäum[...] kleinen Portionen zu. Wenn kein Aufschäumen mehr stattfindet und die fil[...] blaues Lackmuspapier nicht mehr rothfärbt, so hört man mit allem weitere[...] satze auf und läßt wieder ablegen. Der Indigcarmin setzt sich nun zu Bod[...] nach einiger Zeit kann man einen Theil der Flüssigkeit klar abziehen, die [...] stets stark blau gefärbt ist. Den Rest bringt man auf dichte leinene [...] und läßt die Flüssigkeit abtropfen, was sehr langsam erfolgt. Nach dem [...] tropfen gießt man auf die Tücher noch eine Auflösung von Glaubersalz[...] nachdem diese Lösung durchgegangen ist, etwas reines Wasser, jedoch n[...] da dieses das Blau theilweise auflöst. Ein vollständiges Auswaschen i[...] möglich, wenn man nicht einen Theil der Farbe ins Waschwasser g[...] will. Den Rückstand preßt man nach dem Waschen [...]

Aus den hierbei abfallenden Waschwassern und Filtraten macht man das darin gelöste Indigblau auf die Weise wieder nutzbar, daß man entfettete reine Wolle hineinbringt, welche die Flüssigkeit nach und nach entfärbt und sich selbst blau färbt. Diese Wolle wird hernach rein gewaschen und dann mit einer Auflösung von kohlensaurem Kali digerirt, welches die blaue Farbe wieder aufnimmt. Die erhaltene blaue Lösung kann nun bei geringer Temperatur, z. B. 60°, entweder ganz zur Trockne oder bloß auf ein geringes Volum abgedampft werden, und setzt man sie nun bei neuen Fällungen zu, so erhält man um diesen Betrag mehr an Indigcarmin.

Die Ausbeute an Indigcarmin ist natürlich sehr verschieden je nach dem Indigblaugehalte des Indigos, je nachdem die Schwefelsäure den Indigo ganz oder nur theilweise gelöst oder zersetzt hat, ferner nach der Natur der gebildeten blauen Indigsäuren, nach der Anwendung von Kali- oder Natroncarbonat zum Fällen, nach dem Grade der Auswässerung u. s. w.

Guter reiner Indigcarmin sieht ungefähr aus wie dunkles Pariserblau, hat einen schönen Kupferglanz und löst sich vollständig in Wasser, jedoch nicht in Salzlösungen. Sind an ihm Salze ausgewittert, so wurde das Auswaschen nicht vollständig vorgenommen, und dies ist gewöhnlich der Fall, um zu großen Verlust zu vermeiden.

Das Indigneublau, welches nicht zum Malen, sondern zum Blaufärben der Zeuge dient und vor dem Aufkommen des künstlichen Ultramarins auch viel zum Bläuen der feineren Wäsche angewendet wurde, stellt man aus dem Indigcarmin, welcher dann nicht getrocknet wird, ganz ebenso dar, wie das Neublau aus dem Pariserblau. Um jedoch ohne Aufwand von Indigo die Farbe des Indigneublaues ansehnlicher zu machen, setzt man demselben außer Indigcarmin oft noch Pariserblau zu.

Seine wichtigste, wiewohl durch die blauen Anilinfarben erheblich geschmälerte Benutzung findet der Indigo zur Zeit in der eigentlichen Färberei, während die Fabrikation der Indigfarben für Malerzwecke immer mehr nachgelassen hat. Denn durch die Concurrenz des billigeren künstlichen Ultramarins ist die frühere ausgedehnte Anwendung der Indigfarben sehr reducirt. Namentlich hat die Fabrikation des Indigneublaues fast ganz aufgehört, seitdem man zum Bläuen der Wäsche fast ausschließlich Ultramarin anwendet, welcher hierzu sehr geeignet ist, da er weder Eisen noch Säure enthält. Dasselbe ist der Fall beim Bläuen des feineren Schreibpapiers, während zur Fabrikation von blauem ordinärem Papier die Fabrikanten sich meistens des Pariserblaues bedienen. Auch zum Bläuen des Zuckers benutzt man seit längeren Jahren statt des Indigcarmins lediglich Ultramarin.

In Vermischung mit gelben Lacken kann der Indigcarmin zur Herstellung grüner Farben Verwendung finden (s. S. 415).

Wenn dunkle braune oder schwarze Lackfarben mit wenig Indigo versetzt werden, so erhalten sie eine bläuliche Nüance, aber diese verschwindet beim Trocknen, und der Carmin ertheilt jenen Farben dauernd nur den eigenthümlichen Kupferglanz, der ihm nach dem Trocknen eigen ist. Zur Erzielung eines solchen, von den Consumenten gewünschten Effectes wird daher der Indigo von den Lackfarben zuweilen beigemischt. Man erkennt solche Zusätze, wenn die Farben mit Wasser eine blaue Lösung geben, die durch Säure nicht roth oder gelb werden, wie es der Fall wäre, wenn sie Anilinfarbstoffe enthielten, die einen ähnlichen, aber ins Grüne gehenden Effect hervorbringen können.

2. Lackmus.

Dieser aus mehreren Flechtenarten namentlich in Holland gewonnene Farbstoff ist für den Maler nur von geringem Interesse, dagegen mehr für den Chemiker, welcher ihn als Reagens benutzt. Das Lackmus kommt in länglich viereckigen Stückchen im Handel vor und ist ein Gemenge von sehr wenig eigentlichem blauvioletten Farbstoffes mit viel Kreide, Gyps, Sand und anderen unwesentlichen Zusätzen. Dieser blauviolette Farbstoff wird durch Säuren roth und durch Alkalien wieder blau, verbleicht aber bald an Luft und Licht. Zum Anstrich wird das Lackmus lediglich als Zusatz zum Kalk beim Tünchen verwendet, um demselben eine blaue Nüance zu ertheilen, die aber sehr bald wegbleicht, weshalb das Lackmus auch hierzu nicht mehr zu empfehlen ist. (Vergleiche auch unter die Lackmuserzeugung bei der Orseillefabrikation.)

B. Gelbe Farbstoffe.

An gelben Farbstoffen bietet das Pflanzenreich eine viel größere Menge dar als an blauen, von denen bloß der Indig als ein vielseitig gebrauchtes und brauchbares Product angesehen werden kann. Diese in sehr verschiedenen Pflanzen vorkommenden gelben Farbstoffe sind zwar meistens nicht sehr beständig und nicht von großer Lebhaftigkeit; man benutzt sie jedoch zur Herstellung von Lackfarben für Malerzwecke und für den Tapetendruck. Nachstehend sind diejenigen gelben Farbstoffe und Lackfarben aufgeführt, welche aus handelsgängigen Pflanzentheilen herrühren und eine dauernde ausgedehntere Anwendung gefunden haben, obwohl letztere im Ganzen immer eine weit geringere ist, als diejenige der beständigeren und feurigeren gelben Mineralfarben.

1. Gelbe Farben von Kreuzbeeren. Kreuzbeeren-Lack. Gelbbeeren-Lack.

Die verschiedenen von der Gattung Rhamnus abstammenden Kreuz- oder Gelbbeeren werden im Handel hauptsächlich unterschieden einmal als europäische Arten, kleinere zusammengeschrumpfte dunkelbraune Beeren, sodann als werthvolleren sogenannten persischen Beeren, welche nicht runzlich, sondern rund, von hellolivengrüner bis hellgrüner Farbe in den Handel kommen und um so mehr geschätzt werden, je größer und je heller gefärbt dieselben sind. Der gelbe Farbstoff ist bei jenen Beerengattungen zwar in seiner wesentlichen Zusammensetzung derselbe, aber seine Menge und sein Verhalten bei der Lackbereitung sind verschieden. Diese Ungleichheiten bedingen vorwiegend den Handelswerth der Gelbbeeren, welcher danach oft um das Doppelte differiren kann.

Der gelbe Farbstoff der Kreuzbeeren wird sehr leicht an Wasser abgegeben. Um ihn zur Lackbereitung vollständig auszuziehen, kocht man die vorher am besten mittelst einer Art größeren, von Maschinenfabriken zu solchen Zwecken gelieferten Handmühle grob gemahlenen Beeren wiederholt mit dem 10- bis 12fachen Gewichte Wasser entweder in kupfernen Kesseln über freiem Feuer, oder unter Leitung von Wasserdampf, zieht die Brühe nach jeder Ablochung jedesmal von den Beeren ab, und vereinigt die Abzüge nachher in einem besonderen Gefäße zur vollständigen Abklärung. Die klare Flüssigkeit wird alsdann sofort zur Lackbereitung verwendet, da der gelöste Farbstoff bei langem Stehen anscheinend sich zersetzt und dann einen weniger schönen Farbstoff bildet, welcher auch in den frischen Beeren der vorherrschende Theil zu sein scheint und ihren Werth beeinträchtigt.

Die Ablochungen der Kreuzbeeren verhalten sich folgendermaßen. Sie haben eine gelbe, stark ins Braune und Grüne ziehende Farbe, einen besonderen Geruch und bitteren Geschmack, ohne jedoch viel Gerbsäure zu enthalten, denn dieselben trüben Leimlösungen nur unbedeutend. Kali, Natron, Ammoniak geben einen Niederschlag, verändern aber ihre Farbe ins Orangengelbe, wobei der klare Stich bleibt. Kalkwasser giebt dagegen, bei gleicher Färbung, einen geringen Niederschlag.

Alaun und Eisenoxydsalze geben entweder keine Niederschläge, oder nur einen geringen; immer wird durch sie die Farbe der Flüssigkeit blaß. Bei langem Stehen in verschlossenen Gefäßen setzt sich aus ihr ein weißer Bodensatz ab, der sich aber in heißem Wasser wieder auflöst und aus welchem ebenfalls gelbe Farben hergestellt werden können.

Alaun oder Zinnsalzlösung erzeugen in einer mit Alkali versetzten Ablochung außerordentlich schöne gelbe Niederschläge, indem die gefällte Alaunerde oder das Zinnoxydulhydrat hierbei den Farbstoff aufnimmt. Der Niederschlag

Kreuzbeerenlacke für Conditoreizwecke.

mit Alaunerde ist heller, der mit Zinnsalz dunkler, feuriger und geht mehr ins Orange über. Getrocknet zeigen sich diese Niederschläge so intensiv gelb gefärbt, daß sie braun erscheinen, haben einen glasigen Bruch, nehmen beim Zerreiben eine gelbe Farbe an und färben weiße Flächen in sehr dünner Schicht intensiv gelb. Fällt man dagegen diese Niederschläge auf weiße Körper, wie Kreide oder Stärke, so erhält man prächtige Lacke von citronengelber Farbe, und zwar schon mit Alaun allein ohne Beihülfe von Zinnsalz. Dieses Lackes bedient man zur Herstellung der verschiedenen Kreuzbeerenlacke.

In keinem Falle darf das Kochen der Beeren unter Zusatz von Alkali bewirkt oder die Ablochung längere Zeit vor der Fällung mit Alkali versetzt werden. Es würde sonst schon nach kurzer Zeit nur noch ganz schlechte mißfarbige Niederschläge liefern in Folge der schon erwähnten chemischen Veränderung des Farbstoffs beim Stehen an der Luft, welche durch das Alkali noch mehr begünstigt wird.

a. **Kreuzbeerenlacke für Conditoreizwecke, en pâte und trocken. Saftgelbe.**

Man kocht die Kreuzbeeren mit Wasser mehrere Male ab, den vereinigten geklärten und gesammelten Ablochungen mit Alaun, den man unmittelbar vor auflösen kann, setzt dann gut darin aufzurührende Weizenstärke und kohlensaures Natron nicht im Ueberschusse, sondern nur bis zur Aufhören der Kohlensäureentwickelung hinzu. Man läßt die Farbe sich absetzen, klärt die Flüssigkeit, wäscht die Farbe mit Wasser aus und füllt sie dann ab in Glasbüchsen, um sie in diesen in den Handel zu bringen.

Im nassen Zustande erscheint diese Farbe auch ohne Stärkezusatz hochgelb und ist daher beim Gebrauche sehr ausgiebig. Statt sie durch Zusatz von Stärke zu verdünnen, kann man auch die Menge des Alauns, also diejenige der gefällten Alaunerde, vergrößern, welche gleich der Stärke wirkt, überdies durch ihre äußerst gelatinöse Beschaffenheit ein viel größeres Volumen Farbe liefert. Unter diesen Umständen berechnet sich letzteres Verfahren im Verhältniß zum Gebrauch der Stärke kaum theurer, zumal es noch den Vortheil gewährt, daß durch die vermehrte Thonerdefällung der Farbstoff um so williger der Ablochung entzogen wird.

Sind die von den Niederschlägen abgegossenen Flüssigkeiten noch farbhaltig, so benutzt man sie noch einmal auf gleiche Weise, und wenn sodann die erhaltenen Lacke nicht tief genug gefärbt erscheinen, so bringt man in frische Ablochung, und fällt darauf mit Alaun und Soda neuer Farbstoff.

Kreuzbeerenlacke für Maler und Tapetendruck. 411

Getrocknet haben diese Farben einen festen Zusammenhang und bedürfen ihm erst eines sehr beschwerlichen Zerreibens zum Gebrauche. Sollen sie daher als Saftfarben, d. h. als in Wasser lösliche oder doch darin sehr leicht erweichende und vertheilbare Farben gebraucht werden, so sind sie jedenfalls vor dem Trocknen erst mit einem löslichen Körper zu mischen, der das Erhärten der Farbentheile durch Zwischenlagerung verhindert. Hierzu eignet sich am besten arabisches Gummi entweder allein, oder mit Zucker versetzt. Man löst oder vertheilt diese Stoffe mit der feuchten Farbe und trocknet die Masse auf Schüsseln, von welchen sie nach völligem Trocknen in Form braungelber Stücken abspringt, die sich im Wasser zu einem schön gefärbten gelben Teige auflösen oder erweichen.

Hat man beim obigen Fällen der Farbe eine hinreichende Menge Stärke angewendet, wodurch der Teig nach dem Trocknen hell citronenfarbig wird, so ist der Zusammenhang der getrockneten Farbe nicht so groß, sie läßt sich dann leicht zerreiben, giebt in kochendem Wasser einen schön gelben Kleisterbrei und ist aber für den Conditoreigebrauch gleich der ursprünglich teigförmigen Farbe geeignet. Diese stärkereiche Farbe kommt getrocknet im Handel vor, und zwar öfters in Form von kleinen Hütchen.

Als eigentliche Saftfarbe zum Coloriren, en pâte oder eingetrocknet, sind lediglich die reinen, nicht mit Stärke, sondern nur mit Gummi versetzten Niederschläge anwendbar. Wie dunkel sie auch im trocknen Zustande dann aussehen mögen, geben sie doch beim Verwaschen der weißen Fläche eine prächtige, durchsichtige, gelbe Farbe.

b. Kreuzbeerenlacke für Maler und Tapetenfabrikation.

Diese Lacke werden zwar im Principe ähnlich den vorigen dargestellt, die Fällung des Farbstoffs erfolgt aber in der Praxis unter Anwendung von Alaun, Kreide und Stärke ganz auf demselben methodischen Wege, wie bei der Darstellung der rothen Lacke aus rothen Farbhölzern unten angegeben wird. Hierbei hat man es ganz in der Hand, dem Lacke eine bestimmte Farbentiefe zu geben, indem man immer mehr Farbstoff auf die Stärke fällt, bis die Intensität erreicht ist.

Es ist zwar möglich, jedoch bei näherer Betrachtung nicht vortheilhaft, die Stärke entweder durch Kaolin zu ersetzen, oder auch ohne diesen Ersatz ganz wegzulassen. Der Kaolin wirkt hierbei, da er keinen Farbstoff bindet, lediglich als weißer gewichtsvermehrender Zusatz. Ohne Kaolin und bei ganz weggelassener Stärke muß man doch zur Erzielung der erforderlichen Nüance die Quantität

412 Quercitronlade. — Verhalten der Quercitronabkochung.

der Kreide vermehren, von welcher die nicht durch den Alaun gefällte Thon nun ebenfalls als verdünnender Zusatz wirkt.

Aber man wird dabei finden, daß, da der Thon und die Kreide viel bedeckender und weniger durchscheinend als Stärke sind, eine viel größere Quantität Quercitronabkochung nöthig ist, um der Farbe die gleiche Intensität und Tiefe zu geben, als bei Mitbenutzung von Stärke als Farbenträger.

2) Gelbe Farben von Quercitron.

Schnellgelb. Gelber Lack.

Die Rinde der namentlich in Nordamerika häufigen schwarzen Eiche Quercus nigra oder der Färbereiche Quercus tinctoria, die Quercitronrinde, wird in den europäischen Seeplätzen geraspelt oder gemahlen und in diesem zerkleinerten, für die unmittelbare Verwendung geeigneten Zustande an die Färberei und Farbenfabriken verkauft. Unter dem richtigen Namen Quercitronextrakt kommt ferner die eingedampfte Abkochung der Rinde als dunkelgelbe fast schwarze Extractmasse in den Handel, welche sich in kochendem Wasser leicht und vollständig, noch leichter bei Zusatz von etwas Alaun auflöst.

Gemahlene Quercitronrinde giebt durch wiederholtes Auskochen mit Wasser eine orangegelb bis bräunlich gefärbte Lösung von bitterem, zusammenziehenden Geschmack und schwach saurer Reaction. Durch Alkalien oder Kalkwasser wird die Abkochung unter Ausscheidung von wenig rothgelben Flocken dunkler, durch Säuren und saure Salze, auch Alaun, blaß citronengelb gefärbt, während Zinnsalz und Bleizucker darin einen rein gelben, in ganz geringer Menge auch durch Alaun erzeugten, Eisenoxydsalze dagegen einen schmutzig grünen Niederschlag hervorbringen. Die Abkochung scheidet beim Stehen oder langsamen Verdunsten nach und nach einen Farbstoff in gelben, glänzenden Blättchen: das Quercitrin, ab. Mit verdünnten Säuren gekocht verwandelt sich letzteres unter Abscheidung von Zucker in einen anderen Farbstoff, das Quercetin, welches ein citronengelbes Pulver bildet, und weniger rein als graugelbes Pulver unter dem Namen Flavin in den Handel gelangt, aber mehr zur Färberei als zur Lackfarbengewinnung Verwendung findet.

Zur Darstellung der Lackfarben benutzt man namentlich die Eigenschaft der Quercitronabkochung, ihren gelben Farbstoff an Alaunerde abzugeben, welche aus Alaun und Kreide in dem Decocte gefällt ist. Enthält der zur Fällung verwendete Alaun, wie meistens der Fall, Eisen, so wird die an sich rein gelbe feurige Farbe des Niederschlages in nachtheiliger Weise modificirt durch die oben erwähnte schmutzig grüne Fällung, welche Eisenoxydsalze in der Abkochung, und zwar mit der darin gelösten Gerbsäure hervorbringen. Je

Darstellung von ordinärem Schüttgelb.

; eisenfreier Alaun kaum oder nur mit viel Kosten zu erhalten ist, so verhindert man die Entstehung jenes mißfarbigen Niederschlages durch vorgängige Entfernung der Gerbsäure aus der Abkochung durch Zusatz entweder von Leimlösung, r von jedoch nicht überschüssiger Kalkmilch. Letztere ist vorzuziehen, da der saure Kalk viel leichter durch Stehenlassen und Absetzen von der Flüssigkeit getrennt werden kann, als die sich schwer absetzenden Flocken des Leimniederschlages, überdies durch den Kalk noch ein anderer, brauner Farbstoff gefällt wird.

Die Quercitronfarben haben einen nicht zu unterschätzenden Vorzug vor meisten übrigen gelben Farben. Die letzteren erscheinen bekanntlich im gemeinen bei Lampenlicht entweder ganz weiß, oder doch viel weniger intensiv schön. Ebenso verändern sich unter denselben Umständen die aus Gelb und u gemischten Grüne in Blaugrün oder ganz in Blau, ja sogar bei ungemischten, an sich grünen Farben, z. B. dem Schweinfurtergrün tritt ein solcher Farbenwechsel hervor. Die aus Quercitron hergestellten Farben bilden er hierin eine Ausnahme, denn sie behalten ihre Intensität auch i Kerzenlicht. Diese Eigenschaft ist namentlich für Theaterdecorationen halb von Wichtigkeit, weil der Effect bei künstlicher Beleuchtung hier schon Tageslichte, also bei Ausführung der Malereien, beurtheilt werden kann, s bei anderen Farben dem Maler viele Schwierigkeiten macht. Ebenso gestaltet diese Unveränderlichkeit ein sicheres Mittel zur Unterscheidung der Quercitronlacke von anderen Lacken.

Ordinäres Schüttgelb. Holländisches Schüttgelb. Stil de rain. Das gewöhnliche ordinäre Schüttgelb des Handels, welches eine orm hat, die an seinen Namen erinnert, wird aus der Quercitronabkochung ne viele Umstände, ohne Absonderung der Gerbsäure gewonnen. Entweder d die unter Zusatz von wenig Alaun erhaltene Abkochung gleich nach dem bleichen mit Kreide aufgerührt, wobei durch die niederfallende Alaunerde der Farbstoff, jedoch nur zum Theil, gefällt wird; oder es wird das unten bei reitung der rothen Lacke näher anzugebende methodische Verfahren angewendet, i welchem unter allmäliger aber vollständiger Abgabe des in der Brühe enthaltenen Farbstoffs die Alaunerde und Kreide zuletzt bis zur gewünschten Intensität gefärbt werden. Die Zusätze bestehen nur in Kreide und Alaun, letzterer wird bei dem Wechsel der Brühe aufs Neue in geringer Menge zugesetzt. Ist die erforderliche Intensität der Farbe erreicht, so läßt man diese absetzen und dann auf Filtrirtüchern zu einem steifen Brei abtropfen. Die Form erhält sie durch die rt, wie der teigige Brei mit Löffeln auf die Trockenbretter gelegt wird. Regelmäßigere Häuschen, aber ohne Schneckenwindung an der pyramidalen Form, rhält man, wenn man die Masse aus größeren Trichteröffnungen so herausschlägt, wie S. 105 angegeben ist.

Bereitung des feineren Schüttgelbs oder gelben Lacks.

Feinere Schüttgelbe. Gelber Lack. Es giebt Sorten mit dem dreifachen und vierfachen Werthe des ordinären Schüttgelbs unter anderer Benennung, z. B. einfach gelber Lack. Ihre Darstellung erfolgt wie vorhin, nur mit dem Unterschiede, daß man die Gerbsäure vorher aus der Abkochung durch Leimlösung und Kali entfernt, in Folge dessen die gewonnenen Lacke eine rein gelbe Farbe erhalten ohne den grünlichen Ton der rohen Lacke.

Die Schönheit der reinen Lacke läßt sich noch erhöhen durch einen geringen Zusatz von Zinnsalz, wodurch an die Stelle vorhandener Kreide Zinnoxydulhydrat tritt unter gleichzeitiger Bildung von Chlorcalcium, welches durch Auswaschen vollständig zu entfernen ist, weil sonst die Lacke schwer trocknen und selbst nach scharfer Austrocknung doch wieder Feuchtigkeit anziehen.

Im Allgemeinen stehen die Lacke aus Quercitron denjenigen aus Kreuzbeeren an Schönheit und Farbe nach. Darin liegt auch wahrscheinlich der Grund, daß man meines Wissens weder die Fähigkeit des Bleiessigs, den Quercitronfarbstoff gelb zu fällen, noch die Niederschlagung desselben mit Zinnsalz und Alkali zur Lackgewinnung benutzt, sondern hierzu wohl Kreuzbeeren vorzieht.

Um aus Quercitronlacken und Pariserblau grüne Farben herzustellen, welche auch bei künstlicher Beleuchtung unverändert grün erscheinen, darf der gelbe Lack keinen Ueberschuß von Kreide, also kohlensauren Kalk, enthalten, weil dieser das Pariserblau zum Theil zersetzen und mißfarbig machen würde. Darnach ist die Lackbereitung in der Weise einzurichten, daß alle Kreide durch Alaun in schwefelsauren Kalk umgewandelt, und als sicheres Zeichen dieser Umwandlung überschüssiger Alaun in der Flüssigkeit vorhanden ist. Hat daher bei der oben erwähnten methodischen Fällung der niedergeschlagene Lack zwar die richtige Intensität, aber noch einen Gehalt unzersetzter Kreide, so wird die Behandlung des Lackes mit Abkochung und Alaunzusatz fortgesetzt, bis nach mehrmaliger Einwirkung des letzteren eine abfiltrirte Probe der Flüssigkeit nach dem Abdampfen auf einem Uhrglase kleine Octaëder von Alaun ergiebt, die auch von einem ungeübten Auge sehr leicht erkannt werden.

Mit einem derartigen, von kohlensaurem Kalk freien Quercitronlack kann nun jede Nüance von Grün mit obiger Eigenschaft hergestellt werden. Zu diesen grünen Lacken ist als Blau auch Indigcarmin verwendbar. Erscheinen die grünen Lacke zu dunkel, so giebt man Beimischungen von künstlichem schwefelsaurem Baryt, oder am besten von Stärke, welche die Durchsichtigkeit am wenigsten beeinträchtigt.

Nach meinen Versuchen giebt die Auflösung des käuflichen Quercitronextractes in Wasser, wenn man damit Kaolin unter Zusatz von Alaun digerirt, einen schönen grünlichgelben Lack, aber die Flüssigkeit wird davon nicht völlig entfärbt; und dieser gelbe Lack giebt mit Thonerblau ein sehr hübsches Grün

Purrée (Indischgelb). Gummigutt.

r das Verhalten der Lösungen des Quercitronextractes zu Theerfarbstoffen, entlich auch den blauen, sind unten bei diesen specielle Angaben gemacht.

3) Purrée. Indischgelb.

Neben dem S. 231 beschriebenen, aus salpetrigsaurem Kobaltoxyd-Kali hembem Jaune indienne kommt unter obiger gleicher Bezeichnung ein an- ich aus China und Indien stammendes Product in braunen oder grauweißen,) grünlichen, im Bruche lies orangegelb gefärbten Stücken vor, dessen Pulver er dem Mikroskope in kleinen prismatischen Nadeln erscheint.

Man hat darin im Wesentlichen neben benzoësauren Salzen das Magnesia- einer besonderen organischen Säure gefunden, die von Stenhouse Purrée- re, von Erdmann Euxanthinsäure genannt ist. Das Purrée scheint) Auswaschen der löslichen Salze lediglich als gelber „Indischgelb" bezeich- r Lack verwendet zu werden, neuerdings jedoch durch die obengedachte, weil nere Kobaltfarbe gleichen Namens, namentlich in der Benutzung als feine lsarbe bei der Miniaturmalerei, ersetzt zu sein.

4) Gummigutta.

Das Gummigutta ist ein aus Siam kommendes Harz und zugleich eine nbe, die nur als Wasserfarbe zur Bereitung von Tuschen dient, während s Gummigutt andererseits auch zur Darstellung gefärbter Firnisse gebraucht ıb. Die besseren und reineren Sorten dieses Harzes bilden als Röhren- tta 8 bis 9 cm dicke Cylinder oft mit streifigen Eindrücken von den Bambus- ßırn, in welchen es ursprünglich enthalten war oder noch ist. Eine andere orte in unregelmäßigen mit Blasen durchsetzten Stücken, das Schollen- oder lüdgutta, ist oft mit Sand, Stärke u. s. w. verunreinigt. Die reinste orte heißt im Allgemeinen Gummi electum. Die Reinheit ist nicht schwer rmitteln, insofern sich das eigentliche gelbe Harz in Weingeist und Aether löst; e reineren Sorten hinterlassen dabei einen höchstens 20 bis 30 Procent betra- nden unlöslichen Rückstand von Sand und anderen zufälligen Beimischungen.

Mit Wasser läßt sich das Gummigutta zu einem gelb gefärbten Teige reiben, und dann mit Bindemitteln wie Gummilösung zu Tusche verreiben, wohl vor als nach der Reinigung von fremden Bestandtheilen, die für feinere ische immer vorausgehen muß. Die Reinigung geschieht entweder durch Auflösen s Weingeist und Fällen mit Wasser, wodurch das reine Harz milchig ausgeschieden ird und als Teig durch Filtration getrennt werden kann; oder auch durch Auflösen n Kalilauge und Ausfällen mit schwacher Säure. Endlich genügt auch schon das

416　Safran. — Gelbholz. Gelbholzfarbstoffe.

Auskochen mit Pottasche, wobei ein Brei entsteht, der zur Abscheidung mechanischer Verunreinigungen durch dichte Leinwand gedrückt werden kann.

5) Safran.

Der im Handel vorkommende Safran, bestehend aus den Blüthennarben in südeuropäischen Ländern cultivirten Crocus sativus, enthält zwar einen gelben Farbstoff, das Crocin oder Safranin, wird aber schon seines hohen Preises wegen nicht als Material für gelbe Lackfarben und auch kaum in der Färberei angewendet, sondern dient entweder als Pulver oder im Auszuge als Farbe für Speise- und Conditorwaaren.

6) Gelbholz. Fustik. Gelbholzgelbe und Gelbholzfarbstoffe.

Es giebt zwei Arten von Gelbholz: a. das eigentliche Gelb- oder alter Fustik, das Holz des Färbermaulbeerbaumes, Morus oder M. tinctoria, von den Antillen und aus Siam in Blöcken eingeführt, und b. Holz des in südeuropäischen Ländern einheimischen, auch bei uns angebauten sogenannten Perrückenbaumes, Rhus cotinus, welches zum Unterschied von dem erstgenannten Gelbholze als neuer Fustik oder Fisetholz (auch in Form runder geschälter Knüppel in den Handel gebracht wird. Beide Holzarten werden auf Farbholzmühlen gemahlen und als grobes Pulver an die Consumenten abgegeben.

In dem eigentlichen Gelbholze oder älteren Fustik sind zwei näher beschriebene Farbstoffe enthalten: das Maclurin (Wagner's Morinsäure) und das Morin. Ersteres, in etwa 1,1 Theile kochendem und 6 Theilen kaltem Wasser löslich, findet sich meistens an einzelnen Stellen innerhalb der Gelbholzblöcke als krystallinische Ablagerung, aus der es durch Umkrystallisiren aus kochendem Wasser unter Abscheidung eines die Flüssigkeit trübenden Harzes leicht rein erhalten werden kann. Das Morin, in 1000 Theilen kochender, 4000 Theilen kaltem Wasser löslich, ist dagegen, wahrscheinlich in Verbindung mit Kalk, im ganzen Holze vertheilt.

Durch Abkochen des Gelbholzes mit Wasser wird also vorzugsweise Maclurin gelöst. Diese lebhaft orangegelb gefärbte, geruchlose, zusammenziehend schmeckende Abkochung fällt den Leim stark, und wird durch Alkalien anfangs roth, endlich olivenfarbig. Zinnsalz und Alaun färben die Abkochung gelb, essigsaures Bleioryd orangegelb, und Eisenoryosalze geben darin braune Niederschläge.

Läßt man das kochend heiß filtrirte Gelbholzextract ruhig stehen, so setzt beim Erkalten das Morin mit etwas Maclurin

r die Ablochung bis zum Gewichte des angewendeten Gelbholzes, so scheidet
beim Erkalten Morinkalk ab, aus welchem durch Kochen mit Oxalsäure
d Weingeist das reine Morin als krystallinisches Pulver erhalten werden kann.
Das Maclurin oder die Moringerbsäure bildet im reinen Zustande
hellgelbes, aus mikroskopischen Nadeln bestehendes, in kochendem Wasser
lichtes Pulver von bitterem, zusammenziehendem Geschmacke und saurer
action, jedoch von schwachem Säurecharakter, da es die Kohlensäure der Alkali-
bonate, mit welchen es gelbe Lösungen bildet, erst bei Siedhitze austreibt.
e wässerige Lösung des Maclurins fällt gleich der Gelbholzablochung Leim-
ung wie Gerbsäure, daher der ältere Name Moringerbsäure. Die Lösung
bi mit Kalk eine schwer lösliche, sich in braunen Flocken abscheidende Ver-
indung, mit Zinnsalz einen rothgelben, mit Bleiessig dagegen einen schönen
oangelbähnlichen Niederschlag. Durch schwefelsaures Eisenoxyd wird sie grün-
warz gefällt.

Das Morin bildet schwach gelblich gefärbte Krystallnadeln, die in kochen-
m Wasser schwer, in Alkohol leicht löslich sind. In verdünnten Säuren löst
sich zu farblosen Flüssigkeiten, in reinen und kohlensauren wässerigen Alkalien
och mit schön gelber Farbe. Beim Neutralisiren der Flüssigkeiten wird es
eder ausgeschieden. Mit Kalk verbindet es sich zu einer krystallinischen, schwe-
gelben Verbindung, dem schon oben erwähnten Morinkalk. Die Verbindung
s Morins mit Alaunerde, erhalten durch Fällung einer ammonialkalischen
ifung des ersteren mit Alaunlösung ist gleichfalls hellgelb, ebenso seine Blei-
rbindung, letztere wird aber durch Trocknen fast schwarzbraun. Zinsalzlösung
ird durch Morin citronengelb, Eisenchlorid aber granatroth gefällt.

Aus dem vorstehend kurz erörterten Verhalten der beiden Farbstoffe, nament-
h gegen Eisen, ergiebt sich von vornherein, daß aus dem Gelbholze rein gelbe
diarben schwierig und nur bei Anwendung von eisenfreien Fällungsmaterialien,
so unter kaum zu erfüllenden Bedingungen zu erzielen sind. Die Erfahrung
u solches bestätigt, insofern die Ablochung des Gelbholzes bei einer gleichen
chandlung, wie die oben beschriebene des Quercitrondecoctes, zwar gelbe, aber
cht gerade besonders schön gefärbte Lacke ergiebt, die den gelben Lacken aus
luercitronabsochung selbst dann bedeutend nachstehen, wenn letztere Lacke aus
er nicht vorher von Gerbsäure befreiten Ablochung gefällt, mithin weniger
in sind. Die ungünstige Wirkung des Eisens, namentlich in dem zur Fällung
rwendeten Alaun, hat sich bei den Gelbholzfarbstoffen größer erwiesen, als bei
m Quercitronfarbstoffen. Im Uebrigen werden die Gelbholzlacke wie die Quer-
tronlacke durch Fällung mit Alaun und Kreide hergestellt, wobei jedoch die Kreide
Rücksicht auf die Wirkung des Eisens stets im Ueberschuß vorhanden sein muß.
eine Hauptverwendung findet das Gelbholz unter den dargelegten Umständen
icht zur Gewinnung von Lacken, sondern in der Färberei zum Gelb-, Grün-

Fifetholzablochung. — Berberin. — Curcuma.

und Schwarzfärben. — Es kommt auch ein Gelbholzextract von bräunlicher Farbe aus Westindien in den Handel.

Der neue Fustik, auch Fisetholz genannt, hat eine schöne gelbe Farbe und giebt gleichfalls mit Wasser eine orangegelbe, jedoch mehr ins Bräunliche spielende Lösung von bitterem, zusammenziehendem Geschmack, welche durch Leimlösung gefällt wird. Verdünnte Säuren und Alaun verändern die Farbe derselben ins Grünliche unter geringer Fällung. Zinnsalz und Bleizucker geben starke orangegelbe Niederschläge. Die Alkalien, auch Kalk und Baryt färben die Lösung roth, Aetzkali sogar purpurfarbig. Eisenvitriol giebt einen braunen Niederschlag unter olivenbrauner Färbung der Flüssigkeit. Hieraus geht hervor, daß mittelst der gewöhnlichen, einfachen Fällungsmethoden aus dem Fisetholz becocte keine schönen Lacke herzustellen sind. Das Holz wird jedoch in der Färberei namentlich dazu gebraucht, um mit Thonerdesalzen und Zinnsalz gebeizten Zeugen orangegelbe und orangerothe Farben mitzutheilen, die zwar lebhaft aber wenig beständig sind, nämlich durch Alkalien und Seife angegriffen werden.

7) Berberisgelb. Berberin.

Die Wurzeln des Sauerdorns oder Berberisstrauches enthalten einen gelben Farbstoff mit den Eigenschaften einer schwachen organischen Base, das Berberin, welches durch Auskochen der Wurzeln, Ausfällung der fremden Stoffe aus der Abkochung mit Weingeist und Verdunsten der alkoholischen Lösung in gelben Krystallnadeln gewonnen wird und in 500 Theilen Wasser von 12°, leicht in heißem Wasser löslich ist.

Das Berberin giebt mit Säuren schwer lösliche Verbindungen und wird durch metallische Salze nicht gefällt. Dagegen verbindet es sich mit thierischen Fasern nach Art der Anilinfarben, so daß es namentlich zum Gelbfärben von Leder dient. Aber weder das Berberin, noch die Abkochung der Berberiswurzeln, wie jenes zum Färben von Leder, auch von Holz, Wolle u. s. w. benutzt wird, findet bei dem gänzlichen Mangel an den zur Bildung von Lackfarben erforderlichen Eigenschaften irgend eine Anwendung zur Lackfabrikation.

8) Curcuma.

Die Wurzel des Curcumaingbers kommt aus Ost- und Westindien in Knollen oder gegliederten Wurzelstücken oder im gemahlenen Zustande in den Handel und enthält einen harzartigen, in Wasser sehr wenig löslichen, in Weingeist, Aether und fetten Oelen leicht löslichen gelben Farbstoff, der durch Alkalien gebräunt und gelöst, beim Neutralisiren derselben mit Säure aber noch gelb irbt und gefällt wird. Die leichte Veränderlichkeit dieses im Ausfehen ganz nen Farbstoffs auch am Lichte macht ihn wenig geeignet als Material für 'e Lacke, deren Darstellung außerdem kostspielig ist. Man erhält sie am igsten und leichtesten, wenn man die Wurzel mit kaustischem Ammoniak auszt, in diesen Auszug den zur Aufnahme des Farbstoffs bestimmten weißen per, z. B. Kaolin, Stärke, Gyps oder Gemenge davon einrührt und dann Ammoniak entweder mit einer Säure neutralisirt, oder besser durch Stehenen des Auszuges an der Luft verdunsten läßt, so daß in beiden Fällen der die Körper gefällte Farbstoff zurückbleibt. Uebrigens habe ich im Handel e Curcumalacke angetroffen, wie denn auch andererseits die Curcumawurzel in Färberei nur eine verhältnißmäßig geringe Anwendung findet. Die Beung ihres gelben Farbstoffs zu Reagenspapier, mit weingeistigem Curcomawurzelauszuge getränkte und getrocknete Papierstreifen, mag hier noch erint werden.

9) Wau. Waugelb. Luteolin.

Die Färberreseda, Reseda luteola, in Mitteleuropa wild wachsend und angebaut, kommt als ganze Pflanze getrocknet unter der Bezeichnung Wau d Gelbkraut in den Handel. Der Wau enthält als wesentlichen färbenden standtheil einen gelben Farbstoff, welcher von Chevreul dargestellt, untersucht d Luteolin genannt ist. Das Luteolin oder Waugelb bildet gelbe, feine, unter zweiser Zersetzung flüchtige Nadeln, löslich in 5000 Theilen kochendem, in 000 Theilen kaltem Wasser, aus welchem es durch Säuren wieder gefällt wird; alich leicht löslich in Weingeist, schwerer in Aether, von Alkalien mit tief er Farbe gelöst; im chemischen Verhalten dem Quercitrin, Morin und Maclusähnlich.

Das Waudecoct ist röthlich gelb, reagirt sauer und wird durch Leimlösung llt. Alaun giebt damit einen schwachen, Zinnsalz und Bleizuckerlösunn geben dagegen reichliche intensiv gelbe Niederschläge. Eisenoxydsalze len fie braun, und Kupferoxydsalze grünlichgelb. Es lassen sich aus Waucct gelbe Lacke auf dieselbe Weise herstellen, wie mit Krenzbeeren- und Quercumablochungen, denn das Luteolin bildet mit den meisten Basen, wie Alaunerde, ii und auch Kupferoxyd Verbindungen, welche die Eigenschaft guter gelber le haben. Bei ihrer Fällung dürfen aber in den anzuwendenden Flüssigkeiten der leimfällende Gerbsäure noch Eisenverbindungen enthalten sein. Daß man Wau nur in unbedeutendem Maße zur Gewinnung gelber Lackfarben, fons vorwiegend zu Färbereizwecken verwendet, liegt an dem nach Verhältniß et geringen Farbstoffgehaltes zu hohen Preise dieser Pflanze.

10) Orleangelb und Orleanfarbstoffe.

Der Orlean ist eine in Ost- und Westindien aus dem Fleische der Frucht des Orleanbaumes, Bixa orellana, gewonnene harzige, rothbraune Masse, welche theils trocken in Kuchen oder Röhren, theils als ein sehr wasserhaltiger Teig in den Handel gelangt. Es lassen sich daraus hochgelbe bis orangerothe Lacke herstellen, welche aber nicht in Gebrauch gekommen sind. Er enthält nach Chevreul zwei verschiedene Farbstoffe, einen gelben, das Orellin oder Orleangelb, und einen rothen, das Bixin. Der erstere ist in Wasser leicht, letzterer schwer löslich, aber beide lösen sich in Weingeist, der rothe Farbstoff auch und in Kalilauge, flüchtigen und fetten Oelen. Eine wässerige Abkochung des Orlean enthält daher fast nur den gelben Farbstoff gelöst, während der rothe Farbstoff aus dem Rückstande jenes Decoctes durch Kochen mit Kalilauge, oder besser mit kohlensaurem Kali, welches die übrigen Bestandtheile weniger angreift als reineren Farbstoff aufnimmt, in Lösung gebracht werden kann. Das Quantitätsverhältniß beider Farbstoffe im Orlean ist je nach der Beschaffenheit des letzteren ein sehr abweichendes; man zieht aber stets denjenigen Orlean vor, welcher am meisten gelben Farbstoff enthält.

Um gelbe Lacke mit dem Orlean herzustellen, versetzt man die wässerige Abkochung desselben mit kohlensaurem Kali oder Natron und fällt mit einem Ueberschuß von Alaun. Orangerothe Lacke erhält man dagegen, wenn man die Abkochung von vornherein mit kohlensaurem natron- oder kalihaltigem Wasser bereitet, welches nun beide Farbstoffe löst, und dann die geklärten Abkochungen mit Alaun oder Zinnsalz fällt. Hochorange Lacke werden erzielt, indem man zunächst den Orlean durch Auskochen mit Wasser einen Theil des gelben Farbstoffs entzieht, hierauf mit kohlensaurem kali- oder natronhaltigem Wasser auslocht und die letzteren Abkochungen für sich mit Alaun oder Zinnsalz fällt.

Gelbe Firnisse werden dargestellt durch Uebergießen des getrockneten und feingeriebenen oder gemahlenen Orlean mit Terpentinöl oder Weingeist, welche den Farbstoff allmälig auflösen und sich hochgelb färben. Mischt man die Lösungen nun den fetten oder Spritfirnissen zu, so erhalten diese hierdurch eine hochgelbe bis orangegelbe Farbe.

Auch die fetten Oele nehmen beim warmen Digeriren mit dem Orlean, schneller bei Zusatz von Weingeist, oder beim Kochen damit den Farbstoff auf und erhalten eine dunkle orangegelbe Farbe. Ein Fleck von so gefärbtem Oel auf Papier erscheint schön und stark gelb. So wird unter Benutzung von Sesamöl oder feinem Provenceröl die sogenannte Butter- oder Käsefarbe das Annatto der Engländer dargestellt, welche sowohl in größeren Molkereien, wie auch inneren Landwirthen als färbender Zusatz zu Butter und Käse benutzt wird, s diesen Producten die von den Käufern gewünschte angenehme gelbe Farbe ertheilen, die sie nicht immer von Natur haben. Endlich ist noch die Verwendung des Orlean zum Seidefärben zu erwähnen.

11) Andere gelbe Farbstoffe und Farben daraus.

Außer den vorstehend angeführten gelben Farbstoffen und Farbmaterialien, lche zwar nicht alle zur Darstellung von Malerfarben angewendet werden, aber enfalls eine gängige, wenn auch zu anderen Zwecken benutzte Handelswaare ben, giebt es noch eine Menge anderer, die deshalb nicht in den Verkehr augen, weil sie zu selten oder zu gering an Farbstoff sind, oder weil der rbstoff wegen seiner Unbeständigkeit nicht verwendbar ist. So enthält die nde des Holzapfels einen gelben Farbstoff, der schöne Lacke giebt, aber sie zu selten. Viele Gräser, die Kartoffelpflanze, selbst das Laub der Bäume en Abkochungen, aus denen gelbe Lacke fällbar sind, aber letztere verbleichen erst schnell, sind daher ebenfalls nicht anwendbar, oder das Product würde d aus dem Gebrauche kommen, wenn man dessen Einführung in den Handel suchen wollte.

C. Rothe Farbstoffe.

Von den verschiedenen rothen Farbstoffen pflanzlichen und thierischen sprungs sind nachfolgend diejenigen aufgeführt, welche sich besonders zur rstellung von Lackfarben eignen.

1) Rothe Farbstoffe und Farben aus Krapp.

Alizarin. Purpurin. Krapplacke. Münchener Lacke.

Der Krapp, die Wurzel der Färberröthe: Rubia tinctorum, welcher seit r allen Zeiten als ausgezeichnetes Färbemittel die vielseitigste Anwendung unden hat und namentlich auf Baumwolle vortreffliche und ächte Farben schiedener Art liefert, dient auch zur Darstellung schöner rother Lackfarben, sich ebenfalls durch Beständigkeit vor allen anderen rothen, nicht mineralischen rben auszeichnen.

Die zahlreichen Untersuchungen des Krapps und seiner Farbstoffe haben im sentlichen folgende Resultate ergeben.

1) Was den Gehalt der Wurzel an rothen Farbstoffen oder den färbenden primitiven Stoffen (s. unten) betrifft, so finden sich diese hauptsächlich in dem Rindenparenchim, d. h. in dem fleischigen Theile der Steinwurzeln zwischen Oberhaut und Holz, und natürlich auch bei verschiedenen Wurzeln in verschiedener Menge. Der Werth des Krapps hängt nun nicht allein von dem primitiven Reichthum an Farbstoffen in dem Rindenparenchim ab, sondern auch von der Manipulation und der Zweckmäßigkeit derselben, die mit der ganzen Wurzel vorgenommen werden, nicht nur um sie zu erdigen, bei der Ernte mitfolgenden Theilen und von den kleinen Wurzeln zu trennen, welche keinen der nutzbaren Stoffe enthalten, sondern auch um Oberhaut und den holzigeren Bestandtheilen, wozu mehrere Wege eingeschlagen werden. Im Handel kommt der Krapp nun in solchen bearbeiteten Zuständen vor, aber auch gemahlen. Seine Güte kann weder nach dem Ansehen, noch der Landschaft, in der er gewonnen wird, beurtheilt, sondern muß in einzelnen Fällen durch bestimmte Untersuchung ermittelt werden. So hat man gefunden, daß die frische Krappwurzel ursprünglich wenig oder gar fertiggebildeten Farbstoff, sondern nur sogenannte Chromogene, d. h. farberzeugende Substanzen enthält, welche erst allmälig unter gewissen Einwirkungen in die eigentlichen rothen Farbstoffe übergehen. Anfangs ist daher die Menge letzteren im Krapp gering, vermehrt sich aber bei längerer Aufbewahrung des Krapps durch eine Art Gährung bis zu einem gewissen Grade, um dann bei weiter schreitender Zersetzung wieder vermindert zu werden. Dieser Umwandlungsproceß findet namentlich bei dem gemahlenen Krapp statt, und zwar bei Luftzutritt, nicht aber bei Ausschluß der Luft.

2) Die rothfärbenden und namentlich zur Lackfabrikation benutzbaren Stoffe des Krapps sind zwei abweichend zusammengesetzte und besonders charakterrothe Verbindungen: das Alizarin, der wichtigste Krappfarbstoff, und das wichtige Purpurin. Diese bilden sich theils, wie bereits angedeutet, natürliche Gährung in der Wurzel selbst, theils können sie durch Umwandlung ursprünglichen farbstoffbildenden Substanzen des Krapps mittelst chemischer Agenzien künstlich erzeugt und abgeschieden werden. Der von dem fleischigen Theile der frischen Krappwurzel abgepreßte Saft bildet eine sauer gelbliche Flüssigkeit, die an der Luft roth wird; er nimmt auf Zusatz von Ammoniak eine purpurne, Zusatz von Schwefelsäure eine hochrothe Farbe an, und die mit letzterem versetzte Flüssigkeit läßt beim Verdünnen die rothen Farbstoffe fallen. Weiteres ist dieser Hinsicht von frischem Krapp nicht bekannt.

Aus der trockenen Krappwurzel haben verschiedene Chemiker auch meist nicht roth, sondern meist gelbgefärbte Stoffe ausgezogen, welche durch Einwirkung Alizarin bezw. Purpurin und Nebenproducte liefern. Hieraus geht hervor, daß auch der getrocknete Krapp wenigstens noch nicht alles Aliz-

Alizarin und Purpurin.

und Purpurin schon fertig gebildet enthält, daß man also durch geeignete chemische Behandlung des Krapps auf die vollständige Umwandlung der darin vorhandenen anderweitigen farbstofferzeugenden Substanzen in das zu benutzende Alizarin bezw. Purpurin Bedacht zu nehmen hat.

Das Alizarin, der für die Farbenbereitung wesentlichste der beiden rothen Krappfarbstoffe, auch wohl Krapproth und Lizarinsäure genannt, löst sich in Weingeist und krystallisirt daraus in rothgelben bis braungelben Nadeln, die Wasser enthalten, welches bei 100° entweicht. Der wasserfreie Rückstand schmilzt in höherer Temperatur und läßt sich zu orangegelben durchsichtigen Krystallen sublimiren. Es löst sich kaum in kaltem Wasser, mehr in heißem. Diese letztere Lösung ist gelblich, wird aber mit Kalk oder Alkali rosenroth. Die ätherischen und alkoholischen Lösungen sind ebenfalls gelb. Concentrirte Schwefelsäure löst es mit blutrother Farbe. Diese Lösung wird auch beim Erwärmen nicht zersetzt und läßt beim Verdünnen mit Wasser das Alizarin in orangegelben Flocken niederfallen. In ätzenden Alkalien löst es sich leicht zu Flüssigkeiten, welche bei durchfallendem Lichte tief purpurfarbig, bei reflectirtem violett erscheinen. Aus diesen alkalischen Lösungen wird es durch Uebersättigen mit Mineralsäuren wieder abgeschieden.

Seine Verbindungen mit Alaunerde und Kalk, zu welchen es große Affinität hat, bilden unter Hinzutritt von Purpurin die Grundlage aller Krapplacke.

Seine Affinität zum Kalk ist so groß, daß er es den alkalischen Lösungen ganz entzieht; ebenso wirkt frisch gefällte Thonerde, womit es einen dunkelbraunrothen oder rothen Lack hervorbringt. In kochender Alaunlösung löst sich das Alizarin wenig; erkaltet die Lösung, so scheidet es sich daraus in Flocken wieder ab, welche sich in der Ruhe zu Boden setzen.

Das Purpurin, der andere rothe Farbstoff des Krapps, auch Krapppurpur, sowie Oxylizarinsäure genannt, ist ebenfalls in Aether und Alkohol, jedoch leichter in Wasser löslich als das Alizarin. Aus starkem Alkohol erhält man es in wasserfreien kirschrothen Krystallen, aus schwächerem in wasserhaltigen orangerothen kleinen verwebten Nadeln. Das wasserhaltige schmilzt beim Erwärmen und verliert sein Wasser. Das wasserfreie schmilzt ebenfalls und verdampft dann. Der Dampf sublimirt zu rothen Nadeln. Concentrirte Schwefelsäure löst das Purpurin ohne Zersetzung mit hellrother Farbe, es wird aber auf Zusatz von Wasser daraus wieder gefällt. Es löst sich in ätzenden Alkalien, sowie in kohlensauren Alkalien, wird aber beim Uebersättigen dieser Lösungen mit Mineralsäuren daraus gefällt, wie es überhaupt in verdünnten Mineralsäuren unlöslich ist. Die ammoniakalische Lösung giebt aber mit Kalksalzen nicht rothe, sondern purpurfarbige Niederschläge; die alkalischen Lösungen sind kirschroth, und es ist in siedender Alaunlösung viel reichlicher löslich, als das Alizarin.

Ueber die Zusammensetzung des Alizarins und Purpurins soll unten bei der artificiellen Alizarin Weiteres angeführt werden.

3) Das Verhältniß, in welchem Alizarin und Purpurin im Krapp vorkommen, scheint verschieden zu sein, und bis jetzt ist es nicht geglückt, den einen Farbstoff im Krapp sicher in den anderen überzuführen.

4) Die Menge der in Rede stehenden beiden rothen Farbstoffe im Krapp beträgt im Ganzen immer nur einige Procente. Außer den unter 2) erwähnten anderweitigen, jedoch in Alizarin und Purpurin umzuwandelnden farbengebenden Substanzen enthält der Krapp noch mehrere lösliche Körper: Gummi, Zucker, Pectinsäure, gelben Farbstoff, Citronensäure, harzartige Materien und Fette. Der Hauptbestandtheil des Krapps ist Holzfaser, in welcher die Farbstoffe nebst den anderen angeführten Stoffen gelagert sind.

Man hat also bei den Arbeiten mit Krapp immer mit großem Maß Rohmaterial im Vergleich zu derjenigen der eigentlichen Farbstoffe zu thun. Wie erwünscht es auch wäre, lediglich die letzteren auf einfache Weise aus der Masse auszuziehen, so gelingt dies deshalb gewöhnlich nicht vollständig, weil die mit Rücksicht auf den Kostenpunkt zulässigen Lösungsmittel immer zugleich einen Theil der übrigen Bestandtheile aufnehmen. Vortheilhafter und praktisch ausführbarer wurde gefunden, die in dem Krappe außer den Farbstoffen enthaltenen farbstoffliefernden organischen Verbindungen enthaltenen löslichen Körper theils zu zerstören, theils unlöslich zu machen, und dazu hat man die Anwendung der concentrirter Schwefelsäure geeignet gefunden.

Das aus dem Krapp durch Behandlung mit Schwefelsäure gewonnene Product, welches fast nur verkohlte Holzfaser, jedoch den Farbstoff unzersetzt enthält, hat den Namen Garancin oder Krappkohle erhalten, und dieses Product ist es, welches der Farbenfabrikant sich zuvörderst herstellt, um dann hieraus weiter die Krappfarben zu fabriciren.

Darstellung des Garancins und der Krapplacke.

Die Erfindung der Garancinfabrikation war eine directe Folge der von Colin und Robiquet gemachten Beobachtung, daß die rothen Farbstoffe des Krapps die Einwirkung der concentrirten Schwefelsäure ertragen, wie oben angegeben wurde. Die praktische Ausführung begleitet der einzige Fehler, daß die erzielten Producte nicht allein vermöge der Verschiedenheit der Krappsorten, sondern auch bei einem demselben Krapp in Folge oft sehr geringer Abweichungen in der bei jener Fabrikation obwaltenden Temperatur und im Trockenheitsgrade des Krapps mehr so verschieden ausfallen, daß der Fabrikant weder selbst ein im Farbstoffgehalt stets gleiches Product herstellen, noch der Käufer solches erhalten kann.

Fabrikation von Garancin (Krapplohle).

...t sich indessen das Garancin selbst, so hat man zuvörderst nur auf die Güte ... Krapps, d. h. auf dessen Farbstoffgehalt gegenüber dem Preise zu sehen.

Um aus dem Krapppulver oder dem gemahlenen Krapp Garancin (Krapple) herzustellen, ist es gut, erst die in demselben enthaltenen in Wasser lös... Stoffe durch Auswaschen mit Wasser wegzuschaffen, das man mit ½ bis ... Procent Schwefelsäure versetzt hat, wobei kein rother Farbstoff verloren geht, ... aber Zucker, Gummi und organische lösliche Salze weggeschafft und vordene Kalksalze zersetzt werden. Man läßt zu diesem Zwecke den Krapp einige ... in dem angesäuerten Wasser einweichen, worauf man die Flüssigkeit ablaufen ... und den Krapp weiter mit Wasser abwäscht, um alles Lösliche zu ent...en. — Wenn keine gelbgefärbten Waschwasser mehr ablaufen, so füllt man ... zurückbleibenden Krapp in Leinwandsäcke und preßt ihn aus, so daß er eine ...trockne Masse darstellt.

Man bringt den Inhalt der Säcke nun in bleierne oder auch kupferne ...annen oder Behälter, im Kleinen in Porzellanschalen, und rührt dann nach ... nach so viel käufliche englische Schwefelsäure von 66° Baumé hinzu, daß ... 1 Gewichtstheil trocknen Krapps 1 Gewichtstheil Schwefelsäure kommt. Bei ... em Einrühren erhitzt sich die Masse ganz bedeutend und wird allmälig ...enartig schwarz. Man läßt sie zur vollständigen Einwirkung einige Tage ...en unter täglich mehrere Male vorzunehmendem Umrühren, worauf dieselbe durch ...swaschen von der Schwefelsäure zu befreien ist.

Das Auswaschen geschieht zweckmäßig in mit hölzernen Krahnen versehenen ...fen, welche mit grober Leinwand ausgeschlagen sind, die darin eine Art ...ter bildet. Nachdem die Kufen mit Wasser gefüllt sind, wird der schwarze ...oppbrei unter stetem Umrühren in mäßiger Quantität eingeworfen, und die ...angs trübe ablaufende Flüssigkeit wieder in dieselbe oder eine andere Kufe ...ückgebracht, bis das Wasser ohne Mitführung von Kohle völlig klar abrinnt. ...rauf wird das Wasser völlig abgelassen und sogleich durch frisches ersetzt, ...haupt aber die Abwässerung so lange fortgesetzt, bis alle Schwefelsäure ent...t ist. Denn die letztere würde auch in geringer Menge immer ein Hinder... bilden für die Auflösung und Weiterverarbeitung der Farbstoffe, die nun ... dem kohligen Rückstande fast allein als lösliche Bestandtheile enthalten ... Je nach Ausführung der vorbeschriebenen Umwandlung und nach der Be...ffenheit des Krapps erleidet das Gewicht des letzteren hierbei eine abweichende ...minderung, durchschnittlich erhält man aber weniger als die Hälfte des ...apps an Garancin. Daher muß das Garancin nothwendig mindestens doppelt ...viel nutzbaren Farbstoff enthalten, als der Krapp, zumal bei der Behandlung mit ...hwefelsäure auch noch derjenige Farbstoff in verwendbare Form gebracht wird, ...cher entweder im Krapp an Kalk gebunden war, oder welcher erst durch Zer...ung der im Krapp enthaltenen gepaarten farbenbildenden Verbindungen gebildet ist. Bei der Verarbeitung zu Lacken wird das Garancin vorher getrocknet. Das käufliche Garancin ist trocken, und seine Güte, d. i. Farbstoffgehalt ist von demjenigen des zu seiner Bereitung verwendeten [Krapps] und dem Einwirkungsgrade der Schwefelsäure auf letzteren bedingt. Die Schwefelsäure wirkt hierbei in der schon S. 265 angegebenen Weise auf gewisse, nämlich die holzartigen Bestandtheile des Krapps unter Entziehung von Wasserstoff und Sauerstoff als Wasser und unter entsprechender Hinterlassung von Kohlenstoff oder doch von kohlenstoffreicheren Verbindungen. Je vollkommener dieser Proceß, den man als eine Verkohlung bezeichnen kann, eingetreten ist, geringer muß das Gewicht der erhaltenen Krappkohle, des Garancins, desto größer dessen Farbstoffgehalt sein.

Obwohl nun aus dem Garancin oder der Krappkohle das Alizarin, Purpurin durch die oben angeführten Lösungsmittel dieser Körper extrahirt werden könnten, so ist doch für die Lackbereitung weder die Extraction mit [Alkalien] noch diejenige mit Alkohol und Aether geeignet. Denn die Alkalien liefern [bei der] Einwirkung auf Garancin sehr unreine Auszüge, weil durch den Verkohlungs[-] proceß mit Schwefelsäure vorwiegend eine zwar kohlenstoffreiche, aber in [Alkalien] lösliche Substanz gebildet wird.

Alkohol und Aether ziehen zwar die Farbstoffe aus; aber der Auszug verläßt die Farbstoffe nichts weniger als rein, sondern als ein Gemenge [von] Purpurin und Alizarin mit Fetten und anderen noch in Weingeist löslichen Stoffen. Er hat so gewonnen eine ockergelbe Farbe und wird als Colorin in den Handel gebracht.

Der Fabrikant für Lackfarben hat kein anderes und vortheilhafteres [Mittel] die Farbstoffe aus dem Krapp auszuziehen, als das Kochen mit Alaun, welche wenigstens keine fetten Bestandtheile, auch nichts von den Verkohlungs[-] producten auflöst, wie es bei alkalischen Flüssigkeiten der Fall ist.

Zur Bereitung der Krapplacke wird die Krappkohle in kupfernen, verzinnten Kupferkesseln mit dem 20fachen Gewichte Wasser und mit dem [vierten] oder Hälfte ihres Gewichts an eisenfreiem Alaun ausgekocht. In größerem [Maßs]stabe sind selbstverständlich Kufen aus Holz, in denen man das Wasser mit [Dampf] im Kochen erhält, anwendbar. Das Kochen wird mehrere Stunden [fortgesetzt,] worauf man absetzen läßt, wobei dann die schwerere Kohle zu Boden sinkt. [Man] zapft die helle Flüssigkeit ab und wiederholt das Kochen mehrere Male [mit den] selben Mengen Wasser und Alaun, und erhält so jedesmal rothgelb gefärbte [Aus]züge, die man dann noch heiß so rasch als möglich durch Flanellfilter filtrirt, [die] suspendirte feste Stoffe, fein zertheilte Krappkohle zurückzuhalten. Was [auf den] Tüchern bleibt, muß immer wieder zu neuen Abkochungen verwendet werden.

Wenn die Flüssigkeiten filtrirt sind, kann man sie erkalten lassen, [doch] jedoch zweckmäßig für sich getrennt. Aus den ersten mit Farbstoff [ge]

Krapplackbereitung: Fällen des Garancinsdecoctes.

ösungen setzen sich in einigen Tagen bräunliche Flocken ab, welche nicht Unreinigkeiten, sondern ausgeschiedener Farbstoff sind. Diese Flocken dienen, wenn man so will, und zu ihrer Entstehung Zeit läßt, zur Herstellung der feinsten Krapplacke. Dann muß man die Flüssigkeit, so weit es angeht, mit einem Heber abziehen, und den Rest, der die Flocken enthält, filtriren. Die klaren Flüssigkeiten vor oder nach diesem Filtriren dienen zur Darstellung der ordinären Krapplacke, die abgetrennten Flocken aber zur Darstellung der feineren und farbstoffreicheren Lacke.

Es hängt von der Intensität der Krapplacke ab, die man erhalten will, wie man dabei verfährt, und davon, wie viel Farbstoff in den Ablochungen enthalten ist, welches wieder seinerseits davon abhängt, wie farbstoffhaltig zunächst der angewendete Krapp, also auch die Krappkohle war, wie viel Alaun zum Ablochen genommen wurde und in den Ablochungen enthalten ist, und ob der Absud der erste, zweite, dritte u. s. w. war. Ihren Gehalt lernt man bald kennen, wenn man einige Male mit demselben Krapp gearbeitet hat. Die Farbenintensität, die Erzielung hellerer oder dunklerer Lacke hat man dadurch in seiner Gewalt, daß man zur Fällung des Farbstoffs auf Alaunerde, wodurch die Lacke entstehen, entweder kohlensaures Kali oder Natron oder kaustisches Ammoniak mit oder ohne Zinnsalz anwendet, oder daß man hierzu statt des Alkalis ganz oder zum Theil Kreide benutzt, wodurch die Alaunerde des Alauns, welche zu fällen überall der Zweck ist, zwar ebenfalls niedergeschlagen wird, aber sich zugleich Gyps bildet, der sich dem Niederschlage mit einmischt.

Bei Anwendung des nachstehenden praktischen Verfahrens wird es sodann gelingen, Krapplacke von verschiedener Tiefe herzustellen.

Fällt man die erste Ablochung der Krappkohle nur theilweise mit den angeführten Fällungsmitteln, so bleibt noch Alaun gelöst, gleichwohl nimmt die gefällte Alaunerde den meisten oder allen Farbstoff auf und man erhält somit eine dunklere Sorte. So kann man auch mit jeder anderen Ablochung verfahren, aber dieselben geben dann hellere Lacke. Fällt man aber aus jeder Ablochung allen Alaun, so werden sämmtliche Lacke heller, ebenso wenn man jede einzelne Sorte mit Kreide fällt. Jedes Fällungsmittel giebt eine etwas andere Nüance von Roth, die jedoch alle in Rosenroth gehen, und alle Lacke, wobei nicht Kreide angewendet worden ist, haben einen glatten Bruch. Wird zugleich während des Fällens oder am Ende etwas Zinnsalz zugegeben, so erhöht dieses das Feuer der Lacke, indem dadurch, wie es scheint, die Fällung einer geringen Menge gelben Farbstoffs verhindert wird. Um letzteren aufgelöst zu erhalten, ist es auch gut, nicht allen Alaun zu fällen.

Wenn der größte Theil des Alauns gefällt ist, so filtrirt man den Lack von der hellen oder doch nur schwach gelb gefärbten Brühe ab. Um den nicht beliebten glatten Bruch des Lackes zu beseitigen, bringt man ihn in einem verzinnten kupfernen Keſſel und kocht ihn darin mit dreimal ſoviel eiſenfreiem Alaun, als etwa gefällt iſt; dadurch wird der Lack allerdings heller, aber er vermehrt ſich auch dem Gewichte nach und trocknet nun nicht zu einem feſten Körper, ſondern zu einer Maſſe, die im Bruche zwar glatt bricht, aber nicht wollig iſt. Bei Anwendung von Kreide iſt dieſes Verfahren nicht nöthig, der Bruch und die Farbe werden ohnedies wollig. Jeder, der ſich mit der Krappfabrikation beſchäftigt, hat einige Verſuche zu machen, um die Nüancen, die durch verſchiedene Füllungsmittel erzeugt werden, und worin die Krapplacke außer der Tiefe, jedoch nicht viel von einander abweichen, durch eigene Erfahrung kennen zu lernen, denn dieſelben laſſen ſich kaum beſchreiben.

Zur Herſtellung ganz bunkler Lacke, der ſogenannten kryſtalliſirten Krapplacke, Münchener Lack und ähnlicher Sorten, verwendet man die geſammelten Flocken. Man kann dieſe Flocken abſichtlich in größerer Menge erzeugen, wenn man die erſten Ablochungen der Krapplohle verwendet, um neue Portionen Krapplohle damit auszulochen, entweder bevor oder nachdem ſie ſchon den Farbſtoff in Flocken abgeſetzt hatten. Zur Darſtellung der Lacke löſt man die Flocken in ganz wenig kauſtiſchem Ammoniak, worin ſie ſich ſo leicht auflöſen, daß die Ammoniaklöſung dadurch vollkommen undurchſichtig, dick und dunkelroth wird. Man filtrirt dieſe Auflöſung, um etwa mit den Flocken niedergefallene unlösliche Theile zu entfernen, durch Leinwand, die mit gutem Filtrirpapier belegt iſt, und man iſt nun im Stande, eine Reihe nach Art der Füllungsweiſe in der Nüance und Dunkelheit variirender aber ſchöner Lacke von ungemein Feuer daraus herzuſtellen. Man fällt entweder bloß mit Alaun oder mit Zinnſalz oder mit beiden, warm oder kalt. Die Intenſität oder Dunkelheit der Farbe richtet ſich danach, wieviel Farbſtoff in dem Ammoniak gelöſt iſt. Eine vorläufige Probe läßt erkennen, wie der Lack durch Alaun wird. Fällt derſelbe zu dunkel aus, ſo kann man in der Farbſtofflöſung noch kohlenſaures Natron auflöſen oder ihr noch Ammoniak zufügen, wodurch dann mehr Alaunerde mit gefällt wird.

Bei der Krapplackbereitung iſt es für das Feuer der darzuſtellenden Lacke die Hauptſache, daß die Vorbereitung des Krapps, d. h. die Umwandlung deſſelben in Garancin und die damit verbundene Befreiung des Krapps von anderen Farbſtoffen, ehe man ihn mit Alaun kocht, richtig erfolgt ſei. Iſt dieſes nicht geſchehen, alſo die Krapplohle unrein, ſo erhält das daraus gewonnene Lackpräparat natürlich nicht die beabſichtigte Reinheit. Man kann zur Vorſicht mit dem Garancin einen Probeabſud machen und die Reinheit des erſteren nach der an dem Abſud erhaltenen Probefarbe vorher beurtheilen. Genügt ſie nicht, k d es beſſer, den Krapp nochmals auszupreſſen und wiederholt mit Schwefelſäure zu behandeln. Dadurch opfert man allerdings etwas Schwefelſäure, allein der Verluſt würde empfindlicher ſein, wenn man bei Unterlaſſung dieſer Vorſicht

Werthermittelung des Krapps und der Krapplacke.

-gkregel ein schlechteres Product erhielte, das nicht verkäuflich wäre oder nur it Verlust.

Es ist bekannt, daß die Krappwurzeln einen verschiedenen Gehalt an rothem arbstoff haben. Es giebt bis jetzt kein Mittel, diesen Gehalt auf eine einfache Weise zu bestimmen. Am genügendsten dient eine Vergleichung der Lacke vier oder mehrerer Krappe nach der Intensität und dem Gewicht des Lackes, n man auf einerlei Weise daraus bereitet. Man verwandelt zu diesem Behufe die zu prüfenden Krappmuster mit einerlei Quantität Schwefelsäure in eicher Einwirkungszeit, bei gleichartigem Auswaschen in Garancin; kocht gleichnge Zeit mit gleichviel Wasser und Alaun gleich oft aus und fällt die Lösungen lt oder warm mit gleichviel kohlensaurem Natron, wäscht gleichoft mit gleichl Wasser, filtrirt, trocknet bei ein und derselben Trockentemperatur oder in t Trockenstube und wägt hernach beide Producte. Man wird finden, daß r dunkelste Lack am meisten wiegt, und dieser Gewichtsüberschuß, wenn der ersuch recht genau gemacht ist, entspricht dem Mehrgewichte an Farbstoff. Fällt an ebenso viel Alaun, wie zur Abkochung einer Portion Krapp genommen ist, r sich mit ebenso viel kohlensaurem Natron unter denselben Verhältnissen, trock-1 den gleichfalls genau so behandelten Niederschlag mit den übrigen und bestimmt m Gewicht, so wird man finden, daß alle übrigen Niederschläge mehr wiegen. irses Mehrgewicht rührt von dem gefällten Farbstoff her, und man kann nun re Quantitäten vergleichen.

Die Güte der Krapplacke, wenn man sie nicht selbst etwa mit einerlei Knge Alaun und einerlei Menge Fällungsmittel bereitet hat, läßt sich nicht aus em Ansehen beurtheilen. Denn die gefällten Bestandtheile können verschieden sein: lauerde, Gyps, Zinnorydul, schwefelsaures Zinnorydul, Kreideüberschuß u. s. w., ab durch einerlei Menge Farbstoff verschieden dunkel ausfallen, weil diese fira Körper verschiedene Deckkraft haben. Das sicherste Mittel zur Prüfung r Krapplacke besteht darin, sie mit gewogenen Mengen Kreide zu versetzen, bis e ein so gleiches Ansehen haben, als man erreichen kann. Der Werth der 'rapplacke verhält sich dann wie die Gewichtsmengen der zugesetzten Kreide. Sind bei der einen Sorte 4, bei der anderen 6 Theile Kreide nöthig, so ist r eine Lack 4, der andere 6 werth, oder der Farbstoff darin verhält sich ie 2 : 3.

Die Krapplacke sind die standhaftesten rothen Lackfarben, welche es giebt. Sie sind sowohl in Oel als in Wasser anwendbar und zeigen in beiden Fällen egen alle Einflüsse und das Licht die größte Unveränderlichkeit. Sie bleichen agar, dem directen Sonnenlichte ausgesetzt, nur unbedeutend, während unter am denselben Umständen alle anderen rothen Lackfarben sehr schnell vollständig erbleichen.

Es giebt noch einige Pflanzen aus derselben Familie der Rubiaceen, welche entweder die Farbstoffe des Krapps oder damit sehr verwandte Farbstoffe enthalten. Sie wurden aber nie zu der Fabrikation von Lacken angewendet, und in der Färberei ebenfalls nur wenig. Da überdies jetzt das künstlich hergestellte Alizarin noch mit dem Krapp concurrirt, so scheint es überflüssig, über diese Rubiaceen und die Eigenschaften ihrer gefärbten Theile und Farbstoffe etwas anzuführen. Von dem künstlichen Alizarin sowie von den braunen Krapplacken wird bei den Theerfarben, von den buchsinhaltigen Krapplacken beim Fuchsin und von den Krapplacken mit Gehalt von Cochenillefarbstoff bei den Lacken der Coccusschildläusen die Rede sein.

Ueber das chemische Verhalten und die chemische Prüfung der Krapplacke soll das für praktische Zwecke Nothwendige nachstehend angegeben werden.

Die Krapplacke haben im Allgemeinen die Eigenschaft, sich ganz oder doch zum größten Theile in Kali- und Natronlauge zu lösen, weil Purpurin, Alizerbehydrat und Alizarin darin löslich sind. War Kalk vorhanden, so kann derselbe roth gefärbt zurückbleiben, aber der meiste Farbstoff wird gelöst. Die Flüssigkeit läßt auf Zusatz von überschüssiger Schwefelsäure in der Kälte allen Krappfarbstoff, nämlich Alizarin und Purpurin, die in jener sauren Flüssigkeit unlöslich sind, niederfallen. Bleibt die Flüssigkeit hierbei gefärbt, so kann der Lack auch Cochenillefarbstoff oder gegenwärtig wohl noch wahrscheinlicher Theerfarbstoffe enthalten; in letzterem Falle ist die Farbe der Flüssigkeit orangegelb, wird aber beim Verdünnen mit sehr viel Wasser roth.

Das Aeußere und die Zusammensetzung der Krapplacke ist oft sehr abweichend. Sie können die eigentlichen, ihre Nüance bedingenden Krappfarbstoffe, das Purpurin und Alizarin, in sehr ungleichen Mengen, daneben fremde Farbstoffe und außer den gewöhnlichen mineralischen Grundlagen: Alaunerde und Kalk in verschiedener Quantität, noch andere mineralische Körper enthalten. Da es nun für den Fabrikanten oft von Wichtigkeit sein kann, die Bestandtheile, namentlich aber das Mengenverhältniß des Purpurins und Alizarins, sowie die mineralischen Farbenträger in einem besonders gesuchten Krapplacke zu ermitteln, um über die Fabrikation desselben Aufschluß zu erhalten, so will ich hier den Gang einer in dieser Richtung annäherungsweise zu bewerkstelligenden Krapplackanalyse angeben.

Man zerreibt eine gewogene Quantität Krapplack mit Wasser, kocht das Zerriebene mit einem Ueberschuß von kohlensaurem Natron so oft aus, als sich eine gefärbte Flüssigkeit entsteht, und sammelt diese Flüssigkeiten. Den noch rothen Rückstand kocht man nun in derselben Weise mit Aetzlauge aus und vereinigt auch diese Lösungen. Den etwa gebliebenen rothen Rest, welcher Kalk oder auch Gyps enthalten kann, digerirt man mit verdünnter Salzsäure und hält diese davon Flüssigkeit ebenso getrennt, oder läßt sie auf dem Ungelösten erkalten.

Chemische Untersuchung der Krapplacke. 431

Die erstere Lösung mit kohlensaurem Natron enthält nur Purpurin. Man
[über]sättigt mit einer Säure, wobei sich das Purpurin abscheidet, das nach völliger
[Klä]rung der Flüssigkeit auf ein Filter zu bringen und mit angesäuertem Wasser
zu waschen ist. Man trocknet alsdann, kocht das Filter mit Weingeist aus,
[ver]dunstet diesen, trocknet bei 100° im Wasserbade und wägt das Purpurin.
[Die] zweite alkalische Lösung enthält das Alizarin und die Alaunerde. Man
[über]sättigt gleichfalls mit Säure, wodurch das Alizarin gefällt wird, welches
[man] ebenso behandelt wie das Purpurin. Die davon abfiltrirte Flüssigkeit ent-
[hält] die im Lacke vorhanden gewesene Alaunerde. Man fällt letztere mit Ammo-
[niak], filtrirt sie ab, wäscht mit Wasser aus, trocknet, glüht und wägt.

Ist bei der obigen dritten Behandlung des Lackes mit Salzsäure ein Rück-
[stan]d geblieben, so kann Gyps vorhanden, also zur Fällung des Alauns Kreide
[ver]wendet sein. In diesem Falle verdunstet man das Ganze im Wasserbade
[zur] Trockne, kocht den Trockenrückstand mit Weingeist aus und filtrirt vom Gyps
[ab], welcher mit verdünntem Weingeist ausgewaschen, getrocknet und gewogen
[wir]d. Der Weingeist kann ebenfalls mit Kalk verbunden gewesenes Alizarin
[ent]halten. Man verdunstet daher das Filtrat vom Gyps, übersättigt mit Salz-
[säu]re und erhält wieder eine Ausscheidung von Alizarin, das man wie das
[vor]igs erhaltene behandeln und mit ihm vereinigen kann, um schließlich beide
[Nie]derschläge zusammen zu wägen. Die vom Alizarin getrennte salzsaure Lösung
[mit] Schwefelsäure und Weingeist versetzt, läßt den als Alizarinkalk vorhanden
[gewe]senen Kalk als schwefelsauren Kalk bestimmen, aus dem dann die entsprechende
[Men]ge kohlensaurer Kalk zu berechnen ist.

Blieb bei der vorbemerkten Behandlung des Trockenrückstandes mit Wein-
[geis]t kein Gyps, wurde dagegen auf angegebene Weise im Rückstande Alizarin-
[kalk] gefunden, so muß gefolgert werden, daß zur Lackfällung nicht Alaun mit
[Krei]de, sondern essigsaure Thonerde und Kalk angewendet sind. — Ein weder
[aus] Gyps noch aus Alizarinkalk bestehender, sowie ein bei allen jenen Behand-
[lun]gen ohne Farbenveränderung bleibender gefärbter Rückstand muß, da er eine
[Min]eralfarbe, z. B. Zinnober oder ein anderer mineralischer Zusatz sein kann,
[spec]iell untersucht werden.

Ist irgend ein Krapplack nachzuahmen, so gelingt dies jedenfalls am sicher-
[sten] auf Grund vorgängiger analytischer Ermittelung einmal der wesentlichen
[Far]benbestandtheile: der Farbstoffe, ihrer Kalk- und Alaunerdeverbindungen,
[dan]n derjenigen Zusätze, die nur dienen, um entweder das Gewicht der Farbe
[zu] vermehren oder letztere zu nüanciren.

2) **Farbstoffe und Farben aus Rothhölzern. Fernambukl., Rothholzlacke. Brasilin.**

Mit dem gemeinschaftlichen Namen Rothholz bezeichnet man verschiedene, einen rothen Farbstoff enthaltende Hölzer, welche namentlich aus südlichen Ländern in Blöcken, knüppelartigen Stücken oder Spänen zu uns gelangen und von einer Baumgattung Caesalpinia herrühren, deren sämmtliche Species den Farbstoff zu enthalten scheinen. Sie haben je nach ihrer Abstammung verschiedene Benennungen und unterscheiden sich wenig im äußeren Ansehen, wohl aber in ihrem Farbstoffgehalt, nach welchem sich vorwiegend ihr Preis richtet. Man unterscheidet namentlich:

1) Das **Fernambuk**- oder **Brasilienholz**, von Caesalpinia crista, einem in Südamerika wachsenden Baume. Es bildet ursprünglich krumme, außen rothe, inwendig gelbrothe, sehr schwere harte armsdicke Holzstücken, von denen diejenigen am besten sind, welche über Pernambuco aus dem Gouvernement Parah in Brasilien zu uns gelangen, und es hat von diesem Hafenplatz seinen Namen.

2) Das **Japan**- oder **Sappanholz** von Caesalpinia Sappan ist Japan, Java und den Philippinen einheimisch. Der Baum wird nicht hoch, aber ziemlich dick. Das Holz kommt daher in kleineren Knüppeln und kürzeren Blöcken zu uns, wovon die Blöcke gehaltreicher sind, als die Äste.

3) **Brasiletholz** ist den vorigen ähnlich, kommt von den Antillen und stammt von Caesalpinia vesicaria. Das Holz ist geringhaltiger als die übrigen Rothhölzer.

4) Außerdem kommt noch Rothholz vor unter dem Namen **Nicaraguaholz** oder **St. Marthaholz** von Caesalpinia echinata, was dem Brasilienholz ganz ähnlich ist und nicht viel weniger Farbstoff enthält.

Man erhält diese Rothhölzer aus den Seestädten theils in Originalform, wie es von den angeführten Ländern exportirt wird, theils schon gemahlen und geraspelt. Besser ist es, wenn man diese Arbeit selbst verrichten läßt, und jedenfalls nöthig ist, wenn man die Hölzer im Großen verarbeitet, weil man dann vor jeder Verfälschung mit Spänen anderer Holzarten, mit Blauholz u. gesichert ist. Marthaholz verwendet man zur Darstellung der Lacke beinahe ebenso vortheilhaft, wie Fernambuk, aber ersteres ist viel billiger als letzteres. Da bei beiden nur die Menge des Farbstoffs verschieden ist, so kann man die Lacke aus beiden Hölzern auf ganz gleiche Weise herstellen, nur daß man zu gleich farbstoffreichen Lacken verschiedene Mengen der Hölzer nöthig hat.

Aus den angeführten Rothhölzern werden gegenwärtig eine Menge rother Lacke hergestellt, welche von sehr verschiedener Güte, von sehr verschiedener Nuance, violett bis hochcarmoisinroth sind, und eine Menge Namen führen, die theils

... und demselben Producte oder nur Nuancen davon beigelegt werden, theils
... bereitete oder geformte Präparate bezeichnen.

Was den rothen Farbstoff in den Rothhölzern betrifft, so wurde derselbe
... von Chevreul untersucht. Er verdampfte die wässerigen Rothholzauszüge,
... den Rückstand wieder mit Wasser, fällte die Flüssigkeit zur Entfernung
... Säuren mit Bleioxyd und verdampfte das Filtrat zur Trockne. Den Rück-
... extrahirte er mit Alkohol, verdunstete einen Theil desselben, fällte mit
... Gerbsäure aus, brachte dann noch einmal zur Trockne, löste den Rückstand
... in kochendem Alkohol, woraus er beim Erkalten Krystalle seines Bra-
... erhielt. Es ist wahrscheinlich, daß dieses Brasilin, wenn auch von ähn-
... Eigenschaften, doch nicht identisch mit demjenigen ist, welches die schönen
... Lacke giebt, aber vielleicht identisch mit dem krystallinischen glänzenden
..., der sich bei längerem Stehen der Rothholzbrühen immer daraus ab-
... Bolley untersuchte diesen Absatz wie folgt:

Er kochte ihn mit absolutem Alkohol aus, verdunstete die Auflösung unter
Luftabschluß und erhielt so bernsteingelbe Krystalle des reinen, ebenfalls Brasilin
genannten Farbstoffs, welcher in Wasser, Alkohol und Aether löslich ist. Die
... sungen sind gelb, die in Wasser röthlicher als die in Alkohol, und werden durch
geringste Menge Ammoniaks carminroth.

Die Krystalle des auf eben angegebene Weise erhaltenen Brasilins sind nach
...lley wasserfrei und werden bei 130 bis 140° zersetzt. Sie haben nach ihm
Greiff die Zusammensetzung:

$$C_{44} H_{20} O_{14}.$$

... wasserhaltigem Alkohol erhielt er zuweilen wasserhaltige Krystalle von der
...sammensetzung:

$$C_{44} H_{20} O_{14} + 3 HO$$

von strohgelber Farbe; sie verlieren ihr Wasser schon bei 80°. Das in Rede
...nde Brasilin läßt sich nach Bolley mit schwefligsaurem Natron zu einer farb-
... Verbindung vereinigen. Beim Erhitzen mit Ammoniak auf 100° im ver-
...ssenen Glasrohr giebt es nach Schützenberger und Paraf eine farblose Ver-
...ung, welche sich bei Lufttzutritt leicht verändert und sich wie eine Base verhält.

Die Eigenschaften des Brasilins hinsichtlich der Farbenbildung sind überhaupt
... des Hämatoxylins im Blauholze sehr ähnlich, und man könnte vermuthen,
... seien dasselbe, da die Rothhölzer erst, nachdem sie das gedachte Brasilin
...schieden haben, mehr rein rothe, nicht violette Lacke geben; allein gegen diese
...ntität spricht die Abweichung in der Zusammensetzung beider Farbstoffe (Hä-
...oxylin = $C_{22} H_{14} O_{12}$) und die Verschiedenheit ihrer Zersetzungsproducte mit
... issen Reagentien.

Die Decocte der Rothhölzer sind in frischem Zustande blaßgelblich gefärbt,
...men aber beim Stehen an der Luft eine dunklere und bräunlichrothe Farbe

an. Bei älterem Holze erscheinen die Ablochungen von Anfang an mehr ro[th], woraus zu schließen ist, daß der eigentlich sich mehr roth lösende Farbstoff d[urch] durch allmälige Oxydation gebildet wird. Wird die frische Ablochung der Ro[th]hölzer mit alkalischem weinsaurem Kupferoxydkali erwärmt, so reducirt sie [zu] Kupferoxyd, hat man aber die Brühe zuvor mit Salzsäure oder Schwefels[äure] gekocht, so reducirt sie bedeutend mehr und wird dann auch durch Alk[alien] gefällt. Hiernach gewinnt es den Anschein, als sei der Farbstoff an eine [Zucker]art gebunden und werde durch Zersetzung dieser Verbindung mittelst [der] Säure weniger in Wasser löslich. Eine Zersetzung des Zuckers scheint a[uch] ohne jene Einwirkung von Mineralsäuren mit der Zeit von selbst ein[zu]treten, da in der Ablochung wie in den Hölzern allmälig Farbstoff er[zeugt] den wird.

Säuren verändern die Farbe der Decocte in mehr glänzendes Ora[nge]. Nach Versatz mit Salzsäure schreibet sich bald ein gelber krystallinischer Niederschl[ag] ab. Ist die Ablochung älter geworden, so wird er mehr roth. Durch Alk[alien] nimmt das Decoct eine carmoisinrothe Farbe an.

Alaun färbt die Flüssigkeit roth, ohne Niederschlag zu geben, d[och] basischer Alaun und essigsaure Thonerde geben beim Kochen rothe Lac[k-] Niederschläge.

Bleizuckerlösung giebt wenig röthliche Fällung, während die Flü[ssigkeit] nicht entfärbt wird. Aus derselben scheinen nur veränderter Farbstoff [und] andere Bestandtheile durch Bleizucker ausgefällt zu werden. Dagegen [giebt] Bleiessig einen starken bläulichen Niederschlag und die Flüssigkeit wird v[öllig] entfärbt.

Zinnsalz, mit etwas Salpetersäure versetzt, giebt einen röthlichen Nie[der]schlag, welcher immer schöner und zuletzt carminroth wird. Es scheint, daß [der] Farbstoff hierbei durch das anwesende Zinnchlorid oxydirt wird.

Eisenvitriol färbt die Lösung violett und giebt einen ebenso gefä[rbten] Niederschlag, gleichviel, ob die Ablochung frisch oder alt ist.

Die Decocte des Rothholzes und zwar nach dessen Absendungsort bez[eich]net kommen jetzt auch zu trocknen schwarzbraun und rothbraun aussehenden Extract[en] eingedampft im Handel vor. Diese Rothholzextracte sind nicht besonder[s zur] Farbenfabrikation geeignet, da ihre Auflösung in Wasser sehr schwierig un[d nur] durch längeres Kochen zu bewirken ist, so daß dieses längere Kochen vorth[eilhaft] mit dem Holze selbst vorgenommen wird. Die Erfahrung ergiebt auch, daß [die] aus Extractlösungen hergestellten Lacke lange nicht so schön ausfallen, wie d[ie]jenigen aus selbst bereiteten Ablochungen der Rothhölzer.

Zur Darstellung der Lacke wird der Farbstoff aus allen diesen [Höl]nachdem sie in feine Späne gemahlen oder geraspelt worden sind, entweder [mit] Wasser oder mit Wasserdampf extrahirt. Im ersten Falle bringt man [die]

Bereitung von Rothholzdecoct zur Lackfüllung.

päne in kupferne Kessel, füllt dieselben mit Wasser und läßt nun 5 bis 6 Stunden kochen, ohne noch Wasser zuzusetzen; dann zapft man die Brühe ab und wiederholt dieses Abkochen drei- bis viermal, je nachdem die letzterhaltenen Brühen noch stark gelblich oder wenig gefärbt sind. Die Brühen haben nämlich eine angegelbe oder bräunlichgelbe Farbe. Im anderen Falle leitet man aus dem Dampfkessel Wasserdämpfe über die in einem hohen hölzernen oder kupfernen Cylinder enthaltenen Späne von oben ein, unter Bedeckung desselben. Der sich theilweise condensirende Dampf zieht den Farbstoff aus, dessen Lösung aus dem Cylinder herausläuft. Wenn die Flüssigkeit nicht mehr gefärbt abläuft, ist das Holz erschöpft. Man erhält auf diese Weise Extracte, welche viel mehr Farbstoff enthalten, indem dadurch das Holz mit weniger Wasser erschöpft werden kann, als beim Abkochen. Es läßt sich übrigens diese Extraction durch Dampf auch bei allen anderen Farbstoffen, welche in einem ähnlich beschaffenen Material enthalten sind, statt des Auskochens anwenden, und die Methode gewährt Brennmaterialersparniß und größere Sicherheit, was die Erschöpfung des Materials betrifft.

Wollte man aus den so frischbereiteten Rothholzabkochungen Lacke herstellen, so würde man bei jedem Verfahren insofern schlechte Resultate bekommen, als die Lacke dann stets schmutzig und ins Violette ziehend ausfallen. Man hat dagegen die Erfahrung gemacht, daß, wenn die Abkochungen längere Zeit stehen, man daraus viel schönere rothe Farben erzielen kann, als vorher, und zwar um so bessere und schönere, je länger das Stehen gedauert hat. Man muß sich daher zur Regel machen, um schöne Fernambucklacke herzustellen, die Fernambuck- oder Rothholzabkochungen längere Zeit, womöglich in einer gemäßigten Temperatur gähren oder absetzen zu lassen; Manchem ist die Darstellung dieser Lacke darum mißlungen, weil er die Sache nicht für so wichtig gehalten hat, als sie ist, oder sie nicht kannte.

Man hat bis jetzt nicht ermittelt, worin die Veränderung besteht, welche die Abkochungen durch dieses Stehen erleiden. Dieselben überziehen sich dabei anfänglich mit einer broncefarbigen dünnen Haut, dann mit Schimmel; und es setzt sich dabei ein brauner Farbstoff ab, der einen bronceartigen Glanz hat und bis jetzt nicht benutzt wird, während die Brühe eine reinere rothe Farbe annimmt.

Nachdem die Abkochungen lange genug gestanden haben, stellt man aus denselben auf die Weise Lacke her, daß man den in der Brühe enthaltenen Farbstoff an weiße Körper bindet, wozu vorzüglich Alaunerde und Zinnoxydul gebraucht werden. Jedoch nur für ganz feine Lacke werden diese Grundlagen rein angewendet; vielmehr setzt man in den meisten Fällen noch andere weiße Körper zu, die durch Vermittelung dieser Grundlagen nur so zu sagen gefärbt werden.

28*

a. **Carmoifinlack. Wienerlack. Wienerroth. Berlinroth. Neuroth. Kugellack.**

Diese Lackfarben unterscheiden sich nicht wesentlich in ihrer Grundfarbe und oft wird dasjenige Roth, welches an der einen Stelle Pariser heißt, an anderen Orten Wienerlack oder Carmoifinroth genannt. Nur Kugellack unterscheiden sich nur durch die Form und Nüance.

Die Grundlage dieser Lacke ist stets Alaunerde, Stärke und Gyps. Letzter erzeugt sich nicht nur bei der Darstellung, sondern wird auch noch absichtlich zugemischt. Am besten verfährt man bei ihrer Darstellung folgendermaßen: Vier Ständchen *A B C D*, etwa 15 Handeimer Wasser fassend und in verschiedener Höhe mit Abziehkrahnen versehen, werden in eine Reihe nebeneinander gestellt. In jedes Ständchen bringt man 30 kg Kartoffelstärke, 10 kg Gyps und etwa noch Gyps, wenn man denselben absichtlich zusetzen will; füllt man *A* mit der Abkochung an, rührt gut auf, um die festen Körper zertheilen, dann giebt man 1 kg reinen eisenfreien Alaun als Alaunmilch unter Fortsetzung des Rührens. Das Gemisch wird nun den ganzen Tag möglichst oft, am zweckmäßigsten ununterbrochen mittelst Maschinenkraft aufgerührt. Ueber Nacht läßt man ruhig stehen und absetzen. Des Morgens giebt die nun heller gewordene Brühe, die man abzapfen kann, in *B* unter Zusatz von ½ kg Alaun, in *A* aber wieder frisches Decoct nebst 1 kg Alaun. Rührt die Gemische in beiden Ständchen nun ununterbrochen wie am Tage. Den dritten Tag zapft man die helle Brühe von *B* in *C*, die von *A* wieder in *B*, in *A* wieder frische Brühe. In *A* verfährt man nun wie den ersten Tag, und in *B* und *C*, wie in *B* verfahren wurde. Den Tag kommt die Brühe von *C* in *D*, von *B* in *C*, von *A* in *B*, in *A* frische Brühe, dasselbe Verfahren wird in *A* und in *B*, *C* und *D*, wiederholt. So wird nun jeden Tag fortgefahren, in *A* je 1 kg, in *B*, *C*, *D* je ½ kg Alaun zugefügt und die helle Brühe in das nachfolgende Ständchen abgelassen. Von *D* schließlich, wo die Brühe beinahe entfärbt ist, läßt sie weglaufen. Auf diese Art erreicht man, daß die Brühen bei ihrem Laufe entfärbt, und daß die Grundlagen immer bunter werden. Der zugesetzte Alaun zersetzt sich mit der Kreide und es fällt dabei Alaunerde nieder, mit der sich Farbstoff verbindet. Im Anfange erscheint die gefärbte Grundlage violett, den Ueberschuß an Kreide, welche den Farbstoff ins Violette nüancirt, aber durch den täglichen Zusatz von Alaun die Kreide zersetzt ist, Nüance ins Carmoisinrothe über. Ist der Lack nun in *A* dunkel genug, an einer getrockneten Probe beobachtet wird, so nimmt man ihn heraus, ihn mit etwas Wasser und trocknet in gut geheizten Trockenräumen.

rd die Behandlung der aufgestellten Reihe so verändert, daß nun *B*, dessen
thalt weniger gefärbt ist, wie *A*, *C* wie *B*, *D* wie *C* und *A* wie *D* behandelt
rd, nachdem das entleerte Ständchen *A* aufs Neue mit einem Satze von Kreide,
tärke und etwa auch Gyps beschickt ist.

Die so erzeugten Lacke sind von den schönsten Nüancen der genannten Art.
b sie mehr in Roth oder mehr ins Violette stechen, kann von mehreren Um-
inden abhängen. Wenn die Brühe nicht alt genug ist, werden sie bräunlich
oleit. Ist der Alaun eisenhaltig, so nüancirt dies sogleich sehr ins Bio-
le. Ist der Lack dunkel genug, ehe alle Kreide zerstört ist, so würde er
enfalls violett sein, wollte man ihn trocknen. Man setzt alsdann mehr Alaun
it weniger Brühe noch hinzu, um die von der Kreide abstammende Nüan-
rung aufzuheben. Alle diese Lacke sind übrigens sehr leicht. Die Stücke
ingen nur ganz lose zusammen. Sie wiegen mehr als die Grundlage, je nach
eschaffenheit der angewandten Grundlage und je nach dem Dunkelheitsgrade
r Farbe, indem sich bei dunkleren Sorten mehr Farbstoff niedergeschlagen hat.

Neuroth und Kugellack haben entweder ganz dieselbe Grundlage, wie
e vorhergehenden Farben, oder aber eine wenig veränderte. Jedenfalls wird
er directe Gypszusatz hier weggelassen. Will man auch den Kreidezusatz weg-
issen, was allerdings angeht, so erzeugt man nur eine gefärbte Stärke. Man
erfährt wie vorhin mit den Sätzen, rührt aber nur den Alaun ein, und nach-
em eine Zeitlang mit dem Umrühren fortgefahren ist, setzt man entweder $\frac{1}{4}$
is $\frac{1}{2}$ kg krystallisirte Soda oder etwas Zinnsalz zu, wodurch der Farbstoff
leichfalls nach und nach ausgezogen wird. Wenn der Lack bei Anwendung von
Soda zu violett aussieht, so setzt man jedenfalls statt der Soda Zinnsalz zu;
uf beide Weisen erhält man Lacke von mehr hochrother Farbe, als die Carmoisinlacke sind. Man trocknet sie wie die obigen. Nach dem Trocknen der
'acke, statt deren man auch die Carmoisinlacke anwenden kann, zerreibt man sie
mit einem zweckmäßigen Bindemittel, bei Neuroth mit Stärkekleister, Gummi-
ösung, Leimlösung, und setzt nöthigenfalls noch zur Nüancirung ins Hochrothe
twas Zinnsolution hinzu, bei Kugellack nimmt man in Terpentinöl gelöstes
Harz oder Terpentin und formt. Das Formen des Neuroths wird ausgeführt
wie das des Neublaues. Zum Kugellack wird der Brei zwischen den Händen
zu Kugeln geballt und dann getrocknet. Kugellack und Neuroth sind indeß
Farben, die nur noch wenig im Handel vorkommen und von Malern vielleicht
gar nicht mehr angewendet werden.

h. Unechte Cochenillerothe. Purpurlacke.

Diese werden auf verschiedene Weise dargestellt, müssen stets eine mehr
hochrothe Farbe haben und zugleich bedeutend oder intensiver gefärbt sein.

c. Rosalack.

Auch Rosalack werden aus Rothholzabkochungen dargestellt. Man verfährt dabei ganz wie bei der Darstellung der Carmoisinlack, verwendet aber als Grundlage entweder nur Kreide und Gyps, oder Kreide und Thon, d. h. sogenannte Pfeifenerde oder Kaoline. Die Menge der Kreide darf nur gering sein. Sollte bei der Behandlung mit Rothholzabkochung und Alaun noch u. die Farbe nicht hinreichend intensiv erscheint, jedoch einen zu violetten Ton hat, so setzt man noch so viel Alaun hinzu, daß die Nuance ins Rosenrothe übergeht, und verhandelt sie denn weiter ebenso wie bei Carmoisinlack angegeben ist. Bei der Farbe ist noch mehr nöthig, daß der Alaun eisenfrei sei, um ein schönes Rosa zu erhalten. Dunkler Rosalack wird gewöhnlich mit Thon hergestellt, viereckige Stücke zerschnitten und getrocknet, gewöhnlichen Rosa aber pulverig in den Handel gebracht. Diese Lacke zeigen in Folge ihres geringen Gehalts an Kreide das Verhalten der …

Violette Rothholzlacke. — Gereinigter Alaun.   439

eini ihre Oberfläche bald hellfarbig und gegen das dunklere Innere im hohen
rade abweichend, um nach kurzer Zeit schließlich ganz weiß zu werden. Wer
her auf Haltbarkeit der Lacke sieht, wird diese Rothe niemals anwenden. Im
immer halten sie kaum ein halbes Jahr aus, wogegen Krapprosalacke unter
ichen Umständen noch gar keine Veränderung zeigen.

d. Violette Lacke.

Diese entstehen sehr leicht. Wenn die Abkochungen der Rothhölzer in zu
schwem Zustande auf gleiche Weise wie zur Darstellung der Carmoisinlacke
rwendet werden, so erhält man mehr violett- als rothgefärbte Lacke, ebenso
i Zusatz eines nicht genügend eisenfreien Alauns. Endlich erscheinen die Car-
oisinlacke dann stets mehr violett als roth, so lange noch Kreide vorhanden ist,
: durch zugefügten Alaun nicht in schwefelsauren Kali und Alaunerde zersetzt
rde. Solche Carmoisinlacke daher, welche durch zu frische Abkochung oder
enthaltigem Alauns mißrathen sind, werden als violette Lacke benutzt, und ihr
sletter Ton kann noch erhöht werden durch Hinzufügung eines Ueberschusses
n Kreide. Die hierbei entstehenden Nüancen können nicht beschrieben werden,
ib aber leicht herstellbar.

Alle diese unter a., b., c., d. beschriebenen Lacke sind als Oel- und Wasser-
rben anwendbar, nicht in Kalk, worin sie violett, beinahe blau werden. Sie
nd sehr durchscheinend und lasirend. Ihre Intensität prüft man am besten
uch Vermischen mit Gyps oder Kaolin, welche die Farbe nicht nüanciren,
der die Intensität darlegen, weil weniger gefärbte, geringere Sorten auch einen
ir entsprechend geringeren Zusatz vertragen, um ein gleich gefärbtes Gemisch
u liefern.

Einschaltung, betreffend Fällungsmaterialien für Rothholzlacke.

A. Gereinigter Alaun. Alaunmehl.

Bei Bereitung der vorstehenden wie der meisten anderen rothen und der gelben
ackfarben ist es, wie mehrfach erwähnt, Bedingung, einen möglichst eisenfreien Alaun
nzuwenden. Man bereitet denselben in Farbenfabriken immer aus künstlichem gewöhn-
chem Alaun dadurch selbst, daß man ihn in kupfernen Kesseln bei Siedhitze in dem
ünf- bis sechsfachen Gewichte Wassers auflöst, diese Auflösung dann in hölzerne Ge-
äße abzieht und fortwährend umrührt, bis sie vollständig erkaltet ist, d. h. die Tem-
eratur der Umgebung angenommen hat. Der Alaun, welcher sonst beim Erkalten
n Ruhe in großen dichten Krystallen anschießt, fällt bei dem stetigen Umrühren
ls Krystallmehl nieder, welches in Wasser abgewaschen und getrocknet wird.

Rothholzlacke: Fällungsmaterialien. Untersuchung der Lacke.

Enthielt der Alaun Eisenvitriol oder schwefelsaures Eisenoxyd, so bleiben die fremden Salze hierbei zum größten Theile in der Mutterlauge zurück. Wiederholt man dieses Verfahren noch einmal mit dem auf diese Art erhaltenen Alaunmehl, so wird derselbe noch reiner und ist dann in allen Fällen anwendbar. Der hierbei in der Mutterlauge zurückbleibende Alaun hat natürlich einen entsprechend größeren Eisengehalt als vorhin. Er kann daher zur Darstellung solcher Lacke angewendet werden, bei welchen der Eisengehalt entweder nicht schädlich oder sogar erwünscht ist.

B. Zinnsalz.

Das Zinnsalz (Sn Cl, Einfach-Chlorzinn), ein farbloses, nadelförmig krystallisirtes Salz, kommt in genügender Reinheit und verhältnismäßiger Billigkeit in den Handel, so daß die eigene Bereitung dieses Salzes, welche durch Auflösen von Zinndrehspänen in erwärmter Salzsäure erfolgt, nicht rathsam erscheint. Es muß für die Bereitung der Lackfarben ebenfalls eisenfrei sein. Eine Verfälschung des Zinnsalzes mit anderen namentlich schwefelsauren Salzen, z. B. Bittersalz, kann zwar vorkommen, ist aber leicht durch Chlorbariumlösung zu constatiren, da letztere mit der Lösung eines derartigen Zinnsalzes den charakteristischen weißen Niederschlag von schwefelsaurem Baryt giebt. In der Regel ist aber das Zinnsalz schon deshalb frei von jenen Beimengungen wie auch von Eisen, da nur ein reines Product überhaupt Absatz findet.

Von den Lacken, welche mit Rothholzdecocten und Anilinfarben, oder mit Rothholzdecocten und Cochenille hergestellt werden, wird unten die Rede sein.

Das Verhalten der oben angegebenen Carmoisinlacke gegen Cochenillereactivstoffe siehe bei Cochenille.

Untersuchung der Rothholzlacke. Um die Bestandtheile der Fernambuck- oder Rothholzlacke zu ermitteln, dient am besten das Verfahren, dieselben mit salzsäurehaltigem Alkohol zu digeriren, welcher den Farbstoff nebst der Alaunerde auflöst und die weißen Körper: Thon, Gyps und Stärke ungefärbt zurückläßt. Die Stärke läßt sich durch Verbrennen ermitteln, wobei Gyps und Thon zurückbleiben und im Einzelnen auf früher angegebene Weise bestimmt werden können. Aus der salzsauren Lösung fällt Ammoniak die Alaunerde als Lack, der aber nach dem Glühen bei Luftzutritt weiße Alaunerde zurückläßt. Aus der letzteren ist dann die Menge des zur Fällung angewendeten Alauns leicht zu berechnen. Enthält die Lacke Zinnoxyd und arsenige Säure oder arsenigsaures Kali, so ist die Analyse selbst von geübten Chemikern schwer auszuführen.

Die nach obigem Verfahren dargestellten Fernambucklacke, Carmoisinlacke ꝛc. ...n an Weingeist, Wasser, sowie Schwefelkohlenstoff keinen Farbstoff ab, wohl ... an Ammoniak und verdünntes Aetznatron. Ersteres entfärbt die Lacke ... ganz, letzteres vollständig, weil es auch die Alaunerde löst, und letztere ...ng färbt damit bigerirten Gyps wieder carmoisinroth, der Gyps entfärbt ... die Flüssigkeit auch bei großem Ueberschuß nicht ganz.

Versetzt man die salzsaure Lösung eines Fernambucklacks mit Schwefelkalium, ... jedoch dabei Alaunerde zu fällen, so wird die Lösung völlig entfärbt. Läßt ... dann die entfärbte Flüssigkeit einige Zeit an der Luft stehen, so färbt sie ... nach und nach wieder gelblich, dann orangegelb, und zeigt nun die Reactionen ... sauren alaunerdehaltigen Fernambuckdecoctes, d. h. sie giebt mit Ammoniak ... carmoisinrothen Niederschlag von Fernambucklack. Da dieses Verhalten nicht ...mittelbar nach Entfärbung der Flüssigkeit mit Schwefelkalium, sondern, wie ...egeben, allmälig eintritt, so scheint es, daß entweder der Farbstoff anfangs ... Schwefelwasserstoff reducirt und allmälig wieder oxydirt wird, oder daß sich erst mit Schwefelwasserstoff vereinigt, und den letzteren nach und nach ...der abgiebt. Diese Reaction mit Schwefelkalium u. s. w. kann bei gemischten ...en zur Unterscheidung des Farbstoffs aus Fernambuck von demjenigen aus ...henille praktisch benutzt werden, denn der Cochenillefarbstoff würde bei der obigen ...handlung unverändert bleiben, also die Flüssigkeit nicht entfärbt werden. Ueber ... Untersuchung der zugleich Cochenille und andere rothe Farbstoffe enthaltenden ...hholzlacke siehe bei Cochenillelacken ꝛc. unten.

1) Farben aus Sandelholz, sowie aus Camwood und Barwood (afrikanischem Rothholz). Santalin.

Das Sandelholz, auch Caliaturholz genannt, kommt aus Ostindien und ...gen und soll das Holz einer Leguminosenart, Pterocarpus santalinus, sein. ... wird in Scheiten von äußerlich dunkelrothbrauner Farbe erhalten, die innerlich ...troth sind, und meistens in den Seestädten, welche es in den Handel bringen, ...or gemahlen. Das Camwood und Barwood kommt aus Afrika, namentlich ...Colonie Sierra Leone, ebenfalls von einer Leguminose und ist ein ähnliches ...hes Holz. Beide enthalten nach angestellten Versuchen ein- und denselben Farb-...ff, Santalin genannt.

Dieses Santalin ist ein in Wasser unlöslicher, harzartiger, rother Farbstoff. ...selbe löst sich dagegen, obwohl wenig, in ätherischen und auch in fetten Oelen, ... reichlich in Alkohol und Weingeist, auch in Essigsäure und sehr reichlich ...wässerigen Alkalien. Die Lösungen sind schön purpurroth, und der Farbstoff weil sich in Oelen und Weingeist löst, wird allgemein angewendet, um Oel- und ...eingeistfirnissen eine rothe Farbe zu ertheilen, indem man das fein gemahlne

Verhalten der Auszüge aus Sandelholz und Camwood.

Sandelholz mit dem zur Firnißbereitung bestimmten Oele oder Weingeist digerirt. Aus seiner weingeistigen Lösung kann das Santalin in mikroskopischen rothen Krystallen erhalten werden. Sie schmelzen bei 104° und werden bei weiterer Erhitzung zersetzt.

Das Sandelholz soll von dem Santalin ungefähr 16 Procent, das Camwood und Barwood dagegen an 23 Procent enthalten.

Digerirt man die Hölzer mit Wasser, so löst sich darin nichts auf, weil der Farbstoff darin unlöslich ist; 90procentiger Weingeist färbt sich dagegen sehr dunkelpurpurroth, und diese letztere Lösung läßt sich mit Wasser verdünnen, ohne daß ein Niederschlag entsteht. Fügt man aber einer solchen mit Wasser verdünnten weingeistigen Lösung Bittersalz oder Salzsäure hinzu, so wird der Farbstoff aus ihr vollständig gefällt und die vom Niederschlage ablaufende Flüssigkeit ist wasserhell. Der so ausgefällte Farbstoff erscheint in dünnen Lagen und nassem Zustande fast carminroth, in dicken Schichten etwas bräunlich.

Digerirt oder kocht man das Sandelholz oder das Camwood mit wässeriger Natronlösung, so entsteht eine äußerst dunkle purpurrothe Lösung, welche vielfach mit Wasser verdünnt werden muß, damit sie durchsichtig wird, und welche dann fast einer Auflösung von Carmin in Ammoniak gleicht. Aus dieser Flüssigkeit fällen alle bis zur Sättigung des Natrons zugesetzten Mineralsäuren den rothen Farbstoff (das Santalin) aus. Die Niederschläge sind in dünneren Schichten ebenfalls beinahe carminroth, doch mit gelblichem Stich, und trocknen zu mehr bräunlichrothen Massen. Die davon abfiltrirte Flüssigkeit zeigt stets eine schwach gelbe Färbung, woraus hervorgeht, daß von den Alkalien noch eine geringe Menge eines gelben Körpers gelöst wird, den der Weingeist nicht aufnimmt, und der auch durch Säuren nicht ganz aus seiner wässerigen Lösung gefällt wird. Dieser gelbe Farbstoff kann aus den gemahlenen santalinhaltigen Hölzern durch Ether nicht extrahirt werden.

Die auf angegebene Weise durch Extraction des Sandelholzes oder Camwoods mit wässeriger Natronlösung gewonnene Flüssigkeit giebt mit den Lösungen der nachfolgenden Salze die daneben angegebenen Niederschläge.

Mit Alaun einen dunkelbraunen, ins Purpurrothe gehenden, prachtfeurig und intensiv.

Mit schwefelsaurer Bittererde einen sehr dunkelbraunen, fast rothen, ebenfalls sehr intensiv gefärbt.

Mit Zinkvitriol einen violettbraunen, doch weniger bläulich, als der vorige.

Mit Zinnsalz einen ausgezeichnet schön lillafarbigen, der beim Trocknen dunkler wird.

Mit Bleizucker einen roth-violetten, der beim Ausstreichen sehr breit erscheint.

Kupfervitriol giebt einen violett-braunen, sehr tief gefärbten Niederschlag, dessen Nüance zwischen der Farbe liegt, welche die erwähnten Zinkvitriol- und Bittersalzniederschläge haben.

Eisenvitriol giebt einen graugrünen Niederschlag, der beim Trocknen orangegelb wird wie Eisenoxydhydrat. Aus ihm läßt sich durch Salzsäure das Eisenoxyd ausziehen, wobei der rothe Farbstoff zurückbleibt, der also nicht im Stande ist, die Farbe des Eisenoxydhydrats bedeutend zu modificiren.

Alle diese Niederschläge sind sehr voluminös, ungewöhnlich leicht zu filtriren und auszupressen, wohl weil die Verbindungen des harzartigen Farbstoffes gegen das Wasser nur eine geringe Adhäsion haben. Von allen Niederschlägen ist die Flüssigkeit schwach gelblich gefärbt ab, wie bei der vorhin erwähnten Lösung mit Mineralsäuren. Die gelbfärbende Materie, die vom Natron ebenfalls gelöst wird, zeigt also keine dem Santalin ähnliche Fähigkeit, sich mit Metalloxyden zu unlöslichen Verbindungen oder mit den gefällten Niederschlägen zu vereinigen.

Fällt man den rothen Farbstoff aus der alkoholischen Lösung auf darin suspendirte Stärke mit Bittersalz, so erhält man eine dem Krapprosa ähnliche Farbe.

Fällt man denselben auf Gyps, welcher in der obigen Natronlösung suspendirt ist, mit einer Säure aus, so erhält man je nach der Menge des Gypses eine volle bis hellrosenrothe Farbe. Die dunkleren sind bräunlich roth.

Verfährt man ebenso mit Kaolin, so wird das erhaltene Rosenroth mehr gelblich.

Zu bemerken ist, daß alle diese Farben am Tageslichte viel schöner sind als bei künstlichem Lichte, bei welchem sie viel matter erscheinen und weil mehr ins Braune gehen, wogegen umgekehrt die Cochenillelacke bei Lampenlicht ihren violetten Ton verlieren und mehr carminroth erscheinen.

Unter den aus der obigen Natronlösung erhaltenen Fällungen des Santalins zeichnen sich die mit Zinnsalz, ferner die auf Stärke, namentlich aber diejenige auf Gyps als rothe Farbennüancen aus, während die Fällung mit Bittersalz und Zinkvitriol als braune Nüance hervortritt. Sie sind sämmtlich intensiv und lassen sich mit weißen Körpern beträchtlich aufmischen. Es würde also keine Schwierigkeit haben, rothe und rothbraune Lacke aus diesen Farbstoffen herzustellen, und der Weg hierzu ergiebt sich aus Obigem von selbst.

Ich habe jedoch in keinem der im Handel vorkommenden rothen, rothbraunen oder braunvioletten Lacken Santalin angetroffen, es wird daher das Sandelholz wahrscheinlich auch nicht zur Darstellung von Farben angewendet, vielleicht weil es genug andere Mittel giebt, dieselbe Nüance bei gleicher oder noch größerer Schönheit und geringerem Preise zu erhalten, z. B. von Fernambuchholz nüancirt mit Blauholz oder Anilinfarben.

Ob in einem Lacke etwa Santalin enthalten ist, kann man durch zweierlei einfache Versuche ermitteln. Ist nämlich das Santalin auf einen indifferenten Körper gefällt, gegen welchen es sich nicht wie eine Säure verhält, so läßt es sich mit Alkohol ausziehen, und die mit Wasser verdünnte Lösung wird dann durch Salzsäure gefällt. Nur wenn noch ein anderer Farbstoff zugleich vorhanden wäre, könnte die mit Salzsäure gefällte Flüssigkeit noch gefärbt sein. Ist das Santalin dagegen mit einer Base verbunden, so löst Salzsäure oder verdünnte Schwefelsäure dieselbe entweder auf oder scheidet wenigstens das Santalin so ab, daß es nach dem Eintrocknen des mit Säure behandelten Rückstandes in Alkohol gelöst wird, und dann aus der alkoholischen Lösung wie vorhin gefällt werden kann.

4. Alkannaroth.

Die Wurzel der im südlichen Europa einheimischen Ochsenzunge, Anchusa tinctoria, enthält einen rothen harzartigen Farbstoff, der in Wasser unlöslich, aber in Aether und Weingeist, ätherischen und fetten Oelen, sowie in alkalischen Flüssigkeiten löslich ist. Man kann ihn daher mit letzteren ausziehen, die rothe Farbe in eine blaue umändern, und dann daraus mit Mineralsäuren, jedoch nicht mit Essigsäure fällen, weil er auch in dieser löslich ist. Aus der alkalischen Lösung wird das Alkannaroth durch Zinnoxydulsalze mit violetter, durch Zinksalz und Alaun mit blauvioletter, durch Zinnchlorid mit carmoisinrother Farbe gefällt. Da aber alle diese Niederschläge nichts vor anderen ihnen ähnlicher Nüance voraus haben, so werden meines Wissens auch keine Rothfarben aus dem Alkannaroth dargestellt. Dagegen findet die Alkannawurzel zum Rothfärben von Oelen, Firnissen, Tincturen und cosmetischen Mitteln vielfacher Art ausgedehnte Anwendung.

5. Safflorfarbstoffe und Farben daraus. Safflorroth. Carthamin.

Die getrockneten Blumenblätter einer Distelart, Carthamus tinctorius, welche in Aegypten und Ostindien wild vorkommt und in Europa und in Südamerika cultivirt wird, kommen als Safflor im Handel vor. Sie enthalten einen rothen Farbstoff, dessen Menge je nach der Abkunft und dem Alter der Blumenblätter verschieden ist. Derselbe ist von einer ausgezeichneten Schönheit, aber leider von einer so großen Vergänglichkeit, daß er zur Herstellung von Farben für die eigentliche Malerei nicht gebraucht werden kann. Indessen dient der Safflorfarbstoff zum Färben sowie zu cosmetischer Anwendung und gelangt in den Handel 1) als Carthamin, in dünnen Lagen auf Papier aufgestrichen und

Darstellung von Carthamin.

elchem er eine grünlich metallglänzende Schicht bildet. In dieser Form dient als Schminke, zu welcher kein anderer Farbstoff gleich passend ist; führt man ämlich nur mit einem feuchten Finger oder einem Pinsel über die grüne Schicht, löst sich sogleich ein wenig des Farbstoffes, der in sehr dünner Lage eine prachtvolle rosenrothe Farbe hat. Dann kommt der Safflorfarbstoff vor 2) als Carthaminextract, Safflorextract, Carthamintinctur, eine dünne, nach Schwefelwasserstoff riechende, dunkelrothe Flüssigkeit, in welcher der Farbstoff gelöst enthalten ist. Diese Flüssigkeit dient gleichfalls zur Bereitung einer anderen Art Schminke und zum Färben. Außer dem rothen Farbstoff enthält der Safflor noch einen gelben, doch ist es nicht schwer, den letzteren, der nicht gebraucht wird und in viel größerer Menge vorhanden ist, davon zu trennen, indem nämlich der gelbe Farbstoff in säuerlichem Wasser löslich ist, der rothe aber nicht. Dagegen ist der rothe Farbstoff in Alkalien und alkalischen Salzen leicht löslich.

Das reine Carthamin stellt man auf folgende Weise dar:

Den Safflor, wie er im Handel vorkommt, bindet man in dünne leinene Säcke und wäscht ihn dann 3 bis 4 Mal in Fluß- oder Brunnenwasser aus, dem etwas Essig zugesetzt ist. Dadurch entfernt man den gelben Farbstoff. Es ist gut, wenn das Auswaschen jedesmal erst dann vorgenommen wird, nachdem die Blumen einige Stunden in dem Wasser eingeweicht sind, in welchem die Waschung erfolgen soll, was durch starkes Kneten und Bearbeiten der safflorhaltigen Säcke geschieht. Jedenfalls muß das letzte Waschwasser ungefärbt bleiben, sonst muß das Waschen noch einmal auf dieselbe Weise wiederholt werden, bis dieser Fall eintritt.

Man bereitet sich dann eine Lösung von krystallisirtem kohlensaurem Natron, welche etwa ½ Procent des festen Salzes enthält, und entleert die Säcke in diese Lösung, an welche der Safflor seinen rothen Farbstoff rasch abgiebt. Ein kleiner Zusatz von Schwefelnatrium ist gut, um den Einfluß der Luft auf den Farbstoff zu verhüten. Man läßt einige Stunden unter Bedeckung ohne alle Erwärmung kalt maceriren, seiht dann die rothgefärbte Flüssigkeit ab und preßt die Blumen aus, um alle Flüssigkeit zu erhalten.

In die Brühe bringt man nun einen Flock gebleichter und sehr rein gewaschener Baumwolle, zerrührt sie in der Flüssigkeit und setzt darauf sehr vorsichtig verdünnte Salpetersäure, Essigsäure oder Citronensäure hinzu, bis die Flüssigkeit säuerlich reagirt und entfärbt ist. Die hineingeweichte Baumwolle nimmt bei dieser Gelegenheit allen Farbstoff auf und färbt sich prachtvoll rosenroth, heller oder dunkler dunkel, je nach der Menge der hineingelegten Baumwolle und der Güte des Safflors. Letztere kann man bei dieser Gelegenheit vergleichsweise prüfen; man verwendet nämlich zwei gleiche Gewichtsquantitäten Safflor und gleiche Gewichtsquantitäten Baumwolle, so zeigt sich die vom besten Safflor am intensivsten und gefärbt. Die gefärbte Baumwolle wird aus der Flüssigkeit genommen, ausgewunden oder gepreßt und dann mehrere Male in Wasser gewaschen, dem nur Tropfen von Citronensäurelösung zugesetzt sind. Man hat jetzt auf der Baumwolle alles Carthamin im reinen Zustande niedergeschlagen.

Bringt man nun dieselbe wieder in eine kleinere Quantität einer schwachen Sodalösung, wie sie zum Ausziehen des Farbstoffes aus den Blumen angewendet ist, so wird die Baumwolle wieder entfärbt und das Carthamin aufgelöst. In der durch Filtriren und Nachwaschen der Baumwolle erhaltenen Lösung fällt man das Carthamin durch Citronensäurelösung, von der man jedoch nicht mehr nimmt als nöthig ist, um allen Farbstoff abzuscheiden, der sich dann noch und nach bildet. Man gießt und filtrirt die Flüssigkeit vom Carthaminniederschlage ab, wäscht mit Wasser aus, dem einige Tropfen Citronensäurelösung zugesetzt sind, und zuletzt noch mit reinem Wasser. Der Niederschlag wird dann in blauem Papier auf Kartenpapier gestrichen oder auf kleine Teller, auf welchen er mit den oben angegebenen Eigenschaften auftrocknet. Das Trocknen muß im Schatten ohne Einfluß alkalischer oder saurer Dämpfe geschehen, welche, wie auch das Licht, die Farbe leicht zerstören.

Um Carthaminertract oder Tinctur darzustellen, löst man den auf obige Weise erhaltenen und gewaschenen Carthaminniederschlag in sehr wenig leicht saurem Ammoniak auf, dem Schwefelwasserstoffammoniak in geringer Menge zugesetzt ist, und verwahrt die Lösung in zugestöpselten Flaschen im Dunkeln.

Ordinäre Schminke wird aus der Carthamintinctur hergestellt, indem man dieselbe mit feingemahlenem Talk versetzt und dann etwas Citronensäure zufügt, wodurch das Carthamin sich mit dem Talk recht innig mischt. Nach dem Auswaschen mit Wasser wird der Teig auf Schminketellerchen ausgebreitet, geklopft und im Dunkeln getrocknet.

Läßt man das auf obige Weise erhaltene Carthamin mit etwas Gummi- oder Leimlösung in dünnen Schichten rasch eintrocknen, so erscheint es in goldgelben Blättchen, die vom Porcellan abspringen und so das trockne Carthamin des Handels darstellen. Diese Eigenschaft des Carthamins, wenn es einigermaßen in concentrirter Lösung befindet, mit metallischem broncearrtigem Reflex auf den Flächen auszutrocknen, benutzt man in dem sogenannten Safflorbroncelack, einer gummihaltigen verdickten Auflösung von Carthamin, welche nur zur Grundirung der Tapeten verwendet wird. Die letzteren erhalten durch diesen Anstrich das Ansehn, als wären sie mit blasser, grünlichgelber Goldbronce überzogen.

6. Rothe Farbstoffe und Farben aus den Coccus-Schildläusen.

Mehrere Arten der Schildläuse, Coccus, enthalten einen rothen Farbstoff, der entweder ein und derselbe ist, oder nur wenige und geringe, vielleicht ganz auf die begleitenden anderweitigen Stoffe zurückzuführende Verschiedenheiten zeigt. Der

Cochenillesorten. Kermes. Deutsche Cochenille.

Insecten scheinen ihren Gehalt an Farbe aus den Pflanzen aufzunehmen, auf welchen sie ihre Nahrung finden, wie man an der deutschen Coccus polonicus wahrnehmen kann, die immer auf Blättern von Pflanzen angetroffen wird, welche wenigstens seitenweise rothgefärbt sind, und aus denen man einen rothen Farbstoff ausziehen kann, wie ich dies selbst beobachtet habe. Die Coccus cacti oder Cochenille nährt sich auf Cactusarten, von denen die schön rothe Farbe der Blüthen bekannt ist.

Unter den verschiedenen Coccusarten ist die Coccus cacti die wichtigste und über einen sehr bedeutenden Handelsartikel. Das Insect wird in Mexico theils wild angetroffen, theils daselbst und auf Java, St. Domingo, in Spanien und neuerdings auch in Algier auf besonderen Plantagen förmlich gezüchtet, und kommt, nachdem es auf besondere und abweichende, sein späteres Aussehen bedingende Weise getödtet ist, als Cochenille verschiedener Sorte auf den Markt. Eine Sorte Cochenille (die „silbergraue") hat eine graue Farbe und bildet eine Körper von der Form einer gespaltenen Erbse, an deren converem Theile Rudimente der kleinen Füße des Insectes zu erkennen sind. Eine andere Cochenille ist braunroth, wahrscheinlich davon, daß die Thiere in heißem Wasser getödtet werden. Eine noch andere Sorte ist schwarz. Sie soll nach Einigen das wilde Insect sein, nach Anderen soll sie ihre Farbe dadurch erhalten, daß es auf heißen Blechen getödtet worden ist. Die erstere graue Sorte sind die Insecten mit einem grauen Flaum, mit dem sie im lebenden Zustande bedeckt sein sollen und welchen sie bei ihrer angeblich in heißen Backöfen erfolgenden Tödtung nicht verlieren.

Die Cochenille wird wegen ihres hohen Preises oft verfälscht und zwar durch Schütteln mit Talkpulver behuf der Graufärbung; durch metallisches Blei, Schwerspath, Bleiweiß ebenfalls zum Graufärben; durch künstlich gepreßte und rothgefärbte der Cochenille ähnliche Körner; endlich durch solche Cochenille, welcher der Farbstoff bereits entzogen ist. Die meisten jener Verfälschungen lassen sich unmittelbar unter dem Mikroskope erkennen.

Die Kermes, die weiblichen Insecten von Coccus ilicis, welche im südlichen Europa auf der Stecheiche, Quercus ilex, leben, werden im südlichen Frankreich und in der Levante gleichfalls gesammelt, durch Essigdämpfe getödtet und getrocknet. Es sind rundliche leichte Körner, größer als die Cochenille, aber nicht runzlich wie diese, sondern glatt und glänzend und von braunrother Farbe. Sie enthalten viel weniger Farbstoff als die Cochenille.

Die deutsche oder polnische Cochenille oder das sogenannte Johannisblut, Coccus polonicus, findet sich in Polen, dem südlichen Rußland, in Deutschland weniger häufig. Die Insecten sitzen an den Wurzeln und Blättern von Scleranthus perennis, der Potentilla, Pimpinella u. s. w., und haben eine violettrothe Farbe. Zerdrückt man sie im lebenden Zustande, so geben sie einen rothen Saft von sich, der sich auch in einigen Blättern fand, auf denen ich eine

448   Gummilad. Lac-lac. — Cochenillefarbstoff.

Familie derselben antraf. Gegenwärtig kommt dieses Insect meines Wissens nicht mehr im Handel vor.

Coccus Laccae. Dieses Insect ist mit seiner Brut in dem sogenannten **Stocklad** eingeschlossen, der aus Ostindien zu uns kommt. Es färbt das umgebende Harz roth und dieses rothgefärbte Harz führt im Handel den Namen **Gummilad**. Der sogenannte Lad-Lad oder Lac-lac ist ein Präparat daraus, enthält aber noch Harz und Thonerde neben dem Farbstoff, welcher überhaupt nur schwierig davon zu trennen ist. Ein anderes ähnliches Fabrikat ist der **Lac-dye**, ebenfalls Lac-lac genannt, welches weit mehr Farbstoff enthält und daher auch dunkler gefärbt ist.

Zur Lackfarbenfabrikation verwendet man in der Regel nur Cochenille und die übrigen Materiale nur ausnahmsweise. Denn die letzteren sind theils zu geringhaltig, theils zu schwierig zu verarbeiten, endlich auch meistens zu theuer. Namentlich hat das Lac-dye, obwohl daraus gute Lacke erzielt werden können (vgl. S. 459), einen so hohen Preis, daß dieser Farbstoff in der Färberei zum Rothfärben viel geeigneter zu verwerthen ist, als bei der Lackfabrikation.

Die aus Cochenille dargestellten Farben und Lacke, nämlich der **Carmin** und der **Carminlad**, welche das echte **Cochenilleroth** oder den echten **Cochenillelad** bilden, gehören zu den schönsten rothen Farben, die es überhaupt giebt. Bei diesen Cochenillelacken findet ein großer Unterschied in den Nüancen statt, die bei einen oder anderen Sorte eine besondere Beliebtheit geben und von den Handgriffen bei der Darstellung abhängen, von denen jeder Fabrikant besondere benutzt, da derselbe gewöhnlich nur eine Sorte Lad schön zu liefern versteht.

Verhalten des Cochenillefarbstoffes. Carminsäure. Carminroth. Carmin. Carminlack.

Es ist für die Darstellung der genannten Lacke noch mehr nöthig als beim Krapp, die Beschaffenheit des in der Cochenille enthaltenen Farbstoffes kennen zu lernen, da der letztere gegen andere Körper und Reagentien eine erhöhte Empfindlichkeit zeigt und eine entsprechende besondere Behandlung erfordert. Nach de la Rue ist der hauptsächliche, farbengebende Bestandtheil der Cochenille eine eigenthümliche schwache Säure, die Coccinsäure oder Carminsäure, die eine purpurbraune Substanz bildet, beim Zerreiben eine hochrothe Farbe annimmt, in Wasser und Alkohol leicht, dagegen wenig in Aether löslich ist.

Die wässerige Lösung der Carminsäure reagirt schwach sauer und absorbirt keinen Sauerstoff aus der Luft. Ihre Farbe wird durch Alkali und Ammoniak in Purpur verändert, beide Reagentien geben aber keine Fällungen, wogegen Baryt und Kalkwasser purpurfarbige Niederschläge hervorbringen. Schwefelsaure Thonerde allein giebt in der Carminsäurelösung keine Fällung, jedoch bei Zusatz von Ammoniak prachtvolle carminrothe Nie-

Eigenschaften und Darstellung der Carminsäure.

derschlägt; Zinnsalz und Zinnchlorid färben carminroth, ohne Niederschläge hervorzubringen; frisch gefällte Alaunerde und Zinnoxyd entfärben die wässerige Lösung und färben sich selbst erst carmoisinroth, dann violett, namentlich beim Erwärmen. In concentrirter Salz- und Schwefelsäure löst sich die Carminsäure nach be la Rue ohne Zersetzung, aber von Chlor und Salpetersäure wird sie zersetzt.

Die neutralen Salze der Alkalien nüanciren die Carminsäure ins Violette, die sauren Salze ins Scharlachrothe; Gyps giebt einen Niederschlag; Eisensalze färben die wässerige Carminsäurelösung braun, wahrscheinlich durch Desoxydation; Blei- und Kupfersalze färben die Lösung violett; salpetersaures Quecksilberoxyd und Bleizucker geben Niederschläge, wovon der erste scharlachroth ist. Am Lichte wird der Farbstoff nach und nach zerstört und gebleicht.

Die Carminsäure wird dadurch erhalten, daß man zerriebene Cochenille erst mit Aether auszieht, dann etwa 20 Minuten mit Wasser kocht, die filtrirte Flüssigkeit mit schwach angesäuertem Bleizucker fällt und den erhaltenen Niederschlag mit heißem Wasser sorgfältig wäscht. Er enthält neben carminsaurem auch phosphorsaures Bleioxyd und etwas stickstoffhaltige Materie. Der Bleiniederschlag wird nun mit Wasser aufgerührt und mit Schwefelsäure versetzt, aber mit nicht so viel, daß alles carminsaure Bleioxyd zersetzt wird. Es löst sich nun die abgeschiedene Carminsäure, aber nicht das phosphorsaure Bleioxyd. Die erhaltene Auflösung wird bei 60° im Wasserbade zur Trockne verdunstet, der Rückstand mit absolutem Alkohol ausgezogen und dieser Auszug zum Erkalten und Verdunsten stehen gelassen. So erhielten Glasiwetz und Grabowski die Carminsäure in rothen warzenförmigen Krystallen. Sind die rothen Krystalle mit gelben hexagonalen Tafeln gemischt, was vorkommen kann, so extrahirt man das Ganze mit kaltem Wasser, worin diese letzteren unlöslich sind, bringt das Filtrat zur Trockne wie vorhin, und löst noch einmal in absolutem Alkohol, wo dann die Säure rein erhalten wird.

Außer den oben von be la Rue angegebenen Eigenschaften hat die Carminsäure nach Glasiwetz und Grabowski auch die, daß sie durch Wasserstoff im status nascendi in ihren Lösungen entfärbt wird, aber die Farbe erscheint wieder bei Zutritt der Luft. Die Carminsäure zersetzt sich beim Kochen mit verdünnten Säuren unter Aufnahme von Wasser in Carminroth und eine Zuckerart, Glucose:

$$C_{34}H_{18}O_{20} + 4HO = C_{22}H_{12}O_{14} + C_{12}H_{10}O_{10}$$
Carminsäure Carminroth Glucose.

Diese Zersetzung und die Darstellung von Carminroth wurde von den beiden vorhin genannten Chemikern durch mehrstündiges Kochen der Carminsäure mit verdünnter Schwefelsäure bewirkt, worauf sie die Flüssigkeit genau mit kohlensauren Baryt neutralifirten. Sie filtrirten schnell vom schwefelsauren Baryt ab und fällten die Flüssigkeit mit Bleizucker. Das Filtrat gab nach dem Ausfällen des Bleies mit Schwefelwasserstoff beim Verdunsten eine gummiartige Masse, welche $C_{17} H_9 Ba O_{10}$ war; die daraus abgeschiedene Zuckerart: $C_{12} H_{10} O_{11}$ war weich und honiggelb. Das Carminroth wurde aus dem oben erhaltenen Bleiniederschlage abgeschieden durch Versetzen des letzteren mit Salzsäure, Abfiltriren der Flüssigkeit, Fällen des Filtrats mit Schwefelwasserstoffgas, Filtriren aus Neuem und Verdunsten der Flüssigkeit bei niedrigerer Temperatur. Der Rückstand wurde in Wasser gelöst, von ausgeschiedenem harzartigen Flocken abfiltrirt, und das Filtrat dann im Vacuum verdunstet, wobei das Carminroth zurückblieb.

Das Carminroth bildet nach der obigen Trennung von Glucose eine dunkelpurpurrothe Masse, deren Pulver zinnoberroth ist. Es ist wenig hygroskopisch, in Alkohol und Wasser mit schön rother Farbe, in Aether kaum gegen nicht löslich. Es löst sich nicht in alkoholischer Kalilauge, und letztere giebt mit der weingeistigen Carminrothlösung einen violetten flockigen Niederschlag, der sich in Wasser mit Purpurfarbe auflöst. Chlorbarium und Chlorcalcium geben mit der letztgenannten Lösung sehr feine, violette Niederschläge.

Der Carmin soll nach neueren Untersuchungen von Glasiwetz und Grabowski aus Carminsäure und Carminroth, sowie aus einer geringen Menge thierischer, harzartiger Substanz bestehen. Nach meinen Versuchen besitzt ein Carmin, sogenannter Racaral-Carmin aus der B.'schen Anilin- und Extraktfabrik in Stuttgart im Allgemeinen die von de la Rue erwähnten Eigenschaften der Carminsäure, nur daß er sich in kaltem Wasser nicht löste. Der Carmin hinterließ beim Auflösen in ammoniakalischem Wasser, welches eine schöne ins Purpurrothe gehende Farbe annahm, nur höchst geringen Rückstand. Er löste sich leicht in wässeriger Salzsäure und Schwefelsäure, dabei ebenfalls einige Flocken ungelöst zurücklassend. Aus der ammoniakalischen Lösung fällte Weinsäure den Carmin wieder unverändert, doch nicht vollständig aus; der getrocknete Niederschlag hatte eine dunkel-bräunlichrothe Farbe, aber nahm beim Zerreiben wieder die ursprüngliche Carminfarbe an, wie dieses auch de la Rue für seine Carminsäure angiebt. Die ammoniakalische Lösung, welche man verdünnt als rothe Tinte anwendet, hinterläßt dagegen beim Verdunsten die Farbe nicht scharlachroth, sondern mehr ins Violette gehend, obwohl immerhin sehr feurig und schön.

Versetzt man die ammoniakalische Lösung des Racaral-Carmins mit einer Lösung von Alaun, so entsteht ein carminrother Lack von außerordentlichem Feuer, der, nach dem Trocknen zerrieben, ganz das Feuer und die Farbe des Carmins hat. Die ablaufende Flüssigkeit, die hierbei gefärbt bleibt, mit Eisenoxyd gefällt, giebt ebenfalls einen carminrothen Niederschlag. Bimmels violetten.

Carminfarbstoffe. Gehalt der Cochenilleabkochung.

Da die Carminsäure und das Carminroth, für sich in oben angegebener Weise hergestellt, in Wasser löslich sind, der Carmin aber nicht, und da auch die ammoniakalische Lösung des letzteren nach dem Verdunsten den Carmin wieder in Wasser unlöslich zurückläßt, so könnte man annehmen, daß diese Unlöslichkeit jener beiden Farbstoffe im Carmin durch das gleichzeitige Vorhandensein der oben als Carminbestandtheil angeführten animalischen, harzartigen oder fetten Substanz bedingt werde. Jedoch sind in dieser Beziehung ausreichende Untersuchungen noch nicht angestellt, die näheren Bestandtheile des Carmins daher immer noch unbestimmt. Andererseits ist indessen nach der unten angegebenen Darstellung des Carmins anzunehmen, daß der letztere als hauptsächlich färbendes Princip Carminroth enthält, welches sich durch Einwirkung verdünnter Säuren auf die im Cochenilledecoct gelöste Carminsäure auf obige Weise gebildet hat.

Es soll nun zunächst das Verhalten der Cochenilleabkochung und der Cochenillefarbstoffe vom praktischen Gesichtspunkte aus eingehend erörtert werden.

In der Cochenille ist die Carminsäure, die wesentliche rothfärbende Substanz, nicht in der Weise enthalten, daß sie rein ohne alle Nebenbestandtheile durch kochendes Wasser der Cochenille entzogen werden könnte. Aether entzieht zwar der letzteren Fett, aber auch nicht alles, so daß nach Behandlung der Cochenille mit Aether auch Alkohol noch Fett aufnimmt. Die wässerigen Abkochungen enthalten neben dem Farbstoff sowohl fettartige Substanzen, als anderweite thierische Materie in geringer Menge. Was die thierische Materie betrifft, so ist ein Theil derselben schon in kaltem, ein anderer nur in kochendem Wasser löslich, und dieser letztere, nicht der in kaltem Wasser lösliche Theil, ist durch Säuren fällbar. Der letztere fällbare Theil, von welchem sich bei längerem Kochen der Cochenille noch mehr löst, scheint sich eben mit den Farbstoffen zu verbinden, wenn Säuren oder auch längeres Stehen des Decocts, wie unten angegeben, die Farbstofffällung, welche der Carmin ist, bewirken. Alle Zusätze, welche der Cochenilleabkochung während des Kochens oder nachher zugefügt werden, um den Carmin abzuscheiden, scheinen auch diese Wirkung zu haben, welche aber sehr langsam vor sich geht, so daß die Abscheidung des Carmins sehr langsam erst in Monaten erfolgt.

Digerirt man Cochenille mit Ammoniak, so erhält man nicht eine purpurrothe, sondern violette Lösung, welche mit Säuren übersättigt eine scharlachrothe Farbe annimmt, aber mit Alaun- und Zinnsalzlösung nur violette Niederschläge giebt, die keine empfehlenswerthe Farben sind. Beim Stehen der ammoniakalischen Lösung setzen sich unter Verdunsten des Ammoniaks allmälig Flocken ab, welche ebenfalls eine violette Farbe haben. Versetzt man mit unterschwefligsaurem Natron, so vermehren sich die Flocken auffallend, ohne daß jedoch die Flüssigkeit entfärbt wird. Diese letzteren Flocken haben die Eigenschaften eines violetten Carminlacks und werden durch Alkohol

Cochenilleablochung. Cochenille ammoniacale.

versetzt, scheidet Schwefel aus, der nichts vom Farbstoff aufnimmt, sondern ganz weiß bleibt. Die Flüssigkeit wird dabei hell scharlachroth.

(Im Handel kommt der ammoniakalische Auszug der Cochenille namentlich aus Fabriken bei Rouen in Frankreich, welche sich auch mit der Herstellung der Farbholzextracte in großem Maßstabe beschäftigen, als Cochenille ammoniacale vor, welche aber bei der Verwendung zum Färben andere Nuancen giebt, als die frische in Ammoniak gelöste Carminsäure.)

Kocht man die gepulverte Cochenille mit Wasser, welchem Weinsäure zugesetzt ist, so erhält man eine sehr schön scharlachroth gefärbte Flüssigkeit, welche sich schon während des Filtrirens trübt. Diese färbt geleimtes Papier schön hochroth, aber nicht in die Lösung gebrachte Stärke. Beim Stehen scheidet sie Carmin ab. Kocht man die Cochenille mit Wasser unter Zusatz von Oxalsäure und Zinnsalz, so erhält die Flüssigkeit ebenfalls eine prächtige scharlachrothe Farbe, welche das weiße Druckpapier, wodurch man filtrirt, scharlachroth färbt, und beim Stehen langsam Carmin absetzt. Aber sie giebt an Stärke beim Tigriren keine, ebenfalls keine Farbe ab. Kocht man dagegen nach vorherigem Zusatz von rein Weinsäure und Alaun, welche die Kleisterbildung der Stärke, nicht aber das Aufschwellen derselben verhindern, so färbt sie sich schön scharlachroth, ohne daß jedoch die Flüssigkeit entfärbt wird.

Der Cochenillefarbstoff, wie er in der obigen, mit Zinnsalz und Oxalsäure gemachten Ablochung von Cochenille enthalten ist, scheint eine sehr große Neigung zu haben, sich mit fett- und harzsauren Metalloxyden zu vereinigen. Denn versetzt man ein solches Decoct, welches nach mehrtägigem Stehen bereits etwas Carmin abgesetzt hat, mit in Wasser gelöster Oelseife, so entsteht ein prachtvoller rother Niederschlag, jedoch wird die Flüssigkeit nicht entfärbt. In Borax gelöster Schellack giebt darin einen ebenso schönen Niederschlag, welcher zu sprödem scharlachrothem Harze austrocknet, wobei jedoch ein großer Theil der Intensität seiner Farbe verloren geht. Dasselbe Decoct färbt auch gewaschene Wolle schön scharlachroth, wenn man sie damit kocht, und hierauf beruht die Anwendung der Cochenille zur Scharlachrothfärberei der Wolle. Es würde gemahlene und fein zertheilte Wolle, weil sie eine so große Anziehung gegen den Farbstoff besitzt, das beste Mittel sein, um scharlachrothe Farben von großem Feuer herzustellen. Die Seide entzieht auch solchen Lösungen fast allen Farbstoff, wenn man sie damit hinreichend lange kocht. Leider scheint es nicht möglich zu sein, sie in feines Pulver zu verwandeln.

Versetzt man einen Theil frischer, wässeriger Cochenilleablochung mit Alaun und dünner Kalkmilch, so daß der Alaun im Ueberschuß bleibt, einen anderen Theil Ablochung aber mit denselben Stoffen unter Ueberschuß von Kalk, so wird der letztere Theil besser entfärbt als der erstere, und die Entfärbung erfolgt fast

Verhalten der Cochenilleabkochung gegen Fällungsmittel. 453

und gar bei längerem Stehen, wenn überhaupt genug Alaun und Kali zugesetzt ist. Es entsteht hierbei immer ein violettrosenrother Lack. Fällt man dagegen den Alaun mit Kali oder Natron, so erfolgt die Entfärbung nie so vollkommen wie bei Anwendung von Kalk. Die Vermuthung, daß der beim Fällen mit Alaun und Kalk gebildete Gyps eine große Anziehung zu dem Farbstoffe habe, bestätigte sich in der That.

Gewöhnlicher Gyps, als gemahlenes Mineral, färbt sich in dem Decocte der Cochenille mit Wasser in wenig Minuten bei kaltem Digeriren damit so stark und dunkelviolett, daß er schwarz aussieht. Zusatz von Weinsäure röthet den Niederschlag sowie die zugleich bräunlichviolett gewordene Flüssigkeit, und die Farbe wird wieder vom Gyps abgelöst. Nach Zusatz von Ammoniak wird sie wieder violett, aber nicht mehr so dunkel wie vorher. Das auf diese Weise mit Gyps erhaltene gefärbte Product ist ein dunkelviolettbrauner Lack, der jedoch zu theuer wird, als daß seine Herstellung zu empfehlen wäre.

Kalkmilch allein färbt die wässerige Cochenilleabkochung violett. Die mit Alaun und Kalk in dem Cochenilleabsud hervorgebrachten hellen violettrosenrothen Niederschläge, aus Farbstoff, Gyps und Alaunerde bestehend, nehmen aus einer neuen Quantität des Absudes den Farbstoff ebenfalls auf und werden intensiver, entfärben die Flüssigkeit aber nicht ganz. Nach dem methodischen Verfahren bei der Darstellung des Carmoisinlacks aus Fernambuckdecoct (S. 436) kann man also auch Niederschläge aus Cochenilledecoct immer intensiver machen und die Flüssigkeiten immer mehr entfärben.

Löst man im Cochenilledecoct phosphorsaures Natron und fügt Chlorcalcium hinzu, so entsteht ein fast schwarzer Niederschlag, ganz ähnlich der Farbe, die der Gyps darin annimmt. Er wird bei Zusatz von Kalk mehr violett und löst sich in Weinsäure zu einer scharlachrothen Flüssigkeit, welche bei erneutem Zusatz von Kalk einen carmoisinrothen Niederschlag giebt. Der so entstandene Lack ist schön, die Flüssigkeit wird dabei aber nicht entfärbt.

Der Niederschlag, den phosphorsaures Natron in zuvor mit Alaunlösung versetztem Cochenilledecoct hervorbringt, ist nicht schöner als der mit Alaun und Kalk hervorgebrachte.

Zinkoxyd, in der Form von Zinkweiß angewendet, färbt sich in dem Decocte sehr schön violett und carmoisinroth. Das Product ist ein feuriger Lack. Löst man dagegen eisenfreien Zinkvitriol in Cochenilledecoct, so nimmt die Flüssigkeit eine braunviolette Farbe an und giebt mit Natron einen braunvioletten Niederschlag, der bei Ueberschuß von Zinkvitriol dunkler violett ist. Fällt man den Zinkvitriol mit Kali, so erhält man einen schönen carmoisinrothen Lack von starker Deckkraft.

Schwefelsaure Bittererde, in dem Cochenilleabsude gelöst und mit Natron gefällt, giebt schöne rosen- und carmoisinrothe Niederschläge, einerlei ob

454 Verhalten der Cochenilleabkochung gegen Fällungsmittel.

Natron oder Bitterfalz vorwaltet. Bei dem Ueberschusse des letzteren wird die Flüssigkeit fast ganz entfärbt.

Gewöhnliche Magnesia des Handels färbt sich in dem wässerigen Cochenilleabsude noch schöner als Zinkweiß zu Rosenroth und Carmoisin. Nach Zusatz von etwas Kalkhydrat wird die Farbe noch dunkler und vollständig carmoisin. Die Flüssigkeit wird jedoch nicht vollständig entfärbt.

Bleizuckerlösung bringt in der wässerigen Abkochung der Cochenille einen dunkelbraunrothen Niederschlag hervor, der zu einem ebenso gefärbten Lacke austrocknet. Zusatz von Kalk macht die Farbe tiefer; die Flüssigkeit wird nicht entfärbt.

Chromalaun fällt das Cochenilledecoct nicht, aus dem Gemische fällt Natron einen violettbräunlichen Niederschlag von schlechtem Ansehen.

Salpetersaures Quecksilberoxyd färbt das Cochenilledecoct hoch scharlachroth mit geringer Trübung. Nach Zusatz von Natron, jedoch nicht im Ueberschuß, wobei violette Färbung eintritt, entsteht ein scharlachrother Niederschlag, der nach dem Abfiltriren nur eine geringe Intensität zeigt.

Versetzt man die frische wässerige Abkochung mit Alaun und dann mit essigsaurem Baryt, so entsteht ein dunkelvioletter Niederschlag, der nach dem Trocknen unansehnlich ist. Versetzt man das Gemisch statt mit essigsaurem Baryt mit Bleizucker, so fällt das schwefelsaure Bleioxyd ganz ungefärbt nieder.

Die Cochenilleabkochung mit saurem chromsaurem Kali, dann mit Bleizucker versetzt, giebt einen schmutzig olivengrünen Niederschlag (aus Violett und Gelb entstanden).

Natronwasserglas färbt die Cochenilleabkochung schön purpurroth. Alaun bringt dann in dem Gemische einen gallertartigen, carmoisinfarbigen Niederschlag hervor, ungefähr von dem Aussehen des vorhin angegebenen mit Bitterfalz und Natron. Die Flüssigkeit wird beinahe entfärbt. Der Niederschlag trocknet aber zu einer dunkelvioletten, spröden Masse von unansehnlicher Farbe.

Die rothen Niederschläge, die Ammoniak in Abkochungen von Garancin in alaunhaltigem Wasser hervorbringt, und die noch nassen Krapplade nehmen aus der wässerigen Abkochung der Cochenille die Farbstoffe viel mehr auf, als Alaunerdehydrat für sich. Die Krapplade erhalten dadurch eine mehr carminrothe, und wenn zu viel davon aufgenommen ist, eine violettrothe, aber immer sehr feurige Farbe, und die Flüssigkeit wird ganz bedeutend entfärbt.

Die Mutterlauge eines Carmins, woraus sich derselbe nach Zusatz von etwas Weinsäure und Schwefelsäure abgesetzt hatte, gab nach Zusatz von Tannin, Leim und etwas Ammoniak, jedoch nicht bis zur Neutralisation der Säure, nach einigem Stehen einen weiteren Absatz ganz von der Farbe und dem Feuer des Carmins. Die Flüssigkeit wurde nicht entfärbt.

Fällungen in Carminmutterlaugen und Cochenilledecocten.

Dieselbe Mutterlauge gab mit einer Auflösung von Schellack in Borax einen tief scharlachrothen Niederschlag, der zu einem scharlachrothen ins Bräunliche fallenden zerreiblichen Pulver austrocknete. Die Flüssigkeit wurde jedoch nicht entfärbt.

Dieselbe Mutterlauge, erst mit Alaun und dann mit der Schellacklösung versetzt, gab einen ebensolchen Niederschlag. Bei gleichzeitigem Zusatz von ölsaurem Natron oder Kali wurde die Farbe hochroth.

Mit Stärke versetzte Schellacklösung gab mit der Mutterlauge des Carmins, welcher erst Zinnsalz zugefügt wurde, einen rosenrothen Niederschlag von geringer Deckkraft.

Versetzt man Stärke mit ölsaurem Natron, und die Mutterlauge des Carmins mit Alaun, so entsteht beim Zusammenbringen beider Gemische eine tief carmoisinrothe Farbe.

Eine Ablochung von Cochenille mit Oxalsäure und Zinnsalz, nachdem sie 14 Tage zum Absetzen von Carmin gestanden hatte, gab in einer Auflösung von käuflichem, kalt bereitetem Fernambucextract einen Niederschlag von der Farbe des Florentinerlacks, mit noch mehr Fernambucextractlösung versetzt, einen ebenso gefärbten helleren Niederschlag. Das Filtrat hiervon gab mit fernerer Extractlösung unter Zusatz von Zinnsalz und Alaun einen dunkleren Niederschlag, dem ersteren ganz ähnlich.

Alle vorstehend erwähnten Lacke und farbigen Niederschläge haben die bemerkenswerthe Eigenschaft, daß sie bei künstlicher Beleuchtung viel von ihrem violetten und carmoisinrothen Schein einbüßen und eine mehr hochrothe feurige Farbe annehmen.

Wenn das Cochenilledecoct, welches nach Zusatz von etwas Weinsäure und Schwefelsäure etwa 14 Tage gestanden und einen Theil Carmin abgesetzt hatte, mit kohlensaurem Natron neutralisirt wurde, so gab es nun mit essigsaurem Baryt einen schönen, ziemlich dunklen, carminrothen Lack. Die ablaufende Flüssigkeit, mit Alaun und noch einmal mit essigsaurem Baryt versetzt, gab noch einmal einen solchen, doch helleren fast rosenrothen Lack mit sehr geringem violetten Ton. Dagegen nimmt Ulano fixe aus Cochenilledecoct wenig Farbstoff auf, während die Flüssigkeit eine violette Farbe annimmt.

Das vorstehend ausführlich dargelegte Verhalten des Cochenilledecocts ergiebt als Endresultat, daß sich daraus ebenso schöne und rein rothe Lacke, wie aus Rothhölzern, nicht darstellen lassen, sondern daß diese Lacke immer eine violette Nuance haben, welchen Körper man auch zum Fällen und Aufnehmen des Farbstoffes anwendet.

Darstellung des Carmins.

Dieselbe geschieht gewöhnlich folgendermaßen: In kupfernen blank gescheuerten, am besten mit reinem Zinn verzinnten Kesseln wird die gepulverte Cochenille, welche vor dem Pulvern zweckmäßig in kaltem Wasser abgewaschen und wieder getrocknet ist, mit dem zwanzig- und mehrfachen Gewichte reinen Regen- oder destillirten Wassers mehrere Stunden lang gekocht. Es ist unerläßlich, hierbei reines und kalkfreies Wasser anzuwenden, auch alle Berührung der Flüssigkeiten mit Eisen muß vermieden werden.

Die Abkochung wird nach dem Absetzen dekantirt und filtrirt, um sie vollständig rein zu erhalten, was namentlich, wenn etwa Zusätze dem Wasser gegeben sind, womöglich warm geschehen muß. Es läßt sich dies um so eher ausführen, da das Cochenillepulver sich nach dem Auskochen rasch absetzt. Man kann das Decoct sogleich in Porzellan-, Glas-, Steinzeug- oder verzinnte Kupferschalen abfiltriren, in welche man verschiedene Zusätze giebt, welche den Zweck haben, die Abscheidung des Carmins zu bewirken oder doch zu beschleunigen. Diese Schalen mit dem Filtrate werden dann wohl bedeckt, um das Hineinfallen von Staub zu verhüten, und nun mehrere Wochen bis Monate stehen gelassen, während welcher Zeit sich oft unter Bildung einer Haut der Carmin an die Wandungen der Gefäße und auf ihrem Boden als zartes Pulver absetzt. Nach erfolgter Ausscheidung des Carmins wird die Flüssigkeit, von welcher man eine etwa gebildete Carminhaut zuvor entfernt hat, durch Abgießen oder einen Heber von dem Carmin getrennt, der letztere mit Hülfe einer Feder auf Filtrirpapier, welches auf einem Tuchfilter ausgebreitet ist, gebracht und nach dem Abtropfen der anhängenden Flüssigkeit noch mit destillirtem Wasser gewaschen, um schließlich nach dem Ablaufen des letzteren getrocknet zu werden.

Die oben bemerkten Zusätze, welche den filtrirten Abkochungen in den Schalen gegeben werden, sind gewöhnlich: Salzsäure, nur so viel, daß die Flüssigkeit eine hochrothe Farbe annimmt; saures oxalsaures oder saures weinsaures Kali, Weinstein, der kalkfrei sein muß, mit Zinnsalz zu gleicher Zeit; Alaun mit oder ohne Weinstein; Quecksilberchlorid, auch wohl Eiweiß in Wasser gelöst, welches dann coagulirt und sich der Farbe beimengt. Alle diese Materialien müssen eisenfrei sein.

Von den angegebenen Zusätzen können diejenigen auch schon beim Kochen der Cochenille dem Wasser zugesetzt werden, welche nicht auf die kupfernen Gefäße einwirken, wie die organischen Säuren, sauren Salze und der Alaun. In diesem Falle muß das Filtriren jedenfalls heiß erfolgen, weil die mit Zusatz bereiteten Decocte schon beim Erkalten sich trüben und Carmin absetzen.

Werden den filtrirten und obige Zusätze enthaltenden Cochenilleablochungen noch solche Substanzen beigemischt, welche mit den Zusätzen ungefärbte Niederschläge geben würden, oder auch sonst indifferente feste Körper, so fällt etwas Carmin zwar sogleich mit nieder, der größte Theil aber erst allmälig, wie ohne diese letzteren Beimischungen. Der niederfallende Carmin wird durch dieses Verfahren allerdings verdünnt und seine Intensität vermindert, er kann jedoch, falls nicht zu erhebliche Beimischungen gegeben sind, immer noch als Carmin gelten. Jedenfalls dürfen nur derartige Stoffe beigemischt werden, daß sich bei der Bildung des dadurch bewirkten Niederschlages die saure Natur der Flüssigkeit nicht ändert, andrenfalls würde eine violettrothe oder wenigstens carmoisinrothe Farbe entstehen, die nicht mehr dem Carmin gleicht.

Wie schon früher angedeutet, weist die obige Herstellungsweise des Carmins und das anfangs erörterte chemische Verhalten der Cochenillefarbstoffe darauf hin, daß die Carminbildung im Wesentlichen auf einer langsamen Umwandlung der Carminsäure im Cochenilledecoct in Carminroth durch Einwirkung verdünnter Säure beruht und daß wahrscheinlich durch Hinzutreten einer thierischen harzigen Substanz zu dem gebildeten Carminroth die schon erwähnte Unlöslichkeit des Carmins in Wasser bedingt wird, wodurch sich der letztere von dem reinen Carminroth unterscheidet.

Die Carmine und ihre Nüancen sind verschieden. Die hochrothesten sind die beliebtesten, eine schwach violette Nüance ist ihnen dadurch sehr leicht zu geben, daß man sie Ammoniakdämpfen aussetzt, was aber nicht lange anhalten darf. Die Farbenfabriken, welche auch Carmine liefern, führen jede eine besondere Nüance, welche den anderen fehlt oder doch einen deutlichen Unterschied gegen andere Producte zeigt, und diese Verschiedenheit kann nur auf abweichenden Zusätzen beruhen, da die Manipulationen der Fabrikation im Ganzen nicht verschieden sein können.

Darstellung der Carminlacke. Florentinerlacke.

Das Verhalten der frischen Cochenilleablochung gegen solche Substanzen, welche für den praktischen Zweck der Lackbildung in Frage kommen, haben wir im Vorstehenden ausreichend kennen gelernt, um daraus das zweckmäßigste Verfahren bei der wirklichen Herstellung von Lacken zu folgern. Da die frische Cochenilleablochung, wie wir gesehen haben, als rothen Farbstoff die ursprüngliche Carminsäure, nicht deren Umwandlungsproduct das Carminroth, den wesentlichen Farbstoff des Carmines enthält, so haben die aus Ablochung hergestellten Lacke immer eine andere Farbe, als diejenigen, welche man aus Carmin erhält. Die Lacke aus frischem Cochenilledecoct zeigen nämlich stets einen violetten Ton, der auf keine Weise zu beseitigen ist; und deshalb haben auch

Bereitung der Carminlacke. Florentinerlacke.

solche Lacke keine größere Schönheit als die aus Rothholz mit Sorgfalt dargestellten Lacke.

Will man hochrothe oder carminrothe Lacke, die eigentlichen sogenannten Carminlacke, herstellen, so ist hochrother reiner Carmin in Ammoniak zu lösen, wozu von letzterem nicht viel nöthig ist, und die Lösung mit Alaun zu fällen, wodurch ein carminrother Lack entsteht. Man kann vor der Fällung indifferente weiße Zusätze geben, welche den Lack heller machen, wie Stärke, Blanc fix, gebrannten Kaolin oder auch andere rothe Lacke, welche bei der obigen Alaunfällung ihre Farbe nicht unvortheilhaft verändern. Der Carmin läßt sich aus der ammoniakalischen Lösung auf weiße Körper auch durch Zusatz von Weinsäure ausfällen. Unter allen Umständen müssen aber die anzuwendenden ammoniakalischen Carminlösungen frisch verwendet werden, wenn die Lacke nicht eine Spur von violettem Stich erhalten sollen. Zwar entstehen ebensolche Lacke, wenn man hierzu statt einer Carminlösung in Ammoniak die obige zur Darstellung des Carmins bereitete Cochenilleablochung benutzt, aus welcher der Carmin sich absetzen soll. In diese saure, auf früher angegebene Art mit Zusätzen versehene Flüssigkeit werden dann diejenigen festen Körper, er welche der Carmin zu einem Carminlack gefällt werden soll, und die hier jedenfalls indifferenter Natur sein müssen, d. h. keine Säuren aufnehmen oder neutralisiren dürfen, von Anfang hinzugerührt, damit der allmälig niederfallende Carmin sich auf diese Körper niederschlägt. Jedoch gewährt letzteres Verfahren einmal deshalb keinen Vortheil, weil die Dauer der Ausscheidung des Carmins zu Lack ebenso lange Zeit in Anspruch nimmt, als die des Carmins für sich, und weil man ferner die Tiefe des Lacks hier lange nicht in dem Grade in der Gewalt hat, wie bei Anwendung der ammoniakalischen Lösung, deren Gehalt an reinem Carmin beliebig bemessen werden kann, so daß die Quantität des auf einen weißen Körper zu fällenden Carmins und damit die Intensität des Lacks von vornherein genau zu bestimmen ist.

Die im Handel vorkommenden Carminlacke führen theils diesen Namen, theils heißen sie auch Florentinerlacke. Es sind die echten Florentinerlacke. Sie geben bei der Digestion mit Ammoniak allen Farbstoff ab, und lassen meistens nur Stärke, wenig Alaunerde zurück. Der ammoniakalische, gefärbte Auszug des Florentinerlacks verhält sich wie eine Auflösung von Carmin, indem er wie die Carminlösung durch Säuren gefällt wird. Schwefelwasserstoffgas ist ohne Einwirkung auf den Lack. Die Sorten wechseln im Preise bis zum bedeutenden Betrage. Die Florentinerlacke haben im Speciellen immer die Form der Hütchen, welche mittelst des S. 165 angeführten Verfahrens dargestellt werden, wogegen die Carminlacke als solche immer in unregelmäßigen Stückchen in den Handel kommen, wie sie beim Trocknen der Lacke auf ausgebreitetem Papier von selbst entstehen.

Darstellung von Lacken aus Lac-dye.

Aus dem Lac-dye oder Färberlack lassen sich dem Cochenillelacke ähnliche Lacke leichter darstellen als aus der Cochenille. Man löst den Lac-dye in Natron oder Kalilauge, und fällt einfach mit überschüssigem Alaun. Es entstehen sehr dunkelrothe Lacke, ebenfalls etwas ins Violette gehend, welche zwar zugleich das im Lac-dye vorhandene Harz enthalten, aber dessenungeachtet brauchbar sind. Dieser Harzgehalt bedingt eine dunklere Färbung der aus Lac-dye erzielten Fällungen im Vergleich zu den aus Cochenilledecoct. Es scheint indessen nicht möglich zu sein, aus Lac-dye Carmin herzustellen, wenn auch der Farbstoff des Lac-dye mit dem in der Cochenille enthaltenen identisch ist, und obwohl man ihn in der Färberei gleich der Cochenille zur Hervorbringung scharlachrother Farben anwendet.

Cochenille- und Krapplacke.

Wenn man aus den Ablochungen des Garancins, oder des nur mit Schwefelsäure ausgewaschenen Krapps, nach dem Auslochen desselben mit alaunhaltigem Wasser, durch Versetzen mit Natron oder Kreide in der früher angeführten Weise Krapplacke gefällt hat und denselben nun eine wässerige Cochenilleablochung zufügt, so färben sich die Krapplacke viel dunkler und ihre gelblichrothe Farbe geht in eine carminrothe über. Bei reinen Alaunerdekrapplacken ist ein Zusatz von weissen Körpern nöthig, damit die entstehenden Lacke nicht allzudunkel ausfallen.

Prachtvolle hochcarminrothe Lacke erhält man, wenn man die Ablochung von Garancin, wie sie zur Darstellung von Krapplack hergestellt ist, statt mit Soda mit einer Auflösung von Carmin in Ammoniak ausfällt. Diese Lacke haben eine hochscharlachrothe und dem Carmin ähnliche Farbe, welche beim Zerreiben der Stücke, zu denen die Lacke austrocknen, noch zunimmt.

Cochenille- und Fernambuck- oder Rothholzlacke.

Die Carmoisin- und Fernambucklacke, deren Darstellung unter den Farben aus Rothhölzern angegeben ist, nehmen aus Cochenilleablochung nach und nach allen Farbstoff auf, so dass die Flüssigkeit völlig entfärbt wird. Die Lacke werden dadurch dunkler, erhalten mehr Feuer, aber ein Zusatz von Zinnsalz erhöht nicht die Farbe, wie bei reinen Fernambucklacken, sondern macht sie violett. — Manche im Handel vorkommenden Florentinerlacke scheinen so hergestellt zu sein, andere enthalten gar keinen Cochenillefarbstoff, sondern sind Rothholzlacke, denen die Form des Florentinerlacks gegeben ist.

Gemischte Cochenillelacke. Mit rothen Lacken gemischte Mineralfarben, fälschlich Münchenerlacke genannt. Untersuchung rother gemischter Lacke.

Unter dem Namen Münchenerlacke kommen nicht allein echte Krapplacke w. (vgl. S. 428), sondern auch Lacke von so großer Schönheit, daß es Niemandem, der Krapplacke darstellt und verarbeitet, ob er es mit oder ohne chemische Kenntniß versuchen mag, gelingen wird, Krapplacke von solcher Schönheit und Nüance zu erhalten. Ich habe einen solchen Lack aus der B.'schen Anilin- und Sodafabrik in Stuttgart untersucht, um zu ermitteln, was die feste Grundlage desselben sei. Aetznatronlösung entzog 5 g desselben 2 g Lösliches, welches letztere sich als Cochenillefarbstoff ergab. Die unlöslich zurückgebliebenen 3 g bestanden aus reinem Zinnober, und der Lack bestand also aus einem Gemenge von Carminlack mit Zinnober. Es ist begreiflich, daß man einen solchen Lack nicht auf anderer Weise erhalten kann, als daß man auf Zinnober Carmin als Lack fällt. Wo es die Absicht ist, einen gegebenen Lack nach vorgelegtem Muster herzustellen, so möge man sich dieses Falles wohl erinnern, namentlich wenn die Probe etwas Außergewöhnliches zeigt. Der kürzeste Weg, der nur allein zum Ziele führen kann, besteht dann immer in einer chemischen Untersuchung der vorliegenden Lackprobe, sowohl auf ihren Farbstoff, als auf die Natur der Farbenträger. Hat man beide festgestellt, so werden die nach Maßgabe des Untersuchungsbefundes unternommenen Versuche zur Herstellung des Lackes bald das gewünschte Resultat ergeben. Diesem praktischen Zwecke entsprechend ist die chemische Untersuchung solcher Lacke etwa folgendermaßen auszuführen.

Sind rothe Lacke zu untersuchen, so ist man nicht sicher, beim Verbrennen des Farbstoffs durch Glühen des Lacks den beigemischten festen Körper als Rest im Tiegel zu behalten, denn bei carmin- und zinnoberhaltigen Lacken, wie im obigen Falle, würde beim Verbrennen des Carmins zugleich der Zinnober sich verflüchtigen, also fast nichts zurückbleiben. Ist Stärke beigemengt, so verbrennt diese zwar auch, giebt aber gewöhnlich erst eine stark aufgeblähte schwammige Kohle.

Ob in einem rothen Lacke Cochenillefarbstoff oder Carmin enthalten ist, kann man wohl einigermaßen an der Farbe der Lösungen erkennen, welche jener Lack mit Ammoniak oder Kalilauge giebt, namentlich wenn man dieselben mit besonders bereiteten Lösungen der entsprechenden reinen Farbstoffe in den gleichen Lösungsmitteln vergleicht. Liegen aber gemischte Lacke, z. B. Carmin- und Krapplack zugleich vor, so ist die Farbe jener Lösungen nicht entscheidend, da Krappfarbstoff nahezu gleich gefärbte Lösungen geben. Ein Unterscheidungsmittel bietet dann das verschiedene Verhalten der Flüssigkeiten gegen Säuren. Der Carminfarbstoff wird aus den fraglichen alkalischen Lösungen mit Säuren nicht vollständig gefällt, wohl aber der Krappfarbstoff. Wäre dieser letztere daher allein vorhanden, so würde die

Untersuchung gemischter Cochenille-, Krapp- und Rothholzlacke.

alkalische Lösung beim Ansäuern farblos werden, dagegen bei Vorhandensein von Carmin oder Cochenillefarbstoff immer eine scharlachrothe Farbe behalten. Um weiter zu sehen, ob die mit Schwefelsäure aus der alkalischen Auflösung abgeschiedenen Farbstoffe Gemische aus Cochenille- und Krappfarbstoffen sind, bringt man sie zur Trockne und behandelt sie mit Aether. Dieser würde die Krappfarbstoffe: Purpurin und Alizarin auflösen, aber nicht Carminsäure und Carminroth oder Carmin, welche darin unlöslich sind. Die ätherische Lösung läßt nach Verdunstung des Aethers den Farbstoff zurück, welcher dann noch näher geprüft werden kann.

Hat man sich durch Entfernung des Farbstoffs und etwa vorhandener Alaunerde mit Kali- oder Natronlauge überzeugt, daß kein Zinnober vorhanden ist, so kann man den Rückstand zur Ermittelung des Farbenträgers einfach unter Luftzutritt glühen, so daß nur die mineralische Grundlage des Lacks zurückbleibt, welche schließlich auf ihre näheren Bestandtheile weiter zu untersuchen ist. Die Alaunerde, wenn solche ausgezogen wurde, würde beim Versetzen der alkalischen Lösung mit Salmiak niederfallen und durch Abfiltriren, Auswaschen und Glühen quantitativ zu bestimmen sein.

Ist dem Lacke Stärke in geringer Quantität eingemengt, so ist ihre Gegenwart nicht so leicht nachweisbar. Größere Quantitäten derselben geben sich jedoch dadurch zu erkennen, daß das fein zerriebene Pulver in wenig kochendem Wasser kleisterartig aufquillt. Kocht man stärkehaltige Lacke mit verdünnter Salzsäure im Ueberschuß ganz kurze Zeit, und versetzt das Filtrat nach dem Erkalten mit viel Weingeist, so wird daraus Dextrin als stärkemehlartiges Pulver gefällt. Arbeitet man genau, und versetzt mit einer hinreichenden Menge Weingeist, so kann man letzteres auch durch Abfiltriren, Waschen mit Weingeist und Trocknen quantitativ bestimmen. Ist durch Salzsäure zugleich Farbstoff abgeschieden, oder ein Theil wie z. B. vom Cochenillefarbstoff in der Salzsäure gelöst, so läßt sich der erstere vor der Fällung mit Weingeist abfiltriren, während der letztere gelöste Farbstoff bei der Fällung des Dextrins durch Weingeist nicht mitgefällt wird. Ist Gyps mit der Salzsäure gelöst und durch Weingeist zugleich mit dem Dextrin gefällt, so läßt sich dieser im Dextrin bestimmen, indem man letzteres im Tiegel verbrennt, wobei der Gyps allein zurückbleibt und gewogen werden kann. Sein Gewicht ist dann von demjenigen des gesammten Dextrinniederschlages abzuziehen und der Rest als reines Dextrin oder als Stärkemehlzusatz anzurechnen.

Wenn in einem Lacke der Rothholz- und Cochenillefarbstoff zusammen vorkommt, letzterer aber nicht so, wie er im Carmin enthalten ist, sondern wie er aus der wässerigen Auflösung auf andere Stoffe gefällt werden kann, so läßt sich das zwar qualitativ erkennen, aber eine Methode, die Gewichtsverhältnisse beider Farbstoffe zu bestimmen, giebt es nicht. Man kann den Farbstoff und zugleich vorhandene Alaunerde mit weingeistiger Salzsäure auflösen, wobei Stärke und Gyps zurückbleiben. Die Flüssigkeit ist dann hochroth bis scharlachroth, letzteres,

462 Unterscheidung der Farbstoffe aus Cochenille, Krapp und Rothholz.

wenn mehr Cochenillefarbstoff vorhanden war. Wird sie beim Verdünnen re[?] gelber, so ist der Rothholzfarbstoff überwiegend. Versetzt man dieselbe Lösung mit so viel Kalilauge, daß die anfangs gefällte Alaunerde wieder gelöst wird, so war um so mehr Cochenillefarbstoff vorhanden, je mehr die Farbe der Flüssigkeit hierbei purpurroth wird. Ist kein Cochenillefarbstoff oder nur wenig vorhanden, so erscheint die Flüssigkeit mehr gelbroth.

Die alkalischen Lösungen alaunerdehaltiger Rothholzlacke färben zugesetzten Gyps carmoisinroth ohne einen Stich ins Violette, wogegen die alkalische Lösung von Cochenillelacken den Gyps vorherrschend violett färbt, während die Lösung selbst bei längerem Stehen und einer hinreichenden Menge von Gyps ganz entfärbt wird. Uebersättigt man daher die Lösung der Lacke in weingeistiger Salzsäure mit Kali oder Natron unter gleichzeitigem Gypszusatz, so erkennt man einmal aus einer den letzteren etwa ertheilten rothen Farbennüance, ob viel oder wenig Rothholzfarbstoff vorhanden ist, anderertheils würde sich aber aus einer rein violetten Färbung des Gypses und aus einer etwa eintretenden Entfärbung der Flüssigkeit die Folgerung ergeben, daß gar kein Rothholzfarbstoff, sondern Cochenillefarbstoff vorliegt. Ist der letztere in dem Lacke als Carmin vorhanden, so ziehen ihn Alkalien und auch Ammoniak, wie schon oben angeführt ist, aus, und Säuren fällen ihn zwar nicht vollständig, wie früher bemerkt, aber größtentheils wieder mit Carminsäure, so daß die Rothholzfarbe mit wenig Carmin gelöst bleibt. Einen starken Ueberschuß von Säure darf man dabei nicht anwenden, weil sich sonst mehr Carmin löst.

Zur Unterscheidung der drei rothen Farbstoffe, der Cochenille, des Krapps und des Rothholzes ist weder ihr Verhalten gegen Chlor oder unterchlorige Säure, noch das gegen Salpetersäure praktisch verwendbar, indem durch jene Reagentien unter Zerstörung der Farben mannigfaltige, zur näheren Charakterisirung der Farbstoffe nicht geeignete Zersetzungsproducte erzeugt werden.

Schwefelwasserstoffgas entfärbt wohl den gelösten Rothholzfarbstoff, aber nicht das Cochenilleroth und den Krappfarbstoff. Würde daher die Färbung einer Lacklösung durch Schwefelwasserstoff verringert, so wäre auf Vorhandensein von Rothholzfarbstoff zu schließen. Uebrigens habe ich gefunden, daß der durch Säuren aus Rothholzlacken ausgezogene Farbstoff, nachdem er durch Schwefelwasserstoffgas entfärbt war, mit Ammoniak sogleich wieder eine tief rothe, im durchfallenden Lichte carminrothe, in reflectirtem Lichte purpurrothe Farbe annahm, und enthielt die saure Lösung Alaunerde, so entstand ein schöner carmoisinrother Lack. Demnach scheint es, daß Schwefelwasserstoffgas sei vom Farbstoff nur lose gebunden, so daß ersteres von Alkalien leicht wieder gebunden und hierdurch zugleich der ursprüngliche Farbstoff mit seinen natürlichen Eigenschaften wieder frei wird. Die entfärbte Lösung der Luft ausgesetzt, nimmt allmälig ihre Farbe wieder an, indem, wie es scheint, aller Schwefelwasserstoff nach und nach wieder entweicht. Der Auszug eines Lackes, der bloß Cochenille und Rothholzfarbstoff

Campeche- oder Blauholz und Blauholzfarbstoffe. 463

enthielte, würde mit Schwefelwasserstoffgas, wie schon bemerkt, an Intensität
verlieren, dagegen eine lediglich Rothholzfarbstoff enthaltende Lacklösung ganz
entfärbt werden.

**D. Farbstoffe, welche verschiedenfarbige Lacke geben, je nach
den darauf einwirkenden Reagentien.**

Im weiteren Sinne ihres chemischen Verhaltens gehören hierher auch die
sämmtlichen schon angeführten rothen Farbstoffe, da dieselben nach ihrem im
Früheren dargelegten Verhalten ebenfalls leicht braune und violette Farbennüancen geben, namentlich wenn Eisensalze damit in Berührung kommen. Im
engeren Sinne der Farbenfabrikation sind jedoch die früher abgehandelten Farbstoffe nicht zu der vorliegenden Classe zu rechnen, denn man benutzt sie nur,
wie wir gesehen haben, zur Herstellung rein rother Farben, wogegen die folgenden Farbstoffe, obwohl auch sie ins Rothe nüancirt werden können, dennoch zur
Darstellung rother Farben nicht angewendet werden.

1) **Blauholz, Farbstoffe und Farben daraus.**

Das **Blauholz**, Campecheholz, ist das vom Splinte befreite Kernholz
eines grossen, namentlich in Mexico (an der Campeche-Bai) und Westindien
wachsenden Baumes: **Haematoxylon campechianum**. Es ist specifisch schwerer als Wasser, von rothbrauner ins Orange gehender Farbe und wird von den
Exporthäfen zunächst in dicken Scheiten versendet, von den europäischen Hafen-
städten aber meistens erst dann in den Handel gebracht, nachdem es dort zu
Nadeln oder dünnen Spänen, der gebräuchlichsten Handelsform, geraspelt oder
zu Pulver gemahlen ist. Seine Anwendung, namentlich in der Färberei, ist eine
sehr ausgedehnte.

Das Färbevermögen des Blauholzes scheint hauptsächlich auf einer nachstehend speciell beschriebenen krystallisirbaren Substanz, dem **Hämatoxylin**,
zu beruhen, welche als ein sogenanntes Chromogen ursprünglich keine färbende
Eigenschaft hat, sondern die Fähigkeit zu färben erst durch gewisse damit vor-
nehmende chemische Umwandlungen annimmt. Letztere werden zum Theil
schon durch eine entsprechende Behandlung des Blauholzes selbst bewirkt, und
ehe es in den Handel gelangt. Es wird nämlich das gemahlene Blauholz
mit Wasser angefeuchtet, in nicht zu dicken Haufen einer Art Gährung überlassen,
und dabei, um eine zu weit gehende Erhitzung zu vermeiden, öfters umgeschaufelt.
Durch diese längere Zeit fortgehende Gährung erlangt es ein weit grösseres

464   Blauholzextract. Campechecarmin. Hämatoxylin. Hämateïn.

Färbevermögen, so daß ein derartig vorbereitetes, älteres Blauholz, selbst wenn es 60 Procent Wasser enthält, dennoch ausgiebiger färbt, als trocknes junges und frisch verarbeitetes Blauholz.

Die Abkochung des Blauholzes mit Wasser ist je nach Dicke der Schichte hell- oder dunkelbräunlichgelb. Wird dieselbe im Vacuum verdunstet, so hinterbleibt der schwarze, zähe, wie Harz erstarrte Rückstand, welcher gegenwärtig in Qualität I., II., III. und Façon Samford als Campeche- oder Blauholzextract im Großhandel vorkommt. Außerdem liefern die Extractfabriken auch das auf 2° Baumé abgedampfte Extract in Form eines dicken Syrups unter dem Namen Campechecarmin. Die erstgenannten Sorten unterscheiden sich nach der Farbe des Rückstandes, den sie beim Auflösen in Wasser lassen und welcher aus fein gemahlenem Campecheholz zu bestehen scheint. Das flüssige Extract, der Campechacarmin, hinterläßt dagegen beim Auflösen in Wasser gar keinen Rückstand.

Hämatoxylin. Durch Eindampfen des frischen Blauholzdecoctes zur Trockne, Ausziehen mit starkem Alkohol, Filtriren der Lösung und Krystallisiren, erhielt Chevreul sein „Hämatin", das Erdmann durch Behandeln des Extractes mit Aether reiner darstellte, bei 100° aus $C_{32}H_{14}O_{12}$ zusammengesetzt fand und Hämatoxylin nannte. Es krystallisirt aus Wasser mit 2 und auch mit 6 Äqui- valenten Wasser. Es bildet reine hellgelbe, am Lichte bald roth werdende Krystalle, welche in Wasser langsam und schwer, dagegen leicht in Alkohol und Aether löslich sind. Von Säuren, welche nicht oxydirend wirken, wird es nicht verändert. Bei Einwirkung von Alkali auf seine Lösung entsteht sogleich violette Färbung, welche bei Luftzutritt schnell dunkler und braun wird. Bleizucker wird davon weiß gefällt; das Hämatoxylin hat also die ausgesprochene Eigenschaft einer Säure. Der weiße Niederschlag wird an der Luft blau. Alaun fällt seine Lösung hellrosa, Zinnchlorür rosenroth, Eisenvitriol dunkelviolett, schwarz werdend. Kupfersalze geben einen grünlichen Niederschlag, welcher an der Luft blau wird; Chromsäure und chromsaures Kali erzeugen ein braunes Oxydationsproduct, wobei die Säure zu Chromoxyd reducirt wird, welches mit dem braunen Zersetzungsproducte eine schwarze unlösliche Verbindung erzeugt.

Hämateïn-Ammoniak. Mit Ammoniak färbt sich die Lösung des Hämatoxy- lins augenblicklich schön purpurroth, sodann schwarzroth, indem letzteres unter Auf- nahme von wasserstoffoxydirendem Sauerstoff und entsprechender Ausscheidung von Wasser in einen anderen Körper, das Hämateïn, umgewandelt wird, welches sich mit Ammoniak zu einer besonderen Verbindung, dem Hämateïn-Ammoniak, vereinigt. Diese Verbindung giebt mit den obigen Salzen ganz ähnlich gefärbte Niederschläge wie das Hämatoxylin, aber sogleich, während die Niederschläge des letzteren erst beim Stehen an der Luft ihre bleibende Farbe erhalten. Es ist daher anzunehmen, daß bei der vorhin angeführten vorbereitenden Behandlung des Blauholzes mit Wasser an der Luft schon im Holze selbst eine dem Hämateïn entsprechende Sauerstoffverbindung

Verhalten der Blauholzablochung und Blauholzextractlösung. 465

weise entsteht, die aber nicht mit Ammoniak verbunden ist, und es werden sich daher die Ablochungen des so behandelten Blauholzes stets etwas anders verhalten, als die aus frischem Holze bereiteten, in welchem die Oxydation weniger fortgeschritten ist, oder nur an einem Theile des Hämatoxylins stattgefunden hat. Aus demselben Grunde müssen Decocte von frischem Holze in Vergleich mit solchen von altem Blauholze gegen Reagentien um so größere Verschiedenheit zeigen, je mehr dem Holze Gelegenheit geboten war zur Oxydation.

Hämatein. Aus dem Hämateïnammoniak läßt sich das Hämateïn durch Essigsäure als rothbrauner voluminöser Niederschlag abscheiden, welcher nach dem Trocknen eine dunkelgrüne metallisch glänzende Farbe annimmt; sein Pulver ist dagegen roth. Es löst sich wenig in kaltem, mehr in kochendem Wasser, auch in Alkohol, aber sehr wenig in Aether. Seine Zusammensetzung: $C_{32}H_{12}O_{12}$, unterscheidet sich von der obigen des Hämatoxylins nur durch einen Mindergehalt von 2 Aequivalent Wasserstoff, welche, wie schon angegeben, dem Hämatoxylin durch Sauerstoff entzogen sind.

Die Alkalien lösen das Hämateïn mit fast blauer oder purpurrother Farbe, aber die Farbe derselben geht durch weitere Oxydation an der Luft immer mehr ins Braune über; zuletzt bilden sich schwarze humusartige Verbindungen. Letztere entstehen auch bei Einwirkung von oxydirenden Körpern, z. B. von chromsaurem Kali.

Sowohl das Hämatoxylin als das Hämateïn wird durch Salpetersäure sowie durch Chlor und unterchlorige Säure unter vollständiger Zerstörung des Färbevermögens zersetzt.

Nach meinen Versuchen verhalten sich Blauholzablochungen und wässerige Auflösungen der im Handel vorkommenden Blauholzextracte gegen Reagentien folgendermaßen:

Sie sind dunkel gelbbräunlich roth, und färben sich mit Kali violettroth, mit Ammoniak schön purpurroth, wie vom Hämatoxylin angeführt ist. Säuren färben die Flüssigkeit hoch orangegelb.

Eisenvitriol giebt damit einen bläulichen Niederschlag, der aber fast schwarz austrocknet.

Alaun giebt einen ganz geringen bläulichen Niederschlag, anscheinend durch einen geringen Eisengehalt des Alauns veranlaßt.

Versetzt man den durch Eisenvitriol gebildeten Niederschlag mit Ammoniak, so erscheint er erst bräunlich, wird aber beim Stehen in der Flüssigkeit ebenfalls schwarz, während sich die Flüssigkeit dabei entfärbt.

Schwefelsaures Kupferoxydammoniak giebt darin einen fast rein blauen Niederschlag, der nach dem Trocknen schwarzblau ist.

Der Niederschlag von Eisenvitriol in Blauholzablochung oder der Lösung des Extractes, mit neutralem chromsaurem Kali versetzt, vermehrt sich beim Stehen allmälig und nimmt zugleich eine rein schwarze oder mehr braunschwarze Farbe an, die er auch nach dem Trocknen beibehält. Die Flüssigkeit entfärbt sich bei hinreichendem Zusatz und Stehen völlig.

Versetzt man die Ablochung des Blauholzes mit chromsaurem Kali allein, so wird die Flüssigkeit roth und bildet eine Tinte, die bald, namentlich an der Luft, schwarz wird. Versetzt man mit mehr chromsaurem Kali, und läßt an der Luft stehen, so wird sie zuletzt zu einer dicken geronnenen schwarzen Masse, welche zu einem tief schwarzen Pulver austrocknet. Ebenso verhält sich auch die oben erwähnte Tinte, indem sie auf dem Papier schwarz trocknet, bei der Aufbewahrung unter Luftzutritt erst zähe wird und mit der Zeit gerinnt.

Zinnsalz giebt damit einen violetten, lilafarbigen Niederschlag, der ohne Farbenveränderung trocknet. Setzt man dem Gemische noch neutrales chromsaures Kali zu, so vermehrt sich der Niederschlag außerordentlich, die Farbe wird viel dunkler, mehr röthlich und von vielem Feuer.

Zinkvitriol giebt in der Auflösung des Extractes anscheinend einen schwarzen Niederschlag, der aber bläulich schwarz austrocknet. Fügt man dem Gemisch neutrales chromsaures Kali zu, so wird die Farbe des getrockneten Niederschlages etwas ins Braune nuancirt.

Schwefelsaure Bittererde giebt damit keinen, aber nach Zusatz von neutralem chromsaurem Kali einen sehr dunklen, feurigen, braunvioletten Niederschlag, zu einem schönen Lacke austrocknend.

Zinkweiß entfärbt die Auflösung des Blauholzdecoctes völlig und nimmt eine Lilafarbe an.

Bleizucker fällt bläulich. Nach Zusatz von neutralem chromsaurem Kali im Ueberschuß wird der Niederschlag schön lila, und trocknet zu einem sehr bedeutenden Lack aus.

Mit Kupfervitriol entsteht wenig bläulicher Niederschlag, der sich auf Zusatz von neutralem chromsaurem Kali vermehrt, braun und beinahe schwarz wird. Durch Zusatz von Ammoniak wird er wieder blauschwarz. Die Flüssigkeit wird beinahe entfärbt.

Die Auflösung des Blauholzextractes in Wasser giebt mit Chromalaun einen ausgezeichnet schönen Lack, der erst ockerfarbig ist, dann eine bräunliche bis Lilafarbe, später violette Lilafarbe annimmt. Setzt man diesem Gemische noch neutrales chromsaures Kali zu, so entsteht ein ebenso schöner, mehr violetter Lack, während bei Zusatz von Natron die Farbe schmutzig violett wird.

Mit Zinkvitriol, dann mit Kalkhydrat, entsteht in Blauholzextractlösung ein bräunlich violetter Lack von eigenthümlicher Farbe.

Mit salpetersaurem Quecksilberoxyd entsteht ein starker, bräunlich broncefarbiger Niederschlag.

Digerirt man Stärke erst mit Chromalaun und fügt dann Blauholzextractlösung hinzu, so entsteht ein prächtiger bräunlichgelber Lack.

Lackfällung aus Blauholzabkochung und Blauholzextractlösung.

Blauholzextractlösung erst mit Bleizucker, dann mit pikrinsaurem Natron versetzt, giebt einen broncegrünen Niederschlag, der auch beim Trocknen diese Farbe behält.

Schwefelsaures Kupferoxydammoniak und dann pikrinsaures Natron der Extractlösung zugefügt, geben einen olivengrünen Niederschlag, der auch so austrocknet.

Kreide und Kaolin färben sich kaum in der Auflösung des Blauholzextractes, aber die Flüssigkeit nimmt eine dunkle Purpurfarbe an.

Ueber das Verhalten der Blauholzextractlösung zu Anilinfarben, siehe bei diesen.

Versetzt man basisch-chromsaures Eisenoxyd oder den Niederschlag, den neutrales chromsaures Kali in Eisenvitriol hervorbringt, nachdem er getrocknet und zerrieben ist, mit der Lösung des Blauholzextracts, so färbt er sich in 24 Stunden dunkel schwarz, nach dem Trocknen intensiv schwarz. Die überstehende Flüssigkeit ist eine schwarze Tinte, die durch verdünnte Schwefelsäure nicht geröthet wird. Sie giebt mit Eisenvitriol einen blauschwarzen, ebenso austrocknenden Niederschlag, der mit Säuren eine etwas rothgefärbte Flüssigkeit giebt, selbst aber schwarz bleibt. Die Flüssigkeit wird dabei beinahe vollständig entfärbt.

Säuren verändern die meisten obigen Niederschläge ebenso in Roth, wie die Lösung des Extractes an sich.

Aus dem vorstehend angeführten Verhalten des Blauholzdecoctes und der Blauholzextractlösungen ergiebt sich für den praktischen Zweck im Allgemeinen, daß sich aus den gedachten Flüssigkeiten eine Reihe von Locken herstellen lassen, welche von sehr intensiver dunkler Farbe sind, wenn sie rein bleiben; Zusatz von Stärke beeinträchtigt die Farbe wenig, aber Zusatz von Kreide stark, wobei alle Nüancen einen graulichen Farbenton annehmen.

Sehr schönen bläulichschwarzen Lack erhält man durch Fällung mit Eisenvitriol. Der Niederschlag vermehrt sich durch Stehen. Ein geringer Kreidezusatz kann gegeben werden, um die Fällung und Entfärbung zu beschleunigen. Mischt man diesen Niederschlag in Breiform mit nicht zu viel Indigcarmin in Teigform, so erhält er bei Anwendung richtiger Verhältnisse nach dem Trocknen einen röthlichen Schein und reflectirt mit der kupferröthlichen Farbe des trocknen Indigcarmins.

Sehr schöner bläulichschwarzer Lack, sogenanntes Bronceblau, bronceblauer Lack, der sehr dünn aufgestrichen fast blau ausfällt, wird auch erhalten, wenn man der Blauholzlösung vor der Fällung mit Eisenvitriol eine Lösung von Dahlia BBB zusetzt. Das Gemisch entfärbt sich fast völlig und giebt ein bläulich violett erscheinendes Schwarz, welches als Tapetenfarbe den Eindruck von Braun mit metallischem Nester macht.

468   Lackfällung aus Blauholzdecoct und Blauholzextractlösung.

Sehr schönen violett röthlichen Lack, sogenanntes Broncebraun, bronce-
braunen Lack, erhält man, wenn man die Blauholzextractlösung mit concentrirter Dahlialösung mischt und mit Alaun fällt, welcher jedoch hierbei nicht allen Farbstoff niederschlägt. Der Niederschlag giebt einen Lack, der, mit Leimwasser auf
Tapeten dünn aufgestrichen, eine schöne Lillafarbe hat, wenn er aber die Farbe
des Papiers deckt, rothbraun erscheint und metallischen Reflex zeigt.

Hochrothen, fast carmoisinrothen Lack erhält man, wenn man die Blauholzlösung mit Stärke digerirt und wässerige Fuchsinlösung hinzufügt. Auch bei
Anwendung von viel Stärke fällt der Niederschlag dunkelbraunroth aus und
trocknet ebenso. Dünn mit Leimwasser aufgestrichen, läßt er das Papier carmoisinroth durchscheinen; dick aufgestrichen erscheint er braunroth mit metallischem
Reflex, welcher durch Glätten zunimmt und grünlich wird.

Verfährt man ebenso, fügt aber nachher noch Alaun hinzu, so entsteht ein
weniger ansehnlicher Lack, nach dem Trocknen fast schwarz, in dünner Schicht
bläulichlilla, in dicker schwarzvioletts, ohne Metallglanz, den er auch nach dem
Glätten nicht erhält.

Einen tief lillafarbigen Lack erhält man, wenn man Blauholzextractlösung mit Bleizuckerlösung fällt und neutrales chromsaures Kali hinzufügt.
Dünn mit Leimwasser aufgestrichen, ist er lillafarbig, bläulich; dick aufgestrichen
erscheint er schwarz mit bräunlichrothem Reflex, jedoch ohne Metallglanz.

Einen dunkelgrünen Lack, zwar nicht von vielem Feuer, aber ziemlich
schön, erhält man durch Versetzen der Blauholzextractlösung mit einer Auflösung
von Pikrinsäure in Natronlauge und Fällen des Gemisches mit Bleizuckerlösung.
Aller Farbstoff des Blauholzes wird dabei ausgefällt, aber nicht alle Pikrinsäure.
Einen mehr gelb und rein grünen Lack erhält man, wenn man dasselbe Gemisch statt mit Bleizucker mit Kupfervitriol ausfällt. Beide Lacke sind eigenthümlich grün und wohl zu empfehlen, namentlich der letztere, da die Farben
besonders sanft und moderirt sind.

Einen bräunlich-violett-lillafarbigen Lack, den ich wegen seiner
äußerst angenehmen und zugleich feurigen Farbe empfehlen kann, erhält man,
wenn man die Lösung von Blauholzextract mit Chromalaun fällt. Der Niederschlag ist erst dunkel ockerbraun, nimmt aber beim Trocknen obige Farbe an. Er
wird noch dunkler und mehr violettroth, wenn man nach der Fällung zugleich
neutrales chromsaures Kali zufügt. Beide Lacke sind sehr intensiv und gestatten
den Versatz mit Stärke.

Die schwarzen, schwarzblauen und braunschwarzen Lackfarben scheinen eine
Anwendung nicht zu finden, was man daraus sieht, daß sie selten in den
Preiscouranten der Farbenfabriken und Farbenhandlungen zu finden sind. Es
darf dies aber nicht auffallen, da die in Rede stehenden Lackfarben, insofern
sie decken sollen, vollständig durch die mit Blau oder Roth gemischten aus

nüancirten Rußfarben erseßt werden können. Sollen die fraglichen Lackfarben aber nicht decken, so ist ihr Effect, da hierbei alle schwarzen Lacke nur als gewöhnliche graue Farben erscheinen, ebenfalls mit anderen aus Rußschwarzen und Weiß hergestellten grauen Farben zu erreichen.

Nur die vorhin angeführten Lackfarben: **bronceblauer** und **broncebrauner Lack**, welche nach dem Trocknen als Tapetenfarbe metallischen Glanz annehmen, habe ich unter den von Farbenfabriken zum Tapetendruck verlauften Farben in Teigform von solcher Zusammensetzung vorgefunden, daß ihre Herstellung der obigen Angabe entspricht.

Wenn in einem zu untersuchenden Lacke von bestimmter violetter oder unbestimmter Modefarbe der Farbstoff des Blauholzes nachgewiesen werden soll, so ist das durch folgende Reactionen leicht zu bewirken. Alle diese Farben nehmen, wenn man sie in concentrirte Salzsäure bringt, eine rothe Farbe an, ebenso in wässeriger Zinnsalzlösung, während zugleich die Flüssigkeit roth gefärbt wird. Auch andere starke Säuren röthen sie. Die kirschrothe Flüssigkeit, welche man durch Einwirkung der Säuren auf solche Lacke erhält, giebt mit Alaunerdenatron eine blaue Färbung, welche allerdings, wenn noch andere Farbstoffe vorhanden sind, die sich in Salzsäure lösen, modificirt sein kann. Die braunen und schwarzbraunen dunkleren Lacke, welche zugleich Chromoxyd und Eisenoxyd enthalten, widerstehen den Säuren länger. Das Vorhandensein der genannten Oxyde ist durch Verbrennen der Lacke im Rückstande leicht zu constatiren. Der Farbstoff aller Blauholzlacke wird durch Chlor und unterchlorige Säure, sowie durch ein chlorentwickelndes Gemisch von Chlorkalk und Salzsäure völlig zerstört.

1) **Orseille. Cudbear. Archil. Persio. Orseilleextract. Orseillelad. Französischer Purpur.**

Die unter vorstehenden Namen im Handel vorkommenden Farbenwaaren, welche namentlich in Frankreich und England aus verschiedenen Moos- oder Flechtenarten (Farbflechten: Variola- und Roccella- oder Lecanora-Arten) dargestellt, und mehr für die Färberei als zur Bereitung von Malerfarben benutzt werden, sind das Zersetzungsproduct der in jenen Flechten vorkommenden eigenthümlichen Stoffe mit schwach ausgeprägtem Säurecharacter der sogenannten Flechtensäuren: Lecanorsäure, Orseillesäure, Erithrinsäure, Usninsäure u. s. w., welche alle bei Einwirkung von Alkalien, ja schon beim Kochen mit Wasser zunächst in einfachere Verbindungen und schließlich im Wesentlichen in Orcin und Kohlensäure zerfallen. Das Orcin krystallisirt als Hydrat:

$$C_{14}H_8O_4 + 2HO$$

in farblosen Prismen, ist leicht löslich in Wasser, Alkohol und Aether; die wässerige farblose Lösung giebt mit Eisenchlorid eine dunkelrothe, mit basischen

Bleisalzen eine anfangs weiße, an der Luft allmälig roth werdende Fällung. Durch Oxydation kann das farblose Orcin leicht in gefärbte Verbindungen übergeführt werden, indem es sich schon an der Luft röthlich färbt. Erfolgt die Oxydation durch Luftzutritt unter gleichzeitiger Mitwirkung von Ammoniak, so erleidet das Orcin die für unseren Zweck wichtigste Umwandlung, nämlich diejenige in einen neuen Körper, das unten näher zu beschreibende Orceïn oder Flechtenroth, welches als die eigentliche färbende Substanz der Orseille dessen Hauptbestandtheil bildet.

Die Orseille wird im Großen hergestellt, indem die an obigen Flechtensäuren reichhaltigsten Flechten, namentlich Variolaria orcina, Variolaria dealbata, Roccella montaguei, erst von mechanischen Unreinigkeiten, Erde, Moos x. befreit, dann mit Wasser gemahlen und nun unter Zusatz von gefaultem Urin und Aetzkalk der Gährung überlassen werden. Durch einen ferneren Zusatz von Alaun oder arseniger Säure wird beabsichtigt, die sonst zu rasche Gährung zu mäßigen. Es tritt erst eine schwache, dann immer intensivere violette Färbung ein, nach etwa 24 Tagen ist letztere ausgebildet und damit das Handelsprodukt, die Orseille, eine violette teigige Masse, fertig.

Der Persio, Cubbear oder Archil ist dasselbe aber getrocknete und gepulverte Product.

Bei diesem Processe erfolgt die vorbemerkte Zersetzung zunächst der Flechtensäuren in Orcin und Kohlensäure, worauf dann das Orcin durch den Luftsauerstoff und das vorhandene Ammoniak in Orceïn verwandelt wird. Neben dem Orceïn, welches, wie schon bemerkt, als färbendes Princip der Orseille letztere zu einem Färbematerial qualificirt, werden bei jener Zersetzung noch andere Nebenfarbstoffe gebildet, z. B. auch derjenige des Lackmus, das man aus obigen Flechten ähnlich wie die Orseille gewinnt; die Menge dieser anderweitigen Farbstoffe ist aber viel zu gering, als daß letzte für den hier vorliegenden praktischen Zweck in näheren Betracht zu ziehen wären.

Das Orceïn: $C_{14}H_7NO_6$, bildet sich aus dem Orcin durch Einwirkung von Ammoniak und Luftsauerstoff wahrscheinlich nach folgender Gleichung:

$$C_{14}H_8O_4 + NH_3 + 6O = C_{14}H_7NO_6 + 4HO$$
Orcin   Ammoniak   Orceïn

Das Orceïn bildet im reinen Zustande, sowohl aus Orseille ausgezogen, als aus Orcin durch Stehenlassen mit wässerigem Ammoniak dargestellt, ein braunes, amorphes Pulver, das sich nur wenig in Wasser löst, letzteres aber färbt. Der in Wasser gelöste geringe Antheil wird durch Metallsalze gefällt. Das Orceïn löst sich aber leicht in Kali und Ammoniak mit purpurrother Farbe und wird aus dieser Lösung durch überschüssiges Kochsalz wieder ausgefällt. Es verliert beim Auflösen kein Ammoniak, da das zu seiner Bildung verbrauchte nicht mehr als solches vorhanden ist. Setzt man das trockne Orceïn dagegen dem Ammoniakgase aus, so absorbirt es nach Kane unter Freiwerden von Wärme 1 Aequivalent Ammoniak, verliert letzteres aber wieder bei 100°.

Die alkalischen Lösungen des Orceïns geben mit allen Metallsalzen sehr schöne feurige, meist purpurrothe Niederschläge, und hierauf beruht die Verwendung der aus Orseille und Persio mit Ammoniak oder firen Alkalien bereiteten Auszüge zur Herstellung von farbigen Lacken.

Von dem reinen Orceïn erhielt Kane unter anderem folgende Niederschläge:

Zinkoxydverbindung, entsprechend Orceïn $+ 2(ZnO, HO)$ von violetter Farbe.

Bleioxydverbindung, Orceïn $+ 5PbO + HO$, als purpurfarbiger Niederschlag.

Kupferoxydverbindung, $2(Orceïn) + 2CuO + 8HO$, von dunkler Purpurfarbe.

Der Auszug käuflicher Orseille mit ätzendem Ammoniak verhält sich nach meinen Versuchen hinsichtlich der daraus zu fällenden Lacke folgendermaßen:

Der Niederschlag mit Alaun ist schön violettroth, beinahe carmoisinroth und wird beim Auswaschen nicht entfärbt. Die Flüssigkeit wird nur durch viel Alaunerde entfärbt, wenn sie erst mit Alaun gefällt war.

Eisenvitriol giebt einen anfangs schmutziggrünen, beim Trocknen jedoch braunviolett werdenden Lack.

Zinkvitriol giebt einen Niederschlag ähnlich demjenigen mit Alaun.

Schwefelsaure Bittererde giebt unter allen Salzen den schönsten violetten, orseillefarbigen Niederschlag.

Kupfervitriol giebt einen rothvioletten dunklen Niederschlag, der nach dem Trocknen wenig Ansehen hat.

Stärke, Kreide, Gyps und Kaolin werden in der Flüssigkeit rasch violett, aber namentlich erstere drei verlieren ihre Farbe, wenn man sie sogleich auswäscht. Läßt man aber das Ammoniak aus der Flüssigkeit verdunsten, so entstehen violett gefärbte schöne Lacke, und es können diese Körper auch den mit Alaun oder schwefelsaurer Bittererde gefällten Lacken einverleibt werden, ohne daß sie sehr leiden.

Der Auszug der Orseille mit Natronlauge verhält sich gegen die oben angeführten Salze wie der Ammoniakauszug. Durch alkalische Lösungsmittel wird jedoch nicht aller Farbstoff aus der Orseille ausgezogen, vielmehr bleibt bei der Extraction immer der Faserstoff der Flechten gefärbt zurück.

Es ist mir, obgleich sich aus der Orseille oder dem Persio auf oben angegebene Weise sehr schöne und feurige Lacke darstellen lassen, doch keine Malerfarbe vorgekommen, welche den Orceïnfarbstoff enthält, und es findet sich auch in keinem

472   Französischer Purpur. Orseillelack.

Preiscourant von Farbenfabriken eine solche angeführt. Der unten näher zu beschreibende Orseillelack ist keine Malerfarbe, sondern dient gleich dem in Teigform vorkommenden, hauptsächlich aus Orceïnkalk oder Orceïn bestehenden Orseilleextracte oder Orseillecarmin namentlich zu Färbereizwecken. Beide technischen Präparate werden deshalb nur in den Preiscouranten derjenigen Fabriken gefunden, welche Färbereiproducte, namentlich solche aus Farbhölzern gewonnen, anfertigen.

Der französische Purpur ist ebenfalls ein nur in der Färberei anzuwendendes Product, das sich wie das Orceïn aus dem schnell zu bewerkstelligenden Auszuge der Flechten mit wässerigem Ammoniak an der Luft bildet. Die Darstellung dieses Farbstoffs geschieht auf folgende Weise. Zur Entfernung solcher fremden Stoffe, aus denen sich andere als die gewünschte rothe Farbe bilden, wird der ammoniakalische Flechtenauszug zunächst mit Salzsäure gefällt, der erhaltene gewaschene Niederschlag wieder in Ammoniak aufgelöst und nun diese Lösung der Einwirkung der Luft bei gewöhnlicher Temperatur ausgesetzt. Wenn die Lösung dann eine kirschrothe Farbe angenommen hat, wird sie erst einige Zeit gekocht, wobei der Ueberschuß von Ammoniak entweicht, und dann in flachen Gefäßen, welche nur 5 bis 6 cm hoch damit angefüllt werden, in Trockenräumen anhaltend einer Temperatur zwischen 70 bis 75° ausgesetzt. Die Farbe wird hierbei purpurroth, und wenn eine auf Papier gestrichene Probe beim Trocknen sich nicht mehr ändert, so ist die Bildung des obigen Purpurs in genügender Weise erfolgt. Fällt man die ammoniakalische Lösung des Purpurs mit Chlorcalcium, so erhält man eine Kalkverbindung dieses Farbstoffs als Niederschlag, welcher gewaschen und getrocknet den zu Färberei- und Druckereizwecken dienenden Orseillelack bildet. Derselbe ist bläulich purpurfarbig und nimmt beim Glätten mit dem Nagel einen kupferfarbigen Glanz an. Die Qualität dieser Lacke ist verschieden, je nachdem die Fällung des Farbstoffs auf einmal oder gebrochen vorgenommen wird; im letzteren Falle sind dann die späteren Niederschläge weniger farbenreich. Es giebt auch Orseillelacke, welche statt des Kalkes Thonerde enthalten, nämlich wenn die ammoniakalische Lösung des Purpurs mit Alaun gefällt ist.

Wird die Kalkverbindung des in Rede stehenden Purpurfarbstoffs mit Oxalsäure zersetzt und dann die bei gelinder Wärme eingetrocknete Masse mit Alkohol aufgezogen, so wird der hierdurch isolirte Farbstoff beim Verdunsten des Weingeistes in Krystallen erhalten, deren chemische Zusammensetzung noch nicht genau ermittelt ist. Der Purpurfarbstoff verhält sich jedenfalls anders als der ursprüngliche (Orceïn-) Farbstoff in der Orseille, welchen Säuren ins Weinrothe nüanciren, während sie auf diese Purpurfarbe keine Einwirkung ausüben.

3) **Catechu oder Katechu. Cachou. Cutch. Gambir. Terra japonica. Japanische Erde.**

Das trockne, meist braune Extract, erhalten aus dem Holze oder anderen Theilen verschiedener, namentlich in Ostindien einheimischer Baumarten, durch Auskochen mit Wasser und Eindampfen, gelangt in abweichender Handelsform hauptsächlich von Bengalen, den ostasiatischen Inseln, Japan u. s. w. über Hamburg und London zu uns.

Das Catechu, von verschiedener Abstammung, hat doch, abgesehen von zuweilen vorkommenden Verfälschungen desselben, im Allgemeinen eine gleichartige Zusammensetzung, indem darin stets die nachfolgenden Hauptbestandtheile enthalten sind:

1) Eine eigenthümliche Gerbsäure, Catechugerbsäure, welche wie die gewöhnliche (Galläpfel-) Gerbsäure in Wasser löslich ist und Leimlösung fällt, aber Eisenoxydsalze nicht blau, sondern graugrün färbt oder fällt.

2) Catechin, Catechusäure. Eine an sich farblose, aber durch Umwandlung farblosliefernde Verbindung, welcher das Catechu hauptsächlich seine Anwendbarkeit in der Färberei verdankt.

3) Zersetzungsproducte des Catechins, welche braun sind.

Die Catechugerbsäure, deren chemische Formel noch nicht unzweifelhaft feststeht, hat außer der schon erwähnten Fähigkeit, den Leim zu fällen, auch die besonders charakteristische Eigenschaft der Gerbsäuren, mit thierischer Haut eine unlösliche Verbindung (Leder) zu bilden. Hierauf beruht die häufige Anwendung des Catechu zur Gerberei (Lederfabrikation), während bei der Benutzung des Catechu zur Färberei sein Gehalt an der genannten Gerbsäure weniger in Betracht kommt.

Das Catechin oder die Catechusäure: $C_{38}H_{18}O_{16}$, krystallisirt in feinen weißen, krystallwasserhaltigen Nadeln, ist in kaltem Wasser schwer, in kochendem Wasser, Weingeist und Aether viel leichter löslich und zeigt neutrale Reaction. Bei 100° entweicht sein Krystallwasser, bei 217° schmilzt es und zersetzt sich bei noch höherer Temperatur unter Bildung von Brenzcatechin und anderer Producte. Für farbentechnische Zwecke ist namentlich das folgende Verhalten des Catechins gegen Reagentien bemerkenswerth.

Durch Kochen des Catechins mit verdünnter Schwefelsäure bei Luftabschluß verwandelt es sich in ein braunes, amorphes, flockiges Product, das in Wasser und Alkohol unlöslich ist.

Saures chromsaures Kali und verdünnte heiße Salpetersäure verwandeln es in braune unlösliche amorphe Verbindungen, welche durch verdünnte Salpetersäure weiter gelöst und unter Kohlensäureentwicklung in Oxalsäure verwandelt werden.

Lackfällung aus Catechulösung.

Von besonderer Wichtigkeit für die Färberei ist die nachfolgend beschriebene Veränderung des Catechins durch den Sauerstoff der Luft. In alkalischer Lösung oxydirt sich nämlich das Catechin rasch, wobei sich die Lösungen dunkler färben und erst roth, dann braun werden. Dieselbe Veränderung erfolgt auch in der einfachen wässerigen Lösung des Catechu, aber viel langsamer. Die hierbei entstandenen Producte sind die Japonsäure und Rubinsäure, welche zwar hinsichtlich ihrer chemischen Natur und Zusammensetzung noch nicht genau bestimmt sind, auf deren Bildung jedoch die Anwendung des Catechu in der Färberei beruht, indem man jene Umwandlungsproducte des Catechins unmittelbar auf dem zu färbenden Gewebe durch Oxydation erzeugt und fixirt.

Mit Eisenvitriol giebt die einfache wässerige Catechinlösung anfangs braunen Niederschlag, aber eine grünliche Färbung, später tritt schwarze Fällung ein. In alkalischer Catechinlösung wird dagegen Eisenvitriol schwarz gefällt. Mit Eisenoxydlösung giebt das Catechin einen braungrünen Niederschlag von wechselnder Färbung, je nachdem das Oxydsalz oder das Catechin vorherrscht. Die Catechinlösung reducirt die Salze der edlen Metalle, das Oxyd zu Oxydul resp. Metall, welche mit einem unlöslichen Producte gefällt werden.

Das Gesammtverhalten des Catechu selbst, mit Rücksicht auf Erzeugung speciell brauner Lackfarben betrachtet, ist folgendes:

Die oben angeführten Bestandtheile des Catechu lösen sich alle in Wasser auf, namentlich in heißem, noch besser in Essigsäure und roher Holzsäure, am leichtesten und schnellsten aber in warmer verdünnter Natronlauge, deren Anwendung als Lösungsmittel des Catechu überhaupt am zweckmäßigsten ist. Unverfälschtes Catechu wird von Natronlauge mit Hinterlassung eines nur geringen Rückstandes gelöst, bestehend aus solchen Oxydationsproducten, welche sich schon bei der Herstellung des Catechu: dem Extrahiren, Eindampfen u. s. w. aus dessen einzelnen Bestandtheilen gebildet haben und die auch in den meisten anderen Agentien nicht löslich sind.

Läßt man die Lösung des Catechu in schwacher Natronlauge einige Tage an der Luft stehen, so erfolgt verhältnißmäßig schnell die Abscheidung von Oxydationsproducten des Catechins und der Catechugerbsäure in Form einer harzartigen braunen Substanz, welche wohl zumeist aus den vorhin erwähnten Umwandlungsproducten: den Japon- und Rubinsäure, bestehen. Diese Substanz könnte schon als braune Farbe Anwendung finden. Man erzeugt sie aber rascher und mehr von gleichbleibender Farbe, wenn man die Auflösung des Catechu in Natron oder auch nur in Wasser mit chromsaurem Kali versetzt. Es entsteht sofort ein rothbrauner sehr dunkler Niederschlag, der sich mit viel Weiß zu braunen Lacken aufmischen läßt. Man versetzt das Gemisch entweder noch mit Alaun, oder mit Eisen- oder Kupfervitriol, um überschüssiges

Lackfällung aus Catechulösung.

chromsaures Kali zu zersetzen und zugleich zu nüanciren, indem nämlich die Vitriole die Farbe mehr ins Schwarzbraune überführen. Man wäscht nun den Niederschlag aus, worauf man nach dem Zusatz von weißen Körpern, z. B. Thon, welcher sich gut eignet, abfiltrirt und weiter wie bei allen Farben verfährt.

Für die Bereitung von Lackfarben im Allgemeinen aus Catechu dienen schließlich folgende Angaben, die sich auf meine eigenen Versuche stützen:

Versetzt man die Auflösung des Catechu in verdünnter Natronlauge mit saurem chromsaurem Kali und Kupfervitriol, so erhält man einen braunen ins Gelbliche ziehenden Niederschlag. Er ist jedoch nicht sehr deckend, und verträgt nicht viel Zusatz.

Die mit chromsaurem Kali versetzte natronhaltige Catechulösung wird bei Zusatz von Eisenvitriol in hinreichender Menge durchaus blauschwarz gefällt.

Dieselbe Catechulösung, welche erst mit chromsaurem Kali versetzt ist, giebt nach Zusatz von Alaun einen feurigeren Lack, als mit Kupfervitriol, mehr ins Rothbraune als ins Braungelbe ziehend.

Bleizucker fällt eine ebensolche Lösung von Catechu, welche aber nicht mit chromsaurem Kali versetzt ist, mehr rothbraun als braun. Der Niederschlag verträgt eine große Menge Schwerspath, und bildet trotzdem noch eine feurige rothbraune Farbe.

Zinnsalz giebt dem Anscheine nach eine ebensolche Farbe mit der Lösung, ohne daß chromsaures Kali zugesetzt ist. Aber wird der ungemein deckende Niederschlag mit Schwerspath vermischt, so entsteht eine Farbe, die fast orangegelb erscheint. In unvermischtem Zustande ist sie bräunlich gelbroth.

Wird die natronhaltige Catechulösung vor dem Zusatz von Zinnsalz mit saurem chromsaurem Kali versetzt, so wird der Niederschlag mehr rothbraun und beim Aufmischen mit Schwerspath ziegelroth.

Alle diese Farben sind sehr beständig. Kalte Salpetersäure löst daraus die Metalloxyde, soweit solche überhaupt in Salpetersäure löslich sind, und hinterläßt einen gelbbraunen Farbstoff. Die Fällungen mit Zinnsalz behalten in verdünnter kalter Salpetersäure die Farbe bei. Sie sind also alle sehr beständig; Chlor scheint kaum auf sie einzuwirken.

Wegen des gelben Farbentons, der den meisten dieser Niederschläge eigen ist, wurde das Verhalten einiger gegen blaue Farben untersucht und dabei gefunden, daß der mit Schwefelsäure und chromsaurem Kali allein erhaltene Niederschlag von derselben Farbe, wie der mit Alaun erhaltene, mit Berlinerblau eine schmutziggelbgrüne, oder bei mehr Zusatz von letzterem eine blaugrüne Farbe giebt.

Fügt man der natronhaltigen Catechulösung etwas Alkaliblau, dann chromsaures Kali, dann Alaunlösung zu, so entsteht eine tief dunkelbraungrüne Farbe, welche in dickeren Lagen fast schwarz erscheint.

Lacke aus Catechulösung. Catechubraun.

Verfährt man ebenso mit Fuchsin, so erhält man eine dunkelbraunviolettrothe Farbe, welche bei der Vermischung mit viel Schwerspath ein schönes Lilla wird.

Es kann noch bemerkt werden, daß bei Anwendung von Bleizucker- und Zinnsalzlösung in angeführter Weise die Catechulösung vollkommen entfärbt wird, so daß die Flüssigkeit von den Niederschlägen ungefärbt abtropft, und scheinen letztere die verhältnißmäßig stärkste Deckkraft zu haben. Doch ist zu erwähnen, daß der mit Bleizucker ohne vorausgegangenen Zusatz von chromsaurem Kali erhaltene Niederschlag in Salpetersäure löslich ist.

Schließlich führe ich an, daß ich unter allen den Farben, welche als braune Malerfarbe, brauner Lack, oder Farbe en pâte für Tapetendruck vorkommen, oder als Muster aufgestrichen ausgeboten werden, keine gefunden habe, die ich als Catechubraune bezeichnen ließe. Dagegen habe ich Papiere angetroffen, welche im Holländer braun gefärbt waren und Catechufarbstoff enthielten, obwohl wie Baumwolle gefärbt wurden, indem man der Papiermasse Catechulösung, chromsaures Kali und Kupfervitriol zusetzte.

Zweiter Abschnitt.

Von den Lackfarben, welche mit den sogenannten Theerfarbstoffen hergestellt werden.

Der ursprüngliche Rohstoff für die Gewinnung der Theerfarbstoffe ist neben dem weniger wichtigen Braunkohlentheere namentlich der Steinkohlentheer, wie ihn die Leuchtgasfabriken als Nebenproduct erhalten und welcher, vor Entdeckung der Theerfarbstoffe fast werthlos, auch jetzt noch zu einem verhältnißmäßig geringen Preise abgegeben wird. Der Steinkohlentheer enthält eine große Mannigfaltigkeit von Kohlenwasserstoffen, indifferenten, säureartigen und basischen Körpern, von denen der größte Theil, seit den mühevollen und scharfsinnigen Untersuchungen der neueren organischen Chemie die Feststellung ihrer Constitution gelungen ist, gegenwärtig zur Herstellung besonderer Farbstoffe Anwendung findet. Die technische Verarbeitung des Steinkohlentheers zu Farbstoffen erfolgt daher nicht direct, sondern mittelbar auf die Weise, daß aus demselben durch Destillationen und chemische Behandlung zunächst in besonderen Fabriken diejenigen chemischen Körper als Zwischenproducte dargestellt werden, welche sich besonders zur Farbenerzeugung eignen. Solche technische Zwischenproducte sind hauptsächlich: Benzol (Benzin, Phenylwasserstoff), Anilin (Phenylamin), Toluidin, Carbolsäure (Phenol, Phenylsäure) Naphtalin, Anthracen u. a. Diese in den Handel gelangenden Fabrikate, welche keineswegs immer von bestimmter Zusammensetzung und gleichartig, sondern oft noch sehr unrein und mit fremden Bestandtheilen gemischt sind, werden nun von anderen chemischen Fabriken angekauft, um aus den genannten Theerproducten für sich oder aus Gemischen derselben die eigentlichen Theerfarbstoffe herzustellen. Ihrem ganzen Wesen nach ist die Gewinnung der Theerfarbstoffe eine eigenartige, chemische Industrie, welche sich ausschließlich unter ganz besonderen Voraussetzungen hinsichtlich der Anlage mit der in Rede stehenden Farbstoffproduction beschäftigt und sich wieder, je nach dem verarbeiteten Zwischenproducte, in die Industrie der Anilin-, Phenol-, Naphtalinfarben u. s. w. trennt.

478 Bezeichnung und Eigenschaften der Theerfarbstoffe im Allgemeinen.

Die Bezeichnung der Theerfarbstoffe ist eine verschiedene. Der chemische Sprachgebrauch pflegt dieselben neben der wissenschaftlichen ihrer Constitution ausdrückenden speciellen Benennung, in Gattungen nach Maßgabe jener Zwischenproducte, aus denen der Farbstoff producirt ist, zu theilen, b. h. Anilin-, Toluidin-, Phenol-, Naphtalinfarbstoffe u. s. w. zu unterscheiden. Der gewöhnliche Sprachgebrauch benennt incorrect meistens sämmtliche Theerfarben mit dem Namen „Anilinfarben", und zwar nur deshalb, weil die Benutzung des Anilins zur Theerfarbenfabrikation zuerst erfolgt und deshalb in weiteren Kreisen bekannt geworden ist, als die spätere Verarbeitung auch der übrigen obigen Zwischenproducte zu Farben. In dem vorliegenden Werke werden hauptsächlich die handelsüblichen Bezeichnungen der käuflichen Theerfarbstoffe Anwendung finden.

Die Gewinnung der Theerfarbstoffe wird hier nur insoweit, als solche zur Kenntniß ihres Ursprungs und ihrer Eigenschaften beiträgt, im Allgemeinen angedeutet, die specielle technische Darstellung derselben aber nicht erörtert werden, da die letztere, wie bemerkt, lediglich der chemischen Fabrikation im engeren Sinne angehört, mithin außerhalb der Grenzen dieses Werkes liegt. Der eigentliche Farbenfabrikant, welcher Malerfarben u. s. w. zur unmittelbaren Verwendung herstellt, beschäftigt sich in der Regel nicht mit der Fabrikation von Theerfarbstoffen, letztere sind für ihn vielmehr ein Rohproduct, das er kauft wie andere Rohmaterialien: Farbensalze, vegetabilische Farbstoffe u. s. w., um solche seinerseits weiter zu fertigen Farben zu verarbeiten. In diesem Sinne werden auch nachfolgend die Theerfarbstoffe abgehandelt werden.

Erst nachdem die Theerfarbstoffe in Folge einer immer ausgedehnteren Benutzung in der Färberei im großen Maßstabe und damit zu entsprechend billigeren Preisen hergestellt und verkauft werden, hat man dieselben auch zur Darstellung von Lackfarben für Maler, Tapetenfabriken und ähnliche Zwecke verwendet, und mehrere davon liefern in der That so ausgezeichnet schöne Producte, wie sie mit anderen Farbstoffen nicht erreichbar sind.

Im Allgemeinen sind die Eigenschaften der Theerfarbstoffe günstiger für ihre Anwendung zu Färbereizwecken, als zur Lackfabrikation. Während nämlich jene Farbstoffe in Auflösung zur Gespinnstfaser eine bedeutende Flächenanziehung zeigen, sind sie meistens weit schwieriger auf den gewöhnlichen organischen Farbenträgern der Lacke: Alaunerdehydrat, Zinnoxydhydrat, Kreide, Gyps, Kaolin u. s. w. zu befestigen. Das Verfahren der Lackbildung aus Theerfarbstoffen entspricht jedoch im Wesentlichen demjenigen der übrigen Lacke, d. h. der Farbstoff wird entweder mechanisch oder chemisch oder auf beide Arten zugleich auf ein weißes Substrat niedergeschlagen.

Die mechanische Fixirung geschieht meist in der Art, daß man die Lösung des Theerfarbstoffs in Wasser oder Weingeist, nachdem darin der weiße Farbe-

Verarbeitung der Theerfarbstoffe zu Lacken im Allgemeinen.

ager zerrührt ist, mit einem Körper versetzt, welcher in der zur Lösung verwendeten Flüssigkeit leichter löslich ist, als der Farbstoff, letzterem daher das Lösungsmittel entzieht und den Farbstoff damit im fein vertheilten Zustande auf das weiße Substrat niederschlägt. Diejenigen warmen Lösungen von Theerfarbstoffen, welche beim Erkalten einen Theil oder fast allen Farbstoff von selbst ausscheiden, wie es bei vielen derselben der Fall ist, behandelt man hierbei so, daß man die weißen Körper in die warmen Lösungen einrührt und damit erkalten läßt. Während des Erkaltens ist dann ein beständiges Umrühren in dem Gemische erforderlich, damit die Zertheilung des sich ausscheidenden Farbstoffs gleichförmig erfolgt und nicht etwa größere Krystalle in Partien sich absondern, welche weniger leben und eine ungleichmäßige, sowie sandartige Beschaffenheit des Productes herbeiführen würden. Wenn die weißen Körper eine höhere Temperatur nicht tragen, wie z. B. Stärke, so rührt man sie bei geeigneter niederer Temperatur ein, und wenn die Lacke in der angewendeten Menge gelösten Farbstoffs nicht dunkel oder genug intensiv gefärbt erscheinen, nachdem auf die eine oder andere Weise Farbstoff darauf gefällt worden ist, so behandelt man sie wiederholt auf dieselbe Weise in einer neuen Quantität Farbstofflösung.

Die Theerfarbstoffe, welche eine Base zur Grundlage haben, wie unten mehrere (Fuchsin, Dahlia ꝛc.) speciell angeführte sind, geben Salze von verschiedener Löslichkeit, aber gewöhnlich von ähnlicher Färbung, und es kommen dann in der Regel die löslichsten dieser Salze im Handel vor, weil solche in der Färberei am leichtesten zu verwenden sind. Aus diesen lassen sich zuweilen Lacke durch chemische Zersetzung so darstellen, daß man in ihren Lösungen die weißen Substrate zerrührt, und dann ein Salz oder eine Säure zusetzt, welche mit dem gelösten Farbensalze ein neues weniger lösliches oder unlösliches gefärbtes Salz derselben Base hervorbringen, das nun auf den weißen Farbenträger niedergeschlagen wird.

Aehnlich wird meistens die Fällung der Theerfarbstoffe mit säureartigem Charakter, z. B. des Corallins, unter Anwendung chemischer Affinität bewirkt, indem man deren alkalische Lösung mit einem Metallsalze zusammenbringt, wobei durch Austausch der Bestandtheile die Theerfarbe an das farblose Metalloxyd zu einem in Wasser fast oder ganz unlöslichen gefärbten Körper gebunden wird, der daher vermöge seiner Zusammensetzung und Unlöslichkeit der allgemeinen Natur der Lackfarben entspricht.

Die weißen Körper, auf welche die Theerfarbstoffe auf vorbemerkte Weise übergeschlagen werden, wirken mit ungleicher Deckkraft auf den ihnen incorporirten Farbstoff. Stärke und Gyps decken am wenigsten, zugleich lassen beide den Farben hohes Feuer und Durchsichtigkeit, namentlich die Stärke. Kreide drückt die Farbe sehr herab, weniger Kaolin, am wenigsten Schwerspath dem Gewichte nach. Stärke und Gyps zusammen geben oft eine gute Grundlage; erstere hebt die allzugroße Schwere der Uebrigen auf.

450   Optische Eigenschaften der Theerfarbenlacke im Allgemeinen.

Diejenigen Theerfarbstoffe, welche im trocknen Zustande mehr oder minder metallischen Glanz besitzen, und deren Farbe im durchfallenden Lichte eine andere — nämlich diejenige ihrer Lösungen — ist, als im reflectirten Lichte (beide Farben ergänzen sich zu weißem Lichte) trocknen, in concentrirten Lösungen aufgestrichen, zu ebensolchen metallisch reflectirenden Ueberzügen der Flächen ein, weil durch sie kein Licht hindurchdringen kann. Dieselben Farbstoffe, wenn sie in bedeutender Menge auf weiße oder auch anders gefärbte Körper gefällt werden, ertheilen diesen ebenfalls die Eigenschaft, nach dem Trocknen ihrer Anstriche, jedoch nicht durchsichtig sein dürfen, solchen Metallglanz anzunehmen. Es entsteht auf diese Weise die metallglänzenden Broncelacke. Der darin enthaltene Theerfarbstoff hat die Eigenthümlichkeit, daß sein metallischer Reflex beim feuchten verschwindet, beim Trocknen aber wiederkehrt. Daher sehen die Broncelacke, namentlich die stark gefärbten, im nassen Zustande nicht metallglänzend, sondern farbig: roth, blau oder violett aus, mithin auch deren Anstriche im frischen Zustande; nach dem Trocknen tritt aber bei allen diesen Lacken der erwähnte Metallglanz wieder an die Stelle der anfänglichen Färbungen. Bei anderen Theerfarbenlacken erscheint der Metallglanz erst beim Glätten der Fläche, wodurch die Farbe die Porösität und theilweise auch ihre Durchsichtigkeit verliert. Für die Tapetenfabriken werden solche Lacke schon mehrfach hergestellt, jedoch mit der Ausnutzung der auf solche Weise zu erzielenden Effecte erst der Zukunft gemacht und die Weiterentwicklung dieses viel versprechenden Verfahrens ist der Zukunft vorbehalten.

Da fast täglich neue sogenannte Theer- oder Anilinfarben von den Fabriken in den Handel gebracht werden, oft wohl auch nur Gemische aus vorher bekannten, welche aber zu gewissen Verwendungen in der Färberei zweckmäßig gewählt sind, so kann die Angabe über deren Eigenschaften und Brauchbarkeit nicht vollständig sein. Es sollen daher im Nachfolgenden nur die gängigsten Theerfarben aufgeführt und dabei lediglich diejenigen ihrer Eigenschaften näher erörtert werden, welche hinsichtlich der Verarbeitung dieser Farben zu Lacken wichtig sind. Es wird dabei, gemäß dem Zwecke des vorliegenden Werkes, die technische Seite in den Vordergrund treten und die wissenschaftliche Darlegung auf das zum allgemeinen Verständniß unerläßlich Nothwendige beschränkt werden.

Außer den hierunter abzuhandelnden Theerfarben giebt es noch viele andere; ihre Zahl wird voraussichtlich stets wachsen, gleichwohl muß ich hier aussprechen, daß in Zukunft nur ein kleiner Theil der Theerfarbstoffe zur Herstellung von Farbenlacken wirkliche Anwendung finden, der bei weitem größte Theil aber für diesen Zweck unbrauchbar bleiben wird. Einerseits liegt kein dringendes Bedürfniß der Verwendung stets neu variirter Nuancen neben den schon vorhandenen vorhandenen und Lackfarben vor, andererseits ist aber auch nur ein Theerfarbenlack ...

auch an Schönheit und Feuer eine Mineralfarbe gleichen Tones übertrifft, zugleich relativ theurer als letztere, und es entsteht daraus zwischen beiden Concurrenzverhältniß, wie beispielsweise zwischen dem mit Theerfarben gebten Zinnoberersatze (vgl. S. 382 u. 502) und dem gewöhnlichen Zinnober, welches dem Absatze des Theerfarbenproductes hinderlich zu sein pflegt.

A. Rothe Theerfarbstoffe und daraus bereitete Lackfarben.

1) Farben aus Rosanilinsalzen.

Fuchsin, Anilinroth und daraus bereitete Farben.

Das Fuchsin wird aus einem Gemische von Anilin und Toluidin bereitet, ches entweder von den Anilinfabriken unter der Bezeichnung „Anilin für uth", „Rothanilin" fertig abgegeben, oder von den Fuchsinfabriken durch ischung von reinem Anilin und reinem Toluidin selbst hergestellt wird. Es mmt in den Handel theils als Diamantfuchsin in größeren und kleineren xen, diamantglänzenden Krystallen, theils in Gestalt eines körnigen ulvers. Das großkrystallisirte Fuchsin ist das reinste, während das klein-stallisirte und körnige leicht fremde mit Fuchsinlösung gefärbte Stoffe enthalten nn, z. B. gewinnt gemahlener Zucker, in concentrirte Fuchsinlösung getaucht und rocknet, ein dem feinkrystallinischen und körnigen Fuchsin täuschend ähnliches sehen. Beim Einkaufe wird daher das Fuchsin in großen Krystallen vor-ogen.

Gewöhnlich ist das Fuchsin das salzsaure (oft mit ein wenig arsenig-:rem gemengte) Salz einer dreisäurigen Farbbase, des Rosanilins: $C_{40}H_{19}N_3$, en einsäurige Salze im Allgemeinen den wesentlichen Bestandtheil des chsins und dessen mit dem gemeinsamen Namen Anilinroth bezeichneten rietäten bilden. Als „Anilinrothe" bezeichnet man im Handel aber auch die den genannten Farbstoffen dargestellten Lacke (vgl. S. 484).

Diese Farbbase, das Rosanilin, liefert eine größere Reihe von meist rothen lzen, die sogenannten Rosanilinsalze, in denen immer die genannte Base die entliche farbengebende Grundlage bildet, während durch chemische Umwandlung Rosanilins selbst wieder zahlreiche andere Farbstoffe erzeugt werden können. dem Fuchsin ähnliche, jedoch weniger benutzte Rosanilinsalze sind noch zu er-nen das essigsaure Rosanilin unter dem Namen Rosein, und das salpetersaure sanilin mit der technischen Bezeichnung Azale𝔦n.

Verhalten des Fuchsins an sich und gegen Fällungsmittel.

Der Name Fuchsin rührt daher, daß die Lösung des Fuchsins wie diejenige gewisser anderer Rosanilinsalze im durchfallenden Lichte die schön rothe Farbe der Fuchsiablüthe zeigt. Das Fuchsin, gleich den meisten übrigen Rosanilinsalzen, hat ferner im trockenen Zustande, auch bei Eintrocknung auf Flächen einen grünen (cantharidenflügelartigen) Metallglanz; in ganz dünner Schicht werden jedoch diese Salze durchsichtig, so daß der Metallglanz verschwindet und nur die oben erwähnte rothe Farbennüance hervortritt.

Das Fuchsin wie fast alle anderen Rosanilinsalze sind schwerlöslich in kaltem Wasser und färben es nur allmälig stärker roth. Sie lösen sich leichter in heißem kochendem Wasser zu dunkelroth gefärbten Flüssigkeiten, welche nicht mehr durchsichtig sind und beim Erkalten das Salz wieder anschießen lassen. Noch leichter sind sie in Weingeist, wasserhaltigem Weingeist und Aether sowie in Essigsäure löslich, auch in Carbolsäure, welche sie der wässerigen Lösung vollständig entzieht.

Alle Mineralsäuren lösen das Fuchsin mit gelber Farbe, welche bei größerer Verdünnung der Lösung wieder roth wird, und sogleich bei der Neutralisation mit Alkali oder anderen Basen. Die Alkalien zerstören die Farbe der Fuchsinlösung in wenigen Augenblicken, indem sie dem Rosanilin die damit verbundene Säure entziehen und ersteres in ihrem ursprünglich ungefärbten Zustande abscheiden.

Die Verwendung des Fuchsins zu rothen Lacken beruht darauf, daß man dasselbe entweder unverändert, d. h. als salzsaures Rosanilin, oder unter gleichzeitiger chemischer Umwandlung in ein anderes Rosanilinsalz auf weiße Körper niederschlägt, welche die Rosanilinverbindung entweder nur mechanisch durch Flächenanziehung, oder auch chemisch derart binden, daß der gefällte Farbstoff nun weit unlöslicher ist in kaltem und warmem Wasser, als vorher das Fuchsin für sich. Es gelten also die allgemeinen Grundsätze der Farbenlackgewinnung, welche früher erörtert sind, auch für die aus Fuchsin zu erzeugenden Lacke. Ebenso ist das Färben der Wolle u. s. w. mit Fuchsin meistens nur ein mechanisches Anziehen desselben an die Faser, wobei Zusätze eigentlich nur gegeben werden, um entweder das Aufschwellen der Faser zu veranlassen, oder das Fuchsin im Farbstoff möglichst unlöslich zu machen und dadurch auf der Faser zu befestigen.

Ueber das Verhalten der Fuchsinlösung zu festen weißen Körpern und zu Lösungen habe ich folgende Versuche angestellt, um die Fällbarkeit des Fuchsins sowie die allgemeine Natur, die besondere Färbung und den Löslichkeitsgrad der damit erhaltenen Niederschläge festzustellen.

Kreide färbt sich ziemlich in kalt bereiteter Fuchsinlösung. Der Niederschlag ist matt und verliert beim Auswaschen immer mehr seine Farbe; die Flüssigkeit behält die der Fuchsinlösung eigene hochrothe Farbe und wird nie ganz entfärbt.

Bleiweiß verhält sich ebenso. Die Farbe läßt sich durch fortgesetztes Auswaschen fast völlig auswaschen.

Verhalten der Fuchsinlösung gegen Fällungsmittel.

Magnesia verhält sich ganz ebenso.

In diesen Fällen, wo anzunehmen ist, daß kohlensaures Rosanilin entsteht, zeigt dies weder eine größere Unlöslichkeit, noch Flächenanziehung gegen die weißen unzersetzten Körper, die im Ueberschusse angewendet wurden.

Wird in Fuchsinlösung eines der folgenden Salze: 1) **Alaun**, welcher die kalt gesättigte Fuchsinlösung nicht trübt, 2) **Zinkvitriol**, welcher sie trübt wenn letztere stark ist, 3) **Bittersalz**, welches sie ebenfalls trübt, mit nicht überschüssigem Natron gefällt, so entstehen wohl dem Anscheine nach dunkle fuchsinrothe Niederschläge, aber sie sind zum größten Theil nur gefärbt durch die Flüssigkeit, die sie einschließen. Die Niederschläge entfärben die Rosanilinlösung nicht, und wäscht man dieselben mit Wasser aus, so verlieren sie immer mehr an Farbe, lassen aber zuletzt fast farblose Flüssigkeit ablaufen, während die gefällten Alaunerde-, Zinkoxyd- und Bittererdehydrate nur sehr schwach rosenroth zurückbleiben. Streicht man diese nun auf Papier und läßt trocknen, so färbt sich das Papier wie mit einer schwachen Fuchsinlösung, während die Hydrate zu fast weißem Pulver darauf eintrocknen. Die Hydrate enthalten also nur Fuchsinlösung mechanisch eingeschlossen und sind nicht eigentlich gefärbt.

Schwefelsaurer Kalk, in der Form von gemahlenem Gyps, färbt sich zwar in kalter Fuchsinlösung, aber es entsteht eine schmutzig violettrothe Farbe, die sich ebenfalls allmälig auswaschen läßt.

Kaolin, in hinreichender Menge einer kalt bereiteten wässerigen Fuchsinlösung zugesetzt, zeigt allein unter den mineralischen weißen Körpern eine so beträchtliche Flächenanziehung, daß er die Lösung völlig entfärbt. In geringerer Menge auf concentrirte Lösungen angewendet, entfärbt er dieselben zwar nicht ganz, aber nimmt nun desto mehr Fuchsin auf und bildet mit demselben immerhin gute brauchbare Lacke.

Zinkweiß, für sich angewendet oder mit Alaun zugleich versetzt, nimmt nur wenig Farbe auf, die sich durch Auswaschen ganz entfernen läßt.

Eine kalt gesättigte Lösung von Fuchsin mit **Bleizucker** im Ueberschuß versetzt, giebt einen nur ganz geringen Niederschlag, wohl von Chlorblei, dem Fuchsin ziemlich fest anhaftet. Versetzt man die vom Niederschlag abfiltrirte, tief gefärbte Flüssigkeit mit Alaun, so fällt schwefelsaures Bleioxyd nieder, das gar keinen Farbstoff aufgenommen hat und ganz weiß bleibt.

Zinnsalz giebt einen sehr starken hochcarmoisinroth trocknenden Niederschlag von vielem Feuer. Die Flüssigkeit wird aber nicht entfärbt.

Uebermangansaures Kali bildet eine violette Flüssigkeit und einen Niederschlag von tief bräunlicher etwas violetter Farbe, wahrscheinlich nur aus Manganoxydhydrat bestehend. Die ablaufende Flüssigkeit ist dunkelviolett, trocknet aber auf Papier mit gelber Farbe aus, und scheint also in einen gelben

Verhalten der Fuchsinlösung. Anilinrothe Lacke.

Farbstoff zersetzt zu werden, der aber auch wieder verschwindet, so daß die Flüssigkeit farblos wird.

Chlorsaures Kali, in Fuchsinlösung mit Schwefelsäure versetzt, verändert die Farbe in ein dunkles Violett ohne Niederschlag. Die verdünnte Flüssigkeit färbt Papier schön violett.

Ein Gemisch von saurem chromsaurem Kali und Schwefelsäure fällt nach und nach aus wässerigem Fuchsin einen grünlich-schwarzen Körper, dessen Zusammensetzung nicht festgestellt ist.

Digerirt man Stärke mit Alaun und Fuchsinlösung, so fällt pikrinsaures Natron und Ammoniak aus diesem Gemische alles Fuchsin auf die Stärke, aber die rothe Farbe hat viel von ihrer Schönheit eingebüßt im Vergleich mit dem schön rothen Aussehen, das die Stärke allein in Fuchsinlösung annimmt.

Aus einer kalt gesättigten wässerigen Auflösung von Fuchsin fällt die wässerige Lösung von Blauholzextract einen carmoisinrothen Niederschlag, der zu einer hochrothen Farbe antrocknet, jedoch meist aus Fuchsin zu bestehen scheint. Nach dem Trocknen mit Leimwasser angestrichen, giebt er eine hochcarmoisinrothe Farbe ohne Metallglanz. Aber der Anstrich, mit polirtem Elfenbein gestrichen, nimmt grünlichen Metallglanz an. Wird das Gemisch beider Lösungen noch mit Eisenvitriollösung versetzt, so entsteht ein violetter Niederschlag, der ebenso trocknet und nach dem Trocknen und Streichen mit polirtem Elfenbein ebenfalls grünen Metallglanz annimmt. In beiden Fällen wird die Flüssigkeit nicht entfärbt.

Beide letztangeführten Niederschläge mit Stärke gemischt geben schönere hellere Rothe, welche dann aber unter dem Polirstahle oder sonst glatt gestrichen keinen Metallglanz mehr annehmen.

Die Lösung von Fernambucextract giebt in der kalten wässerigen Fuchsinlösung nur eine schwache Trübung, mit Alaun versetzt jedoch einen schön carmoisinrothen Lack, schöner als Fernambucextractlösung für sich. Die Flüssigkeit wird nicht entfärbt.

Die Lösung von Quercitronextract giebt mit Fuchsinlösung einen Niederschlag gleich dem obigen mit Fernambucextract erzeugten.

Anilinrother Lack. Anilinrothe.

Diese Lacke, welche unter den angegebenen Namen gewöhnlich en pâte für die Tapetendruck angefertigt werden, bestehen hauptsächlich aus Stärke, auf welche das Fuchsin niedergeschlagen ist. Damit jedoch der Charakter der Stärke in der Farbe weniger hervortritt, so wird gewöhnlich noch ein weißer Körper dazwischen gefällt oder zugemischt.

Die feurigsten derartigen Lacke erhält man, wenn man Stärke einige Tage mit Fuchsinlösung digerirt, dann ziemlich viel Alaun zusetzt und letzteren nach und

Darstellung anilinrother und violettrother Lacke.

kohlensaurem Natron nach und nach fällt. Die Stärke rührt man erst in Wasser auf, setzt eine bei 50° gesättigte oder auch alkoholische Fuchsinlösung zu, dann nach einigen Tagen den Alaun und zuletzt die Soda, worauf man noch stehen läßt. Die Flüssigkeit wird hierbei jedoch nicht entfärbt. Man benutzt sie, um die Stärke das nächste Mal damit vorzufärben und sie dann weglaufen zu lassen. Wenn die entstandene Farbe dunkel genug geworden ist, wird sie mit Wasser ausgewaschen und zu Teig abgepreßt. Ist sie nicht dunkel genug, so setzt man ihr noch mehr Fuchsinlösung, jedoch nicht wärmer als 60° zu, so daß sich noch mehr Farbstoff auf die Stärke niederschlägt, und verfährt im Uebrigen wie vorhin.

Es ist hierbei zu erwähnen, daß die helleren auf diese und auch die nachfolgende Weise erhaltenen Lacke hell rosenroth und fuchsinfarbig aussehen, die dunkleren Lacke einen stark violetten Ton annehmen, und daß der Zusatz von weißen Körpern ihre Farbe ungemein beeinträchtigt, indem sie hierdurch matt werden, ihr Feuer und ihre Durchsichtigkeit ganz verlieren. Es findet dies schon in starkem Maße statt, wenn man etwa Alaun mit Kreide ausfällt und so ein Gemisch von Gyps mit Alaunerde beimengt, während gefällte Alaunerde allein die bemerkte Wirkung nicht hat.

Kaolin und Stärke allein, ohne jeden Zusatz, nehmen viel Farbstoff auf und geben hochrothe Lacke, aber von geringerer Durchsichtigkeit und weniger Feuer. Kaolin allein färbt sich ebenfalls stark (vgl. S. 483), aber die Farbe ist nicht durchscheinend und hat einen stark violetten Farbenton.

Die dunkelsten, den Cochenille- und Carminlacken am ähnlichsten Lacke erhält man, wenn man nicht das Fuchsin selbst, sondern das durch Einwirkung von Gerbsäure auf Fuchsin erhaltene gerbsaure Rosanilin auf Stärke und Alaun fällt. Zu diesem Behufe rührt man die Stärke mit Alaunlösung in der Fuchsinlösung auf und versetzt mit Gerbsäure in Form von Tanninlösung. Diese übt für sich allein zwar keine bedeutende Wirkung auf die Fuchsinlösung aus; versetzt man aber weiter das Gemisch mit kohlensaurem Natron, so tritt völlige Entfärbung der Fuchsinlösung ein, vorausgesetzt, daß hinreichend Tanninauflösung angewendet wurde. Der so gewonnene Lack giebt an Wasser keine Farbe ab, weil das darin enthaltene gerbsaure Rosanilin in Wasser so gut wie unlöslich ist. Selbst wenn weder Stärke noch Alaunerde in dem Gemische vorhanden sind, ist die Entfärbung vollständig und der Lack carminroth wie Cochenillelack, ohne den metallischen Reflex der übrigen Rosaniliusalze anzunehmen.

Violette Lacke von sehr feuriger Farbe und für Tapetendruck sehr anwendbar lassen sich aus den vorhergehenden Lacken darstellen, entweder durch Vermischen mit beigesetztem Pariserblau, wodurch die schönsten Nüancen entstehen, oder indem man von vornherein die Lösung des Fuchsins mit Dahlialösung mischt und den Lack wie mit Fuchsin aus der gemischten Lösung herstellt. In beiden Fällen kann man das Violett dadurch beliebig bläulich herstellen, daß man die Zusätze von Pariserblau oder Dahlialösung nach Bedarf vermehrt.

Die anilinrothen und violetten Lacke geben Anstriche mit Oel, die sehr schön und feurig und auch ebenso beständig zu sein scheinen, wie manche andere Lacke aus Farbhölzern.

Fuchsin- und Fernambuclacke.

Die Carmoisinlacke aus Rothhölzern, nach der an betreffender Stelle (S. 436 u. f.) vorgeschriebenen Methode bereitet, nehmen aus einer Fuchsinlösung viel Fuchsin auf, das selbst durch langes Waschen nicht entfernt wird. Die Carmoisinfarbe an sich bleibt unverändert, aber ihre Intensität und ihr Feuer wird viel beträchtlicher, wenn auch die Menge des aufgenommenen Fuchsins nicht beträchtlich ist. Wenn man daher bei der Fabrikation der oben genannten Lacke aus Rothhölzern so verfährt, daß man sie mit den Rothholzablochungen nur bis zu einer gewissen Tiefe färbt, zuletzt aber mit Fuchsinlösung, so wird man viel billigere und zugleich feurigere Lacke erhalten.

Noch leichter werden diese Lacke erhalten, wenn man ein Gemisch von Stärke und Kaolin mit Rothholzablochungen digerirt, denen man etwas Fuchsinlösung zugefügt hat. Ein Zusatz von Kreide und Alaun ist in diesem Falle ganz unnütz.

Fuchsin- und Krapplacke.

Obwohl die Alaunerde, in Fuchsinlösung gefällt, alles Fuchsin durch Auswaschen wieder abgiebt, so verhält es sich doch anders, wenn die mit Alkali oder Kreide gefällten Krapplacke mit wässeriger Fuchsinlösung digerirt werden. Es entstehen tief carminrothe Lacke von großer Intensität und vielem Feuer. Aber die hierdurch gewonnenen gemischten Krapplacke sind natürlich nicht so echt, wie die reinen Krapplacke, welche nur die Krappfarbstoffe enthalten.

Erkennung des Fuchsins. Alle Lacke, welche mit Fuchsin hergestellt sind, treten das letztere an Weingeist ab, können also, wenn sie nur Fuchsin enthalten, durch Behandlung mit Weingeist völlig entfärbt werden, so daß nur der weiße Körper zurückbleibt. Enthalten solche Lacke aber zugleich Fernambuclacke, Krapp- oder Cochenillelacke, so bleiben bei jener Behandlung natürlich diese Lacke zurück. Die rothe mit Weingeist erhaltene Flüssigkeit verliert ihre Farbe mit kaustischen Alkalien und erhält sie wieder durch Zusatz von Säuren, woran das

Fuchsin erkennbar ist. Enthalten die Lacke zugleich gefällte violette Theerfarbstoffe, so werden auch diese durch Alkohol extrahirt. Chlor entfärbt das Fuchsin wie überhaupt die Rosanilinsalze, übt aber eine gleiche Wirkung auch auf andere Farbstoffe aus und ist daher kein unterscheidendes Reagens auf Fuchsin. Schweflige Säure zerstört die Fuchsinfarbe ebenfalls, letztere kommt aber wieder zum Vorschein, wenn man die Wirkung der schwefligen Säure durch vorsichtige Anwendung von Oxydationsmitteln wieder aufhebt.

Violette Lacke aus gerbsaurem Rosanilin

Das gerbsaure Rosanilin hat die anderen Rosanilinsalzen nicht zukommende Eigenschaft, beim Zusammenbringen mit Holzgeist und gewissen im Allgemeinen nicht oxydirend wirkenden Mineralsäuren, z. B. Schwefelsäure und Salzsäure, eine violette, zuletzt blaue Farbe anzunehmen. An diesem besonderen Verhalten kann man das gerbsaure Rosanilin erkennen, wenn es neben anderen Farbstoffen in rothen Lacken vorkommt. Noch wichtiger ist die auf jenem Verhalten beruhende Herstellung violetter Lacke aus gerbsaurem Rosanilin oder dessen Lacken. Wenn man nämlich den zuvor mit einer der obigen Säuren vermischten Holzgeist nach und nach dem gerbsauren Anilin oder einem diese Verbindung enthaltenden Lacke zusetzt, so kann man beiden jede Farbe zwischen Violett bis Blau ertheilen, je nach der Menge des zugesetzten angesäuerten Holzgeistes. Die so erhaltenen Farbstoffe sind ebenfalls in Wasser fast unlöslich, jedoch löslich in Alkohol. Löst man sie darin, wenn sie von reinem gerbsaurem Rosanilin herstammen, und vermischt mit weißen Körpern, so kann man sie mit verdünntem kohlensaurem Natron auf letztere fällen und so Lacke von verschieden violetter Farbe erhalten. Auf gleiche Weise fällt kohlensaures Natron aus dieser Lösung die reinen Lacke, welche wie erstere in Teigform oder aber als trockene Lackfarben angewendet werden können. Es giebt noch kein sicheres einfaches Reagens, um zu unterscheiden, daß dieses Violett in irgend einer Farbe enthalten ist. Der immer noch vorhandene Gerbsäuregehalt des in Frage stehenden Violetts gewährt zwar in sofern einen Anhalt, als die alkoholische Lösung des letzteren vermöge dieses Gehaltes durch Eisensalze schwarz gefärbt wird; allein eine absolute Sicherheit bietet diese Reaction nicht, da es, wenn auch nicht wahrscheinlich, doch immerhin nicht unmöglich ist, daß noch andere violette Farben Gerbsäure enthalten.

2) **Rothe Theerfarbstoffe (Phenolfarbstoffe) von säureartigem Charakter und ungewisser Zusammensetzung.**

Aus der schon eben erwähnten, vorwiegend aus Steinkohlentheer, in geringerer Menge auch aus Braunkohlentheer gewonnenen Carbolsäure (Phenol,

Säureartige Phenolfarbstoffe: Corallin und Aurin.

Phenylsäure, Phenylalkohol: $C_{12}H_6O_3$ entsteht unter verschiedenen Umständen, z. B. beim Stehenlassen derselben oder des carbolsauren Kalkes an der Luft, namentlich bei Vorhandensein von Kresol neben der Carbolsäure, eine besonders rothe Säure, welche den Namen Rosolsäure erhalten hat. Von derselben ist nur anzuführen, daß ihre löslichen Salze kirschroth sind und die alkalischen Metallsalzen Niederschläge, aber mit Alaun keine Lacke geben; ferner daß die gefärbten Niederschläge derselben im Allgemeinen sehr unbeständig sind. Die Rosolsäure kann zur Darstellung von Lackfarben nicht gebraucht werden.

Durch Einwirkung concentrirter Schwefelsäure und Oxalsäure zu gleich auf die Carbolsäure in der Wärme entsteht aus ihr eine harzartig braune Masse, welche mit Wasser ausgewaschen sich in Alkalien mit rother Farbe löst und sich beinahe wie Rosolsäure verhält. Durch Erhitzen dieses harzigen Körpers mit Ammoniak unter Druck bildet sich daraus ein hochrother Farbstoff, ebenfalls mit dem Verhalten einer Säure, welcher im Handel unter dem Namen Corallin oder Päonin vorkommt. Auf dieselbe Weise wird ferner ein ähnlicher Farbstoff, Aurin, gewonnen, und es scheinen bei dessen Darstellung nur andere Temperaturen angewendet zu werden. Aurin nennt man endlich auch das Product der Einwirkung von Schwefelsäure und Oxalsäure auf Carbolsäure ohne nachträgliche Behandlung mit Ammoniak. An diese Namen sind zur Zeit bestimmte chemische oder technische Begriffe nicht zu knüpfen; es bleibt vielmehr unbestimmt, welche Zusammensetzung und Beschaffenheit die Producte mit obigen Bezeichnungen haben. Beispielsweise zeigten die aus der Einwirkung von Schwefelsäure und Oxalsäure auf Carbolsäure erhaltenen Körper, welche verschiedene Chemiker gereinigt und krystallisirt herstellten, die nachfolgende Abweichung der Zusammensetzung und des Verhaltens. Kolbe und Schmitt fanden ihr bei 156° schmelzendes, in roth durchscheinenden, dunkelgrün reflectirenden Prismen erhaltenes Aurin zusammengesetzt aus $C_{40}H_{34}O_{22}$. Dale's und Schorlemmer's in mattgrünen Nadeln erhaltenes Aurin schmolz noch nicht bei 220°, und sie fanden dafür die Zusammensetzung $C_{40}H_{14}O_6$. Da $2(C_{40}H_{14}O_6)$ $= C_{40}H_{34}O_{22} - 10\,HO$, so beruht der obige Unterschied vielleicht darauf, daß die letzterwähnte Verbindung aus der ersteren durch Austritt von Wasser in Folge einer höheren Temperatur bei der Bereitung gebildet ist.

Treten schon bei den reinen Farbstoffen die bemerkten Unterschiede hervor, wie viel mehr bei den Handelsproducten. In der That giebt es nicht allein im Handel abweichende Sorten Aurin, sondern überdies noch Gemische von Aurin und Corallin von abweichender Zusammensetzung. Hieraus entspringt eine große Unsicherheit bei der Verarbeitung dieser Farben. Wenn man daraus in der nachher anzuführenden Weise Lacke oder farbige Niederschläge herstellt, so weiß man nicht, ob eine Handelswaare, wenn sie hellere Niederschläge liefert als eine andere, nur quantitativ geringhaltiger ist als letztere, oder ob dieser Unterschied vom Gehalte eines helleren Farbstoffes herrührt. Die Niederschläge des Aurins haben zwar alle einen helleren Farbenton, als die des eigentlichen Corallins. Da diese Abweichung aber bei den so verschiedenen Farbentönen nur sehr schwer zu erkennen ist, so giebt es nur ein Mittel, um nachzuweisen, welches Farbenproduct vorliegt. Es besteht darin, dass man den Farbstoff in Alkali löst, ihn mit einer Säure ausfällt, wäscht und dann in Alkohol löst. Giebt diese alkoholische Lösung mit Wasser einen gelben Niederschlag, so ist der Farbstoff das eigentliche Aurin. Wird er dagegen in rothen Flocken gefällt, so liegt Corallin vor, oder dasjenige Aurin, welches durch Erhitzen mit Ammoniak verändert ist. Ist das Handelsproduct in Sprit löslich, und enthält es nicht zugleich Alkali, wie die wasserlöslichen Coralline, welche solches stets enthalten, so kann man die Probe direct mit der alkoholischen Lösung vornehmen.

Ohne alle weitere Rücksicht auf ihre Zusammensetzung habe ich die Eigenschaften der oben besprochenen Producte, welche unter nachstehenden Bezeichnungen von den Theerfarbenfabriken in den Handel gebracht sind, in Rücksicht auf ihre Benutzung zur Lackfarbenfabrikation untersucht. Ich theile zunächst das Resultat dieser Untersuchungen hier mit und dann die Methode, rothe Lacke mit jenen Farbenproducten herzustellen.

a. Corallin wasserlöslich, Päonin.

Hat in Stücken ganz das äussere Ansehen von spritlöslichem Corallin und von Ponceau (vgl. S. 191 und 193), zieht aber Feuchtigkeit an und erscheint daher stets als feuchte Masse. Die Auflösung in Wasser hat die Farbe des in Natronlauge gelösten spritlöslichen Corallins.

Aus der wässerigen Lösung fällt Schwefelsäure einen hochgelben Farbstoff, der zu scharlachrother Farbe austrocknet, wenn er auf Papier ausgestrichen wird. Die Flüssigkeit bleibt gelb gefärbt.

Zinnsalz giebt einen dem vorigen gleichen Niederschlag, und die Flüssigkeit bleibt ebenfalls gelblich.

Alaun giebt einen Niederschlag derselben Farbe, doch mehr durchscheinend und gelblicher. Die Flüssigkeit bleibt gelblich.

Schwefelsaure Bittererde und Zinkvitriol geben scharlachrothe, weniger gelb gefärbte Niederschläge. Letzterer entfärbt die Flüssigkeit beinahe. Erstere lässt purpurrothe Flüssigkeit ablaufen, wie es auch bei Ponceau und Kaiserroth der Fall ist.

Chromalaun giebt einen scharlachrothen Niederschlag, der beim Aufstreichen auf Papier nach dem Trocknen ins Bräunliche zieht.

Eisenvitriol giebt einen sehr dunklen, rothbraunen, auch so trocknenden Niederschlag. Die davon abfiltrirte Flüssigkeit ist gelb.

Kupfervitriol giebt einen scharlachrothen, ins Bräunliche ziehenden Niederschlag wie vorhin der Chromalaun.

Bleizuckerlösung giebt den schönsten scharlachrothen Niederschlag, der beim Verdünnen mit Stärke ein ungemeines Feuer erhält und hoch scharlachroth ist.

Neutrales chromsaures Kali giebt keinen Niederschlag und ist überhaupt ohne Einwirkung; saures chromsaures Kali giebt einen scharlachrothen Niederschlag, der gleich dem oben erwähnten mit Schwefelsäure erzeugten austrocknet.

Oxalsaures Natron giebt einen ebenso gefärbten Niederschlag.

Die wässerige Auflösung des Blauholzextractes fällt nicht die Lösung des wasserlöslichen Corallins. Setzt man dem Gemische aber noch Eisenvitriollösung hinzu, so entsteht ein sehr voluminöser Niederschlag, der auf Papier gestrichen violett-braunschwarz austrocknet und großes Feuer besitzt.

Die wässerige Auflösung des Fernambucextractes giebt mit der Lösung dieses Corallins gleichfalls keinen Niederschlag. Das Gemisch giebt mit Alaunlösung versetzt einen geringen, weiter mit Natron versetzt, einen schön hochrothen, nicht carmoisinrothen Niederschlag, der jedoch nach dem Trocknen nicht von besonderer Intensität ist.

Die wässerige Lösung des Corallins, mit pikrinsaurem Natron versetzt, giebt keinen Niederschlag. Nach Zusatz von Alaun entsteht ein hoch scharlachrother Niederschlag, ähnlich dem mit saurem chromsaurem Kali.

Gelbes Blutlaugensalz giebt in der Corallinlösung keinen, nach Zusatz von Eisenvitriol jedoch einen hellbraungelben Niederschlag, der beim Trocknen eine braungrüne schmutzige Farbe annimmt.

Rothes Blutlaugensalz allein giebt keinen, nach Zusatz von Eisenvitriol jedoch einen bläulichen, auf Papier ausgestrichen sehr dunkelgrün erscheinenden und schön dunkelgrün austrocknenden Niederschlag, der auch bei künstlicher Beleuchtung dieselbe Farbe zeigt.

Chromsaures Kali und Schwefelsäure, in verdünntem Zustande angewendet, fällen das Corallin gelb und zerstören den Farbstoff nicht.

Chlorsaures Kali mit Schwefelsäure versetzt, scheint ebenso wenig auf das Corallin einzuwirken.

Uebermangansaures Kali, zu der Corallinlösung gefügt, verdickt dieselbe sofort. Der dicke Brei, mit Wasser auf das Filter gebracht, läßt eine violette Flüssigkeit ablaufen, während ein brauner Niederschlag darauf bleibt, der grünbraun austrocknet. Die abfiltrirte Flüssigkeit, mit Alaunlösung versetzt, giebt aufs Neue einen Niederschlag, während die ablaufende Flüssigkeit wieder dunkelviolett erscheint. Der Niederschlag auf dem Filter hat die Farbe des Manganoxydhydrats und scheint auch daraus zu bestehen.

Alle Niederschläge des wasserlöslichen Corallins mit den Salzen der Erden und Metalloxyden haben im Allgemeinen die nämlichen chemischen Eigenschaften

Eigenschaften und Fällung der sprittlöslichen Coralline. 491

und zeigen namentlich gegen Ammoniak, Kali- und Natronlauge dasselbe Verhalten wie die nachfolgend beschriebenen Niederschläge, welche in der alkalischen Lösung des sprittlöslichen Corallins hervorgebracht werden.

b. Corallin sprittlöslich.

Es giebt mehrere Sorten von Corallin, die nicht in Wasser, wohl aber in Weingeist löslich sind und die sich im Uebrigen durch die Nüance der damit erzeugten farbigen Niederschläge unterscheiden.

Sämmtliche dieser Coralline, welche die B.'sche Soda- und Anilinfabrik in Stuttgart liefert, haben dasselbe Aussehen. Es sind dunkelbraune, im Bruche harzglänzende Massen von grünlichem Reflex, welche nicht wie die löslichen Coralline Feuchtigkeit anziehen, sondern trocken bleiben, leicht zerreiblich und spröde sind und ein braunrothes Pulver geben. Ihre Lösung in Weingeist ist dunkel-, fast purpurroth oder gelblichroth und kirschroth, je nach der Verdünnung.

Alle diese Farben, welche sich in Wasser allein nicht merklich lösen, werden durch alkalische Flüssigkeiten: Ammoniak, Kali- und Natronlauge, namentlich bei längerem Stehen damit, vollständig gelöst. Sie verhalten sich daher wie schwache Säuren, indem sie zur Lösung immer eine gewisse Menge Alkali bedürfen, so daß ein Ueberschuß von Corallin anfangs ungelöst zurückbleibt und erst durch weiteren genügenden Alkalizusatz gelöst wird. Jedoch scheint beim Kochen in derselben Menge Alkali mehr Corallin gelöst zu werden, als in der Kälte. Die Lösungen sind alle dunkelpurpurroth und haben ein ungemein großes Färbevermögen, so daß schon ein Tropfen davon eine große Menge Wasser purpurroth färbt. Wenn die Lösungen längere Zeit an der Luft stehen, mithin das Ammoniak verdunstet, oder Kali und Natron Kohlensäure anziehen, so scheidet sich der Farbstoff theilweise mit der Farbe des Kaiserroths aus. Die kohlensauren Alkalien lösen das Corallin wenig, verwandeln es aber in eine hochrothe pulverige Masse.

Die in Alkali gelösten Coralline verhalten sich gegen feste Körper wie Gyps, Kaolin u. s. w. gleich dem unten beschriebenen Kaiserroth, greifen aber die Stärke an und verwandeln sie in einen mit der farbigen Lösung durchdrungenen Kleister. Gegen Säuren sowie die Salze der Erden und Metalloxyde verhalten sie sich wie die in Wasser löslichen Coralline, gegen schwefelsaure Bittererde namentlich auch darin, daß durch einen Ueberschuß des letzteren nicht aller Farbstoff gefällt wird, sondern ein Theil desselben mit fast purpurrother Farbe in der Flüssigkeit gelöst zurückbleibt. Die meisten Niederschläge sind bei Ueberschuß der Salze scharlachroth, die mit Eisen- und Kupfervitriol hervorgebrachten gehen zugleich mehr oder weniger stark ins Braune. Mit etwas Ammoniak befeuchtet, werden sie purpurfarbig, nehmen aber beim Verdunsten des Ammoniaks wieder Scharlachfarbe an. Der mehr oder weniger gelbliche Ton der scharlachfarbenen Corallinfällungen scheint durch die mehr oder weniger saure Beschaffenheit der beim Fällen im Ueberschuß angewendeten Salze bedingt zu sein. Daher giebt namentlich Alaun, dessen Schwefelsäure nicht stark an die Alaunerde gebunden ist, im Ueberschuß einen fast orangegelben Niederschlag, der beim Auswaschen den gelben Ton immer mehr verliert, noch mehr bei Zusatz von Kreide.

Zinnsalz im Ueberschuß fällt einen scharlachrothen Niederschlag, der beim Versetzen mit Ammoniak purpurroth wird und diese Färbung behält. Aus einer ammoniakalischen Lösung des Corallins läßt sich letzteres durch Zinnsalz beinahe vollständig mit bleibender purpurrother Farbe ausfällen.

Alle scharlachrothen und anderen Niederschläge nehmen, mit Bleiweiß versetzt, ebenfalls, wohl weil es wie ein Alkali wirkt, einen etwas ins Bläuliche statt ins Gelbliche ziehenden Ton an.

Sämmtliche gefärbten Niederschläge von Erden und Metallsalzen aus Corallinlösung geben mit Kali- oder Natronlauge wieder die purpurfarbige Lösung des Corallins in Alkali, wobei der Niederschlag mit Alaun sich ganz löst, während bei den Niederschlägen aus solchen Salzen, deren Base in Kali- oder Natronlauge unlöslich ist, nur der Farbstoff gelöst wird, die Base aber natürlich zurückbleibt. Hiernach kann daher im Allgemeinen der Farbstoff aus alkalischer Lösung nur durch gänzliche Sättigung des Alkalis, also nur durch einen Ueberschuß der zum Fällen benutzten Salze niedergeschlagen werden. Unter dieser Bedingung erfolgt dann auch eine fast vollständige Fällung des Corallins; der geringe Antheil des letzteren, welcher in der gelb ablaufenden Flüssigkeit gelöst ist, scheidet sich bei längerem Stehen schließlich auch noch ab.

Die Niederschläge der wasserlöslichen und spritlöslichen Coralline unterscheiden sich in ihren Nüancen und der Lebhaftigkeit der erhaltenen Farben, was man am besten erkennt, wenn man nach dem unten anzugebenden Verfahren türkischrothe oder persischrothe Lacke darstellt, wo die Farben mehr oder weniger hochroth, oder mit bläulichem Schein, zugleich an die Farbe des Nacaratcarmins erinnernd, ausfallen. Auch liefern die verschiedenen Farbenfabriken verschiedene Farbentöne ihrer Türkischrothe je nach der Sorte des angewendeten Corallins, und wohl auch nach der abweichenden Fabrikationsmethode. Gewöhnlich sind die Coralline nicht verfälscht, aber von verschiedener Reinheit. Sie enthalten oft einen in Natronlauge und Weingeist unlöslichen fein vertheilten Körper von brauner Farbe. Soll das Corallin zur Lackfabrikation angewendet werden, so ist entweder durch Abfiltriren oder durch Absetzenlassen der Lösung jener braune Stoff vorher daraus zu entfernen, weil er anderenfalls den Farbenniederschlägen einen Stich ins Braune ertheilen würde.

c. **Ponceau.**

Kommt in bräunlich-roth-violetten Stückchen vor, nahezu vom Aussehen des Corallins, aber löslich in Wasser mit kirschrother, ins Bläuliche fallender Farbe, ähnlich einer Lösung der Krappfarbstoffe in Alkali, nur viel intensiver. Es ist jedenfalls eine Sorte der wasserlöslichen Coralline, denn es zeigt im Allgemeinen die chemischen Eigenschaften des letzteren, giebt auch mit Alkalien eine tief, fast purpurroth gefärbte Lösung und wird durch Säuren aus seinen Lösungen als hochoranger Farbstoff gefällt.

Die wässerige Ponceaulösung zeigt folgendes Verhalten gegen Fällungsmittel:

Alaun fällt daraus das Ponceau hoch türkischroth, wahrscheinlich nur sein vertheilt. Digerirt man erst Stärke oder Schwerspath mit der Ponceaulösung und fällt dann mit Alaun, so erhält man prächtige und gut deckende türkischrothe Lacke.

Chromalaun fällt allen Farbstoff aus, wenn er im Ueberschuss zugesetzt wird. Nach dem Abwässern hat der Niederschlag dieselbe Farbe wie die Fällung mit gewöhnlichem Alaun.

Zinnsalz giebt einen feurigen, in der Flüssigkeit zinnoberroth erscheinenden Niederschlag, der beim Trocknen aber mehr orangeroth wird.

Bleizuckerlösung fällt fast alles Ponceau aus der Lösung, der Niederschlag ist mehr rosenroth, als der von Zinnsalz.

Zinkvitriol giebt unter vollständiger Entfärbung der Flüssigkeit einen sehr voluminösen, violetten, im Strich auf Papier hochrothen und etwas ins Bräunliche ziehenden Niederschlag.

Schwefelsaure Bittererde fällt die Lösung gar nicht. Nach Zusatz von Natronlauge, wodurch Bittererde gefällt wird, entsteht ein rein rosenrother, sehr dunkler Lack, aber die Flüssigkeit wird nicht entfärbt. Magnesia färbt sich jedoch wenig in der Lösung.

Eisenvitriol giebt einen durch die Flüssigkeit rothbraun erscheinenden, sehr voluminösen Niederschlag; die Flüssigkeit wird fast vollständig farblos. Der Niederschlag trocknet zu einem tiefbraunrothen Lacke aus.

Kupfervitriol giebt einen durch die Flüssigkeit hochroth erscheinenden Niederschlag unter völliger Entfärbung der Flüssigkeit. Er trocknet zu einem dunklen, beim Aufstrich hochrothen, ins Bräunliche fallenden Lacke aus.

Stärke ohne Zusatz von Alaun färbt sich nur höchst unbedeutend; erst bei Zusatz von Alaun wird durch dessen Vermittelung Farbe auf sie niedergeschlagen.

Nur die Niederschläge, welche Zinnsalz, Alaun und Chromalaun für sich und auf weiße Körper in den Ponceaulösungen hervorbringen, sind zur Ausbreitung anwendbar. Der rosenrothe Niederschlag, der in darin gefällter Bittererde entsteht, wäre eine schöne Farbe, aber da die völlige Abscheidung des Farbstoffes mit dieser Alkalie nicht gelingt, so ist diese Leibfarbe, rosenrothe Lacke

494   Rothe Corallin- und Ponceaulacke: Türkischroth, Persischroth.

darzustellen, nicht zu empfehlen, zumal solche Lacke auf andere Weise und aus anderen Theerfarbstoffen zweckmäßiger herzustellen sind.

Gyps, Kreide, Zinkweiß, Kaolin verhalten sich zu Ponceau wie zu Kaiserroth, siehe unten.

Obgleich das Ponceau sich in so vielen Beziehungen dem Corallin nähert und fast identisch damit zu sein scheint, so besteht doch ein großer Unterschied darin, daß der aus Ponceaulösung auf die Körper gefällte Farbstoff bei weitem nicht das Färbevermögen des Corallins besitzt, und daß er am Lichte außerordentlich rasch verbleicht, was bei den mit Corallin erhaltenen farbigen Niederschlägen nicht der Fall ist, vielleicht weil sie überhaupt von vornherein eine dunklere Farbe haben

Rothe Lackfarben aus Corallin und Ponceau. Türkischroth, Persischroth, Ponceau.

Aus den vorhin beschriebenen Farbmaterialien: Corallin und Ponceau werden namentlich die hochrothen Lackfarben von verschiedenen Namen, wie Türkischroth, Persischroth, Ponceau, dargestellt. Einige derselben, z. B. Türkischroth, kommen außer in Teigform auch trocken in den Handel, die andern aber werden meistens nur in Teigform angefertigt für den Gebrauch zur Tapeten fabrikation, wobei sie als Farben einen außerordentlichen, durch keine andere Farben erreichbaren Effect hervorbringen; denn sie übertreffen außer den Carminen alle anderen rothen Farben an Intensität und Lebhaftigkeit.

Diese Lackfarben werden alle auf gleiche nachfolgend beschriebene Weise dargestellt. Man löst 10 Gewichtstheile der oben genannten Farbmaterialien mit 4 bis 5 Gewichtstheilen trocknen Aetznatrons des Handels warm oder kalt in kupfernen Gefäßen mit 40 bis 50 Gewichtstheilen Wasser auf, läßt die Lösung, sofern sie etwa trübe erscheint, bis zur völligen Klarheit absetzen, bringt die klare Flüssigkeit in ein größeres hölzernes Gefäß und verdünnt sie darin noch mit dem zwei- bis dreifachen Volum Wasser. In diese verdünnte Flüssigkeit wird nun höchst fein gemahlener Schwerspath oder noch besser künstlicher schwefelsaurer Baryt (Blanc fixe) eingerührt, auf welchen der Farbstoff zu fällen ist. Die Menge des Schwerspaths oder schwefelsauren Baryts, trocken berechnet, kann das 8- bis 10fache der angewendeten Farbmaterialien betragen, je nach der Intensität, welche man der Farbe zu geben beabsichtigt. Man bereitet sich nun eine Auflösung von eisenfreiem oder gereinigtem Alaun (vgl. S. 439), wovon man ungefähr das fünffache Gewicht des angewendeten Aetznatrons nöthig hat, und bringt diese Auflösung unter beständigem Umrühren in die obige natronhaltige Lösung der Farbstoffe, bis das Gemisch seine ursprüngliche Purpurfarbe in eine gelblich scharlachrothe Farbe umgeändert hat, also ein Ueberschuß von Alaun vorhanden ist. Man verdünnt nun mit Wasser, läßt einige Tage stehen, zapft nach dem

Darstellung von Türkischroth, Persischroth, Ponceau. 495

Absetzen die überstehende gelbe Flüssigkeit ab, verdünnt noch einmal mit Wasser und filtrirt dann unter Nachgießen von etwas Wasser auf dem Filter, um die vorhandenen Salze soviel als möglich auszuwaschen. Auf diese Weise entstehen aus den verschiedenen in Rede stehenden Farbmaterialien die oben erwähnten höchst scharlachrothen Farben. Einen etwas zu gelben Farbton, hervorgebracht durch eine geringe Menge anhaftenden überschüssigen Alauns, beseitigt man durch Zusatz von sehr wenig fein vertheilter Kreide, die zwar nur langsam einwirkt, oder durch vorsichtiges Hinzufügen von Ammoniakflüssigkeit, jedoch in möglichst geringer Quantität, da ein Ueberschuß von Ammoniak Farbstoff auflösen würde.

Man preßt alsdann das Abfiltrirte aus und erhält so das 12- bis 13fache des angewendeten Gewichts der Farbmaterialien an Farbenteig, der noch 40 bis 50 Procent Wasser enthält, aber immer eine sehr steife Masse bildet. Die daraus erhaltenen trocknen Farben erscheinen ebenso hochroth, wie die ursprünglichen teigförmigen Farben; die Nüance ist in beiden Fällen unabhängig von dem angewendeten Farbmateriale. Die feurigste rothe Farbe dieser Art liefert allerdings das unter dem speciellen Namen Ponceau vorkommende corallinähnliche Farbmaterial, aber das schon S. 494 im Allgemeinen angedeutete geringere Farbvermögen des Ponceau tritt auch bei der damit gewonnenen vorliegenden Farbe hervor. Denn dieselbe ist viel heller, d. h. sie verträgt keinen so großen Zusatz und scheint auch weniger haltbar gegen das Licht, als die aus dem Corallin unter gleichen Umständen erhaltene Farbe.

Daß die Anwendung eisenfreien Alauns hier nothwendig ist, zeigt das früher angegebene Verhalten dieser Farbstoffe gegen Eisenvitriollösung.

Die getrockneten derartigen Farben sind ungeachtet ihrer großen Deckkraft gleichwohl als Oelfarben nicht brauchbar. Werden sie mit Oelfirnissen angestrichen, so geht die Farbe alsbald in Gelb über, weil jene Oelfirnisse wie Säuren darauf einwirken. Diese Farben bilden überhaupt in Folge ihrer Empfindlichkeit gegen Säuren ein besseres Reagens für letztere als Lackmuspapier, namentlich für die in Wasser nicht löslichen Säuren, wie die verschiedenen Oelsäuren. Ebenso ist bei dem früher ausführlich erörterten allgemeinen Verhalten der Corallin- und Ponceaulösung gegen Metallsalze der gelbnuancirende Einfluß der Säuren auf die farbigen Niederschläge wiederholt angedeutet. Wir haben dabei gesehen, daß die durch Metallsalze im Ueberschuß hervorgerufenen hochrothen Niederschläge meistens ins Gelbliche ziehen, und haben dies dem Einflusse der in jenen Metallsalzen weniger fest gebundenen Säure zugeschrieben.

Wenn auch durch Anwendung des Bleizuckers und Zinnsalzes zum Fällen ebenso schöne, theils bei letzterem mehr bläulichrothe Niederschläge von großer Schönheit gewonnen werden können, als bei der eben beschriebenen Methode zur Farbenfabrikation, so scheint doch eine Benutzung jener Metallsalze in Wirklichkeit nicht stattzufinden. Man verwendet dieselben wohl deshalb nicht zu dem vorliegenden Zwecke, um nicht in die Farben die entsprechenden Metalloxyde zu bringen, welche sich in schwefelwasserstoffhaltiger Atmosphäre schwärzen, also der Farbennüance eine gewisse Unbeständigkeit ertheilen würden, die der auf Alaunerde gefällten Farbe nicht eigen ist, indem diese vielmehr eine große Beständigkeit zeigt. In keiner der im Handel vorkommenden Farben dieser Art von verschiedener Nüance habe ich ein schweres Metalloxyd angetroffen, sondern die Lacke im Allgemeinen stets der obigen Bereitungsmethode gemäß zusammengesetzt gefunden, in ihren Unterschieden bedingt durch geringe Abweichungen der im Uebrigen gleichen Rohmaterialien.

Nach meinen Versuchen läßt sich der Schwerspath in den vorliegenden Farben auch recht gut durch Kaolin ersetzen, der den Farben eine größere Zartheit ertheilt; aber die Menge des Zusatzes darf dem Gewichte nach für dieselbe Tiefe nicht gleich groß sein.

Ebenso kann man statt des Schwerspaths Kreide verwenden; in diesem Falle ist aber so zu verfahren, daß man zunächst die natronhaltige Corallinlösung mit Ueberschuß von Alaun orangeroth ausfällt, dann auf 10 Theile angewendeten Corallins 20 Theile Kreide einrührt und damit einige Tage stehen läßt. Die Flüssigkeit tropft von diesem Lacke stets dunkelroth ab, und man muß aus ihr den Farbstoff, um ihn nicht verloren gehen zu lassen, nachträglich noch mit Alaun ausfällen Dieser Lack gleicht dem vorigen, ist aber deckender; er braucht nicht nüancirt zu werden.

Wenn man statt 20 Theile Kreide nur 16 Theile anwendet, und nachdem man sie dem Niederschlage zugesetzt hat, nach und nach Alaunmehl einrührt, bis die Flüssigkeit nur noch eine geringe gelbliche Farbe zeigt, also alle Kreide durch den Alaun zersetzt ist, so erhält man ebenfalls einen ausgezeichnet feurigen türkischrothen Lack. Er wird filtrirt, einige Male ausgewaschen und so en pâte verbraucht oder getrocknet. Die Darstellung nach diesem Verfahren beansprucht längere Zeit, weil die Auflösung des Alaunmehls und die Zersetzung der Kreide nur langsam erfolgt.

Auch folgendes Verfahren giebt ein sehr schönes Türkischroth. Man löst 10 Theile Corallin in Natron, wie oben angeführt, fällt dann die Lösung mit verdünnter Schwefelsäure und rührt nachher 20 Theile geschlämmte Kreide hinein. Dieser Lack gleicht allen übrigen, und es geht daraus hervor, daß in allen diesen Lacken der Farbstoff nur auf die weißen Körper mechanisch gefällt ist. Seine Farbe wird nur dann orangeroth oder gelbroth, wenn nach der Fällung freie Säure oder ein Salz vorhanden ist, das sauer reagirt, was bei Gegenwart von Kreide nicht der Fall sein kann.

Will man die Kreide durch Schwerspath oder Blanc fixe ersetzen, so kann dies nicht ganz geschehen, sondern es muß nach der Fällung wenigstens so viel Kreide zugesetzt werden, daß der Ueberschuß von Schwefelsäure neutralisirt wird und die gelbe Farbe verschwindet.

Wer sich mit der Darstellung dieser rothen Farben beschäftigen will, stellt am besten zunächst nach den angegebenen Methoden ein Sortiment solcher Farben her, um sich nach denselben bei der Fabrikation ein für alle Mal zu richten. Hinterläßt ein zu verarbeitendes Corallin beim Auflösen Rückstände, welche gewöhnlich braun sind, so müssen dieselben, wie schon angeführt, vor Verwendung der Corallinlösung durch Filtration ausgeschieden werden, weil anderenfalls die Lacke nicht das Feuer erhalten, das von reinem Corallin erzielt wird.

Da es wünschenswerth ist, diese hierher gehörigen lebhaften und feurigen Farben auch in Oel anwenden zu können, habe ich Versuche angestellt, um dies zu erreichen, wobei sich herausstellte, daß diesen Farben in breiartigem Zustande zugesetztes Zinkweiß, welches die Farbe ins Purpurrothe und Carminrothe nüancirt, das Gelbwerden in Leinölfirniß verhindert, aber die Farbe hat dann weder denselben Farbenton, noch dieselbe Lebhaftigkeit, die ihr sonst eigen ist, sondern fällt mehr ins Rosenrothe oder wird den Carmin- oder Cochenillelacken ähnlich, auch wenn sie ursprünglich nur eine geringere Menge weißer Zusätze erhalten hat.

Die Coralline und Ponceaus lösen sich in Weingeist mit kirschrother, ins Gelbbraune oder Gelbe gehenden Farbe. Weingeistfirnisse damit gefärbt geben Lackfirnisse, die, auf glänzende Flächen gestrichen, ihnen nach dem Trocknen Goldglanz verleihen. Verzinntes Blech mit solchem gelbgefärbten Schellackfirniß überzogen, erhält einen goldähnlichen Glanz. Soll er orangeroth ausfallen, so wird zu gleicher Zeit noch der Farbstoff des Sandelholzes in dem Weingeist gelöst, mit welchem man den Schellackfirniß darstellt, dem dann diese Farbstoffe in beliebiger Proportion zugesetzt werden können.

Sonst wird die Lösung von Corallin in Aetznatron oder Spril zum Rothfärben der Seifen angewendet. Auch Türkischroth ist zum Einmengen tauglich, weil es denselben Farbstoff enthält.

Prüfung der Corallinlacke. Alle mit Corallin dargestellten Lacke geben den Farbstoff an Ammoniak und ätzende Alkalien ab, indem sie hierbei natürlich alle diejenigen festen Körper zurücklassen, welche an sich nicht in diesen Lösungsmitteln löslich sind. Auch Alkohol entzieht den Corallinlacken das Corallin nach und nach. Daß der ausgezogene Farbstoff Corallin ist, erkennt man leicht an der orangegelben Färbung, mit der er, jedoch nicht vollständig, aus den alkalischen Lösungen durch Säureüberschuß, und aus der weingeistigen durch Wasser gefällt wird. Löst man dieses gefällte Corallin nachher wieder in Natronlauge oder Weingeist, so zeigen die erhaltenen Lösungen das Eigenthümliche, daß sie in durchfallendem Lichte roth sind, aber in Glasgefäßen mit dunklem Boden erscheint die Farbe dieser Böden unter gewissen Winkeln violett oder fast blau. Auch dem Dahlienroth kommen ähnliche Eigenschaften zu, die mit dem Namen Fluorescenz bezeichnet worden sind.

d. **Aurin.**

Unter diesem Namen kommt von England ein Product in den Handel, und zwar in großen, faustdicken, harzartigen, spröden Stücken, ganz von dem Ansehen des Corallins. Dieses Aurin ist nicht in Wasser, aber in Weingeist löslich, die verdünnte Lösung desselben erscheint goldgelb, die concentrirte dunkel-braungelb. In Natronlauge löst es sich mit schön purpurrother Farbe, aber weit langsamer als Corallin. In Ammoniak ist das Aurin nur sehr wenig und langsam löslich, unterscheidet sich also hierdurch wesentlich von dem gewöhnlichen Corallin, welches, wie früher bemerkt, durch Ammoniak leicht gelöst wird. Aus seiner weingeistigen Lösung wird das Aurin durch Wasser gelb gefällt.

Trotz obiger Abweichungen in den Eigenschaften des Aurins verhält sich dessen Lösung in Natronlauge zu den verschiedenen Metallsalzen wie Corallin, aber die Niederschläge sind weniger dunkel und bei saurer Reaction der Flüssigkeit mehr gelblich, jedoch immer sehr lebhaft. Es ist also bei der Lackfabrikation ganz wie Corallin verwendbar.

Nach Angaben von einem Seifensieder, welcher dieses Aurin von mir erhielt, das aus der Fabrik von Levingston in London stammte, soll der in Rede stehende Farbstoff in damit rothgefärbter Seife langsamer verbleichen oder beständiger sein als gewöhnliches Corallin.

3. **Kaiserroth.**

Die chemische Zusammensetzung dieses Farbstoffs ist eine ziemlich variable, er ist aber im Allgemeinen ein Phenolfarbstoff und besteht hauptsächlich aus einem Gemische von Binitronaphtol mit Bromnitrofluoresceïnnatrium. Das Kaiserroth kommt namentlich aus den Anilinfarbenfabriken zu Elberfeld und Barmen in den Handel, nämlich als Pulver von einer Farbe zwischen Carmoisin und Braunroth, mit den Bezeichnungen „gelblich oder bläulich". Erstere, die gelbliche Nüance, scheint nur durch Zumischung eines gelben Farbstoffes hervorgebracht zu sein, der bei feinerem Gebrauche in der Färberei die rothe Farbe in Scharlach oder Hochorange überführen läßt. Seine Eigenschaften sind einerseits dem in Alkali gelösten oder wasserlöslichen Corallin, andererseits dem Eosin ähnlich.

Das Kaiserroth löst sich in Wasser mit dunkler carminrother Farbe und färbt es schon in sehr geringen Quantitäten. Die wässerige Lösung hat in ihrem Verhalten gegen die Salze der Erden und schweren Metalloxyde große Aehnlichkeit mit dem in Alkali gelösten Corallin. Säuren scheiden es aus der wässerigen Lösung in orangerothen Flocken aus. Mit den Erden und Metallsalzen giebt die wässerige Lösung Niederschläge, welche alle von rother sehr lebhafter Farbe, jedoch von verschiedenen Nüancen sind. Bei hinreichendem Zusatz

Verhalten der Kaiserrothlösung gegen Fällungsmittel.

von Salzen wird die Flüssigkeit dabei entweder ganz oder beinahe völlig entfärbt. Die gelblichen Nuancen des Kaiserroths hinterlassen beim Fällen im Allgemeinen eine gelblich gefärbte Flüssigkeit.

Alaun giebt unter beinahe völliger Entfärbung der Flüssigkeit einen feurigen, beinahe scharlachrothen Niederschlag. Derselbe trocknet zu einer dunkelrothen Farbe, dünn aufgestrichen von in Rosa ziehender Nuance.

Zinkvitriol giebt einen lebhaft rosenrothen Niederschlag, der carmoisinroth austrocknet, aber, in dünnen Schichten aufgestrichen, wieder die rosenrothe Farbe zeigt. Die Flüssigkeit wird entfärbt.

Kupfervitriol fällt unter völliger Entfärbung der Flüssigkeit einen Niederschlag, welcher dieselbe Farbe hat wie die Alaunfällung, und auch nach dem Trocknen das nämliche Aussehen zeigt, wie die letztere.

Eisenvitriol giebt unter völliger Entfärbung der Flüssigkeit einen braunrothen Niederschlag, der diese Farbe auch nach dem Trocknen behält.

Bleizuckerlösung giebt einen sehr dunklen carmoisinrothen Niederschlag bei Entfärbung der Flüssigkeit. Setzt man einen Ueberschuß von Bleizuckerlösung, dann Natronlauge zu, so entsteht ein etwas heller gefärbter Niederschlag von carminrother Farbe, aber durchscheinend violettroth.

Schwefelsaure Bittererde für sich giebt keine Fällung. Nach Zusatz von Natron entsteht ein sehr schöner brennendrother Niederschlag, und bei abgemessenem Zusatze von Natron wird die Flüssigkeit beinahe entfärbt. Es ist dies der schönste Niederschlag von allen. Er trocknet hochroth aus und hat, dünn ausgestrichen, eine den Fuchsinfarben ähnliche Nuance, doch ist sie mehr hochroth. Durch dieses Verhalten unterscheidet sich daher das Kaiserroth von den Corallinsorten.

Zinnsalz fällt die Farbe ebenfalls ganz aus, der Niederschlag ist bräunlichroth, jedoch nicht so braun wie der von Eisenvitriol.

Alle oder die meisten dieser Niederschläge zeigen sich etwas löslich in Wasser, und zwar mit schön carminrother Farbe, aber die Löslichkeit ist sehr gering gegen die des Kaiserroths selbst.

Gyps und Kreide färben sich zwar etwas in Kaiserroth durch Flächenanziehung, aber der Farbstoff läßt sich völlig durch Wasser wieder entziehen.

Stärke färbt sich ganz bedeutend und nimmt eine rosenrothe bis hochrothe Farbe an. Von der letzteren verliert die Stärke zwar etwas beim Auswaschen, sie hält jedoch im Ganzen den Farbstoff viel hartnäckiger zurück, als Gyps und Kreide.

Die Abkochungen der Farbhölzer, Fernambud, Blauholz, Quercitron geben mit der Lösung von Kaiserroth keine Niederschläge.

Pikrinsäure und pikrinsaures Natron scheiden das Kaiserroth aus der wässerigen Lösung orangeroth aus; es ist dann wieder in Wasser löslich, aber weit schwerer und mit mehr orangerother Farbe, als ursprünglich.

500 Prüfung der Kaiserrothlacke. — Wasserlösliches Eosin.

Tannin fällt auch in großem Ueberschusse nicht alles Kaiserroth aus seiner wässerigen Lösung, giebt aber damit einen geringen Niederschlag. Der letztere löst sich zwar nach und nach in Wasser wieder auf, jedoch viel schwieriger als das Kaiserroth selbst, und färbt daher nur bei längerem Digeriren mit Wasser dasselbe weinroth.

Erkennung der Kaiserrothlacke. Der Farbstoff des Kaiserroths ist sehr echt in seinen Niederschlägen, aber die damit hergestellten Lacke, namentlich die helleren, sind in der Nüance nicht sehr verschieden von denen, welche aus Fuchsin durch Fällung auf Stärke erhalten werden. Rothe Lacke aus Kaiserroth einerseits und aus Fuchsin andererseits können daher ein ziemlich gleiches Ansehen haben. Um zu constatiren, welcher der beiden Farbstoffe in einem Lacke vorliegt, wird derselbe mit Natronlauge digerirt. Aus Kaiserroth (oder aus dem nachfolgend zu beschreibenden Eosin) hergestellter Lack giebt hierbei eine dunkelrothe Lösung, und der Farbstoff wird nicht zersetzt. Fuchsinlacke, also mit Rosanilin gefärbte Lacke, verlieren dagegen mit Natronlauge ihre Farbe völlig, da die färbenden Rosanilinsalze durch das Alkali zersetzt werden, vgl. S. 482 u. 486.

Die Gemische von Fernambuckdecoct mit Kaiserrothlösung geben mit Alaun gefällt, sehr schöne rothe Lacke, welche den Florentinerlack vollkommen ersetzen können, da der Farbstoff dem Lichte sehr gut widersteht.

Die Gemische von Blauholzextractlösung und Kaiserroth, mit Alaun gefällt, geben bräunlichrothe Lacke, die sehr dunkel sind.

Quercitronextractlösung fällt die Lösung von Kaiserroth nicht. Die Mischung, mit Bleizucker versetzt, giebt nur unansehnliche, braungelbe Lacke. Mit Alaun dagegen entstehen scharlachrothe Lacke, welche aber an Feuer und Intensität dem Türkischroth aus Corallin nachstehen. Bei überwiegender Quercitronextractlösung wird die Farbe unansehnlich gelbroth.

Anmerkung. Dieses Kaiserroth habe ich in keinem anderen Preiscourant der Theerfarbenfabriken vorgefunden, als in denen von Elberfeld und Barmen, es scheint also nur dort hergestellt zu werden. Das von mir untersuchte Kaiserroth stammt aus der Fabrik von Richter in Elberfeld.

4. Wasserlösliches Eosin (Resorcinroth).

Dieser Theerfarbstoff gehört wie der vorige zu der Gattung der Phenolfarbstoffe und wird im Speciellen dargestellt, indem man durch Erhitzen von Phtalsäureanhydrid mit Resorcin zunächst Fluorresceïn, hieraus durch Einführung von Brom statt Wasserstoff das Eosin (Tetrabromfluoresceïn), einen rothen Farbstoff mit ausgesprochenem Säurecharakter, und aus diesem durch Behandlung mit Kali das nachstehend zu beschreibende wasserlösliche Eosin darstellt, welches mithin im Wesentlichen ein Kalisalz der obengenannten rothen Säure ist.

Fällungen des wasserlöslichen Eosins.

Tetrabromfluoresceïnkalium) ist und von verschiedener Reinheit in den Handel kommt. Diese Erläuterung über die Bildung und chemische Natur des käuflichen Eosins wird dessen im Folgenden dargelegtes Verhalten gegen Fällungsmittel verständlicher machen.

Das wasserlösliche Eosin des Handels bildet im trocknen Zustande ein braunrothes Pulver, seine Farbe erscheint etwas bräunlicher als diejenige des Kaiserroths. Wenn es Gelegenheit hat, Wasser anzuziehen, oder wenn es von vornherein nicht völlig getrocknet ist, so wird es leicht feucht und backt dann zu einer zähen, käseartigen Masse zusammen. Es löst sich in Wasser ziemlich leicht zu einer dunkelrothen undurchsichtigen Flüssigkeit, weit weniger in Weingeist. Die Lösung des käuflichen Eosins in Wasser erscheint mehr hochroth als diejenige des löslicheren Kaiserrothe, erhält aber durch Zusatz von Alkali ganz die Farbe einer Lösung von Kaiserroth.

Mineralsäuren fällen aus der wässerigen Lösung orangerothen Farbstoff und bilden zugleich eine gelbe Flüssigkeit, welche durch Zusatz von Stärke mehr, und fast ganz oder ganz durch weiteren Zusatz von neutralen Salzen entfärbt wird. Der Niederschlag ist dann orangeroth. Ganz dasselbe Verhalten zeigt auch Kaiserroth. Der in Rede stehende Niederschlag ist die obenerwähnte rothe Säure, welche das wasserlösliche Eosin enthält.

Alaun fällt die Lösung hochroth; die Flüssigkeit bleibt in geringem Grade gelblich gefärbt. Der Niederschlag hat nach dem Ausstreichen und Trocknen eine zinnoberrothe, feurige Farbe. Fällt man zugleich überschüssige Alaunerde, so wird derselbe carminroth, bei mehr Alaunerde rosenroth, und von großer Lebhaftigkeit.

Bleizuckerlösung fällt das Eosin ganz aus. Der Niederschlag ist scharlachroth, trocknet aber braunroth aus.

Zinnsalz giebt gleichfalls einen scharlachrothen Niederschlag unter Entfärbung der Flüssigkeit. Er geht nach dem Trocknen ins Bräunliche über.

Kupfervitriollösung giebt einen rothbraunen Niederschlag, der löslich in Wasser ist und sich in Folge dessen beim Auswaschen theilweise wieder auflöst. Die Flüssigkeit wird daher auch nicht entfärbt. Der Niederschlag erscheint nach dem Trocknen rothbraun, fast kupferbraun.

Eisenvitriol giebt einen ziegelrothen Niederschlag, der getrocknet eine matt rothbräunliche Farbe hat. Die Flüssigkeit wird ziemlich entfärbt, bleibt jedoch gelblich.

Chromalaun giebt ohne Entfärbung der Flüssigkeit einen scharlachrothen Niederschlag, welcher nach dem Trocknen beim mit gewöhnlichem Alaun erhaltenen Niederschlage gleicht.

Schwefelsaure Bittererde giebt einen orangegelben Niederschlag, und die davon abfiltrirte Flüssigkeit ist rothgefärbt. Natron fällt sie dann rosenroth und der Niederschlag trocknet matt rothvioletten Lack aus.

Zinkvitriol verhält sich zur Eosinlösung ganz wie schwefelsaure Bittererde.

Gyps entfärbt die Flüssigkeit ziemlich, nimmt aber nicht eine rothe, sondern eine derartige schöne, tief orangegelbe Farbe an, wie sie die Niederschläge von schwefelsaurer Bittererde und Zinkoxyd zeigen.

Kaolin färbt sich ebenso, aber bedeutend schwächer.

Kreide färbt sich noch schlechter.

Stärke nimmt ziemlich viel Farbstoff auf und färbt sich orangeroth mit einem Stich ins Violettrothe.

Die Lösung in Natron mit Bleizucker gefällt, wird vollständig entfärbt, der Niederschlag ist scharlachroth, während ein unter den gleichen Bedingungen erzeugter Niederschlag von Kaiserroth fast purpurroth oder ins Carmoisinrothe gehend erscheint. Beide sind sehr feurig. Nach dem Trocknen erhält auch der erstere einen mehr violetten Farbenton.

Die bei den angeführten Reactionen von den Niederschlägen gelb ablaufenden Flüssigkeiten werden stets durch Alkali wieder röthlich gefärbt, woraus zu schließen ist, daß jene gelbe Färbung der Flüssigkeit durch die an sich saure Beschaffenheit des Fällungsmittels oder durch die beim Fällungsprocesse daraus frei gemachte Säure bewirkt ist.

Aus einem Vergleiche der oben dargelegten Eigenschaften des Kaiserroths einerseits und des Eosins andererseits scheint sich im Einklange mit der angegebenen Zusammensetzung beider Farbstoffe zu ergeben, daß letztere im Allgemeinen nahe verwandter Natur sind.

In mit Säuren versetzter Kaiserrothlösung verhalten sich die festen Körper wie Kreide, Gyps, Kaolin, Stärke fast ganz ebenso und färben sich gelb wie unter gleichen Bedingungen in Eosinlösung; aber es findet doch der Unterschied statt, daß die mit letzterem Farbstoffe hierbei erhaltenen gelben Lacke, welche sehr feurig sind, mit Ammoniak nicht roth werden, sondern die gelbe Farbe nach dem Verdunsten des Ammoniaks zurücklassen.

Zinnoberersatz.

Bekanntlich unterscheidet sich das Chromroth vom Zinnober wenig, wenn es ein grobes Korn hat, indem dann die gelbe Farbe des Chromroths fast verschwindet. Beim Zerreiben des letzteren tritt aber die orangegelbe Farbe wieder hervor, oder es entsteht die Farbe eines weniger krystallinischen Chromroths. Eosin und Kaiserroth, namentlich ersteres, sind ein vortreffliches Mittel, um dem gelblichen Chromroth, welches sich hierzu am besten eignet, eine Farbe zu geben, die dem Zinnober täuschend ähnlich und welche auch in Oel haltbar ist. Solche gefärbte Chromrothe kommen seit etwa zwei Jahren unter dem Namen „Zinnoberersatz" im Handel vor und werden auf nachfolgende Weise hergestellt.

Darstellung von Zinnoberersatz. — Kaiserroth- und Eosinlacke. 503

Man bereitet zunächst Chromroth auf nassem Wege nach einer der oben angegebenen Methoden, wobei man aber nicht besonders darauf ausgeht, daß es krystallinisch wird. Wenn dasselbe gewaschen ist, versetzt man es mit einer Lösung von Eosin oder Kaiserroth in Natronlauge, rührt gut auf und fällt mit einer Auflösung von Bleizucker, bis die Flüssigkeit ganz oder fast ganz entfärbt ist, was man an einer abfiltrirten Probe erkennt. Hat die Farbe bei der verwendeten Quantität von Eosin oder Kaiserroth eine hinreichende Intensität und die erforderliche zinnoberrothe Nüance angenommen, so wäscht man aus und trocknet; im anderen Falle ist noch mehr Farbstofflösung und Bleizucker zuzusetzen, bis die Farbe tief genug erscheint. Eosin macht hierbei dunkler, ohne stark ins Violette überzuführen. Das Corallin giebt ähnliche Farben und läßt sich auch zum Nüanciren des Chromroths gebrauchen; aber die erhaltene Farbe wird schon in 24 Stunden mit Leinölfirniß wieder gelb, taugt also aus diesem Grunde nicht zu einem eigentlichen Zinnoberersatz. Dagegen stehen die mit Eosin und Kaiserroth nüancirten Chromrothe ganz vortrefflich in Firnissen und auch am Lichte.

Durch Auswaschen des Zinnoberersatzes mit verdünnter Ammoniakflüssigkeit oder Natronlauge wird der rothe Theerfarbstoff aufgelöst und das Chromroth unzersetzt zurückgelassen, so daß man nun die Beschaffenheit des letzteren beurtheilen kann. Aus den alkalischen Lösungen fällen dann Säuren das Eosin oder Kaiserroth als gelbes Pulver, wie sie sonst aus ihren Lösungen durch Säuren gefällt werden.

Eine andere Darstellungsweise des Zinnoberersatzes ist früher beim Chromroth (S. 382) erwähnt, wobei man nicht einen Lack ausfällt, sondern das Chromroth nur mit der Theerfarbenlösung färbt.

Lacke aus Kaiserroth und Eosin.

Beide angeführten Farbmaterialien sind wohl deshalb bislang noch nicht in ausgedehnterem Maße zu gängigen Lacken verarbeitet, weil ihre Herstellung erst seit Kurzem im Großen erfolgt und damit ihr anfangs zu hoher Preis entsprechend ermäßigt ist. Bei dem vorhin ausführlich dargelegten Verhalten der in Rede stehenden Farbstoffe gegen Füllungsmittel, welches als ein für die Lackerzeugung recht günstiges zu bezeichnen ist, wird aber ihre Verwendung zur Lackfabrikation voraussichtlich bald große Dimensionen annehmen. Da überdies die Lacke aus beiden Farbstoffen sehr gut gegen Licht stehen, so werden sie auch binnen Kurzem die Krapplacke und Cochenillelacke ganz verdrängen, und zwar erstere vermöge ihres weit größeren Feuers, letztere aber durch einen geringeren Preis.

Corallinlacke nüancirt durch Kaiserroth oder Eosin.

Die Türkischrothe und Persischrothe haben gewöhnlich einen sehr starken Stich ins Gelbe. Setzt man dem Corallin bei der Bereitung dieser Farben einige Procente Kaiserroth oder Eosin zu und verfährt übrigens auf die S. 494 u. f. angegebene Weise, so erhält man Lacke, worin der gelbliche Ton nach Belieben abgeschwächt ist oder ganz verschwindet, wenn man die in Rede stehenden Farbstoffe in hinreichender Menge anwendet und dafür sorgt, daß nach der Fällung die Flüssigkeit durchaus nicht sauer, sondern völlig neutral ist.

Diese Lacke haben natürlich die Eigenschaften der Corallin- und Eosinlacke gemeinschaftlich und werden nur als Wasserfarben verwendbar sein, weil das darin enthaltene Corallin mit Oelfirnissen seine Farbe in Gelb umändert.

Noch befinden sich keine Lacke im Handel, worin Eosin oder Kaiserroth die Farbe der Fernambuc- oder Krapplacke erhöhen. Aus den angeführten Eigenschaften beider Theerfarbstoffe ergiebt sich aber, daß sie auch zu diesem Zwecke angewendet werden können. Andererseits ist es jedoch rathsam, die genannten beiden Theerfarben zur Herstellung reiner Lacke und nicht für die Gewinnung der in Rede stehenden gemischten Lacke zu benutzen, ebenso nur reine Lacke zu verwenden. Denn durch solche Mischung kann die eigenthümliche Schönheit und das Feuer dieser Theerfarbstoffe nur herabgedrückt werden. Wie diese Lacke aussehen, ist nach dem oben Gesagten durch ihre Darstellung im Kleinen leicht zu ermitteln. Die meisten übertreffen an Feuer die Cochenillelacke, selbst wenn sie auf ziemlich viel der üblichen weißen Zusätze gefällt werden. Ihre Farbe geht mehr ins Carminrothe, wenn die metallischen Basen im Ueberschuß gefällt werden, mehr ins Hochrothe, wenn nach der Fällung die Flüssigkeit neutral oder sauer reagirt.

5. Orangeroth.

Die chemische Zusammensetzung ist unbekannt. Außer einigen orangerothen Theerfarbstoffen von höchst intensiven Farben habe ich in Bezug auf die Lackbildungsfähigkeit namentlich Orange F aus der B.'schen Anilin- und Sodafabrik in Stuttgart mit folgenden Resultaten untersucht.

Das Orangeroth löst sich ziemlich leicht in Wasser; die Auflösung ist orangegelb, bei großer Verdünnung gelb. Säuren verändern die Farbe nicht; aber Alkalien, in deren wässerigen Lösungen es sich viel leichter als in Wasser auflöst, färben es dunkel kirschroth, und es verhält sich also in dieser Beziehung wie Corallin.

Die natronhaltige Lösung fällt Zinnsalz purpurroth, bei vorwaltendem Zinnsalz mehr orange. Die Niederschläge trocknen zu sehr feurigen Farben aus.

Fällungen in der Orangerothlösung. — Cerïs.

Dieselbe Lösung giebt mit Alaun einen noch feurigeren hellrothen, wenig ins Gelbe gehenden Niederschlag, der eine sehr schöne trockne Farbe liefert.

Ebenso schöne und feurige Niederschläge geben ferner schwefelsaure Bittererde und schwefelsaures Zinkoxyd.

Bleizuckerlösung giebt damit einen viel helleren, beim Trocknen ziegelrothen Niederschlag von geringer Schönheit. Durch dieses Verhalten unterscheidet sich der vorliegende Farbstoff von dem Corallin.

Versetzt man die wässerige Lösung des Orangeroth erst mit Zinnsalz und fügt dann Natronlauge hinzu, so entsteht ein pfirsichblüthrother Niederschlag. In den meisten Fällen wird hierbei die Flüssigkeit entweder ganz entfärbt oder bleibt nur schwach gelblich.

Die Lösung von Schwefelleber entfärbt dieses Orangeroth nicht, auch nicht nach Zusatz von Säuren, wobei Schwefelwasserstoff entwickelt und Schwefel gefällt wird.

Fällt man dagegen die natronhaltige Lösung dieses Orange mit überschüssigem Eisenvitriol, so ist weder in der beim Filtriren ablaufenden Flüssigkeit noch in dem Niederschlage der Farbstoff wieder aufzufinden, er wird also hierbei zerstört und in ein ungefärbtes Product verwandelt.

Man würde diesen Farbstoff ganz wie das Corallin und Eosin verwenden können. Bis jetzt geschieht solches noch nicht, wohl weil man durchaus keine Lücke oder einen Mangel an orangerothen Farbnüancen hat.

6. Cerïs.

Unter diesem Namen kommt ein Product von dem braungrünen Glanze der Dahliafarben im Handel vor, nur ist es noch dunkler braun und bildet Stücke von muscheligem Bruche ohne krystallinisches Gefüge. Es löst sich wenig und langsam in kaltem Wasser, leichter, jedoch langsam, in Weingeist mit dunkel kirschrother Farbe ohne Stich in Violette. Nach dem folgenden Verhalten einer von mir untersuchten Probe Cerïs muss dasselbe eine ähnliche Zusammensetzung wie Fuchsin haben und kann im Ganzen als ein sehr unreines Fuchsin angesehen werden, wofür auch sein geringer Preis spricht, der nur $1/4$ bis $1/3$ des Fuchsinpreises beträgt.

Die Alkalien: Kali, Natron und Ammoniak, entfärben die kalte wässerige Lösung des Cerïs sofort.

Starke Säuren lösen das Cerïs mit braungelber Farbe und verändern die Farbe der wässerigen Cerïslösung sogleich in Hochgelb. Bei starker Verdünnung werden die sauren Flüssigkeiten wieder roth.

Feste Körper entziehen der kalt bereiteten schwachen wässerigen Cerïslösung einen Theil der Farbe; Kaolin entzieht die Farbe langsam, aber fast vollständig und hält sie auch beim Auswaschen zurück, so daß der rosenrothe Lack reines Wasser ablaufen läßt.

Gyps und Kreide färben sich schneller in der Flüssigkeit, aber entfärben dieselbe weniger, und geben beim Abwaschen mit Wasser etwas Farbe ab. Gleichwohl bleiben beide Stoffe rosenroth gefärbt, und zwar zieht die Färbung des Gypses mehr ins Violette, während die Färbung der Kreide weniger schön ist, als diejenige des Kaolins. Aus concentrirten, warm bereiteten Cerislösungen setzt sich auf die vorhin genannten festen Körper so viel Farbstoff ab, daß sie als dunkel carmoisinrothe Lacke von sehr schönem Aussehen erscheinen.

Alaunlösung bringt in der concentrirteren Lösung des Ceris sogleich einen dunkelrothen Niederschlag hervor, ohne jedoch die Farbe ganz auszufällen. Der hierbei erhaltene Niederschlag ist unveränderter Farbstoff, welcher nun auf dem Filter einen grüneren Käseglanz annimmt.

Gesättigte Kupfer- und Eisenvitriollösungen bringen keinen, Bittersalz und Zinkvitriol einen geringen, Bleizucker keinen Niederschlag hervor. Chlorzinn oder Zinnsalz bewirken erst nach einiger Zeit eine Fällung, ohne daß die Flüssigkeit farblos wird. Der Niederschlag ist ein carmoisinrother Lack, beim Trocknen bräunlich roth, ins Violette ziehend.

Fällt man die mit Bittersalz versetzte Cerislösung mit etwas Natron, so entsteht ein schön rother Lack, aber die Flüssigkeit wird nicht völlig entfärbt. Ganz so verhält sich das Gemisch mit Zinkvitriol. Der Bittererdeniederschlag wird beim Ausstreichen und Trocknen braunviolett, der Zinkoxydniederschlag verbleibt rosenroth.

Fällt man das Gemisch von Zinnsalz und Cerislösung mit Natron, so entsteht ein violettes Rosa, ähnlich der Farbe, die Gyps annimmt. Die Flüssigkeit wird fast entfärbt.

Fällt man das Gemisch von Bleizucker und Cerislösung mit Natron oder mit Alaun, so erhält man in beiden Fällen nur wenig gefärbte rosenrothe Niederschläge von Bleioxyd oder schwefelsaurem Bleioxyd. Die Flüssigkeit wird nicht entfärbt.

In der Cerislösung gefällter schwefelsaurer Baryt bleibt fast farblos.

Aus diesen Versuchen geht hervor, daß das Ceris im Ganzen keine besondere vortheilhafte Eigenschaften zur Darstellung für Lackfarben besitzt, weil die rothen Farben, die damit durch Fällung auf feste Körper, Kreide, Stärke, Alaunerde erzeugt werden, erst dann einen stark violetten Ton verlieren, wenn sie sehr dunkel sind, obwohl sämmtliche Cerislacke viel Lebhaftigkeit zeigen. Nur ein sehr unreines Fuchsin oder Rosanilinsalz kann derartig unrein nüancirte Fällungen bewirken. Denn jene nachtheiligen Nüancen der Cerisniederschläge werden ohne Zweifel durch die fremden Farbstoffe bedingt, welche das im Ceris enthaltene

Fuchsin begleiten, und man würde an eben diesen Nüancen die aus Ceris bereiteten Farben von den aus reinem Fuchsin gewonnenen Lacken ziemlich bestimmt unterscheiden können, sofern es sich um den Ursprungsnachweis einer Lackfarbe handelte.

7. Safranin (Toluidinroth).

Das Safranin hat nach A. W. Hofmann und A. Geyger's Untersuchungen im reinen Zustande die Zusammensetzung $C_{4?} H_{?0} N_4$, wird für den Farbenzweck stets aus toluidinreichen schweren Anilinen, wie sie von den Anilinfabriken als „Anilin für Safranin" besonders bereitet und in den Handel gebracht werden, dargestellt und hat als eigentliches, freies Safranin die Natur einer Base, welche mit Säuren wohlcharakterisirte Salze: Safraninsalze, bildet. Das hier in Betracht kommende technische Safranin oder Toluidinroth gelangt in den Handel namentlich als gelbbraunes oder gelbrothes Pulver, dessen Farbe zwischen Orseillebraun und Krappbraun liegt. Es besteht meistens aus salzsaurem Safranin und enthält gewöhnlich von seiner Darstellung noch anhängendes Kochsalz und kohlensauren Kalk.

Das Safranin oder Toluidinroth löst sich sehr leicht in Wasser, selbst in kaltem in solcher Menge, daß die Lösung eine fast blutrothe undurchsichtige Farbe annimmt, die aber beim Verdünnen hochroth wird. Alkalien und Ammoniak scheinen die Löslichkeit nicht zu vermehren und verändern die Farbe der wässrigen Lösung kaum, aber bei Zusatz von Säuren, namentlich Mineralsäuren, wird letztere purpurblauviolett, und zugleich so dunkel, daß die Flüssigkeit undurchsichtig wird. Beim Verdünnen tritt nach und nach die ursprüngliche Farbe wieder hervor.

In kaltem Weingeist löst sich dieser Farbstoff weit weniger und die Lösung nimmt nur eine scharlachrothe Färbung an.

Concentrirte Alkalien fällen sogar den Farbstoff, wie es scheint, theilweise aus der gesättigten Lösung als braunen Niederschlag, doch bleibt die Flüssigkeit undurchsichtig.

Alaun bringt in der Lösung keinen Niederschlag hervor. Setzt man Natron hinzu, so erscheint der entstehende Niederschlag scharlachroth, aber beim Auswaschen zeigt es sich, daß er bloß durch anhängende Flüssigkeit gefärbt ist, und er wird dadurch zuletzt völlig und leicht entfärbt.

Zinnsalz giebt einen dunkelrothbraunen Niederschlag, der nur aus dem Farbstoffe besteht, denn er löst sich beim Auswaschen völlig auf. — Setzt man zu diesem mit Wasser verdünnten Gemische oder dem wieder gelösten Niederschlage Natron, wodurch Zinnoxydul gefällt wird, so entsteht ein schöner rother Niederschlag, aber die Flüssigkeit wird nicht entfärbt. Der letztere Niederschlag behält beim Waschen die Farbe ziemlich.

Bleizuckerlösung giebt allein keinen, nach Zusatz von Natron jedoch einen hochrothen, wenig farbigen Niederschlag, der sich ziemlich ohne Farbverlust auswaschen läßt, dann aber ziegelfarbig und matt erscheint.

Saures chromsaures Kali fällt den Farbstoff fast vollständig aus, er ist dann viel schwerer in Wasser löslich. Fällt man ihn auf Stärke, so läuft die Flüssigkeit fast nur gelblich ab, und der Lack läßt sich auswaschen, ohne daß viel Farbe gelöst wird. Der Niederschlag ist frisch gefällt bräunlich scharlachroth, wird aber beim Trocknen schön carmoisinroth. Wird der reine, nicht auf Stärke gefällte Niederschlag ausgestrichen, so nimmt er beim Trocknen braungrünen Käferglanz an.

Chromsaures Kali mit Schwefelsäure giebt einen geringen, braunen Niederschlag und zersetzt nur einen Theil der Farbe. Dieser braunrothe Niederschlag ist in Wasser unlöslich und in Weingeist nur äußerst wenig löslich, so daß der letztere davon kaum röthlich gefärbt wird.

Kohlensaures Natron fällt die wässerige Lösung des Safranins nicht.

Cyankalium fällt sie dagegen stark; der Niederschlag löst sich in Wasser wieder und ist nur das gefällte Safranin. Fällt man den Farbstoff auf Stärke, so widersteht er dem Auswaschen ziemlich. Die Farbe ist hochcarminroth, in dünner Lage feurig rosenroth.

Oxalsäure verändert nicht die Farbe, fällt aber einen Theil des Farbstoffs. Dieser ist nach dem Abfiltriren schmutzig braun und in Wasser unlöslich.

Die schon oben erwähnte purpurblauviolette Flüssigkeit, welche Salzsäure mit Safraninlösung giebt, wird durch hinzugefügtes chlorsaures Kali braun, zugleich bildet sich derselbe braunrothe, in Wasser unlösliche Niederschlag, wie oben mit chromsaurem Kali und Schwefelsäure.

Eisenoxydul, in der Lösung des Safranins gefällt, zersetzt das letztere nicht.

Gegen feste Körper hat das in Wasser gelöste Safranin wenig Anziehung. Gyps, Stärke, Kaolin färben sich wohl ziemlich rasch und stark, aber sie vertragen das Auswaschen im Allgemeinen wenig, Stärke noch am besten, während sie zugleich eine sehr schöne dunkelrosenrothe Farbe giebt. Kaolin giebt ein den Krapplacken ähnliches Scharlachroth.

Nach dem vorstehend dargelegten Gesammtverhalten des Safranins ist dasselbe zur Lackgewinnung weniger geeignet, als die übrigen früher aufgeführten rothen Farbstoffe. Von allen obigen Safraninfällungen scheint nur der auf Stärke mit chromsaurem Kali hervorgebrachte Niederschlag für die Herstellung carmoisinrother Lacke namentlich auch deshalb benutzbar, weil er, wie oben bemerkt, den Farbstoff in mehr unlöslicher Gestalt enthält.

Sollte in einem Lacke Safranin enthalten sein, so kann dasselbe von anderen Farbstoffen durch die purpurblauviolette Farbe unterschieden werden, welche der Lack bei Behandlung mit starken Mineralsäuren, z. B. Salzsäure annimmt. Die anderen rothen Farben werden durch dasselbe Reagens meistens gelb gefärbt.

8. Marron.

Unter diesem Namen kommt ein Farbstoff im Handel vor, welcher kleine braune, pechartig und etwas metallisch glänzende Stückchen bildet. Marron ist nichts anderes als ein unreines Fuchsin, welches außer dem letzteren noch violette und braune Farbstoffe enthält. Es löst sich wenig in kaltem, mehr in heißem Wasser, leichter in Weingeist, und verhält sich übrigens im Wesentlichen wie Fuchsin; nur haben die damit hergestellten Lacke andere, ins Braune und Violette gehende Farbentöne.

Viel schönere marronfarbige Lacke erhält man durch Vermischen entweder von Corallinlacken mit Pariserblau oder Indigcarmin, oder von Kaiserrothlacken mit wenig Blau und Braun, oder von Fuchsinlacken mit braunen Krapplacken oder Violettlacken, wobei man die Nüance dann ganz nach Belieben herstellen kann. Da die zur Modificirung des Rothes nöthigen bunkleren Farben, wie Pariserblau, Indigcarmin, Krapplack selbst sehr feurig sind, so drücken sie das Feuer der rothen Lacke nicht herab, und die Gemische übertreffen an Feuer die aus dem unreinen Fuchsin hergestellten bedeutend. Auf diese Weise werden Marronlacke von den Farbenfabriken zur Benutzung für die Tapetenfabrikation en pâte hergestellt.

9. Artificielles Alizarin (richtiger Alizarin und Purpurin) aus Anthracen.

Seit etwa 12 Jahren ist es gelungen, die wesentlichen rothen Farbstoffe des Krapps: das Alizarin und Purpurin, aus dem Anthracen, einem im Steinkohlentheer enthaltenen und daraus fabrikmäßig gewonnenen, im reinen Zustande in weißen glänzenden Blättchen krystallisirenden Kohlenwasserstoffe, (C_7, H_{10}), durch eine Reihenfolge chemischer, namentlich oxydirender Einwirkungen herzustellen, also künstlich zu erzeugen. Durch zahlreiche Untersuchungen ist constatirt, daß diese künstlich dargestellten Farbstoffe mit den natürlichen Krappfarbstoffen in chemischer Zusammensetzung und Eigenschaft völlig übereinstimmen. In Folge einer stetig wachsenden technischen Benutzung der gedachten künstlichen Farbstoffe ist deren anfangs sehr complicirte Fabrikation bald wesentlich vereinfacht und ihr Preis entsprechend ermäßigt, so daß dieselben schon jetzt dem Krapp in den meisten Verwendungen eine sehr erhebliche Concurrenz bereiten.

Die in Rede stehenden Anthracenfarbstoffe: das Alizarin einerseits und das Purpurin in seinen verschiedenen Modificationen (Purpurin, Anthrapurpurin, Flavopurpurin) andererseits werden meistens gemischt mit der gemeinsamen Bezeichnung künstliches Alizarin oder Alizarinroth, von den Theerfarbenfabriken oder besonderen Alizarinfabriken namentlich in Form eines lebergelben

510   Verhalten des künstlichen Alizarins gegen Fällungsmittel.

Teiges (als sogenannte Alizarinpasta) in den Handel gebracht unter Angabe des Procentgehaltes an Alizarin und Purpurin in Summa, sowie mit Angabe derjenigen Nüance: „blaustichig, gelbstichig, bläulich, bläulicher" u. s. w., welche die verschiedenen Alizarinsorten bei ihrer jetzt ganz allgemeinen Anwendung zum Rothumbrach und zur Rothumfärberei liefern. Da das käufliche artificielle Alizarin nach den Erfahrungen der Coloristen in dem Falle durchaus keine scharlachrothen oder türkischrothen Farben liefert, wenn es lediglich Alizarin und kein Purpurin enthält, so habe ich meinen Versuchen über die lackbildende Fähigkeit des künstlichen Alizarins ein solches mit Purpuringehalt zu Grunde gelegt. Es ergab sich hierbei das überraschende Resultat, daß die Lacke im Allgemeinen noch schöner ausfallen, als bei Anwendung von Krapp. Dieser günstige Erfolg mag daran liegen, daß sich bei Anwendung der artificiellen Farbstoffe das für rothe Lacke vortheilhafteste Mischungsverhältniß von Alizarin und Purpurin (beziehungsweise Anthrapurpurin und Flavopurpurin) in der zur Lackfällung dienenden Flüssigkeit weit sicherer ermessen und herstellen läßt, als bei Anwendung des früher erwähnten, unter Alaunzusatz gewonnenen Garancinbecoctes. Ueberdies ist die ganze Manipulation der Lackerzeugung bei Anwendung des künstlichen Alizarins weit bequemer, als die entsprechende Verarbeitung des Krapps. Man erspart dabei die oben angeführten Arbeiten, die vielen Auswaschungen, Abkochungen, ebenso die großen Gefäße; denn die künstlichen Farbstoffe sind in Aetzkali, Aetznatron und Ammoniak schon kalt und in großer Menge löslich, so daß die filtrirten Auflösungen ohne Weiteres zur Lackfällung angewendet werden können. Die erzeugten Lacke fallen um so mehr kirschroth, weniger bläulich oder purpurroth, je mehr Purpurin das Alizarin enthält, und die rothen Lacke fallen dann auch um so mehr scharlachroth aus.

Eine Auflösung von künstlichem purpurinhaltigem Alizarin, das nach dem unten weiter anzuführenden Verfahren schöne scharlachrothe Lacke giebt, verhält sich übrigens gegen gebräuchliche Reactions- und Fällungsmittel wie folgt:

Die ammoniakalische oder Natronlösung des künstlichen Alizarins fällt Chlorcalcium dunkelbraun ins Violette. Der Niederschlag trocknet rothbraun.

Gyps färbt sich in der Flüssigkeit violettroth, aber er entfärbt die Flüssigkeit nicht, auch nicht bei großem Ueberschusse.

Alaunlösung giebt für sich allein einen rothbraunen Niederschlag, welcher nicht von der Farbe der besseren Krapplacke, sondern sehr unansehnlich ist.

Alaunlösung mit Chlorcalcium, gemischt im Verhältniß von 16 Theilen krystallisirtem Alaun und 1 Theil Chlorcalcium (CaCl) giebt einen äußerst dunklen scharlachrothen Niederschlag von der Farbe der Krapplacke. Er trocknet zu fast schwarzer Masse aus. Versetzt man aber den Teig mit dem mehrfachen Gewichte von höchst fein gemahlenem Gypse, so erhält man prächtige scharlachrothe Lacke; ebenso beim Vermischen mit Kaolin, welcher sie weniger durchscheinend macht. Die Gegenwart des Kalkes neben dem Alaun ist

Verhalten des künstlichen Alizarins gegen Fällungsmittel. 511

also nothwendig, um scharlachrothe Nüancen zu erzielen. Man verdünnt die Alaunlösung vor der Vermischung mit der Chlorcalciumlösung soweit, daß beim Zusatze des obigen Quantums aufgelösten Chlorcalciums nur eine starke Trübung erfolgt, also möglichst viel des dabei entstehenden Gypses zunächst gelöst bleibt.

Chromalaun fällt die natronhaltige Lösung schmutzig gelblich-rothbraun. Die entstandene Lackfarbe wird getrocknet sehr dunkel, hat aber dann kein besonderes Ansehen.

Bleizuckerlösung fällt dieselbe Lösung bräunlich rothviolett. Der Niederschlag hat getrocknet ein schlechtes Ansehen.

Zinnsalz giebt einen lilafarbigen Niederschlag, der nach dem Trocknen auch kein schönes Ansehen hat.

Eisenvitriol giebt einen röthlich violettbraunen Niederschlag. Er wird im Trocknen völlig braun und ist von ausgezeichnet tiefer Farbe und Schönheit.

Ein Gemisch von Eisenvitriol und Alaun giebt immer braune Lacke, und so mehr gelbroth, je weniger Eisenvitriol vorhanden ist.

Dieses Verhalten beweist deutlich, wie wichtig es bei der Bereitung rein rother Krapplacke ist, eisenfreien Alaun anzuwenden, da schon ein geringer Gehalt von Eisen die rein rothe Farbe ins Braune nüancirt.

Kupfervitriol giebt mit der natronhaltigen Alizarinlösung einen violettbraunen Niederschlag, der sich als getrocknete Farbe nicht empfiehlt.

Chlorzink fällt dieselbe Lösung carminroth. Wird der Niederschlag aber ausgestrichen oder mit weißen Körpern verdünnt, so zeigt er sich stark violett. — Schwefelsaure Bittererde giebt einen nach Farbe und Verhalten ähnlichen Niederschlag wie Chlorzink.

Substituirt man im obigen Gemenge von Chlorcalcium und Alaun das erstere durch äquivalente Mengen von Chlorzink oder schwefelsaurer Bittererde, so werden allerdings die Niederschläge schöner und mehr rein roth als bei jedem der drei Salze für sich; aber dieselben behalten einen braunen Stich und geben beim Vermischen mit Gyps oder weißen Körpern nicht ein schönes Rosa, sondern braunviolette Nüancen, welche sich durch ihr Aeußeres nicht als schöne Farben empfehlen.

Chromalaun, mit Chlorcalcium versetzt, giebt mit der natronhaltigen Alizarinlösung einen schöneren, mehr rothen Lack, als für sich, allein er behält seinen Stich ins Rothbraune bei.

Kocht man käufliches, artificielles Alizarin mit Alaun und Wasser, so erhält man rothgelbe Lösungen der Farbstoffe ganz von der Beschaffenheit, wie man sie durch Auskochen der Garancine erhält, und es lassen sich aus ersteren Lösungen auch Krapplacke auf dieselbe Weise darstellen, wie solche oben bei Anwendung des Garancindecoctes vorgeschrieben ist. Einfacher ist jedoch das folgende Verfahren der Lackbereitung.

512   Darstellung rother Krapplacke aus künstlichem Alizarin.

Darstellung rother Krapplacke aus artificiellem Alizarin.

Schöne Krapplacke erhält man nur aus solchem Alizarin, welches eine ansehnliche Menge Purpurin enthält und beim Auflösen in Natronlauge eine kirschrothe, nicht sehr bläuliche oder purpurfarbige Lösung giebt. Man bereitet sich einerseits eine Lösung A käuflichen Alizarins von bekanntem Gehalte an reinem Alizarin in Aetznatronflüssigkeit, indem man auf je 10 Theile reinen Alizarins 3 Theile kaustisches Natron anwendet. Beispielsweise würde man nach diesem Verhältnisse, wenn ein käufliches Alizarin mit 10 Procent reinen Alizarins, und ein kaustisches Natron mit 70 Procent Natrongehalt benutzt wird, zu 100 Theile jenes käuflichen Alizarins mit je 4,3 Theilen des käuflichen Aetznatrons aufzulösen haben. Die erhaltene Lösung wird stark mit Wasser verdünnt und nöthigenfalls, d. h. sofern sie nicht vollkommen rein und durchsichtig ist, entweder durch Leinwand filtrirt oder in einem hölzernen Gefäße absetzen gelassen. Gewöhnlich zeigt aber die Lösung ohne Weiteres die nöthige Reinheit, so daß letztere Behandlung meistens nicht nöthig ist.

Andererseits bereite man sich auf obige 10 Theile reinen Alizarins eine Lösung B von mindestens 40 Theilen Alaun und $2^1/_2$ Theilen trockenen Chlorcalciums (CaCl). Der Alaun wird in 800 Theilen Wasser gelöst und dieser Flüssigkeit unter Umrühren das in wenig Wasser gelöste Chlorcalcium zugesetzt. Es wird bemerkt, daß vorhin absichtlich das Minimum des nöthigen Alauns angegeben, daß aber die Anwendung einer größeren Menge Alauns als jenes Minimums sehr zweckmäßig ist. Jedenfalls muß der Alaun möglichst eisenfrei sein.

Man fällt alsdann mit der Alizarinlösung A die Alaunlösung B unter gutem Umrühren, und wenn hierbei nicht aller Alaun gefällt ist, also eine abfiltrirte Flüssigkeitsprobe mit Ammoniak noch einen Niederschlag giebt, so fällt man den Rest durch allmäliges Zusetzen einer Auflösung von kohlensaurem Natron. Hat man mehr als oben angeführtes Minimum von Alaun verwendet, so tritt der letztere Fall, daß eine Quantität Alaun anfangs unzersetzt bleibt, jedesmal ein, und es wird dann durch das kohlensaure Natron noch Alaunerde auf den Lack gefällt, um seine Menge zu vermehren, wodurch er aber natürlich auch heller wird. Diese Quantitätsvermehrung kann man aber auch erreichen durch Zusatz von Gyps oder Kaolin nach dem Auswaschen, und man erhält so prachtvolle Krapplacke von scharlachrother, bei vielem Versatz mit weißen Körpern hoch rosenrother Farbe.

Man kann allerdings auch auf die Weise die Lackfällung bewirken, daß man das käufliche Alizarin unmittelbar mit Alaun in dem erforderlichen Wasser kocht; und die so erhaltene helle Lösung theils mit Kreide, theils mit Soda fällt, allein so scheint das obige Verfahren einfacher, da man hierbei die Menge der weißen Zusätze ganz nach Wunsch für eine gegebene Nüance und Farbentiefe einrichten kann.

Braune Krapplacke.

Braune Krapplacke kommen weniger in trockner Gestalt im Handel vor, als verarbeitet: als „Oelfarben in Tuben für Kunstmaler" oder als Wasserfarben, Aquarellfarben, ebenfalls in Tuben, Näpfchen oder in Blättchen von Zinnfolie. Diese braunen Lacke können auf zweifache Weise leicht erhalten werden: einmal aus den unter Alaunzusatz gewonnenen Garancinlochungen, welche nach vorgängigem Zusatz von etwas Eisenvitriol mit kohlensaurem Natron zu fällen sind, ferner durch Fällung einer Lösung von Alizarin und Natron mit einem Gemische von Alaun- und Eisenvitriollösung. Die Lacke werden um so dunkler und schwarzbraun, je mehr der Eisenvitriol vorwaltet.

Rothbraune Lacke giebt Chromalaunlösung, wenn man dieselbe mit in Natron gelöstem Alizarin fällt, und

sehr feurige rothbraune Lacke erhält man, wenn man ganz so verfährt, wie bei der obigen Darstellung der rothen Krapplacke mit Alizarin, aber das Chlorcalcium durch eine äquivalentmäßige Menge von Chlorzink oder schwefelsaurer Bittererde ersetzt.

Uebrigens sind die braunen Krapplacke, welche unter dieser Bezeichnung in Gestalt von Oel- oder Aquarellfarben im Handel vorkommen, nicht immer Krapplacke, sondern oft bloß Compositionen von rothen Krapplacken und sehr fein geriebenen gebrannten Mangan- und Eisenoxydfarben. Letztere fixiren wie wirkliche Lacke und zeigen die bei den eigentlichen braunen Krapplacken sehr geschätzte Haltbarkeit gegen Licht und andere äußere Einwirkungen in noch höherem Grade, als jene Lacke selbst.

Wird beabsichtigt, einen gegebenen Krapplack nachzumachen, so gelangt man am sichersten zum Ziele, wenn man die von Oel oder Gummi durch Auswaschen (die unteren Aquarell- und Oelfarben in Tuben) befreiten Farben zunächst auf die Art ihres Farbstoffs und die übrigen Bestandtheile näher untersucht, ehe man zu Versuchen der Nachbildung schreitet. Kali- und Natronlauge lösen den Farbstoff des Krapplacks und die Alaunerde auf, lassen aber ungelöst zurück die dem Lacke zugesetzten Eisen- und Manganoxydfarben, beziehungsweise das Eisenoxydhydrat aus dem zum Fällen brauner Lacke angewendeten Eisenvitriol, ferner etwaige andere fremde Zusätze mineralischer Natur. Die Lösung ist nach dem S. 430 angegebenen Verfahren weiter zu untersuchen, während der Rückstand nach Maßgabe der methodischen Analyse zu bestimmen ist.

514 Chemische Zusammensetzung des Alizarins und Purpurins.

Von gemischten Krapplacken war auch bereits oben bei Cochenillelacken die Rede.

Es ist wahrscheinlich, daß späterhin die Krapplacke weit mehr durch Theerfarbenlacke, namentlich, wie schon früher angedeutet, durch solche von Kaiserroth und Coelin ersetzt, oder wenigstens nüancirt werden, da letztere ebenfalls sehr beständig gegen Licht sind.

Chemische Zusammensetzung der künstlichen und natürlichen Krappfarbstoffe, namentlich des Alizarins und Purpurins.

Die chemische Zusammensetzung der Krappfarbstoffe wie diejenige der organischen Farbstoffe im Allgemeinen, obwohl zunächst nur ein Erörterungsgegenstand für die rein wissenschaftliche Chemie, kann doch erfahrungsgemäß auch bei technischen Verarbeitung jener Farbstoffe insofern wichtige Dienste leisten, als sie über das Verhalten der Farbstoffe bei den damit vorzunehmenden Umwandlungsprocessen, über die zweckmäßigste Behandlungsweise, sowie über die Eigenschaften der erzeugten Farben manchen Aufschluß giebt. Von diesem Gesichtspunkte aus erscheint es nicht überflüssig, hier anzuführen, wie die schon oben bemerkte Identität des künstlichen Alizarins und Purpurins mit den ebenso benannten natürlichen Farbstoffen inzwischen auch namentlich dadurch evident bestätigt ist, daß man aus den künstlichen wie den natürlichen Farbstoffen durch Reduction unter geeigneten Umständen eine und dieselbe chemische Substanz, nämlich das Eingangs angeführte Anthracen ($C_{14}H_{10}$) gewinnen kann. Dieses Verhalten bezeichnet die vorliegenden Farbstoffe beiderlei Ursprungs als Oxydationsproducte des letztgenannten Kohlenwasserstoffs und mit Berücksichtigung ihrer übrigen Verbindungsverhältnisse ergiebt sich die Formel für Alizarin $C_{14}H_4O_4$, für Purpurin $C_{20}H_4O_{10}$.

Neuerdings wurden in dem käuflichen Alizarin der Theerfarbenfabriken außer den S. 509 angeführten hauptsächlichen Farbstoffen noch andere wenige wichtige farbige Verbindungen aufgefunden, welche den natürlichen, das Alizarin und Purpurin im Krapp begleitenden Nebenfarbstoffen sehr ähnlich sind. Aber diese einzelnen besonderen Farbstoffe kommen noch nicht einmal im Handel vor, und sind bis jetzt nur im Laboratorium einzelner Chemiker dargestellte Seltenheiten, die allerdings viel theoretisches Interesse für den Chemiker und den Theerfarbenfabrikanten haben, weniger für den Farbenfabrikanten. Denn die Chemie dieser Nebenfarbstoffe ist noch nicht in dem Grade ausgebildet und festgestellt, um über ihr Verhalten an sich und über ihren Einfluß auf das Gesammtverhalten des käuflichen Alizarins bei der Lackfabrikation irgend einen sicheren Anhalt zu gewähren, der dem Farbenfabrikanten nützen könnte. Daher ist die von einer Mittheilung der muthmaßlichen chemischen Eigenschaften und Zusammensetzung jener mehr untergeordneten künstlichen beziehungsweise natürlichen Krappfarbstoffe abgesehen, und der Farbenfabrikant gelangt bezüglich der gedachten Farbstoffe, sofern sie in einem Rohmateriale neben den Hauptfarbstoffen in grösserer Menge vorhanden sind und deren Verhalten beeinflussen, zweckmässiger durch unmittelbare Fällungsversuche, wie solche oben angegeben sind, zu der ihm nothwendigen Kenntniss, als durch die Lectüre noch unabgeschlossener wissenschaftlicher Untersuchungen.

B. Violette Theerfarbstoffe und Lacke aus denselben.

a) **Anilinviolett, Perkin's Violett, Mauveïn, Mauveïnsalze.**

Unter den aus Anilin gewonnenen Farben war das Anilinviolett von Perkin die erste, welche fabrikmässig von ihm dargestellt wurde und als reine krystallisirte Substanz in den Handel kam (Perkin's Violett, Mauveïn). Die als Anilinviolett bezeichneten Handelsproducte werden aus Anilin oder Anilinsalzen auf oft sehr verschiedene Weise, im Allgemeinen aber durch Oxydationsprocesse gewonnen. Auf dieser abweichenden Darstellung beruht ihre verschiedene Zusammensetzung und Nuance, sowie ihre anderweitige, neben der obigen übliche Bezeichnungsweise, als: **Anileïn, Violet d'aniline, Indisin, Rosolan, Violin u. s. w.**

Die vorliegenden Anilinviolette haben jedoch bei sonstiger Verschiedenheit das Gemeinsame in ihrer Zusammensetzung, dass sie die Salze einer bestimmt charakterisirten Base sind, welche von Perkin den Namen **Mauveïn** erhalten hat. Man erhält das Mauveïn durch Zersetzung eines reinen krystallisirten Anilinvioletts mit kochender Natronlauge als schwarzes glänzendes krystallinisches Pulver, welches nach Perkin die Zusammensetzung $C_{27}H_{24}N_4$ hat, in Alkohol mit violetter Farbe löslich, in Wasser mit blauvioletter Farbe schwer löslich, in Aether und Benzin unlöslich ist. Es treibt aus Ammoniaksalzen das Ammoniak aus, ist also eine sehr starke Base. Die Salze des Mauveïns krystallisiren leicht, zeigen meistens einen broncegrünen Reflex, sind alle sehr wenig löslich in Wasser, unlöslich in Aether, löslicher in Alkohol, und werden aus einer Lösung der Base in Alkohol durch Zusatz von Säuren theilweise krystallinisch ausgeschieden, weil sie im Allgemeinen weniger löslich sind als die Base selbst. Die wässerigen Lösungen sowohl des Mauveïns wie der Mauveïnsalze werden fast durch die meisten Mineralsalze gefällt.

Für die Beurtheilung der chemischen Natur des Anilinvioletts und seiner Eigenschaft als Farbstoff giebt sein nachstehendes Verhalten gegen chemische Einwirkungen einen Anhalt.

Chemisches Verhalten der Anilinviolette.

Durch nascirendes Wasserstoffgas wird das Anilinviolett gerade wie der Indig reducirt und entfärbt, d. h. die anfangs blaue oder blauviolette Farbe seiner Lösung wird in eine gelbe verwandelt. Bewirkt man diese Reaction durch Zinn und Salzsäure, so wird aus der erhaltenen Flüssigkeit durch Kochsalz ein noch nicht näher untersuchter Körper gefällt, welcher zinnhaltig und dem Chromgelb ähnlich ist. Weingeist löst denselben unter Zurücklassung des Zinnes. Chlor stellt aus dem gelben reducirten Anilinviolett die blaue Farbe des ursprünglichen Anilinvioletts mit der Modification wieder her, daß es dabei mehr röthlich wird. Auch Salpetersäure stellt die blaue Farbe wieder her, vorausgesetzt, daß man das Gemenge nur im Wasserbade erhitzt und sogleich mit viel Wasser verdünnt, wenn die blaue Farbe erschienen ist. An der Luft wird das reducirte Anilinviolett, welches getrocknet eine gelbe Substanz bildet, bald verändert, erst orange, dann braun. Nach längerer Zeit wird die in Rede stehende anfangs gelbe Substanz zu einem braunen, in Weingeist und Essigsäure mit röthlicher Farbe löslichen Pulver, welches dann nicht mehr in das ursprüngliche Anilinviolett überführbar ist. Durch weitere Reduction der gelben, auf obige Weise durch Einwirkung von Zinn und Salzsäure aus dem Anilinviolett erhaltenen Flüssigkeit mittelst Schwefelwasserstoff, welcher dabei das Zinn als Schwefelzinn fällt, erhält man eine farblose Flüssigkeit, welche nach längerem Stehen faserige Krystalle von Ponceaufarbe absetzt, die sich in Weingeist und Essigsäure mit rother Farbe lösen.

Das Anilinviolett wird durch starke Mineralsäuren in blaue Lösungen verwandelt, deren Farbe bei noch größerem Säurezusatze grün wird. Beim Verdünnen dieser säurehaltigen Lösungen mit Wasser kommt erst die blaue, dann die violette Farbe wieder zum Vorschein. Das Anilinviolett hat darin Aehnlichkeit mit dem Safranin. Diese Reaction mit Säuren ist ein charakteristisches Merkmal der hier vorwiegend aus Mauveïnsalzen bestehenden Anilinviolette gegenüber den violetten Theerfarbstoffen anderer Zusammensetzung.

Vor Einführung der noch anzuführenden später in den Handel gekommenen violetten Theerfarben scheinen Mauveïnlacke zum Tapetendruck hergestellt zu sein. Da aber dieses Anilinviolett nur wenig in Wasser löslich ist, so mußte man wohl den Ausweg wählen, dasselbe in Alkohol aufzulösen, und daraus durch zugesetzte Salze in solcher Menge auf weiße Körper auszufällen, daß die violette Farbe hinreichend intensiv erschien. Auch bei den anderen unten anzuführenden violetten Theerfarbstoffen wird zur Herstellung von Farben für den obigen Zweck in dieser Weise verfahren.

Die Gegenwart von Anilinviolett (Mauveïnsalzen) in violetten Lacken würde sich durch deren Verhalten gegen starke Mineralsäuren erkennen lassen, indem sich hierbei, wie bemerkt, das Anilinviolett mit blauer oder grüner Farbe löst, die erst bei der Verdünnung wieder violett wird. Die Dahlialacke geben unter solchen Umständen orangegelbe Lösungen, die beim Verdünnen wieder violett werden; eine blaue Färbung tritt bei ihnen gar nicht ein.

b. **Dahlia, Methylviolett, Jodviolett, Hoffmann's Violett, Primula, Aethylviolett.**

Unter obigen Namen kommen verschiedene Theerfarben im Handel vor, welche meistens metallisch glänzende, bräunlich grüne Krystalle oder Krystallpulver bilden und in Wasser theils leicht löslich, theils weniger oder schwer löslich sind. Ihre Auflösungen in Wasser oder Weingeist sind immer violett. Die Fabriken liefern sie in Sortimenten unter Bezeichnung der blauen und rothen Nüancen durch die Signaturen B beziehungsweise R, z. B. Dahlia B, BB, $3B - 5B$, einerseits und Dahlia R, RR, $3R - 5R$ andererseits, wobei also die Anzahl der B den Grad der blauen Nüance, diejenige von R aber den Grad der rothen Nüance ausdrückt.

Diese violetten Farbstoffe werden meistens aus Rosanilin oder dessen Verbindungen in der Weise hergestellt, daß man ein oder mehrere Wasserstoffatome des Rosanilins durch sogenannte Alkoholradicale, namentlich Methyl, Aethyl und Phenyl, ersetzt (substituirt). So entsteht z. B. das Hoffmann'sche Violett, das Trimethylrosanilin (oder auch Triäthylrosanilin), indem 3 Atome Wasserstoff in Rosanilin durch 3 Moleküle Methyl (oder Aethyl) substituirt werden. Das Rosanilin oder Rosanilinsalz wird durch diese Substitutionen gewöhnlich um so mehr in Blau übergeführt, je mehr Wasserstoffatome durch die genannten Radicale, namentlich durch Phenyl, vertreten werden. Die entstandenen Farbstoffe sind unter solchen Umständen häufig nicht besondere, bestimmt charakterisirte chemische Substanzen, sondern Gemische von abweichend nüancirten Verbindungen. Es läßt sich über ihre chemische Constitution nur das Allgemeine sagen, daß sie vorwiegend Salze, d. h. Verbindungen neu entstandener Basen mit Säuren sind, daß ferner die darin enthaltenen Basen, ähnlich dem Rosanilin, die farbenerzeugende Grundlage jener Verbindungen bilden, und daß schließlich ihre Eigenschaften: der Löslichkeitsgrad, das Verhalten gegen Reagentien u. s. w. natürlich mit bedingt werden von den mit der Base verbundenen Säuren. Im Ganzen zeigen die von den Fabriken offerirten Sortimente dieser Violette bei aller Verschiedenheit ihrer Constitution doch ein ziemlich übereinstimmendes Verhalten in denjenigen Beziehungen, welche für den hier in erster Reihe zu erörternden praktischen Verbrauch der vorliegenden Farbstoffe in Betracht kommen. Dieses nachstehend angegebene Verhalten schließt sich vielfach demjenigen des Fuchsins an, wie solches oben dargelegt ist.

Säuren lösen die genannten Violette um so mehr, je concentrirter sie sind. Die Lösungen haben eine stark gelbe Farbe. Bei sehr starkem Verdünnen kommt die violette Farbe wieder zum Vorschein, ebenso beim Sättigen der Säure mit Alkali, oder besser mit kohlensaurem Alkali.

Die kaustischen Alkalien und auch Ammoniak entfärben ihre wässerige oder weingeistige Lösung in kurzer Zeit. Es entstehen gelbliche oder gelbbraune

Flüssigkeiten, indem die vorerwähnten, dem Rosanilin entsprechenden Basen aus ihren Verbindungen freigemacht und abgeschieden werden. Neutralisirt man die entfärbten Flüssigkeiten wieder mit einer Säure, so bilden sich aufs Neue Salze dieser Basen, und die ursprüngliche Farbe der Lösung kommt wieder zum Vorschein.

Das Verhalten der wässerigen Lösungen dieser Violette gegen feste Körper, Kaolin, Stärke, Kreide, Gyps, entspricht ganz dem des Rosanilins. Da dunkle Farben an sich intensiver erscheinen, so gewinnt es hierbei den Anschein, als hätten die genannten festen Körper ein größeres Anziehungsvermögen für die violetten Farbstoffe, als für die rothen des Rosanilins. Jedoch steht es andererseits fest, daß die Lösungen die vorliegenden Violette nur durch größere Mengen von Kaolin völlig oder fast völlig entfärbt werden. Gegen andere Fällungsmittel verhalten sich die in Rede stehenden Violettlösungen etwa wie Fuchsinlösungen (s. Fuchsin), abgesehen von der Färbung der Niederschläge, welche nicht roth wie beim Fuchsin, sondern immer violett ist. Diese violetten Farbstoffe lassen sich bei solchen Fällungen nicht in blaue und rothe Farbstoffe trennen, wie es etwa bei ihrer gemischten Zusammensetzung hätte vorausgesetzt werden können. Es erscheinen zwar die wenig gefärbten Niederschläge fast blau, aber auch die stärker bedeckten weißen Körper, mit Fuchsin gefärbt, nehmen einen stark violetten, fast bläulichen Ton an.

Die Auflösung von Blauholzextract in Wasser fällt, in hinreichender Menge angewendet, alles Dahlia in violetten, fast blauen Flocken. Der dann auf Papier gestrichene Niederschlag ist mehr blau als violett. Dick aufgestrichen, so daß er den Grund nicht durchscheinen läßt, ist er rothbraun von metallischem Glanze. Setzt man beim Fällen zugleich Eisenvitriol hinzu, so entsteht ein mehr voluminöser, schmutzig blauer Niederschlag, in dünnen Schichten von derselben Farbe, in dicken fast schwarz, ohne Metallglanz.

Die Auflösung von Fernambucextract in Wasser, mit Dahlialösung versetzt, fällt den Farbstoff in fast blauen Flocken. Mit mehr Dahlia versetzt, so daß dieses im Ueberschuß vorhanden ist, und aufs Filter gebracht, trübt sich die durchlaufende Flüssigkeit beim Stehen immer wieder, und wird zuletzt entfärbt. Die vereinigten Niederschläge, auf demselben Filter gesammelt, verhalten sich ganz wie die mit Blauholz erzeugten, und haben kaum einen größeren Stich ins Rothe.

Die Auflösung des Quercitronextracts in Wasser verhält sich wie die des Fernambucextracts gegen eine wässerige Lösung von Dahlia, nur mit dem Unterschiede, daß die durch Quercitron erzeugten Niederschläge violetter sind. Auch sie haben in dicken Lagen Metallglanz.

Der aus Rothhölzern nach dem S. 136 angegebenen Verfahren dargestellte Carmoisinlack entfärbt Dahlia weniger als eine Fuchsinlösung; die erhaltenen Producte sind feurige violette Lacke. Es ist mir aber nicht ein einziger so hergestellter Lack im Handel vorgekommen.

Lacke aus Dahlia. Violet de Paris. Violet impérial rouge et bleu. 519

Als Jodviolette bezeichnet man speciell wohl solche Methylviolette, zu deren Darstellung, um Methyl statt Wasserstoff in das Rosanilin einzuführen, früher Jodmethyl angewendet wurde. Es entstanden hierbei substituirte Rosaniline, die mit Jodwasserstoffsäure, HJ, vereinigt waren. Sie waren unlöslich in Wasser. Wurde ihnen HJ entzogen und ihre Base mit anderen Säuren vereinigt, so entstanden die Methylviolette, welche neuerdings indeß ohne Mitwirkung des theuren Jodmethyls dargestellt werden und im Ganzen genommen alle Eigenschaften derjenigen violetten Farbstoffe besitzen, die jetzt den Namen Dahlia führen.

Violette Lacke.

Violette Lacke von jeder Nuance je nach dem anzuwendenden Dahliaviolett kann man auf dieselbe Weise herstellen, wie die rothen Lacke mit Fuchsin nach dem bei letzterem Farbstoffe gegebenen Verfahren.

Die so hergestellten violetten Lacke geben beim Digeriren mit Weingeist an denselben ihren Farbstoff ab, und die erhaltene violette Lösung verliert ihre Farbe in einigen Minuten, wenn man sie mit kaustischem Natron versetzt. Ist der Rückstand des Lackes nicht weiß, sondern blau, so kann in der Farbe auch Pariserblau enthalten sein; ist der Rückstand aber violett oder röthlich, so kann die Grundlage des untersuchten Lackes ein Rothholz- oder Blauholzlack sein, auf den noch eine violette Theerfarbe gefällt ist. In diesem Falle wird der Rest durch nicht sehr starke Mineralsäuren und Essigsäure mit rother Farbe gelöst, die, wenn auch Rothholzfarbstoff beigemischt ist, immer gelber wird, je mehr man sie verdünnt. Die durch Behandeln mit Weingeist und schwache Säuren bleibenden weißen, oder, wenn Pariserblau beigemengt war, bläulichen unlöslichen Rückstände sind auf die Natur der weißen Körper weiter zu untersuchen, wenn man Lacke von genau derselben Grundlage nachzumachen gedenkt, von welcher ihr eigenthümliches Verhalten bei der Anwendung meistens abhängt.

c. Verschiedene andere violette Theerfarben.

Violet impérial rouge und Violet impérial bleu werden wie Dahlia verwendet, ihre Farben sind weniger rein. Die als Williamsviolett, Violet de Paris, Violet Parme, Anilinpurpur, Tyrisch-Purpur, Violetliquear-Dahliablau bezeichneten und zum Theil in den Handel gebrachten Violette sind vorwiegend wie die Farbstoffe unter a. Salze des Blaueins von verschiedener Reinheit und Nuance, während die später in den Handel gebrachten Farbstoffe: Violet imperiale und Violet Parme ihrer Zusammensetzung nach als substituirte Rosanilinverbindungen angesehen werden müssen, zumal auch ihr Verhalten demjenigen der unter b. angeführten Dahliaviolette gleich ist.

Die Benennung dieser Violette ist jedoch keineswegs eine consequente und giebt

520 Blaue Theerfarben: Anilinblaue, spritlösliche und wasserlösliche.

keine Gewähr darüber, ob und in welchem Umfange ein Farbstoff methylirt, äthylirt oder phenylirt ist. Für den Consumenten ist auch die Zusammensetzung weniger wichtig, er sucht sich meistens nach der Nüance und dem allgemeinen äußeren Verhalten ein Violett aus, wie seinem besonderen praktischen Zweck entspricht.

C. Blaue Theerfarben und Lacke daraus.

Anilinblaue, Triphenylrosanilinsalze.

Wie schon unter den violetten Dahliafarben angeführt ist, fallen die substituirten Rosanilinverbindungen, welche durch Einführung von Alkoholradicalen in das Rosanilin statt Wasserstoff erhalten werden, um so reiner blau aus, je mehr Wasserstoffatome der genannten Base auf angegebene Weise namentlich durch Phenyl ersetzt werden. In den eigentlichen Anilinblauen ist das substituirende Alkoholradical hauptsächlich Phenyl ($C_{12}H_5$), obwohl auch statt desselben Tolutyl ($C_{14}H_7$) vorhanden sein kann, welches dieselben Resultate hervorzubringen scheint. Die erhaltenen Farbstoffe sind rein blau, wenn die Substitution eine vollkommene ist, im anderen Falle haben sie einen violetten Farbenton. Die Zusammensetzung der aus Rosanilinverbindungen bei jenen Substitutionsprocessen unter Einführung von Phenyl erzeugten Base, welche mit Säuren verbunden das Anilinblau liefert, ist $C_{40}H_{16}(C_{12}H_5)_3 N_3 = C_{76}H_{31}N_3$. Man bezeichnet diese Base wissenschaftlich als Triphenylrosanilin, d. h. als ein Rosanilin, in welchem 3 Atome Wasserstoff durch gleich viele Atome Phenyl ($C_{12}H$) ersetzt sind.

Alle die mit der genannten Base entstehenden Salze, welche als Anilinblaue in den Handel gelangen, sind einander darin vollständig ähnlich, daß sie nicht in Wasser, wohl aber in Weingeist, Holzgeist und concentrirter Essigsäure löslich sind. Sie werden auch aus diesen Lösungsmitteln nicht krystallisirt erhalten und kommen daher nur als amorphe, bläuliche, kupferglänzende Massen im Handel vor. Sie bilden die sogenannten spritlöslichen Anilinblaue, welche für den Zweck der Farbenfabrikation in dieser Form sehr unbequem sind und nicht gern an gewendet werden.

Die in Wasser löslichen Anilinblaue entstehen aus dem ersteren durch Einwirkung concentrirter Schwefelsäure. Es bilden sich hierbei blaue Sulfosäuren: Triphenylrosanilinsulfosäuren oder Anilinblauschwefelsäuren, die zwar recht viele Aehnlichkeit mit der Indigschwefelsäure haben, gleichwohl dadurch von der letzteren unterschieden sind, daß sie aus ihrer wässerigen Lösung durch Säuren ausgefällt werden. Die genannten Sulfosäuren und deren Salze bilden das wasserlösliche Anilinblau. Auch das letztere kommt in seinen verschiedenen Varietäten nicht in Krystallen, sondern meistens in Form eines gröblichen Pulvers, oder als amorphe Masse in den Handel und hat ebenfalls einen bläulichen Kupferglanz.

Bei der unkrystallinischen Beschaffenheit beider Arten von Anilinblau fehlen sichere äussere Kennzeichen ihrer Reinheit, und sie können unbestimmte Mengen löslicher indifferenter Stoffe enthalten, die sich nicht durch das Aussehen der Farbe kundgeben. Ihren Werth als Blau — abgesehen von der Nuance, die, wie bemerkt, verschieden sein kann je nach der mehr oder weniger vollständigen Substitution des Wasserstoffs im Rosanilin mit Phenyl — erfährt man daher am besten, wenn man eine gewogene kleine Quantität in Wasser beziehungsweise in Weingeist löst, und nun den Farbstoff auf eine gewogene Menge eines passenden weissen Körpers, Kreide, Kaolin, Gyps, ausfällt, wobei dann der weisse Körper um so mehr vergleichsweise tiefer und intensiver gefärbt wird, je reiner, d. h. je gehaltreicher an eigentlichem Farbstoff das Anilinblau war. Eine Bestimmung des Farbstoffs auf dem Wege der chemischen Analyse ist, weil zu complicirt, zeitraubend und kostspielig, für praktische Zwecke nicht zu empfehlen.

Die in Wasser unlöslichen Anilinblaue sind für die Darstellung blauer Lackfarben, wie schon angegeben, viel zu unbequem. Man zieht die wasserlöslichen Farbstoffe jedenfalls vor.

2. **Lösliches Lyonerblau, Bleu de Lyon. Lichtblau, Bleu lumière.**

Es kommt als indigblaues, wenig kupferglänzendes Pulver im Handel vor, und ist im Wasser ziemlich leicht löslich. Seine Farbe zieht im Vergleich mit den unter b. beschriebenen Alkaliblauen etwas mehr ins Violette. Seine gesättigte wässerige Auflösung, für sich auf Flächen ausgestrichen, nimmt nur einen geringen metallischen, kupferfarbigen Glanz an. In Alkohol ist es ebenfalls und noch leichter als in Wasser löslich.

In starken concentrirten Mineralsäuren löst es sich mit gelber Farbe. Diese Lösungen, mit Wasser verdünnt, nehmen erst eine grüne, dann bei weiterer Verdünnung wieder die ursprüngliche blaue Farbe an.

Natron und Kalilauge verwandeln die wässerige blaue Lösung erst in ein reineres Blau, das dann in Purpurroth übergeht, und zuletzt wird die Flüssigkeit fast ganz farblos. Es verhält sich also in dieser Beziehung noch wie Rosanilinsalze oder Fuchsin.

Seine wässerige Lösung wird durch eine Auflösung von Alaun in Wasser gefällt, aber nicht ganz, daher das Gemisch auch nicht entfärbt wird und die abfiltrirte Flüssigkeit gefärbt bleibt.

Gegen feste weisse pulverige Körper verhält es sich wie Fuchsin; namentlich färbt es Kaolin.

Fällungen in Lyonerblaulösung. — Alkaliblau.

Mit der Auflösung von Blauholzextract in Wasser giebt es kaum eine Fällung, aber nach Zusatz von Eisenvitriol einen tief blauen Niederschlag, der in dünnen Lagen fast schwarz erscheint, ohne beim Trocknen metallischen Glanz anzunehmen.

Setzt man dem Gemische von Blauholzextract und Lyonerblaulösung eine wässerige Lösung von Alaun hinzu, so bleibt der entstandene Niederschlag bei wenig Lyonerblau violett, mit röthlichem Kupferglanz beim Trocknen; unter Anwendung von mehr Lyonerblau wird der Niederschlag blauer, bei deckendem Anstrich bräunlich mit metallischem Reflex.

Wenig Lyonerblaulösung in die Lösung von Fernambucextract gebracht wird ganz als brauner, etwas violetter Niederschlag ausgefällt, und die Flüssigkeit läuft hellgelb vom Niederschlage ab. Bei Anwendung von mehr Blau wird der Niederschlag violett, während die Flüssigkeit gelb abläuft. Bei noch mehr Lyonerblau wird der Niederschlag violettblau, und die Flüssigkeit läuft blau ab, auch fällt dann Alaun aus derselben einen noch blaueren Niederschlag.

Mit Gelbholzextractlösung giebt Lyonerblau einen unbedeutenden grünlichblauen, türkisfarbenen Niederschlag. Die blau bleibende Flüssigkeit, erst mit Alaunlösung, dann mit Ammoniak versetzt, giebt einen zeisiggrünen Niederschlag, nach dem Trocknen schwarzgrün, beim Zerreiben feurig zeisiggrün und mit weißen Körpern gemischt sehr ausgiebig.

Lacke von blauer Farbe mit einem Stich ins Violette lassen sich durch ein ähnliches Verfahren aus Lyonerblau herstellen, wie die rothen Lacke aus Fuchsin.

Auf Tapeten kommen zuweilen Anilinblaue vor, die unter Anwendung von Lyonerblau hergestellt zu sein scheinen, indem sie dessen Nüance und übrigen Eigenschaften zeigen.

b. Alkaliblaue, Nicholsonblau.

Unter diesem Namen kommen Blaue von sehr verschiedenen Eigenschaften hinsichtlich ihrer Löslichkeit, Reinheit und Nüance vor. Die geschätztesten sind die rein blauen ohne jeden Stich ins Violette, sich dem Grünlichen nähernd. Nach neueren Untersuchungen ist das Alkaliblau im Wesentlichen eine Natronverbindung derjenigen Sulfosäure, welche sich, wie S. 520 bemerkt, durch Einwirkung von Schwefelsäure auf das aus Rosanilin erhaltene Triphenylrosanilin bildet. Die Nüance dieses Blaues ist daher vielleicht bedingt von einer vollständig durchgeführten Phenylirung des Rosanilins, die Löslichkeit des Farbstoffs und sein Verhalten gegen Alkali aber abhängig von dem Grade, in welchem beim weiteren Verlaufe der Fabrikation die Schwefelsäure auf das Triphenylrosanilin eingewirkt hat; jedoch besteht hierüber noch keine Gewißheit. Immer aber kommt das Alkaliblau im Handel als ein mehr oder weniger kupferglänzendes Pulver

Fällungen in Alkaliblaulösung.

n Sortimenten vor, welche von den Fabriken verschiedene Nummern oder sonstige Bezeichnungen erhalten, unter welchen man immer wieder dieselbe Qualität erhalten kann. Die Brauchbarkeit der in Rede stehenden Blaue zur Darstellung von Lackfarben läßt sich nur durch eingehendere Versuche über ihr thatsächliches Verhalten gegen solche Reagentien und Fällungsmittel constatiren, welche für die Farbenfabrikation überhaupt in Frage kommen, und durch so oftmalige Wiederholung dieser Versuche mit verschiedenern Sortimenten des Farbstoffs, bis die Resultate befriedigend ausfallen. Hierzu mögen die nachstehenden Versuche als Richtschnur dienen.

Ein Alkaliblau von der B.'schen Anilin- und Sodafabrik in Stuttgart, bezeichnet mit OS, zeigte in Bezug auf seine Verwendung zur Darstellung blauer Lackfarben folgendes Verhalten:

Es löste sich leicht in kaltem Wasser zu einer dunkelblauen Flüssigkeit und war auch in Weingeist löslich.

Die mit starker Natronlauge versetzte wässerige Lösung war in 24 Stunden etwas violetter geworden, wurde aber nicht entfärbt. Hierdurch unterscheidet sich also das vorliegende Alkaliblau wesentlich von dem obigen Lyonerblau, welches unter gleichen Umständen entfärbt wird, wie S. 521 angegeben ist.

Verdünnte Salzsäure und Schwefelsäure fällten das Alkaliblau vollständig aus seiner wässerigen Lösung. Concentrirte Schwefelsäure löste das Alkaliblau mit gelber Farbe, die beim Verdünnen der Lösung erst grün, dann blau wurde.

Gyps, Schwerspath, Kaolin färbten sich wenig in der wässerigen Lösung und wurden beim Auswaschen farblos. Versetzte man aber die Alkaliblaulösung zugleich mit Alaunlösung, so wurde auf die bemerkten festen Körper Alkaliblau gefällt und zwar mit rein blauer Farbe, ohne jeden Stich ins Violette. Die Flüssigkeit wurde dabei jedesmal entfärbt.

Alaunlösung fällte aus der wässerigen Lösung des Alkaliblaues dasselbe fast vollständig aus.

Lösungen der Metallsalze: Bleizucker, Eisenvitriol, Kupfervitriol ꝛc. fällten aus der wässerigen Lösung alles Alkaliblau, das beim Aufstreichen einen prachtvollen, rothen, je nach dem Fällungsmittel etwas verschiedenen Kupferglanz annahm.

Rothes chromsaures Kali fällte das Alkaliblau aus der wässerigen Lösung gleichfalls wie die vorstehenden Salze. Aber das mit Schwefelsäure versetzte chromsaure Kali färbte die blaue Flüssigkeit sogleich braun, und es bildete sich ein schwarzer Niederschlag, der in dünnen Lagen grün erschien, wie Anilinschwarz, jedoch mit etwas ins Braune ziehender Nüance.

Die Lösung von Schwefelleber fällte die wässerige Lösung des Alkaliblaues nicht. Nach Zusatz von Schwefelsäure wurde jedoch das Alkaliblau zugleich mit Schwefel als helleres Blau ausgefällt und die Flüssigkeit völlig entfärbt.

Die Lösung von Blauholzextract fällte fast alles Alkaliblau aus seiner wässerigen Lösung. Der Niederschlag war braunviolett, aufgestrichen [nicht] rein blau. Die abfiltrirte rothe Flüssigkeit gab mit Alaunlösung einen [blau]violetten Niederschlag, der auch nach dem Aufstreichen dieser Farbe sich [be]zeigte, überhaupt sehr dunkel und farbenreich war.

Die Lösung von Quercitronextract erzeugte in der wässerigen Al[kali]blaulösung einen sehr geringen blaßgrünen Niederschlag; die abfiltrirte Flüssig[keit] war grün und gab mit Alaunlösung einen reichlichen, grünen Niederschlag, der [sehr] dunkel smaragdgrün und feurig erschien. Die hiervon abfiltrirte Flüssigkeit [er]gelblich grün und gab mit Bleizuckerlösung noch einen grißgrünen Niederschlag.

Die Lösung von Quercitronextract, mit Alkaliblau, dann mit Gr[ün] und nachher mit wässeriger Bleizuckerlösung versetzt, gab einen schön dunkel[grünen] grünen Lack, und die davon ablaufende Flüssigkeit war fast völlig entfärbt.

Die Lösung von Fernambuckextract verhielt sich gegen Alkaliblau[lösung] ähnlich wie die Blauholzextractlösung. Der damit erhaltene Niederschlag [war] fast rein blau.

Pikrinsäure in wässeriger Lösung fällte wässeriges Alkaliblau. Der Niederschlag war blau, und die davon abfiltrirte Flüssigkeit gelb. Es war[d] daher alles Alkaliblau durch die Pikrinsäure ausgefällt, die letztere zeigte jedoch hierbei im Uebrigen keine von dem Verhalten anderer Säuren verschiedene Wirkung.

Ein Gemisch von pikrinsaurem Natron und Alkaliblau gab nach [Zusatz] von Bleizuckerlösung einen schönen, jedoch sehr dunkelgrünen Niederschlag, [von] dem die Flüssigkeit gelb ablief, so daß mithin alles Alkaliblau gefällt wurde.

Anilingelb in wässeriger Lösung gab mit Alkaliblau keinen Nieder[schlag]. Zugesetzter Alaun fällte das Alkaliblau, wobei die Flüssigkeit [kaum] entfärbt wurde, aber der Niederschlag erschien blau.

Blauer Lack und grüne Lacke aus Alkaliblau.

Einen sehr schönen rein blauen, feurigen Lack erhielt man, wenn [man] ein Gemisch von Stärke und Kaolin oder Stärke und Kreide mit Alaun dige[rirt], dann Alkaliblau in wässeriger Lösung zufügt, bis die gewünschte Intensität [er]reicht ist. Durch den Alaun wird das Alkaliblau auf diese weißen Körper ge[fällt] und zwar vollständig bei hinreichendem Alaunzusatz. Der vorhandene Gyps [ver]hindert die Wiederauflösung des gefällten Farbstoffs. Die Anilinblaulacke [im] kommen für Tapetendruck von Farbenfabriken in den Handel und sind [auf] angedeutete Weise dargestellt. Von den Chanteisenfarben unterscheiden sie [sich] schon durch das Ansehen.

Obgleich sich nach dem obigen Verhalten des Alkaliblaues empfiehlt [eine] grüne Lacke daraus herstellen lassen, so scheint doch eine Verwendung [nicht]

Untersuchung von Lacken aus Alkaliblau und Lyonerblau. — Nachtblau. 525

nannten Blaues zu diesem Zwecke in Farbenfabriken noch nicht stattzufinden. Da das Alkaliblau der Einwirkung der Natronlauge ziemlichen Widerstand leistet, so müßte es namentlich mit Natron und Quercitron haltbare, auf Kalk stehende Lacke liefern.

Die Untersuchung der mit Alkaliblau oder Lyonerblau hergestellten Lacke auf ihre weißen Farbenträger geschieht am zweckmäßigsten zunächst durch Einäscherung der Lacke, d. h. durch so lange fortgesetztes Glühen derselben, bis der Rückstand weiß ist. Der letztere ist dann auf Gyps, Thon, Alaunerde rc. in der früher angegebenen Weise (vgl. u. A. S. 60, 290) speciell zu prüfen. Zur Bestimmung von etwa vorhandener Stärke kocht man den Lack mit verdünnter Salzsäure, filtrirt vom Rückstande ab und fällt aus dem Filtrate die als Dextrin darin gelöste Stärke durch Vermischen mit Weingeist. Enthält der entstandene Niederschlag von Dextrin zugleich etwas Farbstoff, so kann dieser durch anhaltendes Waschen mit Weingeist entfernt werden, während ein etwaiger Gypsgehalt, der jedoch immer nur gering sein kann, besonders zu constatiren und von dem Gewichte der durch Trocknen und Wägen jenes Niederschlags bestimmten Stärke abzuziehen ist. Was die Ermittelung des Farbstoffs selbst betrifft, so wird man je nach dem Verhalten desselben gegen Lösungsmittel, Säuren, Salze und Alkali, unter Zugrundelegung der obigen Versuche, bald herausfinden, ob Alkaliblau oder Lyonerblau vorliegt. Uebrigens wird man beide Farben schon an der Nuance erkennen, wenn man mit denselben behuf der Lackerzeugung bereits manipulirt, also etwas Erfahrung über ihre äußeren Eigenschaften hat. Denn die Erfahrung lehrt, daß die mit Lyonerblau erzielten Lacke stets eine ins Violette fallende Nüance haben, während die aus Alkaliblau dargestellten beinahe ins Grüne spielen.

Hat die Untersuchung den Zweck, einen gegebenen Lack nachzumachen, so genügt die obige Bestimmung der farbstofftragenden weißen Substrate neben der Ermittelung des Farbstoffs selbst, um auf dieser Grundlage unmittelbar zur Vornahme von praktischen Versuchen zu schreiten, welche dann in der Regel, sofern sie mit der erforderlichen Ueberlegung und bei geeigneter Abwechselung in den Verhältnissen der Materialien angestellt werden, bald zum Ziele, d. h. zur Gewinnung eines Lackes führt, dessen Eigenschaften demjenigen des Probelackes gleich sind.

c. Azulin, Nachtblau.

Seine chemische Zusammensetzung ist nicht sicher bekannt, es entsteht jedoch durch Erhitzen von Corallin mit Anilin.

Das in Wasser unlösliche, aber in Weingeist und Aether lösliche Azulin bildet eine glänzende Masse mit röthlichem Goldreflex, die den Alkalien eine röthliche violette Farbe ertheilt, sich in concentrirter Schwefelsäure mit rothbrauner Farbe löst und daraus durch Wasser wieder gefällt wird. Unter diesen Umständen, namentlich vermöge der angegebenen Unlöslichkeit in Wasser, würde es aber zur Verwendung für Farben wenig geeignet sein. Man verwandelt es daher durch längeres Erhitzen mit Schwefelsäure in eine Form, in der es nicht mehr, wie das obige, durch Wasser gefällt wird, sondern mit der Farbe des schwefelsauren Kupferoxydammoniaks in Wasser löslich ist und ziemlich die Eigenschaften des Lyonerblaues hat. Das Azulin dient gegenwärtig zur Darstellung von Lackfarben, indem man es durch geeignete Fällungsmittel in solcher Menge auf weiße Körper niederschlägt, daß der Lack die gehörige Tiefe hat. Solche Farben kommen jetzt unter dem Namen Nachtblau im Handel vor. Wird das Blau auf Kreuzbeerenlade oder noch besser Quercitronlade niedergeschlagen, so entstehen die neuerdings erst im Farbenhandel ausgebotenen Nachtgrüne, welche sich namentlich gut für Theaterdecorationen eignen, übrigens aber nicht von besonderer Schönheit sind. Bei der Darstellung der Lade hat man wie bei dem mit Lyonerblau zu verfahren.

D. Gelbe Theerfarben und ihre Anwendung zu Lackfarben.

1. Pikrinsäure und einige Umwandlungsproducte derselben.

Die Pikrinsäure ist das Product der Einwirkung von Salpetersäure auf Carbolsäure ($C_{12}H_6O_2$), in welcher 3 Atome Wasserstoff durch 3 (NO_4) ersetzt sind zu $C_{12}H_3(NO_4)_3O_2$. Die Pikrinsäure wird deshalb wissenschaftlich Trinitrocarbolsäure genannt. Sie kommt im Handel in blaßgelben, fast weißen Krystallen, kleinen schuppenartigen Tafeln, vor. Dieselben haben einen außerordentlich bittern Geschmack, lösen sich nur wenig in kaltem, leichter in kochendem Wasser mit gelblicher Farbe, welche bei Zusatz von Säuren völlig verschwindet. Die Pikrinsäure ist in Wasser vollständig löslich. Bleibt daher bei der Behandlung käuflicher Pikrinsäure mit einer hinreichenden Menge Wasser ein unlöslicher Rückstand, so ist der letztere eine Verunreinigung, meistens eine von der Bereitung anhängende harzartige Substanz. In Weingeist und Aether löst sich die Pikrinsäure leicht auf. Alkalien geben mit ihr hochgelbe Lösungen, namentlich auch Ammoniak, es scheint daher, daß die an sich fast farblose Pikrinsäure erst durch Aufnahme von Ammoniak aus der Luft diejenige gelbe Farbe annimmt, welche ihr als Handelswaare eigen ist. Alle ihre Verbindungen mit Basen, die pikrinsauren Salze, ob löslich oder unlöslich, sind mehr oder weniger tief gelb gefärbt und

Fällungen in der Pikrinsäurelösung. — Pikraminsäure.

detoniren bei starker Erhitzung, das Kalisalz schon durch Schlag, sehr heftig, während die Pikrinsäure selbst zwar bei schnellem und starkem Erhitzen auch verpufft, bei vorsichtiger Erwärmung jedoch unzersetzt sublimirt werden kann.

Die Lösung der Pikrinsäure in Wasser färbt thierische Stoffe: Wolle, Seide, die Haut, ohne Weiteres dauernd und intensiv gelb, fällt auch den Leim in gelben Flocken.

Sie färbt Stärke ebenfalls gelb, aber alle Pikrinsäure läßt sich aus ihr mit Wasser wieder auswaschen.

Sie fällt weder Blauholz-, noch Fernambuck-, noch Quercitronextractlösung, wohl aber die Auflösung von Methylgrün.

Mit Kupfervitriollösung und Ammoniak giebt die wässerige Pikrinsäurelösung einen bemerkenswerthen apfelgrünen Niederschlag.

Mit Bleizucker entsteht nach dem Versetzen mit Ammoniak ein prächtig citronfarbiger Niederschlag, der sich mit Methylgrün zu einem außerordentlich feurigen Grün verbindet, das einen großen Zusatz von weißen Körpern verträgt und dann auch in Oel gute Deckkraft besitzt. Mit viel weißen Körpern versetzt, nimmt auch die Explosionsfähigkeit dieser Verbindung beim Erhitzen ab.

Die wässerige Pikrinsäurelösung fällt aus einer wässerigen Lösung von Methylgrün das letztere vollständig aus; der Niederschlag ist schwer löslich in Wasser, und erscheint in höherem Grade gelb nüancirt, als das Methylgrün. Er läßt sich ebenfalls mit viel Weiß aufmischen, ohne daß dies dem Ansehen schadet.

Ueber ein aus Zinkweiß und Alaun mit Pikrinsäure herzustellendes Zinkgelb war oben bei den Zinkgelben (S. 211) die Rede.

Versetzt man die Pikrinsäurelösung mit Eisenvitriol und irgend einer alkalischen Base: Ammoniak, Kali, Natron, Baryt oder Kalk, welche aus dem Eisenvitriol Eisenoxydul fällt, so wird durch den reducirenden Einfluß des letzteren die Pikrinsäure in Pikraminsäure verwandelt, und es entsteht eine blutrothe Flüssigkeit, nämlich die Lösung des aus der Pikraminsäure mit der zum Fällen angewendeten Base entstandenen pikraminsauren Salzes.

Indem man die blutrothen Lösungen von dem gebildeten Eisenoxydhydrat abfiltrirt, erhält man die unreinen Lösungen der pikraminsauren Salze. Diese geben mit Bleizuckerlösung einen braunrothen Niederschlag. Er hat einige Aehnlichkeit mit dem aus alkalischen Lösungen des Goldgelbes entstehenden (s. u.), nur daß letzterer mehr zinnoberroth ist. Trennt man die Pikraminsäure aus der Bleiverbindung, so kann man sie in bräunlichen Krystallen erhalten, welche mit Alkali wieder die vorerwähnten blutrothen Lösungen geben. Aus diesen, wenn sie concentrirt sind, kann man durch Salzsäure die freie Pikraminsäure als gelbes Pulver fällen, ähnlich dem Goldgelb, von dem sie sich übrigens dadurch unterscheidet, daß sie durch Zinnsalz nicht, wie das Goldgelb, entfärbt wird, sondern damit einen lederfarbigen Niederschlag giebt. Die Pikraminsäure scheint auf keine Weise in der Farbenfabrikation verwendbar zu sein.

528 Isopurpursäure. Granat soluble. — Prüfung auf Pikrinsäure.

Tröpfelt man in eine Lösung von Pikrinsäure eine Lösung von Cyankalium in Wasser, so färbt sich die Flüssigkeit purpurroth und es setzen sich bald kleine pulverförmige Krystalle eines Kalisalzes ab, das hier und da, wo es größere Flächen hat, grünen, dem Murexyd ähnlichen Käferflügelglanz oder Reflex zeigt. Es ist nur wenig löslich im Wasser, färbt dasselbe aber glänzend und intensiv purpurroth. In größerer Quantität erhält man es als purpurbraunrothes Pulver, wenn man die Pikrinsäure mit wässerigem Cyankalium in hinreichender Menge und lange genug digerirt. Dieses Kalisalz enthält eine neue Säure, die sogenannte Isopurpursäure, welche nicht ohne Zersetzung von den Basen abgeschieden werden kann.

Das vorbeschriebene isopurpursaure Kali würde, wenn nicht sein hoher Herstellungspreis im Wege stände, vermöge seiner specifischen Schwere und geringer Löslichkeit in kaltem Wasser, zu Farbenzwecken wohl geeignet sein, da es an sich eine schöne braune Farbe bildet, die weitere sehr schöne Nüancen von Braun beim Vermischen mit Blau oder Gelb giebt und ziemlich viel Zusatz von weißen Körpern verträgt. Weniger günstige Resultate giebt das isopurpursaure Kali mit Fällungsmitteln. Seine wässerige Lösung wird zwar mit Alaun, Kupfervitriol und Bleizucker purpurroth gefällt, jedoch würde nur der mit letztgenanntem Salze erzielte Niederschlag als schöne purpurrothe Farbe behuf wirklicher Verwendung allenfalls genügen. Da aber der Preis auch dieser Farbe im Verhältniß zu ihrer Intensität viel zu hoch ist, so wird sie eben so wenig nützen als das isopurpursaure Kali selbst.

Isopurpursaures Ammoniak kommt als Granat soluble zu Färbenzwecken im Handel vor, wird jedoch nur wenig angewendet.

Außer dem S. 211 angeführten Gelb (dem pikrinsauren Thonerdezinkoxid) sind die mit der Pikrinsäure herzustellenden gelben Farben nicht sehr intensiv, kommen auch viel theurer als andere, und haben außerdem den Nachtheil, daß bei künstlichem Lichte ihre Farbe fast ganz verschwindet. Dagegen ist die Pikrinsäure sehr anwendbar, um die Grüne, die mit Anilinblau hergestellt sind, zu nüanciren. Ferner ist sie, wie vorgenanntes Zinkgelb, anwendbar, um dem Guignet'schen Grün eine gelblichere Nüance zu ertheilen, wozu aber auch die übrigen Zinkgelbe mit gleichem oder mehr Vortheil anwendbar sind. Mit Pikrinsäure allein gefärbte Lacke werden nicht hergestellt.

Prüfung auf Pikrinsäure. Ob Pikrinsäure in einer gelben oder grünen Farbe vorhanden ist, erfährt man bei Zusatz von Salzsäure, welche die durch Pikrinsäure verursachte Färbung völlig und sogleich verschwinden macht. Die mit Pikrinsäure oder deren Verbindungen ins Gelbe nüancirten Grüne werden hierbei also blauer, vorausgesetzt, daß nicht das Blau oder Grün selbst von der Salzsäure angegriffen wird, wie z. B. Guignetgrün. Man kann dann auch die Gegenwart von Pikrinsäure auf die Weise nachweisen, daß man sie durch

Behandeln der Farbe mit Ammoniakflüssigkeit auflöst und die Lösung mit Cyan-aliumlösung versetzt, wobei alsbald die oben beschriebene purpurrothe Färbung unter Bildung von isopurpursaurem Kali erscheint.

2. Anilingelb.

Das unter diesem Namen gegenwärtig im Handel vorkommende Product ist hochorangeroth und zeigt in chemischer Beziehung einen unbestimmten Charakter, indem es weder die deutlich ausgesprochenen Eigenschaften einer Säure, noch einer Base, noch eines Salzes erkennen läßt. In Wasser löst es sich sehr wenig, jedoch mit stark gelber Farbe; in Ammoniakflüssigkeit und Natronlauge ist es kaum löslicher als in Wasser, leichter indessen in Weingeist. Durch seine geringe Löslichkeit in Alkali unterscheidet sich dieses Gelb von Zinalin, s. unten.

Erhitzt man es über der Spirituslampe auf dem Deckel eines Porcellantiegels, so verpufft es auf einmal unter Zurücklassung eines kohligen Restes; es ist also eine Nitroverbindung mit sehr hohem Kohlegehalt.

Die sehr wenig des Farbstoffs enthaltende gelbe Lösung dieses Anilingelbes in Wasser wird durch Alaun nicht gefällt und nicht verändert. Zugesetztes Natron fällt aus dem Gemische die Alaunerde, welche beim Auswaschen farblos wird und keinen Farbstoff zurückhält.

Mit Bleizuckerlösung entsteht erst nach Zusatz von Alkali ein orangerother Niederschlag, ohne daß jedoch die Flüssigkeit entfärbt wird. Der orangerothe Niederschlag hat keine Eigenschaften, die ihn als Farbe empfehlen.

Durch Leimlösung wird die wässerige Anilingelblösung nicht gefällt.

Zinnsalz entfärbt die gelbe wässerige Lösung des Anilingelbes vollständig, ohne einen Niederschlag zu geben. Nach darauf erfolgtem Zusatz von Aetznatron entsteht ein blaßpfirsichblüthrother Niederschlag.

Versetzt man die wässerige Anilingelblösung mit Eisenvitriol, der keinen Niederschlag hervorbringt, dann mit Aetznatron oder Ammoniak, so fällt Eisenoxydulhydrat nieder, das aber nach einigen Stunden, durch die Flüssigkeit betrachtet, braunroth aussieht. Nach 24stündigem Stehen ist die Flüssigkeit blutroth geworden, ähnlich der Lösung eines Pikraminsäuresalzes (vgl. S. 527), während sich das Eisenoxydulhydrat in Eisenoxydhydrat verwandelt hat, das braunroth trocknet, und aus welchem sich durch wässeriges Ammoniak noch mehr des neugebildeten reducirten oder zersetzten Anilingelbes ausziehen läßt. Ueber das Verhalten des reducirten Anilingelbes ist umstehend Weiteres angegeben.

Die mit Schwefelsäure versetzte Lösung von saurem chromsaurem Kali wirkt nicht auf die Lösung des Anilingelbes.

Reducirtes Anilingelb.

Die obenerwähnte blutrothe Flüssigkeit, erhalten durch die reducirende Einwirkung des in Anilingelblösung gefällten Eisenoxyduls, wird nach vorgängiger Filtration auf Zusatz verdünnter Säuren zwar heller roth, aber nicht entfärbt, sondern bei sehr großer Verdünnung gelb.

Die noch Schwefelsäure oder schwefelsaures Salz vom Eisenvitriol enthaltende Flüssigkeit giebt mit Bleizucker einen violettrothen Niederschlag, der als Farbe nichts Ausgezeichnetes besitzt.

Sie giebt mit Alaun einen gelben Niederschlag, der schnell grün wird und grün bleibt. Der Niederschlag ist nach dem Auswaschen ziemlich rein grün, wenig ins Olivengrüne gehend. Die davon abtropfende Flüssigkeit ist gelb.

Mit Chromalaun dagegen entsteht ein viel schlechterer, blaugraugrüner Niederschlag.

Kupfervitriol giebt einen apfelgrünen Niederschlag ohne alle Intensität.

Zinnsalz giebt einen blaßrothen Niederschlag.

Aus dem obigen Gesammtverhalten des Anilingelbes ergiebt sich, daß letzteres weder an sich, noch nach zuvoriger Reduction mit Eisenoxydul, zur Farbengewinnung geeignet ist.

3. Goldgelb.

Ein gelber Farbstoff, wahrscheinlich im Wesentlichen aus Binitrokresol $[C_{14}H_6(NO_4)_2O_2]$ bestehend, kommt unter dem Namen Goldgelb entweder als orangegelbes Pulver in etwas feuchtem Zustande, oder als grangelbes Pulver in sehr trocknem Zustande in den Handel. Das Goldgelb hat folgende Eigenschaften:

Als trocknes Pulver verpufft es beim Erhitzen. Es löst sich in Wasser ziemlich leicht, mehr in Weingeist. Die Lösungen sind schön orangeroth. Aus der wässerigen Lösung scheint es durch alle, auch schwache Säuren gefällt zu werden. Die Niederschläge sind satt hochrothgelb.

Alkalien und wässeriges Ammoniak lösen es weit mehr als Wasser. Die Lösungen erscheinen ähnlich purpurroth gefärbt, wie die Lösungen des Corallins in Alkalien. Es scheint zur Nuancirung des Kaiserroths ins Orange demselben in geringen Quantitäten beigemischt zu werden.

Gegen feste pulverförmige Körper mineralischen Ursprungs zeigt der in Wasser gelöste Farbstoff nur eine geringe Anziehung. In der wässerigen Auflösung vertheilter Gyps, ebenso Kaolin, nehmen die Farbe nicht besser auf, als daß sie beim Waschen auf dem Filter wieder farblos werden.

Fällungen in Goldgelblösung.

Stärke färbt sich dagegen in der Flüssigkeit goldgelb und die Farbe widersteht dem Auswaschen.

Alaun fällt die kalte wässerige Auflösung des Goldgelbes nur unbedeutend. Fügt man Ammoniak nicht im Ueberschuß hinzu, so entsteht anscheinend ein gelber Niederschlag; derselbe verliert aber seine gelbe Farbe, welche lediglich von eingeschlossener Flüssigkeit herrührt, beim Auswaschen vollständig wieder.

Bleizucker giebt in wässeriger Goldgelblösung gar keinen Niederschlag. Bei Zusatz von Aetznatron entsteht ein zinnoberrother, der aber nach dem Trocknen eine hochorangerothe Farbe annimmt.

Versetzt man die wässerige Goldgelblösung erst mit Alaun, dann mit essigsaurem Baryt, so wird der gefällte schwefelsaure Baryt schön gelb gefärbt, und behält die Farbe auch beim Auswaschen. Wendet man statt des essigsauren Baryts essigsaures Bleioxyd und Alaun an, so zeigt das hierbei gefällte schwefelsaure Bleioxyd ein gleiches Verhalten, wie der vorgenannte schwefelsaure Baryt.

Versetzt man die wässerige Lösung des Goldgelbes mit Zinnsalzlösung, so entsteht ein weißer Niederschlag, und die Flüssigkeit wird durch die reducirende Wirkung des Zinnsalzes ganz entfärbt. Zugesetztes Alkali ruft die Farbe nicht wieder zurück, sie ist völlig zerstört.

Durch Schwefelkalium wird die gelbe Farbe der Goldgelblösung ähnlich wie durch Alkalien ins Purpurrothe verwandelt; nach Zusatz einer Säure, welche Schwefelwasserstoffgas entwickelt, wird auch hier die Farbe durch Reduction zerstört. Eisenoxydulhydrat in der Flüssigkeit gefällt, scheint ebenso, aber langsamer zu wirken.

Ein Gemisch von chromsaurem Kali und Schwefelsäure scheint auf die wässerige Lösung ohne Einwirkung zu sein.

Goldgelblösung giebt mit Kupfervitriol keinen, nach Zusatz von Ammoniak einen grünen Niederschlag, der beim Auswaschen grün bleibt, aber nicht schön ist.

Goldgelblösung fällt wässerige Leimlösung nicht.

Eine Mischung von Pikrinsäure und Goldgelb giebt mit Leimlösung einen orangerothen flockigen Niederschlag, der auch beim Waschen die Farbe behält.

Die Auflösung von Fernambucextract in Wasser, mit wässerigem Goldgelb gemischt, giebt wenig braunrothen Niederschlag; die davon filtrirte Flüssigkeit mit Alaun, dann mit Natron versetzt, giebt einen feurig hochrothen Niederschlag, der aber beim Auswaschen die gewöhnliche Farbe mit Alaunerde dargestellter Fernambucklacke annimmt und alles Gelb auswaschen läßt.

Die wässerige Lösung von Blauholzextract giebt mit Goldgelblösung keinen, nach Zusatz von Alaun einen violetten Niederschlag.

Goldgelb fällt aus der wässerigen Lösung von Methylgrün ein viel gelberes, aber zugleich olivenfarbiges Grün von vielem Feuer, und Stärke, die mit Goldgelb gefärbt ist, nimmt auch Methylgrün auf. Doch stehen diese Grüne denen an Lebhaftigkeit nach, welche Pikrinsäure und Methylgrün oder Quercitronlack mit Methylgrün und Cyanerblau liefern.

Hieraus erhellt, daß man das Goldgelb allenfalls zur Darstellung gelb gefärbter stärkehaltiger Lacke und zur Nüancirung von grünen Farben anwenden könnte, daß aber dieser Farbstoff im Ganzen durchaus keine hervorragende Eigenschaften zeigt, um eine Empfehlung desselben für die Lackbereitung zu rechtfertigen.

4. Martiusgelb, Manchestergelb, Binitronaphtol, Naphtolgelb. Naphtylamingelb.

Das Martiusgelb ist einer der wichtigsten Naphtalinfarbstoffe, und wird gewöhnlich durch Oxydation des Naphtylamins mittelst salpetriger Säure gewonnen, hat die Zusammensetzung: $C_{20}H_6N_2O_{10}$ und den wissenschaftlichen Namen Binitronaphtol. Sein chemischer Charakter ist der einer Säure und es bildet demgemäß mit Basen bestimmt charakterisirte, schön gefärbte Salze. In den Handel gelangt es theils als solches, d. h. als Binitronaphtol, theils als das auf folgender Stufe erwähnte Kali- oder Natronsalz des Binitronaphtols. Das Martiusgelb als Binitronaphtol bildet ein orangegelbes, krystallinisches Pulver, das in Wasser, selbst in kochendem, fast unlöslich, aber auch schwerlöslich in Alkohol, Aether und Benzol ist. Es löst sich dagegen leicht in den ätzenden Alkalien und alkalischen Erden, ebenso in den kohlensauren Alkalien, aus welchen es die Kohlensäure austreibt, und bildet damit orangerothe Flüssigkeiten, welche beim Verdampfen die entsprechenden trockenen ebenso gefärbten, auch in Alkohol löslichen Verbindungen hinterlassen. Bei Zusatz von Säuren zu den alkalischen Lösungen, oder bei Zusatz von Salmiak zu der ammoniakalischen Lösung wird es wieder in orangegelben Flocken ausgeschieden.

Die alkalischen Lösungen dieses Martiusgelb (Binitronaphtols) können also im Allgemeinen zweckmäßig benutzt werden zur Ausfällung desselben auf weiße indifferente Substrate, die man entweder gleichzeitig fällt, wie Alaunerde, oder nur in die zu fällenden Lösungen einrührt, wie Stärke, Gyps, Kaolin. Die oben bemerkte fast gänzliche Unlöslichkeit des aus Binitronaphtol bestehenden Martiusgelb in Wasser befördert den Fällungsproceß und die Abhäsion an den Substraten, während die außerordentliche Färbekraft des in Rede stehenden Farbstoffs und seine Haltbarkeit für die Lackerzeugung sehr günstige Eigenschaften bilden. Je nach der Quantität des Martiusgelb, die man auf den Farbenträger fällt, wird der entstandene Lack hellcitronengelb, oder tief goldgelb. Bei der schon angedeuteten großen Intensität des Farbstoffs kann man damit stets eine bedeutende Menge der weißen Substrate gelb färben. Man rührt letztere in die alkalischen Lösungen ein, und fällt dann entweder mit Ueberschuß von Alaun, oder ohne diesen mit verdünnter Salz- oder Schwefelsäure, bis nach dem Absetzen der gelben Niederschläge. Werden die gelben Lacke bei einer gewissen Quantität des angewendeten Gelbes noch nicht hinreichend intensiv, so kann man auf dieselbe Weise noch mehr Farbstoff darauf fällen, bis der Zweck erreicht ist.

Von allen gelben Theerfarben ist das Martiusgelb das passendste, um gelbe Anilinlacke darzustellen.

Ein wasserlösliches Martiusgelb kommt gleichfalls sehr häufig im Handel vor. Dasselbe ist in der Regel das Kalisalz, seltener das Natronsalz des obigen in Wasser unlöslichen, nur aus Binitronaphtol bestehenden Martiusgelb. Wegen der explosiblen Natur der Binitronaphtolsalze werden diese löslichen Martiusgelbe selten trocken, sondern meistens als feuchter Teig abgegeben. Fällt man aus der wässerigen Lösung der Kalkverbindung den Farbstoff mit Alaun oder mit verdünnter Schwefelsäure, so wird natürlich dem Niederschlage zugleich Gyps beigemischt.

Die Gegenwart von Martiusgelb in einem gelben Lacke oder in einem grünen, der etwa mit einer blauen Theerfarbe oder mit Methylgrün gefällt ist, läßt sich daran erkennen, daß das Martiusgelb bei Behandlung des Lacks mit Alkalien gelöst und aus dieser Lösung durch Zusatz von Säure gelb gefällt wird. Hierdurch unterscheidet sich der in Rede stehende Farbstoff von der Pikrinsäure, während die alkalische Lösung des Martiusgelb schon vermöge ihrer gelben Farbe von der unter gleichen Umständen bereiteten Lösung des Goldgelbs, die, wie oben bemerkt, rothe Farbe hat, leicht unterschieden werden kann. Daß außer den drei Gelben: Pikrinsäure, Martiusgelb und Goldgelb, in einem gelben oder grünen Lacke oder einer Farbe noch andere Gelbe ähnlicher Art vorhanden sind, ist nicht wohl anzunehmen. Würde durch die obige Behandlung eines grünen Lacks mit Alkalilauge auch der blaue Farbstoff ausgezogen und derselbe seine Farbe dabei völlig einbüßen, so könnte Cyanerblau im Lack vorhanden sein. In diesem Falle kommt auf Zusatz einer Mineralsäure zu der alkalischen Lösung bei Gegenwart von Martiusgelb die grüne Farbe, bei Gegenwart von Pikrinsäure nur die blaue Farbe zum Vorschein. Goldgelb ist auch bei der gleichzeitigen Auflösung des blauen Farbstoffs an der rothen oder rothbraunen Färbung der ungesäuerten alkalischen Lösung zu erkennen.

5. Phosphin.

Bei der Fuchsindarstellung erhält man unter den Nebenproducten eine besondere Base, das Chrysanilin, welches im reinen Zustande ein amorphes, gelbes in Wasser fast unlösliches, in Alkohol und Aether leicht lösliches Pulver bildet, und sich mit Säuren zu bestimmt charakterisirten Salzen verbindet. Aus einem solchen Chrysanilinsalze besteht im Wesentlichen das Phosphin des Handels.

Alle Salze des Chrysanilins sind schön gelb, namentlich die mit den Halogenen Chlor, Brom und Jod, sowie das salpetersaure Salz, welches aus Alkohol krystallisirt werden kann und dann in rubinrothen Nadeln erscheint, in Wasser aber schwer löslich ist. Man könnte vielleicht das Phosphin derart zur Lackbildung verwerthen, daß man das Chrysanilin auf geeignete Weise

534 Zinalin. — Victoriagelb. — Safransurrogat.

etwa durch Fällen mit Ammoniak auf weiße Substrate niederschlägt, jedoch bietet der in Rede stehende Farbstoff keine Vorzüge vor dem hierzu bequemeren Goldgelb.

Eine gelbe oder grüne chrysanilinhaltige Farbe würde sich von solchen, die Pikrinsäure, Goldgelb oder Martiusgelb enthalten, dadurch unterscheiden, daß sie das Chrysanilin nicht an Ammoniak, wohl aber an Alkohol und Aether abgiebt, und daß diese alkoholische oder ätherische Lösung beim Verdampfen einen gelben Rückstand hinterläßt, der in Wasser und Ammoniak unlöslich ist, sowie mit Salpetersäure ein saures schwerlösliches, rothgelbes Salz giebt.

6. Zinalin.

Ein zinnoberrothes Pulver, nach M. Vogel von der Zusammensetzung: $C_{40}H_{17}N_3O_{12}$, entstanden durch Einwirkung von salpetriger Säure auf eine alkoholische Lösung von Rosanilin oder Fuchsin. Es schmilzt schon unter 100° und verpufft dann bei weiterem Erhitzen unter Zurücklassung von Kohle.

Es ist in kaltem Wasser nicht, in heißem nur wenig löslich, der sich nicht darin lösende Theil schmilzt dann zu einer bräunlichgelben dem Schellack ähnlichen Masse. Viel mehr löst es sich in den heißen Lösungen von Borax und essigsaurem sowie phosphorsaurem Natron. Weingeist, Aether und Schwefelkohlenstoff lösen es reichlich, auch concentrirte Säuren. Aus den Lösungen der letzteren wird es durch Verdünnung mit Wasser wieder ausgeschieden.

Dieser Farbstoff ist nicht zur Darstellung von Laden geeignet, wird aber in der Färberei verwendet, und giebt auf Zeugen rothgelbe Nüancen, die bei schwächerer Färbung doch den Farben mit Pikrinsäure ähnlich sind.

7. Victoriagelb, Victoriaorange, Anilinorange

kommt gewöhnlich als rothes Pulver vor und hat im Allgemeinen ähnliche Eigenschaften wie das S. 530 beschriebene Goldgelb, ist jedoch leichter löslich in Wasser, als letzteres und zwar zu einer tief gelben Lösung. Die Zusammensetzung des Victoriagelbs ist derjenigen des Goldgelbs insofern analog, als sein farbengebender Bestandtheil Binitrokressol ist, dessen Ammoniaksalz es bildet. Das Binitrokressol des Victoriagelbs wird aus der wässerigen Lösung des letzteren durch die meisten Säuren abgeschieden und zeigt in seinem Verhalten einige Abweichungen von dem Binitrokressol des Goldgelbs, namentlich darin, daß es erst bei etwa 110° C. schmilzt, während das im Goldgelb enthaltene Binitrokressol von übrigens gleicher Formel schon bei 82 bis 84° schmilzt. Das Victoriagelb wird vorwiegend zu Färbereizwecken angewendet.

8. Safransurrogat.

Es ist eine reinere Sorte des Binitrokressols, als es im Goldgelb enthalten ist. Es brennt beim Anzünden ebenso heftig ab als Schießpulver, und wird daher seiner Feuergefährlichkeit wegen nur in Teigform versandt. Es wird nicht zur Darstellung von Farben, wohl aber zum Färben von Butter, Milch, Käse und dergleichen angewendet.

E. Grüne Theerfarbstoffe und Farben.

Es giebt deren nur wenige, und ihre chemische Zusammensetzung ist meistens noch nicht genau festgestellt.

1. Aldehydgrün.

Man gewinnt es gewöhnlich aus Aldehyd (hergestellt aus Alkohol und Schwefelsäure) und schwefelsaurem Rosanilin durch Einwirkung von unterschwefligsaurem Natron. Seine chemische Formel ist noch nicht bestimmt ermittelt, doch soll es nach A. W. Hofmann etwa 15 Procent Schwefel enthalten.

Das Aldehydgrün kommt im Ganzen selten im Handel vor, entweder en pâte oder als trocknes, amorphes, schön grünes Pulver. In Wasser ist es unlöslich, löslich dagegen in Essigsäure und Alkohol zu schön grünen Flüssigkeiten. Mit Schwefelsäure kann es gleichfalls gelöst werden. Diese Lösung ist dann orangegelb, und Wasser scheidet das Aldehydgrün wieder unverändert aus.

Die bemerkten Lösungen des Aldehydgrüns würde man zwar benutzen können, um daraus den Farbstoff auf weiße, als Farbensubstrate geeignete Körper niederzuschlagen, also in der gewöhnlichen Weise grüne Lacke daraus herzustellen; thatsächlich findet aber das Aldehydgrün keine Anwendung zur Lackfabrikation. Es kann auch hierzu schon deswegen nicht empfohlen werden, weil es theurer ist als das nachfolgend beschriebene Methylgrün, welches ungeachtet seines billigeren Preises zur Lackerzeugung noch geeigneter erscheint. Dagegen wird das Aldehydgrün in der Färberei zur Erzeugung geschätzter Farben auf Wolle und Seide verwendet.

2. Jodgrüne. Methylgrüne. Grünpulver.

Diese grünen Farbstoffe sind ihrer Entstehung nach im Allgemeinen Umwandlungsproducte oder Verbindungen der S. 517 u. f. abgehandelten Violette (Hofmann's Violett, Dahlia u. s. w.), also methylierter Rosaniline, und bilden sich theils als Nebenproducte bei Gewinnung der genannten Violette, theils und hauptsächlich aber werden sie aus dem Hofmann'schen Violett, dem Trimethyl-

Zusammensetzung und Eigenschaften des Methylgrüns.

rosanilin durch methodisch bewirkte Umwandlungs- und Verbindungsprocesse besonders hergestellt. Erfolgt die Umwandlung unter Anwendung von Jodmethyl, so resultiren gewöhnlich jodhaltige, grüne Farbstoffe, die Jodgrüne, während unter Benutzung anderer, nicht jodhaltiger Methylverbindungen jodfreie Farbstoffe, die Methylgrüne, erhalten werden.

Nur die letztere Gattung der Grüne, das jodfreie Methylgrün, wird uns hier beschäftigen, da es bei gleicher Schönheit wie das Jodgrün billiger ist, als dieses, und deshalb sowie wegen seiner für die Verwendung zu Färbereizwecken vortheilhaften Eigenschaften eine weit ausgedehntere Benutzung findet.

Das Methylgrün kommt in so verschiedener Reinheit in den Handel, daß sein Preis um das Zwanzigfache variirt. Dementsprechend ist ferner seine chemische Zusammensetzung im Speciellen abweichend. Am häufigsten besteht es aus einer Doppelverbindung, einem Doppelsalze von Trimethylrosanilin-Trimethylchlorid mit Zinkchlorid, da diese Verbindung wegen ihrer außerordentlichen Krystallisationsfähigkeit am leichtesten rein erhalten werden kann. In der äußeren Form seines Vorkommens und der handelsmäßigen oder technischen Bezeichnung des in Rede stehenden Grüns unterscheidet man zwei Gattungen desselben. Es bildet entweder grüne goldglänzende Krystalle von wechselnder Größe bis zu fein krystallinischem Pulver und heißt dann gewöhnlich Methylgrün, oder es gelangt als unkrystallinisches Pulver unter der Bezeichnung Grünpulver in den Handel. Im Allgemeinen ist es vortheilhaft, nur die krystallinischen Sorten anzuwenden, da die anderen häufig gefärbten Zucker oder Dextrin enthalten, so daß ihr Werth erst durch zeitraubende Versuche ermittelt werden muß. Das Verhalten des Methylgrüns in seinen verschiedenen Formen ist im Allgemeinen folgendes:

Das Methylgrün hat die günstige Eigenschaft, daß es sich in Wasser, und zwar schon in kaltem in ziemlicher Menge, noch mehr in warmem mit grüner Farbe löst, so daß man es gewöhnlich als wasserlösliches Methylgrün bezeichnet. Ebenso ist es in Weingeist löslich. In concentrirten Mineralsäuren löst sich das Methylgrün mit tief gelber Farbe; die Lösungen nehmen aber beim Verdünnen mit hinreichendem Wasser die grüne Farbe der reinen wässerigen Lösung wieder an.

Kali, Natron und ätzendes Ammoniak färben die wässerige Methylgrünlösung erst mehr blau, dann violettröthlich, und in einigen Stunden ist sie fast farblos oder nur gelblich. Durch Neutralisation dieser Flüssigkeit mit einer Säure wird jedoch die ursprünglich grüne Farbe wieder hergestellt. Es scheint hiernach, daß nach Analogie der Rosanilinsalze auch im Methylgrün eine in Verbindung farbengebende, jedoch an sich und ursprünglich farblose Base enthalten ist.

Gegen feste weiße Körper, welche man für andere Lackfarben als farbentragende Substrate anwendet, hat es nur eine geringe Flächenanziehung.

Lackfällung in der Methylgrünlösung.

Schwerspath und Gyps als gemahlene Mineralien nehmen aus der wässerigen Lösung gar keine Farbe auf. Kaolin und Stärke nehmen mehr davon auf, aber die hervorgebrachte Farbe ist nicht grün, sondern eher türkisblau. Alaun, Zinnsalz und Bleizucker geben keine Niederschläge, verändern aber die Farbe der Lösung mehr ins Blaue.

Die wässerige Auflösung des Blauholzextractes giebt mit Methylgrünlösung einen reichlichen Niederschlag. Die Flüssigkeit wird stark entfärbt. Der Niederschlag ist dunkel grünlichblau, nimmt aber beim Trocknen keinen Metallglanz an. Versetzt man das Gemisch zugleich mit Alaun, so entsteht ein dunkler blaugrüner Niederschlag, der in dicker Schicht einigen Metallglanz zeigt.

Die Auflösung des Quercitronextractes in Wasser giebt mit Methylgrünlösung einen dicken, voluminösen, flockigen Niederschlag von sehr dunkler, smaragdgrüner Farbe, der, mit weißen Körpern vermischt, noch ein Grün giebt, das sich an Schönheit und Glanz mit Guignetsgrün vergleichen läßt.

Mischt man Quercitronlösung mit viel Kaolin und Alaun, dann mit Methylgrünlösung, so entsteht ein sehr schön grüner Lack. Er ist rein grün, nur heller, als der vorhergehende. Die von der letzteren Farbe abtropfende Mutterlauge giebt, mit Bleizuckerlösung versetzt, noch einen viel schöneren Lack, von noch größerem Feuer, als die S. 357 u. 358 beschriebenen aus Guignetsgrün hergestellten Victoriagrüne und Permanentgrüne.

Eine Mischung von Quercitronextractlösung und Gyps, erst mit Methylgrün, dann mit Bleizuckerlösung versetzt, giebt eine dunklere, übrigens ebenso schöne, prachtvolle grüne Farbe, wie vorhin. Die abtropfende, grünlichgelbe Flüssigkeit giebt, mit Bleizucker und Alaun versetzt, einen helleren, grünlichgelben Lack.

Fernambukextractlösung giebt mit Methylgrünlösung wenig Niederschlag, der schmutzig olivengrün ist.

Pikrinsäure fällt aus der Lösung von Methylgrün dieses letztere vollständig als mehr grüne, sehr dunkle Farbe aus.

Aus Methylgrün und Quercitronextract lassen sich, wie vorstehende Versuche ergeben, grüne Lacke darstellen, die an Schönheit alle übrigen grünen Lackfarben übertreffen und mit Rücksicht auf die S. 413 erörterte Unveränderlichkeit der Quercitronlacke bei Lampenlicht auch den letzteren Vorzug im Vergleich mit anderen grünen Farben haben. Die Herstellung solcher Methylgrünlacke kann daher mit Recht empfohlen werden und folgendermaßen geschehen. Der durch Quercitronextract gefärbte gelbe Lack aus Kaolin oder Gyps und Alaun hat die Eigenschaft, sich mit dem Methylgrün zu einer unlöslichen Verbindung zu vereinigen. Man kann also entweder erst die gelben Quercitronlacke bereiten und diese dann Methylgrün aufnehmen lassen, oder man mischt die Quercitronlösung mit der Methylgrünlösung und den weißen Körpern und fällt noch mit Alaun oder Bleizucker, welcher letztere auch neben Alaun zugefügt werden kann.

538   Methylgrünlade. — Braune Theerfarbstoffe.

Von grünen Laden, die im Handel vorkommen, zeigte mir keiner die Schönheit der nach obiger Methode erhaltenen, und sie waren auch nach Ausweis ihrer Untersuchung nicht unter Anwendung von Methylgrün dargestellt.

Mit pikrinsaurem Bleioxyd vereinigt sich Methylgrün ebenfalls zu einer prachtvollen grünen Farbe, die das Feuer des Schweinfurtergrüns noch übertrifft. Um sie herzustellen, fällt man erst Bleizucker mit pikrinsaurem Ammoniak, letzteres in geringem Ueberschuß angewendet, und digerirt dann die gelbe Farbe mit einer wässerigen Lösung von Methylgrün, bis zur Erreichung der gewünschten Nüance.

Auch mit Kreuzbeerenlack, auf welchen man Methylgrün fällt, entweder mit Pikrinsäure oder mit Gerbsäure, erhält man prachtvolle grüne Lacke.

F. Braune Theerfarben.

Eine bedeutende Anzahl verschieden benannter brauner Theerfarbstoffe befindet sich im Handel und ist auf den Preiscouranten der Theerfarbenfabriken verzeichnet, wobei theils für ein und dieselben oder doch ganz ähnliche Producte abweichende Namen, theils umgekehrt für völlig ungleich zusammengesetzte Fabrikate oft gleiche Bezeichnungen gebraucht werden. Solche braune Farbstoffe sind: Anilinbraun, Bismarckbraun, Caneel, Granat, Havannabraun, Naphtabraun, Phenylbraun, Besuvin u. s. w. und ihre Anzahl wird sich mit der Zeit noch vermehren. Sie werden in den Theerfarbenfabriken theils als Nebenproducte gewonnen bei Herstellung anderer Theerfarbstoffe, namentlich des Fuchsins und verwandter Farben, theils auch direct fabricirt. Ihre chemische Zusammensetzung ist meistens noch unbekannt, ausgenommen diejenige des sogenannten Granats, welches nichts anderes ist, als das S. 528 unter Pikrinsäure besprochene isopurpursaure Kali und vielleicht auch diejenige des Caneels, welches salzsaures Chrysotoluidin sein soll, entsprechend dem salzsauren Chrysanilin.

Was die uns namentlich interessirende Benutzung der braunen Theerfarbstoffe zur Lackfabrikation betrifft, so findet dieselbe in einem nennenswerthen Umfange bislang nicht statt, noch ist sie überhaupt zu empfehlen. Einmal haben die braunen Theerfarbstoffe an sich im Allgemeinen hierzu keine besonders günstige Eigenschaften (das a. f. S. beschriebene Naphtabraun vielleicht ausgenommen), sodann können durch geeignete Mischung derjenigen gelben, rothen, blauen oder blauschwarzen Niederschläge, welche die früher abgehandelten pflanzlichen Färbematerialien wie Krapp, Rothholz, Gelbholz, Blauholz u. s. w. ergeben, die mannigfaltigsten Nüancen von Braun in viel größerer Schönheit hergestellt werden, als aus oben genannten Theerfarbstoffen.

Phenylbraun, Phenizienne. — Naphtabraun.

Ferner befindet sich, wie wir früher gesehen haben, unter den Erdfarben eine durchaus genügende Anzahl brauner Farben von vorzüglicher Qualität, und man hat es ganz in der Hand, durch Mischung derselben beliebige weitere Nüancen von Braun zu erzeugen. Es kommen daher zur Zeit braune Theerfarbstoffe fast überall nicht im Handel vor, und selbst die unter den Theerfarbstoffen der Preiscourante als „Bismarcksbraun" bezeichnete Farbe auf Tapeten ist in der Regel nur ein Gemenge von Erdfarben, namentlich von Umbra mit Roth.

Hiernach genügt im Folgenden eine kurze Besprechung der einzelnen und zwar nur derjenigen braunen Theerfarbstoffe, deren Abstammung wenigstens mit einiger Wahrscheinlichkeit feststeht.

a. **Phenylbraun. Phenizienne.**

Dieser Farbstoff wird erhalten, indem man ein Gemisch von concentrirter Schwefelsäure mit dem halben Volum Salpetersäure auf krystallisirte Carbolsäure einwirken läßt. Derselbe ist in Wasser, auch in heißem, völlig unlöslich, dagegen löslich in Aether, Alkohol, Essigsäure und Weinsäure. Er löst sich in den ätzenden Alkalien mit veilchenblauer Farbe. Man könnte den Farbstoff daher aus diesen Lösungen auf feste Körper fällen, indem man etwa die sauren Lösungen desselben mit den alkalischen neutralisirt.

Die Zusammensetzung des Phenylbrauns ist nicht mit Bestimmtheit anzugeben, und die Angaben lauten in dieser Beziehung verschieden. Dasselbe soll jedoch nach Bolley im Wesentlichen bestehen einmal aus Binitrophenol, einem gelben krystallinischen Körper, sodann aus einem dunkelbraunen, unkrystallinischen Farbstoffe, wahrscheinlich einem Zersetzungsproducte des Binitrophenols durch Schwefelsäure. Eine Anwendung findet das Phenylbraun namentlich zum Wollefärben.

b. **Naphtabraun.**

Unter diesem Namen kommen braune Farbstoffe im Handel vor, welche nichts anderes sind, als Anilinrothe oder Rosanilinsalze, entweder rohe oder doch wenig gereinigte Schmelzen, und sie können von Fabriken in verschiedenen Nüancen erhalten werden. Mit Rücksicht auf den angegebenen Ursprung und Bestand der vorliegenden Braune erscheint die obige Bezeichnung derselben wenig zutreffend. In der Hauptsache haben diese Farben vermöge ihrer Zusammensetzung natürlich die Eigenschaften des Fuchsins und sie werden in der Färberei auch ähnlich dem letzteren angewendet, wobei die braune Farbe noch durch andere Farbstoffe nüancirt werden kann. Mit den Naphtabraunen lassen sich Lacke gerade so herstellen, wie mit Fuchsin, und zwar carmoisinbraune von vieler Schönheit; die-

selben kommen auch nicht theuer, da solche Naphtabraune einen verhältnißmäßig
geringen Handelspreis haben.

Außer dem oben bemerkten Hauptbestandtheile des Naphtabrauns, der D[i]-
anilinverbindung, sind darin noch andere, noch nicht genauer untersuchte Farbstoffe enthalten von brauner oder gelbbrauner Nüance. Dieselben werden a[uch]
für sich in den Handel gebracht als gelbe oder braune Farben und man gew[innt]
sie theils beim Reinigen des Fuchsins und anderer Rosanilinsalze sowie aus [den]
Fuchsinrückständen entweder ohne weitere chemische Behandlung oder nach [vor-]
gängigen Umwandlungsprocessen.

c. Havannabraun.

Das unter diesem Namen vorkommende Product soll durch Einwirkung [von]
Anilinsalzen auf Anilinviolett oder Anilinblau in der Hitze entstehen, wobei [die]
Farbe des Violetts oder Blaues in Braun übergeht. Es ist in Weingeist [und]
Wasser, auch in Säuren löslich und dient in diesen Auflösungen zum Fär[ben].
Die wässerige Lösung des Havannabrauns giebt an feste weiße Körper [den]
Farbstoff ab, aber letztere entfärben die Lösungen nicht. Man kann jedoch [auf]
die Weise das Havannabraun zur Lackerzeugung benutzen, daß man aus [der]
wässerigen Lösung durch Zusatz geeigneter Salze den Farbstoff auf Substrat[e]
niederschlägt.

d. Caneel.

Dieser Farbstoff soll aus den harzigen Fuchsinrückständen durch deren
Umwandlung gewonnen werden und im Wesentlichen das zweifach-saure Sa[lz]
des Chrysotoluidins, eines im chemischen Charakter dem Chrysanilin analog[en]
basischen Körpers sein.

Die bemerkte Base ist daher der farbengebende Hauptbestandtheil des Ca[-]
neels. Dieselbe ist im freien Zustande in Wasser unlöslich, ebenso verhalten si[ch]
ihre basischen Salze, während ihre neutralen Salze in Wasser schwer und di[e]
sauren Salze darin leichter löslich sind. Aus der wässerigen Lösung des Can[eels]
als einer sauren Verbindung des Chrysotoluidins, wird daher das letztere [durch]
Alkalien als hellgelber Niederschlag gefällt, der jedoch in Alkohol löslich ist. D[ie]
neutralen Chrysotoluidinsalze werden bei Behandlung mit Wasser in unlös[liche]
niederfallende basische und lösliche saure Salze verwandelt.

Aus den angegebenen Löslichkeitsverhältnissen des Chrysotoluidins und [seiner]
Verbindungen ergiebt sich also deren Fähigkeit zur Bildung farbiger Niederschl[äge].
In der That kann man auch aus Caneel durch Flächenanziehung Farbe a[uf]

bräunlichem Stich erzeugen, im Uebrigen sind jedoch die Eigenschaften des Caneels für die Lackerzeugung durchaus nicht günstig.

G. Schwarze Theerfarbstoffe.

Nigrosin. Anilinschwarz.

Durch Oxydation der Anilinsalze sowohl mit Chromsäure als chlorsaurem Kali und Salzsäure erhält man so dunkelgrüne in Wasser unlösliche Zersetzungsproducte, daß sie das Aussehen von Schwarz erhalten; diese Producte sind in concentrirter Schwefelsäure löslich, und geben durch weitere Oxydation reines Schwarz. Erstere Schwarze, welche eigentlich grün sind, geben auf weiße Körper gefällt grüne Farben, doch nicht von besonderer Lebhaftigkeit; letztere geben ein Grau.

Im Handel vorkommende sowohl in Wasser lösliche als bloß spritlösliche Nigrosine oder Anilinschwarze, über deren Zusammensetzung man wenig Sicheres weiß, und welche oft Gemische mit Anilinvioletten oder denjenigen Violetten sind, die man Induline nennt, geben durch Fällung ihrer Farbstoffe auf weiße Körper ebenfalls nur graue Farben verschiedener Nüancen.

Da nun aber diese Schwarze und die damit erzielbaren grauen Farben viel theurer sind, als die Ruße und die unter den Mineralfarben angeführten schwarzen Farben, deren farbengebender Bestandtheil Kohlenstoff ist, da sie ferner theurer sind, als die mit Blauholz darstellbaren braunschwarzen oder blauschwarzen Niederschläge und Lacke, so werden mit Anilin hergestellte schwarze oder graue Farben weder in der Malerei oder zum Anstrich, noch in der Tapetendruckerei Anwendung finden können. Die Benutzung der schwarzen Theerfarben, unter welchem Namen sie auch vorkommen, und welche Eigenschaften sie übrigens haben mögen, wird vielmehr lediglich auf die Färberei und Zeugdruckerei beschränkt bleiben, wo sie auf der Waare selbst, bei der Zeugdruckerei local erzeugt werden. Ich übergehe daher Alles, was über die Eigenschaften dieser Theerfarbstoffe etwa in Bezug auf die Darstellung schwarzer und grauer Lack- und Malerfarben angeführt werden könnte, da solche, wie bemerkt, jedenfalls nie in den Handel und in Gebrauch kommen werden.

Vierter Theil.

Die Verwendung der Farben.

A. Zum Anstreichen und Malen.

In den vorhergehenden Theilen, welche die Herstellung der Farben erörtern wurde schon kurz auf ihre Verwendung durch die Angabe hingedeutet, ob die Farben als Wasser-, Oel- oder Kalkfarbe brauchbar seien. Darunter ist beziehungsweise zu verstehen, erstens, daß die Farbe für die Zwecke des Malers oder auch Tapetendruckes mit wasserhaltigen Flüssigkeiten angestrichen oder aufgedruckt werden kann, zweitens, daß dieses auch der Fall in Oel ist, und endlich daß die Farbe ohne nachtheilige Veränderungen auf frischen Kaltwänden als Wasserfarbe gebraucht oder mit Kalkmilch als Bindemittel vermischt werden kann. Manchen Farben giebt nun ihr günstiges Verhalten in dieser Beziehung einen größeren Werth, als anderen, deren Intensität und Schönheit gleich oder noch größer ist.

Wie dem auch sei, so kann in der Regel keine der zahlreichen Farben, wie sie die Fabriken liefern und wie sie im Handel vorkommen, unmittelbar und ohne weitere mechanische Zerkleinerung gebraucht werden. Wie fein die Farben auch pulverisirt und gesiebt sein und beim Anfühlen erscheinen mögen, so ist man doch in den meisten Fällen genöthigt, sie weiter zu zerreiben, und natürlich um so mehr, wenn dieselben eine so häufig vorkommende stückige Beschaffenheit haben, ferner um so mehr und feiner, je mehr die damit auszuführende Malerei sich von dem gewöhnlichen Anstriche entfernt und der eigentlichen Malerkunst nähert. Mit der beabsichtigten größeren Feinheit und Theilbarkeit und dem Widerstande der Farbe gegen diese Zertheilung wächst die Mühe desjenigen, der sie verarbeitet. Dieser Arbeitsaufwand kann zu einer ebensogroßen Ausgabe führen, wie die Farbe an sich kostet, und daher ist es wohl der Mühe werth, dem vorliegenden Gegenstande: der Zurichtung handelsgängiger Farben zu der für ihre unmittelbare Verwendung geeigneten Form, einen eigenen Theil zu widmen, der

Prüfung geschlämmter Erdfarben auf Verwendbarkeit zum Anstrich. 543

belehrende Thatsachen und beachtenswerthe Winke ebensowohl für den Fabrikanten als für den Consumenten enthalten wird.

Der Producent solcher Erdfarben, welche in dem Farbenhandel vorkommen, benennt gewöhnlich eine Sorte seiner Waare geschlämmt, von geschlämmter Kreide an bis zu geschlämmtem Umbra, Thon ic. Diese geschlämmten Waaren sind gleichwohl nicht von übereinstimmendem Aeußern, sondern kommen in zweierlei Formen vor, nämlich einmal in leicht zerbrechlichen Stücken, die so lose zusammenhängen, daß dieselben durch den Druck des Streichfingers zur glatten Fläche ausgestrichen werden können, andererseits aber in harten Stücken. An diesem Unterschiede in der mechanischen Beschaffenheit ist der Fabrikant indessen unschuldig, weil die geschlämmte Waare beim Trocknen von selbst den einen oder anderen Zustand annimmt.

Die ersterwähnten loser zusammenhängenden Erdfarben sind auf ihre Feinheit und Anwendbarkeit zunächst nach folgendem empirischen Verfahren zu prüfen. Wenn bei weicher, geschlämmter Waare unter dem Drucke des empfindlichen Theiles des Streichfingers sich keine harte Körperchen herausfühlen lassen, oder sie zwischen die Zähne genommen nicht kreischt, oder wenn sie auf einer Glasplatte mit etwas Wasser befeuchtet beim Ausstreichen mit einem Stahlpalettmesser nicht schreit, so ist das Schlämmen mit einiger Sorgfalt ausgeführt worden, und die Farbe taugt zu gewöhnlichem Anstrich und zur Decorationsmalerei. Sind aber bei der vorbemerkten Prüfung Sandkörner oder andere Widerstand leistende Theile darin zu finden, so taugt die Farbe nicht ohne Weiteres für eine etwas gute Arbeit, sondern bedarf erst einer entsprechenden Vorbereitung. Die letztere kann bestehen entweder in einem mühevollen Zerreiben der Widerstand leistenden Theile, oder in einem für den hierzu nicht eingerichteten Consumenten noch mühevolleren Abschlämmen der Farbe nach Maßgabe der S. 11 u. f. gegebenen Anweisungen. Hierbei bleiben dann die schwerer zerreiblichen, aus Sand oder groben Farbkörnern bestehenden Theile zurück, während die brauchbare Farbe, wenn sie nicht als Wasserfarbe verwendet werden soll, in der beim Schlämmen angeführten Weise weiter zum Trocknen gebracht werden muß. Diese ganze Arbeit hätte aber der Producent von vornherein billiger, bequemer und vortheilhafter vornehmen können als der Consument, und letzterer hätte mit Gewinn etwas mehr für die fertig zugerichtete Farbe bezahlen können, also beide würden bei einer gleich anfangs vollständigen Herstellung der Farbe offenbar verdienen. Ist nämlich der Rückstand Sand oder ein Körper, der dem Consumenten keine Verwendung gestattet, so hat er doch gewöhnlich dafür Frachten bezahlt, vielleicht auch Zölle u. s. w. Ist es aber Farbe in harten Körnern von derselben Art, und will er sie verwenden, indem er sie fein reibt oder mahlt, so kommt ihm dieser Theil der Farbe jedenfalls theurer als der andere. Sicherlich erwirbt sich aber derjenige Fabrikant den größten Absatz und die Gunst der Consumenten, der die Arbeit des Schlämmens, wenn sie überhaupt vorgenommen werden muß, mit Genauigkeit ausführen läßt, so daß die Waare nicht bloß im Preiscourante mit „geschlämmt" parabirt, sondern auch dieses Adjectiv verdient, anderseits gewinnt der Maler oder Consument auch dann noch, wenn er etwas mehr für gut geschlämmte Waare bezahlt.

Derartige, gleich anfangs feingeschlämmte oder nachträglich mit Genauigkeit geschlämmte Erdfarben bereiten dem Zerreiben in Oel auf irgend eine Weise oder ihrer Vertheilung in gewöhnlichen wässerigen Bindemitteln keine Schwierigkeit. Doch zeigt hierbei jede auch sorgfältig geschlämmte Farbe in ihrer Masse eine von der Schlämmarbeit herrührende Ungleichheit in dem Grade der Vertheilbarkeit. Derjenige Theil der Farbe, welcher sich beim Schlämmen und Absetzen (s. den Artikel Schlämmen) zu oberst im Wasser suspendirt befindet, oder zuletzt auf den übrigen Theil absetzt, ist immer feiner, als was sich unter befindet, und sich zunächst und zuerst auf dem Boden ablagert. Wie solche Sorten von verschiedener Feinheit beim Schlämmen einer Farbe getrennt und fertiggestellt werden, ist in dem citirten Artikel angegeben. In den Preiscouranten werden die feineren Schlämmproducte mit den Prädicaten „feingeschlämmt, extrafein geschlämmt, doppelt geschlämmt u. s. w." bezeichnet; aber oft stimmt die Bezeichnung nicht mit der Waare überein, und ist nur gemacht, um höhere Preise zu erzielen. Beim Einkaufe ist eine Prüfung nöthig, und die Waare ist um so feiner im Vergleich mit einer anderen Probe derselben Art, je mehr Zeit die Farbe braucht, um sich klar abzusetzen, nachdem man sie in gleichviel Wasser in Gläsern von gleichem Durchmesser gut aufgerührt und vertheilt hat. Kommt es für den Consumenten in Frage, ob er feiner geschlämmte also mehr vertheilbare Farbe zu demselben Preise oder auch zu einem wenig höheren Preise kaufen soll, als weniger feingeschlämmte, billigere Waare, so liegt es in seinem Interesse, die feinere Sorte vorzuziehen, auch wenn der höhere Grad der Vertheilung für den Verwendungszweck der Farbe nicht gerade unbedingt nothwendig ist. Soll mit der Farbe ein Grund gedeckt werden, so wird dieser Zweck oft schon mit einer halb so dicken Schicht der feineren Farbe erreicht. Man spart also jedenfalls an Material, und diese Ersparniß ist bei Farben von einigem Werthe durchaus nicht unbeträchtlich, namentlich dann, wenn es sich am gewöhnliche Anstriche u. s. w. handelt, bei denen viel Farbe gebraucht wird, während die Kunst weniger in Rechnung kommt.

Wenn die Erdfarben äußerlich gut geschlämmt erscheinen, so werden sie zum gewöhnlichen Bauanstrich in Wasser und zur Tapetendruckerei meistens ohne Weiteres benutzt, auch selbst wenn sie noch Sand enthalten, der dann bei der Arbeit unten im Arbeitsgefäße zurückbleibt, oder auch bei der Verwendung mitfolgt. Deswegen achten die Consumenten für solche Anwendung weniger auf diesen Sandgehalt, jedenfalls auch hier zu ihrem Nachtheile, denn mit fein vertheilter Farbe statt des Sandes würden sie viel weiter gereicht, d. h. viel Farbe erspart haben. In früheren Zeiten mochte man sich oft mit solchen anscheinend

Zurichtung der Farben in harten Stücken. 545

Farben behelfen, denn die Fabriken, welche im Ganzen wenig Concurrenz hatten, fanden auch für schlechtere Waare Absatz.

Was die Erdfarben anbetrifft, die in harten Stücken vorkommen, so können sie im Allgemeinen dieselben Unterschiede in der mechanischen Beschaffenheit zeigen, wie die vorigen loseren Erdfarben, d. h. sie können fein, gut oder auch nachlässig oder auch gar nicht geschlämmt sein. Hierzu kommt aber noch, daß sie fester zusammenhängen, so daß sie gewöhnlich nur mit dem Fingernagel oder einem Instrumente zerdrückt werden können. Ferner unterscheiden sie sich dadurch von einander, daß die eine Farbe sich im Wasser aufweicht, die andere nicht. Das erste Verhalten zeigen alle fein geschlämmten und wieder getrockneten, thonartigen Farben, z. B. grüne Erde. Wenn solche Farben nicht gut geschlämmt sind, so lassen sich darin nach dem Aufweichen sandige oder härtere Theile erkennen, durch Vertheilen in Wasser und Absetzen ausscheiden, also durch das Schlämmen wie bei den anderen entfernen, aber die so behandelten Farben nehmen nach dem Trocknen wieder die vorige Härte und stückige Form an. Sollen derartige etwa schlecht geschlämmte Farben als Wasserfarben gebraucht werden, so kann man sie durch nochmaliges Schlämmen verbessern und dann selbstverständlich das Trocknen weglassen lassen. Sollen sie aber zu Oelfarbe dienen, so hat sich der Consument durch das nochmalige Schlämmen und das für letztere Verwendung nöthige Trocknen zwar eine bessere Waare verschafft, aber die Beschaffenheit der letzteren ist für die Benutzung als Oelfarbe immer noch sehr unbequem, denn ihr Zerreiben in Oel ist sehr mühsam und kann nur dann mit leichterer Mühe erfolgen, wenn ein sorgsames Pulverisiren und Sieben der Farbe nach dem Trocknen vorausgegangen ist.

Auch die künstlich, d. h. auf chemischem Wege hergestellten Farben haben in nur wenigen Fällen die Eigenschaft, ein feines Pulver zu bilden, das beim Zerreiben in Oel wenig Widerstand leistet, sich leicht in Wasser zertheilt und damit einen feinen Teig bildet. Vielmehr haben sie durchgängig, wenn ihre nicht erhärtenden pulverförmigen Zusätze, wie Gyps, Schwerspath, Stärke, nicht überwiegend sind, einen mehr oder minder großen Zusammenhang, bilden oft spröde Stücke von muschligem, erdigem bis glasartigem glattem Bruch, und weichen sich nicht wieder in Wasser auf, obgleich sie ursprünglich aus Lösungen gefällt sind und zwar meistens im Zustande einer so feinen Vertheilung, wie letztere auf mechanischem Wege bei den Erdfarben auch durch die sorgfältigste Schlämmung nicht zu erreichen ist. Derartige harte, nicht erweichbare Farben kann man nicht schlämmen, sondern man muß sie erst pulverisiren und dann mit Wasser oder Oel in entsprechenden mechanischen Vorrichtungen mahlen, oder im Kleinen zerreiben.

Die Zwischenarbeit des Pulverisirens ist für den Consumenten, der meistens hierfür nur unvollkommene Einrichtungen hat, sehr lästig und kostspielig. Wenn die Farben in Wasser gebraucht werden sollen, dann ist es für den Consumenten ein großer Vortheil, sie selbst darzustellen, denn wenn er die Farbe auch in Teigform erhalten kann, so kommen sie ihm doch unverhältnißmäßig zu theuer, falls er erhebliche Transportkosten, Zölle u. s. w. für das mitfolgende Wasser bezahlen soll.

In neuerer Zeit werden dieselben Farben, welche man früher in Stücken kaufte, weil man ihre Güte dann besser nach Aussehen, Härte, glattem Bruch erkennen konnte (wie z. B. mit Schwerspath versetztes Bleiweiß den glatten Bruch nicht zeigt), von den Fabriken auch in Form eines feinen Pulvers abgegeben, namentlich Erdfarben, und sie heißen dann „geschlämmt und gemahlen", „fein geschlämmt", extrafein geschlämmt und gemahlen". Wie fein sie geschlämmt und gemahlen sind, erkennt man an solchen pulverförmigen Farben auf dieselbe Weise, wie oben bei denjenigen Erdfarben angeführt ist, die als lose mit dem Streichfinger zerdrückbare Stücken im Handel vorkommen.

Alle Fabriken, welche die Farben auch in Oel abgerieben im Großen darstellen und in den Handel bringen, haben zum Pulverisiren diejenigen Einrichtungen, welche oben S. 21 u. f., S. 109 beim Pulverisiren im Allgemeinen erläutert sind. Die Farben werden zu diesem Behufe so fein gemahlen und gesiebt, daß nur noch eine gleichförmige Zertheilung in Oel oder Wasser nöthig ist, um ihnen die Eigenschaften einer Farbe zum Anstreichen zu geben.

Es wurde bei Bleiweiß erwähnt, daß der fein vertheilte wasserhaltige Brei dieser Farbe, mit Leinöl zusammengebracht, das Wasser ausscheidet, während zugleich das Leinöl an dessen Stelle tritt. Dieses Verhalten der in Rede stehenden Farbe erleichtert den Fabrikanten die Herstellung des in Oel abgeriebenen Bleiweißes in hohem Grade. Es wäre daher sehr erwünscht, wenn sich auch die anderen Farben auf gleiche Weise zu Oelfarben verarbeiten ließen. Die Farben könnten dann durch Schlämmen oder Mahlen mit Wasser, wozu im Kleinen eine Handmühle ausreichend wäre, erst zur nöthigen Feinheit gebracht und dann ohne vorheriges Trocknen in Oel angemacht werden, um sie von vornherein so fein zu erhalten, wie man sie durch trocknes Anmachen der gesiebten Farbe nicht herstellen kann. Noch vortheilhafter wäre es, die als Rückstände erhaltenen Farben, wenn sie nach dem Filtriren Teigform angenommen haben, unmittelbar wie oben den wässerigen Bleiweißbrei mit Oel zu behandeln. Denn durch das nachfolgende Trocknen und Pulverisiren kann man solche Farben nie wieder so fein zertheilen, wie sie ursprünglich gefällt werden. Allein keine Farbe außer dem Bleiweiß zeigt die obige Eigenschaft des Bleiweißes, Oel oder Firniß unter vollständiger Ausscheidung des Wassers zu absorbiren. Denn werden die erstgenannten Flüssigkeiten anderen wässerigen Farben zugesetzt, so bildet sich lediglich eine Emulsion, d. h. eine flüssige Masse, in der das Oel sehr fein und gleichmäßig vertheilt und mit dem Wasser gemischt ist; eine Ausscheidung

Abreiben der Farben in Waffer und Oel. Abreibungsmaschinen. 547

des Waffers aber findet nicht statt. Durch entsprechende Abänderung dieser Methoden kann man dennoch, wenn auch nicht so direct, zu in Oel angemachten fein vertheilten Farben gelangen. Das nachfolgend erläuterte, modificirte Verfahren ist bei allen mineralischen, naß sehr fein zertheilten Niederschlägen in Teigform und ebenso bei geschlämmten Erdfarben, namentlich aber bei denjenigen Farben mit dem allergrößten Vortheile anzuwenden, welche beim Trocknen hart werden, und welche, um sie in Oel abreiben zu können, erst trocken pulverifirt werden müßten. Wenn man nämlich die feine Farbe zur Teigform gebracht hat, berechnet man oder ermittelt an einer Probe ihren Waffergehalt, und setzt nun dem Teige soviel Oel oder Firniß hinzu, wie die trockne Farbe erfahrungsmäßig an Oel erfordert, wenn sie trocken zerrieben einen steifen butterartigen Oelteig bilden soll. Dann rührt man die Maffe durcheinander bis sie gleichförmig erscheint. Man bringt sie nun in eine kupferne oder eiserne Pfanne, im Kleinen in Porcellan- oder Kupferschalen und verdampft das Waffer bei gelinder Wärme. Wenn die Maffe hierbei eine gleichmäßige Consistenz angenommen hat und keine Wafferdämpfe mehr entweichen läßt, oder heißer wird als 100°, oder wenn sie sich in Terpentinöl klumpenlos zertheilen läßt, dann ist die Farbe brauchbar, und soll sie zur feinsten Oelmalerei gebraucht werden, so kann sie nun mit leichter Mühe auf dem Reibsteine noch etwas verarbeitet werden. In größerem Maßstabe läßt man sie die Walzen passiren.

Ueber die Maschinen zum Zerreiben trockner Farben in Waffer und Oel will ich nur Folgendes anführen: Als Farbmühle im Großen gebraucht man im Allgemeinen die S. 122 u. f. beschriebene, zum Bleiweiß- mahlen dienende Vorrichtung, nämlich durch Dampf- oder Wafferkraft getriebene nasse Mühlen. Im Kleinen kann man ganz dieselbe Einrichtung in kleinerem Maßstabe mit entsprechend kleinerem, verstellbarem und durch eine in das Mühleisen gesteckte Kurbel drehbarem Läufer anwenden. Oder man kann sich derselben Einrichtung bedienen, welche die Töpfer zum Mahlen ihrer Glasur anwenden, unter Benutzung paffender härterer Steine, z. B. des Granits statt des Sandsteins.

Maschinen zum Abreiben in Oel sind außer dem alten Reibsteine, an welchem die meisten jetzt lebenden Maler noch ihre Kunst zu lernen angefangen haben, und der immer ein nothwendiges Geräth in der Werkstatt des Malers für die Darstellung kleiner Quantitäten Oelfarbe bleiben wird, sehr wenige brauchbar und praktisch befunden worden. Anderertheils bin ich bei der Wichtigkeit einer genügend feinen und zugleich schnellen sowie billigen Verreibung überzeugt, daß jeder Maler, dem seine Reibsteine zu wenig oder zu theure gerriebene Oelfarben lieferten, sich nach guten Maschinen umgesehen und sogar solche probirt hat, die von mechanischen Werkstätten angefertigt und ausgeboten werden. Es

648 Maschinen zum Abreiben der Farben in Oel. Amerikanische Maschine.

ist wohl richtig, daß viele derselben gute Dienste thun und zum gewöhnlichen Anstriche ein hinreichend feines Product liefern, aber niemals werden dieselben in dem Falle sein genug reiben oder höchstens durch noch größere Kraftverschwendung als beim Reibsteine, wenn man Farben anwendet, welche nicht im Voraus das zarteste Pulver bilden und denen nicht zuvor alle körnige Beschaffenheit genommen ist. Unter den mir vorgekommenen Maschinen zum Reiben von Anstrichfarben ist die sogenannte amerikanische die beste. Sie ist gegenwärtig fast überall, hauptsächlich in den Seestädten bei Malern und Farbenhändlern im Gebrauche und wird auch von deutschen Maschinenfabriken in verschiedener Größe zum Hand- und Maschinenbetrieb angefertigt. Dieselbe leistet bei einem verhältnißmäßig geringen Aufwande von Kraft zur Kurbeldrehung sehr viel, liefert aber die Farbe sehr dünn, so daß letztere zwar für den Consumenten, d. h. den Anstreicher, geeignet ist, nicht aber als Handelswaare, an der man eine butterartige Consistenz liebt. Größere Maschinen sind mit Schwungrad, noch größere mit Riemenscheibe zum Dampfmaschinenbetrieb versehen.

Für die Darstellung der Oelfarben in Teigform oder von Butterconsistenz, wenn sie nicht nach der oben berührten Weise aus wässerigem Teige erfolgen kann, verwendet man ebenfalls nur möglichst fein pulverisirte Farben. Man zerreibt sie am besten in nachfolgend beschriebenen Maschinen.

1) Man denke sich einen größeren Malerreibstein aus Marmor oder besser Granit von der Form eines Kegels. Derselbe sei von seiner Basis an, an der ganzen Peripherie mit einem Schneckengange, gleichsam einem Schraubengange versehen, der bis an die Spitze des Kegels geht, aber successive enger und enger wird, bis er verschwindet. Je nach der Größe des Kegels kann er mit 6 bis 4 cm Breite und 3 bis 2 cm Tiefe beginnen. Wenn dieser Kegel ein von der Basis nach der Spitze, aber nicht durchgehendes Mühleisen (eine Achse) bekommt, in welches die Triebkraft einer Kurbel im Kleinen, eines Rades im Großen transmittirt wird, so dreht sich der Kegel vertical stehend um, mit seiner Spitze nach unten gerichtet. Wenn man nun diesen Kegel in einer ebenso geformten Vertiefung eines passenden feststehenden Steines von demselben Materiale, welche sich an der Spitze des Kegels öffnet, in einer solchen Richtung herumdrehen läßt, daß die Richtung der Kreisbewegung des Kegels und diejenige, welche die Schraube nach oben hat, zusammenfallen, so schafft der Schraubengang die oben auf dem Kegel liegende Farbe bei der Umdrehung zwischen die Reibflächen der sich beinahe berührenden Steine: die Farbe wird hierbei nach und nach immer feiner zerrieben und endlich unten an der Oeffnung des unteren Steines herausgedrückt. Während der Kegel oben in einem Gestelle mit seinem Mechanismus zum Umdrehen feststeht, muß am unteren Steine, der gleichfalls auf einem Gestelle ruht, eine Vorrichtung zum Heben und Senken angebracht

ein, um mittelst derselben theils die Steine einander mehr beziehungsweise weniger zu nähern, theils um sie behufs der Reinigung aus ihrer Verbindung lösen zu können. Außerdem muß das Ganze und der untere Stein so hoch placirt sein, daß man unter seine Oeffnung ein Gefäß stellen kann, um die geriebene Farbe aufzunehmen.

In hinreichend großem Maßstabe ausgeführt, paßt diese Vorrichtung sehr gut für Farbenfabriken. Sie ist sehr leicht und auf dieselbe Weise oder durch einen ähnlichen Mechanismus in Bewegung zu setzen, wie die Läufer der nassen Mühlen.

2) Man verwendet ein System von feingeschliffenen, gewöhnlich vier Walzen aus Granit, Syenit oder Porphyr, durch deren Centrum entweder die viereckige Achse ganz durchgeht oder wenigstens an beiden Seiten so eingelassen ist, daß die beiden Eisenstücke sie halten können. Die erstgenannte Befestigung der Achse ist die sicherste, jedoch verursacht es Schwierigkeiten, die hierzu erforderlichen tiefen Löcher gerabseitig durch den Stein zu bohren. Die Walzen liegen auf einem Gestelle, ihr Centrum in einer Ebene und werden durch Zahnräder getrieben, die alle an derselben Seite der Cylinder auf ihren Achsen aufgekeilt sind. Auf beiden Seiten läuft die abgedrehte Achse in Büchsen, welche in kleinen Bahnen etwas verstellbar sind, so daß die Walzen einander mehr genähert werden können, wenn sie nicht fein genug reiben, oder mit der Zeit sich etwas abnutzen, und zu diesem Behufe müssen auch die Zahnräder, welche die Bewegung von Walze zu Walze übertragen, hinreichenden Spielraum gewähren. Außerdem wird erfordert, daß die Walzen, namentlich die ersteren, eine etwas raschere Drehung haben, als die folgenden. Man bewirkt dadurch, daß die Farbe nicht nur an den gegenseitigen Berührungspunkten der Walzen zerdrückt, sondern auch gleichzeitig wie auf dem Reibsteine, obwohl nur auf einer kleinen Fläche, zerrieben wird, und die schneller gehende Walze streift die Farbe an der langsam gehenden gleichsam ab. Die zu zerreibende Farbe, welche zuvor mit Oel dick angerührt sein muß, gelangt zunächst zwischen das erste Walzenpaar; die zweite Walze zerdrückt das an ihr hängen bleibende Material an der dritten, die dritte so an der vierten, und dort ist ein scharf anliegendes Abstreichmesser angebracht, welches die fein zerriebene Farbe abstreift, die in einen untergesetzten Kasten abfällt. Auch diese Maschinen arbeiten sehr gut, leisten sehr viel, sind aber natürlich viel theurer. Maschinenfabriken liefern sie von verschiedener Größe auch für Handbetrieb.

Solche Maschinen, oft noch mit mehreren Walzen versehen, welche sich an einer größeren reiben, werden auch von Fabriken angewendet, welche Oelfarben in Tuben oder Blasen ausschließlich für Kunstmaler herstellen, zu welchem Behufe dann das Reiben derselben so oft wiederholt wird, bis die Farben die höchste erreichbare Feinheit und Zertheilbarkeit durch die feinsten Pinsel angenommen haben.

660 Leim-, Kalk-, Wasser-, Oel- und Firnißfarben zum Anstrich. Bindemittel.

Bei den Lackfarben gelten hinsichtlich ihrer mechanischen Beschaffenheit, ihrer Zerreibung und ihrer Anwendung als Oel- und Wasserfarbe alle die Umstände, welche ich oben für die mineralischen Farben angeführt habe. In Bezug auf die vorstehend erörterte Herstellung von Oelfarbe aus wässerigem Teige liegen jedoch die Verhältnisse bei den Lackfarben insofern anders, als manche derselben die oben angegebene Erhitzung des Farbenteiges mit Oel zur Austreibung des Wassers nicht vertragen, theils wegen der empfindlicheren Natur ihrer organischen Farbstoffe, theils vermöge ihrer Zusätze. Beispielsweise ist die in Rede stehende Erhitzung mit Oel bei allen Lackfarben mit Stärkezusatz nicht anwendbar, andererseits aber auch nicht nothwendig, da die stärkehaltigen Lackfarben im trocknen Zustande nie eine große Härte haben, sondern lose zusammenhängend und mehr pulverförmig sind, so daß die Herstellung der Oelfarbe aus denselben leicht durch Anreiben der trocknen Lackfarbe erfolgen kann.

Wenn die Farben in Wasser einen teigförmigen Zustand besitzen, oder von etwas dünnerer als Butterconsistenz sind, mag diese Consistenz durch Filtriren oder Absetzen der Niederschläge, oder nach vorgängigem Schlämmen, Naßmahlen, Pressen u. s. w. der Farben in der früher beschriebenen Weise erreicht sein: so sind sie in dieser Form für den Maler, als Wasserfarbe für Tüncher, sowie für Tapetenfabriken ec. brauchbar. Diese Consumenten setzen den Teigen nun zweckentsprechende, meistens flüssige Stoffe zu, die als Bindemittel zwischen der Farbe und dem Gegenstande dienen, auf welchen erstere aufgetragen, aufgestrichen oder aufgedruckt werden soll. Solche Bindemittel sind Leimwasser, Gummi, Dextrin, Stärkekleister, Milch, Kalkmilch bei Kalkfarben. Die Anstriche von Kalk und Kalkmilch sind an und für sich ohne Weiteres auf Mauern und Kalk- oder Steinwänden haltbar. Die Leimfarben halten auf Holzflächen gewöhnlich nur dann, wenn dieselben erst einen Firnißanstrich erhalten haben, und derselbe abgetrocknet ist. So halten auch auf Holzflächen und Mauern mit Kleister befestigte Tapeten nicht, sondern lösen sich bald wieder ab, wenn erstere nicht zuvor einen Firnißanstrich erhalten haben.

Die Wasser- und Kalkfarben sind als Anstrichfarben innerhalb der Wohnungen, wo sie nie naß werden, sehr brauchbar, finden daher auch hier in der That die häufigste Verwendung von Seiten des Malers oder Anstreichers.

Wenn die Farben auf die angeführte Art in Oel oder Firniß abgerieben sind, entweder durch die Farbenfabrikanten oder den Maler selbst, so sind sie zwar immer als Anstrichfarben tauglich — wenigstens verlangt man das von den im großen Maßstabe hergestellten Farben —, aber sie eignen sich nicht zur Ausführung feinerer Malereien. Bedarf der Maler zu letzterem Zwecke eine größere Menge Farbe, so bereitet er sich dieselbe, da ihm die Farben in Tuben für Kunstmaler zu theuer kommen würden, auf die Weise, daß er die gewöhn-

Bedingungen des Trocknens der Oelfarben.

lichen Farben nachträglich in kleineren Partien auf dem Reibsteine noch entsprechend feiner zerreibt.

Wie die Oelfarben aber auch verwendet werden sollen, so begehrt man von ihnen, daß sie schnell trocknen. Hierzu kann der Fabrikant der eigentlichen Farbe, d. h. der färbenden Substanz nichts beitragen, indem die Eigenschaften der Farben und Körper, welche sie ausmachen, sich nicht verändern lassen, ohne ihre Zusammensetzung selbst zu ändern, wodurch sie aber aufhören würden zu sein, was sie sind, oft gar nicht mehr eine Farbe. Auch ist in der That der Unterschied der Zeit, die zum Trocknen der Farben nöthig ist, weniger von ihrer chemischen Natur als von ihren physikalischen Eigenschaften abhängig. Denn die Schnelligkeit, mit welcher eine Farbe trocknet, ist meistens abhängig von der Quantität an Oel, welche die Farbe zum Anmachen in Oel bedarf. Diese zur Herstellung einer gleichen Consistenz erforderlichen Oelquantitäten sind aber bei den Farben sehr verschieden. Als Extreme für schnelles Trocknen kann man Bleiweiß nehmen, welches 10 Procent Oel erfordert, um in sein zerriebener Gestalt Teigform anzunehmen. Als Extreme für langsames Trocknen mögen die Ockerarten gelten, welche für dieselbe Consistenz 30 bis 36 Procent an Oel oder Oelfirniß in Anspruch nehmen. Werden nun die beiden genannten Farben mit gleichviel Terpentinöl aufgestrichen und zwar gleich dick, so erhält man Schichten, wovon die dreimal soviel Oel haltende Schicht wenigstens dreimal so viel Zeit zum Trocknen brauchen wird. Durch Zusatz von Bleiweiß, Schwerspath rc. werden daher die Farben im Allgemeinen schneller trocknend, weil dann die Oelmenge in der aufgestrichenen Schicht verhältnißmäßig verringert wird.

Die thunliche Ausnutzung dieser Erfahrungssätze geschieht seitens der Maler einmal dadurch, daß sie kein fettes Oel, sondern nur Terpentinöl zum Verdünnen der in Oel angeriebenen Farben anwenden; ferner dadurch, daß sie die Farben, welche viel Oel aufnehmen, nicht mit rohem Oel, sondern mit gut trocknendem Firniß anreiben, auf welche Weise auch diejenigen Fabrikanten verfahren, welche in Oel angeriebene Farben anfertigen. Bleifarben oder Farben, deren Hauptbestandtheil Bleioxyd ist, trocknen im Allgemeinen rasch, so auch die viel Schwerspath enthaltenden, weil sie nicht viel Oel verschlucken. Die Fabrikanten benutzen daher zum Anreiben solcher wenig Oel absorbirenden Farben nur rohes abgelagertes Leinöl, dagegen zu den viel Oel verschluckenden Farben in der Regel nur Leinölfirnisse. Jedoch werden letztere Farben auch zuweilen nicht mit Firniß angerieben, der stets von dunklerer Farbe ist, sondern mit Oel. In diesem Falle zerreibt man mit der Farbe einige Procente Bleiglätte, welche dann denselben Effect hervorbringt, als hätte man gekochtes Oel angewendet. Dieses Verfahren hat den Zweck, die Beeinträchtigung der Farbe durch gefärbten Firniß zu verhindern.

Auf der Oberfläche der in offenen Gefäßen enthaltenen mit Leinöl oder Leinölfirniß abgeriebenen Farben, wo sie mit der Luft in Berührung stehen, bildet sich bekanntlich bald eine Haut. Diese besteht aus derselben Substanz, in welche sich das Oel allmälig beim Trocknen des Anstrichs verwandelt und durch welche daher die eigentliche Farbe auf dem bemalten Gegenstande befestigt wird. Um diese rasche, unangenehme und für den Gebrauch der Farbe sehr hinderliche Hautbildung zu verhindern, bedeckt man die Farbenvorräthe mit einer Schicht Wasser, die man von der steifen Farbe vor ihrem Gebrauche leicht wieder abgießen kann. Die Fabrikanten füllen die Farben neuerdings in Blechbüchsen, welche mit einem Deckel verlöthet werden, wobei also durch den völligen Luftabschluß diese Hautbildung verhindert ist. Die Füllung der für Künstler fein geriebenen Farben in Tuben von Zinnfolie hat denselben Zweck. Da aber der Verschluß hier nicht vollkommen ist, so kann man die mit Farbe gefüllten Tuben bei sehr langem Aufbewahren in Wasser oder Terpentinöl legen und so den Luftzutritt verhindern.

Theils ist es bei der Verwendung trockener Farben Sache des Malers, welche Oele oder Firnisse er verwenden will, theils erfordert die Arbeit eine Auswahl je nach dem Glanze, den die Anstriche annehmen sollen, und je nach äußeren Einwirkungen, denen dieselben ausgesetzt sind. Leinöl und Mohnöl sind zu allen Anstrichen sehr anwendbar. Diese Oele werden um so schöner und um so geeigneter zum Anstrich, bei je gelinderer Temperatur sie mit einigen Procenten Bleiglätte gekocht oder auch bloß zusammengerieben und stehen gelassen sind. Man kann sie dadurch bleichen, daß man sie in Flaschen von weißem Glase längere Zeit der Sonne aussetzt; ein Zusatz von Terpentinöl befördert dieses Bleichen. Um sie von Anfang an mit keiner dunkleren Farbe zu erhalten, als das Oel von Natur besitzt, kann man letzteres in ein Gefäß bringen, 1 bis 3 Procent feingemahlene Silberglätte nebst 1 Procent Bleizucker zusetzen, in das Gemisch einen Strom von Wasserdampf einige Stunden einleiten, darauf absetzen lassen und das Oel vom Wasser abziehen. Man erhält so einen gut trocknenden Firniß, der aber nicht völlig klar ist, weil er etwas Feuchtigkeit einschließt. Er zeigt jedoch beim Gebrauche keine nachtheiligen Folgen, und wird hell, wenn man ihn eine kurze Zeit auf 100 bis 110° erwärmt. Es ist schade, daß die letztbeschriebene Art der Firnißbereitung, welche ohne alle Gefahr ist, aus dem Grunde nicht ebenso gut für die Maler oder Fabrikanten paßt, weil ein kleiner Dampfkessel dazu nöthig ist, welchen die Fabrikanten zu anderen Zwecken schon besitzen, den der Maler aber speciell zu diesem Behufe erst anschaffen müßte.

Es kann hier nebenbei erwähnt werden, daß neuerdings zum Anreiben von Farben auch sogenanntes Harzöl verwendet wird, welches nichts anderes ist, als in schlechten Terpentinölen, Rieböl ꝛc. aufgelöstes Harz. Beim Anstrichen mit solchen Farben, die mit Harzöl angerieben sind, trocknet das Terpentinöl ꝛc. unter Zurücklassung des Harzes, welches die Farbe auf dem angestrichenen Gegenstande befestigt. Solche Anstriche mögen gute Dienste leisten auf

Abblättern und Zerreißen der Anstriche mit ungleichartigem Bindemittel. 553

haltbarem Material, wie auf Eisen, Steinen ꝛc., aber das Holz werden sie nicht besonders schützen, weil die farbenhaltende Harzschicht mit der Zeit rissig wird und dann das Wasser eindringen läßt. Nur wenn auf Holz erst ganz dünne Anstriche gegeben werden, so daß das Harz in dasselbe eindringen kann, mögen solche Anstriche einigermaßen dem Zwecke entsprechen. Man giebt deshalb derartige, hauptsächlich als Schutzdecke des Holzes dienende Anstriche häufig ganz ohne Farbe und benutzt dazu oft den in England viel angefertigten, sogenannten Bright Varnish und Black Varnish, einen schwarzen Firniß, welcher aus Steinkohlenöl, Steinkohlentheer und darin gelöstem Harz oder Asphalt dargestellt wird und zum Anstriche von im Freien befindlichen Gegenständen: Stacketen, Planken, auch von Schiffen geeignet ist.

Sollen die Anstriche haltbar sein und nicht bald Fehler zeigen, so darf in keinem Falle etwa erst ein Grund mit Wasserfarbe gelegt werden, um nachher den Oelanstrich darauf mit Ersparniß zu machen. Denn solche Anstriche blättern jedenfalls nach einiger Zeit ab, so daß bei denjenigen Oelfarbenanstrichen, welche ein vorzeitiges Abblättern zeigen, gewöhnlich eine Wasserfarbengrundirung vorliegt.

Wenn Lackfirnisse bei Malereien und Anstrichen zu dem Zwecke in Anwendung kommen, um besonders glänzende Flächen zu erzielen, so wird zuweilen die Malerfarbe erst mit Oel aufgetragen und dann mit Lackfirniß der Glanz gegeben. Obgleich nun die derart hergestellte Arbeit dem Ansehen nach nichts zu wünschen übrig läßt, so ist doch auch dieses Verfahren durchaus zu tadeln. Denn die aufgetragenen verschiedenartigen Schichten blättern entweder ebenso ab wie im obigen Falle oder sie zerreißen, weil ihre beiderseitige Ausdehnung verschieden ist, also die eine oder andere Schicht bei Temperaturwechseln nachgeben muß, nachdem beide trocken geworden sind und dann ihre Elasticität verloren haben. Zur Vermeidung dieses Uebelstandes thut der Maler am besten, er verwendet einen fetten Lackfirniß, d. h. einen mit Leinölfirniß gemischten Copalfirniß, sowohl zum Anstrich als zum Lackiren, so daß beide dünn aufgetragenen Schichten eine gleichartige Masse bilden. Rissige alte Anstriche haben gewöhnlich die obige Veranlassung, ebenso rissige Gemälde, welche auf einen Grund gemalt sind, der durch ganz andere Anstrichsmateriale hergestellt ist, als die darauf befindliche Malerei hinsichtlich der angewendeten Oele oder Firnisse. Hierzu kommt außerdem, daß ein mit Oelfirnissen angefertigtes Gemälde etwa mit der Zeit, wenn es seinen Glanz verloren hat, oft noch ein- oder mehrere Male mit wieder anderen Firnissen retouchirt ist.

Zur Malerei und zum Anstrich auf einem Materiale, welches sich biegt oder windet, ausdehnt und zusammenzieht, sind nur solche Lackfirnisse empfehlenswerth, welche eine gewisse Menge Leinölfirniß enthalten, denn dieser Firniß macht den Anstrich zähe und elastisch, so daß der letztere kleinen Bewegungen und Biegungen nachgiebt, ohne zu zerreißen. Damarfirniß behält wohl

554   Herstellung der Lackfirnisse: Copallack.

eine Zeit lang elastische Beschaffenheit, wobei er gern klebrig bleibt; aber indem trocknet er doch aus und zerreißt dann auf biegsamen Flächen um so leichter, als ein Zerreißen dieses Firnisses vermöge seiner erheblichen Ausdehnungsfähigkeit schon auf unbiegsamen Flächen nach einiger Zeit eintritt.

Beim Lackiren mit Polirung, wobei keine Deckfarben angewendet werden, sondern das Material, gewöhnlich Holz, nur eine Farbe erhält, entweder durch Beizen, oder lasirende Lacke oder lackähnliche Farben, z. B. Acajoulack, Mahagonibraun, gebrannte Terra de Sienna, kann die färbende Schicht durch jede Art Firniß aufgetragen und eingerieben werden. Ebenso kann das Lackiren nachher mit Copal- oder Spritlackfirnissen erfolgen. Die Schichten, die hier auf geschliffene Flächen aufgetragen werden, sind so dünn, daß sie dem Zerreißen gewöhnlich nicht unterworfen sind.

Oft sind käufliche Lackfirnisse nicht das, wofür sie ausgegeben werden, und der Maler erlebt dann leicht Verdrießlichkeiten, indem die ungenügende Beschaffenheit solcher Lacke erst nach ihrer Verarbeitung in den damit hergestellten mangelhaften Anstrichen hervortritt, welche daher seine Arbeitsweise nicht empfehlen. Für den Maler ist es also stets von Vortheil und es giebt ihm von vornherein eine Garantie und Beruhigung, wenn er mit selbst angefertigten Lacken arbeitet, wofern er nicht Abnehmer solcher Firmen ist, die stets reelle Waare liefern, und solche Firmen giebt es auch. Aber oft ist der Preis das Verführerische. Man kauft billig, ohne zu bedenken, daß reelle Fabrikanten ja auch billig liefern würden, wenn solches bei guter Waare möglich wäre. Die Bereitung der wichtigsten Lackfirnisse ist daher nachstehend angegeben.

Copallack kann niemals ganz weiß oder farblos hergestellt werden, und ein im Handel etwa dafür ausgegebener, farbloser Lack ist gewiß kein Copallack. Der Maler bereitet letzteren am zweckmäßigsten in der Weise, daß er sich ziemlich ungefärbten, am besten Cowrie Copal verschafft, denselben schmilzt, und nachher weiter verarbeitet. Die richtige Ausführung des Schmelzens ist die Hauptsache. Im kleinen Maßstabe, den Verhältnissen des Malers angemessen, verfährt man dabei am besten so, daß man sich von gutem haltbarem Töpferthon einen Topf machen läßt, der aber statt mit einem Boden in einen Trichter mit Trichterröhre endigt, die etwa 18 bis 20 cm lang ist. Diesen Topf setzt man in eine blecherne Kohlenpfanne mit oder ohne Rost, die in der Mitte ein Loch hat, durch welches die Trichterröhre geht. Man umgiebt dann den Topf mit Kohlen, zündet sie an und wirft den Copal hinein, der in dem Maße wie er schmilzt durch das Trichterrohr herausläuft, also nicht überhitzt werden kann. Unter die Röhre stellt man ein Gefäß mit kaltem Wasser, das man, wenn die Kohlenpfanne einen Rost hat, mit einem Deckel bedeckt, durch den das Trichterrohr geht, so daß keine Asche von oben in das Gefäß fallen kann. In dem letzteren erstarrt nun der geschmolzene Copal. Wenn der sämmtliche in den

Bereitung von fettem Copalfirniß und Damarfirniß. 555

Topf gefüllte Copal geschmolzen ist, so füllt man frischen nach, bis eine gegebene Portion auf diese Art verarbeitet ist. Man nimmt den geschmolzenen Copal nachher aus dem Wasser, trocknet ihn vor seiner Verwendung auf einer warmen Stelle aus, füllt ihn in Flaschen und übergießt denselben mit Terpentinöl, welches ihn nach und nach auflöst. Sollte die Auflösung trübe sein, so erwärmt man sie vorsichtig einige Zeit über dem Feuer und läßt sie noch heiß durch Leinwand laufen. Man verdünnt nöthigenfalls zu der speciell gewünschten Consistenz.

Fetten Copalfirniß erhält man leicht, wenn man Leinölfirniß zum Kochen erhitzt, ihn vom Feuer hebt und dann nach und nach von obigem Copalfirniß nach Bedarf zuführt. Diese Arbeit darf jedoch in Rücksicht auf den dabei gebildeten leicht entzündlichen Terpentinöldampf niemals in der Nähe von Feuer oder Licht ausgeführt werden, ebenso ist eine Ueberhitzung des Oelfirnisses zu vermeiden, weil sonst beim Zusetzen des Copallacks durch die plötzlich und in großer Menge erfolgende Verdampfung des Terpentinöls sehr leicht ein vehementes Ueberfsteigen der Masse erfolgt.

Kommt es nicht sehr auf die Farbe des fetten Copalfirnisses an, so kann man auch Copal in einer Kupferpfanne unter Umrühren mit einem Eisenstabe schmelzen, bis er vollständig und schaumfrei flüssig geworden ist. Man setzt alsdann Leinölfirniß unter Umrühren hinzu, in welchem sich der Copal bald völlig auflöst, nimmt nach erfolgter Auflösung die Pfanne vom Feuer, und setzt nun Terpentinöl ebenfalls unter Umrühren hinzu, um so mehr, je dünner der Firniß werden soll.

Der auf letztere Weise bereitete Firniß muß einige Zeit stehen, damit sich Unreinigkeiten absetzen. Verdünnt man aber mit Terpentinöl hinreichend, so kann er auch warm filtrirt werden.

Beim Schmelzen des Copals entwickeln sich sehr stechende Dämpfe eines brenzlichen flüchtigen Oels. Man nimmt das Schmelzen daher am besten im Freien oder unter einem gut ziehenden Schornstein vor. Im Großen hat man sowohl zum Schmelzen des Copals als zur Entfernung dieser höchst beschwerlichen die Augen angreifenden Dämpfe besondere Vorrichtungen.

Damarfirniß, den man auch beiden vorhergehenden Firnissen zusetzen kann, und welcher fast ganz ungefärbt ist, so daß derselbe sich vorzüglich zur Verarbeitung weißer Farben eignet, obwohl er mit der Zeit rissig wird, kann man dadurch bereiten, daß man das Damarharz in emaillirten Eisengefäßen schmilzt, bis es nicht mehr schäumt, sondern klar fließt, worauf man Terpentinöl zusetzt, welches den Damar löst. Die heiße Lösung filtrirt man dann durch Leinwand. Eine andere Bereitungsweise des Damarfirnisses besteht darin, daß man das Damarharz ohne Weiteres mit Terpentinöl übergießt, in welchem es sich leicht und nach und nach löst. Aber die letztere Lösung wird niemals hell und durchsichtig, sondern bleibt stets opalisirend, weil ihr das im Damar enthaltene Wasser beigemengt ist, das nach dem ersten Verfahren beim Schmelzen des Harzes entweicht. Eine brüte

Bereitungsweise, welche den Damarfirniß zugleich wasserklar und weniger gefärbt liefert, als nach dem ersten Verfahren durch Auflösung des geschmolzenen Harzes, ist die folgende. Man erhitzt 1 Gewichtstheil Damar mit 4 Gewichtstheilen Terpentinöl so lange, bis einerseits alles Harz gelöst ist, was rasch erfolgt, und bis andererseits keine Wasserdampfblasen mehr aus der Masse entstehen und austreten, sondern das Terpentinöl ruhig kocht. Man gießt die Lösung alsdann durch Leinwand oder ein feines Messingsieb, um Reste und Unreinigkeiten, die im Harze enthalten sind, zurückzuhalten, worauf der Firniß fertig ist. Er ist dann ebenso klar, als der aus geschmolzenem Damarharz bereitete Firniß. Daß auch diese Erhitzung mit Vorsicht und unter Abhaltung jeder Flamme geschehen muß, ist selbstverständlich. Ueberhaupt muß man zur Begegnung von Feuersgefahr beim Leinöl- oder Firnißkochen stets etwas Sand sowie einen Deckel oder ein Blech zur Hand haben, um das Gefäß, dessen Inhalt etwa in Brand gerathen ist, sofort mit dem Bleche zu bedecken und diese Bedeckung mit dem kalten Sande zu überschütten.

Der Bernstein giebt nur einen dunklen oder fast schwarzen Lackfirniß. Letzterer wird in Fabriken hergestellt, in welchen man den Bernstein zugleich auf Bernsteinsäure verarbeitet. Das Schmelzen des Bernsteins kann in der oben beschriebenen Vorrichtung zum Copalschmelzen mit der Abänderung erfolgen, daß man das trichterförmige Schmelzgefäß, welches auch von Kupfer sein kann, mit einem durch Lehm zu verstreichenden Deckel versieht und das Harz, statt in Wasser, direct in Leinölfirniß fließen läßt, den man nachher noch mit dem Ungelösten erwärmt und bei etwa noch zu dicker Consistenz mit Leinölfirniß oder Terpentinöl verdünnen kann.

Seitdem das Zinkweiß in Gebrauch gekommen ist, wird zum Anstrich für dasselbe ein bleifreier Leinölfirniß aus dem einleuchtenden Grunde benutzt, damit der Zinkweißanstrich nicht die uns aus Früherem bekannte üble Eigenschaft bleihaltiger Farben erhält, sich durch schwefelhaltige Gase zu schwärzen. Zur Herstellung eines solchen bleifreien Firnisses wird Leinöl mit sogenannten Siccativen angerieben und das Zerriebene einer größeren Portion kochenden Leinöls zugesetzt. Diese trockenen Siccative bestehen aus borsaurem Manganoxydul oder auch aus Manganoxydhydrat, das zu diesem Behufe ganz eisenfrei sein soll.

Neuerdings kommen flüssige Siccative im Handel vor, welche durch Kochen von Leinöl mit fein gemahlenem Braunstein erhalten werden, wobei das Oel stark schäumt und sich so verändert, daß es eine syrupartige oder noch dickere Consistenz annimmt. Man verdünnt es dann nach und nach mit Terpentinöl und erhält so eine dunkelbraune Flüssigkeit, welche, den Oelen und Firnissen in geringen Mengen zugefügt, diesen die Eigenschaft ertheilt, schnell zu trocknen.

Conservirende Anstriche: Wasserglas, Chlorzink.

Gewisse Farben, namentlich die als Kaltfarben gebrauchten, lassen sich statt mit anderen Bindemitteln mit aufgelöstem Wasserglase, welches jetzt bekanntlich eine gängige Handelswaare ist, auftragen, und zugleich glänzend machen. Aber ch vermuthe, daß solche Wasserglasanstriche auf Holz weniger schützend sind, als Oel- oder Harzanstriche. Will man dem Holze nicht bloß eine wohlfeile Farbe geben, sondern es auch conserviren, so ist dazu das schwedische Verfahren vorzüglich, welches man seit Jahrhunderten unter Benutzung der Rothfarbe „Fahlunroth" anwendet, indem man Roggenmehlkleister kocht, in demselben Eisenvitriol löst, in das Gemisch Leinöl oder etwas Fischthran rührt und schließlich die genannte Rothfarbe zusetzt. Der damit erzielte Anstrich auf Holz trotzt allen Einflüssen der Witterung, denn der Eisenvitriol, welcher nach und nach in das Holz dringt, zerstört dessen fäulnißerregende Bestandtheile und conservirt es dadurch sehr gut. Damit die Farbe festsitzt und auch gut in das Holz dringt, dürfen die Flächen des letzteren nicht gehobelt, sondern müssen rauh sein, wie an Balken und ungehobelten Brettern.

Zinkweiß kann auf allen Flächen auch mit einer Lösung von basischem Chlorzink, von 68° Baumé, welche mit Gelatine- oder Leimlösung und etwas Weinstein versetzt ist, angestrichen werden. Der Anstrich erhärtet rasch, wird glänzend und wirkt auf Holz gleichfalls fäulnißwidrig.

Folgende Farben werden in den deutschen Preiscouranten als Oelfarben in Tuben, früher in Blasen, als für Kunstmaler präparirt, angeführt.

Weiße.

Cremserweiß	Blanc d'argent.
Venetianerweiß (Bleiweißsorte).	
Zinkweiß	Oxyde de Zinc.

Gelbe.

Neapelgelb	Jaune de Naples.
„ , röthlich	„ „ „ rougeâtre.
Jaune brillant.	
Helles Chromgelb	Jaune de Chrome.
Dunkles Chromgelb	Jaune de Chrome foncé.
Lichter Oker	Ocre claire.
Goldocker	Ocre d'or.
Mittlerer Oker.	
Dunkler Oker	Ocre d'or foncé.
Strinocker.	

Ocre de Rhue.
Terra de Sienna.
Jaune de Mars.
Laque jaune de gande.
Laque Robert Nr. 6. Gelber Lad.   Gelbbeerenlad.
Hellgelber Lad   Laque jaune.
Dunkelgelber Lad   Laque jaune foncé.
Styl de grain jaune (Schüttgelb).
Helles Cadmium   Cadmium claire.
Dunkles Cadmium   Cadmium foncé.
Indisch Gelb   Jaune d'Inde.
Zinkgelb.
Gelber Ultramarin (Zinkgelb).

Rothe von verschiedener Nüance.

Krappcarmin   Carmin de Garance.
Cochenillecarmin   Carmin extra.
Carminlad   Laque carmin de Cochenille.
Krapplad Nr. 1, dunkel   Laque de garance.
   „   „   2, mittel
   „   „   3, hell
   „   „   rosa   Laque de garance rose.
Laque de smyrne   Jaune capucine.
   „   Brun rouge   „   „
   „   Rouge brun   „   „
Pigment, fein rothbrauner Krapplad.
Bethloberlad.
Rother Lad   Laque Rouge.
Florentinerlad
Lad Robert, Nr. 1 ⎫   Laque Robert.
   „   „   „ 2 ⎬ Krapplade.
   „   „   „ 3 ⎪
   „   „   „ 4 ⎭
Rother Zinnober   Vermillon.
Chinesischer Zinnober   Vermillon de Chine.
Carminzinnober.
Vermillon.
Chromroth   Chrome rouge.
Wienerroth.

Farben in Tuben für Kunstmaler.

Hellrothes Oxyd	Oxyde rouge claire.
Gebrannter lichter Oder	Ocre brûlé.
Neapelroth	Rouge de Naples ⎫
Pozzuola-Erde	⎬ Eisenoxyde.
Venetianerroth	Rouge de Venise ⎭
Kaiserroth	
Rouge de Saturne (Mennige).	
Englischroth, hell ⎫	
„ dunkel ⎬ Eisenoxyde. Eisenfarben.	
Caput mortuum, hell ⎪	
„ „ dunkel ⎭	
Van-Dyk-Roth	Rouge Van Dyk.
Indisch-Roth ⎫	Oxyde de Mars; Rouge de Mars.
Persisch-Roth ⎪	
Fleischoder ⎬ Eisenoxyd.	
Morellensalz ⎪	
Rouge de Mars ⎪	
Orange de Mars ⎭	Oxyde orange de Mars.
Eisenviolett, hell und dunkel.	
Türkischroth ⎫	
Pariserroth ⎬ Verschiedene Nüancen von Eisenoxyd.	
Brun rouge ⎭	

Braune.

Gebrannter dunkler Oder	Ocre brûlé foncé.
„ Goldoder	Ocre d'or brûlé.
Gebrannte grüne Erde	Terre Veronese brûlée.
Terra de Sienna	Terre Siénne brûlée.
Englischer Umbra	Ombre.
„ „ gebrannter	Ombre brûlée.
Casseler Braun	Brun de Cassel.
Cölnische Erde	Terre de Cologne.
Asphalt	Asphalte.
Mumie	Momie.
Dunkelbraunes Eisenoxyd	Oxyde brune de fer.
Asphaltbraun.	
Van-Dyk-Braun (Oxyd)	Brun Van Dyk (Casseler Braun).
Van-Dyk-Braun (Metalllack).	
Laque de Ronce; Jaune clair.	

Laque brûlé.
Styl de grain brun (Brauner Krapplack).
Brauner Krapp   Laque brune de garance.
Brauner Lack.
Laque Robert Nr. 7   Roberts braune Krapplacke.
   „   „   „ 8.
Florentiner Braun.

Blaue.

Kobaltblau 0, dunkel   Bleu de Cobalt.
   „   1, mittel.
   „   2, hell.
Pariser Ultramarin.
Ultramarin 1, dunkel   Outremer.
   „   2, hell
Blaugrünes Oxyd 1, grünlich   Cendre bleue.
   „   „ 3, bläulich
Pinkertsblau.
Pariserblau   Bleu de l'russe.
Berlinerblau   Bleu de Prusse.
Mineralblau.
Diesbacher Blau   Berlinerblau.
Violetter Lack   Laque violette.
Smalte.
Violetter Carmin   Carmin violet.

Grüne.

Deckgrün.
Grüner Zinnober, hell.
   „   „   dunkel.
Mineralgrün.
Grüne Erde.
Veroneser Erde (grüne Erde)   Terre Veronese.
Grünspan.
Grünes Chromoxyd, echtes   Vert de Chrome.
Kobaltgrün, hell   Vert de Cobalt.
   „   dunkel   Vert de Cobalt foncé.
Ultramaringrün   Outremer vert.

Grüner Lack, hell
„   „   dunkel
Vert Emeraude (Guignetsgrün auch Schweinfurtergrün).

Schwarze.

Elfenbeinschwarz	Noire d'ivoire.
Beinschwarz.	
Kernschwarz.	
Neutralschwarz.	
Mineralschwarz.	
Rabenschwarz	Noir de vigne.
Kaffeeschwarz.	
Markschwarz	Noir de bougée.
Graphit	Graphit.
Asphalt	Bitume.
Bister	Bistre.

Die französischen Preiscourante enthalten hauptsächlich diejenigen Farben in der Landessprache, deren französische Namen hier beigefügt sind. Die deutschen Preiscourante und Tubenetiquetten führen dagegen die obigen deutschen und französischen Bezeichnungen, oft auch nur die letzteren.

Untersuchung der Oelfarben. Es ist oft zweifelhaft, ob die im Handel vorkommenden Oelfarben in Tuben wirklich das sind, was dieselben ihrer Bezeichnung gemäß sein sollen. Andererseits führen diese Oelfarben, wie wir gesehen haben, häufig unbestimmte Handelsnamen, z. B. Vert Emeraude, Lack Robert, Van-Dyk-Braun, welche entweder willkürlich gewählt oder von einer Eigenschaft oder zufälligen Aehnlichkeit oder von dem ersten Fabrikanten der Farbe u. s. w. abgeleitet sind, aber die Zusammensetzung der letzteren, die natürliche Abstammung derselben oder die Gattung, zu welcher sie gehört, nicht ausdrücken. In diesen Fällen kann der Consument die durch sein Interesse gebotene Gewißheit über den Bestand einer derartigen Farbe nur durch eine Untersuchung derselben erlangen, welche nach folgender Anleitung ausgeführt werden kann.

Zunächst ist behuf der Isolirung der eigentlichen festen Farbensubstanz die Oelfarbe von ihrem Oele zu befreien. Dies geschieht am besten dadurch, daß man eine gewogene oder ungewogene Quantität Oelfarbe in ein kleines Glasfläschchen bringt und mit Aether so lange schüttelt, bis sich die Farbe völlig in Flocken oder Pulver zertheilt hat und sich zu Boden setzt. Man gießt alsdann den Aether hell ab, schüttelt den Rückstand noch einmal mit einer neuen Quantität Aether, worauf man nach dem Absetzen wieder decantirt; dann gießt man das Ungelöste auf ein Filter, wäscht die Masse auf demselben noch mehrere Male mit Aether, zuletzt mit starkem Weingeist nach und läßt schließlich die ausgewaschene Farbe trocknen. Die letztere kann man dann oft schon nach ihrem äußeren Ansehen qualificiren, vorausgesetzt, daß man mit der Beschaffenheit der meisten Farben vertraut ist. Genügt das Aeußere der Farbe nicht zu ihrer Bestimmung, so werden einige Versuche mit Säuren, Alkalien, das Verhalten beim Glühen für sich oder mit Salpeter darthun, zu welcher Gattung die Farbe gehört, indem sich ihre Bestandtheile dabei wenigstens theilweise zu erkennen geben. Dasselbe Verfahren wird bei anderen in Oel abgeriebenen, aber nicht in Tuben vorkommenden, ebenso bei denjenigen Farben angewendet, welche mit Harzöl angemacht sind. Durch Wägung der zur Untersuchung genommenen Oelfarbe einerseits und des vom Oele befreiten Trockenrückstandes andererseits erfährt man selbstverständlich aus der Differenz die Gewichtsmenge des zum Anreiben verwendeten Oels. Auch aber die Natur des letzteren kann man hierbei Aufschluß erhalten. Die zum Anreiben der Tubfarben verwendeten Oele sind immer gebleichtes oder ungebleichtes Leinöl oder Mohnöl oder deren Firnisse. Läßt man den zum Extrahiren der Oelfarbe benutzten Aether verdunsten, so bleibt das Oel mit seiner eigenartigen Farbe zurück. Ist das Bindemittel ein Bleifirniß, so wird es beim Schütteln mit Schwefelammonium nach einiger Zeit gebräunt, im anderen Falle behält es seine Farbe oder giebt nur eine weiße Emulsion.

B. Zur Herstellung von sogenannten Honig-, Gummi- oder Aquarellfarben.

Diese Farben werden in geringeren Quantitäten als die unter A. erörterten Farben angefertigt und fast nur bei der seltener ausgeübten Aquarellmalerei verwendet. Man benutzt zu ihrer Herstellung einen großen Theil derselben Farben wie für die Oelmalerei, namentlich solche, welche lasiren und sich den Lacken ähnlich verhalten, oder Lacke sind. Sie werden in Gemischen von wässerigem Gummi und Honig, Honig und Leimwasser oder Auflösung von Hausenblase zur Consistenz dicker Teige, und zwar aufs Feinste abgerieben. Denn die Güte dieser Producte beruht einestheils auf dem Vertheilungsgrade der angeriebenen Farbe, anderentheils auf einer richtigen Mischung der Bindemittel, welche für diese Farben der Art sein sollen, daß die fertigen Farbenteige nur langsam trocknen und in den Tuben oder Näpfchen, worin sie verschickt werden, ihre Teigconsistenz lange Zeit beibehalten. Um daher diesem Austrocknen vorzubeugen, füllt man die feuchten Farbenteige gegenwärtig theils in ebensolche Tuben aus Zinnfolie, wie zur Verpackung von Oelfarben benutzt werden, theils in Näpf-

Bereitung der Aquarellfarben und deren Bindemittel. Moist-Colors.

chen oder viereckige Kästchen von Fayence, theils und zwar zur Zeit häufiger in ebensolche Kästchen von Zinnfolie, welche dann noch weiter in Zinnfolie eingehüllt sind. In dieser Teigform und Verpackungsart heißen die Farben mit der englischen Bezeichnung Moist-Colors (moist, feucht).

Die Lösungen des Gummis, des Leims oder der Hausenblase müssen natürlich rein und durch Leinwand filtrirt sein, ehe man sie verwendet. Den Honig reinigt man dadurch, daß man ihn in seinem vierfachen Gewichte Wasser auflöst, und die Lösung unter stetiger Entfernung des Schaumes so weit einkampft, bis sie beim Erkalten Syrupsconsistenz annimmt. Gewöhnlich wird solcher Honig noch mit ½ Volum einer ebenso dicken Lösung von Gummi-Traganth versetzt, und dieses Gemisch in verschlossenen Flaschen verwahrt. Bildet sich darin nach einiger Zeit ein Bodensatz, welcher aus krystallisirtem Krümelzucker besteht, so verwendet man trotzdem die Flüssigkeit als gutes Bindemittel. Benutzt man zugleich Leimlösung, so wird diese für sich vor dem Zerreiben der Farbe zugegeben.

Sollen die mit Aquarellfarben ausgeführten Malereien den mit Oelfarben hergestellten Arbeiten an Glanz und Haltbarkeit nahe kommen, so werden den erstgenannten Farben Capaivabalsam, Wachs und Harze in geringer Menge, nämlich höchstens in einer solchen Quantität zugesetzt, daß die Farben noch die für ihre Anwendung erforderliche Adhäsion gegen die wässerigen Bindemittel behalten. Zu diesem Behufe erhitzt man beispielsweise 4 Theile Capaivabalsam in einer Porcellanschale mit 1 Theil Mastix und ¼ Theil gebleichtem Bienenwachs, bis Mastix und Harz geschmolzen sind. Es werden von 5 Theile eines dicken Schleimes von arabischem Gummi eingerührt und so lange durchgearbeitet, bis die Masse eine gleichförmige, beim Erkalten weiß erscheinende Salbe geworden ist. Mit dieser Salbe reibt man die trockenen Farben zuerst an, setzt aber nur so viel davon zu, bis das Farbenpulver krümlich wird und sich ballt, nicht etwa so viel, daß es teigförmig und glatt wird oder Glanz annimmt. Das Gemenge wird in diesem Zustande gut durchgearbeitet, dann einige Zeit in Ruhe gelassen, wodurch sich die harzartigen Theile mehr mit der Farbe vereinigen, und nun mit dem obigen Gemische von gereinigtem Honig und Traganthlösung zu einer glänzenden feinen Masse zerrieben, welche man noch durch Zutröpfeln von Wasser verdünnen kann.

Nach dem völligen Zerreiben, welches in größeren Fabriken auf die bei den Tuschen anzugebende Weise geschieht, werden die teigförmigen Farben nun in Tuben, Kästchen von Zinnfolie, früher mehr in Porcellannäpfchen gefüllt. Auch in trockenen runden und viereckigen Stücken kommen so hergerichtete Farben namentlich von Frankreich aus in den Handel. Die englischen Ackermann'schen Tuschfarben scheinen ebenso hergestellt zu sein. Die trocken in den Handel kommenden Aquarellfarben sind

664 Verzeichniß der Aquarellfarben in Tuben, Näpfchen oder Köfichen.

alle zunächst im halbtrockenen Zustande mit Firma, Fabrikzeichen und Namen der Farbe durch Pressen in Stahlformen versehen und hierauf erst vollständig getrocknet.

Verzeichniß der Aquarellfarben, Gummi- oder Honigfarben (Moist-Colors),

welche von deutschen Fabriken in Tuben oder Fayencenäpfchen oder in viereckigen Käftchen von Zinnfolie als steifer Teig in den Handel gebracht werden und in den Preiscouranten aufgeführt sind.

a. Weiße.

Permanentweiß. Blanc d'Argent. Auch Kremserweiß heißt Blanc d'Argent. — Permanent white.
Silber. Argent. Silver.

b. Gelbe.

Neapelgelb. Jaune de Naples. — Naples Yellow.
Jaune de Neapel, gelblich, jaunâtre.
   „ „ „ röthlich, rougeâtre.
Helles Chromgelb. Jaune de Chrome. — Chromyellow.
Dunkles Chromgelb. Jaune de Chrome foncé. — Chromyellow dark.
Lichter Oder. Ocre jaune. — Yellow ochre.
Goldocker.
Dunkler Oder.
Römischer Oder. Terre d'Italie. — Roman ochre.
Terra de Sienna. Terre de Sienne. — Siena.
Jaune de Mars. — Mars Red.
Gelber Lack. Laque jaune. — Yellow lake.
Gummigutt. Gomme gutte. — Gamboge.
Helles Cadmium. Jaune de Cadme. — Cadmium.
Dunkles Cadmium. Jaune de Cadme foncé.
Indisch Gelb. Jaune indien. — Indian Yellow.
Brillantgelb. Jaune brillant. — Jaune brillant.
Chromorange. Orange de Chrome. — Chrome orange.
Schüttgelb. Styl de grain. — Brown pink.
Bronce. Bronce. — Bronce.
Goldbronce. Or. — Gold.

c. Rothe.

Carmin, feinster. Carmin ff. — Carmin I.
Carminlack, feinster. Laque Carminée. — Crimsonlake.
Krappcarmin. Carmin de garance. — Madder carmine.
Krapplack 1, dunkel. Laque de garance. — Madder lake.
„ 2, Red madder.
Rosa Krapplack. Laque de Garance Rose. — Rose madder.
Pigment, feiner rothbrauner Lack. Laque de Garance brune. — Brown madder.
Drachenblut. Sang de Dragon. — Dragons blood.
Rother Zinnober. Vermillon. — Vermilion.
Gebrannter heller Ocker. Ocre jaune brûlée. — Red chalk.
Neapelroth. Rouge de Naples. — Naples Red.
Rouge de Saturne (Minium), Mennige. — Red lead.
Englisch Roth.
Caput mortuum.
Rouge orientale.
Orange de Mars.
Indisch-Roth. Rouge d'Inde. — Indian Red.
Purpur Krapplack. Laque de Garance pourpre. — Purple madder.
Kupferbronce. Cuivre. — Copper.

d. Braune.

Gebrannter Goldocker.
Gebrannte Terra de Sienna. Terra de Sienne brûlée. — Burnt Siena.
Gebrannter bunkler Ocker.
Umbra. Terre d'Ombre naturelle. — Raw Umber.
Gebrannte Umbra. Terre d'Ombre brûlée. — Burnt Umber.
Casseler Braun. Terre de Cassel. — Cassel Earth.
Cölner Erde. Terre de Cologne. — Cologne Earth.
Mumie.
Van-Dyk-Braun. Brun de Van Dyk. — Vandyke Brown.
Sepia. Sepia. — Sepia. Warm Sepia.
Styl de grain verte. — Schüttgelb grünlich.
Brauner Lack. Laque brune. — Brown madder.
Laque Robert 7.
Brauner Pink.

Brauner Krapplad. — Brauner Lack.
Bister. Bistre. — Bistre.

e. Blaue.

Kobaltblau Nr. 0, feinstes. Bleu de Cobalt. — Cobaltblue.
Ultramarinblau Nr. 1. Outremer. — Ultramarine.
„   „   „   2.
Indigo. Indigo. — Indigo.
Pariserblau. Bleu de Paris. — Parisian blue.
Preußischblau. Bleu de Prusse. — Prussian blue.
Mineralblau.
Violetter Lack. Violet. — Violet.
Violett Carmin. Violet. — Violet.
Indigcarmin. Bleu intense. — Constant blue.
Bergblau. Cendre bleu. — Verditer.
Berlinerblau. Bleu de Prusse. — Prussian blue.

f. Grüne.

Parisergrün.
Blaugrünes Oxyd Nr. 1, grünlich.
    „   „   „   2, bläulich.
Grüner Lack.
Saftgrün. Vert de Vessie. — Sap green.
Olivengrün.
Vert Emeraude. — Emeraldgreen.
Mineralgrün. Vert minerale. — Mineralgreen.
Schweinfurtergrün. Wurde früher in englischen und französischen Preiscouranten als Grün Emeraude, Emeraldgrün bezeichnet, ist aber jetzt Guignetsgrün.
Preußischgrün. Vert de Prusse. — Prussian green.

g. Schwarze.

Rabenschwarz. Noire de vigne. — Blue blak.
Elfenbeinschwarz. Noire d'ivoire.
Beinschwarz.
Neutral Tinte. Tinte neutre. — Neutral Tint.
Lampenschwarz. Noire de bougie. — Lampblak.

h. Graue.

Paynes Grau. Gris de Payns. — Paynes grey.

Untersuchung der Aquarellfarben und Tusche.

Dieselben Farben kommen auch in den französischen und englischen Preiscouranten vor mit den vorstehend aufgeführten französischen beziehungsweise englischen Namen und zwar in allen drei erwähnten Versendungsformen. Die französischen trocknen, halbe und ganze Kuchen bildenden Aquarellfarben werden im Handel Le France-Farben genannt, von Le France, einem früheren Fabrikanten, während die entsprechenden englischen Aquarellfarben als Ackermann'sche Farben bezeichnet werden. Wo in dem obigen Verzeichnisse nicht alle drei Namen angegeben sind, kommen die betreffenden Farben in Deutschland entweder nur unter dem französischen Namen oder nur unter dem deutschen vor. Wo die englischen Bezeichnungen nicht angegeben sind, fehlen sie in den englischen Registern.

Untersuchung der Aquarellfarben und Tusche. Die S. 661 bezüglich der Oelfarben hervorgehobene Ungewißheit, ob die Beschaffenheit einer Farbe ihrer Handelsbezeichnung entspricht und wie eine im Handel unbestimmt bezeichnete Farbe wirklich zusammengesetzt ist, besteht ebenso bei den Aquarell- und Tuschfarben, so daß auch über den Bestand der letzteren sicherer Aufschluß nur durch eine Untersuchung erlangt werden kann, deren allgemeiner Gang hierunter angegeben ist. Da die meisten den in Rede stehenden Aquarellfarben u. s. w. zu Grunde liegenden mineralischen und anderen Farbstoffe in Wasser unlöslich, deren Bindemittel jedoch größtentheils darin löslich sind, so isolirt man die ersteren von den letzteren durch Einweichen der Farbe in Wasser, Zerrühren darin, Decantiren, wiederholtes Auswaschen und Filtriren. Nur der Indigcarmin kann in der angegebenen Weise nicht von dem Bindemittel getrennt werden, da er in Wasser löslich ist. Sind außer den wasserlöslichen Bindemitteln noch harz- oder wachsartige u. s. w. Bindesubstanzen vorhanden, so werden dieselben durch Digestion der auf obige Weise mit Wasser behandelten und wieder getrockneten Farben mit Aether oder Schwefelkohlenstoff oder Benzin bei gelinder Wärme ausgezogen und durch nachfolgendes Auswaschen der Farben mit den bemerkten Flüssigkeiten vollständig entfernt. Die hierdurch isolirten Farbstoffe oder Farben lassen sich nun größtentheils schon am äußeren Ansehen erkennen. Wo dies nicht der Fall ist, müssen natürlich Reagentien in gleicher Weise wie bei den aus Oelen abgeschiedenen Farben zur näheren Bestimmung angewendet werden.

Die Untersuchung der in den Aquarellfarben vorhandenen Bindemittel, welche aus Gummi, thierischem Leim sowie (bei feuchtbleibenden Moist-Farben) aus Honig, endlich auch aus Harz, Wachs und Balsamen (vgl. S. 563) bestehen können, beschränkt sich bei der Schwierigkeit exacter quantitativer Bestimmung meistens auf einen qualitativen Nachweis dieser Substanzen und auf eine annähernde Ermittelung ihres Mengeverhältnisses.

Zum Nachweise der wasserlöslichen Bindemittel wird deren durch Extrahiren der Aquarellfarben mit Wasser erhaltene Lösung filtrirt und sehr stark eingedampft, worauf man von der concentrirten Flüssigkeit je 1 Tropfen auf 3 verschiedene Uhrgläser bringt. Zu dem Tropfen im ersten Uhrglase setzt man einige Tropfen einer hellen reinen Galläpfelinfusion oder Tanninlösung. Gerinnt der Tropfen und scheiden sich weiße Flocken aus, so enthält das Bindemittel thierischen Leim. Zu dem Tropfen im zweiten Uhrglase gießt man starken Weingeist. Dieser macht bei Gegenwart von Gummi den Tropfen weiß, und läßt man das Gemisch stehen, so erscheint das Gummi als weißes Pulver gefällt. Der Tropfen im dritten Uhrglase dient zur Ermittelung des Zuckers aus Honig, welcher schon durch den Geschmack zu erkennen ist. Zum weiteren Nachweise tropft man auf die Probe im dritten Uhrglase etwas weinsaures Kupferoxydkali und läßt einige Stunden stehen, worauf sich bei Gegenwart von Honig röthlichgelbes Kupferoxydul als feines Pulver ausscheidet.

Bei den Aquarellfarben, in welchen neben den wasserlöslichen Bindemitteln zugleich Wachs, Harze oder Balsame enthalten sind, bleiben letztere Stoffe nach dem Behandeln der Farben mit Wasser bei der eigentlichen Farbe zurück, welche alsdann zuweilen kaum trocken wird. Zur Abscheidung der bemerkten harzigen u. s. w. Stoffe extrahirt man die von der Wasserbehandlung zurückgebliebene Farbensubstanz, nachdem sie sich beim Trocknen nicht weiter verändert, mit Aether, Benzin oder Schwefelkohlenstoff, welche Wachs, Harze u. s. w. auflösen, die dann nach Verdunstung des Lösungsmittels zurückbleiben. Eine vollständige und quantitativ genaue Trennung der so abgeschiedenen Zusätze im Einzelnen ist nur schwierig auszuführen, es sei denn, daß man von vornherein größere Mengen von Farbe der Untersuchung unterwirft. Der erhaltene Rückstand kann jedoch zum qualitativen Nachweise seiner näheren Bestandtheile auf folgende Weise untersucht werden. Kocht man denselben in einem Probegläschen, in welchem man ihn auch gleich austrocknen lassen kann, mit Borax und Wasser, so löst dieser, in hinreichender Menge zugesetzt, alles Harz auf. Auf der Lösung schwimmt ätherisches Oel oder der im Copaivabalsam etwa enthaltene Kohlenwasserstoff, während vorhandenes Wachs ungelöst zurückbleibt. Trennt man die Boraxlösung, welche man zu diesem Behufe stark verdünnen kann, vom Ungelösten, und filtrirt sie, wobei die geringen Mengen flüchtiger Kohlenwasserstoffe am trocken angewendeten Filter hängen bleiben, so trübt sich dieselbe beim Erkalten oder bei Zusatz einer geringen Quantität Säure, wenn ein Harz vorhanden war. Scheidet man letzteres durch Säurezusatz aus der Boraxlösung warm aus, so vereinigt es sich zu einem kleinen Klumpen und nach dem Erkalten und Trocknen kann man an seiner Consistenz einigermaßen die Natur des Harzes erkennen.

Einige wenige Aquarell- oder Tuschfarben, deren Farbstoff hauptsächlich Harz ist, wie Gummi-Gutta, Drachenblut, lösen sich nach dem Auswaschen mit Wasser in obigen Lösungsmitteln. Derartige Farben haben natürlich, weil sie selbst Harze sind, nicht noch Zusätze von Harz erhalten. Kocht man sie nach dem Auswaschen mit Wasser mit wässerigem Borax, dem man etwas Natronlauge, aber nur in Tropfen, zusetzen kann, so lösen sie sich ebenfalls und lassen Wachs zurück, im Falle dieses zugesetzt war.

Wenn die Vorzüglichkeit der in Rede stehenden Farben nicht etwa nur auf der feinen Zertheilung und Zertheilbarkeit des angewendeten Farbenmaterials, sondern auch auf der Qualität der Bindemittel beruht, so giebt das obige Untersuchungsverfahren die Mittel an die Hand, die Natur dieser Bindemittel zu erkennen. Die genaue Quantität der letzteren läßt sich jedoch, sofern es sich um die Nachbildung einer bestimmten Farbe handelt, leichter durch vergleichsweise angefertigte Probemischungen ermitteln, als durch eine chemische Analyse, welche, wenn sie genau sein soll, eine hier nicht vorauszusetzende vollkommene Sicherheit in analytischen Arbeiten erfordert.

C. Zur Herstellung von Tuschen.

Die Ackermann'schen und Le France-Aquarellfarben, welche in ganzen und halben viereckigen Täfelchen oder runden Kuchen von der Form einer Münze in der Größe eines Zweimarkstückes und darunter im Handel vorkommen, können auch als Tusche dienen und werden thatsächlich als solche angewendet. Die Bereitung derjenigen ähnlichen Farben, welche im Deutschen allgemein Tusche genannt werden und weniger für Aquarellmalerei, als zum Coloriren von Zeichnungen bestimmt sind, wird in einigen Gegenden von Deutschland in sehr großem Maßstabe betrieben, namentlich in thüringischen Städten, wie Saalfeld, Coburg u. s. w. Der eigentliche Maler benutzt diese Farben nicht. Es können zu ihrer Herstellung alle möglichen Farben verwendet werden und je nach Beschaffenheit dieser und der Art ihrer Verarbeitung erhalten sie verschiedene Benennungen, feine, extrafeine, Ackermann'sche u. s. w. oder ordinäre Tusche. Letztere werden nur als Spielzeug für Kinder angefertigt und gelangen, in mehr oder minder ausgestattete Tischläschchen eingelegt, in den Handel.

Die deutsche Tusche bildet stets viereckig geformte Stückchen, jedoch von verschiedener Größe. Zu ihrer Herstellung wird die Farbe, wenigstens für feinere Sorten, ebenso abgerieben wie für Aquarellfarben, und zwar mit einem in Wasser nicht zu schwer löslichen Bindemittel, dann zum steifen Teige eingetrocknet, hierauf in stählernen Formen gepreßt und schließlich völlig getrocknet. Statt durch mühevolles Zerreiben kann man einigen Farben wohl auch durch sehr vorsichtiges Schlämmen die nöthige Feinheit ertheilen, ihnen das Bindemittel alsdann zusetzen und die Masse zu dickerer Consistenz eintrocknen. Das Bindemittel besteht entweder nur aus derjenigen Lösung, die recht weißer Leim mit kaltem Wasser zu geben im Stande ist, oder aus dieser und einer wässerigen Auflösung von Gummi arabicum oder Gummi Traganth, der man auch wohl etwas Zucker zufügt. Die Zusammensetzung des Bindemittels muß sowohl hinsichtlich der Qualität als auch der Quantität seiner einzelnen Bestandtheile für jede

Farbe durch Versuche besonders ermittelt und die Mischung so hergestellt werden, daß sich die Stücke gut pressen lassen und nach dem Pressen nicht elastisch sind (was bei Anwendung von Leim allein der Fall sein würde), daß sie ferner beim Trocknen nicht zerreißen und Sprünge bekommen, auch beim Gebrauche nach dem Trocknen sich ohne Mühe erweichen und mit dem Pinsel verwaschen lassen. Diese Versuche machen keine Schwierigkeit, und wenn man etwa 4 bis 6 Mischungen probeweise anfertigt, so wird man bald erfahren, welche derselben für die Farbe am geeignetsten und wie viel davon als Zusatz nöthig ist. Zu viel Bindemittel, namentlich Gummi, hat zur Folge, daß die Farben leicht zerreißen, wenn sie trocken geworden sind. Zucker wirkt diesem Umstande sehr entgegen.

Die beste Consistenz für das Pressen ist die Härte des Talges, und es hat keine Schwierigkeit, dieselbe durch Versuche zu ermitteln. Die nach dem Trocknen erfolgende Einlegung der Tusche in Kästchen ist bekannt, sowie die übrige Ausstattung derselben für den Markt.

Zu feineren Tuschen im Allgemeinen, welche zum Zeichnen dienen, werden nicht allein feinere oder bessere Farben angewendet, sondern letztere werden auch entweder durch Zerreiben oder durch Schlämmen zur größtmöglichen Zertheilung gebracht, ehe man sie mit dem Bindemittel versetzt. Das Zerreiben kann allerdings auch mit dem Bindemittel auf einem harten gewöhnlichen Reibsteine, wie beim Reiben in Oel, vollzogen werden, wenn man nicht Gelegenheit hat, sich durch Schlämmen fein vertheilte Farben zu verschaffen. In Tuschfabriken werden dazu aber auch Maschinen verwendet, die im Wesentlichen aus einer Reihe eiserner Walzen bestehen, welche sich mit ungleichförmiger Geschwindigkeit an der Peripherie, also unter Reibung, neben einander umdrehen, und zugleich die Farben 10- bis 12 mal nach einander durchdrücken, worauf sie an der letzten Walze abgestreift werden. Diese Maschinen sind kostbar und lassen sich jedenfalls leicht durch diejenige Reibmaschine ersetzen, welche ich zum Zerreiben in Oel angegeben habe. Manche Farben lassen sich keineswegs durchs Schlämmen fein genug erhalten, wie z. B. das Schweinfurter- oder Englischgrün. An diesen sowie überhaupt bei allen Farben von krystallinischer Beschaffenheit muß das Reiben natürlich jedesmal vollzogen werden.

Zum Zerreiben der Farben mit ihren Bindemitteln im Großen bedienen sich die Fabriken auch derselben Maschinen, wie zum Zerreiben der Oelfarben für Kunstmalerei, nämlich eines Systems von Walzen, wie es S. 549 erwähnt ist. Für die Erdfarben und einige andere Mineralfarben können die Walzen aus Kupfer und Stahl bestehen, aber für andere Farben müssen Steinwalzen benutzt werden, welche überhaupt die besten sind, da die Metalle häufig Einfluß auf die Farben haben, und sie theilweise zersetzen.

Zu ordinären Tuschen werden gewöhnlich nur billige und Erdfarben genommen, und es wird bei ihrer Herstellung weniger auf hohen Grad der Vertheilung gesehen, als bei den feinen Tuschen. Eine Wohlthat wäre es aber,

Herstellung der Tusche. Schwarze und braune Tusche.

wenn von den Verfertigern auch darauf gesehen würde, daß aus dem Sortiment die giftigeren Farben wegblieben, da diese Arten Tusche in kleinen Kästchen hauptsächlich als Spielzeug für Kinder gebraucht werden, welche nicht den Verstand haben, mit der nöthigen Vorsicht damit umzugehen, sie zuweilen mit dem Mund befeuchten, und somit in Gefahr sind, sich zu vergiften.

Aeußere Kennzeichen einer guten Tusche giebt es nicht, denn diejenigen Fabriken, welche so gute Waaren auf den Markt bringen, daß sie gesucht werden, und damit ihre Waare gekannt sei, derselben ein besonderes Aeußere geben, finden hinsichtlich der äußeren Ausstattung der Tusche eine so schnelle und genaue Nachahmung, daß der Consument nie wissen kann, welches Fabrikat er besitzt. So wird gegenwärtig alle englische Tusche oder der größte Theil namentlich in Saalfeld verfertigt und von da über Hamburg in die ganze Welt versendet. Weder die darauf angebrachten schönen Stempel, Wappen, noch die schöne Verpackung, oder darauf angebrachte Bronzirung mit Messing oder Silberbronce, noch ein den Tuschen gelassenes mattes Ansehen, oder ein ihnen gegebener Glanz durch Ueberziehen mit Gummilösungen oder Seifenlösung oder sehr dünner Harzlösung in Alkohol, trägt etwas zu ihrer Güte bei, welche allein von der Feinheit und Auswahl der Farbe und des Bindemittels abhängt, das eine zarte Verwaschung und ein rasches Trocknen in dünnen Lagen ohne zu großen Glanz gestatten muß.

Selten bedarf der Zeichner zum Coloriren seiner Zeichnungen mehr als sechs Farben, doch enthalten die Tuschkästen eine viel größere Anzahl, welche gewöhnlich nicht verbraucht werden. Dadurch wird das brauchbare Material unnöthig vertheuert, und die Fabrikanten sollten womöglich sich darauf beschränken, nur die Hauptfarben einzulegen, und die Farben weglassen, welche sich mischen lassen. Unter allem Material bei den Tuschen ist das wichtigste ein gutes Schwarz, und schwarze Tusche sowie Braun wird auch für sich allein, nicht in Kästen eingelegt, verfertigt. Die Stücke müssen nach altem Brauche die chinesische Stangenform mit chinesischen Verzierungen und Zeichen mit oder ohne Vergoldung besitzen, wenn sie gangbar sein sollen. Die Form und das Aeußere hierbei zu erreichen hat keine Schwierigkeit; man verfährt dabei wie bei den anderen Farben. Allein sobald die Tusche auch in der Güte der chinesischen ähnlich oder in Wirklichkeit gleich sein soll, so erfordert die Verarbeitung und namentlich die Auswahl des Schwarzes dazu einige Umsicht, oder man ist genöthigt, es geradezu selbst herzustellen. Es können nämlich dazu nur die allerfeinsten Ruße angewendet werden, und am geeignetsten sind die Lampenruße oder Ruße von flüchtigen Oelen, namentlich auch von Kampher, die viel Ruß geben. Auch Ruße von frischem Harz lassen sich zur Noth anwenden; diejenigen Sorten sind dabei freilich auszuwählen, welche sich am weitesten vom Feuer absetzen, und bei ihnen ist es immer nützlich, sie erst auszuglühen, um einen Theil der suchtigen Beschaffenheit wegzubringen.

Die Untersuchung der Tusche auf ihre Bestandtheile ist S. 567 u. f. bei den Aquarellfarben angegeben.

D. Zur Herstellung der Zeichenstifte, Pastellfarben und gefärbten Kreiden.

Die Röthel, schwarze und weiße Kreide, welche im Mineralreiche in einem solchen Zusammenhange vorkommen oder nach dem Abschlämmen gröberer Theile wieder einen solchen Zusammenhang annehmen, daß sie in dünnern Stäben zwar an wenig rauhen Flächen noch abfärben, jedoch zum Zerbrechen einigen Druck erfordern, waren wohl die ersten Pastellfarben, oder farbigen Zeichenstifte, die hergestellt und gebraucht wurden. Ihre Darstellung aus dem erwähnten Materiale war einfach und geschieht aus demselben noch heute so, daß man das Material durch dünne Sägeblätter in viertantige rechtwinklige Stäbe zersägt, die dann in dieser Form in den Handel kommen. Feineren Sorten oder solchen, mit denen beim Gebrauche feinere Striche gemacht werden sollten, gab man eine Holzeinfassung, wodurch die eigentlichen Pastell- oder Zeichenstifte entstanden sind. Der Wunsch, von schöneren Farben ebenfalls solche Zeichenstifte zu erhalten, führte zur Fabrikation derartiger künstlich gefärbter Massen, wobei selbst die Methode des Formens verändert werden mußte, um daraus Stifte herzustellen. Diese kam dann auch zur Herstellung der sogenannten farbigen Kreiden in Anwendung und wird nun theilweise auch gebraucht, um die schon genannten Sorten von Zeichenkreide anzufertigen, welche dieselben Farben nur in roherer Form enthalten. Im Ganzen hat nur die Darstellung der eigentlichen in Holz gefaßten feineren Pastellstifte, welche geschickte Zeichner oder Pastellmaler anwenden, einige Schwierigkeit, wogegen die der gefärbten Kreiden, der Röthel ꝛc., welche zum rohen Zeichnen auf Holz und Mauern oder von Handwerkern ꝛc. ꝛc. gebraucht werden, wenigen Schwierigkeiten darbietet; jedoch hat die Darstellung beider Gattungen vollkommene Aehnlichkeit mit einander.

Beide Arten von Farben in dem Zustande, wie sie unter den angeführten Benennungen verlangt werden, müssen besonders folgende Eigenschaften haben:

Sie müssen als Kreide frei in Stücken, oder als Pastellstifte in den Holzfassungen soviel Zusammenhang haben, daß je nach dem Erforderniß, wenn mit der Spitze oder mit dem aus der Fassung hervorragenden kurzen Ende ein Strich auf einer glatteren oder rauhen Fläche gemacht wird, etwas von der Farbe abgerieben wird, aber dabei die Spitze nicht abbricht. Sie dürfen daher

Herstellung der Zeichenstifte u. s. w., Mahlen und Formen der Farben. 573

nicht zu hart sein, wobei keine Farbe losginge; auch nicht zu weich, wobei sie brechen könnten, oder, wenn ein Strich gemacht würde, zu viel Farbe mehlartig abginge. Sie müssen ferner in der ganzen Masse gleichmäßige Härte besitzen, namentlich die Pastellstifte, damit die abgelöste Farbe überall gleich dick wird, und die Striche gleichförmig gemacht werden können. Bei Pastellstiften kann jedoch in dieser Hinsicht ein Unterschied stattfinden, indem die eine Sorte sich eignet, auf rauheren, die andere auf glatteren Flächen mit demselben Effecte zu zeichnen, Striche z. B. auf Papier oder auf Leinwand zu machen u. s. w., und es werden dieselben daher auch von verschiedener Härte angefertigt.

Um die Farben, welche, wie das meistens der Fall ist, ursprünglich keine zu der oben erörterten Anwendung geeignete Beschaffenheit besitzen, in Stücken von der erforderlichen Eigenschaft zu erhärten, wird auch ihnen eines oder mehrere Bindemittel gegeben, vermöge deren sie die nöthige Härte und Formbarkeit erhalten. Solche Bindemittel sind namentlich Gyps und weißer fetter Thon, ebenso die Gummiarten und Leimwasser, wenn man mit den ersteren nicht ausreicht. Die Auswahl der Farben, welchen man die Form von Pastellstiften oder Kreide geben will, ist natürlich Sache des Geschmacks und Bedürfnisses, doch eignen sich auch hierzu vorzüglich schöne Erdfarben.

Im Allgemeinen ist das Verfahren zu ihrer Herstellung folgendes: Die Farbe, welche zu Pastellstiften verarbeitet werden soll, wird auf Farbmühlen mit dem Bindemittel äußerst fein zermahlen, am besten in Teigconsistenz. Benutzt man als Bindemittel lediglich Gyps, so kann man mit Vortheil zugleich etwas gebrannten Gyps damit vermahlen. Der dicke Teig wird dann noch weiter langsam eingetrocknet, und wenn er eine so zähe Consistenz hat, daß man ihn ballen kann, so ist er zum Formen fertig. Proben, die vorher gemacht sind, bestimmen die für den Zusammenhang nöthige Menge Gyps. Ist Gyps allein zur Herstellung einer formbaren, genügend zusammenhängenden Masse nicht ausreichend, so kann noch Gummi oder Leimwasser zugefügt werden. Wird die Farbe aber zu hart oder zu wenig abfärbend, so ersetzt man einen Theil des Gypses durch weißen Thon, Bolus, bei rothen Erdfarben durch rothen Bolus. Würden die Farben durch die erdigen Zusätze zu sehr leiden, so ersetzt man letztere auch ganz durch Gummi in ausprobirter Quantität. Selbstverständlich werden alle diese Bindemittel schon beim Mahlen zugesetzt. Das Trocknen geschieht entweder auf Brettern oder metallenen Platten in mäßig warmen Stuben.

Das Formen kann auf mehrfache Weisen ausgeführt werden. Viereckige schöne Stücke kann man sehr gut in Gypsformen erzeugen, in welche man den Teig eindrückt, ebenso gröbere breite Stifte, welche man mit einer ½ Holzfassung als Zimmermannsstifte verfertigt. Die feinen Stifte, wie sie auch in den schwarzen Zeichenstiften sich befinden, erzeugt man, indem man den zähen Teig in einen engen Metallcylinder unter einer Presse füllt, dessen Boden eine kleine

Scheibe ist, worin sich 2 oder 3 Löcher von der Dicke befinden, die der Farbenfaden haben soll. Diese Scheibe, welche bald abgenutzt wird, so daß die Löcher ihre Dimensionen verändern, ist von Kupfer und kann beliebig durch eine neue oder durch eine Scheibe mit Löchern von anderem Kaliber ausgewechselt werden. Wenn die Schraube der Presse herabgedreht wird, so geht in dem Cylinder ein metallener Kolben herab, der auf die Farbenmasse den angemurmelten Druck ausübt, und es treten dadurch dem Durchschnitte der Löcher entsprechende Fäden der Farbe heraus, die auf ein darunter geschobenes Brett sich in gerader Linie auflegen, wenn das Brett sich ebenso rasch vorwärt bewegt, als der Faden herauskommt. Man bringt auf daffelbe Brett mehrere Reihen von Fäden, die man soweit trocknen läßt, daß sie sich nur noch wenig biegen. Hierauf schneidet man sie in Stücke, legt diese in die eine Hälfte der dafür bestimmten Holzeinfassung, worauf die andere Hälfte der Einfassung ebenfalls darauf gelegt, aufgeleimt und der Stift getrocknet wird. Zuweilen werden die Fäden erst trocken eingelegt und eingeleimt oder auch nicht geleimt, oder sie werden naß eingelegt und mit der anderen Hälfte eingepreßt, in welcher Manipulation sowie in der Herstellung der Einfassungen die Fabrikanten verschiedene Wege einschlagen. Auch werden nur drei Viertel der Länge nach gefüllte Stifte aus dem Grunde angefertigt, weil das letzte Viertel derselben gewöhnlich zum Handhaben ungeschickt oder unzugänglich ist. Gewöhnlich bleiben die zu naß gefüllten Stifte nicht ganz, weil sie beim Trocknen sich zusammenziehen und reißen. Die Größe dieses Fehlers wird durch die Beschaffenheit der Farbe und des Bindemittels bedingt. Trocken gefüllte Stifte stecken oft zu lose in der Einfassung, zerbrechen und fallen heraus, wenn man sie spitzen will. Gewöhnlich kann jedoch einer oder der andere dieser letzten Fehler nicht vermieden werden, und die Stifte sind gut, wenn sie neben der richtigen Härte sich zuspitzen lassen, ohne zu brechen.

Hierher gehört auch die Darstellung der schwarzen Zeichen- oder Bleistifte, welche unter allen farbigen Stiften die gangbarsten sind und für den täglichen mannigfachen Gebrauch die größte Wichtigkeit besitzen. Das hierzu angewendete Material ist der Graphit. Obgleich die Darstellung der Bleistifte so sehr vom Material abhängt, das zu Gebote steht, und so sehr von alten durch Jahrhunderte in Fabriken gemachten Erfahrungen, gegenüber welchen es dem Anfänger schwer wird, etwas Gleiches zu leisten, wie die vorhandenen Fabriken, so will ich doch das allgemeinste zu diesem Fache Gehörige anführen.

Die Stifte werden zum Theil aus Graphit hergestellt, wie er in der Natur vorkommt. Derselbe wird erst in Blätter, dann in Stäbe zersägt, diese werden dann eingefaßt und bilden die beste und theuerste Waare, indem sie alle die Eigenschaften besitzen, welche man an den besten Bleistiften begehrt. Allein der Graphit von der geeigneten Härte sich nur in England und auch da nur in kleinen Quantitäten vorfindet, so existirt auch nur dort diese Darstellungsweise, und das auf diese Art erzielte Product ist so selten und so theuer auf dem Markte, daß bei uns schwerlich ein so gefertigtes Stück zu erhalten sein wird. Die meisten und selbst von England bezogene Stifte verdanken ihre Entstehung aber größtentheils demselben Verfahren, nach welchem auch in Deutschland sowohl die ordinären als die feinsten Sorten von Bleistiften fabricirt werden, deren Beschaffenheit zwar sehr von einander abweicht, welche aber alle für einen gewissen Gebrauch geeignet sind. Dieses Verfahren hat Aehnlichkeit mit demjenigen, nach welchem die übrigen farbigen Pastellstifte hergestellt werden. Der hierzu angewendete Graphit muß gleichfalls eine feine und gute Waare sein. Derselbe wird zu diesem Behufe geschlämmt oder erst gemahlen und dann geschlämmt, je feiner desto besser; hierauf wird derselbe mit einer gewissen Menge ebenso fein präparirten Thones, am besten mit einem fetten Thone, vermischt und gemahlen, und zwar zu einer möglichst innigen und gleichförmigen Mischung. Man verfertigt dann auf eine der erwähnten Weisen dünne Stifte daraus und läßt sie vollständig trocknen, wobei man ihre Form thunlichst erhält. Diese Stifte werden nun in Porcellankapseln aufrecht gestellt, dicht eingepackt unter dichter Ausfüllung der Zwischenräume mit Holzkohlenstaub und dann einer verschieden hohen Glühhitze ausgesetzt. Je nach dem Hitzegrad, den man ihnen hierbei giebt, werden sie mehr oder weniger hart und mehr oder weniger leicht abfärbend. Sie werden nach dem Brennen je nach der hierbei erlangten Beschaffenheit in bessere und schlechtere Sorten sortirt, übrigens alle wie die echten Sorten eingefaßt. Ist das Brennen auf richtige Weise erfolgt, so geben die so erzielten Stifte guten englischen Stiften wenig nach, sie sind hart, färben ab und rußen nicht. Sind sie in Folge zu starken Brennens zu hart, so färben sie schlechter ab und taugen nur zu gewissen Zwecken, umgekehrt, wenn sie zu wenig gebrannt wurden, sind sie zu weich. Gewisse Sorten Stifte werden auch dadurch hergestellt, daß der Graphit bloß mit Gummi angemacht, die Masse, wie bei anderen Pastellstiften, geformt und weiter verarbeitet wird. Dieses sind die schlechtesten, sie rußen, wenn man sie mit der Zunge befeuchtet, und färben fast gar nicht ab, wenn man es nicht thut; dann lassen sich auch die Striche kaum mit Gummi elasticum wieder entfernen. Die Menge des angewendeten Thones als Bindemittel zu besseren oder ordinären Stiften hängt theils von der Beschaffenheit des Graphits, theils von der des zugänglichen Thones ab, theils auch von der Feinheit, die man dem Materiale giebt, und ist bald durch einige Versuche ermittelt. In neuerer Zeit soll es in England gelungen sein, dem feingemahlenen trocknen Graphitpulver durch eine sehr große Pressung eine zur Bleistiftfabrikation geeignete Härte zu ertheilen, so daß er ähnlich behandelt werden kann, wie der natürliche in Stücken; allein ich bezweifle die Richtigkeit dieser Nachricht sehr. Bei Zusatz von wenig Thon, durch Pressen des Gemisches zu Stücken, und scharfes Brennen der letzteren würde es aber wohl gelingen, ein sägbares gutes Material zu erhalten, wie es wahrscheinlich beim Brennen dünner loser Stifte nicht zu erreichen sein möchte, da letzteren die Dichtigkeit abgeht, die beim ersteren Verfahren hervorgebracht werden könnte; jedoch würde diese Methode der größeren Arbeit und des Abfalles wegen sich auch nur bei den feinsten Stiften lohnen können.

E. Zur Herstellung von Saftfarben.

Wenige der erwähnten Malerfarben und Farbenpräparate können zur Bereitung von Saftfarben angewendet werden. Unter Saftfarben versteht man nämlich mit Gummi oder einer gummiartigen Materie angemachte Wasserfarben, mit denen man Karten, Kupferstiche, Steindrücke colorirt, so daß das Schwarze noch durch die Farben hindurchscheint, welche also nur durchsichtiger Natur, aber nicht deckend sein dürfen. Es können folglich als farbige Körper für Saftfarben nur die sogenannten lasirenden Farbenlacke oder solche Farben angewendet werden, die sich durch irgend ein Lösungsmittel auflösen lassen. Die Auflösung wird mit Gummi versetzt, was dann die Saftfarbe liefert. Ihre Zahl ist aber klein und die Darstellung der Saftfarben geht meistens von andern Farbstoffen aus, als von schon fertigen Malerfarben; ich werde die Hauptsache davon hiermit im Zusammenhange anführen.

Weiße und schwarze Saftfarben werden nicht angewendet, das Weiß bildet stets der Grund selbst, und das Schwarz bildet der Druck.

Gelbe Saftfarben werden am bequemsten hergestellt, indem eines der früher angegebenen Rohmaterialien, die zur Bereitung gelber Lacke dienen, mit wenig Alaun ausgekocht wird. Die Abkochung wird mit Gummi oder Malzdecoct oder Zucker und Gummi versetzt und zur gehörigen Consistenz eingedampft.

Als blaue Saftfarbe ist der blaue Carmin ganz geeignet, der sich in Wasser auflöst und den man ebenso mit einer hinreichenden Menge Gummi, Zucker und Gummi oder Malzextract versetzt.

In gewissen Fällen läßt sich auch Pariserblau zur Herstellung von blauer Saftfarbe anwenden; man setzt dem teigförmigen frischen Pariserblau einige Procente Oxalsäure zu, wodurch es löslich wird, und versetzt es dann ebenso wie vorhin mit Gummi.

Grüne Saftfarben erhält man von jeder beliebigen Nuance von Blaugrün bis zu Gelbgrün durch Vermischen der gelben mit den blauen Saftfarben. Das Kreuzbeerendecoct, mit einigen Procenten Alaun eingedampft, giebt ein bräunlichgrünes Saftgrün, dessen Farbe durch wenig Indigcarmin in ein reines Grün gehoben wird. Chromalaun, längere Zeit gekocht

Darstellung der Saftfarben. Theerfarbstoffe zum Coloriren. 577

und mit Gummi versetzt, giebt ebenso eine schöne grüne Saftfarbe für sich allein. Eine mit Gummi versetzte Lösung von krystallisirtem Grünspan läßt sich gleichfalls gebrauchen.

Rothe Saftfarben erhält man, 1) weniger schöne durch Abkochung der Rothhölzer in kupfernen Kesseln, Vermischen des Decocts mit wenig Gummi und einigen Procenten Alaun; 2) die schöneren erhält man durch Auflösen von Carmin in Ammoniak und Versetzen mit Gummi, oder durch Benutzung der Krappfarbstofflösung, von welcher bei der Krapplackbereitung die Rede war, unter Zusatz von Ammoniak und Vermischen mit Gummi.

Violette Saftfarben erhält man durch Versetzen eines Blauholzdecocts mit wenig Ammoniak, oder eines Fernambuckdecocts mit eisenhaltigem Alaun oder Alaun mit wenig Eisen- oder Kupfervitriol, wodurch sehr verschiedene Nüancen erzielt werden.

Braune Saftfarben giebt es in großer Auswahl. Ein wässeriges Decoct von Ruß giebt eine braune Farbe. Zucker für sich erhitzt wird immer brauner, der noch lösliche Theil desselben giebt eine schöne Saftfarbe. Lakritzensaft mit Gummi versetzt kann gleichfalls als Saftfarbe gebraucht werden, ebenso eine Abkochung von Catechu.

Durch Vermischen von brauner Saftfarbe mit rother kann man rothbraune, durch Mischung von gelber mit brauner Saftfarbe gelbbraune Töne erzielen u. s. w.

Seit der Entwickelung der Theerfarbenfabrikation hat sich die Anzahl der Farbstoffe, welche zum Coloriren z. B. von Landkarten geeignet sind, ungemein vermehrt, indem dazu alle in Wasser löslichen Theerfarben, wenn man sie mit etwas Gummi versetzt, benutzt werden können, einige auch in ihrer ammoniakalischen Lösung. Andere Theerfarbstoffe, die schwieriger in reinem Wasser, mehr aber in weingeisthaltigem Wasser löslich sind, können auch in letzterer Lösung verwendet werden.

Fuchsin in Weingeist giebt ein schönes Roth, welches man auch, jedoch in abweichender Nüance, mit wässerigem Eosin, Kaiserroth, Safranin und Cerise erhält. Weingeistiges Corallin giebt Orangegelb, ebenso ammoniakalisches Corallin und das S. 504 unter den rothen Theerfarbstoffen angeführte Orangeroth.

Die verschiedenen Sorten Dahlia geben alle Dahliaviolette bis Blau. Sie lösen sich hinreichend in Wasser, um sowohl Tinten als Farben zum Coloriren zu geben.

Zu Blau eignen sich die wässerigen Lösungen von Lyonerblau und Alkaliblau. Zu Grün die Methylgrüne. Zu Gelbgrünen kann man die weingeistige Lösung von Orangeroth, Martiusgelb, oder von Goldgelb oder Aurin oder Corallin mit weingeistiger Methylgrünlösung mischen, wodurch man verschiedene Nüancen von Grün erhält.

In derselben Weise können die alkoholischen Lösungen von Braun und Schwarz, Nigrosin, wie überhaupt die meisten Theerfarbstoffe zur Herstellung von Saftfarben angewendet werden, theils mit, theils ohne Zusatz von Gummi, welches sich jedoch in alkoholischen Flüssigkeiten nicht löst.

Da die Theerfarben alle von der Holzfaser und Papierfaser sehr fest gebunden werden, so geben sie bei der Anwendung zum Coloriren hinreichend scharfe Ränder (auch ohne Gummi) und die Farbe verbreitet sich nicht beim Feuchtwerden. Aber es leiden einige dieser Farben stark am Lichte, z. B. das Fuchsin, und das ist wohl der einzige Grund, weshalb manche sonst so schöne Theerfarbstoffe zu dem in Rede stehenden Zweck nicht anderen Farbstoffen, die man seit alten Zeiten als Saftfarben verwendet, vorgezogen werden.

Auch aufgelöste Metallsalze, z. B. die Lösungen von Chromoxyd, Chromalaun, Grünspan, andererseits von Kobaltoxydul, Kobaltchlorür u. s. w., welche gefärbt sind und wovon letztere sogar ihre Farben je nach der Temperatur wechseln (sympathetische Tinten), hat man wohl zum Coloriren u. s. w. empfohlen. Aber solche Salze sind für die gedachten Zwecke deshalb ungeeignet, weil sie, wenn auch nicht gleich, so doch allmälig das Papier angreifen und zuletzt zerstören.

F. Zum Bemalen der Conditorwaaren.

Zu diesem Zwecke sollte der Conditor überhaupt keine fertigen Farben kaufen. Denn sind auch viele der bisher abgehandelten Farben nicht eigentlich giftig, so hat gleichwohl der Conditor bei der unsicheren Benennung der Farben, ferner bei oft unreinlicher Behandlung, welche dieselben in Fabriken und bei Kaufleuten erleiden, hinsichtlich der Beschaffenheit einer gekauften Farbe durchaus keine Sicherheit. Die Theerfarben namentlich sollten überhaupt nicht zu Conditoreizwecken angewendet werden. Sind dieselben auch neuerdings nicht mehr arsenhaltig und leicht arsenfrei herstellbar, so weiß man andererseits keineswegs schon mit Bestimmtheit, wie diese complicirt und abweichend zusammengesetzten organischen Verbindungen auf den menschlichen Organismus wirken, ob sie gegen den letzteren sich indifferent verhalten. Selbst die oft als unschädlich aufgeführten Farben dürfen nicht aus solchen Kaufläden bezogen werden, in welchen zugleich andere und giftige Waaren gehalten werden, denn man ist nicht sicher, ob nicht durch Nachlässigkeit, durch Verstäubung, durch Gebrauch unreiner Geräthe, Farbenlöffel, Wagschalen oder unreinen Papiers die Farbe verunreinigt sei.

Der Conditor kann seine Farben nach Art der Saftfarben mit leichter Arbeit selbst herstellen. Er bereitet sich in Glas- oder Porzellangefäßen oder in größerem Maßstabe in verzinnten kupfernen Kesseln Abkochungen von

Herstellung u. Anwendung der Conditorfarben. — Farben zum Bedrucken. 679

Krenzbeeren, Quercitron, Cochenille, Blauholz, versetzt sie mit Alaun und verdickt die gefüllte Farbe gehörig mit Gummi, **Caramel** oder **Dextrin.** Zu Gelb wendet er außerdem mit Vortheil **Safran** an, zu **Blau Indigcarmin**. Braun erhält er durch Schmelzen und Erhitzen von Zucker und Auflösen desselben, wenn er hinreichend dunkel geworden ist. Zu Schwarz kann seiner Flatterruß dienen. Als Broncen sollten nur die echten Broncen verwendet werden. Zu Grün verwendet der Conditor Mischungen von Indigcarmin und Gelb. Zur Verdickung der Farben ist Stärke, Dextrin oder Gummi anzuwenden. Zum Nüanciren kann Ammoniak benutzt werden, wobei Niederschläge entstehen, die in der Flüssigkeit fein vertheilt bleiben. Er kann sich sogar sämmtliche Lackfarben im Kleinen herstellen, nur darf er die Fällung der Farben nicht mit Salzen der Schwermetalle, sondern nur unter Anwendung von Alaun bewirken. Von Erdfarben können die meisten angewendet werden, wenn sie aus vorsichtiger Hand kommen, denn die darin enthaltenen Bestandtheile, welche selbst in starken Säuren schwer löslich sind, können verzehrt in geringer Menge kein Unheil verursachen. Bei Verwendung und Einkauf von Kreide gebraucht man die Vorsicht, nachzusehen, ob sie nicht etwa in alte Bleiweiß- oder Zinkweißfässer verpackt war, so auch bei den übrigen Erdfarben, ob sie sich nicht in solchen Fässern befinden, welche früher zum Transporte anderer Farben gedient haben. Die aus Farbholzniederlagen genommenen **Farbhölzer, Cochenille** ꝛc. spült man vor der Verwendung sorgfältig mit Wasser ab, und beobachtet in jeder Hinsicht, daß nicht zufällig fremde Stoffe mit ins Spiel kommen, die der Gesundheit nachtheilig sein können. Die gefärbten Säfte von **Heidelbeeren, Himbeeren, Kirschen, Fliederbeeren, Brombeeren** sind gute und unschädliche Mittel, Liqueuren und ähnlichen Flüssigkeiten eine Farbe zu ertheilen.

G. Zum Bedrucken der Zeuge.

Viele natürlich vorkommenden Mineralfarben, d. h. Erdfarben, die Ocker verschiedener Nüancen, die Umbras, die Terra de Sienna u. s. w. lassen sich wohl künstlich erzeugen, aber nicht so, daß sie bei ihrem Erzeugungsprocesse unmittelbar als Farbe auf das zu färbende Zeug niedergeschlagen werden können, namentlich nicht local, um eine Zeichnung, ein Dessin zu bilden. Die eigentlichen, auf chemischem Wege erzeugten Mineralfarben sind eben so wenig zum Bedrucken mittelst Fällung geeignet, da sie hierbei einerseits auf dem Zeuge, namentlich auf Gewebe, nicht genügend haften, andererseits aber eine locale Färbung damit entweder gar nicht, oder nur unter unverhältnißmäßigen Schwierigkeiten und großem Kostenaufwande herzustellen ist.

580   Aufdrucken der Farben mit Oel und mit Albumin oder Eiweiß.

Also nicht auf dem Wege chemischer Fällung, sondern durch mechanisches Binden der fertigen Farben auf das Zeug erfolgt ihre Verwendung zum Bedrucken, und auf diese Weise werden in der That alle früher beschriebenen Farben, auch die Lackfarben, allgemein benutzt. Man befestigt oder „druckt" die Farben als solche unter Anwendung eines geeigneten Bindemittels derart auf das Zeug, daß diese Befestigung den gewöhnlichen Einflüssen widersteht und nur durch besonders kräftige chemische oder mechanische Einwirkungen aufgehoben werden kann.

Da nun der vorliegende Theil dieses Werkes die Verwendung der fertigen Farben im Allgemeinen erörtert, so soll auch deren Anwendung zum Bedrucken hier in ihren wesentlichen Zügen angegeben werden, obwohl das Bedrucken nicht zur Farbenfabrikation gehört, sondern ein besonderes Gewerbe für sich ist.

Die Befestigung der Farben auf Zeugen, Geweben, Linnen, Baumwolle, Wachstuch ꝛc. geschieht

1. durch den Oeldruck.

Leinöl wird mit Bleiglätte zu gut trocknendem Firniß gekocht, zugleich wird noch eine Quantität Harz oder geschmolzener Kopal darin gelöst, oder Kopalfirniß zugefügt. Mit diesem Firnisse werden die Farben zerrieben, dann gewöhnlich durch Handdruck auf das Gewebe übertragen und nachher getrocknet. Die so befestigten Farben vertragen Seifenwasser um so eher, je mehr dem Firnisse harte Harze zugesetzt sind. Sie ertragen aber nicht ein starkes Kochen mit Laugen, welche das Oel nach und nach angreifen und auflösen.

2. Durch Aufdrucken mit Albumin.

Sowohl Farben, welche überhaupt nicht auf das Zeug gefällt werden können, wie Ultramarin und Erdfarben, als solche, wo dies möglich wäre, wie bei Chromgelb, Berlinerblau u. s. w., druckt man auf die Zeuge mit Albumin oder Eiweiß. Dieses bildet bei gewöhnlicher Temperatur in einer wässerigen Lösung eine zähe gleichmäßige Flüssigkeit, welche jedoch bei höherer Temperatur, und zwar lediglich durch den Einfluß der Wärme gerinnt, indem sich das Eiweiß als eine feste, nunmehr in Wasser unlösliche Substanz ausscheidet. Auf der Eigenschaft des Gerinnens beruht daher die Anwendung der Eiweißflüssigkeit zum Farbendruck. Man mischt die fein vertheilten Farben innig und gleichmäßig mit der Eiweißflüssigkeit, befestigt, d. h. „druckt" das Gemisch auf Zeug und setzt das letztere hierauf Wasserdämpfen von der erforderlichen Temperatur aus. Das gerinnende Eiweiß hüllt die Farben ein und bildet damit eine dem Zeuge innig anhaftende, farbige und feste Masse.

Viele Farben laſſen ſich faſt auf keine andere Weiſe in der Zeug- (Kattun-)
druckerei verwenden, da ſie bei Anwendung des Oeldrucks zu viel an ihrer Nüance
verlieren oder zu dunkel ausfallen würden.

Für helle Farben, wie Ultramarine, wird das Eiweiß von friſchen
Eiern, für dunklere Farben dagegen das aus Blut gewonnene Albumin angewendet, welches letztere bereits allgemein als Fabrikat im Handel vorkommt. Bei
der Verwendung wird den Albuminlöſungen gewöhnlich noch außer den Farben
ein anderes Verdickungsmittel, z. B. Stärke, Thon, Gummi zugeſetzt, theils um
die Farbe mehr zu vertheilen und dadurch heller zu machen, theils aber auch, um
derſelben eine gewiſſe Geſchmeidigkeit zu geben, welche ſie ohne ſolche Zuſätze nach
vorliegenden beſtimmten Erfahrungen nicht erlangen würde.

3. Durch Fixirung mit Caſeïn, Kleber ꝛc.

Einige andere albuminartige Körper, wie Caſeïn, Kleber, werden auf ähn-
liche Weiſe wie das Albumin zum Aufdruck gewiſſer Farben verwendet. Das
Caſeïn muß jedoch zu dieſem Behufe in Ammoniak gelöſt werden, weil es in
Waſſer für ſich nicht löslich iſt. Nach dem Trocknen des damit hergeſtellten
Druckes iſt das Ammoniak verflüchtigt, und das Caſeïn befeſtigt hier die Farbe
wie vorhin das Albumin in der bei letzterem angegebenen Weiſe auf das Zeug.
Die Anwendung des Ammoniaks darf natürlich nur dann erfolgen, wenn es die
aufzudruckenden Farben nicht nachtheilig verändert, alſo z. B. nicht bei Chromgelben, manchen Kupferfarben, den Perlmerblauen, wohl aber bei den geglühten
Erdfarben. Der Kleber kann ſowohl in Säuren als in ätzenden Alkalien gelöſt
werden; als Säure verwendet man zu ſeiner Auflöſung die flüchtigere Eſſigſäure, als Alkali am zweckmäßigſten Natronlauge. Selbſtverſtändlich darf
die Kleberauflöſung nur bei ſolchen Farben angewendet werden, welche durch das
Löſungsmittel des Klebers keine Veränderung erleiden.

Ein weiteres Eingehen in die Details der beſonderen Methoden, um mit
den obigen Fixirungsmitteln die verſchiedenen Farben mehr oder minder dauerhaft
auf den Zeugen zu befeſtigen, muß hier unterbleiben und der Lehre von der Zeugdruckerei überlaſſen werden, welche einen ſpeciellen ſehr ausgedehnten Zweig der
chemiſchen Technologie bildet.

Zum Schluſſe ſei nur noch ein für den Farbenfabrikanten wichtiger Um-
ſtand erwähnt. Alle für Druckzwecke anzufertigende Farben müſſen durchaus
von einer ſolchen Beſchaffenheit ſein, daß ſie ſich leicht und möglichſt fein
vertheilen laſſen. Ohne dieſe Eigenſchaft wären ſie zum Aufdrucken völlig
unbrauchbar. Lediglich in Würdigung des Bedürfniſſes der Zeugdruckereien werden
daher von Ultramarinfabriken beſonders feingemahlene Ultramarine
hergeſtellt, deren Anwendung beim Druck ſich aufs Vortheilhafteſte theils

deshalb bewährt, weil die feinere Farbe weit ausgiebiger färbt, theils weil die färbende Schicht dünner sein kann und daher besser am Zeuge haftet. Manche Erdfarben würden wahrscheinlich ebenfalls häufiger als gegenwärtig zum Bedrucken Verwendung finden, wenn es sich der Fabrikant angelegen sein ließe, die Farben in einer für diesen Zweck mehr geeigneten Beschaffenheit herzustellen, was ohne große Mühe und Kosten zu erreichen ist.

Alphabetisches Sachregister.

A.

Abblättern der Firnißanstriche 553.
Abklären der Lösungen 93.
Abklärungsständchen 93, 95.
Abklopfen des Bierkastes 120.
Absatzgefäße 96.
Absetzen beim Schlämmen 14, 16.
— der Niederschläge 95.
Acajoulad 74.
Ackermann'sche Aquarellfarben, Bereitung 563.
— — Form 567.
— Tuschfarben, Bereitung und Form 569.
Aequivalentgewichte der Elemente 2.
— der Verbindungen 3.
Aethylviolett 517.
Athammoniak 242.
Aetzkali 214.
— lauge, Bereitung 214.
Aetzkalk 64.
Aetznatron 226.
— , alkalimetrische Bestimmung 226.
— lauge 226.
Alabaster 57.
Alaun, gereinigter (eisenfreier) 439.
— mehl 439.
— schlamm 76.
— , grüner und gelber 76.
Alaunerde, gefällte 296.
— , als Lackfarbensubstrat 401, 436, 478.
— , kieselsaure 64.
— , — zu Ultramarin 303.
— , schwefelsaure 66.
— , zinkoxyd, pikrinsaures 211.
— verbindungen 64.
— , chemischer Nachweis in Farben 201, 440.

Albumin zum Zeugdruck 581.
Aldehydgrün 535.
Alizarin, künstliches 509.
— — , chemische Zusammensetzung 514.
— — , Verwendung zu Lackfarben 512.
— , natürliches 423.
— , — , Bestimmung in Krapplacken 431.
— pasta 509.
Alkali, flüchtiges 242.
— gehalt der ätzenden und kohlensauren Alkalien, Bestimmung 226.
Alkaliblau 522.
— lacke 524.
— , Untersuchung 525.
Alkalimeter 227.
Alkalimetrie 226.
Alkannawurzel 444.
Ammoniak 242.
— , flüssigkeit 242.
— , isopurpursaures 528.
— , salzsaures 241.
Analyse der Farben s. Untersuchung.
Anchusa tinctoria 444.
Anilein 515.
Anilin 477.
— blau 520.
— — schwefelsäure 520.
— , spritlöslich 520.
— , Untersuchung 521.
— , wasserlöslich 520.
— braun 533.
— farben 478.
— gelb 529.
— , reduciertes 530.
— orange 534.
— purpur 519.
— roth (Farbstoff) 481.
— rothe (Lackfarben) 484.

Alphabetisches Sachregister.

Anilinschwarz 611.
— violett 615.
Annotto 420.
Anreiben der Farben zu Oel- und Wasser-
   farben 647.
— , zu Tuschen 670.
— , Maschinen dazu 547.
   670.
Anstriche, allg. Regel der Haltbarkeit 553.
— , conservirende 557.
— , Zerreissen ders. 658.
Anstrichfarben, Bereitung im Allgem. 642.
Anthracen 561.
Anthrapurpurin 571.
Antimonfarben, rothe 8—4.
Antimonzinnober 381.
Aquarellfarben 562.
— , Ackermann'sche 563. 667.
— , Bereitung 663.
— , Le Franco- 567.
— , teigförmige in Tuben und
   Näpfchen, Verzeichniss 564.
— , Untersuchung 567.
Archil 470.
Arnaudsgrün 359.
Arsenige Säure 332.
Arsenigsaures Kali und Natron 333.
Arsenigsaures Kali 333.
Arsenigsaures Kobaltoxydul, viertel- 384.
Arsenik 332.
— Krankheit 349.
— , weisser 332.
Arsensaures Kobaltoxydul 384.
Artificielles Alizarin 509.
Asbesterde 79.
Asphalt in Firniss 553.
Atomgewichte 2.
Auflösung, Allgemeines 89.
— , Ausführung im Einzelnen 91.
— durch Dampf 93.
— , Gefässe dazu 92.
Auripigment 233.
Aurin als Farbstoff 498.
— , chemischer Bestand 488.
Auspressen der Farben 102.
Auswaschen des Bleiweisses 120.
— der Niederschläge im Allgem. 96.

B.

Barwood 441.
Baryt, chromsaurer 205.
— farben, weisse 162.
— gelb 205.
— , kohlensaurer 61.
— , schwefelsaurer, künstlicher 162.
— , — frein ver-
   theilter 168.
— , — , natürlicher 62.
— verbindungen, natürliche 61.

Beinschwarz, Farbe 391.
— , Kohle zur Läuterung 389.
— , Nachweis in Oelfarbe 391.
— , Schwarztreibe 391.
— , zur Stiefelwichse 391.
Berberin 418.
Berberisgelb 418.
Bergblau 80.
Berggrün, künstliches 334.
— , natürliches 83.
Bergzinnober 80.
Berlinerblau 285.
Berlinerroth 136.
Bernsteinfirniss 556.
Bindemittel für Aquarellfarben 562.
— , harz 5.
— , firniss 5.
— für Druckfarben 680.
— für Oelfarben 552.
— , — , Cremnitzer 55.
— für Pastellfarben und Krei-
   575.
— für Tusche 569.
— für Wasserfarben im Kleinen 593.
— für Zeichenstifte 573.
Binitrokresol im Goldgelb 530.
— im Safransurrogat 534.
— im Victoriagelb 534.
Binitronaphtol 532.
— salze 533.
Bismarckbraun 638.
— , Tapetenfarbe 539.
Bittererde, kieselsaure 64.
— verbindungen 64.
Bixa orellana 420.
Bixin 420.
Black Varnish 653.
Blanc fixe 162.
— , en pâte 166.
— , Fabrikation 163.
— , nach Meissner 169.
— , fein vertheiltes 168.
Blätterkohle zur Kienrussbereitung 396.
Blaue Cyaneisenfarben 256.
— Erde 82.
— Erdfarben 80.
Blauer Vitriol 217.
Blauholz 469.
— decoct 464.
— extract 464.
— , — , Radlöhnung in demselben 465.
— farbstoffe 464.
— lade 467.
— , Untersuchung 469.
Blaustein 237.

Alphabetisches Sachregister.

Bleiasche 112.
Bleierz, schwarze Erdfarbe 86.
Bleiessig 185.
Bleifarben, gelbe 171.
 — rothe 377.
 — weiße 110.
Bleifedern, Herstellung 574.
Bleigießen zur Bleiweißfabr. 112.
Bleiglätte 170.
Bleiglanz, Erdfarbe 86.
Bleikali 120.
Bleisolil 152.
Bleioxyd 120.
 — , antimonsaures 216.
 — , Chlorblei 177.
 — — , als gelbe Farbe 171.
 — , chromsaures 177.
 — — , basisches 377.
 — , essigsaures, basisches 185.
 — — neutrales 183.
 — , kohlensaures (Bleiweiß) 110.
 — , schwefelsaures 158.
Bleireste von der Bleiweißfabrikation, Verarbeitung 151.
Bleistifte, Fabrikation 574.
 — englische 575.
Bleiweiß 110.
 — , Anreiben mit Oel 147, 516.
 — , Anstrich 147.
 — , Anwendung 147.
 — , Arten, chemische Constitution 115, 146.
 — — , Vergleich ihrer Deckkraft und technischen Eigenschaften 145.
 — , Auspressen 151.
 — , Auswalzen 128.
 — , englisches 145.
 — , Fabrikation, französische 130.
 — — holländische 111.
 — — in Dampftrögen 138.
 — — Klagenfurter 135.
 — — Vergleich der verschiedenen Methoden 146.
 — Farbe (B. in Oel) 147.
 — — , Untersuchung 149.
 — , französisches 135, 145.
 — Handelsformen, äußere 105, 128, 135.
 — , Handelssorten, chemische Untersuchung 147.
 — , hartes, Darstellung 127.
 — , holländisches 110, 145.
 — , Klagenfurter 135, 145.
 — , Kremnitzer 150.
 — Mühle 122.
 — , Schlämmen 144.
 — , Vermahlen 127.
 — , weiches, Darstellung 128.

Bleizucker 182.
Bleu celestiale 81.
 — coelestique 297.
 — de Lyon 521.
 — lumière 521.
 — verditre 252.
Blutlauge 257.
Blutlaugensalz, gelbes 256.
 — — , Untersuchung 258.
 — — rothes 258.
Bolus, rother, als Erdfarbe 77.
 — — als Thon 65.
 — — als Zeichenkreide (Röthel) 572.
Bolus, weißer 64.
 — — zu Zeichenkreide 573.
Brasilienholz 432.
Brasilholz 432.
Brasilin 431.
Braune Erdfarben 68.
Brauneisenstein 69.
Braunkohle als braune Farbe 86.
 — und Braunkohlentheer zur Rußdarstellung 395, 396.
Braunocker 70.
Braunschweigergrün 335.
Braunstein als Erdfarbe 31, 73.
 — , Anwendung zur Herstellung brauner Mineralfarben 346.
 — , Arten und chemisches Verhalten 71.
 — , Ciccalio 556.
Bremerblau 243.
Bremergrün 243.
Brennen des Gypses 59.
 — des Kalkes 54.
 — der Knochen 60.
 — der Zeichenstifte 575.
Brenzcatechin 473.
Bright Varnish 553.
Bromnitrofluoresceinnatrium (Kaiserroth) 198.
Bronzeblau (Blauholzlack) 467.
Bronzegrün — 468.
Bronzegrüne aus Blau und Chromgelb 361.
 — aus schwarzen und gelben Mineral- und Erdfarben 388.
Bronzelacke, metallglänzende (Theerfarben) 480.
Butterfarbe 420.

C.

Cachou 473.
Cadmiumgelb 231.
Cadmiumoxyd, chromsaures 233.
Caesalpinia crista und C. echinata 432.
 — Sappan 432.

Calcination 10.
Calcinirofen 11.
Calcinirtöpfe zur Bleiweißfabrikation 115.
Calialursalz 141.
Campechecarmin 464.
Campecheextract 464.
Campecheholz 163.
Camwood 441.
Caneel 639. 640.
Caput mortuum 79.
Carmin, Beschaffenheit und Zusammensetzung 450.
— , blauer 404.
— — , als Saftfarbe 576.
— , Gewinnung 456.
— lack, Darstellung 457.
— — Untersuchung 460.
— mutterlauge, Fällungen darin 454.
— , roth 450.
— — als Saftfarbe 577.
— lacke, Darstellung 449.
— — Eigenschaften 448.
— tinte 450.
— zinnober 275.
Carmoisiniade aus Rothholz 436.
Carthamin 444.
— , Bereitung 442.
— , trockner 440.
— schminke 64. 446.
— tinctur 445.
Carthamus tinctoria 444.
Casein und Kalkmilch als Kitt 55.
— zum Zeugdruck 581.
Casselerbraun 80.
Casselergelb 174.
Casselergrün 342.
Catechin 473.
Catechu 471.
— abkochung als Saftfarbe 577.
— gerbsäure 173.
— lack 476.
— lösung, Fällungen darin 475.
— säure 473.
Cendres bleues en pâte 250.
Centrifugalpresse 104.
Ceris 505.
Chaux métallique 384.
Chemische Formeln, alte und neue 1. 2.
— Gleichungen 1. 2.
— Zeichen und Zeichensprache 1. 2.
Chilisalpeter 228.
China Clay 301.
Chlor 268.
— ammonium 241.
— , Bereitung im Großen 272.
— blei, Darstellung für Chromgelb 186.
— — Bleioxyd für Chromgelbe 186.
— — — (Casselergelb) 174.
— calciumlösung zu Bergblau 253.
— — zu Zinkgelb 210.

Chlorentwickelungsapparate 272. 273.
— kalk 276.
— — , Prüfung 276.
— wasserstoffsäure 267.
— zinklösung zum Anstrich 557.
Chlorimetrie 278.
Chromeisenstein 217.
Chromgelbe, Allgemeines 177.
— , Darstellung im Speciellen 189.
— , dunkelcitronfarbige 192.
— , Handelsformen derselben 106.
— , hellcitrongelbe 179. 180.
— , orangefarbige 181. 196.
— , Untersuchung auf Dreistreit 201.
— — — , chemische 202.
— — Zusammensetzung , chemische 200.
Chromgelbgrüne, gemischte 361.
— — Herstellung von Probesortimenten 362.
— — , Prüfung 364.
Chromgrüne, gemischte 361.
— , reine 353.
Chromgrünextract 361.
Chromoxyd 353.
— , Thonerde-Kobaltoxyd 360.
— , basisch schwefelsaures 357.
— , Eisenoxyd, basisch chromsaures 385.
— , farben, grüne 353.
— — , rothe 382.
— , hellroten 189.
— , hydrat 355.
— , zinnoxyd 383.
Chromroth 377.
— , Darstellung 378.
— , Fällung mit Kaiserroth und Rosin zu Zinnoberersatz 502.
— — , Zinnoberersatz 381. 382.
Chromsaures Kali, gel. des 218.
— — , rothes 220.
Chromzinnober 377.
Chrysanilin 533.
— lack 534.
— — , Untersuchung 534.
— salze (Phosphin) 533.
Chrysotoluidin 540.
— salze 540.
Coccionelin 448.
Coccus cacti 447.
— ilicis 447.
— laccae 118.
— polonicus 447.
Cochenille 447.
— abkochung, Verhalten gegen Fällungsmittel 451.
— , ammoniacale 452.
— , deutsche 447.
— , farbstoffe 448.

Alphabetisches Sachregister.

Cochenillelack, echte 448.
— —, gemischt 460.
— —, unechte 437.
— —, Untersuchung 460.
— —, roth, echte 448.
Cöllnische Erde 86.
Coeruleum 297.
Colophonium zur Ultramarinbereitung 305.
Colorin 426.
Colorirfarben 578.
Condylorfarben 578.
Copaivabalsam in Aquarellfarben 563.
— — Nachweis 568.
Copalfirniß 554.
— , feller 555.
— , zu Oeldruck 580.
Corallin, Bildung und Zusammensetzung 488.
— lacke 494.
— —, nüancirte, mit Safferroth und Cosin 504.
— —, Untersuchung 497.
— , spritlöslich 491.
— , wasserlöslich 480.
Cremserweiß 111.
— , Handelsform 106.
— , specielle Beschaffenheit 135.
— , — Darstellung 150.
Crocin 116.
Crocus 116.
Cubbear 470.
Curcuma 118.
Culch 173.
Cyaneisenfarben, blaue, Darstellung 277.
Cyaneisenkupfer 389.
Cyaneisenverbindungen zur Farbenbereitung 256.
Cylinder zum Ultramarinbrennen 315.
Cylindersiebe 31.
Cysterne zum Schlämmen 14.

D.

Dahlia 517.
— lacke 518.
— —, Untersuchung 519.
— , zu Saftfarbe und Tinte 577.
Damarfirniß 555.
Dampfloogen zur Bleiweißfabrikation 138.
— , Bleiweiß, Darstellung 138.
— — , Eigenschaften 145.
— — , Reinigung 146.
— — , Schlämmen und Auswaschen 144.
Deckgrün (Chromgelbgrün) 361.
— , Hamburger (Kupferfarbe) 341.
— , Wiener (Kupferfarbe) 341.
Desterrazides' alkalimetrisches Verfahren 228.

Desintegratoren 37.
Deutsche Mühle 112.
Dextrin als Bindemittel 550.
— , quantitative Bestimmung als Stärke in Rothholzlacken 461, in Alkaliblaulacken 525.
Diamantsuchsin 481.
Druckfarben auf Zeug 579.
— — , Fixiren mit Albumin 580.
— — , Fixiren mit Casein 581.
— — , Fixiren mit Oel 580.

E.

Eisenalaun 76.
Eisenfarben, blaue 266.
— , gelbe 68.
— , grüne 83.
— , rothe 77.
Eisenglimmer 77.
Eisenmennige 77.
Eisenocker 69.
— , Calcination 40.
Eisenoxyd, als Erz und Erdfarbe 77.
— , basisch-chromsaures 230.
— , Chromoxyd, basisch-chromsaures 345.
— farben, gelbe (Mineralfarben) 230.
— — , gelbe und braune (Erdfarben) 68.
— — , rothe (Erdfarben) 77.
— — , gefärbt mit Anilinrothen 79.
— hydrat 68.
— — im Thon (Ocker) 65.
— im Thon (Röthel) 65.
— , Manganoxyd-Erdfarben, gelbe und braune 68.
— , schwefelsaures, Bereitungsmethoden 263.
Eisenoxydul, kieselsaures, in der grünen Erde 89.
— , schwefelsaures, Herstellung 261.
— — , Untersuchung auf Verunreinigungen 262.
Eisenroth 68.
Eisenvitriol, Gewinnung und Werthprüfung 261.
Eiweiß zum Aufdrucken der Farben 580, 581.
Elemente, chemische 2.
— , Aequivalentgewichte derselben 2.
— , Zeichen derselben 2.
Elfenbein, gebranntes 391.
— schwarz 389.

Alphabetisches Sachregister.

Englische Aquarellfarben 563, 567, 569.
— Bleifedern 575.
Englischroth 77, 79.
Eisengrün 351.
Erde, Aslurer 79.
—, Colnische 80.
—, blaue 81.
—, grüne 81.
Eosin 500.
— lacke 501.
— — mit Chromroth und Kaiserroth gefällt zu Zinnoberersatz 502.
— mit Corallinladen 501.
— mit Kaiserrothladen 503, 504.
—, Safstarbe 577.
Erdfarben, Begriff 2.
—, blaue 81.
—, braune, Braunkohle 84.
—, — Eisenoryd und Manganoxyd 83.
—, Calcination 10.
—, gelbe 68.
—, geschlämmte, Eigenschaften 543.
—, — Prüfung auf den Feinheitsgrad 544.
—, graue 66.
—, grüne 83.
—, mechanische Vorbereitung 9.
—, Mischen behuf Nuancirung 40.
—, Pulverisiren 21.
—, rothe 77.
—, Schlämmen 11.
—, schwarze 84.
—, Sieben 37.
—, Trocknen 17, 19.
—, Verarbeitung zu fertigen Anstrichfarben 542.
—, weiße 48.
Erythrinsäure 469.
Eschel 244.
Essig, Destillation 183, 334.
— zur Bleizuckergewinnung 183.
— zu essigsauren Salzen für grüne Kupferfarben 311.
Essigsäure 169, 331, 338.
—, Destillation aus Holzfall 183.
Essigsaures Bleioxyd, basisches 185.
— — neutrales 184.
— Kupferoxyd 325.
— Kalzium und essigsaurer Kalk 331, 334, 337.

F.

Färberröthe 421.
Farben, Anreiben 547.
— Anwendung zum Anstreichen und Malen 542.
— zu Aquarellfarben 564.

Farben, Anwendung zu Conditorwaaren 563.
— — zu Lastfarben zum Coloriren 570.
— — zu Latschen 564.
— — zu Zeichenstiften 572.
—, Auswaschen nach der Praecipitation 96.
— en pâte, Pressen 20.
— — Wassergehalt 101.
—, Formen derselben 108.
—, geschlämmte und gemahlene, Zusammenhängend 543.
— — und gemahlene, in harten, festen Stücken 545.
— — und gemahlene, Prüfung auf Feinheit 544, 545.
— lacke f. Lackfarben.
— laserende 576.
— mühle 122, 547.
—, Oelbedarf zum Anmachen 551.
—, Pressen derselben, Allgemeines 102.
— — mittelst Filterpressen 154.
— reibmaschine, amerikanische 549.
— — mit rotirendem Kegel oder mit Walzen 548, 549.
— trichter zum Formen 108.
—, Trocknen 107.
Farbflechten 469.
Farbstoffe aus Pflanzen und Thieren 410.
— — — , blaue 402.
— — — , gelbe 416.
— — — , rothe 421.
— aus Theer 477.
— — , blaue 520.
— — , braune 532.
— — , gelbe 526.
— — , grüne 535.
— — , rothe 481.
— — , schwarze 541.
Fahnenaufsätzen für Aquarellfarben 563.
Federweiß 57.
Fensterkitt, gewöhnlicher 50.
Fernambuckholz 432.
Fernambucklacke 432, 436.
— — , gemischt 459, 460, 466.
— — , Untersuchung 460.
Feuersteinkugeln zum Pulverisiren 21.
Filter 98.
— presse, Allgemeines 14, 98.
— — specielle Beschreibung und Gebrauch 154.
Filtriren, Allgemeines 97.
Filtrirapparat beim Schlämmen der Erdfarben 16.
— für Niederschläge 100.
Filtrir-Kasten, -Kufen und -Ständer 100.

Alphabetisches Sachregister.

Filtrirrahmen 99.
Filtrirtuch 98.
Fingerhutblau 236.
Firniß 552.
— Anstrich, Bedingungen der Haltbarkeit 553.
— — für biegsame Flächen 553.
—, Bernstein- 556.
—, Copal- 554.
—, Damar- 556.
—, gelber 420.
—, Leinöl 552.
— —, bleifreier 566.
—, orangefarbener 420.
—, Kochen, allgem. Regeln dabei 556.
—, schwarzer mit Asphalt oder Steinkohlentheer 553.
Fiselholz 418.
Flammofen 43.
Flatterruß 393.
Flavin 412.
Flavopurpurin 509.
Flechtenroth 170.
Flechtensäuren 169.
Florentinerlack, echte 157. 158.
— —, Formen 106.
— —, nachgemachte (Rothholzlack) 459.
— —, Untersuchung 160.
Frankfurter Schwarz 884.
— — unter anderen Bezeichnungen 892.
Französische Aquarellfarben 568. 567.
— Bleiweißfabrikation 130.
— Preiscourante für Aquarellfarben in Tuben 567.
— — für Oelfarben in Tuben 561.
— — für Oelfarben 70.
Französischer Purpur 172.
Fuchsin 481.
— -lack 484.
— —, Erkennung 486.
— — mit Fernambuklacken 486.
— — mit Krapplacken 488.
—, Saftfarbe 577.
Fustik, alter 416.
— neuer 418.
Fylling upp, Darstellung aus Thonen 42.
— Scheidesatzmittel 50.

G.

Garancin 424.
— —, Fabrikation aus Krapp 425.
Gebranntes Hirschhorn 60.
Gebrannte Knochen 60.

Gelbbeeren 409.
Gelbbeerenlacke 410.
Gelbe Erdfarben 68.
— Farbstoffe aus Pflanzen 408.
— Theerfarbstoffe 626.
Gelber Lack (feines Schüttgelb) 414.
Gelbholz 416.
— farbstoffe 416.
— lacke 417.
Gelbkraut 419.
Giftfreie Grüne 351.
— —, Chromgrüne 357.
— —, Kupfergrüne 351.
Giftmehl 342.
Glanzruß 393.
Glas, gefärbtes, zu reflectirenden Flächen 80.
Glühen der Erdfarben 10.
Glühofen 43.
— zum Ultramarinbrennen 309.
Goldgelb 530.
— lacke 531.
— —, Untersuchung 533.
Goldocker 69.
Granat 638.
Granat soluble 523.
Graphit 85.
— —, Nachweis in schwarzer Oelfarbe 398.
— —, Bearbeitung zu Bleistiften 371.
Grau aus Ruß 397.
Graue Erdfarben 66.
— —, Untersuchung 67.
Grubenocker 75.
Grüne Erdfarben 81.
— Mineralfarben 325.
— Theerfarben 636.
—, gemischte 360.
— aus Chromoxyhydrat (Guignetgrün) 357.
— mit Chromgelb 361.
— — Untersuchung 364.
— mit Querzitronlacken 416.
— mit schwarzen und gelben Farben (Bronzegrüne) 398.
— mit Terra de Sienna und Ocker 363.
— — Untersuchung 369.
— mit Zinkgelb (Zinkgrüne) 365.
— — Untersuchung 367.
— Sortimentsherstellung 362.
—, giftfreie 351. 357.
Grünerde 83.
Grünpulver 636.
Grünspan 325.
—, blauer 330.

Grünspan, destillirter 327.
— , grüner 330.
— . — , krystallisirter 327.
— , roher 326.
— , Bestandtheile 329.
— Vergiftung, Antidote 330.
Guignetsgrün 355.
— , gemischtes, nüancirtes 357.
— , — Untersuchung 357.
Gummi (arabicum und Traganth) in Aquarellfarben und Tuschen 562. 569. 570.
— — , Nachweis 568.
— , Bindemittel in Saftfarben 576. 577.
— — in Wasserfarben 550.
— — in Zeichenstiften 673.
— electum 415.
— farben, Herstellung 562.
— , teigförmige in Tuben, Verzeichniss 564.
— — Untersuchung 567.
— gutt 415.
— lad 413.
Gyps 67.
— , als Bindemittel in Pastellstiften 673.
— , gebrannter 65.
— , gemahlener 67.
— , quantitative Bestimmung neben Schwerspath 60.
— fein 57.
— todtgebrannter 59.
— , Vermahlen, nass 72. 122.
— — trocken 71.

H.

Hämatein 465.
— -Ammoniak 464.
Haematoxylon campechianum 463.
Hämatoxylin 464.
Hallische Erde 65.
Hamburger Blau 286.
— Heckgrüne 341.
Handmühle zum Mahlen 409. 546.
Harz in Firnissen 552.
— im Kienruss, Entfernung desselben 396.
— in Aquarellfarben 569. 668.
— , — Nachweis 568.
— zur Kienrussbereitung 393.
Harzige Braunkohle zur Kienrussbereitung 396.
Harzöl zum Anstrich 552.
Harzrusse zu chinesischen Tuschen 671.
Harzstoffe zur Ultramarinfabrikation 305.

Hausenblasenlösung zu Aquarellfarben 562. 563.
Havannabraun 538. 540.
Herbofen zum Ultramarineinbrennen 316.
Hirschhorn, gebranntes 61.
Hofmann's Violett 517.
Holländisch Bleiweissgewinnung 111.
— — Mühle 121.
Holzessigsäure, Gewinnung durch Destillation 331.
— zu essigsaurem Blei 183.
— zu Kupferfarben 331.
Holzessigsaures Salz 331.
Holzfass 331.
Holzkohle, Darstellung 387.
— zur Ultramarinfabrikation 313. 316.
Holzruss 392.
Honig, gereinigter, zu Honigfarben, Herstellung 563.
— , Nachweis in Aquarellfarben und Tuschen 568.
— farben 562.
— , — teigförmige in Tuben, Verzeichniss 564.
Horalim aus Knochen 391.
Hütchenformen mittelst des Farbentrichters 115.

J.

Indig 402.
— blau 403.
— — , quantitative Bestimmung im Indig 404.
— — , reducirtes 403.
— — schwefelsaures 404.
— braun 402.
— carmin 404.
— — , als Saftfarbe 576.
— — , zur Herstellung grüner Lacke 415.
— , gereinigter 403.
— , lüpe 404.
— , leim 402.
— , neublau 407.
— , roth 402.
— , weiss 403.
Indigo 402.
— , Ermittelung des Indigblaugehalts 404.
Indischgelb, Kobaltfarbe 211.
— , Lackfarbe (Purrée) 415.
Indisin 515.
Indulin 520.
Infusorienerde zu Ultramarin 303.
Isopurpursäure 524.
Isopurpursaures Ammoniak 523.
— Kali, Herstellung aus Pikrinsäure 523.

Alphabetisches Sachregister. 591

Isopurpursaures Kali als Granat 538.
Italienische Umbra 71.
Italienischroth 72.

J.

Japanholz 482.
Japansäure 474.
Jaune (commun, fin, lavé u. s. w.) geb
 der Oder, Handelspreise 71.
— indien, Kobaltverbindung 231.
— — (Burrée) gelber Lack 445.
Jodgrüne, Theerfarben 536.
Jodquecksilber, gelbes 236.
— — rothes 376.
Jodviolette, Theerfarben 547.
— — , Darstellung im
 Speciellen 548.
Jodzinnober 376.

K.

Kasefarbe, gelbe 420.
Kaffeeschwarz 492.
Kaisergrün 311.
Kaiserroth 498.
— lacke 500.
— — , Erkennung 500.
— — mit Corallinladen 504.
— — mit Chromroth (Zinnoberersatz) 502.
— — mit Cosin 503. 504.
— , Easlfarbe 577.
Kali 212.
— , ätzendes 214.
— , arsenigsaures 332.
— , blausaures 256.
— , chromsaures, gelbes 218.
— , — , rothes 220.
— , eisenblausaures 266.
— hydrat 214.
— , isopurpursaures 628. 638.
— , Kali, chromsaures 223.
— , kaustisches 214.
— , kohlensaures 212.
— lauge 214.
— Natron, arsenigsaures 333.
— — , chromsaures 223.
Kalk 53.
— , arsenigsaurer 333.
— blau 260.
— brei 55.
— brennen 53.
— , essigsaurer, Bereitung aus Kalk und
 Essigsäure 347.
— — , in Lösung 357.

Kalk, essigsaurer, trockener, käufl., roher 394.
— farben, Begriff 542.
— , gebrannter 53.
— , gelbscher 54.
— grün 335.
— hydrat 54.
— , kohlensaurer 48.
— mehl 54.
— milch 55.
— — mit Kasein zu Kitt 55.
— , phosphorsaurer, gebrannte Knochen
 60. 394.
— — , gefällt aus Salzsaurer
 Lösung von den Knochen 64.
— — , Nebenproduct der
 Knochenkohle 394.
— — , mineralischer 61.
— — Nachweis neben Gyps
 und Schwerspath in Farben 61.
— , schwefelsaurer 47.
— — , Bestimmung neben
 Schwerspath in Farben 60.
— spath 52.
— — , gemahlener (Pariserweiß) 62.
— stein 53.
— Zücker 55.
— — , mit Kuhmilch als Ersatz von
 Kreide und Leim 55.
— — , nüancirte, zu farbigem Anstrich
 56. 56.
— wasser 56.
Kaolin, chemischer Bestand und Anwendung
 64. 66.
— in der Ultramarinmischung 308.
— Zutheilung als Rohmaterial für
 Ultramarin 308.
Kapseln zum Brennen des Ultramarins 309.
— der Zeichenstifte 676.
Kastanienbraun 73.
Katechu 479.
Kattundruck 679.
Kermes 385.
Kernschwarz 392.
Kessel zum Pulverisiren 23.
Kienruß 392.
Kieselarmer Ultramarin 307.
— erde (Kieselsäure) zur Ultramarinfabrikation 303. 305.
— guhr 305.
— reicher Ultramarin 319.
— säureverbindungen, natürliche 64.
— — , chemi-
 sches Verhalten 65. 291.
Kitt, aus Käse und Kalk 67.
— aus Leinöl und Kreide 50.
Klärungsständchen 93. 96.
Kleber zum Zeugdruck 681.
Knochen, Brennen derselben 60. 389.
— , chemische Zusammensetzung 60.
— , feste 390.

Alphabetisches Sachregister.

Knochengallerte 61. 391.
— , gebrannte, als Zusatz zu Farben 60.
— kohle zu Läuterungszwecken, Bereitung 389.
— — zu Malerzwecken und Stiefelwichse 391.
— leim 61. 391.
— mehl zur Dünger- und Leimfabrikation 390.
— schwarz 391.
— — , Nachweis in schwarzer Oelfarbe 391.
Kobaltblau 296.
— chlorür 578.
— farbe, gelbe (Indischgelb) 231.
— farben, blaue 294.
— — rothe 384.
— glas 295.
— grüne 250.
— oxydul, arsensaures 384.
— — viertelarsenigsaures 384.
— — zinnsaures 297.
— — Zinkoxyd, phosphorsaures 297.
— oxyd-Zinkoxyd 350.
— speise 294.
— ultramarin 296.
— vitriol 296.
Königsblau 290.
— gelb 233.
Kohle, Erdfarbe 84.
— Mineralfarbe, von Hölzern 387.
— — von Knochen 389.
— — von unvollständiger Verbrennung organischer Stoffe 392.
— , Mineralfarbe, vom Weinstock 388. 392.
— zur Ultramarinfabrikation 298. 305.
Kohlenschwarz 387.
— stoff, krystallisirter 86.
Kollergang 32.
— mit beweglichem Boden 36.
— mit festem Boden 33.
Korkschwarz 392.
Krapp 421.
— farbstoffe, künstliche 509.
— — natürliche 422.
— — Zusammensetzung 514.
— kohle (Garantin), Darstellung 425.
— lade aus Krappkohle, Darstellung 426.
— — — krystallisirte 428.
— — — Untersuchung, chemische 430.
— — — Werthprüfung 429.
— — aus künstlichem Alizarin, braune 518.
— — — , rothe 512.

Krapplade aus künstlichem Alizarin, Untersuchung 517.
— — mit Fuchsinladen 485.
— — nüancirt mit anderen Theerfarbstoffen 511.
— , Satzfarbe 577.
— , Werthermittelung 422.
Kreide 48.
— als Anstrich- und Druckfarbe 49.
— , farbige zum Zeichnen, Herstellung 572.
— , gesägte 51.
— , geschlämmte 49.
— , Grundirung für Wasserfarben 50.
— — , betrügerische, für Oelfarben 50.
— filt mit Leinöl 50.
— , Motalo 52.
— , Nachweis und Unterscheidung von kohlensaurem Baryt 51.
— , Pariser, für Schneider 51.
— , Rohmaterial und Substrat für künstliche Farben 50. 413. 426.
— , rothe (Bolus, Röthel) 77. 572.
— , schwarze, durch Brennen von Knochenmehl und Thon 391.
— — , graphitische 574.
— , Wasserfarbe, Deckfähigkeit und Mischung mit anderen Farben 49.
— , weiße, zum Schreiben auf Holztafeln 49. 572.
Kremnitzer Weiß 111.
— , Darstellung 150.
— , Formung 106.
Kreuzbeeren 409.
— lade 410.
Kugellad, Darstellung 427.
— , Handelsform 106.
Kugelmühlen 30.
Kunstmalerfarben in Tuben, Verzeichniss 567. 644.
Kupferasche 240.
— farben, blaue 243.
— — , grüne 334.
— — , rothe 383.
— lasur 80.
— oxydul 240.
— — ausscheidung, Reaction auf Honigzucker in Farben 66.
— oxyd, aus Kupfersalzen gefällt 241. 244.
— — , aus Glühen von Kupfer 240.
— — , basisch-schwefelsaures 244.
— — , Chlorkupfer 246.
— — , chromsaures 386.
— — , essigsaures 325. 321.
— — , hydrat 243.
— — , schwefelsaures 237.
Kupfervitriol 237.
— , Prüfung 237.

L

:-dye 448.
— , Lackfarben 159.
l, gelber (Schüttgelb) 414.
le (Lackfarben), Allgemeines 400.
—, L. aus organ. Körpern 402.
—, L. aus Theerfarbstoffen 479.
—, L., Anreiben 550.
—, L. anilinrothe aus Fuchsin 484.
—, L. blaue aus Alkaliblau 524.
— — aus Indigo 402.
— — aus Lyonerblau 522.
—, L. bläulichschwarze aus Blauholz 467.
—, L. braune aus Catechu 474.
— — aus Krapp und künstl. Alizarin 513.
—, L. bräunlich-violette aus Blauholz 468.
—, L. bronzebraune aus Blauholz 468.
—, L. bronzeblaue aus Blauholz 467.
—, L. carminrothe aus Carmin 468.
—, L. carmoisinbraune aus Raphlabraun 639.
—, L. carmoisinrothe aus Rothhölzern 436.
—, L. gelbe aus Gelbholz 417.
— — aus Goldgelb 531.
— — aus Kreuzbeeren 403.
— — aus Orlean 420.
— — aus Quercitron 412.
— — aus Wau 419.
—, L. grüne aus Alkaliblau und Quercitron 524. 525.
— — aus Methylgrün und Quercitron 537.
— — aus Quercitron 415.
—, L. purpurfarbige aus Orseille 473.
— — aus Rothholz 437.
—, L. violette aus Anilinviolett 519.
— — aus Dahlia 519.
— — und Fuchsin 485.
— — aus gerbsaurem Rosanilin 487.
— — aus Rothhölzern 439.
—, L. rosa aus Rothholz 438.
—, L. rothe aus Carmin 457.
— — aus Cochenilleabkochung 452. 455.
— — aus Cochenille und Rothholz oder Krapp 452.
— — aus Corallin 494.
— — aus — mit Cosin und Safferroth 503. 504.
— — aus Cosin 500.
— — aus Fuchsin 484.
— — aus — und Krapp oder Rothholz 486.
— — aus Krapplacke (Garancin) 426.

Lacke (Lackfarben), rothe aus künstlichem Alizarin 512.
— — aus Lac-dye 459.
— — aus Marron 502.
— —, gemischte 460.
—, L. schwarze, aus Blauholz 463.
Lackfarben, Anreiben zu Oel- und Wasserfarben 550.
Lackfirniß 553.
— anstriche, haltbare und zerreißende 554.
— , zum Anstrich auf bieglamen Flächen 554.
Ladiren 554.
Lackmus 408.
— aus Orseille 170.
Ladrixenfast als Saftfarbe 577.
Lampenruß 395.
Lapis Lazuli 81.
Lasirende Farben 578.
Lasurblau 81.
— stein 81.
Laubgrün 361.
Laugen, Allgemeines 93.
Läuterungskohle, Fabrikation 390.
Lecanora-Farbflechten 169.
Lecanorsäure 169.
Le Franco-Aquarellfarben 567.
— Tusche 569.
Leim, aus Knochen 60. 61.
— Bindemittel in Aquarellfarben 562. 563.
— — , Nach: weis 647.
— — in Tuschen 571.
— — in Wasserfarben 550.
— — in Zeichenstiften 673.
— lösung mit Galläpfelinfusion 667.
— farben 550.
— anstrich, als Grundirung 50. 550.
Leimgallerte aus Knochen 61.
— , Nebenproduct bei der Knochenkohlenfabrikation 391.
— tilt 66.
Leinöl zum Anstrich 652.
— firniß 652.
— , bleifreier 656.
Leithner's Blau 290.
Lichtblau 521.
Lithopone 107.
Lizarinsäure 123.
Lösung 91.
— , Klären derselben 91.
Loogen zur Bleiweißfabrikation 115.
Lyonerblau, lösliches 521.

M.

Maclura tinctoria 416.
Maclurin 416.
Magnesia, kieselsaure 64.

Alphabetisches Sachregister.

Mahagonibraun 74.
Mahlen der Farben und Rohmaterialien 21.
— in Mühlen 30. 122.
Malachit 84.
Malerfarben, Zurichtung und Anwendung im Allgemeinen 542.
Manchestergelb 532.
Manganerze 74.
Manganfarben, Erdfarben 72. 73.
—, Mineralfarben 73. 346.
Manganhyperoxyd 72. 73.
—, Producte daraus 74. 272. 386.
— hydrat 72.
Manganoxydul, borsaures (Siccativ) 556.
— chromsaures 386.
— oxyd als Mineralfarbe 386.
Manganoxyd, Erdfarbe 72. 74.
— hydrat, Erdfarbe 72.
—, Siccativ 556.
Manganiammbraun 74.
Marienglas 57.
Marmor 62.
Marron 509.
— lacke 509.
Marsgelb 230.
Marthaholz 482.
Martiusgelb 532.
—, wasserlöslich 533.
—, Erkennung 533.
Massicot 175.
Maschinen zum Farbentreiben 547.
—, amerikanische 548.
— mit Kegel und Walzen 549.
Mauvein 615.
Mauveinlacke 616.
— salze 615.
Mengel 174.
Mennige 171.
Metallglanz auf Flächen, durch Glas- und Bleiglanzpulver 86.
— durch Theerfarbenlacke 486.
— weiß 110. 158.
— —, chemische Unterscheidung von Bleiweiß und Schwerspath 159.
Methylgrün 535.
— —, jodirtes 536.
— —, lacke 537.
—, wasserlösliches 536.
— violett 517.
Mineralblau 286.
Mineralfarben, Begriff und Herstellung im Allgemeinen 84.
—, blaue, Eisen. 277.
— —, Kobalt. 294.
— —, Kupfer. 343.

Mineralfarben, blaue, Ultramarin 302.
—, braune 385.
—, gelbe, Baryll. 205.
— —, Bleioxyd. 170.
— —, Cadmium. 212.
— —, Chromgelbe 177.
— —, Eisen. 230.
— —, Kobalt. 211.
— —, Neapelgelbe 202.
— —, Schwefelarsen und -zinn 221. 225.
— —, Zinkgelbe 208.
—, grüne, Chromoxyd. 353.
— —, gemischte 344.
— —, Kobaltgrüne 350.
— —, Kupfer. 334.
— —, Ultramarin 369.
—, rothe, Antimon. 384.
— —, Bleioxyd. 377.
— —, Chromoxyd. 382.
— —, Kobalt. 384.
— —, Kupfer. 383.
— —, Quecksilber. 371.
—, schwarze, Kohlenschwarz &c.
— —, Rußschwarze 81.
—, weiße, Baryt., Lithopone 162.
— —, Bleiweiße 110.
— —, Metallweiß 158.
— —, Zinkfarben 152.
Mineralgelb 174.
Mineralgrün 341.
Mineralschwarz, schwarze Erdfarbe 84.
— zur Herstellung grauer Erdfarbe 82.
Mischen der Erdfarben behuf Nüancirung 66.
— der Farben mit Oel 147. 546.
Mitisgrün 351.
Mittlersgrün 335.
Mohnöl zum Anstrich 552.
Moist-Colors, Bereitung 503.
— Handelsfarben in Kästchen, Verzeichniß 504.
— —, Untersuchung 507.
Montpelliergelb 177.
Moosgrün 361.
Morin 416.
— gerbsaure 417.
— salz 417.
Morus tinctoria 415.
Mutalakreide 62.
Mühle für Farben und Rohmaterialien, Allgemeines 21.
—, specielle Darstellung der Rohmühle 122.
— zum Zerreiben der Farben in Oel und Wasser 122. 547.
Muffeln zum Ultramarinbrennen 320.
Muffelsten zum Ultramarinbrennen 309.

Alphabetisches Sachregister.

Mulm 29.
Münchener Lack, echt, Darstellung 126.
— — Handelsform 106.
— — unechte, gemischte 180.
Mussivgold 235.

N.

Nacarat-Carmin, chemisches Verhalten 460.
Nachtblau 625. .
Nachtgrün 526.
Nadeleisenstein 60.
Naphtabraun 539.
Naphtolgelb 532.
Naphtylamingelb 532.
Natron 224.
— , äzendes 226.
— , arsenigsaures 333.
— , essigsaures 331, 345, 347.
— hydrat 226.
— lauge 226.
— , kohlensaures 224.
— salpeter 229.
Neapelgelb 206.
Neubergblau 256.
Neublau 288.
Neugelb, hell 189.
Neugrün 341.
Neuroth 437.
Neutralschwarz 392.
Neuwiederblau 250.
Neuwiedergrün 335.
Nicaraguaholz 432.
Nicholsonblau 522.
Nidelweise 294.
Niederschläge, Allgemeines und Apparate zur Bildung 94.
Niederschläge, Auswaschen 96.
— , Filtriren 47.
— , krystallinische 94.
— , Pressen 102, 154.
— , voluminöse und leichte 94.
Nigrosin 541.
Noir de vigne 388.
Nüanciren der Kalkfarben 56.
Nürnberger Grün 358.

O.

Ochsenzungenwurzel 410.
Ocreröse, Preiscourant 70.
Ocres jaunes et rouges 70.
Ocker, braune 70.
— , gebrannte 69, 70.
— , chemischer Bestand 40, 69.
— , gelbe 69.
— , Glühen im Großen und Kleinen 41.

Ocker, mit Pariserblau als gemischtes Grün 368.
— , Pariser 69.
— , rothe 77.
— , thonige 65, 77.
Oelanstrich, Haltbarkeitsbedingung 553.
Oele, flüchtige zum Ausbrennen 395.
— zu Oelfarben 562.
— — quantitative Bestimmung 149, 562.
— — verschiedener Oelbedarf der Farben 551.
Oelfarben 542.
— , Abreiben 546.
— , Aufbewahrung 551.
— , Herstellung aus wässerigem Teige 149, 546.
— in Teigform, Herstellung im Großen 548.
— in Tuben für Kunstmaler, Verzeichniß 557.
— , Trocknen des Anstrichs 551.
— Untersuchung 149, 561.
Oelfirniß 552.
— , bleifreier 556.
— , schnell trocknender 556.
Oelgrün 361.
Oelschwarz 84.
Operment 239.
Orangeroth, Theerfarbe 501.
Orein 469.
Orcein 470.
Orcëin 470.
Orlean 420.
— farbstoffe 420.
— firnisse 420.
— gelb 420.
— lacke 420.
Orseille 469.
— carmin 472.
— extract 472.
— lad 472.
— moose 469.
— säure 469.
Orydgelb 69.
Oxyalizarinsäure 123.

P.

Päonin, Bildung 488.
— säurlicher Farbstoff 489.
Papageigrün 351.
Pariserblau, Bereitung 277.
— , chemische Zusammensetzung 281, 293.
— , Eigenschaften als Farbe 284.
— en pâte zu Chromgelbgrünen 363.

Pariserblau, Hellerwerden am Sonnenlicht
290.
—, Modificationen desselben 284.
—, qualitative und quantitative
Bestimmung in Farben 290.
—, zu Berlinerblau 285.
—, zu gemischten Grünen 361.
—, zu Mineralblau 286.
—, Reublau 288.
Pariſergelb, hell 189.
Pariſergrün 341.
Pariſerweiß 52.
Pariſer Oder 69.
Pariſer Schneiderkreide 51.
Pariſh White 52.
Paſſauer Tiegel 85.
Paſtellfarben 572.
Paſtellſtifte 572.
Patentgelb 185.
Pelein's Violett 515.
Permanentgrün 358.
Permanentweiß 162.
—, amorphes nach Meißner 169.
—, aus Schwerspath 162.
—, aus Witherit 166.
mit Schwefelzink 167.
—, Untersuchung 168.
—, Verwendung 168.
Peerſickenbaum 116.
Perſiſchroth 121.
Perſio 170.
Pfeifenthon 61.
Phantaſienne 59.
Phenol 172. 487.
— farbſtoffe 488. 498. 500.
Phenol im Anilinblau 520.
— braun 539.
Phosphin 534.
Phosphinlade 534.
—, Unterſuchung 534.
Pikraminſäure 527.
— lake 527.
Pikrinſäure 526.
— lake 527.
—, Prüfung 528.
Pikrinſaures Kaumerde Zinkoxyd 211.
Pink color 383.
Pleitigsgrün 358.
Ponceau 491.
— lake 491.
Porcellanerde 61.
Porcellannapfchen für Aquarellfarben 563.
Pottaſche 212.
—, calcinirte 213.
—, rafinirte 213.
Präcipitiren 94.
Präcipitirſtänder 95.
Preiscourante für Aquarellfarben in Tuben
561. 567.

Preiscourante für Oelfarben in Tuben für
Kunſtmaler 557. 561.
—, Pariſer, für Oelfarben 71.
Preſſe, gewöhnliche Schraubenpr. 102.
—, hydrauliſche 102. 104.
—, neue Filterpreſſe 154.
Preſſen der Farben und Niederſchläge 102.
Preßtücher 104.
Primula 517.
Pterocarpus santalinus 441.
Pulveriſiren der Erdfarben 21.
— — im Großen 23.
— — im Kleinen 22.
— — in Collergän-
— — gen 32.
— — in Kugelmüh-
— — len 31.
— — in Mühlen 31.
122.
— — in Rollfäſſern 21.
— der Mineralfarben 109.
Purpur, franzöſiſchen 172.
— tyriſchen 510.
— farbſtoffe aus Orſeille 172.
Purpurin, künſtliches 509.
—, natürliches 422.
—, Eigenschaften 423.
—, qualitative und quantitative Be-
ſtimmung in Krappladen 431.
—, Zuſammenſetzung 514.
Purpurlade aus Rothholz 437.
— en pâte 438.
Purrée 115.

Q.

Quarz zur Ultramarinbereitung 303. 305.
Queckſilberfarben, rothe 371.
Queckſilberjodid 376.
Queckſilberoxydul, chromſaures 376.
Queckſilberoxyd, chromſaures 378.
Queckſilberzinnober 51. 371.
Quercetin 412.
Quercitrin 412.
Quercitron 412.
— extract 412.
— farben, gelbe 413.
— — grüne 414. 524.
— lade, feine 414.
— — ordinäre 413.
— rinde 412.
Quercus nigra und Q. tinctoria 112.

R.

Rauſchgelb 233.
Raſenerz 82.
Reagenspapier, Curcuma 419.

Alphabetisches Sachregister. 597

Reagenspapier, Ladmus 108.
Realgar 233.
Rebenschwarz 389.
Reflexe, metallische, mittelst Bleiglanz oder Glas 86.
— — — Theerfarbenlacke 480.
Rehbraun 74.
Reibmaschine zum Farbenreiben, amerikasche 548.
— —, mit Kegel und Walzen 548. 649.
Reibstein zum Farbenreiben 548. 670.
Reisblei 85.
Reseda luteola 119.
Resorcinroth 500.
Reverberiröfen 43.
Rhamnusarten 409.
Rhus cotinus 416.
Rinmannsgrün 359.
Roccella montagnei 170.
Röhrengulla 415.
Röthel, natürlicher, Erdfarbe 65. 67.
— zum Zeichnen, feiner 672.
— — roher 72.
Rollfässer 21.
Rollsteine 32.
Rosalacke aus künstlichem Alizarin 512.
— aus Rothholz 438.
Rosanilin 481.
—, chemische Eigenschaft und Erkennung 482. 486.
—, gerbsaures 485. 487.
— lacke en pâte, violette 485. 487.
— —, rothe 485.
— — —, gemischte 486.
— salze 481.
—, salzsaures 481.
Rosolan 515.
Rosolsäure 488.
Rothanilin 481.
Rotheisenstein 77.
Rothfarbe (Englischroth) 77.
Rothholz 432.
—, afrikanisches 441.
— extract 434.
— farbstoffe, Unterscheidung von Cochenille- und Krappfarbstoff 462.
— lacke, Bereitung der Rothholzabkochung dazu 444.
— —, Fällungsverfahren 440.
— —, gemischte, mit Cochenillelacken 459.
— — —, mit Fuchsinlacken 486.
— — —, Untersuchung 441. 461.
— —, hochrothe (Purpurlacke) 437.
— — — en pâte 438.
— —, rosa 439.

Rothholzlacke, rothe (Carmoisin, Wiener lack) 436.
— —, Untersuchung 440.
— —, violette 439.
Rothkreide, natürliche, ordinäre 77.
— zum Zeichnen, feinere 672.
Rouge commun lavé, de Prusse u. s. w. (Ocktarien) Preiscourant 71.
Rubia tinctorum 121.
Rubinsäure 474.
Ruß 392.
— abscheidung als Saftfarbe 577.
—, aus Harz und Holz 393.
—, aus Oelen 394.
—, aus Stein- und Braunkohlen, Torf u. s. w. 396.
— farben in Oel, Bereitung 397.
— — — Untersuchung 398.
— grau 397.
— reinigung 396.
— schwarze, Prüfung auf Deckkraft und Reinheit 397.
—, schwedischer 867.
— zu Tuschen 671.

S.

Saalfelder Grün 341.
— Tusche 669.
Safflor 444.
— bronzelack 446.
— extract 445.
— — bereitung 446.
— roth 444.
Safran 416.
— gelb 416.
Safranin aus Safran 416.
—, künstliches, Theerfarbstoff 507.
— lacke 508.
— —, Erkennung 508.
Safransurrogat, Theerfarbe 584.
Saftfarben, Herstellung 576.
— —, Kreuzbeerengelbe 411.
— —, mit Theerfarbstoffen 577.
Saftgelbe 410.
Saftgrüne 576.
Salmiak 241.
— geist 242.
Salpeter 246.
Salpetersäure 268.
Salzsäure 270.
Samumbraun 79.
Sandarach 233.
Sandelholz 441.
Santolin 441.
Sappanholz 442.
Schinober 89.
Scheelesches Grün 350.
— — (Mineralgrün) 340.

598 Alphabetisches Sachregister.

Schiefergrau 66.
— aus Mineralschwarz 85.
Schieferschwarz 84.
Schieferthone zu Fylling upp 42.
Schieferweiß, Eigenschaften 121.
—, Handelswaare 150.
Schlämmbottich mit Rührvorrichtung 15. 18.
— cysternen 14.
— treibe 12.
— reservoire, siltirende 16.
— vorrichtung, mechanische 18.
— ohne mechanische Kraft 17.
Schlämmen im Großen 12.
— im Kleinen 11.
Schmelze zum Blutlaugensalz 257.
Schminke, rothe Gl. 444.
—, ordinäre 446.
Schreibkreide 61.
Schönroth 71.
Schraubenpresse 103.
Schüttgelb, feines 414.
—, ordinäres 413.
Schwarzkreide aus Knochenkohle und Thon 392.
—, graphitische 561.
Schwefel zur Ultramarinbereitung 303. 305.
Schwefelarsen, gelbes 233.
— rothes 234.
Schwefelbarium zu Permanentweiß 162.
Schwefelcadmium 232.
Schwefelnatrium 233.
— aus Ultramarinlauge 306.
Schwefelquecksilber, rothes 371.
—, schwarzes 371.
Schwefelsäure, englische 265.
—, Nordhäuser 78.
—, sächsische 78.
Schwefelzink, künstliches 161.
— künstliches, mit Permanentweiß (Lithopone) 161.
—, natürliches 67. 161.
—, Zinkgrau 67.
Schwefelzinn 235.
Schweinfurtergrün, chemischer Bestand 341.
— Darstellung aus Grünspan 342.
— aus Kupfervitriol und essigs. Salzen 344.
— giftige Wirkung 350.
— Sortimente und Nüancen 348.
—, Untersuchung und Unterscheidung von anderen grünen Farben 348. 350.
Schwerspath 62.
—, Bestimmung neben Gyps 60.
—, chemische Unterscheidung von schwefels. Bleioxyd und Thon 63.

Schwerspath, Trockenwirkung in Oelfarben 551.
Seidengrün 361.
Sel de Soude 224.
Siccative, flüssige, Bereitung 556.
—, trockene (Manganverbindungen) 556.
Siberingelb 230.
Sieben der Erdfarben 37.
Siebvorrichtungen mit Handbewegung 32.
— mit mechanischer Bewegung 31.
Silberglätte 170.
Silbergraphit 65.
Silbergrau, Erdfarbe 67.
— aus Mineralschwarz 85.
Starkell 375.
Emaille 294.
Smaragdgrün (Chromgelbgrün) 361.
— (Guignetsgrün) 355.
Soda 224.
— asche 224.
—, calcinirte 224. 225.
—, krystallisirte 224.
—, zur Ultramarinbereitung 305.
Spielkreide 51.
Spritlacke, schwarze 390.
Stärke, Lackfarbensubstrat 401. 436.
—, qualit. und quantit. Nachweis in gemischten rothen Lacken 461.
—, qualit. und quantit. Nachweis in Lacken aus Anilinblau 525.
Stangenform der Farben, Herstellung 107.
Stangenschwefel zur Ultramarinfabr. 303. 305.
Steinbühlergelb 205.
Steingrau, Erdfarbe 66.
Steingrün, Erdfarbe 53.
Steinkohle, als Erdfarbe 86.
— zur Ultramarinfabr. 303.
Steinkohlenruß 395.
Steinkohlentheer zu Firnissen 553.
— zu Ruß 395.
— zu Theerfarben 477.
Stil de grain 413.
Slodlad 448.
Stoßgeulla 415.
Stockzinnober 373.

T.

Talk 64.
—, Nachweis als Farbensubstrat 61.
Teigfarben, Pressen ders. 90. 101.
—, quantitative Bestimmung des Trockengehalts 102.
—, Wassergehalt 101.
Tenatel 22.
Terpentinöl als Verdünnungsmittel für Oelfarben 551.

Alphabetisches Sachregister. 599

Terra de Sienna 71.
— aus Bitriolocker 70.
—, Nachweis in gemischten Grünen 308.
Terre ombre 71.
Tetrabromfluorescein (Eosin) 500.
Tetrabromfluoresceinkalium (wasserlösl. Eosin) 501.
Theerfarben (Theerfarbstoffe) 477.
—, Anwendung und Eigenschaft im Allg. 478.
—, Benennung und Herstellung 477. 478.
—, blaue 520.
—, braune 538.
—, gelbe 520.
—, fade, Herstellung im Allg. 478.
—, optische Eigenschaften 480.
—, rothe 481.
—, Saflfarben und zum Coloriren 677.
— —, Lichtunbeständigkeit derf. 578.
—, schwarze 541.
—, Verwerflichkeit als Conditorfarben 578.
—, violette 515.
Thenard's Blau 292.
Thierkohle 389.
Thon 61.
—, calcinirter oder gebrannter 12.
—, chemisches Verhalten 65.
— rohe s. Alaunerde.
—, feller 64.
—, Nachweis in Farben 291.
—, rother 66. 77.
—, weißer 64.
— —, Bindemittel für Pastell- und Zeichenstifte 573.
Thon, welcher, Farbenträger 66. 401. 478.
— —, Farbenjulak 66.
— —, Rohmaterial für Ultramarin 809.
— , —, Zusatz zur Papiermasse 66.
Tiegel, Passauer 85.
— ofen zum Ultramarinbrennen 809.
— Ultramarin- 810.
Tinte, rothe aus Carmin 450.
—, sympathetische 678.
—, Theerfarben-, zum Coloriren 677.
Toluidinroth 507.
Triphenylrosanilin 520.
— salze 521.
— sulfosäuren 520.
Trocknen der geschlämmten Erdfarben 17. 20.
— der Min.- u. Lackf. an der Luft 107.
— — in gehizten Räumen 107.

Trocknen der Oelfarben im Anstrich 551.
Trockenmittel für Oelfarben, (Bleiglätte, Bleiweiß) 551.
— — (Manganverbindungen) 556.
— — für Oele 551. 556.
Trockenschuppen für Erdfarben 20.
Tuben für Aquarellfarben 562.
Tublabendverzeichnis, Aquarellfarben 564.
— —, Oelfarben für Kunstmaler 557.
Tünche, Herstellung und Anwendung 650.
—, Kalkmilch mit Farben versetzt 66.
Türkisgrün 360.
Türkischroth 404.
Turbith, mineralischer 236.
Turnbull's Blau 292.
— —, Ermittelung 293.
Turnersgelb 177.
Tusche 549.
— —, Ackermann'sche und Le France-569.
—, englische 571.
—, feine und ordinäre, Herstellung 570.
—, Untersuchung 607.
Tyrisch-Purpur 619.

U.

Ultramarin, ächter 81.
— asche 82.
— —, blauer, fünstl. 297.
— — —, Auslaugen 313. 318.
— — —, Chemie desselben 317 bis 302.
— — —, Fabrikation im Allg. 302.
Ultram., bl., künstl., Feinbrennen 314.
— — — in Cylindern 315.
— — — in Herdöfen 316.
— — — in Retorten 320.
— — —, Sortirung und Werthprüfung 321.
— — —, Untersuchung und Unterscheidung 321.
— — —, kieselarmer 307.
— — —, Mischungen 308.
— — —, Zusammensetzung 818.
— — —, kieselreicher 319.
— — —, Glaubersalzbildung u. chem. Verhalten 319. 324.

600 Alphabetisches Sachregister.

Ultram., bl., künstl., Mahlen zu versch. Sorten 318, 323.
— — — , Rohbrennen 309.
— — — — in Tiegelöfen 309.
— — — — in Versuchsöfen 311.
— — — , Rohmaterialien 302.
— — — , Verbesserungen der Fabr. 319.
— — — , Wassergehalt 323.
— natürl. 81.
— — — , Thonbeständigteil 82.
— — — , chemische Zusammensetzung 82, 298.
— , gelber 208.
— , grüner, 297, 313.
— — , Auslaugen 313.
— — , Chemie desselben 297 bis 302.
— — , Fabrikation und Rohmaterialien 302.
— — , fertige Farbe 369.
— — , Verfälschungen 370.
— — , Glühen in Tiegelöfen 313.
— — , Mahlen 313, 318.
— — , Zusammensetzung 313.
— , violett und rosa nüancirt 322.
— , weißer 299.
Umbra 72.
— , gebrannte 73.
— , geschlämmte 73.
— , italienische 74.
— , in Kugeln 73.
Umbraun 72.
Untersuchung, chemische, bezw. Bestimmung der nachfolgenden Farben und Rohmaterialien:
 Alkalien und Alkalicarbonate 226.
 Alkaliblau- und Lyonerblaulacke 525.
 Thonerde 221, 440.
 Antimonzinnober 395.
 Aquarell-, Gummi- und Honigfarben 567.
 Berggrün 334.
 Blauholzlack 469.
 Bleiweiß, trocken 147.
 — , Oelfarbe 149.
 Blutlaugensalz 258.
 Carminlacke 458.
 Chlorkali 276.
 Chromgelbe 202.
 Chromgelbgrüne 364.
 Chrysanilinfarbe 534.
 Cochenillelacke in gemischten rothen Lacken 461, 462.
 Chromsaures Kali, rothes 222.
 Dahlialacke, violette 519.
 Eisenvitriol 261.

Untersuchung, chemische, bezw. Bestimmung der nachfolgenden Farben und Rohmaterialien:
 Florentinerlacke, ächte 458.
 Fuchsinlacke 496.
 Gemischte Grüne mit Terra de Sienna 368.
 Goldgelb in Lacken 533.
 Graue Erdfarben 67.
 Guignetsgrün 356.
 Gyps mit Schwerspath 60.
 Indigo 404.
 Kaiserrothlacke 500.
 Krapp 429.
 — lacke 430, 513.
 — — , gemischte 460 bis 462.
 Kreide 51.
 Kupfervitriol 237.
 Martiusgelb in Lacken 533.
 Mauvein in violetten Lacken 516.
 Mineralgrün 341.
 Neuwiebergrün 340.
 Oelfarben (wie Bleiweiß in Oel) 149.
 — in Tuben 561.
 Pariserblaufarben 290.
 Phosphorsaurer Kalk 61.
 Pikrinsäure in Lacken 623.
 Rothe gemischte Lacke 460.
 Rothholzlacke 440.
 Ruß 395.
 Safranin in Lacken 501.
 Schwarze Oelfarben (Rußfarben) 393.
 Schwefelsaures Bleioxyd 159.
 Schwerspath als Farbenzusatz mit Kreide, Gyps, Bleisulfat 60, 63, 247.
 Thon 65, 66.
 — in Pariserblau 291.
 Tusche 567.
 Ultramarin als Handelsfarbe, blauer 324.
 — — , grüner 370.
 Victoriagrüne 367.
 Zinkgrau und Zinkweiß 68.
 Zinkgrüne 367.
 Zinnober 375.
 — ersatz 502.
 Zinnsalz 140.
 Uranverbindungen, gelbe 236.
 Urkall 52.
 Ueninsäure 469.

V.

Variolaria dealbata und orcina 470.
Variolaria-Farbflechten 469.
Venetianischroth 72.
— weiß 110.
Vermillon 373.
Veroneser Grün 83.
Vert Pelletier 355.
— virginal 355.

Victoriagelb 534.
— grün 357.
— orange 534.
Billacher Blei 135. 170.
— Bleiweiß 135.
Biolin 515.
Violet d'aniline 515.
— de Paris 519.
— impériale bleu 519.
— — rouge 519.
— liqueur-Dahlia 519.
— Parme 519.
Violette Dahlialade 519.
— Rothholzlade 489.
Visat 410.
Vitriol, blauer 237.
—, grüner 281.
— oder 75.
— öl 205.
Vitriolöl, sächsisches 78.
— schlamm 70.
— wasser 75. 76.

W.

Wachs zu Aquarellfarben 563.
— —, Nachweis 568.
Waschblau, Pariserblaufarbe 209.
— —, Ultramarinfarbe in Kugeln 224.
Wasser zur Farbenbereitung 92.
Wasserfarben, Begriff 542.
— —, Verwendung 550.
Wasserglasanstrich 662.
Wau 419.
—, gelb 419.
Weinstein 243.
Weiße Kalktünche, haltbare 55.
Wiener Deckgrün 341.
— grün 341.
— lad 436.
— roth 436.
Wiesenerz 82.
Williamsviolett 519.
Wismuthoxyd, chromsaures 236.
Witherit 61.
— —, Anwendung zu Blanc fixe 162.
Wolframsäure 236.

3.

Zaffer 294.
Zeichenkreide, rothe 77. 672.
— schwarze 591. 674.
Zeichenstifte 672.
—, schwarze (Bleistifte), Herstellung 674.

Zerreiben der Farben, in Wasser und Oel zu Anstrichfarben 547.
— — zu Tuschen 670.
Zerreißen der Firnißanstriche 553.
Zeugdruck 572.
— —, Fixirungsmittel 580.
Zinalin 534.
Zink 158.
— blende 67.
— blumen 159.
— chloridlösung zum Anstrich 657.
— farben, weiße 159.
— grau, kohlenhaltiges Zinkweiß 67.
— —, Schwefelzink 68.
— —, Untersuchung 68.
— gelb, Chromsäureverbindungen 208.
— —, pikrinsaures Alaunerde-Zinkoxyd 211.
— — grüne, gemischte 365.
— grüne 365.
— —, Untersuchung 367.
— oxyd 159.
— — ,Eisenoxyd 230.
— — ,Kobaltoxyd 352.
— weiß (Zinkoxyd) 159.
— —, kohlenhaltiges (Sintgrau) 67.
— — (künstl. Schwefelzink) 161.
Zinnsollentäschen für teigförmige Aquarellfarben 563.
Zinnkupfergrün 352.
Zinnober, grüner (Zinnobergrün) 361.
— rother, künstl. 371.
— —, Fabrikation, nasse 374.
— —, Fabrikation, trockne 371.
— —, natürlicher 60.
— —, Untersuchung 378.
Zinnoberersatz (Chromroth, gefärbt mit Theerfarben) 381. 382.
— (Chromroth mit Eosin- und Kallerrothladen) 502.
— —, Untersuchung 503.
Zinnobermilation 382. 502.
Zinnsalz 440.
Zucker, gebrannter, als braune Safffarbe 577.
— in Safffarben 576.
— in Tuschen 670.
— —, chemischer Nachweis 568.
Zusätze von Schwerspath 63.
— von Thon 63.
— zu Berlinerblau 235. 291.
— zu Bleiweiß 124. 136.
— zu Carmoisinladen 436.
— Siehe im Uebrigen wegen der Zusätze: Untersuchung der Farben.

36*

www.ingramcontent.com/pod-product-compliance
Lightning Source LLC
Chambersburg PA
CBHW021227300426
44111CB00007B/452